AFFAIRE DOMINICI
Hypothèses pour un massacre

Éric GUERRIER

AFFAIRE DOMINICI
Hypothèses pour un massacre

Expertise du dossier judiciaire

Préface de maître Alain Vidal-Naquet

L'Harmattan

Du même auteur

Histoire de chasser sous la mer – Arthaud 1972
Essai sur la cosmogonie des Dogon – Robert Laffont 1975
La chasse sous-marine – Solar 1980
Le principe de la pyramide égyptienne – Robert Laffont 1981
Le premier testament des dieux – Le Rocher 1981
Les dieux et l'Histoire sainte – Le Rocher 1982
De Bethléem à la fin des temps – Le Rocher 1983
Les Pyramides, l'enquête – Cheminements 2006
Dominici, expertise du triple crime de Lurs – Cheminements 2007
La réparation – Cheminements 2007
Mathusalem export – Édilivre 2009
Que l'avenir redevienne un rivage – Édilivre 2010
Un si étrange amour – Éditions du Net 2012
Un roman d'Algérie – Éditions du Net 2012
Pyramides ou le principe de l'escalier – L'Harmattan 2012
Jésus – Mais qui était ce nazoréen roi des Judéens ? – L'Harmattan 2018

5-7, rue de l'École-Polytechnique – 75005 Paris
www.editions-harmattan.fr
ISBN : 978-2-343-23716-9
EAN : 9782343237169

SOMMAIRE

Préface 9
I. Références et méthodes 15
II. Entrer dans le dossier 23
III. Les victimes 37
IV. Contextes du drame 53
V. Les Dominici et quelques autres 67
VI. De Dunkerque à Lurs 99
VII. La nuit du 4 au 5 août 167
VIII. La journée du 5 août 203
IX. Les autopsies et la balistique 285
X. L'enquête criminelle 331
XI. L'offensive finale de novembre 1953 377
XII. L'instruction 457
XIII. Le procès devant la Cour d'assises 489
XIV. Le supplément d'information 527
XV. De la mosaïque au puzzle 595
XVI. La piste du commando 605
XVII. Hypothèses pour un massacre 657
Conviction 675
Annexes 679
Bibliographie 691
Table des matières 695

*

Avertissement : le présent ouvrage n'est pas une réédition de mon premier travail paru en 2007. Même si bien sûr, il reprend tout le corps de l'affaire, il apporte toutes corrections et précisions utiles, intégrant des éléments nouveaux, des inédits et de nouvelles analyses donc hypothèses. Il a ainsi été procédé à un entier remaniement de la structure du texte avec plus de méthode et de rigueur, pour plus de clarté.

*

PRÉFACE

*

Par Alain VIDAL-NAQUET
Avocat au Barreau de Marseille

La répétition, non pas sporadique mais continue de coïncidences, a incité certains à concevoir une théorie que Carl Gustav Jung a appelée celle « *des synchronicités* ». Comment expliquer le faisceau de données circonscrites sur un thème ou un sujet, faisceau qui se constitue à un moment donné pour se concentrer sur une personne ou sur un lieu ? S'il s'agit d'une personne, cette dernière n'a d'autre mérite que d'être là au bon moment et de voir se focaliser sur elle des manifestations concentrées sur un même sujet qui, regroupées dans sa mémoire, suscitent sa perplexité.

Ainsi, à la date des faits, en août 1952, j'avais seize ans et je me trouvais à Chamonix avec mes parents, en compagnie de leur ami l'avocat Claude Delorme. Au matin du 5 août 1952, dès l'instant où la nouvelle des meurtres avait été révélée par la radio, Claude Delorme était descendu précipitamment de Chamonix à Marseille pour aller rencontrer le Consul général de Grande Bretagne, et lui faire savoir qu'il se tenait à la disposition de la famille des victimes, les Drummond. Celle-ci le désignera par la suite comme avocat de la partie civile dans la procédure qui donnera lieu à l'arrêt de la Cour d'assises de Digne dans cette affaire classée « *Dominici* ».

Pour quelle raison, Éric Guerrier, architecte expert honoraire près la Cour d'appel d'Aix-en-Provence, que j'ai bien connu dans l'exercice de cette fonction, est-il venu me soumettre son deuxième ouvrage sur l'affaire, et me demander de le préfacer ? Car il ignorait que l'un des avocats de Gaston Dominici, n'était autre que le cousin germain de ma mère, Germaine Pollak. Il ne connaissait pas non plus mes liens d'amitié respectueuse avec le président Carrias, que j'avais connu comme juge de l'expropriation tout au long des procédures pour lesquelles, sur le parcours de la Durance, de Sainte-Croix-du-Verdon jusqu'à Miramas, j'assurais la défense de l'Électricité de France, à l'occasion des barrages et des implantations des canaux. Éric Guerrier ignorait donc que, dans cette charge, je connaissais bien la région, le village de Lurs et tous lieux environnants. De même, avons-nous avec Éric Guerrier, un même attachement pour cette région de la France profonde, lui en raison de ses liens ancestraux, moi du fait de mon nomadisme professionnel dans le domaine des expropriations.

En fait, alors que nous ignorions ces raisons convergentes, son *Essai sur la cosmogonie des Dogon* paru en 1975, nous avait rapprochés, et nous avions sympathisé en nous découvrant un intérêt commun pour les Arts premiers africains, sous une forme esthétique pour ce qui me concerne, et sous un angle ethnologique pour Éric Guerrier. J'ai toujours regretté pour ma part de ne pas avoir décidé en temps utile de me rendre aux falaises de Bandiagara alors que l'art des Dogon m'était si proche par mon beau père, Pierre Guerre, grand esthète avant même d'être collectionneur.

Et de m'interroger sur ce concours de circonstances hors sujet bien sûr, mais que je ne puis taire. Hormis ces bizarreries de l'existence, je reviens à la raison de mon concours.

Tout d'abord, mon admiration pour le professeur à l'École nationale supérieure d'Architecture de Marseille, puis pour la rigueur dont il faisait preuve dans son exercice d'expert judiciaire. J'ai retrouvé chez l'écrivain la méthode faite d'écoutes, d'investigations, de retours sur soi. Avec une impartialité qui séduit l'avocat que je suis, il évite les idées préconçues qu'il dénonce à plusieurs reprises.

À l'époque, l'enquête s'était focalisée sur une idée préconçue, réunissant tout ce qui la rendait crédible, et négligeant ce qui pouvait nuire à l'accusation. Cette facilité que donne la supériorité supposée des personnes chargées de l'enquête et de l'instruction, est l'inverse de l'humilité de la recherche exhaustive lors d'une expertise. L'énumération serait fastidieuse de ce qui fait un bon expert mais, pour se limiter à l'essentiel : éviter les évidences, ne pas tenir compte des idées reçues, ne pas compter le temps passé en investigations. Ce dernier terme m'interpelle en tant qu'avocat. À quel moment doit-on interrompre une mission, soit pour éviter trop de dépenses, soit pour « simplifier » ? Il est effectivement difficilement compatible avec les contraintes judiciaires, de poursuivre indéfiniment les investigations. Cette réflexion débouche sur de telles difficultés, que je préfère me borner à en énoncer l'existence. Ainsi, Éric Guerrier, libre de ces contraintes judiciaires, a-t-il pris et repris tout le temps nécessaire.

Au fil des pages de son ouvrage, on suit ses analyses réunissant tous les éléments pour et contre à égalité, en hypothèses cohérentes, tout en sachant que la vérité ne peut apparaître que de manière fragmentaire au fur et mesure de la progression des pistes et de leur multiplication, et qu'elle ne peut se synthétiser qu'une fois tout bien défini, étalé et confronté. Quel travail de fourmi ! Mais aussi avec la hauteur voulue dès lors que se trouve abordée la relocalisation et dans le temps des mœurs et des pratiques, des rapports entre le monde judiciaire et le monde rural, la prise en compte des personnalités de ceux qui enquêtent dès lors que se trouvent aussi abordées des techniques comme les autopsies, la balistique, ce qui concerne les armes, le chronométrage, les facultés auditives, etc… Toutes ces qualifications ne peuvent se retrouver dans un seul homme, fut-il expert, qu'avec beaucoup d'humilité, en reconnaissant ses limites tout en requérant l'assistance d'autres spécialistes. C'est la façon que j'avais déjà reconnue tout au long de ma vie professionnelle chez l'expert Éric Guerrier.

En procédant à un inventaire de ce qui peut expliquer l'obstination qui a animé Éric Guerrier dans l'expertise de cette affaire, je ne peux oublier qu'il a été officier commando parachutiste pendant son service militaire, ce qui lui a appris la pratique des armes de guerre et de la balistique. Il y a aussi acquis une expérience des missions de nuit en terrain inconnu, et enfin une certaine connaissance des hommes.

Tout cela, - mais c'est certainement réducteur -, ressort de son ouvrage. Je n'y ajouterai rien dès lors qu'Éric Guerrier laisse à ses lecteurs, le soin de construire chacun sa vérité.

*

Pour la mémoire d’Elizabeth Drummond.

À l’infinie patience de ma femme sans laquelle ce nouveau travail n’aurait jamais pu aboutir.

I

RÉFÉRENCES ET MÉTHODES

*

La rigueur vient à bout de tous les obstacles.
Aristote

Ceux pour qui les questions de références, de méthode puis de sources, sont déjà connues ou paraissent inutiles et lassantes, peuvent passer directement à la page 23 ou même 37

.

De quoi j'me mêle ?

On va parler ici « *d'un temps que les moins de* (trois ou quatre fois) *vingt ans ne peuvent pas connaître* »... Or appliquer sans y porter attention nos standards, réflexes et idées d'aujourd'hui à ces années 50 en Haute Provence d'abord, mais aussi à la France et au monde d'alors, est le premier écueil à éviter comme le tout premier effort de méthode à ne jamais oublier.

En ce mois d'août 1952, j'avais tout juste dix-huit ans. Et je me rappelle fort bien les quelques *Paris Match* sur l'affaire, dont une photo, en noir et blanc bien sûr, avec un pont, puis la trouvaille d'une carabine américaine. Qu'est-ce qu'il[1] m'a donc pris, quelque soixante ans plus tard, de m'intéresser à ce dossier judiciaire au point de me croire autorisé à m'en mêler jusqu'à entreprendre un gros travail investigation à partir de 2003 et jusqu'à oser le publier[2] ? Car entre temps, je n'étais pas devenu policier ou gendarme, ni magistrat ou avocat, ni journaliste d'investigation ou chroniqueur judiciaire, ni même historien et encore moins criminologue. J'étais devenu architecte, domaine de compétence qui n'a rien à voir, bien sûr. Et si j'en juge d'après certaines réactions à mon premier ouvrage, il apparaît qu'il est légitime de se demander comment un architecte peut oser se mêler d'expertiser le dossier d'une affaire criminelle. C'est dire qu'il faut régler tout de suite la question.

---

1 La forme *qui* au lieu de *qu'il,* s'est aujourd'hui généralisée parce qu'admise par l'Académie française. Mais elle est grammaticalement impropre, et non par snobisme la forme *qui* ne me vient décidément pas spontanément.

2 Un premier ouvrage en 2007, *L'affaire DOMINICI – Expertise du triple crime de Lurs* – Cheminements – Le Coudray-Macouart, avant de récidiver aujourd'hui.

Dès mes études secondaires, je m'étais découvert une attitude d'esprit résolument technique et scientifique. Après mon bac, étudiant en architecture, plutôt qu'artiste façon Bozarts, je m'étais très vite reconnu constructiviste, fonctionnaliste et structuraliste, c'est-à-dire décidément orienté vers les questions de méthode. Qu'est-ce à dire ici ?

Plus précisément pour notre sujet, qu'au cours de ma vie professionnelle, j'ai été amené à apprendre, pratiquer et même théoriser jusqu'à l'enseigner, la méthode d'investigation que doit mener tout professionnel opérant avec la fonction d'expert dans le cadre judiciaire et administratif. Et c'est au titre de cette pratique bien spécifique, qu'une affaire criminelle demeurée aussi énigmatique que le massacre de Lurs, a pu passionner non pas l'architecte, mais l'expert judiciaire.

Et là déjà, attention à la méprise !

Pour le public, un *expert* est bien sûr un professionnel qualifié auquel la justice demande un avis : médecine, balistique, physique, etc. En effet, le juge d'instruction demande exclusivement à tel expert un avis relevant strictement de sa compétence sur une question technique précise, sans que l'expert puisse en aucune façon se mêler des opérations d'une enquête criminelle en cours. Alors comment, en tant qu'expert, un architecte pourrait-il prétendre pratiquer une sorte d'expertise sur le dossier criminel d'une affaire pénale jugée définitivement et classée ?

C'est qu'il y a une forme d'expertise peu connue, sauf de ceux qui y ont été soumis, l'expertise civile[1].

L'expertise civile

Dans ce cadre, outre le besoin d'un avis technique bien sûr, le juge charge l'expert d'une sorte de *délégation d'enquête*. Ce genre de mission doit suivre des processus et méthodes qui sont communs à tous les sujets d'expertises, et doivent être suivis par tous les experts quelle que soit leur spécialité[2].

De plus, à la différence des policiers et gendarmes, les experts sont des techniciens indépendants. C'est-à-dire que, sauf soumission stricte à la procédure et déférence envers le juge, l'expert n'est soumis à aucune subordination professionnelle ou hiérarchique. Au contraire des policiers ou gendarmes, l'expert peut accepter ou refuser sa mission. S'il l'accepte, il n'est tenu à aucune *obligation de résultat*. C'est-à-dire qu'il n'a pas à rechercher de présumées culpabilités ou responsabilités, ni à définir d'intentions, de préméditation ou de circonstances atténuantes. Il doit seulement exposer les

---

1 Elle est semblable en matière administrative.

2 D'ailleurs, s'il le juge nécessaire à son expertise, l'expert peut faire appel de son propre chef, à tous autres experts spécialisés. En jargon juridique, cela s'appelle un *sapiteur*. Celui-ci ne peut intervenir que pour donner un avis technique à l'expert désigné par le juge sans se mêler de ses autres investigations.

faits de façon neutre et symétrique, à la fois **objective** et **impartiale**[1], et motiver ses conclusions dans un compte-rendu exhaustif de ses investigations, analyses et avis.

N'ayant à démasquer ni à accuser personne, l'expert doit donc se garder de toute implication personnelle ou d'intime conviction. Celles-ci sont tout simplement hors de propos. L'expert se garde ainsi de tout jugement et par conséquent de toute intervention en matière de droit, c'est l'affaire du juge, tout comme de tout jugement de valeur jusques et y compris d'ordre moral. Et bien sûr, ce n'est pas là se défausser, mais au contraire un exercice éthique très exigeant.

Au contraire aussi de l'enquête criminelle, la délégation d'expertise exclut tout pouvoir de contrainte, et doit donc procéder de façon exclusivement **exploratoire**. Le schéma général de la mission d'expert est le suivant :

Auditionner les parties[2] *et tout tiers ou sachant*[3].
Se faire remettre toutes pièces propres à éclairer le litige.
Décrire la nature du litige.
Définir et décrire son objet et ses contextes.
Analyser ses causes.
Exposer les interventions des parties dans le litige[4].
Donner son avis sur les possibilités de règlement technique du litige.

Et l'expert doit opérer en permanence de façon **contradictoire**, c'est-à-dire en présence de toutes les parties opposées dans le litige. Il ne peut donc jamais les entendre séparément, entendre qui que ce soit, ou recevoir une pièce, sans en rendre compte à tous.

Bien sûr, par rapport à l'enquête criminelle, le fonctionnement exploratoire et contradictoire de l'expertise civile, réduit et complique considérablement l'efficacité du champ d'investigation. En contrepartie, il oblige à porter une tout autre forme d'attention aux divers éléments, contextes et annexes, comme il incite à fouiller ses analyses en donnant ses conclusions avec prudence mais avec une plus grande liberté. Ainsi, au contraire de l'enquête criminelle **intensive** et **exclusive**, la méthode expertale se doit donc d'être aussi

---

1 Ces deux mots sont généralement considérés comme synonymes. Or c'est une belle confusion. En effet, *objectif* signifie qu'on ne considère que l'objet d'investigation, indépendamment de celui qui traite la question. Le principe d'objectivité concerne donc la méthode. *Impartial*, au contraire, concerne justement celui qui en traite, exigeant qu'il n'ait avec l'objet, ni parti lié ni a priori subjectif. Ces deux principes, objectivité et impartialité, impliquent *neutralité* et *détachement* qui seuls, avec la vérification, permettent de présenter ou non un certain degré de validité. C'est un exercice qui, avec une attention constante et une pratique exigeante, devient non seulement aisé mais salutaire.

2 Les *parties* désignent ceux qui s'appose dans un litige porté en justice. Un *tiers* est celui qui qui peut avoir un rôle quelconque, mais n'est pas impliqué dans le litige.

3 Un *sachant* désigne toute personne qui détient une information concernant l'objet d'un litige.

4 Il s'agit de dire qui a fait ou pas fait ce qu'il devait, sans aucune considération de morale, là encore au contraire d'en matière criminelle.

extensive et **inclusive** que possible, avec détachement, recul, esprit critique et indépendance. On a aussi compris pourquoi, en dehors d'un avis technique, aucune délégation de mission d'investigation ne peut jamais être confiée à un expert dans une enquête criminelle qui procède tout autrement.

L'enquête pénale

En matière pénale, dont fait partie la criminelle, le juge délègue l'enquête à la police judiciaire et/ou à la gendarmerie, avec une mission bien définie qui s'appelle une *commission rogatoire*. Des processus et méthodes d'enquête, retenons au principal qu'au contraire de l'expertise, l'enquête pénale procède de façon **inquisitoire**. Ce qui veut dire qu'elle dispose de moyens d'action considérables par contraintes légales : convocations, arrestations, gardes à vue, interrogatoires, confrontations, commissions diverses, réquisitions, perquisitions, fouilles, filatures, écoutes, expertises techniques, empreintes, ADN et autres analyses, etc. Ce pouvoir d'agir sur les personnes et d'accéder directement aux informations, est orienté par l'obligation de rechercher un présumé coupable avec son mobile, mais aussi ses intentions, afin d'établir sa responsabilité et s'il y a préméditation ou circonstances atténuantes.

D'évidence, il en résulte une manière **intensive** de mener une enquête. C'est-à-dire qu'elle ne peut s'empêcher, en suivant une naturelle tendance, de fonctionner à partir de pistes, d'antécédents, de soupçons et d'intuitions. Par voie de conséquence, au contraire de ce qu'on attendrait, l'enquête tend à devenir **exclusive**, c'est-à-dire à exclure trop vite tout ce qui peut sembler a priori ne pas « coller », notamment en faisant jouer sinon la conviction, du moins le flair.

Par ailleurs, au contraire des experts, les enquêteurs sont des fonctionnaires situés dans une hiérarchie qui inclut certaine subordination, ne serait-ce que par une obligation de résultat qui est de démasquer les présumés coupables, et à un objectif social qui exige que ce soit *le plus vite possible*. Ces obligations comme la subordination hiérarchique, autant qu'on puisse s'en défendre, excluent certaine forme d'indépendance dans l'exercice de la méthode, certain détachement comme certain recul, en inhibant même certain esprit critique. Enfin la pression d'exigences morales, politiques et médiatiques, comme de la *vox populi*, contraint d'aboutir rapidement à *la manifestation de la vérité.*

Première conclusion

Retenons que l'enquête pénale étant inquisitoire, intensive et exclusive, apparaît donc bien différente d'une expertise civile exploratoire, extensive et inclusive.

Ainsi, quelle que soit la vérité dans l'affaire de Lurs, force est déjà de constater que, sauf réouverture judiciaire du dossier, plus personne ne peut prétendre mener une *nouvelle enquête* ou une *contre-enquête* sans disposer du pouvoir inquisitoire qui serait indispensable. La revendication de mener aujourd'hui sur cette affaire, ce genre d'investigation n'est donc pas soutenable au plan de la méthode. Et sous-titrer *expertise* une investigation sur ce dossier, n'est pas ergoter sur les mots, mais seulement éviter une confusion sur la façon même de penser, donc de mener les investigations. Car il y a bel et bien une différence d'approche entre l'expertise civile et l'enquête criminelle. Et cette différence induit donc deux cultures et des attitudes de pensée comme d'investigation, toutes deux très différentes, non seulement dans la forme mais bel et bien sur le fond.

Rappelons enfin que la compétence d'un expert ne peut jamais être appréciée que si l'on est soi-même expert en la matière[1]. En revanche, sans être expert, il est toujours possible d'apprécier la méthode, c'est-à-dire de la façon d'aborder les questions puis de les traiter. Sans cela, sur quel critère décider d'accorder ou non quelque crédit à des développements et aux conclusions. Car au final, ce ne sont pas seulement les titres académiques ou grades hiérarchiques qui donnent la validité ou intimident, mais la méthode selon laquelle le travail a été mené.

Et maintenant, rendre à César...

Car le lecteur doit aussi savoir à qui et comment celui qui va lui exposer le rapport de son expertise, doit sa formation à la discipline expertale. Car c'est bien d'une *discipline* qu'il s'agit, et qu'il faut donc avoir apprise et pratiquée.

Dès avant de me porter candidat au service de la justice, je dois à la mémoire du grand expert Claude Magne, de m'avoir enseigné les bases procédurales, formé à la méthode de l'investigation expertale, et orienté dans l'éthique du détachement. Je dois ensuite à la mémoire de Monsieur Aldhemar, alors président de la 3e chambre civile du Tribunal de grande instance de Marseille, d'avoir dirigé mes débuts et, quand il m'en a jugé digne, de m'avoir invité à solliciter mon inscription sur la liste des experts près la Cour d'appel d'Aix-en-Provence. C'est ensuite à celle de Monsieur Heurtet, alors président de la Cour d'appel administrative de Marseille, que j'ai dû mes missions au service de cette juridiction. Bien sûr, c'est à tous les magistrats des différentes juridictions qui m'ont commis pendant trente années, que je dois surtout une longue expérience. Je dois enfin une mention personnelle à la mémoire de Monsieur Cossec, alors conseiller à la 3e chambre civile de la Cour de cassation, qui lors de rencontres en tables rondes et d'un congrès[2], avait apprécié la qualité de mes interventions en allant jusqu'à me suggérer un

1 Le chercheur Étienne Klein a donné à la prétention de vouloir juger sans avoir les bases nécessaire, son nom savant d'ultracrépidarianisme. Et même entre experts. Témoins en sont leurs batailles au bout desquelles, personne ne sait plus à qui ou quoi se fier. En vérité, la baille est toujours un combat entre égos, et il est assez facile de les départager en ne regardant que les méthodes.

2 Notamment lors du Congrès international des experts architectes en 1985 à Marseille, dont j'étais inventeur du thème et rapporteur de synthèse sur le thème *Expertise et architecture*.

acte de candidature à l'inscription sur la liste des experts près la Cour de cassation, honneur que j'ai hélas dû décliner pour raisons personnelles.

Et remercier

Je dois à Madame la conservatrice des Archives départementales des Alpes de Haute-Provence et à Monsieur le président du Tribunal de grande instance de Digne, de m'avoir autorisé, le premier[1], à consulter l'entier original du dossier judiciaire de cette affaire avec ses annexes, et de les citer et reproduire. Autorisation qui a été renouvelée et dont je remercie l'actuel conservateur des Archives départementales des Alpes de Haute-Provence.

Je dois à Monsieur le général, alors commandant la maison-mère de la Légion étrangère à Aubagne, d'avoir fait répondre à quelques questions[2].

Je dois encore à Madame Marie-George Buffet[3], alors Secrétaire générale du Parti communiste français, et à *L'Humanité*, qui, sans poser de préalable, d'avoir fait répondre à mes demandes d'informations et documents, tout en m'autorisant à les publier gracieusement.

Je dois enfin à la mémoire du sénateur honoraire Fernand Tardy, de m'avoir longuement reçu chez lui à Digne en 2004. Résistant membre de l'AS[4] dès 1942, il m'avait alors parlé du *SOE*[5] et de l'action de son réseau *Jockey* en Provence. Il m'avait bien sûr parlé du drame de Lurs, mais sous réserve de discrétion, ne voulant pas être pris à partie dans les remugles locaux et médiatiques de cette affaire toujours en délicatesse par ici. Mais son décès le 4 avril 2017 a libéré la parole de discrétion que je lui avais donnée.

Bien sûr, je dois beaucoup à mon vieux compère Alain d'Orso, chirurgien émérite et exceptionnel anatomiste, ancien chef de service, mais aussi chasseur, d'avoir été le premier à porter des diagnostics inédits et décisifs qui avaient échappé jusque-là et jusqu'au monde médico-légal.

Enfin un grand merci à mon autre vieux compère Georges Ricard, collectionneur d'armes de guerre à la documentation et au savoir inépuisables,

---

1 J'ai noté avec certain étonnement, qu'aucun auteur ayant publié après moi, ne l'ait mentionné. En fait William Reymond est le premier à y avoir eu accès en 1995. Mais il l'avait fait sans autorisation, et ce qu'il en a publié a révélé une investigation partielle, sommaire, donc superficielle et surtout inexacte.

2 Accessoirement, puis-je ajouter à ma formation et à mon expérience d'expert judiciaire, deux années de service armé, notamment comme sous-lieutenant parachutiste commando et instructeur. Ce qui devrait me permettre des avis autorisés sur la connaissance et le maniement des armes de guerre en situation, sur la balistique et quelques autres aspects opérationnels annexes dont il sera question.

3 Estropiée en « *madame Georges Buffet* » (sic), par le jeune correcteur de mon premier éditeur, qui s'en est défendu en disant ne pas connaître « *cette personne* » !!! Je prie donc Madame George Buffet de m'excuser de n'avoir pas suffisamment revu les épreuves avant publication, pressé par l'éditeur de sortir l'ouvrage pour la rentrée d'octobre 2007.

4 Armée secrète, mouvement de résistance créée en septembre 1942, d'obédience gaulliste, rejointe par de nombreux militaires.

5 *Special Executive Operations,* section F, d'aide à la Résistance en France, sous la direction du colonel Buckmaster.

possesseur d'une carabine US-M1, laquelle a permis quelques tirs pour des vérifications décisives.

Je dois à la sérénité de Jean-Claude Marie pour son forum[1] dédié à l'affaire, tandis que d'autres m'ont pris personnellement à partie jusqu'à l'insulte en toute méconnaissance de cause, et du dossier et de ma personne. Sans parler de menaces jusques et y compris par voie et voix d'avocat. Pourquoi encore tant de craintes si longtemps après ?

C'est par ce forum que j'ai connu Jean-Louis Vincent. Sa qualité d'ancien commissaire, donc son domaine de compétence et sa longue expérience en matière de police, donnent une force de présomption aux conclusions de sa *contre-enquête*[2], que n'ont aucun des autres auteurs, pas même celles des commissaires Sébeille et Chenevier. Mais eux n'avaient pas le même recul.

Après l'appel à témoins en fin de ma précédente expertise, parmi ceux qui y ont répondu, la plupart dont surtout ceux de la région, n'ont pas souhaité être nommés, ce qui montre combien l'affaire suscite encore dans le coin, sinon de craintes du moins de réticences et de retenues. Je ne peux donc les remercier que de façon anonyme.

Mais je peux au moins dire combien mon travail doit aux apports inestimables de Jean-Louis Delattre, chercheur opiniâtre, grand connaisseur notamment des maquis de Provence, mais encore à ceux de Raymond Moulin avec ses archives innombrables sur la période.

Merci aussi à Philippe Isnel qui s'intéresse aux affaires criminelles de la région qu'il connaît en profondeur. C'est notamment lui qui a découvert la retraite de l'énigmatique Jo, et l'a interviewé avant son décès.

Enfin mes remerciements renouvelés au Bureau des longitudes, à l'Institut de mécaniques céleste et de calcul des éphémérides et à Météo France, comme aussi à l'Institut géographique national pour le copyright gracieux de cartes et photos aériennes.

*

1 http://www.affaire-dominici-crime-de-lurs.com. Une mention particulière pour Samuel Huet, - que j'avais prénommé Simon, ce dont je le prie de m'excuser -, qui a publié de grosses contributions sur Internet. Je les avais maltraitées à cause de trop d'inexactitudes, mais comme dit le proverbe, *qui aime bien…*

2 *Affaire Dominici. La contre-enquête* – Vendémiaire – Paris 2016.

II

ENTRER DANS LE DOSSIER

*

Ne vaut-il pas mieux procéder comme face à un crime totalement mystérieux, en s'interdisant toute hypothèse a priori, pour s'en tenir aux faits ?

Werner Heisenberg (*Principe d'incertitude*)

Donner son avis sur une affaire, n'est sérieux qu'après avoir étudié l'ensemble du dossier. Et il faut surtout éviter les émotions, les considérations psychologiques de comptoir, les effets littéraires ou à sensation comme l'esprit polémique, et bien sûr dans cette affaire de Lurs, les clichés folkloriques que la plupart confond avec la réalité ethnologique du terroir régional, ici largement révolue, donc devenue difficile à imaginer aujourd'hui. Plutôt que de prétendre dévoiler *la vérité*, comme l'ont imprudemment proclamé quelques auteurs jusque dans le titre de leur ouvrage, il va donc falloir une nouvelle fois et plus modestement, tout reprendre à zéro avec l'ensemble des pièces disponibles, d'abord celles des archives, en remettant tout dans l'ordre chronologique et dans les contextes.

Petit résumé général

Le lundi 5 août 1952 au matin, une famille anglaise, Sir Jack[1] et Lady Anne[2] Drummond, en vacances avec leur fille Élizabeth[3] âgée de dix ans, sont découverts morts sur leur bivouac à proximité de leur voiture, une Hillman. Celle-ci est garée sur une plateforme en bordure de l'ex-RN96[4], face à la borne

---

1 Il s'agit là d'un de ces *faux amis* qui émaillent les traductions anglais/français. En effet, Jacques se dit *James* en anglais, diminutif *Jim*. Alors que *Jack* est le diminutif de *John*.

2 La plupart des PV de police et de gendarmerie orthographient correctement *Anne* comme en français. Selon le *Sunday Times* du 10 août 1952, Lady Anne devrait cette orthographe à ses parents grands amateurs de culture française, comme le sera la petite Elizabeth. Une lettre (cote A 46) en date du 5 octobre 1953 adressée à Me Delorme son avocat par Mrs Constance Wilbraham, mère de Lady Anne, est écrite dans un français impeccable.

3 Selon les sources, on trouve le prénom orthographié correctement de cette façon. Mais on trouve aussi *Elisabeth* qui est l'écriture sémitique.

4 Aujourd'hui devenue RD 96. Tout au long, il faudra s'y retrouver avec ce changement des désignations de voies suite à la loi de décentralisation du 05/12/2005.

du kilomètre 32, sur la commune de Lurs dans les Basses-Alpes d'alors, à environ 175 m de l'entrée nord de la ferme la plus proche.

C'est La Gran'Terre, appartenant Gaston Dominici où il habite avec sa femme et son dernier fils Gustave, sa femme Yvette et leur premier né Alain, âgé de dix mois.

Gustave aurait découvert à l'aube un véritable massacre. La fillette gît à 80 m de la route, assommée à coups de crosse d'une carabine US qui sera retrouvée dans la Durance. Les parents ont été tués par balle. Sir Jack gît de l'autre côté de la route sous un lit de camp renversé, et Lady Anne entre deux couvertures dans les hautes herbes à quelques mètres de la voiture. Hélas, dès ce matin-là les investigations seront sommaires et entachées d'un manque constant de rigueur et de méthode.

Pendant quinze mois, sous la direction du juge Périès, le commissaire Sébeille, en alternance avec son collègue Constant[1], va mener l'enquête avec l'aide des gendarmes du capitaine Albert. Mais, s'il laisse ce dernier enquêter il n'en tiendra guère compte. Car, à cause des comportements et de maladresses de la famille Dominici, le commissaire va vite concentrer ses investigations en direction de la seule Gran'Terre.

S'en tenant aux seuls interrogatoires, il ne fait aucun cas des éléments matériels comme des autopsies et expertises. Et il n'obtient rien, même après que Gustave, suspect n°1, a fait deux mois de prison pour non assistante à la fillette agonisante. Au bout d'un an, le commissaire décidera d'en finir en tentant un grand coup par surprise. Au bout de longs interrogatoires croisés, les 12, 13 et 14 novembre 1953, Gustave puis son frère Clovis, finissent par accuser leur père. Et toutes les charges, même accessoires, notamment contre Gustave sont oubliées, tandis que Gaston finit par passer des aveux tout en se proclamant innocent. Il allèguera avoir *baisé* Lady Anne ce qui aurait provoqué le drame par accident. Le 16 novembre, après une rapide reconstitution, Gaston est inculpé[2] puis écroué. Obstiné sur son indéfendable préalable d'innocence, il se rétractera et maintiendra désormais cette position.

Par rapport à l'enquête, l'instruction du juge Périès ne progresse guère dans l'étaiement du dossier d'accusation. Et le 17 novembre 1954, le procès s'ouvre devant la Cour d'assises de Digne. L'atmosphère en est immédiatement dénoncée par la plupart, à commencer par les Anglais qui se sont déjà montrés des plus critiques sur l'enquête. Ils seront aussi choqués par le déroulement des audiences. Le 28 novembre, après un procès qui n'apporte que confusion sans la moindre preuve ni véritable aveu cohérent, tout en montrant nombre d'épisodes véritablement *extra ordinaires*, Gaston Dominici est reconnu seul

---

1 Me Pollak, cité par Jean-Charles Deniau et Madeleine Sultan (oc p. 68), aurait dit : « *Il est plus fin, plus nuancé que Sébeille, mais prisonnier de la thèse de son collègue* ».

2 À l'époque on ne dit pas encore *mis en examen*, qui est une désignation récente résultant d'un renforcement du principe de la présomption d'innocence. On disait *inculper* ou *mettre en accusation*.

coupable des trois meurtres avec préméditation, et condamné à mort. Il est écroué à la prison des Baumettes à Marseille où il va tout de suite bénéficier d'un traitement particulier.

Outre l'absence de preuve, le doute persiste, notamment à la suite des accusations ambigües que Gaston, dès quitté le box de la Cour d'assises, va porter contre son fils Gustave et son petit-fils Zézé. Le garde des Sceaux, fait rarissime, demandera à son collègue de l'Intérieur de faire procéder à un *supplément d'information*[1]. Et ce sont les patrons de la *crim*, les commissaires Charles Chenevier et son adjoint Charles Gillard qui débarquent dans l'affaire. Ces pointures parisiennes se heurtent à une résistance sinon obstruction de la part de la magistrature locale, et aussi de la presse sauf communiste. Pendant leurs opérations, le juge Périès sera remplacé par le jeune juge Carrias qui débarque donc dans le dossier.

À partir de décembre 1954 jusqu'en février 1956, les *Parisiens* ont néanmoins fini par pouvoir opérer, mais toujours avec difficulté. Le rapport du commissaire Chenevier conclut à une reprise de l'instruction. Mais le garde des Sceaux, qui a changé entre-temps, laisse les magistrats de Digne en décider, et suivant le réquisitoire supplétif du procureur Sabatier, le juge Carrias rend une ordonnance finale de non-lieu. L'affaire est close par cette ordonnance du 13 novembre 1956.

Le pourvoi en cassation ayant été rejeté, la peine capitale prononcée à l'encontre de Gaston Dominici, était devenue exécutoire. Mais elle sera commuée en détention à perpétuité par le président René Coty[2]. Puis, ce qui s'explique moins quand on connaît l'influence de Madame de Gaulle, Gaston est gracié par le Général le 13 juillet 1960, et libéré sous certaines conditions, dont le non-respect sera toléré malgré les protestations. Outre ces grâces, on verra la succession des traitements particuliers dont bénéficieront, tout au long de l'affaire, non seulement la famille, mais le condamné en prison, puis à sa sortie et jusqu'à sa mort le 4 avril 1965, sans livrer dans son testament la vérité qu'il avait pourtant promise.

C'est en vain que la famille tentera d'obtenir la révision en se basant d'abord sur un mémoire du neveu de Gaston, Léon Dominici. Puis le flambeau sera repris par le petit-fils Alain. Et quand on sait qu'il ne peut faire innocenter son grand-père sans risquer de faire reporter le soupçon sur d'autres membres de la famille, au premier rang desquels son propre père et son cousin Zézé, il lui fallait donc trouver un scénario qui exclurait toute intervention de La Gran'Terre et de la famille dans le massacre.

---

1 Appelée aussi improprement contre-enquête, demeuré sans suite. Nous y reviendrons longuement, bien sûr.

2 Malgré son opposition à la peine capitale, en février 1956 il laissera exécuter Émile Buisson, parce qu'entre autres, il avait tué de sang-froid deux policiers. Buisson avait été arrêté en 1950 par l'inspecteur Borniche sous l'autorité du même commissaire Chenevier.

Et c'est le journaliste William Reymond, originaire de Digne, qui, en 1995, croira avoir déniché ce scénario dans l'entier dossier judiciaire conservé aux Archives départementales des Alpes-de-Haute-Provence. À la suite d'une consultation clandestine, hâtive et partielle du dossier, il va en découvrir une série de cotes[1] frappées d'un tampon *Secret* en rouge, donc ignorées des débats, des médias et des ouvrages antérieurs. Ce sont les aveux d'un dénommé Wilhelm Bartkowski, arrêté dès le 9 août 1952 par la police de Stuttgart. Selon ces aveux, passés devant la police allemande puis française, le triple crime aurait été perpétré par un commando de trois tueurs mandatés par un service de l'Est, spécialement descendu d'Allemagne à Lurs, et dont il n'aurait été que le chauffeur. Il s'agirait donc d'une exécution politique en pleine période de guerre froide, laquelle mettrait les Dominici complètement hors de cause. Mais, pour rouvrir un dossier classé, il faut un *élément nouveau*. Or au regard du droit, bien qu'inconnu du public et jamais évoqué dans les procédures et procès, ces cotes étaient bien sûr connues de la police, de l'accusation mais aussi de la défense qui n'en a pas usé. Comme un petit-fils n'a pas la possibilité d'introduire un recours, il ne restait donc à Alain Dominici qu'à tenter de créer une pression médiatique telle que le garde des Sceaux, qui est le seul à pouvoir toujours agir, intervienne comme il le fera dans l'affaire Seznec[2]. Pour tenter d'arracher la révision, Alain Dominici, aidé par William Reymond et conseillé par Me Gilbert Collard, a donc créé une pression médiatique à travers la publication d'une *Lettre ouverte pour la révision*[3] et diverses actions. Ils ont été notamment relayés au travers d'émissions de télévision et même d'un téléfilm[4], puis de forums sur Internet. Mais la manœuvre n'a pas réussi. Avoir cru qu'accuser la police, la gendarmerie et toute la magistrature d'une forfaiture généralisée destinée à couvrir la raison d'État, était la pire des méthodes pour espérer convaincre un garde des Sceaux de rouvrir le dossier.

Tous les pourvois ayant été rejetés par la Cour de cassation, l'affaire est définitivement close. Certes, on verra qu'une telle constance dans le refus peut donner à penser à ceux qui ne connaissent pas un minimum de droit et de son fonctionnement, que la plus haute institution judiciaire de la République n'aime pas se voir remise en question, mais de là à inventer une improbable conspiration d'État. Bref.

---

1 Cotes B 86 à 95 puis 103 du dossier d'archives de Digne, qu'on détaillera en temps utile.

2 Condamné pour meurtre en 1924 a été envoyé au bagne de Cayenne jusqu'en 1948. À de multiples reprises, son petit-fils a cherché en vain à faire réviser son procès jusques et y compris après les révélations et fouilles de 2018.

3 Alain Dominici et William Reymond – Flammarion – Paris 1997.

4 Téléfilm de Pierre Boutron, diffusé en deux épisodes sur TF1 en 2003. Outre la thèse du commando, le film prend de nombreuses libertés avec les faits les mieux avérés, tout en escamotant d'autres parmi les moins contestables. L'affaire avait déjà été portée à l'écran par Claude Bernard-Aubert en 1972/73 avec Jean Gabin dans le rôle de Gaston. Et encore, en 1955, Orson Welles avait-il entrepris un documentaire demeuré inachevé.

Quoi qu'il en soit, cette affaire fait donc désormais partie des grands dossiers criminels qui laisseront indéfiniment planer certains doutes, quoi qu'en proclameront les partisans de la chose jugée et *bien jugée,* tel Philippe Bilger[1]. La question, aujourd'hui transformée en polémique pas toujours courtoise sur les réseaux sociaux, survit aux décennies : Gaston Dominici était-il coupable ? Et sinon qui ? L'affaire s'est ainsi muée en une sorte de serpent de mer :

> « *Le public ne s'intéresse plus à la recherche de la vérité, au mieux il s'en divertit, au pire elle l'ennuie, car il se persuade qu'elle ne lui est pas accessible. Sauf si des imposteurs lancent des thèses extravagantes qui flattent sa tendance au manichéisme, sa paresse le conforte dans l'idée qu'il est victime d'une minorité machiavélique qui mène le monde... À défaut de vouloir se contenter d'une seule vérité, ce qui demande effort et abnégation, on n'accède à aucune.* »[2]

Depuis 1952, les enquêtes, procès, supplément d'information et décisions, tout autant que la presse et les investigations de journalistes, les ouvrages, films, émissions de télévision, archives en ligne, bandes dessinées et aujourd'hui les réseaux sociaux, ont fini par tisser un énorme écheveau inextricable où il est sinon impossible, du moins harassant, de faire la différence entre les données fiables et cohérentes, les erreurs, fantaisies ou pures inventions, sans parler des omissions et jusqu'aux procès d'intentions et invectives personnelles.

Par exemple, la protection des archives[3] a pour effet néfaste de laisser n'importe qui reproduire des soi-disant informations plus ou moins édulcorées, invérifiables, truquées sinon inventées, et, avec le temps, de plus en plus sorties des divers contextes du coin et de l'époque. Pas étonnant dès lors que l'affaire soit en grande partie demeurée cantonnée sur le plan des émotions et de convictions infondées. Sans base réellement objective, et sans libre accès aux pièces originales, derrière les anonymats, pièces confidentielles, confidences et même rumeurs, chacun selon son intime conviction, décide de l'erreur judiciaire ou, au contraire, de la validité du verdict. Et, bien sûr, il est facile de se laisser aller à penser qu'*on nous cache la vérité*. Cédant ainsi à la mode de la *conspiration* et du *complot*, certains des convaincus de la culpabilité de Gaston et par un amalgame suspect, vont

---

1 Ancien avocat général hors hiérarchie, puis substitut général jusqu'au 1er septembre 2012.

2 Marc Dugain – *La malédiction d'Edgar* - Gallimard - Paris 2005 - p. 18.

3 La loi du 3 janvier 1979 stipulait que, sauf dérogation, les archives administratives n'étaient pas communicables avant cent ans. Elle a été modifiée le 15 juillet 2008, et le délai ramené à soixante-quinze ans par le Sénat, alors que le texte du gouvernement proposait cinquante ans, notamment à la demande des historiens. Le principe d'ordre général veut qu'il s'agisse de ne pas porter atteinte à la mémoire des survivants. Soit, pour le principe. Mais une affaire criminelle se juge publiquement. Tous les débats et les pièces du dossier sont donc, par principe même, discutables lors de débats publics. On peut alors se demander en quoi consulter ces pièces et les minutes des débats doivent être interdites, notamment aux recherches à caractère académique.

jusqu'à traiter de *révisionniste*, toute discussion critique. Mais comme Giono (oc p. 704) en avait énoncé le principe de précaution : « *Je ne dis pas que Gaston Dominici n'est pas coupable, je dis qu'on ne m'a pas montré qu'il l'était* ». Alors, dira-t-on, si Gaston n'était pas le coupable, au moins faudrait-il un autre assassin.

Et là déjà, de nouveau attention ! Surtout pas de précipitation ni de nouveau faux départ sur une autre conviction sans fondement.

Répétons que la mise en expertise de ce dossier n'a pas comme objectif posé a priori ou masqué, d'innocenter Gaston Dominici, ou au contraire de confirmer sa culpabilité. Il s'agit seulement de voir ce qui peut encore être établi par une investigation rigoureuse du dossier et des contextes, aussi méthodique, inclusive et exhaustive que possible. Comme l'écrivait déjà Jean Laborde dès 1972 (oc p. 430) :

> « *Il peut paraître audacieux de tenter une remise en ordre d'un dossier tel que celui-ci. Quarante mois d'enquête, d'instruction et de contre-enquêtes lui ont donné des proportions démesurées. Soumis à des forces divergentes et parfois incohérentes, il éclate dans toutes les directions. Il semble n'être que poussières et brouillards. Rempli de bruit et de fureur, contenant des passages inexpliqués et peut-être inexplicables, renfermant des procès-verbaux où la logique la plus élémentaire semble bafouée à plaisir, il est avec le temps devenu une espèce de monstre sacré de la chronique judiciaire. Ces milliers de pages fournissent l'exemple type des dommages que peut subir la vérité lorsqu'elle est soumise aux chevalets et estrapades de la Justice. Dans l'affaire Dominici, aucun étage de l'appareil judiciaire n'est resté inemployé. Ayant gravi un à un les échelons de l'escalade, elle permet chaque fois aux observateurs critiques d'en dénoncer les défectuosités et les faiblesses... Cela revient à, poser la question : ce dossier permet-il de découvrir le secret fondamental du drame survenu le 5 août 1952 ?* »

Voilà bien posée la seule, vraie et bonne question.

Un an après Jean Laborde, en 1973 le commissaire Chenevier qui avait mené le supplément d'information, et alors à la retraite, poussait la question un peu plus loin (oc p. 166) : « *Ne reste-t-il aucune chance pour que l'on connaisse un jour toute la vérité sur la tragédie de Lurs ?* ». Et, malgré le non-lieu final puis l'échec des différents recours en révision, il répondait : « *Ce n'est pas mon avis. Je crois toujours en la possibilité d'un coup de tonnerre. J'ai même de très bonnes raisons pour cela.* ». Mille fois hélas, il ne dira rien de ses très bonnes raisons, et le coup de tonnerre n'a pas eu lieu… sauf à considérer comme tel le tapage médiatique déclenché par William Reymond avec la découverte de la piste du commando qui aurait été couverte par une conspiration d'État. Trop vouloir en faire est toujours contre-productif, et gardons-nous bien des effets de la sensation que procure le mécanisme de la *révélation* médiatique.

Car, outre le hasard de la découverte, l'histoire de la connaissance montre qu'*un problème non résolu résulte souvent d'une question mal posée*[1], et avant même que n'interviennent les autres causes, c'est encore et toujours une question de méthode. En attendant d'être résolu, le problème demeure ce qu'on doit appeler une *énigme*, plutôt qu'un *mystère*. Car, au contraire du mystère, qui est une question dont la réponse, par la définition même des philosophes grecs, est inaccessible à l'esprit humain, au contraire d'une énigme qui est une question dont on ne connaît pas (encore) la réponse. En ce sens, l'affaire de Lurs ne relève pas du genre mystérieux, mais bien du genre énigmatique.

Rappelons maintenant quelques précautions indispensables pour que le lecteur, s'il fait certaine confiance aux qualifications et méthodes de l'auteur, sache bien que cela ne peut suffire à le croire sur parole ou par autorité académique. Pour pouvoir se faire une opinion critique, il est nécessaire de fournir au fur et à mesure de l'expertise du dossier, un minimum de précision sur les références et leurs sources.

La question des sources

Précisons d'emblée qu'au contraire de nombre d'auteurs, on ne trouvera entre guillemets et en italiques, que les strictes citations avec référence de source : ouvrages, médias, Internet, archives, etc... Les très nombreuses notes en bas de page[2], d'une lourdeur certaine, sont là pour permettre au lecteur de se faire d'abord une idée du type de source. Certaines inexactitudes, inventions ou déductions des divers auteurs ou de la presse, ne seront jamais citées dans un but polémique ou pour faire la leçon, mais pour différencier les sources, à commencer par les références aux pièces du dossier judiciaire.

La mémoire

Parmi les sources, la mémoire tient une grande place qui est pourtant la plus fragile et la moins fiable. En effet, est-il besoin de rappeler que chacun a la sienne propre, et combien elle est différente de la mémoire des autres. Plus le temps passe, plus la réalité, sinon la vérité, a du mal à s'y retrouver, et plus le rétablissement de cette réalité demande de travail et d'effort. Et qui en a clairement conscience et se rend compte combien sa propre mémoire dérive, se modifie, se transforme et s'efface. Au fur et à mesure que l'âge avance, la mémoire, comme la culture, c'est ce qu'il reste quand on a tout oublié. Ainsi, les témoignages, pour intéressants qu'ils soient à divers égards, s'ils ne sont pas vérifiables, n'ont qu'une validité illusoire au regard de l'objectivité ou de

---

1 Ne pas confondre avec un autre adage mal construit : *un problème est à moitié résolu quand il a été bien posé*. En effet, comment bien poser un problème inconnu. En revanche, c'est à bien poser les questions qu'il devient possible de cerner correctement un problème.

2 Quelques annexes en fin d'ouvrage, permettent d'alléger le corps de texte.

l'Histoire. C'est hélas, le lot de ce qu'il demeure encore de témoins, comme des traces de tous les témoignages.

Les témoins et survivants

D'une certaine façon, il en est des gens comme de leurs souvenirs : leur vie les fait dériver, se modifier et se transformer au point qu'on peut dire qu'il n'y a plus grand-chose de commun entre un grand-père et l'enfant qu'il a été. Prenons Roger Perrin, autre petit-fils de Gaston Dominici, décédé en 2019 n'était plus le Zézé qu'on va trouver âgé de seize ans au moment du drame. Pour celui qui avait usé la totalité du temps de sa vie, que restait-il de commun avec ce qu'il était à cet âge ? Bien sûr son identité demeure. C'est-à-dire ses nom, prénom, date de naissance, ascendants, empreintes diverses, code génétique, etc. Mais l'histoire de sa vie avait raboté, transformé et peut-être même enrichi ce qu'on appelle sa personnalité. Combien serions-nous surpris si nous pouvions revenir en arrière. Il est certain que nous nous sentirions étrangers à nous-mêmes, ne reconnaissant ni nos sentiments, ni notre façon de voir et de penser. Surtout, nous ne retrouverions pas le souvenir que nous en avons gardé, et qui s'est modifié avec les années. Mais n'est-ce pas s'arranger à bon compte et se déresponsabiliser ?

À la différence de l'immanence du jugement moral, le droit a justement introduit une dimension du temps passé. En fonction du type de faute, crime ou délit, le droit a agencé la gradation des délais de prescription, c'est-à-dire d'extinction des poursuites. N'est-ce pas dire que le temps modifie ce qui constitue la responsabilité sociale[1] ? Qu'est-ce à dire ?

En gardant l'exemple de Roger Perrin, ce qu'on peut dire de lui à l'époque du drame, allant jusqu'à l'y impliquer, ne doit pas porter atteinte à une certaine retenue qu'on doit aujourd'hui à sa mémoire. Certes, la précaution va sembler quelque peu contournée et spécieuse, tant nous sommes persuadés d'être éternellement nous-mêmes, et que ceux qui ont un jour fait le mal sont éternellement coupables et responsables. Mais attention à la méprise : pas question pour cette expertise de dissoudre les fautes et encore moins d'absoudre qui que ce soit. Seules les victimes le peuvent. Mais il faut prendre conscience que cette pérennité de l'être est un mythe que l'espèce humaine cultive pour masquer l'évidence insupportable du vieillissement et de la mort.

Dans le cas de Roger Perrin, nous marquerons facilement cette différence d'époque avec un artifice. Nous emploierons partout son diminutif de Zézé pour désigner le garçon des années 50, et en faisant l'effort de ne surtout porter aucun jugement sur la mémoire du vieil homme d'aujourd'hui. Hélas, cet

---

1 Le droit établit aussi une distinction fondamentale entre *responsable* et *coupable*. Discussion complexe et difficile sans objet dans cette affaire, induisant toutes sortes de méprises dans l'esprit public. Pour faire simple, la culpabilité est une notion morale, la responsabilité une notion sociale. Ainsi peut-on être responsable sans faute, et coupable sans responsabilité. En dire plus serait hélas trop long à développer.

artifice n'est guère possible avec ceux qui n'ont pas de surnoms. Et c'est dommage, notamment pour Yvette Barth, comme pour la mémoire de ceux qui ne sont plus. Hélas aussi, par la force des évènements et malgré tout ce que les vivants et descendants peuvent en penser et ressentir, les intervenants dans cette affaire sont devenus des personnages publics, plus ou moins concernés par un drame atroce, sur lequel la vérité n'a pas été établie. Comme il est indéniable qu'au moins Yvette Barth détient encore tout ou partie de cette vérité, à ce seul titre, elle ne peut espérer, encore mille fois hélas, échapper aux investigations, et à une implication dans les hypothèses de résolution de l'affaire. Car la mémoire des victimes passera toujours avant toute autre considération, et par-delà même la chose jugée.

On pourra d'ailleurs constater que toutes précautions d'objectivité et d'impartialité seront tout spécialement prises et respectées pour exposer ce travail d'expertise, notamment par l'emploi de mots, adjectifs et verbes au sens précis et strictement délimité, assortis des modes conditionnels adéquats. Seuls les faits avérés ou dires incontestés seront présentés comme tels. Aucun dialogue ne sera inventé ni surtout mis entre guillemets[1]. Répétons qu'on ne trouvera toujours entre guillemets et en italiques, que des citations strictes avec références de source. Enfin, ne seront utilisées ni métaphores, ni envolées lyriques, ni pirouettes polémiques comme trop de journalistes et d'auteurs, mais plus étonnant même des policiers et magistrats. De même, rien ne sera qualifié de façon arbitraire, partiale ou subjective. Le domaine psychologique ne sera abordé qu'avec précaution par les mécanismes de comportement, en évitant tout jugement de valeur ou de morale, au contraire là encore de policiers, magistrats, avocats, journalistes et auteurs, qui s'y sont trop souvent livrés. Par exemple emblématique, le commissaire Sébeille déclarant publiquement sa conviction, qui plus est à la barre des assises à propos de Gaston Dominici[2], « *Jamais je n'ai vu menteur plus comédien, joueur plus méfiant, conteur plus plaisant, finaud plus matois, septuagénaire plus gaillard, despote plus sûr de lui, calculateur plus retors, dissimulateur plus rusé... Gaston Dominici, c'est un étonnant Fregoli d'âmes humaines et de pensées animales. Il n'a pas plusieurs visages, le faux patriarche de La Grand'Terre, il en a cent !* », *illustre* à nouveau et conclut assez bien ce qui a été montré de la différence avec le détachement qui doit présider en expertise.

Les ouvrages[3]

Dès leur lecture exhaustive et comparative, le plus élémentaire essai de mise en cohérence apparaît impossible, tant ils diffèrent déjà sur la plupart des faits trop souvent rapportés de façon inexacte et sans références, sans parler des omissions, des inductions, des déductions prématurées, des a priori et

1 Au contraire de ce qu'ont fait certains auteurs, principalement Gabriel Doménech.

2 Notamment par Roland Barthes, oc p. 50.

3 Liste complète en bibliographie annexe.

convictions, comme hélas aussi des inventions. Il est donc inutile de procéder à une revue critique de ces ouvrages[1], d'ailleurs de très inégale valeur. Ceux qui font preuve de méthode et contiennent des éléments solides, seront cités à propos. Hélas aussi, aucun des auteurs, qu'ils soient policiers, avocats, magistrats ou journalistes, ne citent de références aux sources, notamment du dossier judiciaire. Et pourtant. Car ce n'est pas mettre en doute l'honnêteté des auteurs ni une préciosité d'universitaire, que de donner au lecteur le moyen d'aller vérifier s'il le souhaite.

Les médias

Déjà, le terme n'était pas celui de l'époque. Chez soi, n'entrait alors que la presse et la radio pour qui disposait d'un *poste de TSF*. Au cinéma, on pouvait voir les *actualités cinématographiques*[2], de rythme hebdomadaire en noir et blanc, et sans commune mesure avec nos infos immédiates et télévisées[3] en couleurs et en direct. Car, bien sûr la télévision était encore un luxe rare et citadin, en noir et blanc[4].

La presse, dont les quotidiens astreints au jour le jour, diffusait des *nouvelles*. N'ayant pas les moyens de recueillir les faits avec exactitude et surtout le temps de les vérifier, le terme de *nouvelles* était plus exact que celui d'*informations*[5]. Car quand, la presse se trompe, elle ne dément presque jamais. Et même démenti, ce qui a été imprimé, laisse une trace difficile à effacer.

Les *nouvelles* fournies par la presse de l'époque ne peuvent donc être considérées, sans analyse, vérification ou confrontations, comme des sources fiables, sauf sur la façon dont l'affaire était perçue et traitée dans l'immédiat du jour le jour, et bien sûr soumise à la ligne politico-idéologique propre à chaque journal, mais aussi à ce qu'on appelle le *paradigme* général propre à chaque époque. On imagine mal ce qu'il en était alors au regard de l'évolution des médias moderne et notamment de l'irruption de l'immédiat en direct.

---

1 Qui bien sûr, a été menée comme il se doit dans toute expertise, avec l'exhaustivité des pièces.

2 Il n'en existait que deux : *les Actualités françaises* et le *Pathé journal*.

3 Le comble de la désinformation se trouve être le montage indûment présenté comme une synthèse, sous forme d'un *documentaire* produit par Jean-Charles Deniau et Madeleine Sultan qui se retrouve sur le site *youtube*, produit pour TF1 par *atelierdesarchives.com.* C'est un survol sommaire de l'affaire en 52 minutes avec images d'archive. Outre l'inévitable faussaire Jacques Chapus, il est truffé d'avis péremptoires, d'inexactitudes, d'omissions, d'interviews et d'inductions primaires, de psychologie de comptoir, de jugements infondés et de conclusions erronées, contredisant tout ce qui est le mieux établi.

4 L'ORTF date de 1964.

5 Hélas, le terme d'*information* recouvre toutes sortes de notions qui n'ont pas forcément le statut de données vérifiées, ce qui veut dire dont on connaît les sources. Notamment les journalistes, au motif louable de la protection de leurs sources, ôtent à leurs informations une bonne part de crédibilité, au sens de la discipline historique ou expertale.

Internet

Depuis son intrusion accélérée, l'information s'est diffusée de façon exponentielle, complètement anarchique et hors contrôle. Car la façon dont ces informations sont mises en ligne, ne permet d'abord pas de les accepter sans vérifier en allant justement aux sources, lesquelles si elles sont citées ne donnent pas toujours les références précises nécessaires à leur validation. D'autre part les contenus évoluent. Si c'est bien sûr une chose normale, elle a comme inconvénient qu'Internet ne peut jamais être cité en référence. Moins fiables encore, bien sûr sauf exception, sont les forums et autres réseaux sociaux qui ont relayé de façon exponentielle les confidences masquées et les rumeurs devenues un véritable fléau avec la crue dévastatrice des *fake news.*

Les archives

Il faut donc en revenir aux supports stables, principalement sur papier, microfilms ou en ligne, conservées par des organismes pérennes soumis à des protocoles stricts. S'agissant ici d'expertiser une affaire judiciaire, le principal des sources est donc constitué par les enquêtes de police et de gendarmerie, l'instruction, enfin le dossier d'accusation sur lesquels l'affaire a été jugée avec ses suites, le tout en corrélation avec les annexes les plus étendues possible.

En 2004, pour la première fois, autorisation m'avait été donnée de consulter l'original de l'entier dossier judiciaire. J'avais alors opéré à raison de deux après-midis par semaine pendant deux années, page à page. Plus de 6000[1]. Sans compter les innombrables autres documents consultés et les vérifications.

Avec le dossier judiciaire et l'arsenal des sources disponibles, peut commencer le processus d'expertise avec une mise en œuvre méthodique.

Et d'abord l'ordre chronologique[2]

Afin de ne pas inverser l'ordre des causes et des effets, le premier travail d'expertise consiste donc à mettre en ordre chronologique tous les événements et documents. Et avec le recul, il devient possible de suivre l'*ordre causal*[3] dans une présentation chronologique. C'est-à-dire, lorsque comme aujourd'hui, on connaît certains des évènements et documents qui n'étaient pas connus au fur et à mesure de la chronologie au jour le jour, introduire ces éléments permet de mieux comprendre le sens des évènements et leur enchaînement. Ce qui bien sûr, n'était pas ce qui apparaissait aux enquêteurs

---

1 Le dossier judiciaire, archivé à Digne-les-Bains aux Archives départementales des Alpes de Haute-Provence, comporte quatre grands dossiers A, B, C et D, plus des annexes hors procédures dont une intitulée *Parquet*. Les pièces sont numérotées par une *cote* comportant la lettre du dossier et le numéro d'ordre d'enregistrement de la pièce. Les autres références alphanumériques sont celles propres à la police, à la gendarmerie, à la justice ou autres.

2 En annexe la chronologie des principaux événements.

3 Sartre en a énoncé le concept.

dans l'apparition des faits à l'époque. Vient ensuite la mise en œuvre d'une autre invention conceptuelle, *la déconstruction*[1].

La déconstruction

C'est une manière **constructive** et non pas **destructrice**, qui a pour objectif, comme le travail d'un archéologue, de ramener au jour les éléments mais en tenant compte de leurs contextes sédimentaires. Cette mise en évidence d'une certaine **sédimentation** des informations, montre déjà qu'elle occulte souvent la perception donc la prise en considération des évolutions. Or celles-ci montrent quelles ont été les causes de sédimentation et de sa transformation avec le temps. C'est ainsi chercher à identifier les **structures,** les **fonctionnements** et l'**histoire** des faits, événements, pièces et contextes derrière les formes et les apparences[2].

Pour exploiter les résultats de ces méthodes d'exploration et d'analyse, il existe deux grands types de méthode pour synthétiser, assembler et présenter les pièces d'une affaire. Schématiquement, composer une image d'artiste en **mosaïque**, ou alors procéder à un assemblage archéologique façon **puzzle**.

Mosaïque ou puzzle[3]

Composer une mosaïque consiste donc à créer une image à partir d'un canevas préconçu. Et pour la concrétiser, les pièces ne sont pas choisies pour leur compatibilité à s'assembler de façon cohérente, mais seulement pour correspondre au canevas. Et celles qui ne correspondent pas sont rejetées sans autre forme de procès. Dans une mosaïque les pièces peuvent donc s'assembler presque n'importe comment pourvu qu'elles permettent d'en arriver à l'image préétablie. L'ouvrage du commissaire Sébeille illustre de façon caricaturale la construction d'une vérité en mosaïque, laissant de côté toutes les pièces qui ne correspondent pas à son canevas.

Au contraire, pour composer un puzzle et retrouver l'image à partir d'un lot de pièces uniques aux caractéristiques bien précises, on ne peut procéder qu'en les assemblant selon leurs seules compatibilités. Et c'est seulement au final qu'apparaît l'image qui n'était pas perceptible avant assemblage. C'est-à-dire exactement le contraire de la composition d'une mosaïque.

Aucun auteur n'a proposé un puzzle complet et cohérent intégrant **tout** ce qui peut encore être trouvé. Seul le commissaire Chenevier puis Jean-Louis Vincent ont proposé des esquisses de puzzle, mais incomplètes du fait qu'ils

---

1 Méthode inventée par Jacques Derrida.

2 C'est schématiquement la méthode du *structuralisme* inventé par Claude Lévi-Strauss, ayant d'ailleurs influencé Derrida.

3 Rendons à César : dans son ouvrage *Toute la vérité* en page 8, le commissaire Chenevier prend déjà l'image d'un « *puzzle géant* ». Mais il en reste à l'image, sans en utiliser la méthode, laissant de côté un grand nombre de pièces notamment techniques, sans même le bénéfice de la discussion.

ont laissé de côté nombre de pièces et omis d'analyses, et pas des moindres. Pas étonnant que l'affaire soit donc demeurée énigmatique.

Conclusion

Ces deux images, du puzzle et de la mosaïque, illustrent parfaitement la différence fondamentale entre deux méthodes. Et il est évident qu'il s'agit de procéder selon la méthode du puzzle, en agrégeant toutes les pièces disponibles qui doivent s'assembler après avoir été validées par degré de **plausibilité**, **crédibilité**, **probabilité** et **fécondité**.

Plausible signifie qu'il n'y a pas d'obstacle majeur à être admis, donc crédible. *Probable* soumet la plausibilité à un contexte. Lorsque les éléments plausibles s'assemblent de façon cohérente et sans contradiction, ils forment ce qu'on appelle une *probabilité*, en droit criminel une présomption. Bien sûr, l'enchaînement cohérent et non-contradictoire de présomptions renforce la probabilité. Mais, in fine, aucune présomption ne suffit à faire preuve. C'est pourquoi, dans cette affaire, en dehors des thèses, on ne pourra jamais qu'aboutir qu'à des hypothèses fondées sur un faisceau de présomptions, avec des degrés de probabilité, dont certaines apparaissent comme difficilement contestables. La probabilité s'établit par une discussion sur la validité des composantes d'une pièce et sur l'origine des informations la concernant. La *fécondité* émerge de ce qui explique ou conforte un plus ou moins grand nombre d'autres pièces, en renforçant la cohérence d'ensemble.

Cette méthode exige qu'au départ, toutes les pièces soient prises en compte, analysées à égalité, avant d'être validées ou invalidées par vérification ou discussion critique et probabilité. Aucune pièce ne doit être écartée sous prétexte qu'elle contrarie un canevas ou encore moins une opinion ou une conviction, même morale. Au fur et à mesure, des amorces de puzzle prendront figure cohérente, et deviendront des hypothèses de scénarios pour dénouer l'énigme de Lurs.

Car c'est bien là le but poursuivi, qui n'est pas d'accuser ou de défendre Gaston Dominici ou d'autres, mais de tenter de dénouer un à un autant que faire se peut les moindres fils qui ont tissé le nœud de cette énigme coriace. En reprenant donc l'ensemble des éléments du premier travail déjà paru, ce nouvel ouvrage devrait être, sinon un peu plus digeste, du moins plus objectif et impartial encore, avec une meilleure lisibilité des points confortant ou invalidant les diverses pièces, informations, confidences, thèses et hypothèses[1], y compris bien sûr la chose jugée.

1 Là encore, la différence est fondamentale. Une *thèse* est posée a priori puis défendue en utilisant tous les arguments positifs et en taisant les négatifs, sans parler d'en inventer. Au contraire, une *hypothèse* est construite à partir de tous les éléments disponibles, sans en escamoter ni inventer, et c'est elle qui doit être modifiée en fonction des vérifications ou invalidations.

Il ne s'agit donc pas ici d'amener le lecteur à adopter une thèse de façon à la fois intensive, c'est-à-dire selon une conviction, et exclusive c'est-à-dire en excluant ce qui la contredit. Au contraire, l'expertise va examiner toutes les données, procéder par appareil critique, et fonctionner par hypothèses en discutant leur degré de probabilité.

*

III

LES VICTIMES

*

Outre l'état des lieux qu'on verra plus loin, le b.a.-ba de toute investigation criminelle débute par une exploration inquisitoire approfondie sur les personnalités des victimes : activités, relations, antécédents, dernières rencontres, dernier emploi du temps, et ici l'itinéraire jusqu'au lieu du drame. Cette investigation a pour objectif de rechercher s'il se trouve un rapport entre victimes et criminels, et aussi de découvrir s'il y a une relation avec un mobile. On s'étonne donc que, s'il y a eu enquête à ce sujet, il n'en demeure aucune pièce au dossier sauf se résumant à peu de choses, souvent inexactes, dans quelques PV et dans un seul rapport[1]. Ce qu'il en est donc connu, est demeuré la version du commissaire Sébeille dans son ouvrage. Et tout le monde s'en est contenté sans approfondir.

À la décharge des enquêteurs, l'époque, le lieu, la période estivale, la proximité de La Gran'Terre, la découverte de la carabine et les maladresses des Dominici, ont très vite conditionné tout le monde policier et judiciaire. C'est ainsi qu'il sera accepté sans aucune investigation que, même si Sir Jack étant mondialement connu, les Drummond constituaient une famille anglaise sans histoire venue passer de paisibles vacances dans une France qu'ils aimaient beaucoup, notamment la fillette. Mais l'investigation qui aurait dû être menée aurait vite montré que la réalité n'était pour le moins pas aussi banale, transparente et sommaire.

Face à ce massacre sans mobile apparent, dont une fillette massacrée à coup de crosse, il semble indécent de devoir aller fouiller dans leurs vies, pour voir si celles-ci ne recèlent pas quelques particularités qui pourraient avoir une certaine incidence sur la cause sinon le mobile du crime. Et pourtant. Si on accepte que les légistes dissèquent les corps, pourquoi police et justice n'ont-ils pas cru devoir faire semblable travail dans le domaine de la biographie ? Car ici, le mobile du drame étant rapidement apparu comme particulièrement conjectural, il faut regretter que l'enquête ait considéré ces investigations sur

1 Rapport du commissaire Sébeille en date du 23/01/53, p. 9 (cote D 168).

les victimes comme pouvant porter atteinte à l'icône publique trop vite construite par les médias.

Car, la moindre investigation montre que la famille Drummond n'était pas une famille sans histoire. Celle-ci se révèle au contraire peu banale, et avec des belles zones d'ombre. Bien sûr, c'est Sir Jack qui constitue l'essentiel de cette histoire et de ses ombres. Sans doute les particularités de sa biographie sont-elles plus aisées à exposer publiquement aujourd'hui qu'à l'époque. On est toujours plus libre lorsque le temps a fait son œuvre, et il est aussi plus facile de voir le profil des personnalités avec le sens et la valeur des interactions avec les évènements. S'il n'y avait pas de zones d'ombre, pourquoi les recherches en dehors des obits académiques, se heurtent-elle toujours à une obstruction tenace sinon à une fin de non-recevoir.

Bien que ce genre d'investigation ne se pratique pas en expertises judiciaires civiles ou administratives, dans lesquelles il n'y a que des *parties* et non des personnes qui s'opposent, il faut donc faire œuvre selon la méthode du biographe. Premier écueil, éviter de se laisser dominer par l'émotion, principale réaction publique et arme redoutable des médias, surtout ici face au massacre d'une famille sans mobile apparent. Plus particulièrement, la façon abominable dont la fillette a été achevée, a marqué ce drame d'une horreur barbare. Et il peut paraître d'autant plus indécent d'aller tout exposer de ce qui peut encore être exhumé.

Le CV de Sir Jack[1]

Âgé de soixante-et-un an au moment du drame en 1952, Sir Jack Drummond est un nutritionniste de renommée internationale. Il a notamment mis au point pendant la Seconde Guerre mondiale, des menus et aliments destinés à parer aux carences alimentaires de la population et de l'armée. Dans l'émotion soulevée par le drame de Lurs, les médias vont l'élever à hauteur d'un prix Nobel[2].

La famille Drummond. © DR

Les obits académiques le disent fils d'un officier de l'armée des Indes où ses parents auraient disparu tragiquement quand il avait deux ans. Ce qui est déjà pure invention devenue véritable scorie que tout le monde a reproduite.

Sir Jack voulait-il se donner une ascendance familiale et une image sociale dignes de son ambition ?

---

1 Les éléments biographiques sont extraits d'une notice mortuaire (*Obituary Notice*) composée notamment à l'aide des *Biographical Memories of Fellows of the Royal Society* (London, 1954, Vol. IX), du *British Journal of Nutrition* (London, 1954, Vol. VIII), et du *Journal of Chemical Society* (London, 1953, Vol I).

2 En 1947, il a reçu le *Lasker Awards*, la plus haute distinction de santé publique.

Car en fait, l'énigme commence avec son lieu de naissance et la nature des liens entre ses parents. Déjà, dans les PV de l'affaire eux-mêmes on trouve deux lieux de naissance, et sans que personne en ait été alerté[1] :

- L'une à Leicester sur son passeport, chef-lieu du comté de Leicestershire dans les Midlands.
- L'autre à New Caster, écrit de sa main dans un carnet lui appartenant. Aucune localité, quartier ou lieu-dit de ce nom ne se trouve nulle part en Grande-Bretagne.

Aurait-on mal lu et confondu avec Newcastle, ou alors serait-ce le nom d'un domaine ? Mais Sir Jack n'a jamais habité Newcastle, ni de maison portant le nom de New Caster. Comme ce nom est écrit de sa main, il ne peut s'agir d'une erreur. Alors ? À l'instar de ses faux parents disparus aux Indes, aurait-il voulu naître dans un New Caster qu'il se serait inventé ? Toujours dans le même objectif de s'élever dans la *hight society* ?

Et plus déroutant encore, le véritable lieu de naissance de Sir Jack est tout autre[2]. Selon le *Family Record Office* (état civil), le garçon, né le 12 janvier 1891, est enregistré à Newington, comté de Londres. Le registre porte le nom de Drummond avec le seul prénom de Cecil, sans aucune mention de père. La mère est Nora Gertrude Mac-Quie, âgée de vingt-trois ans. Comme le suggère le nom de famille donné au bébé, il est donc probable que le père était bien John Drummond, alors âgé de cinquante-cinq ans et colonel au *Royal Horse Artillery*[3]. Mais n'étant pas marié avec Nora Mac-Quie, il aurait donc accepté que le bébé porte son nom sans apparaître. Procédure inconnue en France.

Trois mois après la naissance, lors du recensement de mars 1891, Nora Mac-Quie et le colonel John Drummond habitent ensemble Wisteria Villa, 65 Howard Road, Clarenton Park, à Leicester. Le prénom de Jack y est déjà associé à Cecil. Il apparaît donc qu'à l'époque ses parents n'étaient toujours pas mariés. Le 1er juin de la même année, le colonel décède d'une bronchite. Le certificat de décès porte « *sans parents ni testament* ». Pourtant le colonel avait une sœur cadette, Maria, qui héritera d'ailleurs de ses biens. Nora Mac-Quie demeure ensuite à la même adresse, comme « *veuve Nora Drummond* » et aura un autre enfant, né en janvier 1893, à nouveau de père inconnu. Au décompte des mois, cet autre enfant ne peut être du colonel Drummond. James Austin Smith, neveu et seul parent de Sir Jack, vivant au moment du drame, serait donc le fils de cette demi-sœur de Sir Jack. Nora Gertrude meurt à son tour de tuberculose en juillet de cette même année 1893. On ne sait ce que deviennent les deux enfants, dont le petit Cecil. On ne retrouve sa trace que huit ans plus tard, en 1901, au moment où la sœur du colonel, Maria, se marie avec le Captain Quarter Master George Spinks, ancien de la guerre de Crimée.

1 PV n°387 du commissaire Sébeille en date du 05/08/52 (cote D6).

2 Notamment Helena Mac-Lean, *Personnal Biography - Sir Jack Drummond* - London 2007.

3 Sauf erreur, ni John Drummond, ni ce régiment n'ont jamais été affectés aux Indes. C'est le régiment d'apparat de la garde royale.

Maria est elle aussi donnée comme une enfant « *naturelle et légalement seule proche parente* », en fait demi-sœur de John Drummond. Au moment du mariage de Maria, on trouve à ses côtés un garçon de dix ans qui habite avec elle sous le nom de Jack Cecil Spinks. Le petit Cecil a ajouté le surnom de son père en prenant le patronyme de son oncle. Ils vivent à Londres, quartier de Charlton à Greenwich. C'est seulement lors de sa majorité, en 1911, que Jack Spinks reprend le nom de Drummond en privilégiant Jack sur Cecil. Ces données soulèvent six questions :

1 - Comment Nora Gertrude Mac-Quie a-t-elle pu inscrire un fils à l'état civil de Newington sous le nom de Cecil Drummond, sans mention de père ?

2 - Comment cet enfant peut-il prendre comme prénom un diminutif Jack, et porter officiellement le nom de Spinks jusqu'à sa majorité ? La carte d'identité n'existant pas en Grande-Bretagne, ce sont les recensements de 1891 et 1901 qui ont enregistré ce qui était seulement une convenance familiale.

3 - Comment le passeport *Official Governement* trouvé à Villefranche-sur-Mer peut-il porter un diminutif au lieu du prénom enregistré à l'état civil ?

4 - Comment un passeport officiel peut-il porter Leicester comme lieu de naissance, au lieu de Newington ? Si Leicester était bien le lieu de la résidence de la famille peu après la naissance du petit Jack, comment l'autorité qui délivre un passeport pouvait-elle changer le lieu officiel d'enregistrement de la naissance ? Il est probable qu'à l'époque de la naissance, Newington devait être le domicile de Nora Gertrude, tandis que John Drummond habitait déjà Leicester, où Nora Gertrude serait venue le rejoindre après la naissance du petit Cecil.

5 - Comment Sir Jack a-t-il pu porter sur son carnet, l'imaginaire New Caster, de sa main même, comme son lieu de sa naissance ?

6 - D'où vient la fausse information dans les obits, sur des parents de Sir Jack morts aux Indes ?

Si les deux premières questions peuvent se satisfaire des réponses que nous avons déjà proposées, en revanche, il apparaît pour le moins peu ordinaire qu'un passeport *Official*, c'est-à-dire quasi diplomatique, datant des années 50, porte comme localisation de naissance une adresse différente et postérieure à celle de l'état civil, et porte un diminutif avant le prénom déposé à l'état civil. Que signifient ces petits arrangements ?

Quant à New Caster, répétons qu'il est impensable que Sir Jack ait pu se tromper. Au passage, ce carnet a été rendu à la famille sans que les enquêteurs se soucient de faire traduire ce qui s'y trouvait. Et ce faux lieu de naissance n'a alerté personne. Même si ces questions pouvaient ne pas sembler intéresser le fond de l'affaire, voilà un Sir Jack déjà bien énigmatique au départ avec ses divers lieux de naissance, son surnom, remplaçant officiellement son prénom d'état civil. Pour le moins, c'est un pedigree peu ordinaire pour un sujet éminent de sa Majesté tel qu'on le présentait officiellement.

John Cecil ira à la *John Roan School* de Greenwich, puis à l'*East London College* de la Strand, d'où il sortira en 1912 avec une licence ès-sciences en chimie. Il intègre ensuite volontairement le *Special Reserve of Officers*. Car le service militaire n'est pas obligatoire en Grande-Bretagne. À sa sortie, il est rendu à la vie civile en restant affecté au régiment de réserve de l'*East Surrey*. Mais voilà qu'en 1914, début de la guerre, il échappe à la mobilisation en étant déclaré inapte au service armé pour déficience cardiaque[1]. D'abord est-ce vraiment crédible après qu'il a déjà subi les examens d'incorporation et surtout le dur entraînement physique et sportif d'une école d'officiers ? De plus, une telle réforme n'est guère dans l'habitude des armées, surtout après qu'elles ont investi dans la formation d'un officier, et plus encore en temps de guerre. Sauf gravité extrême, les armées conservent leurs gradés réformables en les affectant à des tâches administratives excluant les efforts physiques. Il convient donc d'examiner le cas de cette subite faiblesse cardiaque.

Rappelons qu'en 1914, les moyens d'investigation cardiaque n'étaient en rien comparables, et de très loin, à ce qu'ils sont devenus en 1952, sans parler d'aujourd'hui. Si la radiographie commence à être utilisée ce n'est pas encore le cas de l'électrocardiogramme qui en est à ses balbutiements[2]. Pour détecter une telle déficience et en faire un motif de réforme, il fallait donc que les symptômes soient très apparents, donc extrêmement graves. Or, à ce qu'on en sait la vie de Jack Drummond ne reflètera jamais le souci d'une telle affection. Au contraire même, car il est avéré qu'il s'est adonné avec un entrain particulier au cricket et même à la boxe qu'il a pratiquée jusque vers cinquante ans. Par ailleurs, c'était un bon vivant qui aimait la fête, la bonne chère, les alcools, la cigarette et le cigare. Son embonpoint le prouve, et il buvait et fumait encore la veille du drame. Durant sa vie professionnelle il développera une grande activité, et à part un minime incident cérébral avant ces vacances en France de 1952, on ne trouve aucune mention d'éventuelles alertes cardiaques. De plus, dès avant-guerre, il fera de nombreux voyages. Il empruntera souvent l'avion, pourtant alors déconseillé aux cardiaques. En

1 Le commissaire Sébeille s'en fait l'écho (oc p. 11) sans noter la contradiction avec le reste de sa biographie qu'apparemment il ne connaît d'ailleurs pas, et surtout les constats de l'autopsie que nous verrons.

2 Rontgën, découvreur des rayons X (prix Nobel en 1901), avait appliqué la première radiographie sur la main de sa femme en 1895. En 1906, William Einthoven publie les premiers électrocardiogrammes pathologiques (prix Nobel en 1924). Mais c'est seulement à partir de 1932 que l'électrocardiogramme sera utilisé pour le diagnostic médical.

effet, même les avions de ligne étaient rarement ou mal pressurisés avant la fin de la guerre[1]. Et le rapport de son autopsie[2] confirmera d'ailleurs :

« *Le cœur est intact, ses valvules sont saines. Les gros vaisseaux, aorte, veines pulmonaires, artère pulmonaire, ne sont pas altérés.* »

Un tel état cardiaque à soixante-et-un ans, après une vie aussi active, serait d'autant plus surprenant pour celui qui, jeune officier de vingt-trois ans, avait été réformé pour cause de grave problème cardiaque au début de la Grande Guerre.

Sa réforme apparaît donc d'autant moins justifiée, que l'inexactitude du motif n'est guère contestable. Cette réforme survenant au moment critique d'une entrée en guerre, la thèse du transfert du jeune officier Jack Drummond dans un service discret, sinon secret, devient alors plausible. Et le contenu de son passeport officiel pourrait en être une présomption. Bien sûr, cette appartenance a été démentie. Mais on sait qu'en cas de problème, le déni est la règle absolue. Et, bien sûr, l'engagement de Sir Jack n'a pu être ni prouvé ni infirmé de façon formelle. Alain Monestier (oc p. 202) a écrit, hélas sans citer de source : « *Jack Drummond avait fait la guerre dans les services de renseignements* ». À l'appui et même sous caution, Vincent Carrias, propre fils du juge qui a clos l'affaire, avait publié sur son site Internet[3], un témoignage qu'il qualifiait lui-même de « *très intéressant* ». C'est une lettre qu'il avait reçue en octobre 2003 d'un certain Bruce Mac-Nair. Ce dernier témoignait qu'étant enfant, il se souvenait très bien que son père et Sir Jack travaillaient pour les services de renseignements, traduisant notamment les publications scientifiques allemandes concernant la guerre. Sir Jack aurait-il donc possédé aussi un minimum de langue germanique ?

Quoi qu'il en soit, de 1914 à 1939, Jack Drummond mènera une carrière universitaire de *chemist*[4]. Elle devient vite brillante comme spécialiste de la nutrition et de la malnutrition. Il recevra de nombreuses distinctions. En 1936, il sera notamment boursier de la fondation Rockefeller. C'est à ce titre que, de janvier à mai de cette même année 36, un voyage d'études le mènera dans les pays d'Europe du Nord et de l'Est : Pays-Bas, Allemagne, Autriche, Tchécoslovaquie, Hongrie, Suisse, URSS, Pologne, Finlande, Suède, Norvège et Danemark. Peut-on déjà noter qu'à l'époque ces pays n'étaient pas concernés par des phénomènes de malnutrition, sauf l'URSS où c'était parfaitement masqué. En revanche, tous étaient au premier chef concernés par

1 Les avions militaires ne sont pas pressurisés. Les premiers avions de ligne qui le seront, sont américains : *Boeing* 307, 10 exemplaires en 1938, et *Looked Constellation* premier avion de ligne, en 1943. Les avions anglais viendront après la guerre : *Avro Tudor* en 1946, puis *Comet de Havilland* en 1949.

2 Rapport d'autopsie, cote D 37, que nous détaillerons en temps utile.

3 La totalité avec scans de documents, se trouvait sur les sites internet de Vincent Carrias qu'il a fermés depuis. Pourquoi cette disparition ?

4 Le commissaire Sébeille le dit seulement entrer à l'Institut du cancer de Londres en 1914 (oc p. 11) ? C'est là où il a connu son ami Guy Marrian.

le déséquilibre européen créé par le Traité de Versailles qui menait droit vers une nouvelle guerre mondiale.

Pour rester dans le domaine des voyages, en 1942/43 donc au plus fort de la guerre, Sir Jack se rendra au moins à Malte et en Libye-Tripolitaine, occupé au régime alimentaire des troupes britanniques[1] et accessoirement à la malnutrition des populations. Mais ces problèmes en ces régions préoccupaient-ils les Britanniques au point d'y dépêcher Sir Jack dans des conditions périlleuses ? Certes, la Libye-Tripolitaine représentait un enjeu crucial dans l'opération de Rommel visant l'Égypte, et menaçant donc le passage vers l'Orient par le canal de Suez. Et il est bien connu que Malte était alors la plaque tournante du renseignement britannique en Méditerranée.

En juin 1944, Sir Jack est affecté auprès du SHAEF, le haut commandement allié basé à Londres, en tant que conseiller scientifique concernant la nutrition des armées et des zones occupées. Rappelons que dans les derniers mois de la guerre, après la mort de Roosevelt, Truman avait décidé, en dépit des accords concédés à Staline, de s'opposer autant que possible à l'avance des Soviétiques en Europe. Et il rencontra une même volonté chez certains chefs militaires allemands opposés au jusqu'auboutisme du Führer. C'est ainsi que des négociations secrètes seront menées pour la reddition de la poche de Hollande. Mais avant cela, une *Operation Sun Rise*[2] avait été menée avec des dignitaires nazis pour tenter d'obtenir la reddition d'armées allemandes sur le front de l'Ouest.

Et on sait que Staline garda une solide rancune contre Truman et les acteurs de ces manœuvres en bloquant notamment Berlin. Il poursuivit aussi de sa vindicte les *services* qui s'occupèrent de récupérer les savants allemands ayant travaillé sur le nucléaire et les fusées[3]. On a pu voir un ancien responsable de l'ex-KGB, le lieutenant-général Sergueï Kondrachov à la retraite, le dire devant la caméra de Jean-Charles Deniau et Madeleine Sultan, mais nier toute implication de Sir Jack[4].

---

1 Selon le journaliste Alex Ancel au *Parisien Libéré*, dans une interview de Mrs Constance Wilbraham, mère de Lady Anne, parue le 12/11/54, celle-ci lui aurait dit que Sir Jack était allé partout pendant la guerre où il étudiait le meilleur régime pour les soldats. Elle cite Malte, puis la Tripolitaine et la Libye (ces deux régions n'ont été réunies en un seul État que depuis 1951 seulement). Confirmé par le commissaire Sébeille : « *plusieurs fois à Malte en avion* » (oc p. 12).

2 Menée de mars à mai 1945, par Allan Dulles avec le général SS Wolf, sous l'égide des Suisses, pour amener l'armée allemande d'Italie à capituler. Son but était d'empêcher les partisans yougoslaves d'occuper la Lombardie pour aider les partisans italiens à faire basculer l'Italie dans un régime communiste.

3 Opération *Over Cast* devenue *Paperclip*. Les affirmations au sujet d'une participation de Sir Jack à ces opérations sont basées sur des supputations et/ou témoignages sujets à forte caution et tous tardifs, sans aucune preuve, faute de sources vérifiables. Par exemple, celles que Jean-Louis Vincent a vérifiées ne contiennent aucune mention de Sir Jack.

4 Documentaire diffusé pour la première fois le 11 décembre 2003, où ils donnent foi sur parole et sans aucune vérification, à ce que leur affirme ce Kondrachov (oc p. 17 & 18). Ils

Sir Jack en Hollande

En avril 1945, trois opérations ont été menées par les Alliés derrière les lignes allemandes de la *poche de Hollande*, afin de ravitailler les civils affamés. Elles auront lieu entre le 27 avril et le 7 mai 1945. Deux de ces opérations sont des parachutages de vivres, l'une *Operation Mana* est menée par la RAF, l'autre *Operation Chowhound* par l'USAF. La troisième, *Operation Faust,* après négociations avec les Allemands, commença à partir du 5 mai par convois de camions. C'est dans le cadre de cette opération, que Sir Jack aurait conduit deux convois derrière les lignes allemandes, l'un le 5 mai à Bilthoven et l'autre le 6 à Hilversum[1].

Dès le lundi 12 août 1952, *L'Humanité*[2] publie un encart extrait du très conservateur *Sunday Express* avec la photo de Sir Jack, pointé d'une flèche, en uniforme de *Home Guard.* On le voit au milieu de militaires allemands. L'auteur s'indigne d'un Sir Jack en conversation avec des nazis toujours en temps de guerre.

Il écrit : « *Après le crime de Lurs, certains ont parlé de crime des services secrets. Cela leur donnerait-il raison ?* ». Quels sont les *certains* qui, dès avant le 12 août, auraient déjà émis cette hypothèse ? Et personne n'avait encore suggéré que Sir Jack ait parlé allemand avant que le fils du juge Carrias ne vende la mèche. En fait *La Marseillaise* a, le même jour, publié la même photo mais avec un texte beaucoup plus étoffé, détaillant les missions de Sir Jack dans les deux villes et négociant une trêve avec des Allemands ivres dans la perspective de l'effondrement imminent du Reich.

Interrogés, divers organismes de ces deux villes néerlandaises ont répondu n'avoir trouvé dans leurs archives aucune trace de ces missions britanniques.

Parmi les survivants qui ont pu être contactés, il ne s'en est trouvé aucun se souvenant de camions anglais ni même d'un ravitaillement avant la capitulation. En revanche, après cette dernière, associées à de très nombreux souvenirs, des photos montrent des files de camions GMC frappés de l'étoile US avec distribution de vivres. Une seule photo montre une estafette anglaise à moto qui aurait traversé Hilversum sans même s'arrêter. Rien non plus à

---

le présentent comme « *ex-directeur du département britannique du KGB… justement chargé de la récupération des savants nazis en 1945* ». Nous y reviendrons bien sûr.

1 Le commissaire Sébeille en parle (oc p. 12).

2 © Avec l'autorisation courtoise du service documentaire de *L'Humanité*. L'encart est signé du pseudo Jean Valjean qui était Jean-Pierre Chabrol.

Bilthoven. Où sont donc passés les convois anglais conduits par Sir Jack, dont personne ne se souvient et dont ces villes n'ont gardé aucune archive ?

Après la capitulation, Sir Jack sera affecté à la Commission de contrôle de la zone d'occupation britannique en Autriche, où le contact avec l'URSS sera direct, ce n'est pas un secret[1]. On trouvera, dans les affaires des Drummond sur les lieux du drame, une paire de sandales portant la marque *Made in Czekoslovaquia*[2]. Voilà une preuve que Sir Jack était encore en relation avec ce coin d'Europe. Car où Lady Anne aurait-elle pu trouver cette paire de sandales dans une boutique de Nottingham ?

Dès le début de la Seconde Guerre mondiale, en 1939, Jack Drummond avait donc échappé à la mobilisation et avait donc intégré des organismes officiels, sous tutelle du ministère du Ravitaillement, puis des armées alliées. Et il est vrai qu'il participa avec brio aux problèmes de nutrition de la population anglaise pendant la guerre. Il sera d'ailleurs anobli à ce titre, au grade de baronet en 1944. Mais avant-guerre, ses fonctions de nutritionniste justifiaient-elles autant de déplacements non sans danger pour un fonctionnaire au Ravitaillement ? Participa-t-il, sous ce couvert de nutrition, à d'autres missions ? Si la biographie de Sir Jack ne dit pas qu'il travailla pour Porton Down[3], elle rapporte cependant qu'il y fit au moins des visites dans le cadre de ses activités[4]. Or Porton Down travaille notamment sur tout ce qui touche aux armes chimiques et bactériologiques. Et Sir Jack y était allé pour tester les questions de contamination et de décontamination des aliments exposés aux gaz toxiques.

Après la guerre, Sir Jack voyage encore pour des missions en Europe occupée, mais aussi aux USA et au Canada. Oubliée toujours la déficience cardiaque, alors que nombre de ces très longs déplacements se font par avion qui, bien que pressurisés, sont encore déconseillés aux cardiaques.

En 1946, à la surprise générale, Sir Jack, qui a cinquante-cinq ans, donne sa démission de ses hautes et prestigieuses fonctions officielles, pour prendre la direction d'un laboratoire privé à la *Boots Pure Drugs Company*[5]. C'est le plus puissant trust pharmaceutique et phyto-chimique de Grande-Bretagne, qui possède également un réseau de pharmacies et de drogueries. Sir Jack y prend la direction d'un laboratoire de recherches concernant les problèmes qu'il connaît, c'est-à-dire la nutrition, la conservation des aliments, mais aussi

---

1 Selon les accords de Potsdam, l'Autriche, dont Vienne, était découpée en quatre secteurs d'occupation comme Berlin. Mais elle sera finalement évacuée par les Soviétiques et intégrée à l'Ouest après le Traité de Vienne du 15 mai 1955, entré en vigueur le 27 juillet.

2 Cette orthographe est celle du juge Carrias dans son PV en date du 21/03/56 (cote C 411).

3 Porton Down est un site gouvernemental de recherche militaire situé près de Porton qui abrite le DSTL (*Defense Science and Technology Labortory*) qui est l'un des établissements gouvernementaux les plus sensibles et secret en termes de recherche militaire.

4 Jean-Charles Deniau et Madeleine Sultan (oc p. 21), se référant seulement au tome IX de l'*Obituary Notices*, à l'article consacré à Sir Jack, comme Jean-Louis Vincent.

5 Edmond Sébeille (oc p. 12), dit que la *Boots* était « *spécialiste de l'alimentation* », ce qui est à la fois partiel et en partie inexact.

leur contamination et décontamination. Les questions qu'il traite restent donc proches de ses préoccupations de temps de guerre. Bien que retourné dans le secteur privé, Sir Jack et sa femme disposaient toujours en 1952 de passeports *Official Governement* délivrés par le *Foreign Office*, et retrouvés dans leurs affaires à Villefranche-sur-Mer. Était-ce en mémoire des services rendus tout à fait officiellement, après avoir travaillé pour la Couronne pendant la guerre ? Quoi qu'il en soit, il aura une activité professionnelle civile avec des voyages et des contacts à l'étranger, dans un secteur sensible et en un temps où sévissait une période particulièrement tendue de la guerre froide. Sans forcer le trait, aurait-il conservé des contacts, réseaux et habitudes qu'il aurait pu mettre au service de son laboratoire au profit de la *Boots* ?

Remarque significative, ses collègues noteront un changement d'attitude éthique dès son entrée à la *Boots*, et s'en étonneront. Alors que la mémoire publique a retenu le seul caractère désintéressé de l'action de Sir Jack, notamment pendant la guerre, on peut en effet s'étonner qu'il se soit alors consacré entre autres, à la mise au point de produits néfastes pour l'homme, la faune et l'environnement, comme le Cornox ou le MCPA[1]. Gordon Young écrit que Sir Jack s'était mis à l'espionnage industriel civil, que ce démenti surprenant de la *Boots* dans un communiqué publié par le *Times* dès le 6 août, c'est-à-dire le lendemain du drame, semblerait confirmer :

> « *Seul le vol peut être le mobile du crime, les bruits selon lesquels Sir Jack Drummond se consacrait à des travaux secrets d'intérêt international sont dénués de tout fondement.* »

Démenti dont la précocité même aurait pu suggérer un doute, mais il n'en sera rien. Pourtant, une telle anticipation, comme l'affirmation a priori du mobile crapuleux, soulève plus qu'une interrogation.

Dans une bonne partie du CV de Sir Jack, apparaissent donc des questions qui n'ont même pas laissé traces d'investigations des enquêteurs. Par exemple rien sur une activité ou des voyages en France dont il sera pourtant question, comme en passant. Car tout de suite était née la rumeur d'un Sir Jack qui aurait pu être l'agent d'un *service*. Même si on comprend bien pourquoi l'appartenance ou non de Sir Jack à un quelconque service, n'a pu être vérifiée ni surtout officialisée, l'hypothèse de sa participation à des actions relevant de ce genre d'activités est donc tout à fait plausible, au moins jusqu'en 1946. Par la suite, demeure tout aussi plausible qu'il se soit adonné à une activité d'espionnage industriel civil banal au profit de la *Boots*. D'ailleurs, lors de son déplacement à Digne, il serait peu probable que Sir Jack ait été en mission pour un service d'État. En effet, on peut douter qu'il aurait pris le risque de mettre si peu que ce soit en danger la vie de sa femme et surtout celle de sa fille. Mais s'il s'était livré à un banal espionnage industriel civil quasi privé

---

1 Le Cornox, à base de dichlorophénoxy, et le MCPA sont des produits phytosanitaires sévèrement réglementés car dangereux, notamment pour les poissons et l'homme. Le premier sera finalement retiré de la vente en 2003 seulement.

concernant les productions de l'usine chimique de Saint-Auban[1], à moins de 15 km de La Gran'Terre, productions dont certaines pouvaient intéresser la *Boots*[2], il pouvait légitimement considérer que la chose était sans danger.

La *fortune* de Sir Jack

Si son père colonel avait sans doute une solde confortable, le petit Cecil se retrouva vite orphelin d'une mère sans ressource. Recueilli par sa tante Maria, cette famille n'avait d'autre bien apparent que la solde du major Spinks, laquelle était de beaucoup inférieure à celle de colonel. Et pourtant, Cecil va faire ses études secondaires à l'*East London College*. Or, à cette époque (et encore aujourd'hui) en Angleterre, les écoles et surtout les collèges sont payants et très chers. Il en sera de même, après son école militaire, pour les études supérieures qu'il poursuivra pendant le temps de la Grande Guerre. On peut alors se demander comment et par qui a été financé l'ensemble de ces études.

En 1946 donc, au moment même où Sir Jack démissionne de ses fonctions officielles pour rejoindre la *Boots*, il achète[3] la confortable demeure de *Spencer House* à Nuthall près de Nottingham, à proximité de son nouveau lieu de travail. Cette belle maison dans un parc, n'est pas un cottage, et son prix, qui n'est pas connu, représentait sans doute une belle somme. Et une question similaire se pose à propos de certains éléments du train de vie de la famille.

Paris-Match (n° 180, p. 5 & 6) publie un article citant entre guillemets les dernières pages dactylographiées d'un journal[4] qu'aurait tenu Sir Jack et que les enquêteurs n'ont pas saisi. On y lirait que l'année précédente, la famille serait allée au Canada dans un ranch à Calgary. Comme Sir Jack aurait écrit « *notre ranch* », on pourrait comprendre, comme l'ont fait certains, que le ranch aurait été sa propriété. Mais qu'aurait-il eu à faire d'un ranch au Canada ? En revanche, lorsqu'on descend dans un hôtel et qu'on dit *notre hôtel*, cela ne signifie pas pour autant qu'il vous appartienne. Ainsi le ranch en question appartenait-il en fait à des relations auxquelles Sir Jack aurait d'ailleurs écrit avoir confié sa fille[5] pendant qu'il allait faire autre chose qu'il ne précise pas. Il aurait ensuite écrit que la famille va à Toronto avant de

---

1 Petite coïncidence sans aucun rapport bien sûr : Saint-Auban tirerait son nom d'un Britannique *Albanus*, né au IIIe siècle à *Verulam*, ville romaine à 30 km au nord de Londres, et d'où il aurait été chassé par les persécutions (Cécile Maître, oc p. 158).

2 Contrairement à ce que nient tous les personnels de l'usine, chaque fois que quelqu'un leur a posé cette question. Pourtant Saint-Auban avait été créé loin du front pendant la Première Guerre mondiale, pour fabriquer du gaz moutarde, ce qui devait rappeler à Sir Jack certaines de ses activités.

3 On ne sait ni combien, ni s'il eut recours au crédit. Mais ça ne se faisait guère à l'époque.

4 Bien sûr, selon l'habitude des journalistes, Jean Roy et Michel Deschamps ne disent pas par quelle voie ils ont eu communication de ce document. Espérons que ce n'est pas une invention comme le carnet de la fillette par Jacques Chapus, que nous verrons plus loin.

5 Accessoirement, le texte attribué à Sir Jack, donne *12 ans* à la fillette qui n'en avait que dix, ce qui serait impossible sous la main paternelle. Augurons que c'est une coquille de presse.

revenir vers l'Angleterre en passant par New York, où elle prend le paquebot, et sûrement pas en 4e classe.

Même sans ranch, il apparaît donc que Sir Jack faisait preuve d'une nouvelle aisance, donc qu'il avait acquis *une certaine fortune*, comme on disait alors. Sans jouer au contrôle fiscal, on peut se demander d'où Sir Jack avait pu tirer les sommes suffisantes pour acheter sa belle demeure et mener un tel train de vie. Or, sans fortune familiale et avec les différentes carrières universitaires et administratives qu'il a menées, toutes avec des salaires publics, et au final en temps de guerre, n'atteignaient sûrement pas un niveau permettant de constituer la fortune qui apparaît à partir de l'immédiat après-guerre. S'il a été membre d'un service, il faut savoir que l'espionnage n'a jamais été bien rémunéré, surtout au vu des risques. Alors, la *Boots* lui aurait-elle fait *un pont d'or* pour un poste prestigieux ? Nous y reviendrons à l'occasion de la découverte d'autres éléments.

Sir Jack parlait-il le français ?

La question fera discussion jusqu'aux assises, et elle ressurgit chez tous les auteurs. Sans avoir réellement approfondi, l'enquête puis l'instruction comme les auteurs, retiendront que non, principalement sur le témoignage de son collègue Guy Marrian, ami de longue date. Pourtant Sir Jack était venu en France à plusieurs reprises, au moins après la Seconde Guerre mondiale, et très officiellement en 1948, pour y recevoir en Sorbonne le titre de Docteur honoris causa des mains du recteur Sarrailh. Et il y prononça son discours en français, mais il est vrai en le lisant, sans faire montre d'un meilleur usage de la langue. Selon *Paris-Match* (n° 180, p. 25), il était déjà venu en France en 1947 lors d'une exposition magnifiant le *Courage des femmes britanniques pendant la guerre*. Visitant l'exposition avec sa femme, ils se seraient reconnus sur une photo de rue à Londres, que *Paris-Match* publie d'ailleurs avec son article. En 1940, après un bombardement, alors que Lady Anne n'était encore officiellement que sa collaboratrice, ils se trouvaient ensemble parmi les secouristes.

Selon le commissaire Sébeille (oc p. 6), il serait revenu en France en 1951 avec Lady Anne devenue sa femme, sans qu'on en sache plus. Le commissaire écrit aussi sans dire comment il le sait :

> « *Sur les murs de son manoir, Sir Jack, peintre du dimanche, avait pendu quelques toiles qu'il avait brossées de petits ports de la Manche et de la Méditerranée, régions qu'il affectionnait particulièrement* ».

Se pose donc la question de savoir si Sir Jack avait œuvré sur place ou sur documents, et d'où lui venait cette *affection particulière* pour la France. Y était-il venu plus souvent qu'on ne le sait ? Et personne ne s'est soucié du témoignage de Jeannine Rolland[1], réceptionniste au Grand Hôtel de Digne où descendront les Drummond, qui précisera :

1 PV n° 387/93 de l'inspecteur Picq en date du 03/10/52 (cote D 111) qui est clair et formel.

« *Sir Jack parlait le français mieux que sa fille, et avec un vocabulaire étoffé* ».

Cependant, on conçoit bien que c'était loin d'être suffisant pour se faire entendre d'un paysan à l'oreille provençale, et pour comprendre son français parlé avec un fort accent du terroir, surtout lors d'une altercation en pleine nuit. L'accusation, oubliant l'invraisemblable mobile sexuel, admettra que le départ du drame serait donc survenu par le malheureux hasard d'un malentendu, au sens propre. Dans la nuit, Sir Jack aurait pris Gaston pour un *bandit calabrais*. Et on peut, en effet, imaginer le quiproquo, si l'un braillait en provençal des collines et l'autre répondait dans la langue de Shakespeare ou même en français, mais avec un inimitable accent britannique si étranger aux oreilles latines.

Comme le physique de Sir Jack représente le prototype même du gentleman anglais, ressemblant même à Alec Guinness avec son fin sourire aristocratique, certains prétendent que c'est à ce physique qu'il doit surtout d'avoir été soupçonné d'appartenir à un service secret. Mais, en dehors de sa personnalité publique, on ne sait pas grand-chose de sa vraie personnalité. La femme de son ami Guy Marrian[1] dira qu'il était sociable, ne méprisant personne quelle que soit sa condition, toujours prêt à dialoguer,

« *Mais, quand il était dans son droit, Sir Jack n'aimait pas qu'on lui tienne tête et, dans ce cas, il était vif* ».

S'il apparaît comme sportif et bon vivant, avec sûrement un véritable humour au sens britannique, c'est aussi un Anglais typique, discret et réservé, voire secret et pudique sur ce qui concerne sa vie privée. Et une chose est sûre, il avait une véritable adoration pour sa fille.

Lady Anne

Née Wilbraham le 9 décembre 1904 à Belmont, elle était donc de treize ans plus jeunes que Sir Jack. En 1939, ce dernier avait divorcé de sa première femme, Mabel Straw, dont il n'avait pas eu d'enfant[2]. Ayant été sa collaboratrice bien avant leur mariage, Anne Wilbraham était donc sa seconde femme qu'il avait épousée en 1940. On ne sait pratiquement rien de sa personnalité. Ayant été aux côtés de Sir Jack pendant la guerre, sans doute savait-elle le principal de son activité au service du ravitaillement et de ses recherches sur le sujet. Mais, comme souvent, si Sir Jack avait eu des acticités discrètes, par simple précaution de sécurité, il n'en informait sûrement pas sa femme. Et d'ailleurs n'avait-elle pas cessé une part de son activité à ses côtés

---

1 PV n° 442/11 du commissaire Sébeille en date 12/12/53 (cote D 234).

2 Notamment, le commissaire Sébeille ne mentionne même pas de première femme, donc de divorce qui était socialement mal vu à l'époque. C'est le genre de petite omission morale qui lui permet de dresser du couple un portrait parfaitement honorable, lisse et aseptisé (oc p. 13).

depuis la naissance de sa fille en 1942. Mais sans doute est-ce de peu d'importance pour l'affaire.

Reste la même question que pour Sir Jack : Lady Anne parlait-elle le français ? Malgré sa famille très francophile, il semblerait, comme nous le verrons, que, si Lady Anne le comprenait sans doute et le baragouinait, elle ne le pratiquait pas vraiment.

Leur fille Élizabeth

Le couple se noue autour de leur unique enfant. La fillette alors âgée de dix ans, était née le 22 mars 1942, lorsque son père avait déjà plus de cinquante ans et sa mère près de quarante. Élizabeth est particulièrement francophile, et admire beaucoup Jeanne d'Arc dont elle porte la coupe de cheveux, qui sont bruns et non blonds comme la presse l'écrira pour faire plus *British*. Retenons aussi que des témoignages attestent qu'elle parlait assez bien le français. Mais personne ne retiendra la contradiction avec le témoignage de Jeannine Rolland disant qu'elle le parlait moins bien que son père. On a tout de suite appris qu'elle avait une forte emprise sur le comportement de ses parents, et une influence sur leurs décisions, notamment sur le choix des activités familiales durant les vacances. C'est elle qui a décidé de passer par Reims et Domrémy. Selon le témoignage des filles Marrian, c'est elle qui aurait été, indirectement bien sûr, la cause du drame, puisque ce serait elle qui aurait été à l'origine du retour à Digne pour une charlottade[1], puis de la décision de bivouaquer à la belle étoile.

Conclusion

Rapidement, sous le coup de l'émotion causée par la barbarie du massacre, et d'un certain sentiment de culpabilité nationale vis-à-vis de l'Angleterre[2], la presse va donc idéaliser la famille, en commençant par la fillette, dont la fin atroce a horrifié et bouleversé tout le monde, on le comprend aisément. Jacques Chapus, alors jeune journaliste à *France-Soir*, ira même jusqu'à inventer de toutes pièces un carnet de la fillette où elle aurait consigné ses impressions jusqu'au moment de s'endormir quelques heures avant le drame. Quand il sera démasqué, il se réfugiera derrière sa soumission à une demande du rédacteur en chef de *France-Soir*. Ce qui ne l'empêchera pas de continuer à pérorer sur cette affaire sans la moindre retenue. Car ce faux fera l'effet qu'on imagine dans les chaumières et laissera, comme toute fausse nouvelle, une empreinte qui persistera jusqu'aux assises et même encore aujourd'hui où les *fake news* sont en passe de devenir un véritable fléau.

---

1 Il s'agit de spectacles traditionnels d'adresse avec des vaches camarguaises et un taureau aux cornes emboulées. Rien à voir avec une corrida.

2 La Seconde Guerre mondiale n'est terminée que depuis sept ans, et la France doit beaucoup à Londres : l'hébergement de la France Libre d'abord, et encore l'appui de Churchill pour faire reconnaître à part égale la légitimité de de Gaulle comme l'un des Alliés vainqueurs.

D'entrée, il apparaît néanmoins que, si les Drummond constituaient sans aucun doute une aimable famille venue passer des vacances en France comme à son habitude, il est donc apparu que Sir Jack n'était pas pour autant un touriste ordinaire, ni un sujet de sa Majesté complètement transparent. Ses fonctions, recherches et missions, avant et pendant la guerre, ne montrent pas le caractère de normalité d'une carrière seulement académique et administrative. Après sa réforme injustifiée en 1914, sa présence en de nombreux lieux stratégiques et à des moments clés, dès avant, pendant et après la Seconde Guerre mondiale, ne peuvent être seulement assimilées à des missions humanitaires. De même après-guerre, son changement de standing et surtout d'attitude éthique en passant au service de la *Boots*.

Prétendre que les questions posées par le CV de Sir Jack n'ont aucun rapport avec le drame ou, au contraire, prétendre qu'elles entrent dans le mobile, n'est évidemment pas possible à ce stade. Ce serait s'avancer par a priori dans le domaine de la conjecture avant d'avoir passé au crible de l'analyse toutes les pièces du dossier, et fait les recoupements possibles ou impossibles. Mais il apparaît que ce profil de Sir Jack devra être intégré dans toute discussion sur le mobile.

*

IV

CONTEXTES DU DRAME

*

Avant d'entrer dans le déroulement de l'affaire proprement dite, faisons un petit tour sur les localisations et environnements, dont celui des Dominici qui seront impliqués, bien qu'ils aient essayé de s'en dépêtrer jusqu'au bout, dans le déroulement du drame, et sans que les enquêtes et la justice soient arrivées à préciser lequel, comment et jusqu'où.

Le lieu

Le drame s'est donc déroulé sur une plateforme en bordure de l'ex-RN96, qui relie Château-Arnoux[1] à Aubagne en passant par Manosque et Aix-en-Provence, face à sa borne n° 32, sur la commune de Lurs, qui se trouve dans les Basses-Alpes[2] d'alors. Toujours en place. Normalement, un numéro de borne indique le nombre de kilomètres à partir du point de départ de la voie. Mais ici ni Château-Arnoux ni Aubagne, qui se situent aux deux extrémités de l'ex-RN, ne sont à 32 km du lieu du drame. En fait, cette distance sépare cette borne de la limite sud du département.

Plus précisément, le drame va se dérouler sur une plateforme aménagée en bordure de route, côté Durance. Le commissaire Sébeille (oc p. 68) l'appelle le *renfoncement*. Les gens du coin, dont les Dominici, l'appelaient la *décharge*, parce qu'elle servait au stockage de gravillons et autres matériaux nécessaires à l'entretien de la route, ou encore au stationnement des véhicules et matériels de service. Accessoirement, elle servait aussi d'aire publique pour stationner en bord de route, à une époque où des espaces comme on en trouve aujourd'hui aménagés un peu partout, n'existaient nulle part. C'est une parcelle qui appartient au domaine public, sous tutelle des Ponts et Chaussées.

Cette précision a son importance, car elle ôte une bonne part de validité à la thèse psychologique quelque peu primaire, qui voudra que Gaston Dominici

1 Ce sont les deux extrémités de cette ex RN, qui n'est pas la Route Napoléon comme certains auteurs ou sites Internet le disent à tort.

2 Devenues Alpes-de-Haute-Provence pour satisfaire une forme de susceptibilité mal placée de certains élus locaux. Ainsi, tous les départements intitulés bas ou basse(s), ont été rebaptisés. Celui des Basses-Alpes par décret du 13 avril 1970.

ait ressenti ce bivouac d'*estrangers* comme une intrusion sur le sol de sa propriété. Contrairement à ce qui a été dit et écrit[1], Gaston Dominici ne considérait pas l'endroit comme lui appartenant. Car cette décharge est incontestablement située hors des limites cadastrales de La Gran'Terre[2] que Gaston connaît parfaitement comme tout paysan celles de sa terre. De plus on verra que la parcelle en est séparée par des obstacles naturels constituant des limites physiques bien définies.

Remarquons que, pour les Drummond qui arrivent de Digne depuis Peyruis, la plateforme se trouve sur leur gauche, au sortir d'un virage à droite qui empêche de la voir avant d'être arrivé à sa hauteur. Surtout avec une voiture conduite à droite. Si Sir Jack avait décidé de s'y arrêter par hasard, sa décision n'aurait été possible qu'après avoir dépassé la plateforme. Il suffit de passer sur la route pour se rendre compte. Or, la voiture est garée dans le sens de sa marche. Il lui aurait donc fallu opérer une marche-arrière avec traversée de la chaussée, manœuvre dangereuse et bien improbable au demeurant.

La plateforme se trouve sensiblement à 6 à 7 km entre les villages de Peyruis et de La Brillanne. En direction de La Brillanne au sud, du même côté Durance de la route à environ 175 m, se trouve l'entrée de La Gran'Terre. Côté colline, à un peu plus de 500 m, se trouve Le Clos, ferme d'Eugène Guillermin[3], presque en face du hangar à charbon de la mine de Sigonce très en contrebas[4]. Juste après, la route passe sous un portique qui la protège de la télébenne transportant le charbon depuis la mine, et qui a aujourd'hui disparu.

En sens inverse, vers le nord et Peyruis, seules deux fermes jouxtent directement l'ex-RN96. En premier, à environ 3 km, vient La Serre[5], ferme habitée par les Roger Perrin, gendre et fille de Gaston.

Un kilomètre plus loin côté Durance un chemin part de la route et traverse la voie ferrée sur un ancien passage à niveau au lieu-dit La Barque-du-Loup[6]. La maison de l'ancien garde-barrière[7] était alors « *occupée en période de vacances par une famille de cheminots* ». On a vu qu'on l'appelait aussi *station de Ganagobie*, du temps ancien où les autorails s'y arrêtaient à la demande. Enfin vient la ferme Garcin au lieu-dit Pont-Bernard côté colline.

---

1 Notamment Gabriel Doménech, oc p. 98 et note 1.

2 Le plan cadastral des parcelles appartenant à *La Grande-Terre* se trouve en annexe du PV n° 117/2-R du capitaine Albert en date du 1/5/55 (cote C 38).

3 PV n° 424/74 de l'inspecteur Leclerc en date du 22/10/55 (cote C 295).

4 Mine de charbon située à environ 6 km dans l'arrière-pays ouest, aujourd'hui fermée depuis les années 60.

5 Bien entendu, le nom n'a rien à voir avec une serre. Serre, nom courant dans la toponymie provençale, signifiant quelque chose comme crête, est du genre masculin (Jean-Claude Bouvier, CNRS). Le *la* provient sans doute d'une contraction de la ferme du Serre qui n'a donc pas ici de rapport géographique avec une crête.

6 L'origine n'est pas claire car, en provençal, *barca, barquet, barqueta*, etc, désignent des embarcations. Barque pourrait alors être une contraction du bas-latin *barraca* qui désigne une hutte ou une masure, d'où vient d'ailleurs baraque.

7 Commissaire Chenevier (oc p. 11).

Carte1952 (© IGN 1/25.000^{e}– Nord en haut). L'ex RN96 de Manosque en bas à Château-Arnoux en haut. Au centre à droite, la direction de Digne. Cerclée la Gran'Terre et kazone du drame.

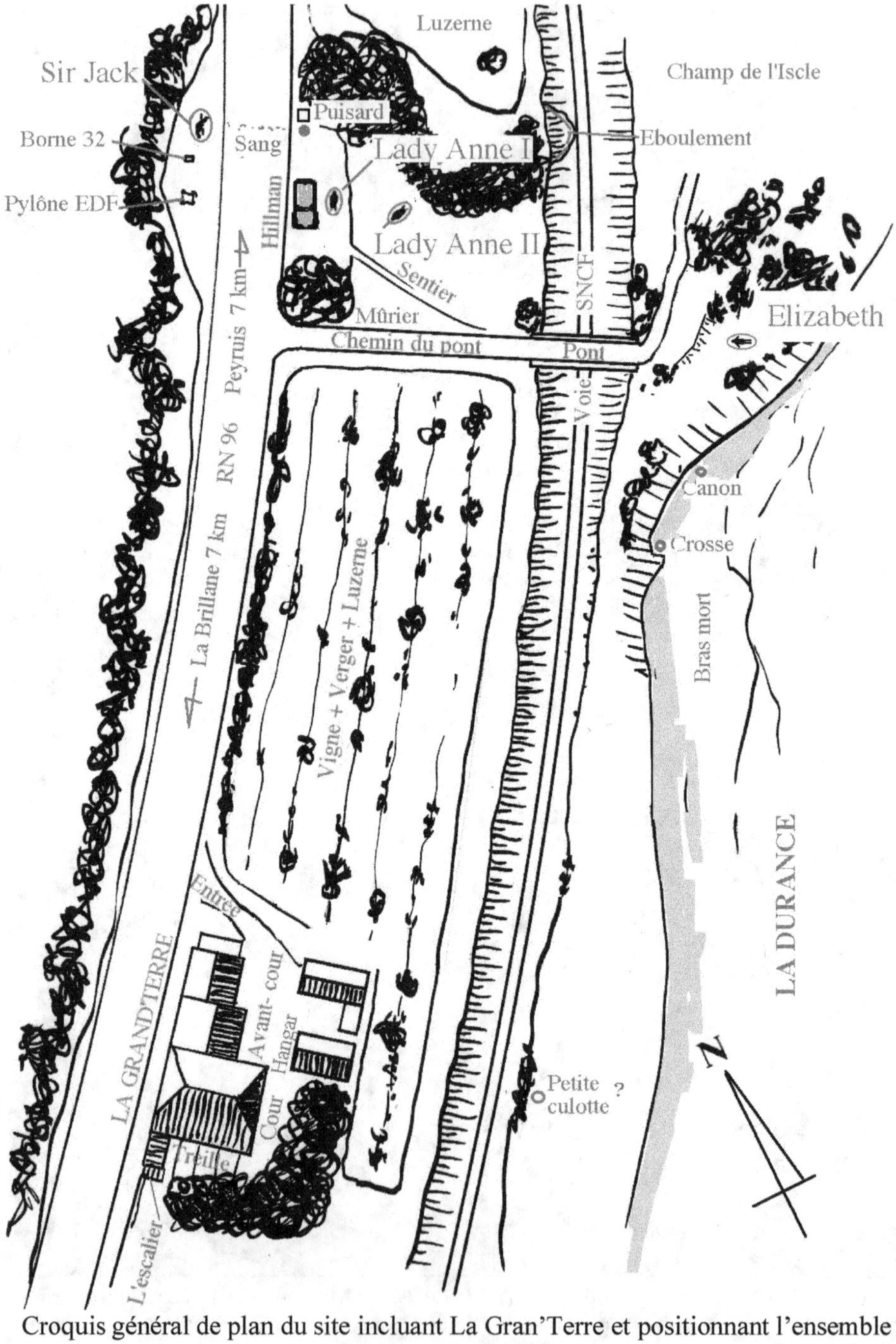

Croquis général de plan du site incluant La Gran'Terre et positionnant l'ensemble des éléments du drame.

Vue aérienne oblique depuis le sud en 1952 (© BC IGN). Nord en haut vers Peyruis. À gauche la colline de Saint-Pons dominant l'ex-RN96. Au premier plan La Gran'Terre, puis le champ de luzerne. A hauteur de la voiture, le pylône électrique à hauteur de la borne 32, la décharge, le mûrier, le chemin du pont. Le pont de pierre enjambant la voie ferrée en tranchée, le talus de berge et la Durance. Au fond à droite, le champ de l'iscle et la Tuillière. En haut à gauche, le virage qui masque le lieu du drame en arrivant de Peyruis, dominé par le champ d'oliviers. Aujourd'hui cet état des lieux a été modifié : le champ d'olivier a disparu comme le mûrier et le pylône dont il ne demeure que le socle. Bien sûr l'iscle et la Tuillière ont disparu avec le tracé de l'autoroute qui sépare le site de la Durance.

Le lieu du drame est dominé à l'ouest par la colline de Saint-Pons montant jusqu'à Lurs et Ganagobie. Elle démarre en bord de route, balisée par la borne 32 et un pylône métallique supportant une ligne EDF de haute tension[1]. La plateforme est séparée de la route par un léger fossé peu marqué. Elle est enclavée sur ses trois autres côtés dans la propriété Dominici. Au nord, il est borné en bord de route par un puisard en béton qui dépassait du sol[2], en tête d'un petit thalweg assez profond, boisé de chênes verts et broussailles, qui borde la propriété Dominici. Au-delà du thalweg, un champ en contrebas, alors planté de luzerne et de quelques fruitiers, appartenant à La Gran'Terre, et dont Gustave Dominici a l'usufruit. Par temps de pluies, le thalweg recueille les eaux collinaires qui peuvent en faire un torrent. La route l'enjambe donc sur un gros busage surmonté de parapets en pierre. Et le fil d'eau passe de même sous la voie ferrée pour rejoindre la Durance.

Au sud, l'enclave est bornée par un gros mûrier centenaire aujourd'hui disparu, qui marque l'angle d'un large chemin caillouteux menant jusqu'au pont de pierre construit par les chemins de fer. Celui-ci enjambe la voie ferrée qui traverse toute la propriété Dominici en tranchée. Le pont permet l'accès à la berge de la Durance et, vers le nord, à une ancienne île de la rivière appartenant à La Gran'Terre, dite *champ de l'iscle*. Là se trouvait une ancienne tuilerie abandonnée, d'où son nom de la Tuilière. Entre la plateforme, le thalweg et le chemin du pont, une petite friche en triangle, pente légère vers la Durance, couverte de hautes herbes sèches et piquantes.

Avec le passage à niveau de la Barque-du-Loup, ce pont est la seule voie carrossable, entre La Brillanne et Peyruis, qui permette de traverser la voie ferrée pour accéder à la berge ouest de la Durance. Du pont un sentier part à droite vers le sud. Il longe la haute berge de la Durance et la tranchée de la voie ferrée, qu'il traverse à niveau en revenant vers La Gran'Terre. Aujourd'hui, toute cette partie au-delà du pont et de la voie ferrée, a été remodelée et occupée en contrebas par l'emprise de l'autoroute A51, qui a repoussé d'autant le lit de la rivière.

À part la borne 32, le chemin et le pont, l'endroit est aujourd'hui méconnaissable. La route en virage a été légèrement surélevée et élargie. Le poteau métallique EDF[3] a disparu, comme la plateforme, le mûrier et les chênes verts, remplacés par un fouillis de vernis de Japon. Le puisard est indécelable. À l'époque, arbres et buissons bordent de façon discontinue les voies, talus et espaces cultivés. Mais rien n'était alors comparable à

1 Curieusement, le commissaire Sébeille (oc p. 81) se trompe d'orientation : « *Chaque matin, le soleil qui se lève derrière la montagne de Lurs venait éclairer de sa lumière brutale les bords de la nationale 96* ». Or la colline de Lurs et la montagne de Lure se trouvent au couchant Comme chez d'autres auteurs, cette dyslocation de l'espace n'aurait pas d'importance, si elle ne portait atteinte au crédit de sa mémoire quand elle n'est plus vérifiable.

2 Invisible aujourd'hui sous le rehaussement du virage.

3 Il n'en demeure aujourd'hui que le socle de béton.

l'importance prise aujourd'hui par la végétation, notamment de pins d'Alep, qui a tout envahi avec une profusion qui dément au passage l'idée reçue, contre les photos d'époque, que la forêt de Provence s'assèche et recule.

Enfin vers le sud, le chemin du pont sépare la décharge d'un long champ qui mène jusqu'à La Gran'Terre, à laquelle il appartient. Le champ s'étire sur 175 m pour une largeur moyenne d'une cinquantaine de mètres, entre la route et la tranchée de la voie ferrée. Il est alors planté de rangs de vigne et de fruitiers, mais aussi, en cette année 1952, de luzerne.

Le champ de luzerne

Le champ de luzerne tient une place récurrente dans l'affaire. Mais la question a été mal précisée dans la plupart des pièces et ouvrages qui en parlent, induisant des confusions. Car en 1952 seulement, il y avait deux champs de luzerne. Le premier entre le lieu du drame et La Gran'Terre et le second de l'autre côté du thalweg dont l'arrosage déclenchera un éboulement sur la voie ferrée ce 4 août 1952 dans l'après-midi comme nous le verrons. Leur distinction et leur localisation revêtent donc une d'autant plus d'importance qu'on retrouve souvent mention de *la luzerne* sans précision, et qu'il ne s'agit pas forcément de la même.

La Gran'Terre

Au sud de la plate-forme, La Gran'Terre est habitée par les Dominici, d'une part les parents et de l'autre le couple du fils, Gustave. L'ensemble des bâtiments massifs jouxte la route à laquelle il tourne le dos.

La Gran'Terre à l'époque, vue de l'ex-RN96 depuis le nord. À l'extrémité droite de la photo, se situe l'entrée avec escalier de la cour privée de Gaston. © Fonds Zoummeroff / Criminocorpus - Droits réservés.

Les bâtiments comprennent donc un corps principal, gros mas d'habitation à deux niveaux sur rez-de-chaussée, flanqué d'annexes agricoles de moindre hauteur. Certaines sont attenantes, formant une masse caractéristique des fermes de Provence. L'ensemble jouxtant la route en façade ouest est alors aveugle[1].

D'autres petits bâtiments annexes à l'est, en matériaux plus précaires, sont séparés, refermant deux cours formant un **L**. Deux accès depuis la route mènent à ces cours qui se trouvent environ 2 m en contrebas : un accès piéton au sud-ouest, par un petit escalier avec un portillon menant directement de la route à la cour de Gaston et Marie Dominici située au midi ; au nord, un accès carrossable descend par un bout de chemin d'une trentaine de mètres dans la cour de Gustave et Yvette située au levant.

À cette entrée principale de la ferme, une barrière sommaire marque le seuil d'une sorte d'avant-cour, au droit des constructions. En entrant, on passe notamment devant le *hangar* ou *garage*, où on verra qu'aurait été entreposée la carabine. On longe ensuite des bâtiments agricoles jusqu'au pignon oriental du mas principal où s'ouvre l'entrée du logement de Gustave. Puis, en contournant le mas principal, on aboutit dans la cour située au midi, sous une treille, où s'ouvre l'entrée du logis de Gaston. Les bâtiments annexes abritent le chien de Gaston, Dick[2], ses chèvres, le cheval, des cochons et animaux de basse-cour.

Le logis

La partie habitée du mas vaut d'être détaillée, car les divers auteurs, soit n'en rendent pas compte, sinon mal ou alors de façon contradictoire, tel le commissaire Sébeille (oc p. 68, puis p. 106 & 107) décrivant de façon inexacte les lieux qu'il a pourtant fréquentés[3]. Et de ce fait, certains épisodes de l'affaire ont été mal compris.

Le corps du logis d'origine était constitué par un mas ancien qui n'avait rien d'un cabanon comme certains l'ont qualifié, même s'il a été notamment surélevé d'un étage par Gaston. Les murs de 40 à 60 cm sont en moellons calcaires et mortier de chaux[4]. En extérieur, un gros enduit à la chaux, en intérieur un enduit plâtre. Leur inertie en fait de très bons écrans thermiques et

---

1 Il existait une seule fenêtre murée qui donnait dans un grenier. Depuis elle a été rouverte et d'autres percées.

2 *Paris-Match* parle d'une chienne *Mirza* qui est en fait la petite chienne d'Yvette. Jean-Charles Deniau et Madeleine Sultan (oc p. 258) font dire à Marie Dominici que leur chien s'appelle Le *Ravageur*. En fait, c'est le chien qui remplacera Dick.

3 Il dit d'abord que « *la cour, en forme d'équerre, s'étend sur toute la longueur des bâtiments* », ce qui n'a aucun sens. En équerre en effet, la cour ne fait le tour que de deux façades du mas principal, elle est donc subdivisée en deux parties : la première longe la façade est, et l'autre se referme au midi sous une treille.

4 PV n° 103-R de la brigade Forcalquier en date du 16/12/53 (cote D 243). Un mur porteur intérieur entre la partie Gaston et la partie Gustave, ancienne façade du mas, a été dessiné par erreur en cloison sur les trois niveaux. Or c'est un mur lourd de refend porteur qui a notamment un bon coefficient d'isolation phonique, point important comme on le verra.

phoniques. Les petites dimensions des fenêtres et leurs orientations éloignent également du bruit de la route et du bivouac.

Rentrons un instant dans la maison familiale. Peu avant le drame, lors du mariage de Gustave avec Yvette, l'intérieur du mas a été sommairement remanié pour être divisé en deux appartements. L'un est pour Gaston et Marie, qui font alors chambre à part. L'autre a été aménagé pour Gustave et Yvette.

Plan de gauche : le rez-de-chaussée est semi-enterré contre la route. En haut la partie où on notera un cellier et une souillarde. En bas, le séjour de Gaston. Au centre couloir et escalier commun. En bas à gauche, le petit escalier donnant sur la route.
Plan de droite : en étage, *idem.* On notera que tous les locaux habitables sont séparés de la route par des locaux agricoles. L'escalier montait encore au 2e étage en comble, inhabité.

L'intérieur comprend un rez-de-chaussée et un étage qui abritent les deux familles, plus un second étage en comble inhabité. Le palier du premier étage est commun et sert de dégagement donnant accès aux chambres et à un débarras faisant chambre d'appoint, tandis que l'escalier continue pour déboucher dans le comble. Deux photos du dossier judiciaire, annotées dans l'ouvrage du commissaire Chenevier, montrent ce palier et la disposition des portes. Une flèche désigne la *chambre d'amis*. Sur la photo, la porte située à gauche de l'escalier dans un gros mur de refend porteur, face aux deux autres à droite, donne accès à la chambre de Marie qui commande celle de Gaston, mais ils font chambre à part.

Important

D'abord dans la mesure où la chambre de Gaston étant commandée par celle de Marie, celle-ci, même sourde, pouvait avoir vu ou entendu les entrées et sorties de son mari pendant la nuit du drame ; ensuite la position des chambres induit l'orientation de leurs fenêtres par rapport aux cours et au lieu du drame. En effet :

- La fenêtre de Gaston ouvre à l'est, côté Durance. Et sa chambre est séparée du couloir par un gros mur de refend[1], et une cloison lourde sépare ce couloir de la chambre de Gustave et Yvette. La chambre de Marie par une petite fenêtre ouvre au sud, donc carrément à l'opposé du lieu du drame.
- La fenêtre de la chambre de Gustave et Yvette ouvre au nord en direction du lieu du drame. Mais comme aujourd'hui encore, de là on ne pouvait pas voir le bivouac, car il était masqué par la grange qui prolonge le mas principal.

Ceci veut dire que, de leurs chambres respectives, on ne peut avoir la même perception des bruits, notamment extérieurs, ni la même vue, donc pas la même mémoire de ce qu'il se passe dehors et dans les cours.

L'état des lieux a été largement chamboulé par les propriétaires successifs jusqu'à aujourd'hui. Les hangars ont disparu, les accès ont été modifiés et une vaste cour créée. Mais la silhouette générale du mas, vue de la route, n'a guère changé, alors que l'intérieur a été passablement remodelé en conservant les murs porteurs, bien sûr.

Résumons les caractéristiques importantes pour l'affaire :

1 - Les gros murs donnent une très bonne isolation phonique.

2 - Le rez-de-chaussée est semi-enterré côté route, sans ouverture sur la route, et les parties habitables sont isolées par des locaux agricoles.

3 - L'étage est isolé de même.

4 - Les deux logements ne comportent aucune ouverture sur la route. Intérieurement, ils sont bien isolés entre eux. Même avec les portes sur le couloir et le palier en commun, l'isolation phonique demeure très bonne.

5 - Le rez-de-chaussée côté Gaston ne donne pas vers le lieu du drame.

6 - En étage, la chambre de Gaston est commandée par celle de Marie. Sa fenêtre donne vers la Durance et ne voit pas le lieu du drame.

7 - La chambre de Marie est à l'exact opposé du lieu du drame.

8 - L'appartement de Gustave et Yvette donne seulement côté Durance en rez-de-chaussée. En étage, la fenêtre leur chambre qui donne en direction du lieu du drame, ne le voit pas, la vue étant masquée par le hangar le long de la route.

---

1 C'est l'épais mur de refend qui a été omis sur les relevés des gendarmes.

Le contexte géographique
Sur le plan de la géographie à la fois physique et humaine, la principale caractéristique des lieux est qu'il se trouve à la charnière de deux mondes qui n'existent plus de la même façon dans la France d'aujourd'hui.
Par sa localisation en Haute-Provence, il participe à un monde rural dont personne mieux que Giono, tout justement à cette époque, n'a décrit la poétique mais aussi très dure réalité. Cependant, le fait que ce lieu se trouve entre le bord de l'ex-RN96 et la voie de chemin de fer, - toutes deux seules pénétrantes de Marseille et Aix vers le cœur des Alpes du sud -, il se trouve en contact direct avec le monde moderne, sans encore y participer autrement que par des frottements et des conflits dont le plus emblématique sera l'affaire qui nous occupe.

Bien sûr, nous reviendrons souvent sur cette dimension géographique qui concerne la morphologie du lieu, son climat, sa végétation, son sol, la question de l'eau, mais aussi les aspects ethno-sociologiques sur lesquels nous allons attirer l'attention un peu plus loin. En attendant, il ne faudra jamais oublier que toute cette affaire se passe dans un monde agraire bien différent de celui d'aujourd'hui, et qui conditionne une bonne part de ses caractères et des incompréhensions qui ont entravé sa solution.

Le contexte technologique
Sans parler de l'absence d'une réelle machinisation agricole[1], très peu de fermes avaient l'électricité. Si La Gran'Terre en dispose c'est par le hasard de la ligne qui longe la route.

L'eau vient d'une citerne, et se puise dehors avec une pompe à bras. Le creusement du puits aurait été abandonné faute de dynamite trop chère. Il n'y a donc pas d'eau courante. La toilette se fait dans les chambres avec cuvette et broc ou en cuisine. Pas de douche ni de baignoire. Les commodités sont à l'extérieur. C'est dire combien l'hygiène et le confort, surtout en hiver, sont loin du minimum d'aujourd'hui, même dans nos campagnes profondes.

Pas de téléphone qui était encore rarissime et représentait une sorte de privilège, pas de télévision bien sûr. La radio couvrait assez bien le territoire, mais seulement avec quelques grands émetteurs sous la tutelle sourcilleuse d'un ministère de l'Information. Peut-être un *poste de TSF* chez Gaston. La télévision, en noir et blanc, commençait à peine à sortir de Paris, et représentait un luxe futuriste. Le cinéma américain avait bien inventé le *technicolor*, mais les actualités filmées et le cinéma français était encore en noir et blanc. Dans le coin, les séances de cinéma passaient toujours de village en village avec un ambulant, ici c'était un certain Germain Champsaur.

---

1 Au moins en Haute-Provence, pratiquement encore aucun tracteur. Hormis les charrues et semoirs, les principales machines sont les faucheuses lieuses, tous engins encore tirés par des chevaux. Seules les batteuses, qui se louent de ferme en ferme, sont mues par une locomobile à vapeur.

Contrairement à ce que dit le commissaire Sébeille, personne n'y reçoit ni n'achète régulièrement de quotidien. Pas de voiture non plus[1]. Gustave et Yvette ont chacun un vélo, Gustave une moto.

C'est la présence mitoyenne du chemin de fer qui causera indirectement la première déchirure grave dans le tissu de la famille Dominici, dont la répercussion se fera sentir jusque dans la dénonciation du père.

Singularité : dans ce recoin isolé loin de tout tissu industriel, pendant la Guerre de 14, une grande usine chimique avait été implantée à Saint-Auban, à quelques kilomètres seulement de La Gran'Terre. L'usine a été créée en 1915 loin des fronts par la *Compagnie des produits chimiques d'Alais et de Camargue*[2], pour produire du gaz moutarde.

C'est elle qui pouvait intéresser Sir Jack, au titre civil de son activité à la *Boots*. Et on notera que, chaque fois qu'on interrogera quelque ancien, tous cégétistes de l'usine sur cet intérêt possible de Sir Jack, la réaction sera toujours la même, toujours nier toute recherche ou production à caractère militaire et ironiser, sur la possibilité que quelqu'un du personnel ait été capable de livrer quoi que ce soit à un Anglais[3].

Le contexte économique

En Haute-Provence, le monde paysan vivait encore plus à la fin du XIXe siècle qu'au milieu du XXe, sans parler d'aujourd'hui. Un chapitre entier suffirait à montrer les différences économiques, mais pas à prendre une conscience exacte de ce que cela induisait dans les mentalités quotidiennes, sur les plans sociologique et culturel, là où se situe le plus grand et difficile effort de mise en situation de cette affaire. Une des grandes difficultés en effet, d'ailleurs commune à toute évocation historique, concerne l'appréciation des valeurs dont il est question et la manière dont elles sont ressenties et vécues. Par exemple, convertir les anciens francs d'avant le 27 décembre 1958, en euros d'aujourd'hui, ne donne pas la véritable échelle des valeurs de l'époque. On sait que certains coûts relatifs ont beaucoup diminué, d'autres beaucoup augmenté. Mais nous essaierons, à chaque fois, de donner une idée relative, tout en sachant que la valeur de l'exercice demeure limitée.

1 Gaston aurait possédé une Citroën B 14 qu'il aurait transformée en camionnette. Mais à l'époque du drame, il n'en est jamais question.

2 L'orthographe *Alais* sera changée en *Alès* en 1926, qui est la vraie. Après la guerre, elle a évolué mais toujours centrée sur les composés chlorés qui ont été diversifiés. Elle est passée à Pechiney en 1950, à Pechiney-Saint-Gobain, Rhône-Poulenc, Elf-Aquitaine, Atofina et est finalement devenue Arkema en 2004. Mais jamais elle n'a produit d'aluminium ou d'alumine comme on peut le lire. Son site très isolé et excentré rend sa survie toujours problématique.

3 Par exemple dans *https://www.youtube.com/watch?v=HHWBhbdlMIs*.

Le contexte ethno-sociologique

Les années 1950 se situent dans cette période charnière entre les séquelles du monde ayant abouti à la Seconde Guerre mondiale et le grand bond en avant des *Trente Glorieuses.* Là encore, combien il est difficile de se (re)mettre dans le contexte sans le juger avec les références d'aujourd'hui. On imagine mal un monde où la différence entre ville et campagne était, bien plus encore qu'on ne s'en plaint aujourd'hui, un gouffre technologique, économique, social, culturel, médiatique et même linguistique.

C'est encore Giono, bien mieux que Mistral ou Daudet trop anciens, qui donne la meilleure idée de l'esprit de cette époque, avec les films de Pagnol, à condition de les regarder autrement que comme des *galéjades* : manière d'être, de se comporter, de penser, de parler, de rire, de se représenter, de cacher ses sentiments, sa pauvreté comme sa richesse... Parmi ces manières, sur lesquelles nous reviendrons, il faut d'abord se sortir impérativement des clichés folkloriques et touristiques. Et la question la plus importante est sûrement celle de la langue. Certes, les instituteurs hussards de la République avaient profondément pénétré les campagnes. Mais on était très loin d'une égalité républicaine entre ville et campagne. Le gouffre, de nature très différente d'aujourd'hui, était autrement profond.

Le contexte historique et politique

Tous ces contextes doivent être mis en corrélation avec l'époque à laquelle se déroule le drame. Il s'agit de l'immédiat après-guerre. Les restrictions viennent tout juste d'être supprimées, mais on est loin d'avoir retrouvé la situation d'avant-guerre et on n'est pas encore entré dans celle des *Trente Glorieuses* qui vont suivre. Ceux qui n'ont pas connu cette époque ne peuvent s'en faire que très difficilement une idée correcte, sinon exacte. Et même ceux qui l'ont connue dans leur adolescence, dont je suis, ont du mal à redonner leurs vraies couleurs aux souvenirs de ce temps fixés sur photos et actualités filmées en noir et blanc. Il suffit de se replonger dans la presse de l'époque pour s'en faire une idée. La quasi absence de couleur, la mauvaise qualité des photos, de l'impression, du papier, et même le style à l'emporte-pièce, tout rappelle vraiment un autre temps complètement révolu.

D'abord, l'époque est encore complètement baignée dans les séquelles de l'occupation, du conflit politique et moral entre collaboration et résistance, puis de la libération et de l'épuration. Et, sur ces sujets, chacun des intervenants de l'affaire a un passé récent qu'il a tendance soit à magnifier, soit au contraire à taire pour se faire oublier. Tout de suite une bonne partie des rumeurs mettra en avant la menace sous-jacente de ce climat résiduel, et prétendra que la clé de l'énigme se trouve dans les remugles de cette période. Faut-il encore rappeler qu'après la victoire de 1945, les Alliés se sont vite divisés en deux camps qui vont couper l'Europe en deux. Et ils se livrent à une guerre froide mais sans merci. En fait, ce sont les accords de Yalta puis de Potsdam qui ont réglé la partition des pays européens. Et c'est ainsi qu'en France, mais aussi en Italie, les résistants communistes ont été dissuadés de poursuivre la Résistance sous forme de guerre révolutionnaire visant à instaurer un régime de démocratie populaire. Mais le Parti communiste français, - comme l'Italien d'ailleurs -, va demeurer inféodé à Moscou et peser très lourdement sur la vie politique par son emprise sociale.

De Gaulle devra composer avec les communistes, leur concédant des portefeuilles ministériels importants. Le Parti fera 28% des voix aux élections de 1946. Après le départ de de Gaulle, lorsque les ministres communistes seront remerciés, il s'en suivra une crise sociale aggravée par l'intégration de la France dans l'OTAN, alliance militaire destinée à contenir l'expansionnisme soviétique. Mais, dans le même temps, le Parti traverse une grave crise interne, opposant les partisans de l'indépendance selon l'exemple de Tito en Yougoslavie, à ceux de la soumission à Moscou. On peut alors se demander en quoi cette question politique, apparemment bien loin du terroir de la Haute-Provence, peut bien concerner cette affaire.

D'abord, parce que la famille Dominici et alliés, les amis et avocats, comme bon nombre des intervenants locaux sont soit cadres, soit militants, soit sympathisants communistes comme on le verra plus loin. L'engagement du Parti dans l'affaire va donc se révéler significative. Ainsi d'entrée, les partisans de l'innocence et ceux de la culpabilité des Dominici vont s'opposer, non pas sur le fond du dossier, mais de façon politique : pour les communistes, les Dominici sont innocents, pour la droite, puisqu'ils sont défendus par le camp communiste, ils sont donc coupables.

Ensuite, parce que, si Gaston a montré un intérêt particulier pour l'Histoire, c'est avec une culture plus que sommaire de la question, comme on peut s'en douter. Conforme à certains schémas des livres de l'école primaire de ses enfants, il fera de Jeanne-d'Arc et de Napoléon, ses deux héros. C'est-à-dire deux archétypes de l'Histoire de France et qui ont été abattus par les Anglais. Ce qui permettra à ses accusateurs d'induire chez lui, de façon pour le moins simpliste et primaire, une haine de l'Anglais qui aurait pu se focaliser sur les Drummond.

Conclusion et précaution importante

Comme nous allons souvent revenir sur les implications politiques dans cette affaire, il convient de préciser sans ambiguïté que toutes les considérations qui sont ou seront développées à propos de l'implication du Parti communiste français, concerneront exclusivement la partie objective de son jeu politique et médiatique à l'époque concernant cette affaire. Il ne sera porté le moindre jugement de valeur sur l'idéologie communiste et encore moins sur la valeur morale de ses membres. L'incidence politique sera analysée comme l'une des composantes objectives du contexte sans aucun procès idéologique. Il en sera bien sûr ainsi à propos de tous les intervenants, en commençant par les Dominici.

*

V

LES DOMINICI ET QUELQUES AUTRES

Comme on l'a fait avec les victimes, avant d'entrer dans le drame proprement dit, donnons un portrait des principaux personnages mis en cause[1]. Bien sûr on commencera par le patriarche, accusé et condamné, Gaston Dominici. Bien sûr aussi, il ne peut être séparé de sa famille en commençant par sa femme Marie. En plus d'Ida, fille sans père de Marie que Gaston a adoptée, ils ont eu cinq garçons et trois filles : Clovis marié à Rose Boyer, Augusta mariée à Clément Caillat, Gaston junior marié à Marie Germain, Clotilde mariée à Angelin Araman, Marcel marié à Victoria Estève, Germaine mariée à Roger Perrin parents de Roger junior dit Zézé, Gustave marié à Yvette Barth, et Aimé marié à Mauricette Girard.

À l'époque on qualifiera la famille de *clan*, comme aussi dans des ouvrages postérieurs. On trouve cette qualification dans les rapports d'enquête des commissaires Sébeille et Constant, et, bien sûr, dans l'ouvrage du commissaire Sébeille. En revanche elle sera justement combattue par Giono en connaissance de cause. En effet, l'espèce de sens aigu de la famille bien particulier aux gens de la terre, et en particulier à Gaston, n'a rien à voir ici avec l'esprit de clan tel qu'on le connaît ailleurs, notamment en Sicile par exemple emblématique, qui n'est pas facile à différencier pour qui n'en est pas. Et cette confusion nuira à la compréhension des comportements de la famille Dominici.

Le couple Gaston et Marie

Les passions déchaînées par Gaston Dominici sont à la mesure de l'horreur du massacre qui lui sera imputé, mais aussi du personnage. Un gouffre d'incompréhension séparait, et sépare de plus en plus, les gens de la terre de ce temps-là, d'avec ceux des villes de l'époque, et plus encore d'aujourd'hui. Et on peut en juger déjà par la relation même dans le couple avec l'effacement

---

1 Quelques éléments biographiques plus détaillés sont joints en annexes. On ne développera donc ici que ce qui permet de bien les situer dans le déroulement de l'affaire.

de la personnalité de Marie. Bien sûr, au premier chef viennent leurs comportements, notamment vis-à-vis du drame et des victimes. Mais là où le gouffre va se montrer insondable, commence avec le *parler* ici différent du langage. Même le commissaire Sébeille (oc p. 63 & 64) ne s'en est semble-t-il pas bien rendu compte, lui qui était pourtant censé parler le provençal[1], et se piquant de plus de connaître le monde paysan :

« *Grâce à mon expérience des paysans, peut-être arriverai-je à les faire parler ? Pensais-je innocemment.* »

Photos Thibault ©.

En effet ! Car pour comprendre comment fonctionnait la mentalité de ces gens de la haute terre de Provence, il fallait faire un effort ethnologique impensable à son époque. Il était alors facile de tomber dans le poncif scandaleux des tabloïds anglais[2] qui traitèrent les gens du cru d'« *anthropoïdes* (et de) *bêtes à soulier* ».

Le clivage entre le monde paysan et celui des villes, sans parler d'avec la bourgeoisie, résultait encore fallait au citadin d'une division sociale datant sinon de l'Ancien Régime, au moins du XIXe siècle. Il suffit de lire la presse de l'époque à propos des Dominici, pour toucher du doigt le mépris des gens *civilisés* pour les paysans et l'incompréhension qui en résultait. Même aujourd'hui, la distance persiste quitte pour certains à passer de l'excès péjoratif à l'excès inverse avec l'engouement pour tout ce qui fait campagne, authentique, terroir, grand-mère paysanne, etc. Entre ces deux mythologies, rendre compte de la réalité de l'époque demande un difficile et constant effort. Il faut lire et relire Giono, et surtout ce qu'il a écrit sur l'affaire qu'il a suivie, notamment en tant qu'écrivain, avec une particulière attention à cette question de la langue[3].

La question de la langue

Lors des interrogatoires mais surtout lors du procès, il n'a pas tout de suite compris combien elle serait importante. Outre l'accent, Gaston Dominici parlait plus naturellement provençal que français. Giono (oc p. 696 & 704) montre combien il y a déjà « *total malentendu sur la syntaxe* ». Il concède à Gaston l'usage de « *trente à trente-cinq mots* » français. Certains contestent

---

1 En fait, le provençal marseillais n'est pas vraiment le même que celui du haut pays.

2 Marcel Massot, député radical-socialiste des Basses-Alpes interpelle le gouvernement à l'Assemblée nationale sur l'écho de propos scandaleux (*Le Monde* du 23 octobre 1952).

3 Rappelons que Giono avait été de 1911 à 1929, *commercial* dans une banque de Manosque, ce qui ajoutait à sa connaissance par l'intérieur la paysannerie du coin.

ce nombre trop restreint en se basant sur un comptage des mots dans les comptes rendus d'audience des journalistes. Mais ceux-ci n'ont pas transcrit le mot à mot, et le témoignage de Giono, qui a assisté à la majeure partie des audiences, doit pouvoir être suivi.

Il faut s'entendre, là encore, sur le sens de *mot*. Car ceux qui contestent le décompte de Giono, comptent plus de cent mots. Mais Giono, qui sait de quoi il parle, n'a décompté que les mots signifiants : substantifs, verbes, adjectifs et adverbe. Car, même les deux à trois cents mots habituellement employés par le langage courant, sont insuffisants pour bien saisir ce qu'il se passe dans une enceinte de cour d'assises[1]. Le langage judiciaire, avec tout ce qu'il suppose de codes et de sous-entendus juridiques et procéduraux, échappe déjà pour partie à nombre d'auteurs. Il faut donc imaginer ce que c'était pour le vieux paysan. Et sa manière de réagir le montrera parfaitement. Déjà, il ne comprendra pas toujours bien ce que le président lui demande, ni ce qui se dit. Lorsqu'il est dominé par un sentiment, il s'exclame toujours en provençal. Mais son provençal n'est pas non plus celui de Mistral. Pas plus que son français celui de l'Académie. C'est dire non pas que sa pensée était d'un niveau inférieur, mais qu'elle avait du mal à se manifester par les seuls mots du français, et plus spécialement de se faire comprendre en bon français. Que dire en contrepartie de ce qu'il pouvait réellement comprendre des implications du discours des policiers, magistrats, experts et avocats. Cette question se situe d'ailleurs au-delà du langage, dans le domaine de ce qu'on appelle la *sémantique*[2]. On imagine donc aisément que la communication ne pouvait pas passer de façon *normale*, sans malentendus ni quiproquo, entre Gaston et des *estrangers* à son monde qui non seulement ne parlaient pas sa langue courante, mais un *technolecte*, c'est-à-dire un langage très spécialisé, spécifique à la seule chose policière et judiciaire. Sa logique non plus n'était pas tout à fait celle de Descartes. Et tous ces malentendus se cumuleront. À charge, bien sûr. Le dire n'est pas défendre Gaston, mais un fait.

Tout ce qui demeure de l'affaire, à part les mémoires orales et des photos ou bouts de films en noir et blanc, est donc écrit. Ainsi, comme tous les dires, interrogatoires, interviews et souvenirs, ont été transcrits, il n'est plus possible d'en connaître le contexte, le ton, l'accent comme les mimiques et les gestes qui ont pu les accompagner, tous éléments d'une extrême importance, surtout dans un tel milieu rural où presque tous parlent encore provençal, et où l'oral

---

1 Roland Barthes, article publié dans Lettres nouvelles : *Dominici ou le triomphe de la littérature*, repris dans Mythologies (Le Seuil, Paris 1957, p. 53 à 56). À l'époque, Barthes conduit ses analyses dans une optique marxiste. Il deviendra plus tard structuraliste sous l'influence de Claude Lévi-Strauss.

2 Rappelons pour faire simple et court, que la sémantique est la façon dont une langue se comprend elle-même. C'est-à-dire avec plusieurs niveaux de sous-entendus, culturels, professionnels, etc. Et c'est pourquoi, quand on se débrouille bien au quotidien dans une langue étrangère, il devient difficile d'entrer dans une discussion d'idées et dans un texte littéraire, comme de comprendre l'humour, les sous-entendus, sans parler de la poésie.

et les gestes priment de très loin sur l'écrit administratif et journalistique[1]. Lors du procès d'assises, Giono (oc p. 700) demandera si on a au moins « *fidèlement reproduit* » les dires dans les PV, et on lui répondra qu'« *on les a seulement mis en français* ». C'est tout dire. Car cette traduction[2] stéréotypée comme la lecture des PV le montre bien, a sûrement notablement trahi une certaine vérité en urbanisant déjà la sémantique des propos, comme on en verra quelques exemples flagrants qui ont créé au moins quelques méprises.

Ainsi, le juge Batigne (oc p. 167) témoignera d'une confidence qui l'avait beaucoup intrigué : lors d'un interrogatoire, Gaston avait pris un air scandalisé en disant avoir entendu ce que Gustave et Yvette faisaient quand ils étaient seuls dans leur chambre. Et après quelques détours, il avait fini par asséner l'inconcevable : dans l'intimité, « *ils parlaient français !* ».

À propos de manipulation de la langue, il faut encore régler la question de savoir dans quelle mesure Gaston savait lire et écrire. Certes, il passa peu de temps à l'école de l'orphelinat et il y était mauvais élève. Ses lettres montrent combien il écrivait difficilement avec une orthographe, une syntaxe et une grammaire toutes deux plus qu'approximatives. Son dossier militaire (cote B 120) porte : « *Ne sait ni écrire ni compter* ». Mais en ce qui concerne la lecture, les témoignages convergent. Selon le juge Batigne (oc p. 163), en prison, il lisait et notamment Giono. Le commissaire Sébeille (oc p. 20 & 21) dit qu'il lisait couramment « *comme tous les bergers* ». En fait, ce n'est pas tant pour meubler ses gardes comme berger qu'il a appris à lire, mais sans aucun doute par aspiration d'ascension sociale. Elle lui avait montré la nécessité de s'instruire. Et il s'était pris de goût pour l'Histoire qu'il aimait lire dans les livres d'école de ses enfants. Le commissaire Sébeille (oc p. 168) dit que Gaston relisait les PV de A à Z. Mais on peut en douter, notamment de la bonne compréhension de ce qu'il lisait. Et il aurait demandé des explications sur ce qu'il ne comprenait pas du jargon de procédure. Là plus encore, même si cela s'est passé, on peut douter de sa vraie compréhension de qu'il s'entendait expliquer. Ainsi, sait-on par le témoignage même du juge Périès, que Gaston a signé ses aveux sans les relire. Et ce doute est conforté par la conclusion que tire le commissaire Sébeille d'une anecdote (oc p. 173 & 174). Un jour qu'il demandait à Gaston « *si les nouvelles étaient bonnes* », celui-ci avait répondu : « *J'en sais rien, il y a longtemps que je ne lis plus les journaux.* » Puis, le commissaire lui ayant parlé quelques instants plus tard du crash de l'avion Paris-Saigon dans les Alpes[3], en lui disant que c'était un

1 On sait que, même en milieu tertiaire urbain, les expressions physiques dans l'oral, comptent encore pour 70% de la transmission d'information. Que dire alors en milieu paysan d'alors dans un contexte judiciaire.

2 L'italien a conservé l'idée que traduire n'est pas loin de trahir. Une seule voyelle sépare le traître, qui se dit *traditore*, du traducteur *tradutore*. Exemple de la sagesse profonde des langues qui traduit bien la sémantique que véhiculent ceux qui les parlent par tradition.

3 Selon Jean Laborde (oc p. 194), il s'agissait d'un chasseur Mystère qui se serait écrasé sur Marseille, ce qui est inexact. Car il s'agit là du Constellation d'Air-France Paris-Saigon, F-

moyen de transport rapide mais dangereux, Gaston lui aurait répondu : « *Ah, vouéi, tu as lu ça dans les journaux ?* » Et le commissaire de conclure que Gaston les lisait[1] ! On demeure perplexe sur la logique de cette conclusion. Mais on verra que ce n'est pas la seule fois où le commissaire fonctionnera de cette façon.

Retour sur Gaston et Marie

Au moment du drame, Gaston, déjà âgé de soixante-quinze ans[2], règne toujours sur sa Gran'Terre, mais il ne s'occupe plus guère que de ses chèvres. En dehors de la biographie bienveillante d'Alain Dominici (oc), Gabriel Doménech (oc p. 55 à 94) est celui qui donne la plus longue biographie pour le moins sans concession de Gaston avec toutes sortes de considérations sur son caractère, lesquelles vont perdurer dans l'esprit public. Il le dit bagarreur, violent, sans scrupule, « *sadique et libidineux* », égoïste, autoritaire jusqu'à la tyrannie, âpre au gain bien sûr et assoiffé de reconnaissance sociale, plus maints autres moindres défauts. À le lire, Gaston les cumule tous et à un degré particulièrement développé. Gabriel Doménech fera même établir une analyse graphologique de la signature de Gaston, mais pas à l'aveugle comme au moins il l'aurait dû. Et, bien sûr, même avec quelques réserves, le graphologue confirma tout, et décèlera même la tendance criminelle ! C'est dire sur quoi certains basent leur conviction. Au moins Giono montrera une empathie certaine pour le personnage, il est vrai parfaitement nuancée par sa connaissance du contexte ethnologique.

Pendant son service militaire, bien que bagarreur, Gaston n'a jamais dépassé les limites ordinaires, et il s'en sort sans conséquence avec un livret correct. Il rapportera de son service un torse abondamment tatoué qu'il cachera avec obstination sans qu'on sache pourquoi, ce qui fera dire au commissaire Sébeille[3] que c'était la marque d'une particulière brutalité. On se demande bien pourquoi. S'il est également avéré que revenu à la vie civile, Gaston aime la boisson, les filles et la bagarre, il semble que cela soit demeuré dans des proportions qu'on peut qualifier de normales pour l'époque et dans son milieu. Il n'aura d'ailleurs jamais affaire sinon aux gendarmes, du moins à la justice.

BAZZ, qui s'est écrasé sur le Mont-Cemet près du hameau de Saint-Laurent au-dessus de Barcelonnette, le 1er septembre 1953. Un autre Constellation d'Air-India plus connu, le *Malabar Princess*, s'était écrasé sur le massif du Mont-Blanc le 3 novembre 1950. On peut lire chez certains auteurs, qu'ils se sont écrasés au même endroit à un an d'intervalle, ce qui est doublement inexact.

1 Claude Mossé (oc p. 111), prétend que Gaston était abonné à *L'Humanité* ce qui n'est attesté nulle part.

2 Et non 77 comme l'écrit Jean-Paul Ollivier à plusieurs reprises (oc, notamment p. 15), mais aussi William Reymond (oc p. 14). C'était son âge au moment du procès et non du drame.

3 Rapport n° 639 du commissaire Sébeille en date du 25/1/53 (cote D 250).

C'est un solide gaillard ombrageux qui ne rechigne pas devant le travail, avec une formidable ambition de s'en sortir. Il va montrer une extraordinaire volonté de se faire un nom, de fonder une famille honorable et d'acquérir son domaine.

Mais au soir de son mariage, qu'il croyait constituer la première marche de son ascension sociale, Gaston apprendra qu'il a été trompé par sa future belle famille. Marie lui avoue qu'elle est enceinte d'Ida que Gaston reconnaîtra et traitera comme sa fille. Mais on comprendra quelle relation de couple a pu en découler. Il commencera par surnommer sa femme « *la Sardine* ». Et il la traitera très durement de façon plus que méprisante. Même devant des tiers, il la qualifiera de « *salope* », l'accusant de se donner du bon temps, et mettant en doute la paternité de ses propres enfants. En fait, durement cantonnée entre ses grossesses, ses enfants et le travail de la ferme, Marie n'aura guère le loisir de se laisser conter fleurette. Et, de fait, elle sera fidèle, sûrement par devoir, acceptant tout de son homme avec une parfaite soumission, mais sans doute aussi comme une sorte d'expiation. Le grand avocat Paul Lombard verra en elle : « *Une vieille paysanne usée, âpre au gain, inquiétante* ». Usée sûrement et infiniment, au-delà des mots. Âpre au gain, sans aucun doute, comme la plupart de ces femmes en noir qui ont tissé le bas de laine de la France. Mais pourquoi inquiétante ? Parce qu'elle n'a jamais manifesté de compassion envers les victimes, sauf tardivement lors d'une interview filmée[1] :

> « *On ne sait pas pourquoi ils sont venus là pour se faire tuer. Ils auraient dû aller se faire tuer plus loin. Si on avait su qu'ils étaient venus là pour se faire tuer, on les aurait gardés coucher à la maison.* »

Était-ce du cynisme ou une sorte de naïveté… ou alors quoi ? Car il faut bien lire cette phrase, et nous y reviendrons.

En attendant, Gaston est une sorte de patriarche comme il en existait alors dans toutes les campagnes. Mari et père très autoritaire, exigeant des autres au moins autant que ce qu'il s'impose à lui-même. Mais, comme l'a bien montré Giono, ni chef de clan ni aussi emblématique et caricatural qu'on a voulu le peindre. Notamment on verra combien ses fils lui tiendront tête jusqu'à l'accuser, et son petit-fils Zézé jusqu'à le provoquer avec effronterie sans montrer ni respect ni la moindre considération.

Soutien de famille, il a été réformé en 1904, et il échappera donc à la mobilisation de la Grande Guerre. Quand on le raillera à ce sujet, ce sera l'occasion de bagarres, car il n'aimait pas passer pour un couard ou un planqué.

Quand il parviendra à acheter La Gran'Terre, tout reste à faire. Et il la remettra en état tout en continuant à exploiter La Serre jusqu'à pouvoir enfin emménager dans son domaine. La ferme ne possède pas encore l'électricité et le creusement du puits sera interrompu par défaut d'explosif. Dès qu'il le

---

1 Repris dans le documentaire TV de Jean-Charles Deniau et Madeleine Sultan disponible sur youtube déjà cité.

pourra, Gaston achètera quelques parcelles qui agrandiront son domaine. Pour lui, être propriétaire, c'est sa revanche, c'est avoir acquis l'indépendance économique et surtout la reconnaissance sociale. Il en concevra un orgueil inversement proportionnel à l'importance et à la richesse de son domaine qui ne fait qu'une quarantaine d'hectares dont une majorité de maquis en chênes-verts, maigre pinède et garrigues incultes[1]. Seules les parties dans la plaine de la Durance avec les iscles, sont cultivables. Mais le reste sert à ses chèvres et constitue une réserve de chasse où il braconne à longueur d'année, comme tout un chacun ici.

Pour lui, cette réussite est le fondement d'une certaine conception de l'honneur familial, parfaitement incompréhensible à ceux de la ville et d'aujourd'hui. Car la sorte d'attachement viscéral qu'il a pour sa terre n'est déjà plus tout à fait ajusté à l'époque qui change. Vivre d'une terre aussi modeste atteint les limites du possible. Déjà le grand exode rural commencé avec l'avènement du monde industriel, bouleverse non seulement l'économie, mais aussi les habitudes, les mentalités et les valeurs. D'ailleurs, ne votait-il pas socialiste[2], sans être anticlérical pour autant.

C'est avec la Seconde Guerre mondiale que tout va s'accélérer puis basculer sans qu'il en prenne conscience. Gaston est profondément patriote. De ce genre de patriotisme qui s'enracine directement au plus profond du terroir agraire. Mais il ne prendra pas le maquis. Sans doute à cause de son âge et de son caractère de vieux solitaire. S'il est certain qu'il ne manque pas de courage physique, sans doute aussi ne veut-il pas prendre de risque pour la survie de sa famille et surtout de sa terre. On dit qu'il fera néanmoins partie du réseau de soutien, et rendra de menus services directs aux maquis. La Gran'Terre au bord de la route est un bon poste d'information, un relais, et fait une excellente boîte aux lettres. Peut-être aurait-il même une fois ou deux caché des maquisards, voire un aviateur, et la ferme sera fouillée une fois au moins par les Allemands. Nous verrons tout cela en son temps.

Au sortir de la guerre, suivant en ce sens une tendance générale, son vote passera de socialiste à communiste, mais sans qu'il n'ait jamais pris sa carte ni milité. Là encore ce n'est pas son genre de s'engager formellement. Comme pour beaucoup, il ne vote pas au nom d'une vision idéologique et révolutionnaire, et encore moins d'une option stratégique de conquête universelle, mais d'une certaine idée de justice sociale de reconnaissance du travail, où il ne voit pas la contradiction avec son sens démesuré de la propriété. La sienne est petite, il l'a gagnée à l'unique sueur de son front. Pour lui, le Parti est celui « *des travailleurs* », rien d'autre. Lui ne se considère que comme un travailleur, bien sûr, et forcené. Il aurait été outré s'il avait su

---

1 Jean Meckert (oc p. 81) donne « *quinze hectares* », qui représentent sans doute le maximum des seules parties cultivables.

2 Avant la scission au Congrès de Tours du 25 décembre 1920, le parti socialiste, celui de Jaurès, était le plus à gauche..

comment les *koulaks* avaient été expropriés et massacrés par Staline au nom du communisme. Comme tous les communistes d'alors, il ne l'aurait pas cru. Ce sont les victimes de ce qu'Aragon appelait le *mentir vrai.*

L'institutrice de ses enfants à Ganagobie, Louise Muzy, le confirmera[1], bien que la lecture lui soit difficile, Gaston se passionnera pour les livres d'Histoire de ses enfants, et plus particulièrement encore pour tout ce qui touche Jeanne d'Arc et Napoléon, grands archétypes de son patriotisme. C'est Paul Maillet qui dira que Gaston haïssait les Anglais à cause de ces deux figures de l'Histoire de France[2]. Mais en réponse à un sous-entendu rapporté par le juge Batigne, Gaston s'exclamera : « *Il va me dire que j'ai tué les Anglais pour venger Jeanne d'Arc !* ».

En 1952, après qu'Anglais et Américains ont été, avec l'URSS, alliés libérateurs du nazisme, la guerre froide a mis la France dans le camp occidental mais les communistes français dans le camp de Moscou. C'est le temps des manifestations très violentes contre l'OTAN et des *US go home* barbouillés sur les murs par les militants. Mais ça se passe surtout à Paris et en ville. Et rien ne dit que pour Gaston les Anglo-saxons libérateurs de sa Provence, soient devenus l'ennemi[3].

Pendant ce temps, peu à peu et normalement, les enfants s'étaient mariés et avaient quitté La Gran'Terre. Mais un vrai drame s'était noué, première intrusion directe et déstructurante du monde moderne dans l'univers de Gaston : dès 1927, c'est-à-dire bien avant l'installation à La Gran'Terre, l'aîné de ses fils, Clovis, avait quitté la terre au retour de son service militaire, pour aller travailler aux chemins de fer. Dans sa conception dynastique, Gaston a conservé une inclination instinctive pour le droit d'aînesse. D'autant que le domaine est trop petit pour être divisé[4]. Pour lui, La Gran'Terre revenait de fait sinon de droit à Clovis. Il va donc ressentir ce départ comme une véritable désertion de la terre et une irrémédiable trahison envers lui. Il va bannir ce fils avec qui cessera toute relation pendant six ans. Entre temps, Clovis, qui habite Peyruis[5], se sera marié avec Rose Boyer et aura eu un fils, Gilbert. L'ami Paul Maillet arrangera les retrouvailles, à la plus grande satisfaction de Gaston et

---

1 PV n° 7 de la brigade de Forcalquier en date du 12/1/54 (cote B 128).

2 Seul Gabriel Doménech, oc p. 38, le dit. Mais on peut mettre en doute ses affirmations trop orientées.

3 Contrairement à ce qu'écrit Claude Mossé (oc p. 19). Selon lui, Gaston aurait « *quelques jours plus tôt,* » écouté avec fureur un discours de Churchill disant que Staline, nouvel ennemi de l'Occident, était pire que Hitler (oc p. 20). Mais c'est là une pure invention, exemple comme on en trouve trop dans les commentaires sur cette affaire.

4 Lors de la Révolution, la suppression du droit d'aînesse a été le cauchemar des paysans, et l'une des causes de la stagnation de la démographie de la France au XIXe siècle.

5 Toujours selon Claude Mossé (oc p. 158), il habiterait « *à proximité de La Grand-Terre, dans une ferme donnant sur la nationale 96* », ce qui est inexact. Il confond avec Roger et Germaine Perrin. Le commissaire Chenevier (oc p. 10) se trompe aussi en le disant habiter à la Grande Terre à l'époque du drame. Il y était seulement à son tour de garde en l'absence de Gustave en prison.

surtout de Marie. Mais Clovis restera toujours sur la réserve. Pourtant, au fond, malgré la dénonciation de ce fils qui le fera condamner, Gaston a toujours continué de préférer Clovis. Mais hélas, malentendu courant entre père et fils, Clovis sera toujours persuadé du contraire. Surtout quand Gaston concèdera l'usufruit d'un champ à Gustave et le refusera à Clovis. Et le quiproquo les suivra tous deux jusque dans la mort. Nous y reviendrons, car, pour certain dont le commissaire Chenevier, la dénonciation de Clovis serait en partie le résultat d'une vieille rancœur.

C'est donc Gustave, l'avant-dernier de ses fils qui va rester et s'occuper de la ferme, bon gré mal gré. Depuis 1947, Gaston, âgé de soixante-dix ans, se considère en retraite. Il ne s'occupe plus que de ses chèvres, ne chasse plus, ni même ne braconne. En apparence, il semble toujours régner en patriarche. Mais, même si ses fils se plaindront qu'il les traite toujours comme des gamins, en fait, tous, y compris Gustave, font ce qu'ils veulent, et Gaston ne cessera de s'en plaindre.

Pour certain qui l'ont connu ou le croient innocent, Gaston était un pépé, certes très dur avec lui-même et avec les autres, mais de façon normale dans le contexte de l'époque, comme le diront Louise Muzy, l'institutrice de ses enfants, et aussi Giono. Il est hospitalier, ami fidèle, bon grand-père et serait incapable d'un tel massacre, surtout d'achever une fillette. Pour ceux qui le croient coupable, c'est au contraire un être égoïste, solitaire, violent, colérique, insensible, matois, roublard, buveur, vicieux et quasi sadique.

Le commissaire Sébeille[1] relate une conversation à propos du meurtrier où Gaston lui aurait répondu : « *Celui qui a fait ça est plus malin que toi. Toi tu es trop jeune et pas assez vicieux* ». Bien sûr, les partisans de l'accusation ont suivi l'avis du commissaire pour qui Gaston se vantait là d'être un vieux roublard plus malin que lui. Mais l'a-t-on bien compris ? Car on a retenu que *trop jeune* voulait dire que le meurtrier était plus vieux que le commissaire. Et que *vicieux* accréditait le vieux pistachier. Mais c'est là où il faut redire que les mots n'ont pas le même sens en français classique et dans la sémantique méridionale. Plus que la différence d'âge, *jeune* désigne ici quelqu'un de naïf[2]. Et *vicieux* n'a aucun rapport avec le sexe, c'est également le contraire de naïf. Mais le commissaire, pourtant marseillais qui aurait dû bien connaître ce sens, fait l'amalgame avec la fois où Gaston lui a dit que ce qui n'allait plus à son âge c'était « *la queue* ». La vantardise est certaine chez Gaston, voire la provocation, puisqu'il ajoute au commissaire en parlant du meurtrier : « *Quand tu l'auras pris, on fera ribote.* » On verra qu'en de nombreuses occasions, il jouera de la galéjade équivoque, encore une fois selon un jeu quasi connaturel à la Provence, mais sans se rendre compte à quel point il

1 Rapport n° 639 du commissaire Sébeille en date du 25/1/54 p. 25 (cote D 250).

2 En Provence, on désigne familièrement ainsi tout homme plus jeune que celui qui parle… et même plus vieux. Il suffit d'assister à une partie de boules pour le vérifier.

comptera à charge dans le contexte policier et judiciaire où la galéjade n'a aucune place.

Comme toujours, la vérité sur l'homme apparaît moins simpliste, surtout quand entre en jeu la dimension ethnologique. De plus, chacun d'entre nous a ses zones d'ombre et ses éclairs de lumière. Tout est une question de situation, de dosage et de solidité des interdits qui séparent l'acceptable du pire. Qui peut être certain qu'en une circonstance exceptionnelle, il ne basculera pas un instant de l'autre côté. Bien sûr, certains ont, par nature, par défaut d'éducation ou par condition sociale, plus de facilité à basculer. Était-ce le cas de Gaston Dominici ?

Il a, en effet, montré des tendances colériques très violentes, notamment sous l'emprise de l'alcool, même s'il semble particulièrement bien tenir le coup. Toute sa vie, il a bu environ quatre litres de vin par jour[1], et pris de fréquentes cuites à *la blanche*, ce qui ne l'a pas empêché de mourir à quatre-vingt-huit ans, sans l'ombre d'une cirrhose, et sans autre médicamentation que des remèdes de grand-mère qu'il composait d'ailleurs lui-même[2].

Plusieurs témoignages sont venus établir sa violence lorsqu'il était pris de boisson. Selon Paul Maillet qui le rapporte au commissaire Sébeille (oc p. 151), déjà lorsque Gaston était berger à Entrevennes, il aurait frappé à coups de barre de fer « *le père Moisson*[3] ».

Plus tard, Thérèse Jourdan-Tavaglia[4] racontera qu'au cours d'une fête alors qu'elle était âgée de treize ans, là-haut sur le plateau lorsque Gaston habitait Ganagobie, si on ne l'avait pas difficilement maîtrisé, il était prêt à frapper un collègue, Giraud, à coup de hache[5]. Sans doute sont-ce là témoignages à charge, mais uniques et surtout de jeunesse.

Car au contraire, Gaston montrera sang-froid et courage en affrontant un meurtrier, Luigi Gualdi, qui lui avait tiré dessus en le blessant à la tête, et qu'il maîtrisera en attendant les gendarmes[6]. Gaston recevra pour cela la médaille de la reconnaissance et du dévouement, dont il était très fier[7]. À la chasse aussi, il montrera un courage exceptionnel en maîtrisant quasi au corps à corps, un sanglier qui avait pris le canon de son fusil en gueule. Mais ces actes de bravoure peuvent, d'un certain point de vue, être retenus à charge, dans la

---

1 Avant la désinfection de l'eau potable, boire du vin à faible dosage était une sorte de prophylaxie.

2 Il potassera *Le Grand Albert* et se composera lui-même des décoctions et autres médications, aujourd'hui très mode.

3 PV n°1 de la section de Digne en date du 6/1/54 (cote B 121). Le fils Moisson spécifiera qu'il n'y a pas eu de témoin. Et Gaston contestera la version de cet épisode.

4 PV n°63/2 du commissaire Sébeille en date du 17 /2/54 (cote B 131).

5 Gabriel Doménech (oc p. 49), lors d'une Pentecôte dont il ne donne pas l'année. Pierre Scize (oc p. 282), note le témoignage à l'audience du premier jour, et la réaction de Gaston : « *Ils étaient tous saouls* ».

6 C'était le 5 févier 1924. Luigi Gualdi et son comparse, André Gautier, seront arrêtés et tous deux seront condamnés à mort le 4 mars 1925.

7 Il recevra aussi le Mérite agricole (Me Charrier, oc p. 36).

mesure où ils démontraient son efficacité dans la violence, même quand elle était utilisée pour la bonne cause. Dont acte.

Plus grave encore. Selon Gabriel Doménech (oc p. 53)[1], le 14 juillet 1924, il aurait jeté Marie à terre, et menacé de la transpercer avec une fourche si son fils Gaston junior ne l'avait ceinturé[2]. Pourtant, lors du procès d'assises, ce même Gaston junior viendra témoigner dans un tout autre sens. Autre incident à charge, Ida serait un jour tombée dans le puits à la ferme de Ganagobie. Selon les uns, Gaston l'en aurait sortie, pour d'autres, il n'aurait rien fait[3]. Pourtant ni sa femme, ni Ida, ni ses enfants ou son neveu Léon[4], qui venait en vacances dans la famille, ne se sont jamais plaints de brutalités, même s'ils craignaient ses colères.

Un certain Gustave Signoret[5] racontera que, vingt-cinq ans plus tôt, étant venu demander de l'aide une nuit à La Serre, Gaston lui aurait répondu par deux coups de fusil. Mais ce témoignage est contredit par de nombreux autres qui attestent de l'hospitalité de Gaston, même si elle était un peu vantarde.

Le commissaire Sébeille (oc p. 169) rapporte que, fin printemps 1953, il l'a vu jeter une pierre à son chien[6]. Mais de la part d'un berger, c'est un geste banal, comme le diront d'ailleurs Giono (oc p. 675) et Me Pollak (oc p. 251). Mais comme l'inspecteur Ranchin précise que le chien reniflait l'endroit où se trouvait le corps de la fillette, le geste se comprend encore mieux. Par ailleurs, lors d'une interview très tardive[7], on verra l'ancien cheminot Roger Drac, dire avoir vu Gaston « *comme je vous vois* » pendre son chien pour le battre à coups de fouet. Et Maillet d'ajouter avoir vu Gaston cogner son cheval sur le museau avec une pierre pour le faire reculer. De tels comportements, réellement sadiques n'ont jamais été rapportés à l'époque contre Gaston. En revanche, de nombreux témoignages, incontestables, montrent combien Gaston aimait son chien qui dormait dans sa chambre et qu'il demandera à avoir avec lui en prison.

---

1 Selon le commissaire Sébeille (oc p. 22), cela serait arrivé *souvent*, ce qu'on ne trouve nulle part.

2 Cet épisode, apparemment unique, se serait passé à nouveau « *très souvent* » pour le commissaire Sébeille (oc p. 22). Sauf erreur, aucun PV n'en fait état.

3 Gabriel Doménech (oc p. 54) le tiendrait de gens qui n'ont pas assisté à la scène, confondant donc des opinions avec des témoignages.

4 Jean-Charles Deniau et Madeleine Sultan (oc p. 299) disent *demi-frère* ce qui est inexact, bien sûr.

5 PV n° 63/1 du commissaire Sébeille en date du 17/2/54 (cote (B 130).

6 Rapport n° 639 du commissaire Sébeille en date du 25/1/54 (cote D 250), p. 24, repris par Giono (oc p. 675) et par Jean Laborde (oc p. 190), qui précise bien la présence de l'inspecteur Ranchin,

7 Jean-Charles Deniau et Madeleine Sultan, interrogeant Roger Drac et Paul Maillet dans leur maison de retraite (youtube déjà cité). Les partisans de la culpabilité de Gaston, eux, n'y ont vu que sincérité « *sans méchanceté ni haine* », expression de Maillet, en forme de lieu commun très provençal. C'est tout dire de la difficulté de croire ou ne pas croire un témoin. Mais à l'époque, lors des enquêtes ni Drac ni Maillet n'avaient parlé de ces brutalités de Gaston, qu'ils n'ont dénoncées qu'à plus de 90 ans devant la caméra.

Dans le même registre, les invectives et gestes de menace avec sa canne levée envers les journalistes et même les policiers[1], ne dénotent pas une particulière tendance à la violence. C'est un geste classique de paysan pour chasser les importuns. Le commissaire Sébeille[2] comme son collègue Constant, a été l'objet ou témoins de ces colères qu'ils décrivent comme aussi subites que violentes et rapidement éteintes. Ils le disent brandissant sa canne au-dessus de sa tête dans un geste que les commissaires voient semblable à celui qui a fracassé le crâne de la petite Élizabeth. Mais est-ce suffisant ? Car ils témoignent aussi que ces colères retombent aussi vite.

Lors de l'enquête[3], un certain Marcel Sicard viendra raconter une autre histoire. Ayant été détaché par la Résistance auprès de l'armée US dans les Basses-Alpes après le débarquement de Provence, il avait suivi l'affaire d'un soldat américain sauvagement agressé dans une ferme de la région, le 30 septembre 1944. Le soldat, seul dans sa Jeep, était entré sur un chemin de terre menant à une ferme. Ayant essayé de s'emparer d'un chien de chasse, il aurait été pris à partie par les fermiers : « *Deux hommes jeunes, une femme qui marquait mal, et un vieux* ». Le soldat avait d'abord pris un coup de fusil dans les fesses qui étaient, en effet, criblées de petits plombs. Puis il aurait été roué de coups. Le vieux l'aurait frappé avec un bâton. Alors que le soldat avait réussi à rejoindre sa Jeep, le vieux aurait arraché de son étui[4] sa carabine US-M1, frappé le soldat avec, puis il l'aurait emportée au moment où d'autres soldats intervenaient. Leur colonel aurait commencé une enquête avec l'aide de Sicard pour retrouver la ferme dans le secteur de Ganagobie, mais il aurait rapidement classé l'affaire au motif que la tentative de vol du chien justifiait, au moins en partie, la réaction des paysans. En revanche, le soldat aurait été sanctionné pour la perte de son arme. Après le massacre des Drummond, Sicard aurait repris la recherche de la ferme en question et en aurait trouvé deux correspondant à la description du soldat, dont celle des Dominici. Il se dit d'ailleurs surpris d'y avoir réussi « *8 ans après* ». Il rappelle également qu'un soldat US avait été retrouvé nu et mort dans le secteur de Ganagobie, sans autre précision que d'ajouter qu'il est enterré au cimetière de Draguignan.

Comme le dit Sicard, ce qu'a décrit le soldat, semblerait correspondre aux gens de La Gran'Terre, au comportement de Gaston et expliquer l'origine de la carabine. Mais d'abord, si les gens décrits pouvaient correspondre à ceux de La Gran'Terre en 1950, ils ne correspondent pas en 1944. Si le *vieux* pouvait être Gaston, Aimé et Gustave étaient au maquis, et aucun des deux frères n'était marié. Il n'y avait là que la vieille Marie, et la femme *qui marquait mal* n'aurait pu être qu'Yvette qui avait seize ans et n'était pas mariée. D'autre

---

1 Edmond Sébeille oc p. 75, Gabriel Doménech oc p. 149, etc…
2 Confirmé par Jean Laborde, oc p. 78, etc…
3 PV n° 102 de l'inspecteur Tardieu en date du 21/3/53 (annexe à la cote B 102).
4 Un étui métallique vertical équipait les véhicules, fixé verticalement sur le montant du pare-brise côté chauffeur.

part, on verra que la ferme a été perquisitionnée en 1948 et que la carabine n'y était pas, alors même que d'autres armes de guerre y ont été trouvées. On comprend donc que ce témoignage n'ait pas été retenu par l'accusation, et d'ailleurs aucun auteur ne le cite. Mais il a fait partie de l'ombre de violence qui a accompagné Gaston.

L'institutrice Louise Muzy[1] viendra dire que Gaston était un homme dur, peu communicant, mais dont les enfants ne se sont jamais plaints de violence. Elle n'a jamais été témoin non plus du moindre geste déplacé ou de la moindre grivoiserie, trouvant même à Gaston une certaine forme de retenue, voire de gêne, en présence de femmes. Ce qui correspond bien ici au comportement des hommes mariés face aux femmes mariées.

Ce qui n'empêche pas le commissaire Sébeille[2] d'interpréter comme obsession sexuelle deux épisodes : Gaston lui aurait dit un jour que tout allait bien sauf « *la queue* », et, une autre fois, qu'il enviait ceux qui faisaient du planeur parce que, de là-haut, ils pouvaient voir ceux qui prenaient du bon temps dans les fourrés. Mais encore une fois, qui connaît les gens d'ici sait que ce sont là grivoiseries courantes entre hommes, sans représenter d'obsession particulière.

Il faut dire que le sens des avis sur Gaston s'est inversé au moment de sa mise en accusation en novembre 1953. Auparavant, même très dur, coléreux ou égoïste, c'était malgré tout le bon pépé et l'ami fidèle. Après, il est devenu le monstre sadique pourvu de tous les vices et défauts. Mais, comme nombre d'auteurs l'ont fait remarquer, ce renversement d'opinion est un travers hélas fort répandu dans la nature humaine qui a tendance à hurler avec les loups.

Outre sa brutalité, ses détracteurs verront en lui un être sans émotion. Et il est vrai qu'il n'en montrera que rarement. Il dira lui-même qu'il les craint, refusant de rendre visite à Gustave en prison, de peur de pleurer, ce qui est « *indigne d'un homme* ». Et c'est bien un comportement quasiment codifié chez tous les hommes de terroir, et plus particulièrement dans les hautes terres.

On lui reprochera aussi de n'avoir jamais eu un mot pour déplorer la mort de ceux qu'il appellera « *les crevés*[3] ». Expression épouvantable à nos modernes oreilles citadines. Là encore, elle correspond à certaine rusticité d'un homme des hautes terres, pour qui la mort n'est pas un tabou mais une réalité violente et dure. Mais ici l'expression doit-elle être retenue comme un cynisme d'une insoutenable dureté.

Pire, lorsque le commissaire Sébeille lui disant qu'on voulait ériger une stèle à la mémoire d'Élizabeth à l'endroit où gisait son corps, Gaston avait

---

1 PV n° 7 déjà cité (cote B 128), réitéré à la barre des assises.

2 Rapport n° 639 du commissaire Sébeille en date du 25/1/53 p. 26 (cote D 250).

3 En provençal *leï crebas*, qu'on traduit les crevés, est très péjoratif. Mais, à nouveau, c'est une manière rurale commune pour dire les morts, *crebar* étant ici employé dans le sens de mourir. Tout comme aujourd'hui encore, il a toujours existé un certain respect humain à employer le mot *murta*, la mort.

répondu[1] : « *Même une grille n'empêchera pas mon chien d'aller chier dessus* ». Pourquoi tant de hargne immonde comptant bien sûr à charge ? On sait hélas que le cynisme est l'une des réactions face à une sollicitation affective violente qu'on veut cacher. Pour Gaston, cette stèle au bout de son champ allait représenter un rappel permanent du massacre de la fillette, marquant à jamais sa Gran'Terre d'un sceau d'infamie.

Et pourtant, au contraire du mépris qu'il affichera envers le drame des parents, Gaston appellera Élizabeth, *la petite*, toujours avec une certaine retenue, voire avec émotion, en faisant souvent référence à ses propres petits-enfants. Chaque fois qu'on évoquera le meurtre de la fillette, il montrera toujours un trouble intense, au point de se détourner ou de laisser voir une sorte de souffrance[2], mais en essayant toujours de masquer son émotion. Et cela lui sera compté comme un aveu. Notamment, le commissaire Chenevier y verra la preuve que Gaston était bien le meurtrier de la fillette, même si, pour lui, il n'était sans doute pas celui de ses parents. Mais, c'est ignorer qu'en pays méridional, un homme n'a le droit de montrer son émotion qu'en certaines circonstances bien particulières et avec beaucoup de retenue, dont la mort de son père ou surtout de sa mère, mais aussi d'un petit enfant. Et n'oublions pas que la vie de Gaston, dès sa naissance, s'était tout spécialement chargée de lui apprendre à se blinder.

Il désignera ainsi Lady Anne comme *la femme* selon une manière de machisme, normale à l'époque et hélas encore vivace aujourd'hui. Pour Gaston, d'abord bâtard puis cocu dès avant son mariage, on peut imaginer qu'une femme ne soit gère plus qu'un objet sexuel et domestique, qui ne mérite aucune considération. Témoin l'extraordinaire impudeur du mobile qu'il osera, il est vrai sur suggestion du commissaire Prudhomme, en évoquant avec lubricité et en des mots parfaitement crus, un irréaliste début de coït avec Lady Anne. Il est certain qu'un tel manque de considération pour une dame qu'il était censé avoir assassinée quelques minutes après, apparaît comme véritablement inqualifiable.

On lui reprochera aussi le fait que les gens de La Gran'Terre n'aient pas été présents aux obsèques des Drummond à Forcalquier, le 7 août. Peut-on faire remarquer que cette accusation-là relève d'une certaine mauvaise foi. En effet, Gustave étant au lit, La Gran'Terre était en cours de perquisition. On peut imaginer que personne n'ait alors songé à s'habiller pour se rendre au cimetière. Même si Gustave et Yvette avaient pu y monter d'un coup de moto, Gaston n'ayant pas de voiture, aurait dû prendre le car avec Marie ou trouver à se faire véhiculer. Mais s'ils étaient venus, ne les auraient-on pas accusés de provocation ou de parader ?

---

1 Pierre Scize, oc p. 321, n'ose pas écrire *chier* qu'il suggère par *c*..., montrant combien, à l'époque, ce genre de mot était ressenti de façon infiniment plus choquante qu'aujourd'hui.

2 Comme en témoigne très bien Madeleine Jacob, oc p. 66 notamment.

Tous, le commissaire Sébeille en tête avec l'accusation et tous les journalistes, chroniqueurs comme les auteurs se sont donc rabattus sur un profil psychologique du patriarche. Mais on verra que le seul profil psychologique établi par des professionnels, est celui de l'examen psychiatrique que tout inculpé subit pour savoir s'il peut être ou non tenu pour responsable de ses actes. Celui de Gaston, tel qu'il a été exposé dans le rapport[1] des psychiatres et à la barre, lui est plutôt favorable, disant notamment qu'il n'était pas plus obsédé sexuel que tous les gens de la région et même qu'il « *ne cherchait pas à dissimuler*[2] ».

Sur les questions concernant les circonstances des trois meurtres, Gaston se montrera toujours évasif et embarrassé en prétextant ne pas se souvenir, comme s'il ne connaissait pas le détail. Les psychiatres préciseront que cette forme d'amnésie est un phénomène courant pour occulter quelque chose qu'on refuse d'admettre. Mais les psychiatres n'ont pas envisagé que peut-être l'embarras et le refus de mémoire montrés par Gaston, pouvaient cacher une autre réalité : Gaston aurait-il pu se souvenir de gestes s'il ne les avait pas commis, ou commis par qui il ne pouvait dénoncer ? Et d'une façon générale, les explications et conclusions des psychiatres contrediront en majeure partie l'image dominante d'un Gaston dissimulateur, affabulateur, menteur, cynique, voire machiavélique. Ce qui n'empêchera pas certains d'y entendre le contraire.

En revanche, ils donneront une certaine caution involontaire à la fameuse exclamation qu'il répétera à plusieurs reprises[3] : « *Je suis franc z'et loyal* ». Bien sûr, l'expression fera sourire les enfants de Descartes, dans un contexte où Gaston se contredisait à tout bout d'interrogatoire. Mais nous verrons qu'il y a peut-être à ce comportement une explication logique médiate, même si la logique immédiate de Gaston fonctionnait autrement. Giono fait d'ailleurs remarquer qu'en cinquante années de vie en Provence, il n'a jamais entendu un paysan du cru prononcer ce genre de phrase, et il souligne le *jamais* qu'il répète. Et d'ajouter (oc p. 680) : « *Si on lui avait demandé pourquoi il insistait tant, nous serions peut-être entrés dans une des chambres secrètes du drame.* » Sans doute, en effet.

Jean Laborde (oc p. 329) émet l'hypothèse que, peut-être, avait-on mal compris et transcrit l'interjection de Gaston, et qu'en fait, il aurait pu dire : « *Je suis (un) Français loyal* », en faisant une forte liaison entre les deux mots. Et Jean Laborde propose que Gaston aurait ainsi voulu proclamer son patriotisme dans la crainte que son origine piémontaise ne lui soit comptée à

1 Joseph Alliez, André Merland et Henri Roger (cote B 134 en date du 3/3/54).

2 Madeleine Jacob (oc p. 42) citant le psychiatre à la barre, mais aussi expressément écrit dans le rapport ci-dessus.

3 Exemple de désinformation, Claude Mossé (oc p. 71), fait dire à Gaston « *Zé suis loyal... un bon Français* ». D'autre part il lancera ces fameuses proclamations lors de son procès et non, comme l'invente encore Claude Mossé (*ibidem*), « *Zé suis loyal* » au commissaire Sébeille, et « *Zé suis un bon Français* », après l'énoncé du verdict.

charge. Car, par ailleurs, Gaston proclamera aussi : « *Je suis un bon Français* ». Jean Laborde écarte à juste titre le lapsus. Mais la question demeure : pourquoi tant d'insistance ? Car personne n'a jamais mis en avant l'origine piémontaise de Gaston datant déjà d'un siècle et demi, et les Piémontais sont très nombreux en Haute-Provence, et depuis belle lurette[1]. D'autre part, cette histoire de patriotisme n'avait apparemment rien à voir avec le drame, sauf à charge, s'il s'avérait que le *bon Français* aurait pu haïr les Anglais au point de les massacrer sans autre mobile.

Le Gaston qui se montrera si paternel avec la fille de Me Pollak (oc p. 242 & 243), comme avec ses petits-enfants, serait donc celui qui a fracassé de sang-froid le crâne de la petite Élizabeth, après avoir flingué ses parents dans un moment de folie éthylique. Mais, répétons-le, personne ne sait vraiment où passe cette frontière intérieure en chacun de nous, qui sépare la lumière des ténèbres, puis quelle est sa solidité, et, une fois la ligne franchie, jusqu'où peut aller le pire.

Trois jours avant sa mort à l'hospice de Digne le 4 avril 1965, Gaston se confessera à l'abbé Audibert[2], aumônier de la prison de Digne, qu'il avait fait appeler. Lui seul peut-être a su la vérité. À supposer toutefois, qu'après tant d'années et dans le naufrage de la vieillesse, elle ne se soit pas métamorphosée, en toute sincérité. Car, sans être psychiatre, répétons que quiconque a atteint un certain âge a pu se rendre compte de la dérive naturelle de sa mémoire, surtout sur les questions où elle a été travaillée par quelque situation problématique. Lors de l'enterrement qui a lieu à Peyruis, l'abbé Bos[3], ancien aumônier des Baumettes, aurait dit[4] : « *Gaston Dominici est mort en bon chrétien. Il s'est racheté de ses terribles fautes* ». D'abord, pourquoi la bénédiction a-t-elle été donnée par l'abbé Bos, qui a dû monter de Marseille, et non l'abbé Audibert qui était sur place ? Ensuite, même si le prêtre se doit d'être parangon de l'absolution, on se demande comment l'homme pouvait proclamer en public qu'il était possible de racheter le massacre de cette famille par quelques années d'une prison relativement aménagée, deux grâces et une simple confession, aussi sincère cette dernière soit-elle ? Car, sans parler de remords, une seule fois en signant ses aveux Gaston dira *regretter*. Mais jamais il ne donnera le moindre signe public de compassion pour les victimes, sans parler de contrition. L'abbé Bos, en employant l'adjectif *terribles*, semble donner raison aux partisans de la culpabilité. Cependant, notons qu'il aurait suffi à l'abbé de dire que Gaston était mort en bon chrétien. S'il a cru devoir y rajouter une suite, n'est-ce pas qu'il voulait, sans trahir le secret de la dernière confession (qu'il n'avait pas reçue, notons-le), suggérer plus. Car un prêtre, expert en types de péchés, est censé savoir graduer la qualification de

---

1 En dehors des noms se terminant en i, o ou a, nombreux sont les Lombard ou les Roman.
2 Chenevier (oc p. 160), écorche au passage le nom d'Aubibert en Audifred.
3 *Ibidem.* D'autres mettent la phrase de l'abbé Bos dans la bouche de l'abbé Audibert.
4 Jacques Chapus, *Cinquante ans de journalisme,* Anne Carrière, Paris, 2003.

leur gravité au regard de la morale divine. De plus, aumônier des prisons, l'abbé connaissait aussi parfaitement la valeur des termes par lesquels la justice des hommes qualifie les différents cas qu'elle juge. Or, en disant *fautes* et non *crimes*, l'abbé a sans doute choisi et pesé ses mots selon sa double compétence. N'est-ce pas pour dire que Gaston avait sans aucun doute commis des fautes aux terribles conséquences, mais non les crimes horribles qu'on lui avait imputés ? Car, puisque Gaston avait été jugé coupable des trois crimes avec préméditation, et le secret de la confession n'étant pas en cause, rien n'empêchait l'abbé d'employer le mot de crime. Est-il possible qu'il ait bien suggéré ce qu'il devait sans trahir aucun secret ? Car Gaston avait promis de révéler la vérité dans son testament. Or celui-ci ne comportera banalement que la dévolution de ses quelques biens. Ce mutisme par-delà la mort peut s'expliquer de plusieurs façons selon la teneur de la vérité que recouvrent les diverses hypothèses. Mais en discuter serait prématuré avant d'en arriver là.

En attendant, poursuivons avec l'autre couple qui habite La Gran'Terre, Gustave et sa femme Yvette avec leur premier né Alain encore tout bébé.

Le couple Gustave et Yvette

Gustave était donc l'avant-dernier des enfants, resté à la ferme faute de mieux. Il est marié avec Yvette de treize ans sa cadette. Rattrapé par la guerre, il a échappé au STO. Mais il ne s'engage dans FTP que le 3 mai 1944, où il rejoint la 15e compagnie commandée par Lopez où il est « *chef de détachement affecté à la gestion* »[1]. Malgré les rumeurs et sous-entendus, l'enquête n'a même pas cherché à explorer cette période de 39/45. Pour tous, elle est demeurée obscure et soigneusement occultée.

Photo Thibault ©.

Et, s'il y eut *mur du silence* dans cette affaire, avec sous-entendus et menaces à l'appui il concerna uniquement ce qui touchait pour chacun à la période d'Occupation, avec la Résistance et la Libération. Beaucoup, notamment dans la presse, feront écho aux rumeurs locales, pour qui le drame de Lurs avait un lien, peut-être seulement accidentel, avec une séquelle de cette période. De ces dénonciations ou de nombreuses lettres anonymes, on ne trouve pièce dans le dossier. C'est tout dire de l'omerta sur la question. Et cette hypothèse de lien n'a laissé aucune trace dans les investigations ou

1 Sur la liste nationale des Résistants, on ne le trouve pas. Ce qui signifie qu'il n'a pas été homologué. Mais selon bordereau de l'association des anciens FTP, membre de l'A.R.A.C, il porte matricule H 63.607. On le retrouve à « *Maquis de Lure - Lurs XVII-15/20, Entrée 3/5/44 - Sortie 16/10/44 - chef responsable Lopez dit Siera* » (sic). Tous documents retrouvés et communiqués par Jean-Louis Delattre.

convictions des enquêteurs. Là, le *mur* se montrera totalement impénétrable comme en témoigne Gabriel Doménech (oc p. 74) qui écrit qu'il était impossible d'obtenir la moindre information sur la période 1940/45. Giono[1] sera du même avis, mais sans plus. Gabriel Doménech encore (oc p. 79), constatant que Gaston et Gustave jouissaient d'une extraordinaire et inexplicable protection, se demande même « *si ce que le vieux détient comme secret ne dépasse pas en horreur toute l'affaire de Lurs elle-même.* » Les allusions et rumeurs qui circulent sous le manteau sur l'activité de Gustave durant sa courte période au maquis et surtout après la Libération, oscillent entre la dérision et le pire. Selon les uns, il n'aurait pas été réellement maquisard. Gustave faisait donc partie du maquis rattaché au secteur de Sigonce, d'abord commandé par le capitaine dévoyé Manuel Lopez dit Della Sierra[2]. Ce dernier laissera une réputation pour le moins peu reluisante, assortie de crimes crapuleux et de règlements de compte. Mais tout cela sera couvert par l'amnistie d'abord, puis par la peur des représailles pour qui trahirait l'omerta. On ne saura donc jamais quel fut le rôle exact de Gustave dans tout cela, et s'il prit lui-même part à des exécutions sommaires ou à des manœuvres crapuleuses. Selon Pierre Scize parlant de La Gran'Terre (oc p. 266 & 267), des confidences et rumeurs persistantes disaient que, pendant l'Occupation, déjà « *ce coin-là faisait peur* ». Ou encore, « *ça recommence comme en 1943* ». Rien ne sera réellement recherché et donc établi pas plus sur cette année 1943 que sur les autres, avant et après.

Dans le dossier[3], on ne trouve qu'un seul témoignage sur cette époque obscure. Courant 1941, un certain Marcel Lutz ou Klutzer de Marseille, aurait eu rendez-vous avec un bijoutier de Forcalquier pour lui vendre de l'or appartenant à un juif polonais nommé Wilner. Se rendant à la transaction, Lutz et Wilner auraient été détroussés par le bijoutier assisté d'un cafetier corse et surtout avec l'aide d'un troisième homme que Lutz-Klutzer identifie formellement comme étant Gustave. Et ce dernier lui aurait même braqué un pistolet sur la poitrine. Témoignage classé sans suite, sans confrontation ni recherche du bijoutier et du cafetier.

---

1 Giono s'est contenté d'accusations générales sans jamais aller trop loin. Et on comprend pourquoi. Car Giono, pacifiste convaincu et insoumis en 1939, mais antinazi, a été arrêté par les FTP le 8 septembre 44. Après sept mois d'isolement à la prison de Saint-Jean-les-Forts, il sera relâché sans même avoir été inculpé. Mais il demeurera plusieurs années interdit de publication. Son seul crime, avoir été publié, comme beaucoup d'autres qui ne seront pas inquiétés par la censure, tels Marcel Aymé, Jean Cocteau, Jean-Paul Sartre, Sacha Guitry ou Paul Morand. Il faut rappeler que ce sont Éluard, Aragon, Queneau et Elsa Triolet qui ont eu l'élégance de mettre Giono sur une liste d'épuration (par exemple in *Historia* - n° 693 – septembre 2004, p. 61).

2 Jean-Charles Deniau et Madeleine Sultan (oc p. 86) orthographient *de Las Heras*, ce qui est inexact. À son sujet, voir notamment Gabriel Doménech, oc p. 77 à 93. Il faut redire que Doménech était farouchement anticommuniste, mais il n'est pas le seul à avoir dénoncé les crimes et délits des FTP.

3 PV n° 4878 de la gendarmerie de Metz en date du 11/10/52 (cote B 37).

Quoi qu'il en soit, Gustave n'aurait été que *légal*, c'est-à-dire rendant des services sans présence dans une unité combattante. Les mauvaises langues disent même qu'il a tout juste eu le temps de défiler à Forcalquier lors de sa libération le 20 août 1944. Si Gustave a fait partie de *la bande à Lopez*, en revanche, il est passé sous commandement de Roger Autheville, capitaine ayant repris en main la 15e compagnie tenant la montagne de Lure, et qui mit bon ordre dans ce maquis dévoyé. Et il apparaît qu'Autheville défendra Gustave lorsqu'il le saura devenu suspect numéro un. La rumeur dit même qu'il aurait menacé de faire des révélations aux assises si on touchait à Gustave. Mais il mourra quelques jours avant d'un accident de scooter. Giono notera que lorsqu'aux assises on parle d'Autheville sans le citer, toute la salle sait de qui il s'agit mais personne ne dit mot.

Quoi qu'il en soit, après la guerre, Gustave aurait volontiers fait comme ses frères pour échapper à l'esclavage de la terre et à l'ombrageuse autorité du père vieillissant. Mais ce serait à cause de son manque de qualification, qu'il serait resté à la ferme. Pourtant, à cette époque de reconstruction où commençait l'essor des Trente Glorieuses, il était on ne peut plus facile de trouver du travail, même sans qualification. Et l'ascenseur socio-économique fonctionnait comme jamais. Il est donc plus probable que Gustave a été retenu par son manque de caractère face à l'autorité paternelle, Gaston continuant à traiter son fils comme un gamin. Car Gaston ne montrait guère d'estime pour ce fils qu'il considérait comme fainéant et dépensier[1] : « *Il gaspillait tout l'argent qu'il trouvait et celui qu'il gagnait* ». Manière de parler, sans doute, mais énigmatique, car où peut-on trouver de d'argent qu'on ne gagne pas ?

Le 28 mars 1951, Gustave et son frère Marcel avaient été proposés au recrutement de gendarmes auxiliaires. Le 1er septembre 1952, donc un mois après le drame, la gendarmerie locale précise à sa hiérarchie[2] :

> « *Ils présentent toutes garanties morales... l'appartenance politique dont a fait mention certaine presse était ignorée, aucune personne consultée n'en ayant fait état.* »

C'est tout dire de l'omerta sur l'appartenance communiste. Et le 2 octobre 1952, Gustave et Marcel reçoivent même leur ordre d'appel[3]. Ces éléments sont totalement inconnus des pièces du dossier et de tous les auteurs. Et, on se demande même comment Gustave a pu recevoir son ordre d'appel au moment où il était prêt à comparaître en justice pour non-assistance à la fillette.

Son institutrice, madame Martel, aurait dit à Gabriel Doménech (oc p. 55) que Gustave était un enfant « *dissipé et fanfaron* ». Elle donnera de sa

---

1 Jean Faran (*Paris-Match* n° 189 p. 36) se trompe complètement en le disant « *son fils préféré* ». La préférence de Gaston est toujours allée à Clovis malgré son accusation. Et lettre de sa prison à sa famille, rendue publique, et citée notamment par Jean Laborde (oc p. 385), commissaire Chenevier (oc p. 140), etc.

2 Rapport n°104/4 du 1/9/52 (cote 445) des Archives régionales de la gendarmerie, retrouvé et communiqué par Jean-Louis Delattre.

3 Ordre d'appel n°119/4 du 2/10/52 (cote 461), *ibidem*.

personnalité un détail qui était censé révéler une certaine forme de sadisme : il aimait dénicher les oiseaux, tuer les lézards et pouvait passer des heures à guetter une souris pour l'écraser d'un coup de talon. Certes. Mais il ne faut pas extrapoler abusivement. Beaucoup d'enfants ont fait cela, surtout dans les campagnes et sans procès particulier avant qu'une idéologie urbaine ne s'en mêle.

Personne ne se gênera pour le dire faible, lâche, menteur, influençable, derrière un sourire niais et un regard vide. Giono en brosse le portrait d'un personnage de bande dessinée[1]. Mais Gustave montrera une étonnante force de résistance lors des interrogatoires et jusque devant les assises. Un témoin aurait dit[2] : « *Si c'est Gustave qui a fait le coup, on n'arrivera jamais à le faire parler, c'est une bourrique.* » Et ses interrogatoires le montreront.

En fait, si on veut avoir une chance de comprendre son comportement, on ne peut le séparer de sa femme Yvette. C'est une jolie brune au caractère déjà bien trempé pour son âge. Une fille moderne qui tranche avec le reste de cette famille émergeant à peine du XIXe siècle. Mais elle va néanmoins la défendre avec un acharnement exemplaire. Elle est vive, intelligente, rationnelle et volontaire. Elle sait tout aussi bien manœuvrer et éviter que tenir bon. Elle exerce une influence décisive sur son mari, mais aussi une certaine fascination sur Gaston qui s'en défend. Sans doute fascination de la jeunesse et de la beauté sur le vieux pistachier, mais aussi fascination par l'intelligence et le caractère. D'une certaine façon, Gaston aurait sans doute aimé que son fils ait les qualités de sa belle-fille. Mais les auraient-ils supportées d'un fils ?

Yvette est la fille de François Barth[3], exploitant agricole à Lurs. Selon les auteurs, sa ferme, s'appelle la Lignerade, au quartier du Trou, alors que les PV du dossier l'appellent les Neyrardes au quartier de la Tuilière[4]. Il est membre influent de la fédération départementale du Parti. Il est donc probable qu'Yvette a sans doute sinon reçu une sorte d'éducation politique, du moins acquis par osmose familiale certains réflexes élémentaires de la dialectique du Parti, comme la défense farouche des camarades et du grand frère soviétique. Voici comment Jean-Bernard Desrone, journaliste à *L'Aurore*, parle d'Yvette et de son père dans un article du 26 novembre 1954 :

---

1 Le *Zig et Puce* d'Alain Saint-Ogan, datant d'entre les deux guerres mondiales (oc p. 698 et note p. 1420).

2 PV n° 12-R en date du 31/8/52. Cet avis, la *bourrique* en moins, a été répété par Vayssières, mécanicien à Peyruis et un client nommé Dechaux, de Carcassonne, alors qu'ils se trouvaient au restaurant *Les Bons Enfants* à Peyruis le 20/5/55 (PV n° 250/2-R du capitaine Albert en date du 21/10/55 – cote 314, et annexe de l'audition de Dechaux à Carcassonne – cote 313).

3 Qu'on trouve partout prénommé Louis, notamment chez Jean Laborde. En fait Louis est son second prénom. Pierre Scize, Jean Meckert, Jean-Charles Deniau et Madeleine Sultan, mais aussi William Reymond et Lionel Dumarcet, l'orthographient *Barthe*, ce qui est incorrect.

4 Notamment, PV n° 387/41 du commissaire Sébeille en date du 2/9/52 (cote D 59). On trouve orthographié Tuyère, voire Tuyière, mais Tuilière paraît plus vraisemblable.

« *Qui est le premier appelé sur les lieux du crime ? C'est Barth, le père d'Yvette. Qui est Barth ? C'est le chef de la cellule locale du Parti. Le Parti (qui n'est pour rien au départ dans cette affaire) a été appelé au secours dans une affaire trop retentissante. Qui est Yvette ? Sa fille, sans doute, mais aussi la vierge docile et rouge*[1]*, la secrétaire. Qui donna dès les premières heures les consignes du mensonge ? Barth et Yvette. Ce sont les ordres du grand prêtre à ses fidèles disciples. Yvette le soir fait le vicaire de cette église. C'est elle qui fait réciter le catéchisme de persévérance aux catéchumènes ; des fois, ce ne sont plus des mensonges, ce sont des dogmes, et le dogme est seule vérité ! Pas de schisme ! Pas de renégat ! Pas de défroqué ! Qu'on ne s'y trompe pas. Cependant je répète que le Parti en question n'est pas en cause dans l'origine du massacre odieux et stupide, sinon peut-être en esprit. Rappelons-nous, c'était le temps des US go home. Or, pour un paysan aux vues assez limitées US ce sont deux lettres, comme GB, la marque de la voiture des Drummond... En corollaire de mon propos préliminaire, j'indique au passage que deux avocats de la défense sur trois sont membre de ce Parti dont je parlais... J'ai attendu dix jours pour écrire tout cela, pour dessiner ce « chapeau » rouge. Mais je voulais être sûr de ne pas me tromper.* »

Mais déjà, Desrone se trompe allègrement sur plusieurs points. D'abord où a-t-il trouvé que Barth ait été *appelé* le premier sur les lieux ? Ensuite il n'est devenu secrétaire de la cellule de Lurs, qu'après que Maillet a été exclu du Parti. Enfin GB n'est pas la marque de la voiture. Notons que Desrone, qui est pourtant comme *L'Aurore* un anticommuniste notoire, n'écrit jamais le mot *communiste*, et qu'il attaque le Parti par la bande. Mais pourquoi proclamer que le Parti n'est pour rien dans cette affaire ? Qu'en sait-il, et pourquoi le répéter ? Cette forme d'autocensure montre seulement combien était efficace le terrorisme intellectuel actionné par le Parti stalinien d'alors.

De son côté, Giono (oc p. 699, et en note p. 1420) voit en Yvette : « *Une petite dinde* (qui se prend pour) *Dieu-la-mère... Tirée à cent mille exemplaires, on en voit dans tous les meetings* ». Sans doute, dans la situation de drame où la famille sera plongée, transposera-t-elle les mécanismes du Parti au niveau familial, dans une défensive dont tout le monde la soupçonne d'avoir pris les commandes. Selon le sentiment général, c'est elle qui aurait mis au point la stratégie de défense, comme une sorte de commissaire politique. Dans son couple sans aucun doute décide-t-elle de tout et défendra-t-elle son mari bec et ongles. Pourtant Me Pollak (oc p. 306) rapporte qu'elle

1 La *vierge rouge* est un cliché, inventé notamment pour qualifier la *passionaria* Dolorès Ibaruri, lors de la guerre d'Espagne. La paranoïa de *la peste rouge* était exacerbée par la guerre froide dont les contrecoups ébranlaient les fondements mêmes de la démocratie, comme le maccarthysme aux USA en témoigne de façon dramatique.

le trompe déjà pendant l'enquête avec un gendarme. Il se demande alors si c'était machiavélisme des gendarmes ou au contraire d'Yvette, pour avoir une oreille dans la place adverse. Mais n'est-ce pas une distorsion de l'information méconnue sur le recrutement de Gustave ? Selon le commissaire Chenevier (oc p. 165), qui cite une longue interview du journaliste Georges Sinclair, en 1965, le couple ayant quitté La Gran'Terre serait aller vivre à Peyruis dans une villa, Gustave étant devenu maçon. Yvette serait bien habillée et roulerait en Dauphine. Elle serait même devenue « *légèrement snob pour son milieu* ». Quoi qu'il en ait été, elle obtiendra le divorce, mais seulement en 1967[1]. Selon la rumeur, elle l'aurait obtenu en menaçant Gustave[2] : « *Tu m'accordes le divorce ou je dis tout* ».

Après son divorce, elle serait allée habiter Château-Arnoux avec un jeune maçon qui ressemble à Gustave. Selon Jean Laborde (oc p. 447), elle se serait remariée avec un gendarme. Bien sûr, tenter de vérifier ces ragots serait fouiller dans les poubelles. Une seule question toutefois, le changement de standing.

Jean Laborde (oc p. 195) est le seul à rapporter l'épisode contrariant l'image d'une Yvette solide et déterminée, tout en accréditant l'influence décisive de son père. Un jour à La Gran'Terre, qu'hélas il ne date pas, mais proche du drame, Yvette, déstabilisée par le tourbillon des journalistes, aurait craqué. Éclatant en sanglots, elle aurait dit : « *J'en ai assez, je vais dire la vérité* ». Mais son père présent aurait réagi violemment : « *Qu'est-ce qui te prend ? Tu ne sais rien, tais-toi !* ».

À l'appui, le dossier contient deux PV relatant chacun une scène semblable, hélas sans les dater. La première[3] se passe chez Rose, femme de Clovis, alors que celle-ci lui disait qu'elle savait tout, Yvette fond en larmes. La seconde[4] se serait passée chez son père Barth, en présence de Roger Autheville et de « *quelques autres* » sans précision. Selon un témoignage dont l'auteur n'est pas cité, elle aurait éclaté en sanglots en disant : « *J'en ai assez, je vais dire ce que je sais* ».

Interrogée à ce sujet, Yvette esquive en donnant une autre version : Roger Autheville et Jean Teyssier seraient venus la chercher à La Gran'Terre et emmenée chez une tante de Teyssier. Là, ils lui auraient dit qu'ils savaient que Gustave avait ramassé des douilles sur le lieu du drame. Elle aurait nié et ils l'auraient alors ramenée chez son père, où s'effondrant en sanglots, elle aurait dit : « *J'en ai marre d'entendre des choses pareilles* ».

Quoi qu'il en soit, notons cette manière d'intervenir d'Autheville en compagnie de Teyssier que nous retrouverons. Au procès, Giono relèvera qu'on parle beaucoup de Barth. S'il est normal que le père ait défendu sa fille

1 Jean Laborde, oc p. 447.
2 Selon le commissaire Chenevier, oc p. 165.
3 PV n° 424/29 du commissaire Chenevier en date du 17/10/55 p. 8 (cote C 250).
4 PV n° 353/40 du commissaire Gillard en date du 10/8/55 p. 12 (cote C 135).

impliquée dans le tourbillon du drame, les enquêteurs ne se sont en effet que peu intéressés à son rôle ou tardivement.

Clovis

Aîné des enfants, puisque Ida n'était pas de Gaston, Clovis est marié avec Rose Boyer. Elle tient le Café des voyageurs à Peyruis où ils habitent. À l'époque du drame, Clovis est en mauvais termes avec son père. Le conflit date de l'époque où il a *déserté* la terre pour aller travailler aux chemins de fer. C'est qu'enfant puis adolescent, Clovis a vécu la plus dure période de la vie de la famille à Ganagobie, La Serre et la remise en état de La Gran'Terre.

Photo Thibault ©.

En plus de l'école, il a dû trimer aux travaux des champs et de la remise en état de la ferme, sans répit ni compensation, notamment d'affection, sa mère étant constamment occupée, outre les travaux domestiques, à sa progéniture en régulière gestation et augmentation. Lorsque le niveau de vie de la famille progressera sensiblement après son installation à La Gran'Terre, ses frères plus jeunes, auront droit à quelques loisirs et compensations que Clovis n'a jamais eus.

Le divorce d'avec le père interviendra quand Clovis quittera la ferme pour aller travailler aux chemins de fer. Là il commencera par se syndiquer à la CGT puis prendra sa carte au PCF. Curieusement, il ne rejoindra les FTP que le 1er août 1944 seulement[1].

Les rapports s'envenimeront encore quand Clovis demandera l'usufruit d'une parcelle de La Gran'Terre afin d'y cultiver pour son propre compte[2]. Le notaire conseillera à Gaston de ne pas céder, car le domaine n'était pas assez grand pour concéder l'équivalent à chacun, surtout en continuant à en vivre. Et Clovis prendra encore plus mal cette décision, lorsque Gaston accordera tacitement à Gustave ce qu'il lui avait été refusé. Mais Gustave, lui, s'occupait de la ferme à la place de son père et c'était une sorte de salaire. Cette affaire de dévolution de terre et de promesse d'héritage fait l'objet de quelques PV où transparaissent bien le genre de tensions, jalousies et menaces que ces questions suscitent toujours, mais qui prennent, dans ce très dur milieu terrien, une acuité extrême où ressurgissent et s'expriment toutes les rancœurs familiales et sociales.

Tout le monde s'accorde à dire que Clovis ressemblait beaucoup à son père, et qu'il était réellement *franc z'et loyal*, adjectifs que Giono (oc p. 698) verra

1 Attestation FFI – 15e compagnie FTP, du 12/10/44. Retrouvée et communiquée par Jean-Louis Delattre. Mais la liste nationale des Résistants ne le mentionne pas plus que son frère Gustave, donc pas homologué non plus.

2 Selon le commissaire Sébeille (oc p. 22), Gaston cultivait les *iscles* du temps où il était à Ganagobie, ce qui est une autre erreur de localisation.

« *jusqu'à la liaison cocasse comme inscrits dans toute la forme de son visage* ». Mais personne ne donnera toute sa vraie dimension et son acuité au conflit avec le père. Car Clovis se plaindra, et jusque devant la Cour d'assises, d'être toujours traité comme un gamin félon, voire fainéant et surtout braconnier, suprême insulte ici.

Malgré son départ de la ferme, il est évident qu'il n'avait pas réussi à tuer le père, surtout en se sentant comme déshérité, ne serait-ce que moralement. Bien sûr, de là à penser qu'il a tenté, même inconsciemment, de tuer ce père en l'accusant du triple crime, il y a un pas freudien qui ne peut pas être franchi de façon simpliste. Pas plus que d'accuser Gaston du triple crime, au seul motif de son caractère colérique.

On sait que Clovis et Gustave étaient liés par une fraternité privilégiée. En effet Clovis ayant quatorze ans de plus que Gustave, une espèce de relation qui ressemblait à celle d'un père et d'un fils, s'était établie entre eux, avec cette sorte d'affection qui leur avait manqué à tous deux de la part de Gaston. Et certains, comme le commissaire Chenevier, avancent ouvertement que Clovis aurait choisi d'accuser son père au cas où Gustave serait en danger d'inculpation. Nous en rediscuterons, bien sûr. On verra aussi, alors qu'on peut lire partout que Clovis n'a jamais menti, ne s'est jamais contredit ou rétracté, que la réalité est très loin d'être aussi limpide, ni exempte de contradictions et d'incohérences que nous détaillerons.

Ainsi Clovis rédigera-t-il à la demande du journaliste pour *Détective,* René Pacault, une déclaration résumant sa position en réitérant son accusation contre le père, qui sera publié dans le n° 440 du 6 décembre 1954 (en page suivante)

Bien que Clovis n'ait pas dépassé l'école primaire et n'ait jamais été qu'ouvrier en bas d'échelle, on notera la qualité de ce texte dont la belle structure surprend déjà. Notons la forme qui en est parfaite : articulation des phrases, choix du vocabulaire, temps des verbes, majuscules, ponctuation et orthographe. Pas une faute. Même *martyre* y est écrit correctement avec un « e », alors que c'est un masculin, qui s'écrit aussi *martyr*, à condition de connaître la différence qu'on peut s'étonner que Clovis connaisse. Bravo aux instituteurs de la IIIe et IVe République quand on voit aujourd'hui l'orthographe tellement malmenée. On notera la rature du nom de Gustave mis spontanément à la place du père dans cette dénonciation. En psychanalyse, ce genre de *lapsus calami* irait droit dans le sens du *complot* des deux frères, dont Gaston se plaindra amèrement. .Frères et sœurs seront choqués quand Clovis viendra contester que Gaston veuille emporter son argent en prison[1].

1 PV n° 424/36 du commissaire Gillard en date du 18/11/55 (cote C 257). Comme son frère Aimé lui aurait dit que Gaston avait emmené 280.000 AF en prison, Clovis serait allé demander au juge d'en faire restituer la moitié à sa mère.

Et encore quand il viendra percevoir ses indemnités de témoin, lui l'accusateur du père. Qui a pu s'empêcher de comparer le geste aux trente deniers de Judas. Mais, là aussi, c'est juger en méconnaissance de la dureté du monde où avaient été élevés et vivaient encore ces gens. A contrario, pourquoi s'étonner de le voir écrire au président Coty pour demander la grâce de son père ?

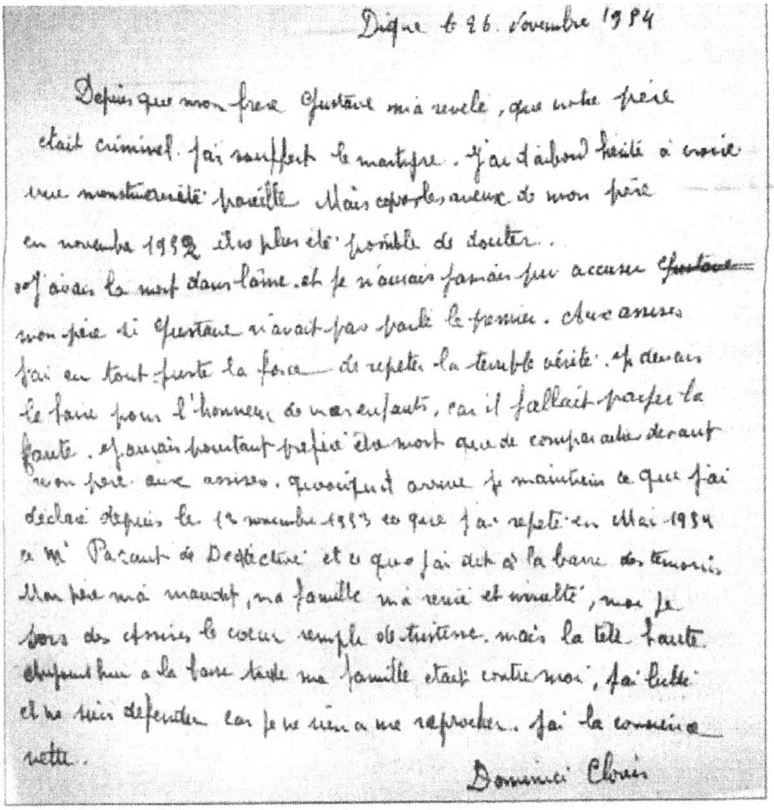
Digne le 26 novembre 1954

Depuis que mon frère Gustave m'a révélé, que notre père
était criminel. j'ai souffert le martyre. J'ai d'abord hésité à croire
une monstruosité pareille Mais après les aveux de mon père
en novembre 1952 il n'a plus été possible de douter.
J'avais la mort dans l'âme et je n'aurais jamais pu accuser ~~Gustave~~
mon père si Gustave n'avait pas parlé le premier. Aux assises
j'ai eu tout juste la force de répéter la terrible vérité. Je devais
le faire pour l'honneur de mes enfants, car il fallait payer la
faute. J'aurais pourtant préféré être mort que de comparaître devant
mon père aux assises. Quoiqu'il arrive je maintiens ce que j'ai
déclaré depuis le 12 novembre 1953 ce que j'ai répété en Mai 1954
à Mr Pacault de Détective et ce que j'ai dit à la barre des témoins
Mon père m'a maudit, ma famille m'a renié et insulté, moi je
sors des assises le cœur rempli de tristesse mais la tête haute.
Quoique hier à la barre toute ma famille était contre moi, j'ai lutté
et me suis défendu car je n'ai rien à me reprocher. J'ai la conscience
nette.

Dominici Clovis

Attestation de Clovis à la demande de René Pacault – © *Détective*.

Clovis mourra en 1959 d'un cancer du foie. Même s'il n'en est rien bien sûr, la rumeur publique attribuera ce décès, à peine cinq ans après le verdict, à une sorte de punition céleste, ou plus simplement, à un effet de remords[1]. C'est encore montrer comment fonctionne la mentalité populaire. Car, même si c'était pour faire naître la vérité, personne ne peut s'empêcher d'un sentiment de malaise devant un fils dénonçant son père, surtout avec tant de dureté, suggérant même la préméditation jusque devant les assises, alors que personne ni l'accusation, ne l'avait envisagée auparavant.

1 Même le commissaire Chenevier le reprend à son compte (oc p. 166).

Les autres enfants
Ils n'ont qu'un rôle très secondaire dans l'affaire[1]. On retrouvera surtout Augusta Caillat, qui avait le tempérament d'une tragédienne antique, mais aussi Clotilde Araman et sa fille Marie-Claude qui défendront farouchement Gaston. Il est donc inutile de les passer en revue sauf Germaine et sa famille Perrin

La famille Perrin
La fille de Gaston Germaine était mariée avec Roger Perrin, prénommé comme le sera son fils. Dans les divers ouvrages, une certaine confusion règne sur les Perrin. Le père s'appelle Louis. Il habite une *campagne*, située sur le glacis de Lurs, désignée La Maréchale dans les PV, comme celle des Maillet dont elle est voisine. Mais le quartier s'appelant Marachan, il y a sans doute une confusion. Louis a trois fils : Aimé qui est agriculteur à Giropey ; Francis qui est facteur à Lurs, mais travaille aussi à la ferme où il cohabite ; enfin Roger qui a épousé Germaine Dominici, agriculteur à La Serre où il habitait, avant d'aller à l'époque du drame, s'installer à quelques kilomètres après Peyruis dans une ferme dénommée La Cassine.

On l'a dit, le fils unique de Germaine, prénommé comme son père, a été surnommé Zézé. Comme c'était Gaston qui avait procédé à l'accouchement de cet enfant, il éprouvait pour lui un sentiment ambigu. Car, en grandissant, il le trouvait bon à rien, frivole, se mêlant de tout à tort et à travers. Il l'appelait *l'enfantouillasse* et le qualifiait de *rouleur*. Ce qui signifiait qu'il lui trouvait un âge mental très en dessous de son âge.

Photo Thibault ©

Âgé de seize ans au moment du drame, Zézé se livrera aux délices des interviews et des photos, répondant pour leur plus grand plaisir aux amateurs de scoops et de confidences. Avec la télévision et surtout les réseaux sociaux, on sait à quel point c'est un travers très répandu et que beaucoup sont prêts au pire pour en jouir.

Gaston junior dira au capitaine Albert[2] avoir surpris Clovis en train de menacer Zézé : « *Même si on te frappe, il ne faut rien dire* ».

Et la famille finira par prendre ombrage du fait qu'il se montre trop en racontant des choses qui, vraies ou fausses, ne regardent personne. Il sera enfin

1 Après avoir écrit (oc p. 10) que Clovis et Gustave habitent La Gran'Terre, ce qui est déjà inexact pour Clovis, le commissaire Chenevier poursuit avec les « *autres enfants habitent à La Serre avec leur fils Roger Perrin* » (Zézé). Ce qui réduirait les *autres* enfants de Gaston à la seule Germaine.

2 PV n° 117/2-R du capitaine Albert en date du 1/5/55, p. 26 (cote C 38).

éloigné de la région, envoyé faire ailleurs l'apprenti boucher[1]. Après la fin de l'affaire, il reviendra à Peyruis comme commis boucher[2].

On sait que Zézé, s'il n'était pas vraiment violent, manquait de discernement dans l'usage d'une violence banale. Depuis l'enfance, il avait sinon fait lui-même, du moins vu tuer volailles et écorcher lapins, chèvres et cochons à la ferme, gibiers et sangliers après la chasse. Son oncle Marcel dira que, se servant de la carabine 9 mm de Gustave, Zézé avait tiré sur sa cousine parce qu'elle faisait peur aux moineaux, la blessant sérieusement à la jambe[3]. On apprendra encore qu'enfant, il avait précipité une fillette du haut d'un mur[4]. Ces gestes de Zézé vont bien dans un sens d'absence de discernement au regard de la violence. Et il se disait enfin qu'apprenti boucher, il prenait plaisir à assommer moutons et cochons.

Malgré le peu d'estime que Gaston lui manifestera jusqu'à la fin, il le protègera d'une certaine façon. Après avoir dit et répété vouloir sauver l'honneur de ses petits-enfants, c'est seulement après les assises que Gaston commencera à le mettre en cause par allusions, puis de façon plus nette lors du supplément d'information, quitte à se dédire sans jamais le charger clairement, ni complètement.

Pour tous, c'était *le petit*, et particulièrement, Gustave comme Clovis avaient pour lui une grande affection. Notamment, même s'ils le nieront, ils l'emmenaient avec eux pour braconner, suprême marque de connivence dans ce milieu.

Le commissaire Sébeille montrera également une sorte d'empathie pour le gamin et refusera de l'impliquer sérieusement comme le lui suggérera son ancien commissaire de père, et comme le suggèrera aussi en vain le capitaine Albert. Car le capitaine de gendarmerie sera le seul à porter une réelle attention objective aux dires, faits et gestes de Zézé, qui retiendront également l'attention du commissaire Chenevier. Mais en vain. Il faut dire que Zézé était largement mineur. À l'époque où la majorité étant à vingt-et-un ans, sa mise en cause, comme une simple garde-à-vue par exemple, sans parler d'inculpation, aurait compliqué une procédure déjà passablement délicate.

Comme tout le monde, Giono voit en lui un « *menteur fait homme* », ses mensonges relevant d'une sorte d'aimable psychopathie d'affabulateur. Ce sera aussi l'avis de son ami Jean Galizzi[5]. Et c'était devenu l'image de Zézé

---

1 D'abord à Digne puis à Antibes, selon Me Charrier en page 3 de sa note dactylographiée (oc p. 182), à Château-Arnoux, selon Giono (oc p. 687). Mais en janvier 1956, selon le PV cote C 371 par exemple, il était « *receveur d'autobus à Marseille* », habitant La Cayolle à Mazargues dans le 9e arrondissement.

2 Jean Laborde, oc p. 446.

3 PV n° 7 du commissaire Gillard en date du 21/12/54 (cote C 11).

4 Alain Musset, géographe à l'EHESS traitant de la mémoire de Peyruis où sa mère a passé son enfance et venait souvent jouer à La Serre. Ses parents, tante et grand-mère se souvenaient très bien de l'affaire. Comme beaucoup, ses parents étaient même passés à moto sur les lieux le 5 août dans la matinée.

5 Notamment, PV n° 85-R du capitaine Albert en date du 21/10/55 (cote C 301).

dans tous les médias. Mais ce serait vrai si, à propos du drame, ses mensonges n'avaient exclusivement concerné que trois questions bien précises :

1 - Son emploi du temps dans la nuit du 4 au 5 août.

2 - Par qui il a appris le drame.

3 - Avec quel vélo il est venu le matin sur les lieux, puis en est reparti.

Non seulement il ne mentira éhontément que sur ces seuls trois sujets, mais il ira jusqu'à susciter de faux témoignages à ces seuls propos. Or c'est là une manœuvre bien précise et parfaitement limitée, laquelle ne correspond pas à un menteur par plaisir, avide de se mettre en avant, ni ne relève d'un mécanisme général d'affabulation psychopathique, et a fortiori d'une mythomanie. Car nous verrons que sur d'autres points, il ne se départira pas de sa version des faits. Et au moins le capitaine Albert et le commissaire Chenevier admettront à juste titre qu'il disait alors la vérité. Toujours en vain.

Les amis

D'une façon générale, ce qu'on appelait *ami* dans ce monde rural méditerranéen se divisait toujours en trois catégories bien distinctes. Et c'est encore le cas aujourd'hui.

Les amis de l'homme sont des relations de place publique ou de bar, qu'on désigne souvent par *collègues*, et qu'on ne reçoit chez soi que pour boire un coup entre hommes. Les amies de la femme, plus intimes, ne se voient qu'entre elles. Enfin les vrais amis, très rares, qu'on ne reçoit à table qu'exceptionnellement en dehors des repas de famille. Celle Maillet est sans doute la seule qui entrait ici dans cette dernière catégorie. Mais voyons d'abord le cas particulier de l'ami de Zézé, Jean Galizzi.

Jean Galizzi

Du fait de sa personnalité et de sa relation particulière avec Zézé, Jean Galizzi occupe une place à part. Orphelin recueilli par l'Assistance publique, il était quasi-illettré. C'est un de ces *simples* comme on en trouvait alors dans les campagnes. Et on sait par le capitaine Albert[1] qu'il s'exprimait très mal en français et était très difficile à faire parler.

Ayant échappé au STO en rejoignant également FTP, à l'époque du drame, il habitait non loin de La Serre en direction de Peyruis, à Pont Bernard chez les Garcin pour qui il travaillait comme ouvrier agricole. À leur mort, il habitera une modeste chambre à Peyruis où il mourra à quarante-huit ans[2].

Il avait noué avec Zézé une espèce de relation exclusive. Sans doute la seule de sa vie. Bien que de quinze ans son aîné, il était complètement subjugué par l'adolescent, lui vouant une sorte d'admiration et un dévouement sans borne. Zézé lui rendait-il un sentiment à sa mesure, ou en profitait-il seulement ? Car, pour lui, Jean Galizzi aurait fait n'importe quoi. Comme on

---

1 PV n° 117/2-R déjà cité p. 26.

2 Jean-Charles Deniau et Madeleine Sultan, oc p. 102.

le verra, il acceptera notamment de produire un faux témoignage à la demande de son ami. Et c'est au regard de cette relation, que Jean-Charles Deniau et Madeleine Sultan les premiers iront, dans leurs hypothèses de scénario du drame, jusqu'à en faire un complice ou même l'un des meurtriers.

Fait très important pour comprendre son comportement : Jean Galizzi était l'amant de Germaine, la mère de Zézé[1]. Il avait donc pour Zézé une sorte d'attachement supplémentaire qui le poussait à le défendre coûte que coûte.

La famille Maillet

Gaston Dominici avait connu son homonyme Gaston Maillet dans la vallée de l'Asse quand ils étaient bergers, et ce dernier était devenu l'un de ses rares vrais amis. Le père Maillet avait d'ailleurs repris le métayage de Ganagobie lorsque Gaston Dominici l'avait quitté pour La Serre[2]. Plus tard, la famille Maillet était descendue du plateau, prendre le métayage d'une modeste ferme, La Maréchale, située sur le glacis sous le village de Lurs, face à la Durance. Lorsqu'il prendra sa retraite, le père Maillet ira habiter la Maison de la mine, où il vivait à l'époque du drame avec son fils Auguste, sorte de marginal dépressif.

Photo Thibault ©.

L'autre fils, Paul Maillet, reprendra la ferme de La Maréchale. C'est aussi sans doute le seul ami d'enfance des fils Dominici. Et il jouera un rôle important dans le déroulement de l'affaire. Dès avant la guerre, il est employé des chemins de fer comme poseur de voie, donc collègue de Clovis. Pendant l'Occupation, il était FTP au maquis de Mirabeau[3], chargé des parachutages.

Lors de ses dernières interviews télévisées, il se disait FFI[4]. Comme à l'époque du drame, Maillet était secrétaire de la cellule communiste de Lurs[5], pourquoi avoir changé de camp ? Même si les FTP avaient, au moins en

1 Note sans date ni auteur dans le dossier du supplément d'information (cote C 1). Rapport n° 117/2-R du capitaine Albert en date du 1/5/55 (cotes C 38 & 39).

2 Selon Claude Mossé (oc p. 20), Maillet était *le cousin* des Dominici, ce qui est inexact.

3 Ne pas confondre ce Mirabeau qui se trouve entre Digne et Château-Arnoux, avec le fief du célèbre comte révolutionnaire.

4 Rappelons que les FFI, Forces françaises de l'intérieur, regroupées par Jean Moulin sous l'égide gaulliste, dont finalement les FTP (Francs-tireurs partisans, communistes). Comment se fait-il qu'un seul Paul Maillet soit homologué sur la liste nationale des Résistants, né dans la Meuse en 1910, alors que notre Paul Maillet était né à Brunet en 1913.

5 Gabriel Doménech, oc p. 143. Jean-Paul Ollivier (oc p. 39) qualifie Maillet de « *chef du groupe rouge* » à Lurs, et p. 82 « *chef du maquis FTP du secteur* », ce qui est cette fois inexact. Claude Mossé dit aussi (oc p. 20) qu'il est le secrétaire de la cellule de Peyruis, ce qui est encore inexact, c'est Faustin Roure qui, soit dit en passant ne figure pas sur la liste nationale des Résistants. Y figure un Fernand, qui est son autre prénom, homologué FFC, né en 1901 mais sans lieu. Les FFC étaient des agents de renseignement, action et évasion. Alors ?

principe, intégré les FFI qui regroupaient tous les mouvements de résistance sous l'autorité de Jean Moulin, après la guerre les appartenances comme en témoignent les associations d'anciens, ne se sont pas mélangées. Si Maillet se disait FFI, c'était, après avoir été exclu du Parti, pour ne plus se référer à son passé communiste. Mais à l'époque du drame, on murmure qu'il a la confiance de Maurice Thorez et qu'il est le protégé de Charles Tillon[1]. Pourquoi ? D'autant que cette double protection peut apparaître comme contradictoire à ceux qui connaissent l'histoire du Parti.

En 1946, à la mort de son voisin René-Marcel Castang, Maillet va prendre en métayage la ferme mitoyenne, dite le Prou, qu'il gardera avec La Maréchale où il habite. Il faut dire que ces fermes sont modestes et que les revenus cumulés suffisent à peine. Et Paul Maillet aurait eu des soucis d'argent[2]. Sa femme Ginette lui a déjà donné trois enfants : deux filles, Nicole dix ans au moment du drame, Pierrette neuf ans et Jean-Pierre six ans. Un quatrième naîtra pendant l'enquête, qu'il prénommera Edmond, en l'honneur de son *ami* le commissaire Sébeille. Selon Jean-Paul Ollivier (oc p. 81), l'une de ses filles aurait été frappée par la foudre et devait subir des soins coûteux que la Sécurité sociale refusait de prendre en charge. Mais pourquoi la Sécurité sociale, sans parler de la très généreuse mutuelle de la SNCF, aurait-elle refusé d'assumer sa garantie ? La rumeur a également colporté qu'il jouait au casino d'Aix-en-Provence. Selon Claude Mossé (oc p. 173), le capitaine Albert tiendrait le bruit d'un huissier de Forcalquier. Mais ce n'est sans doute qu'une mauvaise calomnie.

Le rôle de Maillet dans l'affaire va évoluer. Car d'ami intime de la famille et surtout de Clovis, il va devenir l'ennemi n°1 en collaborant avec la police d'une façon qui apparaît pourtant comme relativement équivoque. À un moment, l'enquête va même le mettre au rang des suspects potentiels. Mais après la perquisition qui découvrira chez lui quelques mauvaises armes de guerre, les choses vont changer. D'abord, avec l'accord du procureur Sabatier, le commissaire Sébeille oubliera les poursuites pour détention d'armes. En contrepartie, Maillet sera mis en demeure de collaborer. On le verra ainsi pénétrer dans le périmètre de sécurité lors de la reconstitution du 16 novembre 1953, on se demande bien à quel titre. À la fin de celle-ci, de nombreux témoins attesteront qu'il a donné l'accolade au commissaire Sébeille qui lui aurait lancé : « *Vous avez votre victoire* ». Cette collusion sera stigmatisée par le journaliste René Buffet[3] qui l'avait surnommé « *l'indicateur des chemins de fer* ». Les renseignements que Maillet a délivrés, bien qu'importants, représentent finalement peu de choses à charge, comme on le verra. On sait

1 Pierre Scize (oc p. 259), Claude Mossé (oc p. 205), etc. Maurice Thorez était le très stalinien secrétaire général du PCF qui avait passé la guerre en URSS, tandis que Charles Tillon, membre historique du Comité central, avait été chef national des FTP, puis ministre de de Gaulle.

2 Notamment Jean Meckert, oc p. 87.

3 Gabriel Doménech, oc p. 234.

qu'il enfoncera le premier clou dans la défense des Dominici en venant livrer au commissaire Constant, pendant que son collègue Sébeille était absent, une confidence que lui aurait faite Gustave quelques jours après le drame, et qui enclenchera la mécanique de l'accusation. Nous y reviendrons en détail.

Pierre Scize (oc p. 310) trouve Maillet « *atroce* », n'en finissant pas de porter sur lui des jugements défavorables. Giono (oc p. 696 & sq) le caractérise comme un « *clown sinistre* » : derrière l'enchaînement de ses « *phrases risibles s'exprime une haine hénaurme* », lui qui, devant les caméras de Jean-Charles Deniau et Madeleine Sultan, accusait toujours Gaston du fond de sa retraite, mais « *sans colère ni haine* ». Peut-on le croire[1] ? Quoi qu'il en soit, il aura au contraire toute l'estime du commissaire Chenevier.

Un point mérite attention. Autheville et Maillet seront exclus du Parti pour des raisons en relation directe avec l'affaire. Maillet le 30 novembre 1952, au motif officiel de la découverte d'armes de guerre chez lui, puis sa mise en cause, lors du procès de Gustave, au titre de membre du Parti[2]. Pour un ancien maquisard, le délit n'apparaît pas aujourd'hui réellement grave au point de mériter une telle sanction. Mais, en pleine guerre froide, il en allait autrement. Le Parti subissait alors de plein fouet l'accusation de subversion et de complot contre la sûreté de l'État au profit de l'URSS. Il ne fallait donc pas qu'on puisse exhiber la preuve qu'il couvrait des militants armés susceptibles de servir un jour. Mais ce motif ne convainc pas. Car le Parti n'a jamais eu pour habitude de donner de tels gages à ses détracteurs, surtout à une époque où il était au faîte de sa puissance électorale et syndicale. Cependant, si le motif était autre, il a peu de chance d'être un jour rendu public. Quoi qu'il en soit, pour Maillet l'exclusion, plus qu'une sanction, est une véritable condamnation. Sa collaboration avec la police n'était pas bien vue dans le milieu rural surtout ici très largement dominé par le Parti. La rumeur le disant en difficulté financière, aurait-il bénéficié des primes promises ? Sans doute s'agit-il là encore d'un mauvais procès. Une chose est certaine, à l'époque stalinienne personne n'a jamais eu connaissance d'une exclusion du Parti pour un autre motif que de ne pas se soumettre à *la ligne* et aux ordres. Sans doute, la réalité sur la raison de cette exclusion, se trouve-t-elle plutôt dans un rapport plus structurel entre le Parti et l'affaire. En effet, après un court instant d'hésitation, la presse communiste locale et nationale prit fait et cause pour les Dominici et beaucoup pour entraver l'enquête, puis le Parti fera assurer la défense de Gustave en correctionnelle, et enfin de Gaston une fois mis en accusation. Et c'est sans doute la menace que représentait Maillet, devenu indicateur de police, qui a motivé son exclusion comme celle d'Autheville. Nous y reviendrons.

---

1 Jean-Charles Deniau et Madeleine Sultan (oc p. 61), attestent que lors de leurs rencontres avec Maillet à Oraison en 2003, il n'avait pas oublié les humiliations de Gaston, gardant en revanche une grande amitié pour Clovis.

2 Service des archives du PCF, par lettre du 11/05/2004.

Les *collègues*
C'est ainsi qu'on se désigne entre *connaissances* masculines. Dans cette catégorie se retrouvent principalement ceux de Clovis à la SNCF. Il s'agit de l'équipe dirigée par Faustin Roure[1], également secrétaire de la cellule de Peyruis. L'équipe comprend normalement cinq hommes, Marcel Boyer beau-frère de Clovis, Albert Bourgue(s), Roger Drac et l'ami Paul Maillet. On les retrouvera les premiers sur les lieux au matin du drame et avant les gendarmes. Ils seront auditionnés tout au long de l'enquête, du procès et du supplément d'information. Tous étaient militants communistes, et syndiqués CGT. Est-ce à ces titres, ou seulement par amitié que, bien qu'ils ne soient en rien impliqués dans le drame, ils montreront chacun à des degrés différents, de curieuses amnésies ou de vraies complaisances que nous verrons à propos.

Conclusion
On voit déjà naître certaine ombres dans la biographie de Sir Jack, mais aussi une belle complexité psycho-socio-politique bien caractérisée chez les Dominici et leurs relations autant internes à la famille qu'extérieures.

Revenons maintenant au déroulement des faits selon la méthode que nous avons exposée, c'est-à-dire en introduisant les éléments permettant de les établir comme leur chronologie, et non en suivant seulement au fur et à mesure l'apparition des informations.

*

1 Le prénom Fernand, notamment chez le commissaire Chenevier et dans maints PV de gendarmerie, de police et de justice, est son second prénom.

VI

DE DUNKERQUE À LURS

*

Comme les investigations sur la personnalité des victimes, la recherche de leur emploi du temps avant le drame, comme des raisons de leur présence sur les lieux, aurait dû constituer une des premières investigations de l'enquête criminelle. Mais curieusement, aucune investigation ne sera menée sur ce point, du moins qui ait laissé traces au dossier avant l'arrivée des Drummond à Digne. Ce qu'on en saura le sera de nouveau à partir de témoins comme les Marian, de la presse et quelques investigations de journalistes donc par d'autres que par les enquêteurs judiciaires.

Déjà, cette attitude a été conditionnée par un a priori général et immédiat : les Drummond étaient une famille de simples touristes en balade, et ils se sont arrêtés pour bivouaquer à proximité de La Gran'Terre par le plus grand des hasards. Pourquoi pas, bien sûr ? Mais encore aurait-il fallu l'établir.

Il a donc été admis que Sir Jack avait décidé de venir se reposer sur la Côte d'Azur après un petit accident vasculaire cérébral[1] qui l'avait frappé début 1952. Cet accident, qui n'a rien à voir avec une quelconque déficience cardiaque, n'a heureusement pas laissé de séquelle notable. Il nécessitait cependant de restreindre un peu son activité notamment physique. Sir Jack accusant par ailleurs un peu trop de poids, ne se ménagera pas vraiment.

La voiture

En prévision de ces vacances, Sir Jack a récemment acquis un petit break Hillman[2] de couleur vert amande. C'est une voiture de dimensions modestes, similaires à celles d'une fourgonnette 203 Peugeot. De face, elle lui ressemble

---

1 Petite hémorragie sous-arachnoïdienne sans séquelle apparente.

2 Elle est aujourd'hui qualifiée de petit *break*. Mais, à l'époque, ce nom anglais, qui figure d'ailleurs sur la plaquette publicitaire de la marque, n'est guère usité en France, ce genre de carrosserie n'étant pas encore courant pour les voitures de tourisme. Ce sont plutôt des véhicules utilitaires qu'on appelle ici fourgonnettes. Cette Hillman est partout qualifiée dans les pièces de *canadienne*. Strictement une canadienne était, à l'époque, une grosse berline américaine classique, dont la partie de carrosserie arrière transformée en break, était en bois menuisé et verni.

un peu, mais elle est plus ramassée et moins élégante. Elle comporte deux portières à l'avant, mais pas de portières latérales à l'arrière. Le volume arrière est muni de vitres fixes avec des parties coulissantes. L'arrière est accessible, non par un hayon comme de nos jours, mais par une porte à deux battants, comme sur les véhicules utilitaires.

Précisions importantes pour cette affaire : ces portes arrière ne s'ouvrent que de l'extérieur ; la banquette arrière est amovible ; la conduite est à droite, bien sûr. Selon Guy Marrian, Sir Jack en vacances préfère ne plus conduire. C'est Lady Anne qui s'en charge pendant les longs trajets. Rappelons que la conduite à droite est moins commode en France, donc plus fatigante pour le conducteur.

C'est une voiture qui peut sembler modeste comparée à la condition sociale récente de Sir Jack. Mais il faut, à nouveau, se replacer à l'époque. Dans l'immédiat après-guerre, avoir une voiture est déjà un privilège, et plus encore une voiture neuve. S'il n'a sans doute pas encore un standing suffisant pour acquérir une grosse berline, Sir Jack a choisi ce modèle en fonction de l'usage qu'il veut en faire. À un usage quotidien et professionnel, il a privilégié ses périples de vacances notamment en France où il veut pouvoir emmener un lot de bagages forains (lits de camp, tente, nécessaires de camping, etc), qui n'entrerait pas dans un coffre de berline.

L'itinéraire jusqu'à Digne

Selon Me Delorme, avocat de partie civile, l'itinéraire aurait été établi par le *London Automobile Club* avec l'aide de l'*Office du Tourisme Français*[1]. Il est indiscutable que le but du voyage était Villefranche-sur-Mer pour un séjour de vacances avec leurs amis Phyllis et Guy Marrian accompagnés de leurs deux filles Valery et Jacqueline. Guy Marrian est un scientifique comme Sir Jack, et ils se connaissent depuis 1923. Ils ont travaillé ensemble dans les années 20, avant que Guy Marrian ne migre en Écosse. C'est ce dernier qui a loué une villa, dont la location a été partagée[2] à compter du 1er août. On a vu que, selon le commissaire Sébeille, les Drummond venaient en vacances en

1 L'inventaire du 21/03/56 (cote C 411) cite seulement « *4 imprimés intitulés Automobile Association dont deux remplis* », sans qu'on se soit préoccupé d'en savoir le contenu ni d'aller voir plus avant.

2 Commissaire Sébeille, oc p.15.

France « *depuis quelques années* ». Donc ces vacances en France n'avaient apparemment rien d'exceptionnel, ni le passage par Digne pour rejoindre Villefranche au plus court.

Voyons donc cet itinéraire. La famille quitte sa résidence de Nottingham fin juillet. Elle embarque à Douvres le dimanche 27 au matin et débarque à Dunkerque le lundi matin 28 seulement, avec sept heures de retard à cause du mauvais temps. La fillette ayant une passion pour Jeanne-d'Arc, la famille visite Reims et, le mardi 29, elle se retrouve dans la maison de la sainte à Domrémy. Après Domrémy, les Drummond passent par Aix-les-Bains, et ont dû passer par Grenoble pour rejoindre Digne. De là, plusieurs itinéraires étaient possibles. Mais deux seuls sont probables, soit en passant par le col de la Croix-Haute[1], soit par Gap[2].

Aucune trace dans le dossier sur l'itinéraire, rien sur les haltes, hôtels, restaurants, etc, pas plus que sur les faits et gestes, rencontres éventuelles, et ce jusqu'à l'arrivée à Digne. À Domrémy selon William Reymond[3], les Drummond auraient rencontré un couple anglais avec une fillette dans une voiture similaire. Mais il a été impossible de retrouver le témoin Nicolas Robert avec le peu d'informations que donne William Reymond sans parler de la très mauvaise qualité des photos.

LE PREMIER SÉJOUR À DIGNE

Du jeudi soir 31 juillet au 1er août au matin

Ce premier séjour a été sommairement reconstitué, en majeure partie par Lucien Grimaud de *La Marseillaise*, ou d'auteurs journalistes voire postérieurs, ce qui diminue le degré de validité de certains renseignements recueillis. D'autre informations seront recueillies par la police locale. Une partie de celles-ci sera reprise par les enquêteurs, soit avec reprise des auditions mais sans vérification la plupart des fois, et surtout sans en tirer autre chose que des conclusions hâtives voire contradictoires ou inexactes. Ce qui montre le manque de méthode et de rigueur de l'enquête au départ, ce qui nuira aux conclusions finales.

---

1 Pour faciliter les choses, c'est actuellement la D75 ex-RN75, qui arrive jusqu'à Serres où elle rejoint la D93 ex-RN93 menant jusqu'à Sisteron.

2 Histoire de simplifier à nouveau, comme aujourd'hui la D85, ex-RN85 dite Route Napoléon, allait de Pont-de-Claix jusqu'à Sisteron. Elle suit l'itinéraire que l'Empereur, de retour de l'Ile d'Elbe, emprunta en remontant de Golfe-Juan vers Grenoble. En 1815, ce n'était alors qu'une suite de chemins plutôt qu'une route au sens moderne, bien sûr.

3 Selon William Reymond (oc p. 305 et ss, avec photos HT), sans références ni possibilité de vérification.

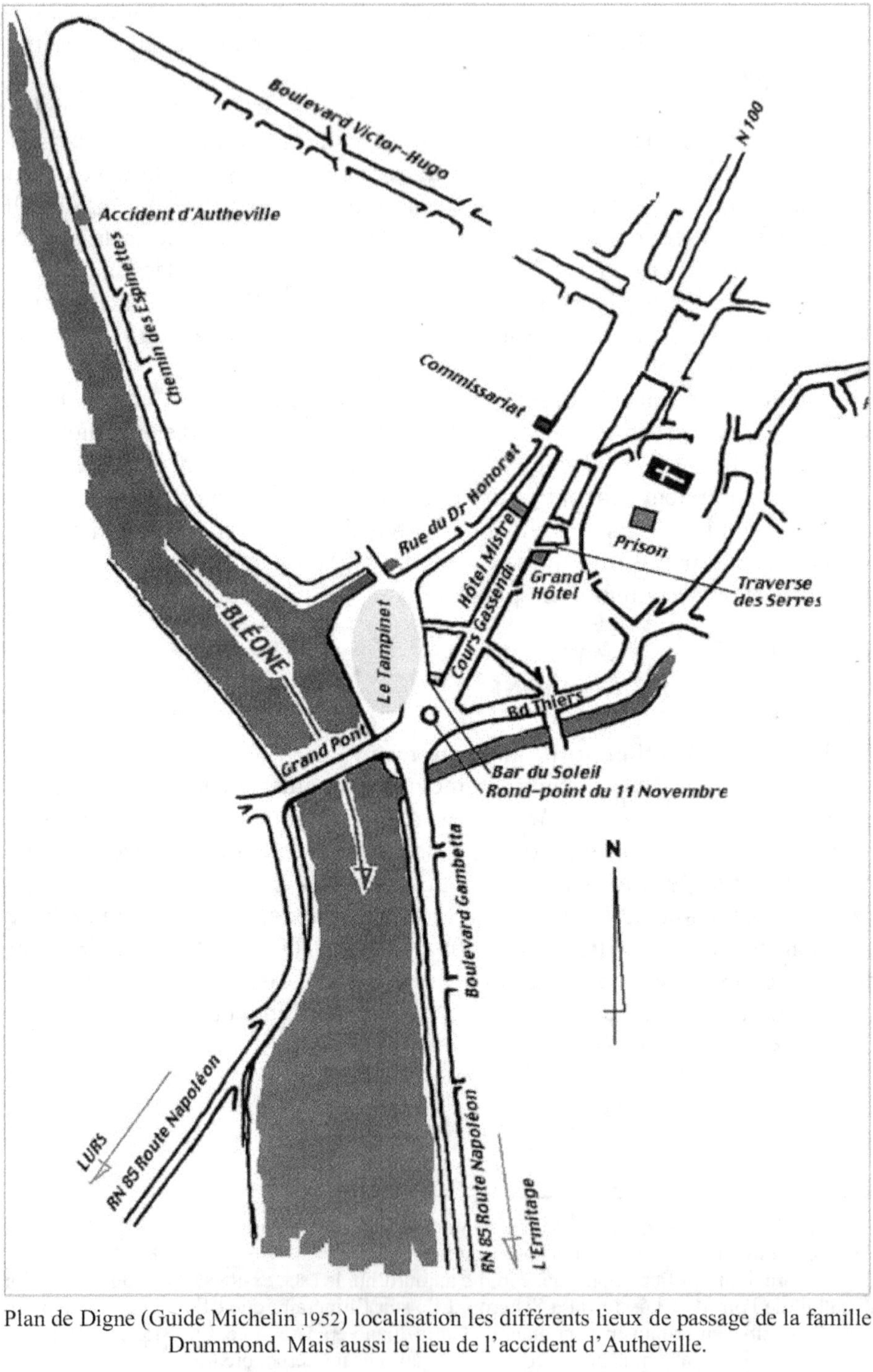

Plan de Digne (Guide Michelin 1952) localisation les différents lieux de passage de la famille Drummond. Mais aussi le lieu de l'accident d'Autheville.

La famille arrive donc à Digne le jeudi 31 juillet en fin d'après-midi. Elle se présente au Grand Hôtel[1], un établissement de « *confort moyen* »[2], donc pas le meilleur de la ville[3] qui est L'Ermitage-Napoléon[4], un *grand confort* appartenant à une chaîne d'hôtels d'étape de standing international. Outre la différence de prix, L'Ermitage est excentré à 500 m du centre-ville, au bord de l'ex-RN85, tandis que le Grand Hôtel se trouve en plein centre-ville au milieu du cours Gassendi.

Selon la réceptionniste Jeannine Rolland[5], fille des propriétaires[6], les Drummond se présentent entre 18 h et 18 h 30 avec « *peu de bagages* ». Ils n'ont pas réservé. Alors que leur ami Marrian les dits habitués aux grands hôtels, ils demandent « *une chambre bon marché* », avec l'ajout d'un divan pour la fillette[7]. Après avoir rentré leur voiture dans le garage de l'hôtel situé derrière l'hôtel traverse des Serres, la famille prend possession de la chambre 67, ressort vers 19 h, et rentre à l'hôtel vers 20 h 30.

La soirée fantôme

Aucune trace de la famille n'a pu être retrouvée pendant cette heure et demi. Jeannine Rolland certifie que la Hillman n'a pas quitté le garage. Elle dit que la fillette est revenue la première vers 20 h et a demandé, en français, la clé de la chambre où elle est montée. Jeannine Rolland en déduit à juste titre que les parents ne devaient pas être bien loin. Mais aucun restaurant ou café de la ville, peu nombreux, ne se souviendra avoir servi à dîner ou quelque collation à des Anglais assez rares à l'époque[8]. On n'aurait pas manqué de remarquer une famille *so British.*

Personne non plus ne les a vus se promener comme ils auraient pu le faire. Cette sortie avec ce trou d'une heure et demi dans l'emploi du temps, ne seront même pas considérés comme une question à explorer par les enquêteurs.

---

1 Voir plan de Digne ci-avant. À l'époque 19, bd Gassendi. Prix des chambres selon le *Guide Michelin* 1952, de 400 à 1.300 AF (de 10 à 35 € 2016). L'hôtel, fin XIXe, appartenait alors à un dénommé Rolland. L'immeuble existe toujours au milieu du cours Gassendi, transformé en appartements meublés sous l'appellation *Résidence de tourisme*, rebaptisé *Espace Morel.*

2 Désignation du *Guide Michelin* 1952, correspondant à deux étoiles. Téléphone n° 014. Le Grand Hôtel est donc plus ancien que L'Ermitage qui a le n°109.

3 Équivalent à l'hôtel Mistre (32 bd Gassendi) et Grand-Paris (2, bd Thiers).

4 Prix des chambres de 900 à 2.500 AF (soit 20 à 70 € 2016), avec une étoile à son restaurant (*Guide Michelin 1952*). Donc deux fois plus cher.

5 PV de l'inspecteur Picq en date du 11/10/52 (cote D 111).

6 Le commissaire Sébeille (oc p. 15), la qualifie d'*employée*, ce qui n'est donc pas tout à fait exact.

7 On peut donc penser que les Drummond en prirent une vers 400 AF, soit environ 10 € 2016, avec sans doute un complément pour le lit de la fillette. On note que c'est très bon marché. Mais, comme on le notera dans le même Guide, à l'époque au contraire d'aujourd'hui, le prix moyen des chambres est toujours relativement modeste par rapport à celui des repas.

8 Selon *Paris-Match* n° 188, les Drummond auraient mangé des fruits dans leur chambre. Mais c'est une pure invention, car aucun commerçant ne les a vus acheter quoi que ce soit, ni personne rentrer à l'hôtel avec de quoi manger.

Cependant, il convient de s'y attarder. Le retour prématuré de la fillette que les parents n'étaient pas loin, suggère le plus simple : un rendez-vous dans un lieu privé. D'ailleurs, il s'est assez vite murmuré, apparemment sans alerter les enquêteurs, que Sir Jack aurait profité de ce voyage de vacances pour passer par Digne afin de voir s'il pouvait trouver des renseignements sur un de ses amis parachuté dans la région en 1943, et qui aurait disparu.

En 1960 seulement, bien après que l'affaire a été définitivement jugée, cette rumeur a émergé au grand jour dans la presse nationale avec un grand article de *Carrefour*[1]. Passé inaperçu, aucun auteur de l'a cité depuis. Fait-il partie de la structure de l'affaire ou est-ce une scorie sans rapport ? Il faut donc aller y voir de plus près[2].

Le scoop de *Carrefour*

C'est le 23 mars 1960, qu'avec trois pleines pages du n°810, le journaliste Bernard Cabanes, ancien Résistant, signe un long article, intitulé,

L'affaire Dominici va-t-elle rebondir ?

Il est censé résumer plusieurs articles d'un aviateur suédois bien connu, Torsten Scheutz, publiés dans *Allers Familje Journal*[3], un quotidien suédois également diffusé au Danemark, sous le titre *J'ai vu l'assassin*[4]. Mais est-ce au moins plausible sinon crédible ?

Torsten Scheutz (1909 - 2004) était un aviateur et écrivain connu, ayant pas mal bourlingué avant de devenir journaliste finalement chargé de la rubrique criminelle au *Danish Allers* jusqu'en 1989. Et c'est lors d'investigations sur les aviateurs alliés disparus pendant les Deuxième Guerre mondiale, qu'il aurait été amené à s'intéresser à cette affaire. Bien que précisant que Scheutz donne toutes références sur ce qu'il révèle, notamment celles d'archives allemandes et anglaises, Cabanes ne dit pas comment Scheutz a découvert un *capitaine S...,* dont hélas il ne donne pas le nom, officier qui aurait été un ami de Sir Jack.

Une nuit de l'hiver 1943, il aurait été parachuté avec beaucoup d'argent sur le plateau de Sigonce. Et il y aurait été récupéré au sol par de faux maquisards. Les premiers parachutages détournés ne sont connus qu'à partir de février 1944, donc fin de l'hiver 43/44.

À la faveur de la nuit, le capitaine aurait réussi à s'échapper. Mais blessé, il aurait finalement abouti à La Gran'Terre. Avertie par on ne sait qui, l'armée allemande serait venue le récupérer. Il aurait été travaillé par le feldwebel

---

1 Créé le 26 août 1944 sur une ligne commune aux trois grands mouvements de Résistance, il eut une grande influence à gauche avant de devenir inconditionnel du gaullisme sous la IVe République, puis de dériver vers l'extrême droite sous la Ve jusqu'à sa disparition en 1986.

2 C'est à Raymond Moulin que je dois la découverte de cet article passé inaperçu de tous.

3 Consulter les articles d'*Allers Familje Journal* en question, n'est hélas plus possible, le journal ne pratiquant pas d'archivage sur une aussi longue période. C'est là que l'institution du dépôt légal à notre Bibliothèque nationale montre un de ses intérêts.

4 Exactement, *Jag har sett mördaren* !

Hugo Bleicher, bien connu comme spécialiste de l'Abwehr chargé de la lutte contre la Résistance, ayant infiltré, démantelé et retourné plusieurs réseaux. Et le capitaine aurait finalement succombé à ses blessures ou aux interrogatoires. Selon Scheutz, Bleicher serait même venu à La Gran'Terre perquisitionner et interroger Gaston. Ayant trouvé un de ses pantalons tâché du sang du capitaine, il aurait alors emmené Gaston à Digne. Si rien ne se retrouve d'autre sur cet épisode, rappelons que Pierre Size avait fait état d'une rumeur courant en 1952/53 : « *ça recommence comme en 1943* », tandis que pendant l'Occupation, « *ce coin-là faisait peur* ».

Comme Scheutz dit avoir notamment travaillé à partir des archives allemandes et anglaises, et être venu enquêter longuement sur place, il est donc vraisemblable que c'est là qu'il a pu trouver le détail du sort du capitaine comme son rapport avec Sir Jack. Mais comme il dit aussi avoir vu ce Valdero, qu'il dit chef d'une 15e compagnie de maquisards dévoyés, et qu'il le désigne comme l'exécuteur des Drummond, on se demande pourquoi il ne donne aucun détail sur le massacre de la famille, alors qu'il en développe longuement le mobile : en août 1952, Sir Jack serait venu à la recherche de son ami, et aurait été massacré avec sa femme et sa fille par ces anciens maquisards pour la raison qu'on peut facilement imaginer. Mais l'article ne dit pas s'il y avait plus qu'une amitié entre Sir Jack et le capitaine.

D'autre part, contrairement à ce qu'écrit Cabannes, dans les états des différents maquis de Provence et des régions environnantes, ni sur la liste nationale de Résistants, on ne trouve aucun Valdero ou approchant. Le seul nom à consonance espagnole ayant opéré dans le coin, demeure le sulfureux Manuel Lopez, dit de las Heras de la Sierra, chef du 16e détachement de la 2e compagnie FTP, le 15e étant commandé par Roger Autheville, dont Gustave fera partie. Mais *la bande à Lopez* ne déraillera pas avant la mi 1944 en montrant son vrai visage criminel et crapuleux. Rappelons que les Anglais, selon la stratégie de Churchill, se méfiaient des FTP communistes et ravitaillaient dans le secteur les FFI d'une section de l'AS commandée par le docteur Jouve.

Bien qu'il n'en demeure aucune trace ni rumeur, Scheutz dit avoir mené son enquête sur place, et jusqu'à Cannes et Marseille. Si c'est exact, il apparaît hautement invraisemblable que même sous un pseudo, celui qu'on lui a désigné sous le nom de Valdero, ait été Lopez et que celui-ci ait toléré qu'on raconte tout de ses crimes et crapuleries jusqu'à le dénoncer. Car, la justice française pouvait rouvrir le dossier du massacre des Drummond et de quelques autres par ce maquis dévoyé, et même comme le souhaite d'ailleurs Cabanes, la justice militaire pour les meurtres d'officiers. C'était risquer pour les anciens de la bande de voir les juges remettre le nez dans leurs vilaines affaires non seulement avant la Libération, mais même après avec les placements de l'argent volé notamment en bars à Cannes et Marseille. D'ailleurs Cabanes développe en détail la véritable terreur du système Lopez qui imposait silence à la région, avec un « *bœuf sur la langue* » des Dominici, et qui perdurait encore en 1960.

La question devient donc : qui avait intérêt à montrer à Scheutz ce pseudo Valdero et à rendre public la mise en scène d'un scénario du massacre des Drummond le mettant directement en cause, en tant que chef des FTP locaux présentés comme crapuleux ?

Ce qui enclenche une seconde question : pourquoi Cabanes publie-t-il son scoop tout justement le 23 mars 1960 ?

Car le jour de publication de son article n'est pas anodin. C'est celui de l'arrivée à Paris de Khrouchtchev, premier dirigeant de l'URSS à venir en visite officielle en France. Et *Carrefour* affiche clairement son farouche antimarxisme en pleine première page et en pages intérieures. Hélas Cabanes ne donne pas les dates de l'enquête de Scheutz pas plus que celles de la publication dans *Allers*, qu'il a été impossible de retrouver faute d'archivage. Donc rien ne dit que ce soit par coïncidence, que Cabanes se fasse l'écho d'une enquête ou publication de l'époque. Ne l'aurait-il pas plutôt ressortie tout juste pour l'occasion ? En effet, l'affaire avait été close le 13 novembre 1956. Depuis le 13 juillet 1957, le président Coty avait commué la peine de mort prononcée contre Gaston en détention à perpétuité. Mais voilà qu'à la suite d'un reportage de *Cinq colonnes à la une*, Madame de Gaulle aurait été touchée par la dégradation de l'état du vieillard. Un nouveau recours en grâce a été déposée auprès du Général. Bien que sachant parfaitement que de Gaulle n'était pas le genre d'homme à faire du sentiment, Cabanes aurait-il tenté un coup de billard à plusieurs bandes. Sachant le Général sensibilisé au cas Dominici pas sa femme, aurait-il profité de la venue de Khrouchtchev, pour rendre publique en France l'enquête de Scheutz sur la piste FTP, donc communiste, qui courrait depuis le début dans les rumeurs locales, sans avoir jamais émergé dans les enquêtes et procès. C'est en tout cas lui-même qui le suggère en conclusion de son article : « *Les révélations accusatrices du journaliste suédois sont trop graves pour qu'elles ne soient pas suivies d'une action judiciaire. L'heure est venue de rouvrir le dossier de l'affaire Dominici* ». Mais si telle était son intention, ce fut peine perdue, car cet article resta sans écho dans le reste des médias, et de Gaulle étant sans doute peu enclin à fâcher son hôte, comme la justice restera de marbre. Pourtant, Scheutz d'abord puis Cabanes[1] dans ses développements, n'accusaient pas par

1 - Rappelons que ce Bernard Cabanes était l'homonyme du Bernard Cabanes rédacteur en chef de l'AFP, victime d'un attentat à la bombe à son domicile le 14 juin 1975, dont les auteurs n'ont jamais été retrouvés. Pour le mobile, la police avait émis l'hypothèse qu'il y avait eu confusion avec un autre homonyme, Bernard-Pierre Cabanes rédacteur en chef du *Parisien Libéré,* à l'occasion d'un violent conflit lors de la prise de contrôle du journal. Celui-ci, d'obédience communiste fondé en 1944, était en passe d'être racheté pour changer diamétralement de camp. Ce qui montre le degré de violence encore possible trente ans après sur le sujet. Un attentat à la bombe n'est pas une arme ordinaire. Et personne n'avait alors pensé ce qui est devenu une rumeur aujourd'hui : ce serait le Bernard Cabanes,

allusions. Apparemment avec un dossier bien documenté et étayé, ils désignaient les FTP d'obédience communiste comme auteurs du massacre, et pour des raisons crapuleuses.

Et on en revient à nos questions en y ajoutant celle de se demander si Cabanes savait réellement d'autres choses ? Car il écrit avoir vécu dans les maquis d'une région voisine une situation similaire, où les FTP dévoyaient la Résistance dans l'objectif de donner le pouvoir au PCF à la Libération. Pour Cabanes il n'y avait pas de FTP loyaux et des dévoyés, seulement des FTP tous fidèles au Parti. La seule réponse logique voudrait donc qu'à la découverte par Scheutz d'un mobile au massacre de Lurs à travers une relation entre Sir Jack et le capitane S, Cabanes savait-il que le Valdero qu'on avait montré à Scheutz était un leurre ? D'ailleurs *la bande à Lopez* se serait-elle jamais découverte et livrée de la sorte à un journaliste, de surcroît suédois ? Qui avait donc intérêt à se servir de Scheutz pour renvoyer la vraie responsabilité du massacre des Drummond sur des FTP dévoyés ? De toute évidence le Parti des *vrais FTP*. La raison de ce coup par la bande, n'apparaîtra que plus loin quand nous en arriverons aux hypothèses finales.

Quoi qu'il en ait été, il s'avère que des confidences et rumeurs du même genre circulent aujourd'hui encore avec insistance. Ainsi, lorsque le sénateur Tardy m'a reçu, il m'avait demandé de ne pas publier de son vivant certains de ses propos. Et j'ai tenu parole d'autant plus facilement qu'à l'époque je n'avais pas perçu en quoi ceux-ci pouvaient déranger, ni qui. Le sénateur m'avait parlé de l'intervention du réseau britannique *Jockey*, missionné par le *SOE*, section F commandée de Londres par le colonel Buckmaster. Ce qui est bien connu et documenté. Le jeune résistant Tardy était même allé chercher Buckmaster à la gare Saint-Charles à Marseille fin 1944, donc peu après la Libération, pour l'amener chez le docteur Jouve[1], ayant commandé le maquis de l'AS. Il s'agissait, pour le colonel Buckmaster, de venir se rendre compte des résultats de l'action du *SOE* dans la région, et notamment de savoir ce qu'étaient devenus l'argent et les armes parachutés.

Le sénateur m'avait alors parlé d'un certain Francis Cammaerts[2], officier britannique chef du réseau *Jockey* opérant dans le secteur de Digne, qui avait rencontré des difficultés avec les FTP à cause de l'emprise communiste qui inquiétait Londres. Et comme en passant, le sénateur avait glissé que Sir Jack

---

journaliste à *Carrefour,* qui aurait été visé en 1975, à cause de son farouche anticommunisme, et plus précisément à cause de l'article en question. Mais avoir attendu quinze ans n'apparaît pas crédible. Sauf si ce que Cabanes y avait rendu public, sous-entendait qu'il en savait plus et présentait une menace toujours dangereuse en 1975. Mais laquelle et pour qui ?

1 Nous retrouverons ce praticien lors des expertises médico-légales. Il était capitaine de réserve et avait gardé ce grade dans la Résistance, alors que d'autre n'hésiteront pas à s'auto-promouvoir colonel ou même général comme Chaban-Delmas.

2 Que j'avais estropié en *Caumaert* avec le grade colonel dans mon précédent ouvrage. Ce qui montre que je n'y avais pas porté l'attention qui s'est révélée nécessaire.

aurait pu rencontrer ce Cammaerts lors de ses passages à Digne, et peut-être même qu'ils auraient pu y avoir eu rendez-vous. Hélas, il n'en avait pas dit plus et, avec ce que savais à l'époque, je n'avais pas pensé lui poser de questions. Car au stade où en étaient alors mes investigations, le personnage ne m'avait pas alerté. Mais après la sortie de mon premier ouvrage, Jean-Louis Delattre, qui l'avait bien connu, m'a orienté sur le rôle de Cammaerts à Digne en 1943/44. Mais qui est donc ce Cammaerts, hélas décédé en 2006, qui n'apparaît nulle part dans le dossier de l'affaire, ni dans la presse, ni chez aucun auteur.

Identité SOE 1950 ©.

Francis Cammaerts

Le personnage est parfaitement connu et documenté de façon tout à fait officielle. De famille belge, Francis Cammaerts, né en Angleterre, était donc sujet de Sa Majesté. En plus de l'anglais, il parlait un parfait français maternel. Devenu officier du *SOE*, Cammaerts fut parachuté en 1943 sur le Vercors d'où il rejoignit Digne. Sous le pseudonyme de *Roger*, il y dirigea le réseau *Jockey* dans la région R2 de la Résistance (Sud-est).

Il opéra notamment avec une certaine Krystyna Skarbek, alias *Pauline*, alias Christine Granville[1], elle aussi officier au *SOE*, également parachutée en France et opérant en 1944 dans le secteur de Digne. La biographie de Pauline et son intervention dans la Résistance en Provence, sont également bien connues et tout aussi officiellement documentées.

La relation de Cammaerts avec la Résistance locale a donné lieu à des rumeurs et commentaires, pas toujours élogieux d'ailleurs, notamment de la part de Pierre Raynaud, nom de guerre *Alain*, officier FFI adjoint au réseau *Jockey* dirigé par Cammaerts. Jean-Louis Delattre m'a communiqué un mémoire inédit relatant notamment ses démêlés avec Cammaerts.

Début août 1944, circulant dans une ambulance en direction de Seyne-les-Alpes, Cammaerts avait été arrêté par les Allemands à la sortie de Digne lors d'un banal contrôle routier. Son exécution étant certaine, Pauline avait mené une négociation rendue possible par la proximité des Alliés débarqués en Provence[2]. En effet, leur progression rapide vers le nord affectait la détermination et le moral des troupes allemandes, on le comprend aisément. Le résultat de cette négociation est bien attesté, mais le détail de celle-ci n'est

1 Pseudonymes dans la Résistance et au *SOE*, en réalité née comtesse polonaise. Sa carrière est également parfaitement connue et documentée. Ce qui montre au passage que la réalité est parfois romanesque. Faisaient aussi partie du réseau *Jockey*, hormis Pauline, Cammaerts alias *Roger*, Sorensen alias *Chasuble* et Fielding alias *Cathédrale*.

2 Épisode connu dans le milieu de la Résistance locale, rapporté avec plusieurs versions par divers acteurs.

pas formellement éclairci. Pauline parvint à obtenir la libération de Cammaerts contre une rançon qui a disparu bien sûr[1].

Il se murmure encore aujourd'hui que cette libération a laissé à la fois des doutes, de fortes convoitises et des désirs de vengeance. Car, hormis une libération avec rançon pour le moins inhabituelle, Cammaerts obéissait aux directives de Churchill, lesquelles consistaient à contrecarrer la domination des FTP communistes dans la Résistance, pour les empêcher de permettre au PCF de prendre le pouvoir en France à la Libération. Et le PCF aurait donné l'ordre de *descendre* Cammaerts. Il se murmurait alors, et jusqu'à aujourd'hui, que Cammaerts serait revenu à Digne en cet été 1952, tenter de remonter la piste de sa rançon disparue. Et détail qui suscite un écho, il y serait venu avec sa femme et sa fillette dans une voiture ressemblant à une Hillman. Certains ayant appris son passage, auraient établi une corrélation avec la venue Sir Jack lui aussi à la recherche de son ami parachuté et disparu avec un pactole. La recherche de ces pactoles perdus pour la Couronne mais pas pour tout le monde, serait-elle un mobile commun aux présences des deux Anglais à Digne ? Se pourrait-il aussi que ce soit une suite officieuse à la mission de Buckmaster à Digne en 1944 ? Ou auraient-ils agi chacun pour son propre compte comme d'autres rumeurs convergentes persistent à le murmurer ? Ainsi au moins un mémoire du FFI Pierre Raynaud.

Le mémoire de Pierre Raynaud[2]

Alias *Alain* était donc un officier français, parfaitement connu et bien documenté. Dans un mémoire[3], Pierre Raynaud parle entre autres de ses relations avec Cammaerts. Outre la libération de Cammaerts par l'entremise de Pauline, il atteste sa condamnation à mort par le PCF en août 1944 sur ordre donné aux FTP : « *Si tu vois Roger* (pseudo de Cammaerts), *tu le descends* ». Et le voilà qui précise : « *si l'ordre d'exécuter Cammaerts a bien été donné, le massacre de la famille Drummond aurait pu être une erreur sur la*

1 Selon les versions, soit avec une collecte locale de 1,2 MAF (225.000 € 2016), soit avec le parachutage depuis Alger de 2,5 MAF (465.000 € 2016). Sommes considérables pour l'époque. La rançon aurait été remise le 13 août 1944 à un gendarme alsacien Résistant dénommé Schenk parlant Allemand couramment, et interprète occasionnel auprès des autorités d'occupation et notamment du chef de la Gestapo de Digne le SS Max Waem. Ce qui ne fut pas du goût des FTP et de leur chef Georges Bonnaire alias *Colonel Noël*, qui fit exécuter Schenk le mardi 29 août 1944. On retrouvera son corps démembré dans un torrent à La Robine-sur-Galabre le 10 octobre 1944. Si les FTP en voulaient à Schenk, ils en voulaient aussi et surtout à Cammaerts, notamment à cause de sa libération, et la grande part de responsabilité qu'ils lui attribuaient dans cette affaire. Après la guerre, Schenk a été réhabilité pour service rendu. Mais bien des rumeurs circulent encore à ce sujet. Car Max Waem jugé après la guerre, fut relaxé sur caution du *SOE*.

2 Pierre Raynaud (1921-2010).

3 Son mémoire de 85 pages est inédit, Pierre Reynaud n'ayant pas souhaité le publier de son vivant. Jean-Louis Delattre m'en a communiqué une copie originale. Et sa famille a autorisé la citation qui en est faite ici, et notamment des pages 70 et 71 concernant l'affaire.

personne ». Méprise qui se murmurait déjà avec insistance dès le départ de l'enquête alors même qu'il n'a jamais été question de Cammaerts ni dans les enquêtes, ni dans la presse ni jusqu'à aujourd'hui chez aucun auteur.

Pierre Raynaud écrit que ce qu'il dit d'un rapport entre Cammaerts et l'affaire, lui vient d'un certain Daurouze[1] : « *Il m'avait accueilli à Seyne-les-Alpes en août 1944 et je le retrouvais après la guerre en Afrique* ». C'est là que Daurouze lui aurait dit « *qu'il avait dîné dans son hôtel*[2] *de Digne, ce 4 août 52, avec les familles Cammaerts et Drummond. Les deux hommes voyageaient avec leur femme et leur fille, chacun dans une Hillman verte* ». Si on en croit ce qu'il rapporte juste après, Daurouze se trompe ici car il ne peut s'agir de la soirée du 4 août, mais bien de celle du 31 juillet comme on le verra.

Encore selon Daurouze, Cammaerts et Drummond ne se connaissaient pas et n'étaient pas connus des Dominici. Mais Sir Jack, au cours de ses précédents voyages en France, aurait entendu parler de Cammaerts. Daurouze savait que Teyssier et Autheville[3] avaient appris du père Lorenzi[4] le 25 août, que Sir Jack était monté le 1er août au matin à Ganagobie, lui demander des renseignements sur son ami parachuté et disparu. Ce que Teyssier a confirmé par ailleurs dans ses ouvrages. Et toujours selon Daurouze, le père Lorenzi aurait dit à Sir Jack de revenir le 4 lors de sa venue pour la charlottade, où un rendez-vous à 18 h avec Cammaerts aurait été convenu. Cela pourrait donc correspondre à ce qu'on va voir d'un éventuel rendez-vous manqué à L'Ermitage.

Toujours selon Daurouze, le 4 août Sir Jack aurait invité Cammaerts à un dîner « *bien arrosé suite aux pastis pris au prieuré* ». Mais on saura qu'il n'y a pas pu y avoir de pastis au prieuré ce jour-là ni de dîner bien arrosé, car notamment les estomacs des Drummond ne contenaient pas trace de dîner ni surtout d'alcool. Selon Daurouze enfin, ce serait en repartant tardivement après dîner pour regagner Villefranche, que la fatigue (la route, la charlottade et le dîner) aurait décidé Sir Jack à s'arrêter pour « *prendre du repos sur l'aire déjà repérée* » le matin, près de La Gran'Terre. Et Gustave aux côtés de Clovis, aurait assisté au massacre commis par des FTP prenant les Drummond pour les Cammaerts. Or, si on saura que les Drummond avaient sans doute

---

1 Un Aurouze est répertorié sur la liste nationale des Résistants, né à Saint-Étienne-en-qu'Aurouze étant un lieu-dit en Dévoluy, serait le lieu d'origine de la famille.

2 Hélas, il ne dit pas lequel.

3 Teyssier était journaliste communiste, Autheville secrétaire de la fédération départementale du PCF.

4 Jacques Toussaint Lorenzi, Corse originaire de Sisco, était bénédictin et prieur de l'Abbaye de Ganagobie datant du IXe siècle, laquelle à l'époque n'est plus habitée que par ce seul père. Le prieuré a servi à la Résistance, car le père Lorenzi était lui-même Résistant. Daurouze le qualifie de *communiste*, mais il est homologué FFI sur la liste nationale des Résistants, même si sans doute était-il aussi sympathisant FTP.

repéré les lieux le matin, ils y étaient arrivés au soir bien avant 22 h (témoignage Delclite) et sans avoir dîné.

L'erreur proviendrait de ce que, comme le précise Daurouze, les Dominici et « *le secrétaire de la cellule de Lurs* » (Maillet) auraient été prévenus par le père Lorenzi de la présence de Cammaerts. À cause de la ressemblance physique avec Sir Jack, de leur famille identique et d'une voiture similaire, la méprise apparaît possible.

Le souvenir de Daurouze que rapporte Pierre Raynaud, présente une série d'impossibilités majeures pour la soirée du 4 août. Mais à lire l'ensemble du mémoire et à la façon dont Pierre Raynaud y parle de cette affaire, il est évident qu'il ne fait que rapporter des propos de Daurouze tenus après 1952. Et ce dont se souvient Daurouze apparaît aussi comme un écho des rumeurs circulant à l'époque. Et on notera que ce qu'en rapporte Pierre Raynaud n'est pas arrangé en fonction de ce qu'il savait du drame au moment de la rédaction de son mémoire. D'ailleurs il ne rectifie rien de ce que lui aurait rapporté Daurouze quand celui-ci déraille par rapport à ce qui sera établi, de façon certaine et publique, de l'emploi du temps des Drummond.

Une méprise demeure la conviction de Jean-Louis Delattre qui a bien connu Raynaud et Cammaerts. Et il témoigne que ce dernier lui a souvent dit et devant d'autres, que « *les communistes* » cherchaient à le descendre. Mais il ne lui avait jamais parlé de l'affaire de Lurs, comme il ne lui a d'ailleurs jamais rien dit de ses activités pour le Service, qu'il avait continuées à mener après la guerre jusqu'à sa retraite prise en France. Cammaerts disait seulement qu'il était un « *miraculé comme Fred Brown*[1] ».

Jean-Louis Delattre rapproche ces propos de Cammaerts à d'autres qu'il tenait d'un certain Daniel Barbieri[2] lui ayant souvent affirmé : « *C'est Cammaerts qui était la veille à Lurs. Ils (les FTP) ont tué Drummond par erreur, c'est Cammaerts qui était visé* ».

Nous reviendrons bien sûr, au moment d'assembler les puzzles, sur une possible méprise entre Cammaerts et Sir Jack. En attendant, on verra qu'entre le 31 juillet et le 4 août, sept témoins diront avoir vu, dans le coin autour de Lurs et Ganagobie, une famille anglaise semblable aux Drummond, avec une voiture similaire. Se serait-il agi des Cammaerts ? Et quid de la rumeur persistante qui suggèrera aux policiers et gendarmes de rechercher *l'autre seconde Hillman* ?

En conclusion a minima, un dîner de Sir Jack avec Cammaerts à Digne, rejoignant la confidence du sénateur Tardy, pourrait donc avoir eu lieu lors de la soirée du 31. Quoi qu'il en ait été, cette rencontre ajouterait une interaction

---

1 Agent américain de l'*OSS* adjoint à Jean Moulin, également condamné à mort par le PCF. Cf les ouvrages de Jacques Baynac sur Jean Moulin.

2 Ancien officier des services décédé en 2019. À titre personnel, il s'est consacré à rassembler tout ce que ses activités lui ont permis de trouver sur l'interaction des différents services, dont les anglais, avec la Résistance et jusqu'à la période post Libération. À sa mort ses archives ont été préemptées par la Défense nationale et ne sont pas consultables.

et voilà que l'affaire apparaît déjà comme peut-être un peu plus complexe qu'un simpliste drame de la terre survenu au hasard de la route sans raison ni mobile, auquel le commissaire Sébeille va se tenir malgré les insinuations et confidences dont il sera destinataire.

D'autant qu'une investigation, également demeurée inédite, va dans le même sens. C'est celle de Jean-Charles Pichon menée en 1953, c'est-à-dire pendant l'enquête, mais en marge, et sans avoir jamais été connue ni des enquêteurs, ni de la presse, ni d'aucun auteur.

La lettre de Jean-Charles Pichon

Jean-Charles Pichon, lui aussi décédé en 2006, personnage touche à tout et hors du commun qui se disait lui-même *philosophe, écrivain, poète, mathématicien, mythologue...*, n'est hélas pas une référence en matière de méthode et de rigueur. Hormis du peu qu'il dit de Lurs dans *L'homme en creux*[1], il ne demeure de ses investigations sur l'affaire qu'un compte rendu sommaire de trois pages dactylographiées[2] adressées à Émilien Amaury l'un des fondateurs de l'hebdomadaire *Carrefour.* Il s'en tient à la façon courante des journalistes qui mettent leur nez là où ils ne peuvent pas en dire trop et, comme d'habitude, sans citer ses sources. Et contrairement à 1960, on comprend pourquoi le *Carrefour* de 1953 refusa de publier un article mettant en cause des FTP même dévoyés, sans parler de la moralité de Sir Jack. Et Pichon passera à autre chose. Si on peut citer cette lettre, c'est donc sous réserve, au seul titre de l'activité de journaliste de Pichon entre 1944 et 1957.

Ainsi dans son bref compte-rendu, il écrit n'avoir d'abord perçu que « *des échos* » de l'affaire qui ne l'intéressait pas « *jusqu'à ce court voyage dans le Nord où j'ai appris plus que j'aurais dû en savoir* » (sic). Mais, trois fois hélas, il n'en dit guère plus sur ce qu'il avait appris là-bas... sauf « *que ce saint vivait du chant* ». C'est-à-dire que Sir Jack pratiquait le chantage sur lequel Pichon ne donne aucune précision. Et c'est donc ce qu'il a appris dans le Nord en 1953, qui l'a décidé à descendre sur place à une période pendant laquelle l'enquête piétinait en silence. Mais au lieu de fouiller dans les poubelles du commissaire Sébeille comme certains confrères, il partit fouiner dans les arrière-cours des gens du coin et notamment à Digne.

La relation de ses « *seize jour*s » d'investigations présente un intérêt dans la mesure où, orienté par ce qu'il avait *découvert dans le Nord*, il pensait que l'enquête faisait fausse route sur le mobile. Ayant perçu des rumeurs semblables à celles entendues dans le Nord, il dit s'être alors attaché à remonter à leurs sources. Et ce qu'il en rapporte représente un rare état, écrit

---

1 Stock – Paris 1973.

2 Sur la copie d'original de ce compte rendu retrouvé par Jean-Louis Delattre, si l'adresse, la date et la signature ont été masquées, la frappe du texte est celle d'une machine mécanique ancienne et déjà fatiguée, donc probable d'époque. On peut, par ailleurs, en trouver sur Internet, une version transcrite un peu différemment par André Lemelin, conteur canadien, sous le titre *Les trésors de la Résistance*.

à l'époque, sur ce qui se disait sous le manteau, et qui se murmure encore aujourd'hui dans la confidence de certains milieux locaux. Dans les rumeurs de place publique ou de bistrot, la culpabilité « *du vieux pistachier* » demeure la version courante. Mais plus on entre dans les intimités tout en remontant dans l'échelle sociale, plus circulent toutes sortes de variantes d'une relation avec les remugles de l'Occupation et de la Libération, qui rappellent ce qu'en dit Pichon. On y entend parler de parachutage de billets, d'or, de conflits d'intérêts entre chefs des maquis, etc...

La version des faits rapportée par Pichon sur le déroulement du massacre, est complètement rocambolesque et contredit tout ce qui sera le mieux établi par les enquêtes. Inutile donc de la passer en revue de détail critique. Une telle distorsion des faits apparaît comme normale en 1953, époque où personne, hormis police, gendarmerie et justice, ne connaissait l'état réel des enquêtes, et où le public ne disposait au fur et à mesure que ce qui se murmurait sous le manteau ou filtrait dans la presse, trop souvent de façon inexacte, déformée ou inventée. Mais on se doute que le bouche à oreille, dont on sait l'effet de déformation, d'invention, d'amplification et d'entropie, allait bon train. Dans ce fatras de murmures et de confidences, circulaient des bribes de vérités bien occultées. Et toutes tournaient sur la période de guerre et de la Libération, comme aussi sur la raison de la venue à Digne de Sir Jack, et à deux reprises. Il est vrai que Pichon ne parle pas de Cammaerts. Mais sur le personnage de Sir Jack, ce qu'il dit avoir entendu murmurer, recoupe d'autres sources auxquelles il ne pouvait avoir eu accès, surtout à l'époque. Dans son compte rendu, il écrit bien :

> « *Selon la version officielle, l'Anglais était une sorte de savant et de héros, ancien haut fonctionnaire du gouvernement britannique* ».

Mais déjà, selon « *l'avis de collègues journalistes* » (les Anglais ?), une des rumeurs disait que Sir Jack avait été « *chargé de la branche " parachutages " en 1944* ». Et comme « *nul ne mettait en cause son intégrité* », c'est ce qui aurait fermé la porte à toute investigation dans cette direction. Mais il poursuit :

> « *Au cours de mes reportages, j'ai pu vérifie*r *que l'Anglais en effet passait toutes ses vacances avec sa femme et sa fille dans des régions (Hollande, Alsace) où de fortes sommes furent parachutées... plusieurs millions parachutés en juin 1944 n'avaient jamais été retrouvés. J'ai déjà tout vu, mais rien d'aussi parfait dans le genre ignoble, que l'affaire Dominici* ».

Puis il poursuit en découvrant :

> « *Plusieurs notabilités avaient acheté de nombreux terrains à la Libération* (ça, ça n'est pas un scoop) ... *À connaître ces gens, car je les visitais tous, je ne doutais plus de leur réaction si un maître chanteur était venu les trouver, huit ans après le parachutage, prétendument requis par son gouvernement, pour recouvrer l'argent dilapidé ou découvrir ce qu'il était devenu* ».

On peut, en effet, s'en douter. Pichon rapporte donc une rumeur selon laquelle Sir Jack n'aurait sans doute pas agi pour la Couronne, mais pour son propre compte. À l'époque comment aurait-on pu imaginer une telle ignominie ? L'hypothèse n'est-elle pas encore difficile à accepter aujourd'hui ? Si l'allusion à la Hollande semble corroborer la mission de Sir Jack, et insinue qu'elle n'aurait pas eu le but humanitaire annoncé, rappelons que cette mission avait été relatée par la presse communiste dès août 52.

Contrairement à ce qu'on a vu avec l'article de Bernard Cabanes en 1960, en 1953, quand on connaît la position politique d'Amaury à cette époque, on comprend pourquoi il a dû refuser de publier ce reportage. Car ces rumeurs dessinent une face bien noire du savant et de certains pans de la Résistance. Elles insinuent que Sir Jack aurait au moins tenté de s'enrichir sous couvert du service de la Couronne… comme d'autres sous couvert de la Résistance. Certes, c'est une rumeur ô combien infâmante pour sa moralité, son honneur et pire pour sa mémoire de victime. Et on peut s'indigner qu'il en soit fait écho. Mais il faut se garder des interdits d'ordre moral qui ont couvert tant d'infamies dans l'Histoire. Car répétons qu'il ne s'agit pas de porter des jugements, de quelque nature qu'ils soient, mais d'essayer de débrouiller les fils qui peuvent remonter à un mobile justifiant un tel massacre. Or cette rumeur concernant le mobile, en dehors de ces échos hélas invérifiables aujourd'hui, va se trouver confortée, de façon tout à fait officielle mais gardée par un tapon officiel *SECRET* en rouge, jusqu'en 1995. C'est la mission Gillard à Stuttgart sur la piste d'un commando venu d'Allemagne, que nous analyserons en temps utile. Pour le moment revenons au lendemain matin à Digne où les Drummond ont passé la nuit.

Vendredi 1er août

En passant par La Taverne, Elizabeth aurait été séduite par une affiche qui annonçait un *Grand gala taurin avec tournoi de sixte de toro-ball, animée par la troupe El Gallo.* Elle se déroulera le lundi suivant 4 août, dans le cadre des fêtes annuelles de la lavande, sur la place du Tampinet, de 16 à 19 h. Précisons qu'il ne s'agissait pas d'une course de taureaux avec mise à mort, comme certains l'ont écrit, mais d'une charlottade : jeux avec des vachettes camarguaises et un vieux taureau aux cornes emboulées, des clowns, etc. Pas barbare du tout, comme l'est une vraie corrida, mais amusant pour la fillette.

Et ce serait Élizabeth qui aurait convaincu son père de revenir à Digne pour y assister. Cette décision de retour pour une simple charlottade pose ici une question centrale. En effet, on imagine la fatigue pour les parents, et surtout pour Sir Jack, de faire ces aller-retour Digne-Villefranche-Digne-Villefranche à trois jours d'intervalle par une chaleur caniculaire[1], pour assister en plein

1 Pour Digne, minimum de 15° à l'aube, maximum de 32° au cœur de la journée (Météo-France de Saint-Auban). On sait que les températures sont mesurées sous abri. On y a ajouté

soleil à un spectacle finalement modeste. Mais le fait est là. Et, selon une interview des filles Marrian, la petite Élizabeth se serait vantée du fait que ses parents accédaient à tous ses désirs. Quoi qu'il en soit, avant de partir pour Villefranche, Sir Jack s'est alors rendu chez l'électricien marchand de radio Louis Chauvin[1], afin d'y retenir des billets. Ceux-ci n'étant pas encore disponibles, Sir Jack en règle d'avance le prix (750 AF[2], soit environ 18 € 2016).

LE SÉJOUR À VILLEFRANCHE

De Digne à Villefranche

Après avoir réservé les billets, les Drummond quittent Digne vers 10 h 30[3], pour rejoindre Villefranche. Mais ils n'arriveront à la villa louée par les Marrian que vers 17 h seulement, soit au bout de 6 h 30. Les jours suivant le drame, les Marrian donneront aux journalistes du *Provençal* du 7 août 1952, repris dans *Paris-Match* n° 188, une première explication : ne connaissant pas Villefranche, les Drummond auraient erré avant de trouver la villa[4]. Ce qui est tout-à-fait plausible, car le vallon où se trouve la villa n'est toujours pas facile à trouver. Et il est également bien connu ici qu'un jeu consiste à dérouter les touristes quand ils demandent leur chemin, surtout avec l'accent britannique. Jean Maronne, commerçant à Villefranche dira aux gendarmes[5] que les Drummond sont venus lui demander leur chemin, et que le 3 août, ils sont même revenus lui acheter deux bouteilles d'eau de Vichy.

---

aujourd'hui le *ressenti*. Et, au soleil, il s'agissait donc bien d'une véritable épreuve pour des Anglais. Rappelons que la climatisation des voitures était encore inconnue.

1 Le commissaire Sébeille le situe bien « *traverse des Serres* » (oc p. 15). C'est dans cette traverse qu'était aussi l'entrée du garage du Grand Hôtel qui fait l'angle avec le cours Gassendi. Le magasin se trouvait bien traverse des Serres entre 1946 et 1955. C'est seulement après qu'il passa au 58 (devenu aujourd'hui 37) du cours Gassendi, à l'emplacement de l'épicerie des parents Chauvin après leur départ en retraite. Il a aujourd'hui disparu depuis 1990.

2 PV n° 165/1 du commissaire Prudhomme en date du 16/8/52 (cote D 30). Selon Valery Marrian (PV n° 503 de la brigade de Villefranche-sur-Mer, en date du 6/8/1952 - cote B 2) : Sir Jack aurait « *déposé une somme de 3.000 francs chez un marchand de solfège afin que celui-ci leur procure des billets, n'ayant pu les obtenir lors de son passage à Digne* ». Erreur évidente sur la somme qui est beaucoup trop importante.

3 PV de l'inspecteur Picq (cote D 111). Le rapport du commissaire Sébeille en date du 23/01/53 (cote D 168), donne le départ pour 9 h 30. Mais dans ses mémoires (oc p. 15) ce serait vers 14 h 30. Or, en partant de Digne à 14 h 30, ils auraient eu du mal à parvenir à Villefranche pour 17 h.

4 Sous réserve de précaution d'usage avec la presse. À ce propos, rappelons que Marseille possédait alors trois quotidiens : *Le Provençal*, socialiste, *Le Méridional*, de droite, et *La Marseillaise*, communiste. Ce n'est qu'en juin 1997, que *Le Méridional* sera racheté par *Le Provençal*, et que les deux quotidiens fusionneront pour devenir *La Provence*.

5 PV n° 503 (cote B 2), déjà cité.

Par où les Drummond ont-ils pu passer pour descendre de Digne à Villefranche ? Par la Route Napoléon suivant Valery Marrian et sa mère[1]. C'est en effet le trajet le plus direct pour traverser les Alpes du sud. Il faut néanmoins quitter la Route Napoléon à Barrême pour prendre l'ex-RN202[2] vers Nice et Villefranche. Ce parcours de 165 km[3] parcouru en 6 h 30 donne une moyenne de 25 km/h, ce qui est sans doute un peu lent. Mais les Drummond ont tout simplement dû faire quelques haltes, notamment pour boire ou se restaurer. Hélas, aucune investigation n'a été menée sur ce point. Certains ont suggéré qu'ils auraient pu passer par Aix-en-Provence. Mais ce second itinéraire est sans commune mesure avec le premier. Déjà, il n'y a pas d'autoroute. Et c'est rajouter 140 km, soit un allongement de près de 90%. Disons tout de suite que 6 h 30 étaient, cette fois, à peine suffisants pour parcourir ces 299 km sans arrêt[4], donc pas de temps pour visiter Aix et déjeuner[5].

Cependant, les Drummond ayant, dès leur départ en vacances, l'intention de rejoindre Villefranche, il convient de se demander pourquoi ils sont passés par Digne. En effet, choisir cet itinéraire et l'étape de Digne ne se justifie que si on veut tirer au plus court en traversent les Alpes du sud. Il suffit de jeter un coup d'œil sur une carte pour s'en convaincre. Mais en arrivant le 31 juillet à Château-Arnoux, les Drummond, au lieu de bifurquer et de remonter vers le nord-est sur 25 km jusqu'à Digne, auraient pu alors continuer vers le sud directement jusqu'à Aix, qu'ils auraient pu atteindre vers 19 ou 20 h. Ils auraient alors eu tout le loisir d'une courte visite avant de rejoindre Villefranche. Avoir choisi de bifurquer vers Digne pour la seule valeur touristique de la ville, comme certains l'ont avancé dont le commissaire Sébeille, n'est pas crédible en comparaison de l'intérêt d'Aix-en-Provence. Bien que très ancien évêché et modeste ville d'eau, Digne, encaissée en quasi cul-de-sac, n'avait guère d'intérêt. Giono (oc p. 710) écrit d'ailleurs qu'Alexandra David-Neel aurait choisi de s'y retirer parce que c'était le coin de France dont le paysage et l'ambiance lui rappelaient le plus son séjour au Tibet[6]. On ne peut mieux résumer l'ambiance de Digne à l'époque, en comparaison de la ville d'aujourd'hui, pimpante et touristique. De plus, une partie du centre-ville ancien avait été démolie par un bombardement américain le 16 août 1944, et n'était pas encore entièrement reconstruite.

---

1 Pour Valery Marian, PV n° 503 du 6/8/52 (cote B 2) déjà cité, et PV n° 442/11 du commissaire Sébeille en date du 12/12/52 (cote D 234) pour sa mère.

2 Si on continue l'ex-RN85, on arrive à Cannes en passant par Grasse.

3 Le *Guide Michelin* de 1952, donne 155 km entre Digne et Nice, plus 9 de Nice à Villefranche.

4 Le guide donne 296 km pour Digne jusqu'à Nice centre par Aix-en-Provence, auxquels il faut rajouter les 9 km jusqu'à Villefranche. Soit une moyenne de plus de 45 km/h qui semble excessive avec cette petite voiture sur un si long trajet un jour de canicule.

5 Dans cette direction par Aix il n'y aura aucune investigation, sauf sur l'itinéraire du retour prévu le 5 au matin, à propos d'une autre Hillman, mais l'enquête s'est arrêtée à Manosque.

6 Digne comptait 6.000 habitants en 1951 (*Guide Michelin* 1952).

Il en ressort que les Drummond n'avaient pas l'intention de passer par Aix-en-Provence. Et s'ils choisirent la halte de Digne, c'est donc qu'ils en avaient décidé précisément. Mais était-ce seulement parce que c'était le chemin le plus court ? On a vu déjà qu'il y en avait un autre possible.

À Villefranche du 1er au 4 août

Les Drummond rejoignent donc leurs amis Marrian. C'est Guy Marrian qui a loué la villa à un certain Lorenzi, entrepreneur de travaux publics[1]. Sous le soleil de Villefranche-sur-Mer, le joli nom évocateur de la maison, *Le Beau Cyprès*, est assombri par sa situation dans un coin très retiré appelé *Vallone de la Murta*[2].

Lors du séjour, on sait que la fillette joue au tennis et va se baigner avec les filles Marrian, toutes deux beaucoup plus âgées qu'elle. Selon le commissaire Sébeille (oc p. 15) selon la déposition de Valery : « *jusqu'à leur départ le matin du 4, les Drummond ne quittèrent pas d'une minute leurs amis* ». Guy Marrian le confirme, déclarant aux journalistes que Sir Jack n'est pas sorti, car il rédigeait un mémoire. L'éventuelle rédaction de ce mémoire mérite une petite remarque. En effet, tout au long de sa carrière, Sir Jack a publié quelque deux cents ouvrages divers[3]. Mais le dernier remonte à 1948 et, notamment, il n'a rien publié depuis qu'il est entré à la *Boots*. L'inventaire de Villefranche[4] mentionne « *un livre de chimie* », ce qui peut aller avec la rédaction d'un mémoire. Car un ouvrage de chimie n'est pas vraiment un livre de vacances. Notons qu'apparemment personne ne se souciera de ce mémoire ni de son contenu, de savoir le sujet de ce livre de chimie, ni ce que contenaient les divers papiers et documents qu'on retrouvera à Villefranche comme dans la voiture[5]. Et donc aucune traduction n'en sera demandée.

L'inventaire contient aussi « *treize photos* » sans mention de ce qu'elles représentaient, ce que personne ne vérifiera, et qui ne sont pas aux archives. Le consul de Grande-Bretagne demandera la restitution du tout. Le juge Périès

1 PV n° 503 de la brigade de Villefranche du 6/8/52 (cote B 2). Rapport du commissaire Sébeille en date du 23/01/53 (cote D 168).

2 Qui peut signifier *Vallon de la mort* comme l'a d'ailleurs écrit Lady Anne en français à sa mère (Sébeille, oc p. 14). Car le nom peut aussi signifier *Vallon de la morte*, ce qui est plus vraisemblable, la mort d'une femme ayant dû plus vraisemblablement marquer la mémoire du lieu qu'une abstraction. On trouve beaucoup de toponymes de ce genre. Ici certains amateurs de frissons y liront sûrement un sinistre présage.

3 183 exactement selon le *Journal of Chemical Society*, vol. I - Londres 1953.

4 PV n° 503 de la brigade de Villefranche en date du 6/8/52 (cote B 2).

5 Un certain Petit Lulu, brocanteur de Forcalquier, avait proposé dans les années 1980, à Jean-Louis Delattre et à deux autres personnes (un historien local connu et une capitaine de police judiciaire), une petite valise de documents dactylographiés en Anglais. Ce brocanteur disait « *ça vient de chez Dominici... ce sont des papiers qui étaient dans la Hillman* ». Ils auraient donc été volés. Mais le prix demandé (3.000 F) étant apparu excessif et Petit Lulu ayant été assassiné quelques temps plus tard (affaire de mœurs), ces documents sont donc perdus s'ils n'ont pas été achetés entre-temps par un tiers inconnu qui ne s'est jamais manifesté.

lui donnera satisfaction[1] sans se soucier des contenus qui auraient dû être classés comme pièces à conviction. Peut-être n'y avait-il rien qui puisse concerner le drame, mais encore fallait-il s'en assurer, et ne pas l'avoir fait, laisse la porte ouverte à toutes les suppositions.

LE SECOND SÉJOUR À DIGNE

Le retour au 4 août

Toujours selon les Marrian, qui représentent la seule source sur ce point, les Drummond quittent Villefranche le lundi 4 août vers 6 h 30 du matin. On ne peut s'empêcher de penser qu'à peine arrivés en vacances, se lever ainsi aux aurores pour un tel périple en pleine canicule, n'apparaît pas banal, surtout pour un Sir Jack ayant eu un incident de santé. Le commissaire Sébeille (oc p. 16) écrit « *le lundi, à 6 h 30, Sir Jack emprunta la même route qu'à l'aller jusqu'à Digne* ». Mais il ne dit toujours pas laquelle. Vers 12 h 30, ils arrivent à La Taverne[2], soit six heures plus tard, sans qu'on les ait vus dans Digne avant cette heure. Or, on imagine que s'ils ont pu musarder à l'aller sur une route pittoresque qu'ils faisaient pour la première fois, on imagine moins bien le même comportement trois jours seulement après, surtout sans la nécessité d'un arrêt pour le repas. Et on se demande alors pourquoi ils se sont levés si tôt, puisqu'environ quatre heures suffisaient largement à l'époque avec une voiture comme la leur. Or il se trouve que, pour les deux heures et demi disponibles, il y a une occupation probable dont on a vu que Teyssier a déjà fait mention.

Ce matin-là, les Drummond sont-ils allés à Lurs ?

Reçus dès le 6 août, deux témoignages font état du passage d'une voiture similaire descendant de Lurs en direction de Digne et passant près de La Gran'Terre. Mais, sans jamais le justifier, tout le monde policier et judiciaire comme les avocats vont soit les ignorer, soit considérer ces témoins comme non crédibles.

Le premier témoignage est apporté par Francis Perrin[3] qui est à la fois facteur à Lurs et cultivateur à la ferme de son père Louis, où il habite, quartier de La Maréchale, sous Lurs côté Durance. Il vient dire que le 4 août, entre 11 h 30 et 11 h 45, alors qu'il descendait de Lurs pour rentrer chez lui, il a suivi une petite fourgonnette anglaise vert amande qui roulait lentement à sa vitesse.

---

1 Le 11/3/53, cité dans l'inventaire dressé tardivement par le juge Carrias en date du 21/3/56 (cote C 411).

2 Elle appartenait alors à Edmond Bizot qui était président du Comité des fêtes, donc promoteur de la charlottade, confirmé par le sénateur Tardy.

3 Bien que de la même famille, ne pas confondre avec Roger Perrin, père et fils, gendre et petit-fils de Gaston Dominici, puis Aimé Perrin, frère de Roger, cultivateur à Giropey.

Les PV[1] spécifient que l'homme conduisait, et que les cheveux de la fillette, tête à la portière, étaient « *châtain foncé* » et reposaient « *sur les épaules* ». La fillette étant brune et coiffée à la Jeanne-d'Arc, avec la tête penchée à la portière, elle pouvait donner l'impression décrite. Francis Perrin spécifie aussi qu'elle portait « *une robe à fond rouge et rayures noires* », la fillette portant bien « *une robe rouge, mais à rayures blanches* ». Selon l'enquête des gendarmes[2], aucun habitant de Lurs n'a vu la voiture passer. Étant donnée la morphologie du village peu fréquenté à l'époque, on peut être certain que les Drummond n'y sont pas entrés.

Lurs dans les années 1940/50. La vue donne une idée de l'état de délabrement des villages à l'époque en Haute Provence. Au centre la voie montant au village n'est pas goudronnée. En bas à droite, on distingue le chemin de La Gipière par où ont pu passer les Drummond. © Cim.

Mais le cafetier Augustin Bonnet suggère qu'ils ont pu emprunter le chemin dit de La Gipière, serpentant dans la colline de Saint-Pons sur le tracé de la voie romaine dite Domitienne, entre Ganagobie et la D 12, et qui passe sous le village de Lurs (on l'aperçoit en bas à droite sur la photo, en diagonale derrière la grande bâtisse). Quoi qu'il en soit, ce témoignage de Francis Perrin ne sera pas retenu. Pourquoi ? On ne sait. Convoqué aux assises, il ne sera même pas appelé à la barre. Retenons que c'est la défense par Me Pollak, qui

1 Déposition en date du 28/08/52, consignée dans le PV de synthèse n° 12-R de la brigade de Forcalquier en date du 31/08/52 p. 45 (cote B 35), et PV n° 387/84 du commissaire Constant en date du 03/10/52 (cote D 102).

2 PV n° 12-R p. 45.

renoncera à ce qu'il soit entendu[1]. Par la suite, nombre d'auteurs dénieront toute valeur à ce témoignage sans jamais se donner la peine de justifier leur décision autrement que par une relation de connivence entre les familles Perrin/Dominici, en se trompant d'ailleurs de Perrin au passage. Or le témoignage est du lendemain 6 août, c'est-à-dire à un moment où les Dominici n'étaient pas encore mis en cause. Lors du supplément d'information, le commissaire Gillard le trouvera au contraire crédible, mais sans en tirer de conclusion.

Le second témoignage est apporté par le frère de Francis Perrin, Aimé. Il dira qu'étant dans son champ en bord de l'ex-RN86 au quartier de Giropey, le 3 ou le 4 août, il a vu une voiture passant sur la route en direction de La Gran'Terre, entre 10 h et 12 h[2]. Il ne peut guère donner plus de précision. Il a seulement remarqué la plaque GB, car c'était la première voiture anglaise qu'il voyait cet été-là. Ce témoignage non plus ne sera pas retenu, sans raison et de même pour la relation familiale Perrin/Dominici.

Les Drummond ont-ils rencontré Gaston Dominici ?

Quinze mois plus tard, les témoignages des Perrin et Bonnet ont été oubliés. Et voilà que Gaston lors de ses premiers aveux au commissaire Sébeille[3], va dire :

> « *Je connaissais déjà ces personnes de vue, car la vieille, je crois, je les avais aperçues alors qu'elles étaient installées en dessous du canal, après le virage et à proximité d'un petit chemin qui aboutit dans un champ d'oliviers.* »

Retenons que le commissaire, et tout le monde à sa suite, mettra *la veille* le 3 août. Et comme les Drummond étaient encore à Villefranche, tous en déduiront qu'ils ne pouvaient pas être là, et donc que Gaston invente. Mais, comme le drame s'est passé dans la nuit du 4 au 5, pour Gaston la veille était bien le 4. Personne ne se souciera donc de vérifier que le chemin en question et le champ d'oliviers existaient bel et bien comme en témoignent la photo aérienne de l'époque en page 122, tout juste face au lieu du drame. Mais avec l'élargissement de la route et une aire de dégagement, il a pratiquement disparu depuis, comme les oliviers gelés lors de la vague de froid exceptionnel de février 1956[4].

---

1 C'est expressément porté au compte-rendu des débats au jeudi 25/11/53 (cote F 19).
2 PV n° 387/85 du commissaire Constant en date du 3/10/52 (cote D 103).
3 PV n° 442/8bis, du commissaire Sébeille en date du 15/11/53 (cote D 210).
4 Après une période relativement clémente les jours précédents, la température est descendue en une nuit à - 25° et a perduré plusieurs jours, gelant les oliviers partout en Provence. Par exemple, on pouvait traverser l'Étang de Berre gelé en voiture.

Gaston ajoute :

> « *Ce jour-là j'ai entamé une conversation avec la dame et la fillette qui avait trait au climat. La fillette écoutait pendant que l'homme lisait et qui ne m'a pas adressé la parole.* »

Les partisans de l'accusation récusent également cette rencontre au motif que Lady Anne ne parlait pas le français, au contraire de sa fille qui se taisait. Et Gaston d'ajouter encore :

> « *Au cours de cette conversation, j'ai cru comprendre qu'elles venaient de Lurs ou de Ganagobie.* »

Gaston, qui n'avait aucune raison d'inventer ce genre de précisions, donne ainsi une bonne probabilité aux témoignages des Perrin et à la suggestion de Bonnet. Il ne suffit pas de dire que tous ont menti, inventé ou se sont concertés, il faudrait expliquer pourquoi et comment Gaston aurait inventé cette rencontre, et surtout ce détour par Lurs ou Ganagobie avancé par les frères Perrin et Bonnet. Car il aurait fallu que les Perrin et Bonnet viennent se concerter avec Gaston et bien avant que tous se doutent qu'il allait être accusé en novembre 1953.

Le lendemain matin de ses premiers aveux, lors de son passage devant le juge[1], Gaston modifiera la version de la rencontre qu'il a donnée au commissaire :

> « *J'avais bavardé avec la dame et la fillette peu avant la tombée de la nuit au quartier de Saint-Pons où je gardais mes chèvres. La dame parlait très mal le français, mais sa fille, elle, le parlait bien. Nous nous sommes entretenus de la beauté du paysage. À ce moment-là, le mari se trouvait un peu à l'écart en train de lire. Un peu plus tard, lorsque je suis rentré à la ferme, j'ai constaté que ces trois personnes avaient établi leur campement sur le terre-plein situé à l'extrémité de ma propriété.* »

La veille sera donc devenue *peu avant la tombée de la nuit*. De même, dans cette seconde version, Gaston floute la première rencontre en la mettant *au quartier de Saint-Pons,* avant de revoir les Drummond un peu plus tard sur le lieu du drame. Effacée la localisation précise dans le champ d'oliviers sous le canal au pied de la colline. Effacée aussi la mention d'un passage par Lurs et Ganagobie. Et voilà que c'est la fillette qui parle le français au lieu de sa mère. Ce qui, il est vrai, est cette fois plutôt conforme. Enfin, il y a maintenant deux rencontres à quelques heures d'intervalle, l'une lors d'un aller et l'autre lors d'un retour de Gaston avec ses chèvres. Or nous verrons que c'est contraire à la chronologie retenue in fine par l'accusation elle-même. Par la suite, Gaston ne mentionnera plus jamais ces deux rencontres. Elles disparaîtront complètement de ses énièmes versions d'aveux, et personne n'y reviendra lors de l'instruction et des débats.

---

1 PV du juge Périès en date du 15/11/53 (cote D 212).

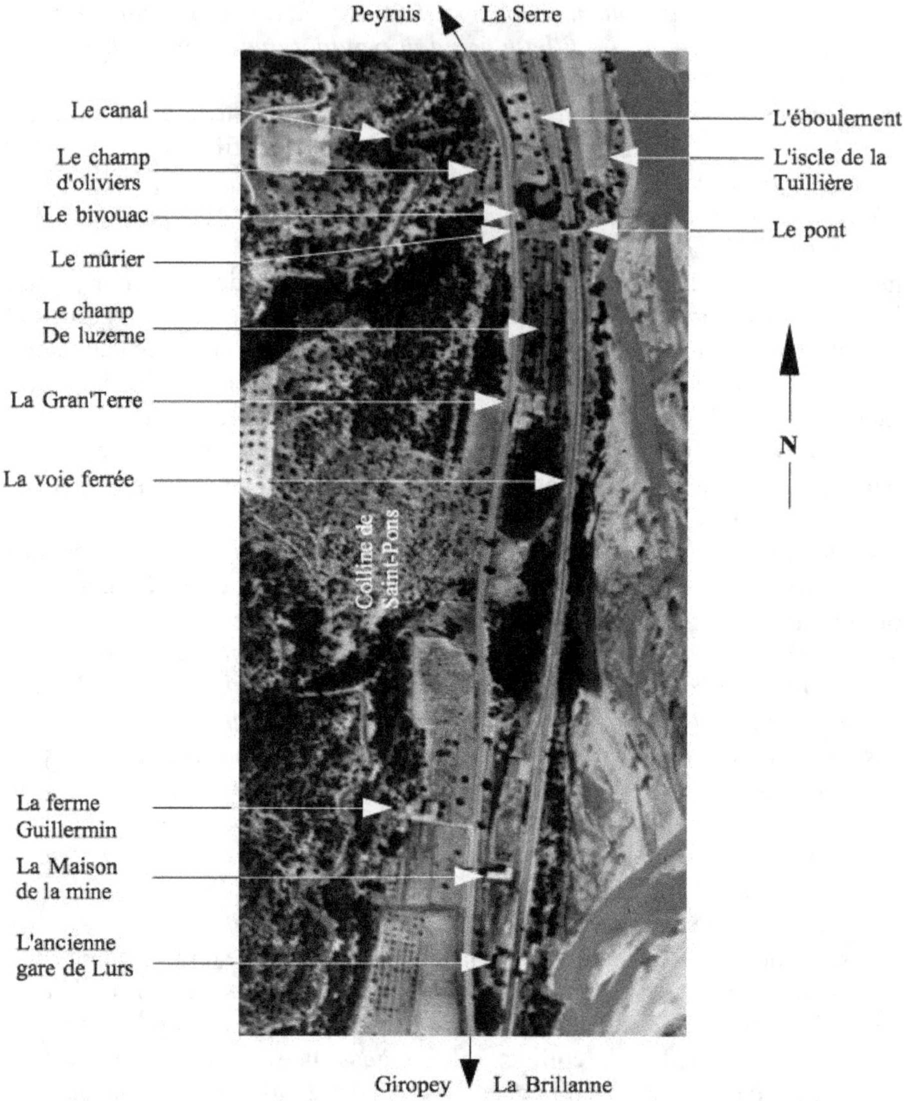

Photo aérienne de 1948 (© IGN). À droite la Durance, les Iscles, puis la voie ferrée, les champs Dominici et l'ex-RN96. À gauche, la colline de Saint-Pons et le champ d'oliviers près de La Gran'Terre.

Si on peut comprendre pourquoi l'enquête puis l'instruction ne retiendront pas les dires concordants des frères Perrin, de Bonnet puis de Gaston, on ne voit pas pourquoi la défense les a également ignorés. N'est-ce pas parce qu'il aurait alors fallu chercher ce que les Drummond auraient bien pu aller faire dans le coin en fin de matinée. On préféra la thèse simplifiée du lieu de bivouac choisi au hasard de la route au crépuscule. Mais pourquoi avoir voulu cacher ce qui aurait pu n'être qu'une excursion touristique. Certes Ganagobie et Lurs sont de beaux vestiges, offrant une magnifique vue panoramique sur la Durance, les collines de l'arrière-pays de Sigonce et la montagne de Lure[1].

Mais, là encore, il ne faut pas juger en regard du prieuré et du village d'aujourd'hui par rapport à la pauvreté délabrée de l'époque où ils menaçaient tout simplement de ruine générale. Comme ni le prieuré, ni le village ne sont visibles de loin en arrivant de Digne, il est exclu qu'ils aient pu attirer l'attention des Drummond, et les inciter à monter les visiter au hasard de la promenade. Ce qui veut dire que, si les Drummond sont venus par là et y sont montés, c'est en toute connaissance de cause. Et, si les Drummond ne sont pas passés dans le village de Lurs, n'est-ce pas montrer qu'ils n'étaient pas venus pour le visiter. Mais avant de revenir sur le pourquoi de cette excursion, voyons si les Drummond avaient au moins le temps matériel d'un tel détour.

Ils sont donc partis de Villefranche vers 6 h 30[2]. À une petite allure normale, quatre heures plus tard ils peuvent être à Digne, soit vers 10 h 30. Comme il fallait environ 35 minutes pour venir de Digne, ils pouvaient être à Ganagobie peu après 11 h. Si le facteur Perrin les a vus redescendre de Lurs vers 11 h 30, et aucun témoin n'ayant vu les Drummond dans Digne avant leur arrivée à La Taverne après 12 h 30, ils ont donc pu disposer d'un moment pour une courte halte dans le champ d'oliviers, plus agréable que la décharge où ils s'arrêteront pour la nuit.

S'il est certain qu'en se promenant sur une route pendant des vacances, chacun s'est un jour retrouvé ainsi dans un coin perdu hors de son itinéraire, répétons qu'il est impossible que les Drummond aient pu découvrir Ganagobie et Lurs par hasard. En effet, Ganagobie et Lurs n'étant jamais visibles depuis la route en arrivant de Digne, il est donc certain que, s'ils y sont allés, c'était tout exprès. Les époux Marrian diront que leurs amis voulaient revenir par Aix-en-Provence après le corso. En effet, selon le commissaire Sébeille (oc p. 15) Sir Jack aurait dit à son ami :

> « *Nous en profiterons pour faire le tour par la vallée de la Durance. Nous coucherons en route.* »

C'est aussi ce que Valery dira aux gendarmes. Dans ce cas, les Drummond auraient pu venir en reconnaissance, afin de repérer un lieu possible pour leur bivouac. Mais alors que l'accusation retiendra que les Drummond avaient l'intention de bivouaquer dès avant leur départ de Villefranche, pourquoi avoir refusé d'envisager qu'ils aient pu venir en repérage en fin de matinée ?

---

1 Ni Lurs ni Ganagobie ne sont signalés dans les guides Michelin de 1952, pas plus le guide de la France que celui de la Côte d'Azur.

2 Page 39 de son rapport du 05/03/53 (cote D 178), le commissaire Constant, situant le départ de Villefranche plus tard, en contradiction avec le témoignage des Marrian, se trompe en disant que les Drummond n'avaient pas le temps et élude ainsi les témoignages Perrin et Bonnet.

Le carnet calciné

Dès l'époque, une raison va être avancée à partir d'une information invérifiable lancée par la presse britannique reprise par *L'Humanité* du 16 septembre 1952 : *Une information d'Angleterre* parle d'un carnet de notes ayant appartenu à Sir Jack. Le document, en partie calciné, aurait été retrouvé par des écoliers sur un tas d'ordures de Long Eaton, près de Nottingham où habite les Drummond. Il y serait noté à un jour, non précisé, de juillet 1947 : « *18 h, rendez-vous à Lurs, avec...* », le nom étant hélas brûlé. Cette information de presse a été reprise en 1955 par Jean-Marc Théolleyre, journaliste au *Monde*, dans ses *Chroniques judiciaires*[1]. Mais aucune trace d'investigation à ce propos ne se retrouve dans le dossier judiciaire. Or, si cette histoire de carnet avait été avérée, la mention de Lurs aurait été intéressante dans la mesure où on ne voit pas quel rendez-vous Sir Jack aurait pu avoir dans ce recoin perdu des Basses-Alpes en 1947. De nouveau il apparaît que la piste d'une connexion entre le drame et la guerre, sera évitée par les enquêteurs. Et, dans le contexte de l'époque, on le comprend aisément.

Sur le sujet des maquis, les enquêteurs et journalistes se sont toujours heurtés sur place à un véritable mur sinon un interdit menaçant. Mais, s'il est certain qu'au moins l'un des maquis locaux a été approvisionné par Londres[2], aucune activité même supposée de Sir Jack concernant la France, le gouvernement de la France Libre et les activités de la Résistance sur le terrain, n'a pu être établi autrement que ce qui a pu être déjà dit. Il faut donc mettre de côté ce supposé rendez-vous à Lurs en 1947, faute de pouvoir le valider ou le rattacher à quoi que ce soit.

L'allusion tardive de Jean Teyssier[3]

Quarante ans après, en 1995, le journaliste régional Jean Teyssier (oc p. 148) délivre une *information*, qu'on a déjà vue donnée par Pierre Raynaud, mais qui était bien *inédite*. Quelques jours après le drame, Teyssier serait monté au prieuré de Ganagobie en compagnie de Roger Autheville[4]. Là, le père Lorenzi alors âgé de 75 ans, leur aurait dit avoir reçu la visite de Sir Jack, peu avant le drame, à la recherche de renseignements sur un ami parachuté pendant la guerre dans le coin, et disparu. Bien sûr pas plus Autheville que le père Lorenzi, Teyssier n'en a jamais parlé aux enquêteurs ou lors du procès, avant la publication de son ouvrage[5]. Pourquoi avoir tu une chose aussi importante ? La réponse est évidente.

---

1 Cité par Jean-Charles Deniau et Madeleine Sultan, oc p. 20.

2 Celui de l'AS (Armée secrète), aidé par le réseau *Jockey* de Buckmaster.

3 Rappelons que Jean Teyssier était l'un des correspondants à Digne de la presse communiste.

4 Rappel : Roger Autheville qu'on retrouvera, était ancien chef FTP dans la région, puis secrétaire de la fédération départementale du PCF. Il travaillait à la Sécurité sociale et était aussi correspondant de la presse communiste.

5 Au moment de cette révélation de Jean Teyssier, Roger Autheville et le père Lorenzi étaient déjà décédés.

Bien que les témoignages de Jean Teyssier aient souvent montré beaucoup d'inexactitudes, la même information donnée par Pierre Raynaud sans aucune interaction, confirme la visite des Drummond avec une bonne probabilité. Pourtant, dans *La Marseillaise* du 14 août 1952, Lucien Grimaud écrivait être monté voir le père Lorenzi qui lui aurait dit :

« *Contrairement à ce qu'on a imprimé, je n'ai jamais été prévenu de la visite possible de Sir Jack et de sa famille.* »

La visite avait donc déjà été *imprimée*… où et par qui ? Retenons que, selon une casuistique habituelle aux religieux, le père ne dément pas qu'il ait reçu une visite, il dit seulement qu'il n'en a pas été prévenu.

Comme on a commencé à l'entendre dire, Sir Jack aurait donc pu, en plus d'un intérêt professionnel pour l'usine de Saint-Auban, profiter de ses vacances pour se renseigner sur cet ami disparu et beaucoup d'argent avec lui. Le père Lorenzi ayant notamment caché des parachutés, Sir Jack aurait donc pu monter à Ganagobie dès le 1er août en début de matinée, avant son départ pour Villefranche, ce qui expliquerait son arrivée si tard dans l'après-midi. Le père aurait pu lui dire qu'il allait voir ce qu'il pouvait trouver. Et Sir Jack serait alors remonté aux résultats, le 4 en fin de matinée. Mais n'est-ce pas ce que dit Pierre Reynaud ?

Conclusion

Il apparaît donc probable qu'avant de rejoindre Villefranche, les Drummond sont montés à Ganagobie le 1er août au matin, voir le père Lorenzi, et qu'ils y sont probablement remontés en fin de matinée du 4 en revenant de Villefranche. Pour redescendre de Ganagobie, ils auraient alors pris le chemin de La Gipière qui, partant de Ganagobie, passait par la colline sous Lurs, d'où les Drummond seraient descendus jusqu'au croisement avec l'ex-RN96, passant ensuite par Giropey près de la ferme Perrin. Ils se seraient arrêtés un moment dans le champ d'oliviers sous le canal, proche de La Gran'Terre, pour repérer le lieu de leur bivouac du soir. Là, Gaston les aurait rencontrés une première fois en fin de matinée alors qu'il faisait paître ses chèvres dans la colline de Saint-Pons. La seconde fois au crépuscule, en ramenant ses chèvres à la ferme, il serait passé alors que les Drummond s'étaient arrêtés cette fois sur le lieu du bivouac, en bordure de route. Nous allons y revenir bien sûr.

La charlottade

En attendant, les Drummond réapparaissent après 12 h 30 dans Digne, à La Taverne où ils déjeunent. À 14 h 30, ils retirent les billets retenus chez Chauvin. On ne sait ce qu'ils font ensuite pendant 1 h 30 avant d'entrer dans les gradins du spectacle qui commence à 16 h. Là, deux témoins[1] ont remarqué

---

1 Commissaire Sébeille (oc p. 16). Si on imagine facilement un tel enthousiasme chez la fillette, il est moins probable de la part au moins de Sir Jack, dont ce n'est sans doute pas le genre *british* de manifester ainsi.

« *ces Anglais enthousiastes* ». Selon le témoignage d'une Marguerite Dol[1], Sir Jack portant le chapeau de sa fille faisait même des croquis. Le second témoin, René Josien, chef de district EDF à Digne, voit Sir Jack renvoyer un ballon vers 18 h 45[2]. La charlottade se terminant à 19 h, les Drummond l'auraient quittée avant la fin. L'enquête judiciaire ne se préoccupera guère d'établir précisément combien de temps avant 19 h. Pourtant il va apparaître que c'est un point très important.

La fin d'après-midi à Digne

Après la charlottade, Rose Bizot[3] dit avoir vu arriver la famille anglaise dans son établissement La Taverne, à une heure qu'elle ne peut « *fixer mais qui se situe entre 18 h 30 et 19 h* ». Comme elle ne le précise pas, on ne sait pas si les Drummond se sont attablés et ont consommé, où s'ils n'ont fait que passer par là. Elle précise seulement que la fillette a joué avec son chien dans le caniveau. Mais elle donne une description des vêtements :

> « *La fillette avait une blouse en nylon cloqué bleu ciel... la femme était habillée en foncé...* (et l'homme) *vêtu de gris avec une chemise blanche ouverte.* »

Au passage, peut-on s'étonner des vêtements de Lady Anne, particulièrement inappropriés à un après-midi de canicule sur des gradins, sous un soleil de plomb par plus 30° à l'ombre. Puis, selon le commissaire Sébeille (oc p. 16) : « *À 19 h les Drummond quittaient Digne.* » Avec le témoignage Josien, les Drummond n'auraient donc pu passer qu'un quart d'heure à vingt minutes à La Taverne. Mais voilà que Jeannine Rolland, n'étant pas à l'hôtel mais en ville, dit avoir vu, entre 19 h et 19 h 15[4] : « *La voiture qui remontait le cours Gassendi... tournant dans la traverse des Serres.* » Et elle sera reprise par le commissaire Sébeille sans qu'il se pose de question :

> « *Des passants les aperçurent remontant le boulevard Gassendi. Respectant son projet, Sir Jack au volant de l'Hillman, prit la RN 96, en direction de Manosque.*[5] »

Ce que Jeannine Rolland a donc remarqué, et qui n'a pas attiré l'attention du commissaire, c'est que la voiture *remontait* le cours. Or le cours étant alors à double sens au contraire d'aujourd'hui, d'où venaient donc les Drummond pour le remonter en sens contraire d'un départ vers Lurs à partir

---

1 PV n° 165/3 du commissaire Prudhomme en date du 18/8/52 (cote D 39). Notons que l'inventaire final (C 411) répertorie un carnet de croquis et une boîte d'aquarelles sans précision.

2 PV n° 165/2 du commissaire Prudhomme en date du 16/8/52 (cote D 31).

3 PV n° 165/4 du commissaire Prudhomme en date du 16/8/52 (cote D 32).

4 PV n° 165 du commissaire Prudhomme en date du 16/8/52 (cote D 29).

5 Nouvelle erreur géographique du commissaire qui a pourtant séjourné longtemps à Digne, car l'ex-RN96 ne passe par Digne, mais à 37 km de là, le long de La Gran'Terre, allant de Château-Arnoux à Aubagne.

de La Taverne. Car pour partir vers Lurs, ils auraient dû descendre jusqu'au rond-point situé au bas du cours.

Le témoignage du gendarme Marque

Mais voilà qu'un brigadier de Valensole, va venir dire avoir vu les Drummond à l'hôtel de L'Ermitage[1], vers la même heure et à 500 m au-delà du rond-point, en direction de Nice. Il dépose devant le capitaine Albert, en date du 19 mars 1953 (texte exact respectant les fautes)[2] :

« Le 4 août 1952, à partir de 18 heures, j'étais en service de police à la route de Digne devant l'hôtel L'Hermitage. Un quart d'heure après mon arrivée, à peu près, j'ai vu, venant de la direction de Digne, une voiture genre fourgonnette de couleur gris vert. De taille un peu supérieure à une fourgonnette 203 Peugeot, mais plus carrée. Cette voiture portait les lettres GB à l'arrière gauche. Ce véhicule s'est arrêté dans la cour de l'hôtel. Trois personnes en sont descendues : un homme, une femme et une enfant, qui sont rentrées dans l'hôtel où elles sont restées environ une heure. À la sortie de l'hôtel, elles sont remontées dans leur voiture et sont revenues à la route nationale. La voiture s'est arrêtée à ma hauteur, et l'homme qui conduisait m'a demandé en français la direction de Château-Arnoux. Il a dit quelques mots en anglais avec la femme qui était assise à sa gauche, et il m'a semblé entendre le nom de Lurs dans leur conversation. La petite fille était assise à l'arrière, je ne puis donner un signalement précis de ces personnes.

L'homme paraissait avoir une cinquantaine d'années, portait de petites moustaches et avait des cheveux assez clairsemés, il semblait d'assez forte corpulence. Je crois me rappeler qu'il portait un veston noir. La femme était plus petite. Elle lui arrivait à peu près à l'épaule, sa figure était ovale et ses cheveux châtain foncé. Je n'ai pas remarqué sa robe. La petite avait des cheveux coupés court tirant sur le blond. Je ne puis dire comment elle était habillée.

Alors que j'ai vu les photographies des Drummond et de leur voiture sur les journaux, j'ai cru reconnaître les personnages qui m'avaient interpellé la veille. Je leur ai donné les renseignements qu'ils me demandaient et elles ont pris la direction de Digne.

Une heure environ après leur départ, une voiture conduite intérieure venant de la direction de Nice s'est arrêtée devant L'Hermitage. Cette voiture était de couleur marron, du moins autant que je m'en souvienne, et d'une taille qui pouvait s'intercaler entre une 4 CV Renault et une 203

1 Rappelons que c'était un gîte d'étape de grand tourisme, construit dans les années 20/30 en style Art Déco, appartenant à une chaîne hôtelière internationale. Ayant conservé le même nom, le bâtiment qui existe toujours, a été transformé en résidence hôtelière pour étudiants.

2 PV n° 16-R du capitaine Albert du 19/3/1953 (cote B 114).

Peugeot, assez carrée, assez haute et d'un modèle qui me paraissait ancien. Il y avait à l'intérieur un homme et une femme.
L'homme, sans descendre, m'a demandé en français avec l'accent anglais où ils pouvaient manger. Il m'a demandé également si j'avais vu passer une voiture anglaise. Je lui ai indiqué qu'elle était partie en direction de Château-Arnoux. Je lui ai dit qu'il pouvait manger à L'Hermitage. Ils sont rentrés dans la cour de l'hôtel avec leur voiture et tous les deux sont sortis de l'auto. L'homme est entré dans l'hôtel, la femme est restée debout près de l'auto.
Au bout d'un quart d'heure environ, l'homme est sorti de l'hôtel à une allure assez vive. Ils sont remontés tous les deux rapidement dans la voiture et ont démarré précipitamment en prenant rapidement de la vitesse, comme s'ils étaient pressés. Ils ont pris la direction de Digne.
L'homme qui avait une taille d'un mètre quatre-vingt environ, svelte, âgé d'une trentaine d'années, nue-tête, il me semblait qu'il avait les cheveux plaqués, il était habillé d'une chemisette et d'un pantalon blanc. La femme avait une taille d'un mètre soixante environ, vêtue de noir, plutôt mince, les cheveux courts et frisés, châtain-clairs.
La voiture portait à l'arrière les lettres GB placées à gauche. Je ne puis donner aucun renseignement sur l'immatriculation des véhicules dont je viens de parler. »

*

Bien sûr, on pense immédiatement qu'il pourrait s'agir d'un rendez-vous manqué avec Cammaerts. *Un mètre quatre-vingt environ, svelte, âgé d'une trentaine d'années*, lui correspondent parfaitement. En revanche apparemment pas le *français avec l'accent anglais*, car Cammaerts parlait parfaitement sa langue maternelle. Mais ayant toujours vécu en Angleterre, il est tout à fait possible que l'oreille provençale du gendarme ait perçu une intonation *british* qui lui aura été inconsciemment confirmée par la plaque GB.

Important

Le PV porte la mention de deux destinataires seulement, la hiérarchie de la gendarmerie et le procureur de la République. Le fait que ni le commissaire Sébeille, ni le juge Périès n'en aient jamais dit le moindre mot, et qu'aucune pièce du dossier n'y donne écho ni la moindre suite, apparaît pour le moins conjectural. Le commissaire et le juge, sûrement informés, ont-ils été indisposés de n'avoir pas été destinataires. Car il est impossible que le procureur ne leur en ait pas au moins parlé. Notons également que la transmission a eu lieu sans aucun commentaire du capitaine et qu'il n'en a jamais plus reparlé.

Pourtant voilà un témoignage précis et circonstancié qu'on ne peut mettre de côté sans une discussion critique que personne n'a menée, sauf Jean-Louis Vincent (oc p. 237 à 242) qui conclut en récusant le témoignage en le considérant comme incompatible avec les témoignages Josien, Bizot et

Rolland. On va y revenir. L'enquête puis l'accusation vont complètement l'escamoter, sans même prendre la peine de vérifier ou récuser, ce qui aurait été la moindre des choses. Ainsi, comme certains auteurs, le commissaire Sébeille ne mentionne même pas ce témoignage dans son ouvrage, expliquant longuement par ailleurs pourquoi il abandonne d'autres témoignages beaucoup moins circonstanciés. Et, dans ce cas, on comprend pourquoi. Ce témoignage ne trouve aucune place dans le canevas préétabli de sa mosaïque. Jean Laborde (oc p. 178 & 179) met la conclusion dans la bouche du commissaire Sébeille à l'époque : « *Zéro sur toute la ligne* ». Et à relire ce dernier, on peut se rendre compte que le rejet de ce témoignage, relève bien du seul procès d'intention. Aujourd'hui encore, ce témoignage est considéré par les tenants de la culpabilité de Gaston, comme inventé par le gendarme. En revanche, il apparaît beaucoup moins facile d'expliquer pourquoi la défense ne s'en servira pas, semblant même elle aussi vouloir l'ignorer.

Comme le rappelle justement à plusieurs reprises Jean-Louis Vincent, chaque témoignage doit être confronté et discuté à égalité pour voir si on peut ou non *fermer la porte*. Mais bien sûr, on ne peut fermer une porte en laissant la clé à l'intérieur. Car, cette fois, aucune des vérifications pourtant faciles, ne sera ni demandée ni menée, notamment par le capitaine Albert pourtant réputé sérieux et habituellement plus persévérant.

1 - Quand on voit dans le dossier les innombrables PV de vérifications à propos d'évènements ou témoignages les plus minimes, tardifs ou annexes, on cherche en vain pourquoi cette déposition n'a reçu aucun commencement de la moindre vérification. Personne n'est allé à L'Ermitage au moins demander si les Drummond étaient bien venus, puis ensuite l'autre homme. Si oui, à quelles heures, pendant combien de temps, et ce qu'ils y avaient respectivement fait.

2 - Ensuite, le dossier montre que pratiquement toutes les dépositions devant la gendarmerie ont été répétées devant la police judiciaire. Or ici, non seulement il n'y en a pas trace, mais on l'a dit, le commissaire l'ignore complètement dans son ouvrage, comme le commissaire Chenevier dans le sien, après l'avoir ignoré lors du supplément d'information.

3 - Enfin, pourquoi la défense ne s'en servira-t-elle pas, et pourquoi le gendarme Marque ne sera-t-il même pas convoqué aux assises alors que d'autres témoins douteux comme Panayoutou seront entendus ?

Réglons d'abord ce dernier point. En effet paradoxalement, dans son ouvrage Me Pollak s'indigne qu'on n'ait pas exploité le témoignage du gendarme, dont d'ailleurs il rend compte de façon pour le moins fantaisiste[1]. Mais lui-même

1 Dans livre, p. 293 & 294 : « *La Hillman des Drummond a été vue le 4 août à Château-Arnoux suivie à quelques minutes d'une autre Hillman. C'est le gendarme Marque qui en témoigne avec d'autant plus d'assurance que le conducteur de cette voiture s'est arrêté devant lui pour lui demander de lui indiquer une cabine téléphonique. Pendant qu'il téléphonait d'un*

n'a jamais rien demandé lors de l'instruction. Et pourquoi ne l'avoir pas fait citer à la barre ? Son indignation a posteriori en devient donc suspecte.

En revanche, on comprend l'attitude du commissaire Sébeille, et à sa suite, celle du juge Périès, car ce témoignage n'entrait pas dans sa mosaïque. Alors que les témoignages sur les autres Hillman feront l'objet de vérifications souvent très poussées, pourquoi seul celui-ci sera-t-il mis au placard sans autre forme de procès ? De la part du juge, sinon du procureur, c'est également montrer à quel point ils suivaient le commissaire au lieu de le diriger. Pour le commissaire Chenevier, l'explication demeure celle qu'il annonce dans son ouvrage : s'en tenir aux Dominici et éviter de donner prise aux *légendes*. Serait-ce alors l'un des signes, non pas d'une guerre des polices, mais d'un certain mépris des policiers de la capitale pour la gendarmerie d'un fin fond de collines ? Et pourquoi le capitaine Albert n'a-t-il pas procédé aux vérifications de son propre chef comme il l'a souvent fait. Oui, pourquoi ? À cette époque de l'enquête, alors qu'une certaine dissension entre la gendarmerie et la police est apparue, le capitaine Albert reprend certaines parties du dossier qui lui paraissent délaissées, notamment à propos de Zézé. L'absence de vérifications par le capitaine, pose donc ici d'autant plus question que cela ne ressemble pas à ce que tout le monde a unanimement reconnu de son professionnalisme. Mais n'oublions pas que c'est aussi un *militaire* qui obéit aux ordres.

Voyons donc si la porte peut être *fermée* de façon formelle, ou si elle peut au contraire rester entrebâillée. Analysons ainsi la déposition.

D'abord, s'agissant d'un gendarme provençal déposant devant un capitaine, provençal lui aussi, la question d'une différence de langage à la fois oral et écrit comme d'accent, ne se pose pas. En revanche, on doit se demander pourquoi cette déposition a seulement eu lieu le 19 mars 1953, soit sept mois et demi après les faits. Le gendarme Marque étant d'une brigade extérieure, venue en renfort pour la fête de la lavande, il n'a été en rien concerné par l'enquête de Lurs, jusqu'à ce que… nous allons y revenir.

En attendant, la première voiture arrive de Digne. Elle correspond assez bien à la Hillman. La description de ses passagers peut également correspondre à la famille. Sir Jack était, en effet, plus grand que Lady Anne, et avait forci avec l'âge. Mais ces éléments étant connus, comme le gendarme le dit d'ailleurs, ne sont donc pas décisifs. C'est l'homme qui conduisait. Or, selon les Marrian, à cause de son accident vasculaire, Sir Jack ne conduisait pas d'ordinaire cet été-là. Et on verra par ailleurs qu'il avait laissé son permis de conduire à Villefranche. Mais est-il impossible qu'il ait dérogé par moment sur ce point, notamment si Lady Anne avait pu être indisposée par la chaleur lors de la charlottade. On a déjà vu que, si en croit le facteur Perrin, c'est aussi

---

café proche, le gendarme a remarqué la nervosité de la passagère, une dame en noir qui fumait cigarette sur cigarette. La voiture a démarré à toute vitesse. Recherches négatives ». Après avoir pris connaissance du PV, la version de Me Pollak se passe de commentaire.

un homme qui conduisait la voiture descendant de Lurs le matin même. Et le détail a d'ailleurs été retenu par le commissaire Sébeille (oc p. 16).

Si la coupe de cheveux de la fillette peut correspondre, la couleur est indécise. Mais tous les journaux ayant proclamée Élizabeth blonde, le gendarme aura-t-il pu douter de son souvenir, et composé en nuançant de façon ambiguë, *tirant sur le blond.*

Le *veston noir* de l'homme pourrait être un blazer bleu marine. Une veste figure à l'inventaire des vêtements trouvés sur les lieux, hélas sans précision de couleur. Mais alors, comment les Marrian pourront-ils préciser que Sir Jack n'avait pas de veste dans ses bagages, et pourquoi ? Étaient-ils si bien informés de tout le détail de la garde-robe de leurs amis ? À cette époque, aucun homme de la qualité de Sir Jack, ne partait nulle part sans emporter une veste. Tout simplement, parce que ça ne se faisait pas, surtout dans son milieu.

Si le gendarme a bien entendu le nom de Lurs, on imagine mal que des Anglais aient pu prononcer le *u* de Lurs qui est, tout le monde le sait, quasi impossible aux Anglo-saxons. Les Drummond auraient donc prononcé *Lours* et avec un accent tonique si éloigné de celui de la Provence, qu'on imagine mal au gendarme l'oreille assez exercée pour avoir capté le son dans un échange entre Anglais. Pourtant, Gaston aussi semble l'avoir entendu et compris lors de sa rencontre au champ des oliviers le matin même. Quoi qu'il en soit, si le gendarme avait inventé avoir entendu Lurs, pourquoi aurait-il alors inventé la direction de Château-Arnoux, qu'il savait ne pas mener directement vers Lurs ? En effet. Car cette fois personne, dont la presse, n'avait jamais associé Château-Arnoux à un itinéraire, alors que tout le monde avait proclamé que les Drummond étaient allés directement à Lurs en quittant la charlottade. De plus, la disposition des routes au sortir de Digne, était alors extrêmement simple. Moins encore qu'aujourd'hui, on pouvait hésiter ou se tromper. Alors pourquoi Sir Jack aurait-il demandé la direction de Château-Arnoux, qui est la même que pour Lurs jusqu'à Malijai ? Aurait-il, un instant, eu l'intention d'aller jeter un coup d'œil au complexe chimique de Saint-Auban, dans la vallée devant Château-Arnoux, lequel présentait un intérêt plus que certain pour Sir Jack, même en vacances. Et même sans préméditation, en arrivant le 31 juillet, avait-il pu l'apercevoir en passant. Voulait-il le revoir ?

Mais avant cela, pourquoi les Drummond seraient-ils allés à L'Ermitage ? À 500 m du centre-ville dans la vallée en direction de Nice, en retrait de la rivière le long de la Route Napoléon, il se trouve au calme par opposition avec la foule en ville. À l'opposé du côté populaire de la fête, son standing aurait pu attirer les Drummond, fatigués par le soleil sur les gradins de la charlottade. Auraient-ils voulu, avant de partir bivouaquer près de La Gran'Terre, prendre un *high tea* selon le mode *british* ? Car on peut imaginer qu'une telle collation n'était guère possible à La Taverne. Augurons même que la simple commande aurait fait galéger. Leur conseilla-t-on d'aller à L'Ermitage, établissement où cette collation était sans aucun doute courante ? En tout état de cause, à 18 h passés, c'était trop tôt et court pour un dîner, mais pas pour un *high tea.*

La seconde voiture arrive de la direction opposée. La vague description qu'en donne le gendarme Marque fait penser à une Morris Minor Traveller en break, seule voiture anglaise ressemblant à une Hillman. Le comportement de ses occupants peut laisser penser qu'ils auraient eu un rendez-vous qu'ils auraient manqué. Les Cammaerts avec les Drummond ? Et qu'est-ce que l'homme serait allé faire dans l'hôtel pendant un quart d'heure ? Où Jean Laborde puis Me Pollak, ont-ils trouvé que c'était pour téléphoner ? Si tel avait été le cas, une rapide et simple investigation aurait permis de le savoir et même de connaître le correspondant.

Maintenant, si on admet formellement la chronologie concordante résultant des témoignages Josien, Bizot et Rolland, il apparaît en effet impossible d'y intercaler un passage par L'Ermitage. Voilà donc une porte qui semble bien se refermer. Et alors il faut imaginer le brigadier inventant purement et simplement cet épisode de toutes pièces. Selon ceux qui l'en accusent, le gendarme, aurait été le fruit d'une manipulation. Mais par qui et dans quel but ? Ou alors il aurait été grisé par la médiatisation. À l'époque ce genre de dérive narcissique n'était pas, et de très loin, devenue l'obsession d'aujourd'hui. Et avoir persisté et signé devant un capitaine, au risque d'une sanction, voire d'une révocation pour faux témoignage, est un genre de comportement professionnel suicidaire qui n'est guère plausible.

Et comme souvent, une question qui ne semble pas avoir de réponse, ne proviendrait-elle pas du fait qu'elle a été bloquée par un défaut de méthode ? Ainsi, au lieu de chercher *pourquoi* le gendarme aurait inventé, peut-être faudrait-il se demander *comment* il aurait été amené à sortir de l'ombre quelque sept mois après les faits ?

Des témoignages sur une seconde Hillman et des dépositions faisant état d'une *femme vêtue de noir* vue sur le bivouac, avaient filtré dans la presse par les connivences entre journalistes et enquêteurs. Et ces éléments diffusés dans le public, auraient pu finir par alerter un brigadier s'ennuyant à Valensole.

Mais la question se pose alors de savoir comment *La Marseillaise* a pu débusquer le gendarme sept mois après ?

En effet, dans sa petite ville sans doute celui-ci a-t-il dû parler des Drummond à L'Ermitage et d'une autre voiture avec un couple à leur recherche. Et l'information est arrivée aux oreilles dont chaque quotidien dispose partout pour étoffer ses pages locales. Dès le 13 mars, *La Marseillaise* est donc allée l'interviewer. Elle publie la trouvaille en qualifiant alors de « *hautement fantaisiste* » ce que Marque lui aurait raconté, concluant : « *Ces informations que l'on veut sensationnelles ne reposent absolument sur rien.* » Mais, puisque ces informations n'étaient pas encore connues, quel *on* les voulait-il sensationnelles ? Et quand on sait que c'est Lucien Grimaud qui est allé interviewer le gendarme, une semaine avant le capitaine Albert, et surtout que c'est par la presse que le capitaine a découvert la chose et s'en est allé interroger le gendarme le 19, la porte s'entrebâille. Car il apparaît que le quotidien communiste a aussi eu un accès quasi immédiat au PV du capitaine.

Là encore comment et par qui ? En effet, c'est le lendemain 20 mars que *La Marseillaise* revient sur le sujet, mais pourquoi cette fois en sens diamétralement opposé. Lucien Grimaud titre son article : « *Nouveau rebondissement à Lurs* », et écrit ;

> « *Une deuxième Hillman a pris en chasse la voiture des Drummond... témoin de dernière heure, qui essaiera sans doute dans les jours à venir d'expliquer son si long silence... les précisions* (sont) *vraiment si extraordinaires qu'il est profondément regrettable qu'il ne les ait pas révélées beaucoup plus tôt* ».

Et il déplore que le témoignage « *ne trouve pas l'oreille des policiers* », et que le juge Périès, que « *les révélations du gendarme ont laissé rêveur* », ait déclaré qu'il n'y avait là « *absolument rien de nouveau dans l'affaire* ».

C'est donc ce revirement de *La Marseillaise* qui pose la vraie question : pourquoi, en une semaine, entre le 13 et le 20 mars, change-t-elle ainsi de position sur la valeur du témoignage ? Comme si le 13 après interview, il ne fallait pas que les Drummond et l'autre Hillman aient été vus à L'Ermitage, tandis que le 20, après déposition devant le capitaine Albert, c'était devenu impératif. Bien sûr on ne peut répondre en l'état. Sauf si on se réfère à la technique bien connue du feu et du contre-feu. La question doit donc demeurer ouverte jusqu'au moment où nous verrons beaucoup plus loin, qu'il existe une explication cohérente avec la suite.

En attendant, à son tour dès le 21 mars, pourquoi à son tour *Le Méridional,* anti-communiste, qui d'évidence a aussi eu accès au PV, prend-il le contrepied :

> « *Les tardives révélations du gendarme ne paraissent pas susceptibles de faire progresser l'enquête... Outre l'incompréhensible retard apporté par le gendarme de Valensole à faire état de ce qu'il prétend avoir été le témoin, ses révélations ne concordent nullement avec l'emploi du temps, dûment vérifié par divers témoins oculaires, de la famille Drummond à Digne, dans la fin de l'après-midi du 4 août... Ni l'heure où ils auraient été aperçus par le gendarme, ni le lieu de stationnement de la Hillman devant l'hôtel Ermitage, en bordure de la route de Nice, ne correspondent à la réalité.* »

Et il pose celle fois la bonne question, celle de la compatibilité avec l'emploi du temps des Drummond, mais en croyant claquer la porte qui a été entre-ouverte par ce témoignage. Profitons-en pour jeter un œil par cet entrebâillement en revenant sur les trois témoignages Josien, Bizot et Rolland qui anéantiraient celui du gendarme.

Tous trois avaient été recueillis par le commissaire Prudhomme dès le 16 août 52. Or ce commissaire chef de poste à Digne ne fait pas partie la police judiciaire chargé de l'enquête. Et le recueil de ces dépositions n'a pas été déclenché sur commission du juge, ni sur demande du commissaire Sébeille. Le commissaire Prudhomme a découvert ces témoins en lisant *La Marseillaise* du 14 août. Ce qui veut dire déjà que les policiers de Sébeille ne cherchaient pas ce qu'avaient fait les Drummond à Digne avant de venir vers Lurs ; deux, que c'est donc Lucien Grimaud qui a fait ce travail en trouvant Josien, Bizot et Rolland avant la police locale. Et le commissaire Prudhomme, au lieu de prévenir son collègue Sébeille ou le juge, va de son propre chef convoquer et entendre les témoins débusqués par Grimaud. Et c'est donc eux seuls qui ont fixés l'emploi du temps des Drummond entre leur sortie de la charlottade vers 18 h 50, et leur départ de Digne vers 19 h 15. Notons qu'au contraire de ce qu'il fera avec les gendarmes, le commissaire Sébeille prendra tout pour argent comptant, et son équipe ne procèdera à aucune vérification ni à aucune autre investigation sur cet emploi du temps.

Mais que constate-t-on simplement et de façon strictement objective ? Que l'emploi du temps des Drummond dans cet épisode, repose exclusivement sur les diligences de Lucien Grimaud, donc de *La Marseillaise*, donc du Parti. Attention à ne pas anéantir le bénéfice de la discussion en présumant d'un parti pris anti-communiste suggérant que Grimaud a fait produire de faux témoignages. Non. Mais il faut se demander seulement comment sinon pourquoi c'est le seul Grimaud qui a trouvé ces témoins, à la place des enquêteurs qui ne les ont d'ailleurs par cherchés. Et pourquoi le Parti aurait-il éventuellement eu intérêt à faire mener cette recherche ? Comme on le verra, Me Charrier, après avoir été amené opportunément par le même Grimaud dès le 6 août au matin à La Gran'Terre, laissera une note sans se douter qu'elle serait publiée un jour par son fils :

> « *L'intervention de La Marseillaise, journal communiste, peut s'avérer nécessaire... le Parti est très implanté dans les Basses-Alpes* ».

À nouveau, et sans aucun procès d'intention, remarquons que selon une technique habituelle, Grimaud a fait fonctionner le réseau. À l'EDF, dont Josien est chef de district, savoir que la CGT règne en maître, n'est pas médire. Madame Bizot elle, était la femme d'Edmond Bizot président du Comité des fêtes qui était à minima côté FTP[1]. Pour Jeannine Rolland, on ne sait. Quoi qu'il en soit, les heures, durées et circonstances notées dans les dépositions seront retenues sans aucune vérification ou autre investigation. Remarquons aussi que les dépositions des PV sont quasi mot pour mot les mêmes que les témoignages publiés auparavant dans *La Marseillaise*. Bien sûr, quelques jours après une telle publicité, il est normal qu'il y ait parfaite concordance, sans besoin d'aucun procès d'intention. Retenons seulement que tous ces témoins Josien, Bizot, Rolland et Marque ont été découverts avant les enquêteurs par le même Lucien Grimaud qu'on va retrouver souvent aux avant-postes médiatiques de cette affaire.

Bien sûr, on sait combien le témoignage peut être sujet à caution, et mieux encore sur la précision des heures et des durées. Tout est ici donné *environ*, aucun témoin n'ayant, bien sûr, consulté sa montre. Et on sait que très peu de gens ont une appréciation exacte de l'heure et du temps passé. On constate au

1 Selon Fernand Tardy.

contraire que cette appréciation s'avère très approximative quand il est possible de vérifier. C'est encore plus vrai pour le gendarme qui assurait un tour de garde. Avec l'ennui, tous ceux qui ont monté la garde, savent que le temps paraît immensément long. Notons aussi qu'un tour de garde a une durée réglementaire de deux heures. Or ici le cumul des temps donné par le gendarme lui-même dépasse les deux heures. Son tour commencé à 18 h se terminant à 20 h, la seconde voiture aurait donc dû repartir avant.

À son contraire, pour les trois autres témoins en période d'activité intense (charlottade, service dans un café, fête dans la rue), le temps file très vite. À un quart d'heure près à chaque étape, les Drummond ont pu disposer d'un créneau situé dans une fourchette allant de 18 h 30 à 19 h 30. Comme il faut seulement quelques minutes en voiture entre le centre-ville et L'Ermitage, l'intermède devient possible, et les Drummond ont pu disposer d'environ trois quarts d'heure, ce qui est suffisant pour un *hight tea.*

La seconde Hillman

Il est vrai que lors du témoignage du gendarme, la présence dans la proche région d'une seconde Hillman était de notoriété publique, et même une rumeur tenace et récurrente. Cette rumeur suggérait déjà qu'il pourrait y avoir eu confusion, et peut-être, que le massacre des Drummond aurait pu résulter d'une méprise tragique.

En dehors des deux voitures genre Hillman vues par le gendarme Marque, sans reparler des témoignages qu'on a déjà vus du cafetier Bonnet et de Francis et Aimé Perrin, trois autres voitures anglaises similaires avec un couple et une fillette ont été vues :

1 - Trois pêcheurs d'écrevisses auraient vu le vendredi 1er août et non le jeudi 31 juillet[1], vers 20 h 30 près de la Durance à proximité de Pont-Bernard[2], une Hillman verte avec plaque GB, et un couple avec une fillette d'une dizaine d'années : « *un homme assez grand paraissait avoir une cinquantaine d'années, une femme plus jeune, plus petite et un peu boulotte* ». Une haute tente jouxtait la voiture. La famille a semblé inquiétée par le passage des pêcheurs. En revenant, ceux-ci voient les Anglais lever le camp. Mais sans même parler de la *haute tente*, les Drummond étant alors à Villefranche, pourrait-il s'agir des Cammaerts, bien que la description corresponde mieux aux parents Drummond ?

---

1 Selon *Paris-Match* n° 186 du 4 au 11 novembre 1952. Le PV du commissaire Constant en date du 3/10/52 avec additif du 8/10/52, qui a été rectifié le 1er août en 31 juillet (cote D 100) donne Adrien Queyrel, meunier aux Mées, son cousin Paul Gilles et un autre sans le nommer. Le PV de la brigade de Pont-Saint-Esprit, en date du 18/10/52 (cote B 68), donne Martin cousin de Queyrel, et un certain Paul Gilles. Par une intervention des pompiers à proximité, on établira donc formellement que cette rencontre a eu lieu le vendredi 1er août.

2 Lieu-dit près de Peyruis, à environ 5 km au nord de La Gran'Terre, avant Peyruis.

2 - Deux ouvriers, Barthélémy Borgna et Jérôme Ciccheddu[1], descendant de leur chantier le 4 août vers 18 h 45 ont vu une voiture semblable à celle des Drummond en contrebas près le petit pont sur la vieille route menant à Lurs. Ils n'ont pas vu les parents, mais une fillette vêtue d'une robe rouge, cheveux flottants, et qui jouait avec une balle. Cette fois, la date permettrait aux Drummond ou aux Cammaerts d'être là, mais à cet endroit et à cette heure c'est impossible pour les Drummond. Pour les Cammaerts alors ?

3 - Le 23 octobre 1952, Ferrandino et Gaze[2] qui habitent Oraison, travaillent au quartier de La Grande Bastide sous Lurs en montant sur Forcalquier. Le 31 juillet entre 17 et 18 h, ils ont vu une voiture étrangère ressemblant à une Juva-4 Renault avec la plaque GB à l'arrière, de « *couleur gris foncé* ». Il y avait là « *une fillette d'une quinzaine d'années vêtue d'une robe rouge* ». Là encore, si c'était les Drummond, que seraient-ils venus y faire ce jour-là et à cette même heure où ils arrivaient au Grand Hôtel de Digne ? Mais les Cammaerts ?

4 - On pourrait encore citer la voiture, noire celle-là, avec un homme, une femme et une fillette qui campent « *à gauche de la route* », donc côté colline, que le commandant de Vaulx dira avoir vue un peu au nord de La Gran'Terre, à 20 h 30 ce 4 au soir.

Si on en croit ces témoignages, que de voitures anglaises similaires, avec un couple et une fillette, en si peu de temps et dans le même coin.

Il a été demandé à *Scotland Yard*[3], ainsi qu'aux ports français trafiquant avec les Angleterre, de rechercher si une seconde Hillman ou un modèle similaire[4], avec un couple et une fillette, avait transité vers la France fin juillet, début août. Selon ce rapport, la réponse aurait été négative. Jean-Louis Vincent a retrouvé certaines investigations plus récentes[5], notamment quatre Hillman de membres de l'*Automobile Association*, dont les alibis des propriétaires auraient été vérifiés. Mais outre qu'une voiture aurait fort bien pu rejoindre la France avant fin juillet d'abord, ou alors transiter par la Belgique, voire la Hollande, cette recherche n'est pas éliminatoire.

Même Gaston Dominici apostrophe un jour le commissaire Sébeille en lui lançant : « *Tu ferais mieux de chercher l'autre Hillman* ». Lors du supplément

---

1 Pour Borgna, PV n°362 des gendarmes de Malijai Giraud et Bonnet (cote B 43) et PV en cote D 75. Pour Ciccheddu PV en date du 16/11/52 (cote D 128).

2 PV n°33 des gendarmes Romanet et Rebaudo de Forcalquier en date du 10/10/52, sans cote dans le dossier *Parquet*.

3 Rapport du commissaire Constant en date du 05/03/53 p. 40 (cote D 178).

4 On ne trouve nulle part quels modèles similaires ont pu être recherchés. En fait, à cette époque, les modèles qui ressemblent le plus au break Hillman des Drummond sont les suivants : la Hillman Husky plus ramassée, les Morris Traveller, la Standard Estate et la Ford Esquire.

5 C'est Jean-Louis Vincent (oc p. 181) qui a trouvé ces informations provenant d'un Anglais qui se partage entre la Grande-Bretagne et le Lubéron (in *The Dominici Affair* - Potomac Books - Lincoln Nebraska - 2017).

d'information, Gustave lancera lui aussi à l'inspecteur Goguillot[1] : « *Pourquoi ne vous occupez-vous pas de la deuxième Hillman ?* ». Avec cette histoire de seconde Hillman, les Dominici tenteront-ils, comme en d'autres occasions, d'embrouiller la police, ou, au contraire, d'orienter les recherches, sans pour autant avoir l'air d'en savoir plus ? Cette manière de faire, rappelle la façon dont on obtient souvent des renseignements par la bande en milieu rural. Pour qui sait comprendre la banalité du petit caillou que quelqu'un laisse tomber, l'air de rien, on en apprend souvent bien plus que par une question directe ou pire par un interrogatoire. C'est la manière, très paysanne au demeurant, dont ont procédé nombre d'intervenants dans cette affaire, à commencer par Gaston. Mais cette manière de faire ne sera pas perçue, et, si elle l'a été, elle ne sera pas comprise et pas exploitée. Par exemple, le commissaire Mével, adjoint du divisionnaire Harzic et supérieur de Sébeille, aurait répété à ce dernier et à plusieurs reprises[2] : « *le point de départ est en Angleterre. Tout le monde sait bien que les Dominici n'y sont pour rien* ». Si tout le monde le savait, le commissaire Mével semble pourtant le seul policier à l'avoir dit sans apparemment avoir été entendu. Il apparaît donc que la publicité donnée à la déposition du gendarme a relancé la rumeur, et cette fois par *La Marseillaise*, donc le Parti. Pourquoi ? Et pourquoi a-t-elle eu tant d'échos dans la rumeur, mais si peu de résultat dans l'enquête ?

Conclusion

Bien que la fermeture de la porte Marque ait pu sembler à première vue difficilement contestable, à en discuter le détail on s'aperçoit que la prise en compte des contextes permet de déduire une chronologie possible. Nous allons donc conserver cette porte entrebâillée. Car ce qu'induisent notamment le passage par L'Ermitage, la seconde Hillman et ses occupants, l'homme jeune et svelte, et la femme vêtue de noir, constituent des pièces de puzzle difficiles à éliminer du fait qu'on va les retrouver ailleurs.

DE DIGNE À LA GRAN'TERRE

Vers Malijai, puis le lieu du drame

Après le départ de Digne, seules deux pièces au dossier concernent le trajet depuis le cours Gassendi jusqu'au lieu du drame.

La première est le témoignage est d'un motocycliste, Maurice Richaud[3]. Il aurait suivi la Hillman jusqu'à Malijai aux alentours de 19 h 30, la doublant alors qu'elle y faisait un arrêt.

---

1 PV n° 424/87 de l'inspecteur Goguillot, en date du 25/10/55 (cote C 317).

2 Selon Jean-Charles Deniau et Madeleine Sultan, oc p. 113, notamment.

3 PV n°580 en date du 15/12/52 des gendarmes Bossert et Allard de Château-Arnoux, sans cote en vrac au dossier *Parquet*.

La seconde concerne Georgette Bœck[1], habitant à une cinquantaine de mètres de l'arrêt signalé par Richaud, que les gendarmes de Malijai iront entendre. Sans avoir rien vu ce jour-là, elle dit qu'à cet endroit s'arrêtent souvent des voitures de touristes. Jean-Louis Vincent émet alors l'hypothèse (oc p. 132) que les Drummond ont pu s'y arrêter pour consulter leur carte. Car c'est à Malijai qu'il faut bifurquer pour rejoindre La Gran'Terre. Mais s'ils y étaient déjà allés le 1er août puis le matin même, l'hypothèse tombe. En revanche peut-être est-ce là que Sir Jack aurait pu hésiter à poursuivre jusqu'à Château-Arnoux. En effet, aller faire le détour aurait rajouté 7 km au parcours direct entre Malijai et La Gran'Terre. Matériellement, il en avait tout le temps, sauf s'il était pressé de rejoindre la Gran'Terre. On ne peut donc pas dire formellement, s'il a finalement bifurqué dans Malijai, ou s'il est quand même allé faire un petit tour pour jeter un coup d'œil à l'usine chimique de Saint-Auban.

Quoi qu'il en soit, partis de Digne après 19 h, les Drummond ont sûrement mis moins d'une heure pour faire les quelque 35 km les séparant du lieu du drame. Ils ont donc pu y arriver peu après 20 h[2]. Soit une moyenne, avec arrêt à Malijai, d'environ 45 km/h, ce qui est plausible. Notons que l'heure d'arrivée près de La Gran'Terre n'est donnée que par les Dominici : 19 h 30 par Gaston dans ses aveux, et 20 h par Yvette et Gustave. Au passage ces différences contrarient certaine idée des enquêteurs et même d'auteurs, que Gaston, Gustave et Yvette étaient censés se concerter, et on verra à quel point les dires du couple et de Gaston vont presque toujours diverger et se contrarier.

Il apparaît donc déjà que les divers périples des Drummond ce jour-là, n'ont guère alerté sinon intéressé les enquêteurs, même lors du supplément d'information du commissaire Chenevier, pas plus que les magistrats ou même la défense. Seul et pourquoi Me Charrier (oc p. 19), l'un des défenseurs de Gaston, consentira à écrire, sans toutefois aller plus loin, ni en tirer aucune conclusion :

> « *Il est vrai qu'il existe, dans l'emploi du temps des Drummond du 4 août 1952, un certain nombre de "vides"* (les guillemets sont de lui) *inexpliqués, des contours peu compréhensibles, des arrêts curieux.* »

Un enchaînement de questions demeurent donc pendant : pourquoi les Drummond seraient-ils allés reconnaître leur lieu de bivouac le matin ? Sont-ils allés en fin d'après-midi à L'Ermitage ? Y auraient-ils manqué un rendez-vous ? Avec Cammaerts ? Pour quoi faire ?

---

1 PV n°589 en date du 15/12/52 des gendarmes Castain et Bourgue de Malijai, toujours sans cote au même dossier en vrac.

2 Le commissaire Sébeille donne 19 h 30 p. 11 de son rapport au commissaire Harzic en date du 23/01/53 (cote D 168). Le juge Périès plaçant le départ peu avant 19 h, dit les Drummond arrivés sur le lieu du bivouac une demi-heure plus tard (PV sans n° en date du 21/4/54 - cote D 301), ce qui est un peu court.

Les Drummond avaient-ils décidé de camper ?

Cette question n'a guère préoccupé les policiers, magistrats et défenseurs, et cela pour deux raisons simples :

1 - Les Drummond bivouaquaient quand ils ont été assassinés.

2 - Les Marrian diront que leurs amis en avaient décidé avant même de remonter à Digne.

Mais il est vrai aussi que, depuis leur arrivée en France, les Drummond ne l'ont pas fait avant Lurs. Selon Valery Marrian[1], qui a déposé en français, c'est la petite Élizabeth qui aurait convaincu son père de cette nuit à la belle étoile particulièrement *unconfortable*. Et elle serait confirmée par le carnet de notes qui aurait été trouvé à Nottingham[2], où Sir Jack aurait écrit qu'il cédait à tous les désirs de sa fille. D'abord, il y serait écrit notamment que la fillette tient « *le rôle-chef dans l'organisation du voyage et le choix des étapes* », et que c'est elle « *qui a établi la liste des villes* » à visiter pendant les vacances. Mais, même si la fillette, enfant unique et tardive, était sûrement chérie de façon toute particulière par des parents déjà âgés, l'époque était encore loin de celle où nous sommes entrés depuis les années 70. En fait, la décision de camper a pu aussi résulter simplement d'une autre raison. Alors que Sir Jack a décidé de remonter à Digne pour la charlottade et sans doute pour les autres raisons qu'on a vues, quand il veut réserver pour la nuit du 4 au 5, voilà que l'hôtel est complet à cause de la fête. Les quelques autres hôtels le sont aussi sans doute. Les Drummond se retrouvent-ils alors dans la situation de la Sainte Famille à Bethléem. Aurait-il donc accepté l'idée de camper ? Admettons aussi que Sir Jack ait cédé avec cette sorte d'esprit sportif qui a justement permis aux Anglais d'inventer le camping, le scoutisme et quelques autres naturismes, pour goûter de la rusticité avec une sorte de détachement aristocratique. Cependant, son âge, auquel s'ajoute son incident de santé, ne le disposait sûrement plus à ce genre d'inconfort. Et on peut également penser que Lady Anne n'avait non plus guère l'âge et le goût des nuits à la dure.

Dans ses premières déclarations à la presse, Guy Marrian va semer le doute. Car il va d'abord s'étonner que les Drummond aient couché au bord d'une route nationale. Il dit que cela ne correspondait ni à leurs habitudes ni à leurs goûts. Ne descendaient-ils pas « *dans les meilleurs hôtels* », comme ils l'avaient fait depuis leur débarquement à Dunkerque ? Hélas aucune investigation n'a eu lieu sur ce point. Et Phyllis Marrian ajoutera qu'ayant une tente, ils ne l'avaient pas emportée. Et puis, les Marrian diront d'abord qu'ils attendaient le retour de leurs amis pour le 4 au soir, avant de passer au matin du 5 août[3]. Et il ne semblait alors pas être question de camping. En effet, c'est seulement après la cérémonie funéraire de Forcalquier, donc le 8 août, que la

---

1 PV n° 503 de la gendarmerie de Villefranche en date du 06/08/52 (cote B 2).

2 N° 180 de *Paris-Match* déjà cité,

3 Interviews parues dans *France-Soir*, *Le Provençal*, *la Figaro* et *Le Monde* des 6, 7 et 8 août 1952.

version de l'intention de camper apparaît pour la première fois, et dans la presse[1]. Mais dès le 6 août au contraire de ses parents, Valery avait confirmé aux gendarmes l'intention des Drummond de camper avec rendez-vous le lendemain pour déjeuner sur le port de Villefranche au restaurant *la Trinquette*. À la barre des assises, cette fois sous serment, les Marrian confirmeront la version de leur fille.

Mais, si les Drummond sont tout simplement venus bivouaquer à Lurs pour s'avancer sur la route dans l'intention de visiter Aix le lendemain matin, il faut se demander s'ils avaient bien programmé leur périple. En effet, pour être à Villefranche vers midi, les Drummond auraient dû lever le camp au plus tard à 5 h 30, rouler une bonne heure et demi pour rejoindre Aix vers 7 h au plus tôt, se limiter à une petite heure de visite, ce qui est bien matinal et bien peu, sauf pour un *breakfast* sur le cours Mirabeau. Puis rouler plus de quatre heures pour rejoindre Villefranche. La chose est donc à la rigueur possible. Mais un emploi du temps aussi serré et fatigant pour des gens en vacances après une nuit aussi inconfortable, et plus particulièrement pour un Sir Jack pas au mieux de sa forme, est cette fois peu plausible. Qu'on se représente la famille se levant à Villefranche aux aurores du 4 août ; faisant quatre heures de route ; une visite à Ganagobie et sur les lieux ; assistant ensuite à la charlottade en plein *canhard*[2] d'un après-midi d'août particulièrement torride ; puis couchant à la belle étoile sur le gravier, au bord d'une route passante, dans un inconfort exemplaire. Et après un nouveau lever aux aurores, sans avoir pu faire de toilette, arrivant après une rapide visite d'Aix et une matinée de route, pour arriver au déjeuner à Villefranche. Dans quel état, et quelles vacances, *O my God* !

La question du matériel et de la tente

Comme on le reverra, les inventaires plus que sommaires des objets retrouvés sur le bivouac et de ceux laissés à Villefranche, montrent qu'il manque certaines choses. Avant de détailler les inventaires, notons :

1 - Les Drummond sont partis en laissant leurs passeports et le permis de conduire de Sir Jack à Villefranche. Comme il n'existe pas de cartes d'identité en Angleterre[3], les Drummond circulent donc avec le risque de se retrouver interpelés sans titres de séjour, risque qui n'était pas aussi anodin qu'aujourd'hui avec l'avancée de l'Europe.

2 - Comme on va le détailler, Sir Jack serait également parti sans portefeuille et sans aucune liquidité. Seul un billet de 5.000 AF sera retrouvé plié dans un carnet de la fillette, plus quelques traveller's[4]. Il a

1 *Le Provençal* du 9 août 1952.

2 Mot provençal pour désigner un soleil de plomb. Se prononce *cagnar.*

3 Rappel, instituée pendant la guerre, elle avait été supprimée en 1951.

4 Rappelons que les questions monétaires n'avaient pas à l'époque la fluidité et les facilités d'aujourd'hui. Les paiements à l'étranger ne pouvaient se faire qu'en liquide de la monnaie du pays. Les transports de devises étaient strictement réglementés et contrôlés. À l'époque

été vérifié que les Drummond n'avaient pas changé lors de leur passage à Digne[1], et pour cause, il fallait présenter un passeport. Par ailleurs, ni l'enquête, ni l'instruction, ni l'acte d'accusation, ni le réquisitoire, ne retiendront le moindre vol ou disparition. Pourtant Phyllis Marrian dira au commissaire Sébeille[2] que les Drummond avaient emporté « *une somme importante* ». Pour quoi faire et où serait-elle passée ?

3 - Enfin, le couchage était très rudimentaire. Les Drummond n'ont pas emmené de vêtements de nuit, sauf pour Élizabeth et l'éventuel *pyjama* de Sir Jack comme on le verra. Comme on le détaillera aussi, pour bivouaquer, ils n'ont pas, à proprement parler, de matériel « *rutilant* »[3]. Ce sont plutôt quelques éléments forains qu'ils utilisaient sûrement lors de leurs haltes, pour se reposer en bord de route.

Bien sûr, toutes ces anomalies pourraient à nouveau résulter d'oublis, de décisions et d'enchaînements sans logique apparente, comme souvent dans la vie, et surtout en vacances. Mais il n'est pas possible de se débarrasser de chaque anomalie comme fortuite ou due au hasard, sans au moins en discuter. Curieusement, aucun auteur ne s'y est intéressé et n'en a donc tiré de conclusion.

Les Drummond ont donc emporté un certain matériel. Mais même si celui-ci comprend des éléments de camping, dans les inventaires dressés l'un sur les lieux du drame, et l'autre à Villefranche, il n'y a pas de tente.

C'est Phyllis Marrian qui va jeter un sérieux doute sur cette question en déclarant, lors d'une une interview au *Daily Mail* du 8 août 1952, repris par la presse française, que les Drummond avaient emporté une tente : « *Elle était kaki, rectangulaire, assez basse, et munie de deux piquets de soubassement. Son arête était arrondie* ». Et elle ajoute que les Drummond l'auraient laissée à Villefranche. Selon *Paris-Match* n° 186 du 18-25 août 1952, son envoyé spécial à Édimbourg aurait reçu confirmation de Phyllis Marrian. Et Mrs Constance Wilbraham, mère de Lady Anne, aurait également confirmé que les Drummond possédaient bien une tente de camping. Mais voilà que selon le témoignage de Valery[4], la fille aînée des Marrian, contredisant sa mère et sa grand-mère, les Drummond n'avaient pas de tente. Aucun des témoins passés près du bivouac, ne verra de tente montée. Tout juste une toile sur la voiture qui a disparu. Réinterrogée par le commissaire Sébeille en 1953[5], Phyllis Marian confirmera sa première déposition tout en précisant cette fois qu'en

---

pour les Anglais, 30 £ en liquide par personne par séjour. Outre ces devises en liquide, les traveller's ne pouvaient être changés que dans les banques, bureaux de change et hôtels. Selon le *Guide Michelin* 1952, on pouvait changer au Grand Hôtel et à L'Ermitage.

1 Rapport de synthèse n° 12-R de la gendarmerie en date du 31/08/52 (cote B 35).

2 PV n° 442/11 du commissaire Sébeille en date du 12/12/53 (cote D 234).

3 Comme l'écrira René Pacaud, ancien journaliste à *Détective* (in *Dominici, de l'accident aux agents secrets*, oc p. 61).

4 PV n° 503 de la gendarmerie de Villefranche en date du 6/08/52 (cote B 2).

5 PV n° 442/11 du commissaire Sébeille en date du 12/12/53 (cote D 234).

quittant Villefranche pour Digne : « *Les Drummond n'avaient pas emporté leur tente de camping* ». Pourtant elle ne se trouve pas dans l'inventaire de Villefranche. Et on se demande bien pourquoi mère et fille Marrian se contredisent ainsi sur cette question. Car, si tente il y eut, elle a disparu, et donc sans doute lors du drame. Pourquoi ? Une conclusion demeure : ces contradictions n'alerteront pas les enquêteurs. Et la question ne sera même pas posée, ni aux procès, ni même par le commissaire Chenevier. Nous devrons y revenir, bien sûr.

Le choix du lieu de bivouac

Dès le premier jour, il a été immédiatement accepté par tout le monde sans la moindre discussion, que c'était la fillette qui en avait décidé, notamment à cause de la proximité de la Durance. Or, l'endroit où la Hillman va s'arrêter pour bivouaquer au bord de la route, ne présente aucun attrait touristique. La plateforme, en bordure de nationale, est propice à une halte, mais il ne viendrait à l'idée de personne de s'y arrêter pour le point de vue, et moins encore pour y passer la nuit à la belle étoile. Bien que le lieu soit une *décharge* des Ponts et Chaussées, qui est objectivement fort peu attrayante, le commissaire Sébeille (oc p. 16 & 17) trouve : « *Le site agréable... un parking idéal, ombragé par un mûrier centenaire* ». Notons que le mûrier situé dans un angle ne fait pas d'ombre à l'endroit où la Hillman va stationner. D'ailleurs à quoi bon chercher l'ombre au crépuscule, et pour passer seulement la nuit ?

Autre thèse[1], la proximité de la Durance aurait été choisie pour disposer d'eau. Mais d'abord l'accès à la rivière était difficile. Et comment imaginer le diététicien Sir Jack envisageant de se servir de l'eau de la Durance[2], même pour se laver, sans parler de la boire ?

En fait, c'est Jacques Chapus qui a propagé l'idée de ce choix en publiant dans *France-Soir* du 9 août, un faux carnet de voyage de la petite Élizabeth, inventé de toute pièce. Il y déroule l'emploi du temps de la famille jusqu'au coucher de la fillette qui se serait baignée en trouvant même l'eau froide. Or, on l'a dit, à l'endroit où les Drummond vont bivouaquer, la route longeait alors la Durance, mais elle se trouvait à près de cent mètres, peu visible et à une dizaine de mètres en contrebas. La ligne de chemin de fer s'interpose en tranchée, entre la route et la rivière.

Au bout de la décharge, au droit du mûrier, un bout de chemin pierreux part de la route et aboutit à un pont de pierre qui enjambe la tranchée de la voie ferrée, et débouche en tête d'un talus raide qui plongeait de haut directement dans le lit de la rivière. Admettons qu'au matin les Drummond aient remarqué cette particularité, et qu'ils l'aient associée au projet d'aller faire une promenade vespérale au bord de la rivière. Mais qui, de tous les défenseurs de cette thèse romantique, a jamais eu l'idée d'aller faire un tour

---

1 Notamment Jean Meckert, oc p.10.

2 Le fond du lit est en majeure partie constitué de sable noir issu de marnes ardoisières.

dans le lit de la Durance ? De loin, ce lit apparaît comme un grand espace plat, de plus d'un kilomètre de large. Mais il est en fait plus accidenté qu'il n'y paraît. Surtout, son apparence de grande plage de galets entre les bras d'eau, est trompeuse. Car les galets sont de dimensions hétéroclites, pouvant peser jusqu'à plusieurs dizaines de kilos. Le sable y est noir et poisseux. Cet espace est en outre parsemé d'arbres arrachés, et de tas de branchages, résidus des crues. Déjà, il est fort malaisé d'y accéder puis d'y marcher sans se tordre les chevilles, et donc dérisoire de croire qu'on peut s'y promener un soir pour prendre le frais. Ensuite, les bras d'eau erratiques se divisent méandres plus ou moins étales ou torrentueux, irréguliers et changeants, avec des mares stagnantes, le tout souvent peu profond, certes, mais sans aucun agrément, et relativement peu propice à la baignade. Enfin, répétons que la berge à cet endroit est très raide et tombe directement dans un bras mort ou on verra que surnageait même une charogne de mouton. Venir pour s'y promener par plaisir ou s'y baigner, relève donc d'une parfaite vue de l'esprit. Mais pourquoi pas ? Ce ne serait pas la première fois que des touristes se fourvoieraient sur la foi de clichés.

Toutefois, si la famille est bien venue en reconnaissance le matin même, et si elle a choisi ce lieu pour y revenir le soir bivouaquer, peut-être est-ce bien pour certaines de ses caractéristiques comme nous allons le voir.

En attendant, avant même qu'intervienne le drame, on voit qu'outre le CV de Sir Jack, les *trous* dans les séjours à Digne puis la décision de passer la nuit sur cet emplacement inconfortable, surtout s'il avait été repéré le matin, aboutissent déjà à quelques questions que l'enquête ne s'est pas posées, et que l'instruction comme les assises ont ensuite éludées sans même les envisager. Tout le monde est resté sur un scénario simpliste et romantique d'une nuit sous le ciel étoilé de Provence, basé sur le désir de la fillette, même si on a vite su que son journal intime était un faux inventé par Jacques Chapus pour les besoins de la sensation. Et l'impression produite par celle-ci restera dans les esprits.

Le témoignage du docteur Morin

Il faudra donc attendre le supplément d'information du commissaire Chenevier pour voir émerger une hypothèse sur le choix de la décharge. Il pourrait avoir été proposé aux Drummond par les Dominici eux-mêmes. Cette idée a été suggérée par le témoignage du docteur Morin, puis explorée[1], mais sans qu'il en ait été tiré de conclusion.

Donc, en été 1951, le docteur Morin de Nice et sa femme, avaient établi leur campement près d'un champ de betteraves à 2 km au nord de La

---

1 PV n° 305 du commissaire Sébeille en date du 06/08/52, PV du juge Carrias du 16/05/55, et PV n° 387/109 du commissaire Constant en date du 17/10/52 (tous trois sous cote C 40). Ce témoignage du docteur Morin fera l'objet de nombreuses investigations qui se trouvent encore sous les cotes D 127 puis C 221 et 242 à 250.

Gran'Terre, en limite des terres de La Serre, dans la zone du lieu-dit de *la station de Ganagobie*[1]. Gustave et Zézé, qui travaillaient à proximité, seraient venus à leur rencontre. Madame Morin s'étant plainte des moustiques la nuit précédente, Gustave aurait proposé aux Morin de venir s'établir près de la ferme. Et ils y seraient venus ensemble. Mais Gustave leur suggérant de s'installer sur la décharge, les Morin auraient trouvé l'endroit fort peu propice. Et Gustave les aurait alors invités à monter leur tente à l'autre bout du pont, juste au-dessus de l'endroit où sera retrouvé le corps d'Élizabeth. Malgré quelques manœuvres douteuses lors d'une chasse de nuit, - pour tout dire du braconnage -, et d'un voyeur lors d'une sieste, il ne se serait rien passé de particulier, et les Morin auraient gardé un bon souvenir de la proximité et l'hospitalité des Dominici.

Lors du supplément d'information, le commissaire Chenevier va rapprocher cet épisode de certaines déclarations de Gaston dans ses aveux. En effet, sans que cela ait alerté personne, et qu'on n'en ait finalement rien retenu, on a vu que Gaston dira avoir rencontré une première fois les Drummond vers midi dans le champ d'oliviers, puis qu'en rentrant au crépuscule avec ses chèvres, il les avait retrouvés établis sur la décharge. Et le commissaire Chenevier, remarquant la similitude du scénario, se demandera si ce n'était pas Gaston qui aurait invité les Drummond à se déplacer. À première vue préférer, pour passer la nuit, une plateforme de gravier en bord de route à un champ d'oliviers, ne semble pas une décision vraisemblable. Nous y reviendrons.

Première synthèse

Le 31 juillet, les Drummond arrivent donc au Grand Hôtel de Digne. Ils en ressortent de 19 à 20 h 30 sans qu'on sache où ils sont passés. Le lendemain matin, la fillette séduite par une affiche de la charlottade du 4 août, Sir Jack en réserve les billets. Les hôtels étant sans doute complets à cette occasion, Élizabeth convainc ses parents de camper la nuit du 4 au 5 sur le chemin du retour. Ce matin du 1er juillet, peut-être Sir Jack monte-t-il comme convenu, voir le père Lorenzi à Ganagobie avant de revenir rejoindre la Route Napoléon en direction de Villefranche.

Le 4 au matin, partis très tôt, les Drummond remontent à Digne et vont peut-être de nouveau jusqu'à Ganagobie revoir le père Lorenzi, puis passant par Lurs, s'arrêtent un moment dans le champ d'oliviers où ils auraient rencontré Gaston. Ils reviennent à Digne déjeuner à La Taverne. Ils assistent ensuite à la charlottade à partir de 16 h, qu'ils quittent avant la fin. Repassant par La Taverne, se rendent-ils à L'Ermitage ? Y prennent-ils un *hight tea* ?

---

1 On ne sait plus trop aujourd'hui à quel endroit correspondait cette *station de Ganagobie,* car il n'y avait pas de gare entre celle de Lurs, déjà désaffectée, et Peyruis. Peut-être s'agissait-il de l'ancienne maison de garde-barrière à la Barque du Loup, où les premiers omnibus du XIXe siècle s'arrêtaient à la demande comme cela se faisait.

Mais avant de quitter Digne après 19 h, pourquoi ont-ils remonté le cours Gassendi ? Ils rejoignent leur lieu de bivouac vers 20 h où ils s'installent. Là, ils auraient revu Gaston rentrant avec ses chèvres. Il fait encore grand jour, même si le soleil a déjà disparu derrière la montagne de Lure.

Tout le monde donc, surtout s'il connaît les lieux, mais pas le commissaire Sébeille qui trouve l'endroit idéal, se demande pourquoi cette famille a décidé de bivouaquer en un lieu aussi peu propice, et dans un tel inconfort, augmenté par la proximité d'une route nationale[1]. Pourquoi s'être arrêtée là, une bonne heure avant la tombée de la nuit ? Car elle avait tout le temps de s'avancer plus loin en direction d'Aix-en-Provence. Elle aurait pu trouver un coin plus retiré et moins inconfortable, à l'écart du bruit de la route, par exemple du côté de Manosque.

Même s'il faut le répéter encore, toute vie est certes faite de nombreux hasards et de coïncidences, au point que certains parlent de chance ou de malchance, croient à la destinée, en leur étoile ou à la Providence. Toute histoire d'un événement est également composée d'une part de décisions apparemment illogiques, de comportements qui peuvent prêter à confusion, et de données inexpliquées sinon inexplicables. Le rappeler relève du lieu commun. Mais trop de hasards et de coïncidences allant dans le même sens, finissent par relever le l'improbabilité et engendrent le doute.

Avant de continuer à chercher ce qu'il a pu se passer sur le bivouac depuis l'arrivée des Drummond et pendant la nuit, puis au matin, il faut dire un mot de ce qu'il se passe à La Gran'Terre.

Le dimanche 4 août à La Gran'Terre

En cette journée du lundi 4 août, alors que la fête bat son plein à Digne, à La Gran'Terre, c'est la routine de la terre. Les femmes s'occupent à la ferme. Comme chaque jour, Gaston s'est levé entre 3 et 4 h du matin, pour mener paître ses chèvres du côté de Saint-Pons. Puis, comme d'habitude, il rentre pour le repas de midi. Là il rencontre les Drummond dans le champ d'oliviers. À la ferme, il se met en pantoufles, mange puis fait sa sieste dans son fauteuil. En été, pendant les grosses chaleurs, il ne ressort que vers 16 h 30, jusqu'au crépuscule. Ce 4 août comme d'habitude, il a donc sorti ses chèvres par deux fois. Nombre d'auteurs mettent ce double pacage au quartier de Saint-Pons, et le situent donc dans la colline au-dessus la route. Tandis qu'à deux reprises, le commissaire Sébeille (oc p. 23 & 24, puis 108) précise que le lieu du pacage se situait ce jour-là au bord de la Durance, entre 1 et 2 km vers le nord[2]. C'est-

1 Rappelons que c'est le seul axe reliant Marseille-Aix aux Alpes. Selon Gabriel Doménech (oc p. 12), il y passait une moyenne annuelle d'environ quatre véhicules par minute. Beaucoup plus le jour et moins la nuit bien sûr, et de façon variable selon les heures, les jours et les saisons.

2 Aussi, commissaire Chenevier (oc p. 48).

à-dire vers la limite des terres de La Serre[1]. Mais sans doute les deux lieux correspondent-ils à la réalité : le matin à Saint-Pons, l'après-midi en bord de Durance vers La Serre.

Gustave, lui, n'est pas là. Selon les PV, il est « *à la ferme Girard* ». Il aide à rentrer la récolte et au battage pour le compte de cette ferme appelée le Pied-de-l'œuf à Lurs, appartenant à l'oncle maternel d'Yvette[2].

L'éboulement

Ce jour-là en repartant vers 16 h 30 après sa sieste quotidienne, Gaston a donc quitté la ferme pour mener ses chèvres vers La Serre côté Durance. Il passe par le pont, car ce n'est que de là[3] qu'il a pu s'apercevoir d'un problème survenu avec l'eau irriguant le champ exploité par Gustave. Celui-ci est situé au-delà du thalweg qui borde la décharge, entre la route et la voie ferrée. Ce champ est alors planté de luzerne qui est en cours d'irrigation ce jour-là. Or un ruissellement s'est créé dégradant le talus de la voie ferrée en tranchée. Le fluage de la terre menace le talus d'éboulement, donc d'obstruer la voie ferrée. Gaston revient à la ferme et demande à Yvette d'aller fermer la vanne. Cette dernière est située sur le canal dominant l'amont de la nationale, à deux centaines de mètres de La Gran'Terre, et à une trentaine de mètres plus haut[4]. Pourquoi à Yvette qui est enceinte ? Parce que ce champ de luzerne a été donné en exploitation à son mari. Mais c'est finalement la vieille Marie qui montera jusqu'au canal fermer la vanne[5]. Pendant ce temps, Gaston est retourné par le pont sur le talus opposé où il est resté un moment à surveiller : « *Pour voir si l'éboulement ne se produisait pas* ».

La manière dont l'événement est raconté dans les PV n'est pas très claire. Il apparaît que l'éboulement a eu lieu au point 319.300 de la ligne, entraînant boue et arbustes jusque sur le ballast, en affectant la ligne téléphonique. Ce que craignait sans doute Gaston, c'était que l'éboulement ne s'aggrave et n'envahisse la voie ferrée elle-même, notamment pendant la nuit. Et, il dira, faisant montre d'une échelle de valeur qui sera retenue à charge[6] : « *Ce n'est pas trois morts qu'il y aurait eu, si la micheline était arrivée dans la terre* ». Car, à la vitesse où elle roulait et l'obstacle étant fluant, l'accident n'aurait pas eu la gravité que Gaston disait en forçant le trait.

---

1 Rappelons que La Serre est une ferme louée par Roger Perrin, mari de Germaine. Elle se situe à 3 km au nord de La Gran'Terre en bord de route ex-RN96 côté Durance, avant Pont-Bernard et Peyruis.

2 PV de l'inspecteur Tardieu n° 387/90 en date du 08/1/52 (cote D 108 et sq).

3 PV d'instruction du juge Périès en date du 25/2/54 (cote D 267).

4 Le canal passe dans la colline de Saint-Pons, vers la côte 400, alors que la route passe vers la cote 370.

5 Ce qu'on trouve en effet dans certains PV. S'il y a eu quelque variation sur la question, c'est, semble-t-il, sans incidence.

6 Gabriel Doménech (oc p. 197), confirmé par les pièces.

On imagine aisément que, dans le quotidien des Dominici, cette question d'éboulement, survenue dans l'après-midi, bien plus que l'arrivée des Anglais au crépuscule, ait pu constituer l'événement du jour, donc de la nuit à venir, et *causer souci*. Car on imagine que l'incident a fort irrité Gaston contre son fils. Outre qu'il a toujours été très exigeant sur le travail et sur la tenue de son domaine, il envisage d'abord le retard, sans parler d'accident, qu'un tel éboulement pourrait provoquer au passage d'un train. Le seul arrêt d'une micheline valait une amende de 1.000 AF[1] par minute de retard, ce qui pouvait paraître énorme dans son économie. Heureusement, l'éboulement restera limité et n'atteindra pas les rails, n'empêchant en rien le passage de la micheline du soir. Ensuite, la voie n'est plus empruntée jusqu'au matin, ce qui laisse le temps de voir et d'agir. Mais on n'arrivera pas à savoir formellement si les Dominici se sont levés dans la nuit pour surveiller l'éboulement. Et le commissaire Sébeille, comme beaucoup après lui, penseront que la surveillance de cet éboulement est à l'origine du drame.

Personne ne semble s'être soucié de faire préciser à Gaston pendant combien de temps il a surveillé l'évolution de l'écoulement des eaux. Car, s'il a bien mené ses chèvres vers La Serre le long de la Durance[2], en rentrant, il est sûrement repassé voir l'éboulement. En effet, selon le commissaire Sébeille (oc p. 23) :

> « *Gaston comme tous les autres jours, traversa le pont de chemin de fer avec ses chèvres et son chien, et suivit le sentier pour rejoindre la route nationale et rentrer à La Gran'Terre. Il passa à côté de la Hillman, jeta un coup d'œil aux touristes qui préparaient leur campement et rentra à la ferme.* »

Accessoirement, pourquoi le commissaire omet-il de se souvenir que Gaston lui a dit, lors de ses premiers aveux qu'il a lui-même reçus, avoir vu les Drummond en rentrant et qu'il avait échangé quelques mots avec Élizabeth et sa mère. La réalité de ces petites conversations a son importance, car comment prétendre ensuite qu'il aurait ressenti leur installation comme une intrusion intolérable sur ce qu'il aurait considéré comme son domaine. L'accusation préfèrera retenir à charge un procès d'intention : la hargne de Gaston contre des Anglais sur ses terres. Et pourquoi, malgré ses premiers aveux, Gaston niera-t-il par la suite et à de multiples reprises, notamment lors de son procès, avoir eu le moindre contact avec les Anglaises, surtout plus tard à la ferme ?

L'arrivée des Drummond

En venant de Digne par Peyruis, un virage empêche de voir la décharge sur la gauche, surtout avec la conduite à droite. Si on décide de s'y arrêter par hasard,

---

1 1.000 AF 1952 correspondent à environ 25 € 2016. J'ai tenté de vérifier auprès de la SNCF. En vain. La réponse sèche comme l'esquive montrent que l'affaire semblent encore gêner certains, comme on le verra avec bien d'autres… jusqu'en Allemagne.

2 Notamment PV du juge Périès en date du 25/02/54 (cote D 267).

il faudrait avoir dépassé l'endroit pour le remarquer et revenir en arrière puis couper la route, toutes manœuvres dangereuses et peu plausibles. Mais la manœuvre est toute différente si le lieu a été repéré le matin comme le suggèrera la première version des aveux de Gaston.

La voiture se gare donc sur la décharge à environ 1,50 m du bord de la route, à mi-distance entre le mûrier et le puisard, le capot en direction du sud (La Brillanne, Manosque). C'est dire qu'elle n'a pas fait demi-tour. C'est dire soit qu'elle se serait garée en marche arrière comme on l'a déjà évoqué, soit qu'elle s'est garée directement en arrivant, ce qui est le plus probable après avoir repéré les lieux le matin.

L'heure d'arrivée a été admise sur les seuls dires des Dominici : pour Gaston dans ses aveux, c'est vers 19 h 30 ; pour Gustave et Yvette, un peu après 20 h. Et personne n'en discutera. Puisque le départ de Digne a été admis peu après 19 h, et qu'il faut environ trois quarts d'heure pour en venir, sans parler d'un hypothétique détour par Château-Arnoux, la question qui aurait dû se poser, même si au début le commissaire n'avait aucune raison de se la poser, aurait été de savoir pourquoi les Drummond sont venus bivouaquer sur le lieu du drame au lieu du champ d'oliviers beaucoup plus confortable et *provençal*. Quoi qu'il en ait été, les Drummond n'ont pas pu arriver sur la décharge avant 19 h 45. Car un employé du canal qui connaît donc bien le coin, Dioville Latil, accompagné de Jean Pessenti, passe à cette heure et remarque qu'elle est déserte[1].

La venue des Anglaises à la ferme

Cette question va beaucoup occuper les premiers enquêteurs, et sera reprise par le commissaire Chenevier. En effet, les 7 et 8 mai 1953[2], Zézé viendra dire au commissaire Sébeille que sa tante Yvette lui aurait dit, le matin même du 5 août, que les Anglaises étaient venues chercher de l'eau à la ferme la veille au soir, avant le retour de Gustave, et que Gaston aurait même présenté ses chèvres à la fillette. C'est Yvette qui aurait tiré de l'eau de la citerne à la pompe, dans un seau de toile. Zézé dit que Gaston et Marie en auraient aussi parlé. À Germaine, mère de Zézé, Yvette l'aurait également dit, en ajoutant[3] : « *La prochaine fois, on ne rendra service à personne* ». Ce qui signifie bel et bien que cette fois, on l'a fait. Et Zézé le confirmera encore devant le juge, en ajoutant qu'Yvette lui aurait interdit d'en parler[4]. Pourquoi ? Lors du

---

1 PV n° 47-R de la gendarmerie de Forcalquier en date du 17/12/52 (cote B 102), repris dans le rapport du commissaire Constant du 03/05/53 en p. 52 (cote D 178).

2 PV n° 387/151 du commissaire Sébeille en date du 7/5/53 (cote D 179), puis n° 387/152 du 8/5/53 (cote D 180). On retrouve confirmation de cette information dans le PV d'instruction du juge Périès en date du 18/2/54 (cote D 257). Ces déclarations seront répétées devant la Cour, mais pas sous serment.

3 PV n° 387/152 du commissaire Sébeille, en date du 8/5/53 (cote D 180).

4 PV d'instruction du juge Périès, en date du 8/3/54 (cote D 273). Curieusement le juge ne demandera pas pourquoi.

marathon des interrogatoires de novembre 1953, Gustave finira par admettre cette venue, quitte à se rétracter et à s'en tenir ensuite à ses dénégations[1]. Mais Yvette, elle, ne voudra jamais l'admettre. À nouveau pourquoi ?

Et La Gran'Terre va même tenter d'allumer un premier contre-feu en alléguant qu'il y a eu confusion avec deux Suissesses, dont l'une parlait français. Quelques jours auparavant, elles se seraient installées au même endroit que les Morin[2]. Interrogé, Barth niera farouchement la venue des Anglaises comme celle des Suissesses. Même après que sa femme aura admis la venue de ces dernières en disant que son mari était au courant, celui-ci continuera de nier. Le commissaire[3] notera au passage *son extrême embarras*, toujours sans approfondir. Si on comprend que tous nient la venue des Anglaises, pourquoi Barth s'entête-t-il à nier aussi la version avec les Suissesses, qui est censée faire contre-feu ? Lors du supplément d'information, tandis que Zézé et Germaine confirment[4], Yvette, Gustave, Gaston et Marie vont continuer à nier farouchement jusqu'au bout. Zézé a même précisé lors de son interrogatoire de 1953[5], et il le confirmera lors d'une confrontation en 1955[6] avec Yvette qui va nier bien sûr, que sa tante aurait même proposé aux Anglaises d'aller s'installer : « *Au même endroit que celui occupé par le médecin niçois l'année précédente.* Et que la fillette aurait répondu de la part de sa mère : ... *qu'ils étaient très bien sur le gravier* ». Si elle est exacte, cette réponse laisse perplexe. Car l'endroit proposé au bord de la Durance valait beaucoup mieux qu'une décharge de gravier inconfortable au bord d'une route passante.

Mais peut-on faire confiance à Zézé sur ce point ? La plupart balaye d'un revers l'ensemble de ses témoignages, au seul motif que Zézé a été sacré une fois pour toutes *roi des menteurs*. Bien que ce dernier ait, en effet, montré une déroutante propension à beaucoup et trop parler, on a déjà vu que c'est seulement à propos de trois points précis qu'il ment. Car, en ce qui concerne la venue des Anglaises, il ne s'est jamais démenti. L'information est donc apparue comme crédible au commissaire Chenevier, et elle le demeure. En effet, sa crédibilité se fonde sur la cohérence et la répétition de sa version, confirmée par d'autres, mais aussi sur la mention du sceau de toile, lequel ne pouvait être inventé[7]. Car, si aucun seau ne sera retrouvé sur le lieu du drame, Phyllis Marrian confirmera son existence devant la Cour d'assises, donc sous

1 PV n° 442/3 du commissaire Sébeille, en date du 12/11/53 (cote D 196).

2 PV n° 424/2 de l'inspecteur Leclerc, en date du 12/10/55 (cote C 217) interrogeant Aimé Dominici. Et Gaston confirme.

3 PV n° 353/11 et 12 du commissaire Chenevier, en date du 3/8/55 (cotes C 93 & 94).

4 PV n° 353/33 du commissaire Chenevier, en date du 9/8/55 (cote C 128).

5 PV d'instruction du juge Périès, en date du 18/2/54 (cote D 257).

6 PV n° 387/151 déjà cité et PV n° 353/53 du commissaire Chenevier en date du 12/8/55 (cote C 148).

7 Il aurait eu une contenance de « *6 à 8 litres* », comme précisé dans le PV n°353/40 du commissaire Gillard en date du 10/08/55 (cote C 135).

serment : « *Quand les Drummond sont arrivés chez nous à Villefranche, et qu'ils ont déballé leurs bagages, j'ai remarqué la présence d'un seau de toile. Mais je ne pourrai affirmer qu'ils l'ont repris lorsqu'ils sont repartis* ». Comme le seau n'est mentionné ni dans l'inventaire des objets retrouvés à Villefranche, ni dans celui des lieux du drame, c'est bien qu'il a disparu. Or Zézé ne connaissait pas les inventaires ni les dires des Marrian. En revanche, il pouvait dire que la petite parlait français mieux que sa mère, car c'était de notoriété publique.

Quoi qu'il en soit, il est donc hautement probable qu'à peine arrivées, Lady Anne et sa fille sont bien venues à La Gran'Terre pour chercher de l'eau, et qu'elles y ont été accueillies aimablement, et plus particulièrement par Gaston qui sera reconnu coupable de les avoir massacrées quelques heures plus tard avec préméditation.

Des photos ?

Lady Anne et sa fille ramenèrent-elles aussi quelques photos ? Car on saura qu'un appareil photo a également disparu ainsi que des photos demeurées à Villefranche et qui ne seront même pas examinées ni gardées dans les pièces à conviction.

Peut-on avancer sans trop de risque que Lady Anne a pu prendre par exemple la petite avec Gaston et ses chèvres ? Dans ce cas, la nuit tombant vers 21 h 30, la lumière était-elle suffisante ? Avec une pellicule courante de 100 ASA et l'ouverture maxima du diaphragme de l'appareil qui a disparu, qui était de 3,5, la luminosité était sans doute légèrement insuffisante, surtout que La Gran'Terre se trouve à cette heure dans l'ombre de la colline de Saint-Pons qui masque le couchant. Mais Lady Anne n'étant pas professionnelle, a très bien pu prendre des photos sous-exposées. Hélas personne ne les retrouvera jamais.

Retour sur le bivouac

Voilà donc Lady Anne et sa fille revenues de La Gran'Terre avec leur seau d'eau. Mais personne ne semble s'être demandé ce que les Drummond pouvaient bien vouloir faire de ce seau d'eau ? En effet, une eau de citerne et non de puits, n'était sûrement pas considérée comme réellement potable aux yeux d'un diététicien comme Sir Jack. Et on trouvera d'ailleurs une bouteille de Vichy sur les lieux, comme on a vu qu'il en avait aussi achetées à Villefranche où l'eau du robinet était pourtant réputée potable. Pour la toilette alors, ou la vaisselle ? Mais on n'en retrouvera aucune trace. Un seau de toile étant souple, on ne pouvait le poser à terre, il devait donc être suspendu.

Et personne n'a pensé que cette eau aurait pu servir pour compléter le remplissage du radiateur de la voiture. Gaston aurait dit à Gabriel Doménech qu'il avait vu Sir Jack regarder sous sa voiture, confirmant le témoignage[1]

---

1 PV n°847 de la brigade de gendarmerie de Marseille-Nord, en date du 17/08/52 (cote B 9).

d'une dame Christianini de Marseille qui passe vers 20 h 30 et dit avoir vu « *l'homme regardait sous le capot levé* ». Mais Sir Jack savait sans doute que refaire le plein à chaud est déconseillé. Aurait-il attendu la nuit, comme un témoin l'aurait vu plus tard à nouveau sous le capot ?

L'hypothèse d'un petit problème de surchauffe pourrait donc expliquer ce besoin d'eau. Il faut savoir que les systèmes de refroidissement des voitures anglaises, calculés pour le climat des îles britanniques, a longtemps été déficient en climat méditerranéen, surtout l'été et lors d'une journée caniculaire. Qui a possédé une voiture anglaise en a fait l'expérience.

Quoi qu'il en soit, le seau a disparu. Et cette disparition s'explique parfaitement : les Dominici l'auront récupéré, car ils ne voulaient pas qu'on puisse établir que les Anglaises avaient pu venir à la ferme. Pourtant les policiers leur feront remarquer à plusieurs reprises lors des interrogatoires et en insistant bien, qu'admettre que les Anglaises soient venues chercher de l'eau ne voulait pas dire que La Gran'Terre était impliquée dans le drame. Mais rien n'y fera. C'est dire que nier farouchement cette venue voulait dire que les Dominici avaient sans doute au moins une part d'implication dans le drame.

Les Drummond ont-ils pique-niqué ?

La question sera définitivement admise d'emblée et sans discussion par le commissaire Sébeille. Il s'en tient au témoignage d'un certain Pin[1], originaire d'Apt, passant à 20 h 15 et qui aurait vu les Drummond en train de dîner. Mais à cette heure, les Anglaises n'étaient-elles pas à la ferme ? À 20 h 30 la dame Christianini[2] dira avoir vu une table dressée à gauche de la voiture avec une fillette qui était même en train de secouer une nappe.

Toujours vers 20 h 30, le commandant François de Bermond de Vaulx[3], affecté au QG des armées alliées à Vienne, étant en permission, passe en voiture venant de la Brillanne en direction de Peyruis. Sa femme conduisant, et la voiture roulant derrière un camion, il dit avoir eu tout le loisir d'observer ce qu'il se passait de part et d'autre de la route, notamment côté Durance. Sur une plateforme proche de l'ancienne gare de Lurs, il aurait vu une voiture dont il ne se souvient ni de la couleur ni du modèle, près de laquelle il a vu, comme la dame Christianini, *trois touristes* en train de dîner au bord de la route, et qu'il pense être les Drummond.

Dans les inventaires, il n'y a ni table, ni nappe. Et s'il n'y a pas de table, on sait aussi que les Drummond n'ont pas pu s'installer à dîner sur l'herbe.

---

1 Sauf erreur, aucun PV au dossier, mais cité par le rapport du commissaire Constant en date du 03/05/53 (cote D 178).

2 PV en cote B 9, déjà cité.

3 PV n° 10-R du capitaine Albert en date du 10/2/53 (cote B 111), rendant compte d'une déposition du commandant en date du 07/08/52, et joignant deux lettres du commandant de Vaulx à lui adressées en dates des 14/12/52 et 22/01/53, en réponse à des questions que lui a posées le capitaine par courriers, non joints au dossier.

Car à part l'aire de gravier qui est caillouteuse, le reste du terrain accessible est couvert de hautes herbes sèches, dures et piquantes, sans aucune trace de pique-nique. Mais selon le commissaire Sébeille (oc p. 17 & 24) : « *Gustave passe devant la Hillman et voit les campeurs qui dînent assis par terre… une nappe est installée sur l'herbe. Les Drummond dînent vers 20 h 15* ». Or on ne trouve jamais rien de tel dans les dépositions de Gustave. Mais le commissaire Sébeille en rajoute : « *Les Drummond dînent sobrement. Selon les préceptes du savant, quelques biscuits, du pain d'épice, arrosés toutefois d'une bouteille de Bordeaux* ». Tout cela est une pure invention de journaliste, indigne d'un commissaire de police. Malgré ses préceptes, aucun témoignage n'a jamais décrit Sir Jack comme un ascète, bien au contraire. D'ailleurs, comme le dira l'autopsie, autant lui que sa femme, montraient de l'embonpoint et la fillette n'avait rien de fluet. De plus, ce soir-là, leurs estomacs étaient pratiquement vides.

Si on s'en tient à l'état des lieux, seules quelques miettes de pain d'épice seront retrouvées dans la voiture. Et ce sont, sans aucun doute, les témoins du grignotage de la fillette pendant les trajets. Dans le seul inventaire qui mentionne des victuailles, celui du juge Carrias[1], outre deux paquets de biscuits non entamés, on ne trouve qu'une boîte de sardines, mais pas d'autre boîte de conserve ni emballage de pain d'épice, ou encore aucun récipient, papier ou linge ayant pu contenir de la nourriture. Sur le terrain, à part une bouteille de Vichy, aucun relief de repas, aucun reste ni déchet n'ont été relevés. Dans la voiture, on trouvera seulement une bouteille de vin entamée, mais l'autopsie dira que les estomacs ne contenaient pas d'alcool. Certes, près de vingt heures plus tard, une petite quantité pouvait ne plus être perceptible à l'odorat, seul test réalisé.

La mallette de nécessaire à pique-nique trouvée dans la voiture était parfaitement rangée, les ustensiles propres sans aucune trace d'usage. Bien sûr, on peut imaginer que la vaisselle a pu être nettoyée et rangée. Mais ni serviettes ni torchons ou linge de service n'ont été mentionnés. Sur le terrain, aucune trace d'eau de vaisselle ou de déchets. Tout aurait dû disparaître des reliefs, papiers, boîtes, etc. Aucune trace de pique-nique n'a donc été constatée. Et ce serait cohérent avec un *hight tea* pris à L'Ermitage. Pourquoi les mêmes qui récusent sans discussion le témoignage du gendarme Marque, montreront, toujours sans discussion, tant d'attachement à un pique-nique n'ayant laissé aucune trace ? Tout simplement pour accréditer l'image d'un bivouac touristique.

Et à La Gran'Terre ?

Comme à son habitude, Gaston aurait soupé avec Marie un peu après 20 h. C'est vers la même heure où, selon la version des deux familles, voilà Gustave qui revient à moto de chez les Girard. Arrivant du côté opposé, il a entrevu la

1 Hélas très tardif, en date du 21/3/56 (cote C 411).

voiture garée là-bas derrière le mûrier, ce qui n'était pas un événement, car c'était assez courant. Dans sa première déposition[1], Yvette déclare que son mari lui a dit en arrivant de chez Girard, qu'il y avait des « *campeurs* » sur la décharge. Mais, par la suite, elle va nier farouchement avoir parlé de campeurs[2]. Cette dénégation, apparemment sans importance, pose donc question. En effet, apercevant de loin une voiture seulement arrêtée près du mûrier, comment Gustave aurait-il pu penser que ses occupants allaient y passer la nuit ? À moins que ce soit lui qui les y ait amenés comme le commissaire Chenevier en envisagera un instant l'hypothèse. En effet, lors du supplément d'information le commissaire va rapprocher le témoignage du docteur Morin de celui que Jean Girard viendra apporter à l'inspecteur Leclerc[3].

Le témoignage de Jean Girard

Jean Girard, dit Jeannot, l'oncle d'Yvette, viendra donc dire qu'Aimé Dominici, le cadet de la famille, lui aurait rapporté que c'était Gustave qui avait invité les Drummond à venir sur la décharge. Donc exactement comme avec le docteur Morin. Pourtant, Jeannot était bien placé pour savoir que Gustave était censé aider à la moisson ce jour-là dans sa propre ferme. Mais en fait, la présence de Gustave à la ferme Girard, n'a été attestée que par les seuls Dominici et les familles Barth/Girard. Serait-il alors possible que tous aient menti sur l'heure à laquelle Gustave avait quitté leur ferme ? Il faut rappeler que c'était un dimanche. Si tous avaient donc menti sur l'heure du départ de Gustave, pour pouvoir les inviter à venir sur la décharge, encore faudrait-il savoir comment et où Gustave aurait pu trouver les Drummond le long la route. La chose est théoriquement possible, mais assez difficile à imaginer sans un tout autre emploi du temps de Gustave en ce dimanche après-midi. Serait-ce alors une déformation de l'histoire des rencontres avec Gaston à midi et au crépuscule ? Hélas, il n'y a pas trace de confrontations entre Jean Girard, Aimé et Gustave.

Mais Jean Girard va aussi ajouter que Clovis serait venu ce soir-là à La Gran'Terre, et qu'il serait allé sur le bivouac où il se serait *engrainé avec le Drummond*. Lors de la confrontation qui a lieu cette fois entre Girard, Aimé et Clovis[4], Aimé confirme l'avoir dit mais ne se souvient pas d'où il le tenait. Clovis nie farouchement être venu ce soir-là. Il dit avoir quitté le chantier de l'ancienne gare de Lurs à 17 h, d'où il est rentré directement chez lui à Peyruis. Mais déjà il a oublié que c'était un dimanche, donc pas de chantier. Le commissaire Chenevier n'approfondira pas, et plus personne n'en parlera. Le commissaire fera seulement remarquer que ni Girard ni Aimé, n'avaient le

1 PV n° 387/21 du commissaire Sébeille en date du 16/08/52 (cote D 34).
2 Notamment PV n° 353/40 du commissaire Gillard en date du 10/8/55 (cote C 135).
3 PV n° 424/42 de l'inspecteur Leclerc en date du 19/10/55 (cote C 263).
4 PV n° 424/51 du commissaire Chenevier en date du 21/10/55 (cote C 272).

moindre intérêt soit à faire état de ces éléments, ou à les inventer, bien au contraire, tandis qu'il était plausible que Clovis soit venu ce soir-là comme on va le voir.

Gustave va voir l'éboulement

En attendant, quand Gustave apprend l'incident d'arrosage survenu dans son champ, il prend des outils afin d'aller dégager si nécessaire ce qui pourrait gêner le passage de la dernière micheline passant peu avant 21 h. Là deux versions :

La première : si on admet ce qu'en a écrit le commissaire Sébeille, Gustave passe le long du bivouac[1] : « *J'ai vu les trois Anglais qui se mettaient en pyjama et s'apprêtaient à camper… en revenant, vers 20 h 40, il aperçoit les Anglaises qui se déshabillent... elles ne se gênent pas celles-là, dit-il en rentrant* ». Lors du supplément d'information[2], Gustave se prétendra choqué en les voyant ôter leurs robes. Ce qui pourrait être vrai en ce qui concerne la fillette qui a été retrouvée en pyjama. Mais en ce qui concerne Lady Anne, on imagine mal de la part d'une Anglaise de sa condition *montrant ses fesses* à Gustave qui passait sur le chemin[3]. Était-ce, de la part de ce dernier, une manière de déshonorer la mémoire de cette femme, un peu comme son père le fera de façon ignoble, lors de ses aveux ? On verra que sa robe percée par les balles signifie bien qu'elle n'avait pas de vêtement de nuit.

La seconde : si on en croit Yvette[4], après le retour de Gustave de chez Girard, elle n'a pas bougé de sa cuisine, et répétera seulement : « *Je n'ai vu personne venir, ni demander d'eau, ni d'autorisation de camper, ni de nourriture* ». Elle confirme ainsi, et très exactement mot pour mot, la déposition de son mari[5], ce qui montre bien leur parfaite entente sur qu'il convenait de dire. Mais, lors du supplément d'information, tenant compte de tout ce qu'il est advenu en trois ans, Yvette va changer de version. Voilà qu'elle se souvient qu'au retour de Gustave vers 20 h, elle aurait accompagné son mari avec *le petit*[6]. Notons qu'à dix mois, un bébé est couché à cette heure, mais le contraire est néanmoins possible. Yvette dit alors que c'est seulement en revenant de l'éboulement vers 20 h 15, qu'elle a entendu arriver la Hillman qui était en train de se garer sur la décharge, mais qu'elle n'y a pas porté plus d'attention. Cette nouvelle version, qui est toujours la sienne aujourd'hui, vise d'évidence à tenter de contrer les témoignages de la venue des Anglaises à la ferme, en retardant également l'arrivée des Drummond après que Gustave est allé s'occuper de l'éboulement. Ce qui vise surtout à consolider le dire de

---

1 PV n° 11-R de la brigade de Forcalquier en date du 05/08/52 en p.11 (cote D 4).
2 PV n° 353/41 du commissaire Gillard en date du 10/08/55 (cote C 136).
3 PV n° 424/63 du commissaire Gillard en date du 21/10/55 (cote C 284).
4 PV n° 387/21 du commissaire Sébeille en date du 16/8/52 (cote D 34).
5 PV n° 387/10 du commissaire Sébeille en date du 08/08/62 (cote D 18).
6 PV n° 353/21 du commissaire Chenevier en date du 05/08/55 (cote C 107), et PV n° 353/40 du commissaire Gillard en date du 10/08/55 (cote C 135).

Gustave qui n'aurait pas pu, en arrivant de chez Girard, voir la voiture déjà garée.

De toute évidence, elle veut ainsi rendre impossible que Gustave ait pu lui parler de *campeurs* en arrivant. Décidément pourquoi ? La seule réponse possible veut que Gustave, alors même que les Drummond n'avaient pas monté de tente, savait qu'ils allaient rester à cet endroit cette nuit-là.

Mais en prétendant avoir accompagné Gustave avec son bébé dans les bras à l'éboulement avant le déplacement à Peyruis, Yvette veut aussi parer à une autre menace : contrer deux témoignages, ceux de Francis et d'Aimé Perrin à propos de ce déplacement avec son bébé.

En attendant d'y venir, Gustave de retour à la ferme après être allé se rendre compte de l'état de l'éboulement, enfourche sa moto pour aller à Peyruis rendre compte à Faustin Roure, chef de l'équipe SNCF chargée de l'entretien des voies.

Gustave va à Peyruis

Il retrouve Roure au débit de boissons tenu par sa femme. Selon Roure, Gustave est arrivé au même moment où la dernière micheline entre en gare de Peyruis où elle est parvenue sans encombre : il est 21 h 01. Il est convenu que Roure, dont l'équipe doit travailler à l'ancienne gare de Lurs à partir de 7 h, passerait le lendemain matin, voir l'état de la voie avant le passage de la première micheline, vers 6 h 45. Pourquoi Gustave ajoutera-t-il que Roure lui aurait donné pour consigne de surveiller la voie pendant la nuit ? Car Roure va le contester formellement[1], et ce sera l'objet d'une longue controverse et de vaines confrontations. En tentant de renvoyer sur Roure l'obligation de venir surveiller l'éboulement jusqu'au lendemain matin, n'est-ce pas dire implicitement que Gustave a voulu justifier d'être sorti pendant la nuit. Mais Roure, dont on montrera plus loin une complaisance certaine envers les Dominici, refusera catégoriquement de couvrir Gustave sur ce point.

La présence de Clovis n'est signalée dans aucun PV. Mais peut-on croire que Gustave ne l'ait pas également prévenu. Et Clovis aurait-il alors sûrement décidé de venir jeter un œil à cet éboulement. Ce qui expliquerait le témoignage de Jean Girard. Et Sir Jack qui ignorait la survenance de l'éboulement, aura sûrement été indisposé par tous ces va-et-vient, et aura-t-il pris Clovis à partie.

Petite synthèse

À ce stade de la soirée, on ne sait donc pas exactement à quelle heure les Drummond arrivent. On ne sait pas exactement à quel moment Gustave et Yvette les voient arriver. On ne sait pas si Yvette est allée ou non voir l'éboulement avec Gustave et *le petit*. Les variations des époux sur cette question, semblent dire que la séquence s'est passée différemment de ce qu'ils

---

1 PV n° 387/124 du commissaire Sébeille, en date du 6/11/52 (cote D 142).

en diront. Bien sûr, il transparaît que la seule raison possible de cette embrouille visait à cacher que Gustave savait sans doute que des Anglais devaient camper sur la décharge ce soir-là. Mais comment l'aurait-il su, et savait-il qu'il s'agissait des Drummond ? Et d'ailleurs, comment aurait-on pu y penser et lui poser ces questions ?

Au retour de Peyruis

Comme à l'aller, Gustave est forcément repassé à moto devant la Hillman, mais il dira ne pas y avoir prêté attention. Il est également repassé devant La Serre. Rappelons que c'est là qu'habite Zézé, son cher neveu. Zézé dira que ce soir-là, à son retour de Peyruis après 21 h, Gustave aurait klaxonné « *comme il le faisait toujours* », mais sans s'arrêter. Après quoi il se serait couché. Au procès, mais hors serment, il mentira en disant avoir dîné avec sa mère, partie ensuite rejoindre la ferme de La Cassine[1]. Mais il avait oublié qu'il avait auparavant affirmé au commissaire Constant que sa mère y était partie en début d'après-midi.

Quoi qu'il en soit, il sera finalement établi que Zézé était bien seul à La Serre ce soir-là, où peut-être son ami Jean Galizzi l'avait-il rejoint. En effet, sa mère Germaine et Galizzi diront que Zézé était très peureux. Il n'osait même pas aller seul la nuit aux latrines extérieures[2]. Et pour ne pas rester seul la nuit à La Serre, d'habitude il allait coucher chez Galizzi à Pont-Bernard. Mais cette nuit-là, il n'aurait pas pu y aller, car Galizzi dira qu'il avait couché à La Cassine[3]. Ce qui ne sera pas vérifié.

Zézé est-il venu à La Gran'Terre ?

Voilà une question récurrente tout au long de l'affaire. Mais le commissaire Sébeille ne voudra pas en entendre parler. Ayant pris le jeune homme en empathie, il ne voudra jamais croire à son implication dans le drame, et ce malgré l'avis de son ancien commissaire de père. En revanche, le capitaine Albert avait acquis la même conviction qu'au retour de Peyruis, Gustave avait dû s'arrêter à La Serre, et que Zézé aurait pu revenir avec lui, et rester dormir à La Gran'Terre. On s'en doute, cette éventualité a toujours été niée farouchement par Zézé et toute la famille. Seul Gaston, lors de son procès suggèrera sa présence et peut-être celle de Galizzi, puis lors du supplément d'information, il le dira explicitement, quitte à se dédire. Sa fille Germaine[4],

---

1 Le quartier de La Cassine se trouve à la sortie opposée de Peyruis, à quelques kilomètres avant Château-Arnoux.

2 Selon Yvette, PV n° 424/77 du commissaire Gillard en p. 6 (cote C 298).

3 PV n° 85-R de la brigade de Forcalquier, en date du 21/10/55 (cote C 301).

4 PV n° 353/19 du commissaire Gillard en date du 05/08/55 (cote C 105). Une note de synthèse en date du 8 août 1955, c'est-à-dire rédigée lors du supplément d'information par le procureur de Digne fait suite à une lettre anonyme venue dire que Zézé aurait couché chez Jean Galizzi la nuit du drame. Interrogé, Daniel Garcin, donné comme son *père adoptif*, précisera que ce n'était pas la nuit du drame, mais trois jours après, et que Zézé aurait

mère de Zézé, dira à plusieurs reprises que, si Gustave s'était arrêté, il aurait sûrement emmené son neveu comme il le faisait souvent.

En fait on l'a dit, Zézé, sacré *roi des menteurs* et considéré comme un affabulateur mythomane, n'a menti, de façon éhontée et parfaitement incohérente, que sur trois questions seulement, à commencer justement par la soirée du 4 et la nuit qui suivait. Sur toutes ses autres révélations, comme par exemple sur la venue des Anglaises à la ferme ou *la femme en noir*, il maintiendra au contraire la même version, et de façon parfaitement cohérente avec d'autres membres de la famille, même lors des confrontations.
Mais revenons à la visite d'Yvette à l'éboulement avec les témoignages de Francis et Aimé Perrin.

Yvette à l'éboulement avec « *le petit* »
Francis Perrin viendra dire au commissaire Chenevier[1] que Gustave aurait demandé à son frère Aimé Perrin arrivant sur les lieux au matin du drame vers 7 h 30, si au moins il n'avait pas dit aux gendarmes qu'Yvette était venue avec sur les lieux la veille au soir. Interrogé[2], Aimé Perrin confirme en ajoutant mieux, que Gustave lui aurait d'abord demandé si Yvette lui en avait parlé, et qu'il lui aurait alors enjoint de ne surtout pas dire qu'Yvette était « *avec le petit* ». Comme il est évident qu'il n'y aurait rien eu de vraiment anormal, sauf sur la question de l'heure, à ce qu'Yvette ait accompagné son mari avec son bébé dans les bras, la demande et plus encore l'interdiction d'en parler, posent question. Sans doute, fallait-il cacher quelque chose. Mais quoi ?

Le commissaire Chenevier pensera à juste titre que *le petit*, plutôt qu'Alain bébé dans les bras de sa mère, désignait Zézé. Car il avait remarqué que tout le monde l'appelait ainsi dans la famille. Mais, bien sûr, Gustave, Yvette et Zézé cette fois vont nier farouchement que ce dernier ait pu venir ce soir-là à la ferme. Pourtant, on verra que le supplément d'information arrivera à une très forte présomption de cette présence. Or, si Yvette est bien allée voir l'éboulement en compagnie de Zézé, et non avec son bébé dans les bras, ce ne pouvait être qu'après le retour de Peyruis vers 21 h 30. Et ça tous vont le nier jusqu'au bout.

Vers la même heure
Venant du sud, le commandant de Vaulx aurait remarqué quelques 200 à 300 m « *avant* » La Gran'Terre, sur une plateforme proche de la ferme Guillermin[3], une voiture vert sombre, garée côté Durance, le capot en direction du sud,

---

couché là plusieurs nuits de suite. La chose qui n'a alerté personne, montre bien le lien d'amitié qui unissait les deux garçons, mais peut-être aussi que Zézé avait bien peur de quelque chose de précis.

1 PV n°353/14 du commissaire Chenevier en date du 4/8/55 (cote C 100).

2 PV n°353/15 du commissaire Chenevier en date du 4/8/55 (cote C 101).

3 Simple élargissement du bas-côté, plus exigu que la décharge proche de La Gran'Terre, elle existait en effet.

c'est-à-dire comme celle des Drummond. Il dit seulement, mais sans autre précision, que son modèle est différent de la Hillman. La portière gauche est ouverte côté Durance. Il la dit « *opposée au conducteur* », qui était donc assis à droite, ce qui veut dire qu'il s'agirait d'une voiture anglaise. L'homme, était vêtu d'un haut noir genre « *saharienne ou polo* ». Teint mat et cheveux noirs, il lui trouve « *un air inquiétant* » comme gêné d'avoir été remarqué. Le commandant aperçoit deux silhouettes en contrebas vers la Durance.

Plus loin après La Gran'Terre, toujours sans autre précision notamment sur le sens de la voiture, il voit une seconde voiture, noire celle-là, avec un homme, une femme et une fillette qui campent à gauche de la route, donc côté colline. Mais au contraire de sa femme, le commandant n'aurait pas remarqué le bivouac des Drummond.

Malgré la qualité du témoin habitué aux comptes rendus militaires, rien ne permet de rattacher ces deux voitures, à ce qui a pu être établi par ailleurs, sauf peut-être dans l'hypothèse selon laquelle le couple de L'Ermitage aurait rejoint les Drummond. Pour la première voiture, ni celle-ci ni l'homme ne ressemblent à ce qu'a décrit le gendarme Marque. À la rigueur, pour l'autre bivouac, la famille Cammaerts pourrait-elle correspondre, mais pas la couleur de la voiture. Et hélas, les renseignements donnés dans la déposition de son frère, ne sont pas cohérents avec les deux lettres successives du commandant[1]. En fonction des autres éléments et témoignages, ceux du commandant ne permettent pas d'établir une corrélation avec le bivouac des Drummond.

D'ailleurs, à cette heure, aucun des autres témoins qui ont dit avoir vu la voiture des Drummond, n'a remarqué celles avant et après le bivouac, de part et d'autre de La Gran'Terre. Notons à nouveau combien on a pu voir dans le coin de voitures anglaises avec une famille ressemblant peu ou prou aux Drummond… ou aux Cammaerts.

La *femme habillée de noir*

Cette femme énigmatique apparaît pour la première fois sur les lieux du drame, dans un PV fin janvier 1953, donc avant la déposition du gendarme Marque. C'est Aimé Perrin[2] qui vient dire au commissaire Sébeille qu'Yvette et Gustave auraient vu cette femme, le soir, aux abords de la Hillman. Il le tiendrait d'Yvette elle-même qui lui aurait dit, dès le 5 août au matin : « *Il y avait plusieurs personnes là-bas, dont une femme habillée de noir* ». De son côté, Zézé[3]vient ensuite dire au commissaire Sébeille et aux gendarmes Romanet et Rebaudo, que Gustave lui a dit : « *Le soir, en revenant de l'éboulement, il lui semblait avoir vu quatre personnes près de la voiture,*

---

1 Déposition du frère du commandant, le général en retraite Jean-Antoine de Bermond de Vaulx aux gendarmes de Saint-Vincent-de-Jabron en date du 2/12/52.

2 PV n° 387/145 du commissaire Sébeille, en date du 27/1/53 (cote D 172).

3 PV n° 387/147 du commissaire Sébeille, en date du 29/01/53 (cote D 174), et PV n° 7-R de la brigade de Forcalquier, en date du 30/01/53 (cote B 109).

c'est-à-dire un homme, deux femmes et une fillette, l'une de ces femmes avait une robe rouge et l'autre une robe noire... il a constaté que la femme en noir n'était pas parmi les victimes ». C'est sans ambiguïté. Et on sait qu'au matin Lady Anne sera retrouvée vêtue d'une robe rouge à fleurs blanches.

Comme Aimé prétend que Clotilde l'a aussi entendu dire, elle est interrogée le 18 février[1]. Elle dit qu'elle n'a rien entendu dire, mais qu'ayant interrogé Gustave, celui-ci a commencé par nier, puis a concédé : « *Yvette avait dit qu'il lui avait semblé avoir vu une femme habillée en noir, en compagnie des Drummond la veille du crime* ». Il a ajouté qu'il pourrait s'agir de Marie sa mère qui était montée au canal fermer l'eau d'arrosage du champ de luzerne. Mais Marie était bien montée mais vers 17 h, et elle niera toujours être allée à la nuit tombée du côté du bivouac. Bien sûr, s'il s'était agi de sa mère, ni Gustave ni même Yvette n'auraient pu faire de confusion. N'est-ce pas une façon maladroite d'essayer de colmater une gaffe ?

Car voilà encore Germaine[2] qui dit également au commissaire Sébeille qu'Yvette lui aurait confié quelques jours après le drame, qu'elle était allée voir l'éboulement avec Gustave, et qu'elle avait vu cette femme en noir avec les Drummond. De nouveau hélas, elles ne seront pas confrontées.

Notons que la presse ne connaîtra pas ces témoignages avant que le gendarme Marque ait dit avoir vu la *femme habillée de noir* à L'Ermitage, une heure auparavant. Comment les enquêteurs n'en ont-ils pas été alertés ? Car cette femme disparaîtra complètement des investigations jusqu'en décembre 1953, au moment où Gustave finira par répéter qu'il y avait bien une femme sur le bivouac qui « *était habillée de sombre* »[3]. Mais elle disparaîtra de nouveau, sans plus intéresser personne.

Elle ne refera surface que lors du supplément d'information, sur demande du juge Carrias, pendant que le commissaire Chenevier tentera d'approfondir[4]. Dans son interrogatoire le 3 août 1955[5], Barth dira que, lors de sa venue le jour du drame en fin d'après-midi dans la cour de La Gran'Terre, il a en effet été

---

1 PV n° 11-R de la gendarmerie, en date du 18/2/53 (cote B 112). Clotilde dira encore que Gaston aurait vu une femme sur les lieux, mais le 8 août au matin et vêtue de bleu. Ce PV n° 11-R fait, à ce propos, référence au PV de synthèse n° 12-R (cote B 35) où la déposition de Gaston se trouve en effet consignée à la date du 8/8/52. Cette femme vêtue de bleu serait arrivée à pied, aurait fait un tour sur les lieux du drame et serait repartie de même. Elle n'a pas été retrouvée... mais elle n'a pas été recherchée. En cet endroit peu habité, à quelques kilomètres des premiers villages, une inconnue à pieds ne pourrait être que quelqu'une venue se rendre compte discrètement de l'état des lieux du drame. Si ce n'est pas une invention, une seule hypothèse serait possible : il s'agirait de la femme en noir ayant changé de robe, et donc peut-être de la femme de Cammaerts. Mais rien ne le permet.

2 PV n° 387/151 du commissaire Sébeille, en date du 8/5/53 (cote D 180).

3 PV du juge Périès en date du 28/12/53 (cote D 245). Rappelons que Madame Bizot avait employé cet adjectif dans *La Marseillaise* du 14/8/52.

4 PV n° 117-2-R du capitaine Albert, en date du 01/05/55 (cote C 38), récapitulant entre autres les rapports n° 6-R, 7-R et 11-R.

5 PV n° 353/11 du commissaire Chenevier en date du 3/8/55 (cote C 93).

question de cette femme en noir. Son témoignage est d'autant plus intéressant qu'il contredit sa fille. De même sa femme va dire au commissaire Gillard[1] qu'elle a bien entendu parler d'une femme en noir, mais que celle-ci se serait trouvée sur la voie ferrée. Et on se demande alors ce qu'elle pouvait bien y faire, sauf à faire un lien avec le témoignage du commandant de Vaulx. Dans la foulée, le 5 août 1955[2], Aimé Perrin confirme ce qu'il avait déjà dit aux gendarmes. Et le 9 août[3], Germaine confirme à son tour son précédent témoignage. Le 10 août[4], Yvette tente de colmater la brèche en reprenant une « *robe sombre* », comme Gustave... et Madame Bizot. Elle dit que, de loin, dans le soir qui tombait, elle a pu prendre la robe de Lady Anne pour noire, ce qui fait sourire le commissaire Gillard. Le 12, le commissaire confronte Gustave et Zézé[5]. Tandis que Zézé maintient que c'est bien Gustave qui lui a dit avoir vu cette femme alors qu'il se rendait à l'éboulement vers 20 h 15 le 4 août, ce dernier nie farouchement. Enfin le 22 novembre[6], le commissaire lui rappelant ce qu'a rapporté Aimé Perrin, Yvette redit qu'il pourrait bien s'agir de sa belle-mère. Bien sûr, ce nouveau colmatage ne convainc pas plus. D'ailleurs Marie niera de nouveau être allée sur le bivouac.

Mais pourquoi le supplément d'information ne fera aucune relation avec le témoignage du gendarme Marque qu'elle n'a pu cependant ignorer bien que ne le citant jamais. En effet, une heure avant le bivouac, le gendarme aurait vu une *femme habillée de noir* devant L'Ermitage, en compagnie d'un homme apparemment lancé à la poursuite des Drummond. On l'a déjà mentionné, Zézé ayant déposé le 29 janvier 1953, alors que Marque ne déposera que le 23 mars, ne peut donc avoir emprunté cette femme à la déposition du gendarme, ni ce dernier, étant à Valensole, avoir eu connaissance de la déposition de Zézé. Seul Jean Meckert (oc p. 127 & 222), mais hélas sans citer de source, ni s'y intéresser plus avant[7], dit qu'une *deuxième voiture* aurait été aperçue garée près de la Hillman au crépuscule.

Même après le supplément d'information, aucun des auteurs ne s'est plus soucié de cette femme en noir, avant William Reymond. Le dernier, Jean-Louis Vincent, rappelant que Lady Anne aurait été vue Digne par Madame Bizot *vêtue de sombre*, et que l'inventaire[8] des vêtements comprenait *un short noir, une jupe noire et un chemisier noir*, propose que Lady Anne ait pu être vêtue de noir dans la journée de ce 4 août, et qu'elle ait donc pu être vue

1 PV n° 353/12 du commissaire Gillard, en date du 3/8/55 (cote C 94).
2 PV n° 353/21 du commissaire Chenevier, en date du 5/8/55 (cote C 107).
3 PV n° 353/38 du commissaire Chenevier, en date du 9/8/55 (cote C 128).
4 PV n° 353/40 du commissaire Gillard, du 10/8/55 p. 7& 8 (cote C 135).
5 PV n° 353/52 du commissaire Chenevier, en date du 12/8/55 (cote C 147).
6 PV n° 424/77 du commissaire Gillard, du 22/11/55 (cote C 298).
7 Peut-être a-t-il eu connaissance du témoignage du commandant de Vaulx, et l'a-t-il mal interprété ?
8 Comme ces vêtements étaient pliés dans la valise bleue, est-on certain qu'ils aient été portés et seulement bien rangés là pour la nuit ?

habillée de noir sur le bivouac. On a déjà fait remarquer que ce vêtement noir aurait été pour le moins inconfortable en plein soleil et par une telle canicule, sinon d'un *look* inadapté pour assister au spectacle populaire d'été en Provence, qui n'avait rien de commun avec un concert à l'*Albert Hall*. Au moment de se coucher, elle aurait pu se changer avec la robe rouge à fleurs. Mais c'est une hypothèse réductrice en ce sens qu'elle ne retient que la seule supposition favorable au rejet d'un ensemble des témoignages concordants. Car, hormis le vêtement noir, ce sont bien deux femmes qui auraient été vues sur le bivouac. Et il faudrait aussi dire pourquoi Yvette et Gustave, qui avaient tout intérêt à y introduire des tiers, ont-ils au contraire nié farouchement contre Zézé, sa mère, Aimé Perrin, Clotilde et même les Barth, qui visiblement ne voyaient pas pourquoi nier. Et sans revenir sur le témoignage du gendarme Marque qui ne pouvait pas savoir ce que tous ceux-là avaient dit avant lui.

En revanche, on comprend que le commissaire Sébeille avec tout le monde à sa suite, ait omis de s'y intéresser. Dans son ouvrage, il n'en dit d'ailleurs pas un mot, et ne tiendra finalement aucun compte de cette femme en noir qui ne trouve pas place dans la mosaïque de son scénario devenu celui de l'accusation. De son côté, si le commissaire Chenevier reviendra sur cette femme, il ne fera aucune corrélation avec le témoignage du gendarme qu'il semblera ignorer.

Conclusion

Si la présence de cette femme sur le bivouac devait être rejetée comme une invention collective, encore faudrait-il au moins en proposer une raison plausible, et pour chacun. Si Zézé a inventé, sans parler de sa mère, mais en même temps Aimé Perrin, Clotilde et les Barth, tous ceux-là n'avaient aucune raison de confirmer une telle invention qui contrariait si fort Yvette et Gustave, et sans qu'on sache pourquoi. En effet pourquoi ces derniers ont-ils tenté de colmater en disant qu'il pouvait s'agir de la vieille Marie, ou alors de la robe de Lady Anne assombrie par la nuit tombée ? Au passage, n'était-ce pas avouer à demi la présence d'une autre femme tandis qu'elle devait être niée à n'importe quel prix. Un tel faisceau de comportements n'aurait aucun sens, sauf si cette femme était bel et bien venue là, sans doute la même que vue à L'Ermitage, et sans doute celle de Cammaerts. Si elle est bien venue au soir sur le bivouac, pourquoi était-il impératif pour Yvette et Gustave que cela ne se sache à aucun prix ? Mais là encore quelle était la nature d'un tel interdit… et imposé par qui ?

Le bivouac

Bien que personne n'ait vu l'organisation du couchage proprement dit, il a été admis que le bivouac a été établi le long de la voiture, côté opposé à la route, avec deux lits de camp parallèles à celle-ci[1]. Ce qui semble en effet de bon

1 PV n° 11-R déjà cité, et rapport du commissaire Sébeille, en date du 23/01/53 déjà cité.

sens pour se protéger a minima du trafic routier. Pour le reste, on ne peut rien dire, comme il d'affirmer que la petite Élizabeth avait couché dans la voiture. Ce couchage dans la voiture a été considéré comme vérité acquise dès le matin. Or, si l'arrière de la voiture dépourvu de sa banquette offre une plateforme assez longue[1] pour qu'Élizabeth qui mesure 1,42 m, puisse s'allonger, aucun aménagement de couchage, tel que matelas, oreiller, couverture, ne sera trouvé à l'arrière du véhicule. Bien au contraire, l'intérieur était encombré d'un fatras d'objets qui auraient empêché le couchage. Tous les sièges, coussins et couvertures étaient dehors. Bien sûr, tout cela a pu être sorti et mis comme le reste dans l'état où on l'a trouvé. Mais il est néanmoins peu probable que la fillette ait pu coucher là, surtout portières fermées comme en les ont vues tous les passants de la nuit et jusqu'à l'arrivée des gendarmes. Alors que les battants arrière ne s'ouvraient que de l'extérieur, et qu'au matin on trouvera la clé engagée dans la serrure.

Le plus probable apparaît donc que la fillette a couché dehors. En effet, si on en croit les filles Marrian, c'est Élizabeth qui aurait vivement insisté pour passer la nuit à la belle étoile. Il est donc probable qu'elle ait été, soit installée sur les banquettes et coussins de la voiture sortis et aménagés en couchage, soit que ce soit Sir Jack qui les ait utilisés, laissant les lits de camp à sa femme et à sa fille.

Et à La Gran'Terre ?

Gaston a donc toujours prétendu être allé se coucher comme d'habitude, c'est-à-dire vers 20 h 30. Même si, à cette période de l'été, 20 h 30 marque à peine le crépuscule. Il faut dire que Gaston se lève bien avant l'aurore. Mais, ce soir-là, est-il crédible qu'il soit monté se coucher sans attendre d'abord le retour de Gustave et ce qu'avait dit Roure. On ne sait. Mais une rumeur tenace est venue dire et redire que la soirée s'était terminée tout autrement. Selon le juge Carrias[2], mais avant lui Giono[3], Teyssier, Doménech (oc p. 102 en note), Pierre Scize (oc p. 301 & 313) ou encore Mireille Sacotte[4], le soir du 4 août, il y aurait eu une réunion à La Gran'Terre. Le maire de Lurs, Estoublon, aurait été présent, avec quelques autres dont un motard. On y aurait éclusé une forte dose de *blanche*. Gaston aurait même confié à un gardien de la prison de

---

1 Exactement 61 pouces, selon la notice de l'époque, soit 1,55 m.

2 Articles dans *Dominici, de l'accident aux agents secrets*, publié en 1999 après la sortie du livre de William Reymond en 1997.

3 Interviewé par Guy Mounerau dans *France Dimanche* n° 466 du 31/07 au 08/08/55, p. 11, Giono précise qu'il s'agissait de reparler de crimes commis lors de la Libération par certains FTP dévoyés, mais, sage précaution, que le Parti n'y était pour rien. Il dit et répète qu'il est réellement curieux qu'aucune investigation n'ait jamais été menée par les enquêteurs sur cette réunion. Lors des assises, le président dira qu'il n'y a rien sur cette réunion dans le dossier. Il se s'en trouve, en effet, aucun PV.

4 Giono oc en note p. 1398.

Digne[1], qu'il aurait été « *saoul comme une bourrique* ». Lors de ses aveux et du procès, Gaston dira à plusieurs reprises « *j'étais saoul* ». Or pas plus les enquêteurs et l'instruction que la défense, n'ont cherché à savoir si réunion il y avait eu ce soir-là et avec qui. Tout se passe finalement comme si tous avaient eu intérêt à effacer l'éventualité même d'une telle réunion.

Pour Giono, et selon une rumeur récurrente, il se serait donc agi d'une réunion de la cellule du Parti, dont il dit, sans le faire, pouvoir citer au moins certains présents. Si on s'en tient aux rumeurs, il pouvait y avoir en effet Paul Maillet, secrétaire de la cellule de Lurs, Estoublon, maire communiste de Lurs, François Barth, membre de la fédération départementale qui est seul à posséder une voiture, et Roger Autheville, secrétaire de cette fédération, un scooter. Et peut-être un ou deux autres qu'on verra plus loin. Et Giono de suggérer qu'il pouvait s'agir de régler des questions relatives à quelques séquelles peu glorieuses de la Libération[2]. Pourquoi ce soir-là et chez Gaston qui n'était pas membre du Parti ni ancien FTP[3] ? Chez Gustave, qui pourtant n'avait pas été vraiment FTP, serait-il plus vraisemblable ? Quoi qu'il en ait été, le supplément d'information ne se préoccupera pas plus de savoir s'il y eut ou non réunion[4].

Pour le moment, si elle eût bien lieu, une telle réunion de communistes même chez Gustave, qui n'était pas plus membre du Parti, n'aurait pu avoir qu'une raison exceptionnelle et surtout concernant La Gran'Terre. Car il n'est pas d'usage de se réunir ailleurs que chez un des membres de la cellule. Évoquée devant les assises, le président refusera que la question de cette réunion soit évoquée sinon débattue[5]. On ne saura donc jamais ce qu'il en a réellement été. On ne sait pas à quelle heure cette réunion aurait pu se

1 Témoin très tardif et voulant garder l'anonymat, in *Dominici, de l'accident aux agents secrets* (oc p. 69). On se demande bien pourquoi, alors que la publication de la confidence est survenue vingt-deux ans après… à moins qu'une menace tienne toujours.

2 Rackets, vols et meurtres, beaucoup non élucidés, mais bien réels, connus et répertoriés.

3 En revanche, selon son rapport en date du 03/05/53 (cote D 178), le commissaire Sébeille se félicite, d'une façon générale, de la coopération des communistes locaux. Pourtant, la presse communiste ne le ménagera guère.

4 Un motard a été retrouvé et interrogé par le commissaire Chenevier et le juge Carrias en 1956. En fait, il s'agissait d'un dénommé André Vayssières, mécanicien à Peyruis dénoncé au juge Carrias par un certain André Hugues. Selon ce dernier, Vayssières aurait été présent avec d'autres à La Gran'Terre ce soir du 4 août, jusque vers minuit ou 1 h du matin (PV du juge Carrias, en date du 13/03/56 - cote C 403). Le juge entend alors Vayssières qui dément, et prétend être allé ce soir-là à la fête à Eyguians avec deux amis à moto (PV du juge Carrias en date du 13/03/56 - cote C 404). Interrogés, ceux-ci confirment pour le dimanche soir 3, mais pas pour le lundi 4 (PV n° 199 & 200 et du commissaire Blandiguières de la Seyne-sur-mer, en date du 27/03/56 - cotes C 414 & 415). Le juge confronte alors Vayssières et Hugues. Vayssières admet que c'était sans doute le dimanche, mais nie être allé à La Gran'Terre le lendemain. Et il nie aussi l'avoir dit à Hugues. Comme celui-ci maintient, Vayssières finit par admettre qu'il l'a peut-être dit sous forme de plaisanterie (PV du juge Carrias, en date du 13/04/56 - cote C 429). Mais Hugues le conteste aussi. Et l'incident sera classé.

5 Selon Pierre Scize (oc p. 313), le président Bousquet aurait dit aux assises : « *On parle dans les journaux d'une réunion, mais il n'y a rien à ce sujet dans le dossier.* »

terminer. Mais elle aurait dû finir au moins avant un autre événement conjectural de la soirée, l'intrusion dans la cour de la ferme, de la moto avec side-car, entre 23 h et 23 h 30, alors que tous disent avoir été couchés.

Synthèse générale du 4 août sur les lieux

Rassemblons les éléments qui peuvent constituer cette partie de puzzle de façon cohérente avec une bonne probabilité. Dans la journée :

- Gustave aide à la moisson chez Girard.

Dans l'après-midi :

- Éboulement dans la luzerne de Gustave.
- Marie va fermer la vanne d'arrosage vers 17 h.
- Très peu probable que Gustave soit parti avant 19 h 30 de chez Girard, qu'il ait rencontré les Drummond et les ait amenés sur la décharge.

Aux alentours de 20 h :

- Les Drummond arrivent sur les lieux.
- Gustave revient de chez Girard. Apprenant d'éboulement, il va se rendre compte. Yvette reste à la ferme. En passant près du bivouac, lui demande-t-on de l'eau et est-ce lui qui propose d'aller à la ferme ?
- Gaston qui rentre à son tour avec ses chèvres, passe et parle avec les Anglaises

Entre 20 h 15 et 20 h 45 :

- Pendant que Gustave est à l'éboulement, les Anglaises viennent à la ferme chercher de l'eau. Elles refusent de changer de lieu de bivouac. Prise de quelques photos.
- Gaston dîne et se couche.
- Les Anglaises sont remontées au bivouac avant le retour de Gustave. Il pourra donc dire qu'il n'a pas vu les Anglaises à la ferme.
- Arrive la femme habillée de noir qu'une voiture a déposée et qui reviendra la récupérer. Il pourrait donc s'agir de la femme vue à L'Ermitage. Est-ce la femme de Cammaerts ? Le couple aurait-il retrouvé les Drummond après leur ratage ? Qu'avaient-ils à se dire ?
- En remontant de l'éboulement, Gustave la voit avec les Drummond.
- Gustave le dit à Yvette, et part prévenir Roure à Peyruis.

Entre 21 h 50 et 21 h 30 :

- À l'aller, Gustave passe devant La Serre et klaxonne.
- Arrivée chez Roure à 21 h. Il prévient aussi Clovis.
- En repassant, il s'arrête à La Serre et prend sur sa moto Zézé qui est seul ou peut-être avec Galizzi.

À partir de 21 h 30 :

- Arrivés à la ferme, Gustave emmène Yvette avec *le petit* voir l'éboulement. Yvette veut surtout voir le bivouac, mais *la femme habillée de noir* n'est plus là.
- Clovis arrive à vélo pour voir l'éboulement et *s'engraine avec le Drummond.*

- Tous rentrent à la ferme, tandis que Clovis repart.
- Arrivent les gens du Parti pour une réunion chez Gustave dont on verra que Gaston et Zézé seront écartés. Fin de la réunion avant 23 h.

Gardons en mémoire trois questions :

- Pourquoi avoir vu des *campeurs* en arrivant devait-il être nié ?
- Pourquoi les présences de *la femme habillée de noir* doit-elle être niée ?
- Pourquoi les enquêteurs, y compris lors du supplément d'information, n'ont-ils pas fait la relation avec le témoignage de Marque ?

Voilà donc les Drummond installés pour la nuit. Mais avant de détailler ce que les enquêtes pourront permettre d'établir de cette nuit du 4 au 5 août, disons un mot des comportements.

Première esquisse de comportements

On commence à percevoir que la manière de traiter la *vérité* qu'on va retrouver bien sûr chez les Dominici, mais aussi chez tous les gens du coin à des degrés divers, répond à une logique contrariante pour les esprits cartésiens. Et d'autant qu'ils se disent étrangers au drame. Le commissaire Sébeille, lui-même *régional*, ne savait-il pas que cette façon de faire correspondait bien à un système local d'autoprotection qu'on l'appelle ici l'*embrouille*. Pourtant le commissaire ne titre-t-il pas ainsi l'un de ses chapitres. Mais il montre qu'en revanche, en tant que *spécialiste du crime paysan*, il ne savait pourtant pas s'en *débrouiller*. Car non seulement ce n'était pas un comportement propre aux Dominici, mais il ne correspondait pas forcément chez eux à une stratégie particulière à cette affaire. Toute personne un peu attentive, se rend assez vite compte qu'elle répondait d'abord à une certaine logique générale de mentalité. Et c'est cette logique qui véhicule la *vérité* que les Dominici prétendront constamment dire, malgré l'évidence contraire. Répétons que c'est un mode encore habituel aux Méridionaux, surtout dans le monde agricole de la Provence profonde, comme l'a si bien montré toute l'œuvre de Giono et aussi celle de Pagnol, sans parler de modernes investigations ethnologiques. Encore plus à l'époque qu'aujourd'hui, cette attitude sert à détourner toute question les concernant, voire simplement à dérouter les *estrangers* de leur environnement direct, et même jusqu'aux voisins. La réputation de hâblerie et de jovialité, voire de jobardise des Méridionaux, est un cliché trompeur qui cache une réalité profonde bien différente. Comme Cendrars l'a bien compris aussi, les Méridionaux n'aiment pas montrer ce qu'ils sont vraiment, et surtout pas leurs vrais sentiments qu'ils masquent notamment derrière une perpétuelle galéjade, et encore mieux à propos des questions sérieuses. Ils n'aiment pas non plus qu'on pénètre leur véritable intimité, et encore moins qu'on s'intéresse à leurs affaires. Leur fierté exècre par-dessus tout qu'on puisse juger de leur degré de pauvreté… ou de richesse, que d'ailleurs ils cachent ou montrent l'une comme l'autre avec autant de faux semblants. Enfin, sans doute comme tous les paysans du monde, mais surtout méditerranéens, ils ont un sens particulier du terroir et de la famille, qu'ils défendent toujours et à n'importe quel prix. Mais, on l'a dit, Giono contestera ici à juste titre la qualification de clan.

Chez les Dominici, il semblerait que le constant balancement de leurs comportements s'explique simplement : ils lâchaient quelques détails vrais, puis se rétractaient ou les embrouillaient lorsqu'ils se rendaient compte que ces « *paillettes de vérité* », comme les qualifiera Me Pollak, pouvaient mener à *certaine vérité* qui ne devait ou ne pouvait pas venir au grand jour. Comme l'a fort bien compris et écrit le seul Gabriel Doménech, on a cru que les Dominici créaient l'embrouille pour se défendre, alors qu'ils le faisaient surtout pour éviter qu'on découvre cette *certaine vérité*. Mais, direz-vous, n'est-ce pas exactement la même chose ? En général oui pour les gens de la ville nourris à la logique des Descartes. Mais pas dans ce cas particulier si, par exemple, au moins une part de cette vérité leur était étrangère, comme il le répéteront d'ailleurs chacun à sa façon. Cependant Gabriel Doménech lui-même n'a pas tiré les conclusions de son intuition. Or garder à l'esprit ce distinguo fondamental tout au long de notre travail, va montrer sa fécondité.

*

VII

LA NUIT DU 4 AU 5 AOÛT

*

Bien sûr, l'enquête n'avait pas d'autre but que de reconstituer ce qu'il s'est passé durant cette nuit. Mais déjà, dès le matin du 4 puis à partir des alentours de 18 h 30 à Digne, on a vu que les choses n'ont pas pu être précisément établies de façon formelle sinon cohérente, bien sûr et surtout avec ce qui se savait à l'époque et avec les a priori du commissaire Sébeille qui sera suivi par tout le monde policier et judiciaire.

Jusqu'au moment où les gendarmes vont arriver le lendemain matin entre 7 h 15 et 7 h 30, on ne va disposer que de témoignages dont beaucoup seront contestés ou contestables, recueillis par l'enquête ou, éventuellement par la presse, parmi lesquels les déclarations et dires discordants et variables de La Gran'Terre avant les dénonciations du père par ses fils, enfin avant les aveux sous conditions de Gaston, et finalement immédiatement contestés jusqu'après le verdict. Hélas, durant cette nuit, aucun témoignage extérieur ne sera déterminant. Et les dépositions de La Gran'Terre évoluant, variant et se contredisant, amèneront immédiatement les soupçons du commissaire Sébeille dans sa direction, mais, hélas, sans jamais parvenir à établir de certitudes cohérentes, on va comprendre pourquoi.

Sans avoir compulsé les centaines de PV et rapports du dossier, on imagine mal combien les policiers et gendarmes ont déployé d'efforts pour tenter de reconstituer ce qu'il s'est passé durant cette nuit tragique, entre le 4 août vers 20 h et le grand matin du 5. Pour cela, ils ont, bien sûr, recherché et recueilli les témoignages de gens passés sur la route, des habitants du voisinage, notamment à propos des coups de feu, puis bien sûr les dires des habitants de La Gran'Terre, de la famille et de leur entourage. Un grand nombre de pistes ont été explorées, quelquefois loin en France ou à l'étranger, mais toutes ont été abandonnées. Cependant on constate aussi un défaut de méthode et de rigueur, d'incroyables cécités, surdités et maladresses, le tout donnant souvent une image d'amateurisme comme on va le voir à propos.

Au bout du compte, toutes les informations recueillies engendrent des conjectures de plusieurs ordres différents, permettant plusieurs hypothèses à plusieurs niveaux dont on a commencé à deviner la complexité, hypothèses nécessitant autant de discussions conditionnelles complexes au fur et à mesure. In fine, faute d'éléments inconnus à l'époque, les enquêteurs et les auteurs s'en sont tenus à des a priori et à leurs convictions trop vite ou mal établies.

Point important, la question de la chronologie

À la décharge des gendarmes, policiers, magistrats et journalistes : tous ont dû subir l'ordre d'émergence d'informations plus ou moins fiables, en amenant au jour des éléments, dires, faits et gestes des uns et des autres dans le plus complet désordre. Désordre que déjà personne ne réussira à maîtriser jusqu'à la clôture de l'affaire en 1956. Après que le supplément d'information a été clos par un non-lieu, tous les auteurs qui ont tenté de reconstituer cette nuit fatale, ont exposé l'affaire dans l'ordre chronologique. Et s'y tenir est peut-être l'une des premières raisons pour laquelle il est apparu si difficile de débroussailler cette affaire.

Afin de tenter d'y parvenir, nous allons continuer à procéder comme nous l'avons fait jusqu'à maintenant. Bien entendu, l'ordre général du déroulement des faits sera respecté. Mais nous essaierons de reconstituer au fur et à mesure l'enchaînement réel. Car il ne s'agit pas de se perdre à nouveau dans les méandres des enquêtes ou de créer un suspense romanesque, mais d'articuler en leur temps réel les divers éléments, faits, gestes, dires et comportements, pour tenter de découvrir leur cohérence et les réalités qu'ils recouvraient en leur temps. Ainsi, au contraire de la stricte chronologie d'émergence des informations lors des enquêtes, qui empêche de mettre les éléments dans leur vraie chronologie, il faut faire intervenir comme nous avons déjà commencé à le faire et lorsque c'est éclairant, tout ce qui a pu survenir ou être retrouvé, et ce jusqu'à aujourd'hui.

Les éléments d'éphémérides[1]

Le 4 août à Lurs, le soleil d'est couché à 18 h 55 UTC, soit 19 h 55 heure légale de l'époque[2]. La nuit noire n'intervient pas avant 22 h légales[3]. Et, ce soir-là la lune a immédiatement commencé à compenser en partie l'obscurité. En effet, la pleine lune tombait le lendemain soir 5 août. Le 4 elle était donc

---

1 Ils ont été spécialement calculés par l'IMCCE (Institut de mécanique céleste et de calcul des éphémérides) aux coordonnées du village de Lurs.

2 Cette heure correspond au passage du centre du disque solaire sur l'horizon théorique. Toutes les éphémérides sont données en heures UTC (sigle anglo-saxon pour Temps Universel Coordonné), c'est-à-dire en heures solaires exactes par rapport au méridien de Greenwich. En France de 1952, il faut ajouter une heure pour avoir l'heure légale.

3 Plusieurs crépuscules sont définis astronomiquement : le *crépuscule civil* lorsque le centre du soleil atteint 6° sous l'horizon théorique, le *crépuscule nautique* à - 12°, et le *crépuscule astronomique* à - 18°, moment où les premières étoiles apparaissent, qui n'est donc pas encore la nuit noire. Le 4 août, le crépuscule astronomique était atteint à 20 h 55 UTC, soit 21 h 55 heure légale en France. Le décalage d'une heure supplémentaire supprimée en 1945 a été rétablie en 1976.

pratiquement pleine. Elle s'est levée dès 20 h 21, heure légale, elle a culminé à 23 h 53, et s'est couchée à 4 h 35. À l'époque seul des enquêteurs le capitaine Albert passera sur les lieux la nuit du 7 au 8 août, afin de se rendre compte, notamment, de l'état de la luminosité et de la visibilité qu'elle permet, et il en fera une analyse astronomique à l'heure du drame avec tracé des ombres reporté sur le plan du bivouac[1]. Travail remarquable pour l'époque. Le commissaire Chenevier fera de même, mais pas le commissaire Sébeille qui a minima ne cite à aucun moment le travail des gendarmes.

Les témoins de passage

Durant la nuit et jusqu'au grand matin, des voitures, bus et camions, motos, scooters, vélomoteurs, vélos et même des piétons, vont passer sur la route le long du bivouac. Une cinquantaine vont se manifester avec des témoignages d'un inégal intérêt[2], la plupart ayant seulement remarqué la voiture sans rien d'autre ou très peu de vraiment significatif. Une constante apparaît toutefois : ni avant, ni après le drame personne ne verra précisément la manière dont a été organisé le bivouac derrière la voiture, ni surtout personne ne verra les portières arrière ouvertes.

Le premier témoin est un voisin passé à vélo, Paul Delclite[3]. Viennent ensuite dix camionneurs, le témoin douteux Panayoutou, et enfin, de grand matin, le piéton Jean Ricard puis les gars de la SNCF. Bien sûr, tous les autres témoignages ont été examinés à égalité, mais il faut dire pourquoi ceux-ci ont été retenus plutôt que d'autres. En dehors de Delclite, Ricard et Panayoutou, les dix routiers sont des professionnels de la conduite. De plus, ceux-là étaient habitués à rouler de nuit, et leur sens de l'observation était donc autrement rôdé que celui des conducteurs courants. Pendant leurs longues heures de conduite, notamment de nuit sur des itinéraires connus et répétés, ils compensent naturellement l'ennui en remarquant les évènements inhabituels. Il suffit d'écouter les chauffeurs discuter entre eux dans un relais routier, pour s'en convaincre. C'est pourquoi leurs témoignages apparaissent plus fiables et peuvent être retenus avec une meilleure probabilité. Il en va de même pour le voisin Delclite à qui les lieux sont familiers. En revanche, on verra en quoi le témoignage de Panayoutou et celui de Ricard sont de nature différente.

1 Notamment PV n° 12-R en p. 14, et PV n° 1884/3-R de la brigade de Forcalquier, en date du 23/12/55 (cote C 387).

2 Par exemple le témoignage de Léon Dominici, neveu de Gaston et farouche défenseur de son innocence. Le 16/10/52 (PV n° 387/104 de l'inspecteur Tardieu - cote D 122), il vient dire que, se rendant à la fête à Digne, il est passé à moto vers 20 h 15 et repassé vers 23 h 15. S'il a bien vu la Hillman, il n'a rien remarqué d'autre.

3 PV n° 387/19 du commissaire Sébeille en date du 15/08/52 (cote D 28).

DE 22 H À 1 H 10

Un voisin passe et repasse à vélo, Paul Delclite

Ce premier témoin, ouvrier demeurant à la Maison du câble[1], couche aussi occasionnellement à l'étage de la ferme Guillermin[2]. Chaque soir, en revenant de son travail à la société de la mine, il vient faire une piqûre à son collègue Guillermin. Ce dimanche soir, il se rend ensuite à bicyclette à son *jardin de Saint-Pons* qui jouxte celui de La Serre dans la plaine de la Durance, pour y mettre en route l'arrosage. À l'aller, il passe donc devant la décharge vers 19 h. Elle est vide. Au retour, vers 19 h 30, elle est toujours vide.

En revanche, vers 22 h, reparti arrêter son arrosage, il passe à nouveau devant la décharge[3], et cette fois, la voiture est là. Et il remarque seulement ce qu'il prend dans l'ombre pour *un amas de couvertures* sur le côté du véhicule opposé à la route. Il pense que les occupants dorment là. Bien que peu explicite, un simple amas de couvertures peut apparaître comme une configuration plausible pour un bivouac fait des deux lits de camps plus un troisième couchage forain composé avec les sièges amovibles et coussins. Une heure plus tard, il repasse en sens inverse sans rien remarquer de nouveau. Il n'a croisé aucun véhicule, ni moto, ni piéton. Delclite passe à vélo et à quelques mètres seulement. À cette heure où il y a clair de pleine lune, le capitaine Albert et le commissaire Chenevier vérifieront que le bivouac se situe dans l'ombre du mûrier[4].

Vers 23 h, une moto… avec side-car ?

De sa chambre, Gaston dira[5] avoir été réveillé par quelqu'un qui criait sous sa fenêtre grande ouverte. C'était un homme qui demandait quelque chose dans une langue qu'il ne comprenait pas. Il dira d'abord de *l'anglais* puis plus tard de *l'italien*. Gaston lui aurait crié *d'aller se coucher*, et l'homme s'en serait allé, suivi par un bruit de *gros moteur*. Gaston se serait ensuite recouché et rendormi. Dans la chambre à côté, Marie dira n'avoir rien entendu, sauf, peut-être, son mari crier. Il faut rappeler qu'elle est sourde et la chambre sur une autre façade au sud.

Gustave[6], confirmé par Yvette, aurait également été réveillé, mais eux disent vers 23 h 30, et par le seul bruit d'une grosse moto. Il se serait mis à sa fenêtre et aurait vu un homme en train de quitter la cour. L'homme aurait

---

1 *Ibidem*. Rappelons qu'on l'appelle aussi la Maison de la mine ou la Caserne, proche de l'ancienne gare de Lurs, soit à 750 m de La Gran'Terre vers Marseille.

2 Rapport de synthèse du commissaire Sébeille, déjà cité en p. 12.

3 Jean-Louis Vincent ne mentionne que de la seconde aller et venue (oc p. 103).

4 Étude n° 97-R du capitaine Albert, en date de décembre 1955 (cote C 387), et PV n° 353/23 du commissaire Chenevier, en date du 5/8/55 (cote C 114).

5 Notamment, PV n° 12 R (cote B 35). Cet incident sera évoqué à de nombreuses autres reprises et se retrouve dans de nombreux PV.

6 *Ibidem.*

rejoint une femme et un enfant postés sur la route. L'homme et la femme riaient fort. La moto, qu'il n'a pas vue, aurait pris la direction de Marseille. Si la moto était arrêtée en bord de route, elle était masquée par la grange qui prolonge le mas principal, donc invisible depuis la fenêtre de Gustave. Ce dernier se serait ensuite recouché, et tous deux se seraient rendormis.

Notons d'abord qu'aucun des trois ne parle du chien de Gaston, Dick, qui aurait dû aboyer. Et personne n'a posé cette question. Mais deux témoignages montrent que le chien ne réagissait guère aux intrusions : le premier lors de la nuit du 7/8 août, vers 0 h 30, le capitaine Albert[1] en compagnie de Léon Espariat, maire de Forcalquier, viendra rôder autour de la ferme *en circulant dans la cour* sans que le chien se manifeste. Le second d'André Vayssières[2], mécanicien marchand de cycles à Peyruis, dira de même être venu l'avant-veille du drame jusque dans la cour rapporter une roue de moto à Gustave, alors que tout le monde dormait. Mais on saura incidemment que le chien couchait à l'intérieur. Ou était-il aussi vieux et sourd ? Sinon, venir crier sous la fenêtre de Gaston n'aurait pas manqué de le faire aboyer.

Ensuite, Gaston n'a fait que voir l'homme de sa fenêtre et entendre un bruit de moteur, mais n'a vu ni moto, ni femme, ni enfant. De même Gustave a entendu l'altercation avec son père, avant de voir l'homme rejoindre une femme avec laquelle il riait fort avant d'entendre une moto qu'il n'a pas vue. Était-ce un couple de touristes éméchés revenant de la fête à Digne ? Notons qu'aucun n'a donc formellement vu la moto, a fortiori avec un side-car, ni surtout un enfant. Comment donc avoir pu parler d'enfant et de side-car ? Bien sûr, tout le monde a pensé que Gustave devait être dehors, ce qu'il a toujours nié. Mais tous trois se sont cramponnés à ce side-car avec enfant. Pourquoi ? Était-ce une gaffe irrattrapable ?

Rappelons que, lorsque Paul Delclite est repassé à vélo sur la route aux alentours de 22 puis 23 h, il n'a pas croisé de moto. L'épisode aurait donc dû se passer juste après qu'il est rentré chez lui. En revanche, Delclite dira avoir vu de loin, vers 19 h, un couple et une moto avec son side-car à gauche, et non à droite comme en France, arrêtée près *de la station de Ganagobie*[3] donc vers La Serre.

Mais voilà que trois kilomètres avant d'arriver à Manosque[4], entre 23 h 45 et minuit, un camionneur, Ode Arnaud, doublera une moto avec side-car qui transportait au moins un homme et une femme. Il ne saura pas dire s'il y avait aussi un enfant qui pouvait être blotti dans les bras de la femme dans le side-car. Ce dernier étant à gauche de la moto, il s'agissait donc d'Anglais, et cela semblerait correspondre aux intrus de La Gran'Terre et à ceux vus de loin par

1 *Ibidem* p. 14.
2 PV n° 424/86 du commissaire Gillard, en date du 25/10/55 (cote C 316).
3 PV n° 47-R de la brigade de Forcalquier, en date du 17/12/52 (cote B 102).
4 PV n° 377 de la gendarmerie de Château-Arnoux, en date du 05/08/52 (cote B 1), et PV n° 387/4 du commissaire Sébeille, en date du 06/08/52 (cote D 11).

Delclite. Les enquêteurs vont rechercher cette moto anglaise avec couple et enfant, notamment chez les hôteliers et garagistes en direction de Marseille[1]. En vain. Mais il faut dire qu'ils limiteront leurs investigations à Manosque où ces gens ne se sont donc pas arrêtés.

Gaston alertera la suspicion du commissaire Sébeille en variant sur la langue de l'homme : d'abord anglais puis italien. Pourtant normal s'il ne la comprenait pas. Mais pourquoi, lorsque le commissaire lui en fera la remarque, Gaston entrera-t-il dans une de ses brèves et fulgurantes colères qui s'apaisera aussitôt. Le commissaire y verra une réaction devant un flagrant délit de mensonge. Mais était-ce peut être aussi une réaction d'orgueil de qui n'aimait pas être pris en défaut de compétence.

La différence des heures donnée par l'un et les autres, montre que Gaston, qui n'apparaît jamais en termes de connivence avec Gustave et Yvette, ne s'est sûrement pas concerté avec eux pour inventer cette intrusion. S'ils l'avaient fait, comme ils en seront soupçonnés, leurs versions auraient été concordantes alors qu'elles correspondent bien à ce qu'on pouvait en percevoir avec la différence d'orientation respective de leurs fenêtres. Malgré les témoignages de Delclite et d'Ode Arnaud, l'enquête puis l'accusation et la Cour douteront de la réalité de l'épisode au grand dam de Gaston qui y fera, au contraire, une référence insistante, comme Gustave et Yvette de leur côté.

Le fait que Gustave ait parlé de side-car alors qu'il avoue pourtant n'avoir même pas vu la moto, devait donc provenir du fait qu'au lieu de se trouver dans sa chambre, il aurait pu être dehors, comme on verra que Maillet viendra le révéler un jour, puis à son tour Gaston lors du procès et encore en prison à Marseille après sa condamnation.

Pourtant le commissaire Chenevier retiendra une invention au motif que c'est la venue tardive de Vayssières dans la soirée du samedi précédent qui aurait donné l'idée de cette intrusion du side-car. Et comme le commissaire Chenevier, nombre d'auteurs, dont Jean-Charles Deniau et Madeleine Sultan, considéreront l'épisode comme inventé par les Dominici pour masquer leur présence dehors à cette heure, ou alors pour justifier que les lumières aient été allumées.

Vers 23 h 15, Ode Arnaud[2]

Avant de doubler la moto avec side-car, ce marchand de primeurs à Château-Arnoux, est donc passé avec sa camionnette devant les lieux du drame. Si on retient l'heure de Gustave, il serait passé un quart d'heure avant la moto, mais si on retient l'heure de Gaston, c'est un quart d'heure après. Or Ode Arnaud dira avoir doublé une moto à side-car. C'est donc qu'elle était devant lui et

1 PV n° 2 de la brigade de Manosque, en date du 02/11/53 (cote B 107), et n° 1007 de la même brigade, en date du 19/12/52 (cote B 101).

2 PV n° 77 de la brigade de Château-Arnoux, en date du 05/08/52 (cote B1), PV n° 582 de la même, en date du 15/12/52 (cote B 98), et PV n° 387/4 déjà cité.

roulait un peu moins vite. Il a donc nécessairement dû passer devant La Gran'Terre juste après que la moto en est partie. C'est donc l'heure de Gaston qui serait exacte.

En passant devant la Hillman, Ode Arnaud remarque un homme *assis à gauche derrière la voiture*. Il faut dire qu'arrivant de la direction de Peyruis, en sortant du virage, ses phares éclairent l'arrière de la Hillman et du bivouac. Mais, bien que passant ensuite à seulement quelques mètres, il ne pourra donner aucun signalement de l'homme, ce qui est normal dans l'ombre revenue. Qui, à cette heure, pouvait être l'homme assis derrière la Hillman ? Bien sûr, on imagine seulement possible Sir Jack dans le cas où sa fille occuperait son lit. Car qui d'autre ? Gaston assis là sur le bivouac, comme certains partisans de l'accusation le retiendront, est complètement invraisemblable.

Deux kilomètres plus loin[1], Arnaud dit avoir croisé deux piétons marchant vers La Gran'Terre en tenant leur droite. Ils étaient en short, têtes nues et ne portaient rien. Ces deux piétons n'ont pas été retrouvés. Leur tenue a fait penser qu'ils n'étaient pas loin du lieu d'où ils venaient et où ils se rendaient. Et cette tenue comme l'heure tardive ont fait soupçonner Maillet et son frère qui habitaient la Maison de la mine. Maillet au moins portait souvent le short et s'absentait aussi le soir, comme en témoignera sa femme. Mais les frères Maillet portaient toujours casquette ou béret. Lorsque les policiers s'intéresseront à ce qu'ont fait les frères Maillet dans la nuit, ils accepteront leurs alibis selon les témoignages des femmes et parents, et on n'en parlera plus. Ces piétons tenant leur droite, sauf s'ils se sont arrêtés dans le quartier de Giropey, auraient dû passer vingt à vingt-cinq minutes plus tard près de la Hillman. En apprenant le lendemain ce qu'il s'était passé, on pourrait comprendre qu'ils ne se soient pas manifestés, surtout s'ils avaient vu ou entendu quelque chose d'inquiétant pour eux.

Vers 23 h 30, Joseph Juliany

Le chauffeur d'un car qui revenait de Corps en direction de Manosque, dit avoir vu un homme assez grand penché sous le capot ouvert de la voiture avec une lampe. Sans doute ne pouvait-il s'agir que de Sir Jack qui ne dormait pas[2]. Mais, bien que Juliany soit formel, et bien qu'il soit chauffeur expérimenté lui aussi, les témoignages de passagers du car jettent la confusion, tant ils voient tous des choses différentes, et qui ne correspondent en rien à ce qu'on a pu établir du bivouac.

---

1 C'est-à-dire après Giropey, près de l'embranchement vers Forcalquier.

2 PV n° 665 de la gendarmerie de Manosque en date du 21/8/52 (cote B 24).

Entre 23 h 30 et minuit, ***X et Y***

Selon une lettre anonyme postée à Forcalquier le 11 août[1] : *l'assassin est grand, et a de grands pieds... mince et frisé, toujours tête nue ou avec un béret basque.* Le commissaire Sébeille écrit y avoir reconnu Gustave. Mais, si ce dernier a le cheveu légèrement ondulé, Gustave ne peut donc être qualifié ni de frisé, ni surtout de mince. Et il ne porte jamais le béret, mais la casquette ou le chapeau. Dans une autre lettre anonyme de la même écriture postée le 25 août, à Sisteron cette fois[2], l'auteur prétend être passé à bicyclette devant la Hillman où il n'a rien remarqué d'anormal, mais il aurait vu, près de la ferme : *un Dominici en compagnie d'un autre homme. Ils avaient chacun une arme à répétition... demandez à X... et Y... à Peyruis* » (les points de suspension sont dans le PV). Hélas sans donner les noms. Il ne se fera pas connaître et n'en dira pas plus. Personne n'a pensé à comparer l'écriture. Et, dans l'enquête, on ne trouve pas trace d'une quelconque recherche concernant ces X et Y. En revanche, le commissaire Chenevier fera passer une annonce de presse demandant à l'auteur de se manifester. Et il recevra une troisième lettre postée le 12/10/55 à Château-Arnoux, et portant la signature « *R* ». Son auteur dit connaître le *jeune* qu'il a vu, et que celui-ci doit s'en souvenir. Il s'est marié depuis et il a un *petit* pour lequel il craint peut-être. Mais il n'y aura pas de suite, malgré les recherches pour tenter d'identifier l'auteur de la lettre plutôt que le « *jeune* » en question... qui pouvait être Zézé, mais en 1955 il n'était pas encore marié ni père, tandis que Gustave qui n'était pas un *jeune*, était déjà marié et avait un *petit*.

Ces lettres anonymes peuvent être prises en considération et conservées car elles semblent présenter une certaine cohérence avec l'ensemble des témoignages de la nuit. Elles confirment des présences, les deux piétons vus par Arnaud, ce que va voir Chastel dans le même créneau horaire, mais aussi les frères Duc un peu plus tard. Mais aucun des personnages ne correspond exactement à un Dominici.

Le commissaire Chenevier dans son rapport final, fera la relation entre ces lettres et l'épisode du side-car. Ce dernier aurait été inventé par les Dominici pour contrer ces témoins ayant dit avoir vu un Dominici dehors avec une arme.

Vers minuit, Henri Chastel[3]

C'est ce camionneur à Orpierre, qui voit également un homme les mains appuyées sur la carrosserie et regardant à travers l'une des vitres des portières arrière. Il est *de taille moyenne... plutôt mince*, a les manches retroussées et

---

1 Commissaire Sébeille (oc p. 123 & 124). Au dossier des Archives, dans son rapport de synthèse, en date du 23/01/53, p. 59 (cote D 168). Mais cette lettre n'est pas annexée. Il en est également question dans le PV n° 424/81 du commissaire Chenevier, en date du 12/10/55 (cote C 304).

2 *Ibidem*, mais cette lettre non plus n'est pas annexée.

3 PV n° 387/76 de l'inspecteur Ranchin, en date du 29/9/52 (cote D 93).

ne paraît pas armé. Or Sir Jack n'est pas mince, pas plus que Gaston ou Gustave, d'ailleurs. Alors qui ? Et impossible sans alerter Sir Jack.

Vers minuit vingt, les frère Duc[1]

Ce sont les frères Lucien et Georges, de la Roche de Rame, se rendant à Cavaillon avec une camionnette chargée de primeurs, qui passent devant le lieu du drame. Les phares *à longue portée... 400 m* selon les PV, ce qui paraît beaucoup, surtout pour l'époque, éclairent la Hillman au passage. Cent mètres plus loin, soit à mi-chemin de La Gran'Terre, un homme debout *comme au garde à vous*, face à la chaussée en retrait de la partie asphaltée, contre les buissons qui bordent la route. La camionnette passe à 1,50 m de l'homme qui ne bouge pas. D'assez forte corpulence, il paraît âgé d'une quarantaine d'années, et mesure environ 1,80 m. Tête nue, chevelure abondante. Déjà ce ne peut être ni Sir Jack, ni Gaston, pas plus que Gustave d'ailleurs, même si le commissaire Sébeille écrit (oc p. 121) : *ça ressemblait (l'âge en moins, mais...*[2]*) bougrement au signalement de Gustave.*

Duc donnera deux versions des vêtements : aux gendarmes *en bleu de travail*, puis au commissaire Sébeille *en bras de chemise de couleur foncée, pantalon également foncé*, ce qui, de nuit, n'est pas incompatible. En passant à sa hauteur, Lucien Duc a dévisagé l'homme qui n'a pas tourné la tête, le regard fixé droit devant lui. Lucien dit à son frère : *s'il faisait de l'auto-stop, je ne m'arrêterais pas !*

Selon le commissaire Sébeille (oc p. 122), Duc aurait aussi dit que l'homme *avait une vilaine denture, jointes* (sic) *à un faciès chevalin*, ce qui ne se trouve précisé dans aucun PV du dossier, mais semble bien être le cas, car on va le retrouver.

Le témoignage apparaît comme suffisamment intéressant pour que le 18 août à minuit[3], la scène soit reconstituée. C'est l'inspecteur Girolami qui prend la place de l'homme. Pourquoi pas Gustave ?[4] Mais le clair de lune n'est plus au rendez-vous pour donner une visibilité identique à celle du 5 août. Les Duc situent l'homme à 105 m de la Hillman, 58 m de La Gran'Terre et 2,70 m du bord de l'asphalte. Après deux passages du camion dans une nuit noire, le commissaire Sébeille décide que le résultat n'est pas significatif et classe sans même renvoyer l'expérience à la prochaine pleine lune.

---

1 PV n° 387/8 du commissaire Sébeille, en date du 08/08/52 (cote D 16), PV n° 113 & 114 de la brigade de La Bessée, en dates des 06 et 07/08/52 (cotes B 2 & 3).

2 La parenthèse et les points de suspension sont de lui.

3 Ordonnance et PV de transport du juge Périès en date du 18/08/52 (cote D 38), qui précise à 21 h. Le PV n° 387/29 du commissaire Sébeille date du 20/8/52 (cote D 46).

4 Gaston aurait refusé énergiquement que Gustave prenne la place de l'homme car ça aurait été contraire au droit. Mais c'est inexact, car le CIC (code d'instruction criminelle en vigueur à l'époque), ne comporte aucune exclusion de ce genre, donnant au juge d'instruction tous pouvoirs *sauf tous procédés... manifestement immoraux et indignes* (Louis Lambert, *Traité théorique et pratique de police judiciaire* - 3e édition 1951, p. 468). Aucune précision ne se retrouve dans les PV au dossier.

Puis à peine a-t-il trouvé que l'homme *ressemblait bougrement à Gustave*, que le commissaire écrit en suivant (oc p. 121 & 122)[1] *le signalement de l'inconnu ressemblait trait pour trait* à un certain Marcel Chaillan, qui sera présent *une grande partie de l'après-midi du 5 août sur le lieu du drame*[2]. Et le commissaire de conclure à contrecœur, *après tout, ce n'était pas forcément Gustave.* Interrogé le 2 septembre[3], Chaillan commencera par nier avec vigueur sa présence de nuit, puis aussi sur le lieu du drame le 5 août dans l'après-midi. Tenant bon sur la nuit, pour l'après-midi il finira par admettre que c'était *en dehors de ses heures de service.* Il craignait d'être accusé par son patron de fainéanter. Le commissaire Sébeille (oc p. 122), se fiant à son flair, en déduit que nier pendant deux heures au risque d'être pris pour l'assassin par peur de son patron, prouve son innocence. Et il classe.

On va voir la recherche de cet homme vu par les frères Duc, revenir un peu plus tard, alors que le commissaire Constant a pris la suite de son collègue, quand il s'agira d'identifier un énigmatique *Jo* qui sera décrit comme ressemblant à Chaillan.

Vers une heure moins dix, Germain Champsaur[4]

C'est-à-dire une vingtaine de minutes avant l'heure du drame, voilà que passe le radioélectricien à Peyruis qui promène dans les villages alentour son cinéma ambulant. Ce jour-là, en montant à Lurs vers 20 h 30, il est déjà passé devant la décharge et avait vu la Hillman garée sans voir personne ni rien remarquer. Dans la nuit, sa séance terminée, il redescend de Lurs qu'il quitte vers 0 h 35, et repasse devant la Hillman vers 0 h 50, mais à nouveau sans rien remarquer. Notamment aucune lumière. Retenons aussi que, jusqu'à Peyruis, il dit n'avoir croisé aucun véhicule[5].

Puis serait passé un certain Paul Jourdan, chauffeur de car, qui aurait rapporté, mais en 1996 seulement et à Alain Dominici, être passé vers 1 h, soit dix minutes après Champsaur et en sens inverse : *j'ai remarqué une voiture en stationnement dans le virage avant d'arriver sur la ligne droite où se trouvait la Hillman des Drummond. Il y avait aussi un homme près de cette voiture.* Avant la ligne droite veut bien dire qu'il arrivait de Peyruis. Jourdan se serait présenté dès l'après-midi du 5 août aux gendarmes qui lui auraient répondu qu'il serait convoqué, ce qui ne fut jamais fait. Bien sûr, ce genre d'information, arrivant en février 1996 par le truchement d'Alain Dominici

---

1 Confirmé dans son rapport en date du 23/1/53 (cote D 168) p. 55 : son *signalement correspondait parfaitement à l'homme vu par les frères Duc.*

2 *Ibidem* p. 59.

3 *Ibidem.*

4 PV n° 387/81 du commissaire Constant en date du 2/10/52 (cote D 98).

5 Germain Champsaur dit avoir croisé un homme coiffé d'un béret et portant un sac à dos. Lequel aurait dû passer devant le bivouac à l'heure du crime. Jean-Louis Vincent (oc p. 60 à 63) rapporte aussi les multiples investigations à la poursuite d'un vagabond, nommé Lereboullet, qui n'était que l'une parmi les nombreuses impasses indiscutables.

dans l'intérêt de sa thèse de l'innocence de son grand père, apparaît sujette à très forte caution. Mais il est vrai que Jean Meckert (oc p. 223) avait déjà signalé, dès 1953, hélas sans citer de source ni de nom ni d'heure, qu'un chauffeur de car aurait vu une voiture stationnée non loin du lieu du drame. Nous allons y revenir.

En attendant, voilà qu'arrive l'heure fatale aux Drummond. Bien sûr, nous laisserons pour le moment de côté tout scénario, c'est-à-dire la façon dont les trois meurtres ont pu se dérouler, et, bien sûr, qui a pu les perpétrer.

À 1 H 10 DES COUPS DE FEU

Des détonations d'armes à feu claquent dans la nuit. Qui les a entendues ? À La Gran'Terre, Marie n'a rien entendu. Ce qui paraît plausible quand on sait qu'elle est sourde et qu'elle dormait dans sa chambre qui ouvre du côté opposé au drame, l'ensemble de la lourde bâtisse faisant de plus un excellent masque phonique. En revanche, Gaston, Gustave et Yvette diront avoir été réveillés par les détonations. Ils vont donner de ce réveil et surtout de la suite, des versions différentes, et qui vont varier comme à leur habitude. On ne saura donc jamais la part d'exactitude dans ce qu'ils en diront. Mais au moins est-ce la preuve qu'ils ne se sont pas concertés sur une version commune.

La version de Gustave et Yvette[1]

Ils disent qu'ils ont été réveillés peu après 1 heure du matin par des coups de feu d'arme de guerre : deux légèrement espacés, suivis, après quelques secondes, de trois ou quatre autres plus rapprochés[2]. Leur version finale deviendra six coups : *Pan-Pan, Pan-Pan-Pan, Pan*, le dernier coup étant nettement séparé.

Selon *Le Monde* du 7 août 1952, Gustave aurait dit avoir entendu des bruits de voiture juste après les tirs, mais dans le PV D 18, il affirmera le contraire, et qu'il n'a ni vu ni entendu personne. Et pourquoi précise-t-il même, *aucun bruit de pas* ?

Plus tard, lorsqu'il aura connaissance du témoignage d'un certain Panayoutou dont on va parler, prétendant avoir fait demi-tour quasi dans l'avant-cour de la ferme, Gustave niera énergiquement avoir entendu. Mais au cours de l'instruction, en février 1954[3], il dira au juge que deux voitures sont passées tout juste après les coups de feu. Enfin, aux assises, Yvette le dira à son tour. Mais personne ne fera jamais attention à ce détail refaisant surface

1 PV n° 387/10 du commissaire Sébeille en date du 8/8/52 (cote D 18) pour Gustave, et PV n° 387/21 du même en date du 16/8/52 (cote D 34) pour Yvette.

2 Le commissaire Sébeille (oc p. 69) écrit « *en rafales* », ce qui ne se trouve dans aucun PV, et au passage ne fait pas très professionnel.

3 PV du juge Périès en date du 4/2/54 (cote D 265).

si tard et conjointement, après avoir d'abord et longtemps été nié farouchement.

Leur petite chienne Mirza[1], qui couchait au rez-de-chaussée de la maison, aurait d'abord aboyé, puis se serait mise à hurler à la mort. Yvette et Gustave auraient eu peur, auraient pensé aux Anglais, mais n'auraient pas cru que ces tirs les concernaient. Ils ne seraient même pas allés à leur fenêtre qui était grande ouverte en direction du bivouac. Mais, de là, il est vrai qu'on ne le voyait pas, comme vérifié par le commissaire Sébeille. Ce qui va intriguer, c'est qu'ils prétendent n'avoir pas entendu de cris. Yvette aurait ensuite allumé pour donner son biberon à Alain, et ils se seraient rendormis vers 1 h 30. Ils ne diront rien de plus sur le moment. Mais notons tout de suite que l'intermède du biberon, qu'Yvette maintiendra jusqu'à aujourd'hui[2], a toujours paru peu plausible. On l'a dit, dès la nuit du 7 au 8 août, le capitaine Albert, en compagnie de son ami Léon Espariat, maire de Forcalquier[3], faisant office de témoin, vérifiera qu'aucune lumière n'est allumée pendant la nuit, notamment à l'heure du prétendu biberon. Et, comme il le fera remarquer, chacun sait qu'à dix mois un bébé n'a plus de biberon la nuit. Et on cherche en vain le pourquoi de cet intermède du biberon, apparemment sans incidence, et qui revient au contraire avec insistance, comme si c'était la preuve de quelque chose. Mais de quoi ? Pour contrer l'éventualité que quelqu'un ait pu voir la fenêtre allumée ?

La version de Gaston[4]

De son côté, Gaston dit avoir été réveillé précisément à 1 h 10, mais par les aboiements de son chien Dick[5]. On ne demandera pas où le chien couchait cette nuit-là. Immédiatement après, Gaston aurait entendu quatre coups de feu d'arme de guerre. Il dit n'avoir pu apprécier ni la direction ni la distance, et n'avoir pas entendu de cris. Rappelons que la fenêtre de sa chambre donne sur le pignon de la maison face à la Durance, alors que le bivouac se trouve à 200 m latéralement en arrière, ce qui, avec les échos dans la nuit, peut en effet rendre difficile une localisation depuis son lit. Il ne s'est pas levé non plus, et dira s'être rendormi. Pour l'instant, restons-en là.

Notons que, selon Gaston, son chien aurait aboyé avant les quatre tirs, alors que Gaston ne parle pas de la chienne d'Yvette, hurlant à la mort et qu'elle-même comme Gustave ne parle pas du chien de Gaston. Comment une telle différence est-elle possible, alors que les chiens constituent un repère familier qui fait partie de leur vie. Et comment diverger ainsi sur un souvenir

1 Jean-Louis Vincent donne par erreur cette petite chienne comme chien de Gaston (oc p. 76).
2 Y compris dans son interview pour l'émission de télévision de Jean-Charles Deniau et Madeleine Sultan.
3 PV n° 12-R p. 14.
4 PV n° 387/2 du commissaire Sébeille en date du 06/08/52 (cote D 9).
5 Selon Jean-Charles Deniau et Madeleine Sultan (oc p. 258), le chien de Gaston se serait appelé Ravageur. Mais c'est le nom du chien ayant succédé à Dick.

acoustique aussi fort ? La question suggère que l'événement a été relaté de façon inexacte, soit par Gaston ou par les époux, soit par tous les trois. Mais on se demande bien ce qui pourrait justifier de devoir mentir sur ce point, surtout si les Dominici sont censés s'être concertés, comme l'écrit le commissaire Sébeille (oc p. 71) : *l'ensemble des témoignages me paraissait avoir été orchestrés de main de maître.*

Certes, la déposition d'Yvette, le 16 août, reproduit mot pour mot celle de son mari du 8[1]. S'il est donc évident qu'il y a concertation précise entre les époux, il apparaît tout aussi évident qu'il n'y pas eu concertation avec Gaston. Point donc d'orchestration et encore moins de main de maître.

En revanche, cette absence de concertation sur le nombre des coups de feu peut étonner. Car Gaston et Gustave ont pratiqué les armes de guerre, Gaston pendant son service militaire et avec son vieux Lebel rechambré pour la chasse, Gustave au maquis avec d'autres armes plus modernes. Et ce sont tous deux des braconniers avertis, utilisant souvent des armes de guerre. Ils savent donc différencier le claquement des armes de guerre d'avec les armes de chasse, tout comme compter les coups de feu.

Mais le contexte permet d'expliquer simplement la différence de perception du nombre des coups de feu par Gaston d'un côté, puis par Gustave et Yvette de l'autre. Gaston dormant n'a pas réellement perçu les deux premiers tirs qui l'ont réveillé en même temps que son chien aboyait. En revanche, si Gustave et Yvette ont entendu les premiers tirs puis ensuite seulement leur chienne aboyer, ne serait-ce pas parce qu'ils étaient tous deux déjà éveillés ? Et aussi que l'orientation des fenêtres par rapport au bivouac et différente : celle de Gustave et Yvette en face, pour Gaston de côté.

Pour le moment, restons-en là, bien que l'enquête ait, malgré tout, réussi à faire émerger d'autres éléments que nous verrons. La difficulté d'en rendre compte provient du fait que les uns et les autres vont varier et se contredire, sans que l'enquête et l'accusation parviennent à démêler les dires pour établir formellement la réalité en une version concordante.

Car les versions évoluant aussi selon les autres membres de la famille, créent un imbroglio difficile déjà à exposer de façon simple. Ces variations constituent d'ailleurs l'un des principaux pièges, dans lequel tout le monde s'est abîmé peu ou prou. Et, bien sûr, ce comportement, interprété comme une stratégie de défense, mettra vite les Dominici au premier rang des suspects, avant de centrer la charge sur Gustave puis d'un coup au final sur Gaston.

Comme nous sommes dans cette partie de la nuit au cœur de l'énigme, il faut en garder la discussion pour le moment où tout le reste aura été exposé et analysé. On l'a dit déjà, peut-être l'embrouille n'était-elle pas seulement une stratégie de défense, mais un moyen pour empêcher que surgisse une part de vérité impossible à laisser émerger. Car personne ne pensera que peut-être tous les Dominici ne connaissaient-ils pas cette vérité dans son entier, ou n'en

1 PV n° 387/21 et 387/10 déjà cités.

avaient pas la même connaissance, soit pour y avoir participé, soit par confidence, soit seulement par ouï-dire. Dans l'impossibilité où on se trouve aujourd'hui de mener les investigations qui ne l'ont pas été en leur temps, restons-en là pour l'instant.

En attendant donc, il faut donc essayer de ne pas se perdre dans le labyrinthe où les Dominici ont poussé enquêteurs et magistrats, et où quasi tous se sont égarés, chacun à sa façon. D'abord, il ne faut surtout pas se laisser entraîner dans le tourbillon d'une valse à deux temps où, dès le départ, on voudrait à tout prix identifier le coupable dans les termes d'une seule alternative limitée à la seule Gran'Terre : Gustave ou Gaston, Gaston ou Gustave, voire Gaston et Gustave. Il faut impérativement s'en garder, et continuer à essayer de mettre au net ce qui peut être établi, en laissant de côté la question de savoir qui pourrait être le ou les meurtriers. Exercice difficile de *détachement*, certes, mais d'autant plus indispensable et salutaire dans le cas d'espèce.

Les voisins

La Serre à 3 km vers Peyruis est trop loin, et il n'y a sans doute personne. En revanche, dans l'autre direction, à la ferme du Clos, distante de 350 m seulement, où habite Eugène Guillermin et où couche Paul Delclite, rien n'aurait été entendu. Rien non plus ne sera perçu par les huit habitants de la Maison de la mine[1] à quelques 600 m.

En revanche, alors même qu'ils se trouvaient de l'autre côté de la Durance, près de Dabisse, soit à environ 1.800 m, deux témoins ont entendu des coups de feu peu après 1 h du matin[2], mais eux étaient éveillés et dehors.

De l'autre rive de la Durance, dans la plaine alluviale sur la commune de Dabisse, Roger Roche, au lieu-dit Les Gargasses ou Gargas, et Raymond Franco au Plan-des-Mées, sont les seuls à s'être manifestés pour avoir entendu des coups de feu. Franco, maroquinier en vacances, dit qu'il ne dormait pas et avait sa fenêtre ouverte. Quant à Roche, cultivateur, il était levé pour satisfaire un besoin naturel à la belle étoile devant sa maison.

Franco[3], déclare au commissaire Sébeille avoir entendu : *comme un doublé de chasse, puis quelques secondes plus tard, trois coups espacés.* Donc comme Yvette : *Pan-Pan* puis *Pan. Pan. Pan.* Mais il n'a pas entendu de cris.

---

1 Enquête du 12/8/52 par le gendarme Romanet auprès d'Auguste et Gustave Maillet, Germaine et Paul Delclite, Albert Bourgues, Marie Ricinielo, Simone Passini et Maurice Guillemin, chef de gare (PV n° 12-R déjà cité p. 21).

2 Rapport n° 639 du commissaire Sébeille en date du 25/1/54 (cote D 250).

3 PV n° 387/20 du commissaire Sébeille en date du 16/8/52 (cote D 33).

Roche[1], de son côté déclare aux gendarmes : *quatre coups espacés.* Donc comme Gaston. Et il les identifiera bien comme provenant d'une arme de guerre. Comment, si Roche, paysan chasseur habitué aux braconniers et étant dehors bien éveillé, peut-il n'avoir perçu que quatre coups ? À la barre des assises, il viendra dire : *cinq coups, je suis formel.* Le président lui fera remarquer : *vous avez dit quatre à l'instruction.* Et Roche répondra : *ça m'étonne, parce que vraiment on avait bien le temps de les compter. Cependant je puis me tromper, il y a deux ans de cela.* Par ailleurs, Roche dit avoir peut-être entendu[2] : *des cris ou des appels,* mais sans pouvoir être formel sur ce point. En revanche, il précisera qu'aucune voiture n'est passée à ce moment-là sur l'ex-RN96. Bien que la route soit éloignée de plus d'un kilomètre et demi, il dit qu'habituellement, on entend bien la circulation de chez lui. Hélas aucune vérification ne sera menée sur ce point, tout comme sur celui de cris.

Une seule vérification

Le soir du 11 août à 23 h, une semi vérification a lieu côté Gran'Terre. Une petite fille pousse des cris perçants sur le pont. Le chien de Gaston se met à hurler[3]. Si on entend bien sûr les cris depuis les chambres de La Gran'Terre, hélas, on ne saura pas si les cris ont passé la Durance. Personne n'a été posté ni chez Roche ni chez Franco. Aucune vérification non plus ne sera réalisée pour les coups de feu.

Mais au sujet des bruits, rappelons que la propagation du son dépend dans de très larges mesures des conditions atmosphériques : pression, température, hygrométrie, vent, mais aussi des masques, résonateurs et réflecteurs. Pour les voitures ça dépend aussi des moteurs et pour les armes de la direction du canon par rapport à l'auditeur.

Pendant cette nuit-là, un vent[4] de secteur variant du sud-ouest le 4 au sud-est le 5, a été relevé par Météo France[5]. Un tel vent déportait donc les sons venus du bivouac, en direction opposée à La Gran'Terre. Et ce vent éloignait aussi les sons de la zone des maisons proches situées au sud : ferme Guillermin et Maison de la mine ou Giropey. En revanche, la haute colline de Saint-Pons, dont le flanc longe la route, juste derrière La Gran'Terre, renvoie les sons vers la Durance dont le grand lit caillouteux fait un excellent résonateur, surtout

---

1 PV n° 309 de la brigade de Malijai en date du 8/8/52 (cote B 6), et PV n° 387/12 du commissaire Sébeille en date du 9/8/52 (cote D 21).

2 PV n° 309 déjà cité. Mais le commissaire Sébeille (oc p. 72) écrit que Roche a bien entendu les cris, ce qui est donc inexact.

3 Il n'y a pas de PV de cette vérification. Selon le PV n°387/2 du commissaire Sébeille en date du 06/08/52 (cote D 9), son chien se trouve devant le hangar face à la maison.

4 Déposition de Gaston aux gendarmes Romanet et Bouchier en date du 13/08/52, consignée dans le PV n° 12-R (cote B 35).

5 Centre Départemental de météo – Station de l'aérodrome - 04600 Saint-Auban.

qu'à l'époque la ripisylve[1] était moins développée. Le bruit des coups de feu a donc pu franchir ici les 1.800 m qui séparent le lieu du drame de Dabisse.

Pour les cris ? Il faut dire que la différence de puissance sonore entre des détonations d'arme à feu et des cris, surtout d'enfant, est sans commune mesure. La vérification sur place n'est plus faisable aujourd'hui dans des conditions exactement comparables à celles de cette nuit à cette heure : sans parler du vent, l'autoroute empiète sur le lit de la Durance et la végétation s'est considérablement modifiée et développée, autant en ripisylve et dans la plaine que sur les collines autour de La Gran'Terre. Par exemple, à l'époque, du lieu du drame, depuis la route au droit de La Gran'Terre on voit la ferme Guillermin et jusqu'à la crête de Giropey qui sont aujourd'hui complètement masquées par la végétation. Si on peut croire que les habitants de la Maison de la mine n'ont rien entendu, c'est moins évident pour Guillermin et Delclite qui étaient à la ferme du Clos cette nuit-là. Mais la ferme, faite de gros murs isophones, présente un pignon aveugle côté bivouac, ses fenêtres donnant vers la Durance. Et cela dépend aussi du dormeur. Combien de fois passe-t-on une nuit sans être réveillé par un orage ?

Le témoignage de Panayoutou[2]

Le 18 août 1952, un dénommé Aristide Panayoutou, trente-six ans, né au Pirée, légion d'honneur pour faits de Résistance, représentant en produits laitiers[3], habitant Marseille, vient se présenter à l'Évêché[4]. Il est reçu par le commissaire Constant. Il raconte que, dans la nuit du drame, il *descendait des Alpes* pour regagner Marseille par l'ex-RN96, quand sa voiture, une Lincoln[5], est tombée en panne d'éclairage. En roue libre, il est venu se garer tous feux éteints à droite dans le virage juste avant le lieu du drame.

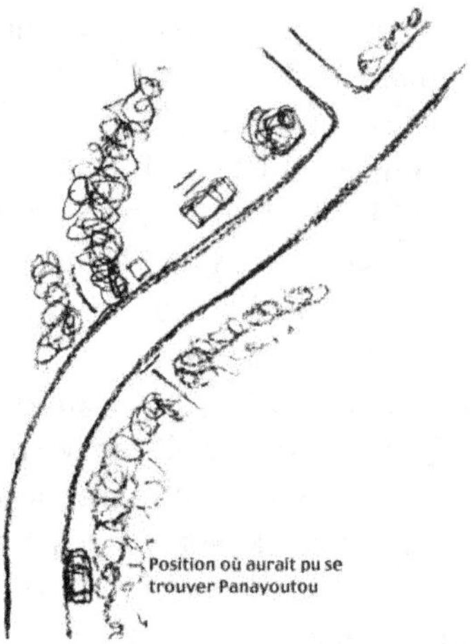

1 Désigne le couvert végétal sur les rives des cours d'eau.

2 Toutes auditions de Panayoutou et reconstitution en cotes D 53 & 54, puis 63 à 65 (PV de Sébeille, Constant et Périès).

3 A l'époque on disait B.O.F. était le sigle de *beurre œufs fromages*. Façon péjorative appliquée à ceux soupçonnés d'avoir profité des restrictions pour s'enrichir et le montrer. La Lincoln de Panayoutou, comme sa prétention à descendre d'une famille princière grecque de Patras (*Paris-Match* n° 179 du 16-23 août 1952), le montrent bien. Démenti par l'enquête qui lui donne une origine très modeste (PV du 21/10/52 - cote B 70).

4 Rappel : nom de l'hôtel de Police de Marseille, situé derrière la cathédrale de la Major, près du port de La Joliette.

5 La plus grosse et la plus grosse et chère des limousines américaines de l'époque. Précisons qu'elle était extrêmement silencieuse.

Ayant rapidement réparé[1], il est descendu satisfaire un besoin naturel. Il était 1 h 10. C'est alors qu'il a entendu des cris horribles et des coups de feu. Puis il dit avoir vu un homme traverser la route et s'effondrer suivi par un autre qui s'est penché sur le premier, puis a retraversé. Il donne des détails très précis sur le présumé meurtrier, surtout sur son vêtement, détails qui paraissent immédiatement suspects car, même par grand clair de lune, il aurait été impossible de les distinguer.

Enfin, il dit avoir fait demi-tour et être reparti en sens inverse, sans avoir apparemment été repéré. Le témoin demande la plus grande discrétion car étant « *en virée* », il craint pour sa réputation et surtout les représailles de la femme avec qui il vit. Mais, apparemment, celle-ci ne se soucie guère de ce que fait son compagnon qu'elle dira insomniaque et vagabond, confirmée par son frère[2].

À l'insu de la presse et des Dominici, une reconstitution discrète est organisée sur place. Première surprise, en arrivant sur les lieux en plein jour Panayoutou opère une volte-face : il ne *descendait* plus des Alpes, mais *montait de Marseille*. Et il situe alors son arrêt à mi-chemin entre le bivouac et La Gran'Terre. Il prétend aussi avoir fait son demi-tour dans l'entrée du chemin menant à la ferme, c'est-à-dire quasi sous la fenêtre de Gustave et Yvette réveillés par la fusillade.

Malmené dans ses contradictions, il tient bon. Alors que son nom est vite retrouvé par la presse, il refusera catégoriquement d'être confronté aux Dominici qui nient farouchement de leur côté qu'une voiture ait pu faire demi-tour de la sorte. Il se dira que Panayoutou est sans doute indicateur de police. Et on le soupçonnera donc d'avoir inventé ce témoignage pour encaisser le million d'AF des primes promises[3].

Le juge Périès le réentendra lors de l'instruction[4]. Panayoutou confirmera sa dernière version en ajoutant quelques précisions sur questions du juge : deux rafales d'arme automatique, une première de 3 ou 4 coups et ne seconde de 4 ou 5, soit 7 à 9 coups de feu. Il sera le premier à supposer qu'il y avait peut-être plusieurs armes. Bien sûr, la mosaïque de l'accusation s'étant fixée sur une seule arme, cette précision ancrera au contraire le juge dans la conviction que Panayoutou affabule. Mais alors, pourquoi sera-t-il convoqué à la barre et pourquoi viendra-t-il répéter sa version sous serment ? La persistance de Panayoutou, sans préjuger de la décision de l'entendre à la barre, vaut qu'on examine son témoignage, même s'il est incontestable qu'en l'état il n'apparaît pas crédible, pour ne pas dire moins encore. En effet, Panayoutou a pris le risque de venir témoigner jusque devant les assises et

---

1 Il se serait agi de l'interrupteur sur le tableau de bord, qui était dévissé, qu'il aurait très vite revissé.

2 PV n° 387/50 et 55 du commissaire Constant en dates des 11 et 13/09/52 (cotes D 67 et D 72).

3 Par le *Sunday Dispatch* et *Samedi-Soir*.

4 PV d'instruction du juge Périès en date du 20/02/54 (cote D 259).

sous serment, et celles-ci l'avaient convoqué et l'ont entendu, quitte à menacer de le poursuivre pour faux témoignage comme il en a été question. Serait-il alors possible que son témoignage contienne malgré tout une part de vérité, comme beaucoup de dires dans cette affaire ? Première question qui va éliminer toutes les autres : pourquoi, après avoir dit descendre des Alpes, Panayoutou a-t-il changé de version lors de la reconstitution pour dire qu'il montait depuis de Marseille ?

D'évidence, c'est en arrivant sur les lieux de jour, qu'il s'est rendu compte que, de l'endroit où il s'était arrêté dans la nuit, il ne pouvait prétendre avoir vu ce qu'il avait décrit. Mais la réciproque est vraie. C'est-à-dire que du bivouac on ne pouvait pas voir la Lincoln tous feux éteints, garée à l'intérieur du virage. Et si Panayoutou venait de Marseille et s'était arrêté à mi-chemin entre La Gran'Terre et le mûrier, il est inconcevable que le tueur qu'il décrit n'ait ni vu ni entendu la voiture arriver, même en roue libre et tous feux éteints. Sans parler de faire demi-tour à l'entrée de la ferme pour repartir. Il est donc certain que, s'il est arrivé de Marseille, Panayoutou a tout inventé. En revanche, s'il descendait des Alpes (ci-contre depuis le bas du croquis), il est cette fois tout à fait possible qu'il ait pu s'arrêter en demeurant masqué par le virage. La panne de phare et la roue libre lui aurait évité d'attirer l'attention. Hors de vue du bivouac, il aurait donc pu entendre cris et coups de feu mais sans rien voir. Il aurait alors inventé le reste à la lecture de la presse, le meurtrier poursuivant Sir Jack en travers de la route étant la version publique du commissaire.

On doit alors se souvenir du chauffeur Paul Jourdan, disant avoir vu, vers une heure, une voiture arrêtée avant le virage, avec un homme debout à côté. Hélas, on ne trouve pas trace d'une question à Panayoutou pour savoir si quelqu'un est passé pendant son arrêt. Outre le car de Jourdan, on se souvient aussi que Germain Champsaur est également passé par là vers une heure moins dix. Mais Panayoutou a très bien pu arriver après le passage de Champsaur et ce dernier arriver à Peyruis avant le passage de Panayoutou, puisque Champsaur lui, a dit n'avoir croisé aucune voiture, et a fortiori arrêtée dans le virage.

Reste à chercher pourquoi Panayoutou aurait persisté jusque devant les assises où il a été menacé d'être poursuivi pour faux témoignage. D'autant que, s'il avait menti en totalité sous serment, dans le contexte d'un tel drame, outre son honorabilité ou la confiance de sa maîtresse, il risquait surtout de perdre sa Légion d'honneur, à laquelle il semblait tenir d'autant plus que ses faits de Résistance étaient contestés.

Notons qu'immédiatement la presse communiste suggérera que son témoignage a été monté de toutes pièces par la police pour déstabiliser les Dominici. Si le procédé avait été avéré, ce fut peine perdue, les Dominici ayant toujours contesté haut et fort ce témoignage. Et on peut penser que, si la police avait construit un tel montage, - ce qui apparaît ici comme très improbable malgré tout -, aurait-elle pris le risque d'envoyer un indic témoigner à faux jusqu'en audience et sous serment. Mais, bien que non crédible, le témoignage de Panayoutou allait dans le sens de la mosaïque de l'accusation.

On le sait, *mentez, il en restera toujours quelque chose*[1]. Et l'accusation a sans doute escompté qu'il en resterait une ombre lors du procès. La suite a prouvé qu'un tel calcul était juste. Et la preuve, Panayoutou ne fut même pas poursuivi pour faux témoignage.

Mais à nouveau pourquoi a-t-il persisté ? Voilà la bonne et unique question qui demeure.

DE 1 H 30 À 6 H

Vers 1 h 30, Henri Conil et Jean Brault[2]

Une vingtaine de minutes après le drame, un entrepreneur de travaux passe avec son camion en compagnie d'un étudiant en vacances à Peyruis. Ils ne remarquent rien d'autre que la voiture fermée. Mais ils croient voir quelque chose bouger dans l'ombre derrière la Hillman. Donc pas de portière arrière ouverte. Sans doute un Dominici ?

Par la suite, plus de trois heures se passent, jusque peu avant 4 h, ce qui laissera tout son temps à celui ou ceux qui sont revenus sur les lieux pour les modifier, comme on va le voir.

Entre 3 h 45 et 3 h 50, les Garcin

D'abord Jean[3], cultivateur à Ribiers, il passe et voit des coussins dispersés autour de la voiture. Cinq minutes plus tard, son parent Germain[4], camionneur à Laragne, voit une portière de la voiture ouverte, sans précision de laquelle, et un homme assez grand à nouveau penché sous le capot levé avec une lampe. Ce témoignage rappelle exactement celui de Juliany passé vers 23 h 30. Et cette fois ce ne peut être qu'un Dominici. Mais pourquoi, après le drame, aurait-on pu se préoccuper du moteur, sauf pour chercher le seau le toile s'il était resté sous le capot. Mais l'avoir laissé à cet endroit serait pour le moins curieux.

---

1 On attribue à tort l'invention de cette célèbre maxime à Beaumarchais dans *Le barbier de Séville.* En fait elle est de Voltaire dans sa lettre à Thiriot du 21 octobre 1736. Elle sera aussi attribuée à Lénine. Puis elle deviendra un ordre repris en 1940 par Joseph Goebbels, ministre de la propagande nazie, inventeur au XXe siècle, de l'une des plus puissantes machines de désinformation, avec celles des États et partis communistes. Pour partie bien analysée dès 1939, par Serge Tchakotine dans *Le viol des foules*, interdit et saisi par Vichy en 1940.

2 PV n° 387/5 et 387/15 du commissaire Sébeille en dates des 6 et 13/8/52 (cotes D 12 et 24).

3 PV n° 46 de la gendarmerie de Ribiers en date du 19/8/52 (cote B 13).

4 PV n° 256 de la gendarmerie de Laragne en date du 20/8/52 (cote B 15).

À La Gran'Terre, entre 3 h 30 et 4 h

Gaston dira s'être levé à l'aube comme à son habitude en été, pour aller faire paître ses chèvres. Il prétendra avoir oublié les coups de feu et la présence des Anglais. En 1955, il se souviendra qu'en partant, il avait remarqué que la porte d'entrée de chez Gustave était entr'ouverte[1].

Selon Zézé, il se serait levé plus tôt qu'à son habitude[2]. Mais comment le saurait-il s'il n'était pas là ? Et Gaston aussi va gaffer. Il dira qu'en se réveillant, le grand clair de lune lui aurait fait croire que *le jour était levé*[3]. Or à cette heure il fait encore nuit noire, car la lune, ici déjà masquée très haut par la colline de Saint-Pons et la montagne de Lure, se couche à 4 h 35 sur l'horizon théorique[4]. Et l'aurore pointe à peine[5]. La mention d'un tel souvenir visuel montre donc que Gaston s'est levé beaucoup plus tôt dans la nuit. Sans doute dès après les coups de feu, car il avait déjà dit qu'à ce moment-là, la lune entrait dans sa chambre. Ce qui, cette fois, correspond parfaitement.

Après avoir préparé ses bêtes, il dira être parti les mener paître, entre 4 h et 4 h 30, donc juste à la naissance de l'aube. Notons d'abord qu'un tel laps de temps entre son lever et son départ peut paraître long. Car Gaston ne fait pas de toilette. Il fait seulement chauffer son café, le boit, puis prend une gourde de vin, un morceau de pain et de fromage pour le casse-croûte[6]. Ensuite, contrairement au jour précédent, il part en direction de Giropey[7], c'est-à-dire dans la direction opposée aux lieux de pâturage qui lui sont habituels. Il justifie ce choix comme la conséquence du vent nocturne[8]. En effet, un vent de sud ayant soufflé dans la nuit lui aurait suggéré que l'herbe sur les pâturages du jour précédent, serait desséchée. En revanche, dans le profond vallon de Giropey, orienté est-ouest, donc protégé de ce vent, elle pouvait avoir gardé la fraîcheur nocturne descendue du plateau. L'argument peut faire sourire. Mais, même si ce n'était sans doute pas là la vraie raison, c'est néanmoins une raison tout à fait crédible de la part d'un vieux berger ayant appris à gérer au plus près un milieu très difficile.

Moins crédible : en prenant cette direction, il ne pouvait pas jeter au passage un coup d'œil à l'état de l'éboulement qui devait pourtant le préoccuper. Mais il est évident que, s'il était parti vers l'éboulement, il serait passé près du bivouac et surtout du corps de la fillette. Certes, dans l'ombre, aurait-il pu ne rien distinguer, mais son chien serait sans doute allé flairer du côté des corps. Il a donc été facile au commissaire et à l'accusation d'en

1 PV n° 353/41 du commissaire Gillard en date du 10/8/55 en p. 14 (cote C 136).
2 Rapport n° 639 du commissaire Sébeille en date du 25/1/54 en p. 11 (cote D 250).
3 PV n° 387/151 du commissaire Sébeille en date du 7/5/53 (cote D 179).
4 Source IMCCE.
5 Rappel : aurore civile 5 h 15, aurore nautique 4 h 46, et aurore astronomique 3 h 29, toutes en heures légales.
6 PV n° 353/29 du commissaire Gillard en date du 9/8/55 (cote C 127).
7 PV n° 424/127 de l'inspecteur Mouillefarine en date du 20/1/56 (cote C 383).
8 PV n° 12-R (cote B 35).

induire que Gaston avait changé de lieu de pacage pour éviter celui du drame, ce qui montrerait qu'au moins il savait, ne serait-ce qu'en se souvenant des coups de feu. Mais dans ce cas, le manque de curiosité est tout aussi révélateur.

Vers 4 h 30, Marceau Blanc[1]

Roulant en direction de Manosque avec un camion en rodage, il voit un lit de camp vide posé sur ses pieds à *environ quatre mètres* des roues avant de la Hillman. Dans la nuit du 18 août, lors d'une reconstitution[2], Marceau Blanc mettra le lit à 2,30 m en biais devant le capot de la voiture[3], et à autant du bord de la route. Sans être formel, il lui semble aussi se souvenir qu'*un tissu de couleur mate était tendu sur le toit de la voiture*[4], masquant les vitres côté route, mais laissant à découvert les vitres des portières arrière qui étaient fermées. Cet état des lieux ne correspond pas à ce qui a été vu auparavant, ni à ce qui sera vu ensuite par d'autres, ni encore constaté par les gendarmes au matin. Et notamment, aucun tissu assez grand ne sera retrouvé. Quant à la *couleur mate* ? Ce tissu recouvrant une partie de la voiture pourrait-il être la toile de cette tente fantôme ou son tapis de sol, qui aurait ensuite disparu comme le sceau de toile et l'appareil photo. Elle aurait pu servir pour masquer la voiture pendant qu'on la fouillait. Il faut noter que le reste de la tente, piquets et sac notamment auraient également disparu. Et il semblerait alors que ce qu'avaient dit les Marrian et Mrs Wilbraham, était exact. Les Drummond avaient bien une tente dans leur voiture. Mais alors, pourquoi ne l'auraient-ils pas montée, accréditant ainsi la thèse d'une fausse halte. Est-ce la fillette qui aurait préféré dormir à la belle étoile ?

Cette fois, si on admet que Gaston était déjà parti à Giropey avec ses chèvres, qui donc pouvait être en train de modifier sérieusement l'état des lieux ? Sinon au moins Gustave.

Vers la même heure, un certain Richaud verra aussi un lit de camp devant la Hillman, sans autre précision[5].

Encore vers la même heure, venant de Laragne, Joseph Moynier[6] passera à son tour, mais ne verra qu'un amas de couvertures sur le côté gauche de la voiture, comme Delclite. L'intérieur de la voiture lui semble vide. À nouveau, l'état des lieux a donc évolué.

---

1 PV n° 387/23 du commissaire Sébeille en date du 17/8/52 (cote D 36).

2 PV n° 387/29 (cote D 46).

3 On a ici une parfaite illustration de l'estimation et mémoire des distances par rapport à la réalité quand on peut vérifier. Il faut s'en souvenir à d'autres propos.

4 *Mate* signifie qu'il ne s'agissait pas, par exemple, d'une toile cirée très courante à l'époque.

5 Tardivement, dans le PV n° 117/2R du capitaine Albert en date du 1/5/55 (cote C 38). Le commissaire Gillard dans son PV n° 424/100 en date du 22/11/55 (cote C 350) demande à ce qu'on réentende ce témoin. Mais on ne trouve pas trace de cette nouvelle audition.

6 PV n° 387/31 du commissaire Sébeille en date du 21/8/52 (cote D 48).

Vers 4 h 45, Aimé Maroia[1]

Employé à la SNCF, travaillant à Peyruis et habitant Volx, il voit un lit de camp *à droite lorsqu'on regarde le capot*. Il ne remarque rien d'autre.

De 5 h à 5 h 20, Giovani Colussel[2] **puis Jean Hébrard**[3]

Arrivant de la direction de Peyruis, il voit une *couverture* étendue à plat sur le sol, à environ 1,50 m devant la voiture.

C'est un certain qui passe à son tour, et il voit de nouveau un lit de camp dressé contre la voiture.

Ces derniers témoins ne seront pas réentendus par la police. D'ailleurs, sauf erreur, aucun auteur ne les cite. Mais ces témoignages montrent pourtant que, le jour se levant, l'état des lieux continue d'être modifié. Et si Gaston est bien parti avec ses chèvres, seul Gustave pouvait aller et venir sur les lieux.

De nouveau à La Gran'Terre vers 5 h 30

Selon sa première version, qui variera beaucoup, Gustave ne se serait pas levé de toute la nuit, avant son heure habituelle. Il prétendra d'abord avoir lui aussi oublié les coups de feu et les Anglais, son premier souci demeurant l'état de l'éboulement. Mais déjà il part voir cet état sans emporter d'outil. Le commissaire lui en fera la remarque, mais Gustave éludera. Il prétendra être passé par le chemin du pont, mais sans rien remarquer d'autre que la voiture. C'était pourtant juste au moment du lever du soleil[4]. Et c'est après avoir passé le pont qu'il aurait aperçu une tache claire en contrebas. C'est le corps de la fillette qui gît sur le talus de berge de la Durance. Pourtant de là où il dira être passé, on ne pouvait rien voir. Pour cela, il a dû faire un détour en s'avançant vers le haut du talus de berge. Disant ne pas s'être approché, il va commencer par prétendre être remonté en courant par le pont et le chemin jusque sur la route où il se serait dirigé vers La Gran'Terre sans s'occuper de la Hillman ni des parents. Il dira avoir vu passer un scooter[5], mais ne pas l'avoir arrêté car il était immatriculé en *Suisse, je crois*. Bien sûr, c'est là sa première version dont on va voir qu'elle est inexacte et, pour tout dire, d'une extrême maladresse.

---

1 PV n° 424/38 du commissaire Chenevier en date du 18/10/55 (cote C 259).

2 PV n° 96 de la gendarmerie de la Saulce en date du 20/8/52 (cote B 20), et PV n° 458 de la gendarmerie de Sisteron en date du 30/8/52 (cote B 34).

3 PV n° 96 cité par le capitaine Albert dans son rapport n° 117/2-R en date du 1/5/55 (cote C 38 & 39). PV n° 424/100 du commissaire Gillard en date du 22/11/55 (cote C 350).

4 Lever astronomique à 5 h 30 UTC, exactement, et le soleil levant frappe directement le bivouac.

5 Commissaire Sébeille, oc p. 69. Il écrit *une motocyclette Vespa*. Selon lui, Olivier aurait suivi le scooter *à quelques dizaines de mètres*. Or Olivier lui avait dit *au moins deux à trois cents mètres*.

Aux environs de 6 h, Jean-Marie Olivier[1]

Le soleil est désormais levé. Arrivant sur sa moto New Map, venant de l'usine de Saint-Auban où il travaille de nuit, il rentre chez lui à Oraison. En passant, Olivier a bien vu la voiture, mais, comme la plupart, n'a rien remarqué d'anormal sur le bivouac ni aux alentours, notamment pas le corps de Sir Jack sous un lit de camp de l'autre côté de la route. Il faut dire que son attention a été attirée par Gustave qui lui fait signe.

Selon la version de ce dernier, lorsqu'il hèle Olivier du bras levé, il se trouvait déjà à une trentaine de mètres au-delà du mûrier sur la route, marchant en direction de sa ferme. Mais selon Olivier[2], Gustave n'était pas là, mais l'a hélé en jaillissant de derrière la voiture juste devant le capot, au moment où Olivier arrivait à hauteur de la Hillman.

Première gaffe. Mais Gustave va nier en s'appuyant sur le témoignage d'un certain Marcel Comte, passé avec sa camionnette[3] vers 6 h 15. Celui-ci voit la Hillman, mais ne remarque rien d'autre. Cinquante mètres plus loin, il voit un homme debout discutant avec un autre arrêté sur sa moto. Alain Dominici y voit la preuve que Gustave aurait dit vrai. Mais le témoignage de Comte atteste seulement de l'endroit où Gustave et Olivier étaient en train de parler, c'est-à-dire là où Olivier s'était arrêté après avoir freiné, et où Gustave l'avait rejoint.

Olivier, qui connaît à peine Gustave de vue[4], a donc freiné et s'est arrêté une trentaine de mètres plus loin. Gustave le rejoint en courant et lui demande d'aller téléphoner ou d'aller à la gendarmerie d'Oraison. Une fois Olivier reparti, Gustave serait rentré à la ferme en se disant très fortement troublé par sa découverte macabre. Il en aurait parlé à Yvette et Marie qui étaient occupées dans la cour. Et, réaction qui choquera et choque peut-être encore plus aujourd'hui, personne n'ira voir ni surtout ne retournera porter secours à la fillette, ce qui est toujours apparu comme la marque d'une parfaite absence de sensibilité, sinon d'élémentaire humanité, et surtout de la part des deux femmes. Car on saura que Gustave, ayant entendu une sorte de *ronron,* s'était bien approché du corps de la fillette et avait vu un bras se rabattre.

Olivier va à la gendarmerie d'Oraison et raconte, comme le vérifieront les gendarmes[5], que Gustave lui a désigné la Durance d'un geste en disant : *je viens de découvrir quelqu'un de mort là-bas sur le haut du talus.*

---

1 Ne pas confondre avec Jean-Paul Ollivier, reporter à *Nice-Matin*, puis pour *Paris-Match.*

2 PV n° 12-R, déjà cité. Témoignage recueilli au domicile de Jean-Marie Olivier, le 8/11/52, par Romanet et Bouchier.

3 PV n° 657 de la section de Manosque en date du 20/8/52 (cote B 18).

4 Sébeille (oc p. 69) lui fait dire : « *Celui-là, je le connaissais* », ce qui n'est pas tout à fait exact, car il dira le connaître seulement de vue.

5 PV n° 117/2-R du capitaine Albert en date du 1/5/55 en p. 20 (cote C 38), récapitulant les PV des dires d'Olivier, des gendarmes Gibert et Crespy.

Plus tard[1], Olivier viendra rajouter qu'il a oublié de signaler que, lorsqu'il était arrêté avec Gustave, il a remarqué, au débouché de l'escalier, montant de la cour sud sur la route, deux femmes dont une petite vieille tout en noir, qui regardaient vers eux. Et elles ne bougeront pas lorsqu'il passera devant elles. Ce sont Yvette et Marie, qu'il ne connaissait pas. Mais celles-ci vont nier, bien sûr. Car cette présence des femmes qui guettaient le retour de Gustave, prouve qu'elles savaient et qu'il était donc déjà revenu à la ferme, puis qu'il était retourné sur le bivouac où il a été surpris par l'arrivée d'Olivier. Il finira par l'admettre d'ailleurs les 15/16 octobre 1952 lors d'une garde-à-vue de dix-huit heures[2]. Mais il se rétractera aussitôt relâché, prétextant avoir cédé pour être libéré.

C'est avec Olivier que la présence de Gustave est formellement attestée sur les lieux du drame par un tiers étranger à la famille et inconnu d'elle. Et c'est par son entremise que la gendarmerie a été prévenue du drame. Mais, pendant plus d'une heure, avant que celle-ci n'arrive sur les lieux, tandis que le jour se lève, de nombreuses voitures, des gens à vélos et même des piétons vont encore passer sur la route, sans rien remarquer de particulier, ni voir personne, mis à part un certain Jean Ricard, puis l'équipe de la SNCF.

En attendant, selon *le Méridional* du 17 octobre 1952, repris par *Le Monde*, Gaston aurait déclaré : *j'ai vu le corps de la petite fille une demi-heure après que mon fils l'eut découvert, c'est-à-dire à 6 heures du matin, le cadavre était froid.* Jean-Louis Vincent (oc p. 191 & 192) sursaute à la lecture de ce qu'il qualifie d'*information.* Mais est-ce bien une information ? En effet, si Gaston était allé à 6 h voir le corps de la fillette, comment dire qu'il était froid sans le toucher et puisque Gustave verra la fillette encore vivante vers 5 h 30 ? Mais on va le voir, à 6 h Gaston n'était pas à s'occuper de *soigner ses bêtes à la ferme*, comme *Le Monde* du lendemain le mettra encore dans la bouche d'Yvette. Quand on saura les positions divergentes de Gaston et Yvette à ce sujet, il est évident qu'ils n'ont jamais pu dire ça à un journaliste. Ce qui rappelle à la prudence avec les *informations* de presse.

Petite synthèse

1 - Si de nombreux passants ont vu la Hillman, personne n'a vraiment identifié ni les Drummond, ni l'organisation de leur bivouac.

2 - L'homme qui a été vu au moins à quatre reprises (à moins qu'il ne s'agisse de plusieurs hommes différents), juste avant et après le drame, rôdant sur les lieux, ne ressemble ni à Sir Jack[3], ni formellement à aucun des gens de La Gran'Terre, mais au moins pour l'un d'eux vu par les

---

1 Il y a deux versions différentes sur la date et les circonstances de ce rajout, nous allons y revenir.

2 PV n° 387/104 du commissaire Constant en date du 16/10/52 (cote D 122).

3 Contrairement à ce qu'écrit Mireille Sacotte dans sa notice jointe aux notes de Giono (édition de La Pléiade de 1995 p. 1399). Il est regrettable que l'autorité académique d'un tel éditeur participe à la sédimentation d'une fausse représentation de la réalité.

frères Duc, à un dénommé Chaillan ou à un énigmatique Jo qu'on va retrouver.

3 - Mis à part depuis La Gran'Terre, les coups de feu ont seulement été entendus depuis l'autre rive de la Durance par deux témoins. Mais, ils ne concordent ni sur le nombre ni le rythme des tirs.
4 - Les dires des Dominici sur les coups de feu ne sont pas concordants non plus : celui de Gaston concorde avec celui de Roche ; tandis que celui de Gustave et Yvette avec celui de Franco.
5 - Les Dominici disent avoir entendu la réaction de chacun son chien, sans parler de l'autre.
6 - L'état des lieux a commencé d'être modifié peu après l'heure du drame et à de multiples reprises. Et, au moins à partir des alentours de 4 h. Notamment un lit de camp se balade devant et contre la voiture.
7 - Aucun passant ne remarquera le corps de Sir Jack gisant sous un lit de camp de l'autre côté de la route, et ce même aux heures matinales où il faisait déjà grand jour, le lieu étant pourtant éclairé directement dès les premiers rayons du soleil levant.
8 - Gustave refuse d'admettre qu'il est venu sur le bivouac, même au moment où il a été surpris par Olivier.
9 - Les femmes guettant le retour de Gustave sur la route prouvent qu'il était déjà revenu à la ferme les informer de la survie de la fillette, avant de remonter sur le bivouac et de se faire surprendre par Olivier devant la voiture.

Avant d'en venir à la suite de ce qu'il va se passer jusqu'à l'arrivée des gendarmes, il faut remarquer que cette rencontre avec Olivier surprenant Gustave émergeant directement du bivouac devant le capot, est l'un des événements qui orientera les premiers soupçons du commissaire Sébeille vers La Gran'Terre. En effet, on a vu que selon sa propre version, Gustave dira avoir découvert le corps de la petite Élizabeth vers 5 h 30. Or, au lieu d'enfourcher immédiatement sa moto, comme on a vu qu'il l'avait fait la veille pour l'éboulement sur la voie ferrée, et d'aller donner l'alerte ou chercher un médecin, il est d'abord revenu en informer sa femme et sa mère. Et elles aussi au lieu de porter secours à la fillette, iront alors se poster à l'entrée de la ferme sur la route pendant que Gustave retournera sur le bivouac. Dans toutes les hypothèses, il apparaît donc qu'à La Gran'Terre, on savait et on n'avait pas l'intention ni de faire quelque chose pour la fillette, ni d'aller donner l'alerte. Et ce pour au moins une raison évidente : il fallait brouiller l'état des lieux. La question est donc de savoir d'abord pourquoi, et ensuite pourquoi Gustave y est revenu tant de fois, depuis juste après l'heure du drame jusqu'à l'arrivée des gendarmes.

La seconde erreur de Gustave, mais est-ce bien lui qui en a décidé, sera de nier être sorti de derrière la voiture, mais aussi de nier avoir parlé à Olivier d'*autres morts*, comme on va aussi le voir.

Pour le moment, contentons-nous de constater, sans surtout chercher la raison qui a pu présider aux décisions de mentir et de brouiller l'état des lieux, ni qui aurait pu les prendre. Quel que soit le scénario, c'est donc le motard Olivier surprenant Gustave, qui induit une première présomption d'implication de La Gran'Terre. En essayant de colmater cette première brèche par des mensonges et des dénégations contre l'évidence, non seulement La Gran'Terre ne parviendra pas à réparer, mais au contraire toutes les tentatives de colmatage vont n'avoir qu'un effet contraire.

EN ATTENDANT LES GENDARMES

Pendant qu'Olivier va prévenir la gendarmerie d'Oraison, puis que l'information chemine jusqu'à la police judiciaire de Marseille, ce dont on rendra compte plus loin, l'équipe de la SNCF, conformément à ce qui avait été convenu entre Gustave et Roure la veille au soir, va venir se rendre compte de l'état de l'éboulement avant le passage de la première micheline vers 7 h. Il va falloir un certain temps aux enquêteurs pour établir exactement ce qu'il s'est passé avec les gars de la SNCF, épisode que quasi tous les ouvrages ont contribué à embrouiller et on va comprendre pourquoi.

Le passage de l'équipe de la SNCF

Vers 6 h 15, Faustin Roure[1] est parti de chez lui à vélomoteur. En route, il double séparément deux de ses collègues de l'équipe, Marcel Boyer et Clovis Dominici, tous deux à vélo, et les salue sans s'arrêter[2]. Il arrive le premier sur les lieux dès avant 6 h 30, tourne directement sur le chemin du pont sans porter aucune attention au bivouac. C'est dire qu'il n'a rien vu d'anormal qui aurait attiré son attention. Mais peu curieux tout de même. Il appuie son vélomoteur au parapet, passe le pont, tourne immédiatement à gauche, donc sans voir le corps de la fillette masqué par la pente du talus sur sa droite. Pour l'apercevoir, il aurait dû quitter le sentier et avancer jusqu'en tête du talus de berge. Mais il suit le sentier et descend directement dans la tranchée de la voie ferrée inspecter l'éboulement survenu à une cinquantaine de mètres de là.

Pendant ce temps, Boyer qui précède de peu son beau-frère Clovis, passe devant le bivouac sans plus y porter d'attention ni voir de corps. Pas curieux non plus. Il s'arrête à hauteur de Gustave qui guettait là-bas sur la route en haut du petit escalier de La Gran'Terre[3]. Gustave[4] a le temps de lui dire qu'il y a eu un drame et qu'il a découvert *une morte*. Clovis arrive juste derrière lui

---

1 PV n° 387/7 du commissaire Sébeille en date du 8/8/52 (cote D 15).

2 *Ibidem.*

3 PV n° 387/30 du commissaire Sébeille en date du 20/8/52 (cote D 47) et PV n° 387/156 du commissaire Sébeille en date du 25/6/53 (cote D 184). PV n° 424/60 du commissaire Chenevier en date du 21/10/55 (cote C 28).

4 PV n° 424/58 du commissaire Chenevier en date du 21/10/55 (cote C 274).

et lance[1] : « *Il y en a qui doivent avoir fait la noce car je viens de voir des cartons en désordres, des valises et des coussins à proximité d'une voiture* ». Apparemment, il ne serait donc pas venu la veille au soir, et lui non plus n'a pas vu de corps. Devant Boyer, Gustave raconte alors succinctement qu'il a entendu *cinq à six coups de feu* vers 1 h du matin. Selon Boyer[2], Gustave répète à Clovis qu'il a découvert *un cadavre vers la Durance*. Il note que Clovis n'a pas l'air surpris. Alors que Gustave n'aurait fait qu'un geste du bras en direction du lieu du drame, et qu'il reste à l'escalier de La Gran'Terre, Clovis enfourche son vélo et revient vers le bivouac sans prêter attention à Boyer qui l'a suivi[3]. Comme les enquêteurs s'en étonneront, Boyer dira que c'est Clovis qui lui a ordonné de le suivre, ce que ce dernier refusera toujours de reconnaître. Boyer s'étonne que Clovis aille directement vers la tête du talus où gît le corps de la fillette. Et il sera formel : Clovis n'a jeté qu'un *simple coup d'œil* de loin, tandis que ce dernier prétendra s'être approché *de très près*. Boyer en retiendra l'impression que Clovis savait où gisait la fillette et qu'elle était déjà morte.

Boyer étant le beau-frère de Clovis, il n'avait aucun intérêt à le contredire et à jeter un tel doute. Son témoignage paraît donc d'autant plus fiable, et montre que, si Clovis savait, il mentait déjà. Mais si on a vu qu'il avait pu venir la veille au soir, comment aurait-il su qu'il y avait eu un drame et connaissait-il le lieu ou gisait la fillette et son sort ? Serait-il resté la nuit à La Gran'Terre ? Éventualité jamais évoquée, sauf dans la version de Pichon et indirectement le dire de Jean Girard.

Notons que jusque-là personne n'a vu de corps, et qu'il n'a été question que de la fillette, comme si l'absence des parents ne posait pas question.

Sur place, Clovis remonte rejoindre Boyer qui est resté en haut du talus. C'est à ce moment que Roure remonte de la tranchée. Clovis lui lance : « *Tu as vu ?* ». Roure croit qu'il parle de l'éboulement, et le rassure. Rien n'empêche le passage de la micheline[4]. Clovis attire alors l'attention de Roure d'un signe de tête qui lui indique le corps de la fillette gisant en contrebas dans les hautes herbes, et précise qu'elle est morte. Boyer témoigne que Roure ne s'étonne pas ni ne demande à Clovis comment il a trouvé que la fillette gisait là, ni comment il sait qu'elle est morte. Roure aussi savait-il ? Car croyant Clovis sur parole, Roure ne s'approchera pas, et Boyer non plus. Ce nouveau manque de curiosité étonnera encore.

---

1 Déposition en date du 16/08/52, consignée dans le PV n° 12-R, p. 31.

2 PV n° 353/10 du commissaire Chenevier en date du 3/8/55 (cote C 92), et PV n° 424/53 du commissaire Chenevier en date du 21/10/55 (cote C 274).

3 PV n° 387/14 du commissaire Sébeille en date du 12/8/52 (cote D 23).

4 Jean-Charles Deniau et Madeleine Sultan (oc p. 257) mentionnent un témoignage tardif de Bourgue en 1955, précisant l'importance de l'éboulement : « *À cinq, il nous a fallu une heure pour dégager assez de terre pour que le train passe* ». Mais Bourgue n'étant pas venu sur place ce matin-là, et ce dégagement a bien eu lieu, mais plus tard.

Les trois hommes remontent alors vers la route. Ils diront avoir seulement vu en passant près du bivouac, une forme allongée sous une couverture près de la voiture. Pas plus Roure que Clovis et Boyer ne rentreront sur le bivouac. Décidément, quel manque d'attention et de curiosité. Clovis et Boyer, qui avaient leurs vélos à la main, les enfourchent et précèdent Roure qui est retourné au pont chercher son vélomoteur et qu'il pousse à la main jusqu'à La Gran'Terre[1]. On se demande bien pourquoi Roure ne l'a pas enfourché lui aussi. Il rejoint Clovis et Boyer qui se trouvent toujours sur la route en haut de petit escalier à parler avec Gustave, Yvette et Marie. Drac est également là[2]. S'il est arrivé en retard, et que Roure ne l'avait pas vu en passant, c'est qu'il s'était arrêté en route pour poser culotte. Gaston, lui, n'est pas encore rentré de Giropey. Bien sûr, on ne parle que du drame. Mais qu'en dit-on exactement ? On ne le saura pas bien sûr.

Jusque-là, personne n'a vu d'autre corps qu'une forme allongée sous une couverture le long de la voiture. Tous sont passé sans intervenir et vont l'identifier a priori comme étant celui de Lady Anne. On aura noté que Clovis s'était seulement intéressé à vérifier qu'aucun ne s'approche pour vérifier si la fillette était bien morte.

Peu avant 7 h

Roure renvoie ses hommes à l'ancienne gare de Lurs où le travail commence à 7 h. On apprendra beaucoup plus tard que Clovis n'est pas parti avec eux. Il est donc resté là un bon moment[3]. Confronté à son coéquipier Bourgue, celui-ci qui n'a aucune raison de contrer Clovis, confirmera tandis que Clovis niera jusqu'au bout[4]. Pourquoi ce mensonge ? Sans doute, comme certains éléments vont le suggérer, parce que Clovis a voulu aller sur le bivouac avec Gustave afin de se faire une idée de l'état des lieux, et peut-être même pour finir le ménage. En effet, certains détails ne s'expliquent guère autrement.

Clovis dira que Maillet est arrivé en retard sur le chantier. Mais n'était-ce pas pour cacher qu'il n'y était pas lui-même. Le commissaire Constant auditionnera toute la famille Maillet à ce sujet[5]. Tous diront, comme Maillet lui-même, qu'il a passé la nuit chez lui, qu'il s'est levé vers 5 h, heure à laquelle son frère Auguste, habitant la Maison de la mine, est arrivé, comme convenu, pour lui donner un coup de main à charger une charrette. Toutes les dépositions sont strictement conformes sauf sur un point : pour Maillet, il s'agissait de charger des bottes « *de pésote*[6] *et d'avoine* », pour Auguste de

---

1 PV n° 353/1 du commissaire Gillard en date du 01/8/55 (cote C 83). Me Charrier, oc p. 38.

2 PV n° 387/155 du commissaire Sébeille en date du 21/6/53 (cote D 183).

3 PV n° 12-R déjà cité, p. 31, et PV n° 353/40 du commissaire Gillard en date du 10/8/55 (cote C 135), p. 13.

4 PV n° 424/52 du commissaire Gillard en date du 21/10 /55 (cotes C 273).

5 PV n° 387/60 à 66 (sauf 387/65), du commissaire Constant en dates des 17 & 18/9/52 (cotes D 77 à 83, sauf D 82).

6 Du provençal *pésota* qui désigne la vesce, légumineuse herbacée.

« *l'orge* » et pour la belle-sœur de Maillet, « *du foin* ». Comment des gens de la terre peuvent-ils donner des plantes différentes ? En effet, il n'y a rien de commun entre l'orge, l'avoine et la pésote. Quoi qu'il en soit, Auguste serait reparti vers 6 h. La différence des plantes et la venue d'Auguste pour une heure seulement et pour ce seul chargement, aurait pu demander quelques investigations : par exemple savoir où Maillet devait ensuite emmener sa charrette. Car, après le départ de son frère, Maillet dira avoir soigné ses bêtes avant de rejoindre son travail à l'ancienne gare. Il dira être arrivé vers 7 h 15 et avoir appris le drame de son collègue Bourgue. Mais Bourgue ne sera pas interrogé pour confirmer l'heure. Et on n'en parlera plus.

Pendant ce temps, Roure est retourné à Peyruis pour prévenir son chef de district et aussi les PTT[1], car l'éboulement a entraîné des branchages sur la ligne téléphonique qui longe la voie ferrée. Il leur aurait parlé du drame[2] en disant seulement qu'il s'agissait sans doute d'« *Allemands* ». En passant, il aurait dit la même chose à sa femme. Cette allégation, qui ne sera pas vérifiée, apparaît pour le moins curieuse. Car, tous avaient parlé d'Anglais à La Gran'Terre, et Roure le savait-il peut-être même depuis la veille au soir quand Gustave était venu le prévenir. Alors pourquoi avoir parlé d'Allemands ?

Il est probable que c'est Roure qui préviendra également Roger Autheville. Car Roure est secrétaire de la cellule de Peyruis tandis qu'Autheville est à la fois secrétaire de la fédération départementale du Parti, et l'un des correspondants locaux de la presse communiste. Ainsi s'expliquerait qu'Autheville ait été l'un des premiers correspondants de presse sur les lieux avec le camarade Jean Teyssier, mais pas à une heure aussi matinale que Teyssier l'écrira en prétendant même être arrivé avant les gendarmes.

La preuve de premières connivences

Certains auteurs mais pas les enquêteurs, ont retenu que Clovis semble bel et bien avoir su où se trouvait le corps de la fillette, et qu'il voulait vérifier qu'elle était bien morte en empêchant ses collègues de s'approcher. La raison en est évidente qu'il confirmera d'ailleurs lui-même plus tard. C'était pour éviter qu'ils puissent voir si elle bougeait encore, ce qui signifie bien qu'il savait qu'elle n'était peut-être pas encore morte. Tous diront aussi qu'il voulait leur éviter les ennuis en les mêlant de trop près à cette affaire. Mais il est plus probable qu'au moins Gustave en avait déjà assez dit à son frère pour que ce dernier sache que La Gran'Terre était impliquée… à moins qu'il ne l'ait déjà su comme Roure si on en croit Boyer. D'un point de vue strictement objectif, une première preuve de la connivence apparaît donc ici entre les deux frères. Et Clovis montre bien à cette occasion qu'il dominait son frère et ne s'encombrait pas de compassion envers les victimes.

---

1 *Poste Téléphone Télégraphe*, nom et grand ministère de l'époque.
2 PV n° 31-R de la brigade de Forcalquier en date du 29/9/52 en p. 6 (cote B 52).

Boyer, beau-frère de Clovis et équipier de Roure, montrera son embarras lors de sa première déposition devant le brigadier-chef Romanet le 16 août[1]. Il dira ne pas s'être arrêté à La Gran'Terre, et avoir directement filé à l'ancienne gare. Car plus tard, il reviendra sur ce qui était un mensonge[2]. Et il dira au commissaire Sébeille ne pas savoir comment l'expliquer. Réponse qu'on retrouvera souvent dans cette affaire, même de la part de ceux qui n'y sont sûrement pour rien. Ce qui montre bien que c'est un comportement courant, et pas seulement propre aux Dominici.

Au moins, la raison du mensonge de Boyer sera-t-elle connue plus tard : lors de son passage à La Gran'Terre, en sa présence et celle de Drac, Clovis chuchotait à part avec Gustave[3]. Et comme Gustave parlait de « *cris assez forts de douleur et d'épouvante* », Clovis lui aurait conseillé de n'en rien dire. Or, n'est-ce pas justement, comme le pensait Me Charrier (oc p. 38 & 62), ce qu'il a entendu à cette occasion qui a inquiété Boyer au point de lui faire carrément nier sa présence à La Gran'Terre ce matin-là.

De plus, lors de ses premières dépositions, Clovis ne dira pas qu'il savait que la fillette vivait quand son frère l'a découverte. Et lorsque le commissaire Constant l'apprendra par Maillet en octobre 1952, et que Clovis confirmera finalement qu'il le savait, le commissaire[4] s'étonnera qu'il ne l'ait pas dit. Et la réponse de Clovis sera significative de la manière assez effarante, comme d'autres dans cette affaire : « *On ne me l'avait pas demandé* ». Et ce sera de nouveau sa réponse au commissaire Chenevier lors du supplément d'information[5] : « *Je n'avais pas parlé de ce détail parce qu'on ne m'avait pas posé la question* ». Et le commissaire de s'indigner que Clovis considère comme un *détail* la survie de la fillette et son abandon. C'est bien montrer que Clovis, jouissant d'une curieuse bienveillance pour sa supposée droiture, ne réagissait pourtant guère différemment des autres et mentait tout autant.

Synthèse

- Ni les gars de la SNCF ni Clovis, ne sont entrés sur le bivouac. S'ils ont vu un corps sous une couverture près de la voiture, aucun n'a vu de lit de camp de l'autre côté de la route.
- Tous demeurent focalisés sur le corps de la fillette : selon Boyer, Clovis savait où elle gisait, et Roure n'a montré aucun étonnement, ni curiosité en découvrant un drame qu'il était censé ignorer.
- Tout le monde à La Gran'Terre savait au moins que la fillette avait survécu.
- Clovis, sinon Boyer, savaient qu'on avait entendu des cris.

---

1 PV n° 12-R déjà cité, p. 35.

2 PV n° 387/30 du commissaire Sébeille en date du 20/8/52 (cote D 47) et PV n° 387/156 du commissaire Sébeille en date du 25/6/53 (cote D 184).

3 PV n° 442/44 du commissaire Sébeille en date du 13/11/53 (cote D 197).

4 PV n° 387/101 du commissaire Constant en date du 15/10/52 (cote D 119).

5 PV n° 353/10 du commissaire Chenevier en date du 3/8/55 (cote C 92).

- Tous ne se préoccupent que d'aller voir le corps de la fillette, mais sans l'idée de lui porter secours.
- Pour le moment, on ne sait pas encore à quelle heure Gustave s'est aperçu qu'elle vivait encore.
- En attendant, comme Clovis est resté là après le départ de ses collègues, il certain que Gustave l'a informé plus amplement. Ou alors Clovis était-il là au moment du drame ?
- Clovis retourne-t-il avec Gustave sur les lieux avant l'arrivée des gendarmes ?
- Est-ce avec Yvette, car Marie sourde est sûrement restée largement en dehors des conciliabules, qu'il sera décidé qu'il fallait encore brouiller l'état des lieux ? Car on ne peut guère imaginer que Gustave en ait décidé seul, avec tous les risques que cela comportait à cette heure.

Le passage de Ricard

Après le départ des gars de la SNCF, et avant l'arrivée des gendarmes, s'intercale un témoignage. C'est la déposition tardive datant de mai 1953[1], d'un certain Jean Ricard. Il campait à Ganagobie cet été-là. Et ce matin du 5 août, il en est descendu à pied[2] pour prendre le car sur la route, afin d'aller rejoindre Marseille où il travaille[3]. Il est en avance. Il marche donc le long de la route en direction de La Gran'Terre. C'est ainsi qu'il arrive « *entre 6 h 50 et 7 h* » et aperçoit la Hillman.

Avant d'aller plus avant, il faut faire remarquer qu'à cette heure, début août, le soleil inonde déjà largement les lieux[4]. Pourtant à pied, Ricard lui non plus ne remarque pas de lit de camp retourné dans les genêts de l'autre côté de la route sur sa droite, ni ne remarque les taches sang en travers de la route ni la mare près du puisard. Comme il le dit d'ailleurs, son attention a été focalisée de loin par la voiture anglaise stationnée à gauche dans la direction de sa marche. Il s'approche et « *le désordre invraisemblable qui régnait sur les lieux du campement* » lui fait d'abord croire qu'il s'agit d'un accident. Ne voyant personne ni aucun mouvement, il jette un coup d'œil rapide à travers les vitres de la voiture sans rien remarquer d'autre que le désordre. Hélas, on ne lui demande pas si les portières arrière étaient alors ouvertes ou fermées. Mais il est probable qu'une ouverture l'aurait frappé. Il voit un lit de camp vide le long du véhicule, et, à 1,50 ou 2 m, une « *forme humaine* » étendue à même le sol parallèlement à la voiture, la tête en direction de Peyruis, c'est-à-

1 PV n° 387/153 du commissaire Sébeille en date du 13/5/53 (cote D 181), et PV du juge Périès en date du 12/11/53 (cote D 193). Ricard serait allé déposer à la gendarmerie de Forcalquier dès le 6 août 1952, mais, sauf erreur, il n'y en a pas de PV au dossier. Cette déposition n'aurait donc guère retenu l'attention.

2 Selon Claude Mossé (oc p. 240 & 241), il est « *en voiture* », ce qui est inexact.

3 Selon le PV, il était bien à Forcalquier le lendemain 6/8/52. Ricard est employé de la Sécurité sociale à Marseille, où il habite selon le commissaire Sébeille (oc p. 160).

4 Rappel : ce 5 août, le soleil se lève à 6 h 30, heure légale.

dire opposée à La Gran'Terre. Le corps est sur le dos, pointes des pieds en l'air, sous une couverture le recouvrant de la tête[1] jusqu'en dessous des genoux seulement. Ricard trouve curieuse cette façon de dormir à même le sol, mais sans plus. Et il s'en va. Une centaine de mètres après avoir dépassé La Gran'Terre[2], le car l'a rattrapé et pris au passage. Mais ce car n'a pas été recherché.

Le commissaire Sébeille (oc p. 160)[3] rapportera que, début août 1953, il avait rencontré Ricard par hasard, alors qu'il était monté à Ganagobie interroger le père Lorenzi. Ricard campait là-haut. Le commissaire dit n'avoir pas noté sur le moment sa conversation avec Ricard dont il ne se souviendra que début mai. Il le convoquera alors le 13 mai à Marseille pour l'interroger[4]. Lui ayant montré des photos de l'état des lieux, Ricard sera formel : le corps qu'il a vu n'était pas à plat ventre dans les herbes les bras le long du corps, et la couverture était remontée sur les jambes allongées. Il était parallèle à la voiture sur le gravier, et non en position oblique[5] par rapport à celle-ci et à plusieurs mètres, comme on va voir que les gendarmes vont retrouver le corps de Lady Anne. Pour en avoir le cœur net, le commissaire remontera le 19 mai 1953 de Marseille La Gran'Terre[6]. Sans rien lui dire du témoignage de Ricard, le commissaire amènera Roure sur place et, garant sa voiture comme la Hillman, lui demandera quelle était la position du corps qu'il a vu ce matin-là, moins d'une demi-heure avant Ricard. Pour montrer comment il se rappelle la position du corps, Roure se couchera sur le sol parallèlement à la voiture. Mais il ne pourra préciser si le corps était sur le dos ou sur le ventre ni les positions des membres, car, selon lui, la couverture le cachait entièrement, pieds compris. Or, Selon Ricard, le corps était sur le dos et surtout les mollets étaient à découvert. Et il donnera encore quelques précisions très importantes qui ont été escamotées par tout le monde, et sur lesquelles nous allons revenir.

Le commissaire Sébeille qui n'a vu l'état des corps qu'après 15 h, à un moment où celui de Sir Jack était de l'autre côté de la route, a déduit logiquement que ce corps près de la voiture, était celui de Lady Anne. Et il en déduira que quelqu'un a déplacé la couverture entre le départ des gars de la SNCF et le passage de Ricard, puis qu'il a été déplacé entre le départ de ce dernier et l'arrivée des gendarmes. Et bien sûr, le seul à avoir pu opérer dans des créneaux horaires à la fois si courts et si rapprochés, devait être sur les lieux, ou alors très proche. En plein jour et si près d'une Gran'Terre en état

---

1 Jean Meckert (oc p. 181) dit « *le visage découvert* », ce qui est inexact.

2 Le commissaire Sébeille (oc p. 160) précise que Ricard n'a vu personne à La Gran'Terre.

3 Selon Jean Laborde (oc p. 196), Ricard aurait, en août 52, déposé devant les gendarmes, mais il n'en existe pas de PV.

4 Le commissaire Sébeille dit l'interroger en présence Ranchin (oc p. 161).

5 On lit partout, y compris chez Edmond Sébeille, « *perpendiculaire* », ce qui est inexact. Il était en diagonale.

6 PV n° 387/154 du commissaire Sébeille en date du 19/5/53 (cote D 182) et PV du juge Périès même date (cote D 190).

d'alerte, seuls Gustave mais aussi Clovis, étaient présents à la ferme. Lors des aveux de novembre 1953, une reconstitution[1] du déplacement du corps de Lady Anne mettra Ricard en présence notamment de Clovis qui finira par confirmer la position du corps près de la voiture. Mais étant sous une couverture, s'agissait-il bien du corps de Lady Anne ? Enfin, Gustave, qui n'a pas assisté à la reconstitution, va cette fois, admettre avoir déplacé le corps de Lady Anne quitte à se rétracter ensuite.

Les gendarmes arrivent enfin

La Gran'Terre se situant sur la commune de Lurs relève du territoire d'Oraison[2]. Le gendarme d'astreinte Gibert, alerte donc son chef l'adjudant Masse. S'agissant d'un cas grave, celui-ci répercute à l'échelon supérieur : la compagnie de Forcalquier dont il dépend, commandée par le capitaine Albert. Et celui-ci dépêche sur les lieux le brigadier-chef Louis Romanet et le gendarme Raymond Bouchier. Le temps de se préparer, ils enfourchent leur moto avec side-car, et partent vers La Gran'Terre distante d'une quinzaine de kilomètres.

Avant d'arriver au carrefour rejoignant l'ex-RN96, au quartier dit la Croix, ils rencontrent Aimé Perrin[3] à vélomoteur, qui les arrête. Ce dernier leur raconte qu'une demi-heure plus tôt, sa femme, qui travaillait dans leur champ le long de la voie ferrée a été informée par Bourgue[4] qu'il y avait eu un « *chaple*[5] » à La Gran'Terre. Sa femme est venue le lui dire, et il a pris sa mobylette pour aller voir. Les gendarmes s'étonnent. Ils avaient cru qu'il s'agissait d'un accident de la route. Ce qui montre le degré d'entropie dans la transmission de l'information. Aimé Perrin ajoute qu'allant vers La Gran'Terre, à hauteur de la ferme Guillermin, il a rencontré Yvette à vélo qui lui a raconté qu'il y avait eu des coups de feu dans la nuit, que Gustave avait trouvé le corps d'une fillette sur le talus de la Durance, et qu'il avait fait appeler les gendarmes. Notons qu'il n'est toujours question que de la fillette. Ne les voyant pas venir, elle allait téléphoner chez Sylve[6], pour les relancer. Alors qu'Aimé voulait continuer vers La Gran'Terre, elle lui aurait dit : « *Il vaut mieux que vous n'y alliez pas* ». Et elle lui a demandé d'aller téléphoner à sa place. Il revenait donc vers Giropey tandis qu'Yvette s'en est retournée[7]. Personne ne s'est, semble-t-il, demandé pourquoi c'était elle qui, enceinte,

---

1 Ordonnance de transport et PV, sans numéro de cote, du juge Périès en date du 12/11/53 (cote D 190).

2 Distante d'environ 10 km, plus bas sur l'autre rive de la Durance.

3 PV n° 12-R déjà cité, p. 25. PV n° 387/145 du commissaire Sébeille en date du 27/1/53 (cote D 172). PV n° 424/71 de l'inspecteur Goguillot en date du 20/1/55 (cote C 292).

4 PV n° 353/21 du commissaire Chenevier en date du 5/8/55 (cote C 107).

5 PV n° 387/145 du commissaire Sébeille en date du 27/1/53 (cote D 172). *Chaple* est un mot provençal signifiant *carnage, massacre, tuerie* (Dictionnaire du proveçal, oc).

6 Il s'agit de Henri Sylve, négociant à Giropey, avec le n° 8 (Archives Départementales).

7 PV n° 387/145 (cote D 172).

avait été dépêchée à vélo pour aller relancer les gendarmes, et non Gustave qui possède une moto ? Les enquêteurs mettront un certain temps à établir qu'en fait Gustave et peut-être Clovis étaient alors retournés sur le bivouac. Il est évident qu'Yvette a voulu empêcher Aimé Perrin de venir sur les lieux, de peur qu'il n'y trouve les deux frères en train de modifier les lieux. Pendant que les gendarmes repartent vers le lieu du drame, Aimé Perrin est revenu prévenir sa femme, puis est reparti vers La Gran'Terre[1].

On constate donc que, jusqu'à l'arrivée des gendarmes, une certaine panique s'est emparée de La Gran'Terre. Elle a été causée par le fait que Gustave a été surpris sortant devant la voiture, tandis qu'Olivier a aussi vu les femmes guetter en haut de l'escalier de la cour sud. Il a aussi fallu gérer le passage des gars de la SNCF. Qu'ont-ils vu ou pas vu, qu'est-ce qu'il a été dit ou pas dit entre les uns et les autres, avant qu'ils ne rejoignent leur travail. Au moins une première connivence avec Clovis est apparue, et ce dernier est resté après leur départ. Yvette est allée vers Giropey, sans doute pour retarder toute arrivée sur les lieux, comme en témoigne sa façon d'en dissuader au passage Aimé Perrin. Était-ce pour laisser le temps à Gustave sans doute aidé de Clovis, de modifier la scène de crime, sans toujours s'occuper de la fillette. On a déjà vu que c'est à ce moment-là qu'Yvette aurait également parlé à Aimé Perrin de *la femme habillée de noir*. Comme elle a en aussi parlé ce jour-là à Zézé et au moins à deux de ses belles sœurs, il semblerait donc que cette venue n'était pas encore couverte par un interdit qu'Yvette et Gustave respecteront ensuite coûte que coûte jusqu'au bout. Et si Gustave aura peur qu'elle ait également dit à Aimé Perrin[2] être allée sur le bivouac la veille au soir avec « *le petit* », c'est-à-dire avec Zézé, c'est que la venue de Zézé devra aussi être niée.

Conclusion

Rappelons-nous que jusque-là personne parmi les témoins de la nuit, ni avant l'arrivée des gendarmes, n'a mentionné avoir vu les corps, sauf une forme sous une couverture près de la voiture par l'équipe SNCF puis Ricard, et que rien ne permettait de dire qu'il s'agissait bien de celui de Lady Anne. Notons que depuis avoir été surpris par Olivier, et jusqu'à ce qu'Yvette rencontre les gendarmes en chemin, il n'a été question que du cas de la fillette.

Pour dessiner une première esquisse du puzzle de cette nuit depuis l'arrivée des Drummond sur place jusqu'à celle des gendarmes, il a fallu se servir d'une partie de ce qui a été établi bien plus tard et jusqu'après le procès, et encore jusqu'à ce qui a pu apparaître depuis, mais sans s'avancer encore sur le principal. Répétons qu'il ne s'agit pas de ménager un suspense comme dans un polar. Il a fallu bien sûr suivre la colonne vertébrale de l'ordre général du

---

1 Ce chassé-croisé significatif est escamoté par tous les auteurs, y-compris Jean-Louis Vincent qui résume en huit lignes de façon incomplète (oc p.18).

2 PV n° 353/14 du commissaire Chenevier en date du 4/8/55 (cote C 100).

déroulement des opérations policières et judiciaires. Mais en plus de ce qui est apparu lors des enquêtes, nous avons, en en donnant les références chronologiques, inclus à chaque pas ce qui apparaît déjà, ce qui résulte de diverses analyses, ce qui s'est révélé même longtemps après, et ce qui ressort des contextes les plus étendus. Cependant, avant d'avoir tout en mains, n'avançons pas trop vite comme le fera le commissaire Sébeille et tout le monde avec et après lui. Prenons le temps de tout amener au jour en justifiant les compatibilités et incompatibilités, en se gardant de pré-conclusions trop intensives menant non seulement à des a priori par conviction, mais aussi par inattention.

*

VIII

LA JOURNÉE DU 5 AOÛT

*

Les premières heures sur la scène du crime sont toujours déterminantes pour le recueil des données et des indices matériels. Hélas, ce qui a été fait et surtout pas fait ici, a eu de conséquences irréparables pour la résolution formelle de cette affaire.

À partir de l'arrivée des gendarmes sur le lieu du drame, le déroulement de la journée du 5 août va connaître cinq phases principales :

1e phase, de l'arrivée des gendarmes à celle du capitaine Albert.

2e phase, de cette l'arrivée à celle de la police.

3e phase, de l'arrivée de la police aux autopsies.

4e phase, les autopsies.

5e phase, de la découverte de l'arme jusqu'au crépuscule.

Après cette journée, pratiquement plus aucun constat matériel ne sera réalisé, les éléments et indices matériels ne seront pas analysés, voire même pas pris en compte, comme les autopsies et expertises, sauf en partie par les gendarmes. Mais finalement personne n'en tiendra réellement compte. Et peut-on répéter combien ce manque d'intérêt pour les éléments et indices matériels, comme l'ont dénoncé les Anglais, a été préjudiciable à la solution de cette affaire. Dans la tradition française au contraire de la britannique, la technique a longtemps été considérée comme triviale au regard de la parole, c'est-à-dire des témoignages, des aveux et de la psychologie. Le véritable état descriptif sous-détaillé des lieux au matin du 5 août à l'arrivée des gendarmes et avant les dégâts réalisés par le va-et-vient général, - et pas seulement des curieux -, n'a été fait que sommairement, comme en témoigne ce qui en demeure dans les inventaires, relevés, descriptions, croquis ou photos. Déjà, il y aura plusieurs inventaires, tous incomplets et qui ne concordent pas complètement. Il en est de même de la position des victimes et de tous les objets en place. Même certaines photos vont sembler se contredire.

Après l'accusation qui avait déjà fait de même, presque tous les auteurs ne citent que ce qui arrange chez chacun, la mosaïque de sa conviction. Tous, sauf Jean-Louis Vincent, mais hélas lui aussi incomplètement, se dispensent de commencer par essayer d'établir une chronologie et un état des lieux aussi précis et exhaustif que possible.

1e PHASE : DE L'ARRIVÉE DES GENDARMES À CELLE DU CAPITAINE ALBERT

L'arrivée des gendarmes

Les deux gendarmes Romanet et Bouchier arrivent sur les lieux entre 7 h 15 et 7 h 30. Le temps de réaction peut paraître long. Mais il a fallu un bon quart d'heure à Olivier pour arriver à Oraison, un temps pour exposer les faits, un autre pour prévenir le chef Masse, un autre pour rendre compte à Forcalquier, encore un autre moment pour missionner les deux gendarmes, organiser le déplacement, et enfin un autre bon quart d'heure pour descendre de Forcalquier. Il n'y a donc pas eu de véritable perte de temps, même si le cumul a fini par faire plus d'une heure depuis le passage d'Olivier. Pendant ce délai, d'ultimes brouillages et non des moindres, ont affecté l'état des lieux.

En débarquant[1], les deux gendarmes s'étonnent d'abord de ne trouver personne. Ce sont Aimé Perrin et sa femme qui arrivent les premiers. Tandis que les gendarmes découvrent le corps de Lady Anne dans les hautes herbes, Gustave surgit « *dans leur dos* ». Selon Aimé Perrin, Gustave est arrivé seul et à pied. Précision importante, sans son vélo[2]. Autre point important, c'est lui qui signale le corps de Sir Jack[3], car les gendarmes ne l'avaient pas remarqué de l'autre côté de la route. Mais eux aussi ont eu leur attention attirée par la voiture alors qu'ils arrivaient depuis le sud. Depuis cette direction, le lit de camp qui recouvre le corps de Sir Jack est beaucoup moins visible. C'est encore Gustave qui leur indique où gît celui de la fillette.

Le brigadier-chef Romanet, devant l'importance d'un drame qu'il ne soupçonnait pas, emprunte le vélo de madame Perrin[4] et repart vers Giropey chez Sylve, pour téléphoner au capitaine Albert à Forcalquier. Les Perrin s'en retournent chez eux et Gustave à La Gran'Terre, laissant Bouchier seul sur le bivouac. Un couple avec un garçonnet s'arrête, premiers voyeurs qui repartent aussitôt. Bouchier commence à faire quelques observations, constats et relevés, mais hélas sans avoir les moyens d'établir d'abord un périmètre de protection. Il faut dire que le site concerné est assez vaste, depuis le corps de

1 PV n° 11-R déjà cité et PV n° 387/150 du commissaire Sébeille en date du 2/2/53 (cote D 177).

2 PV n° 353/21 du commissaire Chenevier en date du 5/8/55 (cote C 107).

3 PV n° 424/69 du commissaire Gillard en date du 22/10/55 (cote C 290). Curieusement Jean-Louis Vincent commence par donner une autre version (oc p.18), mais il y revient p. 103 et rectifie en partie.

4 PV n° 424/71 de l'inspecteur Goguillot en date du 22/10/55 (cote C 292). Il le ramènera avec la chaîne cassée, chez les Perrin qui sont rentrés à pied chez eux à Giropey. On se demande pourquoi il n'a pas pris la moto de service. Sans doute n'avait-il pas la qualification de chauffeur et, étant le plus gradé des deux, était-ce lui qui devait rendre compte.

la fillette jusqu'à celui de son père, et qu'il est traversé par la route. Aucune précaution matérielle de protection ne sera prise, autrement que par injonctions verbales. N'existe pas encore de ce ruban orange qu'on déploie aujourd'hui pour cerner au moins une zone interdite aux curieux. Il s'ensuit que le gendarme, surtout sans avoir aucune raison de se méfier, a laissé libres ceux qui vont arriver, aller et venir et donc piétiner l'état des lieux, se livrer à d'éventuelles menues manipulations, sans parler de dissimulations et de menus larcins. On n'en saura guère plus sur cette première demi-heure.

De chez Sylve, Romanet a également prévenu Henri Estoublon, le maire de Lurs, qui va alerter d'autres édiles et appeler le docteur Henri Dragon, médecin à Oraison[1]. Le capitaine Albert prévient son supérieur, le commandant Bernier en poste à Digne, la police de Nice dont dépend le département, ainsi que le tribunal de Digne qui a compétence. Premier arrivé alors que Bouchier est seul, l'adjudant Masse, chef de poste d'Oraison, qui vient se rendre compte. Il repartira dès l'arrivée de son supérieur le capitaine Albert.

À quelle heure les premiers journalistes ?

Des journalistes prétendront avoir été là avant tout le monde, et même avant les gendarmes. Notamment ils publieront des photos soi-disant prises de grand matin, mais que démentent l'état des ombres et les positions des victimes. Jean Teyssier, correspondant local de *La Marseillaise*, prétend être arrivé le premier vers 7 h 30[2] accompagné de son confrère et camarade Roger Autheville, correspondant du quotidien *Le Dauphiné libéré*[3]. Au moins Teyssier précise avoir été prévenu vers 7 h par « *une voix amie* », c'est-à-dire dans un créneau horaire où seuls les gendarmes étaient informés, hormis La Gran'Terre, l'équipe de la SNCF et Aimé Perrin. En fait c'est sans doute Roure qui a appelé les journalistes *amis* ou plutôt camarades[4], car on sait qu'il est allé vers cette heure-là aux PTT signaler que la ligne téléphonique le long de la voie de chemin de fer, avait été endommagée par l'éboulement. Si donc il est possible que Teyssier ait été prévenu vers 7 h, une demi-heure pour se préparer et passer prendre Autheville, puis arriver sur les lieux, n'est pas suffisant. Ce n'est même pas le temps nécessaire au seul trajet depuis Digne. D'autre part, Teyssier se contredit en précisant qu'en arrivant sur les lieux, il y a « *déjà beaucoup de monde* », et que le corps de la fillette est caché sous une couverture. Or, à 7 h 30, il est certain que le gendarme Bouchier est encore seul et que le corps de la fillette ne sera recouvert par Gaston qu'un peu après

1 On ne sait par quel intermédiaire, car après vérification, Estoublon n'avait pas le téléphone chez lui, ni à la mairie. S'il y a une cabine à la Poste, elle est fermée à cette heure. Le numéro du docteur Dragon est le 10 à Oraison.

2 Selon ses textes et dans ses mémoires (oc p. 150).

3 Fondé par des Résistants à la libération en coopération avec *les Allobroges*, journal communiste.

4 Autheville a le téléphone, le 416 à Digne.

8 h. Ce qui renvoie l'arrivée des deux journalistes à plus tard dans la matinée, comme d'ailleurs en témoignent les positions des victimes sur leurs photos qui sont très différentes de celles prises par les gendarmes, y compris les ombres qui sont d'autant plus courtes que le soleil est proche du zénith.

Pendant ce temps à La Gran'Terre

Alors que Bouchier attend seul ses collègues, vers 8 h Gaston rentre de Giropey avec ses chèvres. Zézé dira qu'habituellement son grand-père rentrait plus tard, ce que ce dernier contestera, mais qui apparaît pourtant exact. Car, à une autre occasion, il dira lui-même qu'il ne rentrait habituellement que pour le déjeuner. On ne trouve nulle part trace de questions sur l'itinéraire qu'il a suivi pour rentrer à sa bergerie. Mais il est probable qu'il n'est pas revenu du vallon de Giropey par la route, itinéraire l'obligeant à contourner la ferme pour rentrer par le nord, et donc à passer non loin du lieu du drame. C'est la version du commissaire Sébeille[1] qui dit que Gaston « *aperçoit des dizaines de voitures* ». Mais c'est doublement inexact, car, à cette heure, il n'y a personne d'autre que Bouchier, comme on vient de le voir et comme le capitaine Albert le confirmera encore devant la Cour d'assises. Il est donc pratiquement certain que Gaston est rentré par le même itinéraire de son départ, c'est-à-dire le sentier longeant la voie ferrée à l'opposé du bivouac.

Il commencera par dire qu'il a appris le drame par Gustave[2]. Mais un témoignage de Roure[3] va contredire cette première version. En effet, après être retourné à Peyruis prévenir, Roure revient et s'arrête à La Gran'Terre dans l'intention de parler du drame avec *le vieux*. Il appuie son vélomoteur sur le mur longeant la route et descend dans la cour par le petit escalier sud (cf plan en page suivante). Deux PV relatent l'épisode :

- Le premier en août 1952[4], où Roure dit être descendu jusque devant la porte sud où se trouve Marie.
- L'autre, lors du supplément d'information[5], où il dira être resté dans l'escalier.

Lors de l'instruction, Gaston reviendra sur sa première version, reprenant la seconde version de Roure qu'il dira ne pas avoir vu[6]. Lors du supplément d'information de 1955, il répétera qu'il n'a pas remarqué sa présence[7]. Et devant la Cour d'assises, Roure précisera un « *détail important* », - comme souvent les détails le sont -, qui sera discuté en audience : de là où il se trouvait, il pouvait voir et entendre sans être vu. Et Roure témoigne que Gaston est arrivé dans la cour sud « *suivi par Yvette* » en train de lui dire : « *Il s'en est*

1 Rapport n° 639 du commissaire Sébeille en date du 25/1/154 p. 28 (cote D 250).
2 PV n° 387/2 du commissaire Sébeille en date du 6/8/52 (cote D 9).
3 PV n° 387/7 du commissaire Sébeille en date du 8/8/52 (cote D 15).
4 *Ibidem.*
5 PV n° 353/1 du commissaire Gillard en date du 1/8/55 (cote C 83).
6 PV d'instruction du juge Périès en date du 25/2/54 (cote D 267).
7 PV du juge Batigne en date du 30/7/55 p. 6 (cote C 139).

passé du propre cette nuit. On a tué. Le vieux se retournant, l'air étonné : Où ? Où ? Au bout du champ, a répondu Yvette. Alors Gaston a accroché son carnier, il a repris sa canne et s'en allé vers le champ[1] ».

La question est évidemment de savoir dans quelle mesure la surprise de Gaston rapportée par Roure, pouvait être sincère ou feinte. Quel que soit le scénario du drame, aucun des présents cette nuit-là à La Gran'Terre n'a pu ignorer qu'il y avait eu trois meurtres et où ils avaient eu lieu. Mais, tous les présents n'avaient sans doute pas eu le même niveau d'information sur le détail de ce qu'il s'était passé.

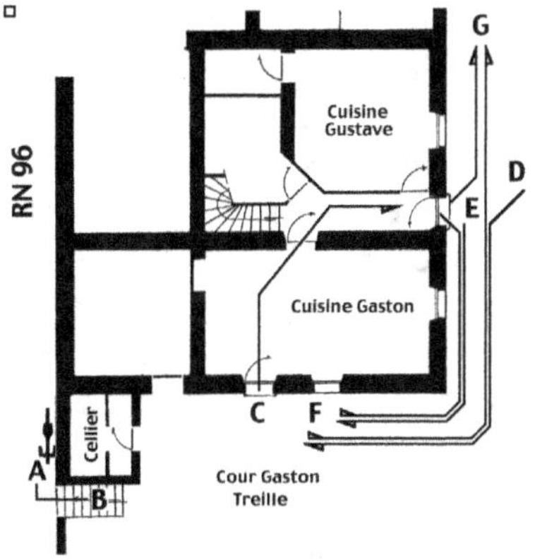

Suivant le croquis ci-contre, on voit comment Roure a pu être abusé, en toute bonne foi, par la disposition des lieux. Clovis étant resté, devait être avec sa mère dans la cour en **C**. Il entend le vélomoteur de Roure qui arrive et s'arrête en **A**. Pendant que Roure appuie son vélomoteur contre le mur sur la route, Clovis, ne voulant pas être surpris par son chef qui le croit au travail, s'esquive en passant chez Gustave par l'intérieur de la maison, de **C** vers **E**. Roure, engagé dans l'escalier en **B**, ne voit que Marie de dos dans la cour. Si Roure ne voit que Marie, c'est que les autres devaient être soit dans la maison, soit dans la partie de cour à l'est en **E**, devant chez Gustave revenu à la ferme. Dans le même temps Gaston était arrivé de sa bergerie où il a laissé ses chèvres, vers **D**. Il rejoint ses fils et Yvette en **E**. Clovis leur ayant dit avoir entendu Roure arriver, Gaston se dirige vers sa cour, suivi par sa belle-fille de **E** vers **F**. Arrivant en F, alors que Roure masqué par le cellier, s'est arrêté en haut de l'escalier, Gaston et Yvette ne le voyant pas mais se doutant de sa présence, jouent la scène convenue. Yvette retourne ensuite chez elle de **F** vers **E**. Selon Roure, Gaston se précipite donc vers le lieu du drame. En fait, hors de la vue de Roure, Gustave se joint à lui au passage en **E**, tandis que Clovis reste caché chez Gustave et que Roure s'en retourne sans s'être fait voir. Discret le Roure.

C'est alors que Gaston et Gustave rencontrent Zézé qui arrive de La Serre à vélo. En effet, le gendarme Bouchier[2] l'a vu passer à vélo vers 8 h et entrer à La Gran'Terre. C'est-à-dire peu après le passage de Roure, et tout juste avant l'arrivée des autres gendarmes. Et Bouchier sera catégorique : il a vu Zézé revenir quelques instants plus tard à pied, son vélo à la main, en compagnie de Gaston et Gustave, tous trois venant de La Gran'Terre. De son côté, Zézé[3]

---

1 PV déjà cités.

2 PV n° 387/150 du commissaire Sébeille en date du 2/2/53 (cote D 177).

3 PV n° 387/47 du commissaire Sébeille en date du 29/01/53 (cote D 174), PV n°387/150 cité ci-dessus et PV n°387/157 du commissaire en date du 9/7/53 (cote D 185/1), PV n° 18-R de la

va confirmer qu'il a bien, en arrivant à La Gran'Terre, rencontré son oncle et son grand-père juste au moment où ils quittaient la ferme ensemble. Alors que la chose semble vraiment sans importance, pourquoi autant Gaston que Gustave vont-ils farouchement contredire le gendarme et Zézé[1] ? On va voir que c'est à cause de la façon dont Zézé va dire comment il a été prévenu et avec quel vélo il est venu puis reparti.

Retour sur les lieux du drame

Lors du supplément d'information, Gaston dira donc qu'en arrivant sur les lieux, il y avait déjà beaucoup de monde. Mais vers 8 h, Bouchier était encore seul. Selon le gendarme[2], tandis que Gustave reste à l'écart près du mûrier sans s'approcher des corps, « *tête basse comme gêné* », Gaston emmène quasi de force Zézé voir le corps d'Élizabeth. Le gendarme sera confirmé par Zézé, alors que Gaston va nier en prétendant y être allé seul. Et Zézé viendra plus tard lâcher incidemment un point important[3] : en arrivant avec son grand-père sur le bivouac, donc tous les deux en principe pour la première fois, et alors que Gaston n'était pas censé avoir vu le corps, Zézé précisera que son grand-père semblait savoir où se trouvait la fillette. En revenant, Gaston demande au gendarme[4] la permission de recouvrir le corps : « *Les fourmis rouges lui mangeaient les yeux* ». Certains ont avancé que le fait d'avoir recouvert les corps trahissait une tradition paysanne… ou même gitane. Mais la fillette sur le dos les yeux grands ouverts, est tout simplement un spectacle décidément « *trop moche* » comme le dira Jean Teyssier, et qui a dû gêner Gaston. Imprudent, le gendarme laisse faire. Ce qui va permettre à Gaston de prétendre plus tard avoir trouvé un morceau de crosse près de la tête.

Il apparaît donc que comme Clovis, Gaston savait sans doute où se trouvait le corps de la fillette. Ce qui serait normal s'il est le meurtrier. Mais en venant seulement à pied de la ferme avec Gustave, ce dernier aura eu tout le temps de lui dire où se trouvait les corps dont celui de la fillette. En revanche, avoir forcé son petit-fils à venir le voir en pleine lumière avec les yeux grands ouverts, n'est pas un réflexe normal de grand-père et encore moins s'il était l'assassin. Ce geste ne montrerait-il pas plutôt qu'il savait que son petit-fils était impliqué ?

---

brigade de Forcalquier en date des 16 et 27/3/53 (cote D 185/2). PV d'instruction du juge Périès en date du 18/2/54 (cote D 257).

1 Notamment, PV du juge Batigne en date du 19/11/55 (cote C 337).

2 PV en cote D 177, déjà cité.

3 PV d'instruction du juge Périès en date du 18/2/54 (cote D 257).

4 PV n°387/150 déjà cité.

2e PHASE : DE L'ARRIVÉE DU CAPITAINE ALBERT À CELLE DE LA POLICE

L'arrivée du capitaine Albert

Le capitaine arrive dans sa 203 noire avec deux autres gendarmes, Crespy et Rebaudo. Au passage il a pris Romanet devant chez les Perrin à Giropey. Le PV 11-R fixe cette arrivée à 8 h, mais c'est sans doute un peu trop tôt. Car sur place, il trouve Gaston, Gustave et Zézé. Plus question de l'adjudant Masse. À nouveau, malgré la réputation de compétence du capitaine, la protection de l'état des lieux ne va pas s'améliorer avec son arrivée, ni même après celle de son supérieur le commandant Bernier, pas plus avec celle des magistrats et enfin plus tard des policiers. Les constats se font donc au milieu d'un va-et-vient, notamment d'un nombre croissant d'officiels et de curieux dont les voitures vont encombrer la route. Tous piétinent et fouinent, au point qu'il ne peut être formellement exclu que l'emplacement d'objets ou de traces, et surtout la disparition de certains indices, soient imputables à ce manque élémentaire de protection.

Après le capitaine Albert, arrivent le maire de Lurs, Henri Estoublon, puis le docteur Dragon qui débarque vers 8 h 30[1]. À 9 h 30 seulement, le procureur Louis Sabatier, le juge d'instruction Roger Périès avec son greffier Émile Barras, arrivent de Digne en 203 grise.

Le PV du juge[2] note expressément la présence du docteur Robert Girard « *que nous devions commettre plus tard* » comme légiste. Mais on ne sait pas par quel moyen le docteur a été averti ni comment il est arrivé puis reparti. Ce serait sans grande importance, mais aucun autre PV, notamment de gendarmerie ou de police ne mentionne seulement cette venue. De même, on ne trouve aucune trace de rencontre entre le docteur Girard et son confrère Dragon. Ce qui signifie que ce dernier a dû repartir avant même l'arrivée du docteur Girard qui n'a donc pas pu arriver avant 10 h.

Outre quelques autres officiels[3], et sans parler des nombreux passants, vont enfin arriver les correspondants et photographes locaux de la presse régionale[4], mais sans doute pas avant 11 h, quoi qu'ils s'en soient vantés, et même peut-être plutôt vers 13 h. Leurs photos et comptes rendus vont semer la confusion, d'autant que les corps vont être manipulés avant leur arrivée et qu'ils n'en seront apparemment pas informés, ce qui induira des quiproquos sur les positions réelles et l'heure des photos.

Dans ce charivari, avant d'analyser l'état des lieux et l'examen des corps, six évènements valent d'être examinés. Mais, bien sûr, ils n'apparaîtront pas

---

1 Toutes les heures d'arrivée sont notées dans le PV n° 11-R déjà cité.
2 PV du juge Périès en date du 5/8/52, p. 3 (cote D 2).
3 Le juge de paix de Peyruis, le garde champêtre de Lurs, etc…
4 Maurice Thibault, Jean Teyssier, Yves Thélène, Roger Autheville, etc, pour la plupart correspondants de la presse communiste, prévenus les premiers.

sur le moment, et certains même ne feront l'objet d'investigations que lors du supplément d'information :

- La présence de Zézé.
- Le vélo de Gustave.
- Par qui Zézé a-t-il appris le drame ?
- Qu'a donc fait Zézé la veille au soir ?
- Le départ d'Yvette pour Oraison.
- Gustave et la porte arrière de la Hillman.

La présence de Zézé

Le gendarme Bouchier ayant demandé à Zézé de tenir le décamètre, Gaston, furieux, lui ordonne de rentrer à La Gran'Terre[1]. Mais, montrant au passage les limites de l'autorité qu'on a prêtée à Gaston, Zézé n'obéit pas puisqu'il reste sur le bivouac jusqu'au moment d'en repartir avec son grand-père[2] lorsque celui-ci rentre à la ferme. Et ils reviendront sur les lieux, sans doute vers 11 h. Alors que Zézé était à la barre de la Cour d'assises, le procureur Sabatier dira que Gaston lui a présenté son petit-fils ce matin-là, et Gaston niera farouchement. Il répondra même au procureur qui lui demandait si c'était pour cacher que Zézé savait quelque chose : « *Non ! Lui il était loin, il n'a rien pu voir* ». Si la transcription a été correcte, le *lui* semble sous-entendre a contrario que d'autres, qui étaient près, ont pu voir. Et pas seulement savoir. Car, on l'a dit, il est très probable que Zézé ait pu être à La Gran'Terre cette nuit-là, et qu'il aurait donc pu au moins être témoin. Pendant cet échange devant la Cour d'assises, tout le monde notera que Zézé ricane, comme s'il se savait intouchable. Madeleine Jacob (oc p. 56) est la seule à rapporter que Zézé parlant à la barre des corps des victimes, aurait laissé tomber : « *Je n'ai pas voulu voir* ». Et elle trouve à cette réflexion, « *une spontanéité suivie d'un vague air de regret* », en se demandant pourquoi « *cette horreur étrangère ?* ». Cette réaction étonne si on se souvient que Gaston qui l'a forcé à venir voir la fillette gisant yeux grands ouverts.

Le vélo de Gustave

Dès son arrivée, le capitaine Albert remarque un vélo dans le fossé devant le mûrier[3]. La plaque[4] lui indique que c'est celui de Gustave. Interrogé, ce dernier dira être allé chercher de la craie à la demande des gendarmes, et avoir pris son vélo pour faire au plus vite[5]. Mais cette version sera formellement

1 PV n° 387/150 du commissaire Sébeille en date du 2/2/53 (cote D 177).
2 PV en cote D 177, déjà cité.
3 PV n° 387/150 du commissaire Sébeille en date du 2/2/53 (cote D 177).
4 A l'époque les vélos doivent porter une plaque fixée au cadre, avec le nom du propriétaire.
5 PV n° 353/40 du commissaire Gillard en date du 10/8/55 (cote C 135), PV 117/2-R du capitaine Albert en date du 1/5/55 (cote C 38), PV n° 424/99 du commissaire Chenevier en date 21/11/55 (cote C 349).

réfutée par les gendarmes. De plus, le vélo disparaît sans que personne ne remarque qui est parti avec, ni quand.

Or on a noté que Zézé est arrivé à vélo. Le capitaine Albert va donc rapprocher la présence de ce vélo de celle de Zézé. Interrogé, Zézé répondra qu'il est bien venu à vélo, mais avec celui que son cousin Gilbert, fils de Clovis. Celui-ci le lui aurait prêté avant de partir pour Paris[1]. Or, Gilbert démentira[2]. Et Clovis sera formel, le vélo de Gilbert ne sera prêté à Zézé qu'à partir du 18 août[3]. Galizzi dira par ailleurs que Zézé se servait du vélo de sa mère, jamais de celui de son cousin Gilbert[4]. Enfin, elui-ci est un vélo de course blanc qui n'a pas été vu sur les lieux[5]. Il est donc certain que Zézé est arrivé le matin de La Serre avec le vélo de Gustave, et qu'il est reparti avec. Pour en disposer ce matin-là en venant de La Serre, il lui fallait être venu la veille au soir ramené par Gustave sur sa moto comme on l'a suggéré, et qu'il soit reparti dans la nuit avec le vélo de Gustave.

Par qui Zézé aurait-il appris le drame ?

La présence de ce vélo est donc une preuve que Zézé était bien à La Gran'Terre au moins dans la soirée, sinon pendant toute la nuit. Est-il reparti à La Serre avant le drame, ou après ? S'il était reparti avant le drame, en arrivant vers 8 h comment Zézé en aurait-il déjà été informé ? La Serre n'a pas le téléphone, et personne d'informé n'est passé devant, sauf Roure. Mais, avant que Zézé ne mette Roure à contribution, il va s'enferrer dans une série de mensonges invraisemblables, que d'ailleurs il va admettre de façon déconcertante au fur et à mesure des vérifications et démentis. Et, à chaque fois, sans en donner de raison[6].

Il commencera par dire qu'il s'est levé à 5 h, lui aussi pour « *gouverner ses bêtes* », puis que vers 6 h, il est allé chercher son lait chez le père Puissant, à Peyruis[7]. Or ce Puissant était mort depuis novembre 1951. Zézé mettra alors à contribution son ami Galizzi[8]. Or, selon Daniel Garcin, employeur et logeur de Galizzi, ce dernier était parti le 4 au soir « *coucher à La Cassine* ». Mais ne serait-ce pas plutôt à La Serre puis à La Gran'Terre ? On s'apercevra lors

---

1 PV n° 424/98 de l'inspecteur Leclerc en date du 17/11/55 (cote C 348).

2 *Ibidem* en cote 348.

3 Rapport 18-R déjà cité.

4 PV n° 85-R du capitaine Albert en date du 21/10/55 (cote C 301).

5 Plus tard, un vélo rouge endommagé sera trouvé à quelques kilomètres de là dans un fourré. L'enquête va beaucoup travailler sur ce vélo, sans résultat, nomment sans lien avec l'affaire. Une synthèse de la question est donnée dans le rapport du commissaire Constant (cote D 178).

6 Tout est récapitulé dans le rapport n° 18-R du capitaine Albert en dates des 16 et 27/3/53, mais aussi dans le PV n° 387/157 du commissaire Sébeille en date du 9/7/53 (tous sous cote D 185).

7 Rapport n° 18-R déjà cité.

8 *Ibidem.*

du supplément d'information, que Galizzi a disparu le 6 août[1]. Il sera retrouvé au bout de quarante-huit heures, caché à Saint-Étienne-les-Orgues. Ayant commencé par confirmer Zézé, il se serait effondré en avouant que ce dernier lui avait demandé de faire ce faux témoignage, mais qu'il en ignorait la raison. Et les enquêteurs de s'en tenir là, le mettant définitivement hors de cause au motif qu'il est d'esprit fruste et difficile à faire parler[2]. Si, pour faire plaisir à son ami, Galizzi a risqué de passer pour l'assassin, c'est qu'il est innocent, conclut le commissaire Sébeille. N'est-ce pas à nouveau là une conclusion curieuse ?

Zézé finira par dire que c'est Roure qui l'a prévenu en passant vers 7 h prendre son vin comme tous les matins[3]. L'heure correspond bien à l'aller-retour de Roure. Mais, curieusement, avant de l'admettre, Roure va lui aussi s'empêtrer. In fine, il répétera en 1956 au juge Carrias[4], ce qu'il avait déjà dit devant la Cour d'assises : « *Je ne voulais pas faire mentir Roger Perrin, et si Roger Perrin disait cela, ce devait être vrai* ».

Lors du supplément d'information, la question aura fait l'objet d'un nombre important d'interrogatoires[5]. Et Roure s'est enferré, disant qu'il a trouvé Zézé devant son portail, se préparant à partir vers La Gran'Terre, au moment où il passait, comme presque tous les matins, prendre une bouteille de vin déposée sur la fenêtre de La Serre. Mais sa femme dira ne pas être au courant de cette habitude, et s'en étonnera même, elle qui tient un débit de boisson et fournit tous les jours le vin du panier de son mari. Et même s'il arrivait à Roure d'amener du vin aux ouvriers pour la pause, ceux-ci vont tous démentir qu'il l'ait fait ce jour-là. Mais Roure maintiendra jusqu'au bout. À nouveau pourquoi ? Comme il l'a suggéré lui-même, sans doute ne voulait-il pas dire que, si Zézé savait déjà, ce n'était pas lui qui le lui avait dit.

Qu'a donc fait Zézé la veille au soir ?

Zézé se retrouvera toujours embarrassé chaque fois qu'on lui posera cette question. Il commencera par dire être allé arroser ses haricots au quartier de Saint-Pons où il aurait rencontré Paul Delclite, lequel affirmera formellement ne pas l'avoir vu. Zézé invoquera alors le témoignage de sa mère. Et elle confirmera, bien sûr[6]. Mais Zézé l'oubliera en disant plus tard au commissaire Constant que sa mère était partie vers 14 h rejoindre son père à la ferme de La Cassine qu'ils venaient de prendre en métayage[7]. Or on sait maintenant la raison pour laquelle Zézé mentira si éhontément sur sa soirée du 4.

---

1 PV n° 353/20 du commissaire Gillard en date du 5/8/55 (cote C 106).
2 PV n° 117/2-R du capitaine Albert en date du 1/5/55 (cote C 38).
3 PV cote D 86 déjà cité et D 174 *idem*.
4 PV n° 14/55 du juge Carrias en date du 4/8/55 (cote C 97).
5 Sauf omission, 14 PV en cotes C 83, 84, 89, 90, 91, 92, 97, 101, 116, 121, 122, 124, 127 & 129.
6 PV n° 387/152 du commissaire Sébeille en date du 10/7/53 (cote D 186).
7 PV n° 387/69 du commissaire Constant en date du 23/9/52 (cote D 86).

Le commissaire Sébeille comme tout le monde, mais pas le capitaine Albert, se contentera de l'idée que Zézé, alors âgé de seize ans, n'est qu'un adolescent fantasque, hâbleur et mythomane, mentant autant par plaisir que par légèreté. À chaque fois qu'il sera confondu, Zézé répondra : « *Je ne sais pas pourquoi j'ai menti* ». Et il resservira en suivant un autre mensonge avec la même inconséquence sans que le commissaire s'en alerte. Mais, y regarder de plus près, le jugement du commissaire, repris par tous, y compris par Giono, apparaît pour le moins hâtif. En effet, à y bien regarder de près, Zézé mentira plutôt moins que d'autres.

Car répétons-le, il ne ment que lorsqu'on s'intéresse à son emploi du temps de cette veille au soir puis de la nuit, sur l'identité de celui qui il a appris le drame, et sur la question du vélo. Exclusivement. Autrement, lorsqu'il témoigne à d'autres propos, il donne des détails qui, non seulement sonnent juste, mais sont vraisemblables et souvent corroborés comme pour la venue des Anglaises à la ferme ou la femme vêtue de noir. Et il s'y tient, même confronté à sa famille qu'il met en péril, tandis que sa version ne varie pas, même trois ans après. D'évidence, le fait qu'il mente et se contredise en cascade seulement à propos de quelques mêmes questions qui, en réalité n'en font qu'une, ne signifie nullement qu'il était plus menteur que les autres.

Car un mythomane est quelqu'un qui s'invente un monde, et ses mensonges n'en sont pas à ses yeux. Jamais d'ailleurs il ne consent à qualifier ses rêves et ses inventions de mensonges, ni à s'en excuser ou à dire qu'il ne sait pas pourquoi il a menti. Zézé lui, invente n'importe quoi pour éviter seulement de répondre à ces seules questions, comme un enfant qui ne veut pas avouer qu'il a fait une bêtise de peur d'être grondé. Or que veut-il cacher en mentant seulement au sujet de cette nuit, puis de sa venue le matin et avec quel vélo ?

Seul le capitaine Albert comprendra vite que Zézé voulait tout simplement cacher que Gustave s'était arrêté à La Serre en revenant de Peyruis, et qu'il l'avait ramené sur sa moto à La Gran'Terre pour y passer la nuit comme il le faisait, notamment quand Gustave savait que son neveu était seul. Avant ou après le drame, Zézé n'a eu d'autre ressource pour regagner La Serre que de prendre le vélo de son oncle. Mais ça, personne n'a pu le lui faire avouer, ni à Gustave d'ailleurs. S'il est évident que Roure ne s'est pas arrêté pour ce vin qu'il ne prenait jamais, il devient tout aussi évident que Zézé savait, puisqu'il était de retour sur les lieux tout juste après l'arrivée des premiers gendarmes, et avec le vélo de Gustave.

Le départ d'Yvette pour le marché d'Oraison

Pendant ce temps, Yvette sans même être montée voir le lieu du drame, aurait tranquillement quitté la ferme pour aller au marché. Là, encore, deux versions vont s'affronter sur le moyen par lequel elle y est allée.

En 1953, selon Zézé[1], ce sont les parents Barth qui arrivent en voiture vers 9 h 15 pour chercher Yvette comme d'habitude. Mais Barth[2] niera être venu ce matin-là et dira qu'il a appris le drame par son fils et sa femme qui ont rencontré Yvette à Oraison. En 1955, lors du supplément d'information, Marcel Dominici[3] viendra confirmer la version de Barth. Mais déjà Marcel n'était pas lui-même à La Gran'Terre, et on verra, à un autre propos, qu'il y a quelque raison de douter de ses témoignages.

Il est vrai que personne depuis le lieu du drame, à commencer par le capitaine Albert, ne mentionnera avoir remarqué la voiture de Barth entrant et ressortant de La Gran'Terre. Mais aussi personne n'y portera attention. À 9 h 15 il y avait déjà beaucoup d'allées et venues, tout le monde étant affairé sur le bivouac, et l'entrée de La Gran'Terre était en partie masquée par la végétation, même basse. Une chose est sûre, si les Barth sont venus à la ferme, ils ne sont pas venus sur les lieux du drame, et leur discrétion comme leur manque de curiosité posent question. Toujours selon Zézé dans la même déposition, Barth demandant la raison de la présence de toutes ces voitures, gens et gendarmes, c'est à ce moment qu'Yvette lui aurait dit que des Anglais avaient campé là, que la dame était venue avec sa fille chercher de l'eau dans un seau de toile, que Gaston avait montré ses chèvres à la fillette, puis qu'ils avaient entendu des coups de feu dans la nuit, que Gustave s'était levé vers 3 h 45 et avait découvert la fillette encore vivante.

Sur la présence des Barth, Zézé sera conforté par un témoin extérieur, le cafetier de Lurs, Augustin Bonnet[4]. Ce dernier, revenant de chez Guillermin où il s'est occupé d'un problème électrique, dit avoir vu, en remontant vers Lurs ce matin-là vers 8 h 30, la voiture de Barth descendant par la route de Forcalquier en direction du carrefour de l'ex-RN96. Il est certain qu'il s'agissait de la voiture de Barth, car il la connaît bien. Mais, étant trop loin, il n'a pas pu voir qui était à l'intérieur. On se souvient que Bonnet, interrogé après le témoignage du facteur Francis Perrin, a montré qu'il n'avait pas tendance à en rajouter. Et ici il n'avait aucune raison d'inventer. Mais Barth niera avoir pu se trouver sur ce tronçon de route venant vers La Gran'Terre[5]. Il prétendra avoir pris le raccourci par Notre-Dame-des-Anges qui mène directement à La Brillanne, et de là vers Oraison. Confrontés, chacun restera sur sa position[6]. À un autre propos, le commissaire Gillard fera ironiquement remarquer à Barth que tous ceux qui le contredisent sont des menteurs, et qu'il serait donc seul à dire la vérité[7]. Sabine Girard viendra tenter de conforter son beau-frère en affirmant avec assurance qu'il est bien parti à 9 h de sa ferme,

1 PV n° 387/151 du commissaire Sébeille en date du 7/5/53 (cote D 179).
2 PV n° 424/75 de l'inspecteur Leclerc en date du 22/10/55 (cote C 296).
3 PV n° 15/55 du juge Carrias en date du 6/8/55 (cote C 111).
4 PV n° 424/73 de l'inspecteur Leclerc en date du 22/10/55 (cote C 294).
5 PV n° 424/75 de l'inspecteur Leclerc en date du 22/10/55 (cote C 296).
6 PV n° 424/76 de l'inspecteur Leclerc en date du 22/10/55 (cote C 297).
7 PV n° 353/51 du commissaire Gillard en date 12/8/55 (cote C 146).

qu'il est passé par Notre-Dame des Anges, et qu'il ne s'est pas rendu à La Gran'Terre. Mais, n'habitant pas avec les Barth et étant restée chez elle, elle n'a rien pu voir sinon savoir[1]. Son témoignage sent donc la pure complaisance cette fois. Et on en restera là jusqu'en 1955, lors du supplément d'information.

Le commissaire Gillard, se demandera si son père n'est pas venu la chercher, comment Yvette a pu aller à Oraison ce matin-là, et pourquoi elle a laissé Gustave seul dans une situation délicate. Il lui demandera donc à brûle-pourpoint[2] : « *Deviez-vous aller au marché d'Oraison le 5 août* ? ». Sans doute surprise, Yvette répondra-t-elle sans réfléchir : « *Non, car, d'habitude je me sers à Forcalquier* ». Mais hélas, il n'y a pas trace que le commissaire ait poussé plus loin en lui demandant pourquoi cette double dérogation à l'habitude. De son côté, Gustave dira qu'il n'a pas voulu accompagner sa femme à moto « *comme d'habitude* ». Mais Yvette dira qu'habituellement Gustave ne l'accompagnait pas à moto, rappelant que c'était toujours son père Barth qui venait la chercher.

Pour se sortir de ce cercle, Gustave se souvenant que c'était Zézé qui l'avait révélé[3], dira alors que c'est le boucher Raymond Nervi qui s'en serait chargé[4]. Et Nervi confirmera que, ce matin-là, il s'est arrêté sur le lieu du drame vers 8 h, et que c'est Gustave qui l'a amené à La Gran'Terre où Yvette se préparait. Mais Yvette le contredira en disant que c'est Zézé qui est venu accompagner le boucher[5]. Confrontés, Yvette et Nervi resteront chacun sur sa position. Mais tous deux sont d'accord pour dire qu'ils seraient repartis ensemble vers 8 h 10. Pendant le trajet, Nervi aurait essayé d'en savoir plus, mais Yvette lui aurait répondu sèchement qu'elle ne savait rien, et il n'aurait pas insisté.

Notons qu'entre 8 h et 8 h 10, il se passait autre chose dont Roure, présent dans l'escalier, a rendu compte sans jamais signaler ni la camionnette ni le boucher. Et ce dernier précisera n'avoir vu ni Gaston, ni Zézé pourtant sur les lieux dès 8 h[6]. À aucun moment Bouchier n'a signalé l'arrêt de Nervi, lui qui a pourtant rapporté en détail sa première intervention du matin, et listé tous ceux qui sont passés à ce moment-là[7]. Comme ils n'étaient que quelques-uns à cette heure matinale, il n'aurait pas manqué de remarquer puis de signaler la venue du boucher qu'il connaissait, surtout avec sa camionnette.

Il est donc probable que la venue de Nervi comme les témoignages de Marcel Dominici et de Sabine Girard résultent d'une manœuvre pour colmater

---

1 PV n° 424/84 de l'inspecteur Leclerc en date du 24/10/55 (cote C 312).

2 PV n° 353/40 du commissaire Gillard en date du 10/8/55 p. 2 (cote C 135).

3 PV n° 387/151 du commissaire Sébeille en date du 7/5/53 (cote D 179).

4 PV n° 353/24 du commissaire Gillard en date du 6/8/55 (cote C 115), PV n° 353/38 du commissaire Chenevier en date du 9/8/55 (cote C 129) et PV n° 424/123 du commissaire Gillard en date du 19/1/56 (cote C 379).

5 PV n° 353/40 déjà cité, p. 17.

6 Selon le PV du juge Batigne en date du 19/11/55 (cote C 337), notamment, qui cite les PV n° 353/24 & 38. Gaston dira alors avoir vu Nervi, alors qu'il n'en a jamais été question depuis 1952.

7 Notamment PV n° 353/22 du commissaire Gillard en date du 5/8/55 (cote C 108).

la brèche ouverte par le témoignage de Zézé sur la venue des Barth. Et, au moins pour Nervi, cela tendrait à montrer que des camarades extérieurs à la famille, même élargie, étaient prêts à rendre ce genre de service. D'autant que Nervi ne risquait pas grand-chose.

Il s'en suit que c'est sans doute bien Barth qui est venu chercher sa fille. Mais alors, comme c'était l'habitude, pourquoi avoir voulu le cacher ? Apparemment, le dire ne menaçait en rien ni Yvette ni La Gran'Terre, et n'avait aucune place dans le scénario du massacre. Était-ce alors parce que la vérité passait aussi par Barth ? Rappelons que Barth n'est pas venu voir les lieux, ce qui aurait été normal, à moins qu'il ait justement voulu éviter d'y être vu. Enfin pourquoi sont-ils allés à Oraison plutôt qu'à Forcalquier comme à leur habitude ? Quoi qu'il en soit, Yvette qui revenait toujours avant midi pour le repas, ira cette fois déjeuner chez ses parents.

Le commissaire Chenevier[1] s'étonnera que, sachant ce qu'il se passait ce jour-là, Yvette laisse Gustave déjà empêtré, seul à La Gran'Terre, et qu'elle n'ait pas voulu suivre le début des opérations. Bien sûr, tout le monde a pensé que ce passage chez ses parents avait permis à Yvette de définir la conduite à tenir avec son père et d'en recevoir des consignes. S'il la raccompagne à La Gran'Terre dans l'après-midi, entre 16 et 17 h, là encore, personne ne l'a noté. Et à nouveau, Barth ne viendra pas voir les lieux du drame. Et on ne sait pas s'il y est jamais venu, au moins durant les premiers jours.

Gustave et la porte arrière de la Hillman

Selon le commissaire Sébeille (oc p. 48), l'après-midi Gustave serait venu lui raconter qu'au matin, le gendarme Romanet était entré dans la voiture par les portières arrière qui se seraient refermées sur lui. Et, après diverses manœuvres infructueuses, Gustave prétend que c'est lui qui l'aurait délivré. N'est-ce pas d'abord montrer que Gustave savait qu'elles ne s'ouvraient que de l'extérieur, donc qu'il les avait déjà manœuvrées ? Mais le gendarme réfutera catégoriquement la réalité de l'épisode[2]. Et Gustave de préciser au commissaire qu'il lui raconte ça pour qu'il ne s'étonne pas si on trouvait « … *la marque de mes doigts sur la voiture* ». Il s'avère donc que Gustave avait peur qu'on retrouve ses empreintes, notamment sur la poignée arrière. N'est-ce pas mieux encore montrer qu'il l'avait manipulée ? Et s'il avait eu besoin d'ouvrir ces portières arrière, c'est donc qu'elles étaient fermées. Et si elles étaient fermées, la thèse de l'accusation selon laquelle la fillette dormait dans la voiture, portières nécessairement ouvertes et jaillissant au moment du drame, en devient donc au moins plus que discutable. En effet, on a dit vu que l'intérieur ne comportait aucun élément de couchage, mais seulement un tas d'objets en fouillis. Rappelons qu'un seul témoin de la nuit, Germain Garcin

---

1 PV n° 424/87 du commissaire Chenevier en date du 25/10/55 (cote C 317).

2 PV n°353/22 du commissaire Chenevier en date du 5/8/55 (cote C 108). Gustave se serait même exclamé : « *Malheureux, il y a les miennes* », en parlant de ses empreintes.

vers 3 h 50, a vu une *portière ouverte*. Mais on a oublié de lui demander laquelle, latérale ou arrière. Les gendarmes ont précisé qu'au matin, la voiture était entièrement fermée avec la clé restée sur la serrure arrière. Et on verra que l'identité judiciaire ne relèvera aucune empreinte sur les poignées des portières[1].

Retenons déjà

- Que les lieux du drame sont déserts quand les gendarmes arrivent, et qu'il n'y aura aucune protection de la scène de crime ;
- Que les gendarmes découvrent le corps de Lady Anne, mais n'ont pas vu celui de Sir Jack, c'est Gustave qui le leur montre comme aussi celui de la fillette ;
- Que pendant ce temps, au contraire de son habitude, Gaston rentre vers 8 h ;
- Qu'après l'intermède avec Roure, Gaston monte au bivouac avec Gustave revenu à La Gran'Terre ;
- Que Zézé arrivé en vélo, les rejoint en chemin ;
- Que le vélo est identifié comme celui de Gustave, et qu'il disparaît en même temps que Zézé ;
- Que Gaston sait où gît la fillette, et oblige Zézé à venir le voir ;
- Qu'Yvette, laissant Gustave seul, part à Oraison avec ses parents, puis va déjeuner chez eux avant de revenir en fin de journée avec eux ;
- Que ni elle ni eux ne sont montés sur les lieux du drame ;
- Que les contradictions continuent, montrant qu'il y avait d'autres connivences que celles qui ont déjà été retenues.

Et venons-en maintenant à l'état des lieux.

L'ÉTAT DES LIEUX

La principale caractéristique générale la plus évidente qui frappera tout le monde, c'est le désordre régnant autant autour que dans la voiture. On a vu que ce désordre a même fait croire à Ricard qu'il s'agissait d'un accident. Mais il faut rappeler qu'aucun passant ne le remarquera avant lui.

En annexe au PV n°11-R du 5/8/52, le premier relevé au matin d'un état des lieux sera établi par les gendarmes (en page suivante dessiné aves les ombres lunaires à 1 h du matin). Il sera refait sans les ombres par le juge Périès (cote D 2) et le commissaire Sébeille (cote D 6), de façon presque identique. Notons

---

1 Dans un rapport à sa hiérarchie n°811/2 du 22/10/52 (archives de la gendarmerie cote 465), le capitaine Albert dément formellement un article de *France Dimanche* du 19/10/52 repris par *Paris-Presse l'intransigeant* du 21/10/52 en p. 4, article intitulé *La police française travaille comme en 1900*, disant que les empreintes de Bouchier auraient été relevées par l'identité judiciaire et effacées.

qu'il n'y a pas de plan relevant le lieu où gisait la fillette. Les relevés positionnent sommairement, avec quelques distances cotées, les éléments marquants du site : la voiture, les corps des parents et les principaux objets. Il comporte l'orientation, une échelle et quelques indications sommaires.

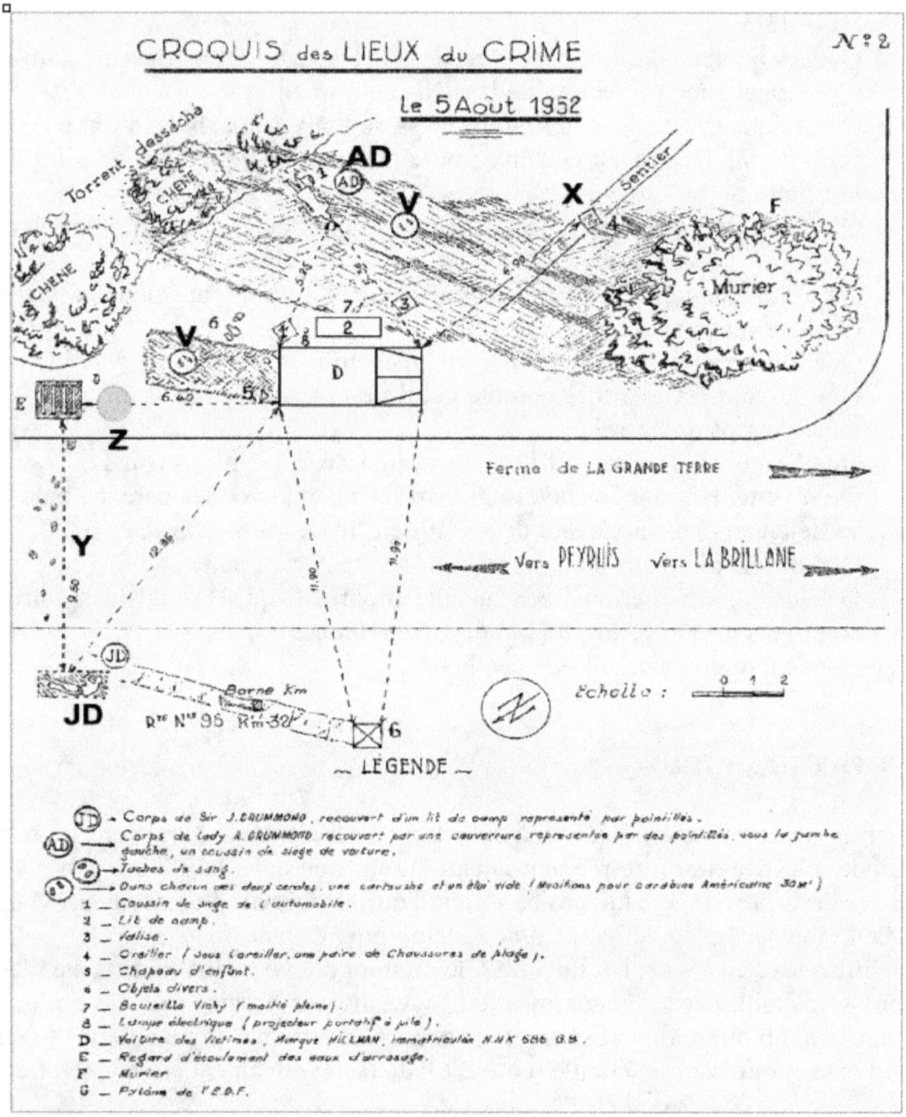

Plan de l'état des lieux avec les ombres lunaires à 1 h du matin le 5/8/52, annexé aux PV de la brigade de Forcalquier, n°11-R en date du 5/8/52 et n° 1884/3 en date du 23/12/55 (cote C 387) - © BC AD.04. Les grosses majuscules, comme la mare de sang en Z près du puisard, ont seules été ajoutées ici au relevé des gendarmes.

AD localise le corps de Lady Anne et **JD** pour celui de Sir Jack ; **V** les paires de cartouches, et **X** le coussin sur les sandales ; **Y** les traces de sang et **Z** la mare de sang qui a été omise sur les divers relevés. Elle sera pourtant formellement attestée par tous les présents dont les gendarmes, notamment aux assises, comme imprégnant le sol sur 2 à 3 cm. Le docteur Dragon précisera même aux assises : « *Comme si on avait saigné un cochon* ».

Aux photos prises par les gendarmes dès les alentours de 8 h, s'ajouteront celles prises par divers photographes : l'un, Maurice Thibault commis par le juge Périès, puis des correspondants de presse comme Jean Teyssier ou Roger Autheville, et enfin dans l'après-midi, celles de l'identité judiciaire. Ces différentes photos prises à des moments et heures différentes, seront la source de multiples quiproquos, notamment chez les divers auteurs.

S'y ajoutent un témoignage important, celui du docteur Dragon venu faire les premiers constats officieux sur les victimes aux environs de 9 h.

En tentant de reconstituer même sommairement cet état des lieux, on peut à nouveau se rendre compte des défauts et manquements techniques qui ont altéré cette phase fondamentale de toute investigation criminelle. Il faut dire que ni la police ni la gendarmerie ne disposaient alors des moyens et des méthodes d'investigation rendues possibles depuis par les avancées des sciences et techniques. De plus, la gendarmerie d'un terroir comme celui de la Haute-Provence à l'époque, n'avait pas l'habitude de traiter ce genre de situation complexe et délicate. Mais la police et l'identité judiciaire, dont c'était au contraire le métier spécialisé, feront plutôt moins bien.

La voiture

Au centre de la plateforme, à 1,50 m du bord de route, stationne la Hillman NNK 686 de couleur vert clair, capot en direction de La Gran'Terre. On l'a dit, les gendarmes noteront que les portières avant de la voiture sont fermées à clé[1], alors que la clé se trouve sur la poignée de l'une des doubles portières arrière demeurées fermées mais non verrouillées. Ce détail n'a, semble-t-il, alerté personne. Et pourtant il aurait mérité attention.

En effet, selon le scénario retenu par l'accusation, la fillette dormait dans la voiture. Comme les portières arrière ne s'ouvraient que de l'extérieur, on imagine bien que la fillette n'aurait pas voulu dormir enfermée. Et un seul témoin de passage dans la nuit a remarqué une portière ouverte. Laquelle ? Pour tous les autres elles étaient fermées. Et puisque Sir Jack avait pris la précaution de fermer à clé les portières avant, laisser ainsi la clé sur la portière arrière pendant toute une nuit, apparaît comme invraisemblable. Il est donc évident que c'est sans doute Gustave qui a manipulé ces portes en laissant la clé sur la serrure. Mais si ce n'est pas Sir Jack qui l'avait laissée sur la serrure, il l'avait sans doute dans sa poche. La retrouver en place voudrait dire que Gustave avait dû fouiller Sir Jack.

---

1 PV n° 5-R déjà cité.

Sur la carrosserie, les gendarmes ne relèveront aucun impact de balle, ni rayure, ni trace de doigts ou de sang[1]. Dans l'après-midi, l'identité judiciaire fera la recherche des empreintes digitales. Elle notera d'abord que la chose était quasi impossible au vu de la poussière sur la carrosserie. Comme l'identité judiciaire fera cette remarque vers 15/16 h, la poussière a eu tout le temps de se déposer notamment avec tous les piétinements depuis le matin. On l'a dit, l'identité judiciaire notera que les poignées ne comportaient aucune empreinte. Mais peut-être était-ce une façon d'exprimer qu'elles étaient trop brouillées donc inexploitables. Car les gendarmes au moins, les ouvriront et bien des présents ou même certains curieux y toucheront sûrement.

Quoi qu'il en soit, quelques empreintes exploitables seront relevées sur les vitres, et, par extraordinaire, seules celles de Lady Anne y figurent[2]. Aucune recherche d'empreinte ne sera effectuée sur les objets, et plus spécialement sur les cartouches retrouvées qui, pourtant, devaient nécessairement porter les empreintes de celui qui les avaient manipulées.

Par ailleurs, les gendarmes vont trouver un épais lambeau de chair, d'environ 4 cm^2, qui est demeuré accroché au pare-chocs arrière de la voiture, à son extrémité gauche[3] proche de la plaque GB.

Autour de la voiture

Les gendarmes vont principalement noter deux lits de camp : l'un sur ses pieds, parallèle à la voiture, à 50 cm environ, l'autre à l'envers recouvrant le corps de Sir Jack de l'autre côté de la route. Les inventaires notent quatre couvertures : « *Deux unies kaki clair et deux écossaises brunes* ». L'une recouvrait le corps de Lady Anne, deux étaient sur le lit de camp le long de la voiture, dont une avait été prise par Gaston pour aller recouvrir le corps de la fillette et l'autre était restée sur le lit de camp. Sur le moment, personne ne notera que la quatrième se trouvait sous le corps de Lady Anne, car personne ne s'en était rendu compte. C'est en 1955 seulement, au moment d'un réexamen des photos prises au matin par ses hommes, que le capitaine Albert s'en apercevra.

Selon le seul inventaire du commissaire Sébeille en date du 5/8/52 (cote D 1) sont aussi mentionnés : « *Deux sacs de couchage* ». Mais ils ne se retrouvent pas dans les autres inventaires, notamment celui du juge Carrias en 1956 (cote C 411). Si on en croit une déclaration attribuée au capitaine Albert, publiée dans *France-Soir* du 7 août : « *Les sacs de couchage n'étaient pas défaits* ». Ce qui veut dire qu'ils n'ont pas été utilisés, bien sûr. Sans doute était-ce inutile avec la température cette nuit-là.

---

1 PV n° 11-R déjà cité.

2 Rapport de l'identité judiciaire en date du 20/8/52 (cote D 41). Serait-ce aussi mal exprimer qu'elles seules seront reconnaissables ?

3 PV n° 11-R.

Important

Ni les lits de camps ni aucune des couvertures ne portaient de déchirures ou impacts de balles, ni aucune trace de sang, sauf celui de Lady Anne sur celle étendue dans l'herbe sous son corps. Ces absences signifient déjà qu'aucune des victimes n'a été atteinte alors qu'elle était couchée.

Le PV 11-R note qu'un élément de la banquette arrière se trouve dehors, à côté du lit de camp, tandis que l'autre est coincé verticalement contre la jambe gauche de Lady Anne, comme on le voit en photo.

Les gendarmes puis la police relèveront sommairement la liste des objets éparpillés hors et dans la voiture, et, sauf exception, sans préciser vraiment les localisations, principalement : sac de plage, valise bleue, mallette à pique-nique, serviettes, coussins, une bouteille de Vichy, une autre de vin d'Arbois, le chapeau de la fillette[1]. À 7 m de l'avant de la voiture en diagonale (en X sur l'état des lieux), « *Sur le sentier qui conduit sur le chemin se dirigeant vers la Durance, un coussin et, en dessous, une paire de chaussures de plage* ». Elles sont bien rangées côte à côte sous le coussin. Cette disposition arrangée si loin de la voiture en travers du sentier, prouve une vraie mise en scène volontaire et postérieure au drame, dont personne se ne souciera.

Or la signification de ce dispositif aurait peut-être dû attirer l'attention et nécessiter une petite investigation. Mais rien ne sera fait. Philippe Isnel (oc 1 p. 80 et sq) a découvert, à propos de l'enlèvement d'un jeune enfant retrouvé mort dans la garrigue à une dizaine de kilomètres de Lurs en juillet 1949, que lors des recherches, les gendarmes trouveront la paire de sandalettes de l'enfant, volontairement bien disposés côte à côte en travers d'un sentier où ils étaient déjà passés et repassés. Dans notre affaire, sous le coussin[2], ce sont « *des chaussures de plage… grandes sandales de femme de marque Vinctian Manfield* ». Ce ne sont donc pas celles de la fillette. L'inventaire final des pièces de 1956[3], longuement détaillé, note « *une paire de sandalettes de toile noire à semelles de caoutchouc made in Czekoslovaquia* ». Ce ne sont donc pas celles trouvées sous le coussin qui sont des *Vinctian Manfield*, lesquelles ont donc disparu de l'inventaire final.

Dans la voiture

Selon le PV 11-R dans la voiture et autour « *un désordre indescriptible… comme si le mistral avait soufflé dedans* ». Selon le PV du commissaire

1 Selon Jean-Louis Delattre, l'ancien inspecteur de police mobile Gaston Rey lui aurait dit qu'une barre-à-mine avait été trouvée sur les lieux, mise dans un coffre de voiture et, dans le désordre ambiant, aurait donc disparue sans être notée sur les PV. Mais cet inspecteur n'était pas sur les lieux ni n'a fait partie d'aucune équipe d'enquête. Et on ne voit pas à quoi cette barre-à-mine aurait pu servir. Déjà pas pour achever la fillette, comme on va le voir.

2 PV n° 387 déjà cité (cote D 6).

3 Du 21/03/56 (cote C 411).

Sébeille[1], la boîte à gants était ouverte et avait été vidée au sol… alors que les portières étaient fermées à clé. Rappelons que le constat du commissaire date du milieu de l'après-midi, ce qui peut expliquer cela. Car le PV des gendarmes n'en dit rien. On l'a vu, la banquette arrière et les coussins sont dehors. Il n'a été retrouvé dans la voiture aucun élément pouvant servir de couchage, ni matelas, ni couverture, ni coussin. La plateforme arrière était au contraire encombrée de nombreux objets. La thèse de l'accusation imaginant que la fillette avait pu dormir là, est donc complètement improbable, si on se souvient aussi de la question des portes.

Un grand nombre de feuilles de papier dactylographiées est éparpillé, dont on ne connaîtra pas le contenu, car l'ensemble ne sera ni répertorié, ni examiné donc pas traduit, et sera rendu sans autre forme de procès, avec d'autres objets, au consul de Grande-Bretagne à Marseille. Ces « *pages dactylographiées* » n'ont rien à voir avec celles publiées dans le n° 181 de *Paris-Match*, déjà cité, et qui auraient été retrouvées dans la résidence de Nottingham. Le commissaire Sébeille n'en parle pas.

Le PV 11-R des gendarmes répertorie seulement « *un carnet dont l'écriture semble anglaise, appartenant à la fillette, où on retrouve un billet de 5.000 F français[2] plié en quatre* ». Manifestement ce billet lui appartenait. On trouve aussi des cartes routières et quelques livres dont un ouvrage de Shakespeare, et un autre carnet noir. C'est lui qui permet la première identification de l'une des victimes : « *Drummond Jack Cecil, Director, born on 12 th January 1891, in New Caster (England)* ». C'est donc là que se trouve cette inexactitude volontaire puisque de la main même de Sir Jack[3], ce qui ne semble avoir intrigué personne. Hélas, on ne saura pas ce que ce carnet qui a été rendu, contenait d'autre.

Les inventaires

Les archives contiennent donc cinq inventaires consignés en PV, avec des différences et des lacunes. Trois datés de ce premier jour, celui des gendarmes, du juge Périès, du commissaire Sébeille[4], plus un des gendarmes de Villefranche et un dernier du juge Carrias[5], avec ce qui demeurait en vrac au sous-sol du palais de justice de Digne en 1956 un certain nombre d'objets. Mais aucun inventaire ne sera fait de façon méthodique, ni surtout détaillé de manière exhaustive. On trouve aussi quelques éléments complémentaires chez les auteurs, donc à prendre sous caution.

1 PV n° 387 du commissaire Sébeille en date du 5/8/52 (cote D 6). Certains auteurs disent la boîte à gants fermés à clé.
2 Environ 110 € 2016, ce qui était une très grosse somme à l'époque pour une gamine.
3 Rappelons que Sir Jack était né à Leicester, et que *New Caster* n'existe pas en tant que localité.
4 PV n° 5-R du 5/8/52.
5 PV n° 17/55 du juge Carrias en date du 21/3/56 (cote C 411).

Le 7 août, les Marrian repasseront sur les lieux du drame avec le commissaire Sébeille qui écrira avoir fait, avec eux, un décompte rapide des objets (oc p. 81), dont il n'a pas dressé de PV. Selon les Marrian, rien ne manquerait. Mais ce n'est pas exact, comme on va le voir. Notons que Phyllis Marrian, lorsqu'elle viendra à nouveau reconnaître les affaires des Drummond, le 12 décembre 1952[1], dira seulement qu'elle ne pensait pas que les Drummond avaient emporté autant de choses.

Malheureusement, non seulement aucun des inventaires n'est exhaustif, mais, en dehors de manques évidents et de différences, apparaissent quelques contradictions. Là encore, les éléments matériels ont été traités avec tant de légèreté que les questions demeureront toujours sans réponses.

Donner une liste comparative des inventaires serait inutilement fastidieux. On va seulement noter ce qui paraît poser problème ou manquer, car selon l'accusation rien n'aurait disparu, ce qui demeure l'avis au moins tacite de presque tous les auteurs. Ainsi, le commissaire Sébeille (oc p. 56) rapporte un dialogue entre les Drummond et les Marrian. Sir Jack aurait dit avant de partir à son ami Guy[2] : « *Gardez nos bagages. Je vous laisserai aussi notre argent, nos bijoux et nos passeports* ». Le commissaire Sébeille ne s'est pas étonné d'un déplacement en pays étranger sans papiers et surtout sans argent, à une époque où les facilités n'étaient pas ce qu'elles sont devenues, très loin de là, même entre pays amis.

Dans son rapport de supplément d'information[3], le commissaire Chenevier dira ne pas pouvoir faire confiance à l'état des lieux, et cela après une lettre que lui a adressée René Lachat, grand journaliste au *Dauphiné Libéré*[4]. Celui-ci prétendra :

« *Les journalistes ont fouillé dans la Hillman avant la police, la gendarmerie et le parquet, et ont découvert l'identité des Drummond.* »

Or c'est déjà une vantardise éhontée. Car les correspondants de presse, sans parler des journalistes, sont arrivés bien après les gendarmes, et même après le juge et le parquet sans parler de la police. Ils n'ont donc pas pu farfouiller dans la voiture. Et ce ne sont pas eux qui ont découvert l'identité des Drummond. On verra à quel point certaines interventions de journalistes ont pu avoir une influence néfaste puisqu'elles iront jusqu'à amener le commissaire Chenevier à ne faire aucune analyse technique, notamment de l'état des lieux.

Mais on peut se demander pour quelle raison René Lachat a éprouvé le besoin de faire cette lettre tardive au commissaire. N'était-ce pas pour tenter de saper un peu plus les chances de succès du supplément d'information ?

---

1 PV n° 442/11 du commissaire Sébeille en date du 12/12/53 (cote D 234).

2 Donné par le commissaire comme une déposition faite par Guy Marrian lors de sa venue pour les obsèques, mais il n'y en a pas de PV.

3 En date du 25/2/56 p. 77 (cote C 401).

4 Peut-on rappeler que *Le Dauphiné libéré* avait été créé par des Résistants en collaboration avec *Les Allobroges*, journal communiste.

Dans ce cas, en quoi le quotidien dauphinois était-il intéressé par un échec ? Se pourrait-il que René Lachat ait voulu rappeler au commissaire Chenevier de ne pas aller mettre son nez de ce côté. Mais en quoi les inventaires pouvaient-ils recéler quelque indice qu'il fallait masquer ?

Les vêtements

D'une façon générale, les inventaires des vêtements sont sommaires, notamment à Villefranche. Sur le bivouac, en plus de ce que chacun porte sur lui, on trouve seulement pour Sir Jack un pantalon, une chemise et une veste. Cette veste, sans mention de couleur, est notée au seul PV 11-R. Curieusement on ne la retrouve plus dans les autres inventaires. Et Phyllis Marrian[1] dira que Sir Jack n'avait pas emporté de veste. Dans ce cas, comment les gendarmes au moins auraient-ils pu la noter, et pourquoi Phyllis Marrian introduira-t-elle à nouveau le doute comme au sujet de la tente ?

Pour Lady Anne, à part les deux paires de sandales[2], et en dehors des vêtements qu'elle porte sur elle, dans la valise bleue se trouvaient une jupe, un chemisier et un short, tous noirs. Elle n'avait donc emporté aucun vêtement pour la nuit. Ce qui ne manque pas de poser question. De nouveau on imagine mal son état en descendant de voiture le lendemain à midi au restaurant de Villefranche, soit dans sa robe rouge froissée, soit vêtue de noir en plein midi d'été. Quelle femme, surtout de sa qualité, agirait-elle de la sorte, surtout si on se souvient qu'il n'y avait aucun moyen de toilette ?

Pour la fillette, outre son pyjama mais « *une paire de sandales en raphia à semelles de crêpe... une veste cadette bleu ciel, une robe à carreau et un chapeau blanc* ». On apprendra, quand on se préoccupera d'une petite culotte trouvée sur le talus de la voie ferrée face à La Gran'Terre, qu'il y avait du linge de corps de la fillette laissé à Villefranche.

Les papiers

On a déjà noté que les Drummond étaient partis quasi sans papiers[3]. Sauf le permis de conduire de Lady Anne qui est mentionné par les gendarmes dans son sac trouvé sur le bivouac, tout est resté à Villefranche : les trois passeports *Official Governement* et le permis de conduire de Sir Jack.

En ce qui concerne la voiture, il y a encore une contradiction. Selon les gendarmes, carte grise, documents de douane[4] et assurance, sont restés à Villefranche, alors que pour le commissaire Sébeille ils ont été trouvés dans la voiture. Dans son PV du jour, le juge Périès précise que le propriétaire de la

1 PV n° 442/11.

2 Le PV 11-R signale « *une pantoufle* » dans la voiture. Mais l'inventaire final ne comporte que des paires entières qualifiées de *sandales*.

3 Rappel, la carte d'identité, instituée pendant la guerre, n'existe plus en Grande-Bretagne depuis 1951.

4 Le triptyque, document de couleur verte, obligatoire à l'époque, plus les documents d'embarquement à Douvres.

voiture a été identifié par demande téléphonique à la Sûreté nationale avec le numéro de la voiture. Il semble donc que, comme souvent, ce soit les gendarmes qui aient bien noté. Laisser les papiers de la voiture à Villefranche apparaît de nouveau assez extraordinaire. Y avait-il une raison, ou était-ce simple oubli ? Le second terme de l'alternative ne correspond guère à un homme comme Sir Jack. Et trouver une autre raison apparaît a priori particulièrement conjectural.

L'argent

De même avec l'argent. À part le billet de 5.000 AF d'Élizabeth et deux pièces de 5 AF trouvées au sol assez loin de la voiture, on a seulement découvert dans un sac de toilette, un foulard bleu noué contenant un florin, quatre petites pièces françaises et un demi-penny. Lady Anne n'aurait donc pas eu de porte-monnaie dans son sac, ni à Villefranche non plus. Mais on a trouvé aussi[1] « *trois billets de banque de dix shillings enfermés dans un sac contenu dans une valise* ». Les billets de dix shillings anglais étaient plus communs que les livres. Dans la voiture, on trouve en aussi huit traveller's de 5 £ chacun, dont cinq au nom de Lady Anne et trois au nom d'Élizabeth, mais rien au nom de Sir Jack. Les 30 schillings plus les 40 £ en traveller's retrouvés selon le commissaire Sébeille (oc p. 45) dans la boîte à gants, équivalaient à 41.500 AF au taux de change de 1952, soit environ 900 € 2016. Mais rappelons que les traveller's sont alors seulement négociables dans les banques ou certains hôtels mais uniquement sur présentation d'un passeport, ce qui ne les rend pas très fluides.

Pourquoi les Drummond les ont-ils emportés et aucun moyen de paiement en argent français ? Aucun portefeuille n'a été retrouvé sur les lieux. Pourtant, par Jeannine Rolland[2], réceptionniste au Grand Hôtel, on sait que Sir Jack avait une sorte de pochette en toile de 15 x 25 cm environ, où il mettait argent et papiers. Cette pochette n'était pas à Villefranche où on n'a trouvé qu'un portefeuille de cuir noir et un étui également noir contenant son permis de conduire, mais pas de liquidités. La pochette aurait-elle été volée ?

Également été retrouvé à Villefranche un mandat international de 50.000 AF (1.100 € 2016), des traveller's sans autre précision, et un carnet de chèques de la Barclay's Bank, donc inutilisable en France à l'époque[3]. De nouveau, un couple comme les Drummond part-il en déplacement à l'étranger sans un minimum de liquidités dans la monnaie du pays ? Cette question n'a semblé alerté personne. Rappelons que Phyllis Marrian contredira son mari en disant au commissaire Sébeille[4] que Sir Jack avait emporté « *une somme*

1 PV n° 387 déjà cité (cote D 6). Confirmé par lettre du consul de Grande-Bretagne en date du 11/3/53 (cote A 11).

2 PV d'interrogatoire du 16/8/52 (cote D 29).

3 On pouvait retirer de l'argent par chèque dans certaines banques du même réseau que la sienne, avec passeport et pour une somme limitée par semaine.

4 PV n° 442/11 du commissaire Sébeille en date du 12/12/53 (cote D 234).

importante ». Ce point ne fera l'objet d'aucune question ni investigation. En fait, les Drummond ont sans doute emporté de l'argent, car il apparaît anormal qu'ils soient remontés à Digne sans aucune liquidité en francs. Il semblerait donc que l'argent ait été volé avec la pochette et ce qui a disparu, c'est-à-dire au moins le seau de toile et l'appareil photo. Gustave ou … ?

Les bijoux

L'inventaire de Villefranche ne contient pas la moindre mention de bijoux. Pourtant le commissaire Sébeille écrit que les Drummond les auraient laissés à leurs amis. Le commissaire Chenevier, lui, se demandera à juste titre si les Marrian étaient bien informés des bijoux emportés ou non par Lady Anne. Sur le bivouac, on ne retrouvera rien d'autre que ce que portaient les victimes. Pour Sir Jack une montre-bracelet et une chevalière, toutes deux sans valeur. Pour Lady Anne, deux alliances de métal blanc, sans doute du platine, dont une sertie de petits brillants. Pour Elizabeth, une montre-bracelet sans valeur.

La mère de Lady Anne réclamera seulement et en vain une bague et une montre toutes deux qu'elle juge « *sans valeur* ». Le juge Carrias constatera qu'elles ne figurent pas aux inventaires. Elles auraient donc disparu. Mais Mrs Wilbraham connaissait-elle exactement l'état et la valeur des bijoux de sa fille, et ceux qu'elle avait emportés ou pas ? Là encore, personne ne se souciera de savoir si elle en avait laissés à Nottingham, comme si cela n'avait aucune importance.

Les objets manquants

Selon ce qu'en a dit le commissaire Sébeille, et qui a été retenu par l'accusation, il ne manquait rien. Mais comment l'affirmer ?

Au moins retrouvera-t-on treize photos et une pellicule vierge à Villefranche, mais pas d'appareil photo qui a donc disparu. Personne ne se souciera de savoir ce que les photos représentaient, ni si la pellicule avait été ou non été impressionnée. Et il faudra attendre le supplément d'information pour que le commissaire Chenevier fasse au moins vérifier que Sir Jack avait bien emporté l'appareil photo[1]. C'était un Kodak *Retina* de 35 mm, qui a donc disparu. Et où sont passés le seau de toile et peut-être une tente, tente et sceau dont Phyllis Marrian avait validé l'existence. Toile (de tente ?) vue par des témoins, et sceau attesté avec une bonne probabilité par Zézé. Bien que personne n'y ait pensé, il manque aussi la grande pochette-portefeuille de Sir Jack, que Jeannine Rolland a mentionnée. Cette pochette-portefeuille n'étant pas dans l'inventaire de Villefranche, elle a donc nécessairement été emportée par Sir Jack. Mais comme on a retrouvé tous ses papiers à Villefranche, que pouvait contenir cette pochette-portefeuille, sinon de l'argent ? Cette pochette a donc disparu.

---

1 PV n° 353/55 du commissaire Gillard en date du 12/8/55 (cote C 149).

William Reymond a publié la photo ci-après qu'il a attribuée au photographe Thibault. Le tirage, qu'il lui avait rendu, m'a été gracieusement communiqué par le fils du photographe. Mais ce dernier n'a pas pu certifier l'origine du cliché car il ne possède plus de négatif. Or cette photo est censée montrer les affaires des Drummond, empilées à terre on ne sait où. Car l'endroit n'est pas identifiable. N'est-ce pas faire preuve d'une belle désinvolture pour le traitement de pièces à conviction. Mais ce qui pose une vraie question, c'est le nombre et la nature de certaines pièces qui ne sont guère compatibles avec les descriptions, autres photos et inventaires.

Affaires des Drummond entassées on ne sait où. Photo Thibaut ? © BC

Ainsi, la robe ne correspond ni aux rayures de celle de la fillette, ni au tissu rouge à grosses fleurs de celle de Lady Anne. D'ailleurs, sa robe ayant été souillée et découpée lors de l'autopsie, elle ne pourrait se retrouver sagement pliée sur les autres objets. Et cette robe n'est pas aux inventaires. Sous la robe, la couverture à larges rayures d'un genre méditerranéen, n'y est pas non plus. Elle ne correspond à aucune des quatre couvertures *kaki uni* ou *écossais*. Encore moins la sorte de tapis de sol en tressage végétal bordé, qui se trouve plié à gauche de la photo sous un linge blanc. Le chapeau blanc comporte un gros ruban foncé avec un nœud ou une fleur, que personne n'a signalé comme parant celui de la fillette. On voit aussi plus de livres que répertoriés. Sans pouvoir détailler plus, on note une lampe électrique posée à terre qui pourrait être la « *baladeuse de marque Pico* » mentionnée au premier inventaire[1]. Elle

1 Inventaire du 5/8/52 (cote D 1). Il existe aujourd'hui encore des lampes de marque Pico, notamment de camping. Mais le modèle n'est plus trouvable, bien sûr.

pourrait être celle qui a été vue dans la nuit avec un homme regardant sous le capot levé de la Hillman. Quant au reste… Notons, pas de lits de camp sur cette photo.

La nourriture

L'accusation comme la plupart, admet sans discussion que les Drummond ont fait un frugal pique-nique sur les lieux du drame. Or c'est une inférence qui ne résiste pas à la moindre discussion. On la dit déjà, les inventaires, dont le plus exhaustif de 1955 hélas trop tardif, répertorient seulement « *une boîte de sardines et deux boîtes de biscuits non entamées, enfermées dans une mallette de pique-nique* ». Il y a aussi « *une bouteille de vin d'A*rbois » (visible à l'extrême droite sur la photo ?) et une autre « *de Vichy, toutes deux à moitié pleines* », qui ont été retrouvées la première sur la banquette avant, l'autre au sol derrière la voiture. L'inventaire du 5 août comporte en outre « *deux bouteilles dans une mallette* » qui ne sont pas mentionnées ailleurs. Les auteurs répètent que la fouille de la voiture révèlera la présence de quelques miettes de pain d'épice. Mais aucun inventaire ou PV ne le mentionne, ni d'ailleurs l'existence de pain d'épice. On a déjà dit qu'il n'y avait aucune trace de restes de nourriture pour un éventuel pique-nique, ni boîtes de conserve ouvertes, papiers, détritus ou déchets. De plus, la mallette à pique-nique n'avait manifestement pas été utilisée. Par ailleurs aucun nécessaire pour faire la vaisselle n'est mentionné.

Conclusion

Ces éléments seront analysés et exploités ultérieurement. Mais il faut insister sur le fait qu'on ne trouve nulle part la moindre analyse ou exploitation des inventaires ni des objets et de ce qu'ils pouvaient révéler. Apparemment personne ne s'y est intéressé, comme à ce que pouvaient dire leurs localisations, positions relatives, comme aussi les disparitions. Peut-on regretter qu'il n'ait pas été mis en place d'abord un minimum de protection, puis comme on procède en archéologie, un quadrillage permettant un relevé en 3D de l'ensemble des indices. Car on sait que leurs dispositions relatives présentent aucun d'intérêt que les objets eux-mêmes. Mais bref, sans de telles précautions ni relevés, cette désinvolture, hélas courante à l'époque augmentée par la localisation en Haute-Provence et en été, montre de nouveau à quel point tout le monde s'est désintéressé des éléments matériels, y compris tous les auteurs.

Les munitions

Les gendarmes ramassent quatre munitions : deux étuis ou douilles[1] vides et deux cartouches pleines (type **F** en photo ci-après), qu'ils identifieront comme

1 *Étui* est le terme militaire ad hoc, *douille* le nom donné par le langage courant.

celles d'une carabine américaine US-M1 de calibre 30, c'est-à-dire 7, 62 mm[1]. Les douilles vides et les cartouches pleines sont de marques différentes : LC 4[2] pour les douilles vides, et WCC 43 et 44 pour les cartouches pleines. Ces munitions sont groupées au sol en deux paires constituées chacune d'une douille vide et d'une cartouche pleine (en **V** sur l'état des lieux).

□

A B C D E **F** G H I J K

En **A,** cartouche de chasse 10 mm pour le fusil français *Gras* rechambré (Gaston). En **B** cartouche de guerre 8 mm pour le fusil *Gras* avant rechambrage. En **C** cartouche de 7,63 pour fusil *Mauser*. En **D** cartouche de 7,62 pour fusil américain *Garand*. En **E** cartouche de 7,92 pour MP 33/44 allemand. En **F cartouche de 7,62 pour carabine américaine US-M1**. En **G** cartouche de 9 mm pour *Luger* P08 allemand. En **H** cartouche de 7,65 pour pistolet et pistolet mitrailleur français. En **I** cartouche de 7,63 pour pistolet allemand *Mauser*. En **J** cartouche de 6,35 pour le petit pistolet français. Enfin en **K** cartouche magnum standard pour carabine 5,5 dite *22 Long Rifle*.

Une paire se trouve bien visible dans le gravier, à environ 3 m de l'arrière de la voiture. La douille de la cartouche pleine de cette paire est cabossée. L'autre paire se trouve dans les hautes herbes, à environ 5 m de la voiture et à environ 1,50 m du corps de Lady Anne. Les deux paires sont distantes d'environ 9 m

1 Le 7,62 est le calibre de toutes les armes légères américaines depuis 1906. Dans un rapport interne du 5/8/52, la gendarmerie écrit « *de calibre 8,90* », ce qui ne fait pas très professionnel.

2 Selon le commissaire Sébeille (oc p. 44) ce serait ALC. Notons que A et 4 sont graphiquement proches et peuvent être confondus, mais, dans les deux désignations, le A et le 4 sont dans un ordre inverse : ALC au lieu de LC4. En fait, comme le montre bien la photo dans le rapport balistique, sur la circonférence du culot des douilles, les trois signes sont répartis à égale distance les uns des autres, ce qui fait qu'on peut lire l'ensemble de trois façons différentes. Mais parmi les marques connues, il n'existe pas d'ALC. En revanche, le sigle LC correspond aux cartouches produites par *Lake City Ordonnance Plant*, l'un des fournisseurs de guerre de l'armée américaine. Les WCC sont des munitions produites par la *Western Cartridge Company*. Outre WCC et LC, les autres sigles de fabricants étaient WRA, RA, FA, EC et PC (selon le mensuel *Armes et Tirs* de mars 2001).

l'une de l'autre. Personne ne s'est intéressé à ce que pouvait pourtant dire une analyse de ces localisations et groupements, comme on le verra plus loin.

Les empreintes de semelles

Dès leur arrivée, les gendarmes vont immédiatement noter la présence de trois empreintes de semelles très nettes, imprimées dans une petite zone de sol sablonneux sur la plateforme qui domine le corps de la fillette. Ils en dressent le dessin et en prennent des photos[1]. Le dessin du relevé précise la pointure de 42 ½ d'une semelle de crêpe presque neuve, avec des perforations caractéristiques : trois trous au talon et cinq à l'avant dont ils font un dessin. Les gendarmes protègeront la plus nette de ces empreintes avec des branchages jusqu'à l'arrivée du commissaire Sébeille. Mais, l'identité judiciaire considérera la trace comme trop dégradée pour opérer, et le commissaire Sébeille (oc p. 49) la décrètera inexploitable. Le capitaine Albert dira plus tard qu'en fait c'est un inspecteur qui l'a détruite par mégarde. Le capitaine notera que c'est Gustave qui, en arrivant peu après 8 h, a signalé ces empreintes au gendarme Bouchier, et qu'il semblait tenir à ce qu'on les prenne en considération. Ce qui, a priori, semblerait vouloir dire que, d'une certaine façon, elles pouvaient mettre La Gran'Terre hors de cause. Le gendarme donnera une analyse très intelligente de ce qu'on aurait dû tout de suite déduire de ces trois empreintes[2]. Mais le commissaire, faisant fi du travail des gendarmes, classera sans faire aucune investigation donc sans en tirer de conclusion. Au contraire, le capitaine Albert vérifiera qu'elles ne correspondaient pas aux chaussures de Clovis, Boyer et Roure venus au matin à cet endroit. Mais pourquoi ne vérifie-t-il pas celles de Gustave, Gaston et Zézé ?

Hélas tardivement, le capitaine et le supplément d'information feront quelques vérifications : ainsi Gaston dira que Zézé portait des semelles de crêpe[3], et Germaine sa mère dira aussi que Zézé possédait de telles chaussures[4]. À aucun moment on ne trouve trace d'une vérification de la pointure. La vérification pour Zézé, qui a donc possédé des chaussures à semelles de crêpe, menée trois ans plus tard demeurera sans résultat.

On peut d'ailleurs se demander comment seules les traces de cet unique genre de semelle ont marqué le sol, alors que Gustave, Clovis, Boyer et Roure sont passés à cet endroit dès 6 h 30, puis ensuite les gendarmes, Gaston et Zézé, avant l'arrivée de tout le monde.

Quoi qu'il en soit, le capitaine Albert notera qu'il s'agit de deux empreintes de pied gauche pour un droit, et que les traces correspondent à deux allers en

---

1 Jointes au PV 11-R.

2 Rapport n° 117/2-R.

3 Récapitulées dans le PV n° 117/2-R déjà cité, p. 17. Puis PV n° 2 des commissaires Chenevier et Gillard en date du 20/12/54 p. 4 (cote C 6).

4 PV n°353/33 du commissaire Chenevier (cote C 128) et PV n° 353/35 & 36 du commissaire Gillard en date du 09/08/55 (cotes C 130 & 131).

direction de la fillette pour un seul retour. La forme des appuis indique également que les déplacements ont dû avoir lieu au pas de course, car l'avant des traces est plus enfoncé. Cette configuration semble exclure que celui qui a laissé ces empreintes ait porté le corps de la fillette, car, sinon, ce serait le talon qui serait le plus marqué. Même si le PV de cette analyse du gendarme date de 1955 seulement, il semble sous-entendre que le capitaine l'avait déjà menée auparavant et en avait parlé avec les policiers. Mais même sans cela, ceux-ci auraient pu faire cette analyse sur les photos qui sont nombreuses et de très bonne qualité. Or, il n'en est rien. Et on voit encore ici transparaître le peu de considération du commissaire Sébeille pour le travail des gendarmes comme pour les indices matériels. Quoi qu'il en soit, ces empreintes de semelles très caractéristiques seront oubliées, et personne ne se souciera d'en tirer quoi que ce soit. Pourtant...

Car il faut savoir qu'à l'époque, ce genre de semelles de crêpe n'équipait pas les chaussures paysannes ou ouvrières. En revanche, elles étaient très à la mode en ville et chez les jeunes. Jean Meckert (oc p. 188) est le seul à rapporter qu'une camionnette, passant dans le coin sur la route, en juillet 1952, aurait perdu une caisse contenant des chaussures avec ce genre de semelles, et qu'elles n'auraient pas été retrouvées[1].

Mais personne n'a pensé à une autre question que la présence de ces empreintes aurait dû soulever : si la fillette avait couru sur le même sol, au matin les gendarmes n'auraient pas manqué de remarquer les empreintes de ses petits pieds nus. Surtout que, lorsqu'on court vite, les empreintes marquent profondément. Or rien de tel n'a été remarqué. Même s'il n'y a aucune mention de la recherche de ces empreintes, leur absence conforte l'hypothèse d'un transport de la fillette plutôt que celle d'une course affolée comme le retiendra l'accusation.

La petite culotte

Selon *La Marseillaise* du 7 août 1952, une petite culotte maculée a été découverte la veille de long de la voie ferrée. Cette petite culotte fera l'objet de recherches approfondies, surtout lors du supplément d'information. Il s'agissait bel et bien cette fois, d'une fausse piste[2].

Les photos

De nombreuses photos ont été prises, on s'en doute, et d'abord par les gendarmes dès le grand matin, dont celles des corps des victimes en place avant d'être bougés, retournés et manipulés.

---

1 Jean-Paul Ollivier (oc p. 64 & 65) et Jean Meckert (oc p. 103 à 106) rapportent un autre épisode qui peut se rattacher à cette empreinte. Cette investigation sans suite, se trouve dans le PV n°12-R de la gendarmerie de Forcalquier p. 38 & sq.

2 Voir le détail en annexe.

On l'a dit, les heures d'arrivée des premiers photographes locaux, Thibault, Teyssier et Autheville, comme la plupart des heures données pour leurs clichés, sont inexactes. Et surtout ils ont opéré sans dire sinon savoir, que déjà certaines investigations ou brouillages avaient déjà modifié l'état des victimes et des lieux.

Quant à celles de l'identité judiciaire, elles ont été prises au mieux de 15 h.

Et ensuite ?

Tous les objets seront ramassés sans autre forme de procès et finiront sans doute au sous-sol du palais de justice après qu'une partie sera rendue sans PV au consul de Grande Bretagne. À nouveau quel amateurisme. Lors de son inventaire récapitulatif, le juge Carrias retrouvera ce qu'il en restait en 1956, « *un carton de chocolat Cémoi... un carton Heudebert, et des boîtes n°13, 70, 74, 78* ». Sans qu'on sache ce que contenaient ces cartons et boîtes, ni à quoi correspondent ces numéros, et pourquoi on n'y trouve aucune trace des lits de camp, couvertures, vêtements, lampe, munitions, etc... notamment tout ce qu'on voit sur la photo dont le fils Thibault ne détient plus le négatif et seulement un seul tirage.

Dans son ouvrage, le commissaire Sébeille (oc p. 41) dit à propos de l'état des lieux : « *Ces constations, ces mensurations, ces relevés de plans nous prirent un long moment, mais se révélèrent par la suite d'une importance capitale* ». On doute déjà du *long moment*. Et par la suite, notamment quand il raconte comment, avec son fidèle Ranchin, il passe des semaines, sans parler de ses nuits d'insomnie, à récapituler, lire et relire les PV, les analyser et les confronter, pas une seule fois, il ne fait la moindre allusion à ces *constatations, mensurations, relevés de plans*, pas plus qu'aux objets inventoriés, ni il n'en donne la moindre analyse, ni ne les met en situation, notamment dans ses deux rapports de synthèse. Il en est de même pour ce que rapporte le commissaire Chenevier de ses propres investigations[1], et encore de celles des juges Périès en instruction, et le juge Carrias jusque dans les attendus de l'ordonnance finale de non-lieu.

Plus que surprenant, tout de même, ce désintérêt total pour les éléments et indices matériels. Et on va voir qu'il s'applique également à l'état des victimes, aux autopsies, puis à l'arme, aux analyses de graissage et à la balistique. Sans parler de mettre toutes ces informations en corrélation. On a dit que cette absence de méthode hérissera les Anglais qui, depuis toujours, attachent au contraire une importance primordiale à cette dimension matérielle et analytique dans les affaires criminelles. Les Français, eux, en sont toujours à la culture de l'aveu, et même encore aujourd'hui malgré les progrès de la police scientifique.

---

1 Non seulement dans ses ouvrages publiés, mais dans son rapport final de supplément d'information de 261 pages (cote C 401).

LES CORPS DES VICTIMES

Avant d'en venir aux autopsies, rappelons d'abord quelles auraient dû être les précautions prises avec les corps en place et lors de leur levée. Personne n'aurait dû les toucher ni surtout les bouger ou les retourner avant un examen attentif *in situ* par l'identité judiciaire et les légistes. Or, les légistes ne feront aucune investigation sur place, sauf la venue fugace du docteur Girard non encore commis légiste. Après lui, des constatations seront sommairement énoncées par le docteur Dragon. Et ce qu'on en saura ne résultera pas de rapports écrits, mais seulement d'éléments rapportés ça ou là. Voyons donc comment étaient disposés les corps en place à l'arrivée des gendarmes.

Le corps de Sir Jack

Personne ne mentionnera son existence avant l'arrivée des gendarmes, car il gisait de l'autre côté de la route, en pied de colline, masqué par de hautes herbes sèches et des genêts. Il est recouvert d'un lit de camp renversé qui ne porte ni déchirure de balle ni trace de sang. Rien ne dépassait ni n'était visible comme le montre la photo des gendarmes (photo à gauche). Leur PV 11-R le dessine, décrit et photographie (photo à droite) « *couché sur le côté droit* », le bras droit replié vers l'épaule gauche et l'autre posé sur l'estomac, la tête en direction de La Gran'Terre. Les jambes légèrement fléchies.

Photos des gendarmes avant toute manipulation du corps. © BC A.D. 04

C'est le docteur Dragon qui soulèvera le lit de camp. On découvrira aussi les vêtements : pantalon bleu très clair, tricot de corps blanc et foulard rouge. Mais surtout les pieds sont chaussés : socquettes claires et sandales de tennis ou de plage, blanches non lacées. Il n'était donc pas couché au moment du drame. Cette mention d'un *pyjama* semblera accréditer le bivouac, bien sûr. Mais s'agit-il vraiment d'un vêtement de nuit, ou alors d'une maladresse descriptive des gendarmes ? Déjà aucune veste à ce pyjama n'a été retrouvée.

De plus, sur l'une des grandes photos de l'identité judiciaire[1] on distingue très bien le tissu léger qui n'est guère froissé et présente surtout un pli de repassage. Or un tel état avec un pli ne serait pas celui d'un tissu de pyjama surtout s'il avait déjà dû servir depuis le départ d'Angleterre. Il pourrait donc plutôt s'agir d'un pantalon de plage comme les Anglais en portaient à l'époque, fait dans un tissu léger qui pouvait passer pour un pyjama aux yeux d'un gendarme de Haute-Provence.

Lors d'une audience de la Cour d'assises, un incident va concerner ce pantalon. Zézé dira que « *le pyjama était bleu* » alors que les gendarmes prétendront qu'il était impossible de le voir. On fera passer la photo, en noir et blanc bien sûr, que Giono (oc p. 701) aura en main. Mais on ne pouvait pas y voir la couleur, c'est évident. Il faut savoir que, sur les premières photos des gendarmes (photo de gauche en page précédente), le lit de camp est bien enfoncé entre les herbes, et qu'on ne voit donc rien de ce qu'il y a dessous, notamment pas le pyjama. Mais on sait que très tôt, le lit sera soulevé par le docteur Dragon qui retournera même le corps sur le dos, avant que le lit ne soit mal remis sur le corps retourné (photo ci-dessous). Or Zézé était là, et il a donc vu le pantalon à découvert. De plus, à l'époque du procès, la couleur du pyjama était de notoriété publique[2]. Enfin, en bonne logique, si Zézé avait vu Sir Jack au cours de la nuit, il n'aurait pas pu noter que son pantalon était bleu, même au grand clair de lune. Incident clos.

Après retournement du corps sur le dos par le docteur Dragon.
Le coude droit et les pieds dépassent du lit de camp remis en place.
© BC A.D.044

Une fois le lit enlevé, le docteur Dragon a retourné le corps sur le dos. Le visage est violacé, yeux fermés. Gaston qui est présent, entend le docteur

1 Cette photo de l'identité judiciaire se trouve dans le dossier en très grand format. Elle est donnée comme position du corps en place, mais le corps a déjà été tourné sur le dos par le docteur Dragon, ce qui a induit de fausses conclusions.

2 On la trouve partout dans la presse. Notamment dans *France-Soir* dès le 7 août, le *pyjama* est donné en « *soie bleue* ».

dire « *la poitrine est transpercée, vraisemblablement de balles d'arme à feu* ». Par la suite, l'autopsie relèvera que ces perforations de la poitrine sont les sorties de balles tirées dans le dos. Mais Gaston n'aura pas connaissance du rapport ni de cette précision. Lors de ses aveux et de la reconstitution, il pourra donc se référer à sa mémoire de la poitrine transpercée de face.

Puis le docteur Dragon remet le lit de camp sur le corps retourné. Et c'est cet état modifié que découvriront la presse et la police (photo page précédente).

Les traces de sang

Aucun épanchement de sang n'a été signalé par personne à cet endroit sous le corps. Pourtant les deux balles ont traversé les poumons et l'une le foie, ce qui a provoqué une double et forte hémorragie. Sir Jack a donc perdu beaucoup de sang comme le dira d'ailleurs l'autopsie, mais pas là où on a trouvé son corps.

En revanche, des taches de sang forment un alignement sommaire en travers de la route, entre le puisard et le corps. Et ce chapelet de taches présente une configuration qui aurait dû attirer l'attention : au lieu d'un pointillé relativement régulier qu'auraient dû produire les blessures si Sir Jack avait traversé la route en courant après le premier tir, il est constitué par un alignement hétérogène et irrégulier de petites et de grosses taches. De plus, ces taches en travers de la route partent d'une véritable mare de sang près du puisard qui n'est pas notée clairement sur le premier PV des gendarmes et disparaît même ensuite. Heureusement, le commissaire Sébeille (oc p. 48) la mentionne, sans précision, en l'attribuant bien à Sir Jack sans se soucier d'ailleurs de la contradiction avec son propre scénario. Mais tous vont en parler. Ainsi le docteur Dragon viendra dire devant les assises[1] :

> « *De l'autre côté de la voiture, derrière un petit puisard d'arrosage, et entre ce puisard et les buissons, j'ai relevé une grosse mare de sang. Elle avait imprégné la terre sur trois centimètres de profondeur... comme si on avait saigné un cochon*[2]. »

L'attribution de ce sang à l'une des victimes va contrarier le scénario du commissaire. C'est pourquoi l'accusation n'en tiendra aucun compte. Et, in fine, dans son ordonnance de non-lieu du 13 novembre 1956, le juge Carrias ira jusqu'à mettre en doute son existence même, la confondant avec les taches sur la route. Quoi qu'il en soit, aucun prélèvement de ce sang n'a été effectué, qui aurait au moins permis de dire formellement à laquelle des victimes il appartenait[3]. Lors du supplément d'information, le commissaire Chenevier

1 Jean Giono, oc p. 693. Reprise par le commissaire Chenevier (oc p. 57) pour qui c'est bien le sol qui est imprégné sur 2 à 3 cm.

2 Selon le mémoire de Léon Dominici (cotes A 57 & 58), ce qui se trouve bien dans une attestation du docteur Dragon (cote A 59).

3 Même si l'analyse d'ADN n'existait pas encore, l'analyse comparative des groupes sanguins existait avec nombre de marqueurs comme le rhésus.

regrettera cette absence d'analyse. Et curieusement sans vraiment le justifier, il retiendra (oc p. 153) que la mare près du puisard, ne pouvait pas être du sang de Sir Jack. Mais il n'en tirera pas de conclusion. Alors de qui donc ?

Le lambeau de peau

On l'a déjà noté, les gendarmes ont trouvé un fort lambeau de peau accroché à gauche du pare-chocs arrière de la voiture. Et la main droite de Sir Jack porte une profonde blessure à la main droite. Dans la matinée, le juge Périès demandera son avis au docteur Robert Girard, médecin généraliste de ville, qui sera l'un des légistes, lequel répond[1] :

> « *Il s'agit d'un morceau d'aponévrose provenant de la blessure que porte à la main Sir Jack Drummond.* »

C'est clair et sans ambiguïté. Pourtant tout le monde va l'oublier, au point que nombre d'auteurs iront jusqu'à l'ignorer ou le considérer comme imaginaire[2]. Devant les assises, l'autre médecin légiste, Pierre Nalin avouera qu'il en ignorait l'existence même[3], ce qui montre l'amateurisme et le degré de communication entre les légistes lors de l'autopsie. *In fine*, le commissaire Chenevier et le juge Carrias l'évacueront de façon assez désinvolte. Et il est vrai que le dossier n'en garde plus aucune autre trace. Me Charrier s'étonnera, mais il n'est pas le seul, qu'on n'ait pas saisi le lambeau parmi les pièces à conviction, et il constate que dès le lendemain, « *on l'a perdu…* » (les points de suspension sont de lui). Pourtant on apprend qu'il a été remis au commissaire Sébeille dès son arrivée[4]. Mais en lisant son ouvrage, on lit qu'il a gardé ce lambeau par devers lui (oc p. 46) :

> « *Ah ! Ce morceau de peau ! Nous en reparlerons. Les avocats de Dominici devaient un jour se plaindre qu'il n'ait pas été saisi. Je l'ai encore chez moi, enfermé dans une boîte d'allumettes…* » (points de suspension du commissaire).

Stupéfiant à plus d'un titre. D'abord d'avoir commis un acte aussi peu professionnel et contraire à la déontologie, ensuite d'oser l'écrire avec une telle désinvolture. Son collègue Jean-Louis Vincent « *en reste sans voix* » mais le lambeau de côté, comme tout le monde. Et contrairement à ce qu'il annonce, le commissaire Sébeille n'en reparlera plus. Mais bien sûr, l'escamotage de ce lambeau a perverti plus d'une conclusion de l'enquête et de l'accusation. Il a été oublié lors des aveux et de la reconstitution, puis des débats et du supplément d'information jusqu'au non-lieu, sans parler des auteurs. En effet, l'accusation retiendra que la blessure à la main a pu être consécutive à la balle d'un premier coup de feu, en oubliant d'expliquer

---

1 PV du juge Périès en date du 5/8/52 (cote D 6).
2 Notamment Jean-Charles Deniau et Madeleine Sultan.
3 Entre temps, hélas, son confrère Girard est mort en septembre 1954.
4 PV n° 387 déjà cité (cote D 6).

comment un lambeau de chair a pu se retrouver sur le pare-chocs, et la main sans brûlure ni traces de poudre.

Le corps de Lady Anne

À cinq mètres environ de la voiture, vers le thalweg, en position oblique par rapport à l'arrière de celle-ci et non « *perpendiculaire* », comme la plupart des auteurs le répète[1], le corps gît sur un sol en légère pente négative par rapport à la plateforme. De hautes herbes sèches en masquent la vue. Mais ces herbes seront vite piétinées, donnant à ceux arrivés plus tard, une fausse appréciation de l'état originel et notamment de la visibilité depuis la route et le chemin. Rappelons que cette position du corps loin de la voiture à l'arrivée des gendarmes, n'a été signalée par personne avant eux. C'est donc par un *a priori* que la forme vue près de la voiture par Roure, Boyer et Clovis, puis par Ricard, sera attribuée à Lady Anne.

Photo des gendarmes juste après rabattement de la couverture et abaissement de la robe qui remontait jusqu'à montrer la culotte quand ils sont arrivés. © BC AD 04.

Le corps gît à plat ventre, le bras gauche le long du corps, le droit écarté et plié. Il est recouvert d'une couverture kaki unie. La robe est retroussée jusqu'à montrer une culotte blanche. L'une des pièces de la banquette arrière est dressée contre la jambe gauche. Les gendarmes découvrent le corps en rabattant la couverture sur le côté droit, et rabaissent la robe. Mais sur le moment, personne ne notera la seconde couverture kaki unie qui se trouve sous les jambes et le ventre. Ce qui a fait écrire au commissaire Sébeille (oc p. 46) que le corps était « *enroulé dans une couverture* ». En fait les deux couvertures plus ou moins entremêlées au moment de son arrivée, lui ont donné cette impression. C'est le capitaine Albert qui, reprenant son dossier pour faire un rapport de synthèse au juge Carrias en 1955[2], s'en apercevra. Hélas bien trop tard.

Le docteur Dragon retourne le corps et constate que les blessures, comme on va les analyser, se trouvent toutes sur le devant du buste. Il constate aussi

1 Notamment le commissaire Sébeille, oc p. 46.
2 Rapport n° 117/2-R du capitaine Albert en date du 1/5/55 (cotes C 38 & 39).

sous le buste, un important épanchement de sang alors qu'il n'en a noté aucun sous celui de Sur Jack, ni là où un corps se trouvait d'abord près de la voiture. Ce qui signifie qu'avant de se retrouver dans cette position à cet endroit, le corps se trouvait ailleurs et gisant sur le dos. C'est pourquoi le sang n'a pu s'épancher qu'après déplacement et retournement du corps à plat ventre.

Important

Avant le piétinement général, les gendarmes n'ont noté aucune trace dans les hautes herbes. Le corps n'a donc sans doute pas été traîné jusque-là. De plus le docteur Dragon dira, tardivement il est vrai, qu'il n'a pas noté de brindilles notamment dans les cheveux ni sur les vêtements que n'aurait pas manqué de provoquer un déplacement du corps s'il avait été traîné par les pieds. La robe relevée et le visage, horriblement déformé et souillé, montrent que le corps aurait pu être traîné sur le ventre. Mais le capitaine Albert dans son rapport de 1955, proposera que le corps aurait été tiré sur une cinquantaine de centimètres seulement, par exemple pour l'amener sur la couverture étalée au sol. Pourquoi cette couverture et cette manœuvre ? Sans aucun doute pour faire croire que Lady Anne s'était couchée à cet endroit. Si tout prouve le contraire, aucun des gars de la SNCF ne l'y avait vue, alors qu'ils croyaient l'avoir identifiée sous une couverture près de la voiture, toutefois différemment de ce que verra Ricard.

Retour au témoignage de Ricard

On l'a vu, par deux fois, la première devant le commissaire Sébeille puis devant le juge Périès, Ricard décrira un corps allongé le long de la voiture, sur le dos, une couverture lui cachant la tête «*jusqu'en dessous des genoux*». Et voilà que lors de la reconstitution de novembre 1953, Ricard sera amené à rajouter les précisions suivantes : sous la couverture, il dit avoir distingué le bras droit replié vers l'épaule gauche. Au-dessous des genoux légèrement fléchis, et sur la partie à découvert, il se rappelle les mollets légèrement croisés, habillés d'un pantalon clair. Et il précise que c'est pour cela qu'il a pensé que c'était un homme. Et il a aussi remarqué que les pieds étaient chaussés sans pouvoir préciser le genre de chaussures.

Bien sûr, qui n'a pas remarqué que Ricard vient de décrire très exactement les positions du corps, des bras et du bas des jambes croisées de Sir Jack, y compris pantalon et pieds chaussés.

La reconstitution a eu lieu en présence de Roure, Boyer, Ricard et Clovis, mais sans Gustave. C'est ensuite seulement que ce dernier est amené en présence des autres. Il va commencer par dire avoir trouvé le corps de Lady Anne là où les gendarmes l'ont découvert. Mais devant ce qu'en disent les autres, il va changer sa version[1] : étant sur le bivouac et alors qu'il commençait à soulever le bas de la couverture qui recouvrait complètement le corps, il

1 PV n° 442/3 du commissaire Sébeille en date du 12/11/53 (cote D 196).

entend Ricard arriver. Il abandonne à découvert le bas des jambes, et se cache en plongeant dans le thalweg. Et le commissaire, dont les détails donnés par Ricard contrariaient le scénario, les oublie en retenant la version de Gustave.

Pourtant, même si elle pouvait être chaussée, Lady Anne ne pouvait avoir de pantalon. Comment Ricard aurait-il pu noter des particularités qui sont exactement les mêmes que pour Sir Jack qu'il prétend expressément ne pas avoir vu de l'autre côté de la route ? Certes on sait combien, même de bonne foi, tout témoin peut transformer une réalité à laquelle il a été confronté. Dans le cas présent, comme les précisions qu'il donne datent de huit mois après son passage sur place, peut-on admettre qu'il aurait pu inconsciemment associer au souvenir du corps qu'il avait vu, les détails vus et lus dans la presse concernant le corps de Sir Jack. Mais une fois encore, dommage que cette question n'ait pas été réglée avec Ricard.

Car il devient possible qu'il ait dit vrai, et qu'au moment de son passage, le corps près de la voiture pouvait être celui de Sir Jack, celui de Lady Anne ayant déjà été déplacé. Lors du passage des gars de la SNCF, les jambes étant recouvertes, rien ne permettait de dire formellement à qui était alors le corps le long de la voiture. Et comme les hautes herbes cachaient la vue du corps de Lady Anne depuis le chemin, il apparaît que lui avoir attribué le corps près de la voiture, n'est qu'une induction il est vrai confirmée a posteriori par Gustave. Mais quelle crédibilité attribuer à Gustave ?

En effet, lorsque le témoignage de Ricard est retrouvé en mai 1953, on verra que bien des choses se sont passées et que Gustave est alors le suspect n°1. C'est qu'il s'est déjà enferré, résistant entre mensonges, colmatages et rétractations. On peut alors se demander pourquoi finit-il par dire qu'il a déplacé le corps de Lady Anne après le passage de Ricard ? Dans l'urgence, confronté de façon inopinée, il doit prendre une décision sans pouvoir consulter sa femme, ni même Clovis qui est là avec les autres. Dans la situation périlleuse où il se trouve coincé, pense-t-il alors qu'avoir déplacé le corps de Lady Anne est après tout un moindre aveu puisque ce déplacement ne peut plus être nié. Cacherait-il ainsi autre chose que personne n'a imaginée ?

Il précise donc qu'après le passage de Ricard, il revient et retourne le corps. Il ajoute que Lady Anne avait la bouche entre-ouverte avec des traces de vomissures. Sa robe était tachée de sang sous le sein droit. Détails exacts, mais rien ne prouve que ce soit à ce moment-là qu'il les a vus. Comme il connaît le scénario du commissaire, il s'en sert en disant avoir saisi les chevilles, et traîné le corps sur le dos en décrivant un arc de cercle pour le l'amener là où on l'a trouvé… sur le ventre. Hélas, le commissaire Sébeille qui aura vu les herbes largement piétinées n'a aucune raison de douter. Et la question sera ainsi fossilisée et sédimentée. De même, personne ne se préoccupera du siège dressé contre la jambe, ni des sandales sous le coussin, deux dispositions qui demeurent toujours énigmatiques. Mais n'était-ce pas le but de celui ou ceux qui les ont mis en scène ?

La question de la rigidité

Seule cette question, parfaitement objective, va être approfondie. Car les positions des jambes et des bras de Lady Anne retrouvées par les gendarmes, sont différentes de celles du corps que décrira Ricard, et même de la version de Gustave et des autres en position initiale près de la voiture. En effet, la rigidité cadavérique était totale vers 9 h du matin, au moment de l'examen par le docteur Dragon. Comme il lui a semblé que la rigidité cadavérique s'opposait à un tel déplacement des membres, il viendra dire, hélas trop tard[1], qu'il était physiologiquement impossible que des membres repliés ou fléchis aient pu être allongés ou pliés après le déplacement opéré par Gustave juste après le passage de Ricard, une demi-heure avant l'arrivée des gendarmes. Car ce déplacement, deux heures avant l'examen du docteur Dragon, aurait eu lieu aux alentours de 7 h, c'est-dire environ six heures après la mort. Or on sait que la rigidité cadavérique met de six à douze heures pour se propager lentement depuis la mâchoire inférieure jusqu'au bas du corps, et selon la température extérieure. Or la température de cette nuit est descendue jusque vers 15°, il est donc peu probable que les muscles aient pu conserver encore assez de souplesse six heures après la mort, pour pouvoir être dépliés ou décroisés et allongés ou pliés lors du déplacement. Il s'ensuit que le corps aurait dû être déplacé bien avant 7 h.

Retour au matin avec les gendarmes

Quand le docteur Dragon retourne le corps, les présents, dont Gustave, voient le visage de Lady Anne déformé et maculé de sang et de vomis : le nez est écrasé, la lèvre supérieure retroussée et un œil entr'ouvert. Cet état correspond à ce que dira Gustave. On retiendra que ce peut être le résultat du déplacement, mais des détails semblables seront donnés par Gustave avant déplacement. On a vu que le capitaine Albert notera bien plus tard, que le corps de Lady Anne avait été trainé sur une cinquantaine de centimètres seulement pour être amené sur la couverture étendue au sol. Ce qui est plus conforme à la façon dont le visage a été affecté et pour retrousser la robe.

On l'a dit, cette robe, en tissu léger rouge à fleurs blanches[2], était en effet « *relevée jusqu'aux hanches* ». Dessous, Lady Anne portait une courte combinaison et une culotte, toutes deux blanches, et un soutien-gorge rose. Ce qui veut dire qu'elle n'avait pas emporté de vêtements de nuit. Jean-Louis Vincent retient que Lady Anne a pu passer cette robe rouge à fleurs pour la nuit, après avoir soigneusement rangé ses vêtements noirs ou *sombres*, dans la valise bleue. Sans parler du crédit qu'on peut accorder aux dires de Gustave puis de Gaston prétendant l'avoir vue se déshabiller, on a déjà noté combien ces vêtements noirs étaient inadaptés. Quoi qu'il en soit, si la femme vêtue de

---

1 Certificats du docteur Dragon en date des 22 & 23/6/55 (cotes A 59 & 60).

2 On voit bien sur la photo du corps, que cette couverture est bien différente de celles pliées sur le tas des affaires.

noir vue par Yvette était Lady Anne, qui était alors l'*autre femme,* qui portait alors la robe rouge ?

On sait aussi que Lady Anne ne portait aucun autre vrai bijou que deux anneaux à l'annulaire.

Important

A l'emplacement près de la voiture et du lit de camp, personne n'a relevé de taches du sang au sol. Alors qu'il retourne le corps, le docteur Dragon constate la présence d'un important épanchement dans l'herbe. Il dit même qu'il en provoque un nouvel et gros écoulement. Cela s'explique parfaitement par la position des blessures qu'on verra toutes situées sur le devant du buste. Avant la position où on l'a retrouvé, le corps était sur le dos ce qui avait donc retenu tout épanchement extérieur. Ce qui exclut déjà que la mare de sang près du puisard puisse être celui de Lady Anne, comme certains l'ont avancé.

Retenons aussi que le docteur Dragon ne parlera que d'une blessure au thorax qui saigne beaucoup. Gaston qui était là l'entend. Comme il n'aura pas connaissance des descriptions de l'autopsie, il pourra donc dire qu'il n'a tiré qu'une balle sur Lady Anne.

Conclusion sur cette question des deux corps

Il apparaît donc que l'attribution trop rapide du corps vu près de la voiture à Lady Anne, va fausser tout le scénario de ce qu'il est advenu des corps avant et après les passages des uns et des autres jusqu'à l'arrivée des gendarmes. Une mise en cohérence oblige à admettre qu'au moment où Ricard approche, le corps de Sir Jack n'est pas encore sous son lit de camp de l'autre côté de la route, mais allongé sur le dos sous une couverture le long de la voiture. Ce corps étant seul, il faut admettre que celui de Lady Anne a déjà été déplacé dans les hautes herbes. Si les gars de la SNCF ne l'ont pas vu depuis le chemin c'est que les hautes herbes n'avaient pas encore été écrasées, notamment pas par une trainée. Le corps avait donc dû être transporté. L'absence d'écoulement de sang près de la voiture et son existence dans les herbes le confirment. La suite logique de ces déductions veut que le corps vu près de la voiture ait été celui de Sir Jack et qu'il ait donc été transporté de l'autre côté de la route, où personne ne l'a vu avant le moment où c'est Gustave qui l'indiquera aux gendarmes. Et ce transport n'aurait donc pu avoir lieu qu'entre le passage Ricard et l'arrivée des gendarmes. Curieuse décision à cette heure où il faisait grand jour et où on pouvait être surpris.

Notons qu'un seul lit de camp a été vu près de la voiture par les gars de la SNCF, Ricard puis par les gendarmes. Où aurait donc pu se trouver le lit qui servira à recouvrir le corps de Sir Jack de l'autre côté de la route ? Pour tenter une réponse plausible, revenons sur le site du corps de Lady Anne. Il est évident que son transport à cet endroit était une mise en scène destinée à faire croire qu'elle avait couché là. Témoins en sont la couverture et le siège de voiture. Dans un premier temps, le lit aurait pu être amené près de Lady Anne.

Puis les passages d'Olivier, des gars de la SNCF et enfin de Ricard, auraient perturbé la mise en œuvre des diverses mises en scène. Celle avec Lady Anne aurait été abandonnée au profit de celle concernant Sir Jack, et le lit aurait été ramené pour couvrir son corps. Rappelons-nous déjà les diverses positions d'un lit de camp se baladant en fin de nuit.

En attendant de revenir sur qui et pourquoi ont été opérés transports et mises en scène, il faut essayer de trouver pourquoi et à quel moment le corps de Sir Jack aurait d'abord été déplacé depuis la mare de sang jusque le long de la voiture, et comment les taches de sang en travers de la route auraient pu être produites.

Après le drame, le corps baignant dans sa mare de sang était en bord de route, et bien en vue près du puisard en extérieur du virage, derrière la voiture. Il est donc évident qu'il était trop visible. Aucun passant ne l'ayant vu, il aurait donc dû être déplacé très vite après le drame, ramené le long de la voiture, allongé sous une couverture, sans doute à côté de celui de sa femme.

Trouver une cause plausible à la configuration du tracé des taches de sang est moins évident. Il devrait résulter du transport du corps entre le passage de Ricard et l'arrivée des gars de la SNCF, et c'est alors pourquoi Ricard marchant à pied serait passé dessus sans les voir.

Pour l'instant, on ne peut aller plus loin dans les déductions et hypothèses avant de voir les autopsies, la balistique et quelques autres questions.

Le corps de la petite Élizabeth

Celui-ci gît loin de ceux de ses parents, dans de hautes herbes au milieu de petits buissons épars, un peu en contrebas de la tête du talus de berge de la Durance. À 77 m de l'avant de la voiture, à une quinzaine de mètres au-delà du pont[1]. Dans l'alignement du parapet nord, le corps de la fillette est couché sur le dos, la tête dirigée vers le haut du talus. Disons tout de suite que, si elle était tombée en courant, elle se serait plutôt retrouvée à plat ventre, la tête vers le bas du talus, et on aurait trouvé des traces de sa chute, notamment sur la paume de ses mains ou aux genoux de son pyjama. Or ce n'est pas le cas. Et là encore, la position que découvrent et photographient les gendarmes va être modifiée par la docteur Dragon, et sera donc différente de ce que verra la police et photographiera l'identité judiciaire, sans parler des photographies de presse. Mais qui s'en souciera ?

Au matin donc, le buste est à peine déversé sur le côté gauche, les jambes légèrement fléchies. La tête est tournée vers la gauche. Les pieds sont nus. Elle est vêtue d'un pyjama deux pièces bleu pâle. Le PV 11-R des gendarmes décrit conformément à la photo du haut page suivante :

« *Le bras droit allongé le long du corps, tandis que la main gauche reposait sur l'aine gauche.* »

---

1 Et non à l'endroit où se trouve encore aujourd'hui la croix commémorative.

Le docteur Dragon[1] donne une autre position :

> « *Les bras étaient croisés sur l'abdomen… J'ai pu facilement remuer ses membres… Je l'ai même soulevée et tournée sur le ventre.* »

Ci-dessus, photo des gendarmes vers 8 h, le bras droit le long du corps et le gauche posé sur l'aine - © BC AD 04.
Ci-dessous, photo de l'identité judiciaire vers 15 h 30, bras en croix - © BC AD 04.

La dernière position est donnée beaucoup plus tard par la police qui précise, comme sur la photo du bas ci-dessus de l'identité judiciaire : « *les bras en croix* ». Ces différentes positions montrent combien le corps a été largement manipulé. Mais tous précisent bien qu'aucune trace de sang n'a été relevée sur le trajet entre le corps et la voiture.

Le front a été fracassé, et la fillette porte en outre une déchirure à l'oreille droite et une profonde « *excoriation* » (écorchure) au maxillaire contiguë. Le

1 PV n° 387/108 du commissaire Constant en date du 16/12/52 (cote D 126).

commissaire Sébeille (oc p. 47) dit le visage entièrement maculé de sang[1] et ajoute : « *Sous la tête dans l'herbe, une grosse flaque brune séchait au soleil* ». Deux attestations du docteur Dragon, il est vrai tardives[2], contredisent ces constats : « *Je n'ai pas remarqué de sang ni sous la tête, ni sous le corps, sauf un mince filet qui coulait des narines et des oreilles* ». Ces différences ne mettent pas en cause la bonne foi des uns et des autres. En fait, ce dont le docteur Dragon se souvient avoir constaté entre 8 h 30 et 9 h 15 peut être différent de ce que verra le commissaire Sébeille en début d'après-midi, surtout que le docteur a tourneboulé le corps. En effet, la fillette couchée sur le dos avait sans doute inhalé la plupart du sang de ses blessures frontales qui n'avait donc pas maculé son visage et ses cheveux ni provoqué d'écoulement au sol. C'est en la retournant, que ce sang a pu se déverser par la bouche en maculant le visage et les cheveux, et causer l'écoulement sous la tête constatée par le commissaire.

Le pyjama bleu pâle dont elle était vêtue, par-dessus une petite culotte blanche, n'étant pratiquement pas taché, la vraie question sera donc de savoir si elle est venue là seule en courant comme le soutiendra l'accusation, ou si elle y a été transportée évanouie comme il est hautement probable.

En 1955[3], le capitaine Albert va livrer le rapport d'une analyse avec vérification expérimentale, dont il ne donne pas la date, mais qu'il dit avoir faite en présence du commissaire Sébeille. On n'en trouve pourtant trace nulle part, et le capitaine regrette d'ailleurs que ce travail n'ait pas été pris en compte. Autre preuve du peu de considération que le commissaire accordait au travail du gendarme et aux éléments matériels. Donc, le capitaine se souviendra avoir remarqué dès son arrivée, l'état des herbes autour du corps et la manière dont le pyjama de la fillette était retroussé ou vrillé autour de sa taille et sur ses membres de droite. Il en déduit que le corps a été tiré par la jambe et le bras droits sur environ un mètre. La vérification, menée avec une fillette et la même disposition des membres et configuration du pyjama, n'a pu être obtenue exactement qu'avec ce type de déplacement. Si Élizabeth était tombée seule au bout d'une course, un tel déplacement aurait été impossible sans qu'au moins elle se débatte, ce qui aurait produit d'autres effets. Et on comprend pourquoi le commissaire a classé ce travail sans jamais même en faire mention. Car soit la fillette devait être évanouie, soit le déplacement a eu lieu après qu'elle a déjà été frappée.

---

1 Le rapport d'autopsie, lui, dira en effet que « *tout le visage, ainsi qu'une partie du crâne et des cheveux, sont couverts de sang coagulé* ».

2 En dates des 22 et 23/6/55 (cotes A 59 & 60), datant de trois années plus tard, lors du supplément d'information. Elles seront délivrées à Léon Dominici, neveu de Gaston, qui constituera un mémoire tentant de montrer les incohérences matérielles du dossier d'accusation (cotes A 57 & 59).

3 PV n° 117/2-R (cote C 38).

Retour sur les constats du docteur Dragon

Le PV 11-R des gendarmes situe son arrivée à 8 h 30. Devant la Cour d'assises, il dira avoir examiné la fillette après ses parents « *à 9 h 15* ». L'important demeure que ses constats sont en partie antérieurs à l'arrivée du juge Périès et du docteur Girard, à celle de la presse et surtout de six à sept heures à celles du commissaire Sébeille et de l'identité judiciaire, puis huit à neuf heures avant l'autopsie. L'un des légistes, le docteur Nalin, ne viendra même pas sur place et ne verra donc pas les positions des corps, ni leur état de rigidité au matin. Rappelons aussi que les constats du docteur Dragon se feront devant les gens présents, notamment Gaston, Gustave, mais aussi Zézé, qui l'entendront dire ce qu'il constate. Ils pourront donc le répéter, sans que cela puisse constituer une preuve formelle de participation au meurtre.

Le docteur Dragon n'a pas rédigé de rapport. Ses constats sont seulement consignés par la gendarmerie dans le PV 11-R. Mais ils seront réitérés plus tard lors de son audition par le commissaire Constant[1], puis devant le juge Périès, et enfin devant la Cour, sans parler de ses interventions orales auprès du commissaire Sébeille et du juge, puis de ses déclarations à la presse et enfin de ses attestations rédigées tardivement à la demande de Léon Dominici.

Curieusement, les légistes ne croiront pas utile de consulter leur confrère, pas plus que les policiers parisiens lors du supplément d'information d'ailleurs.

On a déjà dit qu'ayant retourné le corps de Sir Jack, il n'a alors été question que de deux balles sur le devant du thorax. De même pour Lady Anne, après l'avoir retournée, il a découpé la manche droite de la robe et coupé la bretelle gauche du soutien-gorge. Mais, au vu de ce qui est reporté dans les PV, il n'a pas identifié le nombre des blessures, se contentant de parler d'un coup mortel. Gaston pourra donc le répéter lors de ses aveux puis de la reconstitution.

En juin 1955, les attestations que le docteur Dragon produira à la demande de Léon Dominici, reprendront la description du corps de Lady Anne. Selon de docteur, la position des bras le long du corps aurait été rendue impossible à cause de la rigidité, notamment lors d'un déplacement où le corps aurait été tiré par les pieds. Et en effet, l'état du corps et du visage, comme des herbes et de la robe retroussée, ne montrait aucune trace correspondant à cette longue traînée.

En ce qui concerne le corps de la petite Élizabeth, on vient de voir que le docteur l'a retourné, soulevé et en a déplacé les bras. Il dira le crâne broyé par un seul coup très violent, comme « *par une hache* », ce qu'à nouveau Gaston pourra répéter. Le docteur palpera le crâne en lui trouvant la consistance d'un « *sac de noix* ». Cette image sera reprise par les légistes, le commissaire Sébeille (oc p. 9 & 47) et les auteurs. En outre le docteur Dragon va surtout faire deux constats capitaux :

---

1 PV n° 387/108 du commissaire Constant en date du 16/10/52 (cote D 126).

1- Alors que les corps des deux parents ont déjà atteint un stade de rigidité cadavérique, celui de la fillette, bien que froid comme il le précise, est encore entièrement souple. Il en déduit donc qu'elle n'a pas pu mourir à la même heure que ses parents.

2 - Il dit que la peau délicate de la plante des pieds est intacte, sans contusions, ni ecchymoses, ni égratignures ou écorchures. Il en déduit qu'elle n'a pas pu courir depuis la voiture jusque-là, sur un sol très agressif d'herbes drues, sèches ou piquantes et du sol caillouteux du chemin. Selon lui, elle a donc dû être transportée, et avant même d'être frappée puisque son pyjama est intact[1].

Bien sûr, le déplacement latéral au sol déduit par le capitaine Albert, alors pas encore identifié, ne sera pas pris en compte. Et d'ailleurs on ne voit vraiment pas à quoi il pourrait correspondre dans le scénario du meurtre de la fillette tel que retenu par l'accusation.

Au contraire du docteur Dragon, dès son arrivée le commissaire Sébeille notera[2], et il le répètera sous serment devant la cour, avoir examiné soigneusement la plante des pieds :

« *Sans être sale, elle présentait de légères traces de poussière et d'empreintes de cailloux. Elle avait marché ou couru jusque-là et n'y avait donc pas été transportée. Point capital.* »

Or, si ces empreintes étaient absolument indispensables pour valider son scénario, on a déjà noté aussi l'absence d'empreintes de ses pieds dans la partie de sol sablonneux. D'autre part, le commissaire contredit formellement non seulement la constatation du docteur Dragon consignée près de sept heures avant la sienne, mais aussi le rapport des deux légistes en fin d'après-midi cette fois, puis le témoignage du docteur Nalin devant la Cour d'assises. Si la peau avait été agressée aussi peu que ce soit, à l'heure de l'autopsie, la morbidité aurait provoqué des bleus ou des traces qui pouvaient ne pas encore apparaître au matin.

Il faut dire que le commissaire aurait été conforté dans sa certitude par une expérience qu'aurait menée Jacques Chapus. Ce dernier aurait demandé à une fillette de l'âge d'Élizabeth de refaire la course pieds nus[3]. Elle aurait mis vingt-cinq secondes pour faire le trajet, et, à l'arrivée, ses pieds auraient été intacts. Mais c'était en plein jour, il n'y avait plus d'herbes agressives disparues avec le piétinement, le sol sur le trajet avait également été tassé et égalisé par toutes les allées et venues, et surtout la fillette n'avait pas la mort aux trousses comme l'aurait eu Élizabeth. On veut bien croire Jacques Chapus

---

1 Dans ses attestations de juin 1955, le docteur nie l'existence de sang sous la tête, contrariant tous les constats de 1952 par d'autres. C'est normal, ils ont été causés suite à ses propres manipulations et sont donc postérieurs.

2 PV n° 387 déjà cité (cote D 6). Repris dans son ouvrage (oc p. 47).

3 Selon Jean Laborde (oc p. 107 & 108). Elle s'appelait Jacqueline Dubois, fille d'un ingénieur des Ponts et Chaussées de Marseille, en vacances chez ses grands-parents à Peyruis. Il précise même : « *Elle est blonde... comme Élizabeth* », or Élizabeth était brune !

sur parole, bien que l'absence de témoin et le précédent du faux carnet de la fillette, jettent une ombre sérieuse sur sa crédibilité. Il aurait parlé de son expérience au commissaire Sébeille, mais ce dernier n'en parle pas et ne l'a pas reproduite comme il l'aurait dû, avec un protocole précis et PV, et on se doute de ses raisons. On note encore que les vérifications et reconstitutions n'ont pas eu lieu ou se sont trop souvent passées de façon sommaire et improvisée, sans jamais de protocole ni méthode.

Le docteur Dragon dira son scepticisme sur la validité de cette expérience. Il maintiendra ses constats devant le commissaire Constant[1] et jusqu'à la barre où ils seront discutés devant la Cour. Il ajoutera que la fillette n'a pas pu être frappée à genoux, mais couchée au sol et sur le dos. Ce qu'on verra évident et sera aussi l'avis des légistes. Ces avis médicaux, bien que contredisant formellement le scénario Sébeille qui deviendra néanmoins la thèse de l'accusation, ne seront donc pas retenus.

Point important sur les blessures

Concernant les blessures des trois victimes, les seuls éléments connus du public, et donc de la famille Dominici, seront ce qu'en ont dit devant eux les docteurs Dragon et Girard en ce matin du 5 août, puis les gendarmes, le commissaire Sébeille et l'identité judiciaire, enfin la presse. Personne n'aura communication du rapport d'autopsie, et d'ailleurs personne, même la défense, ne semble en avoir eu cure. La preuve en est donnée, à titre exemple en 1956 par Gabriel Doménech (oc p. 122 & 123) qui invente une conversation entre le docteur Nalin et le commissaire Sébeille, sur le nombre des impacts, qui n'a rien à voir avec le rapport des légistes. Ou encore en 1970, le commissaire Sébeille (oc p. 50 & 51), puis Jean Laborde en 1972 (oc p. 21), sans parler de Claude Mossé en 1993, décrivent l'état des victimes de façon pour le moins inexacte. Enfin, en 2004, Jean-Charles Deniau et Madeleine Sultan (oc p. 287 & sq), prétendant avoir consulté un grand légiste, ne font guère mieux en omettant volontairement de lui transmettre tous les éléments matériels connus. Non pour le tromper, bien sûr, mais en croyant au contraire libérer son avis de tout a priori. Erreur de méthode qui en dit long, ayant d'ailleurs produit un avis qui a nui à la réputation de ce légiste. Cette question de méthode apparaîtra clairement lors de l'analyse point par point, du détail des autopsies.

Un autre témoignage du docteur Dragon[2]

Après avoir examiné les cadavres, le docteur Dragon dira être allé se laver les mains à La Gran'Terre. Il aurait alors demandé de l'eau à Gaston qu'il connaissait bien. Et celui-ci aurait eu une réaction déroutante. Devant cette

1 PV n° 387/108 du commissaire Constant en date du 16/10/52 (cote D 126).

2 Sauf erreur, aucun PV de ce témoignage n'existe au dossier. Il sera seulement donné par oral devant la Cour.

demande, somme toute banale, il aurait d'abord paru hébété, répétant plusieurs fois « *de l'eau, de l'eau* », et serait demeuré un instant sans réaction. Comme Marie remplissait déjà une cuvette pour la présenter au docteur, Gaston l'aurait écartée d'un geste brusque, en disant que les chevaux allaient sentir l'odeur du sang et refuser d'y boire. Il aurait alors amené le docteur se laver les mains à la pompe. Le docteur ayant toujours montré qu'il n'avait aucun parti pris contre les Dominici, bien au contraire, on peut donc considérer son témoignage comme fiable. Bien sûr, cette réaction de Gaston sera retenue à charge, notamment parce que, lorsque le docteur en parlera à la barre, Gaston se lèvera et, sans contester ni rien dire, montrera une forte émotion[1]. Pourquoi un tel effroi ? D'abord au matin du drame, puis lors du rappel de l'épisode à la barre quinze mois plus tard ? Personne n'a posé la question à Gaston, notamment pas le président. Trois hypothèses demeurent alors possibles :

1 - Soit, la demande lui rappelait la venue des Anglaises à la ferme la veille au soir, et la fillette lui demandant aussi « *de l'eau* ».

2 - Soit Gaston se serait lavé les mains dans la même cuvette, après le massacre, notamment de la petite Élizabeth, comme il le dira d'ailleurs dans ses aveux, mais sans mentionner la cuvette. Notons que, s'il n'a pas manipulé de corps, comment aurait-il pu avoir du sang sur les mains ?

3 - Soit quelqu'un d'autre aurait pu, devant lui, laver le sang de ses mains dans cette cuvette.

Pour le moment, on ne peut en dire plus ni surtout choisir.

L'intervention du chien policier

La gendarmerie disposant d'un chien policier de bonne réputation, on l'envoie chercher. Le gendarme maître-chien Legonge arrive de Digne vers 10 h, avec la chienne berger allemand Wasch. Comme toujours, selon les auteurs, la version de cette intervention est très différente. Le commissaire Sébeille n'en parle même pas. L'intervention semblant avoir été menée sans méthode ni protocole restera d'ailleurs sans résultat. En effet, le PV 12-R de gendarmerie rapporte qu'après avoir reniflé le corps de fillette et la zone où il se trouve, la chienne suit la tranchée de la voie ferrée par « *le petit sentier côté Durance pendant une cinquantaine de mètres et descend sur la voie ferrée. Elle revient sur la voie ferrée qu'elle suit pendant une centaine de mètres, remonte sur la route nationale 96, puis passe de l'autre côté de la route et monte jusqu'au canal d'arrosage* ». La chienne, s'immobilisant en tremblant, semble complètement désorientée. L'opération n'est pas renouvelée avec les autres corps, ni avec aucun des objets sur les lieux du drame. Notons qu'elle ne s'est intéressée ni à Gaston, ni à Gustave ou Zézé qui sont présents, ni à la direction de La Gran'Terre.

---

1 Selon Pierre Scize (oc p. 293), qui lui trouvera un regard aigu de « *hibou* ». Madeleine Jacob lui voit un regard droit et très attentif, montrant seulement une véritable souffrance à l'évocation du sang de la fillette.

Et après ?
La matinée avance sans qu'on sache ce que tout le monde fait sur le site, autre que de l'arpenter en attendant l'arrivée des policiers, et de brouiller un peu plus l'état des lieux, tout en laissant la presse et surtout les curieux affluer sans guère de précaution. Aucune source ne dit ce que font les gendarmes et autres officiels à l'heure du déjeuner.

Qui reste, qui repart ? Attendent-ils tous sans manger, sous un soleil de midi à nouveau caniculaire ?

Pendant ce temps, à La Gran'Terre, Yvette étant chez ses parents, Gustave prétendra[1] avoir mangé une assiette de soupe chez sa mère. Mais on saura qu'en réalité, un repas a regroupé les hommes : outre lui-même et Gaston, il y a là Clovis et Maillet qui sont revenus du chantier de l'ancienne gare. On se doute de l'unique sujet de la conversation. À cette occasion, Maillet apprend que Gustave a découvert la fillette encore vivante[2]. Et il dira avoir été choqué que personne n'ait tenté de lui porter secours. Sa réprobation est-elle perçue ? Le début du froid qui va s'installer entre lui et les Dominici, se situerait-il là ? Clovis dira avoir soupçonné Maillet, puis niera avoir approuvé l'hostilité qui va s'installer envers lui. Pourtant, dès le matin, Clovis, Maillet, Boyer et les Barth, savent-ils que la fillette n'était pas morte quand Gustave prétend l'avoir découverte. Et très rapidement, toute la famille le saura aussi. Mais il faudra attendre octobre pour que Maillet se décide à venir le dire au commissaire Constant.

Mais que fait la police ?
Comme il se doit, vers 7 h 45, le capitaine Albert avait averti le commissariat central de Nice qui a la compétence territoriale. Il se pourrait donc que Nice ait mis un certain temps pour rappeler Forcalquier et demander de saisir directement Marseille. Ce qui expliquerait que le bordereau de Forcalquier[3] soit parvenu à 9 h seulement à l'Évêché sur le bureau du commissaire principal Harzic, patron de la 9e Brigade mobile[4].

Le principal Harzic va charger le commissaire Edmond Sébeille de la mission. Et déjà naît une première controverse : à quelle heure la police et l'identité judiciaire sont-elles parties de Marseille et arrivées sur les lieux ?

Selon le commissaire Sébeille (oc p. 33/34 & 102) et la version officielle, la Traction-avant Citroën 11 CV des policiers, « *d'un modèle déjà ancien*[5] »,

---

1 PV n° 424/87 du commissaire Chenevier en date du 25/10/55 (cote C 317).

2 PV n° 387/100 & 101 du commissaire Constant en date du 15/10/52 (cote D 118 & 119).

3 Bordereau téléphonique : *Arrivée - n° 2217.*

4 Pour lutter contre le grand banditisme, c'est Clemenceau qui a créé les brigades mobiles, d'où leur nom de Brigades du Tigre, surnom de Clemenceau. En 1952, on l'appelle alors police mobile. Elle prendra plus tard le nom de PJ, police judiciaire.

5 Avant la guerre, la police était équipée de Renault qui seront en service jusqu'en 1950. Mais, dès fin 1944 quelques Tractions-avant Citroën récupérées, seront remises en état. Ces Tractions-avant étaient des 11 BL, dites 11 Légères, à coffre plat avec coffrage de roue de

serait officiellement partie de Marseille à 12 h 15 et arrivée à La Gran'Terre vers 13 h 30[1], soit une heure quinze pour faire 105 km. Ce qui représente déjà une improbable moyenne pour l'époque. Et de nombreux témoins affirmeront que l'arrivée aurait été plus tardive, et certains la situent même entre 16 h 30 et 17 h[2].

D'abord, il semblerait bien que la voiture des policiers n'ait pas pu quitter réellement Marseille avant 14 h[3]. En effet, le commissaire Sébeille dit lui-même avoir dû terminer la matinée à son bureau, afin de boucler le dossier d'un meurtre à Berre, affaire qu'il venait d'élucider la semaine précédente[4]. Ensuite, deux des inspecteurs, Tardieu et Culioli, étaient en mission dans Marseille, et il était alors impossible de les joindre[5]. Il a donc fallu attendre leur retour. Peut-être la voiture a-t-elle en effet quitté l'Évêché vers 12 h 15. Mais, sans parler de passer prendre quelques affaires personnelles[6], il est avéré que la voiture a dû aller faire le plein d'essence au dépôt situé à la Corderie[7], où une file de camions militaires l'aurait retardée. Et le commissaire ne dit pas si l'équipe a pris un moment pour déjeuner, ou s'il a emmené des sandwiches. Il serait pour le moins peu probable que les policiers aient complètement sauté tout repas de midi. Après tout, à ce moment-là c'était une affaire qui n'engageait pas de mesures particulières d'intervention d'urgence.

Même « *à tombeau ouvert* », comme l'écrira le commissaire Sébeille (oc p. 33), selon une expression bien d'époque, une Citroën Traction-avant *déjà ancienne*, même en très bon état, ne dépassait pas les 105 km/h en vitesse de pointe[8]. Avec quatre passagers, elle ne pouvait tenir un tel rythme sans risque

---

secours en saillie. La police ne sera équipée de Tractions neuves qu'à partir de 1950, alors que la reprise de fabrication de cette voiture date de 1946. Une Traction de 1950 ne peut donc être qualifiée de modèle *déjà ancien* en 1952. Ce qui signifie que la voiture utilisée par le commissaire Sébeille datait dans doute d'avant-guerre, récupérées par réquisition à la Libération (source, service des archives de Citroën). Celle n° 953 AG 13 sur les photos, dont celle publiée par Jean-Louis Vincent, est bien une voiture de la police, mais il n'a pu savoir si c'était celle de Sébeille ou de Harzic.

1 C'est l'heure mentionnée par le rapport de gendarmerie 12-R en date du 31/8/52 (cote B 35), dans le PV du juge Périès en date du 5/8/52 (cote D 2) et dans le PV n° 387 du commissaire Sébeille en date du 5/8/52 (cote D 6).

2 Dans la plupart des comptes rendus de la presse locale du 6 août, mais aussi du *Monde*, puis des *Chroniques judiciaires* de novembre 1954, etc... Mais 17 h semble être l'heure où le commissaire est revenu de l'autopsie, non celle de son arrivée.

3 *Chroniques judiciaires* : L'affaire de Lurs – novembre 1954.

4 Commissaire Sébeille, oc p. 29. Et Robert Mesini, in *Historia* n° 587.

5 Commissaire Sébeille, oc p. 33/34. Faut-il rappeler que les agents en déplacement n'ont pas encore couramment de liaison radio comme plus tard, ou encore moins de téléphone mobile comme aujourd'hui.

6 Edmond Sébeille, oc p. 33.

7 Le dépôt de la Corderie se trouve en centre-ville, mais de l'autre côté du Vieux-Port, par rapport à l'Évêché. Le déplacement représente une longue boucle, aller et retour, par le centre-ville qui a bien pris une demi-heure, et avec le plein peut-être jusqu'à une heure.

8 105 est la vitesse maxi donnée par le constructeur, contre 115 pour celles produites après la guerre (source archives Citroën).

pour son moteur par une très chaude journée comme celle-là, en plein midi, et avec une essence qui n'avait pas encore la qualité de notre super. Point non plus de gyrophare, ni de sirène à la mode américaine prévenant qu'il faut dégager la route. Ça n'existait pas encore[1] en France.

Aujourd'hui, depuis la Corderie, en traversant une part de Marseille-centre jusqu'au départ de l'autoroute de Lyon vers la Port d'Aix ou la Gare Saint-Charles, puis par l'A51, à vitesse la maximale autorisée, il faut déjà un minimum de 1 h 20 pour monter à La Gran'Terre. À l'époque, il fallait d'abord traverser le centre de Marseille pour aller prendre le bout d'autoroute qui existait déjà un peu plus loin[2], puis à Notre-Dame, passer par l'ex-RN8, traverser Septême-les-vallons, les Peyrets et Luynes pour rejoindre d'Aix-en-Provence et en faire le tour avant de rejoindre l'ex-RN96 passant par Venelles, Peyrolles, Pont-de-Mirabeau, Sainte-Tulle, Manosque, Volx et la Brillanne. Cette route n'était pas de la largeur ni surtout de la qualité de celle d'aujourd'hui, notamment les traversées des localités se faisaient par les rues principales, souvent étroites, sans contournement comme de nos jours. Même si le commissaire Sébeille (oc p. 37) précise que les rues et places étaient vidées par « *l'heure du repas et de la sieste* », elles n'ont pu être traversées à pleine vitesse. Et l'aveu de l'heure de la sieste contredit déjà une heure d'arrivée à La Gran'Terre à 13 h 30.

Vérification

Malgré les différences d'états des voies depuis la sortie Saint-Antoine jusqu'à La Gran'Terre par les routes d'aujourd'hui, l'itinéraire a été testé avec une Citroën Traction-avant dite Onze Légère de 1957. En partant de la Corderie à 13 h en août par les rues, le bout d'autoroute nord existant alors jusqu'à Saint-Antoine, puis les routes traversant le centre des villages, le compteur a totalisé exactement 115 km jusqu'à La Gran'Terre. La circulation étant fluide à cette heure, il a quand même fallu seize minutes pour les 4,5 km séparant la Corderie de l'entrée de l'autoroute nord de l'époque. Puis sans dépasser les 105 km/h sur le tronçon d'autoroute existant, puis 90 km/h sur les routes et prendre quelques risques pour ne pas casser la moyenne dans les tronçons à vitesse limitée et les quelques feux rouges qui n'existaient pas alors, mais en partie compensés par l'état des traversées, chaussées et virages qui sont de beaucoup meilleure qualité qu'à l'époque, il a fallu 2 h 04.

---

1 Seul un modèle spécial de juin 1950 utilisé par la préfecture de police de Paris ouvrant les cortèges officiels, sera muni de deux phares sur le toit, d'autres avec une calandre modifiée *à l'américaine* permettant d'y inclure une sirène.

2 Comme en atteste le *Guide Michelin* de 1952, le tout premier tronçon existait déjà, qui part des anciennes sucreries Saint-Louis jusqu'aux quartiers Nord de Marseille à Saint-Antoine. L'autoroute actuelle, pénétrant au cœur de Marseille jusqu'à la Porte d'Aix, date seulement de 1971.

On peut donc affirmer qu'il fallait alors bien plus que l'heure et quart qu'a prétendu mettre le commissaire, mais aussi pour la camionnette de l'identité judiciaire qui allait moins vite que la Traction des policiers.

Dans le rapport n°12-R de la gendarmerie, il est précisé que la camionnette de l'identité judiciaire est arrivée « *en même temps* » que la voiture des policiers. Dans son ouvrage, le commissaire Sébeille n'en dit mot, mais dans son propre PV[1], il dit que lui-même est arrivé « *quelques minutes après* ». Il a donc fallu que la camionnette quitte Marseille bien avant la voiture des policiers. Or, l'identité judiciaire était sur une autre affaire le matin, et la camionnette ne serait partie elle aussi de Marseille pas avant 12 h[2]. Or ce n'était pas une Traction avant, mais une vieille camionnette-fourgon. Bref...

Une arrivée aux alentours de 15 h est la plus probable[3]. Et c'est justement l'heure que donneront incidemment l'inspecteur Girolami et le sous-préfet Pierre Degrave. En effet, dans deux témoignages lors du supplément d'information, ils vendront la mèche sans même s'en rendre compte, et sans que personne ne pense à relever[4]. Et une phrase du juge Périès semble le confirmer[5]. Bien que le PV commence par préciser que la PJ est bien arrivée à 13 h 30, un peu plus loin, après avoir parlé de la levée des corps et des autopsies, le juge enchaîne : « *Entre-temps étaient arrivés sur les lieux, les commissaires Harzic et Sébeille et cinq inspecteurs.* » Et sur des photos de presse on voit le commissaire Sébeille présent lors de l'embarquement des corps, d'ailleurs sans précaution, sur un camion en plein soleil d'après-midi. Les ombres confirment bien qu'il était aux environ 15 h 30.

Quoi qu'il en soit, le juge a bien ordonné la levée des corps à 15 h. Mais elle ne sera pas effective avant 15 h 30. Ce qui a laissé à peine une demi-heure aux policiers et surtout à l'identité judiciaire pour voir et photographier les corps en place. Masquée, cette arrivée tardive laisse planer une première suspicion légitime sur certaines investigations. Car l'occultation de ce contretemps dans l'intervention de la police et de l'identité judiciaire pose deux questions d'ordre différent : l'une d'ordre technique, l'autre d'ordre déontologique.

Sur le plan de la déontologie, si l'heure d'arrivée n'était pas celle qui a été mentionnée aux PV de police, de gendarmerie et du juge, il s'agit d'une

1 PV n° 387 du commissaire Sébeille en date du 5/8/52 (cote D 6) où il précise que son supérieur Harzic est arrivé quelques instants après.

2 Et même « *14 h* », in *Chroniques judiciaires* - L'affaire de Lurs - Novembre 1954.

3 Comme vérifié en compagnie de Jean-Louis Vincent sur place un 5 août en comparant la hauteur des ombres avec celles sur les photos de presse de la levée des corps.

4 À propos d'un pantalon séchant dans la cour de La Gran'Terre l'après-midi du 5 août, l'inspecteur Girolami dira s'en être aperçu vers 15 h, alors qu'il venait *à peine* d'arriver (CR n° 399 en date du 24/8/55 du Tribunal de première instance de Casablanca, où Girolami avait été muté – cote C 155). Toujours à propos de pantalon, le sous-préfet le verra « *avant que la police n'arrive vers 15 h* » (PV n° 424/129 du commissaire Chenevier, en date du 20/1/56 – cote C 384).

5 PV de transport n° P-82/52 du juge Périès en date du 5/8/52 (cote D 2).

complaisance vis-à-vis du commissaire, consentie par la gendarmerie et couverte par les magistrats. Malheureusement, on sait que c'est chose possible, sinon courante[1]. Et personne, dont la défense, ne fera même une seule allusion à ce sujet. Il faut dire que ce genre de dénonciation publique était, plus encore à l'époque, contraire aux conventions tacites de bonne courtoisie. Qu'on imagine si le fait avait été avéré : il s'agirait de ce qu'on nomme une *forfaiture* en langage judiciaire et, comme son nom l'indique, d'une faute très grave qui mérite sanction pouvant aller jusqu'à la révocation, sans parler de l'annulation de tout ou partie de la procédure… et du scandale. Bien sûr, pas question ici de porter un jugement sur cette question.

En revanche, sur le seul plan technique qui nous intéresse, ce retard a pu permettre un doute supplémentaire sur le sérieux donc la validité de constats matériels tardifs et rapides, donc sommaires, de la police et de l'identité judiciaire.

3e PHASE : DE L'ARRIVÉE DE LA POLICE À LA LEVÉE DES CORPS

Quoi qu'il en ait été, lorsque le commissaire Sébeille arrive, il est accueilli fraîchement par le juge Périès : « *Vous voilà enfin !* ». De son côté, le commissaire avoue ingénument (oc p. 39) : « *J'aimais ces arrivées sur les lieux du crime. Les gendarmes… les magistrats… le maire… les voisins… les témoins… Tout ce monde suspendu à vos gestes… comme si, dans la minute, vous pouviez désigner le coupable* ». Mais là, il concède : « *C'était la foire* ». Et déjà on sent déjà sourdre le conflit des policiers avec les gendarmes et le capitaine Albert. Le commissaire Sébeille va d'ailleurs y faire référence. Mais il se défausse sur son patron le commissaire Harzic qui aurait vexé le capitaine. Lui-même dit pourtant (oc p. 25) qu'au bout d'un moment, certains PV de gendarmerie lui auraient « *échappé* », et qu'il « *ne savait plus qui les gendarmes avaient entendu* », etc. Euphémismes confirmés par le fait que son ouvrage ne dit pratiquement rien de l'immense travail des gendarmes, dont il ne tiendra pratiquement aucun compte, jusque dans ses rapports à sa hiérarchie, dans son exposé à la barre devant la Cour, et enfin dans son ouvrage.

Selon sa version, après avoir sommairement fait évacuer un périmètre de protection, le commissaire fait le tour des lieux et en exécute un relevé sommaire, jette un coup d'œil les corps en place, balaye d'un revers les empreintes de semelle, empoche le lambeau de chair qui disparaît définitivement, remarque la présence de Marcel Chaillan, ordonne la levée des corps, fait encore quelques investigations puis monte à Forcalquier pour

1 Peut-on rappeler, par exemple avéré, que, dans l'affaire de la Motte-du-Caire, les gendarmes avaient repoussé d'une heure un témoignage pour détruire l'alibi qui innocentait Roman présumé meurtrier violeur d'une fillette.

assister aux autopsies. Un PV dit qu'il n'y est monté que vers 17 h 30[1], après son travail sur place. Mais le rapport d'autopsie ne mentionnant pas sa venue, c'est qu'il a dû arriver en cours des opérations et en repartir avant la fin.

L'impact sur le parapet du pont et la balle écrasée

Le commissaire Sébeille prétendra (oc p. 49) avoir découvert peu après son arrivée : « *Un point d'impact, sur le parapet, du côté droit* ». Mais en fait c'est le capitaine Albert qui en fera la découverte, et dans la soirée du 7 août seulement, comme précisé dans son rapport 12-R. Le juge Carrias[2], pourtant censé connaître le dossier à fond, dira avoir tenu du juge Périès que c'était Gaston, lors de la reconstitution du 16 novembre 1953, qui aurait fait découvrir l'impact sur le parapet en montrant avoir tiré dans cette direction sur la petite Élizabeth en train de s'enfuir : « *En courant comme un lapin… pan, une balle dans le pont* ». Mais cette mention ne figure pas dans le PV de la reconstitution. Ce qui montre seulement le manque de rigueur du commissaire et des juges, mais pas des gendarmes.

Le commissaire Sébeille écrit ensuite (oc p. 93), sans dater l'évènement, qu'un radiesthésiste, qu'il ne nomme pas, aurait retrouvé par hasard la balle du parapet, en marchant dessus à une centaine de mètres du pont. Le dossier comporte à ce sujet un PV[3], une mention dans un inventaire, et un rapport d'expertise[4]. Le radiesthésiste Jean-Claude Coudouing, vient visiter les lieux le 1er septembre 1952 vers 15 h 15. Il trouve là un gendarme à qui il demande s'il peut chercher[5]. Et il part sur le terrain avec son pendule. Il revient à 16 h 10 avec une balle écrasée qu'il dit avoir trouvée à 100 m du pont, au bas du talus après l'éboulement sur la voie ferrée. C'est au cours d'une conférence de presse de ce même 1er septembre 1952, que le commissaire Constant annoncera : « *On a rapporté la balle qui avait frôlé Élizabeth* ». Sans dire qui l'a trouvée, ni où et quand. Déjà, comment le commissaire peut-il affirmer publiquement et de façon pour le moins prématurée, que cette balle a frôlé la fillette alors qu'aucune expertise ni analyse balistique n'a encore été menée ? Cette manière de procéder illustre parfaitement la façon dont l'enquête était dirigée sur des a priori que Me Pollak qualifiera bien d'« *ornières* ».

Le rapport d'expertise (cote D 95) écrit un peu vite que l'analyse a identifié cette balle comme ayant été tirée par la carabine US qu'on aura retrouvée dans la Durance. Car on verra plus loin que la configuration de cette balle rend quasi impossible qu'elle ait ricoché sur le parapet du pont comme le conclut

---

1 PV n° 79-R de la brigade de Forcalquier en date du 20/9/55 (cote C 177).

2 In *Dominici, de l'accident aux agents secrets*, oc p. 37.

3 PV n° 387/44 du commissaire Sébeille en date du 4/9/52 (cote D 62) où Coudouing est prénommé Jean. On trouve aussi Claude. En fait, il se prénommait bien Jean-Claude.

4 Rapport n° 18/2 du Pr Ollivier en date du 30/9/52 (cote D 95).

5 Accessoirement, on peut se demander ce que faisait là un gendarme ce jour-là où il n'y avait plus d'investigation en cours sur place et du fait qu'aucune garde ou permanence n'avait été mise en place sur les lieux.

l'analyse des gendarmes en date du 9/5/56 (cote C 437). Là encore, comme la trace d'impact sur le parapet et la trouvaille de la balle ont été largement diffusées dans la presse, Gaston pourra donc les insérer dans ses aveux et lors de la reconstitution, même si la chose n'a pas été notée.

La découverte de l'éclat de crosse

Cet épisode est encore significatif du flou méthodologique qui s'est installé dès les premières investigations. Selon les PV, la trouvaille serait intervenue au moment de la levée du corps, donc peu avant 15 h 30. La première mention de cet éclat se trouve dans un PV du juge, dans le PV récapitulatif n° 11-R des gendarmes contenant des photos à côté d'un décimètre, et dans le premier PV du commissaire Sébeille[1] : « *Le morceau retrouvé par Mr Gaston Dominici près de la tête de la fillette* ». C'est en effet la première version, répétée encore dans le PV du commissaire du 6 août[2]. Gaston prétend alors l'avoir trouvé dès le matin peu après 8 h, alors qu'il recouvrait le corps de la fillette avec une couverture comme on s'en souvient : « *À une trentaine de centimètres de la tête* ». Il ajoute l'avoir remis au gendarme Bouchier ou au brigadier-chef Romanet, seuls présents à cette heure. Mais ceux-ci diront ne pas s'en souvenir. Plus tard, en apprenant que les gendarmes contestent, Gaston donnera une autre version : c'était l'après-midi au moment de la levée du corps. Mais pas de chance, selon les fossoyeurs Simon Orsatti et Robert Eyroux, c'est leur collègue Figuière[3] qui a trouvé l'éclat[4] : « *À 10 cm environ de la tête de la jeune victime* ». Ils attestent que Gaston étant présent : « *L'éclat est passé de main en main* ». Gaston pourra alors changer encore en disant que quelqu'un le lui a fait passer et que c'est lui qui l'a finalement remis aux gendarmes[5]. Mais à nouveau, ceux-ci ne s'en souviennent pas[6].

La raison pour laquelle Gaston a prétendu avoir fait cette trouvaille a été retenue à charge à cause de ses versions successives. Le commissaire, suivi par l'accusation, voudra que Gaston ait inventé pour anticiper la découverte éventuelle de ses empreintes. Mais c'est strictement une induction que détruit la moindre analyse. En effet, s'il était le meurtrier et comme la découverte de l'éclat se passait avant la découverte de la carabine dans la Durance, de deux choses l'une :

---

1 Le juge écrit « *sous la tête* », le commissaire « *près de la nuque* ». Dans son ouvrage, le commissaire (oc p. 54) dit : « *à l'emplacement de la nuque de la petite* ». Chez le commissaire Chenevier (oc p. 14), il revient « *sous la nuque.* » On va trouver chez d'autres « *en contrebas de la tête* ou *sous la tête* ». En 1955, le capitaine Albert dira « *devant la figure* » (PV n° 1884/3-R en date du 23/12/55 - cote C 387).

2 PV n° 387/2 du commissaire Sébeille en date du 6/8/52 (cote D 9).

3 PV n° 387/148 du commissaire Sébeille du 30/1/53 (cote D 175).

4 PV n°383/149 du commissaire Sébeille en date du 30/1/53 (cote D 176).

5 PV du juge Périès en date du 30/12/53 (cote D 246).

6 Outre les trois fossoyeurs et Gaston, les PV notent également la présence de Léon Espariat maire de Forcalquier.

- Soit, Gaston ne pouvait pas savoir qu'un éclat de la carabine était resté dans les herbes. Et s'il l'avait trouvé le matin, il l'aurait sûrement empoché plutôt que de le remettre aux gendarmes.
- Soit le fait que les fossoyeurs témoignent qu'il a eu le morceau de bois en mains, détruit l'argument des empreintes.

Selon les deux termes de l'alternative, la raison pour laquelle Gaston s'implique dans cette trouvaille, et surtout en varie la version, peut s'expliquer ainsi : à ce moment, qui s'est sans aucun doute passé dans l'après-midi à la manière dont les fossoyeurs l'ont rapportée, Gaston a remarqué que l'évènement, comme tout le reste des investigations de cette journée, se déroulait dans une certaine confusion. Il pense alors que les protagonistes n'y ont pas trop fait attention. Comme à ce moment-là la carabine n'a pas encore été retrouvée, et qu'il sait que le morceau en fait partie, il se dit que, s'il s'en dit le découvreur et dès le matin, il passera pour avoir coopéré sur un point critique qui détournera d'éventuels soupçons. Et comme à ce moment-là il pense qu'on ne retrouvera pas la carabine, l'éclat aura perdu de son intérêt et ne présentera donc aucun danger.

La rouerie paysanne de Gaston n'allait peut-être pas aussi loin dans l'anticipation par une réflexion assez machiavélique. En revanche il montrera qu'il possède, sans besoin de machiavélisme, une faculté aiguë d'observation, et qu'il réagit à l'instinct associé à une très longue expérience pratique.

Un autre éclat de crosse ?

Un doute sera instauré chez certains auteurs par le commissaire Chenevier lui-même (oc p. 153) qui écrira « *deux éclats* »[1]. Sur les photos du dossier[2], ce qui sera pris par certains[3] comme un second éclat n'est en fait qu'un décimètre permettant d'apprécier la dimension de l'éclat, ou alors une autre photo du même éclat pris sous un autre angle. Dans le rapport du Pr Ollivier[4], une photo montre bien tous les bois de l'arme qui sera retrouvée en quatre morceaux : la crosse, les deux morceaux du fût et l'éclat retrouvé près de la tête de la fillette.

Mais plus énigmatique cette fois, demeure le témoignage spontané, mais très tardif, de l'un des fils Dominici, Marcel, qui n'est intervenu que de façon épisodique dans l'affaire. Lors du supplément d'information en 1955[5], il prétendra être venu sur les lieux en fin d'après-midi du 5 août, avec son beau-frère Gaston Estève. D'abord, tous deux disent avoir vu Chaillan, qui était effectivement là à cette heure et qui les connaît bien. Mais déjà ce dernier

---

1 Mais il est vrai que la photo HT de son ouvrage ne montre qu'un éclat, et le texte descriptif en légende n'en mentionne qu'un seul. Décidément.

2 PV cote D 2, déjà cité.

3 Notamment Alain Dominici.

4 Rapport n° 1812 du professeur Henri Ollivier en date du 30/9/52, p. 14 figure 3 (cote D 95).

5 PV n° 353/2 du commissaire Gillard en date du 2/8/55 (cote C 84).

dément formellement les avoir vus[1]. En fait, Marcel et Estève peuvent avoir appris la présence de Chaillan par n'importe qui, ce qui enlève toute valeur de preuve. Ensuite, Marcel prétend que, vers 18 h, il aurait trouvé dans la tâche de sang à l'emplacement où se trouvait de la tête de la fillette[2], un très petit éclat de bois de 4 à 5 cm par 1 cm d'épaisseur. Et, chasseur, il dit l'avoir identifié comme un morceau de crosse. Il l'aurait alors remis à un inspecteur de police. Estève confirme[3]. Mais, si tous deux reconnaissent et peuvent nommer les inspecteurs et le commissaire sur les photos qui leur sont présentées, ils ne se souviennent plus de celui auquel l'éclat aurait été remis. Et aucun des policiers ne se souvient l'avoir reçu[4]. Or, il se trouve que la carabine conservée au Musée de la gendarmerie montre sur le côté droit de la crosse au-dessus du pontet, une petite encoche qui pourrait correspondre à un petit éclat. C'est peut-être pour cette raison que le commissaire Chenevier parle de deux éclats dans ses ouvrages. Mais à l'examen plus approfondi, cette encoche ne semble pas résulter d'une brisure mais d'une usure par frottement ou d'un enfoncement. On en restera donc là, car ce détail apparaît sans incidence.

La levée des corps

Après l'intervention de l'identité judiciaire arrivée sur place vers 15 h, la levée aurait dû se faire avec certaines précautions. Les vêtements auraient dû être examinés sur les corps et analysés ensuite pour y déceler, dans le cas présent, la configuration des déchirures, d'éventuelles traces de poudre, les taches de sang, etc. Hélas, aucune de ces précautions n'a été prise ni décrite. Aucune protection n'avait été mise en place pour éviter d'éventuelles pollutions des corps par des éléments étrangers ou postérieurs aux meurtres ; les corps ont été tournés, retournés et soulevés avant même l'identité judiciaire, et apparemment, pas seulement par le docteur Dragon ; la levée par des cantonniers a été mené sans précautions particulières[5] ; personne ne s'est soucié de noter ce qu'il y avait sous les corps, l'importance sinon l'existence, des écoulements de sang sur le sol, etc. Aucun prélèvement ne sera effectué dans les divers écoulements ou taches de sang.

Autres investigations sommaires de la police

Après la levée des corps à 15 h 30, le commissaire va faire un tour à La Gran'Terre entendre les Dominici de façon informelle, à titre de témoins les plus proches du lieu du drame. Il écrira dans son ouvrage, qu'il avait déjà son

---

1 PV n° 79-R de la brigade de Forcalquier en date du 20/9/55 (cote C 177).

2 PV n° 80-R de la brigade de Forcalquier en date du 20/9/55 (cote C 178).

3 PV n° 353/3 du commissaire Gillard en date du 2/8/55 (cote C 85).

4 Lettre du juge Carrias au commissaire Harzic en date du 12/8/55 et réponse en date du 17/8/55 (toutes deux en cote C 151).

5 Sur les photos de presse, on voit le chargement des corps sans précautions sur la plateforme d'un camion en plein soleil d'après-midi.

idée, ayant tout de suite suspecté Gaston, et deviné que Gustave devait en savoir plus qu'il n'en avait dit. Mais il contredit là son rapport final[1]. D'ailleurs aux premiers jours, comme tout le monde, il penchait pour un crime de rôdeurs détrousseurs de touristes, les Dominici n'étant que d'honnêtes voisins du drame. On chuchotait qu'il pourrait s'agir d'un crime gratuit comme il y en avait eu dans les collines au cours des années 1920, ou encore récemment avec des touristes. Mais en ce premier jour, personne d'autre, et pas même le commissaire, quoi qu'il en ait dit plus tard, ne pensera à impliquer La Gran'Terre. La preuve ? L'affaire des pantalons.

La présence de deux pantalons mis à sécher

En cette après-midi, autour de La Gran'Terre, c'est donc la foire. Or, c'est à ce moment que le commissaire va laisser passer ce qui aurait pu devenir le commencement de ces preuves matérielles qui vont toujours lui manquer.

Car c'est seulement lors du supplément d'information, que le commissaire Chenevier va ramener au jour ces pantalons. Le 15 novembre 1953, le juge Périès avait déjà été amené, on ne sait comment, à parler d'un pantalon séchant en cette après-midi du 5 août à La Gran'Terre. La chose avait alors été évoquée dans la presse, puis avait disparu sans laisser de trace, comme tant d'autres. La découvrant, le commissaire Chenevier remonte à son origine[2] : l'inspecteur Girolami. Celui-ci ayant été, entre temps, affecté à Casablanca, fera une déposition écrite sur l'événement[3].

Ainsi, l'inspecteur avait-il remarqué, le 5 août peu après 15 h, un pantalon de velours côtelé assez usagé qui séchait sur un fil dans la cour sous la treille, devant la porte de Gaston et Marie. Contrairement à ce que dira le commissaire Sébeille, il était seul et non au milieu d'autres linges. Ce pantalon était encore mouillé. Girolami demande à Gustave à qui il appartient. Et celui-ci lui répond qu'il est sans doute à son père, car lui ne porte que des treillis bleus. Girolami demande à Gaston qui fait la lessive. Celui-ci lui répond que sa femme étant trop vieille pour ça, ce sont ses filles Clotilde ou Augusta. Et il précise même qu'elles rapportent le linge sec et repassé. Girolami en rend compte au commissaire Sébeille qui lui répond de s'occuper de choses plus urgentes. Ce dont le commissaire ne semble avoir gardé aucun souvenir. Il est vrai que, sur le moment, un pantalon séchant dans la cour d'une ferme pouvait, en effet, passer pour une chose tout à fait normale donc sans importance. La question restera donc au placard jusqu'à ce que le commissaire Chenevier s'y intéresse. Les filles Dominici lui confirment en effet qu'elles se chargent alternativement de la lessive de leurs parents. Elles emportent le linge chez

---

1 Rapport au commissaire Harzic en date du 25/1/54 (cote C 250), notamment p. 21 à 24.

2 PV du juge Carrias en date du 20/9/55 (cote C 169), puis PV n° 424/61 du commissaire Gillard en date du 21/10/55 (cote C 282), etc…

3 CR n° 3999 du Tribunal de première instance de Casablanca déjà cité. L'intégralité de la déposition de Girolami se trouve dans l'ouvrage du commissaire Chenevier pages 95 & 96.

elles et le rapportent repassé. Mais elles affirment n'avoir pas fait de lessive ces jours-là. Le commissaire entend alors le cadet des fils Dominici, Aimé, qui, habitant hors du département, n'est pas revenu sur les lieux depuis longtemps. Et ce dernier rapporte[1] que, lorsque les journaux ont parlé de ce pantalon, sa belle-sœur Yvette lui aurait confirmé qu'un pantalon de son beau-père séchait bien ce jour-là, mais qu'il avait été lavé plusieurs jours auparavant, et, bien sûr, qu'il n'avait pas été lavé à cause de taches de sang. On s'en doute, Yvette confirme. Mais ce témoignage, tout en attestant la présence du pantalon, donne une explication peu vraisemblable : un pantalon n'aurait pas attendu plusieurs jours pour être mis à sécher, et surtout aurait-il pu être encore *très mouillé*, plusieurs jours après lavage.

Le commissaire Chenevier (oc p. 98) exhumera alors un autre pantalon, selon un témoignage lui aussi enterré, celui du sous-préfet Degrave[2], alors en poste à Forcalquier. Ce dernier lui déclare que, ce 5 août : « *Il avait appris d'une personne qu'il ne connaissait pas, la présence d'un pantalon visible par l'entrebâillement des volets* ». Cette fois, il s'agissait d'un treillis bleu, étendu à la fenêtre de la chambre de Gustave[3]. Et le commissaire retrouve alors qu'Yvette, lors d'un interrogatoire du 3 septembre 1952 à Forcalquier, à qui le capitaine Albert avait posé la question, lui avait répondu avoir lavé un pantalon appartenant à son mari ce matin-là, en s'exclamant[4] : « *J'avais bien le droit de laver un pantalon à mon mari, avant d'aller à Oraison au marché* ». Hélas le capitaine en était resté là.

Me Charrier (oc p. 59), mais il n'est pas le seul, s'en étonne, hélas tardivement. Comment au premier jour, n'avoir pas eu le réflexe de saisir immédiatement tous les vêtements de La Gran'Terre aux fins d'analyses ? Bien sûr, le commissaire Sébeille dans son ouvrage (oc p. 290) va s'en défendre, mais de façon invraisemblable. Effet, il écrit que, s'il s'était avéré qu'un pantalon de velours appartenant à Gaston était taché de sang humain, ça n'aurait rien changé ! Et l'argument qu'il donne laisse pantois :

> « *Gaston Dominici devient le suspect n°1. Mais, pour moi il l'a toujours été. Est-ce pour cela qu'il aurait parlé davantage ? ... comme je le connaissais, sûrement pas.* »

Autrement dit, pour lui, ce n'est pas une preuve matérielle aussi formelle qui ferait preuve de culpabilité, mais bien seulement l'aveu. On ne saurait mieux dire comment fonctionnait la méthode Sébeille, et pourquoi elle a donné le résultat qui en est sorti. Encore une fois, ce n'est pas un jugement sur l'homme, mais l'effet d'une culture tenace de l'aveu. Au passage, il ne s'agissait pas du

---

1 PV n° 424/64 du commissaire Gillard en date du 21/10/55 (cote C 285).

2 Lettre du sous-préfet au capitaine Albert en date du 14/2/54 (cote C 38). PV n° 424/129 du commissaire Chenevier, en date du 20/1/56 (cote C 384) déjà cité.

3 PV n° 424/129 des commissaires Chenevier et Gillard en date du 20/1/56 (cote C 384), également chez le commissaire Chenevier, oc p. 98.

4 PV n° 424/125 du commissaire Chenevier en date du 20/1/56 (cote C 381), également oc p. 95.

seul pantalon de Gaston, comme il le dit, mais aussi de celui de Gustave dont il ne souffle mot. À sa décharge, le savait-il ?

Bien sûr, les Dominici ont par la suite nié la présence de ces pantalons, et avoir tenu les propos rapportés. Mais, s'agissant de l'inspecteur Girolami et du sous-préfet Degrave, confirmés par Aimé Dominici, puis par Yvette au capitaine Albert comme on va le voir, et de façon concordante, il est donc établi qu'il y a bien eu deux pantalons lavés et séchant ce jour-là à La Gran'Terre : un pantalon de velours appartenant à Gaston suspendu dans la cour, un autre en treillis bleu, appartenant à Gustave, suspendu entre les volets de la fenêtre de sa chambre. Il convient donc, non plus de discuter de leur présence, mais de savoir pourquoi ces pantalons ont été lavés ce jour-là dans l'urgence en dehors des lessives habituelles qui n'avaient jamais lieu à La Gran'Terre, au moins pour celles de Gaston et Marie.

Bien sûr ces lavages exceptionnels pourraient avoir été rendus nécessaire par des taches de sang, comme cela sera avancé. Jean-Charles Deniau et Madeleine Sultan (oc p. 72) imaginent même que lorsque le docteur Dragon est venu demander de l'eau, le lavage du pantalon de Gaston pouvait être en cours, ce qui selon eux, expliquerait son comportement. Mais un gros pantalon de velours aurait-il été lavé dans une cuvette ? Sans doute pas, mais à l'évier de pierre extérieur peut-être et avec l'aide de la cuvette pour l'eau.

Quoi qu'il en soit, de la présence de ces pantalons émerge une certitude, Gaston et Gustave ont au moins eu un rôle dans le drame. Mais comme on sait que les deux parents Drummond ont été tués par arme à feu donc à distance, il n'y a guère de possibilité que du sang ait pu tacher les deux pantalons. Mais comme l'autopsie va le dire, la petite Élizabeth étant allongée au sol et ayant été frappée principalement de deux coups de crosse à la tête, du sang a pu jaillir au premier coup et être projeté par le second pour atteindre le bas d'un pantalon. Mais les deux ? Car la frappe n'ayant pu concerner qu'un seul tueur, comment aurait-elle pu tacher deux pantalons ? Sauf si les coups avaient été portés successivement par Gaston et Gustave, ce qui cette fois apparaît plus que hautement improbable. Ou alors le sang proviendrait-il des transports des corps des parents ? Comme il est certain que le corps Lady Anne a été déplacé, son sang a pu tacher le pantalon de celui qui l'a fait, c'est-à-dire cette fois au moins celui de Gustave sinon de Clovis. Et peut-être encore en transportant le corps de Sir Jack de l'autre côté de la route.

Avant de chercher à conclure trop rapidement, il se trouve qu'il y a une autre hypothèse[1] pour tout dire plus vraisemblable située après le jet de la carabine qu'on va retrouver dans la Durance, et avant que Gaston ne parte avec ses chèvres. Aurait-il pu tenter avec Gustave, d'aller la rechercher dans l'eau en pleine nuit. En vain. Les pantalons auraient alors été mouillés par le

---

1 Elle semble avoir effleuré le commissaire Chenevier (oc p.144), qui pensera que Gustave aurait été tenté d'aller récupérer le fût flottant, mais empêché par la foule sur les lieux. Mais il n'ira pas plus loin.

pataugeage dans les eaux peu profondes jouxtant la berge de la Durance. Reste, bien sûr, une hypothèse médiane : l'un ou l'autre ou les deux pantalons auraient pu être tachés de sang et aussi mouillés dans la Durance. Lors d'une audience devant la Cour, Marie étant à la barre, Gaston lui lancera : « *Marie, dis-leur qu'il n'y avait pas de sang sur mon pantalon quand je suis rentré à la maison.* » Et Marie confirmera, bien sûr. Personne ne demandera à Gaston ce qu'il entendait par *quand je suis rentré à la maison.* Car, lors de son retour vers 8 h, n'est-il pas tout de suite reparti sur les lieux du drame, donc sans changer de pantalon. Et d'ailleurs, avec tout le va et vient, il aurait été difficile à Marie de laver un pantalon dans la matinée. Mais comme il était encore très mouillé malgré la canicule du jour et que Roure par exemple ne l'a pas mentionné séchant dans la cour au matin, c'est sans doute qu'il avait été laissé par Gaston avant son départ pour Giropey, lavé aux aurores mais pas mis à sécher avant l'après-midi.

En ce qui concerne le pantalon de Gustave, Yvette répondra au capitaine Albert lors de son interrogatoire à Forcalquier le 3 septembre 1952, qu'elle l'avait lavé avant son départ pour Oraison, même si par la suite elle niera catégoriquement avoir fait cette déclaration dont hélas, sauf erreur, il n'y a pas de PV au dossier. On verra aussi qu'elle se serait réjouie qu'on n'ait pas retrouvé ses chaussures, sans doute également mouillées ou pleines de boue.

Le commissaire monte à Forcalquier pour les autopsies

C'est après sa visite à La Gran'Terre, que le commissaire écrit être monté à Forcalquier vers 17 h pour assister aux autopsies (oc p. 50), laissant ses inspecteurs sur place avec mission de fouiner un peu partout aux alentours. Mais on l'a dit, le rapport d'autopsie ne mentionne pas sa présence. Et on sait que Chaillan, arrivé après 17 h 30, aurait été vu sur les lieux par le commissaire[1]. Quoi qu'il en soit, le commissaire s'est bien absenté un moment, et n'est revenu que vers 19 h. Il a donc pu monter assister aux autopsies, et il n'a pu arriver qu'après le début des opérations médico-légales, et il a dû en repartir avant la fin.

Nous détaillerons plus loin l'analyse de cette phase fondamentale des autopsies. En attendant et quoi qu'il en ait été, une bonne nouvelle attend le commissaire en redescendant de Forcalquier.

4e PHASE : DE LA DÉCOUVERTE DE L'ARME JUSQU'AU CRÉPUSCULE

La découverte de l'arme

Les inspecteurs Culioli et Ranchin ont fouillé les alentours en partant de l'endroit où gisait le corps de la fillette. Ils ont d'abord arpenté les rives.

---

1 Dans son rapport en date du 23/1/53 (cote D 168).

À cet endroit, le lit n'est pas facilement accessible, bordé par le talus très raide d'environ 7,50 m de haut. En tête, circule un sentier. Au pied, passe un bras secondaire de la Durance semi stagnant et peu profond. Le lit courant principal passe plus loin comme on le voit parfaitement sur la photo aérienne. Ayant eu la bonne idée de tomber le pantalon, les deux inspecteurs sont entrés dans l'eau peu profonde du bras mort. Là, à une vingtaine de mètres en aval du corps de la fillette, ils ont d'abord aperçu le morceau de crosse qui flottait dans une « *recule*[1] », endroit contre la berge « *où l'eau tourbillonnait* ». Elle se trouvait contre une charogne de mouton, au milieu de détritus divers. De là, ils ont logiquement remonté le lit, et à une trentaine de mètres, ils ont trouvé le reste de l'arme avec son canon qui gisait sur un fond de vase profond d'environ 75 cm.

Ce sont les deux morceaux d'une même carabine. L'heure de la découverte n'est pas donnée. Mais, si on en croit Yvette c'était vers 18 h, après son retour de chez son père, lorsqu'elle viendra avec Gustave sur les lieux : « *C'est à ce moment-là que les inspecteurs venaient de retirer l'arme de la rivière* ».

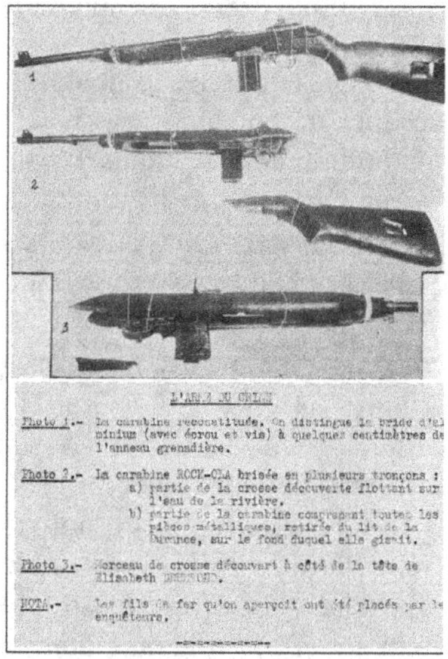
[illegible]

Photo 1.- La carabine reconstituée. On distingue la bride d'aluminium (avec écrou et vis) à quelques centimètres de l'anneau grenadière.

Photo 2.- La carabine ROCK-OLA brisée en plusieurs tronçons :
a) partie de la crosse découverte flottant sur l'eau de la rivière.
b) partie de la carabine comprenant toutes les pièces métalliques, retirée du lit de la Durance, sur le fond duquel elle gisait.

Photo 3.- Morceau de crosse découvert à côté de la tête de Elisabeth [illegible].

NOTA.- Les fils de fer qu'on aperçoit ont été placés par les enquêteurs.

Document gendarmerie. © BC A.D.04.

Sur la carabine, beaucoup de choses inexactes et même de franches bêtises ont été publiées. C'est une arme de guerre américaine nommée US-M1, n° 1.702.864, portant les initiales RMC, sigle de son fabricant, la *Rock-Ola Manufacturing Corporation*[2]. Elle est de calibre 7,62 mm, dit 30 en mesure anglo-saxonne[3].

---

1 Une *recule* est causée par un obstacle qui contrarie le flux et provoque un contre-courant tourbillonnant. PV n° 387/1 du commissaire Sébeille en date du 5/8/52 (cote D 7), et oc p. 53 & 54.

2 Fabricant de *juke-boxes*, qui a fabriqué des armes pendant la Seconde Guerre mondiale. Dans mon précédent ouvrage, j'ai eu ma part de bêtise en écrivant *Rock-Ola Music Corporation.* On a aussi cru qu'il s'agissait d'une abréviation de *Régiment de Marche Coloniale*, mais cette unité militaire n'existait déjà plus à l'époque, surtout associée à un uniforme de légionnaire retrouvé à quelques kilomètres de là. D'ailleurs, aucune unité militaire ne marque ses armes, ce serait renseigner l'ennemi et entraverait les transferts d'armes entre unités.

3 Le commissaire Chenevier écrit (oc p. 14) : « *arme de calibre de 8 millimètres environ* », ce qui ne fait pas très professionnel pour un Principal. Approximation qu'on retrouve dans un rapport interne de la gendarmerie.

C'est une arme semi-automatique munie d'un chargeur droit à quinze cartouches[1] qui est ici enclenché sur l'arme, mais vide.

Les enquêteurs ont conclu trop rapidement que la distance entre les deux morceaux signifiait qu'ils avaient été jetés séparément. C'est qu'ils n'ont pas tenu compte du fait que le bois de la crosse flottait, tandis que le canon avait coulé à pic. Ce dernier se trouve donc là où il est tombé, tandis que la crosse a dérivé jusqu'à la recule. Ce qui explique qu'elle se trouve très en aval, et ne veut donc pas dire que les deux morceaux ont été jetés séparément[2].

Les deux morceaux sont donc ceux d'une même arme en piètre état, sur laquelle ont été opérés plusieurs bricolages importants. Les gros morceaux s'assemblent, et l'éclat retrouvé près de la tête de la fillette s'y adapte parfaitement.

Mais deux pièces de bois manquent : la totalité de la partie supérieure formant garde-main au-dessus du canon, et la partie centrale de la pièce inférieure du fût[3]. Le canon est en partie lié au fût par un collier métallique qui sert aussi à maintenir assemblés les deux pièces de fût. À tort il a été dit que le pontet[4] manquait, remplacé par un arceau en câble de frein de vélo.

Or les photos montrent que la carabine était bien munie de son pontet. Le morceau de câble de frein de vélo, vissé sur le fût à l'endroit de l'anneau grenadière qui a disparu, et accroché au pontet, remplaçait la bretelle d'origine qui manquait également.

Il n'y a pas de cartouche mal percutée demeurée dans la chambre, ni de balle enrayée dans le canon, comme on peut le lire çà et là[5]. Enfin, le capitaine Albert a remarqué un autre défaut[6] : la *queue*, petit ergot métallique qui maintient l'arrière de la culasse vissé la crosse, est également cassée.

Ce qui, avec les autres manques et le mauvais état général, affaiblit encore l'assemblage de l'ensemble et rend même le tir dangereux pour le tireur.

1 Dans son rapport n° 1812 en date du 30/9/52 (cote D 95), le professeur Ollivier met « *16 cartouches* » dans le chargeur, ce qui ne fait pas plus professionnel pour un directeur de laboratoire de police judiciaire.

2 Jean-Louis Vincent (oc p. 40) propose que l'arme, en mauvais état, ait été jetée entière. Éprouvée par les frappes, le choc au contact de la surface de l'eau l'aurait brisée. Car il trouve illogique que l'assassin ait jeté canon et crosse séparément, sachant que celle-ci allait flotter. Mais l'éclat trouvé près de la tête de la fillette ne signifie-t-il pas que la rupture n'a pu avoir lieu que lors du dernier coup porté à terre ?

3 Le fût est une pièce de bois solidaire de la crosse, qui soutient le canon. Le garde-main recouvre le canon et empêche de se brûler lors de tirs rapides.

4 Le pontet sert à protéger la détente, improprement appelée gâchette. Strictement la gâchette est une pièce interne intermédiaire qui, libérée par la détente, vient à son tour libérer de marteau maintenu par un ressort, qui va frapper le percuteur.

5 C'est notamment le commissaire Harzic qui l'aurait déclaré aux journalistes présents après la reconstitution (in *Chroniques judiciaires* de novembre 1954). Aujourd'hui, la carabine est conservée au Musée de la gendarmerie. La chambre est vide, et aucune balle n'est enrayée dans le canon, ce que précisaient bien les PV et le rapport balistique.

6 PV n° 1884/3-R du capitaine Albert en date du 23/12/55 p. 34 (cote C 387).

L'emboîtage parfait de l'éclat trouvé près de la tête de la fillette prouve sans conteste possible, que c'est l'arme ayant servi à l'assommer. Le bricolage prouve, également sans discussion possible, que la carabine provient du milieu local. En effet, le collier trouvé sur la carabine étant d'un modèle bien particulier, servait habituellement à la fixation des plaques de vélo[1].

Précisons enfin que le séjour dans l'eau a effacé les empreintes, mais pas complètement les traces de graissage qui seront analysées, hélas beaucoup plus tard, et dont personne ne tiendra finalement le moindre compte. Et pourtant...

Une conclusion trop hâtive

Le 5 au soir, donc, la police est en possession d'une carabine US-M1, brisée en deux, dont le bricolage prouve l'origine locale. Le commissaire Sébeille, comme les gendarmes, conclut donc que cette carabine est l'arme du triple crime. Or, même si cela peut, a priori, sembler aller de soi, c'est aller beaucoup trop vite. En effet, s'il s'agit sans aucun doute possible de l'arme ayant servi à assommer la fillette, il reste à prouver que c'est aussi celle qui aurait servi aux meurtres de ses parents. Or cela sera définitivement admis par tout le monde, sans jamais aucune analyse de ce que notamment les autopsies permettaient de conclure dès le 17 août.

En se focalisant immédiatement sur la seule recherche du propriétaire de l'arme, le commissaire laissera de côté tous les autres indices, et perdra un temps précieux au cours des premiers jours, décisifs dans toute enquête. Les deux morceaux de la carabine rafistolée en main, le commissaire lance aux journalistes présents :

> « *L'arme est locale. Elle parle, elle accuse un habitant des environs de la ferme Dominici. L'assassin devait être seul. À court de balles, il a résolu d'achever la petite à coups de crosse.* »

Voilà son scénario proclamé publiquement dès le crépuscule, et il va s'y arc-bouter jusqu'au bout. Déjà comment affirmer que l'assassin était seul ? Ensuite, non seulement, le commissaire ne réussira pas à faire parler l'arme, mais il ne recherchera même pas ce qu'elle pouvait lui dire. Et quand le juge fera enfin analyser son graissage, personne n'entendra ce que cette analyse disait. Et par ailleurs, pourquoi ce qu'elle disait ne sera même pas utilisé par la défense ?

Cette découverte de l'arme apparaît comme le second événement imprévu qui va obliger chacun des Dominici à revoir sa stratégie. En effet, jusqu'alors, ils ont considéré que la carabine ne serait pas retrouvée. Et on verra quelles conséquences cette trouvaille va avoir en les obligeant à colmater cette énorme brèche, et avec quelles contorsions.

---

1 Ces plaques d'identification avec nom du propriétaire étaient alors obligatoires.

Les *gaffes* de Gaston

Vers 19 h 30, le commissaire retourne un instant faire un dernier tour sur les lieux du drame. Alors qu'il s'apprêtait à partir, Gaston lui aurait dit en désignant le mûrier[1] : « *La femme est tombée là, elle n'a pas souffert* ». Puis, devant la surprise du commissaire, il se serait repris : « *Je veux dire qu'avec ce qu'elle a reçu elle n'a pas dû souffrir* ».

Les tenants de la culpabilité de Gaston, retiennent qu'il n'a pu dire cela que s'il était le meurtrier. Or, meurtrier ou pas, Gaston savait depuis le matin qu'elle n'était pas tombée près de l'arbre, mais sans doute près de la voiture avant d'être déplacée. Ensuite, dire qu'elle n'avait pas dû souffrir ne faisait que répéter ce qu'avait dit le docteur Dragon devant lui.

Autre gaffe, le capitaine Albert[2] rapportera que, le 8 août, Gaston aurait dit au commandant Bernier en présence de Rebaudo : « *Quand on a tiré sur la petite…* ». Hélas interrompu par le gendarme surpris. Mais strictement, le *on* et l'absence de la fin de phrase ne permettent pas de déduire formellement ce qu'on a voulu y entendre. Car on verra qu'il est pratiquement impossible qu'*on* ait tiré sur elle courant pour fuir la tuerie. Au moment où Gaston l'a suggéré, c'était la version proclamée du commissaire sur les lieux dès ce 5 août, puis à sa suite rapportée dans la presse.

Dernière gaffe : Jacques Chapus rapportera au commissaire que Gaston lui aurait dit[3] : « *La petite a crié à partir du mûrier… Du moins je le suppose* ». À nouveau, quand Gaston est censé avoir dit ça, il sait depuis longtemps qu'un tir sur la fillette s'enfuyant en courant est la thèse publique du commissaire tout comme la conviction de Jacques Chapus d'ailleurs. Et Gaston qui connaît parfaitement les lieux, sait bien qu'une telle course vers le pont, n'aurait pu en aucune façon partir du mûrier puisqu'on voulait alors qu'elle ait jailli de l'arrière de la voiture.

Les tenants de la culpabilité des Gaston font le plus grand cas de ces trois déclarations intempestives. Ils prétendent y voir des aveux spontanés qui ne peuvent pas avoir été inventés, et résulteraient donc d'un vécu. Mais comme ils feront de Gaston un roublard machiavélique s'il en fût, passé maître es-manipulations, comment expliquer qu'il ait pu commettre de telles bourdes qui n'ont fait qu'attirer l'attention sur lui et sur sa chère Gran'Terre ? Car ces maladresses montrent au contraire que Gaston ne se contrôlait pas quand il s'agissait de faire le malin. D'ailleurs, il se comportera souvent comme une sorte de guide, avec les Marian notamment.

C'est à l'air effaré de ses interlocuteurs devant ses forfanteries, qu'il comprendra trop tard que ceux-ci y voyaient des aveux qu'il tentera de colmater avec cette même maladresse dont il fera preuve lors de ses aveux et

---

1 Commissaire Sébeille (oc p. 58).

2 PV n° 117/2-R en date du 1/5/55 p. 19 (cote C 38).

3 Edmond Sébeille (oc p. 194), confirmant son rapport n° 639 en date du 25/1/54 p. 21 (cote D 250).

de son procès. Et cela correspond bien à ce qu'on peut savoir de son caractère tel qu'il ressort clairement d'abord à de multiples occasions tout au long de l'enquête, et tel qu'il sera confirmé lors de son procès par son comportement et ses réponses. Roublard, certes, mais aimant surtout se faire valoir à la manière des Provençaux. Et à nouveau, d'un point de vue strictement objectif, cette manière de faire le malin ne s'est pas avérée témoigner de l'habileté machiavélique qu'on lui prêtera par ailleurs. En fait, aux moments où Gaston a lâché ces phrases au commissaire, aux gendarmes, puis à Jacques Chapus, il n'est pas encore dans le collimateur du commissaire. Et on peut augurer que, soit meurtrier, soit sachant sinon toute la vérité, il en sait au moins assez pour qu'il imagine que personne ne la trouvera. Et il le dira d'ailleurs à plusieurs reprises, notamment au commissaire lui-même.

La journée du 5 s'achève

Juste avant de quitter les lieux, les gendarmes ramènent une tenue de légionnaire trouvée dans un fourré. Mais la piste fera vite long feu[1]. Et le commissaire part s'établir à Peyruis avec ses adjoints.

Dans son ouvrage, il décide toujours aussi hâtivement (oc p. 57) : « *Les lieux du crime n'avaient plus rien à nous apprendre* ». C'est à nouveau dire dans quel désintérêt il tient les éléments et indices matériels que d'ailleurs il n'analysera jamais. Les corps enlevés, les objets sont ramassés en vrac sans faire de détail par on ne sait qui, et entreposés on ne sait où. La voiture sera conduite à Peyruis et laissée sans autre forme de procès chez un garagiste, sans scellés comme pièce à conviction. Plus tard, la voiture sera ramenée à Digne dans le garage du greffier Barras, sous la garde de sa femme[2]. N'est-ce pas un nouvel exemple du côté plus qu'artisanal dans le traitement technique de cette affaire. Finalement renvoyée en Angleterre bien avant le procès, elle sera restituée aux héritiers et vendue aux enchères à un cirque qui l'exposera avec des têtes en cire des victimes. Délicat autant que dérisoire.

Tout ce que le site et le positionnement des corps et objets pouvaient receler d'indices est donc abandonné, sans protection, après des investigations rapides, partielles et pour le moins superficielles, au milieu d'une foule de curieux, qui ne cessera ensuite de continuer à piétiner et souiller définitivement le site pendant des mois.

Aujourd'hui, on l'a dit, le site est en partie méconnaissable. La route a été élargie et reprofilée, faisant disparaître les plates-formes dont celles du lieu du bivouac et l'accès au champ d'oliviers. Le poteau électrique a disparu dont il ne subsiste que le socle. Reste la borne 32, bien sûr. Le mûrier aussi a disparu avec les chênes verts bordant le thalweg. Le puisard est introuvable. Si le chemin de pierre et le pont sur la voie ferrée sont toujours là, un nouveau talus

---

1 Le légionnaire déserteur a été retrouvé à Rome, avec un alibi loin de Lurs pour la soirée du 4 au 5. Nombreux PV.

2 PV du juge Périès en date du 22/11/52 (cote D 155).

domine désormais l'autoroute qui a repoussé le lit de la Durance d'une centaine de mètres. À la sortie du pont à gauche, une croix de fer marque toujours la mémoire de la petite Élizabeth[1], que des passants ornent encore de temps à autre de fleurs et de colifichets. Les champs abandonnés ont également changé de visage, comme la végétation qui s'est considérablement développée. La Gran'Terre a été modifiée. Lors de la démolition du hangar où on verra qu'aurait été entreposée la carabine, l'actuel propriétaire a trouvé quatre cartouches américaines, de même calibre 30, c'est-à-dire de 7,62 mm, du modèle le plus courant servant aux fusils et fusils mitrailleurs américains depuis 1906, en revanche inutilisables dans une carabine US contrairement à ce qu'on peut lire çà et là (cartouche **D** en photo p. 229). Elles étaient murées dans une brique creuse[2].

Ce soir du 5 août à La Gran'Terre

Selon DM 40 (p. 1269), sans citer de source, la nuit du 5 au 6 :

> « *Les membres du clan Dominici se réunirent derrière des portes closes, farouchement déterminés à serrer les rangs contre toute intrusion du monde extérieur.* »

Selon Jean-Paul Ollivier (oc p. 25), ce conseil de famille a eu lieu le lendemain 6, avec les huit enfants présents. Si une telle réunion eut bien lieu, réunissant même les enfants éloignés, ce n'aurait pu être que pour diffuser une information convenable et définir un minimum de position commune. Mais il faut dire qu'aucune pièce du dossier, même de façon annexe, ne suggère l'existence d'une telle réunion. Et, à voir comment les uns et autres vont agir, réagir, parler et se contredire, il apparaît improbable qu'une telle concertation familiale plénière ait jamais eu lieu, même seulement entre Gaston et Gustave avec Yvette. En revanche, une rumeur multiple et persistante parlera d'une autre réunion de membres du Parti local à La Gran'Terre.

Conclusion

Gabriel Doménech, oubliant les autopsies et même les maigres constats sommaires, écrit :

> « *Au soir de ce 5 août, la carabine rafistolée et les balles sont les seuls éléments sérieux dont disposent Sébeille et son équipe. Ils vont les exploiter à fond.* »

D'abord, c'est à nouveau donner une idée à la fois inexacte et singulièrement complaisante de la *méthode Sébeille*. Car, en dehors des *balles* qui sont en fait des douilles vides et des cartouches pleines, et outre ce qui a été laissé de côté des éléments et indices matériels sommairement relevés lors de cette journée, bien d'autres auraient pu être recherchés, recueillis et préservés puis exploités.

---

1 Rappelons que le corps ne gisait pas à cet endroit, mais quinze mètres de là, et plus bas sur le haut talus de berge qui n'existe plus.

2 Jean-Charles Deniau et Madeleine Sultan (oc p. 284 & 285).

Chacun des auteurs l'a noté avec au moins certain étonnement, notamment les commissaires Chenevier et Jean-Louis Vincent. Et dire que le commissaire Sébeille et son équipe ont exploité *à fond* ce que pouvait dire déjà l'arme puis les munitions, relève au moins d'une belle méconnaissance du dossier technique. En effet…

Déjà que « *disait* » vraiment la carabine US-M1 ?

Lorsque le commissaire Sébeille lance à la cantonade au soir du 5 août que *l'arme va parler*, pour lui c'était seulement clamer qu'il allait en trouver le propriétaire dans les jours suivants, par simple aveu ou dénonciation, comme cela lui était déjà arrivé lors d'une récente affaire à la Fare-les-Oliviers dans les Bouches-du-Rhône. Mais on sait bien que l'Histoire ne se répète jamais, tout au plus bafouille-t-elle quelquefois dans ce qu'on appelle des coïncidences qui mènent presque toujours à des culs-de-sac.

Ici, le bricolage de l'arme va beaucoup occuper sans résultat. Mais l'arme proprement dite sera d'abord muette[1], puis elle chuchotera, mais personne ne l'écoutera dans le brouhaha des dénégations et contradictions.

Comme avec les autopsies, à aucun moment, le commissaire Sébeille ne s'est réellement intéressé à ce que l'arme pouvait lui dire sur le plan technique. Bien que des expertises aient été diligentées, souvent tardives il est vrai, personne n'en tirera de conclusions. Ces expertises concerneront la carabine, les diverses munitions trouvées sur le bivouac[2], la balle retrouvée sur le ballast et le graissage de la carabine comparé à celui des autres armes saisies[3]. C'est montrer encore et encore combien la technique comptait peu alors. À aucun moment, on ne trouve la moindre analyse ou discussion intégrée non seulement dans les raisonnements du commissaire, mais pas plus dans ceux des autres policiers et des magistrats, de la défense, sauf chez les gendarmes. Parmi les auteurs, Jean-Charles Deniau et Madeleine Sultan puis Jean-Louis Vincent s'en préoccuperont. Mais sans approfondir, ils n'en tireront pas ce qui peut toujours l'être.

Quant à établir qui pouvait être le propriétaire de l'arme, puis comment elle a pu intervenir dans le drame, et sur la question de savoir si elle était la seule.

Accessoirement, puis-je dire que lors de mon service armé, en tant qu'officier parachutiste commando, j'ai été affectataire d'une carabine US. D'autre part, mon ami Georges Ricard en possède une en bonne et due forme, ce qui a permis de vérifier certains points examinés plus loin.

On sait que, parmi tous les fabricants, RMC en a fabriqué 228.500, soit 3,7% du total produit pendant la guerre. Le n° 1.702.864 se trouve inclus dans

---

1 Il faudra attente l'intermède du commissaire Constant (rapport en date du 03/05/53 p. 23 - cote D 178), qui tentera en vain une première vérification de l'affectation militaire de l'arme avec la marque et le numéro.

2 Dont la douille retrouvée en 1956, dont il sera question plus loin.

3 Expertises sous cotes D 95, 166, 274, 289 & 437.

l'année qui va de novembre 1942 à novembre 1943 englobant les numéros 1.662.520 à 1.762.513. Ce qui signifie, si le rythme mensuel de production était régulier, que la Rock-Ola du drame a été fabriquée dans un des lots de fin 1943.

Point qui n'a pu être formellement tranché : sauf exception, toutes les armes livrées à l'armée américaine doivent être poinçonnées *US Army property* ou *US property*, en vertu de la *Property and general regulation of the Signal Corps U.S. Army*, par *Ordinance property regulations* de 1909. Or la carabine retrouvée ne porte pas ce poinçon. Ce qui signifierait qu'elle n'a pas été livrée à l'armée américaine.

Quand l'arme sera montrée à l'adjudant Marcel Perrin maître armurier[1], celui-ci dira qu'elle est munie d'une hausse dont le modèle n'a jamais été livré en France avant 1945. Mais alors, si elle ne pouvait s'être trouvée dans les maquis avant la Libération, comment elle a-t-elle pu arriver là après la guerre, et en si mauvais état ? Comme on va voir que l'armurier Perrin va émettre un avis au moins discutable à propos des percussions des cartouches, peut-on se demander s'il était bien informé sur la question des hausses. Mais s'il avait raison, l'achat qu'on verra allégué, de la carabine par les Dominici en 1944 lors d'un arrêt d'un véhicule américain devant La Gran'Terre, n'est pas défendable (voir en annexe).

Dès 1943, l'*US Army* s'était aperçue que la crosse était fragile. Notamment, lors de tirs utilisant la grenade à fusil, elle se brisait à l'endroit du col par cisaillement dans le fil du bois, selon une configuration semblable à la fracture de la carabine retrouvée[2]. Or, outre cette fracture, on a vu que fût et garde-main étaient maintenus sur l'arme retrouvée par un bricolage avec un collier bien particulier.

L'affaire du collier

Un collier servait à fixer la plaque d'identité du propriétaire de vélo, obligatoire en France à l'époque. Immédiatement, on a pensé que ce collier local allait démasquer son bricoleur sinon le propriétaire du vélo. Une investigation approfondie va donc être menée pour retrouver celui qui avait vendu ce collier et à qui.

---

1 PV n° 387/73 en date du 29/9/52 (cote D 92), et 387/75 en date du 30/9/52 (cote D 91). Nota : sauf erreur, il manque au dossier d'archives le PV n°387/74.

2 Jean Huon (oc p. 73 et sq). Ce tir consiste à emmancher une grenade spéciale en tête du canon qui sera projetée par une cartouche sans balle bien sûr. Pour ce tir, la carabine est tenue verticalement par un tireur à genoux, la crosse appuyée au sol et calée contre le pied du tireur. Le poids de la grenade provoque un fort recul qui brisait la crosse par cisaillement. La crosse en bois fut remplacée par une crosse métallique qui se montra inconfortable à l'épaule, et branlante à l'usage.

Un dénommé Joseph Chauve, de Marseille, se présente spontanément. Le commissaire Constant[1] l'entend. Chauve dit faire les marchés où il vend ce type de collier, mais toujours avec une plaque dont il assure aussi la gravure. Il se dit seul dans la région à vendre ce modèle. Il pense que l'achat est récent à cause du manque d'oxydation. Il précise que la vis longue destinait plutôt ce collier à un vélomoteur[2]. Mais il ne se souvient pas en avoir vendu à un Dominici ou à un Maillet et quelques autres, dont on lui montre les photos. Le commissaire Constant va tenter d'exploiter cette première piste[3].

Roure et Maillet, sont les seuls proches des Dominici à posséder un vélomoteur. Le commissaire Constant interrogera surtout Maillet. Sans résultat. Et l'indice sera mis au placard. Pourtant, lorsque la ferme de Maillet sera perquisitionnée, ses vélos et son vélomoteur *Hirondelle* étaient dépourvus de plaques et de colliers. Et Maillet dira qu'il n'avait qu'une seule plaque pour tous, qu'il gardait dans son portefeuille, et qu'il l'avait perdue en 1944[4]. Curieusement, personne n'en doutera ni n'en tirera aucune conclusion ou conséquence.

Au contraire du commissaire Sébeille, le commissaire Constant passera au crible la carabine et remarquera diverses éraflures dans le bois, et notamment une petite encoche apparemment faite à la gouge. Il les montrera à deux de ses amis de Manosque, l'ébéniste Vernucci et le tonnelier Granier. Ceux-ci penseront que les traces d'éraflures pourraient provenir du frottement contre un cadre de bicyclette. Son assistant, l'inspecteur Sollacaro émettra alors l'hypothèse que la petite cuvette dans le bois du fût, pourrait avoir été creusée pour ménager un logement à la tête de manette d'un dérailleur. Interrogé, le vendeur de bicyclettes Garcin de Manosque répondra que, dans ce cas, la tête de ce dérailleur aurait dû être tordue et la manette rallongée. Toutes les longues recherches pour retrouver une bicyclette à longue manette de dérailleur tordue demeureront vaines. Le vendeur de cycles à Peyruis, Vayssières, viendra dire qu'il a également étudié la question[5]. Car c'est lui qui a rafistolé la carabine. Bien sûr, il dira au passage ne l'avoir jamais vue auparavant. Et, à nouveau, on en restera là, sans même penser à tester la configuration sur un vélomoteur, à commencer par celui de Maillet. Du moins n'y en a-t-il pas de trace.

Par ailleurs, les enquêteurs débusquent un dénommé Émile Nicolas, forain d'Avignon également vendeur et graveur de plaque sur les marchés de la région. S'il se souvient bien avoir vendu et gravé une plaque le 26 avril 1952

1 PV n° 387/49 du commissaire Constant en date du 10/9/52 (cote D 66) et 387/77 de l'inspecteur Ranchin en date du 30/9/52 (cote D 94). PV du juge Carrias en date du 03/7/55 (cote C 445). Jean-Louis Vincent (oc p. 169) a découvert que les plaques étaient alors fabriquées par la maison Farra à Lyon, tandis que les vis et écrous provenaient de la maison Moreau à Paris.

2 Rapport du commissaire Constant au date du 03/05/53 p. 13 (cote D 178).

3 Rapport cote D 178 déjà cité, p. 23 à 25.

4 PV n° 387/62 du commissaire Constant en date du 17/09/52 (cote D 79).

5 PV n° 424/86 du commissaire Gillard en date du 25/10/55 (cote C 316).

sur le marché d'Apt, devant le Bar Central[1], c'est à cause du nom de Dominici. Car il connaît un Dominici dans son coin des Corbières. Il précise qu'il « *fait les plaques* », mais ne vend pas les colliers de fixation. Rappelons que seul un collier a été retrouvé sur la carabine, et sans plaque. Gilbert Dominici, fils de Clovis, se souvient bien d'avoir acheté sa plaque à Apt pour 150 AF, mais ne se souvient pas de la date. Et il ne reconnaît pas le collier de la carabine[2]. Il ajoute que ses deux vélos possédaient déjà un collier. Et on en reste là.

Remarquons malgré tout que, bien qu'on ne puisse en tirer aucune conclusion, les seuls noms qui apparaîtront dans cette recherche à propos du collier de la carabine seront ceux de Clovis, par son fils, et de Maillet. Et que Maillet n'a pu montrer aucun collier ni plaque, perdus, qu'il dit avoir eus en commun pour ses vélos et vélomoteur.

Mis à part ce collier, on a vu que la carabine présentait d'autres bricolages relevant de son mauvais état général. Le frère de Maillet, Pierre, étant serrurier à Manosque, les enquêteurs s'y intéressent, car il aurait pu être le bricoleur de la carabine. Mais il sera mis hors de cause. Notamment, la mauvaise qualité des bricolages ne correspondait guère au savoir-faire d'un bon artisan.

Le fonctionnement

Les armes de guerre dites légères comprennent les pistolets, les pistolets mitrailleurs ou PM familièrement appelés mitraillettes, les carabines, les fusils et les fusils mitrailleurs. L'US-M1 n'est pas une mitraillette comme on a pu le lire çà et là. Car la mitraillette est une arme automatique qui tire par rafales.

Si l'US-M1 est qualifiée de carabine, c'est à cause de sa taille inférieure à celle d'un fusil de guerre comme le classique Garand américain par exemple. Les carabines et fusils tirent soit au coup par coup, soit sont semi-automatiques. L'US-M1 est une arme semi-automatique, c'est-à-dire qu'elle se réarme seule entre chaque tir, mais qu'elle ne peut pas tirer par rafale. Il faut donc appuyer sur la détente pour tirer après chaque réarmement qui est automatique. Elle dispose d'un chargeur avec un ressort qui comprime les cartouches. Pour le premier tir, il faut manœuvrer la culasse vers l'arrière pour faire monter la cartouche, puis la pousser dans la chambre et verrouiller. Après chaque tir, la douille vide est éjectée de façon automatique et le réapprovisionnement de la cartouche comme le réarmement du percuteur sont également automatiques.

La présence au sol de deux cartouches pleines, dont une cabossée, a immédiatement suggéré jusqu'à être retenu définitivement, que le tireur ne savait pas se servir d'une arme semi-automatique, et qu'il l'avait réarmée manuellement entre chaque tir, éjectant donc à chaque fois la cartouche pleine qui avait déjà été réengagée automatiquement dans la chambre. Et comme l'ont noté des témoins lors de la reconstitution, mais bien que cela ne soit pas

---

1 PV n° 487/32 du commissaire Sébeille en date du 22/8/52 (cote D 49).

2 PV n° 387/33 du commissaire Sébeille en du 24/8/52 (cote D 50).

mentionné au PV, on verra que Gaston réarmera entre chaque simulacre de tir, ce qui montre qu'il ne savait pas se servir de cette carabine, alors qu'on lui en a attribué la propriété et l'usage.

Mais avant d'en arriver-là, terminons avec l'arme en examinant ce que peut dire son entretien.

Le graissage

Plusieurs expertises ont été demandées au laboratoire scientifique de la police sur le graissage non seulement de la carabine, mais aussi par comparaison avec les autres armes saisies chez Gustave, Clovis, Roger Perrin, Aimé Perrin et Maillet. Mais non sur celles des Barth et Girard. Bien que celles-ci semblent hors de cause, lors du supplément d'information[1], Jean Girard, oncle d'Yvette, dira incidemment qu'il lubrifie ses armes à l'huile d'olive, donc comme on va le voir pour la carabine. Mais comme toujours aucune vérification comparative ne sera demandée.

On trouve chez les auteurs toutes sortes de versions différentes et inexactes sur les résultats de ces expertises, qu'il serait inutile et lassant de démentir. Voyons plutôt ce qu'en dit le dossier. D'abord, les méthodes d'analyse chimique n'étaient pas, à l'époque et de très loin, aussi performantes que de nos jours, hélas. Il fallait d'abord disposer d'une quantité minimale du lubrifiant. Or, la carabine avait séjourné dans l'eau. Mais heureusement le séjour avait été trop court pour dissoudre son lubrifiant. Déjà il faut noter qu'aucune des expertises ne signalera de la poussière amalgamée au lubrifiant. Or, tel aurait été le cas si la carabine était restée entreposée longtemps sans protection dans un hangar ouvert sur l'extérieur.

La première expertise en date de fin septembre 1952[2], traite entre autres des questions de graissage de la carabine, des fusils de Gustave et de Maillet, mais pas d'un vieux fusil Gras de Gaston mis hors de cause. Le résultat est formel, le lubrifiant de la carabine est très différent de celui des autres armes[3]. Notons que le commissaire n'en dira pas un mot dans son ouvrage, pas plus que dans ses PV d'interrogatoire ou ses rapports de synthèse.

En 1954, ballotté et lassé par tous les interrogatoires et confrontations sans résultat, le juge Périès pense enfin à tenter de faire parler certains indices matériels. Il va ainsi auditionner toute la famille sur les questions de chasse et d'armes. Sans résultat. Il va enfin faire saisir les armes de La Serre et chez Clovis, puis s'intéresser à la comparaison de leur graissage avec celui de la carabine et des armes saisies à La Gran'Terre. On ne peut que s'étonner d'un

---

1 PV n° 424/42 de l'inspecteur Leclerc en date du 19/10/55 (cote C 263).

2 Rapport n° 1812 du professeur Henri Ollivier en date du 30/9/52 (cote D 95), sur ordonnance du juge Périès en date du 5/9/52 (cote D 94).

3 Une autre expertise est demandée sur le graissage du fusil Springfield d'Aimé Perrin. Sa conclusion est formelle : le spectre de la carabine est très différent. Rapport n° 1897 du professeur Henri Ollivier en date du 4/12/52, sur ordonnance du juge Périès en date du 28/9/52 (tous deux sous la même cote D 166).

intérêt aussi tardif. Car les conclusions auraient pu être tirées dès août-septembre 1952 et auraient pu orienter tout autrement les investigations.
Donc tardivement, soit le 9 février 1954[1], sur commission rogatoire du juge, les gendarmes perquisitionnent chez Clovis et à La Serre et saisissent les armes. Le juge demande à l'expert Ollivier de faire l'expertise de leurs lubrifiants. Le rapport en date du 9 mars[2] va conclure,

- Que le lubrifiant des armes de La Serre ne peut être confondu avec celui des armes de Clovis et de la carabine :
- Que seul le lubrifiant des armes de Clovis est très proche de celui de la carabine ;
- Que celui de la carabine est très différent de celui des armes de La Gran'Terre.

Dans un rapport complémentaire du 27 mars[3], l'expert précise que l'analyse spectrographique du lubrifiant des armes de Clovis et de la carabine montre une composition faite d'huile végétale avec des traces d'huile ou de graisse minérale. Le juge décide enfin d'approfondir. Le 15 mars 1954[4], il se rend chez Clovis. Celui-ci précise qu'il lubrifie ses armes exclusivement avec de l'huile d'olive issue de sa propre récolte. Le PV du juge dit que les fusils saisis ont été huilés avec la récolte de 1953 mais que Clovis n'en a plus, et qu'il ne lui reste que de l'huile de la récolte 1954 dont le juge emporte un échantillon. Or, il y a erreur sur les années. En effet, la récolte se faisant en automne, celle de 1954 est encore à venir. Il faut donc décaler d'un an. Et la carabine, elle, n'a pu être lubrifiée qu'avec de l'huile de la récolte 1951[5] donc antérieure au drame. Bien sûr, Clovis nie farouchement adjoindre à son huile d'olive une quelconque dose d'huile ou de graisse minérale[6]. On comprend pourquoi : c'est la seule manière d'éviter la correspondance parfaite entre le graissage de ses fusils avec celui de la carabine. Mais il va se souvenir à propos qu'il a donné son fusil à réparer. L'armurier Donnadieu[7] dira qu'il est possible qu'il ait lubrifié le fusil avec une graisse minérale avant de la rendre. Mais l'alibi

1 PV n° 9 de la brigade de Forcalquier en date du 9/2/54 (cotes D 253 & 254), repris par Laborde, oc p. 318 & 319.
2 Rapport n° 2657 du professeur Ollivier en date du 9/3/54 (cote D 274).
3 Rapport n° 2721 du professeur Ollivier en date du 27/3/54 (cote D 289).
4 Ordonnance de transport et PV du 15/3/54 à 18 h (cote D 280).
5 L'huile utilisée avant début août 1952 ne peut provenir que de l'automne 1951 ou d'une année antérieure. Madeleine Jacob (oc p. 45) se trompe aussi sur les années. Quoi qu'il en soit, elle s'étonne qu'on ne considère même pas cet élément matériel comme « *une présomption… C'est d'ailleurs le mal de ce procès* », conclut-elle. Pierre Scize (oc p. 295 & 296), aurait entendu le professeur Ollivier dire qu'il est « *armurier, chimiste et physicien* », et il aurait dit à la barre des assises tout le contraire du dossier : la carabine serait graissée à l'identique du fusil de Gustave, et ce graissage serait différent de celui des armes de Clovis et des autres. C'est tout dire de la fiabilité des auteurs, si on n'accède pas aux originaux des PV et expertises.
6 Il niera encore lors du supplément d'information (PV n° 424/115 du commissaire Gillard en date du 19/1/56 – cote C 371).
7 PV n° 424/82 de l'inspecteur Leclerc en date du 24/10/55 (cote C 310).

ne tient pas puisque deux des fusils de Clovis[1] présentent le même mélange de lubrifiant, alors qu'un seul a été réparé assez récemment par Donnadieu. Ensuite, le juge se rend chez les Perrin à La Cassine. Roger Perrin dit graisser ses armes exclusivement avec de la graisse *Antoxyl*, dont le juge emporte un échantillon. Mais on ne trouve pas d'expertise comparée avec le graissage de Clovis.

Lors du supplément d'information, cette question de lubrifiant sera reprise. On pensera que Clovis a pu utiliser de la graisse de la SNCF[2]. Le chef de district à Peyruis, Maurice Chamfort ne peut se prononcer plus de trois ans après. Il donne deux échantillons de la graisse utilisée en 1955[3], mais on ne trouve pas de nouvelle expertise comparative.

Le 9 avril 1954[4], l'expert Ollivier confirmera encore son précédent diagnostic : seul le graissage des armes de Clovis présente une très forte similitude avec celui de la carabine. Il précise toutefois qu'il ne peut être absolument formel du fait de la différence d'année des huiles d'olive et à cause du séjour de la carabine dans l'eau. En revanche, tous les graissages des autres armes sont très nettement différents.

On doit alors se poser une question : pourquoi ces conclusions ont été ignorées ? En effet, même si les expertises n'ont pas été absolument formelles, la différence de graissage l'est, et montre que la carabine était au moins entretenue par le seul Clovis, en tous cas sûrement ni par Gaston, ni par Gustave. Il semblerait donc que le juge, pas plus que la Cour d'assises à sa suite, n'ait voulu introduire cette donnée qui ruinait le principal argument de l'accusation. Car elle aurait tout remis en question et jusqu'à introduire une implication de Clovis. Et, à nouveau, il apparaît que personne ne le voulait, pas même la défense qui ne se servira pas de ces expertises. Et de se poser une question subsidiaire : pourquoi Clovis jouissait-il d'une telle mansuétude sinon protection ?

Quoi qu'il en soit, il apparaît de façon proche de la certitude absolue que la carabine était donc, sinon la propriété de Clovis, du moins que c'est lui en assurait l'entretien tandis qu'elle était entreposée à La Serre endroit plus discret pour partir braconner, que son logement à Peyruis.

Les munitions

La munition standard (cartouche **F** en p. 229) est propre à la seule carabine l'US-M1. Ce qui veut d'abord dire que croire qu'un dysfonctionnement de l'arme pouvait provenir de cartouches légèrement différentes, montre une belle ignorance en la matière. Donc aucune autre cartouche ne peut même

1 « *Un Simplex et un fusil 6844.* » Le troisième est hors service.
2 Rapport du commissaire Chenevier, en cote C 401, p. 210.
3 PV n° 424/33 avec saisie de l'inspecteur Leclerc en date du 17/10/55 (cote C 254).
4 Rapport n° 2785 du professeur Ollivier en date du 9/4/54 (cote D 290).

entrer aussi peu que ce soit, ni dans le chargeur, ni dans la chambre d'une carabine l'US-M1.

Selon les marques, les balles standard pèsent de 7,14 à 8 gr. Elles sont éjectées aux environs de 600 m/s selon les poudres. La portée utile, c'est-à-dire précise, est de l'ordre de 200 m où la moitié de la vitesse est déjà perdue, mais la portée maximale et dangereuse, atteint 1.500 à 2.000 m[1].

Sept éléments ont donc été retrouvés :

- Deux cartouches pleines, dont une cabossée.
- Deux douilles vides.
- Un impact sur le parapet du pont.
- Une balle écrasée trouvée sur le ballast.
- Un impact sur un gros galet.
- Une douille vide trouvée en 1956 par les gendarmes.

Répétons que, contrairement à ce qu'a pu dire le commissaire Harzic, repris par certains auteurs, ni cartouche pleine ni douille vide ne se trouvait coincée dans la chambre de la carabine, ni balle enrayée dans le canon. Nous allons maintenant voir ce qu'elles disent.

Les cartouches pleines

Les deux cartouches pleines trouvées au sol, dont la WCC43[2] qui est cabossée, ont induit les enquêteurs à imaginer un incident du tir.

L'inspecteur Ranchin[3] va notamment montrer cette WCC43 au maître armurier Perrin. Et celui-ci va dire : « *La percussion a laissé une légère trace sur l'amorce* ». Mais comment a-t-il pu le constater alors que n'importe qui peut aller vérifier dans le dossier archivé, que sur les culots en excellentes photos très agrandies annexées au rapport original du Pr Ollivier[4], les amorces des deux cartouches pleines sont parfaitement vierges de tout pointage de percuteur aussi minime soit-il[5]. Et d'ailleurs le rapport Ollivier le précise.

---

1 En tant qu'arme de combat, la carabine US-M1 était une arme commando ou de défense très rapprochée, car ses caractéristiques balistiques sont médiocres. Si la vitesse initiale de la balle est assez élevée, la charge de poudre est relativement faible, donc la portée amoindrie notamment à cause du canon court, du réarmement automatique qui utilise une partie de l'énergie, et de la forme arrondie du nez de la balle.

2 Selon l'état en cote D 300.

3 PV en cotes D 91 & 92 déjà cités.

4 Rapport n° 1812 du professeur Ollivier en date du 30/9/52 (cote D 95).

5 Il a été écrit que la cartouche montrée lors de l'émission *Grands Reportage*, le 11 décembre 1993, était mal percutée. Cela signifie tout simplement que ce n'était pas la cartouche WCC43 trouvée sur le lieu du drame. En effet, si des cartouches n'avaient pas fonctionné, cela n'aurait pu être dû qu'à un défaut de l'amorce ou encore de la poudre. Car une *légère percussion* est une trace de percuteur trop faiblement actionné pour écraser suffisamment le cuivre et déclencher l'amorce. Une légère percussion ne pourrait pas provenir d'une cartouche défectueuse, mais d'un défaut du percuteur notamment par fatigue du ressort. Or rien de tel n'a été constaté sur la carabine. Il a été aussi dit qu'une cartouche qui fait *pschitt* peut faire fonctionner le réarmement automatique tout en éjectant la cartouche pleine mal percutée. Ce qui n'a aucun sens. Car l'éjection, donc le réarmement, n'est possible que si la

D'autre part, la douille de cette cartouche pleine, présente à mi-longueur deux défauts bien visibles et très caractéristiques :

- Un léger enfoncement de 5 mm de diamètre et de forme pentagonale.
- Une striure transversale profonde.

Selon l'armurier Perrin ces défauts seraient la preuve d'une fausse manœuvre d'approvisionnement. Or c'est en effet possible pour la striure, avec une fausse manœuvre manuelle de la culasse, ou alors à un incident de fonctionnement du réarmement automatique, ou encore bien sûr un accident extérieur sans rapport avec le maniement de l'arme. Mais pour la cuvette, c'est impossible et l'armurier Perrin lui-même l'écrit : « *On peut supposer que la cartouche était déformée avant d'être introduite dans l'arme.* ». En effet, car il est impossible qu'une cartouche déformée puisse être introduite dans l'arme à cause de la précision des dimensions du logement. Une telle déformation n'a donc pu être produite qu'hors de l'arme, et par frappe volontaire ou accidentelle avec un objet dur de forme similaire à celle de la cuvette. Et en plus de l'enfoncement, cette frappe a sûrement provoqué une légère déformation du diamètre de la douille par écrasement. Or cette seule déformation, même minime, aurait empêché la cartouche d'entrer dans la chambre. Il devient alors possible que ce soit ce blocage qui ait provoqué la striure. Pour dégager la cartouche n'ayant pu entrer dans la chambre lors du réapprovisionnement, il aura alors fallu actionner la culasse à la main et réarmer, toutes manœuvres hautement improbables dans le temps de la séquence des tirs.

L'armurier Perrin dit enfin qu'il a constaté des griffures sur les lèvres du culot indiquant que la cartouche a été agrippée par l'extracteur. Mais déjà, ces traces ne peuvent en aucune façon être consécutives à l'incident en question. En effet, une cartouche déformée ne pouvant entrer dans la chambre, les griffes des extracteurs n'ont donc pas eu à intervenir.

Il semblerait donc impossible que la cartouche pleine WCC43 ait fait partie des munitions graillées[1] dans le chargeur utilisé cette nuit-là. Mais en fait, il est tout à fait possible qu'elle ait été graillée en bon état, approvisionnée automatiquement, non tirée puis éjectée manuellement, et détériorée par la suite. Ce déroulement semble impossible. Et pourtant. Mais pour en juger, il faut attendre que tout un puzzle du déroulement des meurtres puisse s'assembler.

Sur l'autre cartouche pleine, l'amorce était tout aussi vierge du moindre pointage. Les lèvres de son culot montrant également des griffures, ceci veut

---

balle se détache de la douille. En effet c'est la force de réaction engendrée par le départ de la balle qui fait reculer la culasse et enclenche le processus de réarmement. Si, par malheur, la balle part mais reste enrayée dans le canon, la culasse a alors une bonne chance d'être violemment éjectée vers l'arrière. Dans ce cas le tireur risque d'être au moins grièvement blessé au visage, et brûlé par les gaz.

1 Mot d'usage militaire qui désigne l'action de faire entrer les cartouches avec le pouce dans un chargeur pour le garnir.

dire qu'elle a pu être approvisionnée, non percutée et éjectée. L'absence de trace de percuteur pose ici la question de savoir pourquoi le tireur n'a pas actionner la détente ?

Au final, ces deux cartouches non percutées et le cabossage de l'une d'elle, reviendront en fait à poser une même question que pour les douilles vides.

Les douilles vides

Le rapport analyse de l'expert Ollivier compare les culots des deux douilles vides retrouvés sur le bivouac avec la douille d'une cartouche-test tirée avec la carabine. Et il conclut que les étuis trouvés sur place ont bien été percutés par cette carabine. Mais déjà le rapport d'expertise ne dit pas en quel métal sont les deux amorces et s'il est le même que celui de la cartouche-test. Car il en existe qui sont faites de cuivre rouge, de cuivre jaune ou de laiton, donc de dureté différente. Et la forme et la profondeur de la trace du percuteur varient donc d'un métal à l'autre. Or, la conclusion se fonde principalement sur la profondeur et le léger décentrement des points de percussion. Mais, s'il est vrai qu'aucun percuteur n'est jamais parfaitement centré de la même façon du fait du jeu d'usure de la culasse combiné à celui du percuteur, la marge de décentrement est d'abord infime. Ensuite, il est impossible de dire de quel côté du culot le déplacement se situe par rapport au décentrement de l'arme.

Par ailleurs, le rapport compare aussi deux secteurs des culots de chacune des deux douilles avec ceux de la douille-test. Il y décèle des fantômes[1] similaires, mais il ne dit rien des autres secteurs.

Pratiquement toutes les percussions présentent un décentrement avec des variations trop faibles pour être probantes. Sans parler de mesurer la profondeur de percussion à l'époque, il n'est donc pas possible d'affirmer aujourd'hui de façon formelle que les douilles trouvées au sol ont bien été percutées par la carabine en question. Mais l'armurier de police consulté par Jean-Louis Vincent, a trouvé la corrélation parfaite, et rejette les arguments développés ici. Admettons donc.

Sur le terrain, on a vu que les cartouches pleines et les douilles vides, étaient disposées en deux paires, groupant chacune une cartouche pleine WCC et une douille vide LC. Certains auteurs, mais étonnamment pas les enquêteurs, ont justement noté qu'un tel regroupement apparaît pratiquement impossible par hasard. Car une telle disposition ne peut résulter d'un enchaînement de tirs et encore moins avec d'éventuels fausses manœuvres ou incidents de tir.

D'abord, les douilles vides sont éjectées automatiquement, tandis que les cartouches n'ayant pas fonctionné doivent être éjectées par manœuvre manuelle de la culasse. Or n'importe qui peut vérifier avec une carabine US, que l'éjection automatique projette la douille vide à environ 3 m en diagonale

---

1 Un fantôme est une trace sur la surface examinée : rayure, striure, poinçonnement, cuvette, bombement, etc…

vers l'arrière à droite, tandis qu'une éjection manuelle projette la cartouche pleine à moins d'un mètre, et droit sur le côté. L'enchaînement d'un tir suivi d'un réarmement manuel ne peut donc en aucun cas avoir projeté une douille vide à proximité de la cartouche pleine précédente ou suivante éjectée manuellement, encore moins côte à côte, en surtout de façon identique à deux reprises. De plus, le degré d'improbabilité augmente encore avec les marques différentes des cartouches qui sont appariées de façon identique dans les deux cas : une cartouche pleine de marque WCC, et une douille vide de marque LC. Pour obtenir un tel groupement, il faudrait non seulement que le chargeur ait été graillé avec deux lots de cartouches de provenances différentes en les alternant une à une. Ce qui n'est pas impossible, bien sûr, mais nécessite une nouvelle intervention du hasard, ce qui finit par faire beaucoup.

La probabilité de cette double proximité de hasard est donc proche de zéro. Ces groupements ne sont donc pas dus au hasard, et encore plus la distance qui sépare les deux groupements sur le terrain. Il s'en suit une conclusion immédiate qui aurait pu être tirée dès le matin du 5 août : ces cartouches et douilles ont été disposées volontairement par paires mixtes dans le but évident de brouiller toute investigation.

Enfin, avec un chargeur plein de 15 cartouches au départ, si on lui ôte les six coups tirés correspondant au nombre des impacts sur les corps, mais en omettant la douille trouvée en 1956 de l'autre côté de la route, il manquerait aux moins quatre douilles vides et cinq cartouches pleines.

Selon Jean Laborde (oc p. 293), Gustave aurait dit au juge Périès hors PV, avoir reçu une confidence de son beau-père Barth à qui Gaston aurait dit avoir ramassé quatre douilles. Interrogé, Barth[1] dira que c'est seulement un « *bruit* » qu'il a répété et dont il ne se rappelle plus l'auteur. Selon ce *bruit*, le compte exact des douilles vides y serait donc. Lors de ses aveux Gaston dira le chargeur plein, mais lors de la reconstitution, il dira qu'après un dernier tir sur la petite en fuite, le chargeur était vide. Ce qui signifierait déjà soit que le chargeur n'était pas plein, loin s'en faut, soit qu'il aurait éjecté huit cartouches pleines. Ce qui pourrait alors correspondre. Alors, pourquoi Gaston dira-t-il se souvenir avoir pris quelques cartouches supplémentaires dans sa poche, et qu'il les aurait perdues ?

En attendant, ces deux paires comme la disparition des autres munitions, sont de toute évidence l'un des éléments de la mise en scène comprenant le déplacement des corps, l'éparpillement des objets, la banquette coincée contre la jambe de Lady Anne, le coussin posé sur les sandales en travers du chemin, etc. C'est à nouveau Lucien Grimaud qui, dans *La Marseillaise* du 13 octobre 1952, émettra l'idée d'une « *suprême habileté* » de la part du meurtrier. Or peut-être n'est-ce pas là un avis sans arrière-pensée perdu dans le bla-bla

---

1 PV n° 442/13 du commissaire Sébeille en date du 22/12/53 (cote D 244).

ordinaire de la presse quotidienne[1]. En effet, si on a vu que Gustave, sans doute aidé de Clovis, est venu au matin modifier l'état des lieux et brouiller les pistes, parler de *suprême habileté* au sujet de Gustave laisse perplexe. Car pourquoi disposer au sol des munitions d'US-M1 en nombre insuffisant et n'ayant aucun rapport avec ce qu'il a pu se passer ?

Et c'est justement en posant cette question qu'on s'aperçoit de façon exemplaire combien un présupposé inconscient peut bloquer la recherche dans une impasse. En effet, nous venons de poser la question comme à l'époque, alors que nous connaissons aujourd'hui certaine suite que tous ignoraient. Car au matin, lors de la mise en scène brouillant l'état des lieux, la situation était toute différente.

À ce moment-là, la carabine ayant été jetée dans la Durance, on verra que Gustave était allé la rechercher en vain pendant la nuit avec Gaston (pantalons mouillés).

On peut donc penser que disposer des cartouches d'US-M1 sur le lieu du drame pouvait apparaître comme un moyen d'orienter la recherche vers une arme introuvable. Et en effet c'était alors habile, tout justement comme l'a écrit Grimaud.

Retour l'impact sur le parapet et la balle trouvée sur le ballast

C'est donc le 8 août seulement, que le capitaine Albert remarquera un éclat avec trace de cuivre sur l'arête supérieure, côté intérieur au nord-ouest, du parapet sud-ouest du pont pouvant, correspondre à un impact de balle.

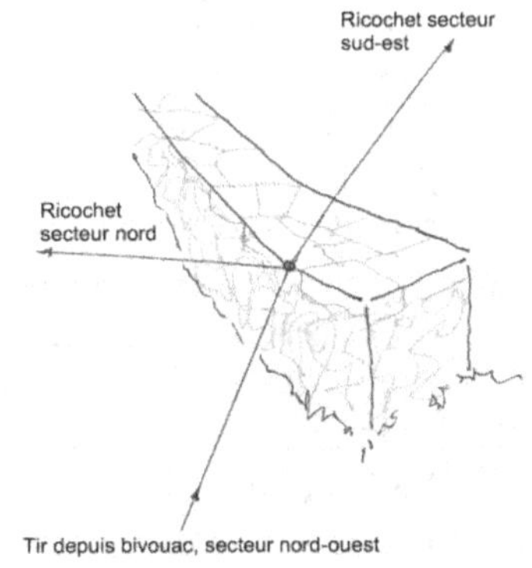

À quelques semaines de là, un radiesthésiste va trouver sur le ballast, à 100 m au-delà du pont vers le nord, une balle écrasée. Selon l'accusation, suivant une analyse balistique des trajectoires menée par les gendarmes, cette balle aurait donc été tirée depuis le bivouac en direction de la fillette s'enfuyant vers la Durance, en la blessant à l'oreille. Elle aurait ensuite percuté le parapet du pont et ricoché vers le nord en retombant sur le ballast de la voie ferrée. Or ce scénario est très hautement improbable d'un simple point de vue balistique élémentaire.

1 Rappelons que c'est Grimaud qui a débusqué les témoins de la charlottade, découvert le gendarme Marque, comme il introduira Me Charrier à La Gran'Terre, y accompagnera aussi Me Pollak, etc. Et c'est lui qui va orchestrer tout au long, la partition de la presse communiste locale dans sa couverture des Dominici. C'est là un simple constat factuel objectif, sans aucun procès d'intention idéologique, bien sûr.

En effet :

1 - L'éclat de pierre sur l'arête du parapet du pont, toujours bien visible aujourd'hui avec un reste de vert de gris, résulte sans aucun doute d'un impact de balle en cuivre. La hauteur du parapet étant de beaucoup inférieure à la hauteur de l'oreille de la fillette, le tir aurait donc dû venir de beaucoup plus haut. Et c'est justement la mise en corrélation faite par les gendarmes en tenant compte de la déclivité du terrain, graphique à l'appui. Mais l'éclat de pierre étant situé sur l'arête horizontale du parapet, une balle arrivant du bivouac, secteur N-O, aurait ricoché très loin vers le haut dans le secteur S-E. En effet, une balle ricochant sur une arête de pierre dure à une cinquantaine de mètres du tireur, aurait ricoché cinq à dix fois plus loin qu'une centaine de mètres. Et il est surtout impossible qu'elle ait ricoché en direction du secteur nord selon un angle fermé, de plus assez horizontalement pour aboutir sur la voie ferrée à une centaine de mètres seulement.

2 - La balle photographiée dans le rapport balistique n°1812 (cote D 95), montre une balle dont il ne reste que l'enveloppe de cuivre. Son nez rond est intact. Le corps cylindrique n'est pas déformé et le culot est ouvert en marguerite. Le plomb intérieur a disparu. Déjà, l'état intact du nez de la balle, exclut catégoriquement qu'elle ait pu percuter la pierre du parapet. Et les déformations ne montrent pas de dissymétrie.

3 - Le culot en marguerite et la disparition du plomb intérieur, signifient que la balle a basculé de 180° sur son axe de trajectoire initiale avant de percuter le pont. Une balle ayant traversé l'un des parents qui aurait ensuite éraflé la tête de la fillette, pourrait correspondre à ce basculement. Mais la marguerite signifie que la balle après avoir basculé sur son axe, a ensuite traversé un corps mou par le culot et non par le nez, et surtout pas un choc sur de la pierre. Sinon les déformations seraient tout autres, notamment dissymétriques.

4 - Admettons que les rayures sur la déchirure en marguerite, malgré tout difficiles à comparer à cause de leur état, correspondent à celles du canon de la carabine comme le dit l'expertise. Formellement, cela prouve seulement qu'elle a été tirée par cette carabine aux alentours. Mais elle ne peut pas être celle qui a percuté le parapet du pont.

Conclusions : la configuration du ricochet et l'état de la balle interdisent formellement de dire que la balle trouvée est celle qui a percuté le pont et ne peut correspondre au scénario d'un tir depuis le bivouac.

L'impact sur le galet et la douille vide trouvée en 1956

Cet impact sur un galet situé au-dessus de la route côté colline, provient sans aucun doute d'une balle. Mais rien ne dit que soit celle d'une carabine US et moins encore de celle qui a été retrouvée. De plus, étant donnée sa position sur le talus opposé au bivouac, on verra qu'il est exclu que cet impact ait pu correspondre à l'un des tirs sur les victimes. En effet, à cause du nombre et du rythme de ces tirs, l'éclat aurait dû résulter de l'une des balles ayant d'abord traversé l'une des victimes. Or la position du galet de l'autre côté de route, par rapport aux tirs probables sur les victimes qu'on va analyser, rend impossible cette éventualité. Il faut donc admettre, comme aussi pour la douille vide qui sera retrouvée en 1956, qu'il résulte d'un tir survenu à un autre moment, sans rapport avec le drame.

Découverte par hasard à l'emplacement où se trouvaient le corps de Sir Jack, à quelques dizaines de centimètres de ses reins[1], cette douille est également de marque LC mais avec le nombre 43, donc d'un lot différent des quatre autres munitions. Bien qu'oxydé, le métal n'est pas corrodé. La douille pourrait donc dater de l'époque du drame. Le rapport d'expertise dit que le culot porte les mêmes marques que celles des douilles trouvées sur le bivouac. L'affaire semble donc entendue. Les gendarmes se livrent alors à une analyse des positions possibles d'un tireur en fonction des corps des trois victimes. Disons tout de suite qu'ils privilégient le scénario d'un second tir sur Sir Jack après une première blessure près de la voiture.

Cette hypothèse voudrait donc que Sir Jack ait traversé la route après le premier tir, et qu'il soit tombé au sol là où on a retrouvé son corps. Son meurtrier l'aurait suivi et achevé d'un tir rapproché dans les lombaires. Mais l'éjection se faisant à environ 3 m vers l'arrière du tireur, il est impossible que l'étui éjecté ait pu se retrouver si près du corps. De plus, le sol de la zone a été fouillé en profondeur sur plusieurs m^2 afin de tenter de retrouver la balle qui n'aurait pas manqué de rester dans le sol sous le corps[2]. En vain. Ce qui confirme, d'une certaine façon l'improbabilité de l'hypothèse. De plus, quoi qu'il en soit, on verra qu'un tel tir exécuté par un tireur ayant dû passer de l'autre côté de la route, ne peut s'insérer dans le rythme des tirs, sans revenir sur la mare de sang près du puisard.

Même si on admet que les trois douilles proviennent bien de tirs avec la carabine qui a été retrouvée, rien ne permettait et ne le permet toujours pas, de conclure qu'elles l'ont été pendant cette nuit du 4 au 5 août.

Les autres armes saisies

Un certain nombre de carabines US seront trouvées ou apportées, qui seront toutes mises hors de cause.

À La Gran'Terre, on saisira un fusil Gras, arme de guerre déclassée dès avant 1914, appartenant à Gaston. Il a été transformé en arme de chasse pour cartouches de calibre 28 ou 32 (cartouches **A** et **B** en p. 229). Lors du supplément d'information[3], Aimé dira qu'il n'a jamais vu son père s'en servir.

---

1 PV n° 53 de la brigade de Saint-Etienne-les-Orgues en date du 28/4/56 (cote C 435) et PV n° 17-R de la même brigade en date du 7/5/56, réunis en seul document avec croquis et photos sur demande du procureur (cote C 437).

2 Ordonnance de transport et PV du juge Carrias en date du 11/5/56 (cote C 441).

3 PV n° 424/4 du commissaire Gillard en date du 12/10/55 (cote C 219).

En revanche, Gustave et Clovis diront que leur père conservait dans sa chambre une boîte de cartouches de Mauser[1] (**C** en p. 227), récupérée lors de la Libération, et qu'il s'en servait avec ce fusil Gras[2]. Curieusement, cette ineptie ne sera relevée par personne. Car ces cartouches sont parfaitement incompatibles avec le fusil Gras, surtout rechambré en arme de chasse, bien sûr. Sans parler de la validité du témoignage, cette ineptie jette un doute supplémentaire sur la compétence technique des policiers de l'époque en matière d'armement et confirme, d'une certaine façon, leur complet désintérêt pour ces éléments techniques. Selon Clovis[3], ces cartouches appartenaient à Gustave qui les avait récupérées en même temps qu'un fusil Mauser sur un convoi allemand tombé en embuscade près de Ganagobie en 1944. Or, comme on va le voir, ce fusil Mauser ayant été saisi en 1948 par les gendarmes, les cartouches ne pouvaient plus servir à aucune autre arme. Quoi qu'il en soit, Gaston ne se servait plus de son fusil Gras depuis qu'il avait cessé de chasser en 1947, dernière année où il avait pris son permis. Et tous diront qu'il avait également cessé de braconner. Mais sur ce point, pas de certitude, bien sûr. Chez Gustave les policiers saisiront seulement un fusil de chasse calibre 16 classique qui appartenait en fait à Gaston, et une carabine 9 mm, donnée par erreur dans plusieurs PV comme 5,5. Toujours le même amateurisme.

En 1948 donc, les gendarmes avaient arrêté un vagabond dénommé Sube originaire de Volx. Comme il était en possession d'un chargeur de PM Sten qu'il avait dit provenir d'un vol avec effraction à La Gran'Terre, les gendarmes la perquisitionnent impromptu. Deux PV en témoignent : l'un du commissaire Sébeille[4] où Gustave ne parle que d'un « *chargeur de mitraillette* », l'autre[5] lors du supplément d'information où Aimé, son frère, liste « *un Mauser, un PM Sten et un pistolet 6,35* ». On sait d'où provenait le Mauser. Le PM Sten aurait été ramené du maquis par Gustave qui le « *tenait dans sa cheminée* ». Le 6,35 appartenait à Aimé qui dit l'avoir acheté à un armurier d'Oraison, et qu'il gardait dans sa chambre[6]. Il apparaîtra cependant que Gustave détenait en outre une autre arme de guerre « *pour le sanglier* », qu'il aurait montrée au docteur Morin pendant l'été 1951.

Dès le 6 août, ce dernier va se présenter à la police de Nice[7]. Dans sa déposition, il ne parle que de son changement de lieu de bivouac sur invitation de Gustave. Il viendra ensuite[8] préciser son témoignage aux enquêteurs en y ajoutant qu'au moment de partir, il serait entré dans La Gran'Terre avec Gustave, mais il ne sait plus dire si c'est chez lui ou chez Gaston. Gustave lui

---

1 Fusil le plus courant de l'armée allemande de calibre 7,92.
2 PV n° 424/60 du commissaire Chenevier en date du 21/10/55 (cote C 281).
3 PV n° 424/51 du commissaire Chenevier en date du 21/10/55 (cote C 272).
4 PV n° 387/10 du commissaire Sébeille en date du 8/8/52 (cote D 18).
5 PV n° 424/2 de l'inspecteur Leclerc en date du 12/10/55 (cote C 217).
6 *Ibidem.*
7 PV n° 305 de l'inspecteur Renucci de Nice en date du 6/8/52 (annexé au suivant en cote C 40).
8 PV n° 387/109 de l'inspecteur Tardieu en date du 17/10/52 (cote C 40).

aurait alors montré deux fusils et une boîte de cartouches. Il ne sait pas dire non plus s'il s'agissait d'armes et de munitions de guerre ou de chasse. Il ne reconnaît pas la carabine US, l'arme que lui aurait montrée Gustave n'ayant pas son chargeur. Mais ce n'est pas déterminant dans la mesure où il pouvait avoir été ôté. Il précise seulement qu'une « *hausse* » avait été habilement réparée par Gustave, avec une pièce de « *duralumin* ». Et il s'est fait la réflexion que la réparation était bien adroite pour ses grosses mains paysannes. À ce stade de l'enquête, le témoignage du docteur Morin ne sera guère retenu. Et le supplément d'information y reviendra, sans résultat[1].

Notons que ni la hausse du fusil de chasse de Gustave, ni surtout celle de la carabine US qui a été retrouvée, ne comporte un bricolage, surtout avec une pièce de duralumin[2]. Ce qui signifie que l'arme vue par le docteur Morin en été 1951 n'était pas la carabine du drame mais une autre arme de guerre. Et retenons un point important : personne n'a jamais demandé à Gustave où était passé ce fusil vu par le docteur Morin, ni ne s'en souciera. Pourtant, le 12 mars 1954, le juge Périès se rendra avec son greffier dans le village de Lurs où il auditionnera un nommé Gaston Givaudan[3]. Celui-ci lui déclarera avoir vu Gustave le 19 août 1944 en début d'après-midi, monter devant La Gran'Terre dans un car chargé de FFI, avec un fusil « *genre Lebel* ». Bien sûr, il ne pouvait s'agir d'un Lebel, fusil de 1886 déclassé, qui ne ressemble en rien à une carabine US. De calibre 8 mm, ses cartouches étaient introuvables depuis belle lurette. En revanche, au vu des deux cartouches de 7,5 ou 7,62, trouvées lors de la démolition d'un hangar, il pourrait s'agir soit d'un MAS 36 français, soit d'un M1 Garand américain[4], dont les silhouettes sont plus proches du Lebel que d'une carabine US. Mais ni le juge ni personne ne pensera à faire le rapport avec le fusil vu par la docteur Morin chez Gustave.

Conclusion

L'arme et les munitions retrouvées, puis les expertises, ont révélé beaucoup plus que ce que les enquêteurs ont cherché à savoir, d'autant qu'ils auraient pu demander rapidement toutes sortes d'investigations complémentaires qu'hélas on ne peut plus réaliser aujourd'hui où aucune de ces munitions n'a été conservée. Seules demeurent des photos de culots des cartouches et de la

---

1 PV n° 305 du juge Carrias du 16/5/55, et PV n° 387/109 du commissaire Constant en date du 17/10/52 (tous trois sous cote C 40). Ce témoignage fera l'objet de nombreuses investigations ultérieures qui se trouvent sous les cotes D 127 puis C 221 puis 242 à 250, lors du supplément d'information.

2 Le maître armurier Perrin qui a examiné l'arme, (cotes D 91 & 92) ne dit rien d'un bricolage.

3 Ordonnance de transport et PV du 12/3/54 (cote D 277).

4 Le fusil MAS, fusil à 5 cartouches, a été adopté par l'armée française en 1936, ayant remplacé le Lebel fusil à un seul coup. Ce dernier n'a été déclassé qu'en 1960 mais n'équipait plus que la gendarmerie. Le M1 Garand, fusil à 8 cartouches, a été adopté par l'armée américaine en 1936. Ces deux armes équipaient donc ces deux armées pendant la Seconde Guerre mondiale.

balle qui ont été trouvées. La carabine se trouve au Musée de la gendarmerie à Melun. En postulant dès le premier jour que cette carabine était la seule arme ayant servi pour les trois meurtres, et qu'un seul tireur ne sachant pas s'en servir avait éjecté manuellement une cartouche après chaque tir, le commissaire Sébeille a largement participé au blocage de l'enquête et de l'instruction, obligeant la Cour à juger en méconnaissance de cause.

S'il est certain que les trois douilles, les deux cartouches et la balle, sont propres aux seules carabines US-M1, admettons qu'elles aient été tirées par celle qui a été retrouvée dans la Durance. Mais rien ne prouve formellement que ces munitions proviennent de tirs survenus pendant la nuit du drame. Sans doute, l'argumentation peut-elle à nouveau sembler spécieuse, mais retenons-nous d'affirmer trop tôt en oubliant tout ce qui a déjà été mis au jour, et en attendant ce qui va encore l'être. Il en ressort que le seul point incontestable demeure que la fillette a bien été achevée à coups de crosse avec cette carabine. Mais pour ses parents, comme pour sa blessure à l'oreille, la question doit encore demeurer ouverte, comme le scénario enchaîné des trois meurtres, sans surtout chercher déjà qui a fait quoi.

Retenons a minima que la carabine a été utilisé à proximité de La Gran'Terre, sans doute pour braconner. Et d'après le graissage, au moins Clovis était-il le dernier à entretenir cette arme, comme Gaston le lui lancera en audience en le traitant de braconnier, marque d'infamie plus grave ici que le massacre d'une famille.

Maintenant, avant d'entrer dans les méandres de l'enquête proprement dite qui a débuté le 6 août, voyons ce qu'on pouvait encore savoir dès le soir du 5, avec les autopsies, et au moins à partir du 17, date de la remise du rapport des légistes[1] que nous allons analyser en détail.

*

1 Rapport en date du 17/8/52 (cote D 37), des docteurs Girard et Nalin, en présence du juge Périès. La présence du commissaire n'est pas notée.

IX

LES AUTOPSIES ET LA BALISTIQUE

*

Voilà un chapitre de première importance sur deux sujets complètement laissés aux oubliettes par les policiers et magistrats, ou alors maltraités avec des a priori ou des analyses sommaires et incomplètes par les divers auteurs. C'est sans doute que l'analyse de ces autopsies et de ce qu'on peut en déduire, est nécessairement technique du point de vue anatomique, traumatologique et balistique, donc austère et difficile à exposer sans faire référence à un minimum de connaissances de base. Mais on ne peut décemment en asséner les conclusions qui contredisent celles des légistes et ce qui en a été retenu, sans les valider par l'exposé méthodique du cheminement qui y a conduit.

Pour ce travail, j'ai évidemment eu recours à l'expertise de spécialistes. En traumatologie, rappelons qu'Alain d'Orso était chirurgien, chef de service et surtout exceptionnel anatomiste, discipline qu'il a enseignée à la Faculté de médecine de Marseille. Traumatologue, il a eu à traiter de blessures par balle. Chasseur, il possède aussi une certaine connaissance des armes.

De même en armement et balistique[1], Georges Ricard, collectionneur émérite d'armes de guerre dont il possède une belle panoplie avec une grande documentation et une connaissance approfondie, est notamment détenteur d'une carabine US-M1. Ce qui a permis de procéder à quelques vérifications, notamment sur la puissance de pénétration de la balle à courte distance, et sur les configurations et trajectoires d'éjection des douilles.

Précisions préalables

Pour qui s'intéresse un peu à cette question de médecine légale, il apparaîtra immédiatement que la manière dont les légistes vont opérer, va là encore pêcher par légèreté. Certes on était en 1952 et dans ce coin de France profonde. La médecine en général et légale en particulier, était alors très loin de ce qu'elle est devenue aujourd'hui, et encore pas vraiment hors des grandes institutions. Comme on va le montrer, les particularités et conséquences des

1 J'ai également consulté un sous-officier armurier et balisticien de la police, qui n'a pas souhaité être nommé, mais qui a confirmé les expertises.

blessures ont échappé à tout le monde, y compris aux légistes eux-mêmes et jusqu'aux diagnostics d'autres modernes légistes consultés par Jean-Charles Deniau et Madeleine Sultan. Jean-Louis Vincent, qui connaît bien Alain d'Orso, n'a pas mentionné ses diagnostics.

C'est ainsi que les autopsies vont être pratiquées à l'hôpital de Forcalquier qui était alors un petit établissement comme on ne les imagine plus aujourd'hui. Et les docteurs Nalin et Girard, qui ont été commis avec la mission d'autopsie, n'étaient pas des légistes expérimentés. Ces honorables praticiens n'avaient pas de vraie expérience d'anatomie criminelle et surtout de balistique. Ainsi, leur intervention apparaît relativement sommaire, et n'a donc pas livré tout ce qu'elle aurait pu. On a vu que le docteur Girard a fait au moins une visite éclair au matin sur les lieux. Mais rappelons que son confrère Nalin n'y est pas venu, et qu'aucun des deux n'a consulté leur confrère Dragon.

D'abord avant que les victimes ne soient dénudées, les vêtements auraient dû être examinés, décrits et photographiés sur les corps pour y déceler d'éventuelles traces de poudre, la configuration des déchirures, celle des traces de sang, etc. Hélas, si cette opération a été menée, elle n'a pas laissé de traces. Et les vêtements ont tout simplement disparu sans autre forme de procès. Voilà donc un nouveau trou dans les investigations donc dans la possibilité de recueillir d'éventuels indices matériels.

Ensuite, chaque blessure aurait dû être photographiée. Sinon entièrement disséqués, les corps auraient au moins dû être complètement explorés. Et, bien entendu, le compte-rendu détaillé aurait dû être noté au fur et à mesure, avec les photos. Or les dissections ont été limitées accompagnées de trois mauvais croquis, sans aucune photo, sans parler de radio puisque l'une des balles est restée dans le corps de Lady Anne, selon l'avis même des légistes. Enfin le compte-rendu contient des imprécisions, contradictions et quelques erreurs majeures. Tous ces défauts sont regrettables, car ils ont induit des conclusions sommaires et erronées qui survivent toujours.

Par ailleurs, aucun prélèvement sanguin ne sera fait ni sur les lieux, ni sur les victimes. Et par voie de conséquence aucune comparaison des groupes sanguins (à l'époque pas encore question d'ADN). Enfin, aucune analyse ne sera pratiquée, notamment sur le contenu des estomacs et des viscères. Mais au moins aurait-il fallu dire pourquoi serait-ce apparu inutile ?

Enfin, les corps seront bien sûr autopsiés allongés, ce qui induira nombre d'erreurs et conclusions inexactes quant aux positions relatives des corps vivants et en mouvement, combinées aux trajectoires possibles des balles, donc par rapport au(x) tireur(s).

Le rapport d'autopsie ne sera rendu au juge que le 17 août, et sera classé sans qu'on n'en trouve au dossier ni ailleurs la moindre trace d'analyse. Il ne sera pas rendu public avant d'être en partie et très sommairement débattu devant la Cour d'assises. Ce qui signifie que le nombre comme la nature et les descriptions exactes des blessures étaient inconnus, notamment de Gaston au moment de ses aveux, puis lors de la reconstitution. Il pourra ainsi répéter ce qu'il a vu sur place, entendu dire ou lu dans la presse. Et le commissaire comme le juge et la Cour d'assises, ne relèveront pas les incohérences pourtant déterminantes.

Dans son ouvrage (oc p. 50 & 51), le commissaire Sébeille ne dit pas un mot du rapport d'autopsie, dont, de toute évidence, il n'a même pas pris réelle connaissance, puisqu'il écrit transcrire seulement ce que lui auraient dit les légistes au fur et à mesure qu'ils opéraient. En deux pages seulement, la transcription de cette conversation sommaire apparaît au moins largement inexacte comparée aux onze pages du rapport d'autopsies que nous allons transcrire intégralement.

Ainsi il écrira que le corps de Sir Jack aurait montré seulement trois plaies, une entrée dans le dos et deux sorties sur la poitrine. Il est vrai qu'à la page 52, le commissaire récapitulera « *deux coups de feu dans le dos* ». C'est donner une image de sa rigueur. Un dialogue se serait installé avec les légistes à propos de la blessure à la main, que le commissaire mettra « *à gauche* » (p. 46, 51 et 289) au lieu de droite. Ils auraient conclu qu'elle correspondait bien au lambeau resté sur le pare-chocs, ce qui n'apparaît pas dans le rapport des légistes. Le docteur Nalin ne viendra-t-il pas dire à la barre qu'il en ignorait l'existence même. Et cette blessure si caractéristique finira par être considérée par tout le monde, soit comme sans incidence sur le scénario du meurtre, soit même comme une « *mascarade* ». Et on sait que le commissaire le gardera par devers lui dans une boîte d'allumettes.

La conversation avec les légistes se serait poursuivie à propos du corps de Lady Anne qui aurait montré trois plaies au thorax dont deux par une seule balle, et une quatrième à l'épaule gauche, induisant que Lady Anne pouvait être « *accroupie ou allongée* ». Ce qui est plus qu'approximatif, comme on va le voir.

Pour la fillette, enfin, le commissaire se souvient que les coups auraient brisé les os temporaux. Et comme il n'est pas question des os temporaux mais exclusivement frontaux, c'est tout dire des conclusions qu'a pu en tirer le commissaire. Car il en déduira que les coups auraient pu être portés alors qu'elle était debout, mais qu'il serait plus vraisemblable que le premier ait été porté en position à genoux et le second couchée. Inutile de dire que tout cela ne correspond en rien à ce que dit et permet de dire le rapport d'autopsie, quand on le détaille.

Sans être inutilement désobligeant, on ne sait comment qualifier le manque de rigueur du commissaire, et pas seulement, pour des éléments et indices matériels aussi importants. Pas étonnant dès lors que l'enquête ait tant erré, et que l'accusation ait été aussi mal fondée.

Configurations des orifices provoqués par les balles[1]

Avant de décrire ceux qui affectent les corps des victimes, il faut rappeler que d'une façon générale, les tirs peuvent être portés à différentes distances[2] :

- *Bout touch*ant, quand le canon est contre la cible.
- *Bout portant* est moins précis, disons à moins de 50 cm.
- *Distance intermédiaire* peut aller jusqu'à 1,50 m selon les armes.
- *À distance,* au-delà.

Même à *distance intermédiaire*, des grains de poudre peuvent traverser les vêtements relativement légers comme ceux portés par Sir Jack et sa femme cette nuit-là, et donc marquer la peau.

Il faut aussi dire que les configurations des orifices, comme celles des trajectoires internes, dépendent d'abord en grande partie du calibre de la balle, mais pas seulement. Ils résultent aussi de sa forme, de sa vitesse, de l'angle d'attaque ; enfin des structures de peau, graisse, muscle, organe, cartilage ou os. Mais quoi qu'il en soit et d'une façon générale :

Les orifices d'entrée sont ronds ou ovalaires avec des bords francs ourlés d'une collerette plus ou moins visible, d'un diamètre généralement assez proche de celui de la balle, mais pas forcément. Notamment, dans certains tissus durs (paume de main, plante de pied) les orifices peuvent avoir un diamètre apparent très inférieur à celui de la balle. Inversement, dans certains tissus mous, avec des balles à faible vitesse, comme celles des armes de poing, les orifices peuvent être plus grands que le diamètre de la balle.

Les orifices de sortie peuvent éventuellement être ronds et nets comme ceux d'entrée, mais c'est très rare et correspond à des configurations balistiques, anatomiques et traumatologiques exceptionnelles qu'on ne trouve pas ici. Plus généralement ils sont toujours plus grands et surtout déchiquetés, plus ou moins selon que la balle a été déformée ou qu'elle a basculé sur son axe en traversant le corps, ce qui est par exemple le cas quand elle touche un os.

La mission d'autopsie ordonnée par le juge

Très exactement transcrite ci-après :

« *Commettons messieurs les docteurs Girard et Nallin, médecins légistes à Digne et Forcalquier, qui après avoir prêté devant nous le serment prescrit par la loi, procéderont aux opérations suivantes : procéder à l'autopsie des cadavres de Sir Jack Drummond, Lady Drummond, Elizabeth Drummond, actuellement entreposés à la morgue de l'Hôpital civil de Forcalquier, pour constater tous indices de crime et de délit :*

---

1 Notamment selon le classique J-M Di Maio - *Blessures par armes à feu* - Masson - Paris 1992, p. 43 à 51, puis 69 à 78.

2 Giono (oc p. 695) se plaint d'une longue digression à ce sujet aux assises.

1 - Quelle est la nature des coups que portent les cadavres ? Où est leur siège ?
2 - Quelle est leur cause ? (instruments piquants, tranchants, contondants, brûlures, armes à feu ? S'il s'agit de coups causés par armes à feu, préciser les distances auxquelles ils ont été tirés ?
3 - Existe-t-il des traces de résistance ou de lutte ?
4 - Les coups ont-ils été tirés par un seul individu ou par plusieurs ? Avant ou après la mort ? Préciser les circonstances ?
5 - Combien de temps avant la mort les victimes avaient-elles accompli certains actes physiologiques (repas – injection de liquide, etc) ?
6 - À quelle heure remonte la mort ?
7 - Rechercher si la jeune victime porte des traces de viol.
8 - Pour la jeune victime, préciser les lésions, comment ont-elles été produites (instruments tranchants ou contondants) ?

*

Le rapport d'autopsie (cote D 37) est transcrit ci-après *in extenso* et très exactement, en italiques et entre guillemets, avec ses coquilles, surlignés, parenthèses, points de suspension, etc, en y intercalant les commentaires, avis et analyses :

« *Les cadavres de Sir Drummond, Lady Drummond et d'Elizabeth Drummond reposent sur des brancards à la morgue de cet hôpital et sont recouverts de couvertures.*
Voici les constations que nous avons faites pour chacun de ces cadavres, en présence de Mr PÉRIES juge d'instruction. »

Notons à nouveau que le commissaire Sébeille n'est pas cité, alors qu'il prétendra y avoir assisté. En fait, il n'a sans doute été présent que partiellement. Et la suite montrera bien qu'autant les autopsies que la balistique ne l'intéressait pas, et pas plus que les autres éléments matériels. Pour lui l'aveu seul aura valeur de preuve contre tout.

« *AUTOPSIE DE SIR JACK DRUMMOND*

« *Le cadavre est celui d'un homme d'une soixantaine d'année, paraissant robuste et bien constitué. Taille 1,70 m. Il est entièrement dévêtu.* »

Notons à nouveau que ses vêtements ont disparu sans la moindre précaution, description et analyse de leur état.

« *... La putréfaction est à peine commencée, la rigidité cadavérique est complète. Les lèvres sont souillées de sang, un flot de sang liquide sort par la bouche.* »

« ***Les blessures***

On remarque sur le corps des traces de blessures par arme à feu qui ont les caractéristiques de plaies par balles de fort calibre (7 à 8 mm de diamètre environ).

Sur la face postérieure du tronc, on voit deux orifices de plaie par balle, l'un situé sur le côté droit du thorax, à six centimètres de l'apophyse épineuse de la septième vertèbre dorsale ; l'autre située sur le bord droit du rachis, entre les apophyses épineuses de la première et de la deuxième vertèbre lombaire.

Ces orifices, à bords nets, ont les caractéristiques des orifices d'entrée de balles de gros calibre ; elles sont ovalaires, leur grand axe est transversal et mesure 8 millimètres environ de longueur ; elles ne sont pas auréolées d'incrustation de poudre. Ces orifices constituent des orifices d'entrée de balles. »

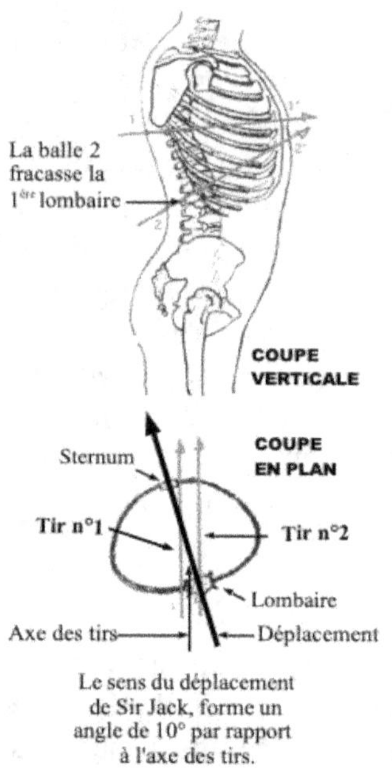

Copie exacte du très bon dessin fait par les gendarmes d'après le très mauvais croquis fait par les légistes.

Notons que les orifices sont ovalaires dans le sens horizontal ce qui signifie que les deux coups n'ont pas été portés droit face au dos, mais avec un angle latéral d'attaque, c'est-à-dire que le tireur ne se trouvait pas dans l'axe du corps de Sir Jack.

« *Sur la face antérieure du thorax se trouvent aussi deux orifices de plaie par balle, l'un situé immédiatement au-dessous du sixième cartilage costal droit ; l'autre, à deux travers de doigt au-dessous du mamelon droit. Ces deux plaies de la paroi antérieure du thorax sont larges (deux centimètres à trois centimètres et demi de diamètre), anfractueuses, à bords décolletés. Elles livrent passage à une abondante quantité de sang liquide dès qu'on déplace le corps. Elles représentent les orifices de sortie de projectiles.* »

Notons un fait important que personne n'a identifié : les deux trajectoires ont des angles ascendants, c'est-à-dire provenant de tirs portés de bas en haut, et on verra plus loin ce que cela signifie de très important et passé inaperçu.

« ***Ouverture du corps***

Il n'existe pas d'ecchymoses au niveau du cou.

Le plastron thoracique enlevé, nous remarquons que la partie antérieure de la septième côte droite est fracturée et qu'il en de même

de la partie antérieure de la quatrième côte droite. Ces fractures dont comminutives, c'est-à-dire à plusieurs fragments.
Le poumon droit baigne dans une abondante quantité de sang liquide (trois quarts de litre environ), le parenchyme noirâtre est affaissé. Son lobe supérieur est intact. Le lobe moyen est largement déchiré, on voit une grande plaie, à direction postéro-antérieure, située immédiatement au-dessous de la scissure inter-lobaire. La base du poumon adhère fortement à la coupole diaphragmatique.
Le poumon gauche paraît intact ; il est de coloration foncée ; il est affaissé. À la section son parenchyme est noirâtre ; les bronches ne laissent sourdre qu'une mucosité légèrement hémorragique. Le péricarde est normal, intact. Le cœur, vide de sang, est intact, ses valvules sont saines. »

Notons que ces constats à soixante-et-un ans contredisent la réforme en 1914 du jeune officier Jack Cecil Drummond pour malformation cardiaque.

« *Les gros vaisseaux, aorte, veines pulmonaires, artères pulmonaires, ne sont pas altérés. L'estomac renferme cent grammes environ d'une purée brunâtre correspondant à la fin de la digestion ; ce résidu n'a pas d'odeur alcoolique. Les intestins n'offrent pas d'altérations traumatiques ou pathologiques, ils sont fortement distendus par des gaz. L'appendice volumineux est sain. Le foie porte une plaie intéressant à la fois son lobe droit et son lobe moyen. Cette plaie, qui se dirige d'arrière en avant, traverse l'organe dans toute son épaisseur. Son orifice d'entrée siège sur le bord postérieur du foie ; d'abord ovalaire, de la dimension de la pointe de l'index, il va, en s'évasant en atteignant la face antérieure de l'organe où il donne l'impression d'avoir provoqué un véritable éclatement du parenchyme. Sur cette dernière face, la plaie hépatique mesure 6 cm environ de largeur. La quantité de sang répandue, tant au niveau de la blessure que dans la cavité abdominale, est minime par rapport à l'abondante hémorragie thoracique que nous avons signalée plus haut. La vessie est vide.* »

Notons que Sir Jack avait donc dû uriner peu avant sa mort.

« *Les reins et la rate sont normaux. Le corps de la première vertèbre lombaire est fracturé. Il n'existe pas de plaie de la face, ni du cuir chevelu ; les os du crâne sont intacts. Les membres supérieurs et inférieurs ne présentent pas de blessures à l'exception de la main droite.* »

« ***La blessure à la main droite***
Sur cette main, il existe trois plaies : l'une transversale, large et profonde, intéressant les parties molles (peau et muscles de l'éminence thénar), les deux autres sont contigües, transversales et siègent sur la face interne de la première phalange du médius et sur la face externe de la première phalange de l'annulaire. Ces trois plaies paraissent

avoir été provoquées par une balle qui aurait suivi le trajet base du pouce troisième espace inter-phalangien[1]. »

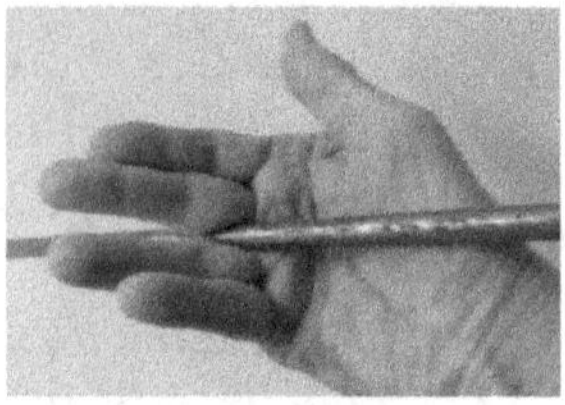

Notons d'abord que le légiste Girard a vu la main blessée au matin, et constaté la présence d'un lambeau sur le pare-chocs arrière. Et non seulement il n'en fait pas mention, mais il semble avoir oublié qu'il l'avait identifié comme provenant de l'éminence thénar. Le docteur Nallin viendra dire à la barre qu'il ignorait l'existence même du lambeau. Ce qui ne manque pas de poser question sur la raison pour laquelle le docteur Girard, hélas décédé entre temps, a omis de le dire à son confrère pendant l'autopsie, alors même que le juge et le commissaire étaient présents et le savaient, et qu'il n'en a pas été tenu compte dans le rapport final.

Important

Les légistes n'ont pas noté de traces de poudre ou de brûlure sur la main. Or l'accusation, sans se soucier de l'autopsie, ni du premier avis du docteur Girard *in situ* le matin, ni de ce qui sera précisé à la barre par le docteur Nallin, retiendra un coup tiré, alors que Sir Jack aurait saisi l'arme par le canon pour tenter d'en détourner la menace. Dans son ouvrage de 1970, le commissaire Sébeille abandonnera la blessure par balle pour revenir au pare-chocs. Mais il n'en tirera aucune remise en cause de son scénario. Devant les assises, il ne dira rien du lambeau qu'il écrira avoir gardé « *dans une boîte d'allumettes* ». On comprend ainsi combien ce lambeau a dû contrarier son scénario et la reconstitution. Le juge Périès le savait-il, ou tout cela était-il passé à la trappe dans le défaut général de méthode ? Quoi qu'il en ait été, le dossier d'accusation du juge cautionnera le scénario du commissaire. Ainsi, il sera retenu que cette blessure aurait été provoquée par une balle alors que Sir Jack avait saisi la carabine par le canon. À la barre le docteur Nallin précisera pourtant que, dans ce cas, la main aurait été déchiquetée. La tige métallique sur la photo représentant un trajet de balle ayant pu causer simultanément les trois plaies décrites, on se demande comment diable un lambeau du thénar aurait pu se retrouver sur le pare-chocs. Bien sûr, ce n'est pas impossible mais d'une nouvelle probabilité proche de zéro.

Alain d'Orso a proposé que Sir Jack aurait pu empoigner fût et canon ensemble à hauteur du collier, et que son meurtrier tirant la carabine en arrière d'un geste brusque, le collier aurait tranché le lambeau sans le détacher. Le lambeau d'aponévrose n'ayant pas été complètement arraché par le collier, l'aurait été dans un deuxième temps, lors d'un mouvement de Sir Jack trébuchant et s'appuyant sur le pare-chocs. Mais outre qu'on verra qu'un tel scénario en deux temps ne peut s'intégrer dans le rythme des tirs, il suffit

1 Dans mon précédent ouvrage une erreur avait affecté les positions de ces plaies, donc l'analyse et les conclusions.

d'empoigner un objet pour se rendre compte qu'il ne peut entrer en contact avec les deux zones inter-phalangiennes blessées, ce qui rend scénario peu probable.

Jean-Charles Deniau et Madeleine Sultan (oc p. 287), reproduisant l'avis d'un grand légiste, proposent un autre scénario en deux temps. Sir Jack, selon un réflexe normal après le premier coup dans le dos, aurait porté sa main en direction du thorax vers de la première plaie. Et c'est la seconde balle ressortie à quelques centimètres de la première, qui aurait provoqué l'ensemble des trois blessures. Mais le lambeau demeuré sur le pare-chocs les a visiblement gênés, puisqu'ils s'en sont débarrassés en le qualifiant d'invention et même de *mascarade*. De plus, il suffit de mimer le geste avec une tige représentant la trajectoire de la balle (comme sur la photo), pour constater que, pour blesser en même temps l'éminence thénar, il faut tordre le poignet pour aligner les trois plaies avec une balle sortant du thorax, selon une contorsion cette fois très peu probable.

Quoi qu'il en soit, la manière dont ce lambeau a d'abord été escamoté par le commissaire Sébeille, puis minimisé par l'instruction, les débats d'assises puis les auteurs, et même oublié par le supplément d'information, montre combien il a embarrassé tout le monde parce que contrariant le scénario retenu. Or il apparaît que c'est un des éléments matériels majeurs. Car on va voir que la mise en relation pendant les tirs, de la main droite avec le pare-chocs arrière côté gauche, induit que Sir Jack venait sans doute de la route en direction du bivouac par l'arrière de la voiture, et non le long de la voiture côté route comme retenu sans analyse par l'accusation. En attendant, poursuivons avec les légistes.

« ***Conclusion***

« *Sir Drummond a été blessé,*

1°- Au niveau du thorax, par un projectile d'arme à feu, en l'espèce une balle de gros calibre (7 à 8 millimètres de diamètre) qui a pénétré dans l'hémi thorax droit par sa face postérieure (au niveau de la septième vertèbre dorsale) et qui est sortie, en avant, dans la quatrième espace intercostal droit. Ce projectile a déterminé une large plaie du poumon et entraîné une abondante hémorragie.

2°- Au niveau de la partie supérieure des lombes par un projectile (une balle également de gros calibre) qui a pénétré dans le corps au niveau de la première lombaire et qui est sorti à la face antérieure du thorax, au niveau di sixième cartilage costal droit. Ce projectile, après avoir fracturé la première lombaire, a traversé le foie, d'arrière en avant, en provoquant une vaste plaie des lobes moyens.

Ces deux blessures étaient mortelles. »

Sans doute, mais à court terme par hémorragie, et non sur le coup d'aucun des deux tirs.

« *La victime était debout lorsqu'elle a été atteinte par la première balle ; elle devait se trouver debout légèrement inclinée en avant lorsqu'elle a reçu la deuxième balle.*
3° La mort peut remonter à une quinzaine d'heures environ. »

*

Fin de l'autopsie de Sir Jack. Notons que les légistes n'ont pas répondu en totalité à toutes les questions posées par leur mission. Et personne n'a relevé un certain nombre de points décisifs.

Le calibre et l'arme

La configuration similaire des deux orifices d'entrées, induit un même calibre de l'ordre de 8 mm. Il peut donc s'agir d'une balle de carabine US, certes, mais aussi de toutes celles des armes américaines de 7,62, des armes françaises de 7,5, ou même allemande de 7,92, ou encore russe.

D'autre part, Jean-Charles Deniau et Madeleine Sultan (oc p. 287) rapportent l'avis de leurs experts selon lesquels une balle de carabine US ne serait pas assez puissante pour briser une lombaire adulte. Mais, à une distance de quelques mètres tout au plus, la balle de carabine US possède une puissance tout à fait suffisante qui a été vérifiée[1].

Au vu des dégâts internes constatés comme des grandes dimensions des orifices de sortie, les experts de Jean-Charles Deniau et Madeleine Sultan (oc p. 285) suggèrent que Sir Jack n'aurait pas été tué avec la carabine US, mais avec une arme plus puissante du genre fusil américain de même calibre[2]. Ils se sentent confirmés par la découverte de cartouches américaines de fusil 7,62 cachées dans la maçonnerie du hangar, et trouvées lors de sa démolition par un nouveau propriétaire de La Gran'Terre. La balle en est pointue, plus lourde, la cartouche est plus longue donc plus chargée en poudre (photo en **D** p. 229). La question sera reposée avec l'analyse du témoignage du docteur Morin.

Les hémorragies et écoulements

N'ayant pas pris en compte l'état des lieux et des corps *in situ*, les légistes n'ont pas donné leur avis sur le fait que les blessures ont provoqué deux hémorragies bien distinctes.

Celle du poumon droit a pu demeurer interne à la cage thoracique, à cause de la position de Sir Jack retrouvé couché sur le côté. En revanche, l'hémorragie par le foie a pu s'écouler au dehors. Mais rappelons qu'aucune trace d'écoulement de sang n'a été notée à l'emplacement où le corps a été retrouvé. En revanche rappelons aussi la mare de sang attestée près du puisard,

---

1 N'importe quel possesseur de carabine US peut en faire l'expérience avec une vertèbre d'une taille similaire comme celle d'un veau par exemple.

2 Soit un US 17, soit plutôt un Garand. Rappelons que ce dernier, qui a équipé l'armée US pendant la Seconde Guerre mondiale, est une arme à huit coups.

même si elle n'a pas été bien notée sur les relevés. Par ailleurs, les gouttes et taches de sang sur la route, partant de la mare, montrent une configuration dont on va reparler. Il apparaît donc que le sang du puisard pourrait provenir de l'hémorragie du foie tandis que celle des poumons serait restée cantonnée dans la cage thoracique.

La fracture de la première lombaire

Les légistes n'ont pas identifié ce qui est apparu immédiatement à Alain d'Orso[1] comme un diagnostic formel : cette fracture rendait impossible toute coordination de mouvement des jambes, donc interdisait toute traversée de la route, a fortiori en ligne droite. La configuration des tirs sur Sir Jack rend quasi impossible l'hypothèse du second tir après traversée de la route là où s'est finalement retrouvé son corps. Avant Alain d'Orso, aucun des médecins ou légistes consultés n'avaient émis ce diagnostic pourtant élémentaire.

Les trajectoires des balles dans le corps

Les caractéristiques de ces trajectoires sont bien particulières tant en coupe verticale qu'en plan, caractéristiques qui n'ont pas attiré l'attention des légistes, donc de personne avant les conseils consultés par Jean-Charles Deniau et Madeleine Sultan, mais sans approfondir ni en tirer aucune conclusion pourtant majeure en l'occurrence.

A - En coupe verticale

On voit sur le croquis ci-dessous, que la plus haute des deux balles, la n°1, suit une trajectoire en légère pente positive d'environ 7° 30'. L'autre, la n°2, pénétrant au bas des reins, suit une trajectoire en forte pente positive d'environ 30° dans le corps, qui sera ramenée à une pente légèrement négative par l'impact du premier tir qui a courbé Sir Jack en avant.

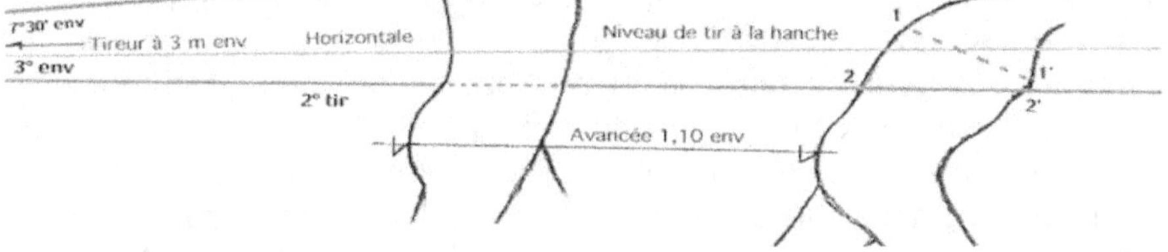

Trajectoires des balles par rapport à l'horizontale et aux positions du corps dans le cas d'enchaînement des tirs 1 puis 2, selon le descriptif des plaies par les légistes.

1 Le diagnostic de la lombaire interdisant la traversée de la route, a été repris depuis sa publication en 2007, mais sans préciser qu'Alain d'Orso est le premier à l'avoir porté.

Les légistes n'ont donc pas noté cette configuration capitale qui aurait dû amener à une conclusion décisive : les tirs n'ont pas pu être portés à l'épaulé, mais **à la hanche**. Et ce n'est pas un tir de chasseur, ni même de braconnier.

B - En plan

Vues en plan sur le croquis ci-contre, les deux trajectoires à travers le corps sont proches et situées dans des plans verticaux parallèles faisant un angle d'environ 10° vers la droite par rapport à l'axe du corps vu de dos. Ce qui signifie qu'elles sont très proches dans le temps. L'axe des tirs demeurant stable, Sir Jack arrive selon la trajectoire **AD** selon un angle de 10° par rapport à l'axe de l'arme. S'il n'avait pas été touché par le premier tir, il aurait continué selon le tracé en pointillé et le second tir aurait été décalé de **B** à **D** de 25 à 30 cm. Mais la force résultante **R** de l'impact n°1, a repoussé sa trajectoire en **RC**, réduisant le déport **BC** à 5 ou 6 cm.

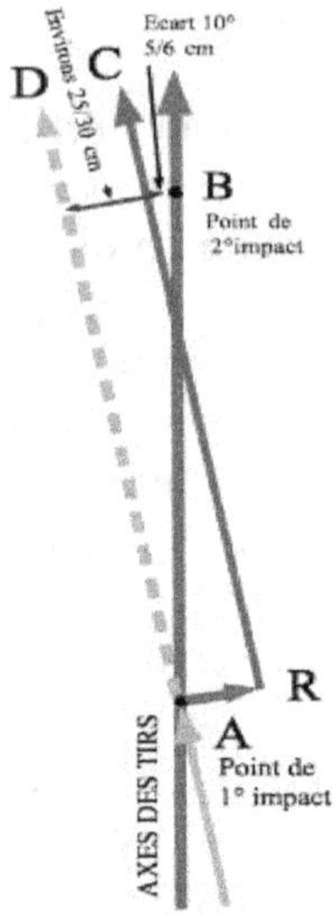

Hypothèse de scénario

Les caractéristiques des deux trajectoires permettent de déduire avec une bonne certitude un scénario balistique cohérent : elles correspondent à deux coups de feu rapprochés, tirés dans le dos de Sir Jack, tandis qu'il courait dans la même direction que les balles mais avec un angle de 10° entre la direction de son déplacement et celle des balles. De ces caractéristiques, il devient possible de déduire les positions relatives de Sir Jack et du tireur au moment des tirs, en corrélation avec deux questions :

- Où se trouvait le tireur par rapport à la voiture ?
- Où se trouvait Sir Jack avant le drame ?

Le parallélisme rapproché des deux trajectoires rend hautement probable que les deux tirs se soient succédés de peu dans des positions relatives très proches. Le tir qui a détruit la coordination du mouvement des jambes, étant forcément le second, il s'en suit donc que lors du tir n°1, Sir Jack devait courir debout, et qu'il a été courbé en avant par la force cinétique de ce premier impact. C'est sans doute juste après que d'instinct Sur Jack a porté sa main sur sa poitrine.

Immédiatement après en position courbée, le tir n°2 lui a brisé la lombaire en entrant, et en sortant a blessé son inter-phalangien. C'est en suivant qu'il a tenté de s'appuyer au pare-chocs en y laissant le lambeau de son thénar. Se redressant, il n'a pu que faire quelques pas erratiques jusqu'à venir s'effondrer en titubant près du puisard où il a perdu une partie de son sang par la blessure au foie, l'autre partie de la blessure au poumon, étant demeurée dans la cage thoracique.

Comme on l'a dit, les deux trajectoires sont impossibles à l'épaulé, n'importe qui peut mimer les tirs et s'en rendre compte.

Les tirs ont donc été portés à la hanche, c'est-à-dire avec la crosse de l'arme calée avec le coude au niveau de la taille. Un angle positif de tir n°1 de 7° 30' situerait le tireur à environ trois mètres derrière Sir Jack. D'autre part les deux trajectoires dans des plans rapprochés, signifient que la direction du déplacement Sir Jack et celle de l'arme, ont peu varié entre les deux tirs.

Le tireur et son arme sont donc restés en position, tandis que Sir Jack courait en légère diagonale devant son agresseur.

L'enchaînement des deux positions entre deux tirs rapprochés, ne permet à Sir Jack que deux ou trois pas au maximum dont un déporté du côté droit par le premier tir.

Selon la figure en page précédente, les plans des trajectoires parallèles, écartés de 10° et espacés de 5 à 6 cm, montrent comment l'impact du premier tir a déporté Sir Jack vers sa droite. L'espacement entre deux coups de feu, peut être estimé à environ une seconde. Sur sa lancée, Sir Jack a donc pu avancer entre un à deux mètres au maximum[1]. Sir Jack n'a donc pas pu courir droit devant son meurtrier et le long de la voiture côté route comme le dira Gaston dans ses aveux et lors de la reconstitution. Sir Jack a nécessairement dû arriver de derrière le tireur qui se trouvait sur la route vers l'arrière de la voiture, en passant à sa droite. Ce qui signifie que Sir Jack ne se trouvait pas debout sur le bivouac ou couché, mais de l'autre côté de la route, peut-être était-il allé uriner puisque sa vessie était vide et qu'il était chaussé. D'où on peut déduire :

1 - Sir Jack n'a pas pu se trouver face à son agresseur au moment du premier tir comme le retiendra l'accusation.
2 - La direction du déplacement de Sir Jack, le rythme rapide des tris, leurs plans rapprochés, et le lambeau de chair sur le pare-chocs, induisent que le tireur devait se trouver sur la route.
3 - Les blessures dans l'inter-phalangien n'ont pas été provoquées par le pare-chocs, mais par le second tir dans un mouvement réflexe de la main amenée vers la poitrine après le premier tir.
4 - La mise en corrélation du lambeau d'aponévrose sur la gauche de la voiture avec sa main droite, induit que Sir Jack n'a pu se blesser qu'en se dirigeant vers le bivouac par l'arrière de la voiture, et qu'il s'est, après le second tir, appuyé de sa main déjà blessée au pare-chocs, arrachant un lambeau de l'éminence thénar qui reste sur le pare-chocs.

---

1 Pour un poids de Sir Jack 80 kg et une vitesse de 2,5 m/s, le diagramme et les calculs ont été faits avec deux groupes de données : US-M1 avec poids de balle de 7,2 g et vitesse 600 m/s ; fusil Garand avec poids de balle 7,8 gr et vitesse 750 m/s. En fait, les résultats quantitatifs ne diffèrent pas de façon significative. Dans mon précédent ouvrage, une erreur de dessin montre une configuration inexacte des impacts en plan. Mais le principe du déport sous l'impact demeure.

5 - Dans ce scénario (figure en page suivante), l'éclat sur le parapet du pont se trouve aligné dans le secteur d'angle des tirs, comme l'ont bien analysé les gendarmes. Mais l'état de la balle retrouvée et la trajectoire de son ricochet, ne peuvent pas être ceux d'une balle qui aurait frappé le parapet de pierre. D'où une conclusion : l'éclat peut-être, la balle sûrement pas.

À titre d'exemple sur les conséquences d'un défaut de méthode : Jean-Charles Deniau et Madeleine Sultan (oc p. 287) rapportent avoir consulté un grand médecin légiste et un grand balisticien. Croyant ménager leur liberté de diagnostic, ils disent leur avoir communiqué le seul rapport d'autopsie. Or ce faisant, en omettant notamment les traces de sang et le lambeau de chair qu'ils ont carrément traité de *mascarade,* ils ont au contraire réduit la pertinence des diagnostics et des conclusions. Notons au passage que leurs experts n'ont pas diagnostiqué l'effet de la fracture d'une lombaire. Il s'ensuit que leur proposition de scénario est plus qu'invraisemblable.

Le scénario serait donc le suivant, Sir Jack étant debout et hors du bivouac, sans doute parti uriner de l'autre côté de la route, selon le croquis ci-contre, au moment de l'attaque, il revient en courant vers le bivouac. Il double par sa droite l'homme armé, posté sur la route à l'arrière de la voiture. Celui-ci fait feu à la hanche. Cette première balle atteint Sir Jack dans le dos sous l'omoplate. Par effet cinétique combiné de l'impact et de l'élan, il est projeté en avant tout étant déporté d'un pas vers sa droite.

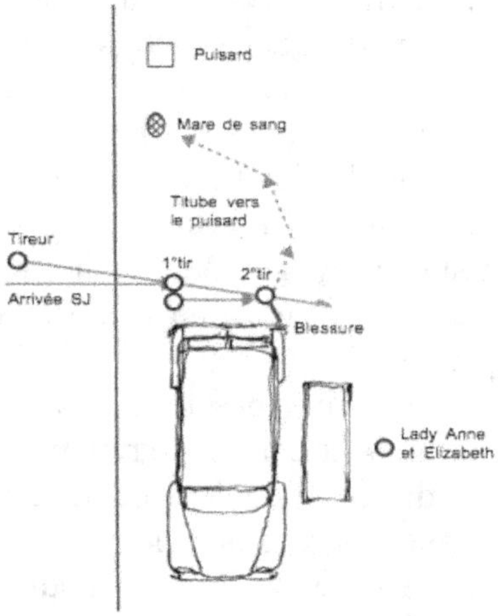

Pendant ce même temps, Sir Jack a rabattu sa main droite vers la plaie de sa poitrine. Le tireur fait à nouveau feu, lui fracassant une lombaire. En ressortant, la balle blesse la main droite dans l'espace l'inter-phalangien.

En même temps, Sir Jack qui essaye de se rattraper au pare-chocs de la voiture, y laisse un lambeau d'aponévrose de l'éminence thénar de sa main droite. Il essaie alors de se redresser, mais ses jambes n'obéissent plus. Il titube alors quelques pas vers sa gauche pour aller s'effondrer en bordure de route, près du puisard. Là, il perd connaissance en se vidant d'une partie de son sang par la blessure au foie, tandis que sa blessure au thorax s'épanche en interne où l'hémorragie demeure prisonnière du poumon.

Les taches de sang
Comme on vient de le montrer, il était donc impossible que Sir Jack ait pu traverser seul la route en titubant entre les deux tirs et mieux encore après le second, tout en ayant laissé une bonne partie de son sang près du puisard. D'où peut donc provenir le chapelet relativement rectiligne de traces de sang en travers de la route, tandis qu'il n'y avait aucun épanchement notable sous son corps au matin sous le lit de camp ?

Si donc Sir Jack avait traversé seul et s'était effondré sous l'impact de la seconde balle dans le dos, il serait tombé à plat ventre plutôt que sur le côté et ses bras et jambes n'auraient pas été repliés dans la position où on les a trouvés. Pour l'absence d'épanchement à cet endroit, on a donné une réponse. La configuration des traces de sang en travers de la route montre un échelonnement irrégulier de grosses et petites taches, sommairement alignées depuis la mare de sang jusqu'aux pieds du corps. Et nous avons vu les deux hypothèses ayant pu les provoquer : soit un transport du corps, soit un marquage accidentel par un des premiers arrivant ayant traversé la route après avoir marché dans la mare de sang. Il faudra donc essayer de savoir quand, par qui et pour quelle raison le corps aurait été transporté, en notant déjà qu'il aurait fallu s'y mettre au moins à deux. En attendant, reprenons la suite des autopsies par celle de Lady Anne.

« AUTOPSIE DE LADY ANNE DRUMMOND

> « *Le cadavre est celui d'une femme paraissant âgée de quarante-cinq ans environ, et bine constituée. Taille 1,63 m. Ses cheveux sont grisonnants. Ses ongles sont recouverts d'un vernis rouge. Il n'est vêtu que d'une culotte en tissu blanc.* »

Même observation sur la question des vêtements.

> « *La rigidité cadavérique est complète ; la putréfaction à peine commencée. Quelques lividités cadavériques apparaissent sur les flancs.* »

Le dessin des gendarmes (PV 117-2R - cote C39) page suivante, reprenant le très vilain croquis du rapport d'autopsie, donne les positions et numéros des blessures selon les légistes, le tout fidèlement reproduit. Sur le croquis p. 305 les flèches représentent les trajectoires selon les légistes, qui sont toutes impossibles comme on va le montrer.

> « ***Les blessures***
> *Sur la poitrine, les membres supérieurs et l'abdomen, nous relevons sept plaies par arme à feu, toutes causées par des balles de gros calibre. Ces plaies sont ainsi disposées au niveau de la paroi antérieure du thorax se trouvent quatre plaies :*

« **Désignée 1**, *la première est située à un centimètre du bord gauche du sternum au niveau de la deuxième côte ; plaie arrondie par balle de 8 à 9 millimètres de diamètre, à bords réguliers.* »

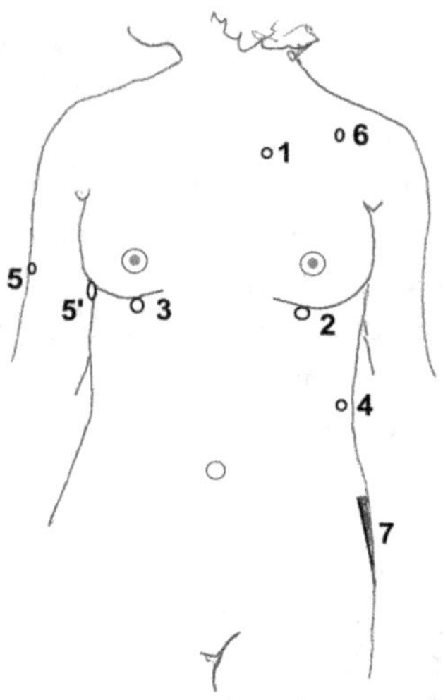

Ses bords réguliers disent que c'est un orifice d'entrée, ce que les légistes omettent de spécifier.

« **Désignée 2**, *la deuxième plaie par balle est située au niveau du sein gauche, à la hauteur de la cinquième côte ; à un travers de doigt de la ligne mamelonnaire ; plaie arrondie à bords très irréguliers, légèrement éversés, de la dimension d'une pièce de un franc.* »

Soit environ 12 mm pour l'ancien franc 1952 proche de la pièce d'un euro qui est de 13 mm. La configuration de l'orifice dit que c'est une sortie, ce que les légistes, là encore, ne spécifient pas. Une difficulté de localisation vient du manque de précisions pour situer *la ligne mamelonnaire.*

« **Désignée 3**, - *la troisième plaie est située au niveau de la cinquième côte droite, au-dessous du sein, légèrement en dehors de la ligne mamelonnaire. Cette plaie est en retrait d'une plaie du bras droit (lorsque celui-ci est rapproché du thorax) que nous décrirons plus loin. Cette plaie de la dimension d'une pièce de un franc, a des bords fortement déchiquetés.* »

Déjà, la configuration de cette plaie est un orifice de sortie, sauf si, comme le disent les légistes, elle était consécutive à la plaie au bras. Mais cette correspondance n'apparaît dans la position d'autopsie couchée sur le dos, avec le bras allongé contre le thorax. Or cette juxtaposition est hautement improbable sur le bivouac au moment des tirs.

« **Désignée 4**, *la quatrième plaie est située au niveau de la huitième côte gauche à quatre travers de doigt en dehors de la ligne mamelonnaire. Cette plaie légèrement arrondie mesure 6 à 7 millimètres de diamètre.* »

La configuration est un orifice d'entrée et non de sortie comme cette fois le concluent à faux les légistes. Certaine difficulté apparaît ici aussi pour interpréter le *dehors de la ligne mamelonnaire.* Ce ne peut pas être une ligne horizontale, car la 8e côte est beaucoup plus basse. Est-ce alors une ligne verticale et vers le côté gauche ? Or ce n'est pas ce que semble montrer le croquis p. 303. En effet, quatre doigts donneraient une taille et un bassin beaucoup trop larges. Mais le dessin montre une projection du corps à plat sur le dos, alors que celui-ci a, bien sûr, un volume. Ainsi la dimension en dehors de la ligne mamelonnaire n'a pas été mesurée à plat par les légistes, mais sur la rondeur du corps.

« **Désignées 5** et **5'**, *au niveau du bras droit on voit une plaie ovalaire, de 6 millimètres de diamètre, située sur la partie antérieur et inférieure du deltoïde. C'est certainement un orifice d'entrée de balle de gros calibre. Une plaie de 5 centimètres de long est située sur la face interne de la partie moyenne du bras ; elle a des bords déchiquetés et laisse voir d'importants dégâts des parties molles de la région bicipitale ainsi qu'une fracture comminutive de l'humérus.* »

Ces deux plaies sont sans conteste **5** l'entrée, et **5'** la sortie d'une même balle. L'entrée *ovalaire* et la trajectoire oblique par rapport à l'humérus, signifient que le tir faisait un angle d'environ 45° à partir de l'épaule. On verra que, si la configuration de l'orifice **3** avait été la rentrée de la balle ressortie en **5'**, elle aurait dû poursuivre sa trajectoire dans l'abdomen au lieu de remonter comme le disent les légistes et, plus étrange encore, se perdre dans le corps où ils disent ne pas l'avoir trouvée, et pour cause.

« **Désignée 6**, *au niveau du bras gauche, une plaie par balle se trouve à la partie antéro-postérieure de la région deltoïdienne ; cette plaie est légèrement ovalaire (son grand axe mesure 7 à 8 millimètres et a une direction verticale) et à bords nets. C'est un orifice d'entrée du projectile.* »

En fait sur le devant de l'épaule, et en effet bien caractérisée comme une entrée. Sa forme ovalaire verticale indique que le tir a été porté avec un angle d'attaque très oblique par rapport au plan du thorax.

« **Désignée 7**, *au niveau de la paroi de l'abdomen, il existe une large plaie s'étendant sur une longueur de onze centimètres, qui va de l'épine iliaque antéro-supérieure à la région trochantérienne gauche ; cette plaie n'intéresse que les parties molles (peau, tissu cellulaire sous-cutané). Large (4 centimètres) à sa partie supérieure, elle est effilée à sa partie inférieure. Ses bords sont nets. Elle traduit la direction d'une balle dont la trajectoire irait de l'épaule gauche à la partie externe supérieure de la hanche gauche.* »

La configuration décrite ne permet pas la conclusion qu'en tirent les légistes. En effet, une balle tangente sur une protubérance comme celle de la hanche aurait provoqué une estafilade sans entrer dans le muscle. Or la configuration d'une telle blessure par balle[1] est très caractéristique : la plaie va en s'élargissant depuis l'entrée de la balle vers sa sortie, et non en sens contraire comme le disent les légistes.

« *Il n'existe par ailleurs aucune plaie par balle de la partie postérieure et des parties latérales du corps.*

Les membres inférieurs ne portent aucune trace de blessures.

1 On peut assimiler ce genre de blessure à ce qu'on nomme un *séton*. Un séton résulte d'un procédé consistant à introduire une mèche sous la peau. Une balle se glissant sous la peau peut donc représenter une configuration similaire.

La situation des plaies et leur direction permettent de penser que l'agresseur devait se trouver, lorsqu'il a tiré ses coups de feu, sur le côté droit de la victime, celle-ci étant couchée ou légèrement assise, soit en arrière d'elle. »

Cette première conclusion est sommairement exacte comme on va le montrer de façon plus explicite et surtout justifiée.

« ***Ouverture du corps***

Après avoir sectionné et récliné les parties molles du plastron thoracique, nous constatons qu'il existe des fractures comminutives, de la deuxième côte gauche près du sternum, de la quatrième et de la sixième côte gauche (celle-ci au-dessous du sein), de la quatrième et de la cinquième côte droite, au-dessous du sein droit. »

En fait, ces fractures de côtes concernent deux trajectoires différentes, comme on le montrera plus loin. Il semblerait qu'il y ait une erreur dans le compte des côtes fracturée donné ici : 2e, 4e, 6e côtes gauches, plus 4e et 5e côtes droites. Ce compte est différent du détail qui va être décrit en suivant : 2e, 4e, 5e côtes gauches plus 4e et 5e côtes droites. La fracture de la 6e côte gauche a donc disparu au profit d'une nouvelle fracture à la 5e côte gauche sous le cœur. Détaillons donc.

L'orifice **4** décrit à quatre doigts à droite de l'axe du mamelon, incite à penser qu'il se trouvait sur le côté et qu'on ne le verrait pas sur un dessin en projection à plat. Nous allons voir plus loin ce qu'il pouvait en être.

« *Le plastron thoracique enlevé, les cavités pleurales, la gauche en particulier, contiennent une abondante quantité de sang liquide (à droite 200 grammes environ, à gauche 350 grammes environ). Les poumons sont rosés, en partie affaissés ; il existe quelques hémorragies ponctuées sous-pleurales.*

Sur le poumon droit, on voit une plaie transversale de la partie supérieure du lobe moyen, plaie volumineuse, irrégulière, à bords déchiquetés. »

Les légistes associeront à juste titre cette plaie interne à l'orifice **3**, mais en se trompant sur le sens de la trajectoire.

« *Au niveau du poumon gauche, on voit une plaie du parenchyme peu étendue siégeant à la partie antérieure du lobe supérieur et du lobe moyen. Cette plaie est due au même projectile.* »

Comment diable un projectile entré en **3** aurait-il pu lacérer le lobe moyen du poumon droit et passer en même temps à gauche affecter les lobes supérieur et moyen ? Une telle trajectoire est carrément impossible à dessiner.

« *En dehors des zones blessées, le parenchyme paraît sain. Il n'y a pas d'adhérences pleurétiques. Les gros vaisseaux (aorte, artères et veine pulmonaires) n'offrent pas de lésions.* »

Point important

Les légistes omettent de préciser que l'œsophage et la trachée sont également intacts. Notons aussi que la balle qui a traversé le cœur n'a blessé aucun des réseaux très denses à cet endroit.

« *Le cœur présente une plaie de l'oreillette gauche (partie externe) au travers de laquelle on peut introduire la pointe de l'index, et une plaie allongée de 3 centimètres de longueur intéressant toute l'épaisseur du ventricule gauche. Cette deuxième plaie allongée, à bords irréguliers, siège de l'union de la face antérieure et du bord externe du ventricule gauche. Il y eu donc transfixie du cœur par une balle. Le cœur est de volume normal. La valvule mitrale est en partie sectionnée. Les valvules du ventricule droit sont intactes.*

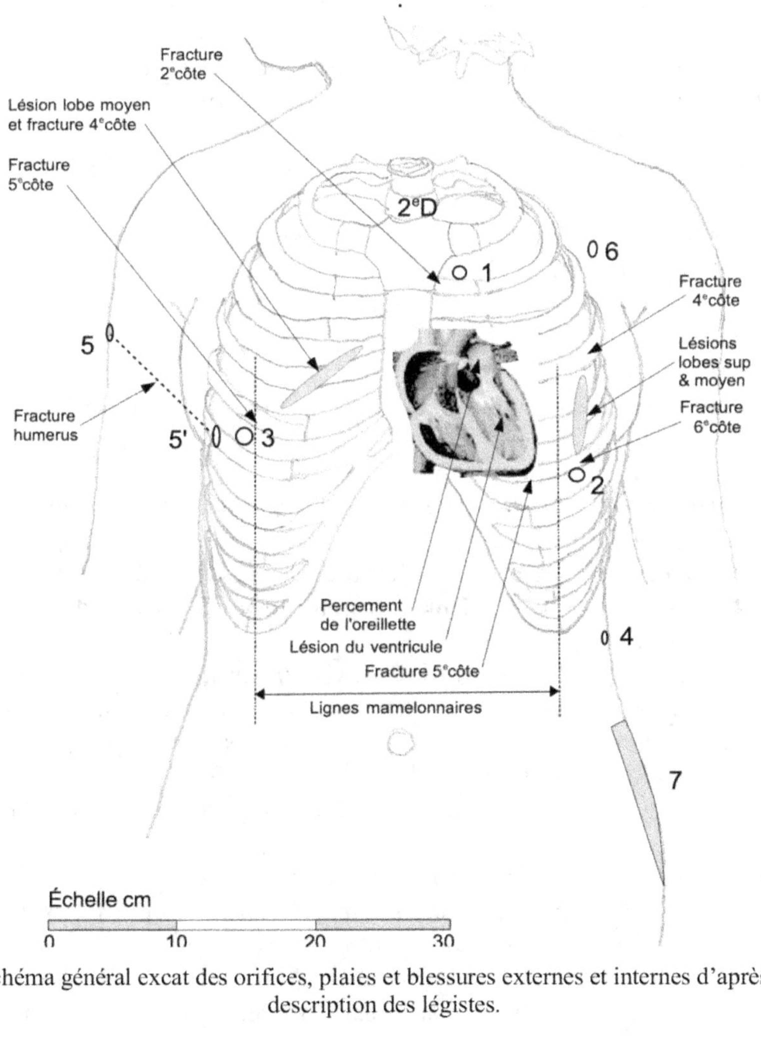

Schéma général excat des orifices, plaies et blessures externes et internes d'après la description des légistes.

Le péricarde contient peu de sang. Il présente deux petites plaies, au regard des plaies du cœur. Immédiatement au-dessous de cette plaie cardiaque, la cinquième côte est fracturée.

L'estomac, intact, ne contient qu'une quantité infime de mucus, sans odeur particulière.

Le foie, la rate, les reins et les autres viscères abdominaux n'offrent pas de lésion appréciable, pathologique ou traumatique. »

Donc même état que Sir Jack.

« *La vessie contient peu d'urine.* »

Lady Anne était-elle allée uriner, et aurait-elle donc été éveillée sinon debout sur le bivouac lors l'attaque ?

« *Les organes génitaux sont sains ; il n'existe pas de signe de viol.* »

Le docteur Nalin précisera devant la Cour d'assises, qu'il ne peut être formel sur le fait de savoir si elle avait pu consentir à un début d'acte sexuel, tel que l'alléguera Gaston dans ses aveux, et retenu sans y croire par l'accusation. Car personne n'osera donner vraiment foi à cette ignoble vantardise.

« *Les intestins ne présentent pas d'altération pathologique ou traumatique, l'appendice est normal.*

Le cuir chevelu est intact. Les os du crâne et de la face ne sont pas fracturés.

Les autres parties du corps, sur le cou en particulier, il n'existe aucune excoriation, ni trace de blessure.

Aucun projectile n'a pu être découvert dans le corps de la victime. »

Ce qui signifie selon les trajectoires des légistes, qu'il manquerait au moins la balle **5-5'** qu'ils disent rentrée en **3**.

La figure ci-dessous représente les trajectoires proposées par les légistes.

« ***Conclusions***

Lady Drummond a été blessée par arme à feu, chargée de balles de gros calibre (7 à 8 millimètres). »

Un peu réducteur, car les orifices d'entrée **1** et **6** font 7 à 8 mm, tandis les orifices **4** et **5** ne font que 6 à 7 mm. Il pourrait ainsi y avoir deux calibres, donc deux armes.

« *Il est à noter que toutes les blessures se trouvent sur la face antérieure du corps ; la face postérieure ne porte aucune trace de plaie. Au niveau de la partie antérieure du thorax et des épaules, on trouve des orifices d'entrée et de sortie des projectiles.*

Deux de ces projectiles ont causé des plaies avec hémorragie des poumons et du cœur.

Le premier a pénétré dans le poumon droit après avoir traversé le bras droit fracturé, l'humérus et la cinquième côte droite, au-dessous du sein. »

Il s'agirait donc de la balle **5-5'** qui serait rentrée en **3** pour virer vers le haut à gauche. Ce qui serait bien sûr impossible. Après avoir fracturé la 5e côte, répétons qu'elle n'aurait pas pu lacérer le travers du seul lobe moyen du poumon droit avant d'aller affecter les deux lobes du poumon gauche. Et d'ailleurs elle ne serait pas ressortie, mais n'a pas été retrouvée dans le corps.

« *Le deuxième projectile a pénétré dans le thorax à un centimètre du bord gauche du sternum, au niveau de la deuxième côte qui a été fracturée, a traversé l'oreillette gauche, la paroi antérieure du ventricule gauche pour ressortir au-dessous et en dehors du sein.*

Ces blessures pulmonaires et cardiaques ont provoqué une mort rapide. »

Il s'agirait donc de la balle entrée en **1** ressortie en **2**, sans préciser s'il y a corrélation avec la 5e côte fracturée.

« *Une balle dut, après avoir pénétré par la face antérieure de l'épaule gauche, se créer une issue au-dessous de la huitième côte gauche et dilacérer ensuite les parties molles de la région ilio-trochantérienne.* »

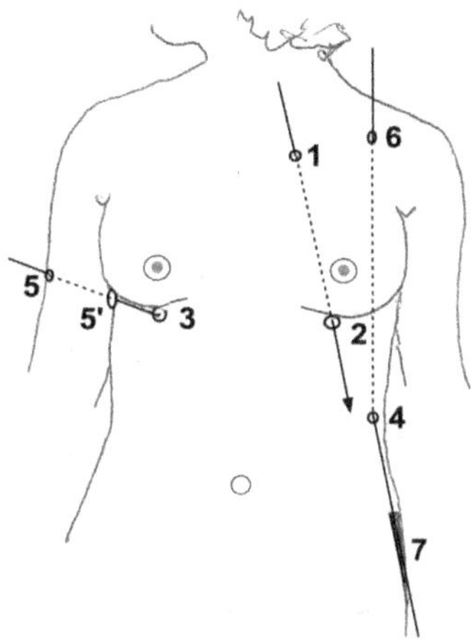

Il s'agirait là d'une entrée en **6**, sortie en **4** et qui aurait provoqué le séton **7**, mais en sens inverse, et l'orifice **4** est une entrée, pas une sortie de balle.

« *Nous n'avons pu suivre sa trace dans le corps.* »

Ils oublient les blessures qu'ils ont notées au poumon gauche et les fractures des 4e et 6e côtes gauches qu'ils ont données au début.

« *La situation des plaies, la direction des blessures des poumons et du cœur, semblent indiquer que la victime était couchée ou le buste légèrement soulevé lorsqu'elle a été blessée. Son agresseur devait se trouver d'abord sur son côté droit, puis en arrière d'elle lorsqu'il a tiré ses coups de feu.* »

Ces deux déductions sont exactes comme nous le montrerons, alors même que les trajectoires sont toutes inexactes comme nous allons le montrer aussi.

« *Il n'existe pas de trace de résistance ou de lutte. La mort remonte à une quinzaine d'heures environ.* »

Fin de l'autopsie de Lady Anne.

Synthèse

Les légistes ont donc identifié comme orifices d'entrée les blessures **1**, **3**, **5** et **6**. Ils ont identifié comme orifices de sortie les blessures **2**, **4**, **5'** et en séton **7**. Et ils n'ont pas retrouvé la balle qui serait rentrée en **3**.

Après ouverture du corps, ils ont noté quatre fractures de côtes, les **2**e, **4**e et **5**e à droite puis les **4**e et **6**e à gauche. Et plus loin une cinquième fracture de la **5**e côte gauche sous le cœur.

Ensuite, ils décrivent une déchirure en travers du lobe moyen du poumon droit, et deux lésions légères des lobes supérieur et moyen du poumon gauche.

Enfin, ils notent deux blessures à gauche du cœur, l'une traversant l'oreillette et l'autre alignée déchirant le ventricule.

Ils en ont déduit les trajectoires en figure page précédente : **5-5'-3-?**, **6-4-7** dont ils disent n'avoir pas pu suivre le parcours intérieur, et **1-2** au cœur.

Cette autopsie semble donc avoir été trop conditionnée par la position d'autopsie du corps sur le dos, et par certains alignements fortuits. Les légistes ayant pris certains orifices d'entrée/sortie de façon inverse comme l'orientation du séton, ils n'ont pas identifié correctement les configurations traumatologiques. Et ils n'en ont donc pas déduit les trajectoires que suggèrent l'état des orifices comme des blessures internes. Et nous avons montré au fur et à mesure que ces erreurs et omissions rendaient impossibles les trajectoires qui ont été données. Enfin, les légistes ne retiennent que trois tirs entrés en **1**, **5** et **6**. Malgré cela, ils ont au moins esquissé une position relative du corps couché avec le buste relevé, et l'orientation de certains tirs d'au-delà de la tête[1].

Nous allons voir maintenant ce qu'il ressort de la mise en concordance des divers éléments tels que notés par les légistes, avant leurs interprétations.

Hypothèse cohérente et surtout concordante

Ces configurations et corrélations très singulières des orifices et des plaies internes, ont rendu ce travail très délicat. Pendant un bon moment, l'impression demeurait que bâtir cette hypothèse n'était plus possible, comme Jean-Louis Vincent s'en plaint d'ailleurs en se référant aux avis de ses consultants (oc p. 643 et sq). Finalement, comme toujours, l'impasse n'était qu'apparente venant de contraintes induites ou qui n'existent pas. En effet, il est toujours difficile de s'empêcher inconsciemment de mettre trop tôt en situation des visions de scénario en fonction de l'a priori d'un seul tireur. Or, dans le cas présent tout particulièrement, il convient de ne s'occuper que d'anatomie et de balistique en procédant par étapes successives et séparées, avant de chercher à articuler un enchaînement. Commençons donc par l'indiscutable.

La balle au bras droit

Entrée en **5**, elle a donc fracturé l'humérus pour ressortir en **5'**. Mais l'hypothèse des légistes selon laquelle cette balle serait rentrée en **3**, n'est pas soutenable. En effet, on l'a déjà montré, la position de **5'** face à **3**, est sans aucun doute simple une coïncidence avec la position d'autopsie comme les légistes le notent d'ailleurs. Car, lors de l'attaque, de très nombreuses

1 Avec l'aide d'un grand légiste, Jean-Charles Deniau et Madeleine Sultan (oc p. 289 & 290), ont tenté d'établir une hypothèse d'enchaînement des tirs, mais sans arriver à un résultat cohérent.

positions relatives du bras et du buste étaient possibles. Les légistes retiennent pourtant que cette balle serait rentrée en **3**, alors que **3** est de toute évidence une plaie de sortie. Cette balle n'aurait pas pu être dévoyée en un invraisemblable parcours lacérant les deux poumons sans ressortir ni être retrouvée dans le corps.

La balle entrée en 6

Cette plaie étant ovalaire signifie un angle d'attaque oblique par rapport au plan du corps. Son sens vertical dit qu'elle vient d'une direction au-delà de la tête. La balle glisse dans le muscle pectoral qui se referme, fracture la 4e côte, lèse superficiellement les lobes supérieur et moyen, fracture la 6e côte pour ressortir en 2, sous le sein à un doigt de la ligne mamelonnaire. Les lèvres de cet orifice étant légèrement déversées pourraient dire qu'elle est un peu ovalaire dans le sens horizontal.

La balle au cœur

Nous avons montré que la trajectoire dans le sens **1-4-7** n'est pas possible non plus, car déjà le séton **7** aurait été écorché en sens inverse. La trajectoire provient donc d'une balle tirée d'une direction depuis le bas du corps. Et la seule trajectoire possible veut alors qu'après avoir créé le séton **7** dans le sens correct de bas en haut, la balle soit entrée en **4**. Elle fracture la 5e côte, lèse ensuite la longueur du ventricule gauche et la valvule mitrale, transperce l'oreillette gauche, sans endommager ni le système vasculaire, ni trachée et œsophage. Mais à cette trajectoire **7-4** ne correspond aucun orifice de sortie. Il faut donc que cette balle soit restée dans le corps. En excellent anatomiste, Alain d'Orso a vu cette trajectoire aboutir dans le corps vertébral vers la 2e dorsale (désignée 2^{e}D). Il est donc probable que la balle a dû y demeurer encastrée, sans doute faute de puissance pour la briser. Si les légistes n'ont pas pensé à la chercher là, il apparaît tout à fait normal qu'ils ne l'aient pas trouvée vers l'arrière d'un corps autopsié couché sur le dos.

L'arrêt de cette balle par un corps vertébral, signifie qu'elle proviendrait d'une cartouche pas assez puissante pour fracturer et passer outre un gros os comme une vertèbre d'adulte. Or on a noté que l'orifice d'entrée **4** ne mesurait que 6 à 7 mm. Ce qui veut dire que cette balle était différente de celles entrées en **1** et **6**, mais comparable à celle entrée en **5**. Sans doute, ces deux orifices **4** et **5** pourraient-ils donc résulter soit d'un plus petit calibre, soit même d'un plus gros, mais beaucoup moins rapides et de moindre puissance.

Nous voici donc avec quatre trajectoires quasi certaines, mais encore sans préjuger de l'ordre des tirs, bien sûr. Selon les dimensions des orifices d'entrées, il y aurait sans doute deux armes, mais aucune des deux la même que celle ayant servi pour Sir Jack.

Ainsi, les orifices **1** et **6** apparaissent donc comme pouvant être de même calibre et puissance. Un autre calibre ou de puissance différente, semble concerner les entrées en **5** et **4**. Il s'ensuit que le premier groupe a pu être portés par une même arme et différente du deuxième groupe. Comme au moins le tir **7-4** a été porté à partir d'une direction opposée aux **1** et **6** et dans une séquence de tirs rapides, il n'y a pas d'autre possibilité que de conclure à au moins deux tireurs pour Lady Anne. De plus, si les deux tirs **1** et **6** sont de calibre semblable aux deux portés sur Sir Jack, le fait que l'un ait brisé une lombaire de Sir Jack alors que le tir **7-4-2^{e}D** ne l'ait pas fait avec une dorsale de Lady Anne, semble bien confirmer la différence des armes.

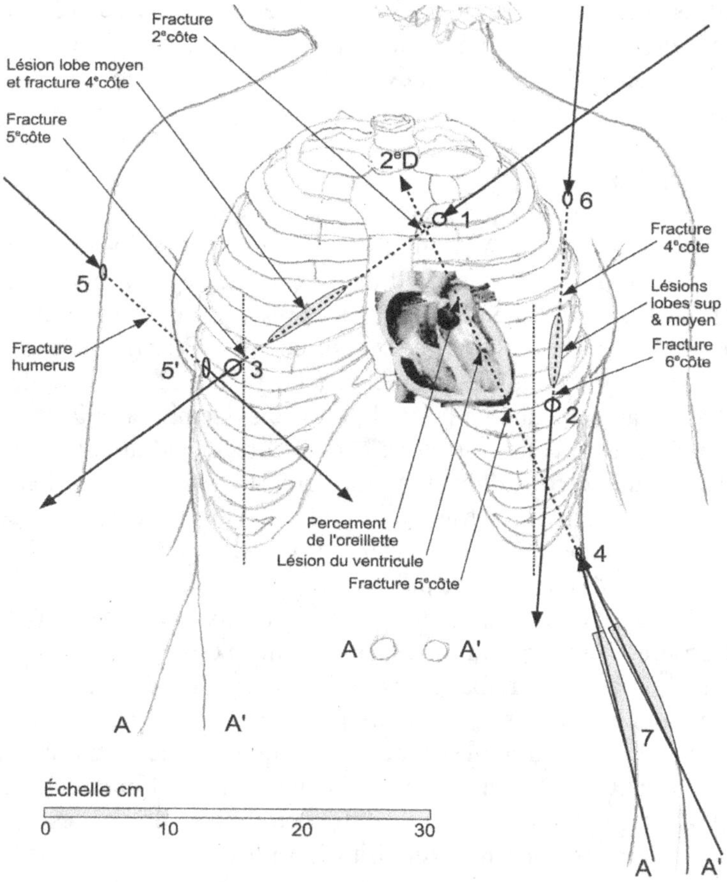

Trajectoires en fonction des descriptions des légistes remises en cohérence. L'alignement de la trajectoire 7-4-2^{e}D n'est possible qu'avec un déplacement du bassin de **A** vers **A'** tel que nous allons le montrer en analysant la séquence des positions du corps par rapport aux tireurs.

Les positions relatives entre Lady Anne et deux tireurs

Toujours en position d'autopsie :

- Le tir entré en **5** du côté droit depuis bien des directions possibles, le corps et le bras ayant, en plus, pu changer chacun de position, et sans doute en relation avec la blessure de la fillette comme on va le voir.
- Les tirs entrés en **1** et **6** ont été portés depuis au-delà de la tête du côté gauche.
- Le tir tangent en **7** entré en **4**, depuis au-delà des pieds, également du côté gauche.

L'absence de brûlure ou de trace de poudre, repousse les armes au-delà de 1,50 m. Ensuite, aucun tir n'a été porté de face ou de dos, mais latéralement (**5-5'**), depuis au-delà de la tête (**1-3** et **6-2**) et des pieds (**7-4-2^eD**) en direction opposée. Bien sûr, ces directions sont données sur le corps immobile, allongé sur le dos dans la position d'autopsie. Or il est évident que Lady Anne n'a pas pu être agressée dans cette position. Et elle a pu en changer entre les tirs, comme aussi les tireurs ont pu faire une enjambée ou deux, ce qui complique les corrélations. En mimant un très grand nombre de positions relatives possibles respectant les angles de tir, il en est ressorti une seule séquence de configurations en cohérence avec tous les éléments. Elle aboutit à un ordre des tirs le plus probable : premier tir **5-5'** au bras, tirs **6-2** et **1-3**, enfin tir **7-4-2^eD**.

Le tir 5-5'. Dans la position d'autopsie, le bras le long du corps, entrée latérale selon une trajectoire en pente négative d'environ 45° par rapport à l'axe du bras. Or d'innombrables positions relatives de ce bras par rapport au corps sont évidemment possibles lors du tir. Mais on verra une corrélation probable avec la blessure de la fillette à l'oreille. D'autre part, la similitude de calibre avec la balle **7-4-2^eD** induit la possibilité de la même arme, en sachant qu'elle devait être tenue par un tireur en position opposée à **6-2** et **1-3**.

Le tir 6-2. Toujours sur le dos dans la position d'autopsie, la trajectoire de ce tir vient de la gauche, en arrière de la tête, selon un angle d'environ 15° par rapport à l'axe du corps. Lady Anne ne pouvait donc être ni debout, ni assise, ni à genoux, faute de quoi le tireur aurait dû se trouver en altitude bien au-dessus de sa victime.

Elle ne pouvait donc qu'être allongée sur son flanc droit, avec le buste légèrement relevé en direction du tireur, donc sans doute appuyée sur son bras gauche, ce qui pourrait vouloir dire que son humérus droit était déjà fracturé. Comme les lits et couvertures ne sont ni percée ni tachés de sang, Lady Anne pouvait être tombée au sol sous l'effet cinétique du coup **5-5'**. Cette position donne un angle réel de tir négatif d'environ - 20° par rapport à l'horizontale, donc un tir à l'épaulé, à distance intermédiaire.

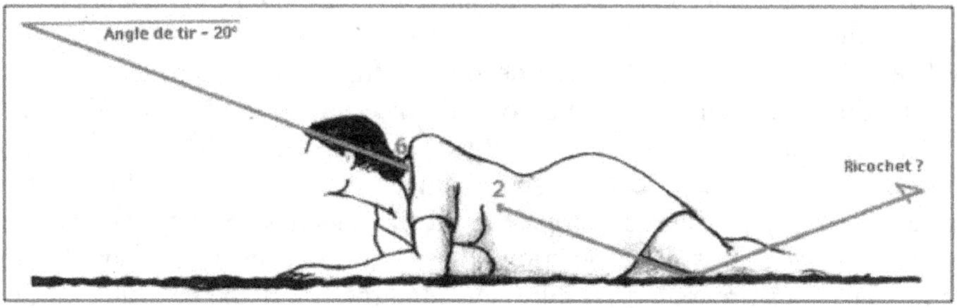

Position de Lady Anne redressée sur son coude gauche lors du tir 6-2.

Le tir 1-3. Toujours dans la position d'autopsie, la trajectoire de ce tir venait également d'au-delà de la tête, selon un angle d'environ 35° avec l'axe du corps. Ce qui signifie que Lady Anne s'était sans doute complètement affaissée au sol après le tir **6-2**. L'angle réel de tir étant alors d'environ - 25°, il a également été porté à l'épaulé et d'une position un peu plus rapprochée, le tireur ayant pu faire un pas en avant.

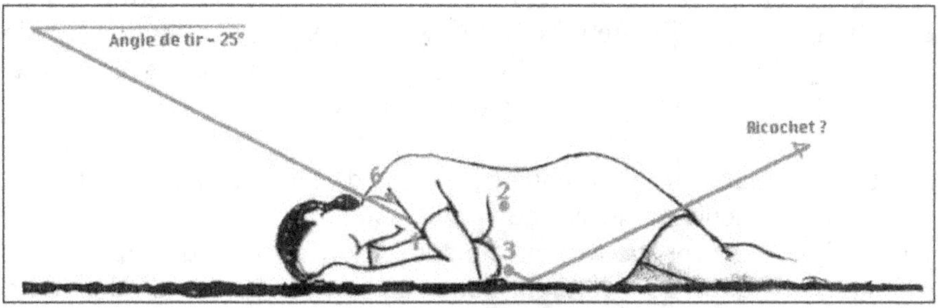

Position affaissée de Lady Anne lors du tir 1-3.

Le tir 7-4-2^{e}D. Toujours dans la position d'autopsie, la trajectoire fait un angle horizontal d'environ +15° par rapport à l'axe vertical du corps. Cela veut dire que Lady Anne était toujours allongée au sol sur son flanc droit. Et l'épaule droite étant au sol, l'axe du corps se trouve déporté dans ce sens, et l'angle de la trajectoire par rapport au sol passe d'environ +15° à 20°. Le tireur se trouve au-delà des pieds, et tire vers le bas avec un angle de - 20° par rapport à l'horizontale. Donc soit à l'épaulé, soit à bout de bras avec une arme de poing de même calibre que **5-5'**, et différente des deux autres. Cette balle était la seule mortelle, mais on sait qu'une certaine survie à un coup au cœur est possible[1].

Après ce tir, Lady Anne n'a pu que rester au sol, peut-être poussée sur le dos par le tireur pour juger de son état létal. Et dans ce cas, notons que son bras gauche pourrait s'être retrouvé replié contre le buste, et non le droit comme Sir Jack, plutôt que le bras droit blessé.

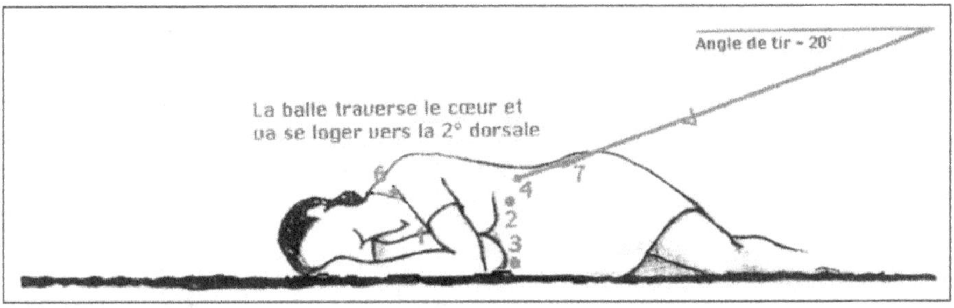

Position de Lady Anne affaissée lors du tri mortel 7-4-?.

Conclusions

Bien sûr, cette séquence n'a pu être établie avec une bonne probabilité qu'après de multiples scénarios que chacun peut mimer en tenant compte de façon cohérente des orifices et des blessures internes comme des éléments matériels extérieurs. Rappelons ces éléments qui ont été le plus souvent oubliés :

1 - Aucun tir n'a été porté d'assez près pour laisser des traces de poudre ou de brûlure.

2 - Aucune trace de balle ou de sang n'ayant affecté les lits et couvertures, Lady Anne n'était donc pas allongée sur son lit pendant les tirs. Il apparaît donc qu'elle devait être soit déjà levée comme son mari, soit qu'elle s'est levée d'un bond lors de l'attaque.

3 - Aucun écoulement notable de sang n'imprégnait le sol près de la voiture. Ce qui signifie déjà que Lady Anne s'est retrouvée sur le dos après le dernier tir. Toutes les plaies étant sur le devant du corps, l'hémorragie est ainsi demeurée interne.

4 - En revanche, un fort écoulement de sang se trouvait sous la poitrine là où les gendarmes ont trouvé le corps une fois retourné sur le ventre.

Tous ces éléments vont permettre de définir maintenant des positions de deux tireurs, car en aucun cas, un seul tireur pourrait avoir causer ces blessures.

Soit Lady Anne était déjà debout lors de l'attaque, soit elle a été alertée et a-t-elle eu le temps de bondir sur ses pieds et de prendre sa fille dans ses bras. Au vu des divers angles des trajectoires, il est donc évident que le coup **5-5'** a été porté en premier car les autres tirs n'ont pu l'atteindre qu'une fois au sol.

1 Di Maio, oc p. 214 & 215.

Il faut donc qu'elle soit tombée, sans doute sous l'impact du premier tir, même si la puissance d'impact de cette première balle semble plus faible au vu du diamètre d'entrée, mais assez forte toutefois pour briser un humérus plus vulnérable qu'un corps vertébral.

- Le premier tireur ayant fracassé le bras gauche en **5-5'** a projeté Lady Anne au sol dans la direction opposée au tireur.
- Puis un autre tireur, situé en arrière de la tête, donc à l'opposé du premier, porte deux coups à l'épaulé, en **6-2** et **1-3**, l'angle des trajectoires excluant en effet le tir à la hanche.
- Enfin, la trajectoire du tir **7-4-2^{e}D** étant diamétralement opposée aux **6-2** et **1-3**, reviendrait au premier tireur.

Avant de voir s'il est possible de corréler ces quatre tirs avec ceux sur Sir Jack selon un scénario cohérent, disons un mot des deux armes possibles.

Les deux armes

On a donc vu qu'outre l'opposition de trajectoires, les dimensions des plaies d'entrée en **1-3** et **6-2** sont similaires à celles relevées sur le corps de Sir Jack, les deux tirs sur Sir Jack plus ces deux tirs sur sa femme pourraient donc être attribués soit à la même arme, soit à deux armes de même calibre. Mais on a vu aussi que les puissances pouvaient être différentes sur les os, et surtout le maniement : à la hanche sur Sir Jack, à l'épaulé sur Lady Anne.

De même, les deux autres entrées **7-4** et **5** sont significativement plus petites et provenant l'une **7-4** d'une direction opposée, l'autre **5** non définie. Cette double singularité par rapport aux autres impacts, nécessite une petite analyse.

On l'a dit, il serait illusoire de se fonder uniquement sur le diamètre des plaies d'entrée pour en déduire le calibre d'une balle. Souvenons-nous que le diamètre de la plaie résulte non seulement du calibre, mais aussi de la forme de sa tête, de son poids, de sa vitesse, et de son angle d'attaque. Ensuite, ce diamètre peut encore dépendre de la consistance du tissu rencontré : à nu ou sous vêtement, chair molle ou adipeuse, muscle, cartilage, os, etc. L'élasticité des tissus, notamment le muscle, leur permet de s'étirer sous l'impact puis de se rétracter ensuite.

Or c'est au moins le cas de figure de la plaie **7-4**. En revanche, pour la plaie **5**, la peau et le muscle ont été poinçonnés sur l'humérus sous-jacent. Si cette blessure **5-5'** a pu être causée par une arme comme la carabine US, elle peut l'avoir tout aussi bien été par une arme de poing d'un calibre similaire, par exemple du 7,65 (photos **H** et **I** en p. 229), soit supérieur jusqu'à 9 mm (photo **G**).

En effet, la vitesse d'éjection d'un pistolet de 9 mm étant de moitié inférieure à celle de la carabine US et un tiers du fusil de type MAS 36 ou Garand, la puissance est beaucoup moins importante donc l'effet cinétique de pénétration beaucoup moindre. Mais on l'a dit, paradoxalement les diamètres des orifices d'entrée peuvent être plus petits.

Que la différence de calibre et a fortiori l'hypothèse de deux tireurs pour Lady Anne, de plus différents de celui de Sir Jack, n'aient pas effleuré les enquêteurs, peut passer pour normal sur le moment et après la trouvaille de la carabine US dans la Durance, associée aux munitions trouvées sur place. Mais, par la suite, et au moins à partir d'un certain stade où tout sera repassé au crible comme le prétend le commissaire Sébeille, le blocage sur une seule arme avec un seul tireur pose toujours question. En fait, comme déjà répété, les éléments matériels, leur analyse et leur mise en corrélation seront complètement laissés de côté au profit de dires jusqu'aux aveux et à une reconstitution, tous invraisemblables ou contredits.

Il apparaît donc hautement probable que ces deux orifices **4-7** et **5** ne proviennent pas d'une arme semblable à celle(s) ayant causé les quatre autres impacts, les deux sur Sir Jack et deux sur Lady Anne. De plus, deux armes pour Lady Anne rendraient seules possibles les oppositions de trajectoires autrement inexplicables. Avec une seule arme maniée par un seul tireur, les déplacements nécessaires rendraient par ailleurs impossible le rythme des tirs. Notons que personne des enquêteurs, experts, magistrats, avocats, ni des auteurs, sauf Jean-Charles Deniau et Madeleine Sultan puis Jean-Louis Vincent[1], ne l'ont envisagé. Hélas, les positions de tir que Jean-Charles Deniau et Madeleine Sultan suggèrent, n'impliquent pas nécessairement la présence d'un second tireur que pourtant ils proposent pour Lady Anne différent de celui ayant tué Sir Jack. Ils interprètent une possible différence de calibre en se fondant sur d'autres cartouches retrouvées lors de la démolition du hangar. Mais on peut aussi prendre en compte les plus grands diamètres de sortie. Sir Jack aurait donc pu être tué avec un fusil de guerre, et Lady Anne avec une carabine US, plus une arme de poing. Soit trois armes donc trois tireurs.

En attendant, le fait qu'aucune munition autre que celles de carabine US n'ait été retrouvée, pourrait déjà suggérer qu'il pourrait s'agir d'un revolver plutôt que d'un pistolet. En effet, une arme à barillet n'éjecte pas ses douilles. Rappelons,

- Que Zézé dira qu'en s'arrêtant au matin, Roure lui aurait dit[2] : « *Des campeurs se sont battus à coups de revolver* ».
- Que, lors d'un interrogatoire de février 1954[3], c'est-à-dire après les aveux et pendant l'instruction, Gustave va dire au juge : « *Les coups de feu... provenaient plutôt d'un revolver ou d'un fusil de guerre* ».

Il faut d'abord savoir qu'à même calibre et munition égale, un revolver est plus puissant et plus bruyant qu'un pistolet dont le fonctionnement semi-

1 Jean-Louis Vincent, sans donner d'analyse détaillée, retient éventuellement deux tireurs, mais ses esquisses de scénarios partiels sont toutes contrariées par quelques autres éléments.

2 PV n° 387/147 du commissaire Sébeille en date du 29/1/53 (cote D 174).

3 PV d'instruction du juge Périès en date du 4/2/54 (cote D 251).

automatique consomme une partie de l'énergie[1]. Mais, depuis La Gran'Terre, était-il possible, même à une oreille exercée, de différencier un tir d'arme de poing d'un tir de fusil de guerre ? Si Gustave finit par offrir cette éventualité, c'est donc qu'il a peut-être perçu une différence dans le bruit de certains des coups de feu… ou bien sûr, qu'il sait quelles armes ont été utilisées. Même si Roure niera avoir parlé de revolver à Zézé, pourquoi ce dernier aurait-il pu penser à une telle arme ? S'il était à La Gran'Terre pendant la nuit, savait-il qu'il y avait une arme de poing impliquée dans le massacre ? Si Gustave et Zézé n'ont parlé de revolver qu'une seule fois, était-ce une gaffe ou alors intentionnel ? Mais personne n'y fera même attention. Bien sûr, cette mention d'un revolver sera-t-elle donnée par deux personnages à la fois impliqués et peu fiables.

Lors du supplément d'information, Clovis[2] dira également qu'Aimé, son frère cadet, avait ramené un revolver du maquis et que celui-ci était sans doute à La Gran'Terre, au moins jusqu'au moment où Aimé l'a quittée en janvier 1951. Mais ni le juge ni le commissaire ne l'ont su, et le commissaire Chenevier ne fera aucune recherche à ce sujet. Aimé dira seulement que c'était un petit pistolet 6,35 acheté à Oraison, et qu'il avait été saisi par les gendarmes en 1948. Mais était-ce bien du même pistolet dont a parlé Clovis puisqu'il l'a dit ramené du maquis ?

Quoi qu'il en soit, à quel calibre d'arme de poing peuvent correspondre les plaies **7-4** et **5** ? Parmi les calibres proches de 6 à 7 mm, on trouve les classiques : le 6,35 est très courant (photo **J** p. 229). C'est le calibre exclusif du pistolet de poche. Il est dit automatique au contraire des révolvers à barillet[3]. Il en existe de nombreux modèles dont le plus courant à l'époque est celui de Manufrance. Mais il serait trop peu puissant. Toutes les autres armes de poing courantes sont des pistolets ou revolvers de plus gros calibre allant du 7,65, très courant en France, jusqu'au fameux 11,43 mm américain, selon une gamme très étendue de modèles, notamment selon les pays. Le révolver de 1898, dit d'ordonnance, qu'on trouvait encore en France, était de calibre 8 mm. Le plus courant des pistolets automatiques militaires français est le MAS 7,65 mm long (photo **H** en p. 228). En revanche, le pistolet le plus

---

1 Pistolet était le nom donné aux armes de poing depuis leur invention. Mais les premières armes à répétition inventées au XIXe siècle étant toutes des revolvers, c'est-à-dire à barillet, ce nom est demeuré la désignation courante pour les armes de poing. Lorsque de nouvelles armes de poing ont été inventées au XXe siècle, la disparition du barillet, remplacé par le chargeur dans la crosse, les a fait renommer pistolet. Mais il est vrai que, dans le langage courant, le mot plus moderne de revolver est demeuré, bien qu'à proprement parler revolver désigne seulement les armes à barillet tandis que pistolet désigne les armes anciennes à un seul coup, puis modernes automatiques à chargeur dans la crosse. Il apparaît donc que l'emploi du mot revolver par Gustave et Zézé désignait sans doute une arme de poing, sans préjuger formellement de son type de fonctionnement à barillet ou à chargeur.

2 PV n° 424/51 du commissaire Chenevier en date du 21/10/55 (cote C 272).

3 Rappel le réarmement est automatique, au contraire du revolver, mais l'arme n'est que semi-automatique car il faut appuyer sur la détente pour chaque tir.

emblématique, qui équipait l'armée allemande depuis la Première Guerre mondiale, très recherché par les amateurs d'armes, est appelé parabellum, c'est soit le Luger P 08[1] de calibre 9 mm, soit le 08 Mauser en 7,63 mm[2], de forme semblable. Toutes ces armes de poings et bien d'autres pouvaient se trouver notamment dans l'arsenal hétéroclite rapporté du maquis par les uns ou les autres.

Si les plaies 7-4 et 5 ont été provoquées par une arme de poing, les plus vraisemblables seraient soit un P 08 Mauser de calibre 7,63 ou un Luger de 9 mm.

Conclusion

On l'a dit, selon les experts de Jean-Charles Deniau et Madeleine Sultan, la puissance de pénétration des balles de carabine US serait insuffisante pour fracturer les os (vertèbre lombaire de Sir Jack et humérus de Lady Anne, sans parler de sa vertèbre dorsale). Selon eux, ces blessures auraient été le fait d'une arme plus puissante comme un fusil de guerre. Le même avis avait été donné lors d'une émission de Charles Villeneuve, *Le droit de savoir*, consacré à cette affaire par deux grands experts présents, Jean-Georges Anagnostides et Michel Miccignato. Et il est vrai qu'une controverse a sévi dans l'armée américaine, sur la puissance de l'US-M1 pendant la guerre de Corée. Mais elle portait sur les tirs à distance militaire, et non à des distances de l'ordre de quelques mètres au maximum comme ici.

Elle aurait donc pu fracturer l'humérus sans problème. Pour le corps vertébral, même après avoir traversé les tissus musculaires du cœur, il est vraisemblable qu'une balle de carabine US tirée à cette courte distance, l'aurait fracturée et serait donc ressortie. En revanche, si pour le bras, à cette distance, une balle de révolver ou de pistolet peut tout-à-fait fracturer un humérus, il est vraisemblable qu'une telle balle d'arme de poing puisse être arrêtée par un corps vertébral adulte et y rester encastrée.

« ***AUTOPSIE D'ÉLIZABETH DRUMMOND***

> *Le corps est celui d'une fillette d'une douzaine d'années, aux cheveux châtains et bien constituée. Taille 1,42 m.*
> *Il est entièrement dévêtu et porte à l'avant-bras gauche, une montre-bracelet.* »

Même observation que pour ses parents.

> « *La rigidité cadavérique est complète ; la putréfaction à peine commencée. Sur les flancs et les parties déclives su thorax se trouvent des lividités cadavériques.*

1 08 désigne l'année de première mise en service, 1908.

2 Ne pas confondre avec le fusil Mauser de calibre 7,92.

Tout le visage, ainsi qu'une partie du crâne et des cheveux, sont couverts de sang coagulé, par le nez et la bouche s'écoule du sang liquide dès qu'on déplace le cadavre. »

Cet écoulement par la bouche et le nez n'a pas alerté les légistes.

« ***Les blessures***

Le corps porte des traces de blessures uniquement localisées au crâne et à la face. La crâne paraît déformé.

Deux des blessures sont situées, presque symétriquement, au niveau des arcades sourcilières droite et gauche.

Elles s'étendent l'une et l'autre sur une longueur de cinq centimètres, de la partie moyenne des sourcils à la région temporale.

Elles sont transversales, à bords légèrement irréguliers, parallèles au rebord orbitaire supérieur. Larges de 2 centimètres à la partie interne, elles vont en s'effilant en atteignant la région temporale. Au niveau interne de ces plaies, le doigt peut percevoir d'importants dégâts osseux.

Ces plaies sont dues à l'application d'un corps contendant, allongé et régulier (crosse de fusil, barre de fer ou gros manche d'outil).

Après avoir incisé transversalement le cuir chevelu et récliné en arrière la calotte crânienne, nous constatons d'importants délabrements osseux qui sont absolument symétriques de part et d'autre de la suture médio-frontale.

Les rebords orbitaires supérieurs sont fracturés, les traits de fracture sont transversaux, intéressant tous les rebords qui sont affaissés. Les toits des orbites sont fracturés et enfoncés. Il en est de même de l'ethmoïde.

Les globes oculaires sont intacts.

Le frontal présente encore deux traits de fracture tant à gauche qu'à droite de la médiane.

Un premier trait s'étend du rebord orbitaire à la suture fronto-pariétale et passant par la bosse frontale.

Latéralement, on trouve encore, tant à droite qu'à gauche du crâne, une deuxième fracture du frontal qui passe par la fossette temporale et aboutit à la partie inférieure de la suture fronto-sphénoïdienne.

Il y a disjonction, sur toute leur étendue, des sutures fronto-pariétales et fronto-sphénoïdiennes, droite et gauche.

Les fragments osseux sont très mobiles, tant à droite qu'à gauche, et se chevauchent aisément les uns les autres. C'est l'ensemble de ces fractures qui donnaient à la partie antérieure du crâne sa configuration et sa consistance anormales (en palpant le crâne, on avait l'impression de mobiliser un sac de noix).

Dans l'espace sous-dure-mérien de la région temporale droite est un léger épanchement sanguin.

Les méninges sont déchirées, en particulier au niveau du toit des orbites et de la région temporale droite.

La matière cérébrale a conservé sa consistance, sa configuration extérieure est normale.
Les circonvolutions frontales présentent à leur surface de petites suffusions sanguines.
La section des hémisphères cérébraux du cervelet, du bulbe, ne permettent (sic) *pas de déceler des lésions macroscopiques importantes.*
Les autres parties du corps : cou, thorax, membres, à l'exception de l'oreille droite, ne portent ni ecchymoses ni traces de violence. Les valves, en particulier, est intacte. Il n'existe pas de trace de viol.
L'oreille droite porte à la partie supérieure de son pavillon une plaie contuse, sanguinolente, avec des pertes de substance cutanée et cartilagineuse.
Cette plaie mesure un centimètre de longueur et un centimètre de profondeur. En arrière de cette plaie se trouve une excoriation de la région mastoïdienne.
Cette plaie contuse peut être due, soit à l'application d'un corps contondant, soit à une balle de gros calibre. »

« ***Conclusions***
Le corps de la jeune Élizabeth Drummond porte des contuses de la face et du crâne et des fractures multiples du crâne par instrument contondant.
Ces plaies et ces fractures sont absolument symétriques de la suture médio-frontale. Leur importance permet de penser qu'elles ont été produites par un corps contendant (crosse de fusil, barre de fer ou gros manche d'outil), appliqués au moins à deux reprises avec une extrême violence et par un agresseur très robuste.
La mort a été la conséquence de ces grands traumatismes crâniens, du choc et de l'hémorragie qui en sont résultés (sic). »
« *Il y a lieu de croire que la victime ne porte pas de trace de viol, ni de trace de résistance ou de lutte.*
La mort doit remonter à une quinzaine d'heures environ. »

La dernière conclusion contredit les constats in situ au matin, et ce qu'on saura quand Gustave dira avoir trouvé la fillette vivante à l'aube. Et conclusion générale prudente qui sera oubliée :

« *Rien de nous permet de savoir si les coups ont été portés sur ces trois victimes par un ou plusieurs individus.* »

Fin de l'autopsie d'Elizabeth.

Point très important
Il n'est pas dit si la mort a été instantanée ou si une survie était possible.

Le cas de la fillette apparaît donc singulier et de nature complètement différente de celui de ses parents. En effet, elle n'a pas été tuée par balle mais assommée, et les plaies comme les traumatismes sont cette fois bien précisés.

Avant de discuter d'un éventuel scénario du meurtre de la fillette, comme tout le monde l'a fait de nouveau trop tôt et sans véritable analyse préalable, voyons ce qu'on peut d'abord établir à partir des données anatomiques et traumatiques. Elles concernent :

- La blessure à l'oreille.
- La plante des pieds.
- Les coups sur le crâne.
- La survie éventuelle.

Pratiquement tout le monde a suivi le scénario lancé a priori dès le premier jour par le commissaire Sébeille : la fillette dormait dans la voiture, elle a jailli pendant la fusillade, elle s'est enfuie en courant vers le pont, elle est tombée à genoux en haut du talus où son assassin l'a rejointe et lui a asséné deux ou trois coups de crosse avant de jeter l'arme dans la Durance. Mais ce scénario ne tient pas à l'analyse, et il est étonnant que personne n'ait alerté. C'est le scénario que donnera Gaston, montrant qu'il ne fera que répéter ce qu'il a entendu, vu ou appris, ce qui, on commence à le savoir, ne correspond pas à ce qu'il s'est passé.

La blessure à l'oreille

Objet contondant ou balle de gros calibre ? L'objet contondant a immédiatement été reconnu comme le talon de crosse de la carabine avec sa plaque de couche métallique.

La fillette, terrorisée lors de l'attaque se serait évanouie sur le bivouac. Transportée sur le talus, la blessure latérale (oreille et maxillaire) aurait alors pu être occasionnée par un premier coup de crosse manqué. Autre possibilité, si la tête avait été appuyée contre une grosse pierre tranchante, la blessure aurait pu être provoquée par contrecoup lors des frappes. Mais, s'il y avait là quelques petites pierres, aucune assez grosse ne se trouvait contre la tête. Celle qui est visible sur la photo en était trop éloignée, pas assez massive ni tranchante.

Autre hypothèse de Jean-Charles Deniau et Madeleine Sultan (oc p. 290 & 291, 294 à 296) : la fillette jaillissant de la voiture, aurait été frappée d'un coup de crosse quasi à la volée[1]. C'est aussi celle de Léon Dominici[2] et encore le scénario du commissaire Chenevier. Pour eux, elle serait tombée inanimée près du puisard, et aurait été achevée quelques heures après ses parents au même endroit. Le sang de la mare serait donc le sien. Son meurtrier serait ensuite allé jeter l'arme dans la Durance, à cent mètres de là. Elle aurait enfin

1 Le tueur aurait dû tenir son arme par le canon et frapper dans un geste de joueur de golf. Deux configurations peu probables en l'occurrence.

2 Mémoire de juin 1955 (cotes A 57 à 60).

été transportée plus tard sur le talus. Selon Léon Dominici, pour éloigner le corps trop proche de la route donc visible. Or ce scénario contredit d'abord le constat qu'aucun couchage n'était installé à l'intérieur de la voiture qui était fermée à clé. Comme on l'a déjà dit, si la fillette voulait tant dormir à la belle étoile, elle était sûrement couchée dehors près de sa mère.

Ensuite comment le sang et l'éclat de crosse se seraient-ils retrouvé sous et près de sa tête sur le talus et non près de la voiture ou dans la mare près du puisard ? Sans parler d'intercaler le temps de la frappe dans le rythme des coups de feu. Mais encore la position du corps sur le dos, l'état controversé de la plante de ses pieds et de son corps au matin, comme la propreté de son pyjama, l'état de son visage, la configuration de ses traumatismes, et le déplacement au sol selon le capitaine Albert, sans même parler des aveux et de la reconstitution, rendent ce genre de scénario impossible.

En revanche, une éraflure par balle, rend parfaitement compte de la morphologie de la double blessure à l'oreille et au maxillaire. C'est d'ailleurs l'avis des légistes qui retiendront une balle tirée pendant une course éperdue de la fillette vers la Durance, qui sera finalement la thèse de l'accusation.

Une blessure par balle perdue pendant la tuerie est bien sûr à l'extrême rigueur possible, mais très improbable au vu des trajectoires possibles.

Reste l'hypothèse la plus vraisemblable : la blessure à l'oreille pourrait simplement provenir de la balle **5-5'** ayant traversé le bras de Lady Anne. Dans l'hypothèse du couchage extérieur côte à côte, réveillée en pleine nuit mère et fille se seraient dressées.

Sous la menace, la fillette se serait réfugiée dans les bras de sa mère. Tandis que celle-ci l'enlaçait, protégeant la tête de sa fille avec son bras droit, cette dernière aurait enserré le buste de sa mère en collant sa joue gauche contre son côté droit. Il suffit de faire mimer ce geste, pour se rendre compte que l'angle et de la trajectoire **5-5'**, qui a fracturé l'humérus de Lady Anne, passerait en ressortant exactement dans la zone de l'oreille droite de la fillette, provoquant les deux blessures : échancrure du lobe et excoriation latérale.

Sous ce premier impact, la fillette et sa mère auraient été projetées au sol. Avec le choc traumatique ajouté à celui de la terreur, la fillette aurait perdu connaissance. Si on en croit le *journal intime* de son père retrouvé dans leur maison de Nottingham, et publié par *Paris-Match* le 7 septembre 1952 : « *Elle a une terreur morbide de la douleur physique : elle ne peut souffrir l'idée d'une piqûre ou d'une vaccination* ». Et il ajoute qu'elle fait souvent des cauchemars.

Au vu de la blessure à l'oreille et à la mâchoire, le tireur aurait pu croire que la fillette avait été tuée sur le coup, et l'abandonner sur le lieu du drame.

La blessure étant superficielle n'aurait pas laissé d'écoulement notable de sang près de la voiture.

La plante des pieds
On a vu que selon le scénario du commissaire relayé par Jacques Chapus, la fillette aurait couru quelques 80 m pieds nus sur un sol agressif. Or, les docteurs Girard et Nalin seront formels, et d'accord avec leur confrère Dragon, sur l'absence totale de marques sur la peau délicate des pieds nus de la fillette, au contraire du commissaire Sébeille qui soutiendra avoir constaté la présence de poussière et de marques légères. Et, bien que l'heure de son arrivée sur les lieux permette au moins d'émettre quelques doutes sur sa certitude, c'est son avis qui prévaudra sur celui des trois médecins. Et on comprend pourquoi. Si elle n'avait pas couru, il aurait fallu admettre que la fillette avait été transportée, donc se demander à quel moment, par qui et pourquoi. Et ces questions contrariaient le scénario du commissaire qui deviendra le *livret* de l'accusation.

Les coups de crosse
Suivant scénario du commissaire Sébeille et l'invraisemblable reconstitution, l'accusation admettra que la fillette, tombée à genoux face à son agresseur, a été frappée par un seul coup dans cette position. Or un tel scénario ne correspond ni à la configuration des blessures et traumatismes, ni à l'état du pyjama, au sang sous sa tête avec l'éclat de crosse, ni au fait que les médecins aient cette fois tous été d'accord pour dire que sa tête avait dû être appuyée au sol lors des coups de crosse. Il ne fait donc déjà pratiquement aucun doute que la fillette a été achevée couchée sur le talus, là où on l'a trouvée.

D'abord, si elle avait couru et était tombée en bout de course, sans doute se serait-elle plutôt affalée sur le ventre et ses mains auraient-elles pu être égratignée par le sol, comme son pyjama sali. Or elle était sur le dos sans aucune trace de ce genre. Même si le capitaine Albert montrera, hélas seulement lors du supplément d'information, que le corps a été traîné au sol sur le dos, l'avant du corps ne montrait aucune trace de retournement. D'autre part, sa traînée au sol sur un mètre n'ayant laissé aucune trace d'écoulement de sang, signifie qu'elle devait donc être évanouie et n'avait pas encore été frappée. Car, si elle avait été tirée après, il y aurait eu au moins une traînée de sang sinon deux taches.

De plus, au matin le docteur Dragon avait vu que le visage était serein, confirmé par le légiste Nalin à la barre et la photo des gendarmes. Or on imagine mal la fillette gardant un visage serein et face à son meurtrier. Elle se serait plutôt recroquevillée en protégeant sa tête avec ses bras. Or ceux-ci ne portent, comme le reste du corps, pas la moindre trace de violence.

D'autre part, là encore n'importe qui peut en faire l'expérience : il suffit de prendre en main un bâton d'environ 80 cm, de se mettre face à un enfant de 10 ans à genoux, puis d'amener le bout du bâton sur son front. D'abord on remarquera tout de suite qu'il faut se reculer de deux pas. Ensuite, pour frapper, deux mouvements sont possibles : l'un dans l'axe du corps en brandissant l'arme au-dessus de sa tête comme lorsqu'on fend du bois avec une hache, l'autre en swing latéral comme dans un mouvement de golfeur. Le premier mouvement aboutira sur le sommet du crâne, le second sur l'une des tempes. Or, ce ne sont pas les configurations des impacts que décrivent cette fois très précisément les légistes : deux coups parfaitement symétriques en forme de **V** ouvert vers le haut, ont été portés sur le front, fracassant la boîte crânienne en partant des arcades sourcilières, mais sans affecter les globes oculaires ni le visage ni la partie frontale du cerveau. Ce qui signifie que la crosse de la carabine a frappé dans un mouvement remontant des arcades sourcilières vers le front et non l'inverse qui aurait endommagé les globes oculaires et le visage. Or, pour frapper de la sorte en remontant, il n'y a qu'une seule possibilité, la fillette qui couchée sur le dos et devait être évanouie. Car sinon, même étendue au sol, elle ne serait pas restée à attendre s d'être frappée. Elle se serait sinon détournée ou recroquevillée, du moins protégée avec ses bras.

Enfin, pour que les coups remontent des arcades vers le front, il faut nécessairement que son meurtrier se soit tenu debout derrière sa tête. Et il l'a frappée comme avec une hache, un coup légèrement orienté à droite, un coup à gauche. De nouveau facile à mimer. On note immédiatement que la précision des deux coups montre que le meurtrier maîtrisait parfaitement ce genre de geste. De robustes paysans comme Gaston ou Gustave avaient évidemment la force de frappe. Mais si Zézé était moins robuste, il maîtrisait sûrement la précision des gestes car il était apprenti boucher et on sait qu'il aimait assommer les animaux de boucherie. Restons-en là pour le moment.

La survie éventuelle

La possibilité d'une survie pendant un certain temps sera défendue par le docteur Dragon dès le 5 août au matin, lorsqu'il constatera l'absence de rigidité du petit corps alors que ceux des parents étaient « *raides comme des morceaux de bois*[1] ». Le légiste Girard étant passé juste après lui sur les lieux, comment pourra-t-il, lors de l'autopsie, faire remonter la mort de la fillette à la même heure que celle de ses parents ?

Bien sûr, on ne savait pas encore que Gustave l'avait trouvée vivante à l'aube. Pendant l'enquête, on l'a dit, lorsque les légistes Girard et Nalin seront interrogés à ce sujet par le commissaire Constant[2], ils conforteront l'avis de leur confrère Dragon, mais en fixant la survie maximale à une heure. De son côté, le docteur Dragon reviendra souvent sur ce point auprès du commissaire Sébeille et du juge Périès, mais en vain. La question sera débattue et jugée lors du procès de Gustave en correctionnelle. Et elle sera bien sûr évoquée lors de

---

1 PV n° 387/108 du commissaire Constant en date du 16/10/52 (cote D 126).

2 PV n° 381/102 & 103 du commissaire Constant en date du 15/10/53 (cotes D 120 & 121).

celui de Gaston devant la Cour d'assises. Mais les avis des légistes et du docteur Dragon ne seront pas retenus, car ils remettaient en cause *la chose jugée* lors du procès de Gustave. Deux questions demeurent donc en interagissant de façon circulaire :

- À quelle heure la fillette a-t-elle pu être frappée ?
- Combien de temps a-t-elle pu survivre ?

Les réponses ne peuvent être supputées qu'à partir des constats du docteur Dragon et des dires de Gustave lors de ses dépositions de novembre 1952[1]. Or, si les constats du docteur apparaissent constants et fiables, il en va tout autrement des dires de Gustave. Quitte à se dédire, il admettra au moins une fois être monté au bivouac vers 2 h 30. Et selon ce qu'on en retient, la survie de la fillette pourrait avoir été plus probablement différée jusque vers 5 h 30. Selon les avis du docteur Dragon et des légistes, la survie aux coups ne pouvant dépasser une heure, signifie que même si la fillette avait été achevée juste après ses parents, et que Gustave l'avait vue encore en vie vers 2 h 30, il n'était pas possible que la rigidité n'ait pas fait une partie de son œuvre au moment des constats du docteur Dragon, c'est-à-dire plus de six heures après. Il est vrai que la rigidité survient plus lentement chez les enfants que chez les adultes. Et on sait aussi qu'il faisait relativement chaud cette nuit-là, avec un léger vent de sud.

Les avis concordants des docteurs Dragon, Girard et Nalin mettant en difficulté la chronologie immédiate retenue par l'accusation, lors du procès de Gaston, la Cour demandera impromptu l'avis du docteur Jouve, traumatologue réputé et expert assermenté, qui n'avait pourtant ni visité les lieux, ni examiné la fillette, ni même et surtout consulté ses confrères. Et ce spécialiste viendra affirmer que la survie aurait pu être de plusieurs heures. Il appuiera son avis sur les exemples de traumatismes causés il est vrai par un seul choc accidentel, et notamment sur un homme adulte[2]. C'est donc l'avis du docteur Jouve qui sera retenu, sans doute parce qu'il sauvait la thèse de l'accusation. En effet, tout décalage d'un meurtre situé trop loin après ses parents, aurait impliqué d'abord un transport de la fillette en lieu et place d'une poursuite, donc obligé à envisager une ou des complicités, et éventuellement plusieurs meurtriers. Et cela personne n'a même voulu l'envisager.

C'est en se rappelant le *ron-ron* que Gustave dira avoir entendu à l'aube avec mouvement de bras, qu'Alain d'Orso, de nouveau le premier et le seul, a posé un diagnostic inédit. Il lui apparaît qu'étant plongée dans le coma et restée couchée sur le dos pendant des heures, la fillette s'est progressivement asphyxiée avec son propre sang inhalé depuis la cavité nasale et descendue par la gorge et les bronches jusque dans les poumons. Le ron-ron est la manifestation de cet engorgement sanguin des voies respiratoires, tout comme l'écoulement de sang des poumons constaté lors de l'autopsie. Le temps passé

1 Notamment cote D 196 et sq que nous verrons en détail en temps utile.
2 Il s'agissait de Roger Autheville accidenté en scooter peu avant le procès. Voir en annexe.

entre les coups de crosse et la mort, pourrait donc avoir été conditionné par l'importance de cet engorgement jusqu'à l'asphyxie. C'est donc un diagnostic capital, et qui ajoute une nouvelle dimension d'horreur à ce meurtre comme sur le fait que personne de La Gran'Terre n'a porté secours à la fillette, même si à l'époque elle n'aurait, malgré tout, sans doute pas survécu[1].

HYPOTHÈSE DE SCÉNARIO GÉNÉRAL PROBABLE

Pour Lady Anne et sa fille

Le scénario qui a émergé de cette laborieuse mais indispensable analyse, après de multiples hypothèses et essais combinatoires, suit un enchaînement selon les croquis en **A, B, C**, et **D** en plan page suivante.

Au moment de l'attaque, Lady Anne et sa fille se sont par exemple levées d'un bond près des lits de camp (un seul est représenté). Lady Anne était-elle chaussée des sandales trouvées sous le coussin ? Là, deux hypothèses inverses selon le sens du bivouac. Mais comme le plus probable serait que le couchage ait été établi dans le sens de la voiture. Le premier tireur aurait surgi par l'avant de la Hillman en **A**. Instinctivement, Lady Anne et sa fille lui tournent à-demi le dos pour se protéger. L'homme fait feu avec une arme de poing qui fracasse l'humérus de la mère en blessant sa fille à l'oreille. Sous l'impact et dans un mouvement réflexe de fuite, elles tombent au sol. Lady Anne se retrouve allongée tête vers l'arrière de la voiture. En tombant, elle a lâché sa fille qui reste à terre, évanouie.

Le second tireur, armé d'un mousqueton, peut-être la carabine US, était entré sur le bivouac en Ce **B** par l'arrière de la voiture. Lady Anne se redresse péniblement sur son bras gauche valide en basculant à demi sur son flanc droit, en levant la tête pour faire face. La douleur lui arrache gémissements et suppliques. Épaulant, ce tireur fait feu. Le coup **6-2** la couche au sol. Le tireur fait un pas en **C**, et porte immédiatement le coup **1-3**, toujours à l'épaulé. Ces deux coups, qui visaient évidemment le cœur, l'ont raté. Comme elle gémit encore, le premier tireur avance alors de deux pas en **D**, et donne le coup de grâce en **7-4-2^{e}D**, toujours en direction du cœur, qui est atteint cette fois. Lequel des deux tireurs vient-il alors retourner le corps sur le dos pour constater la mort ? C'est pourquoi, toutes les plaies se trouvant sur le devant du buste, il n'y a pas d'écoulement de sang près de la voiture, l'hémorragie demeurant interne, au contraire de la dernière position allongée sur le ventre

---

1 On sait aujourd'hui que, si la fillette avait pu être admise dans un environnement hospitalier adéquat, elle aurait pu survivre avec des séquelles plus ou moins lourdes. Ce qui signifie que les coups n'étant pas mortels, la fillette n'a pas pu succomber des suites de son traumatisme crânien, mais bien par auto-asphyxie.

après déplacement. La blessure à la tête fera croire aux tueurs que la fillette est également morte.

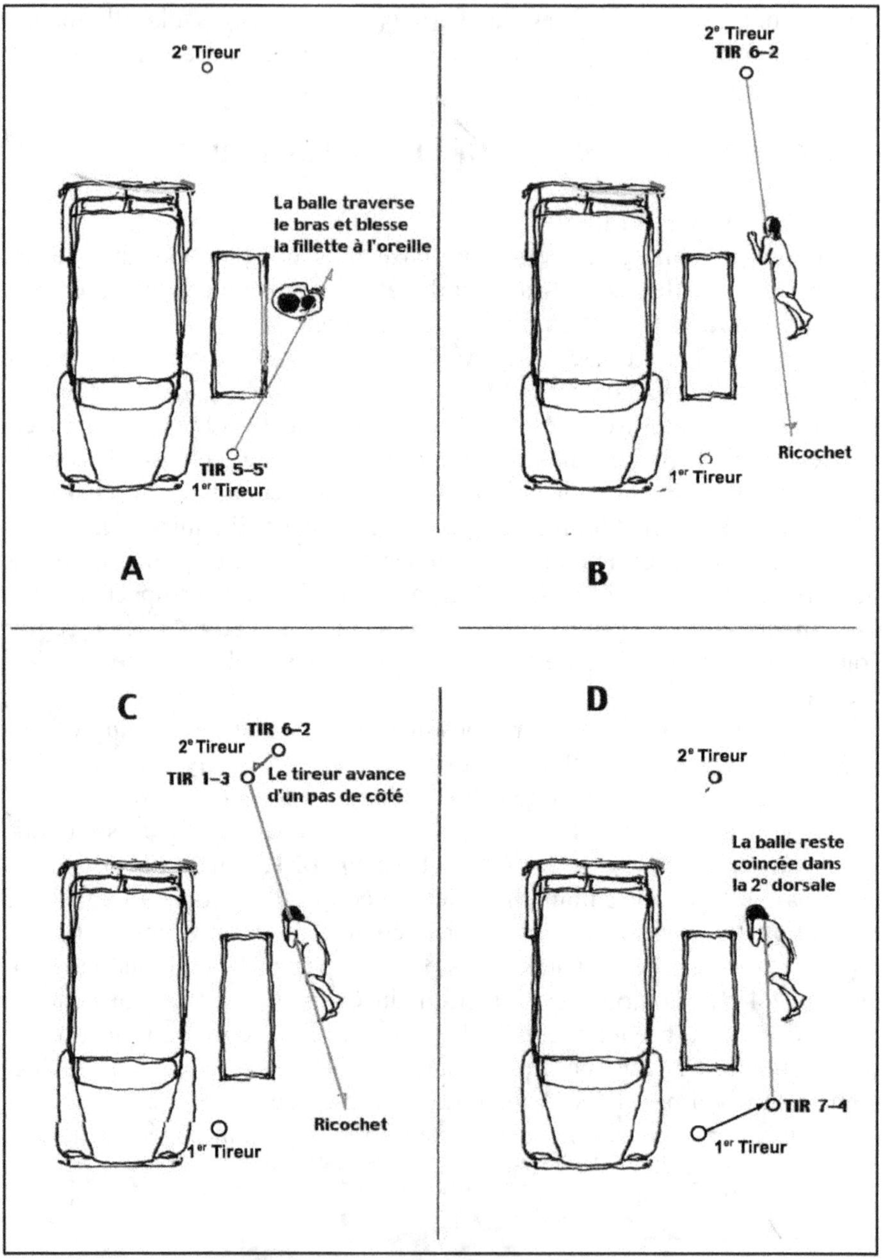

Schéma du scénario cohérent donc probable pour Lady Anne.

Comme on le voit, le cas de Lady Anne est beaucoup plus difficile à analyser que celui de Sir Jack. Cet enchaînement ne constitue, au sens strict, qu'une hypothèse. Et elle est à ce titre contestable. Mais elle est établie avec méthode, sans aucun a priori, par le résultat d'analyses cohérentes, de tests divers et d'expériences. Elle ne peut être balayée d'un revers sans un démontage aussi méthodique aboutissant à un autre scénario aussi cohérent.

Enchaînement cohérent de l'ensemble du drame

Après avoir analysé les probabilités balistiques et les positions relatives probables des tireurs à partir des autopsies et de l'état des lieux, il faut maintenant tenter d'établir un scénario complet enchaînant les trois meurtres en intégrant le scénario de celui de Sir Jack et celui de Lady Anne, avec celui de la fillette blessée et restée inanimée sur le bivouac avant d'être transportée et achevée plus tard au-delà du pont.

Mais rappelons d'abord les circonstances et témoignages sur le rythme des tirs :

- À Dabisse, Roche pourtant debout et dehors, entend seulement quatre coups rapprochés.
- Du Plan-des-Mées, Franco entend depuis sa chambre comme un doublé de chasse, puis trois ou quatre coups plus espacés.
- À La Gran'Terre côté bivouac, de leur chambre Gustave et Yvette diront d'abord deux coups espacés puis trois ou quatre, plus rapprochés. In fine, ils en rajouteront un septième plus espacé.
- Côté cour, Gaston est réveillé par son chien, et n'entend que quatre coups.

On a donc deux groupements de tirs. Le premier avec seulement quatre coups sans mention de rythme pour Gaston et Roche. Le second avec cinq à six coups, mais rythmés de façon exactement inverse. Un septième coup a été rajouté tardivement par Yvette et Gustave lors de l'instruction, sans aucun doute pour conforter les aveux de Gaston avec un dernier coup de feu qu'il aurait tiré sur la fillette en fuite.

- Retenons que le rythme moyen des tirs a été très rapide, en deux dizaines de secondes au maximum. Un seul tireur ne disposerait donc pas d'assez de temps pour les changements de position nécessaires.
- Retenons ainsi que Lady Anne a été atteinte de deux directions opposées et donc sans doute par deux armes différentes, donc par deux tireurs.
- Répétons enfin que les orifices de sortie sur Sir Jack étant un peu plus gros que ceux sur Lady Anne, et plus puissants pour briser une lombaire, une troisième arme est donc probable.

Il s'en suit qu'il ne peut y avoir moins de trois tireurs, l'un tirant à la hanche sur Sir Jack, un autre à l'épaulé sur Lady Anne, et sans doute un troisième avec une arme de poing, blessant en même temps sa fille et achevant sa mère. Selon toutes les données et analyses, le scénario cohérent complet des meurtres des parents et de la blessure de la fillette, s'enchaîne de la façon suivante :

1- Les trois tireurs arrivent par la route. Tandis que deux d'entre eux prennent le bivouac en tenaille, l'un par l'avant avec une arme de poing, l'autre par l'arrière avec un mousqueton, le troisième, arme à la hanche, reste en protection sur la route à l'arrière de la voiture.
2 - Lady Anne déjà debout ou levée d'un bond, prend sa fille dans ses bras. Elles tournent le dos au tireur arrivé par l'avant de la voiture, lequel les a mises en joue avec une arme de poing. Lady Anne se met à crier. Le tireur fait feu blessant Lady Anne au bras et sa fille à l'oreille. Toutes deux tombent au sol sous l'impact. La fillette s'évanouit.
3 - L'autre tireur entré par l'arrière sur le bivouac, enchaîne avec un premier tir à l'épaulé sur Lady Anne.
4 - Sir Jack parti uriner dans le maquis de l'autre côté de la route, est revenu en courant vers l'arrière de la voiture où l'un des meurtriers se tient sur la route.

Il passe à droite du tireur armé à la hanche.

Celui-ci surpris fait feu dans le dos de Sir Jack.

1 - Sir Jack porte sa main droite à sa poitrine blessée en trébuchant, penché en avant avec un pas de côté sous le premier impact.
2 - La seconde balle tirée à la hanche, atteint Sir Jack dans les lombaires, ressort près de la première et le blesse à l'inter-phalangien de la main avec laquelle Sir Jack tente de se rattraper ensuite au pare-chocs de la voiture où il laisse un lambeau d'aponévrose.
4 - Pendant que Sir Jack fait quelques pas en zigzag pour s'écrouler près du puisard, nouveau tir à l'épaulé sur Lady Anne.
5 - Le premier tireur vient alors achever Lady Anne d'un dernier tir mortel.
6 - Qui va vérifier enfin l'état létal des victimes, retournant Lady Anne sur le dos et laissant Élizabeth pour morte ?
7 - Par qui et quand le corps de Lady Anne sera-t-il déplacé ?
8 - Par qui et quand le corps de Sir Jack sera-t-il transporté de l'autre côté de la route ?
9 - Par qui et quand la fillette sera-t-elle transportée et achevée ?

Cette séquence donne un rythme des tirs : Pan (LA 5-5') - Pan (LA 1-3), Pan (SJ-1), Pan (SJ-2), Pan (LA 6-2) - Pan (LA 7-4-2^{e}D), qui ne correspond exactement à aucun des nombres et rythmes complets donnés par Gaston, Gustave et Yvette, puis Franco et Roche, sauf pour le décalage du premier et du dernier tir. Ce qui est normal, surtout dans un temps très court. On sait depuis toujours que la mémoire du nombre et du rythme de tirs est difficilement exacte dès lors que le nombre dépasse trois ou quatre au maximum, sans parler de rythmes rapprochés plus difficiles à mémoriser.

Un autre scénario est-il possible ?

Il serait présomptueux de l'exclure. Bien sûr, de nombreux autres scénarios ont été envisagés et testés, mais aucun complet, détaillé et surtout cohérent avec l'ensemble des éléments, n'a pu être établi. Parmi ceux-ci, examinons au moins celui d'Alain d'Orso. Il retient un départ accidentel du drame, notamment en se souvenant de la suggestion que fera Guérino à Gaston lors des aveux.

Lors de sa visite au Musée de la gendarmerie, en faisant le geste instinctif d'écarter la menace du canon contre sa poitrine en le rabattant latéralement, Alain d'Orso a fait le rapprochement avec le geste de Gaston ayant dit que Sir Jack avait saisi la carabine par le canon pour se dégager. Ce geste pourrait avoir causé la blessure inter-phalangienne à la main qui aurait enserré le collier, tandis que le geste aurait déclenché accidentellement le premier tir. Et, hasard, ce coup de feu latéral involontaire aurait atteint Lady Anne au bras alors qu'elle était debout près des lits de camp avec sa fille.

Sir Jack se trouvant alors avec le tireur à l'arrière de la voiture, ce serait dans le mouvement de se précipiter vers sa femme, qu'il aurait été frappé deux fois dans le dos en se blessant au thénar, et trébuchant jusqu'au puisard comme nous l'avons décrit. Jusque-là le scénario est donc possible.

Mais ensuite ? Déjà, atteinte par une balle tirée depuis l'arrière de la voiture, Lady Anne n'aurait pu être projetée au sol que la tête en direction du pont. Et, dans cette position, le tireur aurait pu porter le coup **7-4**, mais plus les coups **6-2** et **1-3** sans se déplacer au-delà de la tête d'une dizaine de mètres, - pour quelle raison ? -, et surtout avant le coup mortel. Il est donc évident que ce scénario n'est pas possible.

Conclusion générale après analyses des autopsies

On a donc pu constater que les descriptions, avis et conclusions des légistes étaient pour le moins et en partie inexacts et incomplets, donc trompeurs, sauf pour Élizabeth. De plus, lors des enquêtes, de l'instruction et du procès, ils n'ont même pas été pris en compte, ni analysés, ni mis en corrélation comme ils pouvaient l'être, notamment pour établir avec méthode certaines caractéristiques des trajectoires, des positions relatives entre les victimes et les directions de tir, donc le nombre et la position des tireurs. De même les implications d'un transport de la petite Élizabeth évanouie, puis de son achèvement différé, seront éludées parce qu'elles contrariaient un scénario a priori retenu par l'accusation.

Le commissaire Sébeille et tous les enquêteurs, puis à leur suite la presse et les auteurs, s'ils n'avaient été bloqués très tôt par les a priori d'une seule arme, d'un seul meurtrier et d'une séquence sans hiatus entre les meurtres des parents et celui de la fillette, auraient donc pu, dès avant le départ du commissaire en vacances le 6 septembre, engager bien des déductions qui les auraient aidés à établir certains faits probables, donc à chercher dans la bonne direction. Bien sûr, il est facile de le dire aujourd'hui avec le recul du temps et tous les éléments avérés depuis, alors que dans le rythme de l'actualité, enquêteurs et magistrats avançaient au fur et à mesure, toujours en partie éborgnés et assourdis par leurs intuitions, leurs convictions et la volonté de conclure. Pressés aussi qu'ils étaient par leurs hiérarchies et la *vox populi* au travers d'une presse fouineuse, impatiente et vengeresse, sans parler des implications politiques.

Bien sûr, on aura noté que trois armes et trois tireurs correspondraient, trop bien à un traquenard plutôt qu'au scénario de l'accusation. Mais attention à ne pas nous laisser enfermer dans un autre processus d'a priori prématurés à la manière du commissaire Sébeille. Car, si Gaston ne peut plus être le seul assassin, on a déjà vu qu'il y avait sans doute cette nuit-là à La Gran'Terre trois ou quatre hommes et plusieurs armes.

Certes, il peut sembler aux partisans de l'accusation que tout ce qui vient d'être méthodiquement analysé n'est qu'un empilement de suppositions. Mais même Jean-Louis Vincent, grand professionnel, qui n'a pas mené des analyses aussi approfondies ni proposé de scénario complet donc convaincant, finit par admettre au moins deux tireurs.

Si on s'en tient à la seule objectivité des éléments matériels, faits et analyses, sans aucune intention ou projection, il apparaît surtout qu'il faut aussi se garder d'enchaîner le meurtre des parents et l'achèvement de la fillette. En effet :

- Ils sont séparés dans l'espace et le temps.
- La carabine US ayant servi à assommer la fillette n'est pas formellement l'une des armes ayant servi à tuer ses parents.
- S'il est évident que la fillette a été achevée pour éviter le risque qu'elle puisse identifier les meurtriers de ses parents, cela signifie que le mobile des meurtres des parents, est différent de celui de leur fille.
- Celui qui l'a transportée n'est pas forcément celui qui l'a achevée.
- Ce ne sont pas forcément l'un et/ou l'autre de ceux qui ont tué ses parents.

À nouveau, ces retenues peuvent sembler spécieuses. Mais n'est-ce pas que l'énigme comporte d'évidence plusieurs serrures. Et même imbriquées pour n'en former apparemment qu'une seule, chacune a sa clé qui ne fonctionnera que de façon combinatoire. Cette hypothèse que personne n'a envisagée avant de se lancer dans la désignation du ou des coupables, suppose une configuration qu'on voit émerger bien plus complexe qu'on ne l'imaginait. Il faut donc rester sur la réserve tant que tout le dossier n'aura pas été entièrement épluché et analysé, les autres sources et environnements explorés et mis en corrélation.

Constat important

Personne ni les policiers et gendarmes, ni les magistrats et avocats, ni les auteurs, n'ont laissé traces d'une simple remarque sur la séquence des tirs. Personne ne s'est étonné du résultat qui aurait dû apparaître ici à tout professionnel, comme exceptionnellement efficace. En effet, hasards peut-être mais poussant à nouveau loin dans l'improbable :

- Les six coups ont été portés de nuit sans vraie visibilité, même avec le grand clair de lune.

- Les tirs ont concerné trois cibles en positions différentes dont l'une au moins était en mouvement.
- Le rythme des tirs a été très rapide au point de ressembler à une rafale.
- Les tirs ont été portés en une séquence parfaitement coordonnée.
- Toutes les balles ont touché leur cible avec une étonnante efficacité.

Il faut dire qu'aucun des intervenants ou auteurs, même policiers et gendarmes, sans parler de Gustave, seulement chargé de taches annexes chez les FTP, n'a eu d'entraînement ni de pratique qu'au mieux en stand de tir, et sauf exception, avec des armes de poing. Aucun n'a pratiqué le tir militaire de nuit en opération extérieure avec des armes de guerre. Ainsi, aucun n'a même pensé au tir à la hanche.

Ce qu'il s'est passé cette nuit-là relève donc d'un genre d'opération qui exclut qu'il se soit agi de *branquignols*. Elle suggère au contraire des gens entrainés et organisés, plutôt qu'une improvisation de chasseurs même chevronnés et braconniers de nuit, ou même d'anciens maquisards, sans parler d'un seul homme, surtout ivre et furieux. Car on sait l'effet de l'alcool et de la colère sur la maîtrise et la précision des gestes. On peut donc seulement affirmer que Gaston n'a pas pu être, a minima, l'unique meurtrier des parents, quant à la fillette…

*

X

L'ENQUÊTE CRIMINELLE

*

Bien sûr, au moment où l'enquête commence le 6 août, policiers, gendarmes et magistrats ne savent pas encore, comme ici, tout ce qu'ils vont apprendre pendant deux ans, puis ce qui pourra résulter de la révision des éléments des faits avec la vision que peut réserver le temps écoulé et les nouvelles découvertes. En expertisant le dossier, répétons qu'il ne s'agit pas de suivre la chronologie d'émergence des évènements dans le but de créer un suspense, mais seulement de donner l'ordre de leur survenance, c'est-à-dire en prenant soin de ne jamais intervertir les causes et les effets. Ainsi sont nécessaires, au fur et à mesure, toutes les références avec notes de bas de page, plutôt qu'en fin d'ouvrage.

Premières erreurs de stratégie

Dès le 5 août, le comportement des habitants de La Gran'Terre est déjà apparu sinon suspect, du moins curieux. Mais déjà le commissaire n'en tirera pas parti et perdra un avantage qu'il ne rattrapera pas.

Côté Gran'Terre, lorsque plus tard le commissaire demandera à Gustave comment il a pu découvrir le corps de la fillette, et ne pas aller aussitôt voir du côté des parents, la réponse sera stupéfiante : il a eu peur, car il a pensé que les parents pouvaient être les assassins de leur fillette. Et il ajoutera plus absurde encore, que ça se voyait tous les jours[1]. Et pourquoi, après avoir mandaté le motard Olivier, est-il revenu soigner ses bêtes plutôt que de porter secours à la fillette, et pourquoi un peu plus tard, est-ce Yvette enceinte qui est partie à vélo pour aller téléphoner, et non Gustave, l'homme, avec sa moto ?

Malheureusement, il n'est pas outre mesure étonnant que personne n'ait réagi. Bien que cela soit de plus en plus difficile à comprendre aujourd'hui, c'est encore une manière rurale survivante, surtout en Provence profonde, que de ne pas se mêler des affaires des autres, surtout étrangers, et d'opposer de

---

1 PV n° 387/10 du commissaire Sébeille en date du 8/8/52 (cote D 18). Ce sera encore sa réponse devant les assises. Et ce sera la position toujours défendue par Yvette.

surcroît un retranchement farouche face à toute intrusion, surtout si elle risque de nuire. *Qui se mêle, rien ne démêle*, prévient le dicton provençal que citeront Gaston et Yvette. Il faut savoir que, même s'il ne peut sans doute pas aller aussi loin dans l'indifférence, le réflexe perdure encore dans la campagne profonde de l'arrière-pays provençal, masquée par le poncif touristique de la Côte d'Azur. Comme l'œuvre de Giono le montre bien, cet aspect ethnologique, beaucoup plus contrasté que de nos jours, a largement perverti la perception des attitudes et des réactions de la famille Dominici, comme aussi des autres gens du cru. Et bien sûr, il est encore plus difficile à percevoir aujourd'hui.

La ligne de défense des Dominici apparaît alors simple dans sa brutalité : des Anglais se sont installés là, c'était leur affaire ; à la ferme le problème c'était l'éboulement ; Gustave est allé à Peyruis prévenir Roure ; puis on s'est couchés comme d'habitude ; vers 23 h, un étranger est entré dans la cour et il en est reparti avec femme (et enfant) sur une grosse moto ; tout le monde s'est rendormi ; on a ensuite été réveillé peu après 1 h du matin par des coups de feu ; on a bien pensé aux Anglais, mais pourquoi serait-on allé voir ; Gaston s'est levé comme d'habitude vers 3 h 30, et il est parti faire paître ses chèvres ; comme d'habitude aussi, Gustave s'est levé vers 5 h 30 ; en allant voir où en était l'éboulement, et il a entendu un ronron et découvert le corps de la fillette ; personne n'est retourné voir la petite, ni le bivouac, ce n'était pas leur affaire ; après avoir mandaté Olivier on a attendu à la ferme qu'arrivent les gendarmes ; on n'a rien vu ni entendu, et on ne sait rien ; on se serait bien passé de ce drame tombé à côté de la ferme par le seul hasard de la proximité. Point final.

Bien sûr, cette première ligne de défense, mais aussi la première version de leur nuit et du matin donnée par les Dominici, on l'a vu, ne correspond pas à la réalité. Le maquis des déclarations va varier selon les gaffes, imprévus, révélations, évolutions, dénonciations, aveux et rétractations, mensonges, dénis et défausses qui, sans parvenir à vraiment colmater les brèches et maladresses successives, vont construire une sorte de labyrinthe où tout le monde s'est peu ou prou égaré.

Gustave, pour le moins surpris de trouver la fillette encore vivante de grand matin, est bien sûr allé s'occuper du bivouac. S'il n'a pas alors enfourché sa moto pour aller à Oraison signaler le drame, c'est sans doute parce qu'Yvette en a décidé autrement. Rappelons que Gaston n'était sans doute plus là. Même si on sait de façon certaine que Gustave est retourné sur le bivouac pour avoir le temps de modifier l'état des lieux, il le niera et, lorsqu'il l'admettra, il n'en donnera jamais un scénario exact, complet et cohérent, ni avec des raisons convaincantes. Et c'est donc bien l'irruption imprévue du motard Olivier surprenant Gustave émergeant de derrière la voiture, qui est le premier grain de sable dans la stratégie des Dominici en engageant une tactique de colmatage. Car, tout de suite, le commissaire Sébeille peut se rendre compte que Gustave au moins ne dit pas tout. A posteriori, il apparaît évident que les lacunes et incohérences dans les premières déclarations de Gustave, et qui vont enclencher le processus de la mise en cause de La Gran'Terre, proviennent du fait qu'il lui a fallu trouver, dans l'urgence, une version essayant de maquiller son irruption de derrière la voiture surprise par Olivier, puis pire, la découverte de la carabine.

A priori de départ

L'enquête de la police, avec l'aide de la gendarmerie dont la plupart des auteurs oublie de répertorier le travail, va durer du 6 août 1952 au 16 novembre 1953, date de l'inculpation et de l'incarcération de Gaston. À cette date, commencera l'instruction proprement dite qui le mènera devant la Cour d'assises, du 17 au 28 novembre 1954.

Dès la découverte de la carabine, au vu de son mauvais état bricolé, le commissaire Sébeille a conclu logiquement qu'elle était locale. Mais il a eu le tort d'extrapoler a priori, et comme tout le monde, qu'il s'agit de l'arme des trois meurtres, et qu'il n'y a qu'un seul criminel qui est donc quelqu'un du coin. Rappelons que le commissaire avait la prétention de posséder une certaine connaissance du milieu paysan, prétention en grande partie motivée par le désir d'égaler son père, policier réputé dans cette spécialité. Combien apparaît touchant ce commissaire, homme fait, qui ose intituler un chapitre de son ouvrage *Le père Sébeille mène l'enquête* (oc p. 135 & sq), où il raconte longuement comment il demande son avis et conseil à ce père[1] qu'il admire tant depuis qu'il était petit garçon, lui l'enfant de la ville qui n'a en réalité jamais côtoyé le monde paysan.

Trop vite, le commissaire va se construire un scénario, et il n'en démordra plus. Il va donc mener son enquête en appliquant la méthode de la mosaïque. Lors de ses investigations, il ne retiendra de ce qu'il trouvera que ce qui confirme son ébauche, et laissera de côté tout ce qui la contredit. Son livre est un plaidoyer qui en donne une parfaite illustration. Et ses a priori seront tels, qu'il aboutira à une accusation mal établie, sans apparemment se soucier des contradictions formelles avec les éléments et indices matériels les moins discutables. Par exemple, il se dispensera jusqu'au bout de proposer un autre mobile que celui d'un paysan salace, irascible et aviné faisant irruption sans raison avec une carabine sur le bivouac de hasard d'une brave famille de touristes anglais sans histoire, pour les obliger à décamper en pleine nuit au nom du martyre de Jeanne-d'Arc et de l'humiliante défaite de Napoléon à Waterloo puis de son exil mortel à Sainte-Hélène. Même si ce n'est pas énoncé de cette façon, ce sera quand même le fondement profond de la conviction du commissaire.

Et c'est en partie cette sorte de *cécité opiniâtre* qui a induit les doutes qui durent encore. Car il est pour le moins étonnant que les enquêteurs, magistrats et avocats, tous professionnels, aient pu, tous, ne rien remarquer des

1 Selon certains auteurs, il l'aurait même amené sur place, ce que le commissaire ne dit pas.

discordances, incohérences, improbabilités et impossibilités, comme aussi des indices que le hasard et les Dominici ne vont cesser de glisser dans leur direction. Mais au matin du 6 août, le dossier n'est pas encore intitulé *Dominici* mais *Triple crime de Lurs*, et doit le demeurer pour nous au fur et à mesure du déroulement de nos analyses, hypothèses et conclusions.

Le commissaire, contrairement à ce qu'il écrira, va très vite suspecter Gustave, jamais Gaston. Même s'il va néanmoins chercher ailleurs, notamment du côté de Maillet, il reviendra toujours vers La Gran'Terre et Gustave. Suivant son flair en quelque sorte. Et, contrairement à ce qu'il en écrit a posteriori, c'est seulement en janvier 1953, qu'il commencera à se tourner vers Gaston. Au final, emporté par la valse des dénonciations, aveux et rétractations, il n'arrivera pas à établir ce qu'il s'est passé, ni à trouver un mobile sérieux. Mais peu lui importera, l'accusation sera bouclée avec l'arme absolue, des aveux, d'évidence douteux, mais qui suffiront à masquer tout le reste.

Décomposer l'enquête

Après ce que nous avons déjà pu établir, soit avec certitude, soit avec un bon degré de probabilité, nous allons éviter de nous perdre dans les méandres de l'enquête, en essayant toujours de sérier les données sans a priori plutôt que de chercher trop tôt une vérité de toute évidence beaucoup plus complexe que ne l'a imaginée le commissaire tout comme ceux qui s'en tiennent à la seule culpabilité de Gaston et même les autres.

L'enquête peut se décomposer en quatre grandes phases :

- Du 5 août au 6 septembre 1952, les trente-deux premiers jours.
- Du 7 septembre 1952 au 19 janvier 1953, y compris le procès de Gustave.
- Du 20 janvier au 12 novembre 1953, les errements.
- Du 13 au 16 novembre 1953, l'assaut final.

Viendront ensuite, l'instruction, le procès d'assises, les autres procédures et suites, dont le supplément d'information.

PREMIÈRE PHASE : LES TRENTE-DEUX PREMIERS JOURS

Déjà commencée le 5 août avec certains manquements préjudiciables, dont le défaut de périmètre de protection des lieux, et le retard masqué de la police et de l'identité judiciaire à arriver sur les lieux, puis les autopsies approximatives, l'enquête va donc se poursuivre dès le 6 au gré des évènements selon les intuitions du commissaire, sans que transparaisse de véritable distribution organique des tâches, ni surtout de protocole méthodique d'investigation. Il sera aussi beaucoup reproché au commissaire de ne pas avoir su se détacher de la médiatisation de ses opérations. Même s'il tentera d'éviter le siège des journalistes[1] et leur cohorte embarrassante, il fera néanmoins trop de confidences, se mêlera trop facilement aux apéritifs et repas avec les uns et les autres. On ira même jusqu'à le taxer de s'être composé une image médiatique, arborant en permanence un fume-cigarette et un foulard. Le commissaire lui-même écrit (oc p. 81) :

> « *C'était pour diminuer ma consommation de tabac que j'avais acheté le fameux fume-cigarette qui ravissait tant les journalistes. Le Maigret de Simenon a toujours la pipe au bec, écrivaient-ils, pourquoi notre Maigret marseillais n'aurait-il pas un fume-cigarette ?* »

Ce détail a son importance dans la mesure où l'usage qu'il faisait de ce fume-cigarette, dont il fera cadeau à Maillet après la mise en accusation de Gaston, à la fin de la reconstitution du 16 novembre 1953, lui a été reproché comme une coquetterie ayant porté préjudice à l'image même de son devoir de réserve.

Mais revenons à l'enquête. Outre tous les recueils de témoignages et vérifications dont on a déjà fait mention, retenons les évènements qui apparaissent comme significatifs de cette première phase :

- 6 août et jours suivants, chasse au propriétaire de la carabine.
- 7 août 15 h, Gustave au lit et perquisition de La Gran'Terre.
- 7 août 17 h, obsèques des Drummond à Forcalquier.
- 8 août matinée, premier interrogatoire de Gustave à Peyruis.
- 15 août, bal à Peyruis.
- 17 août, remise du rapport d'autopsies.
- 29 août, perquisition chez Maillet.
- 3 septembre, second interrogatoire de Gustave à Forcalquier.
- 6 septembre, départ du commissaire en vacances et son remplacement par son collègue Constant déjà sur place à ses côtés depuis quelques temps.

6 août au matin, épisode ignoré

Pendant que le commissaire est parti à la chasse au propriétaire de la carabine, survient un épisode inconnu jusqu'en 2003 quand Jean-Loup Charrier publie un carnet personnel de son père Me Pierre Charrier (oc p. 13 à 15), que curieusement personne n'a cité depuis.

Ce mardi 6 au matin lendemain du drame, Me Charrier va rejoindre sa famille en vacances à Oze dans les Alpes. Il est à moto. Parti de Marseille, il prend l'ex-RN96. Sur la route, juste après l'ancienne gare de Lurs, il aperçoit un attroupement. « *Pensant à un accident à la vue des gendarmes* », il s'arrête. Selon sa propre version, il ne sait donc pas qu'il s'agit là du drame de Lurs, ce qui peut étonner car toute la presse et surtout la radio en ont parlé depuis le midi de la veille. Ce matin-là il y avait sans doute beaucoup de curieux, mais

---

1 Jacques Chapus, notamment, ira jusqu'à coucher devant la porte de la chambre d'hôtel du commissaire à Peyruis.

s'il y a encore quelques gendarmes, c'est seulement pour sécuriser la circulation.

Là, il trouve Lucien Grimaud, journaliste à *La Marseillaise* qu'il connaît bien, car Me Charrier est compagnon de route du Parti. Or, en cette matinée, les journalistes suivent tous le commissaire Sébeille à la chasse au propriétaire de la carabine. Pourquoi le seul Lucien Grimaud serait-il resté là où il n'y a plus rien à voir ou à apprendre ? Dans son carnet personnel, Me Charrier n'a aucune raison d'en masquer la raison : « *L'intervention de* La Marseillaise, *journal communiste, peut s'avérer nécessaire* ».

Rappelons que c'est Grimaud qui va débusquer les témoins de la charlottade et le gendarme Marque. Et le voilà qui emmène immédiatement Me Charrier à La Gran'Terre pour lui présenter les Dominici. Pourquoi ? Me Charrier répond encore :

« *Car à l'époque, le PC fait beaucoup de voix dans les Basses Alpes.*

Lurs n'est-elle pas une municipalité communiste ? »

Et de rappeler que Clovis est un « *militant actif* », et qu'Yvette est la fille de Barth, membre influent à la Fédération départementale du Parti. Si les Dominici ne sont impliqués en rien ni surtout le Parti, pourquoi, au sortir de cette visite, Me Charrier pense-t-il aussitôt que le Parti doit s'impliquer et que les Dominici vont avoir besoin des conseils d'un avocat ?

Bien sûr, la vie est faite de hasards et de coïncidences. Mais on a déjà vu beaucoup de hasards et de coïncidences, et ne serait-il pas plus vraisemblable que Lucien Grimaud ait sans doute été missionné par le Parti sous couvert de sa fonction de journaliste, que Me Charrier ne soit pas passé par là uniquement par hasard, et qu'il n'ait pas été aussi surpris qu'il le dit de tomber sur Grimaud.

Sans mentionner la durée de son séjour à Oze, Me Charrier (oc p. 14) continue sa narration, « *de retour à Marseille* », c'est-à-dire fin août et au plus tard début septembre, il laisse un mot sur le bureau du grand avocat Me Pollak dont il est le jeune associé, ancien résistant et lui aussi compagnon de route du Parti, ténor marseillais que son talent oratoire a fait surnommer *Le Verbe* :

« *Nous avons rendez-vous demain avec les Dominici.* »

Ce rendez-vous n'a donc pu être pris qu'en redescendant d'Oze. Notons que personne n'a mentionné ni cette rencontre, ni ce rendez-vous, donc que les Dominici avaient si tôt eu recours aux conseils discrets de ces grands avocats. On ne sait d'ailleurs pas si ces derniers sont montés à La Gran'Terre, ou si certains Dominici sont descendus à Marseille, car aucune trace de ces déplacements éventuels n'ont été cherchées donc trouvées. Mais on sait que le Parti a toujours eu l'habitude et les moyens de ce genre de discrétion. La seule date certaine, donnée comme première venue des avocats à La Gran'Terre, est le lundi 8 septembre sur laquelle nous reviendrons en détail.

En attendant, c'est la réaction de Me Pollak, que rapporte Me Charrier, qui mérite attention. Car elle est pour le moins surprenante. En effet, Me Pollak laisse à son confrère une note en retour :

« *Quand vous avez des blagues de ce genre, faites-les à D...* »
Et Me Charrier d'explique que ce D… est d'une grande crédulité. Sans doute était-ce un peu tôt pour *entrer dans le dossier*, car il n'y a pas de dossier Dominici, mais seulement un dossier ouvert contre X. En quoi donc le motif donné pour ce rendez-vous par Me Charrier pouvait-il apparaître comme une *blague*, et de quel genre ? Hélas, Me Charrier ne le dit pas. Mais la raison invoquée devait apparaître, en effet, si invraisemblable à son illustre confrère, qu'elle pouvait ressembler à un gag. Qu'on y porte attention : quel genre de blague, à propos de ce drame atroce, pouvait rendre Me Pollak aussi incrédule ?

Voyons donc la version de Me Pollak (oc p. 236 à 238). Curieusement, il ne dit rien de cette *blague*. Mais déjà, comme pour Me Charrier, sa première visite à La Gran'Terre, se fait « *sous la conduite d'un journaliste* », sans autre précision. Curieuse répétition. La première idée qui vient à l'esprit veut que ce journaliste pourrait être le même Lucien Grimaud. Celui-ci aurait ainsi servi d'intermédiaire entre les Dominici et les avocats du Parti sans attirer l'attention. Comme son confrère Charrier, Me Pollak aurait trouvé : « *La Gran'Terre... cernée par la police... et encore plus de journalistes* ». Soit. Mais alors, ce ne pouvait pas être le lundi 8 septembre où il n'y avait plus guère de monde sur les lieux du drame, surtout ni police ni journalistes. Si donc il y avait tout ce monde, c'est un jour où le commissaire y faisait une des investigations qu'on a vues, et personne n'aurait alors remarqué la venue d'avocats à La Gran'Terre. On n'en saura rien. Car Me Pollak poursuit en écrivant : « *Un mois s'était passé depuis ce fatal 5 août 1952, lorsque je fis mon entrée dans l'affaire, appelé par Gustave Dominici* ». Mais cette date est bien celle de l'*entrée* officielle de Me Pollak au secours de Gustave, juste après le 3 septembre, date de son arrestation. Or ce dernier prétendait encore ne pas avoir d'avocat lors de sa mise en accusation le 16 octobre suivant. Ce qui contredit formellement les versions des avocats. Et Me Pollak précise d'ailleurs (oc p. 242) : c'est après que Gustave a été incarcéré pour non-assistance à la fillette, donc le 16 octobre 1952, qu'il a fait son « *premier voyage à La Gran'Terre* », où il dit aussi avoir fait connaissance du père, de la mère et d'Yvette. Or, on verra que c'est le 8 septembre et non le 16 octobre, sinon avant. Me Pollak explique longuement pourquoi Gustave se sentait menacé par l'obsession du commissaire Sébeille, et il continue : « *Gustave pensa à me désigner comme son défenseur lorsqu'il se vit en péril. Il désigna aussi Pierre Charrier et Charles-Alfred de Digne*[1] ».

L'ensemble de la version de Me Pollak, tout en retardant l'intervention des avocats, contredit donc formellement celle de Me Charrier. Mais il faut dire que celle-ci ne sera publiée par son fils que bien après la mort de Me Pollak en

---

1 Me Charles-Alfred n'étant pas alors avocat, mais avoué plaidant, il était tout simplement le correspondant *loco* de MMes Pollak et Charrier. *Loco* du latin signifiant du lieu, désigne ce genre d'avoué plaidant à l'époque, et d'avocat aujourd'hui.

1978, qui ne pouvait donc penser être démenti lorsqu'il a livré sa version. D'ailleurs on imagine mal Gustave, du fond de sa Haute-Provence, aller chercher avocat à Marseille et s'adressant au grand Pollak et consorts. En revanche, Gustave ne pouvait ignorer qu'une telle troïka coûterait beaucoup plus cher que ce que la famille ne pourrait jamais payer.

La différence entre ces deux versions, les dates et le fait que les avocats ne soient apparus publiquement qu'après l'inculpation de Gustave, posent une question à laquelle ils apportent eux-mêmes une partie de la réponse : c'est parce que le Parti se trouve concerné, et que Gustave risque d'être mis en cause. Bien sûr, on peut arguer qu'au début de l'affaire, le Parti défend tout simplement les siens, notamment du fait que les autres médias de droite, font remarquer à charge que La Gran'Terre est sinon communiste du moins se trouve en milieu communiste. On a aussi dit qu'il s'agissait sans doute de faire barrage à l'éventuelle curiosité des enquêteurs sur les maquis FTP et les séquelles de la Libération. Soit. Mais alors pourquoi Me Pollak a-t-il donné une version aussi contredite par les circonstances mêmes, et pourquoi faire comme si c'était le hasard ou le choix de Gustave qui avaient amené ces avocats dans l'affaire ? Certes, on connaît le goût du Parti d'alors pour la discrétion sinon le secret, et d'autant plus s'il était autrement concerné que seulement par le compagnonnage ou l'appartenance des Dominici.

La chasse au propriétaire de la carabine

Cette première journée, lendemain du drame, est racontée de façon différente par la presse et les divers auteurs. La chose peut sembler sans grande importance, mais indique à nouveau combien une restitution fidèle de la réalité est difficile et demande de rigueur et d'attention, car, sauf erreur et aussi incroyable que cela puisse paraître, il n'en demeure ni compte-rendu ni aucun PV.

Comme il vient de l'obtenir dans l'affaire de la Fare-les-Oliviers, le commissaire Sébeille croit que quelqu'un va dénoncer le propriétaire de la carabine. Et il a eu le tort de claironner la veille au soir qu'il allait faire *parler l'arme*. Mais il ne se soucie pas de ce qu'elle aurait pu lui dire, et contrairement à ce qu'il croit, c'est mal connaître le milieu paysan que de penser qu'en de telles circonstances, quelqu'un va venir lui dire à qui elle appartient. Cela équivaudrait à une dénonciation publique pure et simple du criminel, et ce n'est pas le genre des gens d'ici, même quand ils se haïssent, et même si près d'un millier de lettres, dont beaucoup anonymes, viendront dénoncer des choses invérifiables, tournant autour du pot mais sans jamais nommer d'assassin. Au moins, apparaîtra-t-il immédiatement que dénoncer le détenteur de l'arme semblait s'avérer dangereux. Et n'est-il pas au moins naïf de continuer aujourd'hui à propager l'idée que c'est la peur de Gaston qui aurait fait taire toute la région.

Voilà donc le commissaire qui, carabine rafistolée en mains enveloppée dans un journal, commence par monter à la mairie de Lurs, où l'accueil est plus que réservé. Il fait le tour de tout le village, maison par maison, puis du voisinage[1] pour présenter l'arme devant autant de visages fermés. C'est une « *folle journée* » où le groupe des premiers journalistes suit le policier, comme on peut le voir en photos de presse. Mais, on s'en serait douté, personne « *ne connaît* » cette carabine.

Au tour de Clovis

Le commissaire raconte dans son livre mais sans préciser la date (oc p. 82), qu'il pense tout à coup aller présenter la carabine à Clovis. Il faut attendre 1956 pour entendre Clovis donner le « *8 août* ». Dans son rapport final[2], le commissaire Chenevier retiendra le 7. Mais le commissaire Sébeille dit dans son livre que c'est après avoir quitté Clovis, qu'il est allé à La Gran'Terre interroger Gustave comme témoin avant d'aller en fin de journée à Digne chercher une commission rogatoire pour l'interroger et perquisitionner. Or c'est le lendemain 7 après-midi, tandis que se déroule l'enterrement des Drummond auquel assiste le commissaire, que La Gran'Terre est perquisitionnée. Gustave alité, est convoqué pour un interrogatoire à Peyruis qui aura lieu le 8 au matin. Il s'ensuit que la présentation de la carabine à Clovis, n'a donc pu avoir lieu que le 6 après-midi.

Clovis travaille seul sur la voie ferrée près de l'ancienne gare de Lurs. Ayant réussi à semer les journalises, et en présence du seul inspecteur Ranchin, le commissaire dévoile brusquement la carabine enveloppée dans son journal. *Très troublé*, Clovis tombe à genoux. Pressé de questions, il reste un instant sans voix, avant de se ressaisir et de jurer n'avoir jamais vu l'arme et en niant farouchement en connaître le propriétaire. Clovis prétendra plus tard qu'il n'est pas tombé à genoux, mais que c'est sa position de travail habituelle sur les rails, et que son émotion a été suscitée par l'évocation de l'atrocité du massacre. Mais, bien sûr, personne ne peut le croire de celui qui se montrera toujours dur et sans émotion, tant il est évident qu'il a tout simplement reconnu son arme qu'il entreposait à La Serre comme on l'a vu. Le commissaire écrit (oc p. 86) l'avoir embarqué à Peyruis, interrogé en vain pendant deux heures, et en avoir dressé PV. C'est ce qu'il aurait dû faire et n'a pas fait, hélas, car il n'y a pas de PV[3]. Non seulement le commissaire ne tirera donc aucun avantage de l'événement, mais il n'y reviendra pas et n'en tiendra finalement aucun compte[4]. Ce saisissement de Clovis aurait pourtant dû

1 Par exemple, selon Jean-Paul Ollivier (oc p. 32), il ne visitera pas moins de « *quatorze fermes dans un rayon de 3 km* ». Mais répétons qu'il n'en existe aucun PV ou compte rendu au dossier.

2 En date du 15/02/56 p. 192 (cote C 410).

3 Et ce n'est pas une disparition, car il n'y a aucune interruption dans l'ordre de numérotation des PV de ces jours-là.

4 À la barre des assises, le commissaire aurait justifié le fait de n'avoir pas profité sur le moment de cette faiblesse de Clovis, par la présence d'un nombreux public dont la presse.

l'alerter, et exploiter l'événement aurait été déterminant à ce stade de l'enquête[1].

Lors des séances de novembre 1953, Clovis admettra enfin avoir reconnu la carabine. Mais il mentira de nouveau en disant qu'elle appartenait à son père, et qu'elle était entreposée dans un hangar à La Gran'Terre. Il mentira aussi en disant être allé vérifier dès le lendemain qu'elle n'y était plus. Il mentira encore en disant qu'alors il n'a pas soupçonné son père mais Gustave ; et qu'il n'en aurait pas parlé avec ce dernier avant Noël, c'est-à-dire pendant quatre mois. Ce qui n'est pas crédible, bien sûr.

Mais restons-en là pour le moment. Après sa réaction, et contrairement à ce qu'il a écrit (oc p. 291), pourquoi le commissaire abandonne-t-il Clovis au lieu de l'amener à Peyruis pour l'interroger, et se rend-il immédiatement à La Gran'Terre. Sans doute toujours une conviction trop hâtive déjà suffisamment ancrée pour ne pas voir ce que l'attitude de Clovis veut dire. Au lieu de d'y voir en Clovis le propriétaire de l'arme, ou au moins de lui faire dire qu'il la reconnaît et qu'il sait donc à qui elle appartient, le commissaire voyant bien que Clovis reconnaît la carabine, s'aveugle en induisant qu'elle appartient à La Gran'Terre. Mais, n'ayant pas de commission rogatoire, il ne peut perquisitionner ni interroger qu'au titre de simple témoin. Et pourquoi Gustave plutôt que Gaston, Yvette ou même Marie, comme s'en étonnera le commissaire Chenevier. Parce que le commissaire s'était aperçu que l'itinéraire de l'aube du 5, décrit la veille par Gustave, ne permettait pas d'apercevoir le corps de la fillette situé en contrebas. Il lui demande seulement de refaire son itinéraire qui l'aurait amené à découvrir le corps de la petite Élizabeth. Et Gustave s'y prête. Il traverse le pont, mais au lieu de bifurquer immédiatement à gauche pour descendre directement dans la tranchée de la voie ferrée comme l'a fait Roure, il avance jusqu'en tête du talus pour revenir ensuite vers la tranchée. Et il est vrai que, sans ce détour, Gustave n'aurait pas pu voir le corps. Mais, ce jour-là, comme Gustave ne sait pas donner au commissaire une raison pour justifier son détour, ce dernier en déduit que Gustave, en revenant là de grand matin, savait déjà que la fillette gisait à cet endroit. Mais, pour aller plus loin, il faudra au commissaire plus d'un mois. En attendant, il oublie Clovis et se rend à Digne en fin de journée, requérir du juge une commission rogatoire lui permettant de perquisitionner La Gran'Terre et d'embarquer Gustave pour un véritable interrogatoire. Mais deux jours auront déjà passé et tous auront eu le temps d'arranger ce qui doit l'être.

Mais le commissaire n'a-t-il pas lui-même écrit (oc p. 291), qu'à ce moment il était seul avec Ranchin.

1 Ce sera notamment l'avis du juge Batigne (oc p. 155) qui s'étonne seulement que les enquêteurs n'en aient pas « *décelé la raison* ».

7 août 15 h, perquisition de La Gran'Terre

Pourquoi la perquisition commence-t-elle seulement à 15 h au lieu de 6 h du matin et dure-t-elle une heure seulement[1] ? C'est encore perdre un temps précieux d'autant que Gustave s'y attend depuis la veille. Bien sûr, entreprise bien trop tard, la fouille de la maison, des annexes et du terrain environnant, ne donnera rien. Et le commissaire trouve Gustave au lit avec un certificat médical du docteur Paul Nalin[2]. Selon les dires et le certificat, il serait épuisé nerveusement, notamment par le rodéo des journalistes. D'un robuste gaillard comme Gustave, le commissaire n'en croit rien. En revanche, Gustave a sûrement été durement affecté par sa nuit du 4 au 5 pour le moins mouvementée, et aussi par la gaffe avec Olivier, le passage de Ricard et celui des gars de la SNCF, mais surtout la découverte de la carabine et la réaction de Clovis que ce dernier n'aura pas manqué de venir rapporter à son frère. Furieux, le commissaire convoque Gustave pour le lendemain à la mairie de Peyruis où il a établi son QG. Encore du temps perdu et l'oubli de Clovis.

Ce 7 août, le commissaire monte à Forcalquier pour les obsèques des Drummond.

7 août après-midi, obsèques des Drummond

L'enterrement a lieu au cimetière de Forcalquier devant une foule considérable, les corps constitués et les personnalités, dont le préfet, le consul de Grande Bretagne à Marseille, Mr Pateman. Le service est assuré par le pasteur anglican Mordant de Digne. La famille est représentée par l'unique neveu et filleul de Sir Jack, Michaël Austin-Smith, fils de sa demi-sœur. Les époux Marrian sont là avec leurs deux filles.

Les inhumations ont lieu dans les tombes n° 335, 336 & 337, mention *Drumond* avec un seul *m*. Une rumeur circule depuis un certain temps selon laquelle les Anglais auraient fait procéder à l'exhumation et à une incinération. Bien sûr c'est inexact. Car qui, en dehors de la justice britannique, aurait eu le droit d'en demander l'autorisation à la justice française. Et surtout dans quel but ? Mais qui, par cette rumeur, souhaiterait interdire une exhumation pour analyses ?

La presse et certains auteurs se sont indignés qu'aucun Dominici n'y ait assisté, et le retiennent à charge. Mais, sans parler de l'alitement de Gustave, la perquisition en cours suffirait à justifier le repli familial dans La Gran'Terre. Peut-on aussi rappeler qu'aucun Dominici ne possède de voiture. Seul Gustave aurait pu monter avec Yvette à moto, mais outre qu'il est opportunément alité, leur présence n'aurait-elle pas été mise à charge comme une provocation ?

---

1 PV n° 387/6 du commissaire Sébeille en date du 7/8/52 (cote D 14). Terminée à 16 h 05.

2 Mis en cause, le docteur, fils de Pierre le légiste, dira avoir été alerté par téléphone, et protestera devant l'accusation de complaisance. Le commissaire Sébeille (oc p. 74) reproduit le certificat entre guillemets avec un X à la place du nom du médecin.

8 août, premier interrogatoire de Gustave

Là encore, les versions diffèrent[1]. Quoi qu'il en soit, Gustave ne montre plus aucune trace de son épuisement de la veille. Interrogé pendant quatre heures, il restera « *de bronze* », et répètera seulement sa version de la nuit et de la découverte du corps de la fillette, toujours sans donner d'explication sur la raison de son « *détour* », et sur son peu de curiosité à propos du sort des parents. Mais pas une question du commissaire sur la carabine et la réaction de Clovis.

Pendant qu'il est interrogé, première intervention qui posera une question récurrente, mais que personne n'osera aborder autrement que par allusions. Le maire de Peyruis fait prévenir le commissaire qu'un camion aurait débarqué dans Peyruis un groupe d'anciens FTP. Par qui ont-ils été prévenus ? Car, à l'époque même le téléphone est rare[2]. Comment se sont-ils si vite regroupés ? Ces questions n'ayant pas été posées, resteront sans réponse. Mais, pourquoi occulter que Gustave et La Gran'Terre se sont immédiatement retrouvés sous la protection du Parti et des FTP, comme on a vu que le dit naïvement Me Charrier. Mais le Parti n'est apparemment pas seul. Me Moro-Giafferi, président de la commission de la justice à l'Assemblée nationale, prenant peut-être les Dominici pour des Corses, écrit au garde des Sceaux Martinaud-Déplat, pour protester contre des méthodes qu'il juge remonter au temps de guerre[3]. Quelques jours plus tard, c'est au tour d'un autre grand avocat Me Maurice Garçon, de protester dans *Le Monde*. Pourquoi et par quelles voies tant de hautes protections ? Découragé, le commissaire aurait alors voulu abandonner l'enquête, mais il aurait repris sa démission à la demande expresse de son supérieur Harzic.

15 août, bal à Peyruis

Cette année-là, alors qu'ils n'y sont jamais venus auparavant, voilà Gustave et Yvette qui arrivent au bal du 15 août en fin d'après-midi. Et là plusieurs versions. Le commissaire Sébeille (oc p. 87 & sq) les dit se pavaner. Le n° 180 de *Paris-Match* publie une photo de Gustave et Yvette portant son fils dans les bras, et précise qu'ils n'ont pas dansé. Quoi qu'il en soit : provocation ou simple désir de se montrer comme normaux dans la tourmente qui est en train de bouleverser La Gran'Terre ?

---

1 PV n° 387/7 du commissaire Sébeille du 8/8/52 (cote D 15).

2 Rappelons que bien sûr, non seulement il n'existe pas de portables et autres réseaux sociaux, qu'avoir le téléphone est quasi un privilège, enfin l'automatique n'est encore qu'une rareté qu'on ne trouve que dans les grandes villes, et même pas encore à Digne.

3 Commissaire Sébeille (oc p. 80). Le commissaire Chenevier (oc p. 176) développe la méprise *corse*. Mais il se trompe aussi en donnant aux Dominici une origine génoise. Avec la calabraise, cela fait décidément beaucoup.

17 août, remise du rapport d'autopsies

S'il n'était pas dans les pièces (cote D 37), on pourrait se demander si ce rapport existe tant il est étonnant de constater qu'il n'a laissé aucune trace dans le travail d'enquête et d'instruction, sauf dans un rapport des gendarmes puis très partiellement au cours des audiences. Hélas, le commissaire Sébeille n'est pas le seul à ne pas s'être soucié d'exploiter les données des autopsies même inexactes. Et, le plus curieux, c'est que cela n'étonnera personne, sauf les Anglais. Aucun auteur ne s'en souciera, sauf William Reymond, Jean-Charles Deniau et Madeleine Sultan, puis Jean-Louis Vincent, mais ils en feront chacun une analyse différente et surtout partielle. Or, comme on l'a montré, en relevant les inexactitudes et en mettant tout en corrélation, il apparaît qu'il était possible, dès le début de l'enquête, d'orienter autrement certaines investigations donc d'aller vers d'autres conclusions que la thèse bancale posée a priori par le commissaire Sébeille, et qui deviendra le *livret* de l'accusation.

29 août, perquisition chez Maillet

Le 20 août, Gustave a reçu une lettre de son frère Aimé[1], qui habite Eygalières, indiquant que les initiales RMC sur la carabine seraient les initiales de son propriétaire René-Marcel Castang, habitant de Lurs et mort en 1946. Elle dit que le jour de l'enterrement de Castang, des armes avaient disparu de sa ferme, voisine de celle où habite Maillet[2]. Sébeille hausse les épaules : il sait bien que les trois lettres RMC sont les initiales de la société ayant fabriqué l'arme et non celles de Castang. Mais bien sûr, Maillet n'a guère apprécié de la part d'un Dominici, cette dénonciation qui n'a pas manqué de lui être rapportée.

Mais c'est une autre lettre, anonyme celle-là, qui va déclencher l'action du commissaire. Elle répète que Paul Maillet aurait volé la carabine à René-Marcel Castang le jour même de son enterrement[3]. Quatre jours plus tard, les gendarmes ont identifié l'auteur de la lettre. C'est une femme qui restera anonyme. Elle déclare que deux ans auparavant, soit en 1950, en visite chez le père Maillet, en l'absence de Paul, elle a vu, pendue au mur de la cuisine, une arme qui ressemblait à la carabine US, mais sans chargeur[4]. Policiers et gendarmes mènent une perquisition surprise chez Maillet, en son absence, le 29 août à 8 h 30[5]. Bien sûr, ils ne trouvent pas la carabine en question ni le chargeur, mais un clou existe là où elle aurait été suspendue. Une carabine est montrée à sa femme, Ginette, puis successivement aux enfants. La mère et l'aîné sont formels, ils ne la reconnaissent pas, mais les deux plus jeunes sont

1 Lettre en date du 19/8/52 (hors cote dans le dossier B).

2 Notamment PV n° 1041 de la gendarmerie d'Arles en date du 29/8/52 (cote B 31 mais aussi B 58). Cette ferme de Castang sera d'ailleurs reprise par Maillet qui l'exploitait pendant toute la durée de l'affaire.

3 PV n° 12-R déjà cité, p. 42. Sauf erreur, cette lettre n'est pas jointe au dossier.

4 On le sait, il est prudent donc normal de ne pas laisser les chargeurs sur les armes.

5 PV n° 387/38 du commissaire Sébeille en date du 29/8/52 (cote D 56).

moins affirmatifs. On trouve en revanche un branchement électrique pirate sur le réseau EDF, et des vélos dépourvus de plaques et de colliers. On a vu que Maillet dira n'avoir qu'une seule plaque pour ses vélos[1] et son vélomoteur, qu'il la gardait dans son portefeuille, et qu'il l'a perdue depuis 1944. Mauvais point qui, curieusement, demeurera pour l'instant sans aucune suite ni conséquence. Pourtant, on a vu que le collier de la carabine aurait pu être celui d'un vélomoteur.

Maillet qui était responsable des parachutages au maquis FTP du Mirabeau 04, aurait-il été le premier à posséder la carabine US ? Il aurait pu l'entretenir avec une graisse minérale *Antoxyl* dont on trouvera les traces. L'aurait-il ensuite cédée à Clovis qui l'entreposera à La Serre et l'entretiendra avec son huile d'olive. Il aurait suffi d'analyser le graissage des armes de Maillet. Hélas…

Mais si la perquisition ne trouvera ni carabine US ni chargeur ou cartouche, en revanche, elle permettra de mettre la main sur deux pistolets mitrailleurs Sten[2], démontés et cachés dans le four de la cuisinière, avec chargeurs pleins. Maillet et sa famille seront interrogés jusqu'à 19 h, sans résultat. Mais voilà que Maillet se souvient brusquement que, le 4 août dans l'après-midi, alors qu'il travaillait sur la voie à l'ancienne gare, un coup de fusil de guerre est parti des buissons de la Durance. Après vérification, il s'agissait d'un coup de fusil, tiré sur des corbeaux par Aimé Perrin habitant près de là à Giropey, avec un fusil de guerre Springfield, qui sera saisi et mis hors de cause.

À cette époque encore proche de la Libération, la détention d'armes de guerre surtout automatiques ou semi, était sévèrement réprimée. Mais Maillet ne sera pas inquiété, pas plus que pour le branchement pirate sur l'EDF qui est un vol passible de correctionnelle. Le commissaire écrit (oc p. 83) qu'en accord avec le procureur Sabatier, il préférera passer un marché avec Maillet, dont il espère se servir comme d'un cheval de Troie pour pénétrer les défenses de La Gran'Terre. Et c'est, officiellement en partie au moins pour ce motif, que Maillet sera exclu du Parti.

Chez Barth

Le 2 septembre, c'est au tour de la ferme de François Barth, père d'Yvette, d'être perquisitionnée[3]. En vain, car c'est déjà bien tardif, surtout qu'on imagine bien tout le monde sur ses gardes. Selon Jean-Paul Ollivier (oc p. 83 & 84), c'est en revenant que le commissaire Constant passe à La Gran'Terre et fait saisir une carabine 9 mm pour en faire analyser le graissage. Mais pas trace de PV ni d'analyse à cette date.

---

1 PV n° 387/62 du commissaire Constant en date du 17/9/52 (cote D 79).

2 Appelées improprement *mitraillettes*, ce sont des armes anglaises produites entre 1940 et 45 très répandues dans les maquis. Ces armes de tir au jugé, très rustiques, sont peu puissantes, peu précises et d'une portée limitée. Elles *arrosent* comme on dit en argot militaire.

3 PV n° 387/41 du commissaire Sébeille en date du 2/9/52 (cote D 59).

Les *pour* et les *contre*

Tandis que l'enquête piétine, *L'Humanité* et *La Marseillaise* qui soutiennent les Dominici, publient toutes sortes de témoignages de sympathie et de moralité. Les cellules locales du Parti décident de créer un comité de soutien, que le préfet interdit aussitôt. Selon *Le Dauphiné libéré* du 20 août, chaque soir il y a réunion de camarades à La Gran'Terre[1].

La presse de droite, en revanche, à commencer par *L'Aurore*, réagit en adoptant la position inverse anti Dominici. Gabriel Doménech, dans *Le Méridional*, prend farouchement parti pour le commissaire Sébeille contre les Dominici. Il bénéficie d'ailleurs de confidences de celui-ci avec, au fur et à mesure, communication de pièces. Ce qui fait réagir Me Maurice Garçon dans *Le Monde* du 21 août. La presse anglaise voudrait voir *Scotland Yard* venir prendre l'enquête en main et y appliquer les techniques modernes. Le *Sunday Dispatch* offre une prime de 500.000 AF[2], auxquels *Samedi-Soir* rajoute la même somme[3]. Gustave, à qui on l'annonce, rajoute 10.000 AF, geste pour le moins équivoque, bien qu'il ait précisé que l'argent n'irait pas à l'indic mais à une œuvre. En l'apprenant le 18 août, le commissaire s'exclame : « *Il aurait mieux fait de dire ce qu'il savait* ». On ne saura jamais si ces primes ont été versée et, si oui, à qui. Seule la rumeur parlera de Panayoutou…

Le commissaire Constant prend la relève

Le commissaire Sébeille se décrit lui-même comme épuisé nerveusement. Il ne dort que quelques instants par-ci par-là, boit force café et fume trois paquets de cigarettes par jour. Sans bien sûr, lui faire grief de se donner corps et âme à son métier, on peut se demander si le manque de sommeil et une telle nervosité sont les meilleures conditions de travail. Et aussi pourquoi tant d'acharnement ? En fait, avant que ne tombe l'affaire, le commissaire devait partir en vacances le 14 août[4]. Et il écrit lui-même qu'en acceptant la mission, il avait cru pouvoir démasquer le coupable avant son départ. C'est le fait qu'il bute sur une énigme de beaucoup plus coriace qu'il ne l'avait supposé, qui déclenche chez lui cette frénésie obsessionnelle qui va en s'augmentant au fur et à mesure que le temps passe. Lui qui se croit spécialiste du crime de la terre, se sent ulcéré par la résistance du milieu et les sarcasmes des diverses presses, notamment britanniques[5].

---

1 Selon Jean-Paul Ollivier (oc p. 40), journaliste à *Nice-Matin*, il y a des « *visites quotidiennes de chefs communistes* » à La Gran'Terre. Jean Meckert (oc p. 91), du *Figaro*, écrit que Maillet en fait partie. À prendre sous toute réserve, bien sûr.

2 Soit 12.000 € 2016. Qu'on compare la somme au budget des Drummond.

3 Notamment, Edmond Sébeille (oc p. 91). Un million de francs 1952 équivalent à 24.000 € 2016. Mais, relativement au niveau de vie de l'époque, c'était alors une valeur réellement bien plus considérable qu'aujourd'hui.

4 Il possède une maison de famille dans l'Aveyron.

5 Les Anglais reprochent au commissaire de « *faire du cinéma et d'oublier... toute la technique criminalistique* ».

Dès le 17 août, son collègue Fernand Constant était venu pour le remplacer. Mais Sébeille n'a pas voulu lâcher prise. Contrairement à une rumeur, il nie que son patron Harzic l'ait sommé de prendre ses vacances. Ce serait lui seul qui aurait décidé de ne partir que le 6 septembre (oc p. 94 & sq). Car, persuadé que Gustave cache quelque chose de sérieux, le commissaire Sébeille décide, après quelques vérifications, de frapper un grand coup avant son départ.

3 septembre, second interrogatoire de Gustave

Plusieurs versions sont données de cet important épisode. Une reconstitution est d'abord organisée sur place avec le motard Olivier. Il y a eu des fuites puisque, selon *Le Monde* du 6 septembre, les gendarmes sont obligés de repousser des groupes d'anciens FTP qui tentent d'empêcher les opérations[1]. Confrontés, Olivier et Gustave restent sur leurs positions. Gustave est ensuite emmené à la gendarmerie de Forcalquier, où commence un interrogatoire serré qui va durer sept heures. Le commissaire Sébeille fatigué laisse la main à son collègue Constant et au commissaire Mével, adjoint du divisionnaire Harzic, venu jeter un coup d'œil sur l'enquête. Gustave se laisse malmener sans faiblir… toujours le *un bloc de bronze*. À aucun moment il ne se départit de sa version, même devant une série de lettres anonymes le mettant en cause.

A 13 h 10, les policiers vont déjeuner. Mais voilà Barth qui arrive en voiture avec sa fille Yvette. Ils trouvent les policiers attablés à *L'Auberge provençale*. S'ensuit une altercation pour tenter de faire libérer Gustave. Yvette y gagne d'être gardée pour interrogatoire par le capitaine Albert jusqu'à 18 h, sans résultat… ni PV hélas.

De son côté Gustave continue à être interrogé sans relâche[2]. En fin d'après-midi, il admet seulement avoir aperçu en passant au matin un lit de camp sur le côté gauche de la voiture avec une couverture dessus, et un autre renversé de l'autre côté de la route, mais il n'a pas vu de corps. Et il nie toujours s'être approché. Bien sûr, un tel défaut de curiosité ne paraît pas crédible aux enquêteurs. Comment nier avoir vu qu'il devait y avoir d'autres corps que celui de la fillette. Cette question des corps des parents, pose un problème à Gustave. Pourquoi ?

Les gendarmes décident donc de le garder et de l'interroger toute la nuit en se relayant. Le lendemain vers midi, n'en ayant rien tiré, le commissaire Sébeille écrit (oc p. 196) avoir donné l'ordre de le ramener à La Gran'Terre.

Première intervention extérieure

En fait, la décision d'interrompre l'interrogatoire n'est pas due au commissaire Sébeille. Car le commissaire Mével a fait un communiqué devant

---

1 Est-ce jour-là que les avocats prévenus, sont montés discrètement à La Gran'Terre assister Gustave ?

2 PV n° 387/42 & 43 des commissaires Sébeille et Constant en date du 3/9/52 (cotes D 60 & 61). Rapport du commissaire Sébeille (p. 56 cote D 168) déjà cité.

la presse où il dit qu'alors que Gustave commençait à montrer des signes d'affolement, le téléphone aurait sonné. Il était 23 h. Le parquet de Digne ordonnait d'interrompre l'interrogatoire. Et l'ordre venait du procureur général d'Aix-en-Provence, Monsieur Orsatelli, au motif qu'il fallait se montrer humain avec celui qui n'était alors qu'un simple témoin. Il faut dire que la démarche comme le motif étaient pour le moins peu ordinaires. Giono (oc p. 689) s'étonnera des « *méthodes douces* » envers les Dominici, ajoutant : « *Si c'est exceptionnel (ce que je crois), pourquoi ? Pourquoi pendant quinze mois, et pourquoi la douceur, pourquoi dans ce cas* ***unique*** *?* ». Parenthèses et gras sont de lui.

Le commissaire Sébeille (oc p. 96 & sq) donne une version moins interventionniste de cette interruption de l'interrogatoire. Selon lui, le juge Périès et le procureur Sabatier seraient montés à Forcalquier dans la soirée du 3 septembre. « *Par déférence* », le procureur Sabatier aurait tenu informé le procureur général Orsatelli qui se reposait à Castellane après un accident. Et ce dernier aurait seulement « *conseillé* » d'en finir. Le commissaire, en accord avec le parquet, aurait suivi le *conseil*, parce qu'il voyait bien qu'il n'y avait plus rien à tirer de Gustave après une douzaine d'heures d'interrogatoire. Soit. Mais Jean Laborde (oc p. 140) rapporte une confidence que lui aurait faite Andrée Sébeille, la femme du commissaire : son mari lui aurait dit de cet interrogatoire interrompu que c'était une erreur, car « *avec une heure de plus, je l'avais* ». La suite va montrer que, jusqu'au bout, le commissaire se trompera.

Cette intervention rappelle une affaire plus récente, où un procureur en vacances, avait été recherché par hélicoptère jusque dans l'Himalaya. Cette affaire-là était politiquement sensible. Mais à quel titre celle de Lurs, pouvait-elle l'être ? Car l'interrogatoire prolongé d'un modeste paysan était le cadet des soucis d'un procureur général en convalescence. Selon le commissaire Chenevier (oc p. 19), l'intervention du procureur général Orsatelli serait le résultat d'une méprise. Inquiet pour son fils, Gaston serait monté à Ganagobie demander à son ami le père Lorenzi de faire quelque chose. Celui-ci aurait alors alerté Me de Moro-Giafferi qui, prenant les Dominici pour des Corses, aurait fait toucher le procureur. Mais, outre que le scénario de cette intervention manquait de temps pour se développer[1], même si Me de Moro-Giafferi avait encore pu ignorer que les Dominici n'étaient pas corses, le père Lorenzi sinon le procureur Orsatelli, connaissait parfaitement l'origine

1 Qu'on en juge en rappelant ce qu'était le téléphone à l'époque. S'il ne connaissait pas personnellement Me de Moro-Giafferi, le père Lorenzi aurait donc dû joindre un intermédiaire qui, à son tour aurait joint l'avocat. Ce dernier aurait dû pouvoir en faire autant avec le parquet général pour joindre le procureur Orsatelli sur son lieu de vacances ; lequel aurait enfin dû joindre le parquet de Digne qui aurait transmis à la gendarmerie de Forcalquier. Belle performance de *timing*, même si Me de Moro-Giafferi a pu court-circuiter en appelant directement son compatriote Orsatelli dont il est cependant improbable qu'il ait eu le numéro de téléphone dans sa villégiature… si celle-ci en était équipée.

piémontaise de la famille. La version Mével-Sébeille est donc la plus probable. Mais il n'en demeure pas moins que la sollicitude du procureur et l'obéissance du commissaire, n'en apparaissent pas pour autant anodines. Certes, cette intervention pourrait passer pour une décision malencontreuse, si, comme on le verra, d'autres interruptions en défense des Dominici ne s'étaient produites, notamment lors des audience lord des Assises, et avec le même résultat, à savoir verrouiller une porte péniblement entrebâillée, et précisément à chaque fois au moment où elle paraissait s'ouvrir.

Quoi qu'il en soit, Gustave reposé, sera réinterrogé toute la matinée du lendemain, sans résultat, bien sûr. Pour le commissaire Sébeille, quoi qu'il en dise dans son ouvrage, Gustave est alors devenu son suspect numéro un. Mais la rumeur persistante est toute autre. Un journaliste ayant demandé son avis à Jean Giono, celui-ci répond[1] : « *L'assassin est loin, très loin des Basses-Alpes* ». Mais il n'en dira jamais plus que le commissaire Mével, car sans doute n'était-ce là qu'un écho.

Selon le commissaire Chenevier (oc p. 63), le directeur du SPJ, aurait, dès fin août 1952, attiré l'attention du directeur général de la Sûreté nationale, sur l'affaire de Lurs qui lui paraissait mal engagée, lui suggérant qu'il faudrait envoyer sur place des policiers parisiens chevronnés de la Sous-direction des affaires criminelles. Mais le préfet, sans doute plus politique que technicien, n'a pas suivi. Preuve qu'il y avait bien une attention politique parisienne pour cette affaire, et dès le début. Comme à Paris, un certain doute va s'installer à Marseille.

Les vacances du commissaire Sébeille

À l'issue de ce premier marathon, le commissaire Sébeille épuisé, constatait (oc p. 98) : « *Pour l'instant les Dominici m'avaient vaincu. Le surlendemain, éreinté, complètement aphone, je me résignais à quitter Lurs* ». Le 6 septembre donc, le commissaire est parti rejoindre sa famille dans l'Aveyron. Mais il ne va guère se reposer, rongeant son frein pendant que le commissaire Constant prend le relais.

Début octobre, lorsque le commissaire Sébeille reviendra, il sera appelé chez son patron Harzic. Celui-ci lui aurait alors proposé de le soulager du poids de l'affaire au profit du commissaire Constant. Mais Sébeille, vexé, aurait réagi avec force. Constant venant courtoisement à la rescousse de son ancien, Sébeille gardera officiellement la direction de l'enquête[2]. Mais Constant demeurera sur le terrain pendant que Sébeille restera à Marseille où, en compagnie de son fidèle Ranchin, il va éplucher le dossier avec acharnement. Il le dit lui-même, il s'acharne à relire et comparer les PV. Mais il ne fait jamais la moindre mention d'une analyse méthodique des éléments techniques comme la balistique, les autopsies ou analyses, par exemple. Et il

---

1 Jean Laborde, oc p. 133.

2 Edmond Sébeille, oc p. 128.

mène ce travail en conservant l'a priori de son intuition première : une seule arme, l'implication de la seule Gran'Terre et, pour le moment un seul suspect, Gustave. C'est vrai qu'il a au moins la preuve que ce dernier a menti dès le début et sur toute la ligne. Et il est persuadé à juste titre que Gustave cache des choses importantes. Il va donc s'arcbouter à faire sauter le verrou de sa défense, mais en privilégiant toujours le dire et l'aveu par interrogatoire ou confrontation, sur les éléments matériels.

SECONDE PHASE : DU 7 SEPTEMBRE 1952 AU 19 JANVIER 1953

Au contraire de son collègue Sébeille qui est marseillais[1], on l'a dit, Constant est natif de Manosque, et il ne l'a pas oublié. Faute pour le commissaire Sébeille d'avoir, comme s'en étonne d'ailleurs le commissaire Chenevier, dès le début embarqué y compris les femmes, et d'avoir interrogé et confronté tout ce beau monde sans relâche de façon croisée, le commissaire Constant sait qu'il est trop tard. Et il sait surtout comment se comporter avec ce milieu. Il écoute et, quand il parle, il ne s'avance jamais directement ni à découvert. S'il galèje et reste accessible, il ne copine pas et ne sort jamais des limites de sa fonction. Il saura tenir la curiosité des journalistes à distance tout en se plaignant de leur « *rôle néfaste* »[2] ayant constamment gêné les investigations. Dans un contexte qu'il connaît bien, il va donc savoir comment laisser venir les informations, c'est-à-dire par la bande et par allusions.

Cette seconde phase va comporter huit événements significatifs :

- La confidence de Gustave à Maillet.
- La première *balance* de Maillet.
- Le procès de Gustave en correctionnelle.
- L'exclusion de Maillet du Parti.
- Un dénommé *Jo*.
- L'aveu de Gaston à Clovis.
- Noël 52, Clovis et Gustave à Saint-Pons.
- Repas de nouvel an 53 à La Gran'Terre.

La confidence de Gustave à Maillet

Au tout début septembre 52, Gustave aurait fait une confidence spontanée à Maillet venu chercher des pommes de terre. La nuit du drame Gustave se serait trouvé « *dans la luzerne* », et il ajoute : « *Si tu avais vu et entendu ces cris d'horreur* ». Sans plus de précision. Maillet va garder le secret. Notons qu'à

---

1 Pour qui ne connaît pas l'histoire de Marseille, il faut savoir que, depuis sa fondation au Ve siècle avant notre ère par des Grecs, c'est une ville qui a toujours été tournée vers la mer, sans liens réels et profonds avec l'arrière-pays. Depuis Rome, toutes les structures administratives dont la justice, à l'image plus tard du roi René et de la noblesse, s'établiront à Aix et jusqu'à l'université. Marseille restera un port tournant le dos à l'arrière-pays.

2 Dans son rapport en date du 03/05/53 p. 71 (cote D 178).

cette époque, les relations entre Maillet et les Dominici sont toujours amicales. Mais Maillet va délivrer une autre information, datant du matin 5 août, et qui va déchirer le lien.

La première *balance* de Maillet

Maillet, se disant choqué par le fait que Gustave n'ait pas porté secours à la fillette, va venir dire au commissaire Constant qu'elle était encore vivante lorsque Gustave l'a découverte. Selon le commissaire Sébeille (oc p. 130), c'est pressé par son collègue Constant, que Maillet aurait fini par dire abruptement : « *Oui, Gustave m'a dit qu'il avait vu bouger la petite Élizabeth au moment où il l'avait découverte* ». Point final.

Le commissaire Sébeille ne parle même pas des interrogatoires qui ont suivi. Décidément, il n'aime pas rendre à César. Car, il sait bien que c'est inexact, puisque selon un de ses propres PV[1], Maillet s'est d'abord confié à Émile Escudier, épicier à la Brillanne, lors d'un apéro dans sa cuisine. Non seulement Maillet lui aurait révélé la survie de la petite, mais également que Gustave aurait été témoin du drame. Et c'est Escudier qui aurait conseillé à Maillet d'aller le dire à la police. En fait, le renseignement serait arrivé par un inspecteur des RG de Digne qui l'aurait appris en confidence d'un « *membre du PC* » venu lui souffler que Maillet et Bourgue étaient au courant. Avant de les interroger, Constant fait demander à l'informateur s'il peut témoigner officiellement. Celui-ci demande à en référer au Parti. Quarante-huit heures après, il reçoit le feu vert, y compris pour Maillet, avec ordre de collaborer. L'ordre aurait été donné par la Fédération départementale, donc par Roger Autheville qui en est le patron. Et, quand on verra la suite, sans doute Autheville en a-t-il décidé sans en référer plus haut. Cette « *bonne collaboration* » sera confirmée par le commissaire Constant[2]. Cette mention des communistes par le commissaire, est la seule explicite dans tout le dossier archivé.

Bien que le commissaire Constant ne cite pas le nom du membre du Parti par qui le renseignement a filtré jusqu'aux RG de Digne, il pourrait s'agir tout simplement d'Escudier. Pour commencer ses vérifications, le commissaire Constant consulte préalablement les légistes Girard et Nalin, puis le docteur Dragon[3]. Même si on sait maintenant que la survie était tout à fait possible, et qu'on a vu quelle devait être la cause réelle de sa mort, en fonction des connaissances de l'époque, les trois médecins sont formels, selon eux la petite n'a pas pu survivre à ses blessures de 1 h 10 jusque vers 5 h 30.

---

1 PV n° 442/10 du commissaire Sébeille en date du 07/12/53 (cote D 232).

2 Rapport du commissaire Constant en date du 03/05/53 p. 63 (cote D 178).

3 PV n° 387/102 du commissaire Constant en date du 15/10/52 (cote D 120), PV n° 387/103 de l'inspecteur Picq en date du 15/10/52 (cote D 121) et PV n° 387/108 du commissaire Constant en date du 16/10/52 (cote D 126).

Interrogatoire de Gustave

Le 15 octobre au matin, dès 6 h, les gendarmes surgissent à La Gran'Terre et embarquent Gustave. Emmené à Digne, il est interrogé avec Clovis et Maillet cueillis de leurs côtés.

Maillet confirme sa version[1]. Gustave finit par admettre avoir entendu un « *ronron* » irrégulier, avoir vu le bras gauche replié se détendre, mais nie l'avoir dit à Maillet lors du repas de midi du 5 à La Gran'Terre[2]. Il précise que c'est le râle qui l'a attiré au-delà du pont. Aucune vérification ne sera faite pour savoir jusqu'à quel niveau sonore un râle était-il audible depuis le pont. Mais au moins a-t-on là une raison crédible du détour qui avait immédiatement intrigué le commissaire Sébeille. Gustave confirme qu'il est immédiatement revenu le dire à sa mère et à Yvette, et qu'elles ne sont pas allées voir ni porter secours. De son côté, Clovis qui savait donc, confirme avoir conseillé à son frère de ne rien dire[3]. Cette collusion, qu'on a déjà montrée, n'éveille toujours pas de curiosité sur son rôle. À 2 h du matin, le commissaire laisse Gustave récupérer en garde-à-vue.

Le commissaire Sébeille arrive de Marseille le 16 au matin. Il se rend à La Gran'Terre avec son collègue Constant. Sébeille interroge Yvette[4], puis Gaston[5] tandis que Constant s'occupe de Marie[6]. Tous confirment chacun sa première version, niant toujours avoir su que la fillette vivait encore. Hélas, une survie éventuelle de la petite Élizabeth contrarie formellement le scénario du commissaire Sébeille. Et c'est sans doute pourquoi il ne relate pas cet épisode dans son ouvrage. Car, si la fillette avait été frappée dans la foulée de ses parents, comment aurait-elle pu survivre jusqu'à 5 h 30 ? Les commissaires en concluent que Gustave n'a pas pu voir l'enfant encore vivante, sauf s'il s'est rendu sur les lieux peu après le drame, c'est-à-dire en pleine nuit et non le matin. Malgré les interrogatoires serrés, Gustave et Yvette ont tenu bon : il n'est pas sorti pendant la nuit. Ce qui est faux, bien sûr, comme on l'a déjà montré. Mais on sait aujourd'hui qu'il a pu encore entendre le ronron de grand matin.

Inculpation de Gustave

Malgré le résultat de ces interrogatoires, en fin d'après-midi du 16, le juge Périès décide d'inculper Gustave pour *non-assistance à personne en péril*[7], et

1 PV n° 387/10 du commissaire Constant en date du 15/10/52 (cote D 119).

2 PV n° 387/99 du commissaire Constant en date du 15/10/52 (cote D 117). Gustave réinterrogé après Maillet et Clovis, confirme sa première version (PV n° 387/102 – cote D 122).

3 PV n° 387/101 déjà cité.

4 PV n° 387/105 du commissaire Sébeille en date du 16/10/52 (cote D 123).

5 PV n° 387/106 du commissaire Sébeille en date du 16/10/52 (cote D 124).

6 PV n° 387/107 du commissaire Constant en date du 16/10/52 (cote D 125).

7 Paragraphe 2 de l'article 63, ajouté au code pénal par décret préparé par Vichy publié en date du 25 juin 1945 par de Gaulle.

le fait écrouer à la prison Saint-Charles de Digne. Comme il est évident qu'au matin, il a immédiatement prévenu les femmes de sa découverte, pourquoi le juge ne les a-t-il pas aussi inculpées ? Car, s'il espérait que le choc de l'incarcération ferait parler Gustave, le choc aurait été autrement plus efficace en inculpant les femmes. Ce sera l'avis du commissaire Chenevier. Hélas cette première occasion sera perdue. Et bref, même si la prison va priver la ferme de ses bras et si Gustave exagère les pertes comme toujours en pareil cas, et même si un préjudice est certain, heureusement pour La Gran'Terre, la période d'incarcération couvrira les mois de novembre et décembre où il y a peu de travail à la terre.

Le 20 octobre, Gustave, assisté de Me Pollak, réitère ses déclarations sans rien modifier ni ajouter. L'incarcération n'a pas eu l'effet escompté. Même après que sa demande de mise en liberté provisoire a été rejetée, Gustave tient bon. Notons que, son mari arrêté, Yvette, sous prétexte qu'elle est enceinte, quitte La Gran'Terre pour se réfugier chez ses parents avec son fils Alain. Le bruit court qu'elle ne s'entend pas avec Gaston, voire qu'elle en a peur. Mais elle dément[1] : c'est seulement parce que son père a une voiture pour le cas où sa grossesse nécessiterait une intervention d'urgence, ce qui est crédible, mais est-ce bien la seule raison ? Pendant l'incarcération, elle vient presque tous les jours rendre visite à son mari en prison[2]. Mais Gaston, lui, n'est jamais venu[3]. Et il s'en expliquera en disant que ça l'aurait fait pleurer, et que ce n'était pas bien pour un homme.

Pendant ce temps, les hommes de la famille, dont Clovis, se relaient à La Gran'Terre pour remplacer Gustave. Et c'est lors de cette période, qu'un soir Gaston aurait fait des aveux à Clovis qu'on détaillera plus loin.

Le procès de Gustave en correctionnelle

Le 12 novembre 1952 Gustave comparaît devant le Tribunal correctionnel de Digne. Le président Beuilly lui demandant pourquoi il n'a pas signalé tout de suite la survie de la fillette, Gustave répète : « *Mon frère Clovis m'avait conseillé de ne pas en dire trop long pour ne pas être inquiété par la suite de l'enquête* ». On a vu que Clovis l'avait confirmé au commissaire Constant[4]. Son rôle et son influence décisive sur Gustave, transparaissent ici et publiquement jusque dans un prétoire. Mais sans jamais attirer l'attention ni conséquence.

Le docteur Jouve, traumatologue réputé, sera appelé à la barre pour donner son avis sur la survie possible. Sans n'avoir vu ni les lieux ni le corps, l'expert corroborera le rapport d'autopsie sur ce point. Il estime qu'un décalage entre

---

1 Notamment à la barre des assises, selon Pierre Scize, oc p. 336.

2 PV n° 424/136 du commissaire Chenevier en date du 25/2/56 (cote C 406).

3 Confirmé par la liste des visites in PV n° 424/136 déjà cité. Notons que Barth a une voiture mais pas Gaston.

4 PV n° 387/108 (cote D 126), déjà cité.

les heures des meurtres des parents et de la fillette est possible, mais non certain. Il considère qu'aucune survie n'était possible au-delà d'une heure ou deux après les coups qui lui ont été portés.

Un point mérite attention. La défense veut faire citer des témoins, mais le président refuse : « *Les aveux me suffisent* ». C'est déjà montrer que la justice ne veut pas s'étendre, et combien les aveux vont primer dans cette affaire sur toute autre forme de procédé et de méthode. Me Pollak (oc p 247 & 248) rapporte que le président aurait insisté sur un point qui demeure conjectural :

« *La fillette a remué encore après votre passage puisque le docteur Dragon l'a retrouvée dans une autre position que celle que vous décrivez.* »

Le président précise que la position décrite par Gustave donnait :

« *Le bras gauche posé sur son ventre.* »

Alors que le docteur Dragon a trouvé :

« *Le corps couché sur le dos, les bras en croix.* »

Mais, comme on l'a montré, il y a confusion. Décidément, dès le début de cette affaire, rien ne sera jamais clairement pris dans le bon ordre.

Le jugement est renvoyé à huitaine et la liberté provisoire à nouveau rejetée. Gustave s'effondre en larmes dans les bras de Gaston qui est donc venu à l'audience. Huit jours plus tard, Gaston est alité. Gustave, qui risquait jusqu'à trois ans, est condamné à seulement deux mois ferme : « *Eu égard à ses antécédents de FTP* ». Cet attendu démontre au passage la puissance encore très forte de la Résistance. À la demande du président s'il n'a rien à ajouter, Gustave murmure un « *Merci* » difficile à interpréter, sauf s'il concerne la clémence due à ses antécédents. Mais Yvette s'exclame avec emphase : « *Il va en mourir !* ». Puis elle l'embrasse longuement. Il sortira le 16 décembre, alors que son recours en appel ne sera jugé qu'à partir du 15[1]. C'est qu'il a déjà fait ses deux mois. En sortant de prison, Gustave lancera à la presse : « *On a été dur avec moi et je ne comprends pas* ». Personne non plus. Mais sans doute, en effet, personne à part lui et quelques autres, ne pouvait comprendre. Car il ajoute un énigmatique : « *Je paie toujours pour les autres* ». Et quand on sait qu'il dénoncera son père comme seul auteur du massacre, de quels *autres* pluriels pourrait-il bien s'agir ? Mais personne ne se souciera de le lui demander.

Lors de son retour triomphal à La Gran'Terre, sa sœur Augusta Caillat déclare à la presse : « *Mon frère est un fada, un imbécile, il n'a pas su se défendre. Si la police, au lieu de tourner autour de nous, avait frappé à la bonne porte, il y a longtemps qu'on connaîtrait l'assassin* ». Là encore, quelle était cette *bonne porte* ?

Bien sûr, ce genre de sortie est une réaction courante chez toute famille acculée dans ce genre de situation. Sans aucun doute. Mais peut-être pourrait-

1 L'arrêt de la Cour d'appel du 24 décembre confirme simplement le jugement qui devient définitif, donc vérité judiciaire.

il ici s'agir aussi de ce genre de petits cailloux, que les uns et les autres ont déjà commencé à semer çà et là.

Il faut encore rappeler un argument que Jean-Loup Charrier (oc p. 168) relève à juste titre : puisque Gustave ne s'est pas pourvu en cassation, sa condamnation donne aux attendus de l'arrêt d'appel, la force définitive de la chose jugée. Notamment, sauf élément nouveau, il ne sera plus possible de remettre en cause la question de la survie de la fillette et d'un éventuel décalage des meurtres. La question revenue inévitablement en discussion lors du procès de Gaston, restera donc de pure forme. Car, la Cour, sauf élément nouveau qui n'a pas été apporté, n'aurait pas pu juger autrement sur ce point capital.

Enfin, après la sortie de prison de Gustave, son beau-père Barth aurait provoqué une première fracture dans la fratrie. En effet, devant tous ses membres réunis lors d'un repas où Clovis est présent mais non Germaine mère de Zézé, il aurait proposé que les frères et sœurs se partagent à parts égales les frais du procès de Gustave. Tous y compris Clovis, auraient accepté, il est vrai sans guère d'enthousiasme. Prévenue, Germaine refusera catégoriquement. À ce stade de l'affaire, tous, en la jugeant durement, laisseront-ils tomber au passage un nouveau petit caillou[1] : « *S'il y a péché dans la famille, qu'elle regarde du côté de Zézé* ». Bien sûr, tout cela s'étant passé dans le huis clos familial, a été rapporté, donc plus ou moins fidèlement et retranscrit plus ou moins exactement. Mais le clivage entre les Perrin, attachés à la défense de Zézé, et le reste de la fratrie, va se durcir et se perpétuer désormais de façon définitive. Notons-le tout de suite et après ce qu'on a déjà établi, si Zézé n'était impliqué d'aucune façon dans le drame, pourquoi sa mère aurait-elle eu besoin de le défendre bec et ongles ? Mais s'il était impliqué, c'était une maladresse qui risquait d'éveiller des soupçons.

Pourquoi Maillet a-t-il balancé Gustave ?

On doit en effet se poser cette question. Dès avant cet incident, le commissaire Constant a remarqué que les rapports de Maillet avec les Dominici semblaient s'être tendus. Notamment, Maillet ne vient plus à La Gran'Terre. Outre qu'il se dit choqué par l'attitude des Dominici vis à vis des victimes et notamment de la non-assistance à la fillette, la dénonciation le concernant à propos d'une carabine suspendue dans sa cuisine en est sûrement la cause. Comme le nom de la femme qui l'a dénoncé n'a pas été divulgué, Maillet a dû penser que le coup bas venait de La Gran'Terre.

Pourtant les deux familles sont liées depuis plus de cinquante ans. Elles se sont suivies de Brunet à Ganagobie, puis à Lurs. D'autre part Paul Maillet travaille avec Clovis qui est son meilleur ami et camarade de Parti, et il aime aussi beaucoup Gustave. Notons que malgré le portrait peu sympathique que journalistes, policiers et magistrats ont donné de Gustave dans cette affaire, il

1 PV n° 353/34 du commissaire Chenevier en date du 9/8/55 (cote C 129).

s'avère que sa famille, ses amis, et parmi ceux-ci tout particulièrement Maillet, l'aimaient au point de le défendre même contre certaines évidences dangereuses, sans parler de la protection d'Autheville et, bien sûr, de la profonde fraternité protectrice de Clovis.

En revanche, il est certain que Maillet n'a jamais vraiment aimé le vieux Gaston. Tandis que Gaston prenait le métayage de La Serre et achetait La Gran'Terre, le père Maillet reprenait le métayage miséreux de Ganagobie, avant de venir prendre celui de La Maréchale. Chaque fois qu'un Maillet passait à La Gran'Terre ou y était invité, Gaston n'aurait pas manqué de faire ressortir sa réussite et, d'une certaine façon, de faire valoir son hospitalité de façon triomphale. On imagine aisément ce que Maillet pouvait en ressentir. Il a sans doute soupçonné le vieux Dominici d'être sinon l'auteur du moins l'instigateur de la dénonciation qui l'a visé. Et il garde un mauvais souvenir de la perquisition du 29 août dont les conséquences marqueront sa vie.

Mais notons que son témoignage ne met d'aucune façon Gaston en cause. En revanche, il semble contredire son amitié proclamée pour Gustave. Car Maillet a fait peser sur son ami et les femmes de La Gran'Terre, un très vilain défaut moral d'humanité pour non-assistance à la petite Élizabeth, comme leur indifférence au sort de ses parents. Il a envoyé son ami et camarade en prison pour deux mois, et, par une seconde révélation à venir, il le confirmera dans le statut de principal suspect. La raison donnée et répétée par Maillet jusque devant la Cour d'assises, sera de dire qu'en laissant le crime impuni : « *Le déshonneur planait sur mon honneur* ». Ici, honneur et amitié sont synonymes. Mais peut-on s'en remettre seulement à cette raison emphatique ? Car nous verrons comment ses révélations peuvent s'expliquer autrement de façon parfaitement cohérente. En attendant, sans doute le second témoignage qui va survenir un peu plus tard, s'explique-t-il par les effets du premier, lequel va justifier officiellement son exclusion du Parti qui, à son tour, va provoquer le second. Causalités circulaires comme beaucoup dans cette affaire.

Maillet exclu du Parti

Dès la perquisition du 29 août, Maillet se retrouve donc en délicatesse avec le Parti. Officiellement, celui-ci étant alors en même temps l'objet de graves problèmes internes et en bute à l'accusation de complot contre la sûreté de l'État, dira ne pas vouloir que la découverte d'armes chez un secrétaire de cellule, même obscur dans un fin fond de Haute-Provence, puisse alimenter si peu que ce soit la thèse d'un soulèvement armé. Mais est-ce bien la seule et vraie raison ? N'est-ce pas plutôt parce que Maillet, incorrigible bavard, a commis l'erreur de trop parler ?

Quoi qu'il en soit, il est d'abord suspendu de son poste de secrétaire de la cellule de Lurs. À la fois furieux et blessé, il aurait alors tenté de donner sa démission, espérant qu'elle serait refusée. Peine perdue. Son exclusion survient deux mois plus tard, le 30 novembre 1952, c'est-à-dire dix mois après la découverte des armes, mais tout juste au lendemain de la condamnation de Gustave, résultat de sa dénonciation. Dans les motifs officiels de son exclusion[1], figure le fait qu'il aurait été « *cité en tant que responsable communiste* » lors du procès de Gustave. Quoi qu'il en soit, son exclusion n'aurait pas été prononcée depuis Paris sans l'avis de la Fédération départementale, dont Autheville était le secrétaire, c'est-à-dire le patron. Or on sait qu'Autheville avait été le chef FTP de Gustave[2], mais non de Maillet, et ce n'était un secret pour personne qu'Autheville aussi aimait bien Gustave. On peut donc avancer sans trop de risque qu'Autheville a donné son aval à l'exclusion de Maillet pour bien montrer à l'échelon local, qu'il ne fallait pas toucher à Gustave. Et il l'aurait d'ailleurs confirmé plus tard, quand il aura été lui-même exclu, et que le commissaire Sébeille aura fait de Gustave sa principale cible. En attendant, son exclusion a sûrement été pour Maillet une véritable sanction, d'abord au sens moral du terme, et aussi une épreuve engageant le sens même de sa vie, notamment comme ancien FTP. En effet, ce genre d'ostracisme rejette l'exclu hors de la communauté qui le porte. Et l'appartenance au Parti n'est pas, et de très loin, comparable à celle d'un parti politique comme les autres. C'est une véritable communauté bâtie sur une profession de foi, une eschatologie[3] et des mécanismes semblables à ceux de l'Église des premiers siècles. L'exclusion du Parti s'apparente ainsi à une sorte d'excommunication. De plus, dans un contexte villageois et paysan, on ne mesure pas à quel point Maillet a dû se sentir tout à coup isolé et presque étranger parmi les siens. Derrière les apparences de la jovialité méridionale, il devait ressentir une distance qui ressemblait, en plus frustrante encore, à celle où étaient maintenus les policiers avec lesquels il avait désormais parti lié.

D'ailleurs, il subira toutes sortes de vexations, recevra des lettres anonymes le menaçant de mort, entendra des gens roder la nuit autour de chez lui. Et il sera même l'objet d'un véritable attentat. Le 17 novembre 1952, circulant à moto, il sera jeté à terre par un fil de fer tendu en travers du chemin menant à sa ferme[4]. Cet attentat, heureusement sans gravité, aurait pu lui coûter la vie s'il avait roulé plus vite et surtout si le fil de fer l'avait atteint à hauteur de la gorge.

Enfin, la disgrâce étant contagieuse, Maillet devient la cible des Dominici. Dans la famille, on ne parle du drame que pour en accuser Maillet, et les échos lui en parviennent, bien sûr. On dit qu'il a balancé Gustave pour détourner les

---

1 Source : archive du PCF aimablement communiquée en son temps par autorisation de Madame Marie-George Buffet.

2 Jean Meckert (oc p. 92) est le seul à dire que le chef de Gustave était un certain *Rostagne*. Serait-ce le Lucien Rostagne d'Aix-en-Provence, réfractaire au STO ? Tout dépend de ce qu'on entend par chef : chef d'équipe, chef de groupe (deux équipes), chef de section (deux groupes) ou commandant de compagnie (deux sections + une équipe de commandement).

3 C'est-à-dire une vision de l'aboutissement du monde.

4 Edmond Sébeille, oc p. 150 & 151.

soupçons, et qu'il y a réussi. Car c'est lui qui *tenait*[1] la carabine. À cette époque, même son ami Clovis dira qu'il l'a soupçonné. Pourtant, Clovis savait bien à qui était la carabine. Et on va voir qu'il était censé avoir déjà reçu l'aveu de Gaston, ce qui déjà jette au passage un sérieux doute sur cet aveu. Comment Clovis aurait-il pu continuer à soupçonner Maillet ?

Un dénommé Jo

Pendant que Gustave était en prison, le 29 octobre 1952[2], le commissaire Constant reçoit une information de l'inspecteur de la Sûreté à Marseille André Roussel. L'information est confirmée le 31 octobre par un « *Contrôleur général en retraite*[3] », sans autre précision. L'information dit qu'un mois après le drame, donc début septembre, « *un samedi vers 17 h* », Clovis et Jacky Barth (frère cadet d'Yvette) auraient été vus dans la bergerie de La Gran'Terre en présence d'un dénommé Jo. L'homme était vêtu d'un imperméable passé par-dessus une blouse[4]. Au demeurant, curieux ensemble de vêtement. Et, à propos de ce Jo, « *la mère Dominici* » se serait exclamée : « *Que Gustave revienne vite, qu'on paye Jo, je ne veux plus le revoir à la ferme, ça va nous créer des ennuis* ».

Le commissaire Constant ajoute que la description de ce Jo correspond au physique de Chaillan, et il pense que, la nuit du drame, Gustave aurait pu l'envoyer surveiller l'éboulement et qu'il pourrait alors avoir été témoin, sinon acteur du drame, d'où la nécessité de payer son silence.

Le commissaire rapproche cet épisode de la première visite connue des avocats à La Gran'Terre, qui a eu lieu 8 septembre 1952 en fin d'après-midi. Donc un lundi. Me Charrier et Me Pollak sont en déplacement à Digne pour un procès en diffamation. Ils en profitent pour faire un tour à La Gran'Terre en compagnie de Nelly Leroy, collaboratrice et compagne de Me Pollak, et de leur fille Nicole, alors âgée de six ans, qui a une jambe dans le plâtre[5]. Tandis que les hommes sont partis faire le tour des lieux du drame, Gaston rentre avec ses chèvres, et la fillette veut aller les voir rie. Mais Nelly Leroy, tenant sa fille dans ses bras, aurait été empêchée d'entrer dans la bergerie par Jacky Barth au motif qu'il y avait des puces. Et c'est là qu'elle aurait remarqué la présence à l'entrée de la bergerie, de cet homme en imperméable sur une blouse, et à la denture « *effrayante* ».

1 Comme cela se disait ici au sens de détenir.

2 Rapport du commissaire Constant en date du 03/05/53 p. 49 et sq (cote D 178).

3 Retrouvé par Jean-Louis Vincent, il s'agit d'Alexandre Guibal, ancien patron de la 9e brigade, alors en retraite et qui habitait Marseille, avenue de la République.

4 Bien que personne n'ait fait la relation, le vêtement de ce Jo rappelle un autre incident de l'enquête : la gabardine qui aurait été trouvée dans l'ancienne gare de Lurs le 25 ou 26 août 1952. D'ailleurs, le rapprochement avec cet imperméable avec celui de Jo, ne peut pas être envisagé, car celui vu sur ce Jo l'a été le 8 septembre suivant. Voir en annexe.

5 C'est l'âge que Me Pollak lui donne 8 septembre dans son ouvrage (oc p. 242).

Les commissaires Sébeille et Constant, puis le juge Périès engagent alors une série d'interrogatoires et de perquisitions, hélas toujours sans protocole. Et il ne sera donc pas possible d'établir formellement ce qu'il s'est passé.

Dès le 5 novembre, les interrogatoires commencent par Gaston[1] : il se souvient qu'en arrivant avec ses chèvres, il y avait là Gustave, Yvette, Marie, Me Pollak, sa compagne et sa fille plus « *un autre avocat* ». Notons que Gaston ne semble pas le connaître. Ce qui pourrait signifier que le 6 août quand Me Charrier est venu à La Gran'Terre, Grimaud ne lui a pas présenté Gaston, qui devait être au pâturage avec ses chèvres, mais seulement Gustave. C'était donc bien Gustave et non Gaston qui avait déjà besoin d'assistance comme déjà son passage en correctionnelle vient de le montrer.

Gaston dit que la fillette et sa mère ont bien jeté un coup d'œil dans la bergerie sans y entrer. Mais il ne s'y trouvait personne d'autre. Et Gaston ne connaît aucun Jo, ni personne ayant de très mauvaises dents ou un dentier métallisé.

Marie suit[2] et confirme la présence de Gustave et Yvette, ajoute « *Jacques Girard, jeune frère d'Yvette* » en se trompant avec ce Jacques. Selon elle, la fille de Me Pollak était allongée dans la voiture stationnée devant la bergerie et c'est l'avocat, et non sa compagne, qui a fait voir les chèvres à la fillette. Marie ne se souvient pas de la présence d'un autre avocat. Bien sûr elle n'a pas vu ce Jo et ne connaît personne de ce nom.

Vient ensuite François Barth, le père[3]. Il dit qu'il est bien venu en compagnie de son fils Jacky, et qu'il a laissé sa voiture dans la cour. Mais il n'a vu Me Pollak. Il se trouvait là quand Gaston a ramené ses chèvres. Il confirme l'épisode de la bergerie avec la fillette portée par sa mère, mais pas la présence d'un « *homme* ». Et il n'en connaît aucun à la denture particulière, pas plus que de prénommé Jo.

Yvette ne se souvient pas du jour, mais pour elle c'était le « *9 septembre* », donc un mardi. Elle confirme son père quasi mot pour mot[4]. Elle précise que La Gran'Terre n'a jamais employé personne aux travaux de la ferme, notamment pour remplacer Gustave depuis qu'il est incarcéré. C'est la famille qui s'en est chargée à tour de rôle. Bien sûr, elle ne connaît aucun Jo ni personne à la denture *effrayante*.

Le 7 novembre, c'est au tour de Gustave en prison[5]. Mais comme Yvette vient le voir presque chaque jour, il est plus que probable qu'elle lui a rendu

---

1 PV n°387/115 du commissaire Sébeille en date du 5/11/52 (cote D 133).

2 PV n°387/116 du commissaire Sébeille en date du 5/11/52 (cote D 134). Si Girard est le nom de famille de la mère d'Yvette, c'est celui du père de ce Jacques. Ce dernier et Yvette ne sont donc que cousins germains

3 PV n°387/117 du commissaire Constant en date du 5/11/52 (cote D 135).

4 PV n°387/118 du commissaire Constant en date du 5/11/52 (cote D 136).

5 PV n° 387/123 du commissaire Constant en date du 7/11/52 (cote D 141).

compte de ces interrogatoires[1]. Car Gustave sera le plus évasif. Il se souvient seulement que c'était début septembre. Étant allé sur les lieux du drame, il ne sait pas qui est venu à La Gran'Terre, ni ce qu'il a pu se passer à la bergerie. Il n'a pas vu les Barth père et fils. En revanche, il dit que Francis Perrin est venu. Il ne connaît pas de Jo, ni jamais vu de denture en question.

Le même jour, Francis Perrin est donc interrogé à son tour[2]. Il se souvient parfaitement que « *c'était un lundi* » début septembre[3]. À la présence des avocats il est le seul à ajouter « *un journaliste* » et encore quelqu'un d'autre venu demander un arrosoir. Apparemment, ni ce dernier, ni le journaliste ne seront recherchés. Le journaliste était-il ce Grimaud cité, comme on l'a vu, par Me Charrier et, sans le nommer, par Me Pollak (oc p. 236) ? À une question, Francis Perrin répond avoir en effet vu son père sur la route, en revenant du lieu du drame. Mais il n'a pas vu les Barth. Curieusement, le PV ne comporte pas de question sur ce Jo et sa denture.

À la suite de Francis, son père Louis Perrin[4] vient dire qu'il est en effet passé à La Gran'Terre avec sa camionnette. Il s'est arrêté sur la route derrière la ferme, près de l'escalier par lequel il est descendu dans la cour. Il ne mentionne pas Barth, mais il a bien vu Nelly et sa fille à l'entrée de la bergerie avec Jacky qui leur en a, en effet, interdit l'accès à cause des puces. Et il est reparti avant que les hommes ne reviennent du lieu du drame. Bien sûr, on ne l'a jamais appelé Jo, et il ne connaît personne qu'on nomme ainsi. Mais il montre sa denture métallisée comportant aussi un chicot, qui pourrait représenter le côté effrayant dont il a été question.

Le 12 novembre, c'est au tour de Nelly Leroy[5]. Elle fixe la visite au 8 septembre vers 18 h, donc le lundi. Mis à part les Dominici, elle ne se souvient que de Jacky. Puis sur question, elle se rappelle soudain que peut-être un homme à la denture métallisée s'est en effet approché un instant de la bergerie pendant qu'elle était près de la porte. Sur question, elle n'a pas entendu Marie dire qu'il fallait *régler Jo pour qu'il s'en aille*. Pourquoi ne sera-t-elle pas confrontée à Louis Perrin ?

Curieusement, le renseignement transmis par Marseille, parlait de Clovis et de Jacky Barth ayant vu ce Jo un samedi, donc sans doute le 6. Or si Jacky a été interrogé, là encore Clovis sera oublié. Comme trop souvent décidément.

Bien sûr, les avocats ne peuvent pas être interrogés, comme le précise le rapport du commissaire.

---

1 Selon la liste de visites n° 4/480 à la prison de Digne produite en date du 16/3/56 (cote C 406), dans le temps concerné par cet incident, Yvette est venue voir Gustave les 3, 6, 8, 10, 15 et 22/11/52.

2 PV n° 387/125 du commissaire Constant en date du 7/11/52 (cote D 143).

3 Les lundis de septembre 1952 sont les 8, 15, 22 et 29.

4 PV n° 387/126 du commissaire Constant en date du 7/11/52 (cote D 144).

5 PV n°387/127 du commissaire Constant en date du 12/11/52 (cote D 145).

Enfin, le 17 novembre Yvette revient devant le juge Périès[1] cette fois, et rapporte que Louis Perrin vient de lui rappeler, donc deux mois plus tard, qu'il était passé en coup de vent ce jour-là. Elle l'avait complètement oublié car elle n'aurait jamais pensé que c'était lui « *qu'on recherchait* ».

Le juge réinterroge alors Gustave[2]. Mais ce dernier est encore plus évasif que la première fois. Il ne se souvient que de Me Pollak, de sa compagne et de la fillette. Il ne cite même plus Me Charrier. Prudent, il ne veut rien dire d'autre. Mais il doute de la présence de Francis Perrin.

Entre temps, le visage et la denture ont fait penser à Marcel Chaillan. Au contraire de son collègue Sébeille, le commissaire Constant pense donc que Chaillan pourrait être l'homme qu'aurait vu Chastel regardant dans la Hillman, puis Ode Arnaud et les frères Duc, mais aussi l'un des hommes dénoncés par les deux lettres anonymes. La mine patibulaire et la manière de se figer au passage des frères Duc, correspondraient assez bien au personnage.

Sans doute et à juste titre, Chaillan ne sera-t-il jamais suspecté, mais, s'il avait été là, peut-être aurait-il pu témoigner de quelque chose et peut-être même avoir été témoin du drame.

S'il était à La Gran'Terre au soir du 4 août, lors de la réunion, comme une rumeur l'a laissé entendre, serait-il resté sur place après et pendant la nuit ? Pour surveiller l'éboulement, comme le pensait le commissaire Constant, ou encore pour surveiller le bivouac ? L'enquête part donc fouiller de ce côté. Chaillan précise qu'il n'est plus cantonnier, mais ouvrier agricole dans la ferme voisine de celle des Barth[3]. Il loge à la Brillanne, au premier étage d'une maison, dans une chambre à côté de celle de son neveu Fernand Chaillan[4], vingt-sept ans, FTP mutilé de guerre. La maison appartient à son frère Louis, cinquante-deux ans, qui loge dans l'hôtel qu'il possède. Louis Chaillan était l'un des rares à posséder non seulement le téléphone, mais deux numéros, l'un dans son hôtel et l'autre chez lui[5]. Le 6 novembre, Marcel Chaillan sera interrogé pendant vingt-quatre heures, puis son neveu et son oncle suivront, tandis que tous les logements seront perquisitionnés. Sans résultat. Une chose

---

1 PV du juge Périès, en date du 17/11/52 (cote D 148).

2 PV du juge Périès, en date du 17/11/52 (cote D 149).

3 PV n° 387/119 du commissaire Constant en date du 6/11/52 (cote D 137), Chaillan dit gagner 21.000 AF par mois, c'est-à-dire le SMIG agricole. Selon le rapport du commissaire Sébeille en date du 23/1/53 (cote D 168), il était cantonnier à l'époque du drame, mais Chaillan précise bien qu'il ne l'est plus.

4 Ne pas confondre avec Félix qui était vulcanisateur à la Brillanne (PV n° 424/81 du commissaire Chenevier en date du 25/10/55 - cote C 317), sans mention du prénom. Car ce n'était ni le frère ni le neveu de Marcel chez qui il logeait. Selon Guy Reymond (oc p. 155 et 208), Félix Chaillan aurait été membre du Comité départemental de libération (CDL). Mais, sauf erreur, il n'est pas mentionné parmi les membres du CDL dans les archives départementales (cote 0011W 0004), et Guy Reymond n'a pas su dire d'où il tenait l'information qu'il a publiée.

5 Le 1 pour l'hôtel et le 9 chez lui.

est certaine, bien que frustre, Chaillan a parfaitement résisté aux interrogatoires.

Selon son oncle Fernand Chaillan[1], la nuit du 4 au 5, Marcel dormait à la maison, après avoir dîné chez son frère à l'hôtel, comme d'habitude. Et il ne pouvait guère en sortir sans qu'on l'entende. L'alibi est admis sans vérifier s'il était, malgré tout, possible que l'homme ait pu faire le mur, ou alors que l'oncle ait pu mentir[2].

Un mois plus tard, le témoignage d'un certain Louis Chaix de Saint-Auban[3], passera complètement inaperçu. À propos d'un vélo volé appartenant à Gustave, et abandonné près de l'usine Pechiney en 1944 ou 45, Chaix vient dire qu'un garde de l'usine : « *Joseph Czerny ou Czerdeny fréquentait assidûment la ferme de La Gran'Terre, en particulier pendant la période de la Résistance* ». Il aurait pu posséder une arme de parachutage. Il a quitté la région, mais hélas le PV ne dit pas à quelle date. Il tient alors un restaurant qui appartient à sa femme : « *Chez Jo, rue Ampère à Grenoble* ». Ce Jo n'alertera personne car le dossier ne porte aucune trace de vérification. Et il a été oublié par tout le monde.

Mais Jean-Louis Vincent a retrouvé le restaurant à Grenoble qui avait été acheté par la femme de ce Jo le 06/9/49, revendu le 11/9/57, puis rien sur ce qu'il était ensuite devenu. Par ailleurs Jean-Louis Delattre a retrouvé la trace judiciaire d'un dénommé Czerny Miroslaw, maquisard local dévoyé, mais aucun lien n'a pu être établi avec notre Jo. En revanche, Philippe Isnel a retrouvé un Joseph Czeredny, plombier retraité aux Isnards près d'Esparron en Haute-Provence. Étant allé l'interviewer juste avant son décès en 2012, c'était bien le Jo de Saint-Auban et de Grenoble. À l'époque, l'incident Jo est donc clos sans plus de recherche. Ce qu'il a été possible de retrouver sur ce Joseph Czeredny et les Czerny, se trouve en annexe p. 707. Et la question ne vaudrait pas un tel développement si le nombre et la lecture des PV ne montraient combien la présence de ce Jo embarrassait non seulement les Dominici, mais aussi tous ceux qui étaient venus ou passés à La Gran'Terre ce jour-là. En effet, tous disent ne pas connaître de Jo. Et plus étonnant, aucun de ceux qui connaissaient Louis Perrin, à commencer par son fils, n'avait pensé à sa denture métallisée quand il a été question de « *dentition effrayante* », jusqu'à ce qu'Yvette finisse par le dire. Et pourquoi chacun donne-t-il alors une version aussi différente des présents cet après-midi-là ? Comment personne, sauf Yvette, n'aurait vu Barth avec sa voiture dans la cour, laquelle ne pouvait passer inaperçue ? Et lui-même n'avoir pas vu la voiture de Me Pollak ? Reprenons donc :

---

1 PV n° 387/120 à 123 de l'inspecteur Tardieu en date du 6/11/52 (cotes D 138 à 141).

2 Plus tard, une dénonciation d'un certain Abel Chaud viendra dire que Jo aurait été le surnom de Résistance d'un certain Georges Nicolas, ancien FTP de Seyne-les-Alpes. Mais la piste sera abandonnée après vérifications. PV n° 43 de la brigade de Seyne en date du 22/3/53 (cote B 117).

3 PV n° 583 de la brigade de Château-Arnoux en date du 16/12/52 (cote B 97).

- Rappelons d'abord que Me Pollak dira que lors de sa première venue, il y avait beaucoup de monde et de journalistes sur les lieux.
- Brouillage sur les dates : le lundi 8 ou le 9 septembre.
- Plusieurs versions : avec ou sans les Barth, avec ou sans Jo, avec ou sans les Perrin.
- Personne, sauf Yvette, ne se souvient d'avoir vu Francis Perrin. Gustave n'est sûr de rien, sans doute après qu'Yvette est venue lui en donner la consigne.
- Seul Francis Perrin a vu un journaliste.
- La présence de Louis Perrin n'est attestée que par son fils puis par Yvette.
- C'est seulement après qu'on lui a décrit l'homme et suggéré sa présence, qu'un souvenir ambigu revient à Nelly Leroy se souvenant de la denture.

Tous ces flous comme le souvenir tardif d'Yvette avec la connivence des Perrin, sentent la nécessité de créer une diversion.

La venue connue le 8 septembre en fin d'après-midi, ne semble pas pouvoir correspondre à la description de la foule vue par Me Pollak. En effet, c'était un lundi. En revanche une foule pourrait correspondre à la veille, le dimanche 7. Vient alors l'idée qu'il pourrait y avoir eu deux venues des avocats à La Gran'Terre, ce qui expliquerait la différence des témoignages. La première, le dimanche 7, et la seconde le lundi 8 suivant. Mais alors pourquoi n'en avoir rien dit ? Sans doute à partir du moment où Jacky Girard gaffe en confirmant la présence de l'énigmatique Jo. Et c'est devant les discordances des témoignages, quand les enquêteurs ont voulu savoir qui était là le 8, que la première venue a été masquée et qu'il a donc fallu susciter la connivence des Perrin.

Le scénario probable serait ainsi le suivant : MM^es^ Pollak et Charrier devant plaider le lundi matin à Digne, Me Pollak auraient-ils pu monter le dimanche avec Nelly Leroy et leur fillette, et s'arrêter une première fois à La Gran'Terre en fin d'après-midi où ils n'auraient vu que les Dominici. Comme il y avait foule, ils ne seraient pas allés voir le lieu du bivouac. Le lundi Me Pollak et Nelly Leroy seraient revenus, cette fois avec Me Charrier et Grimaud. Pendant que Gustave allait sur les lieux avec Grimaud et les deux avocats, les Barth et Francis Perrin seraient passés à la ferme. Là aurait eu lieu l'incident Jo au retour de Gaston avec ses chèvres.

Revenons maintenant à l'information ayant déclenché ces investigations. Sa source est une *femme de Marseille* qui avait un *contrôleur général* dans ses relations. Ce qui signifie que c'était une dame d'un certain milieu social. Et la seule Marseillaise présente lors de cet épisode était Nelly Leroy. Mais alors, pourquoi serait-elle allée soulever la présence suspecte de ce Jo, tout en demeurant aussi évasive ? Le commissaire Constant pensait qu'elle était tenue au devoir de réserve à cause de son double rôle auprès de Me Pollak. Certes. Mais il apparaît invraisemblable qu'elle ait pu aller délivrer l'information de son propre chef, sans le feu vert de Me Pollak. Il ne reste donc que l'hypothèse d'une fuite délibérément organisée par Me Pollak. Mais alors, dans quel but Me Pollak aurait-il fait passer cette information sur ce Jo et de cette façon ?

Et cette interrogation soulève la principale question : pourquoi les divers protagonistes des visites se retrouvent-ils tous si embarrassés au point de travestir leur mémoire, jusqu'à ce que Louis Perrin vienne sauver la situation ? En avouant ingénument que c'est en discutant avec lui à l'époque des interrogatoires de 1953, qu'Yvette jouera le genre de composition qu'elle mettra souvent en œuvre selon sa stratégie habituelle : tenter de récupérer une situation qui a doublement dérapé. Il fallait éviter qu'on sache que Me Pollak était venu avant le lundi 8 septembre, et empêcher d'avance toute investigation en direction de cet énigmatique Jo. Mais alors pourquoi, puisque ce ne pouvait être que Me Pollak qui avait envoyé Nelly Leroy faire une déposition à la PJ de Marseille ?

Car, si ce Jo était imaginaire et s'il n'y avait eu personne dans la bergerie, pourquoi la déposition de Nelly Leroy et pourquoi la fillette et sa mère auraient-elles été empêchées d'y pénétrer sous un mauvais prétexte ? Et justement par le jeune Barth qui sera aussi celui qui rapportera la phrase de la vieille Marie. Si ce Jo avait été capable de *causer beaucoup d'ennuis* à La Gran'Terre, au point de devoir payer son silence, le seul fait que les questions à son sujet aient causé tant d'embarras, d'oublis et de mémoires différentes, tend à montrer d'abord que l'homme existait bel et bien, et que sa présence avait peut-être une relation avec le drame. En effet, s'il avait seulement été un ouvrier agricole venu donner un coup de main pendant que Gustave était en prison, pourquoi faire tant de mystères ? Car les hommes de la famille venaient chacun leur tour pour ce travail. La présence de ce Jo avait donc une autre raison que La Gran'Terre voulait cacher, alors même que sa présence avait été dénoncée à l'instigation de Me Pollak.

Il y a cependant une hypothèse propre à l'époque. Il est possible que ce Jo, qui était alors plombier à Grenoble, ait aussi été à ses heures quelque chose comme un bouilleur de cru clandestin. C'est-à-dire qu'il passait dans les fermes après la vendange pour distiller. Cette pratique, aujourd'hui quasi disparue, était alors très répandue dans les campagnes[1]. De là venait sans doute la *blanche* de La Gran'Terre. Très strictement règlementée, la distillation clandestine était à l'origine d'un intense trafic d'alcool contre lequel les sanctions coûtaient effectivement *beaucoup d'argent*. Et, comme pour le braconnage, elle était couverte par une omerta. Toute l'embrouille à propos de la présence de ce Jo pourrait donc correspondre à ce genre de situation. Le fait qu'il ait été habillé d'une blouse sous un imperméable, peut correspondre. L'alambic pouvant se trouver dans la bergerie, expliquerait l'interdiction d'y entrer.

1 Sa répression était une préoccupation politique importante contre l'alcoolisme, dont celle du gouvernement Mendès France.

Mais dans cette hypothèse pourquoi Me Pollak, qui n'avait aucune raison de mettre ses clients en difficulté, aurait-il fait dénoncer sa présence par sa compagne et collaboratrice Nelly Leroy ? Il se pourrait par exemple, qu'il ait voulu débarrasser La Gran'Terre d'un chantage financier. Mais nous verrons qu'il pouvait être l'homme vu dans la nuit par les frères Duc.

Gaston aurait fait des aveux à Clovis

En attendant, à cette même époque pendant laquelle Gustave était en prison Gaston aurait fait des aveux à Clovis. Mais Clovis ne le dira qu'après avoir dénoncé son père en novembre 1953. Il est donc évident qu'en ce mois de novembre 1952, les enquêteurs n'en savent rien. Mais, le savoir aujourd'hui permet de mieux comprendre le comportement de Clovis à l'époque, et de suivre certaines articulations de la stratégie de défense des uns et des autres. Donc, pendant que Gustave est en prison, Yvette est allée habiter chez ses parents. Et les parents Dominici auraient dit qu'ils avaient peur de rester seuls. Mais la peur n'étant pas le genre de Gaston, comme il l'a toujours montré, s'il était le seul assassin, on se demande bien de qui aurait-il pu avoir peur ?

Quoi qu'il en soit, ceux des hommes de la famille qui le peuvent, se relaient à coucher là. Ainsi, après son neveu Balmonet, c'est au tour de Clovis qui vient chaque soir coucher à La Gran'Terre entre « *un mois et un mois et demi*[1] », soit en novembre/décembre 1952. Lors de sa dénonciation de novembre 1953, Clovis dira donc qu'un soir son père se serait dénoncé à lui. De cet aveu qui sera décisif pour la condamnation de Gaston, Clovis va donner pas moins de cinq versions. Il dira qu'au début il ne l'a pas cru, tant cela lui paraissait impossible. Il ajoutera qu'il n'en a jamais reparlé avec lui, et qu'il n'en a jamais rien dit à personne, pas même à sa femme qui confirmera bien sûr[2]. Ce qui paraît bien improbable. Il osera encore dire que, dès le lendemain du 6 août où il avait reconnu la carabine comme appartenant à son père, il serait allé voir dans le hangar où, selon lui, il la cachait, et aurait constaté qu'elle n'y était plus. Et il dira aussi que c'est alors qu'il aurait eu la certitude de la culpabilité de son père. Il dira encore s'en être ouvert à Gustave, qui lui aurait confirmé avoir constaté lui aussi cette disparition.

Quand on sait à qui était la carabine, comment entre début août où il aurait acquis sa certitude jusqu'en novembre/décembre où son père se serait accusé, Clovis peut-il se comporter comme si de rien n'était ? Certes, il serre les rangs derrière la famille, mais comment faire croire qu'il n'a jamais pris un moment pour au moins en discuter sérieusement avec Gustave avant qu'il ne soit incarcéré ? Certes, admettons qu'on ne se confie guère dans ce genre de famille, surtout entre père et fils. Mais entre les deux frères très liés et sur un tel sujet, c'est plus que difficilement crédible. Surtout après la façon dont Clovis et Gustave se sont déjà concertés depuis le matin même du drame.

---

1 PV n° 442/7 du commissaire Sébeille en date du 13/11/53 (cote D 204).

2 PV d'instruction du juge Périès en date du 22/3/54 (cote D 288).

Et encore mieux quand Clovis dira que même après l'aveu de son père, il ne le croyait pas et suspectait encore Gustave ou Maillet, l'invraisemblance atteint son comble.

Bien sûr, Gaston niera toujours avoir fait cette confidence à Clovis. Alors peut-on croire Clovis et surtout à laquelle de ses versions donner finalement foi ? Peu importera à l'accusation, seul l'aveu rapporté suffira. Mais, comme c'est parole contre parole sans le moindre élément ou détail inconnu et vérifiable qui permette au moins une forte présomption, il ne restera qu'à situer cet aveu dans son contexte. Ce sera fait au moment où Clovis en fera la révélation en novembre 1953.

En attendant, les deux frères maintiendront toujours n'en avoir jamais parlé avant Noël 52, une fois Gustave sorti de prison.

Noël 1952 Clovis et Gustave à Saint-Pons

C'est ainsi que, lors de leurs dépositions de novembre 1953[1], Clovis et Gustave diront s'être retrouvés seuls pour la première fois, à couper du bois dans la colline de Saint-Pons aux alentours de Noël. Clovis aurait alors demandé à son frère s'il avait constaté la disparition de l'arme dans le hangar, et Gustave aurait confirmé. Tous deux sachant à qui était l'arme et où elle était remisée, est-il crédible qu'ils n'aient jamais discuté longuement du drame comme déjà au matin du 5 août ? Mais pourquoi tous deux prétendront-ils le contraire tout en donnant tant d'importance à ce jour à Saint-Pons ? Après sa sortie de prison n'oublions pas que Gustave est toujours le suspect n°1. Comme on a déjà vu Clovis le conseiller sur la conduite à tenir, il est donc hautement probable que c'est ce jour-là à Saint-Pons qu'ils ont dû discuter en détail de la situation, et mettre au point une stratégie pour le cas où Gustave serait inculpé.

Le repas de Nouvel an 1953

Gaston accusera son fils Clovis d'avoir tout manigancé de longue date, il donnera en exemple le repas familial du nouvel an. Clovis y serait venu seul et de mauvaise grâce. Il n'aurait pas mangé parce qu'il se serait « *gavé comme un cochon* » avant de venir. Clovis en donnera une autre version, bien sûr confirmée par sa femme[2] : il aurait été malade de voir son père et les autres fêter la nouvelle année de façon aussi enjouée, alors que depuis la récente soirée d'aveu, il savait Gaston triple meurtrier. Mais il est trahi à la Pentecôte 1953[3], quelques mois après et seulement avant sa dénonciation, par une photo au dossier prise par son beau-frère Balmonet. Elle montre Clovis riant aux côtés de son père. Même si Rose, la femme de Clovis, précise qu'ils n'ont pas

---

1 PV du juge Périès en date du 14/11/53 p. 5 (cote D 205).

2 PV d'instruction du juge Périès en date du 22/3/54 (cote D 288).

3 PV n° 424/48 de l'inspecteur Leclerc en date du 20/10/55 (cote C 269) et PV n°424/51 du même et même date (cote C 272).

piqueniqué ensemble ce jour-là[1], le commissaire Gillard[2] fera remarquer que Clovis ne semblait guère tenir rigueur à son père de son triple forfait.

Rumeurs et murmures

Dès les premiers jours, les rumeurs persistantes vont bon train, faisant état d'une séquelle de la Libération, sinon de la guerre secrète, ou les deux à la fois. Jean-Pierre Chabrol dans *L'Humanité-Dimanche,* reprendra l'hypothèse déjà diffusée par la presse anglaise : le massacre des Drummond ne serait qu'un épisode de la guerre secrète. Mais, selon la presse communiste, les tueurs seraient américains, tandis que, selon les options politiques adverses, ils seraient russes ou allemands de l'Est, pour certains avec l'aide d'anciens maquisards. Curieux, quand on saura d'où viennent ces bruits dont personne n'est censé connaître la source.

Si rien n'était connu qui vienne appuyer ces thèses, une rumeur locale insistante disait que de nombreux dirigeants du Parti, dont Marcel Servin et Charles Tillon, seraient venus à La Gran'Terre, tenir des réunions d'où rien ne filtrait[3]. Il se murmurait qu'il s'agissait d'empêcher le commissaire Sébeille d'aller mettre son nez dans les séquelles de la Libération. Me Claude Delorme, député socialiste des Basses-Alpes, et avocat de la partie civile, proclame qu'on n'éclaircira pas le mystère de Lurs tant qu'on ne connaîtra pas la vérité sur le massacre perpétré au château de Paillerol pendant l'été 1944[4]. On souffle au commissaire Sébeille qu'en reprenant cette affaire, il trouvera les assassins des Drummond. Mais on lui conseille aussi la plus grande prudence, sinon d'aller voir ailleurs[5]. Et çà le commissaire l'entend bien, car on ne trouve aucune investigation en direction de ce sujet dangereux et cette fois réellement tabou.

Pour mémoire en attendant

En plus des rumeurs, en date du 9 décembre 1952 est transmis à Digne le dossier d'une mission du commissaire Gillard à Stuttgart, diligentée par la

---

1 *Ibidem* cote D 288.

2 PV n° 424/35 & 36 du commissaire Gillard en date du 18/10/55 (cotes C 256 & 257).

3 Rappelons que c'est Jean Laborde (oc p. 94 & 95) qui précise encore (p. 124) que Maillet et la cellule de Lurs font partie de ces réunions.

4 Paillerol se trouve juste en face de La Gran'Terre, de l'autre côté de la Durance, à seulement 2,5 km à vol d'oiseau. En 1944, le couple Cartier, propriétaire du château, est retrouvé assassiné devant son coffre-fort vidé. Chargé de l'enquête, le commissaire Stigny de Nice ayant déclaré avoir démasqué les coupables, est retrouvé le lendemain dans un canal, abattu d'une balle dans la tête. Le chef FTP appelé Serge et l'inspecteur Lapontre, adjoint de Stigny, sont arrêtés et condamnés sans que jamais le fin mot de l'histoire n'ait été mis au grand jour.

5 Outre le couple Cartier et le commissaire Stigny, d'autres règlements de compte demeureront impunis, apparemment sans rapport avec une quelconque collaboration : Mussy, maire de Peyruis, le juge de paix Stain, le photographe Gras, un certain Amalric, une Alsacienne, etc… Ces faits sont largement documentés par ailleurs, notamment par Giono.

Sous-direction des affaires criminelles sous la signature de son patron le commissaire Chenevier. Il s'agit de la piste d'un commando diligenté par un service de l'Est venu exécuter Sir Jack et hélas sa famille avec lui. Comme ce dossier sera gardé au *SECRET* qui tamponne l'envoi en rouge, et que personne n'en soufflera mot avant 1995, gardons-nous de tout perturber de l'exposé et de la compréhension du déroulement des enquêtes et procès par une trop lourde incidente. Pour analyser le détail du contenu et des interactions possibles de cette piste, attendons le moment où, ayant tout passé en revue et analysé de ce qui pouvait se savoir, nous y reviendrons, notamment à propos du mobile et des hypothèses de scénario du massacre.

TROISIÈME PHASE DU 20 JANVIER AU 12 NOVEMBRE 1953

Officiellement, le commissaire Sébeille revient sur place le 20 janvier 1953 pour reprendre la main sur l'enquête. Outre certain désaveu implicite de sa hiérarchie, il a été ulcéré que Maillet ait fait passer à son collègue Constant l'information sur le *ronron* et la survie de la fillette.

La presse communiste, sous la plume de Jean-Pierre Chabrol dans *L'Humanité-Dimanche*, l'a surnommé *commissaire Tournenrond*. Le mot a fait florès. Le commissaire vexé, en sort d'autant plus déterminé à triompher et d'avoir sa revanche. Il est désormais prêt à tout pour prouver sa compétence et préserver sa réputation. Son humiliation lui a au moins soufflé qu'il lui faut changer de méthode. Au lieu de maintenir une pression constante sur place pour tenter d'obtenir des aveux par harcèlement et intimidation ou, au contraire, par une fausse camaraderie de comptoir, il va se faire discret, laissant croire que l'enquête est enterrée. Il procèdera également de façon différente. Au lieu d'exploiter immédiatement au fur et à mesure les nouveaux événements et laisser filer les informations dans la presse, il va les garder et les accumuler en faisceau jusqu'au moment où il pensera avoir une suffisante artillerie pour frapper le grand coup qui confondra l'assassin. Il prendra le temps qu'il faut. Mais, en attendant, son enquête est bel et bien dans l'impasse. C'est que le commissaire demeure plus que jamais arc-bouté sur le scénario de sa première intuition, celui d'un drame paysan, sans réel mobile, avec une seule arme et un sel assassin. Et, en ce début janvier 1953, quoi qu'il en ait écrit, Gustave est toujours son suspect n°1.

C'est pendant cette troisième phase que vont apparaître trois événements nouveaux, dont les deux derniers ont déjà été mis en situation :

- La seconde *balance* Maillet,
- L'emploi du temps de Zézé,
- Le témoignage de Ricard.

On y ajoutera pour rapide mémoire les autres pistes abandonnées avec lesquelles il est inutile de trop encombrer l'exposé.

La seconde *balance* de Maillet

Selon la version du commissaire (oc p. 149 & 150), c'est le 27 janvier 1953 que Maillet lui aurait fait sa seconde révélation. Le commissaire s'étant rendu à La Maréchale pour lui reprocher d'avoir fait sa première révélation au commissaire Constant, il lui aurait rappelé qu'ils avaient passé un accord après la découverte des armes dans sa cuisinière, le vol d'électricité et l'histoire des plaques, et que c'est à lui qu'il devait la primeur de ses informations. Et ce dernier se serait alors racheté en lui livrant une seconde révélation, cette fois beaucoup plus consistante[1]. Qu'on en juge : Gustave aurait, d'une certaine façon, été témoin du drame.

Mais sa version relatée par le commissaire est inexacte : car ce sont les gendarmes Romanet et Rebaudo qui ont reçu les premiers cette nouvelle confidence de Maillet le 23 janvier, soit quatre jours avant le commissaire. Ce sont d'ailleurs eux qui ont prévenu ce dernier[2]. Ce qui explique au passage pourquoi le commissaire est venu tancer Maillet.

Maillet a donc révélé qu'entre le samedi 30 août et le vendredi 5 septembre 1952, il est venu à La Gran'Terre vers 18 h pour acheter des pommes de terre. Tandis qu'Yvette était partie les chercher, Gustave se serait spontanément exclamé : « *Si tu avais vu, si tu avais entendu ces cris d'horreur, je ne savais plus où me mettre* ». Et Maillet de préciser qu'Yvette revenant, il n'a pu poser à Gustave aucune question. Et par la suite Gustave aurait toujours refusé d'y revenir, notamment d'avoir été vu sur la route comme certaines dénonciations anonymes le suggéreront.

Comme le commissaire sait que, de sa chambre, Gustave ne peut pas voir le lieu du drame, et comme le couple dira toujours ne pas en être sorti, il oubliera le *vu* pour ne retenir que l'*entendu*. Bien qu'il n'en dise rien dans son ouvrage, le commissaire a sans doute pensé que Gustave pouvait n'avoir été que témoin. Car c'est à partir de cette date seulement qu'il commence à soupçonner aussi Gaston. Pour le commissaire enfermé dans sa méthode de la mosaïque, si ce n'est pas Gustave, ce ne peut être que Gaston. Il suffit de déplacer quelques éléments, sans changer de canevas.

En décembre 1953, après les aveux et l'inculpation de Gaston, Maillet rajoutera enfin un ultime élément à sa révélation[3] : en fait, avant qu'Yvette ne revienne ce jour-là, il a eu le temps de demander à Gustave en provençal : « *Maï mount érès ?* ». Et ce dernier aurait répondu[4] : « *A qui devans* ». Et

---

1 PV n° 387/146 du commissaire Sébeille en date du 27/1/53 (cote D 173). Repris dans le PV n° 442/9 du commissaire Sébeille en date du 7/12/53 (cote D 231).

2 PV n°5-R de la brigade de Forcalquier en date du 24/1/53 (cote B 108).

3 PV n° 442/9 déjà cité.

4 En provençal : « *Mais où étais-tu ? - Là devant* ». Selon Giono (oc p. 699) et Madeleine Jacob (oc p. 58), lors du procès Maillet aurait dit que Gustave se trouvait : « *dans la luzerne* » ; selon le commissaire Sébeille (oc p. 172) à « *la bordure du champ* » ; enfin, en 2003, à Jean-Charles Deniau et Madeleine Sultan (oc p. 107), Maillet répètera devant leur caméra : « *Là au coin de la luzerne* ».

comme il « *se trouvait sous le gros arbre de la cour* », il aurait accompagné sa réponse d'un geste faisant « *le tour de la luzerne devant eux*[1] ». Maillet ajoute qu'avant ce jour, il ne soupçonnait ni Gustave ni Gaston. Mais après ? Car curieusement, personne ne s'est demandé pourquoi Maillet attendra l'inculpation de Gaston pour ajouter cette ultime révélation. Quelle est la raison de cette distillation au compte-goutte. Avant d'aborder ce chapitre, revenons un instant sur la question du champ de luzerne.

Le champ de luzerne

Rappelons que le champ, depuis la ferme jusqu'au chemin du pont, était bien planté de luzerne cette année-là. Mais un an après déjà, le champ ne sera plus en luzerne, tandis que lors de la reconstitution, le champ était labouré.

Hélas, l'endroit où se trouvait Gustave dans la luzerne, qu'il aurait désigné d'un vaste geste, demeurera imprécis. Car pour pouvoir voir ce qu'il se passait sur le bivouac, surtout de nuit, même par grand clair de lune, il fallait que Gustave soit posté à l'autre bout du champ par rapport à la ferme, tout proche du bivouac. Il faut dire qu'il niera toujours avoir fait cette confidence à Maillet, sauf en partie une seule fois, lors de leur confrontation du 12 novembre 1953[2]. Il admettra alors avoir *entendu* quelques cris en compagnie d'Yvette, mais depuis leur chambre seulement, tous deux demeurant terrorisés. Il ne sera jamais question d'avoir *vu* quelque chose. Et il n'admettra jamais s'être trouvé ni dehors, ni dans la luzerne. Alors que Gustave finira par lâcher prise sur la quasi-totalité de ses mensonges, quitte à se rétracter immédiatement, la luzerne est un point sur lequel il tiendra bon même devant la Cour d'assises, et sous quelle pression insistante de son père comme on le verra. Et d'ailleurs, cette résistance à l'injonction publique du père en audience prouve au moins que sa présence dans la luzerne était frappée d'un interdit bien plus puissant que la peur du père.

Fiabilité des témoignages de Maillet ?

Tout le monde à l'époque aura pu le remarquer[3] : « *Paul Maillet fait partie de cette catégorie de témoins, - assez rare si on excepte les enquêteurs -, qui se montrent capables de donner oralement une relation très conforme à celles des procès-verbaux qu'ils ont signés* ». Non seulement cette capacité est rare, en effet, mais elle ne semble pas correspondre à ce que tous les témoins ont rapporté de la manière dont Maillet s'exprimait : volubile, embrouillé, usant et abusant d'images, de descriptions inutiles, de digressions, de mauvais jeux

---

1 Mais il faudra attendre le supplément d'information pour qu'ait lieu une reconstitution sur place. PV n° 353/55 de l'inspecteur Leclerc en date du 12/8/55 (cote C 150) avec photos. Il y sera noté la place de Maillet et Gustave. Mais pourquoi aucune question sur l'endroit où Gustave se serait trouvé dans la luzerne, ce qui aurait dû être le vrai but de la manœuvre.

2 PV n° 442/1 du commissaire Sébeille en date du 12/11/53 (cote D 191).

3 *Le Monde* du 22 novembre 1954. Il se répétera encore quasi mot pour mot, en 2003 soit près de cinquante ans plus tard, devant la caméra de Jean-Charles Deniau et Madeleine Sultan.

de mots, etc. Mais le fait est, son témoignage demeurera identique dans son laconisme. Et on doit alors se demander si cet ensemble des trois révélations peut être considéré comme fiable. En effet, on imagine mal Gustave, qu'on voit si solidement arc-bouté à ne rien dire sur ce point précis, lâcher une confidence aussi lourde de conséquence à Maillet, même encore son véritable ami… sauf si Maillet avait su par ailleurs au moins une partie de ce qu'il s'était passé.

Maillet dit bien qu'il n'a pas poser aucune des questions pressantes qui lui sont aussitôt venues à l'esprit, du genre : as-tu vu l'assassin ; qu'as-tu entendu, étaient-ce des cris de femme, d'enfant ou d'homme ; qu'as-tu fait ensuite ? Et personne de n'a laissé traces de l'avoir fait, sauf Gaston lors de son procès, où on le verra faire et y revenir avec force, confirmant ainsi indirectement la version de Maillet et la conclusion logique qui en découle.

En effet, prenant devant la Cour d'assisses le rôle du président, Gaston adjurera son fils de dire avec qui il était *dans la luzerne*. Ce qui, d'abord, sous-entend qu'il y était, bien sûr, et avec quelqu'un(s) que Gaston connaît mais ne veut pas nommer. Et lorsque le président, après avoir abruptement suspendu l'audience au moment où Gustave allait répondre, demandera à Gustave lors de la reprise, s'il était dans la luzerne, il se contentera de la réponse : « *Non, j'étais couché* ». Malgré le grondement de la salle, tandis que la défense laissait passer, le président n'insistera pas.

Et même le commissaire Chenevier lors du supplément d'information, ne tentera pas réellement d'approfondir. Bien qu'accordant la prime de sincérité à Maillet (oc p. 104), le commissaire ne montrera, pas plus que les autres, de curiosité sur cette présence insolite de Gustave dans la luzerne. Il ne s'étonnera pas non plus que ce hâbleur invétéré de Maillet ait seulement répété trois phrases laconiques, et toujours à l'identique. Néanmoins, lorsqu'il l'interrogera, Maillet ajoutera que Gustave « *se trouvait dans son champ* » (oc p. 104). Or, si le rapport est exact, formellement *son* champ était celui d'où était parti l'éboulement, et non celui qui séparait La Gran'Terre du bivouac. Et le champ de Gustave était alors également planté de luzerne. S'il avait été dans son champ, Gustave aurait pu entendre mais sûrement pas voir ce qu'il se passait sur le bivouac à cause du dénivelé, du thalweg et de l'épaisse végétation qui le bordait.

Il faut donc analyser plus avant le comportement de Maillet. En effet, étroitement lié à Gustave, le voilà pourtant qui semble dénoncer son ami d'enfance, comme lui ancien FTP et compagnon de toujours. Mais est-ce bien de cela qu'il s'agit ?

D'abord, pourquoi, au lieu de s'adresser discrètement et directement aux commissaires, en avoir d'abord parlé à Escudier, ou encore aux gendarmes, en prenant à chaque fois le risque de l'indiscrétion ? On comprend que le commissaire Sébeille, après l'accord conclu, ait été fâché de n'avoir pas été le premier destinataire, trouvant de plus inadmissible une distillation laconique et espacée de plusieurs mois chacune. Ensuite, même si, à cause de Maillet,

Gustave vient de faire un séjour en prison, c'est pour un motif annexe au triple crime lui-même. Enfin, à y regarder de près, le second témoignage de Maillet dédouane objectivement Gustave, au moins du crime des parents. En effet, si Gustave a *vu et entendu*, c'est qu'il en a seulement été témoin. Mais, si Maillet dédouane ainsi Gustave, il suggère en même temps que ce dernier en sait plus qu'il ne l'a dit, et, d'une certaine façon, ne veut-il pas l'obliger à dire ce qu'il sait de toute évidence. Car Maillet a toujours justifié ses témoignages par son amitié envers Gustave et Clovis. Et il le répétera au commissaire Chenevier. Il aurait seulement attendu et fractionné ses révélations dans l'espoir que Gustave parlerait. Mais, devant son silence, il aurait alors pensé que Gustave, connaissant le détail des meurtres, avait peur. Toujours cette peur qui repose la question centrale : que pouvait-il avoir vu (et entendu), qui lui fasse aussi peur, et de qui ou de quoi ?

Le commissaire Sébeille croira, et beaucoup d'autres après lui, avoir trouvé la nature de l'interdit : tous auraient eu une peur démesurée du patriarche assassin qui les domine, manipule et menace. On l'a dit et on le reverra, lorsque, devant la Cour d'assises, son père sommera Gustave de dire avec il était dans la luzerne, ce dernier n'obéira pas. De toute évidence, ce n'était pas alors la peur du père qui le retenait et le terrorisait. L'interdit était donc ailleurs, et surtout de beaucoup plus puissant.

Il faut alors replacer les révélations de Maillet non seulement en leur temps, mais aussi par rapport à sa fonction. En effet, à l'époque du drame, Maillet était secrétaire de la cellule de Lurs. Si son premier témoignage motive son exclusion du Parti, le second intervient alors qu'il est théoriquement libre de parole. Mais, même exclu, un ancien membre sait garder une certaine réserve. Car, même s'il lui était venu l'envie de se venger en révélant ce qui ne devait pas l'être, il savait que le pouvoir de représailles était d'autant plus grand qu'il se doutait en quoi il consisterait. Il savait, au vu de ce qu'il s'était passé lors de la Libération, quelle limite ne pas dépasser. Les menaces et le fil de fer en travers de son chemin le lui ont rappelé. C'est pourquoi ce que révèle Maillet, avec l'accord de Clovis soit dit en passant, est finalement peu de chose. Et sans doute, Maillet a-t-il été obligé de livrer ce minimum à cause du levier que le commissaire Sébeille tenait en main. Et la vraie question demeure toujours : Maillet en savait-il plus ?

Dans la cellule communiste de Lurs dont Maillet était secrétaire, il y avait Barth, le père d'Yvette, beaucoup plus influent que lui dans la Fédération départementale. Même si les Dominici de La Gran'Terre ne sont pas encartés, ils sont liés avec Barth par sa fille. Si Clovis, lui, est membre, il se trouve sur le territoire de Peyruis dans la cellule dirigée par Faustin Roure. Qu'est-ce que cela peut induire en termes strictement objectifs et fonctionnels ? Que, de façon administrative, le drame, survenu sur le territoire de Lurs, relevait du territoire de Maillet.

Mais alors se pose une question : plutôt que pour l'histoire des armes ou d'une collaboration avec la police qui est survenue après[1] et avec l'accord d'Autheville, Maillet aurait-il été exclu plutôt pour avoir désobéi aux consignes, en voulant intervenir dans une affaire qui, bien que concernant son territoire, le dépassait ? Pour le moment, la question doit seulement être posée. Car on ne peut aller plus avant sans passer par inférences des faits stricts au jeu des conjectures et hypothèses.

L'enquête piétine

En attendant, même avec en main la nouvelle information délivrée par Maillet, le commissaire Sébeille tourne en rond. En fait il possède de trop faibles béliers pour espérer enfoncer de force les défenses de La Gran'Terre, d'autant qu'il ne sait pas où ni qui frapper.

- L'arme ? Elle n'a pas parlé dans le sens que croyait le commissaire, mais il n'a pas cherché ce qu'elle pouvait lui dire.
- Des preuves matérielles ? Il n'en a aucune, bien que nombre d'éléments matériels demeurent inexploités.
- Des témoignages ? Ce sont paroles contre paroles, ou alors leur mise en corrélation n'apparaît pas cohérente, sauf à rejeter ce qui ne colle pas avec son canevas de départ.
- Gustave ? Il tient bon sur l'essentiel, même s'il a été convaincu de mensonges importants.
- Clovis ? Il ment et ne lâche rien. Et d'ailleurs personne ne s'en préoccupe vraiment.
- Zézé ? Le commissaire le trouve sympathique et le considère comme un gamin affabulateur mais inoffensif.
- Gaston ? Il commence à le suspecter, mais ne sait comment le surprendre.
- Et les quelques témoignages perdus dans le fouillis des dépositions et dénonciations ? Il ne sait lesquels exploiter.
- Yvette ? Curieusement, alors même que tout le monde se rend très rapidement compte que c'est elle qui tire les ficelles, et notamment celles qui font marcher Gustave qu'on décrit comme sa marionnette, elle demeure relativement ménagée.

Il ne reste donc d'un peu solide, que les seuls témoignages de Maillet. Mais le pouvoir sinon le savoir de ce dernier semble avoir atteint ses limites.

Les autres pistes

Bien entendu, au cours de toutes les phases de l'enquête depuis le début, de nombreuses pistes seront explorées, dont la police laissera souvent à la

1 Rappel : Maillet a été suspendu de ses fonctions le 30 septembre 1952, alors que sa première information à la police date du 14 octobre, et il ne sera exclu que le 30 novembre, suite aux attendus de verdict de l'affaire de Gustave en correctionnelle.

gendarmerie le soin de faire le travail de *fermeture des portes*. Voici les principales, qui seront abandonnées après vérifications :

- L'uniforme abandonné à Aiglun près de Digne (à 25 km du lieu du drame) ayant appartenu à Cesare Donati, légionnaire italien déserteur. Il se trouvait à Rome le jour du drame.
- La thèse d'une méprise avec une autre Hillman, peu explorée.
- Le vagabond vêtu d'un short, chaussé de grosses semelles de crêpe et coiffé d'un chapeau mou, s'enfuyant à travers champs, sur la commune de Pierrerue, et qui ne sera pas retrouvé.
- Le vélo rouge endommagé trouvé le 25 août dans un fourré.
- Le trimardeur de Brignoles.
- Ange Bergamini, l'ouvrier de Saint-Auban.
- Le couple de ramasseur d'escargots de Malijai.
- L'ouvrier agricole de Saint-Etienne-les-Orgues.
- Le déserteur anglais Georges Bulton, parachutiste parti de RFA en Jeep trois semaines auparavant.
- Les deux évadés de la prison des Baumettes à Marseille.
- Le plongeur de restaurant Robert Martel de Nice
- Le témoignage de Paul Derink, habitant Aoste en Isère.
- Les révélations d'Arthur Bevilacque.
- Le témoignage de l'ex-légionnaire Jules Callaire.
- Les faux aveux de Bussi, clochard de Cagnes-sur-mer.
- Les treize Algériens du chantier de Ganagobie.
- L'homme au complet vert de Solliès-Pont.
- La Triumph abandonnée à Lyon.
- La correspondance entre Churchill et Mussolini.
- Le vol survenu chez les Perrin.
- Les documents *Fermi*,
- Le témoignage d'Antoine Llorca en 1955, etc, etc...

Toutes ces pistes explorées par les policiers et/ou les gendarmes, ont été connues des médias. Toutes ayant été mises hors de cause de façon indiscutable, inutile donc de les exposer. Deux seulement n'ayant pas fait l'objet de vérification, dont l'une tenue au secret, demanderont le bénéfice de la discussion : l'épisode de L'Ermitage avec la seconde Hillman, et la piste d'un commando venu d'Allemagne. Nous avons déjà commencé à parler du premier. Le second étant resté au secret jusqu'en 1995, nous le détaillerons in fine afin de ne pas perturber la perception générale du déroulement.

Disons seulement un mot du témoignage d'Antoine Llorca venue aux oreilles des gendarmes très tardivement, en 1955 seulement.

Un tout autre scénario selon Antoine Llorca[1]
Comme cela est apparu bien après l'enquête, l'instruction et le procès, ce scénario très tardif du drame et de ses auteurs, n'a pas été traité par le commissaire Sébeille. Et pas même par le commissaire Chenevier qui semble ne pas en avoir eu connaissance, bien qu'il soit apparu pendant le supplément d'information. C'est le juge Carrias qui s'en occupera en mandatant le capitaine Albert qui s'en acquittera avec le sérieux qu'on lui a reconnu. Avec un ensemble de dépositions[2], mais sans aucun élément matériel ou preuve, le scénario pourrait apparaître comme plausible. Mais le retenir met hors-jeu pratiquement tout ce qui a pu être avéré de façon formelle par les enquêtes policières et judiciaires. Il sera donc écarté après un travail très fouillé des gendarmes ne laissant place à aucun doute. Revenons donc à la suite de l'enquête.

Dernière vague d'interrogatoires
On l'a déjà dit, le commissaire préfère les interrogatoires à l'analyse des faits et pièces. Et dans les interrogatoires on ne le voit pas développer un habile processus d'approche méthodique notamment par la demande de précisions. On sent plutôt un pilonnage psychologique destiné à faire craquer. On l'a déjà vu aussi, c'est pendant cette période, que le commissaire s'est souvenu du témoignage de Ricard et qu'il va le réinterroger à partir du 13 mai[3]. De même, début mai[4], le commissaire avait décidé de réinterroger Zézé, sa mère Germaine, Yvette, Gustave et Gaston.

En fait, on ne sait pas pourquoi le commissaire est tout à coup revenu à cette relance des interrogatoires. Aucun élément nouveau n'est apparu. Et cette nouvelle vague, toujours sans protocole méthodique, ne pourra rien donner de plus que ce qu'il sait déjà, chacun restant sur sa position initiale.

Pendant ce temps, le capitaine Albert, indisposé par *la méthode Sébeille*, poursuivait ses propres investigations. Et il finit par déposer chez le juge un rapport[5] qui récapitule les comportements équivoques et les dépositions de Zézé que nous avons déjà détaillés : mensonges sur sa soirée à La Serre, mensonges sur la façon dont il a appris le drame, mensonge sur le vélo avec lequel il est arrivé un des premiers sur les lieux, mais aussi témoignages crédibles car corroborés sur la venue des Anglaises à la ferme et la présence de la femme habillée de noir au soir sur le bivouac. Mais en vain.

Car le 1er juillet 1953, le juge va délivrer une commission rogatoire générale au commissaire. Pourquoi ? On n'en sait pas plus. Mais curieusement, cette

---

1 Le petit ouvrage de Llorca se retrouve en bibliographie. Voir le résumé en annexe.
2 Rapport final du capitaine Albert au juge Carrias en date du 21/5/1955 (cote C 390), avec 33 PV de gendarmerie (cotes C 42 à 74 & C 434).
3 Cotes D 181 & sq.
4 PV aux cotes D 174 à 184 allant de début mai à juillet 1953.
5 PV n° 18-R de la brigade de Forcalquier en date du 16/3/53 (cote D 185).

commission ne concernera ni Zézé ni sa famille[1]. En fait c'est le point de départ de l'offensive finale qui ne se déroulera qu'en novembre seulement, soit après trois mois et demi de nouvelle inaction.

Sébeille reçoit-il un feu vert officieux ?

En ce même mois de juillet 1953, le commissaire Sébeille est invité par un ami, Victor Guillen, instituteur de Martigues, qui va recevoir la légion d'honneur des mains du ministre de l'Intérieur, l'avocat Martinaud-Déplat, député d'Aix-en-Provence[2]. Lors de la réception, on présente le commissaire au ministre qui l'interroge sur son enquête. Le commissaire lui confia-t-il son intention d'en finir ? On sait seulement que le ministre lui aurait dit de ne pas se laisser intimider comme lors de l'intervention du procureur Orsatelli, et qu'il le couvrirait. Il lui aurait aussi conseillé de profiter de l'été pour agir, mais en lui laissant toute liberté[3]. Le commissaire se serait donc senti conforté. Mais qui s'est demandé pourquoi le ministre en personne aurait glissé à l'oreille du commissaire qu'il le couvrirait par-dessus l'autorité judiciaire qui n'était pas de son ressort ?

En fait, le commissaire Sébeille se sent acculé. Sa réputation est en jeu. Quinze mois ont passé sans résultat, et ce sur quoi il sait pouvoir s'appuyer est bien mince, faute d'avoir par exemple pris en compte ce que nous avons montré des autopsies et du graissage de l'arme. Il décide donc d'utiliser la force de frappe d'un grand choc psychologique. Mais il perdra de la force que ce choc aurait eue s'il l'avait mis en œuvre au lendemain du drame. Avec les quelques cartes qu'il a en main, sans aucun atout ni preuve autre que la carabine, mais sans avoir su lui faire dire ce qu'elle pouvait, il ne lui reste qu'à tenter d'obtenir des aveux. Il faut redire que la police française, au contraire de la britannique, a toujours privilégié les aveux à l'étude des éléments matériels, quitte à s'en passer, voire à les contredire. Et cette affaire en est l'une des illustrations les plus caricaturales.

Dans sa plaidoirie aux assises, Me Pollak fera justement remarquer que rien n'a justifié que le commissaire et le juge décident ainsi de lancer leur offensive. Il n'y avait aucun élément nouveau depuis le second témoignage de Maillet en janvier et le témoignage complémentaire de Ricard en mai. Il régnait même sur l'enquête une ambiance de somnolence. Me Pollak émettra alors l'idée que tout s'est passé comme si le commissaire avait reçu une sorte de « *signal* ». Lequel et de qui ?

---

1 PV n° 387/157 du juge Périès en date du 9/7/53 donnant commission rogatoire. Cette pièce est annexée au rapport n°18-R qui porte la même cote D 185.

2 Rappelons que Léon Martinaud-Déplat fut ministre de l'Intérieur du gouvernement de Joseph Laniel du 28 juin 1953 au 19 juin 1954, dont le garde des Sceaux était Jacques Ribeyre. Mais Martinaud-Déplat était déjà garde des Sceaux du gouvernement précédent, de René Mayer, du 20 janvier au 28 juin 1953.

3 Commissaire Sébeille, oc p. 182. Jean Laborde, oc p. 205 & 206.

Sans doute fallait-il en finir avec cette affaire. Et il semble bien en effet, au vu de la commission rogatoire du juge en date du 1er juillet, que la décision de l'offensive finale ait été prise à ce moment-là. Mais le commissaire Sébeille s'en défend (oc p. 181) en prétendant avoir discuté avec le juge Périès de la meilleure date pour lancer l'offensive, ce qui n'est pas contradictoire, au contraire même. La période des moissons, puis celle des vacances y compris administratives, suivie des vendanges, ne leur paraissaient guère propices. C'est la raison pour laquelle ils auraient choisi novembre, et le lendemain du 11 pour ne pas gêner la célébration de l'Armistice de 1918.

Mais tant de précautions, laissant encore filer plus de trois mois, ne sont guère compatibles avec la manière du commissaire jusque-là. Ni dimanches, ni jours fériés, ni questions agricoles, sans parler de vacances, n'ont jamais été pris en considération, bien au contraire, un grand nombre de PV en témoignent. Par exemple, lors de l'incarcération de Gustave, n'avait-il pas espéré que son arrachement au travail de la ferme le ferait craquer ? On était alors en automne. Alors pourquoi n'avoir pas profité de la moisson ou des vendanges ? La pression aurait alors été bien plus forte.

Le commissaire et le juge auraient-ils donc reçu l'injonction de leurs hiérarchies d'en finir ? Me Pollak pensait à un autre signal. Et s'il a pris le risque de cette hypothèse jusque dans sa plaidoirie devant la Cour d'assises, peut-être était-ce plus qu'une intuition, dans la mesure où elle allait toujours dans le même sens que nombre d'autres allusions que nous avons relevées ou d'autres qui le seront encore.

*

XI

L'OFFENSIVE FINALE DE NOVEMBRE 1953

*

Comme cette offensive va principalement reposer sur des interrogatoires, dépositions et PV d'interrogatoires, disons deux mots de cette technique procédurale. Même s'il apparaît que, dans cette affaire, policiers et gendarmes n'ont sans aucun doute jamais employé la brutalité physique, personne ne peut imaginer ce qu'était vraiment un interrogatoire serré de plusieurs heures sans y avoir été soumis, surtout à l'époque où les précautions et les droits n'étaient pas ceux qu'ils sont devenus.

La technique de l'interrogatoire

Comprendra celui qui un jour, dans un bureau lumière d'une lampe dans la figure, aura été vingt fois soumis aux mêmes questions dans un feu roulant interminablement recommencé, avec des coups de gueule et des questions déferlantes à la moindre variation au cours de ces répétitions. Et, au bout de plusieurs heures de ce manège, sans aucun répit, alternant douceur feinte et violence à la limite de la brutalité physique, tout finit par chanceler. Et plus on chancelle, plus l'intensité du cirque augmente. C'est une technique qui permet de faire craquer. Et combien ont fini par avouer par petites touches ce que les policiers leur suggéraient, chacune apparemment sans importance. C'est la technique bien connue dite de *l'entonnoir*[1]. Faut-il citer de récents cas exemplaires, comme celui de Roman dans l'affaire de La Motte-du-Caire[2], ou de Dills dans celle de Montigny-les-Metz.

Lors d'une telle expérience, on se rend parfaitement compte que lorsqu'on n'a rien à cacher, et, mieux encore, lorsqu'on veut coopérer, on ne met pas en

1 Cette technique consiste à faire entrer le suspect dans un processus dont il ne pourra sortir et qui le mènera à l'aveu, comme l'image de l'entonnoir l'illustre bien. Cette technique atteindra son apogée dans les années 70/80 aux USA où un dénommé John Reid théorisera une mécanique d'interrogatoire imparable… qui mènera à de faux aveux un nombre considérable d'innocents. Pourtant, elle sera enseignée et sévira pendant vingt ans avant d'être dénoncée et abandonnée dans les années 90/2000. Bien sûr sans rapport avec l'époque et en France.

2 Il est vrai avec une triche des gendarmes sur la chronologie de l'alibi de Roman.

œuvre ses défenses. Et il est alors incroyable de constater combien il est facile de s'y faire manœuvrer en tous sens, sans plus aucun moyen de se reprendre, ni de se protéger. En revanche, quand on a décidé de se retrancher sur quelque chose qu'on ne veut pas dire, on peut tenir tête, et sans doute jusque sous la torture à mort si le jeu en vaut la peine, et si on en a le courage physique, bien sûr.

Ainsi, avec la lâcheté et la veulerie dont tout le monde a gratifié Gustave, on doit au moins noter combien il a parfaitement su tenir tête lors des interrogatoires lorsqu'il ne voulait pas lâcher. On l'a dit de *bronze* et *têtu comme une bourrique*. Beaucoup en ont alors induit l'existence d'un interdit dont la puissance lui aurait servi de bouclier.

La rédaction des PV

Il n'est que de voir leur style bien stéréotypé pour savoir qu'ils ne reflètent pas la manière dont les choses se sont passées et ont été dites. Ceux de la famille, dont Gaston entre autres, sont d'une construction, d'une syntaxe et d'un vocabulaire qui n'étaient pas les leurs, et dont ils étaient bien incapables. C'est que les PV sont écrits par un policier, un gendarme, un juge ou un greffier. Comme on n'utilisait pas à l'époque de moyens d'enregistrement, c'était celui qui interrogeait qui résumait en privilégiant ce qu'il en retenait et écrivait, bien sûr. Et le PV ne peut que difficilement transcrire le vrai contenu d'une parole. Sans parler du ton, il note au mieux et exceptionnellement une hésitation, une mimique ou une attitude. C'est pourquoi, depuis qu'on en a les moyens, les interrogatoires sont enregistrés et filmés. Et quelle différence !

À la fin de son interrogatoire, quel est celui qui, épuisé et chamboulé, peut prendre réellement le temps de relire ou d'entendre attentivement récapituler ce qu'on lui demande de signer. Et qu'on essaie de demander une rectification… il fallait oser, sans parler de refuser de signer. De plus, à l'époque, à cause de la frappe mécanique avec carbones, il était difficile de modifier un libellé, même inexact. On en verra la preuve ici.

À l'époque donc, ce qui est consigné ne résulte même jamais d'une prise en sténo (la seule fois qu'on verra ne sera même pas *in extenso*). Les journalistes eux-mêmes prennent des notes et transcrivent ensuite de mémoire. Les policiers, gendarmes et magistrats, lors de dépositions, interrogatoires, déclarations et débats, procèdent par récapitulations successives. La preuve en est donnée par la longueur comparée du temps d'interrogatoire avec celle du PV correspondant. Pour la mise en forme matérielle, la frappe se fait donc sur machine à écrire mécanique, et les doubles par papier carbone. La vitesse de frappe est donc assez lente, et les corrections matériellement très difficiles. Sur le fond, sans parler de détournements de sens, des pans entiers du dialogue sont résumés, transformés, voire supprimés. Et il se peut notamment que l'ordre chronologique d'énoncé ne soit pas respecté, à la fois par celui qui est interrogé, mais aussi par celui qui interroge, et enfin par celui qui rédige. Sans même mettre en doute ici la bonne foi des rédacteurs (gendarmes, policiers, magistrats ou greffiers), la récapitulation introduit un ordre qui n'est pas forcément celui de toute la discussion, et même lors de la relecture.

Bien sûr, outre la différence du langage, il y a celle des accents. Si Giono et Barthes ont disserté ici sur la question de langue/langage, aucun des deux n'a évoqué cette question de l'accent. Or elle est au moins aussi importante, notamment du fait que les Méridionaux sont particulièrement sourds aux intonations parisiennes sans parler des anglaises, et inversement.

C'est ainsi que les Dominici vont mettre en cause certains PV, contestant avoir dit ce qui y est porté, et allant jusqu'à prétendre ne pas les avoir signés, c'est-à-dire semblant accuser enquêteurs et juge de falsifications. Bien sûr, de telles accusations ne sont pas crédibles. Mais n'est-ce pas la preuve de malentendus, comme le fera remarquer Giono notamment. C'est sans doute pourquoi ces accusations de forfaiture n'ont donné lieu à aucune poursuite, notamment contre Gustave qui portera les plus graves. Certaines seront même lancées publiquement à la barre. En fait, elles apparaissent bien comme le signe, selon la manière locale, des incompréhensions sémantiques qui ont entravé la communication. Les gens de campagne profonde n'ont guère de moyens d'argumenter et quand ils ont l'impression d'avoir été mal compris, ils n'ont d'autre manière de l'exprimer que par déni et défausse. Et il est évident que cette façon de faire est interprétée à faux par ceux qui ont reçu un niveau de formation au langage très élaboré comme celui d'enquêteurs ou de magistrats.

Le marathon

Le commissaire Sébeille va donc se livrer, toujours sans protocole méthodique, à un véritable marathon qu'il a donc choisi de lancer par surprise au lendemain du 11 Novembre. Selon son rapport[1], plusieurs lieux ont été envisagés pour préserver à la fois sérénité et discrétion : le commissariat de Digne, une maison isolée, la gendarmerie de Forcalquier, etc. Tous avaient leur inconvénient et, d'une façon générale, rappelleraient trop la période récente de l'Occupation. En revanche, l'enceinte d'un palais de justice habitué à la discrétion, se trouvait sous le contrôle immédiat du juge et du procureur, tous deux prêts à prendre toute décision nécessaire. Nombreux sont ceux qui s'interrogeront sur le fait que ce soit la police et non le juge qui ait procédé aux interrogatoires[2]. On dira que, même si le procureur et le juge l'ont ordonné

1 Rapport au commissaire Harzic en date du 25/1/54 (cote D 250), repris notamment par Jean-Charles Deniau et Madeleine Sultan (p. 112 & 113).

2 Une lettre de Me Pollak au juge Périès en date du 21/12/53 (cote A 20), malgré une extrême courtoisie et des précautions scripturales, met le doigt sur certaines anomalies survenues pendant les interrogatoires qu'il osera qualifier de « *forfaiture* ». Quand on sait la gravité d'un tel terme dans de milieu, on mesure le degré des irrégularités commises : principalement la présence ou l'absence du juge d'instruction lors d'interrogatoires, la reconstitution menée avant inculpation, etc. On verra que la Cour de cassation, donnera raison au juge, mais d'une façon qui étonnera tous les spécialistes du droit.

ainsi, c'était peut-être parce que la police pouvait employer des moyens que le juge n'avait pas ou, pire, ne voulait pas employer ou connaître. Mais là, c'est un vilain procès.

Bien sûr, les divers auteurs donnent des versions différentes de ces quelques jours décisifs[1]. Jean-Louis Vincent sera le plus exact mais en omettant toutefois nombre des événements ou d'en tirer les conclusions.

Le marathon va commencer le jeudi 12 novembre au matin à La Gran'Terre pour se terminer le samedi 14 novembre après les aveux de Gaston, puis la reconstitution et l'inculpation le 16. Voici comment les choses se sont passées pendant ces quatre jours, de façon aussi exacte et exhaustive que possible, selon l'ordre des PV ou rapports qui en ont été dressés.

LE JEUDI 12 NOVEMBRE 1953

Phases préparatoires

Cela commence à Marseille,

3 h du matin à Marseille, les chauffeurs de la 9e brigade et de l'identité judiciaire, ainsi que Jean Ricard, sont réveillés et convoqués à l'Évêché où les attendent policiers et techniciens.

4 h, départ pour Lurs.

5 h, le tronçon de l'ex-RN96 entre Peyruis et l'embranchement de Forcalquier, est barré par les gendarmes, c'est-à-dire loin de La Gran'Terre. Les véhicules peuvent traverser le dispositif mais sans s'arrêter. La Gran'Terre est cernée. Tandis que Gaston, comme on peut l'imaginer, montre de l'humeur, tous sont consignés dans la maison. Des patrouilles empêchent les piétons de passer par la colline ou la Durance. Car, comme à chaque fois, certains ont été prévenus. Curieusement, aucune enquête ne cherchera jamais à savoir qui prévient qui, d'où viennent les fuites, et par quels canaux elles circulent. Est-il besoin de redire qu'il s'agit toujours d'anciens FTP ou de camarades ? Mais cette fois, La Gran'Terre semble néanmoins surprise.

---

1 A titre d'exemple, voici comment Lionel Dumarcet (oc p. 37 & 38) décrit le début de l'offensive : « *Le 11 en fin d'après-midi, une nouvelle reconstitution... l'opération va durer toute la nuit. Le lendemain matin... des témoins passés la nuit ou le matin du drame sur les lieux, - les frères Duc, Roure, Ricard -, sont également appelés* ». Or, rien de tout cela ne correspond, ni en dates, ni à ce qu'il s'est passé. Mais il continue : « *A 15 h, c'est un membre de la famille Dominici, jusqu'alors inconnu, qui demande à être reçu par le juge. Roger Perrin, surnommé Zézé, est le fils de Germaine, quatrième fille de Gaston Dominici, et d'Aimé Perrin. Commis boucher à Digne, etc* ». Or Zézé n'est en rien un inconnu à cette époque, bien au contraire. Il n'a bien sûr pas demandé à être reçu, mais a été envoyé chercher le 12 par les gendarmes pour être confronté à Gustave. Ce n'est pas le fils d'Aimé Perrin, mais de son frère Roger qui est en effet le mari de Germaine. Tout ceci donne une idée de la désinformation que certains auteurs contribuent périodiquement à faire perdurer dans cette affaire.

6 h 40, toutes les voitures, y compris celle du juge, arrivent à La Gran'Terre. Notons que, partie de Marseille vers 4 h, la police arrive environ deux heures quarante plus tard. Comparons au temps prétendu mis le 5 août 1952.
7 h, la Hillman et les objets principaux ont été sommairement remis en place. Ricard, Roure, Boyer et Clovis sont amenés, tous successivement et séparément, cette fois. Les témoins notent que Clovis est très mal à l'aise. Le docteur Dragon ainsi que le motard Olivier ont également été requis. Une reconstitution[1] commence concernant la position du corps de Lady Anne. Ricard, Boyer et Roure confirment[2] la position d'un corps sur le dos et recouvert, allongé dans le gravier à deux mètres de la voiture et parallèle à celle-ci. Mais, on l'a dit déjà, alors que Roure est affirmatif sur le fait que la couverture *recouvrait entièrement le corps*, Ricard est tout aussi catégorique sur le fait qu'elle était *relevée jusqu'aux genoux*. On a vu que quelqu'un, qui ne pouvait être que Gustave à cette heure, était donc déjà intervenu entre le passage de Ricard et l'arrivée de Roure, Boyer et Clovis. En revanche, personne ne soulèvera la question du pantalon et de la position des membres qui serait identique à celle de Sir Jack. En effet, Lady Anne a été retrouvée raidie, jambes allongées avec les deux bras le long du corps, bien sûr pieds et jambes nus, et non pas le bras droit replié sur l'épaule gauche, jambes fléchies dans un pantalon et les pieds croisés chaussés. Clovis, lui, commence par indiquer la position sur le ventre, en diagonale dans les herbes, à six mètres de la voiture. Mais, contredit, il finit par admettre la position parallèle sur le dos près de la voiture. Gustave est ensuite amené. Lui aussi dispose la couverture loin de la voiture en position oblique. Mais il est confondu devant les autres, et admet alors avoir déplacé le corps de Lady Anne. Il est ensuite confronté à Olivier. Mais là il revient alors sur ce qu'il vient d'admettre et tient bon. Pendant ce temps, le procureur Sabatier tient une conférence de presse à Digne avec les journalistes présents. Comme le rapporte Jean Laborde (oc p. 219) a-t-il pu conclure ainsi sa déclaration : « *La justice se doit de venger la mémoire des Drummond* ». Car, même si le rôle du procureur est de requérir contre les présumés coupables, il sait bien que le rôle de la justice n'est pas la vengeance.

10 h, Gustave, visiblement très inquiet, est embarqué pour Digne.

10 h 30, arrivée du commissaire et du juge au palais de justice, suivis de Clovis, Roure, Ricard et Olivier.

11h, arriveront Maillet, Zézé et sa mère Germaine, tous restant à disposition, mais, autre anomalie grave, pas séparément, et sans surveillance.

Début des interrogatoires

Ils commencent par celui, « *serré* », de Gustave. Comme le note le commissaire Sébeille dans son rapport final[3], et contrairement à l'affirmation

1 Ordonnance de transport et PV du juge Périès en date du 12/11/53 (cote D 190).
2 PV déjà cités. Jean Laborde, oc p. 215. Également Gabriel Doménech, oc p. 171.
3 Déjà cité, en p. 21, 22 & 24 notamment (cote D 250), mais aussi Chenevier, oc p. 30.

a posteriori dans son ouvrage, Gustave est bien alors son suspect n°1. Sinon pourquoi n'avoir pas également embarqué Gaston qui est resté cantonné dans La Gran'Terre, avec Yvette et Marie ?

Gustave est d'abord confronté à Maillet[1]. Il commence par nier lui avoir dit qu'il avait *vu* et *entendu*. Puis il finit par admettre[2] : « *J'ai entendu quelques cris, mais pas longtemps... quelques secondes seulement. Je ne me suis pas levé* ». Pas question d'avoir *vu*. Et comme Maillet n'a pas encore dit que Gustave se serait trouvé dehors dans la luzerne, il n'en est pas question. D'ailleurs, pourquoi Maillet retient-il encore cette information importante ? Maillet sort.

On introduit Olivier. Gustave finit également par reconnaître la version de ce dernier sur sa sortie juste devant le capot de la Hillman derrière laquelle il se trouvait donc[3].

On introduit ensuite Zézé[4] qui tient tête à son oncle avec une parfaite assurance. Jean-Charles Deniau et Madeleine Sultan (oc p. 121) posent la question qu'apparemment le commissaire ne s'est pas posé : comment Zézé peut-il afficher une telle assurance qui confine à l'arrogance et à la provocation ? Mais ils posent la bonne question de cette arrogance : « ... *un lourd secret dont il serait dépositaire, et qui clôt la bouche de toute la famille ?* ». Ils se demandent alors ce qu'il serait sorti d'un véritable interrogatoire de Zézé.

Gustave finit encore par admettre que les deux Anglaises sont bien venues à la ferme, mais qu'il n'y était pas à ce moment-là, ce qui est sans doute vrai comme on l'a proposé. Il admet s'être levé vers 4 h, et avoir découvert le corps de la fillette qui râlait et dont le bras s'est détendu[5]. Mais c'est à 5 h 45 seulement qu'il dit être monté voir sur le bivouac et avoir découvert les deux corps des parents, toutefois sans y toucher. Entre temps, il aurait *gouverné* ses bêtes. C'est-à-dire pendant 1 h 45, ce qui apparaît aussitôt improbable. Pour expliquer ses mensonges précédents et la non-assistance à la fillette, Gustave répète qu'avec Yvette ils avaient peur. Même si cela pouvait éventuellement passer pour vrai pendant la nuit, pourquoi encore au matin ? Peur de qui ? Et il répond : « *Des ennuis* ! ». Mais le commissaire n'obtiendra aucune réponse quand il voudra savoir quelles sortes d'ennuis. L'interrogatoire est interrompu à 19 h.

12 à 13 h, le juge Périès, a réentendu Ricard lequel confirme sa version[6].

14 à 16 h, il a reçu confirmation de la version de Roure[7].

---

1 PV n° 442/1 du commissaire Sébeille en date du 12/11/52 (cote D 191).
2 *Ibidem.*
3 PV n° 442/2 du commissaire Sébeille en date du 12/11/53 (cote D 192).
4 *Ibidem.*
5 PV en cote D 196.
6 PV du juge Périès en date du 12/11/52 à 12 h (cote D 193).
7 PV du juge Périès en date du 12/11/52 à 13 h (cote D 194).

16 h, il a réentendu Olivier[1]. Mais en l'absence générale de protocole, que pouvait-on attendre de ces interrogatoires ?

20 h 30, reprise de l'interrogatoire de Gustave par le commissaire. Revenant sur son aveu du matin, il recommence par nier avoir déplacé le corps de Lady Anne. Puis il finit par le reconnaître à nouveau. Pourquoi diable ? Il dit alors que le corps était bien initialement allongé sur le dos, les pieds en direction de La Gran'Terre, acceptant de confirmer les témoignages de Ricard, Roure et Clovis. Après le passage de Ricard, pendant lequel il a eu tout juste le temps de se cacher dans le thalweg, il dit avoir retourné le corps sur le ventre. Sur demande du commissaire, Gustave répond : « *C'était seulement pour savoir si elle était morte* ». Comme le commissaire trouve la raison plus qu'invraisemblable, Gustave finit par dire : « *Je cherchais les balles ou étuis. J'avais peur qu'il s'en trouve provenant de la maison* ». Cette phrase aurait dû alerter, d'autant que la raison apparaît également invraisemblable. En effet, d'abord Gustave est censé savoir d'où venaient les munitions. Mais mieux, la phrase sous-entend qu'il pourrait s'en trouver d'autres qui ne proviendraient donc pas de *la maison*. Mais le commissaire ne posera pas ce genre de question. Il ne pose non plus aucune question sur la présence du siège de voiture coincé et dressé contre la jambe droite, ni bien sûr à propos de la couverture sous les jambes dont personne n'a encore notée la présence. La raison de ce déplacement et de la mise en scène, va donc demeurer dans un flou conjectural. De même, il n'y aura jamais aucune question sur la paire de sandales sous le coussin en travers du sentier. Pas plus que sur les autres mises en scène ni sur les objets disparus : seau, tente, appareil photo, grande pochette vue à l'hôtel, argent…

Gustave dit alors avoir pris le corps par les chevilles et lui avoir fait faire un tiers de tour en le tirant jusque-là où les gendarmes l'ont trouvé couché sur le ventre. Mais on a vu que l'état du corps et des vêtements comme l'absence de traces de traînée de sang et dans les hautes herbes sèches, contredisaient cette version du déplacement. Le commissaire n'a pas s'en apercevoir du fait de son arrivée tardive, les lieux ayant été largement piétinés et le corps bougé. En fait, Gustave qui ne veut pas dire quand ni comment le corps a été transporté, et qui veut en finir de cet interminable journée, est entré dans le scénario du commissaire qui, bien sûr, est satisfait et l'accepte sans autre question.

23 h 50, interruption selon le PV[2]. Mais, selon Gustave, après le départ du commissaire, deux inspecteurs auraient continué à le malmener pendant une bonne partie de la nuit. La chose sera évoquée à plusieurs reprises jusque lors des débats, mais laissée sans suite faute de PV.

---

1 PV du juge Périès en date du 12/11/52 à 16 h (cote D 195).

2 PV n° 442/3 (cote D 196), déjà cité.

Le commissaire va encore interroger[1] Clovis, puis Roger Perrin père de Zézé. Sans plus de résultat, car il ne sait pas ce qu'il cherche, ou plutôt il ne cherche que sur son canevas a priori. Et tous le sentent bien, qui lui répètent ce qu'ils ont déjà dit ou nié tout au long de l'enquête en essayant de se sortir des gaffes, contradictions et invraisemblances.

1 h du matin, les interrogatoires se terminent, donc formellement le vendredi 13. Sauf Gustave qui demeure donc en garde à vue. Et nouvelle faute, le commissaire laisse les autres rentrer chez eux, ce qui leur permet de se reprendre, voire pour certains de se concerter.

LE VENDREDI 13 NOVEMBRE

Reprise des interrogatoires

Dès le matin,

7 h 30[2], Gustave est réinterrogé par le commissaire, à nouveau sans PV. Pendant ce temps, le juge Périès a envoyé les gendarmes chercher Germaine et Zézé, mais aussi Yvette. Chacun suivant une idée, le juge veut revenir sur la question des Anglaises à la ferme.

9 h 30[3], le juge commence par réinterroger Yvette. Mais Yvette nie, même lorsque le juge lui dira que Gustave a fini par admettre la venue des Anglaises à la ferme.

10 h[4], le juge confronte alors Yvette à Zézé. Sans résultat, chacun reste sur sa version. Il envoie donc chercher Gustave, puis y ajoute Germaine. En vain. Yvette tient bon contre les trois autres. Qu'on se le dise, jamais elle n'admettra la venue des Anglaises à la ferme. Encore une fois pourquoi et sur ce seul point qui, répétons-le, aurait pourtant pu introduire un élément étranger sur le bivouac, donc des doutes et orienter des investigations hors de La Gran'Terre.

Gustave craque

De **11 h** à **14 h 30**, le juge interroge Gustave[5]. C'est là que ce dernier ajoute un détail dont on a déjà parlé : après sa sortie de prison en décembre 1952, Barth lui aurait dit que Gaston avait ramassé quatre étuis. Curieusement, le juge ne retient pas le *détail* comme intéressant, et il faudra attendre le supplément d'information pour que Barth soit interrogé sur ce point. Bien trop tard. Selon Me Charrier (oc p. 95), le juge n'obtenant rien de nouveau décide alors,

> « *de faire reprendre immédiatement l'interrogatoire par le commissaire Sébeille. Singulière méthode, qui tendrait à reconnaître*

---

1 Respectivement, PV n° 442/4 du commissaire Sébeille en date du 13/11/52 (cote D 197), et 442/5 (cote D 198), avec la mention de « *1 h* » du matin sur les deux.

2 Selon Jean Laborde, oc p. 227.

3 PV du juge Périès en date du 13/11/53 (cote D 199).

4 PV du juge Périès en date du 13/11/53 (cote D 200).

5 PV du juge Périès en date du 13/11/53 (cote D 201).

que la police utilise des moyens de pression qui ne sont pas à la disposition des magistrats ! Toujours est-il que Gustave passe dans la pièce voisine. Nul n'a jamais su exactement ce qui avait pu s'y dire. Pas de greffier, pas de témoins. Deux heures durant, on entend des éclats de voix à travers la porte fermée. Puis quelques instants de silence...[1] *Et soudain, le commissaire se précipite chez le juge d'instruction. Il est 14 h 45* ».

Gustave vient de craquer. Toute différente est la version du commissaire Sébeille dans son rapport final[2]. Il ne parle pas de la matinée passée chez le juge, affirmant que c'est lui qui, avec un inspecteur à ses côtés toute la matinée, a interrogé Gustave et qu'il a interrompu l'interrogatoire vers 13 h. Dans son ouvrage (oc p. 199 & 200) il dit avoir laissé Gustave prendre un repas jusque vers 14 h. Mais dans son rapport final, si le commissaire dit bien que Ranchin était présent, il ne parle pas d'interruption pour un repas. Et que conclure de la contradiction entre le rapport du commissaire et le PV 201 du juge ?

14 h 30, donc après repos (et repas ?), dès la reprise de l'interrogatoire, Gustave se met à pleurer sur l'épaule du commissaire et dénonce son père. Peut-on croire que Gustave, qui tenait bon depuis toujours pendant les interrogatoires tel *un bloc de bronze*, aurait craqué si facilement et tout juste après un repas et le temps de se ressaisir ? En revanche, la version de Me Charrier citée ci-dessus, rendrait l'effondrement plus vraisemblable.

14 h 45, la dénonciation se conclut par un PV sommaire du commissaire[3]. Le commissaire Chenevier (oc p. 30 & 31) mais il ne sera pas le seul, s'étonnera que ce PV tienne « *en sept lignes seulement* ». Il compare ce laconisme à « *une reconnaissance de dette* ». Est-ce à dessein qu'il prend cette image ? Car, en effet, d'un point de vue strictement objectif, ces quelques lignes ne contiennent rien. Qu'on en juge, le PV du commissaire comporte littéralement en tout et pour tout :

« *Le sieur Gustave Dominici, dont nous avions précédemment recueilli les dépositions, s'effondre et repose sa tête sur notre épaule en pleurant. Le susnommé est resté pendant quelques minutes dans cette position et sur mes questions il nous a dit connaître que son père lui a dit, le matin du 5 août à 4 heures, qu'il était l'auteur de la tuerie. Nous informons M. le Juge Instructeur.* »

Point final. Notamment on ne saura rien des *précédentes dépositions* auxquelles fait référence le PV, ni les questions qui ont fait craquer Gustave

1 Les points de suspension sont de lui.

2 Rapport au commissaire Harzic p. 39 (cote D 250).

3 PV n° 442/6 du commissaire Sébeille en date du 13/11/52 à 14 h 45 (cote D 202). Jean-Louis Vincent (oc p. 227) omet non seulement ce PV, mais précise que « *ce n'est pas Sébeille qui va établir le procès-verbal d'audition de Gustave. Il a obtenu verbalement l'accusation...* », ce qui est donc inexact. Jean-Louis Vincent conclut néanmoins que cette façon de procéder constitue une belle anomalie.

après le déjeuner. Du moins si on en croit son PV, il n'insiste pas pour en savoir plus et en détail. « *Au mépris de toutes les habitudes en la matière,* » comme le commissaire Chenevier ne manquera pas de s'en étonner.

Ce dernier trouve également extraordinaire la façon dont son collègue opère un tel retournement de situation[1] : d'un seul coup, tout ce qui avait été accumulé contre Gustave, est oublié, alors que bien des éléments établis demeurent à charge. Et, alors qu'il n'a jamais rien trouvé contre Gaston, que Gustave n'a fait que nier, mentir, admettre puis se dédire, la forme de sa dénonciation montre une certaine lâcheté contredisant sa réputation de *tête de mule*. Et cette dénonciation ne comporte aucun commencement d'élément nouveau ni surtout vérifiable. Sur la seule parole du fils, voilà donc le père qui devient l'unique coupable.

Un peu plus tard, Gustave aurait à nouveau pleuré sur l'épaule de son frère au moment où Clovis confirmera l'accusation[2].

Ce que le commissaire ne sait pas bien sûr, c'est que Gustave acceptera plus tard et encore par deux fois de mimer cette scène sur commande : devant le commissaire Chenevier lors du supplément d'information, puis devant le juge Carrias. Ces répétitions posent plus qu'une question. En effet, si on peut trouver la première fois comme normale dans un moment aussi grave que la dénonciation du père, et éventuellement un instant plus tard en présence de son frère qui confirme, renouveler les gestes et larmes deux ans après avec une évidente complaisance sur simple demande, leur donne une signification suspecte. Déjà, en école de police, on enseigne que pleurer au moment décisif d'un interrogatoire a un sens qui est rarement signe de sincérité. Mais le renouveler à la demande montre de plus une certaine facilité à jouer ce comportement, et ôte donc à la première fois une majeure partie de la présomption de sincérité que certains veulent continuer à y voir.

Pendant ce temps à La Gran'Terre

Depuis le matin, l'ambiance est très inquiète, on l'imagine aisément. Dans l'après-midi Gaston est malgré tout parti faire paître ses chèvres, mais pas trop loin, dans le champ d'oliviers en bord de route.

Sans citer son nom, Jean Laborde (oc p. 235) rapporte qu'un journaliste serait venu voir Gaston en fin de cet après-midi, après que la nouvelle s'est déjà répandue sur les premiers résultats de l'interrogatoire de Gustave. Et il aurait annoncé à Gaston : « *Gustave a parlé. Il a dit au juge qu'il était sorti pendant la nuit... et qu'il était sorti trois fois* ». Gaston aurait alors laissé tomber, à la fois accablé et furieux : « *Il a dit ça... Alors, il est foutu !* ». Puis, abattu et rageur, il aurait tourné le dos et se serait éloigné en maugréant. Si on

---

1 Rapport en cote C 401, p. 94.

2 Madeleine Jacob (oc p. 65) notera que, devant la Cour d'assises, lorsque le commissaire Sébeille évoquera cet épisode, « *dans son box Gaston sourit de façon indéfinissable.* » Est-ce du mépris ?

admet l'exactitude du dialogue, et si Gaston avait été le coupable, sa réaction apparaît pour le moins paradoxale.

Gustave devant le juge

Curieusement, le commissaire Sébeille va donner une version inexacte de la suite de l'aveu que vient de lui faire Gustave. Car il écrira dans son rapport à son supérieur Harzic[1] qu'il amène Gustave « *sur le champ chez le juge Périès* », et que c'est consigné dans son PV n° 442/6. Pourquoi mentir ? Car le *sur le champ* n'est pas ce qu'il s'est passé. En réalité, entre les deux auditions, il s'est écoulé près de deux heures. À nouveau, le commissaire Chenevier (oc p. 31) s'en étonnera, pour le moins. C'est donc à 16 h 30 seulement que Gustave passe enfin devant le juge et son greffier. Cette heure du début de la séance est expressément portée en tête du PV[2] rédigé à la main.

Pourquoi avoir tant tardé ? Que s'est-il passé pendant ce temps ? Où se trouvait Gustave, que faisait-il ? Et que faisait le commissaire mais aussi le juge ? Bien sûr, on pensera que le commissaire a pu travailler Gustave pour mettre au point une dénonciation moins laconique. Quoi qu'il en soit, voici l'intégralité de la déposition de Gustave devant le juge :

> « *Le matin, lorsque mon père est sorti de la maison pour aller garder ses chèvres, je suis descendu et lui ai demandé s'il n'avait pas entendu les coups de feu. Il m'a répondu par l'affirmative. Comme avec insistance je le questionnais sur ce point, mon père m'a dit tout de suite que c'était lui qui avait tiré. Après les coups de feu, je vous l'ai déjà dit, je ne m'étais pas rendormi. Jusque vers quatre heures, je n'ai entendu aucun bruit dans la maison. Lorsque j'ai perçu les bruits de pas de mon père qui, je le supposais, se levait, je suis descendu dans l'intention de l'interroger sur ce qui s'était passé à une heure du matin.* »

Notons d'abord l'ordre d'exposé inversant la chronologie, selon un mode fréquent dont nous avons déjà fait état. Apparaît ensuite une première invraisemblance : si on peut admettre que Gustave dormant n'ait pas entendu son père sortir avant le drame, après les coups de feu comment ne l'aurait-il pas entendu rentrer ? Il dit bien n'avoir pas dormi, ni rien entendu jusqu'au lever de son père, c'est-à-dire pendant plus de trois heures. Gustave continue :

> « *Je lui ai dit : - As-tu entendu les coups de feu ? - Oui, m'a-t-il répondu, puisque c'est moi qui les ai donnés. En prononçant ces paroles, mon père avait l'air très calme. Je lui ai demandé s'il n'était pas devenu fou. Il m'a répondu que non. Comme je lui demandais des explications complémentaires, il m'a dit qu'il était allé se promener et qu'il s'était rencontré en chemin avec les Anglais qui étaient venus la veille à la ferme.* »

---

1 Rapport en date du 25/1/54 p. 39 (cote D 250).

2 PV du juge Périès en date du 13/11/53 débuté à 16 h 30 (cote D 203).

Sans faire attention, il lâche donc au passage que les Anglaises sont bien venues à la ferme. Notons que le juge ne réagit pas et que cet aveu sera oublié. Gustave poursuit :

> « *Il ne m'a pas donné d'autre précision et sur ce, il a quitté la ferme avec ses chèvres.*
> *Sur interrogation du juge : - Mon père m'a tout de même indiqué que, vers une heure, il était allé faire un tour de chasse. Il m'a dit avoir longé la route nationale, en direction de Peyruis et qu'arrivé à hauteur du campement, il s'était trouvé en présence d'un homme paraissant venir à sa rencontre. C'est là qu'il avait tiré. Mon père ne m'a cependant pas précisé sur qui il avait tiré en premier lieu. En tout cas, il m'a dit qu'il avait tué toute la famille. Je lui ai demandé de quelle arme il s'était servi. Il m'a répondu : - Avec une carabine que je tenais camouflée.* »

Gustave fait dire à son père *une* carabine et non pas *ma*, première mention de l'embarras que cette question va susciter. Comme on le sait déjà, la carabine n'était pas à La Gran'Terre, et elle n'était donc nullement *camouflée* dans le hangar, là où ils diront avec Clovis qu'elle aurait été entreposée.

> « *Jusqu'à ce moment-là, j'ignorais que mon père détenait une carabine. Je connaissais seulement l'existence à la maison d'un fusil Gras transformé pour la chasse au gros gibier, que mon père détenait dans sa chambre, et d'un fusil de chasse, calibre 12 dont je me servais. J'ignore où il avait pu dissimuler la carabine. À mon sens ; ça ne pouvait être que dans la chambre ou dans la bergerie. Après avoir reçu ces révélations de mon père, je lui ai demandé ce qu'il avait fait de la carabine en question, après avoir tiré. Il m'a dit l'avoir jetée sans en préciser l'endroit.* »

Voilà la suite de l'embarras : Gustave commence par dire qu'il ignorait que son père possédait une carabine et où il l'entreposait.

> « *Sur interrogation du juge : - Contrairement à ce que je vous ai déclaré tout à l'heure, mon père m'a précisé que c'était sur l'homme qu'il avait tiré en premier. Par contre, il ne m'a pas dit comment il avait tué la petite. Je répète que je n'ai raconté le fait à personne. Cependant, j'ai appris de la bouche même de mon frère Clovis qu'il était au courant comme moi, et je suppose que c'est mon père qui le lui a dit. Avec mon frère, nous avons évité de faire des conversations à ce sujet pour respecter la consigne du silence qu'il nous avait donnée.* »

On notera cette manière, qui sera habituelle chez les *témoins* dans cette affaire, de revenir petit à petit sur leurs précédentes déclarations, ce qu'ici le juge ne relève pas. Or on a déjà dit qu'il n'est pas crédible que les deux frères n'aient jamais reparlé d'une question aussi préoccupante et uniquement parce que leur père le leur aurait interdit. À leur âge ! Comment l'accusation a-t-elle pu croire que l'autorité du père les aurait empêchés d'en parler et de se concerter ? Ce n'est simplement pas sérieux. Et d'ailleurs, on va voir que les deux frères, après s'être concertés, vont dire le contraire.

« *Question du juge : Vous avez déclaré tout à l'heure au cours d'une précédente audition qu'à quatre heures du matin vous étiez parti directement vers le pont qui enjambe la voie ferrée. Vous ne pouvez plus prétendre maintenant que c'était dans le but de vous rendre compte de l'état de l'éboulement. Voulez-vous nous préciser ce que vous êtes allé faire à cet endroit ?*
- Mon père m'avait dit qu'il avait tué la petite en contrebas du pont. »

Ne vient-il pas de dire juste avant, que son père ne lui avait rien dit concernant la fillette. Il est donc évident que Gustave invente au fur et à mesure des questions qui l'embarrassent.

« *C'est d'abord à elle que j'ai pensé lorsque j'ai quitté mon domicile.* »

Notons qu'en suivant, il ne dit pas qu'il quitte son père, mais son domicile. Lapsus peut-être, mais qui pourrait vouloir dire qu'il n'a pas rencontré Gaston, et qu'il est allé directement de chez lui revoir si la fillette était bien morte. Et d'ailleurs ne le confirme-t-il pas immédiatement :

« *C'est donc son cadavre que j'ai voulu d'abord découvrir. Depuis le chemin, j'ai compris que cette enfant n'était pas morte et j'ai été vivement impressionné. Je ne me suis pas approché de l'enfant et je suis remonté au campement. J'ai vu les deux autres cadavres. Ils étaient l'un et l'autre recouverts, la femme d'une couverture, l'homme d'un lit de camp.* »

Notons que formellement il dit avoir vu les deux cadavres au campement et non que Sir Jack se trouvait déjà de l'autre côté de la route et Lady Anne dans les herbes. Est-ce inattention ou gaffe ? Bien sûr le juge ne relève pas. Gustave continue :

« Je *suis reparti aussitôt pour la ferme où j'ai dit à Yvette et à ma mère, qui s'affairaient dans la cour, que je venais de découvrir la fillette, le visage ensanglanté et qui remuait encore. À ce moment-là, le jour pointait. Il était donc 4 h 30 ou 4 h 45.*[1] »

Comment le juge ne s'est-il pas aperçu de l'incohérente chronologique. En effet, c'est dans le temps où il va jusqu'à la fillette, puis revient en passant par le bivouac, soit sûrement pas plus d'une quinzaine de minutes, que Gaston serait parti avec ses chèvres. Sinon les femmes qui ont dit avoir été occupées dans la cour dès 4 h 30, auraient dû le voir.

« *Comme je vous l'ai dit, j'ai soigné mon bétail et ensuite je suis revenu au campement dans le but de rechercher si par hasard quelque objet appartenant à mon père ne s'y trouvait pas. J'ai vu des douilles derrière la voiture, mais je ne les ai pas ramassées. C'est alors qu'Olivier est passé. Je ne pourrais expliquer exactement pour quelle raison j'ai déplacé un peu plus tard le corps de la femme.* »

---

1 Rappelons que l'aube astronomique pointait de jour-là à 3 h 29, et que le soleil se levait à 5 h 30, heures légales (source IMCCE).

À nouveau, il s'est passé environ 1 h 30 avant le passage d'Olivier, ce qui n'a suscité aucune question du juge, et aussi pourquoi avoir laissé des munitions au sol après avoir dit être venu pour les chercher.

> « *Sur interrogation du juge : - Lorsque mon père m'a quitté pour aller avec ses chèvres, il m'a bien recommandé de ne rien dire à personne. Par la suite, j'ai essayé d'obtenir de lui quelques détails complémentaires. Mais il m'a bien fait comprendre qu'il désirait qu'il ne soit jamais plus parlé de cette affaire.*
> *Demande : - Quelle était l'attitude de votre père lorsque vous avez été de retour à La Gran'Terre à l'issue de votre détention ?*
> *Réponse : - Il ne m'a rien dit. En réalité, il s'en foutait pas mal que je fasse deux ou six mois de prison.* »

Cette fois on sait que ce n'est pas vrai. Car ici de nombreux journalistes ayant suivi le retour de Gustave à La Gran'Terre, ont témoigné du contraire. Cette affirmation de Gustave est également contredite par le commissaire Sébeille lui-même qui écrit (oc p. 130) que cette libération fut fêtée « *comme une noce* ». Mais hélas de nombreux fils accusent ainsi leur père. Il est vrai que Gaston ne manifestait pas son affection, ce dont tous ses enfants se sont toujours plaints. Cette sorte de retenue à exprimer leurs sentiments et notamment à s'attendrir, se retrouve encore chez les gens de la terre et spécialement en Haute-Provence. Là encore, si Gaston était le coupable, se serait-il ainsi désintéressé du sort de son fils qui risquait à tout moment de craquer et de le dénoncer ?

Notons que, devant les changements de la version au fur et à mesure, les questions du juge ne cherchent pas à exploiter les contradictions et incohérences, s'en tenant à des questions banales sur le comportement de Gaston. Il ne fait que noter et ainsi il n'en sort rien qui constituerait une seule vraie présomption.

Sa déposition étant terminée, voilà que Gustave ajoute une requête insolite :

> « *Je ne voudrais pas que la presse annonce que c'est moi qui ai dénoncé mon père.* »

Et après clôture définitive du procès-verbal, le juge note en PS que Gustave lui a demandé de rajouter autre chose d'encore plus insolite :

> « *Je ne voudrais pas que vous disiez à mon père que c'est moi qui l'ai dénoncé. Faites-le venir de plus loin.* »

Ce *plus loin* ne signifierait-il pas extérieur à La Gran'Terre ? On retrouve chez Jean Laborde (oc p. 431), que même après la fin du supplément d'information : « *Seule la famille maintient encore contre toute vraisemblance que le meurtrier vient de plus loin* ». On verra ce que *plus loin* pourrait signifier dans la sémantique d'un terrien comme Gustave. Mais le juge ne relève pas, bien sûr.

Une maladresse insigne

En attendant, une nouvelle anomalie qui, au moins inexplicable, fait désordre : en fin du PV D 203 de cette déposition, après les signatures, ce PV porte, écrit d'une même main, un paragraphe en post-scriptum concernant l'endroit où se serait trouvée la carabine à La Gran'Terre. Or cette présence n'a été reconnue par Gustave que le lendemain matin. Heureusement, dans la marge, il est mentionné que ce paragraphe est en fait le post-scriptum du PV 206[1], donc bien celui du lendemain, avec renvoi au PV 227[2] qui fera reconnaître expressément à Gustave l'erreur de positionnement et de date du post-scriptum en question. Même si le juge a fait procéder à cette rectification, mais seulement dix jours après, on se demande comment un post-scriptum au PV 206 a pu se retrouver sur le PV 203 de la veille. Il est vrai, comme le commissaire Chenevier le fait remarquer dans son rapport (cote C 401 p. 88), la dernière page du PV D 203 ressemble très exactement à celle du PV D 206 : même importance et forme du texte, même main, mêmes signatures aux mêmes endroits, etc. Mais comme le PV 203 aurait déjà dû être classé et suivi des 204 et 205, comment a-t-il pu être ressorti, mis dans la machine à écrire trois jours après, et en place du 206 qui était en cours de rédaction ? Si on exclut une manœuvre, optons pour une invraisemblable maladresse. Au moins, un tel degré d'amateurisme stupéfie. Même sans y voir d'intention, une telle pagaille dans la manipulation des pièces fait plus que désordre dans une procédure criminelle, surtout sur un point aussi important.

En conclusion

À part le fait que Gustave n'a pas entendu son père rentrer après le drame, et qu'il aurait caché la carabine à un endroit où il aurait constaté, comme Clovis dès le lendemain, qu'elle avait disparu, notons qu'aucun élément concret ne vient étayer le contenu de cette dénonciation. Tout est déjà soit bien connu, soit reste flou, ayant déjà varié et variera encore, demeurant jusqu'au bout relativement discordant avec ce qui peut être établi. Comme le commissaire Chenevier l'analysera plus tard, la déposition ne comporte rien sur les circonstances, rien sur le déroulement, rien encore sur le mobile, rien sur la suite, rien de vérifiable ni aucune preuve matérielle. Mieux, notons que lors de cette première déposition Gustave ne *connaissait* pas la carabine. Et souvenons-nous aussi des deux corps « *sur le campement* ».

Pas plus que le commissaire Sébeille, le juge n'insiste, et lui aussi au mépris de toutes les habitudes et règles en la matière. Et il s'en tient là. Envoie-t-il chercher Gaston comme on s'y attendrait ? Pas du tout. Il envoie chercher

1 PV du juge Périès en date du 15/11/53 à 8 h 15 (cote D 206).

2 PV du juge Périès en date du 5/12/53 (cote D 227).

Clovis[1]. Et pourquoi Clovis ? Gustave lui-même s'en étonnera[2]. La question vaut donc d'être examinée.

Sans doute Gustave vient-il de dire qu'il pensait que leur père avait également fait le même aveu à Clovis. Mais peut-être y a-t-il aussi deux autres raisons :

- Soit Gustave a voulu suggérer sans le dire que l'idée de dénoncer le père venait de Clovis, puisqu'il va s'entêter à prétendre, contre toute évidence, que c'est son frère qui l'a dénoncé le premier.
- Soit selon l'intuition de Me Pollak, serait-ce Clovis qui aurait fait dire au commissaire que *tout était prêt.* Si cette intuition demeure dans le domaine de la pure conjecture, être allé justement chercher Clovis va objectivement dans le sens général du *complot* des deux fils dont se plaindra leur père.

Aïe, voilà le coup du complot qui ressort. Mais c'est Gaston qui va utiliser le mot et à plusieurs reprises, pour en accuser ses fils avec véhémence et jusqu'au bout.

La déposition de Clovis devant le commissaire Sébeille

Clovis était rentré chez lui dans la nuit. À 18 h 30, il est donc à nouveau amené au palais de justice. Toujours selon le même scénario, il passe devant le commissaire Sébeille et non devant le juge. Clovis commence par s'en tenir à ce qu'il a déjà dit la veille[3]. Mais, mis au courant de la dénonciation de son frère, il se serait exclamé[4] :

« *Il n'a pas pu dire tout ça, Gustave, c'est impossible* ».

Jean-Louis Vincent fait le plus grand cas de cette exclamation, en induisant que Clovis commence par défendre son père. Mais, *stricto sensu*, on peut tout aussi bien comprendre qu'il veut seulement dire que c'est ce que Gustave a donné comme un aveu du père qui n'est pas possible. Et en effet, au moins en ce qui concerne la carabine, il sait que c'est la sienne et qu'elle n'a jamais été dans le hangar. Pris au dépourvu il se tait.

Le commissaire Sébeille fait alors entrer Gustave[5] : « *Ses yeux rougis, sa mâchoire crispée, son teint très pâle... anéanti. Comme un automate, il vient sur l'épaule de son frère...* », et comme il l'avait fait auparavant sur celle du commissaire, il pleure. Clovis se retrouve alors obligé de faire avec et d'improviser. Il ne peut donc que confirmer ce qui lui était apparu *impossible* quelques minutes auparavant. Et c'est alors qu'il va donner sa première version des circonstances dans lesquelles aurait eu lieu une conversation où son père lui aurait fait des aveux[6] :

1 Commission rogatoire du juge Périès en date du 13/11/53 à 17 h 15 (hors cote).
2 PV n° 424/78 du commissaire Chenevier en date du 20/10/55 (cote C 299).
3 Dans le PV n° 442/4 (cote D 197).
4 Sébeille oc p. 203.
5 *Ibidem* p. 203 & 204.
6 PV n° 442/7 du commissaire Sébeille en date du 13/11/53 (cote D 204).

« *Il y avait une quinzaine de jours que je couchais à La Gran'Terre lorsqu'un soir, alors que je me trouvais seul dans la cuisine avec mon père, ce dernier a porté la conversation sur le meurtre des Anglais. Au cours de cette conversation, il m'a dit notamment que dans la nuit, vers une heure du matin, il s'était levé pour aller voir l'éboulement. Il était passé par la route et avait avec lui une carabine. Arrivé à hauteur du campement il s'était bagarré avec l'homme et c'est à ce moment qu'il avait tiré. Mon père m'a recommandé de conserver cet aveu et de ne plus jamais parler de cette affaire.* »

Les termes sont aussi laconiques et prudents que ceux de Gustave et surtout quasi identiques, y compris *une* carabine. On pourrait donc penser que c'est parce qu'ils disent la vérité. Mais qu'on y réfléchisse avec ce que l'on sait déjà : d'abord Clovis était détenteur de la carabine qu'il entreposait à La Serre ; ensuite combien il apparaît peu vraisemblable que Gaston lui ait raconté le massacre quasi exactement dans les mêmes termes que dans la nuit du drame à Gustave. Celui-ci continue[1] :

« *Deux ou trois jours après le retour de mon frère à La Gran'Terre, alors que nous coupions du bois dans la montagne, dans la matinée, mon frère Gustave m'a dit exactement ces paroles : - Tu es au courant ?*
Je lui ai répondu que je savais...
Sur interrogation : - J'ignorais que mon père possédait une carabine de ce modèle... »

Clovis n'en dit pas plus, ajoutant seulement que son père lui a « *recommandé de garder cet aveu pour lui* », encore mot à mot comme à Gustave. Et, toujours exactement comme Gustave, il dit qu'il ignorait que son père possédait cette carabine. Là il dit la vérité. Et toujours aussi contraire aux règles et habitudes en la matière, le commissaire n'insiste pas. Il demande seulement au juge de faire venir Gaston.

Le juge envoie chercher Gaston

Au motif de ne pas risquer d'incident, et notamment de devoir utiliser la force, - pourquoi diable s'il est l'abominable assassin ? -, le juge a dépêché le commandant de gendarmerie Bernier. Et c'est le début d'une série de prévenances proprement *extra ordinaires* face à l'horreur du massacre et à l'attitude des Dominici vis-à-vis des victimes, déjà tout au long de l'enquête d'abord, et maintenant de l'instruction, et enfin du procès et de ses suites. De tout le monde, seuls Giono et le commissaire Chenevier s'étonneront publiquement de ces prévenances, mais sans oser en donner de raison.

Comme ses fils, Gaston va d'abord être interrogé par les policiers, et ne sera entendu par le juge que le surlendemain matin, une fois les aveux remaniés comme on va le voir.

1 Bien sûr, tout est transcrit y compris les points de suspension.

Impensable faute, Gustave et Clovis restent ensemble

En attendant, contrairement à ce qu'en disent certains auteurs, Clovis ne vient pas devant le juge après être passé devant le commissaire, mais demeure au palais. Et on se demande ce que fait le juge, car il va attendre jusqu'à 0 h 45 du matin pour l'entendre. Et c'est pendant tout ce temps que va s'intercaler un évènement à nouveau véritablement extraordinaire.

Alors que le commissaire est occupé à interroger Gaston, Gustave et Clovis sont laissés seuls ensembles dans une pièce où ils cassent la croûte tranquillement. Tous s'en étonneront pour le moins. Jean-Charles Deniau et Madeleine Sultan (oc p. 132 & 133) ne sont pas les seuls à s'indigner : « ... *une énorme faute, presque inconcevable pour un policier digne de ce nom : il place Clovis et Gustave en tête à tête, sans témoins, dans la même pièce du tribunal. Ils vont y rester plus d'une heure* ». En fait, pendant cinq heures quarante-cinq.

Cet intermède sera complètement passé sous silence jusqu'à ce que, lors du supplément d'information, le commissaire Chenevier en fasse la découverte avec la stupéfaction qu'on imagine. Car Gustave et Clovis ont eu tout le temps de se concerter, et au moins sur le point matériel qui sera le seul semblant de preuve : la carabine soi-disant entreposée dans le hangar à La Gran'Terre. On ne découvrira donc la vérité sur ce point crucial qu'en 1955 lorsque le commissaire Chenevier entendra Gustave[1] :

> « *J'ai commencé par dire que je ne savais pas où mon père la tenait ; c'est alors qu'on a fait rentrer Clovis pour me confronter avec lui. C'est à ce moment que Clovis m'a dit : - Tu connais cette carabine ?*[2] *Je lui a répondu : - Non, je ne la connais pas. Il m'a alors dit : - Ne fais pas l'idiot, dis où elle était. Moi j'ai répondu : - Je ne le sais pas. Et alors, comme le juge d'instruction sortait de son bureau et que nous étions Clovis et moi seulement avec Mr. Barras, le greffier, Clovis m'a sorti un croquis qu'il m'a dit avoir fait. Ce croquis représentait la remise et les deux étagères qu'elle contient. Clovis m'a dit : - Tu diras qu'elle était sur la plus basse.* »

On notera qu'il ne s'agissait pas alors du juge, mais du commissaire. Interrogé le 17 octobre suivant[3], Clovis s'insurgera contre cette accusation et niera en prétendant que le croquis existait, mais que c'était un policier qui l'avait fait. Le 21 octobre suivant, lors d'une confrontation[4] entre les deux frères, Gustave

---

1 PV n° 353/41 du commissaire Chenevier en date du 10/8/55 (cote C 136), p. 26 et non 25 comme il le reprend par erreur dans son rapport en cote C 401.

2 Dans son ouvrage (oc p. 88), le commissaire Chenevier transcrit avec un point d'exclamation, mais le PV porte bien un point d'interrogation. On touche là précisément l'une des composantes de l'entropie qui affecte les transcriptions. De plus, rappelons qu'en Provence on emploie couramment *connaître* pour dire *savoir*, de la même façon que les Belges emploient *savoir* pour *pouvoir*.

3 PV n° 424/29 du commissaire Chenevier en date du 17/10/55 (cote C 250).

4 PV n° 424/60 du commissaire Chenevier en date du 21/10/55 (cote C 281).

rajoutera que dans la voiture qui les amenait à La Gran'Terre avec les inspecteurs Amédée et Culioli pour désigner l'étagère, Clovis serait revenu à la charge en lui murmurant à l'oreille :

> « *La carabine, la carabine... Ne fais pas le couillon, sans quoi on est encore ici pour huit jours. Dis que le pépé est allé à la chasse au blaireau* ».

Bien sûr Clovis niera. Bien sûr aussi, le commissaire Chenevier vérifiera auprès du greffier Barras, la scène rapportée par Gustave. Le greffier confirmera que la chose s'est passée en sa présence pendant la garde-à-vue conjointe des deux frères. Et il précisera même un nouveau détail extraordinaire : c'est lui qui a aidé à faire le croquis en question pour mettre les choses au clair. On comprend qu'il n'y ait pas eu de PV[1] de cette déposition du greffier, mais le commissaire la relate dans son rapport[2] où il ajoute avec empathie : « *Cette initiative peut parfaitement s'expliquer par le désir de mieux comprendre ce qui se disait* ». Cependant, dans son ouvrage, il y revient autrement : « *Laisser deux témoins accusateurs qui auraient dû être séparés, s'entendre entre eux est assez singulier dans une procédure criminelle !* ». Mais le commissaire Chenevier ne s'en étonne pas plus, alors que le témoignage du greffier détruit le seul élément de preuve contenu dans les dénonciations : la carabine sur une étagère dans un hangar de La Gran'Terre. Mieux, quand la chose viendra devant la Cour d'assises, Madeleine Jacob (oc p. 86) rapportera que Gustave a dit :

> « *Si j'ai reconnu l'emplacement de la carabine, le samedi, à La Gran'Terre, c'est en présence (sic)*[3] *d'un croquis fait par Clovis. Or, cette arme, je ne l'avais jamais vue.* »

On s'étonne encore que cette déclaration soit passée sans attirer autrement l'attention, d'autant qu'autre chose incroyable, ce croquis aurait même été montré à la Cour, sans que personne ne relève au moins la collusion entre les deux frères sur ce point décisif[4]. Madeleine Jacob le signale d'ailleurs, sans sembler en être autrement choquée, elle non plus. La plupart des auteurs y entendent seulement un nouveau mensonge de Gustave. Plus curieux, la défense ne relève pas ce qui jetterait pourtant à bas le seul fondement matériel de l'accusation. Est-ce pour ne pas mettre en évidence la gravité de la négligence commise par le juge et l'intervention intempestive de son greffier, qu'il vaut mieux ne pas qualifier ?

---

1 En fait, pour dresser PV d'une audition du greffier, le commissaire aurait dû solliciter une commission rogatoire du juge Carrias. Et, dans l'ambiance du supplément d'information, on imagine ce qu'une telle requête aurait suscité, sans parler des incidences sur la carrière du greffier et aussi du juge Périès.

2 Cote C 401 déjà cité p. 194, et dans son ouvrage p. 88 & 89.

3 Le *sic* est de Madeleine Jacob. Gabriel Doménech (oc p. 274), confirme cette histoire de croquis devant la Cour, et note aussi que personne ne relève, pas même la défense.

4 Si l'exhibition n'est contestée par personne, le croquis en question, sauf erreur, ne se trouve pas dans les archives.

Car la même étagère du hangar où la carabine aurait été entreposée, que vont désigner les deux frères, perdra, de ce fait, toute valeur de preuve. Jean-Louis Vincent (oc p. 641), après avoir relaté l'épisode avec le greffier et s'en être fort étonné, conclut[1] : « *Mais rien ne permet d'affirmer qu'elle* (l'arme) *ne s'y trouvait pas* ». Rien ne le permet en effet, alors qu'au contraire tout l'épisode prouve qu'elle n'y était pas.

Toujours lors du supplément d'information, Augusta Caillat[2], confirmée par son frère Marcel Dominici[3], viendra dire que Clovis lui a parlé du croquis, et que Gustave leur avait donné la version rapportée au commissaire Chenevier. Mais, hormis le commissaire Chenevier, personne pas même le juge Carrias dans son ordonnance de non-lieu, n'a retenu cet épisode du croquis bien que formellement établi.

Comme le greffier a authentifié l'épisode, reste à savoir comment le greffier a pu ne pas s'étonner que Clovis pose la question à Gustave devant lui, que celui-ci réponde qu'il ne connaissait pas la carabine, puis comment le greffier a-t-il pu s'en mêler ? En effet, c'était risquer ce qui est arrivé, mais heureusement pour eux tardivement et sans conséquence : c'est-à-dire que la connivence vienne au jour et ne détruise le seul fondement de la dénonciation. Avant de se retrouver ensemble, on a bien noté que les deux frères disaient ne pas savoir que Gaston détenait une carabine ni où il la dissimulait. Il était donc impératif qu'ils trouvent un moment pour se mettre d'accord avant de repasser devant le juge. Le long intermède qui leur a été offert, en présence du greffier, a donc été utilisé à cet effet. Et on voit bien que c'est Clovis qui a dirigé la manœuvre. Gustave est même surpris par sa question, et son embarras montre bien qu'il ne sait pas ce qu'il doit répondre, sans doute à cause de la présence du greffier. Car, bien sûr, il connaissait la carabine, savait où elle était et à qui elle appartenait. Mais, de toute évidence, il ne comprend pas où veut en venir Clovis. Alors Clovis se jette à l'eau : « *Tu diras qu'elle était là* ». Et en lui montrant sur le croquis laquelle des étagères du hangar.

Lorsque la collusion sera mise au jour par le commissaire Chenevier, les deux frères étaient fâchés depuis longtemps. Si on comprend pourquoi Gustave évite de désigner le greffier, on comprend aussi pourquoi il charge Clovis qui détourne en attribuant le croquis à un policier. C'est montrer comment s'est construite la concordance de leurs versions et comment elle a progressé. Le rapport du commissaire Chenevier analysera très bien comment les versions vont commencer à diverger à partir du moment où les deux frères seront fâchés. Mais trop tard et en vain. Et avant cela, restons en novembre 1953.

---

1 Jean-Louis Vincent détaille bien l'incident, mais sans en tirer d'autre conclusion pourtant évidente, que vont encore corroborer les photos de désignation de l'étagère.

2 PV n° 4 du commissaire Gillard en date du 21/12/54 (cote C 8).

3 PV n° 7 du commissaire Gillard en date du 22/12/54 (cote C 11).

Premiers interrogatoires de Gaston
Gaston est arrivé au palais à 19 h. On l'installe dans la bibliothèque. Il commence par faire le malin, sifflotant en regardant le plafond, admirant les livres et allant même jusqu'à reprendre sa canne et son chapeau en disant au commissaire[1]: « *Je m'en vais, tu commences à m'emmerder* ». Remis à sa place, commence alors un classique tir croisé du commissaire et de ses trois inspecteurs Ranchin, Culioli et Amédée. D'entrée, l'inspecteur Ranchin lance à Gaston qu'ils savent où il cachait la carabine[2] : « *Dans la remise entre deux étagères* ». Ce coup classique pour forcer un aveu va s'avérer ici une maladresse désastreuse. Car elle va anéantir la seule preuve de Gaston possible détenteur de l'arme. La poursuite de l'interrogatoire ne donnera rien, et, nouvelle anomalie, il n'y en a pas de PV.

Gaston aurait ensuite dîné sur place d'une soupe, puis aurait couché sur un lit de camp à partir de 22 h 30[3]. Mais, lors de son procès, Gaston dira avoir été interrogé quasiment tout au long de la nuit. Et Gabriel Doménech (oc p. 186)[4], pourtant farouche défenseur de son ami Sébeille et de la culpabilité de Gaston, atteste avoir vu la lumière allumée jusqu'au matin. Selon Jean Laborde (oc p. 240), une camionnette conduite par le commissaire Harzic aurait amené boissons et sandwiches vers 22 h. Or ces sandwiches n'étaient sûrement pas pour Gaston. Selon Me Charrier (oc p. 107), les inspecteurs Ranchin et Tardieu se sont relayés toute la nuit avec le commissaire Sébeille, puis le lendemain jusqu'au soir 18 h. À son procès, Gaston parlera de « *nuit terrible* » et dira qu'il a été « *précipité dans le gaga*[5] ». Ce qu'on imagine aisément à son âge.

LE SAMEDI 14 NOVEMBRE

Si l'interrogatoire de Gaston a pu continuer au moins une partie de la nuit, on a vu que ses fils ont passé cette soirée ensemble dans le bureau du greffier. Que fait le juge pendant tout ce temps ? Est-il au palais jusqu'après minuit ou est-il allé dîner chez lui. On ne sait.

0 h 45 Clovis devant le juge
Clovis est appelé dans son bureau après avoir eu tout ce temps pour se concerter avec son frère. Le juge lui demande de répéter la dénonciation de son père. Voici son entière déposition[6] :

1 Rapport en cote D 250, déjà cité.
2 PV n° 1 du commissaire Gillard en date du 19/12/54 (cote C 5).
3 Sauf erreur, on ne trouve rien de tel dans le rapport Sébeille n° 639 en date du 25/1/54 (cote D 250). Seule l'heure d'arrêt d'interrogatoire y est indiquée.
4 Également Jean Laborde, oc p. 240.
5 Notamment, Giono, oc p. 684, Jean-Loup Charrier, oc p. 107, etc…
6 PV du juge Périès en date du 14/11/53 à 0 h 45 (cote D 205). Même observation que pour le PV de Gustave.

« *Comme je l'ai indiqué tout à l'heure à la Police mobile, c'est alors que mon frère Gustave était incarcéré à la maison d'arrêt de Digne* (donc entre le 14 novembre et le 14 décembre 1952) *que mon père, qui m'avait demandé d'aller coucher à La Gran'Terre, m'a avoué un soir être l'auteur des coups de feu. Je ne puis évidemment préciser la date, mais c'était après le dîner, entre neuf et dix heures. Nous étions seuls, ma mère étant montée se coucher un instant auparavant. J'avais remarqué que ce soir-là, il avait bu plus que de coutume.*[1] »

À peine quelques heures après sa première version délivrée au commissaire Sébeille, Clovis ajoute déjà :

« *C'est lui qui a attaqué la conversation sur les membres de la famille Drummond. Il m'a tenu à peu près ce langage, en patois : - Ai paù de dégun !* (Je n'ai peur de personne !). *Es ioù qu'ai fa peta leis Inglés !* (C'est moi qui ai fait péter les Anglais). »

Mais que peut bien signifier *Ai paù de dégun* dans la bouche de Gaston ? Alors qu'il l'a maintes fois prouvé. Pourquoi commencer par le proclamer ? Et surtout à propos du massacre des Drummond ? Est-ce sous-entendre qu'il se sentait menacé ? Par quoi ou qui ? Et Clovis n'a-t-il pas déjà dit que ses parents auraient eu peur de rester seuls ? Mais, à nouveau, qu'est-ce qui pouvait les menacer ?

Autre question que le juge ne se pose pas, tous les dires de Gaston donnés en provençal ont été traduits et interprétés en sémantique française. Mais ces phrases doivent au moins être entendues et comprises selon la sémantique provençale, et dans l'acception propre à ce coin de terroir. Ainsi le *fa peta*.

Le *fa peta*

Tout le monde a entendu tuer dans *peta*, ce qui est sinon un faux-sens, du moins une extrapolation abusive. D'abord Gaston n'aurait pas pu dire *peta* qui est un participe, mais *petar* l'infinitif normal après *fa*. Ce qui est sans doute une erreur de transcription, ici sans importance.

Ensuite, strictement le provençal *petar* veut dire d'abord *péter* au sens banal. Mais il s'emploie aussi au figuré pour dire *casser, éclater, exploser*, voire *crever*, mais au sens de crever un pneu. En revanche, il ne s'emploie pratiquement jamais au sens de *tuer*[2] qui se dit *matar*, même au figuré. Et Gaston ne l'a d'ailleurs jamais employé ni personne en dehors des dénonciations selon ses fils. D'ailleurs il disait *leis crebas* en parlant des Drummond, et cette fois, cela voulait bien dire *les crevés* au sens de *morts*.

Très précisément, *far petar* est une très ancienne expression traditionnelle dans la région pour désigner l'action de se débarrasser des gros blocs erratiques de roche (résidus de charriage des ères glaciaires) encombrant les

1 Rappelons qu'Yvette était chez ses parents pendant l'incarcération de Gustave.

2 Dictionnaire *Provençau Francès* oc, confirmé par échange avec l'un des auteurs en mars 2006.

champs qu'on voulait mettre en culture. Bien sûr, depuis que la poudre existe, on a fait éclater ces blocs, mais pas toujours, ni antérieurement bien sûr. Ils étaient alors simplement débités par des carriers.

Si Gaston avait dit qu'il avait *fa petar* les Anglais, dans son provençal le sens premier est donc qu'il s'en serait débarrassés, sous-entendu parce qu'ils encombraient son champ. Or Gaston savait bien que la décharge ne lui appartenait pas, et on sait qu'il n'avait pas de hargne contre les campeurs. Le docteur Morin en a témoigné expressément. Et Gaston n'avait-il pas aimablement conversé avec les Anglaises à deux reprises en passant, et ne les avaient-il pas accueillies lorsqu'elles étaient venues chercher de l'eau.

Formellement, ajouter *far* à *petar* veut dire qu'il l'a fait faire, ce qui ne semble pas avoir de sens. En revanche, cela pourrait-il vouloir dire qu'il a laissé faire ? Et là, peut-être... Car on touche ici du doigt une des nuances qui pourraient expliquer les apparences d'une certaine logique quelque peu erratique dans les dénonciations de ses fils, mais aussi dans ces aveux comme on va le voir.

Retour avec Clovis

Celui-ci poursuit devant le juge :

> « *Je lui faisais part aussitôt de mon étonnement, en lui disant qu'il n'était pas possible qu'il ait fait une chose pareille. Il m'a répété encore qu'il n'avait peur de personne. J'ai essayé de lui faire dire comment les choses s'étaient passées. Il ne m'a pas donné trop de détails, mais il m'a indiqué qu'il était sorti dans le but de se rendre sur les lieux de l'éboulement, et qu'il avait pris sa carabine.* »

Notons la répétition de la *peur de personne*. Et, premier résultat de la concertation avec Gustave, maintenant Gaston n'aurait plus dit *une* mais *sa* carabine. Cependant, Clovis reste encore sur sa première version :

> « *Il a employé le mot de carabine, mais je pensais à ce moment-là qu'il s'agissait du fusil Gras transformé dont il se servait pour aller à la chasse au sanglier.* »

Pourquoi cette histoire de fusil Gras ? Car déjà, outre que la carabine est la sienne, il prétend qu'il a vérifié son absence du hangar dès le 6 août. Ça n'a aucun sens.

> « *Je n'ai pas songé à lui demander la raison pour laquelle il avait cru bon de se munir de cette arme, alors que son déplacement jusqu'au lieu de l'éboulement était assez court. Bref, il m'a expliqué, toujours en patois, que c'est à son retour de l'éboulement qu'il a eu une altercation avec l'Anglais. Mon père m'a dit s'être approché de la voiture. Le mari l'apercevant avec la carabine s'était dressé et l'avait engueulé. Ils se seraient bagarrés, et c'est alors que mon père se serait servi de son arme.* »

Nouvelle différence avec sa première version et celle de Gustave. Selon celles-ci, la rencontre avait eu lieu alors que Gaston arrivait de La Gran'Terre par la route, c'est-à-dire de la direction opposée à l'éboulement.

« *Mon père a ajouté en patois : - Leis ai fa peta toutéi très !* »

Notons à nouveau la différence avec *Es ioù qu'ai fa peta leis Inglés !*, et son contexte différent de ce qu'il vient de dire au juge et avant cela au commissaire.

« *Il ne m'a pas du tout parlé de la petite. Je me suis bien gardé de lui parler des circonstances dans lesquelles il l'avait abattue, circonstances dont j'avais pu me rendre compte moi-même en arrivant sur les lieux le matin du 5 août 1952, car je craignais une vive réaction de sa part. Je dois vous dire à ce sujet que, bien qu'étant âgé de près de cinquante ans, mon père m'engueulait encore comme un gamin et pour un rien. Je n'ai donc jamais su s'il avait tué l'enfant à l'endroit où elle a été découverte, ou à proximité du campement. Il m'a cependant précisé qu'il avait tué l'homme, ensuite la femme. J'ai omis de lui demander ce qu'il avait fait de la carabine, mais je savais depuis le 6 août que l'arme avait été découverte dans la Durance. J'affirme n'avoir vu pour la première fois cette arme que le jour, ou plutôt le soir même où elle a été retirée de l'eau. L'un des inspecteurs la tenait dans sa main, elle était brisée. Quelques jours après, Mr le commissaire Sébeille me l'a présentée. Je reconnais que j'ai été vivement impressionné à ce moment-là, mais c'était uniquement à la pensée de l'atrocité du crime qui avait été commis.* »

Cette fois, le juge réagit enfin :

« *Vous venez de déclarer au cours de cette audition que lorsque votre père vous avait dit être sorti avec sa carabine, vous aviez pensé qu'il s'agissait du fusil Gras transformé. Or, au moment où Gaston Dominici vous faisait ce récit, vous saviez parfaitement, puisque vous aviez vu - vous le reconnaissez vous-même ! - deux fois la carabine du crime, qu'il ne pouvait plus s'agir du fusil Gras !*

Réponse : - Oui, j'ai fait une confusion en vous déclarant cela tout à l'heure. Ce que je voulais bien vous expliquer, c'est que je ne connaissais à mon père qu'un fusil Gras. »

D'abord, le juge a oublié les expertises des huiles qui désignent au moins que Clovis entretenait la carabine. Et il se contente de cette réponse, alors que Clovis redit expressément qu'il ne savait pas que son père possédait cette carabine, et alors même qu'il vient de se concerter avec Gustave devant le greffier pour décider de son emplacement. Et le juge, au lieu de poursuivre, change de sujet en passant à la psychologie :

« *Demande : - Que vous a dit votre père en vous quittant le soir où il vous fit cette confidence ?*

Réponse : - Mon père m'a ordonné de ne jamais parler de cela à personne. Alors que j'étais bouleversé par le récit que j'entendais, mon père, lui, parlait sans émotion apparente et sans manifester le moindre regret. »

Pourquoi charger ainsi son père. Seul le commissaire Chenevier fera la remarque que Clovis réglait un compte avec le père, comme on en verra encore d'autres indices.

« *Demande : - Est-ce vous qui avez parlé de ces faits à Gustave ?*
Réponse : - Non. C'est Gustave qui m'en a parlé le premier quelques jours après sa sortie de prison, alors que nous étions en train de couper du bois dans la montagne de Saint-Pons. »

À nouveau, comment le juge peut-il croire qu'il n'aurait jamais abordé le sujet avec Gustave avant Noël 1952. Car il est évident que la famille ne parlait que de ça. Et voilà que Clovis annonce :

« *Je vais vous dire maintenant toute la vérité.* »

Combien sonne étrangement cette dernière phrase venant abruptement, sans même une intervention du juge. De son propre aveu, Clovis aurait donc en partie dissimulé sinon menti jusque-là. En fait, il vient de se rendre compte qu'il est en train de s'enferrer à contre-sens. Il reprend donc toute sa construction pour la rendre cohérente, et notamment avec le lieu d'entrepôt dont il vient de convenir avec Gustave :

« *Lorsque le commissaire Sébeille m'a présenté l'arme du crime sur le bord de la route, à proximité de la gare de Lurs, j'ai reconnu aussitôt la carabine que j'avais vue déposée sur une étagère se trouvant dans le garage attenant à la forge de La Gran'Terre.* »

Notons déjà un détail, la scène ne s'est pas passée au bord de la route, mais sur la voie ferrée où il travaillait, comme l'a précisé le commissaire Sébeille. Mais le plus édifiant, c'est qu'il commence son discours de vérité par le plus gros mensonge puisque la carabine était la sienne. Il poursuit sa reconstruction :

« *Cette étagère était fixée au mur de droite en entrant dans le local. Le soir même, je me suis rendu chez mon père et ai constaté aussitôt que la carabine dont je viens de parler ne se trouvait plus à sa place dans le garage*[1]*. Dès cet instant, j'ai eu la certitude que c'était bien l'arme du crime. J'avoue que, spontanément, j'ai pensé que c'était Gustave qui s'en était servi. Je n'ai pas songé à mon père parce que je n'imaginais pas qu'un vieillard pouvait se rendre coupable d'un tel forfait. Rencontrant Gustave peu après être sorti du garage, je lui ai dit : - Tu as vu ! La carabine n'est plus à sa place. Mon frère m'a répondu qu'il s'en était rendu compte. Comme je lui demandais à brûle-pourpoint si c'était lui qui s'en était servi, il m'a répondu par la négative. Je n'ai pas insisté, mais cependant un doute a persisté dans mon esprit jusqu'au soir où mon père m'a fait la confidence ci-dessus relatée.* »

Voilà donc deux nouveaux mensonges. Et encore un autre :

1 Notons que le petit hangar fourre-tout passe de forge à garage puis à remise.

« *Lorsque j'ai retrouvé Gustave, après sa sortie de prison, dans les bois de Saint-Pons, je lui ai demandé s'il était au courant. Il m'a répondu qu'il l'était. En dehors de Gustave, je n'ai jamais parlé de cela à personne, même pas à ma femme.* »

Comment le juge peut-il toujours le croire ? Notons l'importance de cette rencontre de Saint-Pons qui reviendra souvent. Mais à nouveau, le juge en reste là, comme s'il ne fallait pas trop approfondir au risque de faire apparaître de nouvelles incohérences dont il ne peut pas ne pas se rendre compte :

« *Nous présentons au témoin l'arme du crime qui a été remontée par les soins de la Police mobile. Clovis Dominici nous déclare : - L'arme que vous me présentez est bien celle qui appartenait à mon père et qui était habituellement placée sur une étagère de la remise. Je suis certain de ne pas me tromper puisque cette carabine était dépourvue de garde-main. D'autre part, le canon était fixé au fût au moyen d'un collier en duralumin qui est en votre possession.* »

Dans cette déposition Clovis a donc reconstruit au fur et à mesure une version où on constate que, contrairement à l'image qu'on a voulu donner de lui, il mentait au moins autant que Gustave et Yvette. Car, du fait qu'elle était à lui, on peut imaginer combien cette carabine l'embarrassait, comme l'embarrassait de donner une relation exacte des prétendus aveux de son père. À faire répéter, policiers et juges savent bien que la mémoire qui s'appuie sur un vrai souvenir ne varie guère, au contraire de ce qui a été inventé ou travesti. Mais ici, le juge n'en tirera pas de conclusion.

Pierre Scize (oc p. 344 et 345) rapporte que, lors des auditions devant la Cour d'assises, lorsqu'on évoquera cette question, le président demandera à Clovis pourquoi il n'a pas tout de suite dit à qui appartenait la carabine, et ce dernier aurait eu cette réponse stupéfiante sinon comique, qu'on retrouvera d'ailleurs : « *On ne me l'a pas demandé !* ». En revanche, chose incroyable et terrible, il ajoutera et sans qu'on le lui demande, qu'en montant au bivouac : « *Mon père n'avait pas emmené la carabine* ». Ce qui signifie que Gaston serait revenu la chercher, et donc qu'il y avait une vraie préméditation. Or, si on peut admettre qu'un fils ait pu en arriver à dénoncer son père pour en finir avec le calvaire que subissait la famille, on imagine combien est autrement qualifiable le fait de suggérer ainsi la préméditation, alors même que personne ne l'avait envisagée. Et on se demande d'ailleurs comment Clovis aurait pu le savoir puisque, selon ses propres dépositions et celles de Gustave, Gaston n'aurait jamais parlé de ce *détail*. Mais les jurés retiendront la préméditation. Après être passé devant le juge, Clovis retourne auprès de Gustave. On ne sait où ils couchent, ni ce qu'ils font.ni Clovis a donc tout le loisir de rapporter à son frère la teneur de son audition et de lui donner ses consignes. Car, bien sûr, il se doute que le juge va réentendre Gustave pour confronter leurs versions, et qu'ils vont être amenés à La Gran'Terre pour désigner l'étagère.

Gustave devant le juge

Et en effet, passant à 8 h 15 devant le juge[1], comment ne pas s'étonner que Gustave délivre la même version rectifiée que son frère. Et la manière même dont il commence comme Clovis a fini, sent la concertation :

> « *Je ne vous ai pas dit hier soir toute la vérité. Je connaissais en effet l'existence de la carabine qui avait été retrouvée dans la Durance. Cette arme appartenait à mon père depuis quelques années, sans doute le passage des troupes américaines. Je ne m'en étais jamais servi.* »

Au passage, pourquoi se sentir obligé de dire qu'il ne s'en est jamais servi, alors qu'on ne le lui a jamais demandé ?

> « *Quelquefois mon père la prenait lorsqu'il allait à la chasse au sanglier. Il me semble qu'il y avait deux chargeurs qui paraissaient garnis. Cette carabine se trouvait la plupart du temps sur une étagère de la remise. Le jour même du crime je me suis rendu compte que cette carabine n'était plus à sa place. J'ai compris que mon père s'en était servi pour accomplir son crime. Gaston ne m'avait pas précisé en effet avec quelle arme il avait tiré.* »

Accessoirement, il est curieux que Gustave ait d'un coup appelé son père par son prénom. À l'époque, ça ne se faisait jamais ni dans ce milieu ni surtout en une telle circonstance. D'autre part, la version avec deux chargeurs à laquelle Gustave va se tenir, ajoute un détail différent de ce que diront Clovis et Gaston. Et là on se demande bien pourquoi cette contradiction et surtout s'y cramponner.

> « *Sur interrogation, réponse : - Quelques jours après le crime, mon frère Clovis m'a demandé alors que je me trouvais à La Gran'Terre, si je m'étais rendu compte de la disparition de la carabine. Je lui ai répondu par l'affirmative, mais je ne me souviens pas si c'est à ce moment-là que nous avons parlé de mon père.*
> *Sur interrogation, réponse : - En dehors de mon frère et de moi-même, seule mon épouse était au courant de la confidence que m'avait faite mon père. Je l'ai dit à Yvette le premier jour.* »

Or tous deux diront le contraire, pas plus tard que le surlendemain, dans la voiture après la reconstitution, et le répèteront à de nombreuses reprises, même si à d'autres moments, ils le reconnaîtront à nouveau.

Les deux frères montrent l'étagère

À 7 h, le commissaire Sébeille était arrivé au palais et il s'était rendu non pas chez le juge pour une sorte de *briefing*, mais directement devant Gaston. Et là, nouvelle maladresse, le commissaire lui tend les journaux qui disent que ses fils l'ont dénoncé. Et Gaston peut ainsi lire que ses deux fils lui ont attribué la carabine et ont même désigné un emplacement où il l'aurait entreposée. Tandis que le *vieux* se répand en imprécations contre ses fils, le commissaire

1 PV du juge Périès en date du 14/11/53 (cote D 206).

va voir le juge qui décide[1] de le laisser réfléchir pendant qu'ils vont emmener Gustave et Clovis à La Gran'Terre pour leur faire désigner l'endroit où aurait été entreposée la carabine. Outre la collusion déjà prouvée de façon formelle sur cette question pendant la soirée devant le greffier Barras, puis pendant la nuit ensemble, nouvelle maladresse ? Bien que l'ordonnance de transport et le PV du juge[2] portent que les deux frères seront conduits séparément à La Gran'Terre : « *Ensemble... dans la même voiture.* » Et Gustave dira sans être contredit[3] : « *Dans deux voitures de la PJ.* » En fait, l'autre voiture a servi à transporter le juge et les policiers.

Mieux, à La Gran'Terre, les deux frères demeurent seuls dans leur voiture pendant que juge et policiers s'occupent des femmes parmi lesquelles Louise Barth, mère d'Yvette. Vociférantes et menaçantes, elles parviennent à sortir de la maison. Les plus enragées sont Augusta Caillat et sa fille Marie-Claude qu'il faut maîtriser *manu militari*[4]. Yvette qui est descendue de la voiture et a rejoint les autres femmes, s'écrie[5] : « *Je le jure sur la tête de mon enfant que ni mon beau-père, ni mon mari ne sont des criminels* ». Quand celui-ci l'apprendra plus tard, on conçoit bien l'effet d'un tel serment sur sa tête dans la bouche de sa mère. En effet comment pourrait-il penser que celle-ci ait pris le risque d'un tel serment public, surtout dans ce milieu paysans demeuré superstitieux.

Les deux frères sont ensuite appelés séparément à désigner l'étagère. Gustave le premier, puis Clovis. Et, comme le précise le juge, ils désignent : « *La même étagère inférieure à droite au fond du hangar* »[6]. Si on en croit le PV, les deux frères auraient montré la même étagère à quelques minutes d'intervalle, ce 14 novembre. Mais personne n'a fait attention aux photos annexées au PV en page suivante.

En effet, elles montrent tout simplement que ce n'est pas possible. D'abord, la profondeur de champ est différente entre les deux, ce qui signifie que la position relative de l'appareil photo n'est pas la même pour les deux frères. Clovis est plus petit donc plus loin. Mais il y a surtout bien plus conjectural. Les objets et leurs dispositions sont identiques sur les deux photos, sauf quelques-uns qui montrent des différences qui ne peuvent provenir d'un simple changement d'angle et de position des prises de vue.

---

1 Rapport du commissaire Sébeille du 25/1/54 (cote D 250).
2 PV du juge Périès en date du 14/11/53 à 10 h (cote D 207).
3 PV n° 424/29 p. 7 (cote C 250) et PV n° 424/60 du commissaire Chenevier en date du 21/10/55 (cote C 281).
4 Rapport en cote D 250 déjà cité.
5 Notamment Jean-Charles Deniau et Madeleine Sultan, oc p. 140.
6 PV en cote D 207, déjà cité.

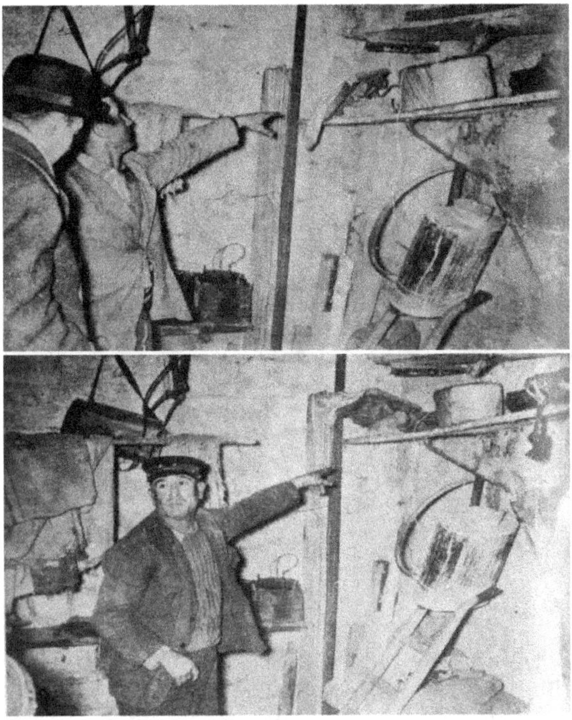

Photo du haut avec Gustave. Photo du bas avec Clovis. ©
Photos Ansaldi - BC AD.04.

Essayons-nous au *jeu des sept erreurs* : sur l'étagère du haut, de gauche à droite on voit une grosse bobine de ficelle et deux autres objets l'un noir et l'autre gris. Maintenant, qu'on regarde bien ces objets sur la photo avec Gustave, puis sur celle avec Clovis. Si les objets sont les mêmes et aux mêmes endroits, on remarque toutefois deux différences importantes[1] :

- L'un des objets à gauche de la bobine de ficelle est abaissé sur la photo avec Gustave, tandis qu'il est relevé sur celle avec Clovis.
- Sur la photo avec Clovis, la bobine de ficelle est moins volumineuse que sur celle avec Gustave, et de forme légèrement tronconique alors que sur l'autre elle est parfaitement cylindrique.

Comme le suggère la différence de profondeur de champ entre les deux photos, il devient évident que la photo avec Clovis n'a pas pu être prise juste après celle avec Gustave comme le dit le PV, avec l'appareil sur pied posté au même endroit. Mais alors quand ?

Si on compare maintenant la photo avec Clovis à celle qui sera prise avec Gaston le 16, soit deux jours plus tard, que remarque-t-on ?

1 Rendons à César, c'est mon fils Laurent qui m'a fait remarquer ces différences.

Gaston en extension désigne l'étagère du haut. Noter surtout les similitudes avec la photo de Clovis, et les différences avec celle de Gustave. © Photo Ansaldi - BC AD.04

On voit déjà que la profondeur de champ est similaire sur la photo avec Clovis et sur celle avec Gaston. Ce qui signifie que l'appareil est posté au même endroit. Et elle est très différente de la photo avec Gustave. De même pour les objets modifiés. Comme Gaston sera photographié le surlendemain 16, les 48 h séparant les photos permettent d'expliquer les modifications des objets : consommation de ficelle et objets contigus déplacés. Il s'en suit que Gustave a bien été photographié en premier le 14, que la photo faite en suivant avec Clovis n'a sans doute pas donné un négatif exploitable, et qu'on aura dû la refaire[1]. Et cela se passera on ne sait comment le 16, et sans attirer l'attention. Bien sûr, il n'y en pas de trace au dossier. Et disons-le, la chose apparaît sans importance sur le fond, sauf qu'elle montre à nouveau l'amateurisme technique et un nouvel arrangement avec la procédure. De plus, on verra, lors du supplément d'information, Clovis revenir en prétendant avoir désigné l'étagère du haut… comme son père et non comme Clovis tel qu'indiqué au PV. En attendant, après être restés ensemble depuis la veille, et alors que Clovis a indiqué l'endroit où Gustave devait dire que se trouvait la carabine, puis encore ensemble dans la voiture, il devient évident que la désignation du hangar et de la même étagère par les deux frères, perd toute valeur de preuve. Nous allons y revenir avec Gaston photographié dans le hangar le 16.

En attendant, ce 14, les deux frères sont rembarqués. Yvette, son fils dans les bras, monte dans la voiture avec Gustave, tandis qu'en passant à Peyruis, Rose, la femme de Clovis, est également emmenée[2]. En arrivant à Digne,

1 Selon Ansaldi lui-même, comme d'ailleurs avec Gaston, il s'y serait repris à trois fois, le flash étant défectueux.

2 Rapport en cote D 250, déjà cité.

pendant que magistrats et policiers passent à table de leur côté, tous quatre sont laissés libres jusqu'à 16 h et déjeunent ensemble en ville. C'est dire qu'ils ont tout le temps de se concerter.

D'évidence, devant l'évolution d'une situation nouvelle extrêmement périlleuse dont Yvette a été exclue depuis le 12 novembre, est-ce lors de ce déjeuner qu'elle va changer de stratégie. En effet, il s'agit de parer au plus urgent en dégageant complètement Gustave, quitte à afficher une connivence avec Clovis qu'elle n'aime guère. Et elle a bien joué, car ni le juge ni le commissaire ne vont y prêter attention.

Yvette joue la connivence

Yvette est interrogée la première par le juge Périès[1]. Interrogatoire qui est suivi d'une confrontation avec Gustave et Clovis. Elle y rend complaisamment compte tenu de ce qui s'est dit entre eux trois dans la voiture : elle y a invectivé son mari et son beau-frère, comme si elle ne savait rien, et s'est fait expliquer par Clovis et Gustave la localisation de la carabine. Mais le juge ne l'avait pas noté, avant que le commissaire Chenevier ne le lui fasse redire[2]. Et aucun auteur ne l'a repris, sauf Jean-Loup Charrier (oc p. 103). On comprend pourquoi. En entrant en connivence avec les deux frères, Yvette cautionne la culpabilité de Gaston tout en prétendant avoir tout ignoré jusque-là.

Le juge s'indignant du silence de Gustave, alors que la veille il a déclaré avoir tout dit dès le début à sa femme, ce que tous deux répéteront d'ailleurs, Gustave s'excuse devant sa femme : « *J'avais peur que tu sois malade.* » Lors du supplément d'information, il changera de version en revenant à celle de Clovis, et dira avoir répondu[3] : « *Je n'y croyais pas, c'était impossible.* »

Entre temps, reprise d'interrogatoire de Gaston

À 14 h, le commissaire Sébeille, escorté de Ranchin, Tardieu et Culioli, revient vers Gaston qui attendait. Malgré un harcèlement continu, celui-ci ne veut rien reconnaître[4].

À 18 h, Gaston passe chez le juge Périès qui lui signifie seulement la prolongation de sa garde-à-vue. Puis le juge rentre chez lui. De leur côté, le commissaire et ses collaborateurs s'en vont dîner au restaurant[5].

C'est le commissaire Prudhomme, patron de la police nationale à Digne, qui est chargé d'installer la garde à vue dans la bibliothèque où Gaston va

1 PV du juge Périès en date du 14/11/53 à 16 h (cote D 208).
2 PV du commissaire Chenevier n° 424/29 en date du 17/10/55 (cote C 250) et n° 424/59 en date du 21/10/55 (cote D 280).
3 *Ibidem* cote C 280.
4 PV n° 442/8 du commissaire Sébeille en date du 14/11/53 (cote D 209).
5 Selon les PV, il s'agit du restaurant Chez Julia, aujourd'hui, disparu et non à l'hôtel Mistre comme on le trouve écrit çà et là.

passer la nuit[1]. Il échange quelques mots avec le vieux paysan, lui suggérant d'en finir. Mais il ne reçoit pour toute réponse qu'un visage fermé et un haussement d'épaule. Le tour de garde pour la nuit va commencer avec deux gardiens de la paix : d'abord Victor Guérino, puis Joseph Bocca sous le contrôle du brigadier Marius Sabatier[2]. Le concierge du tribunal, Simon Giraud apporte un repas, mais Gaston le refuse. Il n'a pas faim, montrant une figure renfrognée et une humeur maussade.

Le commissaire Sébeille a seulement laissé la consigne de ne pas parler du drame, et surtout d'éviter le mot *assassin*. Pourquoi tant de précautions ? Connaît-il la technique éprouvée de l'entonnoir : changer d'interlocuteur et sans témoin ni PV, abandonner toute pression et questionnaire ciblé, partir du plus loin en procédant de façon très extensive, suggérer seulement en recentrant insensiblement au fur et à mesure en menant l'interrogé vers le fond de l'entonnoir qui doit déboucher sur l'aveu.

Début de garde-à-vue avec Guérino

On laisse donc Gaston seul avec Guérino[3], jeune gardien de la paix. Ils se mettent à parler gentiment en provençal (et non « *en patois* »). Ils discutent chasse. Et le premier stade de l'entonnoir fonctionne, sans aucun doute inconsciemment. Dans un moment de silence, Guérino s'aperçoit que Gaston pleure en murmurant[4] :

« *Ah cette petite, cette petite !* »

On a déjà noté que c'est seulement le sort de la seule fillette qui préoccupera toujours Gaston. Rappelons aussi que Me Pollak rapportera (oc p. 243) que Gaston lui dira en pleurant devant le juge lors de l'instruction :

> « *Qu'on dise que j'en ai tué deux ou trois, je m'en fous puisque c'est pas vrai. Mais qu'on dise que j'ai fait du mal à une enfant, ça je ne peux pas le supporter.* »

Me Pollak ajoute que Gaston a souvent réitéré ce propos. Cette interjection, si elle est exacte, montre que Gaston fait bien le distinguo entre en avoir *tué deux ou trois*, et *faire du mal*. S'il se *fout* du sort des parents, il n'en va pas de même avec le *mal* fait à la fillette. Le fait est qu'il fera toujours cette très nette distinction entre les meurtres, sous-entendant ainsi qu'il y aurait des meurtriers

1 Le tout est extrait des PV du juge Périès : en date du 15/11/53 pour le concierge Giraud (cote D 211), Gaston (cote D 212), le commissaire Prudhomme (cote D 213) et pour Gaston plus Clovis et Gustave (cote D 214) ; en date du 21/11/53 pour le gardien Guérino (cote D 217), le brigadier Sabatier (cote D 218) et le sous brigadier Bocca (cote D 219) ; en date du 7/12/53 par confrontation de Gaston avec Guérino, Bocca et Giraud, puis du 8/12/53 avec le brigadier Sabatier et le commissaire Prudhomme (cote D 230).

2 Ne pas confondre avec le procureur Louis Sabatier. PV du juge Périès en date du 21/11/53 (cote D 218).

3 PV du juge Périès en date du 21/11/53 (cote D 217).

4 PV du juge Périès en date des 07 & 08/12/53 (cote D 230) qui regroupe les dépositions des agents Guérino, Bocca et Sabatier, du commissaire Prudhomme et du concierge Giraud.

différents. Et ce distinguo sera repris non seulement par Gaston, mais on le verra aussi par Gustave, sans alerter bien sûr.

Avant de poursuivre, notons que Gaston pleure. La question est donc de savoir, sans faire de mauvaises inférences dans une psychologie de comptoir, pourquoi il se laisse aller à pleurer devant Guérino. Car il l'a dit et montré, il considère qu'un homme ne doit pas pleurer. De toute évidence, c'est d'être accusé du meurtre de la fillette qui touche en lui quelque chose de profond. Est-ce parce qu'il l'a achevée ou seulement, comme il le dit, parce qu'on l'en accuse et qu'il pense à ses propres petits-enfants ? Suivant en cela le commissaire Chenevier, Jean-Louis Vincent répond que c'est parce qu'il en a été le meurtrier obligé et de sang-froid, afin de supprimer le témoin qui avait survécu au massacre des parents. Peut-être.

Mais si ce n'est pas lui qui a achevé la fillette, il y a peut-être plus terrible encore pour un grand-père. Pire que tout d'une certaine façon : il aurait laissé faire. Or cette forme de lâcheté à propos de la vie d'une enfant innocente constitue sûrement pour Gaston l'antithèse de sa nature d'homme et de la fierté qu'il en tire. Car on peut l'accuser de bien des défauts, égoïsme, brutalité, colère, dureté, mais sûrement pas de lâcheté. Or, s'il avait dû céder à la plus abjecte des lâchetés, un tel sentiment n'expliquerait-il pas sa réaction de vieil homme, et d'une façon moins simpliste qu'une pauvre stratégie de sauvetage de sa tête ? Car, si ce n'était que cynisme, il suffisait de se taire ou de nier, et on sait qu'il avait le cuir assez dur pour le faire.

Et puis, voilà déjà vingt-quatre heures qu'il est enfermé dans cette pièce, temps très long émaillé de durs interrogatoires et avec une première nuit sinon sans sommeil du moins sans aucun doute mouvementée. Quoi qu'il en soit, Guérino a eu le geste empathique qui a amorcé l'entonnoir. Mais n'étant pas spécialiste en interrogatoire, il ne le sait pas. Et il va perdre l'avantage en poussant trop vite vers le centre. Il propose ainsi à Gaston de dire ce qu'il a sur le cœur. Et comme Gaston ne répond pas. Guérino pousse encore en lui suggérant une réponse :

« *C'est peut-être un accident qui vous est arrivé ?* »

Et là, d'un seul coup, Gaston se redresse, s'arrête de pleurer et saute littéralement sur la suggestion :

« *Eh bé oui ! C'est un accident. Ils m'ont attaqué. Je les ai tués tous les trois.* »

Mais première invraisemblance : *ils* l'ont attaqué. Car un tel pluriel ne peut pas jaillir impromptu d'un vrai souvenir où il aurait affronté un homme seul, comme il va le dire d'ailleurs. De fait, d'instinct Gaston vient d'éviter l'entonnoir, et il apparaît que c'est lui qui va désormais mener la suite dans un cul-de-sac. En effet, pendant l'heure qu'il restait au tour de garde, Gaston va construire une première version du drame qui serait survenu alors qu'il allait faire un tour jusqu'à l'éboulement. Selon le PV d'audition de Guérino[1], Gaston lui aurait dit :

« *J'ai pris le fusil…* »

On voit combien un seul article peut avoir d'importance, et combien il est difficile de rester précis. Il dit *le fusil* et non *ma carabine*. Il continue :

« … *à tout hasard, une habitude de chasseur. L'homme m'a sauté dessus. Il a dû me prendre pour un maraudeur.* »

Jean Laborde (oc p. 254), repris par Jean-Loup Charrier (oc p. 111) rajoutera : « *Alors j'ai tiré et puis ça a bardé* ». Et là, si la phrase s'était trouvée dans le PV de Guérino, ça sonnerait juste et fortement à charge, surtout dans le contexte. Mais elle n'y est pas, et on voit là sur quelle ligne de crête périlleuse se situe la vérité.

Le commissaire Chenevier fera justement remarquer combien cette première version d'aveux devant Guérino est différente dans le ton, la forme et le contenu de ce que Gaston aurait révélé à ses deux fils, ce qui, pour le commissaire, constituerait déjà une forte présomption de mensonge des fils et sûrement de leur entente sur le sujet.

Guérino suggère alors à Gaston de le dire au commissaire Sébeille. Mais la réaction de Gaston jaillit :

« *À Sébeille ! Jamais de la vie. Il peut crever Sébeille ! Ça lui ferait trop plaisir si je lui disais. Il y a trop longtemps qu'il m'emmerde pour ça ! Il ne le saura pas. Pas par moi, en tout cas ! Ils m'ont interrogé trop longtemps, et puis ils veulent m'obliger à dire que c'est moi.* »

Remarquons que la dernière phrase semble démentir celles qui précèdent, ce qui apparaît, en bonne logique, comme une contradiction. Mais, de toute évidence, ça n'en est pas une dans la façon de penser de Gaston. Et si on y prête une vraie attention sans a priori, que veut-il ne pas dire au commissaire ? Alors qu'il vient de s'accuser, à sa façon par la bande, il dit que Sébeille veut lui faire dire… mais quoi ? La vérité vraie sur le drame. Et ça, Sébeille ne le saura pas par lui. Nuance.

Ainsi, pourquoi Gaston demande-t-il qu'on aille chercher « *le président* », ce commissaire Prudhomme qu'il « *trouve sympathique* ». En donnant la réponse, il confirme ce qu'on vient de proposer :

« *Lui il m'expliquera. Parce que je ne sais pas écrire. Il me fera un brouillon.* »

Comme on ne peut guère suspecter Guérino d'avoir inventé, on commence à discerner quel genre de stratégie Gaston vient de choisir : avant de passer devant Sébeille, il veut que quelqu'un lui *explique* ce qu'il doit dire et lui en écrive *un brouillon*. Car si son aveu était celui de quelqu'un qui a décidé de libérer sa conscience, la suite va montrer que sa décision est sans aucun doute fondée sur une tout autre raison. Et c'est cette raison qui pose encore et toujours la même question.

---

1 PV du juge Périès en date du 21/11/53 (cote D 217).

Selon l'accusation, dans un moment de faiblesse, Gaston a réellement *craqué.* Pour Jean-Louis Vincent c'est « *un fait incontestable* » (oc p. 309). Mais nuance importante : le seul fait incontestable c'est que Gaston l'a dit, mais pas la raison pour laquelle il l'a dit. Car dire qu'il a craqué est déjà une inférence, et c'en est une autre bien plus conjecturale que de considérer comme un fait la raison qui l'aurait poussé à le faire. En effet, son attitude peut tout aussi bien s'expliquer simplement par le contraste, après la fatigue accumulée par vingt-quatre heures d'interrogatoires serrés, avec le calme associé à la jeunesse empathique de Guérino. Dans la décompression qui en a résulté, il est évident que c'est la suggestion ingénue de l'accident, qui a fait germer une idée de stratégie dans l'esprit du vieux paysan : il va s'accuser en disant que c'est pour sauver *l'honneur* de sa famille.

Selon ses accusateurs, c'est en s'apercevant de sa gaffe qu'il s'est repris par une volte-face dans une magistrale mascarade d'un machiavélisme consommé. Mais n'est-ce pas à la fois un peu simpliste et extraordinairement contourné de la part d'un Gaston que les mêmes disent par ailleurs avoir craqué d'épuisement. Il faut être cohérent. Car, à la réflexion, quand on approfondit le caractère, le comportement et l'histoire du personnage, cette idée de sacrifice n'est pas aussi invraisemblable, voire absurde sinon comique, que ses détracteurs veulent l'entendre. Cependant, pour se justifier à nos esprits cartésiens, un tel sacrifice doit être motivé par une raison cohérente avec ce que Gaston a fait et sait, et que nous ignorons toujours. Et c'est cette raison cohérente qui va aussi manquer au procès d'intention des accusateurs.

Car, peut-être n'était-ce pas une stratégie pour se défendre, mais une esquive pour masquer une vérité qu'il ne veut/peut pas révéler. Dans ce cas, la logique de Gaston et du sacrifice rejoindrait très exactement celle de Descartes.

La relève avec Bocca

À 20 h, Guérino va être remplacé par le sous-brigadier Joseph Bocca. Au contraire de Guérino, c'est un homme fait dans la quarantaine. Il entre avec Giraud et le brigadier Marius Sabatier. Guérino a l'idée de faire répéter à Gaston devant ces témoins qu'il s'est bien dénoncé, et qu'il veut qu'on aille chercher le commissaire Prudhomme. Gaston confirme, mais en insistant bien sur le préalable express qu'il est innocent et qu'il se sacrifie.

Guérino et Giraud quittent la salle, tandis que Sabatier s'en va prévenir le commissaire chez lui[1]. Gaston continue à parler avec Bocca qui laisse faire[2]. Gaston lui paraît très triste. Il parle de son chien. Mais pourquoi en vient-il à sa femme ? Car le voilà qui confie qu'au soir de leurs noces, après lui avoir avoué qu'elle était enceinte d'un autre, Marie lui aurait conseillé : « *Si tu veux que nous soyons heureux, il faut que tu sois sourd, muet et aveugle.* » Quel

1 PV en cote D 217.
2 PV du juge Périès en date du 21/11/53 (cote D 219).

rapport avec ce qui précède comme avec ce qui va suivre ? Mais n'est-ce pas d'abord montrer par la bande la stratégie de la famille à propos du drame : on n'a rien entendu, on ne sait rien et on n'a rien vu. Et Gaston de le confirmer en ajoutant en suivant :

« *A 4 h du matin, je suis été garder mes chèvres. Je suis rentré entre 7 h 1/2 et 8 h. Et là Yvette m'a dit : - Cette nuit il y a eu triple crime.* »

N'est-ce pas vouloir suggérer qu'il ignorait tout et, par la bande, contredire déjà son aveu ? Rappelons que Roure a assisté à cet épisode sans être vu, et qu'il a dit que Gaston avait eu l'air surpris. Mais on a montré pourquoi le témoignage de Roure ne pouvait pas être retenu et que Gaston ne pouvait pas avoir été surpris. Gaston enchaîne :

« *À la maison, ils sont tous contre moi.* »

Pour la première fois, il suggère donc qu'il y a entente pour l'accuser. Il sait bien que cette carabine ne lui appartenait pas et qu'elle n'a jamais été dans le hangar. C'est pourquoi il dénonce :

« *La carabine, Gustave l'a achetée au passage des troupes américaines dans la région de Forcalquier. C'est lui qui l'a réparée. Moi, cette carabine, je ne l'avais jamais vue. Gustave l'avait cachée.* »

Or on sait que ce n'est pas la vérité. Et comme on verra que plus tard il en accusera Clovis au lieu de Gustave, n'est-ce pas montrer qu'il ne savait peut-être pas trop d'où elle venait, qui la détenait et qui l'avait réparée. Les variations des frères et du père à ce sujet, ne signifieraient-elles pas au moins que la carabine a dû changer de mains, sans jamais passer par les siennes. Et Gaston accuse :

« *C'est Gustave qui a fait le coup. Il s'est levé trois fois dans la nuit.* »

Remarquons que Gustave accusant son père a été cru sur parole et sans preuve, tandis que cette contre-accusation de Gaston passera à la trappe sans autre forme d'examen. Or, comme le fera remarquer le commissaire Chenevier, il demeurait, à cette heure-là au moins, de nombreuses présomptions contre Gustave, mais encore aucune contre son père sauf la carabine. Bien sûr on sait maintenant ce qu'il en était vraiment, tandis que ni le commissaire ni le juge ne le savaient. En revanche Gaston lui, savait que la carabine n'était pas sienne qu'elle n'avait jamais été dans le hangar. Imaginons sa réaction en apprenant des policiers ce que ses fils avaient inventé. Mais il en a décidé, et il répète qu'il doit se sacrifier pour *l'honneur* de ses petits enfants en précisant :

« *C'est lui qui a tué, mais c'est moi qui m'accuse.* »

Notons qu'à ce moment il accuse formellement Gustave de meurtre. Mais même s'il ne sait pas forcément bien s'exprimer, Gaston est loin d'être idiot. Il sait bien que cette stratégie est absurde. Alors pourquoi s'y arcbouter ?

Raisonnons un peu : dans un moment d'émotion à l'évocation du sort de la fillette, ajouté à la lassitude due à la fatigue, Gaston a sauté sur le mobile de l'accident. Se sachant accusé par ses fils, on comprend qu'il soit profondément atteint et déstabilisé dans son ego de patriarche dominant. Remonte alors en lui, ce profond déshonneur au seuil de sa vie, dès le soir de ses noces.

L'impression qu'il a toujours été trompé et qu'ils sont tous contre lui, c'est sa façon de dire que finalement il a tout raté. Quel bilan pour cette vie de labeur infini, quid de sa fierté de mari et de père, quid du sort de sa chère Gran'Terre ? D'où l'idée dérisoire d'accepter de s'accuser tout en se proclamant innocent. Dans l'espoir saugrenu de sauver quoi ? L'honneur de sa famille ? Qu'est-ce que ça peut encore vouloir dire ? Et en accusant son fils ? Question déshonneur familial on ne voit guère, et par voie de conséquence, son sacrifice apparaît comme illusoire et dérisoire. C'est d'ailleurs ce que Clovis lui lancera devant la Cour d'assises, comme le commissaire Chenevier lors du supplément d'information. Et, en effet, c'est apparemment aussi incohérent que pathétique. À moins que l'incohérence ne lui serve pas de stratégie de défense, mais pour camoufler une vérité dont, même acculé, il refuse d'assumer la révélation. En accusant Gustave espère-t-il l'obliger à dire cette vérité ? Mais il a bien compris que Gustave a été immunisé par sa seule dénonciation confortée par celle de Clovis. En le dénonçant ses fils l'ont mis dans une situation impossible : s'il veut s'en sortir, à lui de dévoiler cette vérité que personne ne veut dire. Et comme, de toute évidence, s'il ne le fait pas, est-ce machiavélisme pour sauver sa tête, ou véritable ignorance du détail de tout ce qu'il s'est réellement passé, et notamment du mobile ? Mais on a vu qu'avec son pantalon mouillé, Gaston est au moins intervenu. La question demeure donc de savoir jusqu'à quel point ? Quoi qu'il en soit, il sait bien que le commissaire Sébeille a son scénario que d'ailleurs il connaît bien. Mais s'il ne veut pas le confort n'est-ce pas dire qu'il sait que le commissaire se trompe. N'est-ce pas expliquer pourquoi il veut qu'un autre vienne d'abord l'aider à bâtir un scénario et à trouver un mobile.

La «*feuille*»

Pendant ce temps passé avec Bocca, le commissaire Prudhomme a été prévenu à son domicile. Bien sûr, il n'a aucun pouvoir pour accéder à la demande de Gaston. Il téléphone donc de chez lui à son collègue Sébeille qui dînait Chez Julia[1], puis s'y rend aussitôt. Le commissaire Sébeille l'attend devant le restaurant. Quand Prudhomme arrive avec Guérino, ils rentrent un instant conférer avec les inspecteurs, puis ils partent prendre la voiture du commissaire Prudhomme garée devant chez lui. Ils vont prendre le procureur Sabatier qui dîne à l'Hôtel de Provence. Et ils se rendent au palais. Mais, autre anomalie assez extraordinaire, le juge Périès n'est même pas prévenu. Et plus encore, c'est le procureur qui donne verbalement son feu vert à une procédure pour le moins inhabituelle : le commissaire Prudhomme va agir hors de toute commission rogatoire que seul le juge pouvait lui délivrer, donc hors de toute règle de procédure. Et personne ne relèvera, ni la Cour d'assisses qui interrogera le commissaire au titre de témoin, ni la défense, ni la Cour de cassation lors des recours.

---

1 PV cote D 217.

De plus, le commissaire Prudhomme ne connaît rien du dossier. Il n'est même jamais allé sur place. Le commissaire Sébeille lui donne donc quelques indications qui sous-tendent même involontairement, les grandes lignes de son scénario. Et lors du procès, le commissaire embarrassé répondra à Me Pollak :

« *Je n'ai pas signalé ça dans mon rapport, effectivement. Mais il y a bien d'autres choses qui ont été oubliées.* »

Oubliées ? Il est à nouveau significatif que ce sont toujours les éléments contrariant son scénario, ou à décharge, qui seront *oubliés*, et pas seulement par le commissaire.

Entre 20 h 15 et 20 h 30, tandis que le commissaire Sébeille reste dans le couloir à donner ses consignes avant de s'en retourner au restaurant, dès l'entrée dans la bibliothèque du commissaire Prudhomme et du procureur, Gaston lance :

« *Je suis innocent. Mais pour empêcher qu'il arrive malheur à La Gran'Terre, il faut que je m'accuse.* »

N'est-ce pas résumer exactement la stratégie qu'on vient de suggérer. Il ne parle plus d'honneur familial mais de malheur pour sa Gran'Terre. Selon notre logique, on se demande quel plus grand malheur Gaston pourrait bien éviter à sa Gran'Terre si chèrement bâtie, que de s'accuser. N'est-ce pas sous-entendre qu'un plus grand malheur encore semble la menacer ? Et il enchaîne :

« *Faites-moi un brouillon et je le signe.* »

C'est encore exactement ce qu'on vient de prévoir. Devant le refus du commissaire, il insiste :

« *Président, il faut que vous m'aidiez à faire une feuille que je suis l'assassin... j'ai besoin qu'on me conseille.* »

Qu'il l'aide à rédiger, pourquoi pas, puisque Gaston n'est guère habitué à cet exercice. Mais qu'on y réfléchisse, la demande d'*aide* et surtout de *conseil,* confirme encore sa stratégie. Le commissaire Prudhomme est pris de court :

« *Mais je ne peux pas inventer n'importe quoi ! Si vous êtes coupable, il faut me le dire, et alors je l'écrirais.* »

La réponse de Gaston confirme un peu plus :

« *Je suis innocent. Mais, s'il vous plait, faites la feuille que je suis coupable pour que je puisse garder ma ferme.* »

Cet échange, quelque peu surréaliste, mérite qu'on s'y arrête.

À nouveau, pourquoi Gaston peut-il penser garder sa ferme s'il plaide coupable ? Ça n'a pas de sens. Sauf si, lors des interrogatoires, on l'en a effectivement menacé en lui mettant implicitement une sorte de marché en main comme celui qui a été insinué par Gustave. En effet, ce dernier dira devant la Cour d'assises qu'en partant déjeuner le 13 novembre, un policier lui aurait conseillé de bien réfléchir :

« *Si ce n'est pas toi, c'est ton père. Pour ton père, ce sera la maison de santé ; pour toi, ce sera la guillotine.* »

Est-il improbable que les policiers aient également utilisé ce genre de chantage avec Gaston ? C'était une pratique courante, même si le commissaire

Chenevier s'en indigne, défense de la corporation oblige. Maillet lui rapportera qu'aux environ de Noël 1953, donc peu après la mise en accusation de Gaston, le facteur Francis Perrin lui aurait dit un soir[1] :

« *Tu sais ce que grand couillon de Gustave m'a dit : - Pour mon père ce sera la prison, mais pour moi ce serait le couperet.* »

Le commissaire vérifiera immédiatement auprès de Francis Perrin[2] qui confirmera que Gustave le lui a affectivement dit, mais en précisant que cette menace émanait des policiers lors de ses interrogatoires.

Bien sûr, le commissaire Prudhomme ressent cette idée de négociation, puisqu'il s'exclame :

« *Tout de même, nous ne sommes pas au marché ! Vous êtes l'assassin, ou vous ne l'êtes pas, mais cessons ces marchandages !* »

Précision importante

Le commissaire dira s'être rendu compte que quelque chose empêchait Gaston de se livrer. Bocca lui-même s'en rend aussi compte[3] :

« *La langue lui démangeait, mais quelque chose le retenait* ».

Mais quoi ? On n'approfondit pas et finalement, tous sortent, laissant Gaston seul avec le commissaire Prudhomme. Autre anomalie.

Et les voilà qui, par *bribes* saccadées, auraient ainsi construit ensemble un contenu à la *feuille*, sans qu'on sache formellement l'importance de la part des suggestions du commissaire. Mais l'embarras de ce dernier sur cette question lors de son passage à la barre de la Cour d'assises, suggère que cette part a été déterminante. Si on ne sait pas exactement quelles ont été la nature et l'étendue de ses suggestions, il reconnaîtra au moins devant la Cour avoir suggéré le mobile sexuel. Et Gaston, comme pour l'accident, sautera dessus à pieds joints. Le commissaire rajoutera même que l'idée flattait trop bien le côté égrillard de Gaston.

Pendant la séance de rédaction, le commissaire Prudhomme aurait abandonné un moment Gaston pour aller interroger son collègue Sébeille au téléphone[4] :

« *Sur quatre détails : la présence d'un mûrier, la robe à fleurs, la blessure à la main et l'arme dans le hangar.* »

Le commissaire aurait tout confirmé bien sûr. Et Pierre Scize de trouver que ces *quatre détails* prouvent que Gaston est bien le meurtrier, car il ne pouvait les connaître. Or, c'est exactement le contraire qui aurait été étonnant, car Gaston connaît forcément le mûrier, et il a aussi vu la robe comme tous ceux

---

1 PV n° 353/13 du commissaire Chenevier en date du 4/8/55 (cote C 99).

2 PV n° 353/14 du commissaire Chenevier en date du 4/8/55 (cote C 100). Le juge Carrias vérifiera à nouveau : PV en date du 6/8/55 pour Maillet (cote C 112) et pour Francis Perrin (cote C 113). Puis encore le commissaire Chenevier, PV n° 353/31 en date du 9/8/55 (cote C 126), où Yvette confirme à son tour.

3 PV du juge Périès en date du 21/11/53 (cote D 219).

4 PV cote 218, repris par Pierre Scize, oc p. 324.

qui étaient là au matin sur les lieux. Pour la blessure à la main de Sir Jack, Gaston a vu le lambeau de peau sur le pare-chocs et la main blessée, entendant au surplus les docteurs Girard et Dragon en parler. Quant à l'arme dans le hangar, on a vu que pendant les interrogatoires qui ont précédé, les policiers se sont servis de ce qu'avaient dit les fils pour essayer de forcer l'aveu du père. Gaston le confirmera d'ailleurs [1]: « *Je le tenais de la police* ». Aucun des *détails*, également connus de toute la presse, n'a donc la moindre valeur de preuve.

En ce qui concerne le mobile sexuel, dès le début Gustave avait dit qu'il avait vu *la femme se déshabiller*, ce que Gaston a donc pu extrapoler pour le resservir dans ses aveux. Mais s'il l'avait vécu, aurait-il eu besoin de se le faire suggérer, surtout de la façon dont le commissaire Prudhomme l'a formellement rapportée lui-même. Et il ne faut pas oublier que le scénario d'une rencontre avec méprise nocturne étant publiquement et dès le début, la conviction du commissaire Sébeille, elle a d'abord été reprise par Gaston devant Guérino. Et ce n'est qu'à la suggestion du commissaire Prudhomme que Gaston a inventé le mobile ignominieux du *coïtus interruptus* avec Lady Anne.

Quelques « *dix minutes* » seulement après être resté seul avec Gaston, le commissaire Prudhomme ressort[2]. Le commissaire a l'idée de lire la *feuille* à Giraud, Guérino, Bocca et Sabatier, qui sont rappelés[3] :

« *Afin de lui donner une certaine publicité.* »

Ce faisant, le commissaire désirait s'assurer que Gaston ne se rétracterait pas. La *feuille* est alors lue à ces quatre témoins devant Gaston. Retenons qu'ils lui voient un air satisfait. Or, si Gaston montre de la satisfaction plutôt que le soulagement qu'on attendrait, n'est-ce pas simplement que le commissaire et les témoins sont à ses yeux les garants officiels non seulement du contenu de la *feuille,* mais surtout du préalable d'innocence qu'il a mis à ces aveux. Or la construction de cette *feuille* en tête à tête, puis son exposé oral devant des témoins, font plutôt désordre pour ne pas dire plus, dans le cadre d'une procédure criminelle, surtout sur un point aussi capital. Bien sûr, il n'y a pas de PV, et ni Gaston, ni le commissaire, ni les témoins ne signeront la *feuille* qui ne sera pas versée au dossier et dont on ignorera donc le contenu exact. Bien sûr Gaston ignore que seul un PV possède une valeur en matière de procédure, surtout criminelle. Car dans son monde rural de l'époque, la parole a de très loin plus d'importance que l'écrit, comme celle d'un commissaire, de trois fonctionnaires de police, sans parler du concierge. Et il pense qu'ils sont les garants non seulement de la teneur de la *feuille* mais surtout du préalable de son innocence sacrificielle, que tous l'ont entendu proclamer et

---

1 PV du juge Périès en date du 7/12/53 (cote D 230). PV n°1 du commissaire Gillard en date du 19/12/54 (cote C 5), repris par Jean Laborde, oc p. 291.

2 PV du juge Périès en date du 15/11/53 (cote D 219).

3 PV du juge Périès en date du 15/11/53 (cote D 213).

répéter. Bien sûr, il se trompe et, sans tomber dans le procès où il aurait été sciemment trompé, d'un point de vue strictement objectif, le résultat est le même.

Satisfait, Gaston se sent en position assurée pour passer devant le commissaire Sébeille, sans se rendre compte qu'en fait, il a mis la tête dans la nasse.

L'entrée du commissaire Sébeille

À 20 h 45, alors que pendant ce temps le commissaire était revenu au palais avec Ranchin tout en demeurant dans la coulisse, le commissaire Prudhomme demande à Gaston s'il veut bien laisser entrer son collègue. Et Gaston se croyant « assuré tous risques », accepte. Mais il récuse la présence de l'inspecteur Ranchin. Lorsque son ennemi intime entre, Gaston paraît « *un peu refroidi*[1] », mais en se détendant il aurait lancé[2] : « *Ça va, petit, tu as gagné.* » Seul le juge Batigne (oc p. 157) trouvera « *assez curieux* » ce brusque retournement d'attitude. En effet. Mais il ne l'analyse pas et n'en tire donc aucune conclusion. Car, alors que Gaston s'est récrié lorsque Guérino lui avait proposé d'appeler le commissaire Sébeille, pourquoi d'un coup cette sorte de fair-play ? La conscience libérée, répondent les partisans de l'accusation. Mais, d'une façon générale, Gaston n'a jamais montré avoir eu un problème de conscience à propos du drame, sauf en ce qui concerne la fillette.

En revanche, chaque fois que, durant l'enquête, il a montré une attitude goguenarde vis-à-vis du commissaire, c'était toujours quand il le voyait patauger, c'est-à-dire dans les moments où il avait le sentiment de le mener en bateau. Et ce n'est pas ici une induction, car Gaston, précisément à ce propos, n'avait-il pas dit à Guérino en parlant justement du commissaire et du juge[3] « qu'il *voulait leur jouer un tour* ». À cet instant de la soirée, si Gaston avait le sentiment qu'il allait rouler le commissaire Sébeille, sa logique voudrait qu'il ait en effet montré la même attitude goguenarde que les autres fois en l'appelant *petit*. Car, s'il est l'assassin ou seulement complice, il sait que la version du scénario qu'il vient de donner au commissaire Prudhomme ne contient que ce que tout le monde sait ou que le commissaire Sébeille proclame, plus l'incroyable mobile que le commissaire Prudhomme lui a suggéré. Il peut donc jubiler à l'idée que l'accusation ne tiendra pas sur un échafaudage aussi bancal et si mal fondé. Mais s'il n'est pas l'assassin, la farce est plus énorme encore, et il peut jubiler à meilleur compte, puisqu'il n'a même pas de crime sur la conscience. Il peut alors se détendre et accepter cette fois de bon appétit le repas que lui ramène Giraud. Il lance en suivant au commissaire ce qu'il avait déjà dit à Bocca[4] : « *Tu vois petit, je viens de faire*

---

1 PV du juge Périès en date du 15/11/53 (cote D 219).
2 Dire de Guérino à Jean Laborde, oc p. 25 notamment, mais dans aucun PV.
3 PV du juge Périès en date du 21/11/53 (cote D 217).
4 PV D 219 déjà cité.

un péché d'amour ». Ce que Gaston sous-entendait par-là est toujours apparu comme ambigu. Et pourquoi le commissaire ne lui demandera-t-il pas de préciser ? S'agissait-il de confirmer sa prétendue aventure sexuelle avec Lady Anne ? Ou plutôt de l'interprétation *convenable* qu'en donnera Me Pollak : c'est par amour de sa famille qu'il s'est accusé. Ou encore, plus vraisemblable, pour sauver l'un et/ou l'autre de ses membres ?

Le PV des aveux

Gaston reste ensuite seul avec les deux commissaires. Là encore, combien il apparaît curieux que personne se soit allé prévenir le juge, car il n'était pas si tard, et surtout en une telle circonstance. Comme le greffier était également rentré chez lui, c'est le commissaire Prudhomme qui se met à la machine-à-écrire. Le commissaire Sébeille (oc p. 227) écrira : « *La rédaction a eu lieu sous ma dictée* ». L'aveu.

Et voici l'intégralité du PV dont le style montre déjà que c'est bien une transcription résumée en style policier, bien différent du parler de Gaston :

> « *C'est moi qui suis l'auteur du drame survenu dans la nuit du 4 au 5 août 1952 au cours duquel une famille composée de trois Anglais : le père la mère et la fillette qui a été abattue. Je vais vous dire dans quelles conditions les choses se sont déroulées. Dans la soirée du 4 août, vers 23 h 30, j'ai quitté ma demeure pour aller me rendre compte de l'évolution d'un éboulement qui avait eu lieu dans un de mes près à la suite d'un trop grand arrosage et qui menaçait d'obstruer la voie ferrée en bordure de laquelle il avait eu lieu.* »

Gaston a toujours prétendu qu'un étranger à moto l'avait réveillé vers 23 h 45. Et il sait parfaitement que le drame s'est passé vers 1 h 10. Pourtant, le commissaire ne relève pas.

> « *En cours de route, j'ai changé d'idée, car le soir en rentrant avec mes chèvres vers 19 h 30, j'avais remarqué ces Anglais qui avaient installé leur voiture dans le renfoncement de la route pour y camper. Je connaissais déjà ces personnes de vue car la veille je crois, je les avais aperçues alors qu'elles étaient installées en dessous du canal, après le virage et à proximité d'un petit chemin qui aboutit dans un champ d'oliviers. Ce jour-là j'ai entamé une conversation avec la dame et la fillette qui avait trait au climat. La fillette écoutait pendant que l'homme lisait et qui ne m'a pas adressé la parole. Au cours de cette conversation, j'ai cru comprendre qu'elles venaient de Lurs ou de Ganagobie.* »

On a déjà mentionné cette rencontre et discuté de sa probabilité. Si la chose apparaît tout-à-fait plausible, comme on l'a vu, elle contredit de plein fouet l'un des postulats du commissaire. Est-ce pourquoi, celui-ci ne relève pas, ni ne pose aucune question ? Gaston poursuit :

> « *Donc pour revenir au lundi soir 4 août, je dois vous indiquer que je me suis dirigé directement vers le campement en passant le long de mon*

champ côté route. Avant de partir je m'étais muni d'une carabine dans l'espoir de tuer quelque blaireau ou autre bête. »

Le commissaire Chenevier[1] fera remarquer que le coup du blaireau lui a sans doute été soufflé par les policiers, car c'était exactement ce que ses fils avaient déjà suggéré. Là encore notons *une* carabine.

« *J'ai pris cette carabine dans un des hangars, carabine qui était dissimulée entre deux planches qui forment étagère dans ce hangar, à droite en entrant vers le fond. Je crois avoir pris en plus deux ou trois cartouches qui étaient à côté.* »

Avec le flou de *cette carabine dans un des hangars* à propos de la carabine censée lui appartenir et des locaux de sa ferme, Gaston montre bien qu'il ne s'agit pas de choses qui lui appartiennent. En fait, comme le fera encore remarquer le commissaire Chenevier[2], il répète simplement ce que les policiers lui ont dit des indications données par ses fils. Pourquoi rajoute-t-il deux ou trois cartouches auxquelles il se tiendra ? Et qui a pensé à l'obscurité qui régnait la nuit au fond du hangar ?

« *Je suis allé jusqu'au mûrier, d'où j'ai guetté un bon moment, peut-être vingt minutes, pour voir la femme se déshabiller. Elle était vêtue d'une courte chemise et d'une robe grise ou bleue de couleur foncée.* »

À la mi nuit, le commissaire sait parfaitement que Gaston ne pouvait pas avoir vue Lady Anne se déshabiller. S'il est vrai qu'elle portait une combinaison sous sa robe, Gaston l'avait vue le lendemain matin comme tout le monde présent. Mais on a déjà dit qu'ayant également vu la robe rouge au matin, comment peut-il dire la voir grise ou bleue… sauf s'il était daltonien. Mais personne ne se posera cette question d'ailleurs inédite.

« *Je me suis approché d'elle. Nous avons échangé quelques paroles à voix basse à la suite desquelles je me suis livré à quelques attouchements sur sa personne. Elle était consentante.* »

Sans parler d'attouchements, est-il seulement pensable qu'ils aient pu échanger quelques mots ?

« *À un moment donné l'homme qui était couché sur un lit de camp placé plutôt derrière la voiture nous a entendus et s'est levé.* »

Rappelons que Sir Jack étant chaussé, était sans doute debout. Mais aucun passant n'a vu de lit *plutôt derrière la voiture*. Notons toujours le flou avec le *plutôt*. Mais *derrière* pourrait signifier *opposé à* la route.

« *Il s'est mis à crier dans sa langue ; je n'ai rien compris et il s'est précipité sur moi. Nous nous sommes empoignés alors que je venais de ramasser ma carabine que j'avais laissée à terre près du lit de camp de la femme.* »

---

1 Rapport en cote C 401, p. 208, reprenant ce que Clovis avait enjoint à Gustave de dire (PV n° 424/60 cote C 281 déjà cité).

2 Rapport en cote C 401, p. 206.

Ce qui signifierait qu'il aurait accosté Lady Anne sur son lit, ce qui est encore plus invraisemblable au vu de la proximité de l'autre lit, quelles qu'aient été leurs positions respectives. Ensuite, on verra lors de la reconstitution que Gaston avait beaucoup de mal à se relever seul sans sa canne, au contraire de ce qu'il semble dire.

« *Cet homme qui était grand a essayé de me désarmer en prenant la carabine par le canon. À ce moment j'ai perdu la tête et sans me rendre compte évidemment de ce que je faisais, j'ai appuyé sur la gâchette. La balle est entrée dans une main ce qui l'a obligé à lâcher prise. L'homme s'est enfui du côté de la route et j'ai encore tiré deux fois sur lui. Il a dû être touché par derrière ou de côté.* »

Comme la rencontre avec Lady Anne ayant commencé vers minuit, que s'est-il passé jusqu'à ce que claque le premier coup de feu à 1 h 10 ? Le commissaire savait aussi que si une balle avait pu blesser l'inter-phalangien, il n'y avait ni brûlure ni traces de poudre. Sans reparler du sort que le commissaire avait réservé au lambeau de chair, retenons que, dans cette première version, il aurait tiré sur Sir Jack s'enfuyant, le touchant « *par derrière ou de côté* ». Or n'est-ce pas exactement ce qu'avait dit le docteur Dragon devant lui ?

« *Pendant ce temps, la femme criait et c'est alors que j'ai tiré une seule fois, me semble-t-il, sur elle. Elle est tombée sur place.* »

Une seule fois est tempérée par *me semble-t-il*. On pourrait admettre que, dans le feu de l'action, Gaston ait pu ne pas se souvenir. Comme on a vu que Lady Anne avait été blessée de quatre balles de deux directions opposées, donc avec deux armes, on peut au moins être certain que Gaston n'a pas vécu ce qu'il dit. En revanche, là encore il répète exactement ce qu'il a entendu dire au docteur Dragon.

« *C'est alors que j'ai aperçu la fillette qui est sortie de la voiture par les portes arrière et qui s'est enfuie vers la Durance. J'ai tiré une cartouche dans sa direction mais je ne l'ai pas atteinte car elle a continué à courir. Je l'ai vue dévaler le talus, au bout du pont, et j'ai couru pour la rattraper. Arrivé près d'elle, j'ai constaté qu'elle était à genoux ; je l'ai frappée d'un seul coup de crosse sur la tête, étant moi-même de plus en plus affolé, je n'ai plus su ce que je faisais.* »

Nous savons déjà que toute cette séquence ne correspond à aucun constat ni à l'autopsie. En revanche, il est évident qu'il répète là encore le scénario que le commissaire Sébeille a proclamé depuis le premier jour. Au passage, Gaston dit n'avoir tiré que cinq coups de feu.

« *Je suis descendu tout droit vers la Durance, à un endroit situé dans le prolongement du corps de la fillette, où il y a une brèche qui facilite l'accès de la rivière. J'avais du sang sur les mains. En portant le coup sur la tête de la fillette, la crosse s'est brisée. Après m'être lavé les mains, j'ai repris mon arme que j'ai jetée à quelques mètres de là, à un endroit où je sais que l'eau est profonde et qui est à découvert.* »

On ne voit pas comment ses mains auraient pu être ensanglantées dans un tel scénario puisqu'elles ne se sont jamais trouvées au contact des victimes. D'autre part, il est parfaitement invraisemblable qu'il soit descendu se laver les mains. À cet endroit le talus était très raide et Gaston pas très assuré sans sa canne, de plus, avec les deux morceaux de l'arme à la main. L'un des morceaux n'étant constitué que de bois, Gaston savait bien qu'il flotterait. Et il savait encore mieux que l'eau n'était pas *profonde* à cet endroit. Enfin, avoir jeté l'arme, même si les partisans de l'accusation y voient un geste inconsidéré sous le coup de l'émotion, ne cadre pas. D'ailleurs, n'avait-il pas déjà dit au commissaire que lui ne l'aurait jamais fait.

> « *J'ai longé le petit sentier et j'ai regagné la ferme après avoir longé la voie ferrée. Je me suis assis un instant sur le mur de mon jardin et ensuite je suis retourné me coucher.* »

Après avoir décidé d'accuser le père, pourquoi Gustave mais aussi Yvette, pourtant réveillés par les coups de feu, répèteront-ils toujours ne pas l'avoir entendu aller et venir ?

> « *Vers 4 h du matin, je me suis levé et je suis parti faire paître mes chèvres du côté de Giropey.* »

Sans revenir sur l'invraisemblance de la chronologie, pourquoi, s'il avait décidé d'en finir, pourquoi ne pas tout dire, et qu'il était allé patauger dans la Durance avec Gustave à la recherche de l'arme ?

> « *Sur interrogation : - Je ne suis pas revenu cette nuit-là au renfoncement et je n'ai ramassé aucune douille ; à mon départ du côté de Giropey, je n'ai pas vu mon fils Gustave, et par la suite je ne lui ai jamais rien dit de ce que j'avais fait cette nuit-là, pas plus que je ne l'ai jamais dit à aucun membre de ma famille. J'ai perdu complètement le contrôle de moi-même quand j'ai vu l'homme me bondir dessus ; c'est la peur surtout qui m'a fait appuyer sur la gâchette. J'ai assommé la fillette pour ne pas qu'elle parle.* »

Notons que Gaston répète n'avoir jamais fait d'aveux à ses fils. Mais là encore pourquoi le nier maintenant qu'il s'accuse ? Pour la fillette, le mobile est si évident que l'aveu n'a guère valeur de preuve.

> « *Sur interrogation : - J'ignore totalement si Gustave est venu par la suite sur les lieux pour se rendre compte de quoi que ce soit. Je répète encore une fois que je suis bien l'auteur de ce drame au cours duquel personne ne m'a aidé. Je regrette sincèrement ce que j'ai fait et si j'ai tiré sur l'homme et la femme et si j'ai donné un coup de crosse sur la tête de la fillette, j'ai accompli cela dans un moment de complet affolement.* »

Bien entendu, le commissaire Sébeille n'a pas pu ne pas se rendre compte du tissu d'invraisemblances, d'incohérences, discordances et impossibilités que contiennent ces aveux. Et il s'en défendra devant la Cour d'assises, puis dans son ouvrage, en prétendant avoir dû les accepter, à commencer par l'ahurissant mobile sexuel, de peur de voir Gaston se rétracter. Toujours comme si le seul fait des aveux suffisait sans tenir compte du contenu. Mais est-ce digne d'un commissaire, dans une procédure criminelle dont l'enjeu était une peine capitale ? Madeleine Jacob (oc p. 67) trouvera la réponse « *embarrassée* » du commissaire devant la Cour si « *étrange* » qu'elle dira préférer la qualifier « *de... technique*[1] ».

À 22 h 30, le PV est bouclé, c'est dire que cette séance a pris près de deux heures. Le commissaire Sébeille écrit (oc p. 235) que Gaston aurait fait préciser par oral, que La Gran'Terre resterait sa propriété. Il aurait demandé qu'on lui apporte en prison, dans deux boîtes en fer-blanc contenant 80.000 AF en liquide plus 200.000 AF en titres[2], puis aussi son vin et enfin qu'on lui amène son chien. Bien sûr, rien de tout cela ne sera inscrit au PV, comme il n'y est pas question du préalable d'innocence. Gaston dira plus tard qu'il croyait que le commissaire Prudhomme avait frappé le contenu convenu de la *feuille*. Et c'est donc sans hésitation qu'il aurait signé le procès-verbal.

Quoi qu'il en soit, au milieu d'injures en provençal à l'adresse de sa femme et de sa famille, Gaston aurait soupiré :

« *Au moins comme ça je n'aurai pas à divorcer.* »

Le commissaire met cette raison étrange au compte de l'embrouille. Mais ne peut-on la considérer plutôt comme la résurgence dans un moment aussi difficile à vivre, de l'importance d'une telle tromperie à la base de son mariage, et comme une sorte de vengeance. Enfin, après avoir mangé et bu de bon appétit, il aurait annoncé :

« *Je crois que je vais bien dormir maintenant.* »

Ce que, bien sûr, les partisans de la culpabilité interprètent en termes de libération de sa conscience. Mais, comme il le dira lui-même, l'idée que c'en était terminé, l'aurait libéré bien plus sûrement que sa conscience. Car, comme on le verra, elle va continuer à le poursuivre bien au-delà de sa condamnation. Outre l'idée d'avoir roulé le commissaire, il ne faudrait pas finir par oublier son âge. Avec les années, le besoin de dormir devient beaucoup plus impérieux, souvent même une sorte de manque comparable à une addiction. Les ressorts aussi sont de moins en moins tendus, comme les sentiments de plus en plus émoussés. Et il le confirmera d'ailleurs en disant qu'il avait voulu se sortir de la perspective d'une nouvelle nuit et de lendemains d'interrogatoires.

Notons que le PV[3] comporte trois pages, contre une seule pour la *feuille* selon tous les témoins. Le PV est donc beaucoup plus détaillé et sans aucun doute assez différent. Mais on ne saura jamais. Quoi qu'il en soit, le mobile sexuel sera accepté par le commissaire sans même une seule question. Et bien que ce mobile lui soit apparu complètement « *fantaisiste, invraisemblable,*

---

1 Les pointillés sont d'elle.

2 Soit en tout environ 1850 + 4500 € 2016. Mais bien sûr, proportionnellement au niveau de vie, c'était bien plus conséquent qu'aujourd'hui.

3 PV n° 442/8bis du commissaire Sébeille en date du 15/11/53 clos à 22 h 30 (cote D 210).

inimaginable », les aveux lui paraîtront « *tout à fait crédibles* »[1]. On s'en retrouve gêné. Car des aveux[2] ne peuvent être retenus que s'ils sont circonstanciés, appuyés sur des faits avérés, des éléments nouveaux, inconnus et vérifiables, sans contenir de contradictions ou impossibilités formelles. Or là... Et le commissaire Prudhomme, qui ne connaît rien du dossier, de conclure :

> « *J'ai eu la conviction que ces confidences étaient vraisemblablement la vérité ou, tout au moins, devait la serrer de près* ».

Et Jean-Louis Vincent (oc p. 312) de s'exclamer : « *Heureux homme !* ». En effet. Mais que dire alors du commissaire Sébeille qui, bien qu'il sache parfaitement ce qu'il en est, enregistre ces aveux sans sourciller ni transcrire la moindre question. Même si la carabine dans le hangar pouvait alors faire pièce pour lui, il savait pourtant qu'au matin les policiers avait dit à Gaston ce que ses fils en avaient dit. Mises à part les deux rencontres de midi et du crépuscule avec les Drummond, et sans parler de la chronologie, ce que Gaston a avoué correspond en fait à ce qu'il avait vu, entendu dire et lu, c'est-à-dire ce que tout le monde savait déjà.

Et de deux choses l'une : ou bien il est le meurtrier et il s'en tient là car il sait que cette construction ne résistera pas à un examen sérieux ; ou bien il n'est pas le meurtrier, et comme il sait qui *a fait le coup*, cela signifie qu'il ne connaît sans doute pas le détail du déroulement du drame. En effet, rappelons que le commissaire Prudhomme comme Bocca ont justement remarqué que Gaston semblait être retenu par quelque chose qu'il s'empêchait de dire, et comme incapable de se souvenir dès qu'on lui demandait de préciser les détails[3]. Retenue et incapacité vont se retrouver tout au long de l'instruction, du procès, et jusqu'au bout du supplément d'information. N'est-ce pas sérieusement présumer qu'en effet, il savait le principal mais ne connaissait pas vraiment le détail. Si son scénario est finalement très proche de celui du commissaire Sébeille, ne serait-ce pas montrer qu'il n'en sait guère plus que ce dernier en a proclamé ? Et curieusement, le seul fait vraiment nouveau de la rencontre avec les Drummond la veille à midi près du champ d'oliviers, va être escamotée par la suite. N'est-ce pas justement montrer que cette rencontre contrariait sérieusement le scénario Sébeille ?

---

1 En effet seulement « *pour celui qui ne connaît pas l'affaire dans les détails* », comme le disent bien Jean-Charles Deniau et Madeleine Sultan, oc p. 148.

2 « *Il ne faut pas croire à un homme qui confesse volontairement contre lui-même, parce qu'il peut être innocent* », comme Augustin Nicolas, maître de requêtes au Parlement de Bourgogne, l'a écrit en 1682 au moment de l'affaire des Poisons. Mais, en des temps sans torture, l'avis s'applique tout aussi bien à tout aveu volontaire, surtout à la suite d'interrogatoires serrés et prolongés. D'ailleurs Augustin Nicolas, s'il précise que « *la torture est un moyen sûr à vérifier les crimes* », développe bien qu'on ne peut admettre les aveux comme sincères qu'en fonction des « *circonstances* » (Claude Quétel, *Une ombre sur le Roi-Soleil* - Larousse – Paris 2007).

3 PV cote D 218.

Gaston croit donc en toute naïveté que la *feuille* lue devant les présents, fera pièce d'un engagement. C'est ce que montre sa jubilation, persuadé de berner *le petit Sébeille*. Mais ce dernier va lui renvoyer la politesse en profitant de leur différence de culture, notamment policière et juridique. Car le commissaire sait bien ce que vaut un PV même avec *bénéfice du doute et de la discussion*, face à un écrit reçu hors procédure, même relu par un commissaire devant témoins. Répétons que Gaston a vécu dans un monde terrien où dominent la parole et les relations d'homme à homme. Il se croit donc garanti par la parole livrée devant un commissaire et les autres présents. Or son procédé oral du préalable d'innocence et de sacrifice est nul et non avenu en procédure.

Qui n'a pas constaté que même avec des gens beaucoup plus urbanisés, instruits et diplômés, le dit prime toujours l'écrit, avec l'incapacité à juger des implications juridiques de ce qui a été signé[1]. D'ailleurs, les assureurs et organismes de crédit par exemple, ne s'en privent pas en abusant de cette différence de culture quand ils font signer leurs contrats.

Graves anomalies

Personne n'a relevé trois anomalies à propos du PV de ces aveux :

1 - Il indique une fin à 22 h 30 avec la date du 15, alors qu'on est encore largement dans la soirée du 14.

2 - Il porte le n°442/8bis (cote 210), alors qu'il y a un n°442/8 au dossier du 14 après-midi (cote 209), et que le PV n°442/9 du commissaire Sébeille date du 7/12/53 (cote D 231) et se poursuit jusqu'au 442/11.

3 - Ce PV 442/8bis porte la signature du commissaire Sébeille et de Gaston, mais pas celle du commissaire Prudhomme, alors que deux signatures de présents en plus de l'interrogé, sont obligatoires sous peine de nullité.

Or ces anomalies sur un PV, surtout d'aveux, pièce cruciale en procédure criminelle, ne sont pas ici des broutilles de pure forme. Elles introduisent un doute sérieux sur ce qu'il a pu se passer après la fin de la déposition à 22 h 30 et le lendemain matin où un PV 442/8bis sera porté au dossier. Car ni le juge ni le greffier ne sont présents ce soir-là, et ils n'apprendront les aveux qu'en arrivant au palais le lendemain à 9 h. Voyons donc si on peut savoir ce qu'il s'est passé.

---

1 Le grand sociologue Marshall Mac-Luhan a parfaitement développé cette différence entre les cultures orales et les civilisations de l'écrit. Et il a montré combien la grande majorité des gens de notre civilisation moderne, même après au moins un siècle d'école généralisée, sinon trois millénaires d'écriture, ont encore gardé dans la vie courante les réflexes profonds de leurs ancêtres analphabètes de culture entièrement orale.

LE DIMANCHE 15 NOVEMBRE

Chassé-croisé

9 h, c'est le concierge Giraud qui informe le juge des aveux lorsque ce dernier entre au palais. À nouveau, on imagine mal la raison pour laquelle le commissaire n'a pas fait prévenir le juge la veille au soir. Vers 22 h 30 il n'était pas si tard. Il n'y a pas trace que le juge Périès se soit, a minima, étonné d'avoir été laissé en dehors d'une séquence d'instruction aussi importante. Et que fait le juge ? Il commence par entendre le concierge Giraud[1].

9 h 30, le commissaire Sébeille arrive à son tour au palais et, plutôt que d'aller chez le juge qui est occupé avec Giraud, c'est lui qui a écrit s'être rendu directement auprès de Gaston. Pourquoi et est-ce bien crédible ? Car la déposition de Giraud se terminant, il est bien plus probable que le commissaire soit entré chez le juge avec son PV de la veille qui ne porte pas encore de numéro d'enregistrement au dossier. Et, sans aucun doute le contenu de ce PV posait-il un problème de fond d'ordre juridique. En effet, comme Gaston dira avec insistance avoir signé *la feuille*, son préalable du sacrifice devait précéder ses aveux et *la feuille* être annexée au PV, le commissaire apporte ce matin-là. Pour le juge et sans aucun doute le procureur, ce PV se révèle irrecevable et impossible à enregistrer car sa validité serait frappée de nullité. Alors que faire ? Reprendre l'interrogatoire pour rétablir le PV en bonne et due forme ? Mais bien sûr, tous se doutent que Gaston va refuser, et que tout l'édifice des aveux va s'écrouler. Alors, lui substituer un PV modifié ? Mais comment faire avec le commissaire Prudhomme qui a contresigné le PV ?

Évitons de gloser sur une forfaiture, comme de juger de l'éthique des magistrats et des policiers. Restons-en au seul point de vue strictement factuel et objectif : le PV de la veille au soir qui aurait dû porter le n°442/9, a disparu avec sans doute le préalable d'innocence et *la feuille*. La présomption d'une substitution naît donc du n°442/8 avec ce *bis*, mais aussi de la date du 15 au lieu du 14 et, bien sûr, de l'absence de signature du commissaire Prudhomme retourné à ses affaires ordinaires. Pour l'absence de la signature du commissaire Prudhomme, on se doute de la raison. Pourquoi avoir conservé 442/8 déjà utilisé avec rajout d'un *bis*. Et avoir conservé 22 h 30 mais daté du 15 ? Serait-ce une nouvelle étourderie ? Notons le fait que personne ne s'en apercevra, pas même la défense pour laquelle c'était un parfait motif pour demander l'annulation de toute la procédure.

Et ce qu'il va maintenant se passer pendant la suite de la matinée jusqu'aux aveux devant la juge, va conforter cette présomption de substitution. En effet, d'abord pourquoi le juge attend-il dans son bureau, tandis que le commissaire Sébeille revient vers Gaston ? Car le commissaire est allé le retrouver en tête à tête, prétendant être allé lui « *remonter le moral* », et ce jusqu'à 10 h 15. Mais est-ce à nouveau crédible ? Le commissaire racontera que Gaston lui

1 PV du juge Périès en date du 15/11/53 (cote D 211).

était apparu las, et quand il lui aurait demandé s'il avait bien dormi, Gaston se serait mis à pleurer. Attitude qui s'expliquerait peut-être mieux que la colère, si c'était une réaction au refus du juge d'enregistrer les aveux avec le préalable d'innocence et *la feuille*. Gaston s'aperçoit que, croyant avoir berné le commissaire, c'est lui qui s'est fait rouler. Mais il a dû refuser de signer un PV rectifié sans préalable ni *la feuille*, car le commissaire revient vers le juge qui décide alors d'intervenir[1] :

« *Le 15 novembre 1953 à dix heures quinze, nous nous sommes présentés assistés de notre greffier en la Chambre du Conseil du Tribunal Civil où le sieur Dominici Gaston avait reposé la nuit précédente, allongé sur un lit de camp. Dès qu'il nous aperçut, le susnommé qui était assis dans un fauteuil, nous invita d'un geste de la main à prendre place à ses côtés. Il est utile d'indiquer que notre venue lui avait été annoncée quelques minutes auparavant par le commissaire Sébeille.* »

On notera encore les conditions pour le moins peu courantes dans lesquelles cette audition débute. Le prévenu n'est pas amené dans le bureau du juge, comme il se devrait, mais c'est le juge qui se déplace avec son greffier. Et c'est le commissaire Sébeille qui fait office d'huissier. Après quoi le prévenu, assis dans son fauteuil, invite le juge d'un geste auguste à s'asseoir à son côté. Mieux vaut ne pas commenter cette nouvelle étrangeté, mais elle confirme les *gants* que policiers et magistrats prennent là avec Gaston, et comme toujours y compris avec la famille. Giono se demandera depuis quand on procède de la sorte avec un homme présumé coupable d'un massacre aussi barbare. Et il ne sera pas le seul. Mais ce matin-là, il y a une raison précise à ce ménagement : tout faire pour amadouer Gaston qui va devoir signer le nouveau PV [bis]. Le juge note ensuite :

« *Gaston Dominici nous déclara aussitôt qu'il n'était pas le meurtrier de la famille Drummond, mais qu'il désirait confirmer la déposition qu'il avait faite la veille au commissaire Sébeille, dans le seul but, affirmait-il, de sauver l'honneur de ses petits-enfants.* »

On voit là que Gaston est bien décidé à confirmer le PV de *la veille*, donc avec transcription de *la feuille* et le préalable d'innocence.

« *Comme nous l'invitions à préciser cette assertion, Gaston Dominici nous laissait entendre que l'assassin de Lurs ne pouvait être que son fils Gustave. Nous n'avons pu obtenir de lui d'autres précisions et Gaston Dominici, sur nos questions, reprenait : - Je suis le plus vieux de la famille. Il est de mon devoir de me sacrifier pour elle ! Nous lui faisions alors connaître que nous ne pouvions recueillir de semblables déclarations et, sur-le-champ, avec notre greffier nous quittions la Chambre du Conseil.* »

Chaque fois que Gaston répètera sa volonté de sacrifice, ce sera toujours pour sauver l'honneur de sa famille et plus spécialement de ses petits-enfants. En

1 PV du juge Périès en date du 15/11/53 (cote D 212).

toute logique, on l'a déjà dit, c'est là une bien singulière façon de préserver leur *honneur*. Mais en vérité la vraie question n'est pas celle-là. C'est de savoir ce que cela signifie pour lui. On l'a déjà dit, s'il est innocent comme il le proclame, c'est pour remettre Gustave dans la ligne de mire et l'obliger à dire une vérité que lui ne peut pas dire. Car apparemment ce n'est donc pas l'honneur de ce fils qui préoccupe son père. Le commissaire Chenevier s'étonnera que cette nouvelle mise en cause de Gustave par son père n'ait pas relancé un minimum de questions à son sujet. Et cette attitude sera constante jusque dans le réquisitoire de l'avocat général lors du procès, puis, malgré le supplément d'information, jusqu'au non-lieu du juge Carrias qui, pourtant, n'avait guère d'estime pour Gustave. Là encore, il y aura de quoi s'étonner.

Quoi qu'il en soit, le juge refuse à juste titre de prendre la proclamation préalable d'innocence qui aurait « *pour but de tromper la justice* ». Puis, sans retenir la suggestion concernant Gustave, décide de laisser Gaston réfléchir. Ce dernier lui aurait alors lancé : « *Si vous ne voulez pas faire la feuille, il va arriver un malheur à La Gran'Terre* ». N'est-ce pas bien préciser que le juge ne veut pas de *la feuille.*

Et il sort sans se poser la question qui vient naturellement à l'esprit : qu'est-ce qui, dans *la feuille,* pourrait éviter un malheur à La Gran'Terre, et de quel genre de malheur pourrait-il bien s'agir ? En effet, quel plus grand malheur pourrait bien s'abattre sur sa chère Gran'Terre que d'accuser son fils ? Gaston essayait-il de suggérer que la vérité était ô combien plus dangereuse que ses aveux, d'où le risque. Il faudra rapprocher ce danger d'une déclaration similaire d'Yvette[1] à propos de ce que dira sa belle-sœur Caillat devant les assises : « *Si Gustave se rétracte, ça va faire arriver un malheur à La Gran'Terre.* » Quelle était donc la nature de cette menace et d'où venait-elle ? Et elle sera encore confirmée par Clovis lorsqu'on le verra écrivant à Barth d'essayer d'empêcher Gustave de se rétracter. En fait, pour Gaston, accuser Gustave n'est-ce pas seulement une façon de lui repasser le mistigri ? Que Gustave dise cette satanée vérité, au lieu de s'esquiver en accusant son père. Pendant ce temps…

Conférence de presse

Vers 10 h 30, c'est-à-dire pendant l'interruption de la déposition de Gaston devant le juge, le procureur Sabatier apparaît sur le perron du palais de justice et, avec le sourire, lance aux journalistes massés[2] :

> « *Gaston Dominici est entré cette nuit dans la voie des aveux. Mais la version qu'il a donnée du massacre ne nous satisfait pas. Nous ne pouvons en dire davantage pour le moment.* »

Quand on a bien lu les aveux de la veille passés devant le commissaire, puis la raison de la retraite du juge, le procureur ne vend-il pas la mèche en

1 PV n° 353/6 du commissaire Gillard en date du 02/08/55 (cote C 88).

2 Notamment dans *Le Provençal* du 16 novembre 1953.

confirmant publiquement que c'est bien le contenu du PV de la veille qui *ne satisfait pas*. Et quand on va lire les aveux que Gaston va finir par passer devant le juge, on va bien voir que ce ne sont pas les invraisemblances, impossibilités, incohérences et discordances qui ne satisfaisaient pas, mais bel et bien le préalable de l'innocence et la présence de *la feuille*.

Retour du juge devant Gaston

Vous avez bien lu, c'est encore le juge qui va revenir, au lieu de faire amener Gaston dans son bureau[1] :

> « *Nous devions y revenir quelques instants plus tard et invitions Gaston Dominici à nous dire enfin toute la vérité. Il nous déclarait alors qu'il allait tout nous la dire.* »

En fait, ces *quelques instants* ont duré jusqu'à 11 h 15, c'est-à-dire à nouveau près d'une heure. À quoi ce long temps mort a-t-il pu être utilisé ? Gaston est-il resté seul ? Du moins est-ce la version officielle. Mais on ne peut s'empêcher de penser que le juge laisse à nouveau Gaston aux mains du commissaire afin que celui-ci l'amène à renoncer. Car le commissaire, qui est toujours là, a dû s'employer de nouveau à convaincre Gaston de venir dans les vues du juge, c'est-à-dire sans *la feuille* ni le préalable d'innocence. Est-ce le commissaire ou la perspective du *grand malheur* qui menacerait sa Gran'Terre, qui va faire plier Gaston ? Aurait-il cédé sans un minimum d'*arrangement* ? Si non, on ne voit pas pourquoi il aurait changé d'attitude. On ne saura jamais ce qu'il en a été. Le commissaire voulait-il, comme le juge, en finir à tout prix ? Personne n'a jamais émis le moindre doute sur les qualités éthiques du juge Périès, bien au contraire, ni sur celles du commissaire Sébeille ; malgré quelques anomalies comme le sort fait au lambeau de peau. Le juge voulait-il, par sympathie, aider le commissaire dont la carrière et la réputation étaient en jeu ? Des instructions venaient-elle de plus haut ? Ou alors était-il pris dans une sorte de climat qui orientait inconsciemment sa conduite et ses décisions ? Sans doute un peu tout à la fois, et sûrement de façon inconsciente, comme souvent. Hélas au contraire du commissaire, le juge Périès ne s'est jamais exprimé publiquement par écrit.

Au retour du juge, Gaston s'est renfrogné, car sans doute le juge ne revient-il pas avant que Gaston ait accepté de renoncer. Car la déposition se passe alors sans préambules, le juge n'ayant même pas demandé à Gaston de renoncement explicite. C'est donc que Gaston avait déjà été convaincu d'abandonner son préalable avec la *feuille*, en ayant sans doute accepté de signer le PV^{bis} que lui aura présenté le commissaire.

Plus que les accusations de ses fils, ces aveux de Gaston constituent en fait la principale pièce à charge, pour ne pas dire la seule. Et, quoi qu'ils contiennent d'invraisemblances, d'impossibilités, de discordances et d'incohérences, les partisans de la culpabilité prétendent toujours s'en tenir là.

---

1 PV du juge Périès en date du 15/11/53 (cote D 212).

Il s'est accusé et cela leur suffit. Mais l'acceptation d'une version bis remaniée, enregistrée en l'état, posera une nouvelle question que nous aborderons plus loin. En attendant, voici la version intégrale du juge (cote D 212) :

> « *Nous recueillions ainsi la déposition de Gaston Dominici, ayant soin de le laisser s'expliquer en posant le minimum de questions.* »

Méthode, à nouveau inhabituelle devant le grand nombre des questions que suggère au contraire l'invraisemblance des aveux, même amputés, portés au PV 442/8bis.

> « *C'est un grand malheur qui m'est arrivé. Les choses se sont passées comme je l'ai indiqué à la police.* »

Notons la référence immédiate au rôle du commissaire dans le scénario.

> « *Je ne me souviens pas, cependant, exactement de l'heure à laquelle j'ai quitté la ferme en pleine nuit.* »

Première *rectification* par rapport au PV du commissaire, prouvant qu'il y a bien eu intervention entre temps[1]. Alors qu'il avait dit être allé au bivouac à 23 h 30, voilà que Gaston ne se souvient plus. Ce qui s'explique bien sûr, car cette heure n'est pas compatible, et de loin, avec l'heure du drame. Comme Gaston connaissait parfaitement l'heure du drame et qu'il l'avait donnée précisément aux gendarmes dès le lendemain, pourquoi avoir donné 23 h 30 au commissaire ? Et la seconde rectification intervient immédiatement :

> « *J'avais bavardé avec la dame et la fillette peu avant la tombée de la nuit au quartier de Saint-Pons où je gardais mes chèvres. La dame parlait très mal le français, mais sa fille, elle, le parlait bien. Nous nous sommes entretenus de la beauté du paysage. À ce moment-là, le mari se trouvait un peu à l'écart en train de lire. Un peu plus tard, lorsque je suis rentré à la ferme, j'ai constaté que ces trois personnes avaient établi leur campement sur le terre-plein situé à l'extrémité de ma propriété.* »

La rencontre de midi disparaît, tandis que celle du crépuscule se passe en deux temps, à Saint-Pons puis sur la décharge. De *la veille* on passe seul *au crépuscule*, et les deux rencontres sont seulement séparées par *un peu plus tard*. C'est que *la veille* ne cadrait pas avec le canevas du commissaire. Mais le temps nécessaire à ces deux rencontres est pourtant incompatible à avec l'emploi du temps des Drummond ce soir-là. La précision de localisation dans le champ d'oliviers disparaît au profit du lieu-dit général *quartier de Saint-Pons*. Lady Anne parle toujours le français, mais mal, tandis que sa fille sort de son mutisme. Et on cause paysage au lieu de climat. Seul Sir Jack continue à lire. Et surtout, plus question de Lurs ni de Ganagobie. Il est à nouveau évident que le commissaire est passé par là. S'il n'a pas pu faire effacer

1 Seul parmi les auteurs, Me Floriot (oc p. 122 & 126) a correctement analysé les différences avec le PV du commissaire, mais aussi avec ce qui a été dit aux divers agents et policiers lors de la garde à vue.

complètement les deux rencontres, il les a largement vidées du pouvoir de remise en cause de son canevas devenu *livret* de l'accusation. Et tout le monde oubliera.

> « *Donc, en partant de la ferme un certain temps après l'arrêt du side-car devant La Gran'Terre, j'ai pris la carabine qui se trouvait dans le garage entre deux planches superposées formant étagère, au fond et à droite.* »

Voilà donc le repère du side-car auquel Gaston tient tant, qui réapparaît. Là encore, le commissaire a dû en faire la remarque. Mais, le side-car serait passé vers 23 h 45, ce qui laisse encore près d'une heure et demi jusqu'au drame. *Un certain temps* fera donc l'affaire. Notons le *la* au lieu de *une* carabine et *le garage* au *d'un des…* mais avec la précision des deux planches donnée la veille par les policiers.

> « *Le chargeur était placé sur l'arme. Je savais qu'il était entièrement garni, mais j'ai pris en plus deux ou trois cartouches qui se trouvaient à proximité, sur les planches. Si je me suis muni de cette arme, c'est que j'avais l'espoir d'apercevoir quelque blaireau ou quelque lapin.* »

On l'a dit, jamais aucun possesseur d'arme, surtout de guerre, ne l'entrepose chargée. C'est une précaution élémentaire de chasseur, surtout ayant fait son service militaire. Et comment Gaston peut-il dire que le chargeur de 15 cartouches était plein, s'il ne l'a pas graillé lui-même, surtout qu'il a déjà dit qu'il n'avait tiré que cinq coups et qu'il va dire lors de la reconstitution que le chargeur était vide après ces cinq coups. Gaston remplace *autre bête* par le coup du *lapin* ou du *blaireau.* Ayant braconné, il sait pourtant qu'on peut tirer le lapin de nuit avec un fusil de chasse à plombs, mais pas avec une arme à balle, surtout qu'avec une telle arme de guerre, il n'en resterait pas grand-chose. Détails sans doute, mais dans le cadre d'aveux d'un paysan chasseur et braconnier, ce genre de détails montre bien qu'il s'agit d'une invention, ou de répéter ce qu'il fallait dire.

> « *Lorsque je suis sorti, en effet, de chez moi, j'avais l'intention d'aller me rendre compte de l'état de l'éboulement, et ensuite d'aller faire un tour de chasse.* »

Il sera établi qu'il ne chassait plus depuis au moins 1947, pas plus qu'il ne braconnait. Mais qu'importe.

> « *Je me suis dirigé, en passant le long de ma luzerne, vers le mûrier à proximité duquel était établi le camp des Anglais. J'ai constaté que l'homme était couché sur un lit de camp placé contre la voiture et paraissait dormir, tandis que sa femme à ce moment-là était en train d'enlever sa robe.* »

On note que le lit de camp de Sir Jack s'est déplacé de *derrière* à *contre* la voiture. Et si le déshabillage persiste, il n'est plus fait mention de robe ni de couleur. La chemise aussi a disparu.

> « *Quant à l'enfant, elle ne se voyait pas. J'ai su par la suite qu'elle était couchée à l'intérieur de la voiture.* »

Nouvelle rectification où Gaston dit explicitement que c'est le scénario du commissaire Sébeille repris par la presse depuis le début. En effet, non seulement le scénario est connu depuis le premier jour, mais il se trouve déjà parfaitement détaillé par Maurice Morin dans le n° 320 de *Détective* du 18 août 1952. Et on sait que René Pacault, reporter à *Détective*, a souvent fréquenté La Gran'Terre où il entretenait de bons rapports avec Gaston comme le prouvent ses nombreuses photos. Et en suivant, oubliant la conversation à voix basse avec Lady Anne, et alors que la déposition devant le commissaire était demeurée allusive, voilà que Gaston se lance dans des précisions immondes.

> « *De derrière le mûrier, j'ai regardé se déshabiller cette femme. Soudain, j'ai été pris de l'envie de la baiser. Je me suis approché d'elle. J'avais déposé l'arme peu avant d'arriver à la hauteur de l'avant de la voiture. La dame n'a pas paru effrayée en m'apercevant. Aussitôt je lui ai envoyé la main à la fraise.* »

Il est curieux que personne n'ait demandé à Gaston s'il avait ou non pris sa canne ce soir-là, canne sans laquelle il ne se déplaçait jamais, comme on le verra même lors de la reconstitution.

> « *Elle n'a pas réagi. Je n'ai pas hésité. J'ai sorti ma queue. La femme s'est étendue sur le sol et j'ai commencé à la baiser.* »

La crudité inouïe des termes de cette déposition a immensément choqué à l'époque, et à un point tel qu'on l'imagine mal aujourd'hui. À l'époque, aucun des journalistes et auteurs n'a osé en transcrire les termes. Et ce d'autant plus que c'était, de toute évidence, une invention éhontément exagérée de la suggestion du commissaire Prudhomme. Car personne n'a jamais cru un seul instant qu'un paysan de soixante-quinze ans ait pu séduire en pleine nuit cette lady anglaise et de façon aussi grossière et hâtive, même en admettant qu'à son âge, Gaston ait pu se retrouver si vite en état de passer à l'acte. En admettant, on imagine mal Lady Anne se couchant à même le sol de gravier. On imagine aussi combien cette honteuse paillardise, qui sera répétée en public devant la Cour d'assises, a pu compter lourdement à charge. Alors que Gaston s'en vantait comme d'un exploit, même fictif, une telle inconvenance envers une victime, a largement contribué à donner de lui une image de bête immonde. Les commissaires puis le juge qui ont reçu ces aveux, les ont transcrits sans sourciller ni poser aucune question. De peur que Gaston ne se rétracte, s'excuseront-ils. Mais il est évident que certaines rectifications ont bien eu lieu sur d'autres points autrement plus importants, qu'elles n'ont pas pu être spontanées, et qu'elles n'ont pas amené Gaston à se rétracter.

> « *Nous avons dû faire du bruit car le mari s'est réveillé peu après. Il s'est dressé, l'air en colère. Moi je me suis relevé, et aussitôt j'ai ramassé la carabine. L'homme est venu sur moi. Il a essayé de m'enlever l'arme. Nous nous sommes débattus un instant. Nous nous trouvions à ce moment-là à l'arrière de la voiture.* »

Nouveau scénario. On a déjà dit que Sir Jack n'était sûrement pas couché ni a fortiori endormi. Ensuite, comme cela va apparaître lors de la reconstitution, Gaston, à cause de son âge, avait beaucoup de mal à se baisser et surtout à se relever, notamment sans sa canne.

> « *L'homme tenait l'arme par le canon. Je ne sais comment à un moment un coup est parti sans que j'aie volontairement appuyé sur la gâchette. J'insiste sur ce point : ce premier coup a été accidentel.* »

Ici, Gaston se rattache explicitement à la suggestion de Guérino qui, accréditant la thèse de l'accident, exclut donc la préméditation, au moins pour le départ du drame. Elle évacue en même temps la nécessité d'un autre mobile que celui qu'il a inventé. D'autre part, pour que le premier coup parte, il ne suffit pas que le chargeur ait été enclenché, comme Gaston l'a dit. Il fallait que la culasse soit armée. Or Gaston n'a jamais dit qu'il avait manœuvré la culasse cette première fois. Et cette question ne lui a même pas été posée.

> « *La balle a traversé la main de mon adversaire qui a cependant essayé de m'attraper à la gorge.* »

Épisode rajouté par rapport à sa première déposition. Et on imagine mal que Sir Jack, la main droite percée d'une balle, ait pu saisir son agresseur à la gorge. Et si Gaston a dit qu'il avait du sang sur les mains, il n'a pas parlé du tour de sa gorge. Accessoirement, rappelons ce qui gêne tant de monde, la main de Sir Jack n'a pas été blessée à bout touchant ni même portant mais blessée sur le pare-chocs.

> « *Comme je me rendais compte qu'il allait prendre le dessus (je sentais, en effet, qu'il était plus fort que moi), j'ai tiré un second coup à bout portant.* »

Là, Gaston contredit formellement sa précédente déposition où il avait tiré deux fois sur Sir Jack en fuite. Et le juge savait pourtant qu'aucun tir n'avait atteint Sir Jack de face, et à bout portant.

> « *Il a fui en passant derrière la voiture.* »

Nouvelle incohérence, puisque Gaston vient de dire que l'altercation se passait justement à l'arrière de la voiture. N'est-ce pas typiquement ce qui se passe lorsqu'on invente ?

> « *Je l'ai poursuivi et alors qu'il traversait la route, j'ai tiré une troisième fois. Lorsqu'il est arrivé de l'autre côté de la chaussée, il est tombé pour tout du bon.* »

Encore une nouvelle version, qu'on sait être impossible du seul point de vue traumatique, sans parler de trois coups et du rythme des tirs.

> « *La femme s'est mise à crier. Me retournant vers elle, j'ai tiré dans sa direction. Je ne me souviens pas si, sur elle, j'ai tiré une fois ou deux fois.* »

D'abord, sans revenir sur les directions des tirs, nouvelle version, sans doute après que le commissaire a dû au moins lui faire au moins remarquer qu'un seul tir ne suffisait pas au vu du nombre des blessures.

« À ce moment, la petite est sortie de la voiture par la porte arrière. Elle a un peu crié, mais guère. Elle est partie en courant en direction du pont de chemin de fer, en coupant droit entre le mûrier et les buissons. Je l'ai poursuivie. J'ai tiré une première fois. Le coup a raté. Une seconde fois, j'ai manqué mon but. »

Nouvelle version avec deux coups en direction de la fillette. Mais on sait que les coups tirés sont incompatibles avec cette version.

« Puis je me suis aperçu que je n'avais plus de balle dans le chargeur. Je n'ai pu d'ailleurs m'expliquer cette circonstance car je croyais le chargeur plein. Certainement, j'avais dû perdre des cartouches en route. J'ai dû perdre aussi les deux ou trois cartouches que j'avais mises dans ma poche au moment où j'avais pris ma carabine dans le garage. »

À charge, il semble qu'on ne puisse pas inventer un chargeur qu'il aurait cru plein et prématurément vidé au cinquième tir, ni quelques cartouches supplémentaires tombées de sa poche. À tout le moins, ces pertes sont-elles complètement invraisemblables. Cette question sera, à nouveau évoquée, mais non tranchée lors de la reconstitution. Et pour cause. Puis oubliée elle aussi. Mais in fine et puisque Gaston s'y tiendra, nous en proposerons une explication. En attendant, il continue :

« J'ai vu que la petite traversait le pont et dévalait le talus. Je me demande comment je l'ai rattrapée. »

À charge, lors de la reconstitution, on va voir que Gaston a montré qu'il pouvait encore faire un court sprint. Mais c'est pourtant là une discussion purement académique, puisque la fillette a été transportée et achevée bien après le meurtre de ses parents.

« Quand je suis arrivé sur elle, elle se trouvait à genoux. Elle m'a regardé, mais elle ne m'a rien dit. Elle n'a pas crié. J'ai saisi l'arme par le canon et lui en ai envoyé un coup sur la tête. J'étais saoul, je ne savais plus ce que je faisais. J'étais fou. J'affirme qu'au premier coup, la carabine s'est cassée. L'enfant s'est affaissée de suite sans même gémir. »

Là c'est exactement le scénario du commissaire. Et, comme Gaston a vu le corps de la fillette au matin, il n'a eu qu'à répéter ce qu'il a entendu dire par le docteur Dragon. Mais on sait que ça ne s'est pas passé de cette façon.

« J'ai fait quelques pas vers la Durance et j'ai lancé dans le courant les restes de ma carabine. Je suis ensuite allé me laver les mains qui étaient ensanglantées. Je précise que pour lancer la carabine, j'avais choisi un endroit surélevé, à une vingtaine de mètres de l'endroit où j'avais frappé la petite et en direction de la ferme. »

Nouvelle version sur l'endroit et le jet de la carabine, encore différente de celle donnée au commissaire.

« Ensuite, je suis revenu sur mes pas. J'ai constaté que la petite était morte puisqu'elle ne remuait plus, et c'est alors que je suis allé me laver

les mains. Je suis remonté ensuite au lieu du campement pour m'assurer que les parents étaient bien morts. J'ai recouvert le corps de la femme avec une couverture qui se trouvait à terre, à côté de la voiture. Puis j'ai pris un lit de camp et j'en ai recouvert le corps de l'homme. »

Nouvelle version également contraire à ses affirmations dans le paragraphe précédent, à sa précédente déposition et à ce qu'on a pu analyser et déduire.

« *Je n'ai fouillé ni dans la voiture, ni dans les affaires qui se trouvaient éparses tout autour. J'ai regagné ensuite mon domicile en empruntant à nouveau le chemin qui conduit au pont. J'ai traversé cet ouvrage puis j'ai pris à droite sans regarder vers l'endroit où gisait la petite. J'ai longé et traversé la voie ferrée et ai regagné ma ferme en passant par le sentier qui aboutit dans la cour. Je me suis couché, il devait être deux heures trente.* »

Encore une nouvelle version. Mais une heure vingt entre les coups de feu et le moment où il est allé se coucher, est beaucoup trop long pour la séquence qu'il a décrite.

« *À quatre heures, je suis reparti avec mon troupeau de chèvres. Je n'ai vu Gustave ni quand je me suis recouché, ni quand je suis reparti. Mais ne m'étant pas rendormi, j'ai entendu qu'à trois reprises Gustave était sorti.* »

Il reviendra à plusieurs reprises sur ces trois sorties de Gustave, tandis que, curieusement, ce dernier et Yvette diront toujours n'avoir pas entendu Gaston entrer ou sortir.

« *J'affirme que je n'ai jamais parlé de rien à personne. Pas plus Gustave que Clovis ne sont au courant de ce que j'ai fait.* »

Sur ce point, il tiendra bon jusqu'au bout. Il est certain que, s'il avait admis ce que ses fils avaient dit, c'aurait été admettre sa culpabilité. Or on a vu déjà qu'il est probable que ses fils aient inventé, comme ce sera d'ailleurs l'avis du commissaire Chenevier qui, sans parvenir à le démontrer, en démontrera la forte présomption.

« *Avant de clore, nous présentons au témoin l'arme du crime.*

Gaston Dominici : - Cette arme est bien celle qui se trouvait dans la remise, sur une étagère, au fond et à droite. Je ne puis me souvenir des circonstances dans lesquelles cette arme est devenue ma propriété. Ce que je sais, c'est que nous l'avions depuis le passage des troupes américaines. C'était la première fois le matin du 5 août 1952 que je me servais de cette arme. J'ai constaté qu'elle fonctionnait coup par coup. »

S'il contredit ce qu'il a déclaré auparavant, cela s'explique parfaitement dans le cas où il a décidé de s'accuser. Mais se dire propriétaire de cette arme lui pose un curieux problème de mémoire, comme à ses fils d'ailleurs. En revanche, *nous l'avions depuis le passage des troupes américaines*, reprend la version de Gustave et celle du commissaire. Pourtant si on en croit l'armurier Perrin, le modèle était postérieur à la Libération. Mais qu'importe, Gaston sait qu'elle était à Clovis et entreposée à La Serre, comme il le clamera devant la Cour d'assises sans être entendu. En revanche, la précision du fonctionnement de l'arme au *coup par coup* semble intervenir à charge, bien que Gaston précise ne jamais s'en être servie. On l'a dit, seul le réarmement est automatique. Et ayant entendu les coups de feu dans la nuit depuis sa chambre, il savait bien qu'il ne s'agissait pas de rafales d'une arme automatique. Il se souvient aussi qu'au matin en trouvant les cartouches non percutées, les gendarmes puis les policiers ont parlé devant lui de réarmement intempestif par quelqu'un ne sachant pas se servir d'une telle arme. Enfin, à La Gran'Terre on a sûrement beaucoup glosé, et plus d'une fois de cette question. Quoi qu'il en soit, c'est bien révéler qu'il n'avait jamais utilisée cette carabine. À une question qui n'a pas été retranscrite, il aurait répondu en suivant :

> « *Je n'avais jamais effectué des réparations à cette arme. J'avais remarqué qu'elle était démunie de garde-main et que le canon était relié au fût par un collier de duralumin.* »

Il ne répète donc pas que c'est Gustave qui l'a réparée. Au procès il en accusera Clovis. N'est-ce pas dire qu'il ne savait sans doute pas trop qui avait fait cette réparation, mais sans aucun doute pas lui.
Cette seconde version des aveux est terminée. Mais après lecture du PV et avant de le signer, Gaston veut ajouter une déclaration inattendue, que cette fois le juge transcrit :

> « *Après que Gaston Dominici eut entendu la lecture de ses déclarations et qu'il eut signé le procès-verbal, il nous dit en substance : - J'espère que vous avez compris. Il y a vingt ans que je ne m'entends plus avec ma femme. Je suis trop vieux pour divorcer. J'ai là une occasion de m'enlever du milieu. Je ne la laisse pas échapper.* »

Cette raison qu'il répète donc pour justifier sa décision peut à nouveau porter à sourire sinon à ricaner quand on imagine l'effet qu'elle peut avoir en l'espèce. Alors, pourquoi la faire noter par le juge ? Là encore, elle ne s'explique que s'il a été convenu que le juge ne prendrait la déposition que si la mention de l'innocence et du sacrifice disparaissait. Comme Gaston a, de toute évidence, du mal à continuer de s'accuser sans ce préalable, il lui fallait trouver au moins une autre raison du même ordre. Il en revient alors au nœud profond qui a sûrement gâché une bonne part de sa vie : le contentieux prénuptial avec sa femme. C'est un kyste durci au plus profond de son for intérieur, qu'il a déjà évoqué avec Bocca. Et ce serait méconnaître les dimensions de l'univers d'une vie d'homme, plus encore à cette époque et en ces lieux, que de mésestimer l'importance d'un tel contentieux. Au soir de cette vie, dans une tourmente qui jette tout à bas, il ne veut pas finir *sourd, muet et aveugle*. Et pourtant, en l'occurrence, n'est-ce pas une sorte de surdité, de mutisme et d'aveuglement que cette affaire lui impose, comme à toute la famille ?

Au sens strict, cette version *lissée* donnée au juge, comme la précédente devant les commissaires même après son bis, constitue ce qu'on doit bien nommer au moins une double imposture. Parce que la réserve d'innocence et de sacrifice, a été exclue sans qu'on sache formellement pourquoi Gaston a accepté ce renoncement. Ensuite parce que commissaire et juge savent pertinemment qu'aucun de ces deux scénarios ne peut correspondre si peu que ce soit à ce qu'il s'est passé. Enfin parce que l'instruction va continuer le même jeu pipé et la justice passer sans sourciller. Or ces aveux posent des questions en termes d'alternative.

Dans le premier terme de l'alternative, Gaston aurait dû décrire ce qu'il s'est passé au moins en concordance avec les indices matériels et les faits déjà avérés. Certes, il aurait pu commettre quelques menues erreurs, mais l'ensemble de son récit aurait dû correspondre à ce qui avait déjà été établi à l'époque. Or il n'en est rien, bien au contraire. Dès passé l'aveu général et quelques banalités connues de tous, quand il entre dans le détail, il se montre embarrassé, comme l'ont bien noté les témoins de *la feuille*, et il est toujours inexact. Dès qu'il veut en dire plus, c'est-à-dire ce que personne ne sait, le récit devient flou et contraire à la réalité matérielle sur tous les points évoqués. Tous. Est-ce simplement parce qu'il ignore ces détails ? Me Delorme[1] aura beau dire en audience, qu'il trouve les aveux « *cohérents, réitérés, circonstanciés et probants* », les récits de Gaston ne correspondent déjà en rien à ce que montrent les autopsies et la balistique. Et pour cause. Il n'a répété que ce qu'il avait vu et entendu dire le matin sur les lieux, puis par la suite et dans la presse. Et revient alors la question de savoir s'il a participé aux meurtres ou, dans le cas contraire, s'il ignorait tout le détail de ce qu'il s'était réellement passé, comme il s'en plaindra d'ailleurs amèrement. Lors des auditions, la Cour retiendra à charge l'avis du professeur Boudouresque : après un interrogatoire de vingt-trois heures, un homme de cet âge n'était plus en état d'inventer. Or cet avis viendrait plutôt à décharge, Gaston n'ayant pas eu besoin de réellement inventer puisqu'il a été aidé par le commissaire Prudhomme, et qu'il n'a eu qu'à répéter ce qui était déjà connu ou qu'on lui a suggéré, notamment durant les nombreuses heures intermédiaires passées avec le commissaire Sébeille, et dont il n'y a pas de PV.

Dans le second terme de l'alternative, il faut admettre que Gaston s'accuse tout en se proclamant innocent, donnant successivement deux raisons qui, d'ailleurs, peuvent se cumuler : d'abord il est le plus vieux de la famille et c'est donc à lui de sauver ce qu'il appelle *l'honneur de ses petits-enfants ;* ensuite il veut se *sortir du milieu.* En dehors de Clovis lors de son audition devant la Cour, personne ne lui a fait remarquer qu'en se déclarant un assassin aussi affreux, un grand-père ne saurait guère sauver l'honneur de la famille, et plus précisément celui de ses petits-enfants. Or Gaston n'a jamais désigné d'autres acteurs possibles que Gustave et plus tard Zézé. En toute logique, les *petits-enfants* concernés ne pouvaient donc être que Zézé et Alain le fils Gustave. Quant à se *sortir du milieu* pour échapper à sa femme, c'est en partie

---

1 Pierre Scize, oc p. 361.

contredit par l'émotion qu'il manifestera lorsque Marie viendra à la barre, comme la demande qu'il lui fera depuis sa prison de lui amener une « *petite photo* » d'elle. Mais pourquoi pas les deux ? La nature humaine n'est-elle pas multiple et son fonctionnement contradictoire.

En fait, comme Gaston le proclamera dès avant son procès et le confirmera plus tard au commissaire Chenevier, il était sûr d'être acquitté au bénéfice du doute et faute de preuve. Et cette certitude lui aurait suffi à accepter de faire des aveux convenus. Mais leur survenance et leur déroulement ne laissent pas transparaître un tel degré de machiavélisme que par ailleurs on lui a prêté. Ce qui n'empêche pas une question de demeurer toujours sans réponse : pourquoi de tels aveux ont pu être acceptés en l'état, et comment ont-ils pu être pris en compte par l'accusation et portés devant la Cour d'assises ?

Car, mise à part l'aventure sexuelle complètement ahurissante, si seule la méprise nocturne suivie d'un quiproquo de langues, demeure plausible, on a montré que le drame s'est matériellement déroulé selon un tout autre scénario que les versions floues que Gaston en a données. D'abord il s'est décomposé en trois temps : le meurtre des parents, puis celui de la fillette, puis le brouillage de l'état des lieux. Pour les parents, les meurtriers étaient forcément deux ou trois comme le montrent les autopsies, la balistique et le rythme des tirs. Pour la fillette, blessée dans les bras de sa mère, c'est l'un des présents à La Gran'Terre qui l'a achevée, mais sûrement pas à la façon dont Gaston l'a avoué. Quant au brouillage des lieux, on a déjà dit qu'il semble peu discutable que ce soit Gustave dans la nuit, sans doute aidé par Clovis au matin.

La confrontation du père avec ses fils

Après la fin de la déposition de Gaston, le juge Périès, craignant toujours une rétractation, aurait voulu organiser une reconstitution dès l'après-midi[1]. À 15 h 30, il téléphone donc à la gendarmerie qui lui répond qu'environ deux mille badauds[2] encombrent le site. Outre qu'on est dimanche, comme à l'habitude dans cette affaire, il y a eu fuite, car une reconstitution a même été annoncée à la radio[3]. Sagement, le juge reporte donc au lendemain matin lundi 16 novembre. Et il va profiter de ce temps mort pour confronter le père à ses fils. Veut-il tirer au clair l'accusation de Gaston qui a renvoyé la balle en direction de Gustave ? Même pas, car il n'en sera rien dit, ni plus question. Et cette immunité de Gustave pose une question qui devient récurrente, et va se perpétuer durant l'instruction, le procès, pendant le supplément d'information, et avec l'ordonnance finale de non-lieu. Pourquoi donc avoir préféré à n'importe quel prix la culpabilité de Gaston à celle de Gustave ? Valait-il

1 PV du juge Périès en date du 16/11/53 (cote D 215).
2 PV en cote D 215. Même si le chiffre semble exagéré.
3 Selon *La Marseillaise* du mardi 17 novembre, c'est le commissaire Harzic qui l'aurait annoncée le dimanche 15 aux journalistes pour le lendemain lundi 16.

mieux condamner un vieux pistachier qu'un jeune soutien de famille, comme cela se dira ?

À 16 h 15, le juge Périès, toujours assisté de son greffier, demande d'abord à Gaston de confirmer sur PV[1] ce qu'il a dit à ses fils. Réponse catégorique :

> « *Je n'ai jamais dit à mes fils que c'était moi qui avais tiré sur les Anglais.* »

Le juge fait alors entrer Clovis le premier. Après lui avoir lu la déclaration ci-dessus, Clovis, devant son père, donne une nouvelle version des aveux :

> « *Je maintiens mes déclarations. Lorsque le commissaire Sébeille m'a présenté l'arme du crime, j'ai reconnu aussitôt la carabine que j'avais vue à deux ou trois reprises dans la remise de La Gran'Terre. Je me suis rendu aussitôt après à cet endroit et j'ai constaté qu'effectivement l'arme n'y était plus. Je vous l'ai dit, à partir de cet instant j'ai pensé que celui qui avait tiré ne pouvait être que Gustave. Ce doute ne s'est dissipé qu'un soir du mois d'octobre, novembre ou décembre 1952, alors que mon frère était détenu. C'est ce soir-là que mon père, après le repas du soir, et alors que nous nous trouvions tous les deux seuls dans la cuisine, m'a confessé que c'était lui qui avait tiré sur les Anglais. Je le précise encore, il avait bu plus que de coutume.* »

On sait déjà que Clovis ment pour la carabine.

> « *Dominici Gaston : - Je ne me souviens pas avoir dit cela à Clovis.* »

La faiblesse et l'ambiguïté de cette réaction de Gaston devant une accusation aussi grave et violente, seront retenues à charge. Car Gaston est connu pour son caractère emporté, et il le manifestera d'ailleurs contre ses fils accusateurs, notamment lors de son procès. Mais là, quel peut être le sens de son espèce de retenue, voire de réticence ? Est-ce une manière maladroite de se réfugier dans son attitude sacrificielle, et de la préserver face à l'effet que lui fait sûrement la dénonciation qu'on sait au moins inventée pour la carabine. Clovis poursuit :

> « *Si, mon père m'a dit cela dans les termes suivants : Lei ai fa peta toutei três (Je les ai fait péter tous les trois), et il a ajouté : Sè nin faù faire peta inca un, lou farai peta (S'il faut en faire péter encore un, je le ferai péter). J'ai compris qu'en parlant ainsi, mon père faisait allusion à ma mère avec laquelle il venait de se disputer.* »

Notons que la version permet déjà de douter en inférant sur la motivation réelle de Gaston. Et cette version elle a déjà notablement varié. Nous y reviendrons quand elle sera encore différente devant le commissaire Chenevier. Le conflit entre ses parents est également inédit. Et toujours curieusement, Gaston esquive à nouveau :

> « *Il est possible que j'aie dit cela, mais je ne m'en souviens pas.* »

Et la confrontation s'arrête là. À nouveau, Gaston n'a pas nié l'avoir dit, mais seulement déclaré ne pas s'en souvenir. Cette réponse du bout des lèvres

---

1 PV du juge Périès en date du 15/11/53 (cote D 214).

confirme une posture pour le moins énigmatique. Rappelons-nous, deux au moins de ses autres enfants diront que Gaston avait souvent lancé une invective semblable : mais en disant *nan = ils*, au lieu de *ai = je*. Et que le quatrième désignait alors Maillet. Si Gaston l'avait aussi dit à Clovis avec *ils*, et non avec *je*, pourquoi ne pas le dire ? Sans doute parce qu'il aurait fallu préciser qui étaient ces *ils*. Est-ce cela qui le retenait, et Clovis savait-il que Gaston ne pouvait pas le démentir ?

À son tour, Gustave est introduit. Après lecture de ce qui vient d'être consigné, Gustave répond :

« *Je maintiens les déclarations que je vous ai faites précédemment. Lorsque vers 4 heures du matin, j'ai entendu les pas de mon père, je me suis levé avec l'intention de lui demander s'il avait entendu les coups de feu. Il m'a répondu que oui, et que c'était lui qui les avait donnés.*

Dominici Gaston : - Je vous remercie, Monsieur Gustave. »

Là encore, le quasi comique de cette nouvelle réaction de Gaston laisse également perplexe. Mais n'est-ce pas, en plus de la même raison qu'avec Clovis, une façon de faire remarquer à ce fils qu'il le dédouane en s'accusant, comme il le dira d'ailleurs explicitement à la Cour.

Selon Jean Laborde (oc p. 270), les trois hommes se seraient invectivés furieusement en provençal, se traitant de *menteurs* et d'*ordures*, ce qui semblerait plus conforme à la situation et aux caractères, mais les PV n'en portent aucune mention. Gustave continue :

« *Je suis absolument affirmatif. J'ai demandé aussitôt à mon père s'il était devenu fou. Il m'a dit qu'il était parti avec la carabine. Il avait l'intention d'aller voir l'éboulement et en même temps faire un tour de chasse. Il ne m'a pas, par contre, indiqué les circonstances dans lesquelles avait éclaté la bagarre. Il m'a dit simplement qu'après une discussion, l'Anglais était venu sur lui et qu'il avait tiré. Je suis parti comme je vous l'ai dit vers l'endroit que mon père m'avait indiqué et où se trouvait la petite. De là je suis monté au campement, et dès mon retour à la ferme, je suis allé à la remise pour vérifier si c'était bien de la carabine américaine qu'il s'était servi. Effectivement, j'ai constaté que cette arme ne se trouvait plus à sa place. Je n'ai pas remarqué si ce matin-là un pantalon de mon père séchait dans la cour de la ferme. J'ignore si le pantalon que portait mon père au moment des faits avait été ensanglanté et si ainsi il avait dû le laver.* »

On sait déjà que lui aussi ment pour la carabine. Cette histoire de pantalon apparaît ici pour la première fois dans un PV. Et elle ira rejoindre le lot des *détails oubliés*. Bien sûr, il ne parle pas de son propre pantalon mis à sécher. Quand le supplément d'information découvrira la question, il sera bien trop tard et ce sera donc en vain.

« *Dominici Gaston : - Je n'avais pas à laver ce pantalon puisqu'il n'était pas taché de sang. Je ne me souviens pas si j'ai dit à Gustave si c'était moi qui avais tiré.* »

La même attitude d'un défaut de mémoire et surtout la manière de le dire, maintient la même attitude contenue. Puisqu'il a dit avoir eu du sang sur les mains, pourquoi le nier pour son pantalon ? On l'a dit, sans doute parce que c'était après un pataugeage dans la Durance dont il n'était pas question de parler. D'ailleurs, selon le scénario de ses aveux, il n'est guère possible que Gaston ait eu du sang sur les mains ou sur son pantalon, comme le notera d'ailleurs le commissaire Chenevier. Mais le juge ne relève pas, et Gustave continue :

> « *Je n'ai jamais parlé de cela à personne jusqu'au jour où mon frère Clovis m'a dit, alors que nous nous trouvions dans le bois de Saint-Pons, quelques jours après ma sortie de prison, que notre père lui avait déclaré qu'il était l'auteur des coups de feu.* »

Là, il se contredit puisque, lors de sa dénonciation, il a dit en avoir immédiatement parlé à Yvette. Mais le juge ne relève toujours pas. Clovis vient en renfort :

> « *C'est exact. Je m'en souviens très bien maintenant. C'est bien moi qui le premier ai parlé de la chose à mon frère, en lui rapportant la conversation que nous avions eue avec mon père quelque temps auparavant.* »

D'abord, comme le dira le commissaire Chenevier, un souvenir qui revient si fort à propos, - surtout que ce n'est pas la première fois -, sonne faux et confirme le montage entre les deux frères que Gaston dénoncera d'ailleurs comme un *complot* dont Clovis serait la cheville ouvrière. Et, d'une certaine façon, Clovis confirme bien qu'il est celui qui a mené le débat avec son frère. On a déjà dit qu'étant donné la relation entre les deux frères, il serait plus qu'invraisemblable qu'ils n'aient jamais parlé de cette question avant le mois de décembre 1952. En revanche, il apparaît à nouveau que c'est ce jour-là à Saint-Pons, qu'aurait été évoquée l'idée d'une dénonciation du père au cas où l'étau se resserrerait sur Gustave. Car, outre sa condamnation, Gustave demeurait alors le suspect n°1, et continuait à se débattre non sans mal dans ses propres contradictions en accumulant les maladresses et les colmatages.

Cette nouvelle confrontation confirme l'embarras du juge devant la fragilité de l'édifice. En effet, les dénonciations des deux fils ne contiennent aucune preuve ou élément nouveau qui serait vérifiable, tandis que les aveux de Gaston ne sont pas vraiment crédibles. De plus, il est évident que, devant les accusations de ses fils, Gaston fait un effort énorme pour tenir sa position sacrificielle. Le ridicule du *Je vous remercie Monsieur Gustave,* n'en donne-t-il pas une illustration pathétique. Pourquoi le juge ne cherche-t-il pas à approfondir ? Sans aucun doute par peur de voir l'échafaudage s'effondrer comme le commissaire l'avouera jusque devant la Cour. Le juge décide donc d'en rester là.

Conclusion

Voilà, Gaston a renouvelé des aveux. Le grand mot. Hélas ici seulement un mot. Mais pour les tenants de la culpabilité le seul mot suffit. Et ne les a-t-il pas renouvelés sept fois (chiffre symbolique ! … mais quelle valeur donner au symbole en matière criminelle ?) : à Guérino, à Bocca, à Prudhomme, devant tous trois réunis avec Giraud et Sabatier, au commissaire Sébeille, au juge Périès et encore lors de la reconstitution à venir. Mais que dire des circonstances, contenus et variantes contradictoires de ces six versions ? Rien pour les partisans à qui l'aveu suffit. Qu'on en juge[1] :

> « *Les conditions dans lesquelles le patriarche s'est accusé d'un crime odieux ne laissent place à aucune équivoque. Ses aveux, que n'ont précédé ni sévices ni menaces, ont présenté un caractère d'une spontanéité absolue.* »

Et Pierre Scize d'ajouter (oc p. 322) qu'« *il a donné tous les détails* ». On reste confondu. Et l'affaire paraît entendue. Pourtant, on a vu que les quelques détails qu'a donnés Gaston ont varié tout en contredisant, chaque fois, la réalité de ce qui a pu être établi. De deux choses l'une : ou bien Gaston est coupable et il passe de faux aveux pour en finir comme il le dira ; ou bien, comme il le proclamera aussi sans se dédire, il est innocent et s'accuse par sacrifice. Les partisans de l'accusation font valoir que Gaston a eu tout son temps pour réfléchir, avec une nuit de sommeil, et qu'il a renouvelé ses aveux devant le juge. Certes, mais en oubliant le passage du PV 442/8 au 442/8bis. Car ce sont les contenus et les circonstances qui valident ou invalident une vérité, pas le seul fait d'avouer et le nombre du renouvellement d'aveux.

Plutôt que la libération d'une conscience, cela ressemble bien à des aveux de complaisance. Malgré et à cause même des concessions lors de la seconde version de ces aveux devant le juge, d'évidence, il ne s'agit pas seulement de complaisance envers le commissaire ou le juge, que Gaston avait d'ailleurs annoncé vouloir berner. Mais alors quoi ? La seule réponse revient à admettre une certaine forme de sacrifice, mais pas forcément celui qui a été mis en avant. Car la question n'a pas été posée de savoir pourquoi Gaston s'y contraint d'abord, puis pourquoi si difficilement, et enfin tout en tentant de s'y soustraire dès le verdict prononcé. Mais on le notera aussi, sans jamais s'intéresser vraiment à autre chose qu'à ce qui concerne le sort de la fillette.

Jean-Louis Vincent fait cette analyse en plusieurs endroits de son ouvrage, mais il la conduit toujours en partant d'un postulat, Gaston a flanché devant Guérino. Et toute la suite ne serait alors que misérables manœuvres pour sauver sa peau, manœuvres que Jean-Louis Vincent verra jusques et y compris après les grâces dont Gaston va bénéficier. Or dans son cas il apparaît plutôt, et cela notamment dès le supplément d'information et surtout après les grâces que Gaston n'avait plus à sauver sa tête. Alors pourquoi vouloir continuer à

---

1 Me Floriot (oc p. 110 & 122), mais en préambule d'une analyse implacable où il démontre au contraire en quoi ces aveux sont bien une véritable imposture.

occulter une vérité, si ce n'est parce qu'il ne pouvait pas la dire, ni ses fils pas plus que les autres. Et en l'occurrence, connaître la vraie raison de cette retenue, jusques et y compris après la clôture définitive du dossier, voilà la vraie et bonne question.

En attendant la reconstitution

Tandis que la garde-à-vue de Gaston est prolongée, à 19 h Gustave et Clovis quittent le palais. Rien n'a été retenu contre eux, et surtout pas contre Gustave, notamment pour faux témoignages, falsification des lieux et manipulation des victimes, destruction de preuves et accessoirement pour vol. Ils sont même raccompagnés chez eux en voiture de police et c'est là, comme on l'a vu, que Clovis aurait encore insisté auprès de Gustave pour qu'il tienne bon sur la question de l'arme.

> En fin d'après-midi, le commissaire Harzic tient une conférence de presse dans la salle principale du palais. Voici le contenu de son exposé, tel que rapporté dans la presse[1] :
>
> « *Le fermier a avoué vers 7 h du matin. Il a baissé la tête et a murmuré :*
> *- Oui c'est moi qui ai tué. J'ai agi seul. Il a expliqué que le 4 août vers minuit, il rôdait autour de la ferme, carabine à la bretelle, en quête d'un blaireau qui menaçait ses volailles. Il a aperçu la silhouette de Lady Drummond, occupée à sa toilette de nuit. Il s'est approché, a regardé de très près. Sir Jack Drummond l'a surpris. Il y a eu une vive discussion. Gaston furieux a tiré sur l'Anglais. Atteint dans le dos, Sir Drummond a fui, traversé la route en titubant et s'est écroulé dans le fossé. Comme Lady Ann* (sic) *appelait au secours, Gaston Dominici se retourna et fit feu sur elle, puis sur la petite Elizabeth qui, hurlant d'épouvante, fuyait vers la Durance. Il l'a poursuivie, ne put tirer une seconde fois, n'ayant plus de balle. Alors il saisit l'arme par le canon et frappa la fillette tombée sur le talus de la rivière, à coup de crosse. De retour à La Gran'Terre, Gustave Dominici réveillé par les cris et les coups de feu, l'attendait dans la cour. Gaston Dominici lui dit : - J'ai tué les Anglais. Tais-toi, personne n'en saura jamais rien. Gustave sortit alors, traversa le champ, inspecta les lieux du crime. Il trouva le cadavre de Sir Drummond sous un lit de camp et celui de Lady Drummond sous une couverture. Il retourna ce dernier pour voir s'il vivait encore. Puis il trouva le corps d'Élizabeth encore agonisante. Dans la matinée du 5 août, Clovis Dominici qui se rendait à son travail à bicyclette s'arrêta à la ferme et fut mis dans le secret. C'est sur les instances de sa femme Yvette que Gustave se résolut à parler et décida son frère à confirmer ses dires.* »

Si la communication du patron de la brigade a été exactement rapportée, on reste à nouveau confondu par l'addition d'un tel lot d'inexactitudes.

---

1 Par exemple in *Chroniques judiciaires* de novembre 1954 : *L'affaire de Lurs*.

Absolument rien de tout ce qui est rapporté ne se retrouve dans aucun des deux PV. Bien sûr, on ne sait pas quelle part relève de ce qu'a réellement dit le commissaire, et quelle part relève du journalisme. Mais ce genre de désinformation montre au moins une extraordinaire légèreté. Dans tous les cas, on peut à nouveau se poser la question, elle aussi récurrente, du pourquoi d'une telle pérennité dans la désinformation jamais démentie officiellement.

Préalables

À cause notamment des « *invraisemblances*[1] » qui ne lui ont malgré tout pas échappé, le juge a donc décidé avant d'inculper Gaston, de procéder à une reconstitution. Il veut préciser sur place ceux des points qui, malgré tout, lui semblent pour le moins douteux. Et on ne pourrait que l'en féliciter si la reconstitution n'avait non seulement levé aucun doute, mais en avait au contraire rajouté d'autres. En prenant la décision de procéder à la reconstitution avant une éventuelle inculpation, le juge dira avoir craint qu'un acte judiciaire aussi fort ne provoque un choc suffisant pour amener une rétractation qu'il redoutait. Mais n'y avait-il pas une autre raison ? Car à l'époque, avant inculpation, point d'avocats. Et le juge ne voulait-il pas plutôt se soustraire à leur présence, eux qui n'auraient pas manqué de soulever ouvertement les objections que le juge devait se faire à lui-même[2]. Et, face à la défense, il n'aurait pas pu les escamoter comme il va le faire. Car il s'avère que cette intention transparaît par la suite de manière parfaitement objective. En effet, une fois Gaston inculpé, le juge Périès, mais aussi tous les magistrats qui auront à intervenir ou à juger, jusqu'en cassation, refuseront d'ordonner une nouvelle reconstitution qui aurait pourtant été plus que justifiée, comme le dira d'ailleurs le commissaire Chenevier.

Outre le PV de reconstitution relativement sommaire et laconique[3], l'épisode est raconté par les divers auteurs de façon détaillée, hélas souvent différente, pour ne pas dire opposée, sans parler des comptes rendus de presse. Il existe aussi de rares et mauvaises photos de l'épisode, et plus rare, un très mauvais court métrage hélas peu exploitable. Un fait récurrent ressort, aucun protocole n'a été établi pour ordonner le déroulement qui va se faire dans une évidente improvisation. Voici donc ce qui peut en être restitué de façon certaine.

Dans la nuit du dimanche 15 au lundi 16, dès minuit, des forces de gendarmerie, venues de tout le département, isolent La Gran'Terre à plusieurs kilomètres à la ronde. Les voitures peuvent passer mais sans s'arrêter. Seuls les journalistes sont autorisés à pénétrer dans le périmètre, mais fermement

---

1 Même Gabriel Doménech (oc p. 201 & 202), pourtant acquis à la thèse du commissaire, emploie le terme et développe.

2 On verra plus loin comment la défense a protesté devant le juge et jusqu'en cassation. Mais il est vrai que, lors du procès, elle n'a guère utilisé les failles de cette reconstitution, qui avait été faite sans eux.

3 PV du juge Périès en date du 16/11/53 (cote D 215).

cantonnés de l'autre côté de la route par un cordon de gendarmes. Comme à chaque fois, La Gran'Terre et la famille ont été prévenues, mais on ne saura jamais ni comment, ni par qui. Car tous sont là, sauf Clovis et les Perrin, enfermés dans la maison. De plus, selon Gabriel Doménech (oc p. 79) : « *Ce n'est un secret pour personne... certains membres du Parti communiste ont tout fait pour passer les barrages de gendarmerie avant l'arrivée du parquet. Pourquoi cette obstination ?* ». Ce qui veut dire que non seulement l'information avait dû être donnée très vite, mais que les camarades devaient être prêts à intervenir immédiatement. Autant on conçoit que ceux-ci aient voulu défendre la famille tant qu'elle n'était que suspectée, autant cette défense de Gaston alors que des aveux avaient été diffusés, peut apparaître comme inconvenante. Car défendre un meurtrier aussi barbare avec un mobile aussi immonde, n'était guère reluisant pour l'image du Parti ou des FTP. Mais ne s'agissait-il pas plutôt d'être prêt à intervenir non pour défendre Gaston, mais au cas où les choses se retourneraient contre Gustave.

LE LUNDI 16 NOVEMBRE, LA RECONSTITUTION

Peu après 9 h, tout est en place, la Hillman ayant été ramenée de Digne. Lorsque Gaston descend de voiture et entre dans la cour de sa Gran'Terre. Un « *cri presque inhumain* » jaillit de l'intérieur. Sans doute est-ce Augusta. Mais Gaston n'est pas autorisé à entrer.

La photo de l'étagère

Avant le reconstitution proprement dite[1], Gaston est amené dans le hangar. Devant l'appareil photo d'Ansaldi, le juge demande à Gaston de désigner le lieu où aurait été entreposée la carabine. Et là encore, la machine judiciaire cafouille. Sur la photo, Gaston désigne l'étagère supérieure avec sa canne tendue dans un geste d'extension du corps sans ambiguïté, bien différent des gestes de ses deux fils. Mais voilà que le PV[2] dit expressément que Gaston a montré « *la même étagère* » que ses fils. Cette contradiction entre la photo et le PV jette un doute supplémentaire sur la rigueur des opérations. Car c'est déjà inexact d'un point de strictement objectif (sans jeu de mot photographique), comme le fera remarquer le rapport Chenevier. Mais selon le juge Périès, le flash fonctionnait mal. Sans doute comme avec la photo de Clovis deux jours avant. Là, Gaston aurait dû recommencer trois fois son geste, et c'est un mauvais mouvement d'humeur qui aurait fini par être saisi. En réalité, c'est une querelle académique puisqu'on sait déjà de façon certaine, que l'arme étant à La Serre, n'a jamais été entreposée là sur aucune des étagères. Et on a déjà vu ce qu'il en était de la différence entre les photos avec

---

1 Ordonnance de transport et PV du juge Périès en date du 16/11/53 à 8 h (cote D 215).

2 *Ibidem.*

les fils et de la similitude entre celles avec Clovis et avec Gaston. On peut alors se demander où était Clovis ce jour-là et à quel moment la photo a pu être refaite. On ne le saura pas, mais en tous cas très discrètement et sans PV, bien sûr.

Lors du supplément d'information, la question de l'étagère sera reprise et donnera un résultat intéressant, même si le juge Carrias n'en tiendra finalement aucun compte. En effet, lors d'une confrontation avec Clovis[1], Yvette fera remarquer au commissaire Chenevier que de la cour et même de la route, on pouvait voir l'intérieur du hangar jusqu'au-dessus de l'étagère du bas, ce qui signifiait que tous ceux qui passaient par là et a fortiori entrés dans le hangar, auraient dû voir la carabine si elle y avait été entreposée. Pris en défaut, Clovis tentera alors de s'en dépêtrer[2] en prétendant contre la photo et le PV de l'époque, qu'il n'avait pas désigné l'étagère du bas, mais bel et bien celle du haut. Le fait que Clovis ait tenté de revenir à l'étagère du haut, confirme un peu plus la manigance. Et personne, même le commissaire Chenevier, ne fera remarquer que l'étagère du haut était inaccessible à Gaston sans escabeau, sans parler de l'obscurité dans la nuit du drame.

La reconstitution du meurtre des parents

Selon Gabriel Doménech (oc p. 202 et sq), transcrivant la conviction des partisans de la culpabilité : « *La reconstitut*ion *constitue l'argument massue de l'accusation. Contre elle, la défense n'a rien pu... sinon protester* ». Or va voir que la massue en question ne pèse pas bien lourd. Toujours selon Gabriel Doménech, avant de sortir du hangar, Gaston aurait pris la carabine sur l'étagère du bas où elle avait été déposée pour la reconstitution. Ce qui n'est pas noté au PV. Gaston se serait ensuite dirigé, l'arme dans la main droite et le chapeau dans la gauche cachant son visage, vers le lieu du drame en traversant son champ, labouré à cette saison. Pour le commissaire Chenevier (oc p. 42), il portait la carabine avec sa main droite et sa canne de la gauche. Or ces deux descriptions sont inexactes. Comme le montrent sans conteste photos et films, Gaston marche à travers sa vigne, sa canne dans la main droite, le chapeau sur la tête[3]. L'arme est portée par le commissaire Sébeille puis par un autre policier, comme s'en étonne par exemple Jean Laborde présent (oc p. 272). Ce point important prouve bien que Gaston ne se déplaçait jamais sans sa canne, et que l'arme n'ayant pas de bretelle, il aurait dû laisser sa canne à la ferme le soir du drame ou porter l'arme de la main gauche. Ce qui n'est pas crédible. Or déjà, le juge aurait dû l'obliger à opérer sans canne. Mais personne n'en est à se préoccuper de ce genre de détail. Et les photos comme les témoignages de presse montrent à tout moment Gaston avec sa canne, et

---

1 PV n° 424/59 du commissaire Chenevier en date du 21/10/55 (cote C 280).

2 PV n °424/115 du commissaire Gillard en date du 19/1/56 (cote C 371).

3 Il est vrai qu'une photo de presse de *La Marseillaise* du 17 novembre, le montre cachant son visage, mais le geste n'a guère duré au-delà de cette photo.

combien il a du mal à se baisser puis surtout à se relever, même avec l'aide de sa canne et d'un gendarme.

Détailler la suite de la reconstitution apparaît comme particulièrement conjectural du fait de la relation très succincte rédigée par le juge Périès, et des relations différentes qu'en font les divers témoins. Selon le juge dans son PV, suivi par quelques-uns, c'est Gaston qui a tout mis en scène spontanément, sans hésitation ni recevoir d'ordre. Selon les plus nombreux, ce sont au contraire les policiers et les gendarmes qui l'ont largement dirigé, lui faisant recommencer à plusieurs reprises certains gestes : *Ce n'est pas comme ça ! - Alors dites-moi comment...* Et de montrer à Gaston qui recommence docilement. Sur toutes les photos de presse ou bouts de films d'actualités, on voit Gaston tenu ou serré de très près par le juge, les policiers et les gendarmes. Sur le court métrage d'Ansaldi en 8 mm de 17 minutes, on ne voit pas grand détail car la qualité en est très mauvaise[1]. Mais au moins une constante saute aux yeux : deux gendarmes tiennent en permanence Gaston par les deux bras et ils le manipulent comme une marionnette, ôtant tout caractère de spontanéité à ses gestes et déplacements. Jean Meckert (oc p. 218) attestera d'ailleurs de cette docilité, qualifiant Gaston d'« *automate dirigé par les gendarmes* ». Notons que cet encadrement serré est visible dès le début des opérations concernant le meurtre des parents. Ce n'était donc pas, comme l'ont dit certains, une précaution pour parer à la tentative de suicide qui ne va survenir qu'après et de façon manifestement tout-à-fait imprévue.

Quoi qu'il en soit, la reconstitution répète *grosso modo* ce que Gaston a mal décrit dans ses aveux, c'est-à-dire en contredisant formellement presque tous les éléments matériels incontestables, notamment ce que disent les autopsies et la balistique. Et ces incohérences amèneront à modifier encore la version des aveux, dont une seule sera notée par le juge, sans en tirer de conséquence d'ailleurs. Ainsi le PV note que Gaston avait dit dans ses aveux au juge, qu'après avoir blessé Sir Jack à la main, il avait porté le deuxième coup de feu de face presque à bout touchant. Or le PV note que Gaston mime le coup de loin et dans le dos, c'est-à-dire comme dans ses premiers aveux au commissaire. Mais le juge ne note pas que Gaston montre, à 5 m de l'avant de la voiture, l'endroit où il prétend avoir *possédé* Lady Anne, alors que, dans ses aveux, il a dit l'avoir fait près de son lit de camp. *La Marseillaise* du lendemain retiendra (imprimé en gras), *Quatre coups sur Mrs Drummond.* Mais Gaston n'en n'a mimé là qu'un seul comme dans ses aveux. Tout cela ne fait décidément pas sérieux sans même parler de méthode.

---

1 Il avait été montré dans l'émission TV de Jean-Charles Deniau et Madeleine Sultan, et j'en ai eu copie. Les images apparaissent suffisamment floues et de mauvaise qualité pour qu'on puisse y voir ce que l'on veut bien et, de toute façon, pas grand-chose de décisif, sinon l'encadrement serré de Gaston.

Chaque version de cette reconstitution par les divers médias et auteurs montre chacune des différences importantes avec des inventions ou omissions. Le juge, comme tous, a oublié notamment la mare de sang près du puisard et le lambeau de peau sur le pare-chocs. Jean-Charles Deniau et Madeleine Sultan (oc p. 159), bien que n'ayant pas assisté à la reconstitution et adhérant la thèse de gestes spontanés de la part de Gaston, concluent pourtant en un parfait résumé reprenant l'avis du commissaire Chenevier : « *La reconstitution a ressemblé à une comédie pendant laquelle il aurait savamment alterné, en improvisant parfois, le vrai, le plausible, le demi faux et le faux vraiment faux. Sauf le vrai et le plausible* ».

Détail important, à chaque mime de tir, Gaston épaulera. Or on a vu que les deux coups portés à Sir Jack n'ont pu être tirés qu'à la hanche, ce dont, bien entendu, personne ne s'est rendu compte, pas plus que de l'impossibilité que Sir Jack traverse la route avec une lombaire brisée. De même, Gaston réarmera manuellement la carabine avant chaque mime de coup, confirmant ainsi par le geste ce qu'il avait dit dans ses aveux : il ne savait pas se servir d'une carabine qui était censée lui appartenir. Sa manière de réarmer entre chaque simulacre de tir sera donc retenue à charge, à cause des deux cartouches pleines trouvées au sol, mais sans aucune forme de discussion technique telle que nous l'avons menée. Devant la Cour d'assises, on dira que, lors de la reconstitution : « *Gaston s'est mis à l'endroit précis où se trouvait le meurtrier* ». Avec toujours l'a priori d'un seul meurtrier et d'une seule arme. Mais, comme le notera justement Giono (oc p. 689), personne ne savait où se trouvait l'assassin lorsqu'il a tiré, ni même où étaient les victimes d'ailleurs. En fait, personne des policiers ou des magistrats, sans parler des auteurs, ne s'est jamais préoccupé de le rechercher.

Le sprint et le geste suicidaire

Passant au meurtre de la fillette, alors que Gaston prend le temps de mimer ses deux tirs, le juge s'impatiente et lui ordonne de se lancer à la poursuite de l'inspecteur qui joue le rôle d'Élizabeth, lequel a pris trop d'avance. Ce détail montre que Gaston était bien incité à faire des gestes *spontanés*. Et le voilà stupéfiant tout le monde en démarrant un bout de sprint. En effet, voyant le vieil homme de soixante-seize ans qui ne quitte jamais sa canne, personne ne l'en aurait cru capable. Et cet épisode a, bien sûr, été porté à lourde charge, confortant notamment le juge dans son intime conviction. Mais qui s'est préoccupé de savoir si, sur le plan physique, la célérité de Gaston aurait duré, et si elle était cohérente avec les autres difficultés de mouvement qu'il a montrées un peu plus tôt et juste après.

En effet, on sait qu'avec de grandes difficultés à se baisser et surtout à se relever, toute personne d'un âge similaire, atteinte de vieillissement normal des muscles et d'arthrose, peut encore avoir une certaine agilité des jambes, - qui sont les seuls membres fonctionnant en quasi permanence, notamment chez un berger toujours actif -, et le souffle suffisant, pour un sprint de très courte durée. Ici sur guère plus de vingt mètres[1].

En revanche pourquoi Gaston a-t-il obéi en se lançant dans un tel sprint, faisant ainsi une démonstration qui anéantit l'image de machiavélisme dont on le crédite par ailleurs ? En effet, s'il avait été aussi malin qu'on le dit, il n'aurait sûrement pas donné un tel gage à ses accusateurs. Mais, bien plus que machiavélique, et il le montrera lors du procès de façon caricaturale et pathétique, Gaston aime à se mettre en valeur en faisant des mots et surtout en vantant sa vigueur... notamment sexuelle. Or, dans cette affaire de sprint, Gaston a pris l'injonction réitérée du juge comme sous-entendant qu'il n'en était plus capable[2]. Et tout se passe alors comme s'il avait réagi pour montrer qu'il était au contraire tout à fait capable de le faire, *comme un jeune*. Cette interprétation pourrait même être confortée par ce qui va suivre, voire l'expliquer.

En effet, arrivant au milieu du pont, Gaston fait un brusque crochet, et tente d'enjamber le parapet sans y parvenir. Car à cet exercice d'agilité, l'âge de ses muscles a repris le dessus. Il est ceinturé, notamment par le juge Périès qui avait pratiqué le rugby dans sa jeunesse à Foix. Ce geste suicidaire peut vouloir prouver tout aussi bien sa culpabilité que son innocence. D'ailleurs l'évènement ne sera plus jamais évoqué, notamment devant a Cour d'assises et même par les psychiatres. Mais, dans les deux hypothèses, cette tentative apparaît comme la conséquence directe de son sprint et non d'un problème de conscience. Gaston s'est sans doute rendu compte que ce sprint était une énorme gaffe. Dans la foulée, pour réparer l'effet désastreux d'une décision stupide de vieux mâle vaniteux, il a eu une réaction d'orgueil du même ordre : au moins consolider l'image du sacrifice de façon spectaculaire. Car, non seulement il ne montrera jamais plus aucune tendance suicidaire, mais au contraire il affichera juste après, et par la suite, une sérénité, voire une jovialité, qui passeront pour un nouveau signe de cynisme.

La reconstitution du meurtre de la fillette

En effet, tout juste après ce geste raté, il lui faut répéter, pour le meurtre atroce de la fillette, la version impossible de ses aveux : la fillette à genoux devant lui qu'il aurait abattue d'« *un seul coup* » et de face. Gaston commence par refuser de se prêter à cette partie de la reconstitution. Pour Jean Meckert (oc p. 218), ce serait même par deux fois. Et c'est avec une très forte réticence, qu'il finira par exécuter un simulacre avec sa canne, car le rafistolage de la carabine, tombée au sol avant l'enjambement du parapet, n'avait pas résisté au choc. Brandissant sa canne au-dessus de l'inspecteur Girolami qui a pris la place présumée de la fillette à genoux, Gaston ne peut s'empêcher de galéjer :

---

1 Puis-je me permettre de dire que jusqu'à l'âge de Gaston, j'étais tout à fait à même d'un tel sprint sur cette distance... mais justement pas d'enjamber un le parapet de pierre.

2 C'est d'ailleurs l'avis des psychiatres qui l'examineront.

« *T'en fagues pas, ti piquerai pas* »[1]. On imagine mal qu'étant l'assassin, il ait pu mimer le geste le plus horrible du massacre, en ayant le cœur à plaisanter de la sorte. Venant tout juste après son geste suicidaire raté, cette forme d'humour macabre semble contredire toutes ses attitudes au sujet de la fillette. En effet, Gaston montrait toujours forte émotion, refus ou violence, chaque fois qu'il était question du meurtre de *la petite*. Mais là, c'est le ridicule de l'inspecteur à genoux qui l'emporte. Dans tous les cas, il ne peut pas lui rappeler la fillette puisqu'il sait qu'elle n'a pas été frappée dans cette position, et surtout si ce n'est pas lui qui l'a fait.

Après avoir mimé un seul coup sur la tête, Gaston montre le promontoire d'où il aurait jeté l'arme. Il suit donc sa seconde version devant le juge, différente de celle devant le commissaire. De même, il indique d'en haut l'endroit où il se serait lavé les mains à la Durance, mais refuse d'y descendre. Pourquoi ? On ne le lui demande pas. Pourtant c'est évident, la raideur du talus rend la descente périlleuse à son âge, même avec sa canne.

Suite et fin

Gaston dit alors qu'avant de se laver les mains, il est d'abord remonté au bivouac recouvrir les corps, ce que devant le commissaire, il avait d'abord expressément nié avoir fait.

Le juge note au PV que Gaston prend le lit près de la voiture pour aller recouvrir le corps de Sir Jack. Or, le petit film d'Ansaldi montre que c'est un gendarme qui prend le lit et le met d'office entre les mains de Gaston en lui indiquant quoi en faire. Dans son PV, le juge note encore : « *L'autre lit est demeuré à l'intérieur* ». Or aucun lit de camp ne pouvait se trouver à l'intérieur de la voiture, d'ailleurs pas assez long, l'autre était demeuré dehors le long de la voiture. Ces détails entachent un peu plus le sérieux de cette reconstitution.

Le juge dispense ensuite Gaston de poursuivre, et récapitule oralement : revenu du bivouac en repassant par le pont puis rentré à La Gran'Terre en longeant la voie ferrée côté Durance avant de la traverser face à la ferme. Curieusement, pourquoi, après avoir recouvert les corps des parents, n'aurait-il pas recouvert le corps de la fillette qu'il serait redescendu voir avant de prendre le sentier le long de la voie ferrée, alors qu'au matin du drame, il s'en est préoccupé dès son arrivée sur les lieux ? Et de nouveau, comment pourrait-il avoir du sang sur les mains, puisqu'il n'a manipulé aucun des trois corps ? Tout cela ne présente décidément aucun commencement de réalité ni de cohérence. Mais personne ne posera la moindre question ni sur le moment, ni par la suite, sauf le commissaire Chenevier, mais bien trop tard et en vain.

Tout le monde a noté la présence de Paul Maillet qui circule librement à l'intérieur du périmètre de sécurité, grillant cigarette sur cigarette, à la fois

---

1 *T'en fais pas, je ne te frapperai pas*. PV en cote D 215.

nerveux et le « *visage hilare* »[1]. Il aurait même répété à qui voulait l'entendre [2]: « *Le vieux voulait m'avoir, je l'ai eu* ». Mais on aura noté que, sauf en famille, jamais le vieux ne l'a accusé de quoi que ce soit devant les policiers ou le juge. Qu'est-ce que Maillet entendait par là ? Une seule fois et justement ce matin-là, en l'apercevant, Gaston lui a crié en le menaçant de sa canne[3] : « *Viens ici voyou ! Bougre d'assassin ! Tu la tenais la carabine, eh, salaud !* ». On a dit que le verbe *tenir* ne signifie pas que c'était lui qui *tenait* la carabine lors des meurtres, mais qu'il la *détenait*, c'est-à-dire qu'il en était le propriétaire. Et la réaction de Gaston, par sa violence spontanée, prend une vérité qui aurait au moins dû alerter le juge et le commissaire. Mais autant l'un que l'autre n'avait l'oreille prête à l'entendre. Et il faut dire à leur décharge que Gaston, même s'il a souvent vitupéré contre Maillet, ne réitèrera jamais cette accusation, pas même au cours du procès ou du supplément d'information. Était-ce alors simple expression outrancière de sa rancœur contre celui qui avait trahi l'amitié entre leurs familles ? Sans aucun doute. Mais la carabine n'entrait pas dans les dénonciations de Maillet. En revanche, si Gaston ne mentionne que cela, puis n'en reparle plus, c'est sans doute que Maillet avait dû être le premier possesseur de la carabine avant de la céder à Clovis. Bien que la possession de cette carabine constituât encore ce jour-là l'un des nœuds de l'affaire, ce nœud-là, non seulement le commissaire Sébeille ne l'avait pas dénoué, mais il semblait réellement n'avoir plus préoccupé personne.

À la fin des opérations, on verra les policiers et magistrats, notamment le juge Périès, les commissaires Harzic, Constant et Sébeille, se donner l'accolade. Mais aussi ce dernier à Maillet, en lui disant[4] : « *Alors Monsieur Maillet, vous assistez aujourd'hui à votre victoire* ». Ce qui confirmerait qu'il y avait bien un lourd et ancien contentieux sous-jacent entre Maillet et Gaston. Outre la présence de Maillet parmi les officiels, alors qu'il n'y avait pas sa place, précisons que l'accolade publique était, à l'époque, un geste autrement codifié que la bise généralisée d'aujourd'hui. Ce geste porte donc ici une signification sur la nature des rapports entre Maillet et le commissaire. Ce qui étonne le plus, c'est qu'il ait été montré publiquement de façon aussi inconsidérée, notamment devant un parterre de presse. En revanche, les autres accolades entrent parfaitement dans la norme de l'époque, même si elles peuvent passer pour une manifestation quelque peu déplacée en la circonstance. Car, même si magistrats et policiers devaient ressentir un soulagement, et pouvaient concevoir quelque euphorie et faire état de leur satisfaction, la police comme la justice se doivent de montrer plus de

1 Gabriel Doménech (oc p. 207) qui était présent.
2 *Ibidem.*
3 *Ibidem.*
4 *La Marseillaise* du 17 novembre, p. 5.

détachement, et donc d'afficher au moins une meilleure réserve en public. Car là, il n'y avait pas réellement de quoi pavoiser.

Au bout de trois quarts d'heure, tout est bouclé. Ce qui est très peu, et fera dire que cette reconstitution a été passablement *bâclée*. Le commissaire Chenevier (oc p. 170) dira d'ailleurs : « *Il aurait fallu des heures pour la faire comme il se devait* ». Et surtout avec un protocole précis et préparé au lieu de l'improvisation qui transparaît. Mais répétons que le juge Périès, comme le commissaire Sébeille, n'avait qu'une crainte, que Gaston refuse de faire les gestes correspondant à ses aveux. Connaissant le côté soupe au lait et imprévisible de l'homme, ils diront avoir accepté toutes les incohérences et discordances pour ne pas encourir ce risque. Mais, d'après nombre de journalistes présents, cette crainte n'était pas fondée, bien au contraire. Car Gaston est apparu d'une extrême docilité, obéissant à tout ce qu'on lui disait de faire « *comme s'il s'agissait d'une comédie* » écrira Gabriel Doménech (oc p. 208) pourtant inconditionnel de son ami Sébeille.

À propos du compte-rendu de cette reconstitution, Jean Meckert (oc p. 211 & sq) se livre à une démonstration qui donne la mesure de la fiabilité des comptes rendus faits par les présents : il donne deux fois trois exemples de comptes rendus de deux épisodes dont les contenus sont si différents qu'on se demande même comment une telle *mésinformation* est possible. Hélas, on a vu que dans cette affaire, la presse n'est pas la seule à avoir produit de la mésinformation. Le commissaire Harzic va de nouveau y participer en faisant une déclaration qui sera reproduite dans la presse[1], et dont on peut à nouveau juger de l'à-peu-près :

> « *Il est exact que la carabine contenait un chargeur de quinze cartouches. Dominici en tira trois sur Sir Jack, quatre sur Lady Ann, et une sur la petite Elizabeth. Mais, ignorant le fonctionnement de l'arme automatique*[2]*, il réarmait la carabine après chaque coup, ramenant la culasse à chaque fois comme il le faisait avec son Lebel, faisant sauter chaque fois une cartouche. Il manque une cartouche. Elle ne pouvait effectivement être tirée et nous ne l'avons pas retrouvée. Elle était coincée dans le canon. En trente ans de carrière, je n'ai jamais rencontré un assassin aussi habile menteur que celui-là...* »

On reste à nouveau confondu. Outre que la dernière phrase n'a guère de rapport avec les précédentes, le commissaire Harzic contredit au moins tous les témoignages sans parler des autopsies, en comptant huit tirs au lieu de six. Quant à la cartouche enrayée… Bref.

1 Notamment *La Marseillaise* comme *Le Provençal* du 17 novembre 1953, et la teneur est identique dans les autres journaux.

2 Rappelons que cette arme est seulement semi-automatique.

Gaston est inculpé dans le fourgon[1] qui le ramène vers la prison de Digne. À ce moment va commencer l'instruction proprement dite à l'encontre de Gaston.

Retour sur la carabine dans le hangar

Avant de tirer les conclusions de ces journées décisives, il faut redire un mot sur le choix du lieu présumé où Gaston aurait entreposé la carabine. Même sans savoir ce que nous savons depuis, la version de Clovis et Gustave, puis de Gaston désignant une autre étagère, n'aurait pas dû être acceptée par l'accusation sans autre forme de procès. Laissons de côté la façon dont Clovis et Gustave se sont entendus devant le greffier Barras et avec son aide, comme le fait que Gaston ait été informé par les policiers du lieu, le hangar, et à l'intérieur, de l'étagère.

On aurait pu, comme Yvette le dira lors du complément d'instruction, s'apercevoir que n'importe qui pouvait y entrer, et même voir la carabine depuis l'extérieur. Donc n'importe qui pouvait déjà la voler. Enfin, c'était dangereux, car un adolescent comme Zézé, qui avait déjà blessé une de ses cousines avec la carabine 9 mm de Gustave[2], pouvait être tenté de s'en servir. Entreposer ainsi une arme de guerre sans protection et avec des cartouches dans ce lieu ouvert, aurait dû apparaître comme invraisemblable au moins aux commissaires, gendarmes et gens intéressés par le sujet. En effet on l'a dit, aucun chasseur, braconnier et surtout amateur d'armes, ne laisserait son arme dans un hangar ouvert à tous vents, surtout avec un chargeur plein enclenché et d'autres munitions posées à proximité, le tout visible à portée de n'importe qui et sans protection au vol, à la poussière, etc. Un tel manque de soin, de précaution et d'intérêt n'était pas crédible. Tous, à commencer par Gaston, Clovis et Gustave eux-mêmes, gardaient leurs armes chez eux et les chargeurs ou cartouches dans des boîtes, surtout jamais engagés dans l'arme. Ensuite, la possession d'armes de guerre était interdite et lourdement sanctionnée. La Gran'Terre ayant déjà fouillée en 1948 sans y trouver cette carabine, signifie déjà qu'elle ne pouvait y être depuis le passage des Américains en 1944 qui semble-t-il, n'en possédaient pas encore de ce modèle. A-t-on enfin imaginé Gaston tâtonnant au fond du hangar en pleine nuit noire pour venir prendre cette carabine dont il ne s'était jamais servi, sans parler de cartouches posées là.

Et l'accusation retiendra la question du maniement de l'arme de façon contradictoire. Tout en admettant que Gaston s'en servait habituellement pour braconner, elle reconnaîtra, dans le même temps, qu'il ne braconnait sans doute plus, et surtout qu'il ne savait pas manier cette arme semi-automatique comme d'ailleurs il le dira, et le montrera lors de la reconstitution.

---

1 PV du juge Périès en date du 16/11/53 (cote D 216).

2 PV n° 7 du commissaire Gillard en date du 21/12/54 (cote C 11). C'était sur une fille de Marcel Dominici.

Le scénario des meurtres retenu par l'accusation
On a bien sûr noté que le scénario mimé par Gaston ne correspond pas à ce que l'état des lieux et des victimes, puis les autopsies et l'analyse balistique permettent de dire, même de très loin, ni même à ce que le commissaire et le juge en savaient malgré tout. En revanche, rappelons que ce qu'en a dit Gaston et qu'il a mimé sur place, correspond à ce que lui-même en savait : ce qu'il avait vu le matin et entendu dire par les gendarmes, les docteur Dragon et Girard, puis par le commissaire lui-même, et ce qu'il s'en disait dans la presse. Mais bien sûr il ne savait pas, notamment, ce que le rapport d'autopsie contenait.

Ainsi pour Sir Jack, il avait entendu le docteur Dragon dire : sur le corps de l'homme, deux traces de balles, l'une à la base de l'omoplate gauche, l'autre à 3 cm au-dessus du mamelon droit, ce qui était donc trompeur. Gaston pourra donc répéter qu'il a tiré un coup de face et un autre dans le dos. Quand on lui dira que ça ne correspond pas, il rectifiera docilement. Sur place, Gaston mimera instinctivement les tirs à l'épaulé. Ce qui montre au passage qu'il pratiquait instinctivement cette manière du chasseur d'utiliser un fusil.

Répétons que le tir à la hanche n'est pas un tir de chasseur, même braconnier, surtout de nuit. C'est un tir militaire qui nécessite un entraînement, surtout s'il faut le pratiquer de nuit et en extérieur. À l'époque dans le coin, seuls ceux qui avaient été maquisards pouvaient l'avoir appris. Et encore. Car ce genre de tir au jugé, sauf don particulier, et même avec un bon entraînement, s'avère très imprécis, surtout de nuit. À La Gran'Terre, seul Gustave avait peut-être pratiqué ce genre de tir, mais sûrement pas Gaston, même s'il a longtemps braconné de nuit, et même lors de son service militaire d'avant la Guerre de 14.

Pour Lady Anne, Gaston devient carrément très flou. Il dira un coup a suffi en répétant ce qu'il a entendu dire au docteur Dragon : la femme porte une blessure en dessous du sein gauche. Et Gaston pourra donc ne retenir qu'un coup a suffi, puisque le cœur a été touché. Puis, comme on lui aura fait remarquer que cela ne correspondait pas au nombre de tirs, il rectifiera en un ou deux coups, et enfin, interrogatif, deux ou trois ? Et tout le monde s'en tiendra au fait que, dans le feu de l'action, il pouvait ne pas bien se souvenir. Soit.

Pour la fillette, le couchage dans la voiture et le jaillissement en criant était le scénario connu du commissaire, comme la course éperdue. Pour la frappe Gaston ne pouvait donc savoir que ce que le docteur Dragon avait dit au matin du 5 août : le crâne est littéralement défoncé par un instrument dont on s'est servi avec une grande violence. Gaston pourra donc imaginer la fillette à genoux et frappée une seule fois de face. Or la configuration des traumatismes a montré que c'était impossible.

Il en ressort donc que non seulement Gaston n'a reproduit que des gestes inadéquats, et n'a donné que des précisions erronées, mais aucun élément exact ou nouveau, ni détail inconnu. Le tout est en revanche conforme à ce qu'il avait entendu dire ou pouvait savoir, de plus recadré au fur et à mesure pour correspondre a minima au scénario du commissaire.

Conclusion

Il convient de revenir un instant sur la stratégie des aveux de Gaston confrontés aux dénonciations de ses fils. À charge, il s'est accusé, même s'il a assorti ses aveux du préalable insistant de son innocence et de son sacrifice. Admettons aussi que les invraisemblances, discordances, incohérences et impossibilités pouvaient résulter d'une mémoire défaillante dans un moment de folie éthylique ou alors d'une stratégie de l'embrouille, ou encore d'erreurs, manquements ou maladresses dans les enquêtes et procédures. Mais, même si ce n'est pas à décharge, lorsque toute la séquence des divers maladresses des enquêteurs et magistrats va toujours dans le même sens, l'honnêteté intellectuelle la plus élémentaire oblige au moins à se poser la question. Outre les impossibilités qu'on a relevées et auxquelles il faudrait au moins donner une autre explication, de deux choses l'une :

Ou bien Gaston est, en partie au moins, coupable, et tous ses mensonges comme toutes ses simagrées sont une façon de s'assurer que, s'il peut être mis en accusation, il ne pourra pas être condamné sur de tels aveux. Un épisode semble aller dans ce sens. Lorsqu'il l'inculpe dans le fourgon, le juge dit à Gaston[1] :

« *Maintenant, il vous faut un avocat.* »

Et Gaston de répondre :

« *Je ne désire pas d'avocat à moins que vous vouliez m'en payer un.* »

Le PV ajoute qu'il lui sera donc désigné un avocat d'office. Mais rappelons que dès le 6 août 1952 au matin, c'est-à-dire depuis quinze mois déjà, Me Charrier considère nécessaire de s'engager aux côtés de la famille[2]. Et, dès les jours suivants l'inculpation, ce n'est pas un avocat commis d'office qui intervient, mais MM^es^ Charrier et Pollak plus les deux *loco* Charles-Alfred père et fils, qui vont tous prendre l'affaire en main. Et personne ne s'en étonnera. Car demeure toujours la question de savoir qui les a missionnés et défrayés. La version de Me Pollak, on l'a vue, n'est non seulement pas crédible, mais elle occulte ce qu'en a rapporté Me Charrier. De plus, contrairement à ce qu'en disent certains, comment la famille aurait-elle eu l'idée de mandater ces avocats, dont un grand ténor du barreau, et surtout les moyens d'en assumer la charge financière ? D'ailleurs en répondant au juge, Gaston ne le suggère-t-il pas à sa façon.

Ou bien, Gaston est innocent du principal mais en partie complice, et on s'aperçoit que sa stratégie du sacrifice répondrait alors à une certaine logique

1 PV du juge Périès en date du 16/11/53 (cote D 216).

2 Rappelons que, selon Me Pollak (oc p. 237), ce serait Gustave qui l'aurait choisi pour défendre son père. Mais on peut en douter après ce qu'en a écrit Me Charrier et la défense de Gustave dès 1952.

qu'explique assez bien l'ensemble du déroulement et du contenu de ses aveux puis de la reconstitution, y compris qu'il ne ressente pas, in fine, le besoin d'être défendu. Mais il resterait dans ce cas à trouver une vraie raison et plus précise à son sacrifice qui, de toute évidence, n'est pas seulement la somme ambigüe des raisons qu'il a données. Car, s'il semble y consentir, c'est vraiment à contrecœur et en le faisant lourdement remarquer. La réaction qu'on verra après le verdict le condamnant à mort, puis son attitude lors du supplément d'information, montreront que, d'une certaine façon, son sacrifice a été contraint et forcé : par quoi ou par qui ? Et surtout qu'il s'est senti floué. Là encore par qui et pour quelle raison ? Dans les hypothèses, il faudra pouvoir y répondre selon une logique générale cohérente. Et, notamment du fait qu'il y a au moins deux sinon trois armes pour les parents, la carabine n'étant certaine que pour la fillette, il faudra donc trouver au moins un autre meurtrier, sinon deux ou trois, au sein de scénarios qui soient cohérents avec tous les éléments et en expliquant les comportements.

*

L'enquête criminelle étant close, le dossier passe désormais aux phases proprement judiciaires qui suivent le schéma classique, à l'époque encadré par un code de procédure criminelle différent sur bien des points de celui d'aujourd'hui. Mais c'est sans incidence pour notre objet d'expertise. Ces phases sont :

- L'instruction,
- Le procès d'assises,
- Les recours.

De plus, dans cette affaire, on sait qu'un exceptionnel supplément d'information, que certains ont appelé contre-enquête, va se dérouler ensuite, avant le non-lieu définitif du juge Carrias.

*

XII

L'INSTRUCTION

*

Les phases proprement judiciaires suivent le schéma classique, à l'époque encadré par un code de procédure criminelle différent sur bien des points de celui d'aujourd'hui. Mais c'est sans incidence pour notre expertise. Ces phases sont : l'instruction, le procès devant la Cour d'assises, les recours. De plus, dans cette affaire, on sait déjà qu'un exceptionnel complément d'information, que certains ont appelé à tort contre-enquête, va se dérouler ensuite, avant un non-lieu définitif.

Le contexte

Après son inculpation, Gaston est incarcéré à la prison Saint-Charles de Digne, cellule n° 4. Malgré sa demande, on ne le laissera pas y faire venir son chien. Seulement son vin. Si le confort est rustique, le régime est relativement bonhomme.

Dès le 17 novembre au matin, c'est-à-dire le lendemain seulement de son inculpation, ses avocats sont là. Autre preuve que ce n'est pas la veille, dans le fourgon, que sa défense a été prévue. Commence alors un ballet où les avocats vont tenter, mais sans trop de vigueur déjà[1], de contester certaines décisions du juge et de relancer l'enquête, notamment en demandant une nouvelle reconstitution en leur présence.

Pendant ce temps, la famille va se diviser en deux blocs inégaux, qui vont chacun se concerter, se renforcer et s'affronter : d'un côté les *traîtres* Clovis et sa sœur Germaine défendant son fils Zézé, de l'autre La Gran'Terre dirigée par Yvette et le reste des frères et sœurs plus le cousin Léon. Bien qu'ayant le premier dénoncé son père, Gustave en fait partie. Il ne cessera d'expliquer son

1 Il est vrai que, le 24 novembre, Me Pollak a été victime d'un grave accident de la route : sa voiture a heurté la camionnette d'un commerçant à Port-de-Bouc. On craint pour sa vie, mais heureusement, il se rétablira rapidement et reprendra le dossier, hélas toujours sans la vigueur qu'on aurait pu attendre de sa réputation.

geste par la pression de Clovis qui a *conspiré* contre le père. Il s'en plaindra même au juge.

Et Gustave parle beaucoup, lançant notamment au journaliste Henry Danjou : « *Croyez-moi, la vérité sortira un jour, et elle vous étonnera* ». Bien sûr, c'est une manière bien connue pour refuser une vérité inavouable en faisant croire qu'il en existe une autre qu'on ne peut pas révéler. Mais, sans avoir le même motif que Gustave, des gens aussi différents que Gabriel Doménech, le commissaire Mével et le commissaire Chenevier proclameront une même conviction. Ces proclamations, avec toute une série d'autres allusions, rumeurs ou comportements, peuvent ici laisser penser qu'en effet on attendait une vérité qui était puissamment bloquée quelque part.

L'opinion va continuer à s'opposer entre communiste et droite. Mais en public au café, ou dans l'intimité, deux thèses vont toujours s'affronter : soit celle de la culpabilité d'un Gaston ivrogne et lubrique ; soit l'innocence qui qui domine toujours localement. Car, entre soi, et là aussi jusqu'à aujourd'hui, on restera persuadé qu'on n'a pas cherché là où se situait le danger d'aller enquêter, avec des confidences et des rumeurs sur une des séquelles de la guerre, de l'Occupation, de la Résistance et de la Libération.

Sans s'en préoccuper plus que les enquêtes, l'instruction va suivre son cours du 17 novembre 1953 au 21 avril 1954. Le juge va procéder à nombre d'auditions, donner une commission rogatoire au commissaire Sébeille pour quelques interrogatoires, ordonner de nouvelles saisies et demander quelques expertises, mais dans le seul but de sédimenter les éléments du *livret*, en laissant de côté ce qui pourrait raviver les questions en suspens, et en évitant soigneusement de s'attaquer aux contradictions. Il en résultera un dossier d'accusation seulement « *bon à 70%* », selon le juge lui-même se confiant à un journaliste, ce qui apparaît déjà trop peu pour un dossier soumis à une Cour d'assises avec l'éventualité d'une peine capitale sans recours d'appel comme aujourd'hui.

D'une façon générale, toujours sans protocole cohérent, les auditions, interrogatoires et confrontations ne vont guère sembler apporter d'éléments nouveaux. Chacun va, soit s'en tenir à ses positions antérieures, soit se rétracter, soit tenter de colmater les brèches en cas de contradiction trop gênante ou de gaffe, ou encore changer de version pour augmenter *l'embrouille.* À plusieurs reprises, les PV du juge montrent son exaspération. Ainsi, traite-t-il souvent d'« *inconcevables* » les positions ou revirements, notamment de Clovis et de Gustave sur la question de l'arme. Mais l'étonnant c'est qu'il n'essaiera pas vraiment d'aller plus loin et surtout n'en tirera jamais aucune conclusion qui remettrait en cause la mosaïque de son *livret.*

AUDITIONS ET CONFRONTATIONS COMPLÉMENTAIRES

Quelques éléments vont survenir, qui auraient dû attirer l'attention et éveiller le doute depuis le début de l'instruction, mais sans jamais provoquer de remise en cause, à savoir :

- L'audition de Clovis du 24 novembre.
- La nouvelle et ultime révélation de Maillet.
- Le 18 décembre, Yvette déroge à sa stratégie.
- Le revirement de Gustave.
- La frénésie épistolaire.
- Les *12 millions*.
- Le graissage des armes.

L'audition de Clovis du 24 novembre

Après les deux versions que Clovis a déjà données de la soirée où son père se serait accusé, voilà qu'il vient en livrer une troisième[1] :

> « *Ce soir-là mon père sans être ivre avait bu plus que de coutume. Je ne puis me souvenir du motif de la discussion qui avait opposé mes parents. Mon père s'est emporté, ma mère également, à telle enseigne que je leur ai fait savoir que si de telles querelles se renouvelaient je ne viendrais plus coucher chez eux. Ma mère s'est calmée et est montée se coucher. Mon père lui continuait à crier en proférant de graves injures à son adresse. C'est alors qu'il s'est écrié soudain : - Ai pou de dégun. Nai fa peta très... nai fara unca peta un sin fau (Je n'ai peur de personne. J'en ai fait péter trois. Je puis en faire péter encore un s'il le faut). J'ai aussitôt supposé que mon père parlait des Anglais. Effaré, je lui ai simplement dit toujours en patois : - Es-tu ? (C'est toi). - Voui, es iu me diguès reu (Oui, mais n'en dis rien), me répondit-il.* »

On notera les variations par rapport à ses précédentes versions auxquelles il faudra encore ajouter la quatrième qu'il livrera lors du supplément d'information[2]. En attendant, le juge passe et revient sur les raisons pour lesquelles Clovis a menti à propos de l'arme. Et voilà la réponse[3] dont le commissaire Chenevier[4] écrira « *qu'il convient d'apprécier la saveur* » :

> « *Je ne vous ai pas dit en effet toute la vérité, et il m'est difficile de vous en donner les raisons, puisque moi-même aujourd'hui je ne m'explique pas pourquoi j'ai agi ainsi. La police étant venue me chercher à mon domicile à Peyruis vers 20 h 20*[5]*, il est prouvé que je n'ai pas hésité au bout de quelques minutes d'audition à reconnaître que mon père*

---

1 PV du juge Périès en date du 24/11/53 (cote D 221)

2 PV n° 424/29 du commissaire Chenevier en date du 17/10/55 (cote C 250).

3 *Ibidem* cote D 221.

4 Rapport Chenevier en cote C 401, p. 91.

5 Notons que, malgré la précision, l'heure est inexacte. Les PV faisant foi, il était aux environs de 17 h 30.

m'avait dit être le coupable. Pourquoi n'ai-je pas dit à ce moment-là que dès les premiers jours d'août 1952 j'avais reconnu l'arme que me présentait le commissaire Sébeille comme celle que j'avais vue à La Gran'Terre ? Je vous le répète, je ne puis l'expliquer. Il est vrai que dans cette affaire nous avions pris tellement l'habitude de cacher trop de choses. C'est ainsi que j'avais cru de mon devoir de conseiller à mon frère Gustave de ne pas déclarer aux autorités qu'il avait vu la petite vivante, et que, après les coups de feu, il avait entendu des cris. J'avais eu tort, c'est certain, à ce moment-là, mais ce que je cherchais c'était d'éviter des ennuis à mon frère. Par la suite, le silence qui s'imposait à moi était encore plus lourd, puisque, je vous l'ai dit, quelques jours après l'arrestation de mon frère, je connaissais hélas, le nom du meurtrier. »

À première vue, Clovis fait là montre de sincérité et d'honnête contrition. Mais déjà, il admet que c'est bien lui qui a pris en main les choses dès le matin du drame et qui a, d'une certaine façon, engagé Gustave dans la nasse d'où il n'a pu se sortir qu'en dénonçant son père. Car enfin, pourquoi donc avoir engagé ce processus si Gustave n'avait rien à se reprocher ? Sans doute est-ce compréhensible au début, surtout si Clovis suspectait son frère comme il l'a admis. Mais après ? Et mieux encore, après la dénonciation de Gustave et les aveux du père ? Pourquoi avoir continué à mentir et à varier dans le mensonge ?

Dans son rapport (cote C 401, p. 93), le commissaire Chenevier analyse combien Clovis avait « *manifestement intérêt* » à ce que son père soit déclaré coupable. Et il pose la bonne question : qui peut avoir ce genre d'intérêt, sinon un coupable ou au moins un complice ? Mais comme Clovis ne sera jamais suspecté, pas même par son père sauf de *complot*, à quel niveau pouvait donc se trouver son implication dans le drame ? Clovis dit seulement ne pas pouvoir expliquer son comportement, notamment à propos de son attitude quand le commissaire Sébeille lui avait montrée la carabine. N'est-ce pas avouer qu'en réalité ce comportement sert à cacher quelque chose qu'il ne peut pas dire. Exactement comme Gaston, comme Gustave, comme Yvette et même comme Zézé, sans parler du reste de la famille.

La nouvelle et ultime révélation de Maillet

Depuis la reconstitution, Maillet laisse entendre qu'il a encore quelque chose à dire. Le commissaire Sébeille en a vent et prévient le juge. Ce dernier délivre une commission rogatoire au commissaire. Le 7 décembre[1], Maillet commence par confirmer ce qu'il a déjà dit[2] de la confidence de Gustave ayant *vu et entendu les cris d'horreur*, puis il ajoute un élément dont il n'avait jamais fait état, mais dont on a déjà parlé. Il vient dire qu'il a demandé à Gustave où

1 PV n° 442/9 du commissaire Sébeille en date du 7/12/53 (cotes D 231).

2 PV n° 387/146 déjà cité.

il se trouvait à ce moment-là, et que celui-ci lui a répondu en faisant un geste en direction du champ de luzerne. Or Gustave n'avait jamais admis la dénonciation de Maillet, et, lorsqu'il avait admis avoir entendu des cris, il avait toujours dit que c'était depuis sa chambre, d'où on ne pouvait rien voir. Ce que le commissaire avait vérifié.

Ce que rajoute Maillet, est suffisamment vague pour savoir précisément l'endroit où Gustave se trouvait dans la luzerne. Et sans approfondir, tout le monde admettra que Gustave se trouvait dans la luzerne près de la ferme. Mais la question que personne ne se posera devenait pourtant : si Gustave n'a pas seulement entendu mais a bien dit avoir *vu*, où pouvait-il être posté ? Car, pour voir quelque chose dans l'ombre du bivouac distant de 175 m de la ferme, il aurait fallu que Gustave se trouve à moins d'une quinzaine de mètres. Or c'était tout à fait possible, surtout dans la nuit, étant donné que dans la luzerne, il y avait des fruitiers et des vignes permettant d'avancer à défilement et de rester masqué jusqu'à proximité du chemin du pont. On pouvait donc s'approcher en toute discrétion à une quinzaine de mètres du bivouac. Seul le commissaire Chenevier, lors du supplément d'information, va le faire vérifier[1] sans rien en conclure.

Au moins, si Maillet dit vrai, qu'est-ce que Gustave faisait dehors à cette heure ? Si c'était pour aller voir l'éboulement, pourquoi s'être posté dans la luzerne ?

Le jour même, le commissaire va interroger Escudier, l'épicier de La Brillanne, à qui Maillet aurait confié la chose. Escudier confirme[2]. Le juge prend le relai et entend Maillet, mais le 17 décembre[3] seulement. À nouveau, pourquoi tout ce temps qui peut permettre des ententes, même si Maillet et Gustave sont quasi fâchés. Devant le juge, Maillet rajoute qu'il n'avait jamais soupçonné Gaston avant ses aveux, ni Gustave d'ailleurs qu'il croyait seulement avoir vu ce qu'il ne pouvait ou ne voulait dénoncer. Toujours le même interdit. Et il croit que Gustave dissimule toujours une partie de la vérité. Le juge décide alors de procéder à une confrontation avec Gustave. Le juge entend d'abord ce dernier[4], lequel commence par redire que, s'il n'a pas entendu son père se lever avant 4 h du matin, c'est peut-être parce que la nuit il circule en pantoufles dans la maison et ne met ses chaussures qu'en sortant. Puis il admet à nouveau avoir entendu les cris, mais toujours de sa chambre. Mis en présence de Maillet, il nie farouchement les témoignages de son ami et tient bon. Maillet pressé d'en finir car sa femme va accoucher[5], est libéré. Maillet parti, le juge récapitule patiemment depuis le début, l'ensemble des

---

1 PV n° 353/55 de l'inspecteur Leclerc en date du 18/8/55 (cote C 150).

2 PV n° 442/10 du commissaire Sébeille en date du 7/12/53 (cotes D 232).

3 PV du juge Périès en date du 17/12/53 (cote D 236).

4 PV du juge Périès en date du 17/12/53 (cote D 237).

5 Maillet « *prénommera son fils Edmond. Comme Sébeille.* »

mensonges de Gustave[1]. Et, selon une tactique déjà bien rodée, celui-ci annonce une nouvelle fois, comme Clovis :

« *Je vais vous dire ce qui s'est passé.* »

Mais, bien sûr, il ne fait que donner une nouvelle version de sa nuit du drame, juste assez différente pour colmater la nouvelle brèche ouverte par Maillet. Il commence par reparler du biberon, et ajoute que « *Mirza aboyait sans cesse* ». Puis il redit qu'il n'a pas entendu son père descendre, mais seulement ses pas dans la cour qu'il ne situe plus à 4 h mais rectifie à 2 h. Il précise qu'« *on voyait comme en plein jour* », ce qui est alors exact, alors que ça ne l'était plus à 4 h[2].

Gustave dit alors être descendu à son tour et avoir trouvé son père debout près du puits. Il lui serait apparu très agité. Ce qui est nouveau puisqu'il l'avait dit très calme dans sa précédente version. Il ne peut dire comment il était vêtu, mais précise qu'il « *devait avoir ses chaussures* ». Il ajoute qu'« *il était sans sa canne* ». Le détail fait vécu car tout le monde avait vu, lors de la reconstitution, que Gaston ne sortait jamais sans sa canne. Son père lui aurait dit : « *J'ai tout jeté.* » Donc nouvelle version. Et Gustave aurait pensé qu'il parlait de la carabine. Gustave serait « *alors parti affolé au talus* » où il avait « *vu la petite remuer* ». Le juge ne relève pas qu'en pleine nuit, même sous le grand clair de lune, il faudrait que Gustave se soit approché de très près pour voir un mouvement. Il dit encore être remonté voir le bivouac, mais sans rien toucher. En revenant, détail nouveau : son père n'était plus dehors et il y avait de la lumière dans sa cuisine. Gustave serait alors remonté dans sa chambre pour tout raconter à Yvette, et il ne serait ressorti que vers 5 h seulement. Il assure que ce n'est pas lui qui a tout mis en « *fouillis* » sur le bivouac, et qu'il n'a pas cherché de munitions. Il dit être passé au hangar d'où la carabine avait disparu avec ses deux chargeurs. Enfin, il ajoute qu'à plusieurs reprises, Clovis lui aurait confié ses soupçons sur Maillet. On voit combien cette nouvelle version est différente sans que rien puisse être vérifié ou infirmé formellement.

Le juge envoie donc chercher Clovis pour le confronter à son frère[3]. Clovis va d'abord admettre qu'il a soupçonné Maillet car, le 5 août, ce dernier était arrivé en retard au chantier. Puis il redit qu'ayant reconnu la carabine quand le commissaire la lui a montrée, il est allé le soir même voir dans le hangar et qu'il a constaté qu'elle n'y était plus. Et il en aurait fait part à Gustave qui lui aurait répondu qu'il le savait. Et Clovis de redire qu'il soupçonnait alors son frère, même alors que Gustave lui aurait répondu que ce n'était pas lui.

---

1 PV du juge Périès en date du 17/12/53 (cote D 238).

2 On a vu que la lune a culminé à 23 h 53 et s'est couchée à 4 h 45 derrière l'horizon théorique. Vers 2 h, elle était donc déjà à mi-hauteur, et ici cachée par la colline de Saint-Pons.

3 PV du juge Périès en date du 17/12/53 (cote D 239).

Or, on a vu que les deux frères ont prétendu jusque-là qu'ils n'avaient jamais parlé de la question avant Noël 1952, alors qu'ils coupaient du bois à Saint-Pons. Et voilà Gustave qui enchaîne :

« *Je me souviens maintenant que ce que dit Clovis est exact.* »

Ce qui, bien sûr, confirme encore mieux la connivence. Et il apparaît clairement que les deux frères confortent au fur et à mesure ce qu'ils ont inventé. Car Clovis a bien compris que toute l'accusation tient principalement sur la carabine. Mais, curieusement, les deux frères vont aussi commencer à s'opposer.

Déjà le 5 décembre[1], Gustave avait rajouté nombre de détails sur l'arme et sa cachette. D'abord il avait dit avoir rangé le hangar avec Yvette après le départ de son frère Aimé en janvier 1951, et comme la carabine n'y était pas à ce moment-là, il avait dit qu'il l'avait aperçue une seule fois un peu plus tard. Il avait alors remarqué qu'elle était rafistolée mais ne l'avait pas prise en main. Il avait vu deux chargeurs posés à côté mais aucune cartouche en vrac. Il avait confirmé qu'on pouvait la voir facilement. Il supposait qu'avant cela Gaston la gardait dans sa chambre, mais sa mère, qui faisait le ménage, a toujours affirmé ne jamais l'avoir vue, bien sûr.

Selon Clovis, c'est également après le départ de son frère Aimé qu'il aurait vu la carabine pour la première fois. Il l'aurait prise en main et il décrit son état. Mais n'aurait jamais vu qu'un seul chargeur et enclenché. Curieusement, tous deux vont tenir bon sur cette question de chargeur. Et on peut s'en étonner, car Gustave ne tenait jamais sa position face à Clovis. Cette question de chargeur touchait-elle à quelque chose qu'il ne voulait ou ne pouvait pas dire ? Et là, on ne voit vraiment pas quel rapport cette histoire de chargeurs pouvait bien avoir avec la vérité, quelle qu'elle soit.

Curieusement, le juge ne tire aucune conclusion des questions posées par la nouvelle révélation de Maillet. Pas plus que le commissaire d'ailleurs. Tout comme leur attention ne sera jamais attirée par la séance ayant mis au point l'endroit où se serait trouvée la carabine, devant le greffier et avec son aide.

Le 18 décembre Yvette déroge à sa stratégie

Dans la foulée, le juge décide d'aller interroger Yvette. Le commissaire Chenevier s'étonnera que les femmes n'aient jamais été plus et mieux « *travaillées* », et surtout Yvette. Au lieu d'une convocation au palais, le juge joue la surprise en débarquant à l'improviste vers 14 h à La Gran'Terre. Il fait sortir Gustave et demande seulement à Yvette de lui redire ce que son mari a fait pendant la nuit du drame. Selon le PV[2], il ne lui parle pas de la déposition de Maillet. Mais bien sûr, elle en sait tout par Gustave qui a été interrogé la veille. Le PV précise qu'elle met un long moment avant de répondre. Ce qui

1 PV du juge Périès en date du 5/12/53 (cote D 228).

2 PV du juge Périès en date du 18/12/53 (cote D 240 manuscrit sur place, et D 242 frappe machine du greffier).

veut bien dire qu'elle prend le temps de réfléchir à ce qu'il faut dire ou pas. Et elle commence avec le même argument tactique que les autres :

« *Je ne vous ai pas dit jusqu'ici la vérité. C'est trop dur... Je m'étais toujours très bien portée, mais depuis un an je suis d'une grande nervosité. Nous avons bien entendu des cris presque en même temps que les coups de feu. J'assure que mon mari ne s'est pas levé tout de suite. J'ai entendu six à sept coups de feu. Quant aux cris, ils n'étaient pas très distincts. Les chiens ont aboyé, hurlé. Les aboiements ont continué pendant un très long moment et par intervalles. Vers 1 h 30, j'ai donné le biberon à Alain. J'avais profité d'un instant où les chiens se taisaient. Un moment après, sans que je puisse préciser davantage, nous avons entendu de nouveaux aboiements. C'est alors que Gustave s'est levé.* »

Voilà une nouvelle version sur les aboiements des chiens comme par hasard conforme à ce que Gustave en a dit la veille. Et comme à chaque fois qu'Yvette interviendra, elle reviendra toujours sur ce biberon problématique. À nouveau, on se demande pourquoi lui attacher tant d'importance, et jusqu'à attendre une interruption dans l'aboiement des chiens pour le donner. Elle poursuit :

« *Je n'avais pas entendu de bruits de pas dans la cour. Je ne puis me souvenir si mon mari, en se levant, a allumé la lampe de chevet. Je ne l'ai pas entendu parler à l'extérieur, mais lorsqu'il s'est recouché, environ un quart d'heure après, ou plutôt dix minutes après, il m'a dit qu'il avait trouvé son père dans la cour. Il ajoutait qu'il était abattu comme un homme ivre.* »

Elle non plus n'aurait donc pas entendu son beau-père sortir ni rentrer, ni parler dans la cour.

« *Gustave m'a alors confié que son père venait de lui dire qu'il avait tué. Mon mari paraissait très affecté, et je ne l'étais pas moins. Gustave m'a dit : - Je me demande pourquoi il est allé là-bas. Pourquoi il a fait ça ? Par la suite, nous ne nous sommes pas rendormis. À plusieurs reprises cependant, je me suis assoupie. J'ai entendu dans la maison les pas de mon beau-père, mais je ne saurais vous dire à quel moment. Avant cinq heures en tout cas, il est parti garder ses chèvres : j'ai entendu les clochettes des bêtes. J'affirme de la façon la plus absolue que mon mari ne m'a pas dit s'être rendu sur les lieux du crime après avoir parlé à son père et avant de se recoucher. Il ne nous a rapporté, à ma belle-mère et à moi, qu'il avait vu la fillette vivante, que le matin alors que nous étions toutes les deux dans la cour. Nous étions levés vers cinq heures, et mon mari, après avoir soigné les bêtes, était parti en direction du campement. C'est à son retour qu'il nous a dit avoir vu la fillette en dessous du pont, le visage ensanglanté. Il me semble que ce n'est que beaucoup plus tard qu'il a dit avoir vu l'enfant remuer un bras. Je ne saurais vous dire combien de fois mon mari est retourné sur les lieux du crime.* »

Selon Yvette, Gustave ne serait pas retourné dans la nuit sur les lieux du drame, mais il y serait bien allé plusieurs fois après 5 h du matin.

> « *Je n'ai jamais raconté à ma belle-mère ce que m'avait dit Gustave. Quant à mon beau-père, à partir de cette date, je me suis arrangée pour lui parler le moins possible.*
> *Sur interrogation : - Sans que je sois absolument affirmative sur ce point, c'est à mon retour du marché d'Oraison, le 5 août 1952, que Gustave m'a appris que son père avait tiré avec la carabine américaine. Je ne pense pas qu'il me l'ait dit avant mon départ pour Oraison, car entre 5 h et 9 h, je ne m'étais pas trouvée seule avec Gustave.* »

Rappelons qu'Yvette est allé déjeuner chez ses parents et n'en est revenue que vers 17 h.

> « *Sur interrogation : - Je n'avais jamais vu cette arme. Gustave m'a dit le 5 août qu'elle ne se trouvait plus sur l'étagère de la remise, mais moi je n'avais jamais remarqué sa présence à cet endroit.*
> *Sur interrogation : - Je ne puis me souvenir à quel moment j'ai appris que mon beau-frère Clovis connaissait lui-même le meurtrier. Je ne sais si Gustave me l'a dit à l'époque ou si je ne l'ai appris qu'au moment du rebondissement de l'affaire.*
> *Sur interrogation : - Mon mari ne m'a pas raconté dans les détails ce que lui avait dit son père dans la cour, une heure environ après le crime. Gustave d'ailleurs m'a paru ignorer les raisons pour lesquelles son père avait tué les Anglais.* »

Notons déjà l'invraisemblance : comment peut-on croire un instant qu'elle ne se souvienne pas d'évènements aussi importants et encore moins qu'elle n'en ait jamais ou si peu reparlé avec son mari. À charge, cette déposition d'Yvette semble accablante, et elle sera retenue comme telle. Non parce qu'elle contiendrait un commencement de preuve ou d'élément nouveau et vérifiable, mais parce qu'elle confirme seulement les dénonciations de Gustave et Clovis, alors même qu'elle contredit ses positions antérieures... mais aussi postérieures. Cependant, à décharge, la dérogation stratégique que représente cette déposition dans le parcours sans faille d'Yvette, s'explique très bien dans le contexte à ce moment précis.

D'abord, bien que le PV porte sa signature, elle niera toujours et jusqu'à aujourd'hui, sinon avoir fait cette déposition, du moins l'avoir signée. Elle consent seulement à admettre avoir fait ces déclarations sous la menace de voir son mari inculpé de complicité et emprisonné à nouveau. Mais ce genre de menace explicite n'était pas le genre du juge Périès. En fait, comme elle le dira à la barre, le juge le lui a seulement « *fait comprendre* ». Et on sait qu'une menace de ce genre, et à l'insu même de celui qui peut l'exercer inconsciemment par sa seule fonction, n'a pas besoin d'être exprimée de façon explicite ou violente pour se manifester. En effet, le juge d'instruction représentait tous les dangers. Même si Yvette prétend qu'il l'a fait, le juge n'a pas eu besoin d'exprimer le danger qui menaçait Gustave. En venant impromptu interroger Yvette, celle-ci a parfaitement senti le risque que représenterait pour son mari la moindre complicité dans cette affaire. Et comme elle connaissait la vérité sur les meurtres, elle savait aussi toute la fragilité de l'accusation contre Gaston, laquelle pouvait se retourner à tout moment contre Gustave. Comme elle connaissait aussi sans doute les vraies raisons du *sacrifice* de son beau-père et d'un *complot* des deux fils, elle a donc confirmé la version de l'accusation, quitte à contredire un instant la stratégie générale qu'elle défendra bec et ongles avec la famille. À ce moment précis c'était une simple question de survie, surtout si elle pouvait penser ou savait que Gaston ne dirait rien et ne risquait pas grand-chose au contraire de Gustave. Sans cette raison, de la part d'une fille intelligente et équilibrée, qui d'évidence mène la stratégie de défense au moins de son couple, cette déposition dérogatoire apparaît injustifiable par rapport à l'ensemble de son parcours et de son comportement. Notons au passage qu'Yvette, pas plus que les autres, n'en voudra à Gustave d'avoir dénoncé son père. C'est que tous sont d'accord pour préserver Gustave, et Yvette tout particulièrement. Elle veut éviter tout risque d'accusation, donc de nouvelle incarcération puis d'une éventuelle condamnation qui pourrait aller cette fois beaucoup plus loin. Après sa déposition, elle pourra se rétracter, comme tous vont le faire peu ou prou, sauf Clovis qui dira à plusieurs reprises « *qu'il ne reculerait pas d'un pouce* » devant le reste de la famille. Ce qui signifie bien que pour lui c'est bien « le *vieux qui doit payer.* » Mais payer vraiment quoi et surtout pour qui ? Le juge décide alors de confronter immédiatement Yvette à son mari. Hélas, il comment l'erreur de lui lire la déclaration de sa femme, et évidemment Gustave répond :

> « *Il est exact que lorsque je me suis recouché le 5 août 1952 vers 2 h 30 ou 2 h 45, je n'ai pas dit à Yvette que je m'étais rendu sur les lieux du crime. Je n'avais pas voulu en effet lui dire que la fillette vivait encore.*
> *Yvette : - Je n'ai rien à dire.* »

Bien sûr, la réponse de Gustave est d'autant moins crédible qu'elle contredit une nouvelle fois ses différentes dépositions antérieures. Mais le juge ne relève pas, et se retire.

En réalité, comme Yvette, le juge a ce qu'il veut, et cela lui suffit. Yvette a écarté la menace sur Gustave, et le juge voit confirmée l'accusation de Gaston. En fait, personne n'osera plus, sauf le commissaire Chenevier mais en vain, mettre Gustave en cause de peur de voir s'écrouler tout le fragile échafaudage bancal des aveux de Gaston. Car, même inconsciemment, le juge sait que, s'il mettait Gustave en cause, il lui faudrait suspendre l'instruction. Car *la chose jugée* en correctionnelle étant devenue définitive, la partie concernant la découverte de la fillette par Gustave n'est plus discutable en justice sans élément nouveau. Le parquet devrait alors introduire d'abord un recours devant la Cour de cassation demandant la révision du procès de Gustave. La Cour pourrait alors soit rejeter faute d'élément nouveau, soit ordonner de rejuger Gustave, soit encore de joindre le nouveau procès à celui de Gaston[1]. Outre les imbroglios et délais qu'on imagine pour en arriver là, il faudrait reprendre une instruction remettant en question les aveux de Gaston et la reconstitution. Et l'affaire se retrouverait donc bien près de la case départ. On imagine aisément pourquoi du juge Périès, du parquet, mais de toute la hiérarchie, personne ne souhaitait la moindre remise en cause.

La séance se termine avec un bref interrogatoire de Marie[2], mais elle répète n'avoir rien entendu, rien vu et n'avoir été informée de rien. Ce qui, étant la devise de sa vie, est probable.

Le revirement de Gustave

Après la séance du 18 décembre à La Gran'Terre, le juge veut encore sédimenter le fondement des dénonciations. Il convoque donc Gustave.

Le 28 décembre[3], Gustave, récusant le témoignage d'Yvette, revient sur sa déposition du 18 décembre. Et à nouveau, le voilà qui redit n'avoir pas dit la vérité. Car, s'il est bien monté à 2 h voir ce qu'il s'était passé sur le bivouac, il dit n'avoir pas rencontré Gaston dans la cour, lequel n'a donc pas pu s'accuser du triple crime à ce moment-là. Mais, s'il est revenu sur sa rencontre avec son père, Gustave confirme sa version de l'emplacement de la carabine et la présence de deux chargeurs.

Revenant à la demande du juge sur les témoignages de la nuit, Gustave précise qu'il n'a vu ni couverture sur la voiture, ni lit de camp devant le capot. Mais il faut dire que ces témoins sont passés bien plus tard.

Le juge revient enfin sur la *femme habillée de noir* vue au soir sur le bivouac. Gustave persiste à nier qu'il y ait eu deux femmes, mais il concède que celle qui s'y trouvait, était *habillée de sombre*. Rappelons que la presse avait publié que Lady Anne était « *vêtue de sombre* » au sortir de la charlottade. Et la robe sombre sera reprise par Yvette lorsque le supplément d'information reviendra sur cette question[4]. Mais pourquoi embarrasse-t-elle décidément tant le couple ?

Revenant à sa version première, contre toute évidence chronologique, Gustave va s'acharner à prétendre que c'est Clovis qui le premier a dénoncé son père. On a dit déjà que c'était sans doute une manière de sous-entendre que c'était Clovis qui l'avait suggéré sinon décidé, à Saint-Pons vers Noël 1952. Gustave, « *horriblement gêné* », finit par dire du bout des lèvres qu'il agit sous la pression de sa famille, et qu'il faut le comprendre. On l'imagine

---

1 Sauf dérogation ordonnée par la Cour de cassation, une difficulté surviendrait du fait qu'un nouveau procès de Gustave devrait normalement se passer devant une Cour de renvoi, différente de celle d'Aix-en-Provence qui est celle qui a compétence pour juger Gaston.

2 PV du juge Périès en date du 18/12/53 (cote D 241).

3 PV du juge Périès en date du 28/12/53 (cote D 245). Entre temps, on a vu déjà que le commissaire Sébeille avait interrogé Barth le 22 décembre sur le *bruit* : Barth aurait dit à Gustave que Gaston « *avait ramassé quatre cartouches* » (PV n°442/13 en cote D 244, déjà cité).

4 PV n° 117-2-R du capitaine Albert, déjà cité.

sans peine, et le juge l'accepte sans approfondir. Sans doute lassé, il renvoie Gustave sans autre forme de procès.

Au tour de Gaston

Bien sûr, le juge va auditionner plusieurs fois Gaston, mais désormais en présence de ses avocats. Notamment, le 30 décembre[1], Gaston est extrait de sa prison pour être confronté à ses deux fils. Aux journalistes qui l'attendent, il apparaît détendu et enjoué.

Chez le juge, entouré de ses avocats, il revient sur ses aveux. Le juge s'étonne qu'il ait pu parler de coup de feu ayant blessé la main de Sir Jack. Gaston répond, confirmant ce qu'on avait bien compris depuis longtemps :

« *Je me suis basé sur ce qu'avaient dit les docteurs.* »

En effet aucun n'avait alors mentionné l'absence de poudre et de brûlure. Mais le juge fait fi de ce *détail* qui dit pourtant bien d'où Gaston tient l'information qu'il a répétée.

Gaston redit s'être levé à 4 h pour conduire ses chèvres et que c'est en revenant à 8 h qu'il a appris le drame de la bouche d'Yvette. Mais, si Roure en a témoigné, on a démontré comment il avait été abusé. Lors de ses interrogatoires, Gaston confirme ce que nous avons dit, à savoir que les policiers lui auraient suggéré de se dénoncer, car si c'était Gustave le coupable, il aurait « *la tête tranchée* » alors que lui aurait seulement droit à la prison. Ses aveux ? Il était « *crevé* » et c'est la perspective de voir les interrogatoires se perpétuer qui l'aurait décidé. La reconstitution ?

« *J'étais bafoué à tel point que j'ai voulu me suicider.* »

Ses fils l'accusent ? Il blêmit :

« *Qu'on les fasse venir.* »

Le juge en profite et fait entrer Gustave, lui lit ses dénonciations et lui demande s'il les confirme. Réponse après un long silence :

« *Non.* »

Puis il ajoute à l'adresse de son père :

« *Il n'a qu'à dire la vérité.* »

Toujours cette *vérité* apparemment indicible voire dangereuse, dont les protagonistes se renvoient la responsabilité de révéler. Et, à nouveau, si Gustave était le meurtrier, exhorter son père à dire la vérité serait suicidaire. Et ce genre de bluff ne correspond pas à son comportement habituel. Mais alors, si ce n'est ni lui ni le père, où est cette vérité ?

Logiquement, les avocats proposent alors de réinterroger Gustave sur son emploi du temps de la nuit. Mais, nouvelle décision extraordinaire, le juge refuse. Me Pollak demande alors que Gustave dise pourquoi il a dénoncé son père. Et celui-ci répond :

« *Je ne pouvais pas faire autrement, j'avais été trop poussé par les policiers.* »

---

1 PV du juge Périès en date du 30/12/53 (cote D 246, 247 & 248).

Situation qu'on a aussi suggérée mais qui ne correspond pas réellement à ce qu'il s'est passé. Et à la question de savoir pourquoi il se rétracte maintenant, il répond cette seule phrase pour le moins énigmatique :
« *Parce qu'il y a des témoins qui m'entendent.* »
Et toujours aussi curieux, pourquoi le juge, pas plus que les avocats d'ailleurs, ne cherchent-ils à savoir ce que Gustave entend par là. Car savoir qui sont donc ces *témoins* qui l'empêcheraient de parler, mériterait qu'on s'y arrête. En effet, quels *témoins* peuvent-ils entendre Gustave et l'empêcher de parler ? En dehors de Gaston et du juge, il n'y a là comme autres *témoins* possibles que ses avocats. Mais, passons comme bien sûr, le juge passe. Retenons néanmoins ce que cette dérobade peut suggérer de sous-entendus sur le climat qui entoure l'accusation du père.

Curieusement Gaston semble ravi et fait le magnanime avec Gustave. Le juge fait alors entrer Clovis qui répète redonne une nouvelle version de sa dénonciation[1]:

> « *C'était un soir où il avait bu plus que de coutume... Il s'était disputé avec ma mère. La querelle a duré une partie de la soirée. C'est après que ma mère se fut couchée, que mon père m'a dit : - Nai fa peta très si n'an fau inca faire peta un, lou faraï peta. Je lui ai demandé ce qu'il voulait dire. J'ai compris aussitôt que mon père faisait allusion au meurtre de la famille Drummond. Je lui ai demandé si c'était lui le meurtrier. Il m'a répondu : - Oui, mais n'en dis rien. - Je lui ai demandé comment les choses s'étaient passées. Il m'a répondu qu'il était allé voir l'éboulement et qu'il s'était disputé avec le Drummond et que ça avait bagarré. C'est tout ce qu'il m'a dit.*
> *Sur interrogation : - Il m'a dit qu'il avait tiré d'abord sur le mari.*
> *Demande : - Vous a-t-il précisé les conditions dans lesquelles avait été tiré le premier coup de feu ?*
> *Réponse : - Non.*
> *Demande : - Vous avez prétendu le contraire lors d'une précédente déposition, donnant d'autres détails.*
> *Réponse : - Là c'est tout de qu'il m'a dit.* »

Sur demande du juge, Clovis confirme qu'il avait bien dit précédemment que Sir Jack avait voulu arracher l'arme des mains de son père. Plus loin à propos du *quatrième*, il ajoute :

> « *J'ai eu l'impression qu'il faisait allusion à ma mère.* »

Comme le juge, on notera les nouvelles différences par rapport aux versions précédentes, sur lesquelles on reviendra encore avec le commissaire Chenevier. Gaston éclate alors, traitant Clovis de « *traître, Judas* ». Et il ajoute :

> « *S'il y avait une arme à la Gran'Terre, c'est toi qui l'as apportée.* »

En réponse, Clovis laisse seulement déborder sa très lourde rancœur :

---

1 PV en cote D 247 déjà cité.

« *Il y a trop longtemps que tu nous fais souffrir.* »
Phrase qui, diront les avocats, sent la sourde vengeance et pourrait motiver la dénonciation. Mais le juge en reste là.

Après la confrontation, Clovis est renvoyé, tandis que Gaston et Gustave demeurent séparément au palais où un repas leur est servi. On se demande bien pourquoi, car Gaston est aussitôt après ramené en prison. En arrivant, il lance à un jeune gardien : « *Fils, au printemps, je retrouverai ma ferme.* » Qu'est-ce qui a pu lui souffler une conclusion aussi optimiste ?

Gustave, lui, est laissé entre les mains du commissaire Sébeille. Il n'y a pas de PV de cette séance. Procédé déjà utilisé et que, plus tard, les avocats dénonceront à juste titre comme une forme de pression inadmissible. Et en effet. À 18 h, ramené devant le juge, Gustave fait volte-face. Il dit ne pas pouvoir tenir devant son père, et demande à ne plus lui être confronté. Le croyant sincère, le juge tente, en échange, de lui arracher qu'il était bien dehors au moment du drame, et que c'est son père qu'il a vu depuis la luzerne. En effet, pourquoi ne pas le dire ? Mais là, Gustave se cabre, nie farouchement et tient bon : il n'a jamais été dans la luzerne. N'est-ce pas dire qu'il y a là un interdit bien plus puissant que la peur d'une confrontation avec le père.

Et le juge lui offre alors le taxi pour rentrer chez lui. Un tel geste, même si on peut l'attribuer à la gentillesse bien connue du juge Périès, laisse néanmoins perplexe lorsqu'on l'ajoute à toutes les autres et diverses prévenances envers un aussi « *singulier témoin* » comme le commissaire Chenevier[1] le qualifie par euphémisme.

Nouvelle audition de Gustave

Jusque par voie de presse et bien qu'il l'ait dénoncé en justice, Gustave continue de clamer que son père est innocent. Le juge décide donc de l'entendre à nouveau le 23 février 1954[2] :

> « *Est-il exact que depuis l'arrestation de votre père, vous ayez déclaré à vos frères et sœurs que si vous aviez dénoncé votre père, c'était après avoir appris que Clovis l'avait fait avant vous ?*
> *Gustave Dominici : C'est vrai. J'ai dit à ma famille que j'avais parlé après Clovis et que c'était par ce dernier que j'avais appris la culpabilité de notre père.* »

En fait, s'il a bien été le premier à dénoncer le père, il redit à sa façon que c'est bien Clovis qui a tout arrangé depuis Saint-Pons à Noël 1952.

> « *Vous m'avez cependant indiqué, dans une déposition précédente, que vous aviez rapporté à tous les vôtres, après l'arrestation de votre père, la confidence que ce dernier vous avait faite le 5 août 1952, à deux heures du matin ?*

1 Rapport C 401 déjà cité, p. 94.
2 PV du juge Périès en date du 23/2/54 (cote D 262).

Gustave Dominici : Je reconnais en effet, que quelques jours après mon retour de Digne, en novembre dernier, j'ai bien rapporté à ma famille ce que m'avait dit mon père. Personne cependant n'a voulu me croire. Lorsque mon père a clamé son innocence, mes sœurs m'ont engagé à ne plus l'accuser. Moi-même, à l'heure actuelle, je suis à me demander s'il est bien le coupable et si, lorsqu'il m'a dit avoir tiré le matin du 5 août 1952, cette révélation n'était pas faite sous le coup de la boisson et n'était pas le fruit de son imagination. Je l'avais trouvé anormal, je le répète. Je ne sais s'il avait bu, ce soir-là, mais il m'était apparu tel que je le rencontrais quelquefois lorsqu'il était pris de boisson. »

Répétons que cette description de l'état de Gaston lors de leur rencontre dans la nuit du drame, contredit à nouveau ce qu'il en a dit précédemment, décrivant alors son père une fois comme très calme puis une autre fois comme fou. Gaston étant censé s'être couché à 20 h, et alors que personne n'a jamais dit qu'il se levait la nuit pour boire, cela voudrait-il confirmer sans le dire qu'au soir du 4 août, il y aurait bien eu sinon beuverie à la blanche, du moins réunion tardive avec des camarades, comme la rumeur le murmurait avec insistance. Mais Gaston ne semblera jamais y avoir participé. Alors ? Enfin comment Gustave, s'il a bien reçu l'aveu de son père de la façon qu'il répète là, aurait-il pu douter de sa réalité ? Car ce que dit Gustave en suivant, devient stupéfiant :

« *Depuis son arrestation et dans toutes ses lettres, le père écrit qu'il est innocent. Comment voulez-vous que je continue à l'accuser ?*
Sur interrogation : J'ai bien dit à tous les miens qu'une fois j'avais vu la carabine américaine. On me répond que je suis fou, car personne d'autre ne l'aurait vue. Ce n'est pas la veille ou l'avant-veille du crime que j'avais constaté la présence de cette arme et de deux chargeurs, dans la remise. C'était trois mois ou six mois avant, mais je ne saurais préciser. Je vous le répète, je me demande comment cette arme a pu venir dans la remise. Lorsque je l'ai vue sur l'étagère, je n'en ai parlé à personne, même pas à mon père. Lorsque j'ai entendu les coups de feu, j'étais couché. Je n'ai pas songé à aller demander à mon père s'il les avait lui-même perçus. »

Là, il est certain que Gustave ment puisqu'il sait bien ce qu'il en est de la carabine. Pour le reste… pourquoi recharger son père tout en le croyant innocent ? Comme Yvette l'a senti, le fait que le juge et le commissaire réinterroge Gustave risque de le remettre en position au moins de complice. Et il se défend comme il peut.

Mais l'instruction, comme l'enquête avant elle, continue de tourner en rond. Si on comprend pourquoi après avoir décidé de se sacrifier et *de se sortir du milieu*, Gaston s'est remis à clamer son innocence, personne n'a été alerté par sa soudaine certitude de sortir bientôt de prison. Bien sûr, on peut penser qu'il a mal apprécié le risque qu'il encoure. Ses avocats l'auraient-ils rassuré : sur un tel dossier, le risque était minime. Mais n'aurait-il pas reçu une assurance-vie plus concrète ? Il faut rappeler que le Président Coty, succédant à Vincent Auriol, a été élu le 23 décembre 1953 pour entrer en fonction le 14 janvier 1954. Et tout le monde judiciaire sait qu'il est opposé à la peine de mort, même s'il ne graciera pas Jacques Fesch et Émile Buisson, meurtriers de policiers.

Et pourquoi Gustave et Clovis continuent-ils à mettre l'embrouille sur la question de l'arme, sur les circonstances des aveux de leur père et sur le moment où, avec Clovis, ils se seraient mutuellement informés de sa culpabilité ? Dans son rapport final, repris dans son ouvrage, le commissaire Chenevier donnera une analyse convaincante qui montre bien comment les dénonciations des deux frères apparaissent comme un montage qui évolue au fur et à mesure des interrogatoires, en fonction du risque pour Gustave.

In fine, on s'aperçoit que les variations de cette série de dénonciations, aveux et confrontations apparaissent comme bien pauvres en informations réelles ou nouvelles, et surtout qu'aucun élément de ces accusations n'est vérifiable : pas un détail inconnu, aucun commencement de preuve matérielle, des renvois et recompositions de souvenirs douteux entre les uns et les autres, laissant une impression curieusement désincarnée ou de connivence mal maîtrisée. Comme on l'a dit, c'est le commissaire Chenevier qui définira le mieux cette impression à propos du PV du commissaire Sébeille concernant la dénonciation de Gustave qui ne contient que sept lignes, son aveu est enregistré comme une *reconnaissance de dette !* Même s'il n'y a peut-être pas de sous-entendu chez le commissaire Chenevier, on ne peut s'empêcher de se demander quel type de dette et envers qui ?

LA FRÉNÉSIE ÉPISTOLAIRE

Depuis le 25 novembre, pas moins de onze lettres vont être échangées entre membres de la famille[1]. Cette véritable crue épistolaire dans un milieu où le genre n'est guère utilisé, répond, de toute évidence, à une stratégie. En effet, tous savent que ces lettres aboutiront sur le bureau du juge. C'est donc à lui qu'elles sont adressées. Toutes font protestation d'innocence et référence à cette vérité indicible que chacun se renvoie ou adjure l'autre de dire. Bien sûr, le juge va interroger tous les auteurs, mais sans jamais rien en tirer ni conclure.

1 De Clotilde à Gaston en date du 25/11/53 (cote D 291) ; de Gaston à Augusta en date du 05/12/53 (cote D 292) ; de Gaston à Clotilde en date du 05/12/53 (cote D 293) ; de Gaston à Marie en date du 11/12/53 (cote D 294) ; de Gaston à Jean Morel en date du 12/12/53 (cote D 295) : de Gaston à Aimé en date du 13/12/53 (cote D 296) ; de Gustave à Gaston en date du 19/01/53 (cote D 297) ; de Marie et Gaston juniors à Gaston en date du 25/01/54 (cote D 298) ; de Gaston à son gendre Araman en date du 23/02/54 (cote D 299). Lettre de Gaston junior du 28/1/54 (cote D 272). Lettre à Barth (cote D 271).

Lettre du 25 novembre (D 291)
Clotilde écrit à son père une lettre banale de fille. Mais elle termine par une phrase parfaitement énigmatique (avec ses fautes) :

> « *Vous avez arrêté un assassin et certainement sur le point d'en arrêter un second, mais hélas pour vous, se serait été trop de lauriers.* »

Le premier assassin auquel elle fait mention concerne l'arrestation de Gualdi, mais on ne voit pas pour le second ni ce que veut dire *trop de lauriers.* En revanche, toujours l'insinuation récurrente.

Lettre du 5 décembre (D 293)
De sa prison, Gaston lui répond. Comme à chaque nouvel épisode, cette lettre contient un nouvel appel. Après avoir répété sa protestation d'innocence, il écrit,

> « *Les malheurs viennent toujours du même côté... Dis la vérité sans hésiter.* »

Malgré l'embrouille tissée par Gaston, ce jeu de cache-cache avec *la vérité* aurait, malgré tout, dû finir par alerter le juge. Car enfin, toute cette valse-hésitation autour d'une vérité indicible finit par montrer qu'elle est sans doute différente de celle que la mosaïque de l'accusation tente d'imposer à toute force. Tous s'adjurent de dire une vérité qu'apparemment chacun est empêché de révéler. Et si l'interdit qui la bloque émanait du père seul coupable, comme le veut l'accusation, pourquoi sa fille refuserait-elle de la dire quand ce père lui en donne l'ordre, et par écrit ?

Le juge convoquera Clotilde en février[1]. C'est une femme de quarante-deux ans qu'il ne connaissait pas, et qui se montre presqu'aussi véhémente que sa sœur Augusta dans la défense du père. Le juge lui demande ce qu'elle a voulu dire par sa phrase énigmatique. Clotilde explique qu'en effet elle a fait référence à la fameuse rixe qui avait permis à son père de faire arrêter le criminel Luigi Gualdi. Est-ce donc sous-entendre que Gaston serait aussi en mesure de faire arrêter l'assassin des Drummond, demande le juge. Clotilde répond en se débarrassant à son tour du mistigri :

> « *S'il l'avait pu.* »

Mais pourquoi ne le ne peut-il pas ? Pas de réponse. Et pourquoi Clotilde accuse-t-elle alors Germaine de comploter par rancœur contre son père à cause de la réputation qu'il lui fait, et comme Clovis à cause d'une question de succession. À propos de Zézé, elle se garde bien de dire quoi que ce soit. Et, malgré l'injonction de son père de dire la vérité, elle assure qu'elle ne sait rien. Si elle savait quelque chose, c'est au moins montrer que l'interdit pesait plus lourd que l'autorité paternelle soi-disant toute puissante. Mais en savait-elle plus ?

1 PV du juge Périès en date du 24/2/54 (cote D 265).

Le juge interroge à son tour Gaston. Revenant sur une phrase de sa lettre à Clotilde, qu'a-t-il voulu dire par : *Les malheurs viennent toujours du même côté*. Gaston ne répond pas directement, mais se penche et lâche à voix basse :

> « *J'ai réfléchi. J'ai l'impression que mon petit-fils Roger Perrin pourrait être l'assassin. C'est un rouleur.* »

Et il le répétera, notamment en audience avant d'y revenir lors du supplément d'information. Mais là, le juge n'arrive pas à en soutirer plus au grand-père. Bien qu'il pense que Gaston poursuit là une horrible tentative de diversion, cette fois le juge ramasse le petit caillou. Il repense à Gaston proclamant s'être sacrifié pour défendre *l'honneur de ses petits-enfants*. Le nœud central de cette vérité inavouable serait-il là ?

Le juge reprend alors tout ce qui concerne Zézé, puis il le convoque le 8 mars[1]. Sur la question de son emploi du temps la veille, la nuit et le matin du drame, Zézé continue à mentir en zigzaguant, et réussit à dérouter le juge comme avant lui le commissaire et les gendarmes. En revanche, sur la venue des Anglaises à la ferme, il maintient ce qu'il en a toujours dit et qu'Yvette lui a interdit d'en parler. Seul Jean Laborde (oc p. 314) en avait eu l'intuition : « *Le garçon est l'une des locomotives de l'accusation... Mais pas plus que Sébeille, Roger Périès ne réussit à expliquer les mensonges de Roger Perrin par une participation quelconque au crime.* ». Pourquoi locomotive ?

Mais le juge ne poussera guère dans cette voie. Nous verrons ce que le supplément d'information pourra apporter, et que, par hypothèse, sa participation au drame expliquerait parfaitement l'ensemble de son comportement.

Lettre datée du 10 janvier 1954 (D 297)

Lettre de Gustave portant cachet de la poste du 19 seulement[2], montrant qu'il a dû hésiter. Il y va lui aussi de sa phrase énigmatique. Le juge Périès va donc l'auditionner à ce sujet[3] :

> « *Vous écriviez notamment, les phrases qui suivent : Cher papa, excusez-moi, je souffre aussi terriblement. Je pense à vous plus que jamais et je vous promets d'être fort et de dire la vérité, même devant les menaces. Il faut que la vérité se fasse jour...* »

Si Gaston était innocent ou l'assassin, et Gustave coupable comme son père l'a suggéré, écrire une telle lettre serait à nouveau d'une incroyable invraisemblance. Et pourquoi toujours ces *menaces*. De quoi pourrait-il s'agir ? Sont-ce seulement celles de sa famille qui l'adjure de renoncer à accuser le père ? Ou alors viendraient-elles *de plus loin* ? Le juge continue :

> « *D'une façon non équivoque, vous indiquiez aussi que vous n'aviez pu jusqu'à ce jour dire la vérité, laissant entendre qu'il avait été fait usage*

1 PV du juge Périès en date du 8/3/54 (cote D 273).

2 PV de saisie du juge Périès en date du 28/1/54 avec original (cote D 297).

3 PV du juge Périès en date du 4/2/54 (cote D 251).

de menaces au cours de vos dépositions antérieures. Voulez-vous préciser votre pensée et nous indiquer clairement le but que vous poursuiviez en écrivant cette lettre ?

Gustave Dominici : C'est moi, en effet, qui ai écrit cette lettre à mon père. C'est la première fois que je lui envoie un mot depuis son arrestation. Je voulais lui faire connaître, en effet, que depuis le rebondissement de cette affaire, je n'avais pas dit la vérité et que je l'avais accusé à tort. Je dois vous dire que j'ignore tout des conditions dans lesquelles a été commis le crime. Contrairement à ce que je vous avais déclaré jusqu'alors, mon père ne m'a jamais dit qu'il était l'auteur des coups de feu. Je vous ai menti également en vous disant que je connaissais l'arme du crime et que je l'avais vue dans le garage de La Gran'Terre. J'ai vu cette carabine pour la première fois le 6 août 1952 dans la matinée, quand le commissaire Sébeille me l'a présentée. »

Notons que, tout en innocentant son père, il veut aussi se dégager de toute intervention dans les meurtres. Et, s'il reconnaît qu'il a menti sur le lieu d'entrepôt de la carabine, il continue à mentir en disant ne pas la connaître. Et il l'a vue dès retirée de l'eau le 5 août vers 17 h et non le lendemain matin 6.

« *Je maintiens les déclarations que j'avais faites à l'origine aux policiers. Le 4 août 1952, je me suis couché vers 23 heures. J'ai été éveillé vers 23 h 30 au moment où les occupants d'une motocyclette sont venus à la ferme. Je me suis rendormi pour m'éveiller à nouveau au moment où ont crépité les coups de feu. Les chiens ont aboyé et il est exact qu'immédiatement après les derniers coups de feu, j'ai entendu des cris lointains. Avec ma femme, nous nous sommes demandés ce qu'il se passait. J'avais bien compris que les coups de feu n'avaient pas été tirés par un fusil de chasse. Ils provenaient plutôt d'un revolver ou d'un fusil de guerre. Pratiquement, je ne me suis pas rendormi.* »

Nous l'avions déjà noté, c'est ici que, pour la première fois, Gustave a parlé d'un *revolver*, c'est-à-dire d'une arme de poing. Peut-on penser que, par son expérience de chasseur et du maquis, Gustave aurait pu distinguer le bruit des armes et leur genre ?

« *Je n'ai rien entendu dans la maison jusqu'au moment où mon père s'est levé, vers quatre heures. Je précise néanmoins, qu'un quart d'heure après les coups de feu, j'ai entendu passer deux voitures sur la route. Il en est passé d'autres par la suite, mais beaucoup plus tard.* »

Ce dernier point est également nouveau, surtout qu'il a toujours assuré le contraire. Est-ce un petit caillou ?

« *Je me suis levé vers cinq heures. J'ai bu mon café. J'ai donné à manger au cheval et, de là, je me suis dirigé vers l'éboulement pour me rendre compte si la voie n'était pas obstruée. Je n'avais pu apprécier si les coups de feu avaient été tirés du côté de Peyruis ou de celui de la gare de Lurs. Cependant, en réfléchissant, j'avais pensé que c'était peut-être les Anglais qui avaient été attaqués. Aussi, c'est avec quelque*

curiosité que je me suis approché du campement où je n'ai, cependant, rien remarqué d'anormal. J'ai constaté qu'un certain désordre régnait autour de la voiture, mais je n'y ai pas prêté cas. Ce n'est qu'en arrivant à la sortie du pont que j'ai aperçu la fillette qui remuait un bras. Je suis aussitôt remonté vers le campement. Je ne me suis pas approché de la voiture. Du chemin que je suivais, j'ai débouché sur la route nationale. À ce moment-là est passée une moto étrangère que je n'ai pas arrêtée. Je suis parti en direction de la ferme en suivant le bord de la route et c'est alors que j'ai arrêté le motocycliste Olivier.
Sur interrogation : - Lorsque dans ma lettre du 19 janvier 1954, je parlais de menaces, je faisais allusion à celles dont j'avais été l'objet de la part de la police les 12 et 13 novembre 1953. Par contre, je reconnais que vous-même m'avez toujours parlé comme il faut et n'avez exercé sur moi la moindre contrainte. Si, cependant, j'ai maintenu devant vous les déclarations que j'avais faites à la police, c'est que je craignais d'être mis en prison en disant le contraire. Je le répète, je n'ai jamais eu à me plaindre de vous. Vous m'avez toujours parlé comme à un frère. »

On voit donc Gustave se rétracter complètement, revenir à sa version initiale, et remettre en cause tout ce qu'il avait admis et déclaré depuis sur les conditions de la découverte de la petite, de la rencontre avec Olivier ou des modifications apportées à la disposition des victimes et au lieu du drame. En fait, chaque fois que Gustave a été amené à admettre quelque chose, il revient ensuite à sa version initiale qui est en fait celle de sa femme depuis le début. Et cette position ressemble fort à celle de quelqu'un qui refuserait que la réalité soit devenue différente de celle qui avait été prévue, et qui essaie toujours de revenir à la stratégie initialement décidée. Si ce type de comportement s'explique peut-être de la part de Gustave, en revanche on comprend moins bien qu'une telle stratégie de défense ait été choisie par Yvette.

Notons que, comme chaque fois, Gustave a ajouté quelques nouveaux éléments à l'air anodin : un possible revolver et le passage des deux voitures juste après les coups de feu. Pourtant, on se rappelle que, notamment lors de l'intermède Panayoutou, il avait récusé avec véhémence avoir entendu une voiture. Cette manière de rajouter de nouveaux détails lors de chaque déposition, ressemble à une stratégie du compte-gouttes, avec de petits cailloux semés en direction des magistrats et policiers qui, d'ailleurs, ne relèveront jamais le chemin qu'ils semblent suggérer. Et on les comprend car, au bout du compte, tous ces petits cailloux finissent par dessiner une direction qui dérangerait à chaque fois un peu plus la mosaïque dont l'accusation a tant de peine à maintenir le canevas.

En revanche, lors du supplément d'information, le commissaire Chenevier notera à propos de Gaston : « *Il en dit assez pour qu'on reprenne l'enquête en nous mettant sur la voie, mais il ne porte pas d'accusations précises. À nous de prouver ce qu'il insinue* ». Dommage que le commissaire Sébeille et le juge Périès avant lui, ne l'aient pas compris dès le début. Et Me Pollak (oc p. 275) le confirmera à sa façon : « *Au milieu du fatras de mensonges, de contradictions, de rétractations, de silences significatifs que le clan avait accumulés pendant des mois d'enquêtes, il y avait des paillettes de vérité.* ». Mais continuons l'interrogatoire à propos de la lettre.

> « *Sur interrogation : Je savais que toutes les lettres adressées à mon père étaient contrôlées par vous.* »

N'est-ce pas là encore un petit caillou ? Gustave sachant que sa lettre serait interceptée, elle était donc adressée au juge et pour lui suggérer quelque chose. Par exemple, en promettant *d'être fort et de dire la vérité, même devant les menaces*. Au point où il en est, quasi lavé de tout soupçon et même d'avoir bougé les corps et modifié les lieux, peut-on croire, comme il le dit, qu'il se soit agi de menaces policières, même celle de la guillotine, si elle a pu être utilisée lors de ses premiers interrogatoires ? Comme pour tous les autres, s'agissait-il plutôt de menaces venant *de plus loin* ? Quelle pouvait être alors la nature d'une vérité qu'il se disait *être fort* pour arriver à la dire malgré ces menaces ? Et que finalement, il ne dira jamais, ni lui, ni personne.
À la suite du revirement de Gustave, le juge décide d'une confrontation immédiate avec Clovis. Ce dernier est introduit dans le cabinet du juge à 17 h[1]. Le juge dit à Clovis :

> « *Votre frère Gustave vient de nous déclarer que, contrairement à ce qu'il avait précédemment indiqué, il ignorait tout des conditions dans lesquelles avait été perpétré le crime de la famille Drummond. Il affirme que votre père ne lui a jamais dit qu'il était le meurtrier et qu'au surplus il n'a jamais constaté avant le 5 août 1952 la présence de l'arme du crime à La Gran'Terre. Avez-vous des observations à formuler ?*
> *Clovis Dominici : Je suis persuadé qu'une partie de la famille monte le coup à Gustave. Après avoir reçu la lettre de mon frère Gaston, que je vous remets, l'attitude de Gustave ne m'étonne plus.* »

Il s'agissait d'une lettre avec menaces de mort. Mais elle n'est pas jointe au PV ni au dossier. Clovis continue :

> « *Je répète que lorsque j'ai rencontré Gustave après avoir constaté que la carabine américaine n'était plus à sa place dans la remise, celui-ci m'a dit qu'il s'en était lui-même rendu compte. Je lui ai demandé aussitôt si c'était lui qui s'en était servi pour commettre le crime. Gustave m'a répondu non.* »

Sur la carabine, on sait que Clovis ment. Et Gustave, comme à chaque fois, recule en présence de son frère :

> « *Ce que dit Clovis est exact. Il m'a bien demandé quelques jours après le crime si j'avais constaté que la carabine ne se trouvait plus à sa place dans la remise. Effectivement, je lui ai répondu qu'elle n'y était plus.*

1 À la suite du même PV.

Le juge : Vous m'avez cependant déclaré tout à l'heure qu'antérieurement au 5 août 1952, vous n'aviez jamais vu la carabine américaine à la Grand-Terre.

Gustave Dominici : Je vous ai menti. Je l'ai bien vue à l'endroit que nous vous avons indiqué le 13 novembre dernier, mais une seule fois, à une époque que je ne saurais préciser mais qui est postérieure au mariage de mon frère Aimé.

Le juge : Vous avez indiqué dans une déposition précédente que vous aviez vu pour la première fois cette arme au début de 1952, précisément quelque temps après le départ de la ferme de votre frère Aimé. Or, celui-ci ne s'est pas marié en décembre 1951 comme vous le prétendiez, mais en décembre 1950.

Gustave Dominici : Le fait est exact. Mon frère Aimé a bien quitté la ferme début janvier 1951.

Le juge : Lorsque votre frère Clovis vous eut demandé, après vous avoir parlé de l'arme, si c'était vous qui étiez le meurtrier, avez-vous eu l'impression que votre réponse ait fait disparaître des soupçons à votre encontre ?

Gustave Dominici : Je ne me suis pas douté que mon frère Clovis me soupçonnait.

Clovis Dominici : Il y a une chose qui me revient et que je n'avais pas dite jusqu'à ce jour. Lorsque j'ai demandé à Gustave, quelques jours après le crime, si c'était lui qui s'était servi de la carabine, il m'a répondu : - Non ! C'est le père qui a tiré les coups de feu. Il me l'a dit le matin, en partant pour aller garder ses chèvres. Je n'ai attaché à cette déclaration de Gustave aucune importance, car il me paraissait impossible qu'un vieillard ait pu commettre un tel crime et, au fond de moi-même, je continuais à soupçonner Gustave. Je le répète, ce n'est que lorsque mon père m'eut fait ses confidences, que mon doute s'est dissipé. »

Le fait qu'à nouveau un tel souvenir puisse revenir aussi opportunément à Clovis, n'est pas crédible, comme de ne pas croire son frère sans lui faire part de ses doutes ni en discuter avec lui. Ces souvenirs qui lui reviennent chaque fois si fort à propos lors des confrontations, sentent la construction qui se met en place ou se modifie au fur et à mesure. Et d'ailleurs, on voit bien comment les deux frères se renvoient la balle :

« *Gustave Dominici : C'est ce jour-là, en effet, que j'ai dû dire à Clovis ce que m'avait déclaré mon père. Lorsque j'ai retrouvé mon frère au quartier de Saint-Pons, après ma sortie de prison, il m'a rapporté qu'il avait reçu lui-même la confidence de notre père.*

Le juge : Voulez-vous indiquer les raisons pour lesquelles, au début de l'audition de ce jour, vous avez déclaré que votre père ne vous avait jamais confié qu'il était le meurtrier ? »

Gustave répond par un haussement d'épaules. Et le juge, qui commence à perdre patience, décide de l'entendre seul une nouvelle fois. Clovis sort.

> « *Le juge : Votre comportement dans cette affaire est inconcevable. Si les contradictions, les dénégations relevées dans vos déclarations étaient, dans une certaine mesure, admissibles avant le 15 novembre dernier, elles ne le sont plus depuis que votre père a reconnu être le meurtrier de la famille Drummond.* »

Enfin le juge met ici le doigt sur l'invraisemblance psychologique majeure de tout l'échafaudage des dénonciations. Mais il n'insiste pas et, in fine, n'en tirera donc aucune des conséquences comme il aurait dû et comme le fera le commissaire Chenevier[1]. Pour le juge, continuer à tresser un tel tissu d'invraisemblances ne sera jamais « *qu'une réaction de défense personnelle de Gustave* ». Mais à la fin, de quoi Gustave aurait-il à se défendre alors qu'il était sorti d'affaire ? Le juge récapitule :

> « *En reconnaissant, le 13 novembre dernier, que votre père vous avait confié être le meurtrier vous avez d'abord prétendu n'avoir jamais vu la carabine du crime. Vous deviez dire le contraire le lendemain et le confirmer par la suite en prétendant que vous ne l'aviez vue qu'une ou deux fois et très peu de temps avant le 5 août 1952. Cela est invraisemblable. Entendu le 5 décembre 1953, vous avez encore soutenu que votre père vous avait fait ses confidences le 5 août 1952 à 4 h du matin. Dans votre déposition du 17 décembre 1953, après une confrontation avec Paul Maillet, vous avez reconnu que ce n'était pas à 4 h du matin que votre père vous avait parlé, mais peu après 2 h. Cette déclaration, vous l'avez confirmée le 28 décembre 1953. Vous deviez vous rétracter le 30 décembre 1953, en présence de votre père, et nous dire quelques heures après ou plutôt nous expliquer votre attitude du matin en nous disant que vous n'aviez pas eu le courage de maintenir vos accusations en présence de votre père. Entendu ce jour, vous déclariez tout d'abord que vous ignoriez tout des conditions dans lesquelles avait été commis ce crime et que votre père ne vous avait jamais dit être le meurtrier. Nous avons dû faire appeler votre frère Clovis et le confronter avec vous pour obtenir le maintien de vos déclarations antérieures. Je vous le répète : votre attitude est incompréhensible.*
>
> *Gustave Dominici : Depuis l'arrestation de mon père, je suis sans arrêt harcelé par ma famille. Mes frères, sœurs et belles-sœurs, ne voulant pas croire que mon père ait commis un tel forfait, me reprochent de l'avoir accusé. Dès le début, cependant, je leur ai dit la vérité, je leur ai rapporté ce que mon père m'avait dit le matin du 5 août 1952, à deux heures. Personne ne veut me croire. Je ne sais plus où j'en suis, vous devez le comprendre. C'est cependant de ma propre initiative que j'ai*

---

1 Rapport en cote C 401 déjà cité, p. 83.

écrit à mon père. Je voulais lui donner du courage. Malgré tout, c'est mon père. Il a travaillé toute sa vie pour nous élever. Aussi, je n'aurai jamais le courage de répéter en sa présence ce qu'il m'a dit le matin du 5 août 1952. »

À charge contre Gaston, voilà expliquée au moins une raison plausible des revirements de Gustave. Si on comprend bien une telle attitude de sa part, répétons qu'il apparaît, à décharge, inexplicable qu'elle ait été endossée par la famille et sûrement dirigée par Yvette aux décisions de laquelle son mari est complètement soumis. Cette dernière est à même de parfaitement comprendre combien elle met son mari en péril d'être accusé au pire de complicité et au moins de faux témoignages et manipulation des lieux destinés à égarer la justice. Le juge Périès, ignorant ce qu'il est passé devant son greffier à propos de la carabine, enchaîne :

« *Une chose est inexplicable. Vous prétendez encore n'avoir vu la carabine américaine qu'une fois avant le crime. Or, votre frère Clovis l'a répété il y a un instant devant vous : lui-même avait vu cette arme pour la première fois dès juillet 1951. Lorsque vous avez parlé de cette arme, au Palais de justice de Digne, le dimanche 15 novembre 1953, vous lui avez dit cependant qu'elle se trouvait à La Gran'Terre depuis le passage des troupes américaines.*

Gustave Dominici : J'ai dit simplement à Clovis qu'elle devait s'y trouver depuis le passage des troupes américaines et que c'était mon père qui avait dû se la procurer. C'était simplement, là, supposition de ma part. Je vous le répète, moi, je ne l'ai vue qu'une fois et tous les membres de notre famille, en dehors de Clovis, prétendent qu'ils ne l'ont jamais vue. Il faut donc supposer que mon père l'avait camouflée et qu'il ne l'avait placée dans la remise que peu de temps avant le crime. Lorsque je l'ai vue moi-même, c'était après le départ de mon frère Aimé. Je ne puis préciser davantage. Clovis dit qu'il n'y avait qu'un chargeur. Moi, j'en ai vu deux ! Lorsque je vous dis que je ne l'ai vue qu'une fois, je veux vous faire comprendre qu'une seule fois mon attention s'est portée sur cette arme. Elle est sans doute restée à la même place, mais je n'y ai plus prêté cas. »

Répétons que le juge avait bien compris l'incohérence de la persistance et de la complexification de cet imbroglio qui n'avait plus de raison d'être après les dénonciations et les aveux. Mais il n'a pas saisi que cela signifiait tout simplement que la carabine n'appartenait pas à Gaston et qu'elle ne s'était jamais trouvée bien en vue, et non *camouflée*, dans le hangar, endroit invraisemblable pour cacher une arme, et de guerre de surcroît.

À 19 h, Clovis est libéré. Le juge garde Gustave et veut lui faire dire que ce sont ses frères et sœurs qui lui ont dicté sa lettre. Mais Gustave affirme qu'il est seul à en avoir décidé. Le juge n'en tirant plus rien, le libère également.

De ces dernières auditions et confrontations des frères, on constate qu'à part quelques petits cailloux que le juge ne ramasse pas, il ne ressort rien de nouveau, et que le juge, malgré son irritation et de guerre lasse, laisse file

La frénésie épistolaire va encore produire deux lettres dont le juge ne tirera aucune conclusion, pas plus qu'il ne s'interrogera sur la survenance de cette technique, de toute évidence destinée à lui faire passer de petits messages. En vain.

Lettre du 28 janvier (cote D 272)
Gaston junior écrit à son frère Clovis :

> « *Je sais beaucoup de choses que je ne mettrai pas dans cette lettre. Mais fait attention car ce que tu as fait c'est chose la plus odieuse qui a jamais existé. Tu ne connais pas la police. Ne te crois pas soutenu par elle. Car il y a plus haut qu'eux. Et maintenant que je sais je ferai tout pour que la vérité sorte. Et surtout crois-moi.* »

Que savait Gaston junior ? Et Clovis se croyait-il soutenu par la police ? Pourquoi ? Et qu'y-aurait-il de *plus haut qu'eux* ? Toujours ces insinuations convergentes que tous se renvoient de dénoncer et qui ne débouchent jamais. Mais pas plus que les autres non seulement Gaston junior ne fera pas *tout pour que la vérité sorte*, mais il ne fera plus rien. Et d'ailleurs le juge finit par s'en douter, et ne l'interrogera même pas sur ses insinuations.

Lettre du 29 janvier (en cote D 271[1])
Curieuse réaction de Clovis. Il ne répond pas à son frère, mais il écrit à Barth. Pourquoi s'adresser à Barth ? Pour faire faire taire Aimé ?

Et comment cette lettre est-elle venue entre les mains du juge ?

La lettre n'en dit rien. Mais elle demande d'intervenir auprès de Gustave, afin qu'il arrête de revenir sur sa dénonciation, en essayant au contraire de le persuader de continuer à charger « *le vieux bandit* » responsable de tout « *le mal qui nous fait tant souffrir* ».

Le juge convoque Clovis. Il apprend que lors d'une rencontre fortuite avec le commissaire Canale des RG, Clovis avait appris ce qui se serait dit lors d'une confrontation entre Gustave et son père, et il avait été averti d'une prochaine confrontation[2]. La lettre à Barth était donc destinée à contenir les rétractations de Gustave. Clovis déclare que la lettre a été écrite à l'initiative de sa femme[3]. Mais il endosse entièrement la responsabilité de son contenu, de sa signature et de l'envoi. Il dit Gustave manipulé par Yvette et leurs sœurs, et il s'en inquiète : en voulant innocenter le père, elles risquent seulement de rediriger les soupçons vers Gustave. Or ce dernier ne serait coupable de rien.

---

1 En fait, la lettre D 270 était adressée à Barth « *et sa famille* ».
2 PV du juge Périès en date du 20/3/53 à 10 h (cote D 287).
3 PV du juge Périès en date du 20/3/53 à 10 h 30 (cote D 288).

Et c'est ce qu'il voulait dire à Barth dans l'intérêt même de sa fille. Mais il n'a pas été entendu et conclut par une sorte d'aveu :

« *Gustave ne peut pas parler autrement qu'il ne l'a fait avec moi.* »

N'est-ce pas lâcher que c'est bien lui qui dicte à Gustave ce qu'il doit dire. Le juge lui rappelant que Gustave lui aurait confié connaître la culpabilité de leur père dès le 7 ou 8 août 1952, Clovis fait à nouveau cette réponse extraordinaire :

« *J'avais oublié ce détail.* »

Le juge s'indigne : leur père auteur d'un tel massacre gratuit serait donc un *détail* ! Clovis s'emberlificote en répétant qu'il n'arrivait pas à croire que c'était son père et soupçonnait quand même son frère Gustave jusqu'à leur conversation de Saint-Pons vers Noël 52. Mais bien sûr, il n'apporte toujours aucun élément convainquant et vérifiable.

En revanche, cette lettre suggère d'autres questions que le juge ne pose pas. D'abord, pourquoi écrire ? Sinon pour que je juge le sache. Sinon Clovis aurait eu aussi vite fait d'aller voir Barth, qui est un camarade habitant à une douzaine de kilomètres seulement, et de traiter la question de vive voix, ce qui aurait été plus discret. D'ailleurs, c'est ce qu'il lui propose de faire si celui-ci a quelque chose à lui répondre. Mais il suggère aussi que Barth pourrait écrire à Gustave, ce qui se justifierait encore moins au vu de leur lien familial et de leur proximité. Mais comme on a déjà vu que Clovis fera une sorte d'attestation publiée dans *Détective*, il est évident que ce qu'il veut c'est laisser des traces formelles de sa position. On doit alors se demander à qui étaient destinées toutes ces *traces* ? Car c'est justement la question principale que suggère la lettre à Barth. À qui la lettre s'adressait-elle à travers lui ? D'abord à Gustave, bien sûr. Mais c'est faire semblant d'ignorer que ce n'est pas seulement ses frères et sœurs qui dirigent Gustave, mais principalement Yvette. Et ce n'est sûrement pas sans l'assentiment, le conseil, voire l'ordre de son père. La lettre a manifestement pour but d'assurer Barth que lui Clovis ne faiblira pas, et que Barth doit inciter Gustave à faire de même. S'adresser à Barth voudrait-il dire que le *plus loin* se situerait en fait au-delà de lui, c'est-à-dire en direction du Part ? Et la question deviendrait alors : en quoi était-il nécessaire à Clovis de donner au Parti un gage de cette sorte ? Bien sûr, personne n'osera même regarder dans cette direction ni poser la moindre question, et même encore aujourd'hui. Le juge posera néanmoins une dernière question, et cette fois la bonne :

« *Votre père prétend aujourd'hui que la carabine vous appartenait et que vous l'aviez peut-être prêtée à votre neveu, Roger Perrin.* »

Notons qu'on ne trouve pas trace aux PV de ce dire de Gaston constituant pourtant un nouveau petit caillou sur la propriété et le périple de l'US-M1. Mais Clovis nie bien sûr, et comme tout au long de cette affaire, le juge n'insiste pas.

QUELQUES AUTRES COMPLÉMENTS

Enfin mais en vain des expertises

Ballotté et lassé par tous ses interrogatoires et confrontations sans résultat, on a déjà dit que le juge va tenter de faire parler certains indices matériels. Enfin. Il va ainsi auditionner toute la famille sur les questions de chasse et d'armes. Sans résultat, bien sûr. Il va aussi faire saisir, hélas bien tardivement, les armes de La Serre et celles de Clovis, pour s'intéresser enfin à la comparaison de leur graissage avec celui de la carabine US et des armes saisies à La Gran'Terre. On ne peut que s'étonner qu'une telle expertise vienne si tard. Car, on l'a dit, les conclusions auraient pu être connues dès août-septembre 1952 et auraient pu orienter tout autrement soupçons et investigations.

Ainsi on l'a déjà vu, le rapport de l'expert Ollivier en date du 9 mars[1] va conclure que le lubrifiant des armes de La Serre ne peut être confondu avec celui de la carabine et des armes de Clovis. En revanche, le lubrifiant des armes de Clovis est très proche de celui de la carabine. Enfin, celui de la carabine est très différent de celui des armes de La Gran'Terre. Dans un rapport complémentaire du 27 mars[2], l'expert précise que l'analyse spectrographique du lubrifiant des armes de Clovis et de la carabine montre une composition faite d'huile végétale avec des traces d'huile ou de graisse minérale. On l'a déjà vu aussi, après analyse des huiles d'olive de Clovis, le professeur Ollivier confirme, le 9 avril[3], son précédent diagnostic : seul le graissage des armes de Clovis présente une très forte similitude avec celui de la carabine. En revanche, tous les graissages des autres armes sont très nettement différents.

On peut alors se poser légitimement la question de savoir pourquoi cette conclusion, même si elle n'est pas absolument formelle, n'a pas plus retenu l'attention du juge. En effet, elle induit que la carabine était, sans plus aucun doute possible, au moins entretenue par Clovis, mais sûrement ni par Gaston ni par Gustave. Il semblerait donc que le juge, pas plus que la Cour à sa suite, n'ait voulu introduire cette donnée qui, même si elle ne ruinait pas complètement la thèse de l'accusation, remettait un peu plus en question sa seule base matérielle. Et, à nouveau, il apparaît que personne ne le voulait, car même la défense ne se servira pas de ces expertises. Et de se reposer encore la même question subsidiaire : pourquoi Clovis jouissait-il d'une telle immunité ?

1 Rapport n° 2657 du professeur Ollivier en date du 9/3/54 (cote D 274).
2 Rapport n° 2721 du professeur Ollivier en date du 27/3/54 (cote D 289).
3 Rapport n° 2785 du professeur Ollivier en date du 9/4/54 (cote D 290).

Les 12 millions

Pendant l'instruction, une rumeur murmure que le juge Périès aurait reçu un relevé de compte de Gaston qui aurait porté un solde de « *douze millions*[1] », soit environ 285.000 € 2016, ce qui était alors une somme considérable. Alors que la rumeur circulera encore à l'époque du procès, on ne trouve signalé nulle part qu'une enquête ait été menée auprès des banques et caisses d'épargne de la région avant le supplément d'information[2] in fine, sans résultat. Gaston n'ayant apparemment pas de compte bancaire, mais ce n'est précisé nulle part, ces recherches n'ont concerné que les comptes de Gustave et de Barth. Au fait, pourquoi Barth ? Seulement à cause d'Yvette ?

Clôture de l'instruction

Pendant tout ce temps, Gaston vit sa prison comme « à *l'île d'Elbe* », selon sa propre expression, persuadé de revenir bientôt triomphalement à sa Gran'Terre. Car il ne doute plus d'être acquitté. Une telle certitude pourrait-elle lui venir de ses défenseurs au vu de l'analyse du dossier que Gaston est bien incapable de faire. Mais, un avocat s'aventure-t-il jamais à assurer un tel espoir ? Même si ses avocats ne peuvent ignorer combien l'affaire est instruite à charge sans tenir compte de tout ce qui vient d'évidence à décharge, et ils savent combien, surtout aux yeux d'une Cour et de jurés, des aveux même incohérents primeront toujours sur tout le reste.

Avant de clore l'instruction, le juge procède à une dernière audition de pure forme de Gaston le 21 avril[3]. Ce dernier fait face, serein et parfois ironique lorsque le juge lui récapitule tout le dossier. Rien ne le trouble : il se redit innocent et assure qu'il confondra ses fils devant la Cour d'assises. Puis il aurait conclu avec un réel sens théâtral, même s'il apparaît grandiloquent et de mauvais goût à des oreilles académiques[4] :

> « *Si je suis condamné, je ne veux pas de guillotine, je veux être brûlé comme Jeanne d'Arc, exilé comme Napoléon ou crucifié comme le Christ.* »

Le 27 avril 1954, l'instruction est donc close et le dossier renvoyé devant la chambre des mises en accusation de la Cour d'appel d'Aix-en-Provence.

Conclusion

Il apparaît de façon évidente que l'instruction a été menée sans protocole ni méthode, de façon à composer une image en mosaïque collant au scénario du commissaire Sébeille, selon le canevas sommaire des aveux qui ne

---

1 Giono (oc p. 683), qui était, rappelons-le, employé de banque à Manosque.

2 PV n° 424/135 du commissaire Chenevier en date du 14/2/56 (cote C 398) avec toutes les nombreuses annexes bancaires. On peut noter la difficulté de ce genre de recherche où il faut aller chercher dans chaque banque ou caisse. Contrairement à ce qu'on croit, il n'existe toujours pas aujourd'hui de fichier central des comptes tenu par la Banque de France.

3 PV récapitulatif du juge Périès en date du 21/4/54 (cote D 301).

4 Selon Jean Laborde, oc p. 319, mais on n'en trouve pas mention dans le PV en cote 301.

contiennent tout au plus que ce qui était été connu de Gaston depuis le premier jour, contredisant les autopsies, la balistique et les éléments matériels qu'on a signalés au fur et à mesure, tout en conservant un mobile ahurissant. Les multiples versions des dénonciations de ses fils ne contiennent aucun élément nouveau, inconnu ou surtout vérifiable, montrant seulement leur embarras à construire une dénonciation cohérente. La seule preuve étant l'entrepôt de l'arme dans le hangar, mais à un endroit où elle n'a jamais été, et qui a été convenu entre les fils sur instigation de Clovis devant le greffier. Même l'analyse des huiles ne changera rien au cours des choses. Et surtout Gustave, mais aussi Clovis, se sortiront de cette instruction sans la moindre mise en cause. Dont acte. Après la clôture de l'instruction, la défense soulève un incident et dépose un premier recours en cassation.

Premier recours en cassation

Un avocat près la Cour de cassation étant obligatoire, c'est Me André Mayer[1] qui est chargé de déposer la requête, car on ne plaide pas devant cette Cour. Notons à nouveau que Gaston bénéficie de l'un des plus grands (donc très cher) parmi les avocats près la Cour de cassation. La requête expose trois motifs de recours : un sur le fond et deux sur la forme.

Sur le fond, elle conteste le fait que Gaston ait été inculpé non pas après ses aveux, comme le voudrait normalement la loi du 8 décembre 1897, mais seulement le lendemain dans le fourgon le ramenant à Digne, après la reconstitution. En effet, pendant ce temps, y compris la reconstitution, Gaston n'étant pas inculpé, était entendu en qualité de témoin, donc sans avocat. Ce qui apparaît paradoxal à Me Floriot (oc p. 127). André Mayer soutient à juste titre que le juge Périès a pris cette décision pour ne pas avoir les avocats de la défense en face de lui lors de la reconstitution, car ceux-ci n'auraient pas manqué de faire ressortir les invraisemblances comme les discordances et incohérences entre les aveux, les faits avérés, les indices matériels, mais aussi le déroulement des opérations. Gaston n'a pas réellement agi de son seul fait, mais il a obéi aux injonctions comme de nombreux journalistes présents le rapportent ou un film le montre, même si certains ont écrit le contraire. Toujours ceux de droite contre ceux de gauche. Il demande donc l'annulation de la reconstitution qui devrait être refaite. Mais la Cour en décide autrement et donne quitus au juge. C'est une nouvelle anomalie, et de taille cette fois. Car cet arrêt de la plus haute juridiction, est toujours considéré par tous les spécialistes du droit criminel, comme ayant complètement vidé de son sens l'esprit même de la loi de 1897.

Sur la forme, le juge a interrogé Gaston pour la dernière fois en oubliant de noter la communication préalable du dossier d'instruction à ses avocats. De même, en fin d'instruction, le greffier n'a pas noté la communication aux

1 Ne pas confondre avec Daniel Mayer, deux fois ministre de 1946 à 1949, et encore avec René Mayer, garde des Sceaux de 1949 et 1951, puis président du Conseil en 1953.

avocats de l'ordonnance de renvoi devant la Cour d'assises. Bien que portant ici atteinte aux droits de la défense mais de façon mineure, ces nouvelles étourderies vont toujours dans le même sens d'un certain défaut de rigueur. Au passage, ce défaut de communication du dossier aux avocats permet de se demander comment ils ont pu l'étudier pour préparer sérieusement la défense. La Cour donne acte de ces deux manquements, casse les deux procédures, et renvoie devant la Cour d'appel de Grenoble pour en juger. En fait, au contraire de ce qui se serait passé avec l'argument précédent, cet arrêt-là sur la forme ne remet rien en cause du fond. Mais peut-être la Cour de cassation avait-elle voulu entrouvrir la porte de façon discrète et sans en préjuger, bien sûr. Car, comme il se doit, liberté est laissée à la Cour d'appel de Grenoble d'en profiter ou non. Gaston y est transporté. Interrogé par le Premier président, il réitère sa position. Et le Premier président ne creusant pas plus avant, rétablit seulement les actes manquants.

Ces recours, s'ils n'auront aucune incidence sur la recherche de la vérité, montrent en revanche que la Cour de cassation a pris le risque de vider une loi fondamentale de son sens pour, de toute évidence, éviter une nouvelle reconstitution en présence de la défense. Car la Cour savait bien, ne serait-ce que par la presse, que Gaston n'était plus disposé à renouveler les mêmes gestes, et surtout que la défense n'aurait pas manqué cette fois de faire ressortir tous les éléments discordants ou impossibles. Et tout se passe comme si, jusqu'au plus haut niveau de l'appareil judiciaire, on n'ait voulu à aucun prix une remise en cause, même indirecte, du livret de l'accusation. La question vient donc tout naturellement d'en chercher la raison.

Bien sûr, on peut attribuer une telle attitude à un banal réflexe d'autodéfense de l'institution. Tous les corps constitués, et plus particulièrement celui des plus hauts magistrats, réagissent avec une extrême susceptibilité, même s'ils s'en défendent. Si la Cour de cassation ne se gêne pas pour déjuger les magistrats, surtout s'il s'agit, comme ici, d'un obscur juge d'instruction d'un fin fond de province, elle se montre extrêmement sourcilleuse sur tout ce qui touche à son indépendance. Contrairement à une idée reçue et à la thèse d'un complot d'État, les hauts magistrats de cassation refusent l'idée même de recevoir des consignes. De qui d'ailleurs et ici pour quelle raison ? Sauf affaire très sensible au plan politique, ni le garde des Sceaux, ni le président du Conseil[1], ni le président de la République ne s'y hasarderaient au risque du scandale pour une forfaiture. Mais bien sûr, il n'est pas exclu que la chose puisse se faire, avec d'extrêmes précautions, de façon personnelle, orale et confidentielle, donc extrêmement officieuse et sous une forme seulement suggérée avec habileté. Dans le cas présent, il aurait fallu que la cause vaille le risque pour approcher sinon le Premier président de la Cour de cassation, ou au moins le président de la chambre criminelle et ses assesseurs, mais aussi l'avocat général. Ce qui fait beaucoup de très hauts

1 Rappel : c'est le titre du Premier ministre sous les IIIe et IVe Républiques.

magistrats. L'intervention apparaît donc très peu probable, quoi qu'en pense les conspirationnistes de tous poils. Car, contrairement à ce qu'on croit trop facilement, de telles interventions sont très rares, et pour tout dire inutiles, sinon désastreuses. En fait, il n'en est nul besoin. Car tout individu comme toute groupe social sait plus ou moins consciemment, où se trouve la *vérité de la norme*, comme l'a bien dit l'ancien procureur général, Philippe Bilger, et tout justement à propos de l'affaire Dominici. Or la norme ne concerne aucune vérité factuelle, c'est-à-dire portant sur la réalité des faits. Elle représente seulement une convention tacite de ce qui doit être considéré comme convenable, sinon convenu, à une époque donnée. Ainsi, en chaque matière, chacun sait où passe la ligne rouge. Sauf à la franchir par un acte délibéré souvent très lourd de conséquences pour une carrière, son respect s'impose quasi naturellement et inconsciemment, surtout quand ce respect va dans le sens du penser et du juger *correct* du moment selon ce qu'on nomme un paradigme. L'anomalie n'apparaît qu'au moment où cette *vérité de la norme* a évolué. Et c'est ainsi qu'on se trompe souvent très lourdement en envisageant la vérité de la norme de cette époque avec la vérité de celle d'aujourd'hui. Hélas, pente naturelle de l'esprit fort répandue, mais trompeuse.

Quoi qu'il en soit, au moment où il reçoit en prison l'assignation à comparaître devant la Cour d'assises, Gaston montre toujours sa même et curieuse certitude. Il lance à ses gardiens[1] :

> « *Je ne moisirai pas ici. On est en octobre. Dans un mois au plus tard je serai acquitté.* »

À nouveau, d'où tient-il cette assurance ? En mars 1955, il confirmera au commissaire Chenevier que, jusqu'au bout, il pensait bien être acquitté[2], et il l'aura entre temps déjà répété au juge Batigne[3].

Les recours forclos et le dossier transmis à la chambre criminelle de la Cour d'appel d'Aix-en-Provence, celle-ci va mettre en route la procédure de jugement en Cour d'assises.

*

1 Rapporté par Jean Laborde oc p. 323.
2 PV n°1 du commissaire Chenevier en date du 19/12/54 (cote C 5).
3 PV du juge Batigne en date du 4/3/55 (cote C 21).

XIII

LE PROCÈS DEVANT LA COUR D'ASSISES

La Cour d'assises des Basses-Alpes

Le procès va donc se dérouler devant la Cour d'assises des Basses-Alpes. Comme de nombreuses bêtises ont été écrites à ce sujet, rappelons qu'une Cour est constituée au chef-lieu du département, session par session en fonction des crimes à juger[1]. Ceux-ci étant rares dans les Basses-Alpes d'alors, seule l'affaire de Lurs figure à cette session siégeant entre le 17 et le 28 novembre 1954.

Une Cour d'assises est présidée par un conseiller à la Cour d'appel dont dépend le département, donc ici d'Aix-en-Provence. Il est désigné à cette fonction de président pour cette seule session. Ce sera Marcel Bousquet, assisté de deux conseillers[2]. De même, le Procureur général de la Cour d'appel désigne un substitut[3] pour faire office d'avocat général, ce sera Calixte Rozan. Ici, et pourquoi à titre exceptionnel, le procureur de Digne, Louis Sabatier, assiste-t-il l'avocat général ? Un greffier, ce sera le même Émile Barras, fait office de secrétaire et rédige un compte rendu sommaire des débats mais surtout le détail des décisions.

Les jurés, désignés pour une seule session, ressortent d'une série complexe de tirages au sort et de vérifications. La défense qui peut récuser jusqu'à quatre jurés, récuse ici une femme. Restent cinq cultivateurs et deux bouchers dont l'un à la retraite. Deux jurés suppléants ne siègeront pas. Nous verrons plus loin ce que ces jurés ont pensé de ce procès.

L'accusé Gaston Dominici est donc défendu par MM[es] Émile Pollak et Pierre Charrier du barreau de Marseille, auxquels ont été adjoints Me Léon Charles-Alfred avoué plaidant à Digne, assisté de son fils Bernard. Les ayant droit des Drummond, dites parties civiles, sont représentés par Me Claude

---

1 Le droit criminel établit trois degrés en matière pénale : les fautes, les crimes et les délits. Seuls les crimes (assassinat, meurtre, rapt, viol, séquestration, vol à main armée, etc) sont jugés en cours d'assises.

2 MMrs Roger Combas et André Debeaurin. Conseiller est le titre de tous les magistrats du siège d'une Cour d'appel, en dehors des présidents de chambre et du Premier président de la Cour d'appel.

3 Tous les magistrats du parquet sont procureurs ou substituts.

Delorme[1], avocat au barreau de Marseille assisté de Me Charles Tartanson, du barreau de Digne.

Le président, aidé de ses deux assesseurs, mène les débats, théoriquement à égalité entre charge et décharge. L'avocat général intervient à charge, comme l'avocat de la partie civile. Les avocats de la défense à décharge. Le verdict est prononcé à la majorité des jurés réunis à huis clos sous la houlette du président. La teneur des délibérations et du vote individuel, est frappée du secret.

L'ambiance générale

Dans cette petite ville pas mal endormie et grelottante dans l'hiver, le procès est un évènement considérable avec des magistrats d'Aix-en-Provence, de grands avocats de Marseille, des personnalités, des envoyés spéciaux, la presse régionale, nationale et même internationale, des véhicules radios et beaucoup de curieux. Ce sera l'un des premiers événements de cette ampleur de l'ère médiatique.

Mais dans les conditions de cette petite ville, l'ambiance autour de ce procès va favoriser certaines promiscuités qui scandaliseront notamment les Anglais et quelques grands avocats parisiens. Manquant à leur devoir de réserve, les magistrats entretiendront des relations avec les uns ou les autres en se livrant à des confidences, tandis qu'avocats, policiers, témoins et journalistes buvaient ensemble le pastis, mangeaient à la même table et jouaient même à la belote[2].

Le public

La salle étant trop petite pour accueillir tout le public. Auront priorité la famille, la presse et les personnalités. Parmi celles-ci Jean Giono et Armand Salacrou qui seront assis sur l'estrade derrière la Cour. Ils auront ainsi un point de vue privilégié en voyant les gens à la barre et la salle de face, et entendront-ils mieux les dépositions et verront-ils bien les réactions sur les visages. Outre Giono, Salacrou et quelques moindres personnalités, tout le monde a remarqué une présence insolite, celle d'un grand commissaire parisien.

La présence du commissaire Gillard

C'est l'adjoint direct du commissaire Chenevier, Sous-directeur des Affaires criminelles. Mais bien sûr, comme il n'est pas encore question de supplément d'information, personne ne sait pourquoi le commissaire Gillard est *descendu de Paris* pour suivre le procès. Le commissaire laisse entendre qu'il a été envoyé là en observateur parce que le ministre veut se tenir informé au jour le

---

1 Il était député socialiste SFIO de la circonscription de Digne.

2 Me Pollak aurait même gagné un tournoi pendant le procès. Selon Pierre Scize (oc p. 313), dans la salle d'attente des témoins aux assises, Sébeille et Constant jouaient à la belote avec Maillet et Panayoutou. Il faut savoir que Me Pollak était un grand turfiste, donc très joueur.

jour. Mais de quel ministre d'agit-il ? Ce n'est pas le garde des Sceaux[1] qui n'aurait jamais missionné un policier puisque disposant de toute la hiérarchie du parquet à cet effet. C'est donc le ministre de l'Intérieur. Mais pourquoi diable François Mitterrand, en pleine tourmente avec le terrorisme FLN en Algérie, alors départements français, s'intéresserait-il de façon aussi attentive au déroulement de ce procès *paysan* d'un fin fond de province ? Sauf s'il y avait quelque situation très particulière pouvant intéresser le niveau national ou menacer l'ordre public. Mais alors lequel ? Il se dira que c'est à cause des victimes anglaises et du renom de Sir Jack. Soit. Mais la mission de la police étant terminée, faire suivre les audiences par un haut fonctionnaire de police plutôt que du quai d'Orsay, serait apparu d'une certaine façon, comme une sorte d'ingérence, sauf accord entre les ministres.

En fait, personne ne se doute de la raison de la présence du commissaire Gillard, sauf les magistrats, les policiers et la défense. Lors du procès, que se passerait-il si la défense venait à sortir une partie du dossier frappée du cachet *Secret* en rouge, et à vouloir s'en servir ? Le commissaire a donc été envoyé pour pouvoir être, le cas échéant, appelé à la barre et pouvoir témoigner que la porte ouverte par la piste d'un commando de l'Est venu d'Allemagne exécuter Sir Jack, a été fermée pour affabulation. Mais on n'aura pas besoin de le faire. La magistrature comme la police, respectera jusqu'au bout le cachet *Secret*, mais aussi la défense pour qui ce silence pose question. En effet, elle avait là un moyen, sinon de disculper Gaston et La Gran'Terre, du moins de demander le renvoi pour supplément d'information. Si elle ne l'a pas fait, est-ce vraiment parce qu'elle ne croyait pas à une mission commando contre Sir Jack, comme Jean-Loup Charrier le fait dire à son père ? Mais l'objectif de la défense n'est-il pas d'utiliser tous les moyens pouvant servir la cause de son client ?[2] Sauf bien sûr ceux dérogeant à l'éthique. Or ici on ne voit pas où pourrait intervenir un tel argument, même si les avocats ne croyaient pas au commando. Au moins pouvaient-ils à la Cour d'en juger. Pourquoi ne l'ont-ils pas fait ?

LES AUDIENCES

Bien sûr, selon les auteurs et les médias, l'enchaînement et surtout le contenu des audiences varient[3]. Déjà, aucun auteur ne rapporte l'ensemble des

1 Jean-Michel Guérin du Boscq de Beaumont, ancien du quai d'Orsay.

2 N'a-t-on pas vu Me Bottaï devenu avocat des Dominici, venant au *Dossiers de l'écran* en 1980, exposer la thèse, sans rien à l'appui de comparable à l'enquête de Stuttgart, d'une correspondance secrète entre Churchill et Mussolini, perdue dans le crash d'un avion, et que Sir Jack serait venu récupérer.

3 Par exemple, Madeleine Jacob décale les audiences à partir du 19. Ainsi, elle confond les 9e et 10e audiences en une seule pour terminer le procès à la date. Au passage, certains

interventions[1]. Le *Compte rendu des débats* (cote F 19) par le greffe répertorie, sur 48 pages seulement, les étapes de procédure et les incidents, sans rendre compte que très exceptionnellement et sommairement des dépositions et échanges lors des débats. Pour le détail, force est donc de se référer avec un indispensable recul critique, à la comparaison des divers comptes rendus qu'en ont donnés les journalistes et les auteurs, de préférence présents, bien sûr. On notera ainsi lesquels des passages sont rapportés ou omis.

Des débats au verdict

L'analyse sous-détaillée du procès n'est donc plus possible. Il faut donc s'en tenir à ce qui a été publié par la plupart des ouvrages et par la presse, bien que tous n'en donnent pas exactement les comptes rendus. D'une façon générale, il en ressort que les audiences n'ont guère fait avancer la recherche de la vérité. En revanche, quelques anomalies vraiment *extra ordinaires* vont survenir et s'ajouter aux autres anomalies d'enquêtes et d'instruction. Et ces anomalies ont largement contribué à perpétuer la confusion, tout en étant révélatrices d'une même constante.

À nouveau, la question du langage

Dès l'interrogatoire de l'accusé au premier matin, tous les chroniqueurs noteront le problème du langage[2], qu'on a déjà mis en évidence, et comme Jean Giono et Roland Barthes l'ont fait beaucoup mieux. Par exemple très démonstratif : le président demandant à Gaston par où il est *allé* au bivouac, celui-ci fronce le sourcil avant de répondre qu'il n'y a *pas d'allée* entre la ferme et le lieu du drame.

On l'a déjà dit, il ne s'agit pas seulement d'une question de transcription du parler provençal en français académique et vice-versa, mais de la différence entre la langue de ce monde paysan et celle de la ville. Il s'agit aussi de l'important décalage entre le langage courant et le technolecte juridico-policier. Car, non seulement ce dernier manipule un jargon très particulier, mais il sous-entend des références à des concepts de droit et à des usages de procédure qui le rendent encore plus hermétique, ou au moins équivoque pour le bon sens du commun des citoyens, quelquefois même journalistes et encore mieux d'investigation. Que dire alors de ce que Gaston pouvait en saisir. De plus, un procès fonctionne selon des logiques théâtrales et médiatiques où le jeu des acteurs, les entrées et sorties, les entractes, les dialogues et répliques,

---

contenus changent d'audience, comme l'audition de Zézé qui passe du 20 au 22 novembre, à cause du dimanche 21.

1 Jean-Louis Vincent (oc p. 398 à 493) en donne un bon compte rendu, mais avec des considérations psychologiques voire polémiques.

2 Notamment Pierre Scize, qui note que le président fait des efforts qui ne suffisent pas (oc p. 280).

le ton, les gestes, les mimiques et les attitudes ont souvent plus d'importance que l'objectivité des questions en cause[1] :

« *Malheureusement l'éthologie de la conversation nous démontre que, même au cours d'échanges les plus intellectuels, l'essentiel de ce que nous avons à dire est communiqué par notre corps, à notre insu. Si nous devions empêcher les échanges para verbaux en supprimant les postures, les gestes, les mimiques et les tremblements de la voix, nous ne pourrions rien comprendre puisque la transmission par les mots représente à peine 35% du message.* »

Insistons sur *même le plus intellectuel*, car c'est dire ici la difficulté de donner leur vrai sens à des dires rapportés même mot à mot par la seule transcription écrite, donc dépourvus de tout ce contexte para verbal.

Certes, à quelques reprises, Gaston prendra-t-il l'avantage dans ce théâtre. Comme lorsque le président lui demandant, après avoir lentement tissé un entonnoir, si, au moment du crime, Lady Anne était debout ou couchée, Gaston répondra avec une simplicité désarmante qui enchantera la salle[2] :

« *C'est moi qui étais couché.* »

Mais, la plupart des fois, le jeu se retournera contre lui, ce qui infirme la présomption de parfaite habileté et de machiavélisme quasi diabolique, dont tous les partisans de l'accusation à la suite du commissaire Sébeille, font argument. Comment soutenir une telle habileté quand on a déjà vu certaines attitudes et gaffes désastreuses de Gaston, et qu'on va en revoir d'autres lors des débats.

Il les suit normalement assis, accoudé au box, en plissant souvent les yeux et le front quand il a du mal à comprendre. Et, lorsqu'on parle de la petite Élizabeth, on l'a déjà dit, il se tend en avant ou même se soulève. Il laisse ainsi percer une attention assortie d'une émotion qui n'échappe à personne et compte, bien sûr, à charge. C'est à nouveau clairement montrer, à l'opposé de l'insensibilité et du machiavélisme qu'on lui prête, combien le sort de la fillette le touche profondément, alors même que celui de ses parents semblera ne pas le concerner. Mais est-ce suffisant pour en faire le meurtrier de la seule fillette, comme le penseront encore le commissaire Chenevier et son collègue Jean-Louis Vincent ?

On voit aussi Gaston répondre au président en cabotinant, soit qu'il ne se rende pas compte que les questions posées sont des pièges dans lesquels il saute à pieds joints, soit que sa désinvolture résulte de la certitude qu'il va berner son monde et être acquitté. On peut au passage à nouveau reposer la question de savoir d'où lui venait cette certitude : de la réalité de son

1 Boris Cyrulnik, grand spécialiste du sens des comportements, *Parler d'amour au bord du gouffre*, (p. 130 & 131). Il se réfère aux travaux de R. L. Birdwisthell in *Kinescs and Context* (*University of Pensylvania Presse* - Philadelphie - 1970), mais il y en a bien d'autres. Une discipline de décryptage des mimiques du visage a également été mise au point sous le vocable de PNL (programmation neurolinguistique).

2 Giono oc p. 678.

innocence, de son ignorance certaine du fonctionnement de la machine judiciaire, ou alors d'assurances qui lui auraient été données ? Mais alors par qui :

- Ses avocats ? Répétons que ceux-ci pouvaient en effet penser, au contenu du dossier, que Gaston devrait bénéficier au moins du bénéfice d'un large doute. Mais à l'époque ce n'était pas une obligation légale comme depuis. Curieusement, leur comportement durant le procès, comme l'ont noté tous les chroniqueurs, ne montrera pas de réelle détermination à exploiter non seulement les failles du dossier, ni même certains incidents de séances pour le moins extraordinaires. Avaient-ils donc une autre stratégie ? Et laquelle ? À lire ce qu'ils en ont écrit, on en doute et on ne saura jamais.
- La police lors de ses interrogatoires ? Même si le commissaire Chenevier assure que cela ne se pratique pas, surtout de la part d'un collègue comme Sébeille, admirons-le, mais il est difficile de le croire. Car, non seulement la chose est possible, mais on ne peut plus courante, surtout à l'époque. C'est même l'un des moyens les plus souvent employés pour amorcer l'entonnoir des aveux. Témoin en est le célèbre *N'avouez jamais !* de l'anarchiste Vaillant, montant sur l'échafaud, alors qu'on lui avait promis une autre issue s'il passait aux aveux. Le droit français ne fait aucune place au *plaider coupable* qu'on voit utilisé dans le droit américain par exemple, permettant de négocier les peines.

Ici, l'opposition entre ville et campagne transparaîtra aussi, notamment dans un épisode concernant l'un des éléments centraux de l'affaire : l'heure du meurtre différé de la petite Élizabeth, ou encore l'état de ses petits pieds. Sur ce dernier point, on donnera raison au commissaire urbain Sébeille, contre l'avis de médecins de campagne, fussent-ils légistes, gens mieux au fait du diagnostic qu'un commissaire qui, de plus, n'a guère eu le temps de faire ses constats à cause de son arrivée tardive.

On l'a dit, en ce qui concerne l'heure de la mort de la fillette, à l'avis du docteur Dragon ayant examiné la victime le matin même *in situ*, et même des légistes, on préférera celui du docteur Jouve n'ayant jamais vu ni la victime, ni les lieux. Rappelons que le docteur Jouve est un traumatologue réputé qui opère à l'hôpital de Digne. Il est aussi expert assermenté près la Cour d'appel. Ce sera donc la moderne médecine hospitalière urbaine d'une personnalité contre la « *vieille médecine de campagne* »[1]. Et Giono précise : « *si j'insiste sur cette appellation, c'est qu'on y a insisté* ». Mais pas seulement, car le docteur Jouve était une personnalité de la Résistance, ce qui compte encore beaucoup à l'époque[2]. Et on notera au passage que la défense le laissera faire

1 Giono, oc p. 692 & 693.
2 Rappel, le docteur Jouve avait été capitaine de l'AS (armée secrète) et membre des CDL et CLL de Digne (Guy S Reymond – *Histoire de la libération de Digne* - Les Petites Affiches - Digne 1993).

et dire sans réellement intervenir. On l'a déjà dit, le docteur Jouve citera le cas d'un enfant tombé du 2e étage, et qui avait survécu huit heures. Puis le cas d'un homme[1] circulant à Vespa ayant heurté du front un pylône en béton armé « *placé en travers de la route* », qui survécut plusieurs heures. Comme on l'a montré, personne n'a alors pensé que la fillette avait sans doute succombé non pas aux coups, mais par auto asphyxie en inhalant son propre sang.

Le conflit de culture atteindra son apogée lors de la déposition que les Marrian feront pendant la deuxième audience : ils viendront répéter que Gaston les ayant accompagnés sur les lieux du drame, il leur aurait tendu la main pour réclamer un pourboire. Phyllis Marrian ajoute que Gaston aurait fait des mouvements du pouce et de l'index comme on palpe des billets[2]. Mais là, on peut être certain que c'est absolument contraire à ce qu'on sait du personnage. D'ailleurs, Gaston bondira en rugissant et les traitera maladroitement de menteurs. Là encore la défense ne réagira qu'à l'audience suivante, c'est-à-dire trop tard. La charge sera en place.

Car il est évident qu'il s'agit ici d'une méprise ethnologique complète dans l'interprétation d'un geste : alors que le *check hand* est d'origine britannique, de façon générale les Anglais ne se serraient pas la main entre gens de conditions aussi différentes que les Marrian et Gaston. En revanche, en France républicaine, cela se faisait. Mais en Provence, comme dans tous les pays méditerranéens, traditionnellement on ne se serre pas la main. Pour qualifier le geste du bonjour on dit d'ailleurs *se toucher la main*, avec un simple contact, et non *se serrer la main*, geste qui signifie tout autre chose. On tend ainsi la main paume vers le haut, sur laquelle l'autre vient taper la sienne. Et on dit : *Tape cinq !* Une main tendue de la sorte peut en effet ressembler, pour un étranger du nord, à une demande d'aumône ou de pourboire, surtout quand on sait que cette histoire de pourboire est l'un des traits, avec le béret et la baguette, par lesquels, outre-Manche, on a toujours brocardé les Français. Quant au mouvement du pouce et de l'index, sans vouloir offenser la mémoire de Phyllis Marrian, répétons qu'un mouvement des doigts a sans doute été mal perçu, donc interprété, tant il contredit par trop le vieil orgueil de Gaston.

Quoi qu'il en soit, au cours de ce procès, tout le monde et surtout les Anglais se plaindront qu'au lieu des indices et éléments matériels, on s'occupera plus de procès d'intention par le biais de psychologie, sans avoir bien sûr, les moindres compétences en cette matière ou il faut éminemment se défier de subjectivité.

---

1 Il s'agissait de Roger Autheville. Giono, (oc p. 696 et en note 696 b, p. 1499) précise que l'accident a eu lieu quinze jours avant le procès alors qu'Autheville était inscrit au nombre des témoins. Il fait remarquer que le docteur Jouve n'a pas prononcé son nom, et que, dans la salle tout le monde sait mais que « *personne n'a pipé mot* ».

2 Phyllis Marrian avait déposé à ce sujet dans le PV n° 442/11 du commissaire Sébeille en date du 12/12/53 (cote D 234).

MERCREDI 17 NOVEMBRE, OUVERTURE DU PROCÈS

Immédiatement

La plupart des présents constatent que le président Bousquet mène les débats sinon à charge, du moins au pas de charge, au point que l'avocat général n'aura pratiquement jamais à intervenir. Le président va s'émouvoir de ce qu'il s'en dira immédiatement en coulisses puis dans la presse. Et il croira devoir faire une déclaration solennelle à ce sujet. Mais, malgré ses protestations d'impartialité et d'objectivité, par la suite personne ne notera de différence de méthode. Ainsi, les éléments contrariant le dossier seront soit passés sous silence, soit écartés d'un revers, soit tenus pour nuls et non avenus. Il en sera de même pour les témoignages à décharge ou contrariant le *livret* : soit les dépositions demeureront sans suite, soit les témoins ne seront même pas appelés à la barre. Et, curieusement, la défense ne protestera guère comme tout le monde constatera qu'elle l'aurait dû.

Un exemple patent en sera donné dès la seconde audience avec l'intervention du professeur Boudouresque. Au grand professeur de psychiatrie, cité par la défense, la Cour demande si, après les longs interrogatoires de Gaston, un homme de son âge pouvait encore inventer de faux aveux. Comme ses trois confrères experts psychiatres commis[1], il répond que cela ne lui semble, en effet, guère possible. Le président émet alors cette conclusion stupéfiante qui est une manifestation inconvenante de parti pris :

> « *Je vous remercie docteur, parce que c'est extrêmement grave pour l'accusé qui a fait ses aveux après une* (telle) *fatigue.* »

Et Madeleine Jacob (oc p. 84) de faire remarquer que « *la défense laisse passer ça !* ». Surtout qu'en retenant le professeur à la barre, la défense aurait pu lui permettre de rectifier ce qui avait, en fait, été mal compris et donc interprété, comme le professeur le dira d'ailleurs en sortant de la salle. En vain et trop tard. La conclusion à charge du président Bousquet montre que la logique de ce procès va relever d'un genre assez singulier. En effet, on ne peut, dans le même temps, suivre les experts et le professeur Boudouresque en admettant que Gaston n'a pas pu inventer de faux aveux, et constater que ces aveux ne décrivent pas ce qu'il s'est réellement passé, sans parler du mobile sexuel immonde. Car en fait, on l'a vu au fur et à mesure, Gaston n'a guère eu besoin d'inventer. Ce qu'il a dit n'était que ce qu'il avait vu, entendu dire ou pu lire. Consulté après le procès, Me Floriot (oc p. 109 à 133) se fera un devoir de le démontrer, mais alors à quoi bon.

---

1 Rappel : les experts sont commis, c'est-à-dire désignés par les magistrats. Au pénal, ils doivent prêter serment. En revanche, la défense peut appeler à la barre tout expert sans autre formalisme.

L'ensemble des auditions

On ne peut rendre compte de toutes les auditions, d'autant que nous avons déjà tenu compte d'une bonne part de leurs contenus. En suivant le rythme les audiences, nous retiendrons les principales auditions, tout en prenant bien soin de ne pas les choisir en fonction d'a priori et à ne pas inverser l'ordre chronologique des causes et des effets.

Giono (oc p. 1418, note 689 b) trouve qu'on parle beaucoup de Barth, et il se demande pourquoi on ne s'est pas plus occupé de lui. Même s'il sera appelé à la barre, et si sa ferme a été perquisitionnée par le commissaire Sébeille dès septembre 1952 sans résultat, on l'a vu présent et veillant sur sa fille et La Gran'Terre, sans que les enquêteurs se soient réellement préoccupés de son influence et surtout à de ses mensonges. Lorsque Me Delorme, avocat de la partie civile, voudra le rappeler à la barre, le président Bousquet s'y opposera. Nouvelle manifestation de sa volonté d'évitement que relève Pierre Scize (oc p. 359) mais pas la défense. Quelle qu'en soit la raison, cette attitude va toujours dans le même sens.

Ainsi, alors qu'on perd du temps à réentendre longuement Panayoutou, Francis Perrin, le facteur ayant sans doute vu les Drummond à Lurs le matin du 4 août vers 11 h 30, reste dans l'isoloir sans être entendu, et curieusement, à la demande même de la défense cette fois. Ce qui semble bien montrer qu'elle non plus ne voulait pas que certaines parties de la vérité ne viennent au jour, ici sur l'emploi du temps des Drummond.

Le gendarme Marque, lui, n'a même pas été convoqué ni son témoignage seulement évoqué. Ce qui va encore dans le même sens, posant une question importante : pourquoi autant l'accusation que la défense ne voulaient-elles pas évoquer que les Drummond aient pu passer par Lurs en fin de matinée du 4 août et à L'Ermitage en fin d'après-midi ? Rappelons que la partie des aveux de Gaston au commissaire Sébeille sur sa rencontre avec les Drummond *la veille* dans le champ d'oliviers, a disparu de ses aveux devant le juge dès le lendemain, et qu'il ne sera plus question d'y revenir.

Les auditions de la famille, pour spectaculaires qu'elles soient sur le plan psychologique et de la dramaturgie, que tout le monde a comparé à une sorte de tragédie antique, apporteront malgré tout, quelques éléments qui passeront par pertes et profits. Pourtant au moins les dépositions de Gustave, Clovis, Zézé, Yvette et Augusta, auraient pu être déterminantes. Mais elles passeront à la trappe comme tout le reste.

JEUDI 18 NOVEMBRE, SECONDE AUDIENCE

Exposés des experts psychiatres et du professeur Boudouresque cité par la défense. Exposé des docteurs Dragon, Nalin et Jouve, débat sur les blessures et surtout sur la question du moment et des conditions du meurtre de la fillette, l'audition des époux Marrian et l'incident avec Gaston sur la question du *pourboire,* dont on a déjà tout dit. Ensuite exposé du professeur Ollivier, directeur du laboratoire de la police, sur la balistique et le graissage des armes. Puis auditions des témoins Blanc, Moynier et Roche.

Le rapport des experts psychiatres

Les trois experts psychiatres commis en collège, les professeurs André Merland, Joseph Alliez et Henri Roger ont examiné l'état neurologique et mental, puis la personnalité de Gaston. Gaston leur est apparu d'une santé robuste et en parfaite condition pour son âge. Ils n'ont détecté aucun trouble neurologique ou mental, ses facultés étant même « *vivaces* ». Sa mémoire est correcte. Et point important qui ne se sera pas retenu : il ne présenterait notamment aucune propension particulière à l'obsession sexuelle, ni à dissimuler ou mentir. On constate donc que, sur ces derniers points, le portrait contredit quelque peu l'image outrancière qui a été construite par le commissaire Sébeille d'un vieillard alcoolique, tyrannique, colérique, lubrique, libidineux, menteur, dissimulateur et machiavélique. Mais, bien sûr, de l'avis des psychiatres, on ne retiendra que certains aspects à charge sur les outrances ou réserves de Gaston, comme d'avoir refusé de se soumettre certains tests qu'il considère comme des « *c...neries* ». Il s'agissait du test de Rorschach qui interprète ce que suggère des taches symétriques sur un papier plié.

Nous avons aussi déjà noté qu'ils ont conclu qu'à son âge, son état de fatigue au bout des interrogatoires, l'empêchait d'inventer. En revanche, à propos de ce que Gaston prétend avoir oublié des moments cruciaux du déroulement de ses crimes, ils diront que cette «*forme d'amnésie est absolument inconnue en médecine mentale* ». Ce qui signifie que, dès qu'il sortait de ce qu'il savait quasi comme tout le monde, Gaston était incapable de créer des souvenirs qu'il n'a pas, et donc d'inventer la moindre précision de détail comme certains l'avaient bien remarquée. Mais, à nouveau, ce ne sera pas retenu, bien sûr, et surtout pas même utilisé par la défense.

Le rapport balistique

Au moins Giono (oc p. 694) loue-t-il la qualité de ce rapport de l'expert Henri Ollivier. Une curieuse polémique a été entretenue postérieurement à propos des deux cartouches pleines retrouvées au sol, qui auraient été légèrement percutées. Or, on l'a noté déjà, non seulement on ne lit rien de tel dans le rapport d'expertise (cote D 95), mais les photos des culots annexées, très agrandies, montrent sans équivoque des amorces vierges de tout pointage même minime. La raison avancée pour ce soi-disant pointage serait que les cartouches auraient été d'une marque différente de celle de l'arme[1]. Or les armes et les munitions sont toujours fabriquées par des marques différentes. Et rappelons que la *Rock-Ola Manufactoring Corporation* a bien fabriqué des carabines US, jamais de munitions. Il faut seulement que la munition soit compatible avec le type de l'arme, ce qui est ici le cas[2]. Et il n'existe aucun modèle de munition proche du type compatible avec la carabine US, qui est unique.

Il sera également question du graissage des armes dont on a déjà rendu compte, mais dont la Cour ne tirera aucune conclusion. Et on comprend pourquoi : elle aurait été obligée d'admettre que l'arme n'appartenait pas à Gaston mais qu'au moins c'était Clovis qui avait été le dernier à l'entretenir. Mais pourquoi la défense ne s'en est-elle pas servie ?

VENDREDI 19 NOVEMBRE, TROISIÈME AUDIENCE

Auditions de Panayoutou, Jean-Marie Olivier, Roure, Ricard, Romanet et Bouchier, Eyroux et Orsatti, dont on s'est déjà servi. Audition du capitaine Albert qui apporte seule quelque chose.

Audition du capitaine Albert

Cette déposition a fait l'unanimité par son professionnalisme, sa rigueur et son objectivité. Pourtant la Cour n'en retiendra rien, ni surtout aucune modification du scénario du *livret*. Le capitaine apporte cependant quelques précisions. D'abord, les empreintes de semelles de crêpe, que l'identité judiciaire n'a pas pu exploiter à cause de son retard à arriver sur les lieux, « *posaient un problème puisque les pieds semblaient aller dans des directions opposées*[3] ». On a vu ce que cela pouvait signifier en fait. A propos de l'éventuelle course de la fillette, il précise ensuite que le sentier diagonal allant directement du bivouac au pont était alors « *peu formé, avec des touffes d'herbe dispersées*[4] ». Cela augmentait l'agressivité du sentier pour des petits pieds nus. Il redit que, le 8 août, parlant du drame avec Gaston, celui-ci aurait commencé à dire au gendarme Rebaudo :

« *Lorsqu'on a tiré sur la petite...* »

---

1 Notamment Jean Laborde (oc p. 349, citant *Les grandes erreurs judiciaires* oc) le fait dire à l'expert, sur demande de Me Charles-Alfred. Me Floriot attribue aussi les défauts de percussion à l'utilisation de cartouches d'un calibre légèrement différent. Ce qui est rigoureusement impossible.

2 En fait, outre son diamètre, la douille doit avoir une forme très exactement compatible avec celle de la chambre précédant le canon.

3 Selon le compte-rendu de Jean Laborde, oc p. 338.

4 *Ibidem.*

Mais le gendarme stupéfait l'aurait coupé[1]. Et le capitaine s'excuse pour son subordonné :

> « *Gaston a changé de couleur. Son menton s'est mis à remuer et sa lèvre inférieure a tremblé*[2]. »

Et il se demande comment Gaston pouvait savoir qu'on avait tiré sur elle. Mais on sait que c'est le commissaire Sébeille qui, le soir même du 5 août, avait esquissé publiquement ce scénario comprenant un coup de feu en direction de la fillette en fuite. Et tout le monde avait suivi. Or on a montré que la fillette ne s'est pas enfuie et que ce tir n'a pas pu avoir lieu.

SAMEDI 20 NOVEMBRE, QUATRIÈME AUDIENCE

Audition d'Escudier, Maillet, Constant et Tardieu. Audition de Zézé et incident sur la couleur du pyjama. Audition des époux Marrian à propos du seau de toile. Audition de Germaine Perrin.

Audition de Maillet

Dans un flot de digressions diverses et de facéties, il redira notamment qu'il s'est décidé à parler parce que « *le déshonneur planait sur* (s)*on honneur* », ce qui fera rire la salle. Mais il n'apportera rien de nouveau, répétant seulement, et lui sans en changer un mot, les quelques phrases lapidaires de Gustave qu'il avait déjà rapportées. Comme on l'a déjà noté, non seulement répéter de façon identique, est un processus mémoriel peu courant, surtout chez un hâbleur comme Maillet. Mais personne ne lui posera de questions. Il en sera de même avec Zézé, alors que Panayoutou pourra longuement répéter son témoignage, et que le réquisitoire lui fera encore une place.

Audition de Zézé

Rappelons qu'au moment des faits il n'avait que seize ans et que devant la Cour, il intervient en tant que témoin mineur. Nous avons déjà dit ce qui concerne le pyjama bleu. Mais deux autres incidents valent d'être rapportés :

- Le premier : justement à propos de la couleur du pyjama qui fait discussion entre Zézé et les gendarmes, l'avocat général intervient de façon inconvenante en défendant le point de vue de Zézé contre celui des gendarmes : « *Les gendarmes comme moi-même peuvent se tromper* ». Et la défense laisse passer.
- Le second : quand le président Bousquet revient sur l'emploi du temps de Zézé au matin, à nouveau l'avocat général intervient en lui coupant la parole et répond à sa place. Cette fois le président marque le coup : « *J'espérais que le témoin lui-même aurait donné cette explication de ses*

1 PV n°117/2-R en date du 1/1/55 (cote C 38), déjà cité.

2 Madeleine Jacob, oc p. 53.

mensonges ». Mais il passe et Me Pollak de renchérir mais sans s'offusquer comme il aurait dû : « *Tout le monde l'aurait souhaité* ».

Et on ne reste là. Ces deux interventions, comme tout ce qui concerne Zézé, montrent une bien curieuse complaisance, pour ne pas dire plus, qui a commencé, rappelons-le, par être d'abord celle du commissaire Sébeille.

LUNDI 22 NOVEMBRE, CINQUIÈME AUDIENCE

Audition du commissaire Sébeille et de Jacques Chapus. Pourquoi avoir perdu du temps avec Jacques Chapus dont on savait pourtant le talent de faussaire ? Mais avant cela autre incident.

Le refus de la prestation de serment

Cet épisode va de nouveau montrer l'apparente volonté d'empêcher la vérité de se manifester. Le code de procédure criminelle d'alors prévoyait que la famille n'était pas astreinte à témoigner sous serment. Mais, si la défense le demandait et si la partie civile et l'avocat général y consentent, il appartient à la Cour d'en décider. La Cour se retire donc. Déjà le débat dure longtemps alors que le cas apparaît des plus simples à trancher devant l'accord unanime. Et la Cour revient avec une décision négative, qu'en plus elle refuse de motiver. Me Pollak (oc p. 270) se contentera de s'écrier : « *Les témoins savent désormais qu'ils sont autorisés à mentir !* ». Ils l'avaient déjà compris. Mais pourquoi l'avocat de la défense l'a-t-il clamé, comme si les Dominici avaient eu besoin de sa caution pour mentir ?

Audition du commissaire Sébeille

Parmi les grandes auditions, bien sûr celle-ci a été retenue par tous les auteurs, à l'exception de Giono qui ne cite même pas la venue du commissaire à la barre, sauf pour dire qu'il a prétendu que la fillette portait des « *gravures et des traces de poussière sous la plante des pieds* » (oc p. 691), ce qu'on a déjà vu être dénié par les trois médecins les ayant examinés bien avant et même après le commissaire. Et celui-ci le sait d'autant mieux que la chose a été largement contestée dès le début de l'enquête, puis déjà débattue devant la Cour avec le docteur Dragon et le légiste Nalin. Et là encore, la défense n'intervient pas réellement dans un débat qui pouvait être utile à l'accusé, à moins que, justement, le meurtre différé de la petite Élizabeth soit bien le talon d'Achille de la thèse de l'innocence de Gaston. À nouveau, Madeleine Jacob (oc p. 66 & 67), note l'attitude de ce dernier lorsque le commissaire parle des meurtres. Quand il s'agit des parents, il paraît détaché. Il lui arrive même de sourire ou de hausser les épaules. Mais quand le commissaire en vient au meurtre de la fillette, l'attitude de Gaston change totalement : « *Il semble que ses yeux s'enfoncent profondément dans les orbites* ». Il se balance d'avant en arrière, montrant une vraie douleur. Madeleine Jacob s'étonne que le président suspende l'audience, alors qu'il aurait pu tirer parti de l'émotion de l'accusé dont il ne semble même pas s'être rendu compte.

Bien sûr, les avis sont exactement contraires sur les qualités de la prestation du commissaire. Les partisans de la culpabilité le voient magistral avec des arguments imparables. Mais la plupart des autres le trouve embarrassé, voire mal à l'aise, et inventorie les nombreuses lacunes de son enquête, comme de sa méthode.

Me Pollak (oc p. 58) cite seulement les réponses du commissaire à deux de ses questions, qui éclairent singulièrement sa façon d'enquêter dans cette affaire. Lui demandant comment il a pu accepter des aveux aussi invraisemblables et odieux pour Lady Anne, le commissaire répond :

> « *Ces aveux étaient abominables, c'est vrai, mais je préférais avoir des aveux comme ceux-là que pas d'aveux du tout.* »

On frémit, surtout si on ajoute à l'odieuse invraisemblance du motif, tout le reste des incohérences et discordances. Plus loin, dans un propos semblable, Me Pollak (oc p. 67) constate :

> « *Les aveux ne coïncident pas avec les constatations des experts. À quoi le commissaire, plein de suffisance, répondit : - Si j'avais voulu faire coïncider les constatations matérielles avec les aveux, cela m'aurait été facile.* »

On frémit à nouveau, et doublement cette fois. Pour le commissaire peu importe que les aveux contredisent ce qui a été établi, l'aveu prévaut sur le fait, au besoin quitte à falsifier.

Sur le duel entre le commissaire et Me Pollak, Pierre Scize écrira dans *Le Figaro* : « *L'artillerie de la défense était de trop petit calibre et de feu trop peu nourri* ». C'est tout dire de la façon dont la défense laisse passer depuis le début sans réagir.

MARDI 23 NOVEMBRE, SIXIÈME AUDIENCE

Audition de Guérino, Bocca, Prudhomme, Giraud et Marius Sabatier. Audition de Marie *la Sardine*, d'Yvette et de Clovis. Notons qu'il ne sera jamais question de la convention entre Gustave et Clovis passée devant le greffier Barras, sur le lieu où aurait été entreposée la carabine. Le croquis aurait été montré en audience, tout comme d'ailleurs *la feuille,* sans alerter personne, et toujours pas la défense.

Audition d'Yvette

Selon qu'on suive Giono ou Madeleine Jacob, sans parler de Jean-Bernard Desrone dans *L'Aurore*, dont les articles relèvent de la pure médisance, on a une image opposée de la femme et de sa prestation. Bien sûr, il ne faut pas oublier qu'Yvette est fille d'un membre influent du Parti, et que Madeleine Jacob en était aussi. Tandis que Giono le pacifiste atypique persécuté par le

Comité départemental de Libération, a-t-il sans doute moins que de la sympathie pour l'activisme du Parti. Ainsi, il voit Yvette (oc p. 699), sûre d'elle-même et de représenter la vérité. Elle tranche avec l'angoisse des hommes et les hurlements des femmes de la famille. À la barre, elle adresse un petit signe de la main et des sourires au vieux patriarche qui se fige et semble ne pas les voir. Il refuse donc de jouer la connivence qu'elle lui propose. Pourquoi, puisqu'elle défend son innocence et celle de toute la famille ?

De même, pendant les audiences, elle lit un roman d'amour[1], comme si tout ce procès ne comportait aucun risque pour Gaston et les autres, et surtout comme si elle se sentait hors d'atteinte. Cette attitude n'est cohérente que si Yvette avait une absolue confiance dans une sorte de protection dépassant le pouvoir de la Cour, et capable de soustraire Gaston à une condamnation. Pourtant la condamnation ne fait rapidement aucun doute à quelqu'un de lucide comme elle l'est. Comment peut-elle être aussi sûre que Gustave est hors d'atteinte et qu'aucun ne finira par craquer ?

Pour Madeleine Jacob (oc p. 76 à 78) : « *C'est une belle fille et qui n'a certes pas froid aux yeux. Elle regarde droit, mais tout de même ce n'est pas ce qu'on peut appeler un regard franc* ». Pierre Scize (oc p. 334) lui voit un « *profil taurin* ». Il entend ensuite sa prestation comme une habile jonglerie entre trois niveaux de mensonges jalonnant les étapes de l'enquête, ce qui « *relève d'un vrai prodige intellectuel* ». Il faudrait alors admettre qu'elle serait bien plus intelligente qu'on ne l'a dit.

Avant de terminer sa déposition, pourquoi venir dire à la Cour, pour la première fois et spontanément après l'avoir toujours nié, ce que Gustave n'a dit qu'une seule fois au juge et comme en passant[2] :

> « *Tout juste après les coups de feu, deux voitures sont passées à un intervalle très rapproché.* »

Pourquoi cette déclaration tardive ? Ferait-elle partie de ces petits cailloux que chacun dépose çà et là de temps à autre, comme pour montrer la piste à suivre sans en avoir l'air ? Surtout sans en avoir l'air, car le jeu serait apparemment dangereux. Ou alors est-ce une façon de montrer à ceux qui savent que, si elle le voulait, elle pourrait tout dire.

Audition de Clovis

Sa prestation devant la Cour consistera à répéter cette fois quasi mot pour mot les termes de sa dernière version devant le juge Périès, c'est-à-dire en oubliant

---

1 Giono donne comme titre *Quand l'amour vaincra* (oc p. 699). Cependant, en note p. 1420, son éditeur indique que ce titre n'existe pas, mais qu'on retrouve, à l'époque, de très nombreux romans sur le sujet avec des titres approchants.

2 PV du 4/2/54 déjà cité. Jean-Charles Deniau et Madeleine Sultan (oc p. 213) suggèrent qu'Yvette « *est la seule de la famille à affirmer que les assassins des Drummond sont extérieurs à la famille* », ce qui n'apparaît pas. Et ils n'y ont pas assisté.

ses premiers mensonges. Tous[1] le trouvent « *franc et loyal* ». Même Giono (oc p. 698) :

« *Clovis, sans rien dire, le répète inlassablement (jusqu'à la liaison cocasse*[2]*) avec toute la forme de son visage* ».

Au contraire, Madeleine Jacob (oc p. 79) n'a pas retenu la même impression. Elle lui trouve :

« *Le ton cotonneux, la voix étranglée, le regard perdu au loin, traqué... Il pouvait voir facilement la carabine tout en ne la voyant pas, affirmant d'une part qu'elle était visible au regard de tous, et d'autre part qu'elle était si haut placée qu'il n'y avait rien d'étonnant à ce qu'aucun ne l'ait aperçue... Visiblement, il commet devant la Cour d'assises d'autres mensonges* ».

Même si le rapport de Madeleine Jacob n'est pas formellement fiable, elle montre combien Clovis s'emberlificote toujours dans ses mensonges à propos de cette carabine. Et même Jean Laborde (oc p. 358) trouve qu'en effet on lui fait au final « *un crédit étrange* ».

Au contraire de son frère, Clovis réitèrera donc son accusation à la barre et par la suite tiendra bon jusqu'à sa mort. Mais d'un point de vue strictement objectif, on l'a dit, ses quatre versions de dénonciation ne contiennent aucun élément vérifiable.

Et voilà que Me Pollak rappelle à Clovis qu'il aurait dit penser que son père était sorti sans carabine, et qu'il était donc revenu la chercher. Et Clovis confirme ce que Madeleine Jacob[3] qualifie d'« *abominable détail* ». Alors que la chose n'avait jamais été évoquée, pourquoi Me Pollak vient-il ainsi faire peser sur Gaston la charge inédite de préméditation. Serait-ce une énorme bourde ?

Le père et le fils s'invectivent. Selon le commissaire Chenevier[4], à une question du président, Gaston aurait répondu :

« *Si mon fils Clovis m'accuse c'est qu'il veut sauver quelqu'un de la maison.* »

Et à la question de savoir qui :

« *Ça, je ne peux pas vous le dire.* »

Toujours l'interdit. Puis s'adressant à Clovis :

« *Toi avec ton frère, tu en as sur la conscience.* »

Me Pollak laisse passer, faisant seulement à Clovis la remarque qu'il montre un mauvais rictus, quand son père parle. La salle gronde. Jean Laborde (oc p. 366) note que dans le brouhaha, personne ne relèvera ce que Gaston lance alors au président :

« *C'est lui qui a mis la bague au fusil... je le suppose.* »

---

1 Sauf Madeleine Jacob (oc p. 78).

2 La parenthèse est de lui.

3 Madeleine Jacob, oc p. 80, reprise par Jean-Charles Deniau et Madeleine Sultan, oc p. 217.

4 Rapport en date du 25/2/56 p. 64 (cote C 401). Il n'y était pas, mais son adjoint Gillard oui.

Et selon Pierre Scize (oc p. 357), le président, comme à chaque fois que la vérité risque de faire irruption, interrompt l'échange en donnant l'ordre aux gendarmes d'évacuer Gaston. En quittant la salle, ce dernier crie en direction de Clovis :

« *Dis-le qui t'a prêté la carabine.* »

Mais, à nouveau, personne ne relève. Et on a vu, que le seul qui aurait pu, en effet, prêter cette carabine à Clovis était sans doute Paul Maillet. Mais qu'importe...

MERCREDI 24 NOVEMBRE, SEPTIÈME AUDIENCE

Auditions d'Arnaud, Chastel, Juliany, etc, Boyer femme de Clovis, Gustave et confrontation avec le juge Périès. Enfin Clotilde, et confrontation avec Clovis.

JEUDI 25 NOVEMBRE, HUITIÈME AUDIENCE

Auditions de Delclite, Galizzi, Boyer, Franco, Paconi, Chauve, Duc, Champsaur, Aimé Perrin et Léon Dominici. Audition de Gustave sur la question de la luzerne. Audition d'Augusta, confrontation avec Clovis, d'abord refusée par le président. Audition de Clément Caillat, confrontation avec Clovis puis Gustave. Transport de la Cour autour d'une Hillman similaire. Auditions de Gaston junior et sa femme Marie, confrontation avec Clovis. Audition de Clotilde, confrontation avec Clovis.

Audition de Gustave

À l'exact opposé de sa femme, il apparaît parfaitement mal à l'aise. Il entre dans l'arène sous contrôle, pris dans le faisceau d'au moins cinq autorités : celle de la Cour, celle du père, celle de Clovis, celles de ses autres frères et sœurs, et surtout celle de sa femme, sans parler de son appartenance au réseau FTP bras résistant du Parti. Et le voilà qui revient sur tout ce qu'il a admis ou avoué. Mais fera-t-il exprès de lâcher un autre petit caillou, que personne ne remarquera :

« *C'est vrai, j'ai dénoncé mon père. Mais c'était seulement parce que j'avais peur qu'on dise que j'avais tué la petite.* »

Pourquoi seulement la fillette ? Comme pour son père, le meurtre des parents ne semble pas le concerner, en revanche comme son père celui d'Élizabeth, oui. Et il s'arc-boute enfin sur la seule affirmation de l'innocence du père dont il a pourtant été le premier accusateur. Mais qui a remarqué qu'il ne dit pas qu'il est innocent, il dit[1] :

---

1 Pierre Scize (oc p. 350), etc...

« *Je sais que vous êtes innocent.* »

Pourquoi *je sais*, et quel en est le sens ? Et comment réagit Gaston ? Il se penche, dit calmement qu'il lui pardonne, puis ajoute :

« *Je ne veux pas que tu dises que je suis innocent. Ce n'est pas cela qu'il faut dire.* »

Là encore, quel est le sens de ce *il faut* du père en écho au *je sais* de son fils ? Gaston poursuit :

« *Il faut dire, c'est moi, je l'ai vu.* »

Comme tous les chroniqueurs le font remarquer, cette phrase ambiguë aurait dû alerter la vigilance des magistrats, sinon des jurés. Et de la défense, donc ? Eh bien, non, elle passe aussi à la trappe. Personne ne lui demande de préciser. Seul l'avocat général Rozan n'en retiendra que le *c'est moi*, et prétendra que Gaston demandait à Gustave de s'accuser. Car si tel avait été le sens de son injonction, Gaston n'aurait pas ajouté *je l'ai vu.* Qui n'aurait aucun sens. Si Gaston adjure son fils de dire ce qu'il a vu, c'est bien qu'il ne s'agit ni de lui-même ni de son père. Sinon la demande serait doublement suicidaire, donc parfaitement absurde. Magistrats et avocats n'ont pas pu ne pas le percevoir. Mais, si aucun ne relève ni ne demande à Gaston ou à Gustave de préciser ce qu'il a vu, cela ne signifie-t-il pas que personne ne veut le savoir ? Et Jean Laborde (oc p. 364) de se demander justement mais sans lui-même pousser plus loin : « *Ne s'est-on pas contenté d'une partie de la vérité ?* ».

Selon Me Pollak (oc p. 278)[1], la version est un peu différente et confirme notre analyse. Gaston adjure doucement son fils : « *Tu dois dire, je sais la vérité et la voilà ! ... Tu as vu…* ». Là encore, non seulement Gaston n'accuse pas Gustave, mais il en fait un simple témoin : il a vu. Mais ni son avocat ni personne ne lui demande qui ou quoi.

Le commissaire Chenevier[2] rapporte que Gaston aurait lancé à Gustave : « *Je suis en prison pour toi* ». Ce qui semble sans équivoque. Mais celui qui a rapporté cet échange au commissaire Chenevier a sans doute mal entendu ou transcrit *pour* au lieu de *par.* Car Gustave aurait répondu confirmant l'accusation de *complot* : « *C'est la faute à Clovis* ».

Me Pollak, lui, situe l'injonction de Gaston à la fin d'un échange sur la carabine : « *Tourné vers le président, Gaston lance : - Il sait où était la carabine. Elle ne venait pas de bien loin ! Quand il était dans la luzerne avec quelqu'un, il savait bien qui avait cette carabine* ». Le président n'entend pas, et c'est Gustave qui répond seulement qu'il n'était pas dans la luzerne.

Mais voilà que Gaston revient à la charge :

« *Dis la vérité Gustave ! Tu dois parler ! La carabine était à La Serre, la ferme des Perrin, tu le sais, dis-le !* »

Mais Gustave esquive. Et tout se passe encore comme si le président n'avait pas entendu. Stupéfiant tout le monde, il n'approfondit pas. Pourtant

---

1 Et Jean Laborde qui donne une version similaire (oc p. 364 & 365).

2 Rapport final en cote C 401, p. 64.

l'indication est on ne peut plus précise cette fois. Mais la défense elle aussi ne bouge pas. N'est-ce pas à nouveau montrer qu'elle non plus ne souhaite pas sortir du *livret* de l'accusation ? Personne n'en tirera donc de conclusion. Pourtant, n'est-ce pas avoir dit que Gustave aurait assisté au moins au meurtre des parents, depuis la luzerne, et qu'il y aurait été en compagnie de quelqu'un qui *tenait* la carabine, laquelle venait bien de La Serre. Mais pourquoi le silence de la défense ?

C'est au cours de cet épisode que Madeleine Jacob (oc p. 90) signale une autre intervention inconvenante du président : il somme Gaston d'en finir avec ses questions à Gustave, et comme Gaston lui répond qu'il y reviendra plus tard, le président lui lance :

« *Il sera trop tard, car ce soir, je le renverrai chez lui.* »

N'est-ce pas montrer une fois de plus que le résultat des débats est joué d'avance ? Et à nouveau, pourquoi la défense ne réagit-elle pas ? Car Gaston continue d'adjurer Gustave de dire avec qui il était dans la luzerne. Et il le répète en martelant si fort que peu à peu Gustave perd pied. Mais, au moment où ce dernier, complètement défait, ouvre la bouche, le marteau du président lui coupe la parole en suspendant la séance. Curieusement, ni Pierre Scize, ni Jean Laborde, ni Gabriel Doménech, ni Giono ne rapportent cet échange véritablement extraordinaire. Au moins Giono était-il absent ? Car pour les trois journalistes leur silence pourrait résulter du fait qu'ils étaient persuadés de la culpabilité de Gaston. Outre que la décision du président apparaît comme réellement inqualifiable, et si la salle gronde, la défense, elle, ne proteste toujours pas.

À la reprise des débats, Gustave a retrouvé son sang-froid, sans doute raffermi par sa femme. Buté, il répète seulement :

« *Je n'y étais pas, j'étais couché.* »

Et, toujours aussi extraordinaire, la question en reste là comme les témoignages de Maillet qui finissent par passer également à la trappe. Décidément, cette question de savoir en compagnie de qui Gustave pouvait bien se trouver dans la luzerne avec la carabine, ce qu'il y faisait à cette heure, comme ce qu'il y aurait vu et entendu, n'intéresse personne. De même que la carabine soit venue de La Serre et par qui, ne semble pas plus alerter. Et si la défense laisse filer en empêchant que cette vérité-là vienne au jour, ne serait-ce pas qu'elle défend non plus son client mais une autre vérité qui le couvrirait, à condition de n'en rien dire ?

Pourquoi donc Gaston a-t-il sommé Gustave de dire avec qui il était dans la luzerne ? Dans son rapport final[1], le commissaire Sébeille avait noté : « *L'attitude de Gustave ne nous a jamais paru être celle d'un coupable, mais plutôt celle d'un témoin du crime commis par quelqu'un qui lui est cher et qu'il faut couvrir à tout prix* ». Le commissaire a-t-il approché ici le nœud du drame ? Mais qu'est-ce qui lui permet de dire que le crime a été commis par

1 Rapport n° 639 du commissaire Sébeille en date du 25/1/54 (cote D 250).

quelqu'un qui lui est cher ? Rien. En revanche cet épisode montre bien que la peur de ce *quelqu'un*, est bien supérieure à celle du père ou de quelqu'un de cher. Sinon, pourquoi Gaston n'aurait-il pas parlé lui-même, et aurait-il voulu que ce soit son fils qui le fasse ?

Lors de son réquisitoire, l'avocat général Rozan clamera que le président Bousquet a bien fait de suspendre ainsi la séance, car on aurait risqué « *l'erreur judiciaire* ». Il dira avoir senti Gustave prêt à se dénoncer pour innocenter son père[1]. Mais c'est là faire preuve d'une forme de surdité, soit involontaire, soit convenue. Car à aucun moment Gaston ne somme son fils de se dénoncer. Il lui demande seulement de dire avec qui il était dans la luzerne et ce qu'il a vu. Et, à nouveau, savoir ce qu'il y faisait à cette heure et avec qui, semble représenter deux questions auxquelles la Cour et même la défense voulaient empêcher d'avoir les réponses. Il apparaît ainsi clairement qu'un interdit puissant pesait sur ce que Gaston demandait à son fils de révéler. Et, de toute évidence, cet interdit s'imposait aussi à lui, sinon, encore une fois, pourquoi ne l'aurait-il pas révélé lui-même ? Et ce même interdit s'imposait à Gustave avec bien plus de force que l'autorité et la peur du père. De façon strictement objective, il apparaît que le même interdit s'imposait aussi à la Cour et encore à la défense. Or de qui Gustave et Gaston pouvaient-ils avoir si peur ? Et qu'est-ce que la Cour et la défense, à leur tour, ne voulaient pas voir révéler ?

Mais à la fin, qui pouvait donc être dans la luzerne ?

Et pourquoi cette question était-il si importante aux yeux de Gaston ? C'est que vers l'heure du drame, Gustave serait donc allé voir l'éboulement avec quelqu'un d'autre. Et cet autre aurait tenu la carabine qui venait de La Serre. L'allusion est pourtant parfaitement claire. Mais, apparemment, tout le monde s'est bien gardé de prononcer tout haut le seul nom possible : Zézé. Si, accroupis dans la luzerne, ces deux-là avaient assisté au massacre de la famille par Gaston, répétons que ce dernier n'aurait pas posé la question à son fils, ni de cette façon, ni surtout sommé de répondre avec une telle insistance.

Mais alors pourquoi attaque-t-il son fils par le biais de cette présence à ses côtés, et pourquoi Gustave s'en trouve-t-il à ce point traqué ?

La seule réponse logique veut que Gaston tentait ainsi de forcer Gustave à dire d'abord que Zézé était avec lui cette nuit-là, ayant en mains la carabine apportée de La Serre, et, par décrochage en cascade, tenter de leur faire dire à tous deux qui ils avaient vu commettre au moins le double meurtre des parents. Était-ce là sa manière d'être *franc* sans accuser personne, tout en restant *loyal* ? Mais envers qui ?

---

1 C'est aussi la conviction de Jean-Louis Vincent (notamment *in fine* oc p. 639). Mais telle qu'il la motive, la manœuvre qu'il prête à Gaston serait véritablement suicidaire, donc impensable au sens strict.

Lorsque plus tard Gaston mettra directement en cause Gustave et Zézé, ce sera toujours par suppositions laconiques, façon de jeter des petits cailloux pour les acculer à dire cette vérité interdite, répétant aussitôt qu'il ne sait trop rien, et que ce n'est pas à lui de dénoncer. Pour le moment, il qualifie à nouveau Zézé de *rouleur*, et il ajoute au conditionnel comme en passant, un nouveau petit caillou : « *Clovis pourrait lui avoir prêté la carabine* ». Si à nouveau l'allusion est claire, c'est à la Cour de comprendre dans quelle bonne direction enfin chercher. À la défense d'y aider aussi. Mais aucun ne l'entendra, car la direction en question aboutissait devant un sens interdit, autant pour l'accusation que pour la défense. Mais revenons à l'audience.

Audition d'Augusta et confrontation avec Clovis

C'est Augusta Caillat, fille de Gaston, qui le défendra toujours avec la plus farouche affection. Comme son père, elle accuse Clovis d'avoir « *monté le coup* », et même qu'il le lui aurait dit. Augusta veut donc lui être confrontée, mais le président, autre tentative d'obstruction, commence par refuser jusqu'à ce qu'il finisse par y consentir enfin de mauvaise grâce sous la pression de la défense pour une fois.

Ce que dit Augusta Caillat mérite qu'on l'analyse. D'abord, tout le monde notera l'extrême embarras de Clovis devant sa sœur, même s'il ne craquera finalement pas sous la véhémence des accusations. À un moment, il lui lancera même :

« *Allez, va te coucher !* »

Ce qui donne une idée de leurs rapports. Car Augusta va affirmer que c'est Clovis qui a décidé de dénoncer leur père, et que c'est donc bien lui qui a « *monté le coup* ». Sur cette décision, elle ne fait que corroborer ce qui ressort incidemment d'autres dires. Même si le complot ne peut être démontré, on a vu l'influence décisive que Clovis exerce sur Gustave, et son l'alliance tacite avec sa sœur Germaine mère de Zézé contre le reste de la famille. On comprend Germaine : objectivement elle préfère sans doute voir accuser son père, qu'elle n'aime guère[1], que risquer de voir mettre en cause son fils unique. À la barre Augusta répète avoir entendu son père s'écrier souvent : « *Ils en ont fait péter trois, j'en ferai bien péter un quatrième* ».

À première vue, elle semble donc conforter la dénonciation de Clovis. Mais avec une différence de taille : pour Clovis c'était *j'en ai*, pour Augusta *ils en ont*. Mais au moins aurait-on pu lui demander qui, à son avis, ces *ils* pouvaient-ils bien désigner ? Personne ne le fera, ni le président, ni l'avocat général, ni surtout la défense. Lors du supplément d'information, elle répètera cette version en précisant que son père l'avait souvent réitérée après l'arrestation de Gustave. Elle sera confortée sur ce point par son frère Gaston et sa sœur

1 Il ne se gêne pas pour brocarder sa fidélité conjugale. Et on sait que Galizzi était son amant.

Clotilde. Pour tous trois à l'époque[1] : « *Le quatrième, c'était Maillet parce qu'ils le rendaient responsable de l'arrestation de Gustave* ». Ce qui semble vraisemblable et cohérent. Mais toujours aucune curiosité sur l'identité de ces *ils*.

Augusta précise encore que Clovis le pensait aussi, et non qu'il s'agissait de sa mère comme il l'a dit et le répètera. En effet, de Gaston l'intention de *faire péter* sa femme, par comparaison avec le sort des Anglais, était peut-être un peu fort de café dans le type de conflit qui opposait le vieux couple et surtout sans aucun rapport avec le drame. Et même ivre, Gaston aurait-il été jusqu'à proférer une telle menace devant Clovis qu'il savait avoir une vraie vénération pour sa mère ? Rappelons aussi que père et fils n'avaient plus vraiment eu de rapports affectifs depuis que Clovis avait refusé de rester à La Gran'Terre, et Gaston de lui donner l'usufruit d'une partie des terres comme à Gustave. En revanche, la hargne contre Maillet, lequel avait mis Gustave en position de suspect n° 1 et plongé la famille dans la tourmente, apparaît plus vraisemblable. Notons que Gaston n'admettra jamais avoir fait cette sorte d'aveu à Clovis. Mais personne, à l'audience, ne lui a demandé ce qu'il pensait de la version d'Augusta avec ces *ils*.

Pour cela, il faudra attendre à nouveau le supplément d'information. Clovis tiendra toujours bon. Mais le commissaire Chenevier[2] notera qu'il est plus que dur d'oreille, et qu'il a donc fort bien pu mal percevoir la faible différence en provençal entre *ai=j'ai,* et *an=ils ont*. Si ce n'était pas *je* mais *ils n'ont peur de personne*, cette fois l'exclamation deviendrait cohérente avec le caractère de Gaston. Mais alors, aurait-il fallu chercher qui pouvaient être ces *ils*, question que même le commissaire Chenevier ne posera pas.

Enfin, Clovis aurait juré à sa sœur qu'il ne connaissait pas la carabine. Et Augusta, affirmant que cette carabine n'a jamais été à La Gran'Terre, conclut en sommant Clovis de dire à qui elle appartenait. Mais Clovis maintient sa version, même si tout le monde peut constater qu'il est littéralement décomposé devant l'accusation de sa sœur. Et pour cause.

Sur les trois éléments avancés par Augusta, deux sont hautement probables. Le troisième, sa version avec des *ils*, aurait au moins pu être explorée. Par exemple, le commissaire aurait pu faire évaluer le degré de surdité de Clovis par un expert ORL. Hélas, de toute évidence, le côté passionaria d'Augusta a nui à sa crédibilité. En revanche, psychologie pour psychologie, face à elle, Clovis, le dur n'a pas, et de très loin, montré l'assurance qu'on aurait attendu de lui si elle avait affabulé comme la Cour le retiendra.

---

1 Respectivement, PV n° 4 & 6 du commissaire Gillard en date du 21/12/54 (cotes C 8 & 10), puis n° 8 en date du 22/12/54 (cote C 12).

2 PV n° 424/56 du commissaire Chenevier en date du 21/10/55 (cote C 277).

Confrontation entre Gustave et Clovis

Les deux frères sont alors appelés à la barre. Gustave finit par s'en prendre avec véhémence à Clovis, en l'accusant d'avoir tout combiné.

Selon Giono (oc p. 698[1]) les voilà :

> « *Nez à nez (c'est le cas de dire car leurs nez se touchent presque). Sous les injures de Gustave, ce visage franc z'et loyal, se démolit d'un coup. Il desserre cette bouche serrée comme un étau (qui ne s'était desserrée que pour accuser et renouveler ses accusations). Il se défait, il se détruit, il va parler. La bouche s'ouvre... Le président tape à nouveau sur la table et dit : - Taisez-vous ou je vous envoie à Saint-Charles (c'est la prison).* »

Ce nouveau coup d'arrêt du président, non moins extraordinaire que le précédent, ne déclenchera pas plus de protestation de la part de la défense. De nouveau, cette interruption décisive montre bien que le président, mais aussi d'une certaine façon non moins évidente la défense, ne voulait à aucun prix que de nouveaux aveux remettent en cause le *livret*.

Outre l'interruption, menacer un témoin de l'envoyer en prison s'il parle, frise ici la forfaiture et vaudrait au moins le silence plutôt que les félicitations de l'avocat général dans son réquisitoire. Car c'est en l'écoutant que la raison des décisions du président apparaîtra bien comme une volonté délibérée du siège, apparemment avec l'assentiment du parquet, et peut-être même de la défense, implicitement au moins. En effet, l'avocat général Rozan affirmera avoir la certitude de la totale innocence de Gustave. Il ne dira pas sur quoi il la fonde, ni d'où il tire une assurance aussi contraire à certains faits et comportements les moins contestables. Rappelons que, jusqu'à la dénonciation de son père, dénonciation lapidaire qui, pas plus que celle de Clovis, n'apporte le moindre élément nouveau ni la moindre preuve, - sans revenir sur la carabine -, Gustave était le principal suspect. Et le supplément d'information du commissaire Chenevier remettra sérieusement en selle cette suspicion. Car il faut rappeler que ce parfait innocent a, malgré tout et au moins, menti, démenti et témoigné à faux, déplacé les corps, modifié l'état des lieux et fait disparaître des pièces à conviction, plus sans doute quelques valeurs, et sans même revenir sur sa non-assistance à la petite Élizabeth expirante. Curieusement, in fine le juge Carrias, bien qu'ayant manifesté son aversion envers Gustave, rédigera néanmoins son non-lieu en consacrant la version retenue par la Cour d'assises. De tous ces comportements, ressort toujours la même évidence : comme Giono, Pierre Scize (oc p. 353) s'en indigne et conforte cette idée que la Cour ne veut à aucun prix d'un coup de théâtre débouchant sur une nouvelle information. Il ira jusqu'à s'en ouvrir à l'avocat général qui lui répondra que le président « *a son plan* », et qu'en vertu de son pouvoir discrétionnaire, rien ne l'en fera dévier. Si Pierre Scize

---

1 Les parenthèses sont de Giono. Confirmé par le commissaire Chenevier (oc p. 130 & 131). De nouveau, beaucoup d'auteurs n'en rendent pas compte malgré le côté saisissant.

n'invente pas, la messe était donc bien dite, et sans doute même avant l'ouverture des débats.

Audition de Clément Caillat

Après Augusta, intervient son mari. Gabriel Doménech (oc p. 297) est le seul à faire dire à Me Pollak[1] :

> « *Le jour de la reconstitution, nous nous sommes vus à la ferme... les larmes dans les yeux... - Vous m'avez dit que Gustave ne disait pas la vérité. Vous m'avez dit : - S'il se rétracte, il se passera des choses terribles.* »

Et Caillat lui aurait répondu :

> « *Je voulais dire que Gustave est innocent aussi bien que le père. C'est Clovis qui doit dire pourquoi il accuse son père. Quand Gustave était en prison, Clovis m'a dit : - Jamais cette carabine n'a été à La Gran'Terre. Il savait où elle était.* »

Et il aurait ajouté lui aussi que Clovis soupçonnait alors Maillet. Si ce dialogue devant la Cour est exactement rapporté, il suggère d'abord que Me Pollak aurait été présent à La Gran'Terre le jour de la reconstitution, ce qui n'a jamais été relevé par personne, et qui contredit encore ce que Me Pollak lui-même a raconté de ses relations avec les Dominici. Mais peut-être était-ce plus tard dans la journée ?

Quoi qu'il en ait été, de nouveau quelles *choses terribles* pouvaient donc arriver si Clovis ou Gustave disaient la vérité, et accessoirement à qui était la carabine ? Là encore, s'il y a eu petit caillou, personne ne le ramassera.

Transport de la Cour autour d'une voiture

La défense demande à la Cour de vérifier *in situ* une question sur la voiture. Une fourgonnette similaire à la Hillman, est amenée dans la cour du palais où la Cour se déplace dans un froid pénétrant et au milieu d'une foule, ce qui ne favorise guère l'attention. Est-ce pour cela que tous expédient l'intermède sans même qu'on sache vraiment ce qu'il était question de venir examiner[2]. Il n'en sortira rien, et le lambeau de peau sera renvoyé aux oubliettes, comme tous les autres éléments matériels. Notons que le commissaire Sébeille se gardera bien de dire alors qu'il le gardait par devers lui dans une boîte d'allumettes. Tout cela ne fait décidément pas très professionnel.

---

1 Ce dire sera confirmé lors du supplément d'information par Clément Caillat dans le PV n° 353/6 du commissaire Chenevier en date du 2/8/55 (cote C 88) en des termes légèrement différents : c'est Yvette qui aurait dit en coulisse, lors du procès, « *si Gustave se rétracte, ça va faire arriver un malheur à La Gran'Terre.* »

2 Jean-Charles Deniau et Madeleine Sultan (oc p. 230 & 231) écrivent, eux, que la défense suggérait que le lambeau appartenait à Zézé qui, ayant participé à la bagarre, se serait blessé en tombant. Mais, outre ce qui a déjà été montré à ce sujet, on verra que le juge Carrias fera vérifier à tout hasard la main de Zézé, en vain.

Audition de Gaston junior et de Marie sa femme

Après Gaston junior, Marie sa femme vient aussi contredire Clovis. Après l'arrestation de son beau-père, elle serait venue à l'ancienne gare de Lurs trouver son beau-frère pour lui reprocher sa dénonciation. Et il lui aurait répondu[1] : « *Laisse tomber. Mieux vaut que ce soit un vieux en prison plutôt qu'un jeune* ». Certes il est possible que ce témoignage ait été inventé dans le cadre de la stratégie familiale anti-Clovis. Mais notons qu'il s'agit d'une belle-fille, et que ni elle ni son mari ne se sont guère manifestés et à chaque fois sans aucune virulence. En revanche, l'argument ressort un peu trop souvent, émanant de sources différentes. Et on a vu que Gustave et son père, sans avoir pu se concerter cette fois, accuseront la police d'avoir utilisé l'argument pour les amener à une dénonciation. Ce qui apparaît donc comme crédible.

Ces auditions sont les dernières avant le réquisitoire et les plaidoiries des deux jours suivants. Tout le monde présent a remarqué que peu de témoins dits de moralité ont accepté de venir témoigner en faveur de Gaston. Le principal sera son neveu Léon. Mais on saura que Gaston a sollicité le père Lorenzi. Et le fait que le père n'ait pu cru devoir donner suite sera retenu charge.

La défausse du père Lorenzi

Celui-ci se serait donc récusé en disant : « *Que pourrais-je dire et venir rajouter ?* ». Quand on sait comment il a toujours témoigné son empathie pour cette famille auprès du commissaire Sébeille pendant l'enquête, et que Gaston le reconnaissait comme son seul véritable ami, cette défausse pose une vraie question. Car elle ressemble à un véritable abandon en rase campagne, non seulement de la part d'un ami, mais surtout d'un prêtre quand on sait que l'une des missions évangéliques, consiste à assister les gens dans la peine comme justement les accusés et les prisonniers.

Le refus du père Lorenzi pose donc de nouveau la même question circulaire : soit il savait Gaston coupable, soit il savait une autre vérité qu'il ne pouvait pas révéler. Dans les deux cas, on peut comprendre qu'il n'ait pas voulu jurer de dire toute la vérité et de devoir, à cause ou malgré son amitié ou même à cause du secret de la confession, venir à la barre et devoir mentir publiquement. Il ne lui restait donc que cette position de défausse en apparence indigne et déloyale. Mais peut-on remarquer que Gaston, si sourcilleux, ombrageux, susceptible et aussi rare en amitié, ne lui en a pas voulu.

Une confidence qui va dans le sens de cette attitude du père Lorenzi, vaut d'être citée au regard des qualités de sa source. Il s'agit de la confidence familiale d'un gendarme, Marcel Imbert[2]. Celui-ci avait débuté sa carrière au début des années 30 à la brigade de Peyruis avant de rejoindre en 1950 celle

1 Jean Laborde, oc p. 367 et Pierre Scize, oc p. 357.

2 Grand père de sa femme de Philippe Isnel, auteur cité.

de Château-Arnoux. Il avait donc une bonne et longue connaissance des gens, des lieux, des histoires et des rumeurs du coin. C'est ainsi que, notamment depuis leur temps dans la Résistance, avec le père Lorenzi ils étaient devenus *collègues* comme les hommes d'ici désignent les amis par une sorte de pudeur virile. Ayant été associé à certaines investigations annexes sur l'affaire, Marcel Imbert avait souvent redit en famille que lors d'un café pris un jour avec le père Lorenzi au prieuré, ce dernier lui avait lâché [1]: « *Je peux te l'assurer, ce n'est pas le vieux qui a fait le coup* ». Et Marcel Imbert ajoutait que mise à part cette unique confidence, le père n'avait pas voulu en dire plus ce jour-là ni jamais plus en reparler.

Si le père n'avait jamais rien dit pendant les enquêtes de la visite de Sir Jack, et s'il n'avait pas voulu se présenter en témoin de moralité au procès d'assises, n'était-ce pas que sa certitude lui venait de ce qu'il devait savoir qui étai(en)t le(s) coupable(s) ? Et ce n'était sans doute pas par respect du secret d'une improbable confession de l'un ou d'autres. Si le prêtre, au risque de trahir une vieille amitié et de voir condamner un innocent qui s'accusait pour ne pas dénoncer, devait garder pour lui une part de vérité qu'il connaissait, ne serait-ce pas que lui aussi aurait été comme tous les autres, empêché de dénoncer par un même et puissant interdit qui couvrait le(s) coupable(s) ?

VENDREDI 26 NOVEMBRE, NEUVIÈME AUDIENCE

Plaidoirie de Me Delorme pour les parties civiles. Réquisitoire supplétif du procureur Sabatier.

SAMEDI 27 NOVEMBRE, DIXIÈME AUDIENCE

Réquisitoire de l'avocat général Rozan diffusé à l'extérieur. Plaidoiries de MMes Charles-Alfred père et fils puis de Me Charrier.

Le réquisitoire de l'avocat général

Selon ce qu'on peut en savoir, à elle seule, la prestation de l'avocat général Rozan constitue une illustration de l'absence de méthode et de preuves. Car son réquisitoire va développer des considérations de toutes sortes sur le pays et ses gens, de façon lyrique et parfaitement subjective, avec des effets littéraires, des jugements de valeur sur les personnes frisant souvent l'insulte, sans jamais s'attaquer aux faits ni tenter de prouver en quoi que ce soit la

---

1 Par exemple, en 2004, même le sénateur Tardy me dira encore : « *Tout le monde ici sait bien que le vieux Gaston n'y est pour rien* ».

validité du *livret* autrement qu'à coup de procès d'intention fondés exclusivement sur des convictions[1]. Madeleine Jacob (oc p. 104), constate : « *Monsieur Rozan pas l'air de connaître le dossier. À quoi bon, le magistrat a tellement confiance en sa facilité d'élocution* ».
Jean Laborde ajoute (oc p. 371) : « *Juge-t-on un homme pour permettre à un magistrat de montrer ses dons littéraires ?* ».

Mais ils ne sont pas les seuls, et les Anglais ne sont pas les moins *shocked*. Pourtant, il faut savoir que ce n'était pas l'habitude de Monsieur Calixte Rozan, de requérir de la sorte. Comme le lui fera remarquer Me Pollak dans sa plaidoirie, n'avait-il pas récemment requis la relaxe au bénéfice du doute[2] ? Et, dans cette affaire-ci, le doute était évident comme l'a fort bien exprimé Giono et exposé Jean-Louis Vincent, au moins faute de preuve et face à un dossier pour le moins bancal.

Et pourquoi l'avocat général croit-il nécessaire de réfuter l'action de services secrets que personne n'avait évoquée. Pourquoi citer, et par dérision, l'attentat contre le docteur Peck[3], grièvement blessé et sa femme tuée, par deux hommes armés au passage d'un col de la Collado de Tosas dans les Pyrénées espagnoles, sans qu'on n'ait jamais trouvé ni mobile ni les meurtriers, malgré un immense travail policier des deux côtés des Pyrénées. Personne n'y avait fait allusion et pratiquement personne des présents en avait connaissance. Mieux, pour le dossier commando venu de Bavière, personne hormis policiers et magistrats tenus au respect du secret, n'en avait connaissance à part la défense qui n'a jamais manifesté l'intention de s'en servir. Pourquoi donc l'avocat général s'est-il cru obligé de balayer d'un revers d'ironie l'éventualité d'un attentat contre Sir Jack ?

De même, personne n'ayant fait allusion à la thèse d'une séquelle de la Résistance, pourquoi l'évacuer par une série de pirouettes et autres « *fantaisies* », comme un parachutage dans la cour de La Gran'Terre, mettant au même rang une intervention des communistes et celle de Martiens[4] !? Ce n'est tout simplement pas digne d'un procès d'assises. Mais c'est la raison de ces allusions ironiques qui pose question.

En effet, tout s'est passé comme si l'avocat général avait voulu faire passer par un message public à destination de ceux qui savaient et seraient tentés d'en faire état. Mais était-ce nécessaire à ce stade du procès, et alors que le commissaire Gillard avait suivi les débats pour le cas où la défense déciderait de s'en servir par un coup de théâtre.

---

1 Gabriel Doménech (oc p. 307 et sq), trouve le réquisitoire « *fantastique, éblouissant, unique* ». Et il en donne une longue transcription entre guillemets d'où ressortent certes des qualités littéraires, mais une véritable indigence sur le plan technique et juridique.

2 Il s'agit de l'affaire Botini, où l'avocat général Rozan avait requis et obtenu la relaxe faute de preuves.

3 Elle est détaillée en annexe. Jean-Louis Vincent (oc p. 626) l'évacue, mais là encore par la polémique.

4 Seul Gabriel Doménech (oc p. 311), les cite tous et entre guillemets.

Monsieur Rozan étant atteint d'une extinction de voix et la salle comble, son réquisitoire est diffusé par haut-parleurs à l'extérieur. Or, sans autorisation expresse du président dont il n'y a pas trace, c'était un parfait motif de cassation. Mais il n'en sera rien. En effet, lorsqu'elle en sera saisie, la Cour de cassation, en contradiction avec sa propre jurisprudence, refusera de donner acte au recours.

© Photo Teyssier. BC.

Elle montrera jusqu'à cet échelon suprême, que personne ne voulait voir le procès renvoyé pour en juger sereinement. Plus extraordinaire encore, le procureur Orsatelli, interrogé sur cette diffusion publique, la nia purement et simplement contre tous les témoins, les photos et *Les Actualités*[1].

Cette sorte d'entêtement de toute la structure judiciaire n'en finit pas de poser question. Et on ne peut s'empêcher de penser qu'elle était au moins tacite. Car, on sait que l'administration judiciaire, moins que tout autre, n'aime admettre publiquement les errements commis par ses fonctionnaires. La presse anglaise s'est montrée particulièrement sévère, choquée aussi par l'apparente connivence entre policiers, magistrats, jurés témoins, avocats, envoyés spéciaux et la presse. On l'a dit, ils boivent, mangent et vont jusqu'à jouer aux cartes ensemble, parlant de l'affaire comme si le procès n'était pas en cours et qu'ils n'en étaient pas les maillons. En Angleterre, c'est un délit d'outrage à la Cour, passible de prison. Moins chez nous, mais c'est quand même une présomption de forfaiture. Hélas en France, l'État de droit lui-même passe son temps à laisser bafouer ses propres règles quand cela l'arrange, et quand il ne les bafoue pas lui-même.

Premières plaidoiries de la défense

Deux avocats se sont, chacun, réservés une partie de la défense : Me Charles-Alfred s'attaque aux faiblesses et outrances du réquisitoire, Me Charrier aux failles techniques de l'accusation en démontant le dossier pièce à pièce. Mais en vain. D'abord c'est bien trop tard et surtout ils n'utilisent aucun des éléments connus à l'époque que nous avons mis au jour, et notamment pas les petits cailloux et *paillettes de vérité*.

DIMANCHE 28 NOVEMBRE, ONZIÈME ET ULTIME AUDIENCE

Plaidoirie de Me Pollak, délibération du jury et verdict. Procès civil.

1 Me Pollak, oc p. 280 & 281. Seul Frédéric Pottecher, autre grand chroniqueur, accepta d'en témoigner par écrit.

Plaidoirie de Me Pollak
Hélas, sa plaidoirie n'a pas été publiée. Mais de l'avis général, *Le Verbe* va susciter plus d'intérêt que ses confrères, hélas seulement dans l'ordre oratoire. Techniquement, il va s'attacher à enrayer le mécanisme des aveux[1]. Mais il n'a pas noté l'épisode du PV ^{bis}. Et cette ligne de défense a été mise en ordre de bataille trop tardivement, au moment où tout était déjà joué notamment aux yeux des jurés. Elle n'a pu rattraper le manque d'esprit offensif et d'efficacité qui a été noté tout au long des audiences. La défense s'est ainsi privée des armes que lui aurait donnée une meilleure exploitation des évènements extraordinaires survenus en audiences dont on a signalé les plus inconvenantes. Car c'est tout au long du procès que la défense a laissé filer les occasions de réagir et de mettre l'accusation en difficulté. Comme elle n'a exploité aucune des failles, pièces, témoignages et autres présents au dossier et laissés pour compte.

En fait, les défenseurs, comme tout le monde, ne se sont pas opposés à l'a priori du *livret*. On peut alors se demander si ce n'était pas volontairement. Car les avocats avaient en main de quoi mettre la Cour en suffisante difficulté pour obtenir au moins une nouvelle information. Qui peut dire pourquoi ils ne l'ont pas fait ? Les raisons données par Me Pollak dans son ouvrage ne sont pas vraiment convaincantes.

Si l'hypothèse ne mettait gravement en cause la déontologie, on pourrait se demander si la défense n'avait pas, d'une certaine façon, adopté la même ligne de conduite que policiers et magistrats. Car la seule réponse cohérente à cette interrogation, serait qu'après tout, la défense aurait accepté que certaine vérité n'apparaisse pas, si les Dominici et notamment Gaston, ne voulaient ou ne pouvaient pas la dire.

Mais, objectera-t-on, Gaston risquait la peine capitale, qui, d'ailleurs semblait jouée d'avance. La défense savait bien sûr, que René Coty, devenu président de la République, était opposé à la peine de mort même s'il s'y résoudra dans deux cas. Le tout est donc de savoir s'il s'est agi d'une autocensure inconsciente de la défense ou alors si elle avait pu être réellement convenue, notamment avec Gaston... ou si elle venait *de plus loin*. Rappelons qu'une telle négociation autour du *plaider coupable*, non seulement n'existe pas dans la procédure française, mais qu'elle est considérée comme une collusion. Cependant, on sait qu'il y a des pactes tacites ou à demi-mots, qui s'établissent souvent de façon même inconsciente quand chacun connaît l'existence de limites infranchissables. Exemple significatif avec la censure allemande pendant l'Occupation : tous les auteurs, s'ils voulaient être publiés, joués ou filmés, savaient quels étaient les sujets à éviter et les limites à ne pas franchir. Et aucune œuvre n'a jamais été frappée d'interdit[2]. Est-ce un tel

1 Me Pollak, oc p. 283 & 284. Jean-Loup Charrier, oc p. 132 & 133.

2 En fait, une seule le sera, le *Voyage en calèche* de Giono. Mais, à la Libération, Giono sera cependant mis sur la liste des auteurs à épurer, liste portant notamment les signatures de

mécanisme qui aurait pu jouer dans la relation entre la Cour et la défense dans cette affaire ? Si ce n'est pas seulement une apparence, une telle configuration tacite apparaît de beaucoup plus probable que la collusion, sans avoir besoin d'imaginer un complot d'État.

Il faut être clair à ce sujet : il est exclu qu'il s'agisse d'une conspiration ordinaire où des conjurés se réunissent en secret pour décider ensemble d'un but à atteindre et jouant ensuite chacun son rôle. L'apparente conspiration contre l'émergence de la vérité, ne fut ici ni concertée, ni cynique, ni machiavélique. Il apparaît que d'avance, personne n'avait le pouvoir de réunir l'ensemble des intervenants et d'organiser un concert cohérent. Si à révéler la vérité, chacun avait quelque chose à perdre, tous n'avaient pas les mêmes raisons de se défausser. L'enjeu du procès changeait ainsi du tout au tout selon chaque point de vue : celui des victimes, des accusateurs, de l'accusé, de l'accusation, de la police et de la justice, de chaque membre de la famille, des proches et enfin de la défense. Mais hors du cercle concerné, l'enjeu changeait aussi selon les points de vue de la presse de droite, socialiste et communiste, donc du Parti, des divers publics bien sûr, encore des échelons de l'État, et enfin des rumeurs. Tous donc, sans s'être concertés ont refusé l'émergence de la vérité, soit de la dire, soit de l'entendre. La question demeure donc : y avait-il néanmoins un dénominateur commun, sous-tendant les différentes raisons propres à chacun ?

Quoi qu'il en soit, les avocats, comme tous les citoyens, sont des hommes, et ils ne sauraient être exonérés de toute recherche critique sur leurs mobiles d'action et de défense. À nouveau soyons clairs, et peut-on rappeler que Me Pollak avait été un éminent résistant de gauche et avec Me Charrier, tous deux au moins compagnons de route du Parti. Ce dernier les aurait-il mandatés et défrayés ? S'il s'était agi d'avocats de droite, une telle question ne choquerait personne, bien au contraire. Par quel miracle Mes Pollak et Charrier devraient-ils y échapper ? Ce n'est pas là faire un procès d'opinion aux avocats. Car, au moins inconsciemment, toute action d'un homme engagé vise, aussi indirectement que ce soit, à défendre la cause et les camarades. Ne peut-on penser que, malgré toutes leurs qualités intellectuelles et morales, les avocats n'ont pas échappé à la machine stalinienne qui dictait alors un prêt-à-penser aux militants et compagnons. Encore une fois, il ne s'agit pas de porter le moindre jugement de valeur sur l'option idéologique communiste, mais seulement de dire qu'il est difficile de prétendre qu'un tel engagement politique, surtout à cette époque qu'on a déjà oubliée, n'a eu aucun effet sur l'entrée en lice, l'action et la ligne de défense des avocats dans cette affaire.

Rappelons la note que Me Charrier avait laissée à son confrère, aîné et associé Me Pollak. Comment, dès le 6 août, Me Charrier pouvait-il déjà faire

---

Sartre et d'Éluard. Mais Sartre comme Éluard ou même Cocteau publieront et feront jouer leurs pièces sous l'Occupation, sans aucun problème avec la censure, et devant des parterres d'officiers allemands.

une relation *communiste* avec le triple crime de la veille ? Et la présence constante du Parti, à la fois sous-jacente et tutélaire, transparaît partout et tout au long de cette affaire, comme aussi les rumeurs sur les séquelles de l'Occupation, de la Résistance et de la Libération.

Pour conclure sur l'attitude de la défense, il faut prendre d'extrêmes précautions. Car leurs droits autorisent les avocats à jouer de tout ce dont ils peuvent disposer. Certes, leur déontologie leur interdit de sortir du cadre procédural, éthique et moral. En revanche, prétendre que la défense aurait été volontairement cantonnée en deçà de ce qui aurait pu servir la cause de son client, représente un très grave soupçon. Pourtant, tout le monde a remarqué son peu de réaction aux moments où son client était malmené, et sur les points où il était possible d'enfoncer l'accusation. Merry Bromberger écrira[1] « *chacun s'étonnait de la patience angélique des défenseurs* ». Pierre Scize (oc p. 326 à 343) développera des avis très sévères sur la stratégie de la défense. D'abord il la dit « *trop intelligente* » au regard de Gaston mais surtout des jurés. Puis il la voit attaquer avec « *sabres de paille et fusils de bois* », et conclut « *l'artillerie de la défense est de trop petit calibre et son feu trop peu nourri* ». Il n'hésite pas à dénoncer le manque de conviction de Me Pollak et sa belle phraséologie sans consistance. Et il y va de son explication : les avocats sont constamment amenés à plaider devant les mêmes magistrats, ils les connaissent et ont intérêt à ne pas les indisposer, fâcher ou vexer. À propos de l'intervention du psychiatre Boudouresque, il qualifie même la défense d'« *assassine* ». Mais Pierre Scize n'est pas le seul. On a déjà fait remarquer à plusieurs reprises que, sur des points cruciaux, la complète apathie de la défense.

En revanche, Madeleine Jacob (oc p. 110 & sq) voit chez Me Pollak toutes les grandes qualités d'un avocat de la défense, trouvant dans sa plaidoirie « *une véritable reprise des éléments du dossier, qui fouilla chaque pièces du dossier, qui tenta de violer ce secret étouffant que les Dominici ne veulent pas livrer* ». C'est dire combien les points de vue peuvent différer en fonction des opinions politiques. Faut-il rappeler que Madeleine Jacob partage le même engagement que Mes Charrier et Pollak, et ne pouvait donc trop critiquer d'aussi illustres compagnons de route, même si elle l'a fait honnêtement à plusieurs reprises comme on l'a vu.

Le comportement de Gaston

Tout au long de son procès, Gaston n'a visiblement pas compris ni senti comment le piège se refermait sur lui. Est-ce seulement la différence de langue et une question de langage, ou était-ce aussi une certitude qui venait d'assurances reçues en contrepartie d'aveux convenus ? Rappelons l'histoire de *la feuille* et aussi ce qu'il aurait dit au gardien en recevant l'assignation à comparaître. Bien sûr, malgré sa robustesse, Gaston avait son âge, et il

1 Cité par le commissaire Chenevier (oc II p. 171).

accusera une fatigue croissante au fil des audiences. Lorsque le procès en arrivera au réquisitoire, en plus de la fatigue, il ne comprendra pas réellement ce que déclame et réclame l'avocat général, car il ne réagira pas. Il se penchera seulement sur Me Pollak et lui murmurera[1] :

> « *Celui-là il est encore plus menteur que Gustave.* »

Il faut dire que l'avocat général n'a pas requis explicitement la peine de mort. Il a seulement demandé aux jurés de répondre *oui* à toutes les questions. Et, de toute évidence, ce détour a échappé à Gaston. Quand Me Pollak lancera :

> « *On ne peut pas envoyer à l'échafaud un homme contre lequel on n'apporte aucune preuve.* »

Gaston murmurera[2] :

> « *Mais qu'est-ce qui lui prend de parler de la guillotine !* »

Rappelons que c'est dans sa plaidoirie que Me Pollak dira[3] :

> « *J'ai toujours trouvé bizarre le retour de la police en novembre 1953, alors qu'aucun événement ne le justifiait. J'ai mon opinion, je vous la livre. Quelqu'un avait appelé : le complot était suffisamment tramé. C'est une hypothèse, vous n'êtes pas contraints de me suivre. Elle explique l'enchaînement miraculeux des aveux.* »

Et en effet. Mais Me Pollak s'arrêtera là, et ce genre d'allusion ne fera que conforter l'accusation. Me Pollak, homme de grande culture politique, aurait dû se souvenir de l'exemple fameux de Robespierre qui a été guillotiné pour avoir commis la faute d'accuser ses ultimes adversaires sans les nommer.

La délibération

Rappelons d'abord qu'un jury suit les débats sans avoir jamais avoir eu le dossier en mains. Il n'a comme information avant de siéger, que ce qu'en ont dit la presse et les rumeurs. En salle de délibération, il n'examine pas plus le dossier dont le volume est d'ailleurs dissuasif. Le président qui est censé l'avoir étudié, le garde à disposition, mais qui osera lui demander de chercher et de consulter telle ou telle pièce. Il s'en suit donc que la délibération apparaît comme aussi académique et subjective qu'une discussion au sortir d'une pièce de théâtre. Et il est évident que la parole du président prévaut, ne serait-ce qu'à cause de l'autorité de son statut, surtout sur les jurés de l'époque dans ce coin de Haute-Provence.

Question théâtre, les jurés diront avoir été exaspérés par l'invraisemblable jeu en chassé-croisé des invectives et des mensonges d'une famille à qui le sort des victimes semblait importer peu, sauf celui de *la petite*. Car c'est bien là que se cachait au moins l'une des serrures que les assises ont refusé d'ouvrir : pour quelle raison Gaston et les autres se renvoyaient-ils la charge de dire la vérité ? Et pourquoi ni le président ni la défense n'ont finalement

---

1 Me Pollak, oc p. 283.
2 Commissaire Chenevier, oc p. 52.
3 Jean Laborde, oc p. 376.

souhaité l'entendre quand elle semblait prête à apparaître ? Car, si une part de la vérité concernait d'évidence la famille Dominici pour au moins le meurtre de la fillette, il apparaît tout aussi évident qu'une autre part de vérité semblait comporter quelque chose qui ne devait pas venir au jour à propos du meurtre des parents. Tous les présents, dont les jurés, diront l'avoir ressenti.

Bien que Jean-Louis Vincent (oc p. 651) écrive qu'on ne sait pas ce qu'ont pensé les jurés, ceux-ci ont pourtant été interviewés au début du supplément d'information du commissaire Chenevier, par le journaliste Marcel Montarron[1], que cite d'ailleurs le commissaire Chenevier (oc p. 72 & sq). Si les jurés n'ont pas le droit de dévoiler la teneur des délibérations et de leur vote, ils peuvent parfaitement donner leur sentiment et leur opinion sur le procès et la sentence. Comme ils en avaient le droit tout en respectant le secret, voici donc ce qu'ils en ont dit après l'annonce du supplément d'information :

Marcel Jean Bernard, cultivateur à Saumane, dit avoir été indisposé par tous les mensonges, et conclut : « *Notre conviction était faite. Les plaidoiries n'y pouvaient rien changer.* » Quel aveu ! « *Nous souhaitons que la nouvelle enquête nous fasse connaître toute la vérité* ».

Jules Martin, cultivateur à Sainte-Tulle, village où habitait Augusta Caillat, regrette que le président ait suspendu l'audience au moment où Gustave allait craquer. Et il conclut : « *Si nous avions acquitté le vieux Dominici, il est probable que l'enquête n'aurait jamais été reprise. Nous serons soulagés si les policiers parisiens peuvent, en tirant au clair tant de points restés obscurs, démasquer tous les coupables* ». Notons qu'il a retenu l'impression qu'il y avait plusieurs coupables.

Élie Marcel Aillaud, cultivateur à Villemus : « *On s'est bien rendu compte que bien des points n'avaient pas été éclaircis. Mais à notre avis, ça ne change rien, tout au moins pour les deux premières victimes* ». Et il conclut : « *Celui qu'on a ramassé était dans le coup, s'il y a des complices, on a raison de les chercher* ».

Louis Alaincourt, boucher à la retraite à Château-Arnoux, a été convaincu par les photos de la reconstitution. C'est tout dire. Et il conclut : « *S'il y a des complicités, nous serons soulagés en apprenant qu'elles ont été mises au jour* ».

Telmon Sube, cultivateur à Pierrerue, connaissait Gaston, ce qui aurait dû constituer un motif de récusation. Il s'exclamera seulement : « *Vivement qu'on sache toute la vérité* ».

Paul Auzet, cultivateur aux Dombes, aurait voulu être récusé, et se dit d'ailleurs poursuivi par cette histoire. Il dira ne rien vouloir savoir du supplément d'information.

---

1 *Les grands procès d'assises* – Gérard & Co, Verviers, 1969.

Jules Vendre, enfin, boucher à Colmars-les-Alpes, lui non plus ne veut plus rien entendre. Il se dira sceptique sur l'issue du supplément d'information.

Notons que le jury ne comprenait que des cultivateurs, comme Gaston, plus deux bouchers, ce qui ressemble à un sinistre clin d'œil du tirage au sort. Six jurés diront avoir la conscience en paix, bien que finalement Gaston ait été condamné à mort, tout en admettant n'avoir pu connaître la vérité. En conclusion, le commissaire Chenevier s'exclamera : « *À quoi tient la tête d'un homme !* ». En effet.

Le verdict

Deux heures suffiront aux jurés pour trancher à la majorité[1]. Mais à nouveau, le verdict, n'est pas clair. En effet, le jury répond coupable avec préméditation[2]. Mais la question n'ayant jamais été réellement discutée en audiences, le jugement retient à la fois comme mobile un accident pour les parents, suivi de l'achèvement de la fillette dans la foulée, en même temps que la préméditation. L'absurdité de cette contradiction confirmera la famille dans l'embrouille de sa stratégie de défense, même désordonnée et contradictoire, couronnée par Gaston proclamant se sacrifier par *péché d'amour*.

La réaction de Gaston

Quand le verdict tombe[3], Gaston se dresse et s'exclame[4] :

« *Ben merde alors ! Elle est forte celle-là !* »

Sa première réaction est donc de franche stupéfaction, mêlée d'indignation et de colère. À la rituelle demande du président, il répète, incrédule :

« *Je veux remplacer personne ici. Je suis franc z'et loyal. Je ne suis pas l'assassin comme on a dit.* »

Se redressant alors, il lance avec un grand geste vers la salle, sans qu'on sache à qui il s'adresse ainsi :

« *Ah les salauds !* »

Ensuite il gémit à ses avocats[5] :

« *Et pourtant je suis innocent.* »

Me Charles-Alfred qui l'accompagne à la sortie du box, l'entend murmurer :

« *Je paie pour un autre.* »

---

1 Selon Me Pollak (oc p. 290), à la même heure, un « *petit jury* » constitué de magistrats du parquet d'Aix-en-Provence, réunis à l'instigation d'un substitut, acquittera Gaston à la majorité. Un tel jeu s'est quelquefois répété depuis dans plusieurs juridictions, avec à chaque fois le même résultat.

2 PV de délibération en date du 28/11/54 (en cote D sans numéro).

3 Contrairement à l'impassibilité que disent Jean-Charles Deniau et Madeleine Sultan (oc p. 238 & 239) qui n'y étaient pas.

4 Commissaire Chenevier, oc p. 51. S'il n'y était pas, son adjoint Gillard a pu le lui rapporter.

5 Me Pollak, oc p. 289, Jean Laborde, oc p. 376-377, et autres.

Et à la question de l'avocat :

« *Pour qui ? Parlez !* »

Tandis que les gendarmes l'emmènent, il répond[1] :

« *Je crois que je vais le faire.* »

Selon Jacques Chapus dans *France-Soir* du 6 décembre 1954[2], voilà la version que Gaston aurait confiée à Me Charles-Alfred au sortir du box, donc sous caution quand on connaît le coup de Jacques Chapus avec le faux carnet de la fillette.

Dans la nuit du 4 août 1952, Gustave serait sorti de la ferme pour se rendre compte de l'état de l'éboulement. Il serait passé près de la voiture des Drummond et aurait décidé de la *visiter.* Alors qu'il était en train, il aurait été surpris par Sir Jack, se serait battu avec lui, serait retourné à la ferme chercher la carabine et appeler son père à la rescousse. La tuerie aurait eu deux témoins, deux hommes établis dans un périmètre de 5 km autour de La Gran'Terre. Gaston aurait en outre fait à l'avocat d'horribles récits sur les journées d'août 1944, et sur les tueries qui suivirent la Libération. Il aurait ajouté que le rôle de Gustave dans ces opérations n'aurait pas été des plus glorieux. Mais quelle relation avec le drame ? Gaston aurait affirmé de plus que la carabine appartenait à Gustave depuis la Libération, et que Clovis en avait hérité par la suite. Au sujet du départ de la tuerie, Gaston aurait précisé que le père de la petite aurait pris peur, qu'il aurait fui, son enfant sur les épaules, et qu'il avait fallu le rattraper. Pour la suite, Gaston aurait prêté un rôle majeur à sa belle-fille. Après le drame, elle aurait organisé un « *conseil de famille* » dans la nuit dont il aurait d'ailleurs été tenu à l'écart. Ainsi aurait-il expliqué son départ si matinal avec ses chèvres, ajoutant : « *J'ai voulu les laisser se débrouiller tout seuls avec les gendarmes* ». S'agissant du meurtre de la petite Élizabeth, il serait survenu après celui de ses parents, « *parce qu'on ne savait pas qu'en faire* ». La décision aurait été prise sans lui par le *conseil de famille.* Mais il ne dit pas qui a composé ce conseil, ni qui en a exécuté la sentence.

Sous réserve, car Jacques Chapus était farouche partisan de la culpabilité de Gaston, on voit donc ce dernier contredisant déjà les questions d'autopsies et de balistique, plus quelques autres points de ce qui a pu être établi depuis et que Jacques Chapus ne connaissait pas, ce scénario contient néanmoins quelques points intéressants et constitue une hypothèse au moins plus cohérente donc crédible, que le *livret* de l'accusation.

Plus tard, au juge Batigne qui viendra l'interroger aux Baumettes[3], Gaston dira :

« *Quand ils m'ont condamné à mort j'étais abruti.* »

Il est évident que, se sentant doublement floué, la sentence le plonge dans une situation schizophrénique : refusant de payer pour *un autre*, mais sans

---

1 Me Pollak, oc p. 290-291.
2 Repris par Gabriel Doménech, oc p. 344.
3 PV du juge Batigne cote C 21.

apparemment pouvoir le dénoncer que par allusions et suggestions presqu'aussitôt récusées.

Devant le verdict qui n'est pas celui auquel, comme il l'avait proclamé, il s'attendait, Gaston semble bien dire que ce n'est pas celui qu'on lui aurait promis :

- S'il ne veut *remplacer* personne, n'est-ce pas pourtant ce qu'il avait proposé par son *sacrifice*, mais aussi sous-entendre qu'on lui aurait laissé en échange, l'espoir de l'acquittement ?
- S'il est *loyal*, n'est-ce pas sous-entendre qu'on ne l'a pas été avec lui ?
- S'il n'est pas l'assassin *comme on a dit*, n'est-ce pas au moins sous-entendre que les meurtres se sont déroulés autrement ?
- Les *salauds* ne sont-ils pas ceux qui ont trompé sa loyauté ?

Car n'oublions pas que, si Gaston a accepté son *sacrifice* en s'accusant et en se soumettant à la reconstitution, c'était au départ sous réserve expresse d'une innocence qu'il a cru convenue. Et quand il va se rendre compte qu'il a été abusé, il va commencer à essayer de se dégager du piège qui s'est refermé sur lui. Il reconnaîtra ce qu'il a dit, mais niera l'avoir fait. Nuance. Il voudra obliger Gustave à dire, non pas que son père est innocent, mais avec qui d'autre il était dans la luzerne car, sans doute, était-ce faire sauter un verrou et ouvrir la porte sur le véritable scénario du massacre. Mais quand, contre toute attente, il se verra condamné, et avec préméditation sur la seule parole de Clovis après l'incroyable suggestion de Me Pollak, il refusera malgré tout de *balancer* complètement, et comme on va le voir jusque lors du supplément d'information.

Avis général

En attendant, la presse presque unanime ne parle certes pas d'erreur judiciaire, mais de *justice incomplète*. Merry Bromberger[1] emploiera dans son analyse des mots très durs : « *Procès truqué... dés pipés... partialité scandaleuse... défense impassible* ».

Et les journalistes britanniques, une nouvelle fois, sont les premiers à trouver par euphémisme mesuré : « *On n'a pas fait une bonne justice à Digne* ». Gordon Young résumera sans outrance[2] l'impression générale : « *Un crime maladroitement commis, une enquête maladroitement menée, un procès maladroitement conduit, un accusé maladroitement jugé* ».

Le président Bousquet sera accusé d'avoir défendu un mauvais dossier, et d'avoir oublié que la vérité judiciaire se doit de prendre du recul par rapport à la vérité policière. Merry Bromberger rappelle « ... *la patience angélique des défenseurs... Un bon président aurait dû faire parler les Dominici au lieu de les faire taire* ». Enfin, le commissaire Sébeille, verra sa réputation passer de *Maigret marseillais* à celle d'un policier brouillon qui a tout conduit selon son

---

1 Repris par le commissaire Chenevier, oc p. 56 & 57.

2 Cité par Jean Laborde, oc p. 438.

intuition, négligeant les vérifications et les indices matériels, tout en laissant passer les occasions. Et en effet.

ET APRÈS ?

Dès le lendemain, les avocats de Gaston viennent le voir dans sa cellule pour entendre les confidences qu'il a annoncées. Ils ne réentendent pas la version soi-disant donnée à Me Charles-Alfred qu'a rapportée Jacques Chapus. Gaston leur raconte tout autre chose en livrant un épisode jusqu'alors inédit : quelques jours après le drame, étant monté chercher son briquet dans sa chambre après le déjeuner, il se serait allongé et endormi pendant deux heures. À son réveil, sortant de sa chambre, il aurait entendu par la porte entrebâillée de leur chambre, Gustave et Yvette parler à voix basse[1] :

> « *Elle parlait de bijoux. J'ai même pensé qu'elle voulait s'en faire offrir par son mari. Il venait de toucher cent mille francs des abricots*[2]. *Mais après, elle a dit : - Et la petite ? Alors Gustave a répondu : - Elle était évanouie. Yvette a continué : - Qui la portait ? a-t-elle demandé. - Roger, a répondu Gustave.* »

Ils auraient encore parlé de mouchoir. Et Gaston répète que la carabine était à Clovis qui la laissait à La Serre d'où il partait braconner, ce qui était en effet apparu mais n'a jamais été pas retenu. À Me Pollak qui s'étonne que Gaston n'ait pas dit cela lors du procès, il répond :

> « *Ce n'est pas à un père d'accuser son fils.* »

Et pourtant ne l'a-t-il pas déjà fait. A contrario, sur quoi a reposé l'accusation : les dénonciations de ses fils, ses aveux remaniés, la reconstitution bâclée et le lieu où aurait été entreposée de la carabine.

Or,

- Le supplément d'information va mettre au jour et à bas cette seule preuve magouillée par Clovis avec l'aide du greffier.
- La reconstitution ne représente rien que le scénario publiquement connu du commissaire Sébeille, et tout justement contredit par les éléments matériels que Gaston ne connaissait pas.
- Les aveux n'ont-ils pas été réitérés sept fois ? Nombre magique. Mais outre la question de la disparition de *la feuille* et du croquis, les diverses versions d'aveux n'apportent aucun élément qui n'ait été connu, tandis qu'elles correspondent toujours au scénario du commissaire.
- Le seul point nouveau et inconnu, la rencontre de la veille dans le champ d'oliviers, disparaîtra entre la version des aveux à Sébeille et celle au juge.
- Quant aux dénonciations de Gustave et Clovis, outre qu'elles n'apporteront aucun élément matériel ou inconnu, leurs versions varieront au fur et à

1 Version de Jean Laborde, oc p. 382.
2 100.000 AF, soit environ 2.400 € 2016.

mesure de la nécessité de colmatage, et correspondent bien à ce *complot* dont les accuse Gaston mais aussi son fils Gaston junior et sa fille Augusta, et comme le démontera bien le commissaire Chenevier.

À la demande de Gaston et à celle de la famille, les avocats décident alors de rédiger un mémoire adressé au garde des Sceaux, seul à pouvoir encore intervenir sans toutefois rouvrir le dossier. Celui-ci est encore Jean-Michel Guérin du Boscq de Beaumont[1], humaniste issu de la carrière diplomatique. Et il va se laisser convaincre en prenant une décision exceptionnelle : demander à son collègue de l'Intérieur, François Mitterrand, de faire diligenter une mission exploratoire sous la forme d'un supplément d'information, qu'on a improprement appelé une contre-enquête, qui sera menée par la Sous-direction des affaires criminelles.

Le pourvoi en cassation

En attendant, la défense a, comme il se doit, déposé un pourvoi en cassation. Ce sera peine perdue. Le même André Mayer se retrouve devant le même avocat général près la Cour de cassation, Maurice Patin. Ce dernier balaiera d'un revers tous les arguments, et la chambre le suivra en confirmant le verdict qui, sauf élément nouveau, deviendra définitif. L'avocat général Patin va même accuser[2] : « *La presse a cherché à dicter leur décision aux juges suprêmes qui n'ont de leçon à recevoir de personne* ». C'est dire combien la presse comme le supplément d'information, qui a pourtant été suspendu jusqu'à l'arrêt de cassation, indisposeront ces hauts magistrats attachés à leur sacro-sainte indépendance et surtout à la *norme* de la chose jugée.

*

1 Juriste, il est l'un des éphémères gardes des Sceaux gouvernement Mendès France, entre le 3 septembre 1954 et le 20 janvier 1955. Il avait succédé à Émile Hugues (19 juin au 3 septembre 1954) ayant démissionné par attachement à la CED (communauté européenne de défense). Il fut remplacé à Émile Temple du 20 janvier au 23 février 1955.

2 Jean Laborde, oc p. 396.

XIV

LE SUPPLÉMENT D'INFORMATION

*

C'est le 8 décembre 1954, que les avocats accompagnés de Me André Mayer, ont été reçus à la chancellerie pour présenter leur mémoire. Et leurs arguments seront apparemment convaincants. Sur avis favorable du garde des Sceaux, Jean Mairey, directeur général de la Sûreté sur ordre du préfet Henry Castaing, directeur des services de Police judiciaire, désigne le chef de la Sous-direction des affaires criminelles, Charles Chenevier pour mener la mission.

Une *difficulté*

Curieusement, ce n'est pas la mission qui va être mal reçue par la magistrature locale, mais les personnes du commissaire Chenevier et de son adjoint Gillard.

Léon Dominici, qui avait monté le mémoire ayant servi à la requête ayant abouti à leur choix, reprend du service. Devant les réticences que provoque la désignation de ces deux policiers parisiens, il s'adresse au bâtonnier du barreau de Paris, Me Marcel Héraud. Après avoir pris l'avis du grand René Floriot, Me Héraud fait un déplacement exceptionnel à la Cour d'appel d'Aix-en-Provence[1]. Il va y rencontrer de « *hauts magistrats* »[2]. Au sortir de ces rencontres, il tient une conférence de presse où, tout en se défendant d'attaque personnelle contre ces magistrats, il fait part[3] « *d'une difficulté indigne d'être retenue* ». Selon Me Héraud, ceux-ci se seraient exclamés[4] : « *Ah ! Chenevier et Gillard, nous n'en voulons pas. Donnez le nom de deux autres policiers. N'importe qui, nous les utiliserons, mais pas eux* ». Si on comprend bien que personne ici n'ait vu arriver avec plaisir des *Parisiens* avec mission de voir si *le ménage* nécessitait d'être refait, pourquoi refuser précisément ces deux commissaires, quitte à en accepter d'autres ? Et Me Héraud d'enfoncer

1 À nouveau, qui persuade ces grands avocats parisiens d'intervenir dans l'intérêt de Gaston, et qui peut les défrayer ?

2 À ce niveau, il ne peut s'agir que du Premier président et de l'Avocat général.

3 Charles Chenevier (oc II, p. 183). La déclaration de Me Héraud dans la presse, est citée in extenso dans le rapport du commissaire (cote C 401).

4 Charles Chenevier (oc p. 80) rapportant une déclaration publique du bâtonnier Héraud qui fâchera fort au moins les hauts magistrats locaux en question.

le coin en leur répondant[1] : « *Si MMrs Chenevier et Gillard étaient écartés, il paraîtrait pour l'opinion publique qu'on les récusait parce qu'ils savaient des choses, et qu'on ne voulait pas en tenir compte* ». Et quelles sont les *choses* que les deux commissaires *savaient* et qu'on ne voulait pas voir prises en compte ? Objectivement, à la différence de n'importe quels autres policiers, les seules investigations que ces policiers avaient déjà menées concernant cette affaire, et que personne n'avait prises en compte, concernaient la piste d'un commando venu de RFA exécuter Sir Jack sans doute sur ordre d'un service de l'Est. En effet, c'était le commissaire Chenevier qui avait, en novembre 1952, diligenté son adjoint Gillard en mission à Stuttgart explorer cette piste. Le complet rapport de cette mission, transmis à la hiérarchie puis au parquet de Digne le 9 décembre 1952, était alors toujours tenu au secret qui le tamponnait en rouge. Et au passage, on retrouve ici la raison pour laquelle le commissaire Gillard avait été envoyé assister au procès en Cour d'assises. Pour le cas où.

La haute magistrature d'Aix-en-Provence semble donc ne pas vouloir que ces commissaires reprennent cette piste ?

Et pourquoi, alors que le Parti avait tout à craindre de voir amené au grand jour un massacre commandité par un service du *grand frère soviétique,* la presse communiste se réjouit-elle au contraire de leur désignation ?

On peut donc se poser la question de façon parfaitement objective, de savoir si la désignation du commissaire Chenevier n'avait pas, au contraire de ce que craignaient les *hauts magistrats* d'Aix-en-Provence, pour objectif principal de maîtriser une éventuelle résurgence de la piste du commando. Et le commissaire lui-même en fera d'une certaine façon l'aveu, mais tardivement et comme en passant, dans son ouvrage. En effet, dès l'introduction (oc p. 9), il reprend le même a priori que le commissaire Sébeille, - « *un drame de la terre* » -, et il conclura (oc p. 166) ce qu'il aurait pu mettre en préambule : « *Mon seul but était de mettre fin à différentes légendes…* (dont celle) *de séquelles de la guerre secrète des services de renseignements* ». Mais sans autre précision ni jamais le moindre mot sur la mission de son adjoint à Stuttgart. Et la présence comme le silence de ce dernier, ne sont-ils pas tout aussi significatifs ?

Il apparaît donc que la haute magistrature d'Aix-en-Provence ne voulait pas que la piste du commando resurgisse, et avec elle les séquelles de l'Occupation, de la Résistance et de la Libération, séquelles si difficiles à liquider en cet après-guerre ayant, de plus, dérivée en guerre froide avec l'URSS. Ce faisant, la magistrature se soumettait ainsi plus ou moins consciemment à certaine pression politico-intellectuelle dominante à l'époque et très habilement manipulée par le Parti. Le soutien enthousiaste de la presse communiste aux deux commissaires va dans le même sens. En fait, ces deux réactions sont convergentes. En effet, et elles s'expliquent simplement. Les

1 Jean Laborde, oc p. 404 & 405.

magistrats comme le PCF savaient que le commissaire Chenevier avait été résistant et déporté à Neuengamme où il s'était retrouvé en compagnie de résistants communistes[1]. En avait-il gardé certains liens d'ailleurs bien compréhensibles ? Les magistrats s'en méfiaient-ils tandis qu'au contraire, ces liens rassuraient-ils le Parti ? Notons qu'après que Gaston a été déclaré coupable avec préméditation de ce massacre gratuit avec un mobile pour le moins invraisemblable, on a là une nouvelle preuve que le Parti continuait à jouer son rôle dans cette affaire. Il n'y a donc pas de contradiction avec la *difficulté* : la commissaire Chenevier se savait le mieux placé pour empêcher que cette piste du commando revienne au jour. Quoi qu'il en soit, le commissaire Chenevier va bien montrer qu'il se sent seul maître des orientations de sa mission (oc II p. 184) : « *Promesses ou menaces déguisées nous laissèrent insensibles* ».

De son côté, le commissaire Sébeille a pris comme un affront que le commissaire Chenevier ne l'ait pas au moins rencontré. Mais il faut dire que Chenevier obéissait à des consignes strictes qui lui ont été expressément données par la haute magistrature d'Aix-en-Provence : aucune interaction avec la police locale[2]. Et, à y réfléchir, n'était-ce pas pour éviter toute discussion sur cette piste du commando avec la police. Le fait que la gendarmerie n'avait pas été destinataire du rapport et en ignorait sinon l'existence, du moins le contenu, permettra au commissaire de rencontrer et d'entendre le capitaine Albert.

Quoi qu'il en ait été, au contraire du commissaire Sébeille, le couple Chenevier-Gillard sera très discret et ne communiquera guère avec les médias[3]. Pourquoi le juge Carrias[4] (oc p. 45 & 51) écrira-t-il néanmoins : « *la presse était l'une des préoccupations principales des deux commissaires, et ils étaient très sensibles à l'opinion du public et de la presse* ». Le procureur Sabatier fera de même en les disant[5] « *cherchant à se mettre en valeur devant l'opinion publique* ». Ce qui est d'autant plus inélégant que c'est de l'opinion même de la presse, le contraire. Car, si en effet le commissaire (oc p. 154 & sq) cite souvent l'intervention des médias et fait même une véritable revue de presse pour montrer un climat, ce n'est pas pour s'y soumettre ou s'en délecter. Dans son rapport (cote C 401), il montre même combien la presse, souvent alertée par des déclarations de magistrats, a gêné ses investigations.

---

1 *Le Monde* du 31/08/1983. Membre de l'AS, il avait été arrêté et torturé en 1943 avant d'être interné à Neuengamme d'où il s'évadera en avril 1945.

2 Selon instruction de la chancellerie en date du 15/12/53 (in Rapport du commissaire Chenevier, cote C 401). Lettre n° CHA-52. R 27 du procureur général d'Aix-en-Provence au procureur de Digne en date du 17/12/54 (cote C 3). Interdiction connue de Jean Laborde (oc p. 387).

3 Avant d'entrer dans la police, le jeune Charles Chenevier avait commencé par être journaliste. Il savait donc à quoi s'en tenir.

4 Le juge Périès devant quitter son poste à Digne le 13 janvier 1955, il a été remplacé par le juge Carrias nommé le 7 janvier 1955 (voir son CV en annexe).

5 Dans son réquisitoire définitif en date du 30/10/56, sans cote au dossier *Parquet*.

Certes, le commissaire Chenevier semblera parader avec plaisir devant les journalistes lors de ses séjours, notamment à Digne. Mais ceux-ci n'obtiendront jamais aucune confidence ni la communication d'aucune pièce. D'ailleurs, maints témoignages des journalistes eux-mêmes montrent les commissaires esquivant leur contact, si bien qu'ils avaient été surnommés[1] « *les Arlésiens* ». Mieux ou pire, dans un article de *France-Soir*[2], Jacques Chapus développe tous les arguments permettant d'entraver la mission « *en allant jusqu'à souffler aux témoins qu'il est même nécessaire de se taire* ». À quel type de nécessité Jacques Chapus peut-il se référer ? Vraisemblablement, il se joint à cette sorte d'*union sacrée* pour entraver le travail des commissaires. Comme il le répète encore aujourd'hui, c'était pour défendre la réputation de son ami Sébeille.

Car en fait, le rapport et les ouvrages du commissaire Chenevier font ressortir que c'est la magistrature locale qui a surtout entravé sa contre-enquête pour la clore en renvoyant ostensiblement le commissaire à ses affaires. Et le parquet de Digne réagira même violemment à ce qu'il considère comme des « *critiques* » dans le rapport du commissaire, allant jusqu'à demander non seulement des sanctions, mais carrément sa révocation[3]. Dès son entrée en scène le 18 décembre 1954, jusqu'à l'ordonnance de non-lieu du juge Carrias du 13 novembre 1956, un temps précieux sera gaspillé en longues attentes injustifiées et entraves de tous ordres, autant de la part de la magistrature de Digne[4] que de celle d'Aix-en-Provence. Si on peut comprendre que l'irruption de *Parisiens* venus mettre leur nez dans une affaire définitivement jugée, ait déclenché ce genre de réaction de la part de ceux qui avaient été responsables des enquêtes, jugements et informations, on constate de façon seulement objective, que se perpétue le même refus de laisser certaine information sinon vérité venir au jour.

Ignorant les obstructions, Jean-Charles Deniau et Madeleine Sultan (oc p. 245) prennent le problème autrement en se demandent si le grand commissaire était aussi fort que sa réputation le disait. L'avis du juge Batigne qui, à leur contraire, était là à l'époque, les contredit formellement (oc p. 159 & 160) : « *leur action dans cette affaire délicate devait me convaincre qu'ils n'étaient pas inférieurs, bien au contraire, à la réputation qui les avait précédés* ».

1 En référence de l'héroïne de Bizet qu'on ne voit jamais.

2 Charles Chenevier oc p. 65. Tout l'article de Jacques Chapus est même cité dans son rapport final (cote C 401).

3 Brouillon de lettre du procureur Sabatier de Digne au procureur général d'Aix-en-Provence, sans date, n° 969 CH 55 (hors cote dans le dossier 1182 W 0005).

4 Notamment du juge Carrias. Les investigations du commissaire Chenevier dépendaient des commissions rogatoires délivrées par le juge. On imagine sans peine le jeune juge suppléant usant, même inconsciemment, de son pouvoir discrétionnaire face aux *pointures* parisiennes obligées de s'y soumettre.

Mais on peut, en effet, se poser la question sous un autre angle : quoique le commissaire Chenevier s'en défende lui-même, cette réputation s'était surtout construite sur son travail contre le grand banditisme, donc sur le règlement d'affaires urbaines d'une tout autre nature que le drame de Lurs. Au moins les contextes liés à ce terroir provençal lui échappaient-ils largement, plus encore qu'aujourd'hui, même si le commissaire croyait à une similitude avec l'affaire de la Combe-aux-Fées, sans se rendre compte que tout y était bien différent.

À la retraite, le juge Carrias (oc p. 50 & 51) posera encore autrement et directement cette fois, la question : si les deux commissaires avaient été acteurs dans l'occultation politique concernant la piste du commando, pourquoi auraient-ils accepté cette mission au risque de faire éclore une vérité interdite ? Et le juge y répond de façon particulièrement contournée. Selon lui, si les commissaires avaient été contraints de devoir échouer, surtout après avoir proclamé qu'ils allaient réussir, ils auraient eu tout à y perdre pour leur réputation. Mais le juge Carrias était-il candide au point d'ignorer qu'il y a une attitude plus subtile et surtout très courante en matière politique. Les commissaires Chenevier et Gillard étaient les mieux placés pour pouvoir œuvrer en évitant tout dérapage intempestif. Mais il se pourrait aussi qu'ils aient manœuvré assez habilement pour que les choses demeurent cantonnées dans le cercle de La Gran'Terre, et aboutissent comme elles se sont effectivement terminées, c'est-à-dire dans un cul-de-sac dont ils auraient laissé, en protestant habilement contre les obstructions, la responsabilité finale du non-lieu aux seuls magistrats de Digne.

Quoi qu'il en ait été de ces procès d'intention, avant de pouvoir se mettre au travail, le commissaire va donc devoir franchir une série d'obstacles qui vont non seulement retarder ses opérations techniques, mais les entraver sur le fond même, notamment en anéantissant tout effet de surprise.

Le supplément d'information va se diviser en deux missions et trois étapes bien différentes :

1 - Une première mission exploratoire qui va consister à venir sur place rencontrer les magistrats, se rendre sur les lieux, interroger Gaston, et rendre compte sommairement au garde des Sceaux de la nécessité ou non de poursuivre un supplément d'information plus approfondi.
2 - Le supplément d'information proprement dit avec un rapport détaillé au garde des Sceaux.
3 - Ce dernier transmettra son avis favorable à une réouverture d'instruction, mais en laissant comme il se doit à la magistrature la décision de la suite à donner : soit une réouverture du dossier pour supplément d'instruction cette fois, soit un non-lieu.

DÉROULEMENT DU SUPPLÉMENT D'INFORMATION

Principales étapes

- Le 13 décembre 1954, alors que la mission Chenevier est déjà annoncée et avant son arrivée, premier court-circuit, le substitut Oddou va interroger Gaston.
- Le 18 au matin, le commissaire arrive à Marseille par le train de nuit avec son équipe[1]. Le jour même, flanqué de son adjoint Gillard, il se présente au palais de justice d'Aix-en-Provence chez le procureur général Orsatelli. Quelques heures plus tard, ils sont chez le procureur Sabatier à Digne. Retour à Marseille.
- Les 19 et 20 décembre, interrogatoires de Gaston à la prison des Baumettes.
- Le 21 décembre[2], remontée à Digne et visite des lieux du drame. Le commissaire apprendra par les journaux que Me Bottaï, nouveau conseil de Gustave, se trouvait à La Gran'Terre pour le cas où. Mais le commissaire ne s'y rendra pas.
- Les 21 & 22 décembre, interrogatoires d'Augusta et de son mari, de Gaston junior et de sa femme, de Marcel, enfin de Clotilde et de son mari.
- Le 23 décembre, premier rapport au procureur Sabatier motivant une requête de délégation générale. Remontée à Paris.
- Le 27 décembre, compte-rendu au garde des Sceaux Guérin de Beaumont.
- Le 7 janvier 1955, nomination du juge Carrias en remplacement du juge Périès.
- Le 13 janvier, départ du juge Périès.
- Le 24 janvier, Gaston est admis à l'infirmerie pour une intoxication alimentaire. Il y sera cantonné dans une condition carcérale exceptionnellement confortable et libérale.
- Le 27 janvier, le commissaire revient devant le nouveau garde des Sceaux, Emmanuel Temple.
- Le 8 mars, nouveau court-circuit, le commissaire apprend par la presse que le juge Batigne a interrogé Gaston puis qu'il l'a confronté à Gustave et Yvette.
- Le 10 mars, retour à Marseille.

---

1 Oc p. 61 & 62. Outre son adjoint Gillard, les officiers de police Raymond Leclerc, Maurice Goguillot, Roger Gaumery et Jean Mouillefarine (nom difficile à porter face à l'humour méridional). Le commissaire oublie de citer Grisard qui se retrouve sur certains PV. Plus tard s'y adjoindront les inspecteurs Garnier et Gaulay du service central d'identification, dont on ne trouve pas trace de ce qu'ils ont apporté.

2 Le commissaire Chenevier (oc p. 66), dit être allé sur les lieux du crime le 20, ce qui est impossible au vu des dates de ses propres PV.

- Le 16 mars, déplacement à Digne pour se présenter au nouveau juge Carrias et demander commission rogatoire, lequel ne prendra aucune décision pendant trois mois. Les policiers regagnent Paris.
- Le 15 juin, le juge Carrias rappelle enfin les commissaires Chenevier et Gillard pour un entretien sur la conduite à suivre. Entrevue avec le capitaine Albert.
- Le 16 juin, nouvelle entrevue avec le juge Carrias qui refuse la commission rogatoire qu'il avait promise la veille.
- Le 13 juillet, article de Me Marcel Héraud consulté par Léon Dominici, faisant publiquement état de l'entretien avec de *hauts magistrats* dont il a été question plus haut.
- Le 20 juillet, le juge Carrias délivre une commission rogatoire, mais limitée, qui ne correspond pas à celle qui avait été demandée et attendue depuis maintenant sept mois.
- Le 29 septembre 1955, enfin, le juge délivre une commission rogatoire non restrictive.
- Le 25 février 1956, le commissaire Chenevier rend son rapport final au préfet directeur de la Police judiciaire.
- Le 13 novembre 1956, après avoir mené quelques investigations complémentaires, le juge Carrias, suivant le réquisitoire supplétif du procureur Sabatier, rendra une ordonnance définitive de non-lieu.

Contenu des pièces

Selon le décompte donné par les ADAHP (oc p. 135), dans le dossier 8W7, parmi les 1977 pages dactylographiée de la procédure criminelle de 1954 à 1956, c'est-à-dire tout au long du complément d'instruction jusqu'au non-lieu final, il manque les pages 124-154, 166-194, 196-203, 208-219, 223-226, 1356-1358, soit 83 pages. Mais on ne sait pas dans quelles pièces, ni ce qu'elles concernent. N'est-ce pas montrer soit un nouveau manque de soin du greffe, soit une intention de nuire à la mémoire du supplément d'information. Lors de mes propres investigations, je n'ai pas remarqué de pièces entières manquantes. Mais il est vrai que je n'ai pas compté le détail des pages.

À l'inverse des pièces de l'enquête auxquelles certains, comme Gabriel Doménech, avaient eu accès au fur et à mesure, le contenu du supplément d'information n'a pas été connu de la presse, donc du public, sauf quelques rares communiqués, et enfin tardivement dans les ouvrages, dont principalement ceux du commissaire Chenevier[1] : le premier paru en 1962, qui en traite parmi d'autres affaires, et le second paru en 1973 donc tardif, qui ne traite que de l'affaire ; puis par ce qu'il en a été dit et écrit par le juge Carrias.

1 Il constitue en fait la principale source de ce qu'on trouve chez les autres auteurs au sujet du supplément d'information.

Certains journalistes postérieurs[1] comme Jean-Charles Deniau et Madeleine Sultan ont peut-être eu certain accès aux archives, mais ils ne disent pas dans quelles conditions, ne citent que très rarement leurs sources, et leurs ouvrages montrent qu'ils n'ont pas pris le temps nécessaire à les consulter. Après ma première expertise parue en 2007, Jean-Louis Vincent ayant eu accès aux archives, lui non plus, n'a pas remarqué de manques.

Répétons que les ouvrages du commissaire Chenevier, bien que contenant nombre d'éléments intéressants et de raisonnements nouveaux, pêchent curieusement par nombre d'erreurs et par un défaut de méthode comme de forme. En revanche l'étude des PV de son équipe montre la mise en œuvre d'un protocole méthodique, avec préparation des questions, de leurs enchaînements et recoupements, qui contraste avec l'impression d'improvisation perpétuelle qui ressort des PV du commissaire Sébeille et du juge Périès, sans parler des investigations du juge Carrias. Son rapport final au garde des Sceaux du 25 février 1956[2], est un modèle, notamment par la structure de son exposé. Peut-on regretter que ce travail rigoureux n'ait finalement pas abouti à faire émerger cette vérité qu'on attend toujours. Et peut-on à nouveau s'étonner que les éléments matériels comme les autopsies et expertises, aient été laissés complètement de côté sans mention de la moindre analyse critique. Du moins n'en trouve-t-on aucune trace, sauf de façon très accessoire dans le rapport final.

Phase exploratoire

Avant l'arrivée du commissaire Chenevier, alors qu'il est déjà attendu au tournant, la magistrature locale va faire acte d'indépendance. Le procureur général Orsatelli, envoie dès le 13 décembre, son substitut Joseph Oddou[3] au quartier des condamnés à mort des Baumettes, demander à Gaston de confirmer les déclarations informelles faites à ses avocats au sortir du box puis le lendemain. C'est court-circuiter volontairement et inutilement la mission du commissaire. De plus, il apparaît pour le moins inhabituel que ce soit un membre du parquet et non un juge d'instruction qui fasse procéder à une telle démarche.

Malgré une évidente mauvaise humeur, Gaston répète volontiers une version de ce qu'il aurait dit après le verdict, et met nommément en cause Gustave et Zézé, mais pas encore Galizzi[4]. Quand le substitut lui demande :

---

1 Redisons que William Reymond a eu un accès confidentiel non autorisé aux archives en 1995. Mais ce qu'il en a donné de citations, montre au moins que la consultation a été au moins partielle et sommaire.

2 Rapport en date du 25/2/56 (cote C 401). Il porte le 25/2/56 sur la couverture et le 15/2/56 en intérieur. Il contient exactement 261 pages, sans compter les quelques 400 PV qui y ont été annexés.

3 PV du substitut Oddou en date du 13/12/54 (cote C 2).

4 Au contraire de ce qu'il dira au juge Batigne : PV du juge en date du 31/7/55 (cote C 82), ajoutant que tous trois seraient retournés voir l'éboulement.

« *Accusez-vous formellement votre fils et votre petit-fils ?* ». Gaston recule : « *Ils y sont certainement pour quelque chose. Mais je ne sais pas qui a fait le crime* ». S'il les met en cause, de nouveau il dit bien qu'il ne sait pas qui a fait quoi. Notons qu'il dit *le* et non pas les crimes. Est-ce à nouveau la marque de la distinction qu'il fera toujours entre les meurtres des parents et celui de la fillette qui a toujours semblé seul lui insupporter. Le substitut n'a pas pu penser à le lui demander, bien sûr.

Gaston confirme aussi ce que la Cour d'assises n'a pas voulu entendre, c'est-à-dire que la carabine était bien à La Serre, mais sans répéter qu'elle appartenait à Clovis. Puis il redit ce qu'il a confié à ses avocats, et qui a motivé la décision du garde des Sceaux : le 7 août 1952 quand Gustave était couché avec un certificat du docteur Nalin, il était monté en pantoufles[1] chercher son briquet dans sa chambre ; en ressortant il aurait surpris, au travers de la porte entrebâillé de leur chambre, une conversation à voix basse entre Gustave et Yvette, dont on a déjà rendu compte. Ce témoignage fera l'objet d'une vérification, dont on va reparler, qui aura lieu en mars suivant à La Gran'Terre, menée par le juge Carrias, et dont le commissaire Chenevier ne sera même pas informé. Ce qui montre à nouveau les courts circuits qui entravaient volontairement les investigations des Parisiens.

Premier interrogatoire de Gaston

Le 19 décembre, le commissaire Chenevier, accompagné du commissaire Gillard et des inspecteurs Grisard et Goguillot, rencontre Gaston aux Baumettes[2]. Le commissaire attaque en lui demandant pourquoi, après avoir prétendu *se sacrifier*, changer d'avis et maintenant accuser. Gaston répète qu'il ne veut pas payer pour un autre. Notons qu'il dira toujours *un autre* au singulier alors qu'il met en cause au moins Gustave et Zézé et qu'on a montré que les assassins étaient au moins trois. Serait-ce à nouveau montrer que pour lui, il s'agit bien de ne parler que du seul meurtre de la fillette ? Il ajoute que ce qui l'a fait changer d'avis, c'est qu'il pensait être acquitté. Le commissaire ironise :

« *En somme, vous vous êtes sacrifié à condition que ça se termine bien !* »

Piqué à vif dans son orgueil, Gaston se crispe :

« *Tout ce que je sais, c'est que je ne l'ai pas fait.*

« *Qui alors ?*

« *Je l'ai dit au juge.* »

Et il s'en tient à ce qu'il a répété au substitut Oddou et au juge Batigne. Il donne néanmoins quelques précisions. À une question sur le fait que son fils ne l'a pas entendu sortir et rentrer dans la nuit, Gaston précise qu'en rentrant avant midi pour le repas, il met ses pantoufles dans la cuisine où il laisse ses

---

1 Il précisera ce détail plus tard PV n°1 du commissaire Chenevier rédigé par le commissaire Gillard en date du 19/12/54 (cote C 5).

2 *Ibidem.*

chaussures, car il fait ensuite une sieste dans son fauteuil. Mais, le soir, il monte se coucher avec ses chaussures et les remet pour partir à l'aube. Notons que le jour, il peut donc monter et surtout descendre sans faire de bruit, mais pas la nuit. Or, on a déjà noté qu'Yvette et Gustave diront toujours ne pas l'avoir entendu aller et venir dans la nuit du 4 au 5, avant qu'il ne parte avec ses chèvres.

Il répète que ce sont bien les policiers qui lui ont dit que la carabine se trouvait sur une étagère dans le hangar. Il précise que le hangar a été entièrement nettoyé par Yvette et Gustave, après le départ d'Aimé en janvier 1951, ce que tous trois ont confirmé[1], et tous ont dit qu'il n'y avait aucune arme sur une étagère. Dont acte. Il raconte aussi qu'au retour d'une partie de chasse au lapin, Clovis aurait dit : « *Si j'avais eu la carabine, à 140 m je l'avais* ». Sur cette seule phrase, Gaston a induit qu'il pouvait s'agir de la carabine US. Plus tard Clovis niera[2] bien sûr, et les *chasseurs* en question, sauf son frère Marcel[3], ne se souviendront de rien ou alors diront qu'il s'agissait du pistolet-mitrailleur russe d'Aimé Perrin qui a été saisi à La Serre. Ce qui est insensé pour qui connaît un peu ces armes. Après ce premier interrogatoire ne menant pas suffisamment loin, les policiers quittent la cellule à 18 h, décidés à revenir le lendemain. Ils précisent que Gaston paraît fatigué.

Second interrogatoire du 20 décembre

Le lendemain du premier interrogatoire, à partir de 15 h 30, les policiers retrouvent cette fois Gaston au parloir. D'abord seul avec lui, ils vont décortiquer ses déclarations sans relâche et le pousser dans ses retranchements et contradictions. Mais l'entonnoir ne fonctionne pas, car Gaston reste sur ses positions, répétant seulement qu'il n'a plus rien à ajouter. À 17 h 30, il est ramené en cellule pour son repas. MM^{es} Pollak et Charrier arrivent. Les commissaires confient aux avocats qu'avec des éléments aussi maigres, obtenir un supplément d'information apparaît peu probable.

Gaston est ramené au parloir vers 19 h. Les commissaires notent que la présence de ses avocats provoque chez Gaston « *certaines réticences et une certaine gêne* ». Pourquoi ?

Un nouvel interrogatoire commence par les avocats qui adjurent Gaston de parler enfin. Mais il reste muet. Le commissaire prend alors la relève et s'instaure « *un extraordinaire dialogue fait de phrases décousues, souvent sans rapport les unes avec les autres, coupées de retour en arrière, d'interjections, de "Oh ! putain", de "Hélas ! honte sur nous", des "Je préfère mourir", des injures, "les bandits, les saligauds, le Bon Dieu les punira".* »

---

1 Pour Gustave, PV du juge Périès en date du 5/12/53 (cote D 228).

2 PV n° 424/29 du commissaire Chenevier en date du 17/10/55 (cote C 250), notamment.

3 PV n° 7 du commissaire Gillard en date du 22/12/54 (cote C 11).

Le dialogue a été pris quasi en sténo par l'inspecteur Goguillot[1], puis transcrit à la machine sous le contrôle du commissaire Gillard. Il est reproduit ci-après *in extenso* et très exactement conforme au PV[2], y compris majuscules-minuscules, points de suspension et fautes diverses. Ainsi, notons que c'est le monologue transcrit au PV qui démarre avec points de suspension :

> « - *ils ne se sont pas couchés seulement - il y avait Roger arrivé avec Gustave en moto - il a soupé là-haut avec Gustave - j'étais à la chambre.* »

Notons que le séjour-cuisine de Gustave se trouve au rez-de-chaussée, tandis qu'au premier se trouvent les chambres où on ne monte jamais pour aucun repas. Mais *Là-haut* est une référence kinesthésique. Et peut-être veut-elle dire que ce soir-là, la cuisine était occupée à la réunion dont il a été question.

> « - *le 4 août, Gustave est allé à Peyruis pour avertir le Roure. Il est passé par La Serre pour prendre le petit - ils sont sortis dans la nuit - c'était vers 1 h 10, j'ai regardé ma montre - j'ai entendu des coups de feu - je me suis levé, je n'ai rien dit.* »

Ce *je n'ai rien dit* n'a guère de sens, sauf à comprendre qu'il ne s'est pas manifesté sur le moment.

> « - *j'ai descendu dans la basse-cour - j'ai vu Gustave avec le petit - ils traversaient la luzerne ils venaient de là-haut où il y avait les Anglais...*
> *Après un temps d'arrêt marqué par Dominici,*
> *M. Chenevier: - Dites la vérité.*
> *Dominici : - Oh ! Hélas !*
> *Chenevier : - Dans la luzerne ? D'où venaient-ils ? Où allaient-ils ?*
> *Dominici : - Oh ! croyez-moi, tant pis je préfère mourir !*
> *Chenevier : - Vous n'avez pas le droit de faire cela !*
> *Dominici : - J'ai blagué ! j'ai dit des choses inutiles !*
> *Chenevier : - Pensez aux autres membres de votre famille...*
> *Dominici : - J'en ai dit des bêtises.*
> *Chenevier : - Lorsque vous avez entendu les coups de feu, vous vous êtes levé brusquement, et vous êtes descendu dans la basse-cour. Vous avez aperçu Gustave et le petit Roger dans la luzerne. D'où venaient-ils ?*
> *Dominici : - Je ne sais pas s'ils venaient ou s'ils allaient... ils venaient du campement des Anglais. Ils sont allés du côté du ravin. C'est Roger qui portait la petite.*
> *Chenevier : - Est-ce qu'elle se débattait ? Comment avez-vous vu la petite ? Gustave était-il devant ou derrière ? Ou l'un à côté de l'autre ?*
> *Dominici: - Gustave était derrière Roger.*

1 Rappelons que le magnétophone existait déjà, mais hélas pas encore utilisé lors des interrogatoires.

2 PV n° 2 du commissaire Chenevier en date du 20/12/54 (cote C 6). Dans son ouvrage, le commissaire (oc 101) n'en donne qu'une synthèse qu'il met abusivement entre guillemets.

Chenevier : - Portait-il un objet ? La carabine ?
Dominici : - Je ne peux pas le dire !
Chenevier : - Comment Roger portait-il la petite ? »
Dominici : - Je ne sais plus guère ! Nous ne sommes pas du même sang. Ce n'est pas beau ce qu'ils ont fait. »

S'il n'y a pas d'erreur de transcription, quel est le sens de *nous ne sommes pas du même sang* ? Serait-ce une façon de glisser qu'il y avait aussi là quelque étranger à la famille ? Car autant Gustave que Zézé sont de son sang. Le seul membre enfant de sa famille qui ne soit pas réellement de son sang est sa fille Ida avec ses enfants Balmonet[1]. Pourrait-il alors s'agir de Galizzi, mais alors pourquoi au pluriel ? Dans cet échange, on remarque, comme déjà le commissaire Prudhomme et le policier Guérino, que Gaston montre de la gêne et ne semble jamais pouvoir donner de réponses précises aux questions directes. Notons qu'il n'est guère possible que, de la cour, il ait pu voir Zézé portant la petite et Gustave le suivant sur le chemin du pont distant de 200 m. Le commissaire change-t-il brusquement d'angle d'attaque :

« *Chenevier : - Vous vous rendez compte que vous êtes considéré comme le meurtrier de cette enfant ?* »

Mais Gaston recentre :

« *Dominici : - Ils portaient la petite. Ils sont allés dans la direction du ravin. C'est deux bandits. Un point c'est tout. Moi, je préfère…*
Chenevier : - Après ils sont allés vers le ravin ?
Dominici : - Je n'ai plus rien vu.
Chenevier : - Qu'est-ce qui s'est passé ensuite ? Ils sont revenus à La Gran'Terre ? Il s'est passé quelque chose ? Qu'est-ce que vous avez entendu ?
Dominici : - Quel calvaire ! c'est dur... c'est dur !... ce n'est pas la vérité ! »

De nouveau, hormis la *direction du ravin*, Gaston ne précise rien. Et le voilà qui se rétracte en répétant, ce qui est devenu une habitude dans cette affaire :

« *- Ce n'est pas la vérité.* »

Cette fois, le commissaire insiste :

« *Chenevier : - Quelle vérité ?*
Dominici : - Ce n'est pas la vérité ! je l'ai dite. Je mens... je l'ai toujours dite. Je l'ai dite quand j'ai dit que je ne m'étais pas levé. Mes enfants ! je ne peux pas dire des mensonges pareils ! je souffre. Je n'ai fait de mal à personne. Mes enfants m'en ont fait. Je ne peux pas. Je préfère mourir que de dire des choses pareilles. Je mourrai mais je suis innocent. Tant pis ! La petite, je ne l'ai pas vue quand ils l'ont transportée. Si je meurs, je meurs. Je ne veux pas mourir en mentant. Si je m'accuse de cette chose, que je dise ça, c'est moi l'assassin et pas eux. Je n'ai pas vu Gustave plus que Roger, j'étais couché. Si je dis des

1 Rappelons qu'elle est la fille de Marie, reconnue par Gaston.

choses comme ça, peut-être je me sauverai, mais je ne veux pas mentir. La vérité, je l'ai dite du fond du cœur ; je ne peux pas ajouter autre chose ; j'ai dit ce qu'Yvette a dit. »

En fait, il a dit la vérité en même temps qu'il a menti. Car après avoir tourné et retourné autour du pot, la voilà donc la vérité : ce qu'il sait et répète en mentant à son cœur défendant et au risque d'en mourir, c'est *ce qu'Yvette a dit*. Donc, il ne fait que répéter ce qu'il a entendu de la conversation surprise entre Yvette et Gustave malade. Mais comment le commissaire peut-il n'avoir pas compris ? Car, comme lors de l'audience devant la Cour d'assises à ce moment crucial il coupe court en revenant à la présence de Zézé :

« *Chenevier : - Est-il exact que Roger est venu sur la moto ?*
Dominici : - Je ne sais pas ; je les ai entendus blaguer.
Chenevier : - Vous confirmez que vous avez entendu Gustave et Roger ?
Dominici : - Je peux le dire. Je les ai entendus parler. »

Ça il peut le dire, car c'est sans doute ce qu'il a réellement pu entendre depuis sa chambre. Mais au lieu d'approfondir en faisant préciser, pourquoi le commissaire change-t-il à nouveau de sujet :

« *Chenevier : - Combien avez-vous entendu de coups de feu ?*
Dominici : - J'ai entendu non pas cinq, mais quatre coups de feu. Je me suis dit tiens, c'est bien jour. Il y en a qui sont bien matinal (sic) *je me suis peut-être oublié. J'ai déclaré, il était 1 h 10. Je me suis rendormi jusqu'au matin, comme d'habitude, je suis parti sans souci, sans aucun doute de rien.*
Chenevier : - Comment l'idée vous est-elle venue de fixer l'endroit où vous étiez dans la basse-cour ? Pourquoi avez-vous dit qu'ils étaient dans la luzerne, alors qu'au cours du procès vous avez dit à Gustave : - Dis avec qui tu étais dans la luzerne ?
Dominici : - Ce n'est pas moi qui l'ai dit. »

Pourquoi Gaston semble-t-il nier ce que tout le monde a vu et entendu lors du procès ? Mais le commissaire ne relève pas. En fait, Gaston ne veut-il pas dire par là que ce n'est pas lui qui a lancé cette question de la luzerne bien avant les audiences, et qu'il l'a appris par Maillet puis par Yvette. Le commissaire, comme il le dira plus tard dans son rapport final, a l'impression que Gaston est sincère. Et il reprend :

« *Chenevier : - Ce que vous avez commencé à nous dire cadre avec ce que vous avez indiqué tout à l'heure. Je n'ai pas l'impression que vous mentiez !* »

Mais Gaston esquive :

« *Dominici : - Hélas ! je ne me ferai pas vieux !*
Chenevier : - C'est pour vous sacrifier que vous faites cela ?
Dominici : - Le Bon Dieu les punira ! La vérité, je l'ai dite. J'ai entendu ça d'Yvette. Je ne peux pas dire ce que je n'ai pas vu. »

À nouveau, alors que l'aveu est pourtant clair, pourquoi le commissaire ne l'entend-il toujours pas ? Et Gaston de continuer :

« - *J'ai entendu un bruit de pas, pas comme d'un seul homme. Des pas comme s'ils étaient deux. J'ai compris que... Yvette a des pantoufles. Roger a des souliers de crêpe.* »

Se rend-il compte qu'il dénonce là l'origine des traces de semelles de crêpe près du corps de la fillette ? En précisant que les pas qu'il a entendus ne peuvent pas être ceux d'Yvette ou de Zézé, il suggère donc qu'il y avait au moins un troisième homme. Était-ce Galizzi ou encore quelqu'un d'autre ? Mais le commissaire ne semble toujours pas entendre :

« *Chenevier : - Avez-vous entendu la voix de Roger Perrin ?*
Dominici : - Oh, putain ! j'aime mieux mourir ! dire des mensonges, non ! j'ai entendu parler. Je ne sais pas si c'était la voix du petit ou la voix d'Yvette. Ce sont les voix qui m'ont réveillé. D'habitude, je les entends, c'était mon premier sommeil. Après, j'ai encore entendu des voix dans la cour. Je n'ai pas su si c'était Gustave ou Roger. Si je m'étais douté d'une chose pareille, j'aurais été monter la garde là-haut, pour éviter une chose pareille. C'est pas des saligauds, c'est bien des bandits ! »

Gaston confirme donc qu'il n'a fait qu'entendre parler, et il est évident qu'il ne veut sinon peux préciser qui. On se demande au passage quelle différence il peut bien faire entre saligauds et bandits à propos d'un tel massacre. Le commissaire insiste :

« *Chenevier : - Alors vous couvrez ces bandits ?*
Dominici : - Ah ! si je les avais vus, hélas, je ne les ai pas vus. Misérablement ! j'ai hésité à dire ce que j'avais entendu. Je l'ai dit à Charles-Alfred. Ce que je n'ai pas vu, je ne peux pas le dire. Ce que j'ai entendu, j'ai entendu ça d'Yvette. Je l'ai caché jusqu'à ce jour, parce que je croyais que Mᵉ Pollak ferait dire la vérité à Gustave. »

Nouvelle confirmation, cette fois sans ambiguïté avec mises en cause d'une interaction de Mᵉ Pollak. Mais l'avocat présent ne réagit pas et le commissaire glisse encore :

« *Chenevier : - Lorsque vous parliez de la luzerne, vous ne mentiez pas.*
Dominici : Hélas... si[1]*, je mentais ! je ne puis dire des choses que je ne sais pas. Oh ! si je l'avais su. Je voudrais qu'on le pende par les pieds, le misérable ! C'est des bandits. Je veux pas devenir comme eux.* »

Et Gaston confirme encore, tandis que le commissaire change à nouveau de manière :

« *Chenevier : - Ils s'en moquent parce qu'ils veulent vivre !*
Dominici : - Ça ne leur portera pas bonheur. Mon fils Gustave a toujours été pour moi un désastre. Je l'ai élevé pour être un homme. Il a été coureur, gaspilleur, et maintenant !... Lui s'est mal conduit, mais je ne veux pas porter la responsabilité d'une chose pareille.
Chenevier : - Et Roger Perrin ?

1 Attention, ici, *si* veut dire *oui*.

Dominici : - Il pouvait avoir bu. Il buvait le petit !

Chenevier : - Et si Gustave avait été seulement témoin du crime ? »

Cette question arrive enfin. N'est-ce pas aussi ce que Gaston a sous-entendu avec force devant la Cour d'assises ? N'est-ce pas aussi ce que sous-entendent les témoignages de Maillet ? Et pourtant Gaston élude, comme à chaque fois que la question approche du chœur de l'interdit. Et pourquoi le commissaire comme les avocats n'insistent-ils pas ?

« *Dominici : - J'ai entendu des bruits de pas.... et encore, je sommeillais. Quand on arrive... j'en fais des pas dans la journée... je sais que j'ai entendu certains bruits. Il me semble que quand ils revenaient de là-bas, je ne sais pas ce qu'il a dit à Yvette... s'il allait à Peyruis. Quand ils sont revenus, j'ai entendu du bruit.* »

Gaston, tout en confirmant encore, apporte un nouvel élément : *s'il allait à Peyruis* et quand *ils* sont revenus, il a entendu *certains bruits*, et surtout Gustave serait-il peut-être retourné à Peyruis après le drame. Le *bruit*, c'était peut-être celui de sa moto que Gustave aurait poussé jusqu'à la route pour ne pas démarrer de la cour ? Mais pourquoi penser à Peyruis ? Si Gustave pouvait en effet aller chez Clovis, pourquoi pas en direction inverse, chez Maillet ou mieux encore chez Barth. Le commissaire, à nouveau, ne semble pas entendre, car il n'approfondit pas :

« *Chenevier : - Vous avez entendu deux hommes ? La voix de deux hommes ?*

Dominici : - Je ne puis pas le dire. Si je le savais ! Oh, putain, je voudrais bien savoir ! je peux pas m'engager dans une chose pareille. Je mourrai, c'est tout ! Le Bon Dieu ne leur portera pas la grâce. S'ils m'avaient acquitté, je ne disais rien à personne, personne n'aurait rien su, et je pensais qu'à la pensée de Me Pollak : Gustave allait dire la vérité... »

Gaston se plaint toujours et toujours de ne pas savoir. Mais pourquoi répète-t-il que s'il savait, il devrait en mourir ? Et à quoi pensait-il à propos de Me Pollak ? Même si l'avocat et le commissaire ne réagissent toujours pas, le commissaire pose enfin une bonne question :

« *Chenevier : - Vous savez que Roger Perrin et Gustave sont les coupables parce qu'Yvette l'a dit ?*

Dominici : - Le complot a été monté par Gustave. Je suis sûr et certain que la carabine est à Clovis. Je suis certain que le complot a été monté par Gustave et Clovis. »

Comme à chaque fois, Gaston évite de répondre à une question trop directe. Et il dévie vers son idée du complot, en confirmant ce qu'il a déjà dit. Cette fois, le commissaire embraye donc :

« *Chenevier : - Et la carabine ?*

Dominici : - Le jour où il est venu arranger les fers, Clovis a dit : si j'avais eu la carabine, à 140 mètres je tuais le sanglier. »

Notons qu'il s'agit là de chasse au sanglier, alors que lors de cette mention, il avait été question de lapin. Le commissaire embraye :

« *Chenevier : - Vous êtes sûr que c'est la carabine qui a servi au meurtre ?*

Dominici : - Il la tenait là-bas, à La Serre. C'était sa maison ! Vous savez que les cheminots parlent beaucoup de questions. Gustave c'était le noceur, pas le mauvais sujet, il vidait ses poches pour les autres. Ce n'était pas le même caractère que Clovis, plus dur, ce n'est pas les mêmes mœurs. Gustave emmenait cinq ou six filles dans les pâtisseries, leur payait une bouteille. Gustave a raconté les faits à Clovis, qui a dit : il faut que j'arrange ça. Ils ont mis huit mois, ils ont eu le temps de choisir. »

D'abord Gaston confirme pour la carabine sans toujours de résultat. La carabine lui appartenant cachée dans le hangar est devenue vérité intangible. Puis il dérape au sujet de ses fils pour montrer que c'est Clovis le *plus dur,* qui a arrangé ça. Mais pourquoi *huit mois* ? À compter des accusations de novembre 53, cela ramènerait en mars. Or, à cette époque, l'affaire était au point mort. S'est-il, passé quelque chose à ce moment-là que le commissaire Sébeille n'a pas su, ou au contraire serait-ce là qu'il aurait reçu le message que *tout était prêt* comme l'a suggéré Me Pollak dans sa plaidoirie ? Et à nouveau pourquoi Me Pollak n'interviendra-t-il jamais pour faire préciser, et pourquoi le commissaire clôt-il abruptement l'interrogatoire ?

« *Chenevier : - C'est tout ce que vous avez à nous dire ?*

Dominici : - Lorsque je suis parti avec mes chèvres le matin du drame à 3 h et demi, j'ai remarqué que la porte de la cuisine de Gustave, sur la cour, était entr'ouverte. Je me suis dit : tiens, il est déjà levé ».

Et c'est tout !

On a noté la forme exceptionnelle de ce PV qui déroge au style policier et judiciaire stéréotypé. Il convient donc de connaître les raisons d'une telle dérogation. Car il est évident qu'il y a là une volonté du commissaire de montrer que la manière même dont Gaston s'est réellement exprimé aurait été scrupuleusement respectée. Et on notera aussi que la fin de séance est notée à 23 h.

Or, il est évident que les trois pages du dialogue dans le PV ne peuvent avoir transcrit *in extenso* ce qui a été dit de 19 h 30 à 23 h, soit pendant trois heures et demi, même en laissant un temps pour les préalables, les points de suspension de départ de la sténo, les silences, et ensuite le temps de la frappe finale, la relecture, etc. Il suffit de lire le dialogue à haute voix, même en laissant des silences entre les questions et réponses, pour se rendre compte que celui-ci n'a pas pu durer beaucoup plus de trente à quarante-cinq minutes. Il s'en suit nécessairement que des parts importantes de ce qu'il s'est dit ou passé, correspondant à environ deux heures de temps, n'ont pas été transcrites. On rappellera l'absence d'interventions des avocats qui n'apparaissent donc que comme des cautions.

Quoi qu'il en ait été des parties manquantes, ce texte extraordinaire illustre parfaitement et de façon exemplaire, ce qu'on a dit de la différence de langage et de sémantique entre la logique du français académique et la logique de la pensée rurale profonde de Gaston. Sa manière de dire sans dire, de nier tout en affirmant, de glisser et de revenir, est tout à fait caractéristique. On imagine alors la différence qu'il a dû y avoir entre la manière de ce qu'il a dit lors de ses aveux et précédents interrogatoires, et ce qui en a été transcrit. Et on touche là du doigt une des raisons qui a empêché d'y voir clair dans cette affaire. Car ce qui transparaît de ce qu'a vraiment dit Gaston dans son langage et avec sa façon de penser, apparaît ici clairement :

- Il n'a rien vu directement.
- Il a seulement entendu et entendu dire.
- Il a été tenu à l'écart et il se reproche surtout de n'être pas intervenu.

Il faut bien prendre la mesure de ce que, s'il vit dans la même maison que Gustave et Yvette, chacun reste chez soi, et qu'ils n'ont que peu de rapports. Surtout ils ne se parlent guère que pour le minimum et le courant de la vie de la ferme.

Notons enfin que la question des pantalons n'étant pas encore venue au jour, Gaston n'a rien dit de ce qu'il a nécessairement su, et notamment qu'il a au moins participé à la recherche de la carabine dans la Durance.

En sortant, policiers et avocats se concertent. Naturellement, les avocats se disent convaincus de la sincérité de Gaston. Selon Me Pollak (oc p. 301) :

> « *Ou cet homme sait et il veut protéger un des siens et c'est remarquable et même admirable. Ou il ignore tout, et alors c'est atroce. Mais, dans les deux cas, pour nous il est innocent.* »

Or c'est bien ce qui transparaît très exactement. Mais la logique urbaine des policiers parisiens, leur fait dire ne pas s'expliquer ces constantes voltes faces, ces reculs brusques devant une vérité apparemment indicible, cette incapacité commune à tous les Dominici et apparentés de livrer une réalité cohérente, et de faire des récits qui ne butent à chaque fois sur une sorte d'interdit insurmontable. Le commissaire Chenevier conclura (oc p. 101) :

> « *Gaston était à certains moments au bord de l'effondrement. Mais l'instinct de conservation fut le plus fort.* »

Freud, orfèvre en ces manières, lui répond : « *le mensonge n'existe pas, il n'est qu'une vérité qui se révèle* ». Et s'agissait-il bien d'instinct de conservation comme le développe aussi Jean-Louis Vincent[1] selon une même logique

---

1 Jean-Louis Vincent (oc p. 511) n'en retient rien qu'une énième manœuvre lamentable pour sauver sa peau, interrompue par une « *retraite en bon ordre* ». Et au final (oc p. 622 & 623) il écrit que « *les commissaire Chenevier et Gillard font grand cas de ses paroles, vite rétractées, du 20 décembre 1954... les conditions dans lesquelles ces confidences ont été obtenues en présence des avocats sont suspectes* ». Et pour le justifier, il s'appuie sur l'avis du procureur Sabatier qui les élude dans son réquisitoire supplétif final, au motif que commissaires et avocats voulaient se faire valoir auprès du public... qui n'en a même pas été informé. Et le procureur qui n'assistait pas à l'interrogatoire, va même jusqu'à écrire

policière ? Car, si Gaston montre en effet une constante réticence souvent au bord de l'effondrement, il est évident que ce n'est pas pour se défendre, mais bel et bien devant une contradiction qu'il est empêché de dissiper. Et c'est là le nœud du problème qui bloque la situation dans une impasse depuis le début, et dont les policiers parisiens n'ont pas su ou voulu se dégager mieux que le commissaire Sébeille.

Car cette fois, ce qu'à sa façon Gaston a dit savoir et ignorer, est contrairement à ce qu'en ont retenu les policiers, à la fois clair et cohérent :

- Il sait que Gustave a ramené Zézé qui a soupé *là-haut* ;
- Il n'a pas vu Zézé et Gustave transportant la fillette dans la luzerne vers le ravin. Ce qu'il en a dit, c'était seulement répéter ce qu'il avait appris d'Yvette surprise en train de chuchoter ;
- Dans la nuit, il a seulement entendu de sa chambre les pas de plusieurs personnes dans la cour, mais ni d'Yvette, ni de Zézé à cause de leurs manières d'être chaussés. Il confirme au passage les semelles de crêpe de Zézé ;
- Il a également entendu d'autres *bruits* ;
- Il a encore entendu parler sans vouloir préciser qui et combien ;
- Il rajoute bien Galizzi, mais en suggèrent aussi d'*autres* qui ne sont pas les Anglais ;
- Il suggère encore que Gustave a pu retourner à Peyruis ;
- Enfin, en partant à l'aube, il a vu la porte de Gustave entr'ouverte.

Mais s'il dit tellement vouloir *en mourir*, est-ce pour avoir suggéré certains faits et gestes qui accusent son fils et son petit-fils, mais aussi n'est-ce pas d'avoir été tenu à l'écart de ce qu'il se passait cette nuit-là sur sa Gran'Terre, et finalement de n'avoir pas pu intervenir pour empêcher d'achever la fillette… sans peut-être même avoir essayé de savoir ? Avant de s'enfuir avec ses chèvres.

Même s'il a *oublié* son pantalon mis à sécher, épisode qui, il est vrai, n'est pas encore réapparu, reste à savoir, bien sûr, si Gaston était sincère, et surtout quelle pouvait être cette vérité indicible, qui le bloque ainsi que les autres d'ailleurs.

Important

On avait déjà compris que, des deux vérités, sur le meurtre des parents et sur celui de la fillette, d'évidence ce dernier est le seul qui pose vraiment un cas de conscience à Gaston. Car qui a remarqué que, dans ce déballage, Gaston ne

---

qu'ils se sont « *acharnés sur le vieillard jusqu'à lui faire dire ce qu'il ne voulait pas* », accusant le commissaire d'avoir « *un talent particulier pour faire tenir les dépositions qu'il considère comme utile à sa thèse* ». Ce procès d'intention parfaitement arbitraire, ne s'applique-t-il pas mieux au commissaire Sébeille lors du marathon des aveux, ou au procureur Sabatier lui-même dont la hargne contre le commissaire Chenevier n'est pas à démontrer ?

parle à nouveau que de la fillette, comme si le sort des parents ne concernait pas La Gran'Terre et dont il ne savait manifestement rien.

Certes, le 30 juillet 1955 suivant, devant le juge Batigne et le commissaire Chenevier[1], Gaston niera d'abord tout ce qu'il a pu dire le 20 décembre précédent. En revanche, il confirmera que Gustave a bien ramené Zézé sur sa moto en y ajoutant cette fois Galizzi, et que tous trois sont allés voir l'éboulement[2]. Et il ajoutera qu'il aurait mieux fait de ne pas parler de l'éboulement à Gustave. Ce dernier ne serait pas allé à Peyruis, n'aurait pas « *vu* » Zézé en revenant, « *ni les autres* ». Là on pourrait penser que les Drummond étaient ces *autres* vus au passage, mais comme le commissaire lui demandera de qui il s'agissait, Gaston refusera de préciser. Ce qui revient à conclure qu'il ne s'agissait donc pas des Anglais. De qui alors ? Et pourquoi, à nouveau, le commissaire évite-t-il de poursuivre ? Par la suite, Gaston reviendra sur tout et niera purement et simplement l'ensemble en prétendant avoir « *blagué* ».

La méthode Chenevier

Après cette séance du 20 décembre, le commissaire remonte à Paris faire un premier compte-rendu oral au garde des Sceaux qui va décider de poursuivre en ordonnant un supplément d'information approfondi. Le commissaire va donc reprendre le dossier. Et pour cela il va construire un entonnoir sous forme d'un protocole préétabli, sorte de filet méthodique d'interrogatoires croisés[3] :

> « *Quelques quatre cents questions... logiquement enchaînées... questions précises découlant de l'étude du dossier et destinées à enfermer par la logique les menteurs dans un réseau inextricable et à faire jaillir la vérité, sans pour cela que les aveux soient recherchés à tout prix, et même sans qu'ils soient indispensables.* »

Belle annonce. Mais hélas basée exclusivement sur les dires, en ne laissant trace d'aucune analyse des pièces matérielles comme les autopsies, l'arme, les munitions, la balistique, les expertises de lubrifiants, les photos et même la reconstitution en déplorant seulement la manière dont cette dernière a été bâclée. Il prétendra en avoir fouillé les parties qui lui semblaient floues, celles qui n'ont pas été suffisamment fouillées ou vérifiées, ou encore celles que l'accusation a carrément laissées de côté. Mais en vérité, pas toutes, très loin de là. Pas plus que son collègue Sébeille, le commissaire ne s'occupera d'autre chose que d'essayer de se sortir de l'imbroglio tissé par la famille. Et finalement, quoi qu'il en ait dit, il s'en tiendra à la seule voie *royale* de la police française, celle des interrogatoires pour tenter d'obtenir des aveux.

1 Déposition en date du 30/7/55 (cote C 79).
2 PV du juge Batigne en date du 31/7/55 (cote C 82).
3 Commissaire Chenevier, oc p. 81 et 190. On en trouve la trace dans le dossier où le commissaire soumet à plusieurs reprises au juge Carrias, ces listes de questions pour obtenir les commissions rogatoires.

Et, bien sûr, s'il obtiendra certains résultats, il ne prendra pas la mesure du fait que la logique des Dominici et consorts, ne fonctionnait pas exactement comme la sienne. Bien sûr, il y aura aussi tout le temps perdu et la façon dont les magistrats et la presse ont quelque peu saboté son intervention. Mais il n'y a peut-être pas que cela. Car répétons que le commissaire dira, comme Sébeille, vouloir s'en tenir au postulat du *drame de la terre*. Sans suggérer d'autres armes que la carabine US, il va pourtant conclure qu'il y a sans doute au moins deux sinon trois assassins, tous de la famille : Gaston, Gustave et Zézé. Pourquoi laissera-t-il Galizzi de côté sans approfondir ? Ce qu'il va donc chercher, c'est seulement à savoir quel a pu être le rôle de chacun dans le scénario du massacre.

Il argumente de façon convaincante les raisons pour lesquelles il considère que les données fournies par Maillet, bien que laconiques mais précisément répétés, lui paraissent dignes de foi. Mais, s'il ne semble pas voir que ces informations comme l'épisode de la luzerne évoquée devant la Cour d'assises, tendent à faire de Gustave un simple témoin tout en disculpant Gaston du meurtre des parents. En revanche, il analyse parfaitement les raisons pour lesquelles les accusations des deux fils contre leur père sentent le montage et la connivence.

Son argumentation pour charger Gaston du meurtre de la fillette, est fondée sur la seule appréciation psychologique de ses réactions lorsqu'il en est question. Mais le commissaire les interprète-t-il correctement et n'est-ce pas un peu court ? A-t-il bien jaugé ce que sous-tendent les comportements apparemment erratiques comme leur logique convergente, de toute cette famille ? Car, répétons-le, surtout habitué au milieu criminel urbain et à la mentalité de ses malfrats, il n'a visiblement aucune idée de la manière dont fonctionnent les comportements méditerranéens et leur logique dans le haut pays provençal. Et il ne mesure pas le gouffre qui sépare la ruralité de ces gens habitant la colline profonde, de son urbanité de la *metropolis*. Cette incompréhension des Parisiens est même l'un des clichés du vrai folklore provençal. Une de ses galéjades préférée consiste ici à *balader les estrangers*[1]. Et ce n'est rien que de dire à quel point autant les policiers que les magistrats, même locaux, ont été baladés dans cette affaire depuis le premier jour.

De toute évidence, à part un vrai mobile, il manque toujours au commissaire un scénario cohérent incluant tous les éléments et indices matériels sans les contredire, comme sans oublier au passage d'expliquer réellement les divers comportements de toute la famille et de son entourage… sans oublier aussi l'implication sans-jacente du Parti et la curieuse stratégie en retrait de la défense.

1 Selon Jean Laborde (oc p. 417), Gustave dira de Chenevier au juge Batigne : « *Avec son accent pointu, celui-là, je ne comprends rien à ce qu'il dit* ». Qu'on se souvienne de la façon dont Pagnol a mis en scène Parisiens et Lyonnais face aux Marseillais et autres Provençaux.

S'il fallait éliminer la petite Élizabeth parce qu'elle pouvait témoigner du meurtre de ses parents, le commissaire Chenevier ne dit pas pourquoi Gaston, s'il n'était pas le meurtrier des parents, s'en serait chargé de sang-froid et de façon aussi barbare. Car s'il avait eu le sang assez glacé pour s'en charger, et si la fillette avait été évanouie comme il apparaît, il aurait été beaucoup plus simple de la noyer comme l'aurait suggéré Yvette. La noyade aurait pu passer pour un accident lors d'une fuite éperdue dans la nuit. Et Gaston n'a-t-il pas répété au cours de l'enquête, qu'il n'aurait jamais jeté l'arme à la rivière, et si près de la ferme[1]. Même s'il était *comme fou*, selon ses propres termes lors de ses aveux et de la reconstitution, c'est un geste qui ne correspond pas à la manière d'être que le vieux paysan a d'ailleurs montrée dès le matin du 5 août puis tout au long de l'affaire. On imagine mal qu'il ait pu procéder de façon aussi méticuleuse dans un moment d'affolement qui, de plus ne semble pas correspondre au portrait machiavélique qu'en donné le commissaire Sébeille lui-même.

Gustave ou Zézé alors ? Mais *ce n'est pas à moi de dénoncer*, répétera Gaston, sous-entendant qu'avec ce qu'il suggère, il demeure franc jusqu'à une certaine limite, et loyal au-delà. Et c'est ensuite aux policiers de trouver. Mais quoi ?

Le commissaire Chenevier avait noté dès le début que la famille redoutait le supplément d'information[2]. Ce qui ne manque pas d'interroger. En effet, si Gaston était seul coupable, pourquoi la famille aurait-elle redouté une nouvelle investigation ? C'est qu'ils savaient qu'il faudrait bien trouver un ou plusieurs meurtriers, présents ce soir-là à La Gran'Terre.

In fine, le commissaire Chenevier va conclure que Gustave serait le meurtrier des parents, avec sans doute une certaine complicité, mais pourquoi *passive* de Zézé ?, et que Gaston ne serait donc que le meurtrier de la petite Élizabeth. Mais il ne dira rien sur l'articulation des trois complices, ni ne proposera de détail argumenté d'un scénario probable pour l'ensemble du drame. Certes, ce n'était pas l'objet de sa mission qui devait seulement servir à argumenter la nécessité de rouvrir l'instruction en laissant à celle-ci le soin de trouver le(s) coupable(s) et de reconstruire une accusation solide. Cependant, après la lecture de son rapport et de ses ouvrages, dont le second promet en sous-titre : *20 ans après le drame de Lurs, toute la vérité,* il laissera donc définitivement tout le monde sur sa faim.

Le travail du commissaire Chenevier a néanmoins précisé nombre de points, mis en évidence certains éléments laissés de côté par le dossier d'accusation, et en a fait surgir d'autres. En vain. Car tout sera balayé d'un revers de plume par le procureur Sabatier suivi par le juge Carrias, à la suite d'analyses cette fois partielles, partiales, sinon de mauvaise foi, et bien que le

1 Notamment, Gabriel Doménech, oc p. 207.

2 Rapport en cote C 401, p. 29

juge Carrias ait dit plus tard pencher pour certaines complicités[1], tout comme le juge Batigne[2] d'ailleurs.

En attendant, l'équipe du commissaire s'est livrée à une série impressionnante d'interrogatoires et de vérifications dont il reste près de quatre cents PV, dont certains s'étendent sur des dizaines de pages. Ils ont été exploités au fur et à mesure de cette expertise, et ont permis de préciser certains points laissés dans le flou ou ignorés par les premiers enquêteurs et l'instruction. Rappelons seulement les principaux :

- L'épisode des pantalons.
- La connivence de Clovis et Gustave à propos de la carabine, et avec l'aide du greffier.
- Le témoignage du docteur Morin.
- Le mécanisme de la dénonciation du père.
- La panique chez Aimé.
- La mise en cause de Gustave et Zézé.
- La conversation surprise par Gaston entre Gustave et Yvette.
- L'attitude de Zézé.
- Les témoignages de Despagnot et de Bossa.

Enfin, nous dirons quelques mots des investigations poursuivies par le juge Carrias après le départ de l'équipe Chenevier et le dépôt de son rapport.

L'épisode des pantalons

La question ayant déjà été développée, nous n'y reviendrons pas, sauf pour rappeler qu'il a fallu attendre près de trois ans pour qu'on s'en préoccupe. Et nous avons vu selon quels arguments réellement étonnants le commissaire Sébeille s'en était déchargé dans son ouvrage. De même, on verra comment le juge Carrias évacuera le pantalon de Gaston en oubliant carrément celui de Gustave.

Tout le monde n'a pensé qu'à du sang pour motiver le lavage. Mais outre qu'on a montré qu'il était peu probable que du sang ait pu atteindre les pantalons lors des tirs et des coups de crosse, personne n'avait pensé que les pantalons auraient simplement pu être détrempés en pataugeant dans la Durance à la recherche de la carabine. Ce qui implique nécessairement que Gaston ait au moins participé au drame de façon annexe et a posteriori.

La connivence de Clovis et Gustave à propos de la carabine

On a également déjà vu que la connivence apparaît clairement à plusieurs moments : dès le 5 août au matin, puis lors des dénonciations et des aveux, et

1 In *Dominici, de l'accident aux agents secrets*, oc p. 38.

2 Pour interroger Gaston aux Baumettes, c'est le juge Batigne qui agissait à Marseille, le code de procédure pénale interdisant au juge Carrias de se déplacer hors du territoire de sa juridiction sans commission spéciale, ce qu'il n'utilisera qu'une fois seulement, sans doute à cause du temps et des frais de déplacement.

encore lors de l'instruction, enfin lors du procès. Plus particulièrement et de façon indiscutable, le supplément d'information en a donné la démonstration formelle sur la question principale de la carabine. On a vu à quel point cette question embarrassait Clovis, et comment, jusqu'à bout, personne n'entendra et ne tirera la conclusion qui s'impose pourtant, cette fois, sans ambiguïté. Car, même si elle a irrité le juge Périès, et même après les analyses de graissage, il l'a finalement laissée pendante, comme plus tard devant la Cour d'assises, puis les instances de recours, et enfin jusqu'au non-lieu du juge Carrias. Mais aussi la défense, ne l'oublions pas. Bien que nous en ayons parlé au moment où la collusion a eu lieu en cette soirée et la nuit du 13 au 14 novembre 1953 avec l'aide du greffier Barras, si le croquis a bien été montré en audience, personne n'a sinon pris une réelle conscience de son importance, ni n'en a tiré de conclusion, ni surtout la défense argument. Le greffier a-t-il même eu conscience de sa bourde, avant que le commissaire Chenevier ne l'interroge.

Le témoignage du docteur Morin

On a déjà fait état des premiers témoignages du docteur intervenus dès le début de l'enquête[1], et qui ont été oubliés.

Ils vont d'être repris[2]. Le docteur Morin va d'abord confirmer son changement de lieu de bivouac à l'invitation et sous la conduite de Gustave en compagnie de Zézé, puis la partie de braconnage nocturne et quelques autres épisodes. Mais l'important, ce sont les souvenirs du docteur qui lui seraient revenus.

Ainsi, c'est lors de son départ en été 1951, que Gustave lui aurait montré son arme pour braconner le sanglier. Après avoir dit en 1952, soit un an après, ne pas se souvenir où la chose s'était passée, et qu'il ne pouvait reconnaître l'arme présentée, le voilà qui, en 1955 soit trois ans plus tard, il se souvient que pendant le séjour où il a été invité à entrer, il y avait au mur un chromo de *L'Angélus* de Millet. Donc, c'était chez Gaston. Puis il dit être sorti avec Gustave pour rentrer dans un « *cellier attenant à la maison* ». Interrogée, sa femme dit qu'il est allé avec Gustave dans « *une pièce voisine* » sans pouvoir préciser. Le docteur se souvient que, dans ce cellier, il y avait au fond à gauche une sorte de table, des étagères et surtout une sulfateuse. Et quand on lui montre les photos de l'intérieur du hangar, il croit le reconnaître, notamment à cause des étagères et de la sulfateuse. Mais au contraire du côté kinesthésique de son souvenir, le hangar n'est ni *attenant à la maison,* ni *une pièce voisine* de chez Gaston, et il n'y avait pas de table.

---

1 PV n° 305 de l'inspecteur Renucci en date du 06/08/52 (cote C 40). PV n° 387/109 de l'inspecteur Tardieu en date du 17/10/52 (cote D 127 et également sous cote C 40).

2 PV du juge Carrias en date du 16/5/55 (également sous cote C 40). PV n°442/6 du commissaire Chenevier en date du 12/10/55 (cote C 221). PV n° 424/21, 22 & 23 des commissaires Chenevier et Gillard en date du 16/10/55 (cotes C 242, 243 & 244). PV n° 424/24 du commissaire Gillard en date du 16/10/55 (cote C 245). PV n°424/36 du commissaire Gillard en date du 18/11/55 (cote C 257).

Comme le suggère *L'Angélus* de Millet, le docteur était d'abord entré chez Gaston. En sortant de chez Gaston par le couloir donnant chez Gustave, il y avait bien un cellier attenant, situé à droite, *pièce voisine* du séjour de Gustave mais aussi de Gaston (cf plan p. 56). Et il fallait bien sortir du séjour de Gaston pour y entrer en passant par le couloir.

Le docteur se souvient encore que la crosse de l'arme portait une profonde encoche latérale, mais il ne souvient pas d'une bretelle, ce qui peut correspondre à l'état de la carabine US. En revanche, il répète que la *hausse* était réparée avec un métal brillant qu'il redit être du duralumin. Ce qui, cette fois, ne correspond pas à la carabine.

Enfin, quand on lui présente les photos de la carabine avec chargeur, il la trouve proche de son souvenir, alors qu'en 1952, il s'en était dit incapable. Mais il dit l'arme qu'il a vue, plus grande et sans chargeur.

Confronté à Gustave[1], celui-ci nie farouchement, y compris de l'avoir invité à changer de lieu de campement. Comme à chaque fois qu'il se sent coincé, Gustave prend une position absurde en accusant le docteur de tout inventer. Ce dernier lui fait remarquer qu'il a toujours témoigné de l'hospitalité des Dominici, mais rien n'y fait. Et ce comportement de Gustave donne du crédit au témoignage du docteur Morin. Mais le juge Carrias, décidé à dégager Gustave comme on le montrera, préfèrera retenir que les souvenirs du docteur se précisent au fur et à mesure que le temps passe. En effet, il est vrai que ses souvenirs consignés en 1952, seulement vieux d'un an à l'époque, sont plus flous qu'en 1955. Le docteur répond que c'est en suivant l'affaire dans la presse et en voyant les photos, que ses souvenirs se sont précisés. C'est plausible. Mais on peut tout aussi bien penser qu'en toute bonne foi, ce qu'il a appris de l'affaire s'est inconsciemment amalgamé à ses souvenirs... comme l'intérieur du hangar et même *L'Angélus* chez Gaston, qui était visible sur des photos de presse. S'il les avait signalés en 1952, ces détails auraient eu une tout autre valeur.

Mais quelle que soit la valeur des détails fournis par le docteur, les dénégations farouches de Gustave tendent à accréditer l'idée qu'il possédait bien dans son cellier une arme de guerre sans chargeur ni bretelle, et dont la hausse avait été réparée par lui avec une pièce en duralumin. On l'a dit, Jean-Charles Deniau et Madeleine Sultan (oc p. 285), au vu des cartouches d'arme de guerre américaine récupérées lors de la démolition du hangar par l'actuel propriétaire, suggèrent qu'il aurait pu s'agir d'un fusil américain de type Garand, dont la silhouette ressemble à la carabine en un peu plus long et massif. Notons que, quoi qu'il en soit, en fin d'été 1951, cette arme qui n'était pas la carabine, était chez Gustave et qu'elle n'y était plus en été 1952 lors des perquisitions.

---

1 PV en cote C 244 déjà cité.

Clovis interrogé le lendemain de l'interrogatoire du docteur Morin[1], dira que Gustave aurait pu ramener la carabine du maquis. Un mois plus tard[2], ne sachant pas que Gustave a nié l'épisode, Clovis le désavouera en confirmant le changement de lieu du campement des Morin. Mais in fine le juge Carrias conclura malgré tout que le témoignage du docteur n'était pas fiable, et que l'arme vue par le docteur Morin était bien la carabine et qu'elle appartenait bien à Gaston.

Clovis : énième version de sa dénonciation du père

Le supplément d'information va développer un grand nombre de questions pour tenter d'éclaircir cette dénonciation. Et le commissaire Chenevier va donc enregistrer la dernière version de Clovis que nous avons déjà citée :

> « *Un soir en arrivant, j'ai trouvé dans la cuisine mon père qui, en colère, faisait des reproches à ma mère... Un moment après avoir soigné les bêtes, j'ai rejoint mes parents dans la cuisine pour le repas. Comme mon père continuait à ronchonner, je lui ai dit : - Si vous faites une vie comme ça, je reviens plus ici. Là il s'est calmé et nous avons soupé à peu près tranquillement. Après le souper, ma mère s'est absentée pour revenir une demi-heure après environ nous retrouver dans la cuisine.* »

Voilà qu'il n'est plus question de peur, et les circonstances ont encore varié avec une autre nouveauté :

> « *Et c'est pendant ce laps de temps que, continuant à marronner, il a dit en patois ce que je vous répète en français : - J'en ai fait péter trois et s'il faut en faire péter un quatrième, je le ferai péter. Je lui ai dit alors : - Mais qu'est-ce que tu veux dire comme ça ?; il m'a répondu : - C'est moi qui ai tué les Anglais. Sur le coup ça m'a fait quelque chose, ça m'a gelé, ça m'a surpris quoi. A ma question pourquoi il avait fait ça, il a répondu : - Je suis allé voir l'éboulement, j'ai tourné autour de la voiture et je me suis bagarré avec le Drummond.* »

Le tour de la voiture est également nouveau :

> « *Je ne lui ai pas demandé si c'était lui qui avait tué la petite, puisqu'il m'avait dit j'en ai tué trois. Je ne lui ai pas demandé autre chose, car si vous connaissiez mon père, c'est un sale coco lorsqu'il est en colère.* »

Sur remarque du commissaire, Clovis dit ne s'être pas étonné que son père soit sorti à 1 h alors que, se levant habituellement à 3 h, il aurait pu passer voir l'éboulement en partant avec ses chèvres.

Rappelons que c'est le commissaire Chenevier qui pensera que certaine surdité de Clovis pouvait lui avoir fait confondre *aï* = je avec *an* = ils, venant

1 PV n° 423/29 du commissaire Chenevier en date du 17/10/55 (cote C 250).
2 PV n° 424/36 du commissaire Gillard en date du 18/11/55 (cote C 257).

ainsi à la rescousse tardive de la version d'Augusta avancée devant la Cour d'assises. Mais hélas le commissaire ne demandera pas d'expertise ORL.

Rappelons aussi que c'est au commissaire Chenevier que Clovis s'entêtera à dire avoir désigné l'étagère du haut et ne plus en démordre, contre la photo du PV et ses dires consignés à l'époque.

Dans son rapport, le commissaire fera une analyse comparée méthodique des versions de Clovis et de Gustave, et en déduira de façon très convaincante que tous deux se sont concertés et ont menti, accréditant donc la thèse du *complot* ourdi par Clovis avec Gustave alors qu'il était suspect n°1, mais aussi pour faire oublier qu'il était le dernier détenteur la carabine et qu'il la gardait à La Serre.

Ce *complot* donnera ainsi une certaine consistance au *drame de la terre*, en suggérant que c'est à cause de questions d'usufruit et de succession à propos desquelles Clovis se sentira lésé, qu'il aurait nourri une rancœur terrible contre son père.

La panique chez Aimé

Le supplément d'information va mettre en évidence une réaction significative d'Aimé et de sa femme Mauricette quand ils ont appris le drame. Habitant Eygalières dans les Bouches-du-Rhône, c'est par la presse du 6 août. Or cette *nouvelle* déclenche une véritable panique dans le couple. Mauricette va pleurer toute la journée[1], tandis qu'Aimé va se précipiter à La Gran'Terre[2]. Alors que la presse ne mentionne aucune suspicion envers les Dominici qui ne sont encore que les plus proches voisins du drame, le commissaire Chenevier se pose à juste titre la question de savoir pourquoi une telle réaction. Et il conclura logiquement que la presse ayant donné une photo de la carabine, c'est bien à la vue de cette photo qu'Aimé a compris que sa famille était impliquée. Ce qui veut dire qu'Aimé connaissait cette arme. Et comme il avait quitté La Gran'Terre « *le 24 janvier 1951* », c'est avant cette date qu'il avait vu cette arme entre les mains de l'un ou l'autre de la famille. Lors de diverses vérifications[3], il sera question de l'usage d'une carabine à la chasse, mais, bien sûr, non seulement Gustave et Clovis vont nier, mais aussi Aimé. Et la panique d'Aimé comme celle sa femme, demeurera sans autre conséquence.

La mise en cause de Gustave et Zézé

On a vu que, dès sa sortie du box après le verdict, Gaston s'était décidé à ne *pas payer pour un autre*. Alors qu'il était certain d'être acquitté, on imagine combien sa surprise a dû être amère en entendant prononcer la sentence de

---

1 PV n° 424/1 du commissaire Gillard en date du 12/10/55 (cote C 216) et PV n°424/5 de l'inspecteur Leclerc en date du 12/10/55 (cote C 220).

2 PV n° 424/2 de l'inspecteur Leclerc en date du 12/10/55 (cote C 217) et PV n° 424/3 & 4 du commissaire Gillard en date du 12/10/55 (cotes C 218 & 219).

3 PV n° 424/42 de l'inspecteur Leclerc en date du 19/10/55 (cote C 263), puis PV n° 424/65, 66 & 67 du commissaire Gillard en date du 21/10/55 (cote C 286, 287 & 288).

mort. Loyal d'accord, mais à condition que celui ou ceux envers qui il faisait acte de loyauté assument. Gaston va donc continuer, à sa façon, le jeu du *franc z'et loyal*, de manière d'autant plus ambiguë que le commissaire Chenevier notera lui-même certaines interventions équivoques des avocats. En effet, ceux-ci font des annonces publiques qui demeurent sans suite ; ils sont prévenus des interrogatoires qu'ils anticipent avec leur client, etc.
Tout continue donc à se passer comme si la défense ne voulait pas voir sortir cette autre vérité dont Gaston tente de souffler la direction à l'oreille des commissaires parisiens. Alors que les ouvrages des avocats clament qu'ils croient à l'innocence de leur client, pourquoi entraver ainsi, mais sans en avoir l'air, un supplément d'information qui pourrait le dégager ? La question est grave. Car la réponse normale voudrait que, jusqu'au verdict, ses avocats aient pu convenir avec Gaston d'une retenue, mais ensuite ? Il y a une raison possible : s'il arrivait que le supplément d'information débouche sur une réouverture du dossier, et que Gustave soit inculpé, il n'est pas sûr que, risquant à coup sûr la peine de mort[1], il ne se soit pas alors décidé à rompre l'interdit, et à dire enfin cette vérité si embarrassante pour tout le monde. Car enfin, si le drame ne concernait que les gens de La Gran'Terre, une fois Gaston condamné, qui pouvait craindre que Gustave parle enfin, et de quoi ? Pourquoi le président Bousquet a-t-il interrompu les audiences chaque fois que Gustave, puis Clovis et même Zézé, étaient sur le point de parler ? Pourquoi l'avocat général Rozan a-t-il répondu deux fois à la place de Zézé , et manifesté une telle crainte de voir Gustave impliqué ? Et pourquoi sans jamais provoquer de réaction des avocats de Gaston. Pourquoi manifesteront-ils au contraire la même crainte de cette éventualité lors du supplément d'information ? Et pourquoi le juge Carrias, on va le voir, continuera-t-il à disculper Gustave alors même qu'il penchait au moins pour la complicité ? En attendant de tenter de répondre, continuons l'analyse des points soulevés par le commissaire Chenevier qui, pas plus que les autres, n'a tenté de se servir de ces questions centrales qu'il s'est pourtant posées d'une certaine façon.

Le commissaire, s'il concevra de sérieuses présomptions contre Gustave, il ne retiendra contre Zézé qu'une éventuelle présence à La Gran'Terre, peut-être en témoin du drame, mais sans jamais aller jusqu'à en faire un complice vraiment actif et encore moins un acteur à part entière. Il en va de même pour Galizzi. En effet, lors d'un interrogatoire[2], Francis Perrin viendra dire qu'il a entendu dire que Gustave aurait ramené Galizzi sur sa moto en même temps que Zézé, comme on a vu que Gaston, d'une certaine façon l'a sous-entendu. Mais Galizzi échappera à la suspicion du commissaire. Tout comme Clovis à propos de la carabine.

---

1 Même si le président Coty y était opposé, il risquait au moins la *perpète*.
2 PV n° 424/71 de l'inspecteur Goguillot en date du 22/10/55 (cote C 293).

L'attitude de Zézé

Déjà lors de l'audience devant la Cour d'assises, tout le monde avait noté la désinvolture de Zézé face à son grand-père, voire une attitude de réelle provocation. D'abord elle montre un peu plus que le patriarche n'était pas cette terreur qu'on a inventée pour justifier l'interdit qui pèserait sur toute la région. Mais, comme le commissaire Chenevier le notera, l'attitude de Zézé montre qu'il se sent protégé par quelque chose qui empêche son grand-père de parler. Et à la manière dont il s'en vante devant lui, allant jusqu'à le provoquer en lui manquant du plus élémentaire respect, semble aller beaucoup plus loin. Aux Baumettes, il lui lancera[1] :

> « *Si tu as quelque chose à dire contre moi, eh ! bien dis-le, c'est le moment.* »

Et devant Gaston qui élude, il continue à le provoquey avec une belle insolence. Mais Gaston qui aurait dû rugir, continue d'esquiver en baissant la tête, comme il l'a fait avec ses fils. N'est-ce pas montrer que Zézé était impliqué bien autrement dans le drame que comme simple témoin ou complice passif, et qu'il se sentait parfaitement protégé ? Mieux, il poussera la provocation jusqu'à venir dire au commissaire Chenevier[2] que, dix jours après le verdict, Léon Dominici aurait conseillé à son père[3] :

> « *Tu ferais mieux de faire engager Roger dans la Légion étrangère, comme ça il ne serait plus embêté* ».

Si le propos est exact, il montre que Léon concevait au moins quelque doute à propos du rôle de Zézé. Il est à nouveau dommage que la chose n'ait pas été vérifiée auprès du père et de Léon.

Une ultime embrouille ?

Malgré ses constantes dénégations et ambiguïtés, Gaston va enfin dénoncer publiquement son fils et son petit-fils par une lettre envoyée à *France-Dimanche*[4] et publiée en cliché original dans son n° 481 (semaine du 11 au 17 novembre 1955). Il y répète la conversation à voix basse entre Gustave et Yvette pendant la sieste du 7 août 1952. Et il accuse cette fois sans ambiguïté :

> « *Je peux bien dire que c'est Gustave et Roger Perrin qui ont fait cette triste besogne et sont bien les assassins de toute la famille Drummond. Je puis vous affirmer que je suis innocent comme je l'ai toujours dit et le répèterai...* »

La sortie de cette dénonciation publique *urbi et orbi* sans équivoque, par voie de grande presse nationale, laisse un lourd sentiment de malaise. Car après s'être *sacrifié* et avoir joué au chat et à la souris lors des enquêtes, instruction,

---

1 PV sans numéro, conjoint Chenevier-Batigne, en date du 18/11/55 (cote C 337).

2 PV n° 424/120 du commissaire Chenevier en date du 19/1/56 (cote C 376).

3 Contrairement à ce qui se dit couramment, même à l'époque, la Légion n'aurait pas gardé, sinon engagé, un mineur.

4 Repris par le commissaire Chenevier, oc p. 139 avec photo HT, et Jean Laborde, oc p. 385.

procès et supplément d'information, alors que son statut en prison est adouci, et qu'il ne risque guère de voir la sentence de mort exécutée, quelle mouche l'a piqué ? Quelle triste fin pour *l'honneur* d'un père et d'un grand-père que d'être celui qui livre de cette façon à la vindicte publique, fils et petit-fils. Était-ce, cette fois, un effet de la détention, ajouté à celui de l'âge ? Car, à force, la belle santé de Gaston a fini par accuser le coup. Jean-Louis Vincent y voit une ultime et misérable tentative de Gaston pour sauver sa peau. Mais elle n'était déjà plus guère en danger. Alors ?

Et on sait que les atteintes de l'âge se manifestent par paliers, surtout quand le moral et les conditions de vie sont profondément affectés comme c'est ici le cas. La sagesse populaire le sait bien, qui parle de *coup de vieux*. Mais alors quel terrible naufrage. À moins que quelqu'un ait soufflé à l'oreille de Gaston de faire cette démarche publique. Car toutes les lettres écrites en prison, surtout à un journal, et encore mieux d'un condamné à mort, sont lues et transmises au parquet avant un éventuel envoi postal. Or, dans le cas présent, elle l'a sûrement été, et non seulement elle n'a pas été arrêtée, mais elle a été postée. Pourquoi ? Et surtout pourquoi n'aura-t-elle aucune suite, ni de la part de la justice, ni de celle du commissaire ?

La conversation surprise entre Gustave et Yvette

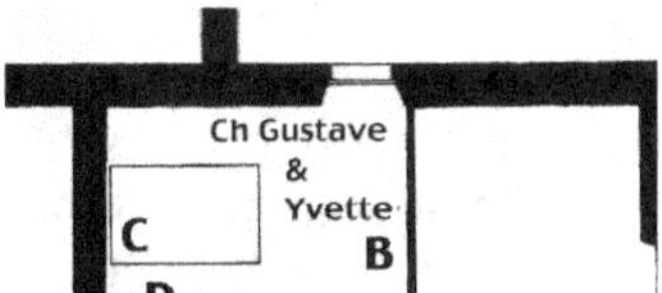

Après que Gaston a répété au substitut Oddou le 13 décembre 1954, ce qu'il avait dit à ses avocats de la conversation surprise entre Yvette et Gustave, et y avoir fait référence dans l'exceptionnel interrogatoire du 20 décembre, on ne trouve pas trace que le commissaire Chenevier ait tenté de vérifier si Gaston avait pu entendre ce qu'il disait.

Mais il faut dire qu'il n'avait pas reçu de commission rogatoire *ad hoc*. Mieux ou pire, pendant qu'il était à Paris, sans même l'avoir prévenu, le juge Carrias va court-circuiter le commissaire.

Le 21 mars suivant, le juge[1] organise une reconstitution sur place. Il veut vérifier si Gaston a pu entendre, depuis le couloir, Yvette et Gustave parlant à voix basse dans leur chambre. D'abord, le juge note que la porte de Gaston grince et gratte au sol en s'ouvrant. Mais il ne pose même pas la question de savoir si elle était habituellement fermée être ou restée ouverte puisque Gaston

1 Ordonnance de transport du juge Carrias avec le procureur Sabatier et le capitaine Albert, et PV du juge en date du 21/3/55 (cote C 33). Les policiers parisiens qui sont remontés à Paris dans l'attente d'une commission rogatoire du juge Carrias, ont donc été volontairement exclus.

était seulement monté chercher son briquet. Accessoirement, la question des pantoufles, car un bruit de grosses godasses aurait sûrement alerté Yvette et Gustave, ne sera pas posée non plus. En l'absence de Gaston, on ne sait pas quel était sa position ni le degré d'ouverture des portes. Toujours le même manque de sérieux dans le protocole. Selon le plan page précédente, le juge se poste sur le palier en **A** derrière la porte entrebâillée, et le procureur Sabatier dans la chambre en **B**. Gustave s'allonge sur le lit en **C**, Yvette s'assied face à lui sur l'autre lit, en **D**. Mais déjà, on ne sait pas si c'était là leurs positions. Car ce sont eux qui les ont choisies, sans aucun doute pour être les plus proches possibles l'un de l'autre et loin de la porte. Le juge dit ne distinguer aucun mot quand les deux époux murmurent. Le procureur leur demande alors de recommencer « *à voix basse* ». Le juge entend mieux, mais sans vraiment pouvoir distinguer ce qui se dit, sauf un ou deux mots. Et Gustave et Yvette refusent catégoriquement de répéter les mots tels, « *bijoux, petite, portait, Roger, mouchoir* ». Or ce refus n'est-il pas significatif ? Car il est évident que, connaissant l'enjeu de cette reconstitution, les époux vont certes obéir aux ordres du procureur, mais en modérant leurs voix de façon à ne pas risquer d'être entendus.

À l'époque des faits, Gustave et Yvette n'avaient sans doute pas entendu monter Gaston en pantoufles. Comme ils savaient que Gaston faisait la sieste en bas dans son fauteuil, ils n'auraient donc eu aucune raison de se méfier. D'autre part, pour les Provençaux, qui parlent normalement très fort, la *voix basse* peut avoir la puissance sonore d'une voix presque normale pour des gens comme le juge et le procureur. Si tel avait été le cas, cette sorte de *voix basse* pouvait fort bien être entendue, il suffit d'en faire l'expérience pour s'en convaincre sans qu'il soit besoin d'aller à La Gran'Terre. Rappelons que Gaston a dit au juge Batigne avoir été choqué d'avoir entendu Gustave et Yvette parler français dans l'intimité de leur chambre. C'est donc qu'il les entendait assez souvent sans que ceux-ci s'en soient rendus compte. Il en ressort donc que la reconstitution n'a pas été menée avec un protocole suffisamment précis pour invalider formellement le témoignage de Gaston, au contraire de ce que conclura le juge Carrias. Hélas, le commissaire Chenevier, peut-être en réaction à la façon de faire du juge, ne semble pas s'être intéressé à la question. Car il aurait pu renouveler l'expérience correctement. En revanche, il va vérifier d'autres échos sur le même sujet.

Le témoignage de Despagnot

Étienne Despagnot, condamné à mort par le Tribunal militaire de Marseille s'est trouvé de novembre 1954 à février 1955, dans le quartier des condamnés aux Baumettes avec Gaston. En septembre 1955, les commissaires l'apprennent et qu'il aurait entendu Gaston dire que Gustave et Zézé portaient la fillette et qu'il aurait été décidé de l'achever[1].

---

1 PV n° 424/108 des commissaires Chenevier et Gillard en date du 7/9/55 (cote C 358).

En janvier 1956[1], Despagnot est interrogé. Celui-ci dit n'avoir jamais reçu de confidence de Gaston, mais qu'il l'a bien entendu dire que c'étaient Gustave et Zézé qui avaient fait le coup. Gaston disait aussi à qui voulait l'entendre, qu'un *complot* avait été monté contre lui pour des questions d'héritage. Cette dernière question fera d'ailleurs l'objet de nombreuses auditions qui montreront que ce sont les Perrin qui manœuvraient pour reprendre La Gran'Terre et que Clovis se faisait des idées fausses sur les intentions de son père, contre lequel il concevait à tort ne rancune très dure et tenace.

Le témoignage de Bossa

Voilà que les déclarations d'un autre prisonnier dénommé Jean-Baptiste Bossa, vont venir à l'appui des dires de Despagnot. Tous les auteurs, sauf Jean-Louis Vincent, et chacun pour une raison différente[2], se retrouvent d'accord avec les magistrats pour balayer les déclarations de Bossa d'un revers de plume, sans même se donner la peine d'une analyse ou d'une justification. Ils les considèrent, a priori, comme une affabulation : Bossa aurait voulu monnayer ses informations contre une remise de peine ou une détention moins rigoureuse. Il est vrai que Bossa avait fait trois lettres au juge et au commissaire en ce sens[3]. Mais, s'il croyait savoir quelque chose d'important, il apparaît de bonne guerre que, personnage frustre et primaire[4], il ait tenté la négociation. Au lieu de lui faire un procès d'intention en prétendant sans vérification qu'il avait tout inventé, le commissaire Chenevier[5], après l'avoir entendu, exposera au contraire les raisons pour lesquelles il pense possible de donner certaine foi à ses dires.

Le 28 janvier 1956, c'est le procureur général de la Cour d'appel de Paris qui a transmis une lettre qu'il a reçue de Bossa[6], condamné à une peine de travaux forcés pour un assassinat commis à Marseille. Depuis, il se trouve à la maison d'arrêts de Nîmes. Mais, pour une autre affaire en correctionnelle, Bossa avait été incarcéré à la prison de Digne du 7 décembre 1951 au 23 mai 1953. Bossa était donc emprisonné à Digne pendant la période où Gustave y était lui-même incarcéré pour non-assistance.

Et Bossa prétend avoir surpris des confidences entre Gustave et Yvette au parloir. Il a en vain tenté à plusieurs reprises d'alerter d'abord le gardien Coulet, puis le juge Périès, lequel serait même venu l'entendre à Nîmes,

---

1 PV n° 424/130 de l'inspecteur Leclerc en date 21/1/56 (cote C 385).

2 Pour Jean-Louis Vincent (oc p. 594 à 600), Bossa s'est manifesté trop tardivement.

3 Lettre au commissaire en date du 31/3/56 (cote C 428). Lettres au juge des 6 et 10/4/56 (cotes 426 & 427). Une lettre sera également adressée au juge par le Trésor en date du 14/4/56 (cote C 431) réclamant une dette fiscale de Bossa !

4 Rapport du professeur Merland, expert psychiatre, en date du 23/5/50 (cote C 424).

5 Rapport en cote C 401, et oc p. 142 et sq.

6 Reçue et transmise dès le 28/1/56 (cote C 395) + pièce du commissaire en date du 7/10/56 n° 424/132 récapitulant la situation judiciaire de Bossa.

quinze jours à trois semaines avant le procès d'assises, sans plus d'effet[1]. Désespérant d'être entendu, Bossa ayant appris par la presse qu'un supplément d'information était en cours par des policiers parisiens, a donc écrit au procureur général de Paris. Le commissaire Chenevier précise qu'il ne demeure dans le dossier d'instruction, aucune trace des démarches antérieures de Bossa. Et il note que le juge Carrias n'a pas cru nécessaire de vérifier auprès du juge Périès et du gardien Coulet. À nouveau, ce refus ne manque pas de poser question. En effet, si le juge et le gardien avaient infirmé les tentatives de Bossa à l'époque, le doute aurait été plus sérieux sur la validité de ses déclarations. Or on va voir que le juge Carrias refusera même au commissaire non seulement de vérifier auprès du juge Périès et auprès du gardien Coulet, mais d'opérer une reconstitution à Digne avec Gustave et Yvette. Car, si le juge et le gardien avaient confirmé, les déclarations auraient pris date avant le 23 mai 1953. Et la date apparaît d'autant plus importante lorsqu'on va voir que ce que va prétendre révéler Bossa pourrait lui avoir été suggéré par la lettre de Gaston à *France-Dimanche* de novembre 1955, c'est-à-dire avant sa propre lettre au procureur général de Paris de janvier 1956. Le refus du juge a donc permis de jeter le doute sur l'ensemble des déclarations de Bossa. Cette décision va toujours dans ce même sens d'empêcher certaines opérations, et donc certaines certitudes de s'établir. Mais voyons ce que dit Bossa.

Le 10 février 1956[2], le commissaire Chenevier se rend à Nîmes en compagnie de son collègue Gillard. Bossa rappelle qu'Yvette venait presque chaque jour voir son mari à la prison, ce qui est exact[3], que le parloir de Digne n'était guère surveillé, et que la fenêtre du parloir donnait sur la cour ce qui est exact. Un jour, il se serait trouvé assis au soleil contre le mur d'allège extérieur sous la fenêtre du parloir. Gustave et Yvette se trouvaient assis à l'intérieur sous la même fenêtre. Et de là, Bossa aurait surpris involontairement une première phrase de Gustave disant :

> « *Si je l'avais laissée près du puisard, on n'aurait pas eu la peine de toujours nier des choses…* »

En mettant un *e* à *laissé*, le PV induit qu'il s'agit de la fillette. Mais rien ne le dit et, comme on l'a montré, le sang de la mare ne pouvant être que celui de Sir Jack, c'est donc de son corps qu'il s'agit là, comme nous l'avons aussi déduit. Et d'ailleurs le commissaire lui-même proposera dans son scénario que Sir Jack se serait écroulé là avant de se relever pour traverser la route, second point impossible on l'a vu.

Alerté, Bossa serait revenu se poster là par la suite, lors des visites d'Yvette, en faisant attention à ce que disaient les époux. C'est ainsi qu'il

1 Il n'y en a aucune trace au dossier, ni aucune référence autre que celle du commissaire Chenevier qui le confirme.

2 PV n° 424/133 du commissaire Chenevier en date du 10/2/56 (cotes C 396 manuscrit et C 424 frappé machine).

3 PV n° 424/136 du commissaire Chenevier en date du 25/2/56 (cote C 406).

aurait successivement surpris, « *pas toujours très bien* », il le dit lui-même, ce que les époux se confiaient. Ainsi, Gustave se serait félicité qu'on n'ait pas remarqué des « *égratignures* » et peut-être même « *une blessure* ». On va voir que le juge Carrias le retiendra, mais sans résultat. Yvette aurait parlé d'une « *bague cachée ou jetée* », en ajoutant qu'il n'y avait « *aucun souci à se faire* » car on ne la retrouverait pas. En effet, on sait que la mère de Lady Anne a signalé cette disparition. Yvette aurait dit n'aurait eu aucune difficulté à faire disparaître tout ce qu'il fallait. Par exemple, il suffisait qu'elle ait tout emporté en allant à Oraison ce matin-là, et l'ait donné à son père.

De même elle aurait assuré que Zézé « *ne parlerait pas* », rappelant au passage que Gaston aurait dit « *qu'il n'épargnerait personne* ». Mais tout ça, Bossa avait pu le lire dans la presse. Et là on met à nouveau le doigt sur un problème de transcription qui a déjà été évoqué avec le *laissé(e)*, mais aussi le *aï* ou *an*. Dans le PV transcrivant le dire de Bossa, là encore l'écriture au singulier *il n'épargnerait personne,* résulte d'une induction. Il se pourrait tout aussi bien que ce que disait Yvette puisse s'écrire *ils n'épargneraient personne*.

Il aurait également été question de papiers qu'elle aurait brûlés, s'exclamant : « - *Qu'est-ce que vous aviez dans la tête ? Qu'est-ce que vous pensiez faire avec ces papiers ?* ». On a vu qu'il en restait dans la voiture qui avaient été rendus au consul de Grande-Bretagne, sans parler de ceux proposés par le brocanteur Petit Lulu. Et qui sont ces *vous* alors qu'elle est censée s'adresser à Gustave ?

Yvette se serait aussi réjouie qu'on n'ait pas trouvé le pantalon et les chaussures. Notons que personne n'avait jamais parlé d'une tentative de repêchage de la carabine. Et Yvette aurait conclu que, si on l'avait récupérée « *tout ça ne serait pas arrivé* ». Bossa confirmerait donc ici ce que nous avons déjà proposé.

Au passage Bossa s'étonne que Gustave ait pu se payer de grands avocats de Marseille. Et il ne sera pas le seul[1].

Enfin, il dit qu'il aurait été question de discussions avec les Drummond à cause de leur installation. Il a cru comprendre qu'ils s'étaient d'abord installés à un autre endroit. Voilà qui rejoint la première rencontre de Gaston la veille et rappelle l'aventure des Morin. La dispute aurait d'abord eu lieu entre les

---

1 Jean Laborde, oc p. 443, qui n'a pas été contesté. Il ne s'agit pas de la seule défense de Gustave, mais de l'ensemble des procédures Dominici. 690.000 AF 1955, équivalent à 15.000 € 2016. Ce qui est, même pour l'époque, notoirement insuffisant, et comparée aux 250.000 AF des économies de Gaston. Gustave et Yvette lui auraient dit que la somme avait été empruntée. Bien sûr, ils ne lui ont pas dit qui la leur avait prêtée, ni comment ils ont fait pour rembourser une somme aussi importante pour eux, ni s'ils l'ont fait. Notons que, dans le même temps, ils ont par exemple acquis une 4 CV Renault, ce qui représentait alors une somme considérable en comparaison des revenus produits par La Gran'Terre. Dans les années 1955, le slogan Renault était « *4 chevaux, 4 portes, 444.000 F* » (9.000 € 2016). Certes celle de Gustave était d'occasion, mais, à l'époque, les occasions ne se dévaluaient que très lentement.

femmes qui en auraient parlé *avec les hommes* dans la soirée. Les hommes seraient alors montés voir, seraient revenus à la ferme et remontés armés au bivouac, et c'est alors qu'aurait eu lieu *l'accident*. Dommage que ces *hommes* n'aient pas été nommés. Notons que cette version ne ressemble à aucune de celles publiées dans la presse, ni à celle suggérée par l'ensemble des éléments que nous avons analysés.

Après cette déposition devant les commissaires, Bossa va apporter quelques compléments. C'est le juge Laguens de Nîmes, commis sur demande du juge Carrias, qui va réinterroger Bossa le 31 mars suivant[1]. Le juge Carrias le fait-il seulement pour marquer le commissaire Chenevier ? Quoi qu'il en soit, Bossa confirme en précisant que tout se disait en provençal qu'il dit comprendre, mais ça ne sera pas vérifié. Et il rajoute les points suivants :

- Yvette aurait reproché à Gustave de n'avoir pas noyé la fillette dans la Durance. On frémit.
- Gustave prenait toujours la carabine quand il sortait la nuit.
- Yvette aurait ajouté que, « s*i on avait retrouvé le pantalon, on n'aurait pas pu nier* » parce qu'il était « *tâché de sang* ».
- Yvette aurait encore dit que Gaston reprochait à son fils d'avoir fait appel, car ça risquait d'amener des complications.
- Enfin Gustave aurait tiré, et Gaston assommé la « *pitchoune* ».

Notons déjà :

- Que Gustave ne pouvait, à chaque fois qu'il sortait de nuit, prendre la carabine qui était à Clovis et entreposée à La Serre, mais sans doute était-ce plutôt son fusil vu par le docteur Morin ;
- Que le pantalon aurait maintenant été taché de sang alors que Bossa avait déjà rapporté au commissaire qu'il avait été détrempé en essayant de repêcher la carabine ;
- Que l'appel n'avait amené aucune complication ;
- Que Gustave aurait tué les parents, mais on a montré que seul c'était impossible ;
- Que Gaston aurait assommé la fillette, ce n'est pas impossible mais peu probable ;
- Qu'il n'est plus question de Zézé.

Il convient donc, comme l'a fait le commissaire, de savoir quelle validité accorder aux dires de Bossa. On l'a dit, la position quasi unanime sera qu'il s'agissait d'un affabulateur ayant construit ses dires d'après la lecture des journaux de l'époque. Soit. Notons au passage que ces dires contiennent infiniment de détails, tous inédits dans la presse, et plus cohérents et plausibles que les dénonciations laconiques de Clovis et de Gustave ou les aveux de Gaston et la version du *livret*. Ce qui incline le commissaire Chenevier à considérer les déclarations de Bossa comme méritant être vérifiées.

---

1 PV du juge Pierre Laguens de Nîmes en date du 31/3/56 (cote C 425).

Le commissaire demande donc au juge Carrias de pouvoir opérer ces vérifications. Mais, on l'a dit, le juge passe d'abord la main au juge Laguens de Nîmes. Puis, outre le refus concernant l'audition du gardien Coulet et du juge Périès, le juge refuse également de reconstituer dans la prison et même de confronter Bossa avec Yvette et Gustave. Pourquoi, on s'en doute. Mais in fine, ces déclarations influenceront les investigations et les conclusions du commissaire Chenevier sur trois points : changement du lieu de bivouac, présence de Zézé au moment du drame, meurtre des parents par Gustave et achèvement de la fillette par Gaston.

On aura noté qu'une bonne part des déclarations de Bossa, même plausibles et cohérentes, ne sont pas compatibles avec ce qui a pu être avéré comme avec ce que nous avons pu établir. Mais on a aussi noté que, sur quelques points, elles apportent des précisions crédibles.

Petit incident annexe

Un dimanche de mars 1955[1] à l'initiative de Léon Dominici, le seul calme, logique et méthodique de la famille, une réunion aurait eu lieu chez Clovis avec tous les enfants et petits, sauf les Perrin. Il se serait agi de faire revenir Clovis sur sa dénonciation. Quoi qu'il en ait été, Clovis tenant bon, les griefs familiaux, notamment de succession et autres rancœurs, font monter le ton et la réunion dégénère en pugilat d'où Clovis sort avec un œil au beurre noir. Cet épisode montre bien de façon objective où se trouvait le fond et l'importance de la rancœur de Clovis envers son père.

Le rapport final

Les 261 pages du rapport[2] Chenevier vont décortiquer avec une méthode et une clarté remarquable, ce que le supplément d'information a pu, malgré tout, permettre de présumer de façon solide, sans parvenir, il est vrai, à aucune preuve formelle sauf en ce qui concerne la présence de l'arme dans le hangar. Car le commissaire a établi de façon certaine que Gustave n'avait pas pu voir la carabine entreposée dans ce hangar de La Gran'Terre peu avant le drame puisque c'est Clovis qui a inventé cette présence et, avec l'aide du greffier Barras, sa position sur l'étagère. Mais ne tenant compte ni de l'analyse de l'huile de graissage et autres éléments comme du bricolage de la hausse et les dires de Gaston, le commissaire conclut que Gustave était le détenteur de la carabine et qu'il devait la cacher chez lui.

Le commissaire considère que la venue de la moto avec side-car vers 23 h 30 est une affabulation pour justifier que Gustave, peut-être en compagnie de Zézé, ait pu être vus dehors vers cette heure, comme le dénoncent les deux lettres anonymes. Mais il oublie la moto anglaise avec side-car qui a bien été dépassée vers 23 h 45 par Ode Arnaud sur la route avant Manosque.

---

1 PV n° 424/36 du commissaire Gillard en date du 18/11/55 (cote C 257).

2 Cote C 401 du 25/2/56.

Si la conversation de Gustave et Yvette dans leur chambre, surprise par Gaston, n'a pu être vérifiée ou invalidée de façon formelle, elle va dans le même sens que les conversations surprises par Bossa. En l'absence de toute possibilité de connivence, le fait sinon le contenu exact de ces conversations, apparaît donc comme crédible.

Il propose enfin, sans donner de scénario, notamment balistique dont il ne dit mot pas plus que des autopsies :

- Que Gustave serait l'auteur du meurtre des parents en présence passive de Zézé ;
- Que Gaston serait monté après coup sur le bivouac avec son fils et son petit-fils ;
- Que Zézé aurait transporté la fillette enveloppée dans l'imperméable trouvé dans la gare, ce qui est impossible pour l'imperméable comme on l'a vu ;
- Que Gaston l'aurait achevée d'un seul coup, ce qui est encore impossible comme on l'établit formellement l'autopsie.

On voit déjà que cette esquisse de scénario contredit nombre d'éléments matériels indiscutables, plus ceux établis avec certitude ou avec une forte probabilité.

ET ENSUITE ?

Le commissaire Chenevier puis le juge Carrias vont encore procéder à quelques investigations annexes à propos d'ultimes témoignages accessoires qui ne donneront rien et qu'il est donc inutile de rappeler. Par exemple, Bossa ayant parlé d'égratignures et d'une éventuelle blessure, le juge Carrias va s'y intéresser en retrouvant que Galizzi est venu dire que, depuis le drame, Gustave et Zézé ne portaient plus de short[1]. Ignorant sans doute l'aponévrose et oubliant que son arrachement provient de la main de Sir Jack, le juge se dit que le lambeau sur le pare-chocs pourrait provenir d'une blessure de l'un des meurtriers, survenue lors du drame, notamment aux jambes. Et une telle blessure semblant au juge pouvoir expliquer la présence vraiment gênante de ce lambeau qui a disparu du scénario de l'accusation, il ordonne une vérification[2]. Il commet le médecin légiste Marceau qui examine Zézé puis Gustave[3]. Mais curieusement, pourquoi pas Gaston ? Quelques menues cicatrices seront mises hors de cause[4]. Qu'importe, selon la stratégie générale mise en œuvre depuis le début avec les éléments contrariant la thèse de

1 PV n° 85-R du capitaine Albert en date du 21/10/55 (cote C 301).
2 PV du juge Carrias en cotes C 443, 444, et 448 à 456.
3 Deux PV du médecin expert Marceau en date du 3/7/56 (respectivement cotes C 444 & 446).
4 Dix PV aux cotes 447 à 457.

l'accusation, le juge évacue la question posée par le lambeau qui va demeurer définitivement dans la boîte d'allumette du commissaire Sébeille.

Le non-lieu final

Après que le commissaire Chenevier a rendu compte de ses conclusions au préfet, directeur des services de Police judiciaire, ce dernier transmet le rapport au juge Carrias avec son avis : le dossier devrait être rouvert et permettre un complément d'instruction[1] cette fois. Mais le parquet va montrer son humeur contre les « *allégations* » du commissaire ayant rendu compte des résistances et obstacles judiciaires qu'il avait dû surmonter. Le procureur Sabatier ira jusqu'à demander la révocation du commissaire. Et il va développer un réquisitoire supplétif définitif qu'il conclut en requérant le non-lieu[2]. Il est inutile de le développer car il sera exactement suivi par le juge Carrias dans son ordonnance de non-lieu datée du 13 novembre 1956 (cote C 461).

Comme le réquisitoire, l'ordonnance va critiquer de façon sommaire et lacunaire, les éléments du rapport Chenevier, en les opposant, de façon le plus souvent pour le moins spécieuse, aux éléments du *livret* de l'accusation. Ce faisant, le non-lieu va sédimenter et fossiliser toutes les inexactitudes, manquements, erreurs, omissions et conclusions erronées. Et donc perpétuer l'impression de *cécité opiniâtre* qui, si elle n'est pas volontaire, montre sinon un manque de clairvoyance, du moins un certain entêtement à laisser de côté tout ce qui gêne la thèse de la chose jugée.

Sauf fait nouveau, qui doit d'abord être reconnu comme tel par la chambre criminelle de la Cour de cassation, voilà donc l'affaire close, et le jugement définitivement établi sur une *vérité de la norme*, selon le concept, assez inquiétant au demeurant, avancé par l'ex procureur général Philippe Bilger.

Le juge Carrias à la retraite est le seul magistrat du dossier[3] à s'être exprimé publiquement sur l'affaire : d'abord au cours de conférences, puis par un article dans un ouvrage collectif où il commente longuement son ordonnance[4]. Et où il continue à prendre toutes sortes de précautions à propos des Dominici. C'est ainsi qu'il trouve inutile « *tant d'années après, de salir un peu plus la mémoire de ces gens et piétiner encore la sensibilité d'une famille qui a déjà tant souffert* ». Soit. Mais, nulle part, il ne fait état, vis-à-vis des victimes, de la moindre compassion sinon considération, ce qui, malgré tout, est assez extraordinaire en l'occurrence de la part d'un juge ayant à décider de poursuivre ou non d'éventuels complices, sinon auteurs d'un véritable massacre sans vrai mobile. Hélas, cette attitude correspond bien de nouveau à tous les comportements dans cette affaire, autant des policiers et magistrats

1 Lettre SN/PJ-R n° 3.295 en date du 25/2/56 (cote C 402).
2 Réquisitoire du procureur Sabatier en date du 30/10/56 (cote C 460).
3 Sauf le juge Batigne, mais qui n'a eu qu'une intervention très secondaire.
4 *In Dominici - De l'accident aux agents secrets* oc p. 15 à 55.

que de la défense et des Dominici d'ailleurs, à des degrés et pour des motifs différents, bien sûr.

L'ordonnance du juge Carrias

Peut-on se demander, en préambule et lorsqu'on a pu juger du temps qu'il faut pour passer au crible le seul et énorme dossier judiciaire, si le juge Carrias qui n'avait suivi ni l'enquête, ni l'instruction, ni les procès, et qui avait d'autres affaires à traiter, sans parler de son manque d'expérience en matière criminelle comme de connaissances en matières techniques[1], a bien eu seulement le temps de lire seulement l'ensemble des pièces du dossier. Car, on va le voir en analysant son ordonnance, il commet beaucoup d'erreurs qui montrent qu'il ignore tout simplement l'existence de nombre de pièces.

L'ordonnance commence par évacuer l'allégation de Gaston ayant surpris son fils Gustave et sa femme en train de parler du drame dans leur chambre, ce qui est déjà au moins partiel. Le juge dit avoir établi qu'une conversation n'aurait pas pu être surprise par Gaston :

> « ... *dans les circonstances qu'il indiquait, à moins que Gustave et Yvette se soient exprimés à voix haute, ce qui paraissait expressément improbable, étant donné le caractère confidentiel des propos qui leur étaient prêtés.* »

Or on a montré ce qu'il en a dû en être. Ensuite, viennent les allégations de Gaston ayant mis Gustave et Zézé en cause. Le juge ne mentionne, sans même les analyser, que celles faites aux commissaires le 20 décembre 1954 en présence des avocats, qu'il qualifie de « *fugitives révélations* ». Le juge dit encore que ces révélations n'ont jamais été renouvelées, ce qui est inexact comme on l'a vu. Et il écrit ne retenir que la fin de l'interrogatoire, lorsque le commissaire relisant le PV à Gaston, celui-ci aurait reculé :

> « *J'ai blagué. J'en ai dit des bêtises ! Ce n'est pas la vérité... Je mens... Je l'ai dite quand je disais que je ne m'étais pas levé... Non. Je n'ai pas dit ça. J'ai dit que Gustave est allé avertir Roure. J'ai dit que j'avais entendu des coups de feu, mais le reste, je ne l'ai pas dit... Non, non, je n'ai pas dit ça... Jamais je n'ai dit ça, je le jure.* »

Sauf erreur, cette reculade tirée de l'ordonnance de non-lieu, ne se trouve pas à la fin du PV en question ni dans aucune cote archivée. Où le juge l'a-t-il trouvée ? Plus avant, le juge reprend pourtant ce que Gaston a bien dit :

> « *J'ai vu Gustave avec le petit, ils traversaient la luzerne ; ils venaient de là-haut où il y avait les Anglais... Ils venaient du campement des Anglais ; ils sont allés du côté du ravin ; c'est Roger qui portait la petite...* ».

---

1 Rappelons qu'il avait 27 ans en 1995, venant de Toulon où il était juge suppléant, affecté aux expropriations. Selon son propre aveu, il dit n'avoir jamais été intéressé par les affaires criminelles et les questions de techniques judiciaires.

Mais il omet de citer la suite, c'est-à-dire que Gaston finit par concéder ne l'avoir pas vu mais tout simplement appris par Yvette. Le juge rappelle néanmoins que le 15 novembre 1953, Gaston avait laissé entendre pendant quelques instants, que l'assassin ne pouvait être que son fils Gustave, mais sans donner aucune précision au juge Périès, se bornant à répéter :

> « *Je suis le plus vieux de la famille, il est de mon devoir de me sacrifier pour elle* ». Le juge Carrias estime alors qu'« *aucune accusation assez précise et concordante pour être exploitable n'a jamais été formulée par le condamné à mort contre son fils ou son petit-fils au cours des multiples investigations de tous les enquêteurs sur ce point* ».

Or c'est au moins partiel sinon inexact, car les allégations successives de Gaston sont au contraire un peu plus consistantes que celles de ses fils sur lesquelles il a été condamné. Mais le juge admet que,

> « *Dans ses conclusions, le rapport* (du commissaire Chenevier) *retient également un certain nombre de faits précis et relève l'attitude suspecte, à l'égard de ces faits, de Gustave Dominici, qui les nie, contre toute évidence d'après les enquêteurs ; que ces faits sont les suivants :*
>
> *1°) - L'éboulement de terrain sur la voie ferrée était trop important pour que Gustave Dominici ait négligé de le surveiller ;*
>
> *2°) - Ce témoin ne pouvait pas ignorer que les Anglais s'apprêtaient à camper près du mûrier ;*
>
> *3°) - Les deux Anglaises sont venues à la ferme ;*
>
> *4°) - Gustave Dominici s'est arrêté à La Serre en revenant de Peyruis et a emmené Roger Perrin à La Gran'Terre ;*
>
> *5°) - Il était hors de la maison de 23 heures 30 au moins jusqu'à l'heure des coups de feu ; il a inventé le passage d'un motocycliste à La Gran'Terre pour expliquer que des passants aient pu voir un homme sur la route ;*
>
> *6°) - Il se trouvait près des lieux du crime quand les cris d'horreur ont été poussés ;*
>
> *7°) - Il n'a pas découvert le corps de l'enfant dans les conditions qu'il rapporte ;*
>
> *8°) - Il a certainement vu les corps des parents avant les ouvriers du chemin de fer ;*
>
> *9°) - Il a été surpris par le motocycliste Olivier à proximité de la voiture ;*
>
> *10°) - Il a déplacé le corps de Lady Drummond après le passage d'Olivier ;*
>
> *11°) - Marie et Yvette Dominici mentent au sujet de l'endroit exact où elles se trouvaient lorsque Gustave a arrêté Olivier ;*
>
> *12°) - Les explications données par Gustave Dominici sur son comportement en attendant l'arrivée des gendarmes sont absurdes.* »

Oubliant son 3e point, le juge se contredit en estimant :

« ... *que les 4e et 5e de ces faits sont loin d'être démontrés ; qu'ainsi pour considérer comme établie la venue de Roger Perrin à La Gran'Terre, les officiers de police relèvent que ce témoin a souvent dit la vérité, mais a toujours menti sur son emploi du temps au cours de la nuit du crime, qu'il ne peut guère avoir tenu de Gustave et d'Yvette les détails révélés par lui mais qu'il a dû, plus probablement, en avoir une connaissance directe, qu'il ne peut donner aucune explication valable de ses variations mensongères au sujet du passage de Gustave à La Serre, que son attitude extrêmement ferme vis-à-vis de son oncle Gustave et de son grand-père Gaston donnent l'impression qu'il connaît parfaitement le rôle de chacun dans le crime ; mais que, si ces différentes observations, auxquelles s'ajoutent certaines insinuations imprécises et sujettes à caution faites par le condamné à mort lors de sa première confrontation avec le commissaire divisionnaire Chenevier et le commissaire principal Gillard par monsieur le juge d'instruction Batigne, peuvent évidemment faire penser que Roger Perrin aurait pu se trouver à La Gran'Terre la nuit du crime, elles ne l'établissent pas avec la rigueur indispensable en matière criminelle ; que, par exemple, si Roger Perrin connaît beaucoup de détails sur l'affaire, ce fait pourrait aussi bien s'expliquer parce qu'il les a appris en écoutant discuter Gustave et Yvette Dominici qui, au début de l'enquête, devaient être, vis-à-vis de leur famille, beaucoup moins méfiants qu'à l'heure actuelle ; que l'interprétation donnée au prétendu passage d'un motocycliste vers 23 h 30 ne constitue aussi qu'une simple hypothèse.* »

On a ici l'illustration d'une argumentation filandreuse sinon spécieuse et au moins fondée sur une connaissance très lacunaire du dossier. Car, immédiatement après avoir dit que les présomptions accumulées par les commissaires n'avaient pas *la rigueur indispensable en matière criminelle*, le juge donne une explication purement conjecturale à laquelle non seulement manque cette rigueur, mais il évacue d'un geste les longues discussions rigoureuses qui ont permis au commissaire d'arriver à ses conclusions. Il oublie au passage que l'ensemble du dossier d'accusation de Gaston n'a été construit que sur des présomptions et conjectures autrement moins bien fondées, sinon inexactes, et moins argumentées que celles avancées par le commissaire, sans parler d'éléments matériels inexacts, qui ne répondaient en rien à la rigueur effectivement indispensable, surtout en matière criminelle.

Le juge poursuit :

« *Les 5e, 6e et 11e faits, quoique probables, ne sont pas établis avec une certitude absolue.* ».

Certes. Mais, sans parler de certitudes absolues, la condamnation à mort a été prononcée sur bien moins que des certitudes, que le juge accepte pourtant comme telles.

De même :

> « *Les 1e, 2e, 7e, 8e, 9e, 10e et 12e sont certains, mais que tous étaient déjà connus des premiers enquêteurs qui ont, à juste raison, évité d'en déduire la culpabilité de Gustave Dominici ; qu'en effet, si les mensonges, les revirements, les dénégations systématiques et absurdes de ce personnage cynique mais peu intelligent peuvent contribuer à le rendre suspect, ils n'établissent en aucune manière sa participation personnelle au crime ; que les suppositions du rapport à cet égard sont tout à fait insuffisantes ; qu'il est ainsi écrit que, si Gustave Dominici ne veut pas discuter de son activité de la nuit, c'est « pour ne pas être amené à avouer sa participation personnelle au crime », qu'une telle affirmation, véritable pétition de principe, supposant la question tranchée, ne saurait être retenue* ».

Là encore, quand on a acquis une suffisante connaissance du dossier, on demeure confondu par tous les à-peu-près qui ont conduit Gaston au seuil de l'échafaud, comparés à la *certitude absolue* que réclame le juge Carrias pour procéder seulement un complément d'instruction. Et on ne peut que s'étonner qu'il continue, comme l'avocat général Rozan et le procureur Sabatier, à refuser comme par principe de mettre Gustave en cause.

Le juge en vient alors à la carabine :

> « *Le rapport tend encore à démontrer qu'il a existé entre Gustave Dominici et son frère Clovis une collusion destinée à cacher la culpabilité personnelle de Gustave, qui aurait été le véritable détenteur de la carabine* ».

Et cette fois, il en rend compte de façon aussi partielle que péremptoire, qu'il est impossible de ne pas se poser de question. L'ordonnance poursuit en estimant que,

> « *... s'il semble que Clovis Dominici ait continué à mentir après ses accusations de novembre 1953, il est difficile d'admettre l'existence d'une collusion entre les deux frères qui s'opposent sur de nombreux points, et s'injurient lorsqu'on les confronte* ».

Sur ce point, le commissaire Chenevier a établi de façon formelle, notamment avec la confirmation du greffier Barras, que c'est bien Clovis qui, au moyen d'un croquis dressé par le greffier, a indiqué à Gustave où il devait dire que se trouvait la carabine dans le hangar. Et on a montré que la collusion entre les frères ne se limitait pas à ce seul point. Le juge Carrias oublie de mentionner que les frères ne s'injurieront que beaucoup plus tard, quand Gustave refusera de continuer à accuser son père au contraire de Clovis. Et il continue sa démarche inductive :

> « *En ce qui concerne plus spécialement l'attitude de Clovis. Le rapport affirme qu'il n'a certainement pas appris la culpabilité de son père, comme il l'affirme, au cours de la conversation : « Ai paù de dégun. N'ai fa peta très... » [Je n'ai peur de personne... J'en ai tué trois...] ; que Clovis ayant relaté cette conversation dans plusieurs versions*

différentes et avec des invraisemblances, il serait établi qu'elle n'a jamais eu lieu et qu'il a appris les détails du crime par Gustave ; mais que cette déduction doit être considérée comme hâtive car, même si l'on admet, bien que ce ne soit pas démontré, que Clovis cache quelque chose au sujet de la conversation, il n'en résulte pas qu'elle n'ait jamais eu lieu ; que bien au contraire, les principaux champions de Gaston Dominici, son fils Gaston, ses filles Clotilde et Augusta, reconnaissent implicitement qu'elle a été tenue lorsqu'ils la présentent sous la forme moins compromettante pour leur père : « N'an fa peta très... » [ils en ont tué trois] ; qu'ainsi l'aveu par Gaston Dominici à son fils Clovis du triple meurtre, évidemment exclusif de la culpabilité principale de quiconque d'autre, ne se trouve pas écarté. »

À nouveau, il apparaît clairement que, quand cela l'arrange, le juge n'a plus besoin d'*absolue certitude*, et se contente de ses propres conjectures qui, elles, sont bien *hâtives* au contraire de celles du commissaire.

Le juge passe donc sous silence le fait indiscutable que c'est Clovis qui a indiqué à Gustave où devait se trouver la carabine. Il oublie également que Clovis a fini par prétendre qu'il avait toujours dit qu'il s'agissait de l'étagère du haut et qu'il l'avait désignée, contre la preuve de la photo et du PV, sans parler de la concordance des huiles de graissage, etc. Et le juge évacue le fait que Gaston ait désigné étagère du haut, préférant, à l'objectivité de la photo, le PV du juge Périès « *évidemment seul susceptible de faire foi* ». Mais préférer la vérité de l'écrit à la preuve de la photo n'est pas forcément mauvaise foi de la part du juge, comme on pourrait le conclure. On l'a dit, c'est plutôt montrer ce qu'on appelle une déformation professionnelle, mais poussée ici à son extrémité. En effet, la manipulation intellectuelle constante de la réalité au travers du droit et de l'écrit, comme le fait un juriste, peut amener à ne plus voir cette réalité, comme le dessin d'architecte peut amener à ne plus voir la concrétion réelle des édifices. Tout expert ayant dû décrire à un magistrat une réalité matérielle, aura constaté que l'écrit aura tendance à primer sur le dessin et la photo qui ne sont pas des représentations du mode intellectuel de perception-conception de la réalité par les juristes.

Le juge expédie ensuite aux oubliettes les témoignages du docteur Morin. Sans la moindre justification, il décide que le docteur n'est pas digne de foi et que Gustave ait pu posséder un fusil dont il aurait réparé la hausse et qu'il aurait fait disparaître. N'est-il pas étonnant de le voir continuer à défendre Gustave, alors qu'il le qualifie pourtant de cynique et de lâche, alors que Clovis, malgré les mensonges que le juge a dû admettre, bénéficie d'une aussi étrange immunité.

Le juge évacue le témoignage de Bossa et conclut sans examiner son contenu et les conditions de sa survenance, seulement sur un procès d'intention : c'est un détenu qui veut se faire bien voir pour améliorer ses conditions de détention. Point final.

Le juge résume enfin le scénario du commissaire Chenevier, mais sans l'analyser de façon précise :

> « *Cette version est assise sur un certain nombre de suppositions : présence de Roger Perrin à La Gran'Terre ; visite des Anglaises à la ferme ; détention de la carabine par Gustave Dominici ; révélations faites par Gaston Dominici le 20 décembre 1954 ; déclarations de Bossa et de la dame Martinet, dont il a déjà été dit ci-dessus qu'elles sont trop peu sûres pour être retenues dans une procédure criminelle.* »

Curieux amalgame que de mettre sur le même plan le témoignage de Bossa avec les manœuvres de la radiesthésiste qui, d'ailleurs, n'est même pas citée une seule fois dans le rapport du commissaire. Le juge ajoute que,

> « *outre la fragilité de ses bases, cette conception du déroulement du crime ne correspond pas aux constatations matérielles faites lors de sa découverte et aux précisions incontestables apportées par Gaston Dominici lors de la reconstitution du 16 novembre 1953* ».

Cette fois on reste confondu en lisant que le juge ait pu considérer comme *incontestable* la reconstitution et les *constatations matérielles* dont il n'a, d'évidence, pas pris connaissance, repris aucune analyse ni tenu le moindre compte. Comme le rapport supposerait,

> « … *que le condamné à mort pourrait ne pas avoir assassiné lui-même Sir Jack Drummond, et même ne s'être pas trouvé sur les lieux lorsque ce premier crime se commettait, alors qu'il a expliqué, sans qu'aucune question lui soit posée, comment le corps de Sir Jack Drummond pouvait porter à la main droite trois plaies paraissant avoir été provoquées, d'après les médecins légistes, par une balle qui aurait suivi le trajet : base du pouce/troisième espace inter-phalangien…* »

D'abord, Gaston n'a jamais rien expliqué de tel. Et comment, à nouveau, le juge peut-il ignorer qu'aucune trace de poudre ni brûlure n'affecte la main, et qu'au matin et devant Gaston, le légiste Girard a identifié le morceau d'aponévrose resté sur le pare-chocs comme provenant de la main de Sir Jack ? Qu'à cela ne tienne, le lambeau de peau passe à nouveau aux oubliettes. Quant aux précisions données par Gaston lors de la reconstitution « *sans qu'aucune question lui ait été posée* », ce qui est déjà contesté par la plupart des témoins, le juge ignore-t-il que Gaston se trouvait là quand les gendarmes ont relevé l'état des lieux, puis quand *les docteurs* ont donné leurs avis au matin du 5 août, qu'ensuite il ne pouvait ignorer le scénario que le commissaire Sébeille proclamait depuis le début, reproduit par la presse, et qu'il a donc répété avec toutes les impossibilités qu'il ignorait.

Le juge continue avec la flaque de sang à côté du puisard dont il nie tout simplement l'existence. Ignorant ensuite la discussion sur l'état de ses pieds, il retient que la petite Élizabeth s'est enfuie en courant, et il ne reconnaît pas que la reconstitution du 16 novembre ait pu induire des choses inexactes dans l'acte d'accusation. Et il conclut sur ce point :

« *En fait les suppositions présentées par le rapport au sujet du déroulement du crime sont purement hypothétiques et ne peuvent figurer que l'opinion personnelle des auteurs ; qu'elles apparaissent beaucoup moins plausibles que la version établie par l'information suivie contre Gaston Dominici qui résultait des aveux de celui-ci, maintenus pendant plusieurs jours, corroborés par les déclarations de ses deux fils et réitérés sans équivoque au cours d'une reconstitution concordant sur de nombreux points précis avec les constatations matérielles des premiers enquêteurs.* »

Comme on l'a vu, cet avis du juge ne correspond tout simplement ni à la réalité, ni aux constats matériels, ni même au déroulement et aux différents contenus et versions des aveux et des accusations. À nouveau, le voilà qui dégage Gustave, et cette fois mieux encore que ses avocats par une longue argumentation :

« *En droit les déductions tirées par les auteurs du rapport de leur supputation de fait sont erronées ; qu'en effet, même s'il était démontré que Gustave Dominici ait fourni sa carabine à son père ou la lui ait laissé prendre, sans savoir que celui-ci avait l'intention de commettre un crime, il ne pourrait être tenu comme complice pour ne pas avoir retiré l'arme de ses mains après avoir vu commettre le premier meurtre, un acte positif pouvant seul caractériser l'aide ou l'assistance constitutives de la complicité, à l'exclusion de l'inaction ou abstention ; qu'en outre, l'individu qui, au moment où il a procuré les moyens de commettre une infraction, ignorait l'intention coupable de l'auteur principal, ne saurait être considéré comme son complice, et que le fait d'avoir connu ultérieurement l'abus de jouissance et de ne pas s'y être opposé ne constitue pas un acte de complicité dans les termes de l'article 60 du code pénal ; qu'en dehors même de l'hypothèse envisagée par le rapport, Gustave Dominici étant le fils du criminel, ce qui constitue l'un de ces cas d'exception prévus par les articles 61 et 62 du même code, il n'y a pas lieu de retenir contre lui le fait d'avoir tenté de soustraire l'assassin à l'arrestation, ni celui de n'avoir pas averti en temps utile les autorités, alors qu'il a eu connaissance d'un crime déjà tenté ou consommé, dont il était peut-être encore possible de prévenir ou limiter les effets et dont on pouvait penser que le coupable commettrait de nouveaux crimes qu'une dénonciation immédiate aurait pu prévenir ; qu'enfin il a été condamné pour s'être abstenu volontairement de porter à Élisabeth Drummond l'assistance que, sans risque pour lui ni pour les tiers, il pouvait lui prêter, soit par son action personnelle, soit en provoquant un secours.* »

Étonnant plaidoyer, assez abscons au demeurant, sauf pour ceux qui trouvent « *la pensée claire et le style élégant* ». Développements de droit passablement spécieux tout de même, et qui pourrait d'ailleurs s'appliquer tout aussi bien à

Gaston si cette discussion avait quelque rapport avec le déroulement de ce qu'on a pu déduire des autopsies et autres éléments matériels.

Pas un mot sur les objets disparus, dont un seau de toile, un appareil photo, certains papiers, un ou des bijoux, sans doute de l'argent, et peut-être même une tente. Pas un mot non plus sur le fait et qu'au moins Gustave a transformé l'état des lieux afin de faire disparaître ou de brouiller les éléments de preuve. Le juge balaye enfin toutes les nouvelles vérifications, confrontations et autres demandées par le commissaire Chenevier :

> « *Ces faits ne présentent aucun intérêt...* (tout ayant été) *parfaitement établi de façon indiscutable par les procès-verbaux authentiques.* »

Ce qui est *parfaitement* inexact, comme on l'a montré à propos. L'authenticité des PV n'étant pas en cause, sauf le PV bis, mais le juge Périès lui-même n'a-t-il pas concédé que seulement *70%* de son dossier était fiable, et encore. Le juge Carrias poursuit :

> « *Certaines précisions au sujet du pantalon qui séchait à La Gran'Terre le 5 août 1952, contribuent à confirmer la culpabilité de Gaston Dominici dans le crime de Lurs ; qu'elle permet d'exclure la complicité du jeune Roger Perrin.* »

Outre, on l'a déjà noté, que le juge omet l'autre pantalon appartenant à Gustave, on se demande bien en quoi Zézé s'en trouverait mis hors de cause, et toujours sans la moindre justification. Et il clôt enfin ce qui deviendra la pierre de scellement de cette affaire :

> « *Par ces motifs... Déclarons qu'il n'y a pas lieu à suivre en l'état et ordonnons le dépôt de la procédure au Greffe pour y être reprise en cas de survenance de charges nouvelles.* »

Gustave et Zézé ont pu pousser un grand ouf de soulagement, mais sans doute pas seulement eux, mais aussi tous ceux qui savent.

Conclusion

Les partisans de la culpabilité de Gaston s'appuient sur le contenu de ce non-lieu qu'ils considèrent comme inattaquable. Or une simple lecture montre, même sans entrer dans l'analyse critique plus détaillée, combien le juge Carrias fait preuve d'une sorte de parti pris ou de cécité, qui repose toujours la même question. On peut en effet se demander, à nouveau, pourquoi il exige des commissaires les certitudes absolues et les preuves formelles, dont il n'existe pas l'ombre d'une seule dans l'accusation, refusant toute forme de présomptions, de conjectures et d'hypothèses dont il ne se prive pas lui-même sans les étayer aussi peu que ce soit. Car, si on peut comprendre son hostilité face à l'irruption des policiers parisiens, ce sont ses propres omissions, impasses et certitudes qui posent la vraie question. Résultent-elles d'un défaut de connaissance du dossier, d'un défaut d'expérience, de compétence technique, d'un manque de clairvoyance, ou alors d'une cécité volontaire ? Et dans ce dernier cas, est-ce son intime conviction qui domine son objectivité et son impartialité, ou est-ce par exemple ce qu'il peut ressentir d'une volonté de sa hiérarchie ? Du procureur Sabatier, sans aucun doute, dont il suit le réquisitoire supplétif à la lettre. Mais aussi *de plus loin* ?

Juridiquement le juge a clos l'affaire. Sauf élément nouveau à soumettre à l'appréciation de la chambre criminelle de la Cour de cassation, aucun recours n'est plus possible, comme Alain Dominici en a tenté la procédure en exhumant du dossier les pièces occultées concernant la mission Gillard à Stuttgart.

Et après ?

Dès le début décembre 1954, Gaston n'est donc plus en cellule dans le quartier des condamnés à mort. En effet, à la suite d'une intoxication alimentaire, il a été transféré dans une chambre d'infirmerie. Et cette chambre n'a en rien le caractère d'une antichambre de la mort : individuelle, claire, avec une fenêtre ; il y reçoit librement sa famille, sans aucune des restrictions habituelles, ni contraintes de parloir. Tout le monde, déjà, s'est étonné d'un tel traitement de faveur. Même si son âge et sa santé pouvaient entrer en ligne de compte, il était malgré tout condamné à mort pour un abominable massacre et notamment d'une fillette avec préméditation, avec un mobile innommable.

Le commissaire Chenevier (oc p. 155 à 158) s'étonne à juste titre que l'administration pénitentiaire ait montré tant de considération et pendant toutes ces années, envers un détenu condamné pour un crime sûrement plus abominable que ceux commis par tous les autres détenus qui subissaient, eux, la dure condition pénitentiaire et, pour certain, jusqu'à l'exécution capitale.
En 1957, Gaston a quatre-vingts ans. Ce qui, à cette époque, est nettement plus exceptionnel qu'aujourd'hui. Le 13 juillet, le président Coty signe sa première grâce, qui transforme la condamnation à mort en détention à perpétuité. On l'a dit, le président était opposé à la peine de mort. Mais la seconde grâce, octroyée par le général de Gaulle trois ans plus tard, le 13 juillet 1960, est moins justifiable. En effet, elle octroie une libération conditionnelle qui survient après moins de sept ans de détention relativement adoucie. Certes, Gaston a beaucoup été affaibli par un traitement médical qui l'a notamment rendu complètement glabre. Un reportage télévisé de *Cinq Colonnes à la Une*, a montré un vieillard pitoyable. Mais l'Histoire a montré que le général de Gaulle n'était guère personnage enclin à la commisération. Même si Madame de Gaulle a été sensible à l'état de Gaston, on sait aussi qu'elle était extrêmement sensible aux violences faites aux femmes et surtout aux enfants. Et le meurtre abominable de la petite Élizabeth l'avait révulsée. Mais sait-on que les demandes de grâce avaient reçu d'exceptionnels avis favorables du Conseil supérieur de la magistrature. Pour ces très hauts magistrats, serait-ce au vu des diverses anomalies ayant émaillé cette affaire ? On ne sait, bien sûr. Mais le comble survient lors de la sortie de prison. Au nom de quoi le directeur régional des établissements pénitentiaires lui-même, Monsieur Forestier, est-il venu chercher Gaston et l'a-t-il accompagné dans sa voiture, peut-être même précédée de deux motards comme le bruit en a couru, jusque chez sa fille

Augusta Caillat, garde-barrière à Sainte-Tulle[1] ? Comme on imagine mal que ce fonctionnaire ait pris cette initiative de son propre chef, une question gigogne surgit immédiatement : sur l'ordre ou avis de qui et pour quelle raison ? Là encore, on ne le saura jamais. Mieux encore. Restant sous condamnation à perpétuité, Gaston est assigné à résidence chez sa fille, et il a interdiction de quitter Sainte-Tulle. Or voilà que Gustave le ramène immédiatement à La Gran'Terre dans sa 4 CV Renault. Toute la famille est là qui l'attendait, sauf bien sûr les Clovis et les Perrin. Les actualités filmées aussi sont présentes, comme une nuée de journalistes. Gaston, sans souci du moindre devoir de réserve et sans en être jamais inquiété[2], se déclarera victime de l'incompétence de la police, sans la moindre pensée ni jamais un mot pour les Drummond. Le journaliste Alain Ancelot du *Parisien-Libéré* ne l'avait-il pas prédit dès le verdict en 1954 :

> « *Ne lui a-t-on pas promis qu'il serait gracié et n'est-il pas persuadé que sa grâce entraînerait une libération immédiate, un retour triomphal à La Gran'Terre et une fin paisible sur les bords de la Durance ?* »

Le commissaire Chenevier note bien que jamais aucun condamné, même par erreur, n'a bénéficié d'un tel régime de faveur pendant sa détention, et s'étonne encore de tels égards lors de sa libération conditionnelle[3]. Il conclut : « *Tout cela est tout de même bien étrange* ». C'est le moins qu'on puisse dire. Mais on comprend que le commissaire n'ait pas pu poser publiquement la question, - car on imagine mal qu'il ne se la soit pas posée -, de la raison de toutes les anomalies et étrangetés ayant présidé, quasi de bout en bout, au traitement de toute cette affaire.

Gaston meurt à l'hospice de Digne le 4 avril 1965. Il s'est confessé trois jours auparavant à l'abbé Audibert, aumônier de la prison de Digne, qu'il avait fait appeler. Lui seul a peut-être su la vérité. À supposer toutefois, qu'après tant d'années et dans le naufrage de la vieillesse, elle ne se soit pas métamorphosée, même en toute sincérité. Car, sans être gérontologue, répétons que quiconque a atteint un certain âge a pu se rendre compte de la dérive naturelle de sa mémoire, surtout sur les questions où elle a été travaillée par quelque situation problématique. Lors de l'enterrement, l'abbé Bos[4], ancien aumônier des Baumettes, aurait dit[5] : « *Gaston Dominici est mort en bon chrétien. Il s'est racheté de ses terribles fautes* ». On a déjà dit ce que cela pouvait laisser entendre. Et le mutisme de Gaston jusqu'à sa mort peut s'expliquer de plusieurs façons selon la teneur de la vérité que recélait cette affaire.

---

1 Commissaire Chenevier, oc p. 158.

2 Il y a, dans les archives de Digne, d'édifiantes notes du préfet répercutant nombre de plaintes et de réaction indignées se plaignant de cet état de fait… sans qu'il n'y ait jamais été donné aucune suite.

3 Jean-Louis Vincent n'en dit mot.

4 Commissaire Chenevier oc p. 161.

5 Jacques Chapus – *Cinquante ans de journalisme* - Anne Carrière, Paris, 2003.

Avant de passer maintenant aux hypothèses de résolution de l'affaire par l'assemblage de puzzles complets et cohérents, faisons une petite synthèse des stratégies et comportements.

SYNTHÈSE DES STRATÉGIES ET COMPORTEMENTS

Bien sûr, la *sédimentation* de l'affaire s'est si bien fossilisée sur La Gran'Terre, que seule est venue tout naturellement à l'esprit, l'idée d'analyser la stratégie de comportement en défense de ses occupants. Mais bien sûr, il faut aussi s'occuper de celles de quelques autres intervenants.

Même à ce niveau presque achevé de l'expertise, ces analyses doivent encore et toujours faire abstraction de toute conviction. Ainsi, va-t-on se servir d'une image de La Gran'Terre et de ses alliés comme d'un château-fort, et esquisser comment le château va d'abord essayer d'éviter le siège, puis quelles stratégies il va employer pour tenter de s'en dégager.

Pour ce faire, avant d'examiner la stratégie de La Gran'Terre et de ses alliés, voyons d'abord celle des assaillants. Bien sûr, celle du commissaire Sébeille, couvrant gendarmes et magistrats. Vient ensuite Paul Maillet. Le commissaire Chenevier et le juge Carrias arriveront après la bataille.

Stratégie du commissaire Sébeille

Son absence de stratégie a déjà été largement montrée au fur et à mesure. Il l'a dit lui-même, il se fonde dès le départ sur la conviction intuitive qu'il s'agit d'un *drame de la terre*. Il la voit trop vite confortée par la découverte de la carabine qui induit chez lui l'a priori que c'est l'arme des trois crimes. Il est aussi influence par l'avis de son père qu'il consulte souvent et qui viendra peut-être même sur les lieux. Ce défaut de stratégie va se diviser en deux temps.

Dans un premier temps, après avoir dû abandonner sa première conviction que l'arme allait *parler*, - sans qu'il l'ait même vraiment interrogée -, le commissaire va se concentrer quasi exclusivement sur Gustave. Il n'exploitera pratiquement aucun des autres éléments ou indices matériels, en tentant exclusivement d'obtenir des aveux par interrogatoires, confrontations et témoignages. D'abord de front en essayant son pouvoir inquisitoire et d'intimidation.

Mais devant le rempart qui tient bon, il passe dans un second temps, à une technique de sape discrète, accumulant patiemment de petites présomptions, jusqu'au moment où il se croit en position de tenter un assaut final, toujours sur Gustave. Mais à partir de l'instant où celui-ci dénonce son père, sans autre preuve que la confirmation tout aussi laconique de Clovis, quitte à contredire nombre d'éléments et indices matériels indiscutables, l'objectif unique du dernier assaut devient Gaston.

Tandis que Gustave est complètement laissé hors de cause, dans ce deuxième temps, on a pu se rendre compte combien cette dispersion en mosaïque avait laissé de lacunes et engendré de maladresses, causant des dégâts irrémédiables dans la préservation des indices et la recherche de la vérité. Combien aussi sa conviction lui a fait volontairement ignorer nombre d'éléments et d'indices au point de créer une véritable suspicion sur ses motivations, rejaillissant sur les magistrats et jusque sur les jurés. En fait, dans son travail centré sur la seule sape de la forteresse Dominici, le commissaire n'a trouvé aucun levier qui ait vraiment eu prise sur la défense de La Gran'Terre. Et il n'a pu finalement que compter sur le seul Maillet comme un cheval de Troie, mais insuffisant celui-là.

Stratégie et comportement de Maillet

Maillet est le seul hors de la famille à avoir apporté des éléments concernant tous Gustave. Étant donc devenu le seul allié du commissaire et finalement, par ricochet, le véritable tombeur de Gaston, il convient de se pencher sur sa stratégie propre, mais aussi expliquer son comportement. D'abord dans le collimateur des commissaires Sébeille et Constant, on peut penser qu'il a livré son premier témoignage au commissaire Constant, en partie au moins, pour se dégager. Car la raison qu'il en a donnée jusque devant la Cour d'assises, apparaît par trop moraliste sinon grandiloquente : *Le déshonneur planait sur mon honneur*. Il dit avoir attendu que son ami Gustave, - car c'était bien son véritable ami d'enfance -, parle de lui-même. Mais, comme Gustave n'y venait pas, Maillet se serait décidé. Faut-il admirer sa conception de l'honneur, sinon peut-on au moins le croire ? Car on peut déjà noter l'inélégance du procédé, puis ses résultats avec Gustave puis avec Gaston.

L'a-t-il fait avec la complicité de Clovis ? On peut le supposer à la réponse que ce dernier fera au commissaire Gillard[1]: « *Je croyais que ça se terminerait comme ça* ». Mais, au passage, finie l'amitié avec Gustave et La Gran'Terre. Pourtant, d'un point de vue strictement objectif, le témoignage de Maillet n'a pas vraiment chargé Gustave. Bien au contraire même, il a commencé par le dédouaner au moins du meurtre des parents. Car la non-assistance, si elle donnait de lui, - et des femmes -, une image morale peu reluisante, n'en faisait pas pour autant le meurtrier. En effet. Et son second témoignage, cette fois et toujours d'un point de vue strictement objectif, innocente carrément Gustave en lui donnant un rôle de simple témoin.

En fait, Maillet suit toujours la même ligne : s'il met Gustave en cause, c'est à la marge, car par trois fois, il le dédouane en même temps du principal. Encore une fois et sauf dérogation à la logique élémentaire, si Gustave a vu on ne sait quoi et entendu des cris depuis la luzerne, c'est qu'il n'est pas l'assassin, mais seulement témoin du meurtre des parents. Maillet s'est donc

1 PV n° 7 du commissaire Gillard en date du 22/12/54 (cote C 11).

contenté de répéter sa courte révélation que le commissaire Chenevier considère comme crédible.

La première question demeure donc : Maillet en savait-il plus ? En admettant que Gustave se soit confié à son ami, malgré le danger que représentait une telle confidence, et en contravention avec les consignes au moins de son frère, sinon de sa femme et de son beau-père, Gustave lui aurait-il raconté autre chose de cette nuit tragique ? Et si Maillet en savait plus, pourquoi aurait-il adhéré sans réserve au scénario de l'accusation ? Car, quoi qu'il se soit passé, on sait au moins maintenant que ce scénario ne peut correspondre à la réalité.

Une seconde question consiste à se demander ce que Maillet espérait obtenir en agissant ainsi. Outre l'oubli de la détention d'armes et de larcins d'électricité, en mettant son ami Gustave en cause, on ne peut guère imaginer qu'il avait prévu un coup à trois bandes pour atteindre Gaston. Il a dit lui-même qu'il ne le soupçonnait pas jusqu'à ce qu'il s'accuse. Pourtant, en dédouanant Gustave, ne détournait-il pas les soupçons vers le seul autre homme de La Gran'Terre ? Mais Maillet n'ayant jamais rien suggéré en direction de Gaston, peut-on le créditer d'un tel machiavélisme, et à si long terme ?

On en revient donc à une question récurrente : pourquoi Maillet a-t-il éprouvé le besoin de dédouaner Gustave, tout en prétextant le forcer à révéler ce qu'il savait ? Et accessoirement, en quoi cette affaire concernait-elle son *honneur* ? La question devient alors : et si l'élément médiat était son passé FTP et son appartenance au Parti ? Rappelons-nous : plutôt que la détention d'armes, c'est sa collaboration avec la police par ses témoignages, qui a en réalité, motivé son exclusion. Nous reposerons donc cette question à propos de la stratégie du Parti. En attendant voyons celle des défenseurs du donjon Dominici.

Stratégie générale de La Gran'Terre

Exceptés in fine Clovis et les Perrin, cette stratégie s'est organisée autour d'un postulat pour le moins paradoxal : on n'est pour rien dans cette affaire, mais on a peur de dire ce que l'on sait. Sans vraiment jamais personne d'extérieur en cause, on l'insinue de façon sibylline par quelques suggestions énigmatiques, montrant que la vérité, plus qu'indicible, est dangereuse. Cette position classique des proches de meurtriers, apparaît bien sûr comme une sorte d'aveu implicite de ce qu'on se refuse d'admettre explicitement. Ainsi a été expliquée l'incohérence des aveux de Gaston. Mais dans le cas présent n'est-ce pas un peu simpliste ?

Car la question générale qui se pose est, bien sûr, de savoir non seulement quels sont les degrés éventuels d'implication directe ou indirecte des uns et des autres dans le drame, mais aussi quel était le niveau d'information de chacun sur ce qu'il s'était réellement passé. Et cette dernière interrogation, qui n'a semble-t-il guère effleuré ni les policiers, ni les magistrats ni les auteurs, est pourtant essentielle. Car, chacun a agi et réagi en fonction de ce qu'il avait fait ou pas fait, bien sûr, mais aussi en fonction de ce qu'il savait ou croyait savoir par ce qu'il en avait entendu dire directement ou indirectement. Or, à bien y regarder, une bonne part de l'*embrouille* ne semble pas venir seulement d'une volonté délibérée de chacun se basant sur un fond commun connu de tous, mais plutôt d'un niveau d'information différent entre les uns et les autres. Et cette différence peut aller jusqu'à ce que chacun croyait que les autres savaient ou non. On imagine la complexité de l'écheveau des hypothèses qu'une telle supputation nécessite. On va donc tenter d'en démêler autant que faire se peut au moins la trame principale en faisant un tour des stratégies et comportements des principaux défenseurs.

Stratégie et comportements de Gaston et de Marie

Mettons tout de suite quasi hors-jeu une quelconque stratégie de la part de Marie. La frêle silhouette de vieille paysanne, vêtue de noir, passe comme une ombre dans cette affaire. Elle est relativement sourde et ne dit rien. On ne l'interrogera donc pour ainsi dire jamais et, lors du procès, ses réponses laconiques ne diront rien de plus qu'une vieille soumission à sa dure condition, de plus portée comme une croix en pénitence à perpétuité de son adultère prénuptial. A-t-elle été tenue au courant de tout ce qu'il s'était passée durant cette nuit tragique ? Sans doute pas et l'a-t-on plutôt laissée volontairement dans une ignorance que sa surdité et sa condition favorisaient ? Rappelons seulement que son comportement, au moins en une circonstance, a dépassé la parfaite passivité avec cette seule phrase tardive, mais ô combien surprenante, qu'on a déjà citée :

> « *On ne sait pas pourquoi ils sont venus là pour se faire tuer. Ils auraient dû aller se faire tuer plus loin. Si on avait su qu'ils étaient venus là pour se faire tuer, on les aurait gardés coucher à la maison.* »

Cynisme inquiétant ou sorte de naïveté pathétique ? L'expression même apparaît extraordinaire, notamment dans le contexte d'indifférence manifestée par toute la famille, y compris elle-même, envers les victimes.

Et on peut déjà se demander le rôle qu'a tenu cette indifférence dans la stratégie notamment de Gaston. Car, s'il avait conversé aimablement avec Lady Anne et sa fille à midi la veille, puis en rentrant au crépuscule et encore lorsqu'elles sont venues à la ferme, et s'il avait nommé ses chèvres à la fillette, comment a-t-il pu ensuite se montrer si froidement objectif et cynique en parlant des victimes, jusqu'à les appeler *les crevés*, prétendre *baiser la femme* et imaginer son chien venant *chier* sur l'ex-voto dédiée à la mémoire de la fillette ? Cette attitude s'est avérée extrêmement contre-productive dans une stratégie de défense soi-disant machiavélique. Qui pouvait comprendre, dans la France urbaine en plein milieu du XXe siècle et moins encore aujourd'hui, un point de vue de gens de la terre pour qui cette attitude était comme une sorte de preuve qu'on n'était pour rien dans ce qu'il était arrivé à ces *estrangers*, sauf à en subir les conséquences. Même Yvette, qui n'était pourtant plus une terrienne du même genre, a pourtant montré une égale indifférence agressive. Mais revenons à Gaston.

D'abord, comme l'a bien exprimé Giono, et contrairement à l'image qui en a été médiatisée, répétons que Gaston n'était pas à proprement parler, un chef de clan. S'il a été très exigeant avec sa femme et ses enfants, il n'a rien d'un chef de clan qui régirait toute une famille élargie aux cousinages et alliés, forme civilisée de la tribu. Preuves en sont ses enfants égaillés qui n'obéissent guère à une quelconque loi patriarcale. Ainsi Gaston n'a pu empêcher Clovis de *déserter* La Gran'Terre, et la brouille qui s'en est suivie n'a rien d'un ostracisme clanique. Même Marie, lassée par ses grossesses, a fini par se refuser. Gustave, le seul de ses fils qui est resté à La Gran'Terre faute de mieux, ne s'est soumis que de mauvaise grâce à un minimum de tutelle paternelle. En revanche, ce dernier est directement dominé par sa femme Yvette qui, elle non plus, n'a guère tendance à s'en laisser imposer par son beau-père.

Et Gaston n'a d'ailleurs fait que se plaindre de sa famille. Tous contre lui. Et tout le monde a même pu remarquer, lors du procès, que Zézé affrontait son grand-père avec arrogance, ricanant à la barre quand celui-ci parle. Pierre Scize (oc p. 307) précise même : « *un mauvais rictus* ». Le supplément d'information a également été témoin d'un Zézé défiant son grand-père jusqu'en prison et avec une rare insolence. Si Augusta ou Clotilde ont défendu leur père avec une passion exceptionnelle, elles ne l'ont pas fait par peur. Il n'y a donc rien, chez Gaston, de la stature du Commandeur. Il apparaît semblable à la plupart des chefs de famille d'alors, et pas seulement paysannes : on respecte sa fonction parentale et son rang d'âge, on craint son caractère, on évite de le provoquer, mais on fait malgré tout à peu près ce qu'on veut, quoi qu'il en pense, gueule et s'emporte. Même Gustave.

S'il est certain que Gaston n'a pas été dictateur de la stratégie générale, il a eu la sienne propre, bien sûr. Elle a consisté d'abord à prendre le *petit Sébeille* pour incapable de trouver la vérité. On se rappelle ce que Gaston voulait dire quand il lui lançait : « *Petit, celui qui a fait le coup est plus malin que toi. Tu es trop jeune. Tu n'as pas assez de vice* ». Et aussi plusieurs fois : « *Tu ne cherches pas où il faut* ». Lorsque le commissaire demande où, Gaston répond : « *En Angleterre, pardi* ». En ajoutant : « *Tu n'as jamais cherché l'autre Hillman* ». Il conclura même en parlant de l'assassin : « *Prends-le et je t'assure qu'on fera ribote !* ». Bien sûr, le commissaire n'y entendra que la part de provocation. Mais, s'il est vrai que Gaston aime provoquer, ce n'est pas forcément dans le seul sens où l'entend le commissaire. Ce faisant, il est vrai que les interventions de Gaston frisent souvent un parfait cynisme qu'il aime associer à une forme de défi. Mise à part sa soumission lors de ses aveux et de la reconstitution, dont on a montré la raison probable, jusque devant la Cour d'assises nombre de ses réactions et réponses apparaissent comme autant de vantardises et de provocations, fort peu habiles au demeurant dans une stratégie de défense qualifiée de machiavélique. Mais aussi, à chaque fois, derrière la vantardise et le cynisme, n'a-t-il pas glissé des allusions que ni les commissaires ni les juges n'entendront, ou que personne ne reconnaîtra comme telles ?

Car on l'a vu, au fur et à mesure, cette façon de faire apparaît de bout en bout comme une vraie stratégie, que nous avons appelée celle des petits cailloux, ou des *paillettes de vérité* selon les termes de Me Pollak. C'est-à-dire, avec cette manière bien particulière de laisser tomber çà et là de petites allusions souvent à peine suggérées, comme pour orienter les enquêteurs sans pour autant passer pour une *balance*. N'est-ce pas chez lui une manière de *mentir vrai* ou d'être *franc z'et loyal*. Rappelons ce qui a dérangé l'image de l'accusation : même s'il faut relativiser leurs avis, les psychiatres n'ont trouvé chez lui aucune tendance particulière à l'affabulation, ni même d'ailleurs à l'obsession sexuelle.

C'est seulement à partir du moment où il apprend que ses fils l'ont accusé, et après un long temps d'interrogatoires, que Gaston réfléchit à sa façon en prenant la mesure des enjeux. Et c'est là qu'il décide, dans l'accalmie du soir, d'une nouvelle stratégie, celle du *sacrifice*. Bien sûr, cette stratégie n'a pas le même sens s'il est coupable ou pas. Mais objectivement, elle a produit l'imposture des aveux, l'inexactitude de la reconstitution et l'aveuglement de l'instruction. Cependant, cette stratégie n'a pas réussi à produire ce que Gaston en escomptait, sans doute en partie sur la foi de ses avocats, c'est-à-dire son acquittement au bénéfice du doute avec le corollaire d'enliser définitivement l'affaire. Au moins, objectivement toujours, cette stratégie du *sacrifice* a-t-elle réussi en préservant Gustave, Zézé et la famille de toute poursuite. Mais, se sentant floué dès avant le verdict, Gaston a alors abandonné en partie l'idée du sacrifice, pour reprendre en l'accentuant, la stratégie des petits cailloux. Et, in fine, elle a, d'une certaine façon, réussi avec la mission Chenevier, l'aménagement de sa détention, le non-lieu du juge Carrias, ses deux grâces et son retour triomphal, le tout sans remise en cause d'autres membres de sa famille et de sa chère Gran'Terre.

On pourrait donc conclure que Gaston s'est montré très fin stratège à court puis à long terme. En effet, même si sa condamnation demeure, l'autre objectif de son *sacrifice* a été atteint : la vérité est demeurée masquée. Car, comme on l'a déjà dit, plus que servir à sauver sa tête, *l'honneur de ses petits-enfants* ou sa chère Gran'Terre, répétons que la stratégie de Gaston, mais aussi celle de tous les autres, visait surtout à égarer la justice en empêchant certaine vérité de se faire jour, même si les petits cailloux lâchés çà et là sur le chemin des enquêteurs indiquaient une piste que personne ne suivra. Car on a vu à quel point enquêteurs et magistrats ont fait preuve de cécité et de surdité opiniâtres. Dans l'hypothèse où Gaston ne serait meurtrier ni des parents ni de la fillette, la question demeure de savoir quel pouvait être son niveau d'implication et d'information sur le détail de ce qu'il s'est passé. Car une bonne part de ses diverses déclarations et de son comportement, peut être interprétée comme ceux de quelqu'un qui, en effet, n'a pas participé directement au drame et qui n'a reçu que des informations rapportées et fragmentaires sur son déroulement comme sur ses tenants et aboutissants. Est-il cependant plausible que tout se soit tramé, puis passé sans qu'il ait été informé de rien ? Et, par la suite, qu'on aurait continué à lui cacher l'essentiel dans un lot de connivences allant jusqu'à décider de lui faire porter le chapeau ? Et, dans ce cas, pourquoi l'aurait-il accepté ? S'il croyait que Gustave et Zézé avaient *fait le coup*, on peut comprendre qu'il ait voulu leur éviter l'échafaud ou la perpétuité. Mais ensuite, pourquoi les avoir dénoncés, avec des rétractations et des variantes ? Notons enfin que Gaston n'a guère tenté d'infléchir directement les recherches en direction de l'extérieur. Si on ne lui a jamais posé directement de questions dans ce sens, il a seulement, comme d'autres, suggéré au commissaire Sébeille qu'il ne cherchait pas où il fallait, que l'origine du drame était en Angleterre, et qu'il lui fallait commencer par chercher la seconde Hillman. Était-ce seulement exploiter les rumeurs pour pousser le commissaire dans des culs de sac, ou savait-il quelque chose ?

À toutes ces questions, il y a plusieurs réponses possibles, bien sûr, qui dépendent des hypothèses de scénario que nous verrons.

Stratégie et comportements de Gustave et d'Yvette

Si Gustave avait sauté sur sa moto dès l'aube pour aller prévenir les gendarmes, personne n'aurait eu l'idée de soupçonner La Gran'Terre. Il est donc évident qu'au moment où il a été surpris par Olivier, Gustave a dû improviser. Puis, à la façon dont il s'est entêté à contester le témoignage d'Olivier malgré l'évidence, montre bien que ce témoignage contrariait une stratégie qui n'avait pas prévu ce cas de figure, c'est-à-dire la stratégie qui avait été concertée dans la nuit : à part les coups de feu, ni lui ni Yvette ne devaient rien avoir vu ni entendu et ne rien savoir, car La Gran'Terre devait n'y être pour rien d'autre que le hasard du voisinage. Contre toutes les apparences sinon les évidences et les témoignages, autant Gustave qu'Yvette vont constamment essayer de remettre en selle cette stratégie originelle en colmatant les brèches au fur et à mesure. Or, de façon tout aussi évidente, cette stratégie avait été, dès avant le passage d'Olivier, déjà gravement contrariée par la survie de la fillette. Avait-on espéré que, le plus tard possible, un passant découvrirait le drame et irait de son propre chef prévenir les gendarmes, sans même penser à La Gran'Terre. On pourrait alors prétendre avoir tout ignoré, sauf des coups de feu de braconniers dans la nuit. Et si cette stratégie, bien que contrariée par l'irruption d'Olivier, est encore aujourd'hui défendue par Yvette, et dont elle a transmis le flambeau à son fils Alain, ce n'est sûrement pas par un simple entêtement imbécile de sa part. Car Yvette était une fille intelligente devenue une femme de tête. Sans aucun doute sait-elle, dès la nuit du 4/5 août, ce qu'il en est et du drame et des implications de la famille. Il s'agit donc de chercher ce qui peut avoir dirigé sa stratégie.

Comme il apparaît que Gustave n'était pas du genre à dominer ni son père ni sa femme, seules deux possibilités demeurent : soit c'est la stratégie de

Gaston selon la thèse du chef de clan, soit c'est celle d'Yvette, la femme de tête mais aussi la fille de Barth.

Dès leurs relations différentes des coups de feu et des aboiements, il apparaît que, s'il y a eu connivence entre Gustave et Yvette, elle n'existait pas avec Gaston. Ce dernier a bien montré, notamment lors de son procès, sinon qu'il se défiait de sa belle-fille, du moins qu'il refusait d'entrer dans son jeu. Il apparaît donc comme hautement probable que la stratégie de comportement de Gustave, dès la nuit du 4/5 août, n'a été en rien dictée par Gaston, mais bien par Yvette.

Et il est évident qu'une première partie au moins de cette stratégie se fonde dans le for intérieur profond et naturel d'Yvette en tant que mère. Elle désirait d'abord protéger l'avenir de ses enfants envers et contre tout. Pour cela, leur père mais aussi leur grand-père, devaient être lavés de toute culpabilité. Cependant, après que Gaston a été mis en accusation, elle a dérogé une seule fois à cette ligne de défense en confirmant le juge Périès dans sa conviction, le 18 décembre 1953. Mais elle en a donné une justification logique : Gaston en prison suffisait, inutile d'y renvoyer aussi Gustave, surtout si elle avait alors l'assurance que son beau-père ne risquait pas grand-chose.

En revanche, après que Gaston a été condamné et ait commencé d'impliquer expressément son fils, on peut se demander pourquoi Yvette a continué la défense inconditionnelle de l'innocence de son beau-père, au risque justement de voir Gustave prendre sa place.

En fait, s'il n'y avait eu qu'une seule clé au drame, et si elle se trouvait à la seule Gran'Terre, comment Yvette pouvait-elle espérer tenir une position aussi absurde que périlleuse ? Et, accessoirement, aurait-elle accepté d'avoir un autre enfant d'un mari s'il avait été l'assassin sinon des parents, au moins de la fillette ? Bien sûr, toutes sortes de déviations, d'occultations et d'acceptations peuvent affecter l'être humain apparemment le plus normal, et non seulement accepter l'inacceptable, mais le défendre. Avant de s'en tenir à cet argument ontologique chez une jeune femme apparemment aussi équilibrée qu'Yvette, il faut voir s'il n'y a pas d'autre explication faisant appel à une autre logique.

Yvette a fait montre d'une détermination farouche qui a emprunté plusieurs formes. D'abord, soutien sans faille à son mari qu'elle vient chercher au sortir des interrogatoires ou l'y accompagne, ou encore visite chaque jour lors de ses deux mois de prison. Ensuite, résistance agressive lors des interrogatoires ou simples visites des enquêteurs. Encore, manifestations théâtrales lors des arrestations. Enfin sérénité ostentatoire lors des séances de Cour d'assises, pour s'arc-bouter ensuite sur la même position défendue avec une absolue constance jusqu'à aujourd'hui. Outre les implications maternelles de la question, cette sorte d'entêtement de la part de la personnalité qu'on imagine à Yvette apparaît inexplicable, sauf si on donne foi à l'idée publiée par Jean-Bernard Desrone de *la vierge rouge,* ou par Giono de *Dieu la mère*. En fait, la stratégie d'Yvette refusant toute culpabilité et responsabilité, mais sans dévier jamais les soupçons vers l'extérieur de la famille, peut s'expliquer aussi de façon parfaitement logique par sa subordination à son père.

Revenons un instant à la réputation de lâcheté et de faiblesse de Gustave, bien que, tout au long des enquêtes et des procès, il ait montré une étonnante et farouche résistance. Notamment, sur au moins quatre points, comme Yvette d'ailleurs : pas d'Anglaises à la ferme, pas d'arrêt à La Serre ; pas de présence de la *femme habillée de noir*, pas de présence dans la luzerne. S'il finira par craquer sur bien des points, il reviendra vite à la ligne fixée en se rétractant, quitte à nier des évidences ou même à rajouter de nouvelles inventions invraisemblables. Or, répétons qu'il ne suffit pas de traiter les gens de menteurs ou de lâches, puis de jeter le gant comme l'ont fait les jurés. Il faut tenter de trouver la logique des lâchetés et des mensonges, et rechercher ce qu'ils cachent de vérité.

Contrairement à ce qu'en a dit le commissaire Chenevier dans son rapport final, une certitude transparaît : de bout en bout, Gustave se montre bien incapable de stratégie propre. Il applique celle que sa femme lui dicte de façon apparemment impérative, mais pas seulement elle. Car Gustave a dû aussi composer avec celle de Clovis.

Dès le 5 août au matin, comme Yvette, Clovis a donné à Gustave la même consigne : en dire le moins possible après la bourde de la rencontre avec Olivier qui a introduit une faiblesse dans la ligne de défense. Et Gustave a tenu bon, y compris dans l'étonnant laconisme de la dénonciation de son père. Après cette dénonciation, sans doute convenue avec Clovis dès Noël 52 mais apparemment pas avec Yvette, Gustave s'est retrouvé écartelé entre la stratégie de son frère Clovis, seulement soutenu par les Perrin, et celle de sa femme, soutenue par le reste de la famille et le père Barth. Gustave s'en est d'ailleurs ouvert explicitement au juge Périès comme plus tard au commissaire Chenevier. Et finalement, c'est bien sûr sa femme qui l'a emporté, sans d'ailleurs qu'elle ait semblé lui tenir rigueur de son *complot* avec Clovis. Cette sorte de mansuétude confirmerait-elle, d'une certaine façon, qu'Yvette savait qu'une injonction venait peut-être *de plus loin* que du seul Clovis ?

Un détail que personne n'a relevé, mérite attention dans le parcours stratégique de Gustave : lorsqu'on a essayé de le déstabiliser avec le témoignage de Panayoutou, il ne savait pas qu'il s'agissait d'un témoin douteux. Or il l'a récusé d'entrée et avec une énergie véhémente toute différente de son laconisme habituel. Et il s'est même exclamé que, s'il pouvait dire qu'une voiture avait manœuvré à l'heure du drame devant La Gran'Terre, on le laisserait tranquille. Or, de deux choses l'une :

- Ou bien il n'y a pas eu de voiture et le témoignage de Panayoutou ne pouvait l'inquiéter comme il est évident qu'il l'a fait ;
- Ou bien il y en a bien eu une, et dans ce cas pourquoi ne pas le dire ?

La manière inhabituellement véhémente dont il s'en est défendu là, ferait plutôt pencher la balance vers le second terme de l'alternative. De plus, ce démenti véhément apparaît d'autant plus curieux, que lors de l'instruction, on a vu qu'il a finalement dit sans qu'on le lui demande, que juste après les coups de feu, il avait entendu passer deux voitures sur la route. Et, devant la Cour d'assises, rappelons qu'Yvette l'a, comme en passant et l'air de rien, confirmé elle aussi sans qu'on le lui demande.

Enfin, le commissaire Chenevier a fort bien fait remarquer qu'une fois le père dénoncé et mis en accusation, le comportement de Gustave n'était pas celui d'un accusateur ayant libéré sa conscience, aussi pénible cela soit-il, mais bel et bien celui d'un coupable qui continue à se défendre. Et comme on l'a dit déjà, plutôt que de défense, ce comportement ressemble à une stratégie de tromperie pour empêcher une vérité de se faire jour.

Il faut bien prendre la mesure de ce que, dans le petit univers de La Gran'Terre, le massacre des Drummond a constitué comme séisme, suivi d'un raz de marée policier, médiatique et judiciaire. Et c'est bien en analysant la logique des réactions des uns et des autres, puis leurs stratégies pour s'en défendre, qu'on a pu esquisser leurs probables degrés d'implication dans le drame et d'information sur ce qu'il s'est réellement passé.

Premier constat, que relèvent en exergue Jean-Charles Deniau et Madeleine Sultan, aucun n'a jamais dénoncé explicitement d'étrangers à la famille. Même si certains ont fait allusion au fait que la solution se trouverait en Angleterre ou ailleurs, et *qu'elle étonnerait tout le monde*, si certains ont mis en cause des *ils*, et Gaston furtivement *les autres*, aucun surtout n'a jamais tenté de diriger nommément les soupçons, notamment sur les séquelles de la période de guerre. On a toutefois vu Gaston répondre en prison que, s'il y avait eu une vérité extérieure et que s'il l'avait dénoncée, on l'aurait *protégé*. Cette référence à une protection signifie, a contrario, que cette vérité semblait bien exister et représenter un danger.

Dès ses aveux, Gaston s'est retourné contre Gustave, puis plus tard il y a mêlé Zézé et quelques *autres* dont Galizzi. Mais, sauf pour la carabine, jamais il n'a mis en cause Clovis ou Maillet. Même Augusta, dont le commissaire Chenevier s'étonne de l'absurdité à défendre l'innocence de son père avec la même force qu'elle refuse l'accusation de Gustave et Zézé, n'a fait que suggérer une culpabilité extérieure à la famille, mais sans jamais préciser.

Tous ces comportements semblent mener droit à une seule conclusion possible : c'est bien dans le cercle très restreint de La Gran'Terre que se trouverait la clé principale du drame. Pourtant, personne n'a encore réussi à trouver cette clé qui ouvrirait enfin la serrure en complète cohérence avec tous les indices matériels les moins contestables et le faisceau complexe des comportements, dires et sous-entendus. Or on l'a dit, l'énigme est née du fait qu'on a considéré un seul drame en trois meurtres avec une seule clé.

L'analyse comparée de la manière dont les uns et les autres s'en sont défendus, montre que la résistance de la serrure provient bien du fait qu'elle est double et ne comporte donc pas une seule clé, mais deux clés, et que si la famille détient sûrement au moins celle du meurtre de la fillette, celle-ci bloque le fonctionnement de l'autre serrure dont la famille se repasse la responsabilité de dire où se trouve la clé.

Stratégie et comportement de Clovis

On les déjà esquissés avec le *complot,* et dans les stratégies et comportements des autres. Bien que chaviré par le commissaire Sébeille lui présentant la carabine, il se reprend grâce au manque de réflexe du commissaire, et il saura se tenir à l'écart de ses investigations jusqu'aux séances de novembre 1953. De tout ce temps, on ne sait donc pas grand-chose de sa stratégie. Mais on peut s'en faire une idée par le déroulement de la dénonciation du père, et de sa connivence avec Gustave à cette occasion.

Sa stratégie générale apparaît donc assez clairement. D'abord au moins dès le matin du 5, il est évident que Gustave lui a tout dit de ce qu'il en était, et dès le soir ou le lendemain, il sait que la carabine est la sienne. Ensuite, tant qu'aucun danger réel ne le menace ni son frère, Clovis ne bouge pas. Mais après le séjour en prison, au cas où l'étau se refermerait sur Gustave, on dénoncerait le père. Si Clovis a dit avoir appris la culpabilité de son père un soir de novembre 1952, pendant la détention de son frère, comment a-t-il pu dire ne pas l'avoir cru, et avoir continué à soupçonner Gustave et même Maillet ? Impossible de le voir attendre Noël à Saint-Pons. Comme l'a bien analysé le commissaire Chenevier, les aveux de Gaston à Clovis ne sont guère plausibles, du moins dans leur forme. D'ailleurs, Clovis a menti presque autant que les autres, et c'est lui qui a tout monté sur le point capital de l'arme. Puis seul, il a tenu bon dans sa dénonciation. Qu'est-ce qui pouvait bien motiver une telle obstination dont il a écrit *souffrir le martyre* au point que la rumeur était persuadée que sa mort prématurée était la conséquence de ses remords. Certainement le conflit non réglé avec le père. Mais n'est-ce pas trop bander le ressort freudien. Car l'implication de Clovis non seulement n'a pas été recherchée, mais on a vu qu'il bénéficiait d'une curieuse mansuétude avec quelques choses plus curieuses encore comme au cours du procès.

Stratégie et comportements de Zézé et de Germaine

Germaine est la seule à s'être désolidarisée du reste la famille, y compris de Clovis. Elle s'est simplement tenue à l'écart, même après la libération de son père. Il faut rappeler qu'il y avait entre eux un contentieux antérieur au drame, Gaston ne faisant pas mystère de l'opinion où il tenait la vertu de sa fille. Pourtant, il l'aimait bien. C'est lui qui l'avait accouchée de Zézé à La Gran'Terre. À ce titre, avait-il aussi un faible affectif pour cet *enfantouillasse* qu'il n'avait pas non plus en grande estime. D'ailleurs, Gaston a montré, et notamment à propos de Gustave et Clovis, que chez lui le cœur et l'esprit pouvaient se contredire avec force, et ces contradictions cohabiter.

La stratégie de Germaine ne concerne pas la question du drame dont elle a toujours dit tout ignorer du déroulement. Sa stratégie consistera seulement à défendre son fils, et notamment à confirmer sans coup férir ses mensonges et faux alibis. Ce qui est parfaitement naturel au demeurant pour une mère.

Quant à Zézé, qualifié de *roi des menteurs* ou de *mensonge fait homme*, il a, en effet, égaré tout le monde, sauf le capitaine Albert et le commissaire Chenevier. Mais en vain. Le commissaire Sébeille, lui, l'avait tout de suite pris en une sorte d'empathie, et ne l'a finalement guère tracassé, tandis que la presse a fait écho à ses déclarations sans aucune précaution. On a vu que le procureur avait même pris par deux fois sa défense en audience. La Cour, les jurés et même Giono, s'en sont tous débarrassés en le déclarant un peu vite mythomane. Or, on l'a montré, Zézé mentait, et de façon invraisemblable et stupide il est vrai, uniquement sur trois points : son emploi du temps de la nuit du drame, par qui il l'avait appris, et avec quel vélo il était venu au matin sur les lieux puis en était reparti. Et répétons que cette façon de mentir particulièrement sélective ne relève en rien de la définition d'une mythomanie. C'était tout simplement une stratégie d'adolescent immature, pour éviter d'avoir à dire la vérité sur certains points, malgré tout dangereux. Et elle a parfaitement fonctionné.

En revanche, s'il était mythomane, pourquoi l'a-t-on cru quand il révélait la visite de Lady Anne et de sa fille à La Gran'Terre, et pas cru quand il parlait de la femme en noir ? Et d'ailleurs, pourquoi l'a-t-il fait en s'y tenant, au risque de saper la stratégie défensive de La Gran'Terre ? La raison en est évidente : ces deux visites, au contraire des autres questions, ne le mettaient pas en cause dans le déroulement du drame. Et à cette occasion, il a montré qu'il n'hésitait pas à braver non seulement Gustave et Yvette, mais surtout son grand-père, lesquels ont tous farouchement récusé ces deux épisodes. D'une façon certaine, Zézé montrait ainsi qu'il n'obéissait pas à La Gran'Terre. Mieux, lorsque Gaston l'a mis en cause, il s'est payé le luxe de le défier avec arrogance et d'abord devant la Cour d'assises. Le juge Carrias y a vu la preuve de son innocence. Mais le commissaire Chenevier a mieux compris que cette attitude résultait du fait que Zézé se savait protégé par un interdit qui empêchait Gaston de dire ce qu'il savait.

Le cantonnement de ses mensonges comme ses défis à l'autorité et au devoir de réserve vis-à-vis des affaires de la famille, montrent donc plusieurs choses. D'abord, dans cette période entre adolescence et âge d'homme, Zézé a profité de l'affaire pour s'affirmer à sa façon face au monde des adultes. Ensuite, soit il n'en savait pas plus sur le drame, soit, au contraire, il en savait d'autant plus qu'il en aurait été le témoin sinon le complice ou même un des acteurs. Enfin, dans cette hypothèse, il savait qu'un puissant interdit le protégeait, empêchant son grand-père d'aller au bout de ses allégations, comme son oncle Gustave était empêchée de dire la vérité.

Stratégie et comportement d'Augusta

Cette femme, véritable personnage de tragédie antique, a stupéfié tout le monde par la force de son amour filial, et sa véhémence à défendre l'innocence de son père. Mais, comme l'a bien analysé le commissaire Chenevier, sa stratégie confine à l'absurde : quand son père clame son innocence, elle le dit en pleine possession de ses moyens, puis quand il détourne les soupçons vers Gustave et Zézé, elle le voit sénile ne sachant plus ce qu'il dit. Objectivement mais de façon moins habile, Augusta défend très exactement la même position qu'Yvette. Rappelons qu'Augusta est la première à avoir, devant la Cour d'assises, suggéré à sa façon que le drame avait pu concerner des *ils* étrangers à La Gran'Terre. Mais, même quand elle y reviendra lors du supplément d'information, elle n'en dira jamais plus. N'en savait-elle pas plus ou aurait-elle été rappelée à l'ordre, c'est-à-dire à demeurer dans le cadre de la stratégie commune qui consistait à ne jamais dénoncer personne, tout en clamant que La Gran'Terre n'y était pour rien. Ce qui amène à la question centrale d'un comportement commun.

Qui avait peur de qui ou de quoi ?

Dès le début, policiers, gendarmes, magistrats et journalistes ont ressenti qu'une certaine forme de peur régnait autour du drame. D'abord les policiers ont été l'objet de mises en garde discrètes et énigmatiques concernant l'Occupation et ses séquelles jusqu'après la Libération. Mais il traînait aussi dans le coin, les relents terriens d'une sorte de malédiction. Les anciens racontaient encore, le soir à la veillée, les histoires de deux massacres, survenus au XIXe siècle, dans une même ferme[1], à moins de 500 m de La Gran'Terre.

Et ce climat des peurs du terroir, si bien traduit dans l'œuvre de Giono, aurait engendré ce qu'on a appelé *le mur du silence*. Mais, la plupart en est d'accord, ce mur est une invention médiatique. En fait, les enquêteurs et journalistes ont plutôt été submergés d'informations, sauf, il est vrai, sur l'Occupation, la Résistance et la Libération, malgré quelques dénonciations sibyllines et mises en garde. Ce climat étrange de peur qui a entouré La Gran'Terre, a donc été ressenti par tous les intervenants. Et c'est par des peurs, que l'accusation a expliqué les comportements, mensonges et rétractations des uns et des autres. Mais tout le monde, sauf Giono, a fini par en induire que c'était Gaston qui terrorisait sa famille et tout le voisinage. Or il est apparu comme on l'a montré, que c'est là une vision pour le moins simpliste et schématique.

---

1 Ferme des Granges dans le quartier de la gare, rebaptisée de l'Ève après le premier massacre, et abandonnée ensuite (notamment Jean Laborde, oc p. 93 et Philippe Isnel), aujourd'hui disparue. Le 27 août 1841, le patron était grièvement blessé, son valet, sa fille et une ouvrière, massacrés, deux journaliers qui nièrent jusque sur l'échafaud, furent condamnés à mort et exécutés. Trente ans plus tard, le 4 septembre 1871, à nouveau le patron et sa bru étaient massacrés, seul un bébé survivra, et cette fois on ne retrouvera jamais les assassins. Voir l'histoire des affaires criminelles en Haute-Provence dans ADAHP oc p.87 & sq et Philippe Isnel.

Rappelons la peur dont a fait état Clovis lors des aveux de son père qui, en même temps, s'en défend paradoxalement. Rappelons aussi qu'en signant le PV dénonçant son père, Gustave avait demandé au juge Périès de dire que *ça venait de plus loin*. Et on a vu que cette demande avait peut-être été mal interprétée comme une tentative de détourner la colère du père. Pourtant, immédiatement confronté à son père, la réaction de Gaston n'avait pas eu lieu, bien au contraire. Et alors même que lors d'une audience capitale, son père l'avait sommé sans aucune colère de dire avec qui il était dans la luzerne et ce qu'il avait vu, Gustave n'avait pas obéi, il est vrai sauvé par le marteau du président. Cet épisode démontre à lui seul et sans ambiguïté, qu'il y avait un interdit autrement plus puissant que la peur et l'autorité de son père. Alors peur d'Yvette ?

Gustave avait-il peur de perdre une femme plus jeune, plus intelligente et plus forte que lui ? Ou alors peur d'un interdit qui passait par elle ? Clovis n'est-il pas allé se plaindre par lettre à Barth, en lui demandant de convaincre son gendre de ne plus se rétracter. Si Clovis vient demander à Barth d'intervenir, ne serait-ce pas montrer que l'interdit qu'Yvette impose à Gustave vient bien de son beau-père ? Serait-ce là ce *plus loin* suggéré par Gustave au juge Périès qui ne l'a pas compris ainsi, bien sûr.

Même si, à deux reprises, on a vu qu'Yvette a été près de craquer, apparemment, elle seule n'avait peur de rien ni de personne, et surtout pas de son beau-père. Dès le matin du drame, et chaque fois que survient une menace nouvelle sur la famille, ne se réfugie-t-elle pas chez ses parents ? Pourquoi ? Par peur de son beau-père ? Sûrement pas. Alors pour éviter les dérapages et recevoir des instructions sur la conduite à tenir ? Sans doute. Elle seule, lors de son témoignage devant la Cour d'assises et pendant les audiences, a montré une parfaite sérénité, comme si elle ne craignait rien des suites du procès, ni pour Gaston, ni pour son mari ou les autres, ni surtout pour elle-même. De qui ou d'où tenait-elle cette assurance tous risques ?

Selon l'accusation, toutes ces peurs étaient donc engendrées par l'ombrageux patriarche, monstrueux assassin prêt à en éliminer un quatrième s'il le fallait. Admettons. Mais, dans ce cas de figure, pourquoi Clovis venait-il coucher à La Gran'Terre, sinon parce que ses parents avaient peur. Mais peur de quoi ? Gaston clamant à Clovis en préambule et par priorité : *Je n'ai peur de personne*, n'était-ce pas tout justement suggérer le contraire ?

La morale convenue voudrait que cette peur ait été celle du châtiment. Et ce serait sûrement vrai si, jusqu'au verdict, Gaston n'avait montré combien la peur du châtiment le préoccupait peu. Ce qui le préoccupait, comme tout le monde d'ailleurs, c'était seulement de voir certaine vérité se manifester.

De même, pourquoi Gaston, comme Clovis d'ailleurs, a-t-il eu peur qu'on puisse douter de sa loyauté et de son patriotisme ? Sans cela, pourquoi l'auraient-ils proclamé si haut et fort, et en le répétant tant de fois de façon pathétique jusque même après le verdict ? Car la loyauté n'est pas seulement une vertu. On ne la proclame pas publiquement de cette façon sans objet ni raison. On la manifeste toujours pour affirmer un comportement de fidélité envers quelqu'un ou quelque chose. Ici envers qui ou quoi ? Seul Giono l'a compris, regrettant qu'on ne le demande pas (oc p. 680). Mais Giono lui-même n'a pas approfondi, comme s'il se retenait de s'aventurer dans cette voie. Ce envers quoi Gaston proclame-t-il sa loyauté ; et qu'est-ce qui l'empêchait de le dire lui-même au point que devant la Cour d'assises, il supplie Gustave de le faire à sa place ; puis plus tard, par une lettre, sa fille Clotilde de la dire au commissaire Chenevier ? Tout s'est passé comme si Gaston se sentait, par loyauté, tenu de respecter un interdit beaucoup plus fort que sa propre volonté de franchise. Rappelons ainsi :

- Me Delorme, avocat de la partie civile, s'est exclamé devant la Cour : « *Qui nous expliquera, en cet effarant complot du mensonge et de la haine, qui tire les ficelles de cette sinistre comédie ?* ».
- Pierre Scize[1], résumant une impression largement partagée à l'époque et jusqu'à aujourd'hui, de renchérir en coulisse : « *Quelque chose de puissant et de mystérieux couvre de sa protection le clan Dominici* ».
- Dans *Marseille Provence Magazine*[2], à la suggestion que le journaliste faisait à Gaston, gracié et sorti de prison : « *Les Dominici sont peut-être innocents, mais ils connaissent sur l'affaire des secrets qu'ils ne peuvent pas révéler* ». Ce dernier aurait répondu : « *C'est de la blague ! Ce que je sais, je l'ai dit. Croyez-vous que j'aurais passé tout ce carcan si je connaissais le coupable ?* ». Certes. Mais alors pourquoi rajouter un petit caillou : « *Sinon, je l'aurais dit et on m'aurait bien protégé* ». Protégé par qui, contre qui et surtout pourquoi, s'il n'y avait de coupables qu'à La Gran'Terre ?

En fait, dénoncer le meurtrier de la fillette était impossible par interdit familial. Mais d'évidence, à cet interdit familial se superposait la peur d'une autre puissant interdit couvrant le massacre de ses parents. Et quelle puissance était, à l'époque, capable d'imposer de genre d'interdit qui retenait tous ceux qui auraient pu parler ? On l'a déjà dit, on ne trouve aucune autre réponse possible que le très puissant Parti communiste stalinien d'alors qui, dès le 6 août, avait amené Me Charrier à La Gran'Terre.

L'ombre du Parti

Même si de nos jours, le distinguo semble difficile à établir, répétons que le Parti d'aujourd'hui ne saurait être confondu avec celui d'alors. D'un point de vue strictement objectif, seul le puissant Parti d'obédience stalinienne de l'époque, d'ailleurs spécialiste en la matière, était en mesure non seulement d'imposer un tel interdit et de faire peur, mais aussi de se protéger d'en être accusé. Toujours d'un point de vue strictement objectif, le Parti s'est trop et

---

1 Cité par Jean Laborde, oc p. 91.

2 N° 94 de novembre 1960 (cote WR 194).

habilement impliqué dans cette affaire, pour éviter qu'on revienne sur son rôle.

Tout le monde avait donc ressenti la protection dont les Dominici étaient l'objet : tout de suite visible avec la présence de FTP lors des interrogatoires ou autour de La Gran'Terre, puis rumeurs de réunions de membres du Parti à la ferme, soutien bien orchestré de la presse et des intellectuels communistes, engagement d'avocats communistes, exclusions de cadres locaux du Parti. À chaque fois l'intervention directe ou indirecte du Parti transparaît plus ou moins ouvertement au point que l'homophonie *l'URSS domine ici*, avait fait florès. Mais il faut se garder de tomber dans un procès de conspiration qui serait forcément primaire. Mais l'Histoire a montré que le Parti stalinien était rôdé à la manipulation et à savoir imposer silence, même encore aujourd'hui. Ainsi, de la stratégie du Parti, on peut discerner au moins la partie publique apparente et objective, c'est-à-dire par la presse communiste. Au début de l'affaire, tout l'arsenal de la dialectique a été appliqué à défendre la cause d'une modeste famille paysanne contre celle du haut fonctionnaire aristocrate d'un pays par ailleurs devenu l'un des principaux adversaires de l'URSS dans la guerre froide. Et il y a eu aussi une volonté avérée de défendre l'honneur des FTP en empêchant la réouverture éventuelle de certains dossiers de la période d'Occupation et surtout de celle de la Libération.

C'est ainsi que la presse communiste a détourné l'attention avec le vieux truc de la dénonciation d'acharnement de l'appareil d'État, police et justice, contre des gens incapables de se défendre. Lorsque la piste d'une exécution liée à une affaire d'espionnage est mise en avant par la presse britannique, la presse communiste est la première à relayer l'écho de la visite de Sir Jack en Hollande, mais en suggérant d'y voir un accommodement des Anglais avec le nazisme. Et elle pourra suggérer en suivant que l'exécution des Drummond pourrait être un acte de guerre secrète entre services anglais et américains. Curieusement, personne n'osera même contester. Pourtant, à cette époque, dans la guerre froide qui bat son plein, tout le monde sait que le véritable antagonisme oppose radicalement l'Est à l'Ouest, non les Occidentaux entre eux, surtout Anglais et Américains. Mais, souvent plus efficace en de telles circonstances, est objectivement la technique du contre-feu dont les partis communistes ont toujours maîtrisé la technique. Et cette manœuvre a bien réussi en muselant toute réaction. Car son effet dure encore. Plus de soixante-cinq ans après, oser explorer comme une autre, la piste d'un commando commandité par l'Est crée toujours une sorte de malaise dont on se débarrasse par l'ironie allant jusqu'à l'accusation de révisionnisme.

Il faut aussi rappeler qu'en cette année 1952 le Parti, pourtant au faîte de sa puissance électorale et syndicale, traverse une double crise.

D'abord, à cause de son pouvoir redoutable, notamment par son emprise sur le service public et les grandes entreprises nationalisées, le Parti représente une menace de déstabilisation au cœur de l'Europe de l'Ouest. Jacques Duclos, - second du Parti et ancien responsable du Parti clandestin de 1940 à

44 -, est arrêté le 28 mai 1952 lors d'une manifestation contre la venue à Paris du général Ridgway, commandant en chef des forces de l'OTAN. Par ailleurs, le gouvernement français se décide à opérer dans l'administration, dont la police[1], quelques neutralisations d'éléments issus des FTP, dont les activités sont assimilées à de la sédition. Le 22 août, le propre fils de Maurice Thorez secrétaire général du Parti, est à son tour emprisonné pour atteinte à la sûreté intérieure de l'État.

Ensuite, une contradiction idéologique interne met aux prises les staliniens et les titistes[2]. André Marty et Charles Tillon, héros du soulèvement bolchevique d'Odessa et de la guerre d'Espagne puis de la Résistance, et pour le second ancien ministre de de Gaulle[3], seront finalement exclus du Parti, respectivement les 5 et 7 décembre 1952.

Les cas de Maillet puis d'Autheville, suspendus de leurs fonctions, avant d'être exclus vers la même époque, apparaissent ainsi significatifs d'une partie des difficultés internes du Parti. Outre la détention d'armes pour l'un et la vente de photos pour l'autre, le motif officiel ajoute, on l'a vu, le *manque de discernement* et une certaine *collaboration avec la police*. Or, s'il y a, en effet, eu collaboration certaine avec la police de la part de Maillet, elle n'a pas laissé de trace au dossier de la part d'Autheville. Quant au manque de discernement, c'est un euphémisme qui veut tout simplement dire *écart de la ligne* ou plus directement *désobéissance aux consignes*.

La question devient alors : en quoi Maillet et Autheville avaient-ils passé la ligne ou désobéi ? On n'en voit nulle part de trace assez grave pour justifier une sanction aussi radicale. Mais, pour être sanctionnés de la sorte, il suffisait seulement à Maillet ou Autheville de poser des questions à propos de consignes venant de plus haut. Et à propos de quelles consignes concernant l'affaire, l'un comme l'autre auraient-ils pu interroger la ligne du Comité central ? En ce qui concerne Maillet, on a parlé de relations avec Tillon[4], lesquelles pourraient justifier l'erreur de discernement, en effet. Mais pour Autheville, il semble bien que ce soit à vouloir défendre Gustave, ancien FTP de sa compagnie, qu'il a sans doute été sanctionné. Décision apparemment contradictoire dans la mesure où la consigne générale ordonnait alors de défendre les Dominici et de ne pas toucher aux FTP. Est-ce sur la manière de mener sa défense de Gustave qu'Autheville aurait manqué de *discernement* ? Car dès octobre 1952, la ligne de défense des Dominici mise en œuvre dans la presse communiste, jusqu'alors radicale et frontale, dut apparaître comme

---

1 À la mi-août 1952, notamment, onze policiers toulonnais ont ainsi été radiés ou mutés.

2 Tito, après avoir créé une Fédération de Yougoslavie communiste d'abord inféodée à Moscou, va se débarrasser de la tutelle soviétique en adhérant à la conférence tiers-mondiste de Bandung, autonomiste et réformiste.

3 Ministre de l'Air puis des Transports et de l'Armement, entre 1944 et 1947.

4 Après son exclusion, Tillon s'est installé à Montjusin en Haute Provence, près de Lurs, où il a rénové une maison avec son ami Armand Simonnot, dit *commandant Théo* dans la Résistance.

raisonnablement intenable. Gustave apparaissait de plus en plus comme le suspect n°1, et dès sa mise en accusation pour non-assistance à la fillette, la presse communiste a donc repris sa stratégie du contre feu. Elle va sembler accepter les présomptions et verdicts, mais dans le même temps continuer à défendre les Dominici en s'acharnant particulièrement sur l'incapacité des enquêteurs, balançant entre critiques directes et sous-entendus.

Par ailleurs, n'est-ce pas le Parti qui a mandaté l'équipe de ses meilleurs avocats, tandis que La Gran'Terre était mise sous une sorte de protection, certes peu visible, mais que tout le monde ressentira. Le 22 novembre 1954, lors de son audition à la barre, le commissaire Sébeille lui-même dira que certaine hostilité avait entouré l'enquête, et qu'elle était due à la peur de représailles ressentie par ceux qui auraient eu quelque chose à dire. Et qui d'autre que le Parti ou par FTP interposés, était alors en mesure de causer une telle peur comme d'exercer des représailles et pourquoi ?

Après la mise en accusation de Gaston, malgré l'abandon par la presse communiste d'une défense trop directe, certain soutien indirect va perdurer jusqu'au-delà de la condamnation. Et on n'en trouve plus alors de réelle justification. Car, si Maillet et Autheville avaient été exclus pour des fautes d'apparence relativement bénignes, pourquoi, bien que la presse communiste fasse chorus contre le vieil assassin s'accusant de crimes aussi gratuits que barbares, le Parti soutenait-il encore discrètement Gaston notamment par avocats interposés ?

Maillet fut suspendu dès octobre 1952, à cause de son premier témoignage au commissaire Constant, et très vite exclu en décembre, après la condamnation de Gustave. Ce qu'il savait et dont il n'a pu s'empêcher de livrer quelques bribes valait-il une telle sanction ? Surtout qu'à y regarder de façon strictement objective, il dédouanait plus qu'il ne menaçait Gustave. Et Maillet avait été un maquisard plus engagé que Gustave, puis secrétaire de la cellule de Lurs, alors que Gustave, bien que FTP, n'était même pas encarté. La question devient donc : le Parti aurait-il eu peur de quelque chose que Gustave ou Maillet pouvait révéler ? Or, si le drame n'avait été qu'un malencontreux enchaînement de hasards, quelle révélation à son sujet aurait pu constituer une menace pour le Parti ?

Autheville, lui, ne sera suspendu qu'en 1953, et exclu en 1954 seulement. Or, entre l'exclusion de Maillet et celle d'Autheville, sont intervenus deux évènements qui ont été occultés : la mission Gillard à Stuttgart frappée de secret que nous allons voir et le témoignage que nous avons vu du gendarme Marque mis au placard. Le Parti aura-t-il eu communication du rapport Gillard ? Car c'est en mars 1953, au moment où le témoignage du gendarme Marque risquait de tout relancer sur une autre piste, que, coïncidence, Autheville est suspendu. Il s'était déjà porté garant moral de Gustave lors de son procès en correctionnelle qui avait valu à ce dernier une peine minimale. Et il aurait même annoncé que, s'il arrivait à Gustave, alors suspect n°1, d'être accusé, il dirait ce qu'il fallait pour le sortir de là. Autheville, voulant empêcher un déni de justice, comme peut-être Maillet avec cette histoire de *déshonneur sur* (s)*on honneur*, s'avança-t-il au-delà d'une ligne rouge ?

Si on ne voit pas quel intérêt avait le Parti à protéger outre mesure les Dominici, en revanche on imagine aisément ce qu'il avait à perdre de crédit moral et politique, à défendre l'auteur d'une telle tuerie perpétrée sans autre mobile que la colère éthylique et libidineuse d'un vieux paysan. La seule défense de classe ou la sauvegarde d'éclaboussures sur l'honneur d'un modeste et tardif FTP comme Gustave, motif médiatisé dans la presse communiste, ou encore sur son alliance avec Barth, même important responsable local, ne valaient pas le risque national, médiatisé *urbi et orbi*. Et, d'ailleurs, sous couvert d'abandonner Gaston, une fois l'ignominie certifiée par la mise en accusation et clamée par la *vox populi*, n'a-t-il pas été suivi par avocats interposés ? Et peut-on rappeler que le Parti ne s'est jamais embarrassé des indésirables, comme les exclusions de Maillet et d'Autheville le prouvent, malgré leurs fonctions et des états de service autres que ceux des Dominici, et pour des motifs autrement moins conséquents. Il apparaît donc que le signal des exclusions a été compris, et que la peur est demeurée intacte. Mais ne fallait-il pas une raison politique infiniment puissante, pour valoir le risque de continuer à défendre indirectement Gaston ? Et ne fallait-il pas que cette raison soit réellement impérieuse, pour que Gaston accepte bon an mal an de se sacrifier, en se contentant de protestations et d'allusions à ce *plus de danger* qui aurait menacé sa Gran'Terre s'il disait la vérité.

On a montré que Gaston n'était peut-être pas réellement informé du déroulement exact du drame et de tous ses tenants et aboutissants. Lors de l'énoncé de la sentence, sa surprise le montre, et on se souvient de nombre de ses réactions spontanées qui forment autant d'indices allant toujours dans le même sens d'une réelle ignorance. D'ailleurs, une différence de niveau d'information sur le motif, la nature, l'existence et même l'origine de l'interdit, n'expliquerait-elle pas une part de l'imbroglio des déclarations, aveux et rétractations des divers protagonistes ? Quelle pourrait donc être la raison d'un interdit aussi puissant, sinon imposé du moins couvert par le tout puissant Parti d'alors ?

Conclusion

Directement ou indirectement et à part quelques allusions, seuls Gaston, Gustave, Zézé et accessoirement Galizzi, ont été directement mis en cause dans le drame, mais sans jamais aucun élément de preuve formelle. Dénonciations et allusions sont variables et laconiques. Si elles comportent, de toute évidence, des sous-entendus à plusieurs niveaux, jamais aucune précision décisive ne vient les étayer, et immédiatement les portes se referment sur le postulat familial de l'ignorance et de l'innocence, ou sur le scénario impossible de l'accusation. Si Clovis est mis en cause par sa décision d'accuser son père et accessoirement comme détenteur de la carabine, jamais il n'est accusé, même par sous-entendu ni par personne, d'être intervenu si peu que ce soit dans le drame. Il en va de même pour Maillet. Clovis et Maillet apparaissent donc comme des sortes d'exécutants qui auraient décidé de faire accoucher une version cachant le scénario réel du drame et les vraies culpabilités.

S'il est évident que toute la famille savait peu ou prou ce qu'il s'était passé, la synthèse de ses comportements montre que c'est le meurtre de la fillette qui constitue bien un premier verrou, donc la clé familiale de l'énigme. Car, à cause de la carabine, l'assassin de la fillette ne peut être qu'un membre de la famille. Mais on a montré qu'il devient vite conjectural d'impliquer La Gran'Terre de façon aussi formelle dans le meurtre des parents. De Gaston, Gustave et Zézé ou Galizzi, lequel est étranger à quoi, lequel est impliqué en quoi, ou lequel est coupable ou innocent de quoi ? Toutes questions auxquelles doit répondre l'assemblage d'un grand puzzle logique et cohérent en incluant, hors convictions, autant que faire se peut tous les évènements, dires, indices, éléments matériels, présomptions et rumeurs, notamment tout ce qui a été laissé de côté sans justification.

*

XV

DE LA MOSAÏQUE AU PUZZLE

*

Toute la *déconstructio*n du dossier d'accusation a montré comment la *sédimentation* de cette affaire s'était constituée au fur et à mesure, avec ses strates successives, leur orientation, les contraintes, les aléas, les points durs et les vides. Une partie de la physionomie de la sédimentation apparaît a minima comme le résultat d'a priori et de l'absence générale de méthode. Et cela apparaît d'autant mieux quand on compare la méthode Sébeille à celle de Chenevier. Mais hélas les deux ont pêché par un même défaut : essayer d'obtenir des aveux, en laissant carrément de côté les leviers que constituent toute analyse et mise en situation cohérente des éléments matériels, dont les expertises techniques (autopsies, balistiques, graissages, etc). Comment aucun n'a, semble-t-il, perçu le caractère spécifique d'un drame à deux étages : meurtres des parents d'un côté, achèvement de la fillette de l'autre. L'évidence que l'interdit familial couvrait le meurtre différé de la fillette, et qu'il était lui-même recouvert par un autre interdit qui couvrait aussi celui des parents, n'a guère été perçu, du moins envisagé. Seul Doménech avair bien décelé dès le début cette évidence. Et on a montré tout au long ce que la bévue des policiers avait d'effets sur les stratégies et comportements. Entre la stratégie de défense personnelle de Gustave et Gaston, et la stratégie de tout le monde, oui tout le monde, consistant à masquer une vérité que personne, oui personne, ne voulait voir émerger, police et justice ont semblé ne pas vouloir envisager que l'affaire ait été cadenassée avec deux serrures verrouillant des portes différentes et se commandant l'une l'autre mais avec deux clés différentes. Et en ne cherchant qu'une seule clé pour les deux, aucune des serrures n'a pu être ouverte.

Avant d'en venir au jeu des hypothèses de puzzles assemblés de façon cohérente, extensive et inclusive, il faut examiner les scénarios incluant la seule Gran'Terre.

Retour sur le mobile

Inutile de redire combien l'accusation pêchait sur ce point. Le commissaire Sébeille lui-même s'en fait l'écho dans son ouvrage (oc p. 254 &

255) :« *J'avais démasqué le coupable, mais je n'avais pas établi ses mobiles, et cette question me tracassait, car je sentais qu'elle allait constituer une faille sérieuse dans l'instruction* ». Mais il élude allègrement toute recherche en concluant dans la foulée : « *L'affaire était trop bête pour qu'elle eût un mobile valable* ». Et n'est-ce pas un peu court, surtout pour envoyer quelqu'un à l'échafaud ?

Au début, tout le monde penchait plutôt pour une tentative de vol qui aurait mal tourné, mais le commissaire Sébeille fera tout pour faire oublier ce mobile, même annexe (oc p. 82) : « *Je ne demandais qu'à abandonner la piste du crime crapuleux* ». Pourtant il l'a en partie accepté dans les aveux de Gaston : « *Il a dû me prendre pour un maraudeur* ». Mais comme nous avons bien été forcés de mettre cette méprise hors de cause, le mobile a donc dû être changé en une *visite*, d'ailleurs suggérée par Gaston lui-même. Mais ce mobile garde la même faiblesse face à l'ampleur et surtout à l'efficacité du massacre. Et le commissaire à la retraite de se plaindre au passage d'avoir été longtemps le seul à croire à son énigmatique « *crime de la terre* ». Doménech, suivant en cela son ami Sébeille, qualifie aussi l'affaire (oc p. 11) : « *La plus banale, la plus bête, et la plus simple qui soit* ». Mais, si cette affaire était si banalement simple et bête, on se demande bien pourquoi elle n'aurait pas reçu de conclusion claire, indiscutable et définitive. Ayant été émaillée de bout en bout de bien des manques et surtout par une série d'anomalies, de cécités et de surdités dont certaines véritablement *extra ordinaires*, celles-ci apparaissent comme formant un enchaînement assez cohérent pour qu'au moins elles ne puissent pas être évacuées d'un simple revers. Car on a vu combien ces anomalies, cécités et surdités allaient toutes dans le même sens. Comme si pas seulement les Dominici, mais tout le monde et y compris la défense, voulait éviter que certaine vérité vienne au jour. En même temps chacun laissait tomber quelques petits cailloux ou *paillettes de vérité* qui menaient dans une direction, toujours la même, et qui a tout au long été soigneusement évitée.

Finalement, le mobile sexuel ayant été honteusement enregistré sans y croire un seul instant, l'accusation s'est donc, faute de mieux, rabattu sur le profil psychologique du patriarche : égoïste, violent, colérique, éthylique, graveleux et sadique. On l'a aussi gratifié d'un sens démesuré de la propriété et d'une haine viscérale des Anglais. Soit. Mais comme il est apparu que, matériellement, le triple meurtre ne pouvait pas avoir été perpétré par un seul tireur. Sinon Gaston, alors qui ?

N'ayant pas approfondi la question des objets et valeurs disparus, l'accusation a donc laissé de côté le mobile d'un simple vol par Gustave, car le vol ne semblait pas pouvoir justifier l'organisation comme l'ampleur d'un tel massacre. Mais, les voleurs occasionnels ne savent pas à l'avance ce qu'ils vont trouver. Et il y a mille exemples de crimes perpétrés pour des résultats dérisoires. Un Anglais en vacances ne pouvait se déplacer sans un minimum de liquidités. Et il y avait sûrement pas mal d'argent dans la pochette de Sir

Jack qui a disparu. Le montant en est inconnu, et les allégations différentes des époux Marrian, n'ont pas éveillé la curiosité. Gaston n'a-t-il pas accusé Gustave de *dépenser tout l'argent qu'il trouvait*. Et on se demande bien où il pouvait *trouver* de l'argent.

L'absence d'un mobile à hauteur du massacre, a dès le début incité les journalistes, mais pas la police, à rechercher un mobile extérieur, comme une séquelle de l'Occupation, de la Résistance et de la Libération, insinuée par des rumeurs persistantes depuis le début, mais où tout le monde policier et judiciaire se gardera bien d'aller mettre le bout du nez. Ce terrain était miné, politiquement tabou et réellement dangereux. Une telle séquelle était la conviction de Giono. C'était aussi une piste de la presse de droite, comme sujet de rumeurs tenaces aujourd'hui encore. Mais là les enquêteurs se sont heurtés non seulement à un mur, mais à des mises en garde à peine voilées dont on a fait mention. Et comme dans sa biographie officielle, Sir Jack ne semblait avoir eu aucun contact avec la France avant 1948, ni surtout aucun rapport avec la Résistance en Provence, cette piste n'a même pas été envisagée. Si elle apparaît difficile à étayer ou à rejeter faute d'accès aux archives britanniques, laissons-en l'examen pour plus loin. En attendant continuons à procéder par ordre.

Partie commune à tous les puzzles : le meurtre de la fillette

Établir un distinguo aurait donc dû apparaître au fur et à mesure de l'enquête et de l'instruction sinon lors des audiences puis du supplément d'information, comme une des clés verrouillant au moins une part de la vérité. Car Gaston lui-même a toujours exprimé par la bande et à sa manière habituelle, le distinguo entre ce meurtre et celui de ses parents. Rappelons-nous :

> « *Qu'on dise que j'en ai tué deux ou trois, je m'en fous puisque c'est pas vrai. Mais qu'on dise que j'ai fait du mal à une enfant, ça je ne peux pas le supporter.* »

Et toute la famille a fait implicitement sien ce même distinguo. Si policiers, gendarmes et magistrats n'en ont pas perçu l'importance, la famille, elle, s'était bien rendue compte qu'au moins, avec la seule découverte de la carabine, celui qui avait achevé la fillette était l'un de ceux présents cette nuit-là à La Gran'Terre.

Le déroulement du meurtre de la fillette a pu être établi avec un bon degré de certitude, à partir du moment où elle s'est retrouvée déposée au sol, inanimée en haut du talus de la Durance. Mais pour en arriver là, remontons un instant sur le bivouac après le meurtre des parents.

Le scénario de la fillette jaillissant de la voiture et atteinte d'une balle tirée à la volée pendant qu'elle courait pieds nus sur le chemin du pont, est apparu sinon pratiquement impossible, du moins d'une probabilité proche de zéro. Déjà, si elle avait été atteinte en courant, elle aurait fait un roulé-boulé sous l'effet cinétique, ce qui ne correspond pas à son état. Notre analyse a proposé la meilleure probabilité pour sa blessure à l'oreille. La fillette ayant été laissée pour morte à côté de sa mère, ne préjugeons pas de qui s'est retrouvé un peu plus tard sur le bivouac, au moment où la fillette a dû reprendre connaissance. Se serait-elle alors mise à crier. Prenant peur, on a tout de suite compris qu'il fallait d'abord l'éloigner. Alors, première question :

- Qui l'a transportée ?

Puis une fois transportée, seconde question terrible :

- Qu'en faire ?

D'où les questions suivantes encore plus infâmes :

- Qui a décidé de s'en débarrasser ?
- Qui s'en est chargé ?
- Combien de temps a pu se passer entre son transport et l'exécution ?

On a déjà largement esquissé les réponses possibles. Et elles vont pouvoir se préciser en fonction des assemblages de puzzles plausibles/probables[1] du meurtre des parents. Mais commençons par revoir à quel puzzle partiel pourrait correspondre la mosaïque du livret de l'accusation.

Puzzle avec Gaston seul

La chose jugée fait donc de Gaston le seul assassin des trois Drummond. Il est inutile de repasser en revue ce qui, outre le mobile, rend matériellement impossible que Gaston ait déjà été l'unique meurtrier des parents. En dehors d'autres éléments de son comportement à propos de la fillette, le seul fait d'être allé patauger dans la Durance à la recherche de la carabine permet d'avancer qu'il est peu vraisemblable que ce soit lui qui l'y ait jetée. Il semble donc exclu, avec un bon degré de certitude, qu'il soit le meurtrier de la fillette. En revanche, il a nécessairement au moins su où elle gisait, et sans doute qui l'avait frappée.

Puzzles incluant les présents à La Gran'Terre

Trois des quatre présents ce soir-là seraient les assassins des parents, et plus tard, l'un d'eux qui a achevé la fillette.

Gustave revenant de Peyruis, s'arrête à La Serre avec l'idée, à l'occasion de la surveillance de l'éboulement, d'un tour de braconnage avec Zézé et Galizzi. C'est pourquoi ils auraient pris la carabine tandis que Galizzi ne sortait jamais la nuit sans son révolver. À la ferme, Gustave aurait pris son fusil vu par le docteur Morin. Mais déjà, un tel armement était-il vraiment celui d'un un tour de chasse ?

Gaston aurait-il pu se joindre à eux ? Déjà, il était couché à cette heure. Et on le voit mal faire équipe avec ces trois-là. Avec tout ce qu'on a détaillé de ses aveux et de la reconstitution, il est plus qu'improbable que Gaston ait participé si peu que ce soit à cette équipée.

---

1 Rappel d'une petite précision sémantique, donc de méthode : il faut bien voir la différence entre *plausible* et *probable* tels que déjà définis.

Revenus vers 21 h 30 à La Gran'Terre, qu'auraient fait les trois hommes jusqu'à 1 h du matin ? Un long moment de braconnage avant de repasser par le bivouac ? Dans ce cas, comme on l'a longuement analysé, en l'absence de Sir Jack, Lady Anne sans doute éveillée, aurait crié devant l'irruption des trois hommes. Galizzi prenant peur aurait fait feu le premier, blessant la mère et sa fille projetées au sol. Nous avons ensuite montré l'enchaînement des tirs, donc Gustave à la hanche sur Sir Jack, Zézé avec la carabine sur Lady Anne et enfin Galizzi l'achevant au pistolet. Et rappelons-nous l'efficacité de ces tirs.

Le corps de Sir Jack vêtu de clair tombé près du puisard en perdant son sang est trop près de la route. Aurait-il été vite ramené près de la voiture ? Mais voilà que pendant que celle-ci est fouillée, la fillette aurait pu reprendre connaissance. Panique. Car, même à peine entrevus et dans l'ombre du mûrier, la fillette pourrait-elle reconnaître les assassins.

Qui, parant au plus pressé, a décidé de l'éloigner ? Si on en croit Yvette et les traces de semelles de crêpe, ce serait Zézé qui s'en serait chargé. À partir de là, va et vient des uns et des autres entre le bivouac, le talus de la Durance et la ferme. Et peut-être même saut à moto de Gustave à Peyruis ou chez Barth. Si on se souvient des divers dires et comportements, le plus probable serait que Zézé avec la carabine, ait été chargé de surveiller la fillette évanouie pendant que Gustave allait informer Yvette, éventuellement Barth et/ou Clovis, et que la décision d'achever la fillette soit prise.

Et Gaston descendu dans la cour après les coups de feu ? En se remémorant les divers dires de Gustave et Yvette, comme les comportements de Gaston, le plus plausible serait qu'on se soit passé de son avis, et même qu'il ait été poussé de côté, atterré et *comme fou*, tandis qu'un certain temps passait.

Mais qui a décidé du sort de la fillette et comment faire ?

Et qui donc a été capable de l'achever à coups de crosse ?

Excluons Galizzi, encore que ce ne soit pas impossible au regard de sa soumission à Zézé sinon à Gustave. Quoi qu'il en soit, la fillette n'a donc pas été achevée dès qu'elle a été déposée sur le sol. Car rappelons qu'avant d'être frappée, elle a dû être tirée latéralement par un bras et une jambe sur un mètre environ, ce qui veut dire qu'elle était inconsciente. Pourquoi l'avoir déplacée ainsi ? Sans doute pour l'étendre à plat sur le dos dans une disposition commode pour pouvoir frapper. De sang vraiment froid, comme du travail seulement bien fait. Glaçant. Là deux hypothèses :

- Soit Gustave se sentant incapable d'exécuter un tel acte de sang-froid, Zézé aurait voulu en remontrer aux adultes, et s'en serait chargé comme il savait et aimait le faire avec les animaux de boucherie. Zézé avait la réputation d'être aussi irresponsable et fanfaron que Gustave brutal mais lâche. Et celui-ci aurait laissé faire Zézé.
- Soit la décision se faisant attendre pendant que Zézé restait seul à garder la fillette, celle-ci reprenant connaissance, Zézé pris de panique l'aurait achevée.

Dans les deux cas, l'inconséquence du jet de la carabine dans la Durance, semblerait le mieux correspondre à la désinvolture de Zézé et privilégier la seconde hypothèse. Revenant à la ferme sans la carabine, il aurait pu retrouver Gaston et Gustave dans la cour. Zézé aurait alors été renvoyé chez lui avec le vélo de Gustave. Sans réfléchir autrement qu'à rattraper la bourde du jet dans la Durance, père et fils iront patauger dans l'eau noire. En vain. Pensant donc que l'arme ne serait jamais retrouvée, Gaston change de pantalon, s'en lave les mains, et part avec ses chèvres. Il est 3 h du matin. Gustave s'occupera de brouiller l'état des lieux, et avec Clovis jusqu'à peu avant l'arrivée des gendarmes.

Conclusion

Au contraire de la mosaïque sédimentée par le verdict de la Cour d'assises et par les arrêts de la Cour de cassation, ce premier puzzle, assemblé avec une bonne cohérence, en établissant le scénario enchaîné du massacre des parents puis de l'achèvement de la fillette, exonèreraient donc Gaston des meurtres. Mais à nouveau soyons clairs, ce n'est pas là conclure par une espèce d'empathie et encore moins de sympathie ou de complaisance. Bien au contraire. Avoir chercher à décrypter son caractère et ses comportements, comme nous l'avons fait, notamment par l'histoire de sa vie, l'époque et la dureté du terroir, n'est en rien l'excuser.

Même s'il apparaît objectivement exclu qu'il soit meurtrier, il n'en demeure pas moins qu'il est intervenu a minima pour aller chercher la carabine dans la Durance. S'il apparaît plausible qu'il a sans doute été tenu à l'écart des décisions et du détail des meurtres, il a dû au moins se douter de la décision d'achever la fillette. Car, d'évidence, épargner la fillette signifiait risquer un vrai cataclysme pour La Gran'Terre. Et sans doute ne s'est-il jamais pardonné de n'être pas intervenu. Mais l'aurait-il pu ? Même non directement coupable, Gaston s'est senti lourdement responsable et d'autant plus profondément atteint dans son ego s'il s'était retrouvé dépassé, poussé de côté et réduit à l'impuissance, tous sentiments intolérables à son vieil orgueil. Mais comment faire autrement ? Ses sentiments mêlés n'expliquent-ils la proclamation à la fois maladroite et pathétique de son *sacrifice* par *péché d'amour* ? Ne l'a-t-on pas vu pleurer devant Guérino et devant le commissaire Chenevier, souffrant d'évidence un martyre inexprimable et la honte noire de n'avoir pas pu intervenir autrement que de laisser faire... surtout après avoir appris le lendemain matin, que la fillette survivait encore pendant qu'il fouillait la Durance. Rappelons qu'au matin, il forcera Zézé revenu à La Gran'Terre, et qui s'y refusait, à venir voir la fillette gisant à visage découvert, et pourquoi pas aussi Gustave resté tête basse près de la voiture. Si Gaston avait été l'assassin, son comportement à ce moment-là n'aurait eu aucun sens, au contraire du refus de Zézé et du retrait de Gustave.

Quoi qu'il en soit, il apparaît à nouveau que c'est bien l'interdit familial ayant cadenassé la vérité sur le meurtre décalé de la fillette, qui a bétonné du même coup la vérité sur le meurtre des parents. Et, on l'a dit, autant on pouvait plaider l'accident par affolement pour les parents, autant c'était impossible pour l'achèvement différé de la fillette. Et on peut à nouveau se demander comment ni les policiers ni les magistrats et jusqu'à la défense, n'ont semblé percevoir clairement le mécanisme de cette articulation. Consciemment ou pas. En réalité, tout le monde policier et judiciaire en avait assez de toutes les embrouilles, et voulait en finir. En effet, qu'on imagine si la vérité avait montré le bout de son nez au cours de l'une des audiences comme cela a failli se produire, muselée à plusieurs reprises par le président, le procureur et l'apathie de la défense ; ou même un peu plus tard, s'il avait été donné suite aux conclusions de la mission Chenevier. Il aurait fallu tout reprendre des investigations et inculpations. Comme Zézé était mineur, il aurait fallu dissocier en partie instructions et procès nécessairement en partie à huit-clos. Dissocier le meurtre de la fillette de celui des parents tout en les conservant ensemble, aurait enclenché une nouvelle embrouille, judiciaire celle-là, dont personne ne voulait jusqu'au plus haut des hiérarchies, sinon politique.

Comme cela ressort de l'avis des jurés, après tout si Gaston ni personne de la famille ne voulait dire cette satanée vérité, eh bien tant pis si le vieux en faisait les frais.

On va objecter que les pièces assemblées, ne sont pas toutes indiscutables. Mais au moins les analyses et les discussions, notamment sur les autopsies et la balistique, permettent de dire que le scénario du meurtre des parents, comme celui séparé de la fillette, constituent des pièces de puzzle qui s'emboîtent de façon cohérente et sans contradictions, donc présentent une bonne plausibilité et une bonne probabilité d'ensemble. Bien sûr, ces premiers morceaux de puzzle ne mettant en cause que les présents à La Gran'Terre ce soir-là, laissent des lacunes sans pouvoir articuler un certain nombre des pièces connues à l'époque et bien sûr celles apparues postérieurement. Or un puzzle ne doit pas laisser de pièces hors-jeu seulement au seul motif qu'elles n'entrent pas dans le canevas en mosaïque d'un scenario réduit a priori aux seuls présents à La Gran'Terre, ou qu'elles gênent des convictions et encore moins par soumission à *la norme de la chose jugée*.

Car ont été laissés de côté, des pistes mal ou pas explorées, des données non recherchées ou pas exploitées, un faisceau de rumeurs récurrents même sous forte caution, des éléments inconnus ou inédits qui sont apparus depuis, enfin d'autres hypothèses cohérentes.

Les pièces de puzzle laissées de côté

Dans le dossier d'accusation et chez tous les auteurs y compris Jean-Louis Vincent, demeurent inutilisés ou inexpliqués :

- L'absence de mobile crédible.
- Le CV de Sir Jack.
- L'emploi du temps des parents Drummond au soir de leur arrivée à Digne.
- La visite de Sir Jack à Ganagobie.

- Les témoignages du facteur Perrin, de son frère Aimé et d'Augustin Bonnet.
- La présence, en fin de matinée du 4, des Drummond dans le champ d'oliviers et leur première rencontre avec Gaston.
- L'emploi du temps des Drummond entre leur sortie de la charlottade et leur départ de Digne.
- Le témoignage du gendarme Marque.
- Le choix du lieu de bivouac et le refus de Lady Anne d'en changer.
- Les Anglaises à la ferme et le seau disparu.
- La *femme habillée de noir* sur le bivouac.
- Les témoignages concernant une famille avec une fillette et une voiture similaire.
- La présence de l'homme vu par les frères Duc vers minuit vingt.
- L'énigmatique Jo vu à La Gran'Terre par Nelly Leroy.
- Les deux hommes dont « *un Dominici* », vus avec des armes par un anonyme.
- Le témoignage de Panayoutou.
- L'exceptionnelle efficacité des tirs de nuit sur cibles mobiles.
- Les deux passages de voiture juste après les coups de feu.
- Les *balances* de Maillet.
- La réaction de Me Pollak au mot de Me Charrier après son passage improvisé, mais déjà guidé vers La Gran'Terre, dès le 6 août au matin.
- La conduite *extra ordinaire* du procès.
- L'insistance de Gaston aux assises à faire dire à Gustave avec qui il était dans la luzerne.
- Le sens du *déshonneur planant sur l'honneur* de Maillet, comme du *franc z'et loyal* de Gaston et Clovis.
- La dérobade du Père Lorenzi.
- Les silences et faiblesses de la défense.
- L'absence de toute investigation sur la période d'Occupation, de la Résistance et les séquelles de la Libération.
- La stratégie du PCF.
- La protection de Gustave par les FTP et Autheville.
- Les exclusions de Maillet et Autheville du Parti.
- Le climat de peur.
- De qui Gaston aurait-il eu peur en restant seul à La Gran'Terre ?
- Le quiproquo possible entre *nai* et *nan*.
- L'insistance de Gustave à suggérer que ça venait *de plus loin*.
- La position défensive de Gustave jusqu'au non-lieu final.
- La présence du commissaire Gillard au procès, et sa présence lors du complément d'enquête contestée avec celle du commissaire Chenevier par la magistrature locale et la presse de droite, mais soutenue par la presse communiste.

- L'article de Cabanes dans *Carrefour,* les témoignages de Raynaud et de Pichon.
- Les diverses rumeurs convergentes sur la présence de Cammaerts et la possibilité d'une méprise.
- Certaine cécité opiniâtres des police, justice et défense, comme certaine surdité aussi, dans le refus partagé de laisser venir au jour certaine vérité.
- Toutes les *paillettes de vérité* notées au fur et à mesure, etc…

Si toutes ces pièces de puzzle ont semblé ne pas pouvoir s'assembler de façon cohérente ou manquer de raison d'être, elles sont là, même si certaines sont les conclusions d'analyses, des présomptions bien étayées ou des rumeurs récurrentes qui demeurent sous caution malgré les concordances et certaine cohérence. Si ces pièces résistent à un assemblage cohérent, c'est peut-être qu'il manque quelque pièce essentielle qui fasse clé.

Et en effet, il se trouve au dossier depuis fin décembre 1952, le compte rendu de la mission Gillard à Stuttgart[1], ressorti seulement en 1995. Dans l'ordre chronologique, nous avions signalé cette mission, tout en en différant l'exposé et l'analyse. Tous les éléments postérieurs à l'époque ou inconnus, avaient été introduits au fur et à mesure, alors pourquoi pas cette mission Gillard ? Ce différé a permis d'une certaine façon de respecter la perception de l'affaire entre ceux qui savaient et le plus grand nombre qui ignorait.

L'intercaler dès décembre 1952 aurait complètement perturbé la perception de toutes les stratégies et comportements. Si le secret avait été complètement levé dès le départ de notre expertise, l'exposé aurait donné une fausse image de la sédimentation de l'affaire. Et l'exposé aurait pris la forme de la démonstration d'une thèse a priori. Au contraire en ayant préservé certaine perception chronologique de l'affaire, l'ouverture de cette *porte* masquée va montrer maintenant son rôle de catalyseur.Il est donc temps d'exposer et d'analyser méthodiquement le détail et cette mission. Au passage, on verra,

- Pourquoi la mission a été frappée du tampon rouge *SECRET* ?
- Pourquoi cette *porte* a été fermée par le commissaire Chenevier sans véritables vérifications ?
- Pourquoi le secret a été respecté par la police et la justice ?
- Pourquoi la défense ne s'est pas servie d'une telle arme ?
- Pourquoi le secret a été respecté par tous ceux qui savaient ?

Enfin aujourd'hui encore, peut-on s'étonner que le très sérieux Jean-Louis Vincent referme cette porte d'un trait d'ironie après une analyse partielle, et proclame-t-il ne même plus vouloir en entendre parler.

---

1 À ce dossier, s'ajouteront postérieurement le compte-rendu que Jean-Charles Deniau et Madeleine Sultan (oc 274 & sq) donnent d'interviews de Bartkowski réalisées après qu'ils l'aient retrouvé, complété par leur documentaire télévisé ; une lettre d'un certain Hayer Millar et deux articles de presse.

Car l'analyse exhaustive de ce compte rendu et de ses annexes, ouvre tout grand une porte qui permet d'assembler toutes les pièces en quelques grands puzzles complets et cohérents, tout en expliquant au passage les comportements dans l'« *enchaînement d'une logique implacable* », comme l'écrira le juge Carrias lui-même en 1997, mais en l'écartant par un postulat absurde, comme on va le voir.

*

XVI

LA PISTE DU COMMANDO

LA MISSION GILLARD À STUTTGART

Le rapport de cette mission[1] s'est donc intercalé très tôt dans l'enquête, dès décembre 1952. Mais alors que des investigations ont pratiquement permis d'écarter toutes les autres fausses pistes, pourquoi le compte rendu de cette mission est-il resté une porte demeurée secrète ? Mieux ou pire, pourquoi le compte rendu complet de ces pièces n'a été donné, ni leur analyse exhaustive menée, par aucun auteur depuis que, le premier, William Reymond, découvreur pirate de cette partie du dossier. Il est vrai qu'il n'en a donné qu'une version partielle et truffée d'inexactitudes ou d'inventions. Hélas, même le très sérieux Jean-Louis Vincent, a omis certains éléments et analyses qui lui permettent de rejeter cette partie du dossier comme une affabulation

---

1 Il occupe 11 cotes B plus 4 pièces non cotées incluses dans l'envoi daté du 9 décembre 1952 : cotes B 86 à B 95 plus B 103, nombre de ces documents contenant plusieurs pages. En voici la liste exhaustive. B 86 : traductions de deux PV d'interrogatoire de Bartkowski par la police allemande de Stuttgart, en date des 12 et 13/11/52, dont liste des délits imputés à Bartkowski. B 87 : PV d'interrogatoire (sans numéro) de Bartkowski par le commissaire Gillard, en date du 18/11/52. B 88 : PV d'interrogatoire n° 427 de Bartkowski par le commissaire Gillard, en date du 20/11/52. B 89 : PV d'interrogatoire n° 427/1 de Bartkowski par le commissaire Gillard, en date du 27/11/52. B 90 : sommier de Bartkowski du 24/11/52 (photos, empreintes, etc). B 91 : premier rapport du commissaire Gillard à sa hiérarchie, en date du 24/11/52. B 92 : Rapport n° 12.117 *Secret* du Haut-commissaire de France en RFA en date du 25/11/52, concernant les recherches sur la carabine. B 93 : Rapports n° 12.140 et 12.184 *Secret* du Haut-commissaire de France en RFA en date du 26/11/52, concernant les recherches d'un change de dollars et d'une boîte postale et lettre de Jean Calen du Haut-commissariat en RFA au commissaire Gillard du 1/12/52. B 94 : Rapport n° 80.027 *Secret* du Haut-commissaire en RFA en date du 3/12/52, concernant les recherches sur l'engagement de Bartkowski dans la Légion étrangère, et lettre 13/12/52 du commissaire Gillard à sa hiérarchie sans cote. PV n° 465 du dernier interrogatoire de Bartkowski par le commissaire Gillard, en date du 18/12/52 sans cote. B 95 : lettre n° 17.434 en date du 9/12/52, du directeur du SPJ transmettant l'entier dossier au juge d'instruction. B 103 : lettre du commissaire Gillard au commissaire Chenevier en date du 22/12/52. Lettre du préfet directeur du SPJ du 24/12/52 contenant le fichier de Bartkowski, empreintes et photos sans cote. L'entier dossier transmis au juge par courrier daté du 9/12/52, alors que ce dossier contient les quatre pièces portant des dates ultérieures allant du 13 au 24/12/52.

romanesque. Qui n'a pas pris en compte et analysé l'entier détail de cette mission, et n'a pas procédé à toutes les vérifications possibles, ne peut la rejeter d'un revers d'ironie. Ce n'est tout simplement pas sérieux.

Si j'me permets à nouveau…
de donner des avis circonstanciés sur les questions posées par cette mission, c'est cette fois que, sauf erreur, aucun de tous ceux, même policiers ou gendarmes, qui ont enquêté, jugé ou écrit sur cette affaire, n'ont eu de formation commando dont j'ai eu l'expériences pendant mon service armé[1].

Peut-on d'abord rappeler l'efficacité des tirs de nuit, sur trois cibles mobiles en terrain inconnu. Six coups au but sur six, avec une coordination remarquable de trois tireurs, tous éléments qui correspondent mieux à un commando entraîné, qu'à des chasseurs, même braconniers et même anciens FTP, sans parler d'un vieillard aviné, tous ceux-là sans formation ni expérience commando. Et cette séquence ne peut sûrement pas être attribuée à des *rigolos* ou des *pieds nickelés* comme les qualifient Jacques Chapus. Après son invention du carnet de la fillette publiée en 1952, et d'autres interventions médiatiques aussi péremptoires qu'inexactes, incompétent sur le sujet, le *rigolo* serait plutôt lui.

La question du *SECRET*
On l'a dit déjà, le tampon rouge apposé par le commissaire Chenevier sur le rapport de mission transmis à Digne, suffit à expliquer la retenue de la police et de la justice, notamment vis-à-vis de la presse. Mais c'était prendre le risque que la défense ne respecte pas ce tampon. À moins qu'elle aussi ait eu intérêt à s'en tenir au secret. Et par précaution, c'est ce qui explique la présence silencieuse du commissaire Gillard lors du procès en Cour d'assises, pour le cas où la thèse du commando ressortirait à la barre. Et personne ne l'a fait, pas même le commissaire Chenevier lors du supplément d'information puis dans ses ouvrages. S'il semble que la gendarmerie n'ait pas été destinataire du compte rendu de la mission, on va voir qu'il apparaît difficile de prétendre que le Parti n'en aurait pas eu communication confidentielle.

---

1 Formation commune de base au 18e Régiment de chasseurs parachutistes (brevet n°182091, 72 sauts) ; école d'officier dans le djebel de Cherchell, promotion 106 ; sorti sous-lieutenant ; formation aux missions commando à la BETAP de Pau avec évaluation des reliefs, distances et itinéraires in situ, sur photos aériennes et cartes d'état-major ; opérations de nuit en milieu inconnu avec itinéraires d'approche et de repli, appris par cœur sur documents, atteinte des objectifs et repli en temps et heures ; rédaction de comptes rendus ; utilisation des armes dont il est question dans cette affaire, de jour comme de nuit, en stand de tir comme en opérations extérieures, etc… Affectation finale au 1er Régiment de parachutistes d'Infanterie de marine à Bayonne puis à Mont-de-Marsan, comme instructeur.

La mission

Début novembre 1952, la *Landespolizei Württemberg Kriminal-hauptstelle* de Stuttgart, prévient le Contrôle de la sécurité française à Tubingen, qu'un ressortissant allemand du nom de Wilhelm Bartkowski, prétend avoir servi de chauffeur à un commando de trois tueurs recrutés en RFA[1]. Ce commando serait descendu à Lurs par la route, exécuter la famille Drummond, avant de s'en retourner aussitôt. Comme Stuttgart se trouve alors en zone d'occupation française, et que la question concerne une affaire criminelle située en France, Tubingen transmet à la Direction de la sûreté à Baden-Baden[2], qui transmet au ministère de l'Intérieur. La Sous-direction des affaires criminelles, missionne alors le commissaire Gillard pour aller enquêter sur place. Rappelons ce que personne n'avait fait remarquer, à commencer par les deux intéressés : le patron de la Sous-direction des affaires criminelles n'était autre que le commissaire Chenevier. En 2003 encore, comment Jean-Charles Deniau et Madeleine Sultan pourront-ils écrire (oc p. 244) que « *Chenevier semble l'ignorer* ». Jean-Louis Vincent ne le note pas non plus. C'est pourtant Chenevier qui, ayant missionné son adjoint Gillard, est destinataire des PV et rapports de la mission, et c'est lui qui tamponne ce dernier d'un *SECRET* en rouge, et signe le courrier de transmission à Digne. Pourquoi, par la suite, ne dira-t-il jamais un mot de cette mission, tout comme Gillard d'ailleurs ? Et pourquoi cela semble-t-il toujours gênant de le rappeler ?

L'épisode a donc débuté le 9 août 1952, jour où un certain Bartkowski, citoyen allemand d'origine polonaise, est arrêté par la police de Stuttgart. Pendant près de deux mois, Bartkowski avoue sans trop de difficultés bon nombre de délits divers[3], dont principalement des cambriolages et des vols dont certains à main armée. Mais lors de ses interrogatoires, un point intrigue les policiers allemands : Bartkowski détaille sans difficulté son emploi du temps et ses différents délits, sauf pendant trente-six heures, entre le 4 et le 5 août. Il finit par dire avoir cambriolé à main armée, une villa en Suisse, ce que la police helvétique confirme, mais pas à cette date. Les policiers suisses suggèrent alors aux Allemands que la date correspond à l'affaire de Lurs. Et c'est seulement les 12 et 13 novembre, après que les policiers l'ont harcelé[4], que Bartkowski finit par en venir à cet intermède où il aurait servi de chauffeur à un commando parti exécuter les Drummond.

Le commissaire Gillard se rend donc à Stuttgart pour entendre Bartkowski. Il se fait d'abord traduire les PV de la police criminelle allemande des 12 et 13 novembre, et examine avec ses collègues allemands la fiabilité des

---

1 Et non de *Tchèques* comme le dit encore aujourd'hui Pierre Doménech dans la présentation de la réédition de l'ouvrage de son frère.

2 Siège de l'administration française d'occupation.

3 Liste en cote B 86/2. Dans sa lettre du 24/11/52 (cote B 91), le commissaire Gillard précise même « *80* ».

4 Jean-Louis Vincent écrit « *par une déclaration spontanée* » (oc cit p. 202) ce qui est contraire à ce que dit expressément le rapport de mission.

déclarations de Bartkowski. Ce dernier ayant déclaré que ce qu'il appelle « *l'infraction* » a eu lieu « *dans la nuit du 3 au 4 août 1952 entre 23 et 24 h* », le commissaire Gillard précisera bien que les policiers allemands ont vérifié l'emploi du temps de Bartkowski[1] durant la nuit du 3 au 4, et que *l'infraction* se serait bien déroulée dans la nuit du 4 au 5.

Puis le commissaire l'interroge dès le 18 novembre 1952, et à plusieurs reprises, en écrivant notamment avoir fait mener au fur et à mesure un certain nombre de vérifications en France. Hélas, il ne s'en trouve aucune trace. Le 24 novembre, il fait un premier rapport de ses investigations à sa hiérarchie, assorti d'un premier avis, lequel suggère un complément de mission qui aura lieu jusqu'au 22 décembre.

Pourquoi la conclusion finale de cette mission à Stuttgart ayant été jugée négative, a-t-elle reçu le tampon rouge *SECRET* apposé par le commissaire Chenevier ? Là, il s'agit d'une raison normale, c'est-à-dire sans besoin de conspiration d'État. D'abord tout document qui concerne la Sureté doit porter ce tampon. De plus, à l'époque, faire lever le secret a sans doute pu apparaître comme inutile dans le climat socio-politique français déjà très tendu en pleine guerre froide. Sur ce point, peut-être, y a-t-il eu connivence, mais sûrement tacite, de l'ensemble des maillons de la chaîne police/justice. Mais aussi pourquoi pas, entente de précaution avec les Anglais. Ainsi, contrairement à la suggestion du commissaire Gillard, Gustave ne sera pas confronté aux dires de Bartkowski. Car il aurait alors été difficile de garder le secret. Ce qui signifie bien qu'il fallait éviter toute fuite.

De plus, curieusement c'est le 9 décembre 1952[2], donc avant la fin de la mission le 24, que le rapport contenant des pièces postérieures, aurait été transmis à Digne. Nous y reviendrons.

En attendant, passons à l'analyse détaillée du rapport, et de ce qui s'en est suivi. Pour quoi faire, demanderont les détracteurs de la thèse du commando, puisque la conclusion du rapport fait de Bartkowski un affabulateur, et referme donc la porte de cette piste ?

D'abord parce que, si c'est la conclusion finale des Affaires criminelles sous la signature du commissaire Chenevier, le commissaire Gillard avait commencé par conclure le contraire dans son rapport. Ensuite, parce que les attitudes postérieures des commissaires Gillard et Chenevier jettent le doute. Et tout repousser aujourd'hui d'un haussement d'épaules ou d'une analyse

---

1 Il a été établi par la police allemande que Bartkowski a assisté à la fête de Lindau qui a eu lieu dans la nuit du 3 au 4 août, et que le commando n'est parti que le matin du 4. D'ailleurs, si Bartkowski avait construit son affabulation à partir d'informations publiques, toute la presse disait que le drame avait eu lieu dans la nuit du 4 au 5 et non du 3 au 4. Ce genre d'erreur est assez courant. Par exemple, Yves Thélène et Madeleine Jacob, journalistes ayant suivi l'affaire directement sur place et parfaitement informés n'ont-ils pas fait de semblables confusions sur des dates des audiences du procès ?

2 Par lettre signée du commissaire Chenevier, sous-directeur des Affaires criminelles (cote B 95)

partielle, ne permet pas de conclure sérieusement. Nous allons donc procéder méthodiquement, comme avec toutes les autres pièces de l'affaire, en décomposant :

- Le personnage de Bartkowski,
- Les trois autres membres du commando.
- Le trajet aller.
- L'exécution.
- Le retour.
- La suite.

Nous mettrons tout dans la balance à égalité, ce qui colle et ce qui ne colle pas avec l'état de l'époque, des lieux, du reste du dossier, en rendant compte des vérifications qui auraient été menées ou pas et de celles qui peuvent encore l'être aujourd'hui. Bien sûr, les conclusions de la mission et ses suites seront également discutées.

Le personnage de Bartkowski

Wilhelm Bartkowski, est né le 8 avril 1926 dans un milieu très modeste d'origine polonaise, mais de nationalité allemande. Prime enfance pendant la crise des années 20, adolescence dans la montée du nazisme des années 30, absence de père et enfin décès de la mère en 1940. À 13 ans, il se retrouve pris dans la guerre, puis dans une débâcle politique, morale et économique sans précédent. La fin de la guerre n'est pour le jeune homme qu'une période encore plus difficile où, n'ayant plus de relation avec ce qu'il lui reste de famille, il survit comme beaucoup, en bandes affairées à de petits trafics et délits divers qui vont le conduire en prison à plusieurs reprises. Les photos du sommier allemand (cotes B 90 & 103, © BC ADHP) montrent un homme fait malgré ses seulement 26 ans, au visage dur et déjà très marqué.

Il va commencer par raconter longuement que le 12 janvier 1951, il s'est présenté à Cologne dans un bureau de recrutement de la Légion étrangère. Or, officiellement il n'existe pas de bureau de recrutement en RFA. Mais, comme le dit la vérification qui a été faite à l'époque, tout militaire en Allemagne, même hors mission ordinaire, pouvait aider à des recrutements informels qui ont bien eu lieu puisque de nombreux anciens militaires allemands ont été engagés dans la Légion étrangère et ont notamment servi en Indochine. Bartkowski prétendant avoir reçu un billet de train de Cologne à Strasbourg, la vérification a exclu qu'un billet ait pu être délivré pour le trajet hors de RFA, donc au-delà de Kehl. Mais il le dit lui-même, il sait comment franchir une frontière comme celle entre Kehl et Strasbourg séparés par à peine plus que la longueur d'un pont. Bartkowski dit qu'en arrivant à Strasbourg, il s'est adressé à la Croix-Rouge où un gradé est venu le prendre en charge, lequel lui a donné un billet pour Marseille. La vérification dit encore qu'à Strasbourg non plus, la Légion n'a pas de structure de recrutement. Dans la Légion aujourd'hui, tout le monde sait encore qu'alors existait bien un réseau officieux de recrutement et une caisse noire pour *ratisser* dans l'Allemagne de l'immédiat après-guerre.

Arrivé à Marseille, Bartkowski est pris en charge à la gare, et emmené dans un casernement. Dommage que le commissaire Gillard ne lui ait pas demandé s'il n'avait rien remarqué à la gare et sur le chemin du casernement. Car, de la gare descend un immense escalier dominant la ville, et l'itinéraire menant au casernement fait le tour du Vieux-Port, deux évènements urbains qui ne peuvent guère passer inaperçus.

S'étant réveillé en milieu de nuit dans la chambrée, Bartkowski aurait décidé de s'évader. Selon la vérification de Gillard, il n'aurait jamais été porté aux effectifs. Mais lui avait-on dit qu'aucune nouvelle recrue potentielle ne l'était jamais tant que ses antécédents, notamment judiciaires, n'étaient pas clarifiés, et son engagement formalisé. En attendant, la future recrue logeait en casernement avec interdiction de sortie. Si Bartkowski s'est éclipsé avant d'avoir signé son engagement, il n'a donc pas été porté au registre du Troisième bureau comptable des effectifs[1], et aucune trace n'a donc pu en être gardée.

Le commissaire dit ensuite qu'il aurait été impossible de s'évader du casernement. Si le casernement s'était trouvé dans le Haut-Fort Saint-Nicolas, c'était vrai à cause de la hauteur des remparts. Mais c'était tout à fait possible là où se trouvait en fait le casernement des recrues potentielles[2], dans le Bas-Fort extérieur posé sur le quai du Vieux-Port. D'autre part, la Légion d'alors aurait récusé qu'il y ait eu une évasion. Mais, comme cela m'a été confirmé, la Légion gardait pour elle ce genre d'incident concernant une recrue potentielle, étrangère et encore hors effectif.

Bartkowski dira avoir reçu un képi blanc dans sa dotation, ce qui est, cette fois, une invention certaine. Ce képi blanc, véritable symbole et signe d'appartenance, n'était remis qu'après la période de classes probatoires à Sidi-bel-Abbès en Algérie, maison-mère de l'époque, lors d'une prise d'armes à haute valeur symbolique. Sur ce point, il est certain que Bartkowski voulait se parer des plumes du paon, selon un trait de caractère qu'il montrera à plusieurs occasions[3].

---

1 Tous renseignements fournis en leur temps avec l'autorisation courtoise du général chef de corps, par la Division historique et du patrimoine de la Légion étrangère à Aubagne. Contrairement au lieu commun, la Légion n'a jamais recruté n'importe quel délinquant en cavale, surtout criminel et encore mieux ceux nommément classés sur la liste des criminels de guerre.

2 Jean-Louis Vincent (oc cit p. 211) qui connaît pourtant les lieux, donne raison à son collègue Gillard qui ne les connaissait pas.

3 De plus, non seulement aucune tenue, autre qu'un banal treillis, n'était remise en France aux nouveaux engagés, mais les légionnaires n'avaient pas le droit de sortie en tenue sur le territoire métropolitain.

Pour s'évader, Bartkowski serait passé par un bureau. Il y aurait dérobé 30 ou 40.000 AF (de 650 à 865 € 2016) et un revolver espagnol de calibre 10 ou 11 mm. Il l'aurait porté sur lui lors du commando, mais sans s'en servir et s'en serait débarrassé ensuite en le jetant dans le Neckar[1]. La vérification dira n'avoir trouvé aucune trace de plainte pour vol. Là encore, ce genre d'incident restait dans le giron de la maison, et n'était jamais déclaré à la police. D'ailleurs, tout officier peut posséder son arme de poing personnelle qui ne fait donc pas partie de sa dotation, et n'est donc pas portée au registre de l'armement[2]. Une telle arme est tout-à-fait plausible, car il y avait à l'époque dans la Légion nombre de recrues ayant fait la guerre d'Espagne.

Du bureau, Bartkowski serait passé par une fenêtre en sautant au bas du mur, qu'il dit haut de 3,50 m, ce qui correspond assez bien à la configuration générale du Bas-Fort. Il trouve un taxi qu'il décrit noir avec une bande rouge ou jaune, le chauffeur portant une casquette, ce qui correspond à l'époque. Le chauffeur aurait semblé apprécier que Bartkowski se présente comme légionnaire déserteur[3].

Quand l'aube pointe, après le passage de « *collines derrière Aix-en-Provence* », il aurait aperçu les Alpes enneigées au loin. Or, dès franchies les collines aixoises après Venelles, apparaît en effet la dorsale du Lubéron qui était enneigée en ce mois de janvier. Certes ce ne sont pas les Alpes, mais une quinzaine de kilomètres plus loin, après avoir passé le pont de Mirabeau, au détour d'un virage au pied de la magnifique falaise qui fait face à Saint-Paul-lez-Durance, la vallée s'ouvre largement, cette fois barrée dans le lointain par la première ligne des sommets alpins enneigés. Personne, s'il n'est passé par là, ne peut donner ces détails paysagers. Ils ne sont pas identifiables sur carte, même pour un géographe, cartographe et topographe chevronné, c'est une appréciation impossible sans disposer de cartes topographiques à assez grande échelle avec courbes de niveaux, et pas seulement d'une carte routière. Sans ces cartes, dont on se demande d'ailleurs où Bartkowski les aurait trouvées et pourquoi. C'est donc tout simplement impensable, surtout chez quelqu'un d'aussi frustre.

Notons qu'une soixantaine de kilomètres plus loin, le taxi aurait forcément dû passer le long de La Gran'Terre et du futur lieu du drame. Thèse des *synchronicités* chère à Me Alain Vidal-Naquet ?

Petite précision sur la question des cartes

Sans parler de savoir où, quand et comment Bartkowski se serait procuré des cartes et lesquelles, et sans même se poser cette question élémentaire, autant le commissaire Gillard que les adversaires du commando, font référence aux

---

1 Rivière traversant Stuttgart.

2 C'est toujours possible, à conditions d'avoir l'autorisation de son chef de corps. Sous-lieutenant pendant mon service armé, j'avais ainsi un Luger.

3 Le Parti prônait et aidait la désertion des troupes destinées à l'Indochine.

cartes et surtout de façon contradictoire. En effet, tous prétendent que Bartkowski a pu trouver sur cartes les quelques *détails vrais* qu'il donnera sur ses itinéraires, le commissaire précisera que Bartkowski ne sait manifestement pas lire les cartes qu'il lui présente. Et lui-même se trompera comme on ne le verra en prétendant lire sur cartes le paysage de coins qu'il ne connaît pas.

Car, pour qui a suivi la moindre formation en ce domaine[1], le premier principe de la cartographie précise que « *la carte n'est pas le territoire* » mais un système abstrait de représentations. D'où découle une évidence : la cartographie est très exactement semblable à une écriture à plusieurs niveaux, lisible à qui sait la lire mais de l'hébreu pour qui ne n'a pas appris les divers codes des nombreuses représentations possibles d'un territoire projeté en plan. Le plus lisible étant le réseau routier, et encore.

Retour à l'itinéraire d'évasion

En évitant les grandes villes, le taxi serait allé jusqu'à la frontière suisse au plus direct, par exemple vers Saint-Julien-en-Genevois. Soit un parcours de l'ordre de 500 km, à 40 km/h de moyenne donne une douzaine d'heures de voyage. Un tel périple en taxi n'est donc pas extravagant. Bartkowski dit y avoir consacré une bonne part de la somme volée, ce qui apparaît tout à fait suffisant pour l'époque[2]. Pas de trace ? Mais pourquoi un taxi, payé en espèces, serait-il venu signaler avoir transporté un déserteur de la Légion ?

Il est encore dommage que le commissaire n'ait pas pensé à demander à Bartkowski près de quelle frontière le taxi l'aurait amené. Ce dernier dit qu'il a cambriolé une villa en France pour se procurer des vêtements civils. Mais on ne sait où, ce qu'il aurait été plus utile que de lui demander de dessiner un mauvais plan de la maison. Puis il aurait passé la frontière de nuit par la forêt. Il est à nouveau dommage que le commissaire ne lui ait pas demandé où et s'il y avait de la neige. Bartkowski dit avoir échangé des coups de feu avec des gardes-frontières. Les vérifications, dont on n'a hélas aucune trace, n'auraient signalé aucun vol ni incident de ce genre. On ne sait même pas où les vérifications auraient été demandées en France ou en Suisse. Car la frontière franco-suisse est assez longue. De plus, les moyens et le temps de transmission pour la demande, temps de recueil des informations, puis le temps de retour de ces informations, n'avaient rien à voir avec ce que nous connaissons depuis.

Bartkowski aurait fini son périple en traversant la Suisse par le train jusqu'à Schaffhouse, sans qu'on le lui demande où il l'a pris. C'est là qu'il aurait rencontré par hasard les trois hommes du commando qu'on va retrouver. Ils

---

1 Puis-je sans outrecuidance, dire que j'ai suivi une année de Propédeutique géographie après mon bac ; puis ensuite une formation et pratique de topographie en tant qu'architecte ; enfin pendant mon service armé, une formation spécialisée commando sur cartes d'Etat-major associées à la lecture des photos aériennes.

2 Comparé au SMIG, institué en 1950, qui valait 64 AF de l'heure hors Paris, soit le salaire moyen de base d'un chauffeur de taxi d'environ 12.000 AF par mois.

l'auraient embarqué et fait passer la frontière avec un faux passeport, en passant par Constance pour rejoindre Lindau, dans une Renault verte.

Mais pourquoi s'étendre sur cette histoire de Légion ?

Car bien sûr, elle n'a aucun rapport avec l'affaire. Si comme nous l'avons fait, le commissaire Gillard l'a approfondie, c'était pour tester la crédibilité du personnage. Sans avoir posé toutes les questions comme on l'a regretté, et sans toutes les vérifications nécessaires et possibles à l'époque, le commissaire conclut à une pure invention. Mais on vient de montrer qu'il ne disposait pas des éléments suffisants sur les usages dans la Légion et de connaissance des lieux. Ainsi, au contraire de ce qu'il conclut, la version de Bartkowski apparaît tout à fait plausible. Et à lire ses réponses aux questions du commissaire, on peut surtout se rendre compte qu'on a bien affaire à un esprit frustre et vantard, peu observateur et peu doué pour le compte rendu et le croquis. Toutes dispositions qui, sans don de nature, demandent au moins un apprentissage que, bien sûr, il n'a jamais suivi.

Il faut savoir que Bartkowski avait deux parents ayant été légionnaires[1]. Il aurait donc pu en recevoir les quelques informations qu'il aurait ainsi restituées. Mais, la police allemande dira avoir vérifié qu'il n'avait plus aucun rapport avec eux depuis longtemps. Bartkowski aurait alors pu glaner ces informations chez n'importe quel légionnaire, ancien ou en permission, rencontré dans le milieu qu'il fréquentait. Une affabulation est donc possible… sauf au moins en ce qui concerne le détail des montagnes enneigées visibles une fois passées les collines de l'arrière-pays aixois. Ça, s'il n'y était pas passé, il ne pourrait le tenir que de quelqu'un connaissant bien le coin, surtout en hiver. Mais on atteint vite là une probabilité voisine de zéro.

Le recrutement

Bartkowski raconte qu'étant en prison à Hagen en 1951, il s'est lié avec « *un Russe* », ce qui est a priori invraisemblable en RFA. Il le prénomme Frantz, prénom également invraisemblable pour un Russe. Mais *un Russe* n'était sans doute qu'une manière de dire *un communiste* ? Car ce Frantz propose à Bartkowski de travailler pour les Soviétiques à sa sortie. Libéré avant lui, Frantz l'attend à la porte de la prison le 14 décembre 1951. Et il l'amène chez des « *Russes en civil* », attachés à une « *commission russe installée à Francfort* ». Si celle-ci n'avait plus d'existence officielle à cette date, on peut, sans forcer le trait, faire le crédit aux Soviétiques d'avoir gardé le bâtiment et d'y maintenir une présence clandestine. En effet, Bartkowski décrit un bâtiment fermé, mais discrètement gardé. Il est alors engagé on ne sait trop à quoi faire, mais le principe d'un recrutement dormant apparaît plausible. Curieusement, le commissaire ne s'intéresse guère à ce Franz et à ce

1 Ce sont son demi-frère Heinz Kirstatni, engagé en 1948, et son cousin Rudolf Schwarzkopf. Dans sa lettre du 13/12/52, par erreur, le commissaire Gillard prénomme le frère *Alfred*.

recrutement qu'il élude sans chercher à en savoir plus sur ce fameux bâtiment. Du moins n'en laisse-t-il pas traces. Pas plus que les Allemands d'ailleurs.

Remarquons que la date ce recrutement suit l'escapade légionnaire. En effet, libéré de prison en décembre 1951, Bartkowski était allé à Marseille en janvier. Il était alors recherché pour un délit, Bartkowski aurait tenté d'y échapper en allant s'engager dans la Légion, mais il change d'avis et revient. Car le fait est qu'il est arrêté peu après. Il passe en jugement et écope de six mois fermes le 14 juin 1951 avec sortie de prison le 14 décembre.

Bartkowski va donner deux versions de la façon dont il a connu les trois hommes qui vont devenir les membres actifs du commando dont il ne sera que le chauffeur.

On l'a dit, c'est aux Allemands qu'il a donné la version de leur première rencontre, à Schaffhouse lors de son retour de la Légion donc en janvier 1951[1]. Et on sait que les Allemands avaient vérifié qu'il s'était ensuite livré avec eux à de nombreux délits.

La seconde version n'apparaît qu'après avoir revendiqué sa participation au commando en France, et après l'arrivée du commissaire Gillard. Bartkowski dira alors au commissaire que c'est seulement après son engagement par les Soviétiques, qu'il a été mis en relation avec les trois hommes. Si le commissaire n'a pas noté la contradiction chronologique, c'est que les Allemands lui en ont donné la raison (cote B 91).

En effet Bartkowski a rapporté avoir participé, en compagnie de ses trois mêmes comparses, à l'enlèvement d'un Allemand qu'ils auraient livré aux Tchèques. D'après les vérifications opérées par la police de Stuttgart, il apparaît qu'un physicien allemand du nom d'Erich Krammer, habitant Oberstdorf près de Sonthofen en Bavière, c'est-à-dire dans cette région de Lindau où opéraient habituellement les quatre hommes, a bien disparu à cette époque. Son corps a été retrouvé en Autriche, près des frontières tchèque et bavaroise[2]. Mais Bartkowski affirme qu'ils n'ont fait que livrer l'homme sans qu'il sache ni à qui, ni ce qu'il est devenu. Et il apparaît qu'avant de parler de cet enlèvement, Bartkowski aurait voulu ne pas mettre sa rencontre avec les trois hommes au compte des Soviétiques, laquelle n'est apparue qu'après son aveu concernant le commando en France[3]. La rencontre n'a donc pu se passer

---

1 Au plus court : il serait arrivé le 12 dans la journée à Strasbourg, le lendemain matin à Marseille (train de nuit direct), il se serait évadé dans la nuit du 13 au 14, aurait passé la frontière suisse dans la nuit du 14 au 15, traversé la Suisse la journée du 15 et arrivé à Lindau au matin du 16/01/51.

2 La Bavière et l'Autriche, jouxtant la Tchécoslovaquie, ce sont les services tchèques et hongrois qui sont alors chargés de la zone, et non directement le KGB. D'autre part, le SMERSCH qui était le service de contre-espionnage de l'Armée rouge, ne relevait pas du KGB.

3 Jean-Louis Vincent donne bien les deux versions. Mais pourquoi ne pas mentionner l'explication des policiers Allemands, et omettre l'enlèvement de Krammer ?

qu'après sa sortie de prison, donc en janvier 1952, et son escapade légionnaire se retrouve bien en janvier 1951.

Les trois autres membres du commando

Bartkowski donne les noms des trois membres : un Grec, Carlo Solet ou Soled, un Suisse, Moradis, et un Franco-espagnol, Roman Moesto ou Modesto. Disons tout de suite qu'à leur consonance, les noms de ces trois comparses ne correspondent pas vraiment aux nationalités qu'il leur a attribuées. Alors que le nom de Bartkowski, bien qu'Allemand, est bien d'origine polonaise, ni Solet ou Soled ne sont des noms grecs pas plus que le prénom Carlo. Si celui-ci est italien, Solet est le nom d'un plat judéo-hongrois, et on connaît un Américain producteur de films, Paul Solet. En échange, si Moradis peut faire penser à une consonance grecque, c'est en fait un patronyme tchèque. Quant à Roman, ce n'est ni un prénom espagnol, ni français, mais plutôt d'un pays de l'Est, ou alors anglo-saxon. En revanche Modesto, plus que Moesto, ferait bien espagnol ou italien. Mais c'est aussi le nom d'une ville de Californie. D'où la question, Bartkowski savait-il les vraies nationalités de ses comparses ? En fait, le commissaire ne le demande pas à Bartkowski qui ne dit rien du pedigree de ses comparses, se contentant de décrire sommairement leur physique[1]. Suppose-t-il leurs nationalités en fonction des langues qu'ils parlent. Mais les entend-il bien ? Dommage que le commissaire Gillard n'ait pas demandé dans quelle langue la bande s'exprimait. En revanche, il précise que la police allemande assure que ces trois hommes existent bel et bien[2]. Ce ne sont donc pas des inventions, ni des « *pieds nickelés* » comme certains, tel Jacques Chapus, les qualifient sans savoir. Comme on trouvera plus tard, notamment de la bouche même de Bartkowski, qu'il s'agissait de Polonais[3] ou même de Tchèques, ces personnages interlopes, qui abondent dans les zones occupées de l'immédiat après-guerre, ont-ils sans doute pris de fausses identités et nationalités, notamment de G.I. pouvant faciliter leurs activités en Bavière zone américaine. Mieux, peut-être étaient-ils même de vrais G.I. meublant leurs loisirs et arrondissant leur paie avec quelques activités mafieuses. En effet, la conscription américaine avait enrôlé tous les mafieux et voyous de leurs classes d'âge. Mieux ou pire, ils avaient vidé les prison en enrôlant nombre de condamnés de droit commun. Enfant, j'ai entendu mon propre père attaché à l'État-major à Alger, se plaindre des méfaits de ces

1 William Reymond en a fait dresser des portraits robots. Son portraitiste était sans doute trop jeune pour avoir connu cette époque, car il les représente avec les cheveux longs dans le cou, façon années 70/80. Mais « *les cheveux longs peignés en arrière* » comme le dit Bartkowski, décrit exactement ce qui s'appelait alors une « *coupe basse* » années 50. C'est d'ailleurs la coupe qu'on lui voit sur ses photos, la nuque dégagée, les cheveux plaqués avec une raie façon hollywoodienne. À l'époque elle s'opposait à la coupe en brosse façon GI.

2 Lettre du Haut commandement français en RFA en date du 25/11/52 (cote B 92).

3 Dans son interview télévisée de 2004, on voit Bartkowski dire qu'ils étaient tous trois polonais.

Américains. Et on va voir que d'autres éléments vont dans le sens de cette hypothèse.

Rappelons que dès août 52, les presse de droite avait avancé la thèse de la guerre secrète mettant en cause des Russes ou des Tchèques, tandis que la presse communiste avait mis en cause des Américains. Une nouvelle fois, où ces allégations trouvaient-elles leur source, à une époque où même la mission à Stuttgart n'était pas encore intervenue ?

Mais la bande n'apparaît ne pas agir que dans l'action secrète. En effet, Bartkowski va répéter qu'avec ses trois comparses, ils ont commis bon nombre de délits de droit commun, faits vérifiés par les Allemands. Ce qui fait dire aux détracteurs du commando qu'un service secret n'aurait jamais recruté ce genre de malfrats pour une exécution. Mais il apparaît au contraire que ce serait une parfaite couverture. Tout en niant l'existence de ce commando commandité par les soviétiques, l'ancien officier du KGB que rencontreront Jean-Charles Deniau et Madeleine Sultan, admettra devant leur caméra que cela s'est fait, « *mais pas dans cette affaire* » précisera-t-il. Dont acte. Et dans cette affaire recruter des G.I. dévoyés, malfrats sans motif idéologique, serait d'une parfaite habileté, et machiavélique, notamment en prévision du cas où ils seraient pris.

Top départ

« *Vers 9 h* » à Lindau, ville de Bavière proche de la frontière avec l'Autriche. Qui se rappelle qu'à cette époque il existe une différence d'une heure entre l'Allemagne et la France. 9 h à Lindau était donc 8 h à l'heure française. Ce qui a comme conséquence d'allonger d'une heure le créneau disponible pour le trajet.

Roman Modesto, qui était « *le chef* », aurait reçu, ce matin-là, avant de partir, un coup de téléphone à l'hôtel *Badisher Hof*[1], indiquant que « *l'affaire était prête* ». L'enquête précise qu'il n'a pas été possible de retrouver, comme cela serait facile aujourd'hui si la communication avait bien eu lieu, ni d'où et de qui elle émanait. Elle précise aussi que les trois hommes sont inconnus dans cet hôtel. Mais s'en tenir aux dénégations du personnel de l'hôtel, apparaît pour le moins sommaire. Bartkowski précise d'ailleurs qu'il s'adresse toujours à un même maître d'hôtel qui sait où il peut joindre « *les autres* ». Mais il n'y a aucune mention de recherche sur cet homme.

Bartkowski dit qu'il pensait alors qu'il s'agissait du casse d'une bijouterie que ses comparses auraient située à Marseille. Il a ensuite pensé que le projet de casse aurait été abandonné à une centaine de kilomètres avant Marseille, sans qu'il en sache la raison. Telle qu'il raconte la chose, il donne l'impression que la décision d'attaquer le bivouac serait survenue de façon circonstancielle au hasard de la route. Il croyait d'abord que *l'infraction*, comme il dit, avait seulement consisté à détrousser des campeurs surpris par hasard au bord de la

1 Et non *Bayrisher Hof* comme écrit au PV, hôtel qui existe toujours.

route. Et il semble ne rien savoir sur les victimes, que la presse décrit pourtant abondamment.

Il ne parlera jamais de l'éventuel commanditaire. Il dit d'ailleurs n'avoir pas eu pour cela la confiance suffisante de ses comparses pour qui il était seulement un chauffeur, et bien sûr « *le meilleur* ». Pourtant, il finira par dire qu'il se doutait bien que c'était « *politique* », mais le commissaire ne lui a pas demandé plus de précisions… ou ne les a-t-il pas notées ? Bien sûr, si la police allemande et le commissaire pensaient qu'il pouvait s'agir de G.I., il n'était pas imaginable que l'exécution ait été commanditée par un service US, sauf à poser que Sir Jack aurait pu travailler pour les Soviétiques ce qui, cette fois, n'est envisageable que dans une dérive strictement romanesque.

La voiture

C'est une Buick de couleur lilas sous immatriculation américaine. Or les militaires américains affectés en zone d'occupation[1] possédaient de telles voitures. Ce qui va donc le sens de l'hypothèse qu'il pouvait s'agir de G.I. dévoyés. Les quatre hommes opéraient surtout dans la région de Lindau, donc en Bavière, c'est-à-dire en zone américaine. Une telle voiture était donc pour eux une conne couverture. Comparée aux modèles européens, c'est une très grosse voiture peu courante en Europe d'alors, et sa couleur était aussi à la mode aux USA qu'elle était inhabituelle en Europe. Est-ce vraiment le véhicule voyant qu'un affabulateur imaginerait pour une pareille mission ? Quitte à inventer, n'aurait-il pas imaginé une voiture noire plus courante. Pourquoi n'en serait-il pas tenu à la précédente Renault verte[2] qui aurait été plus discrète pour passer plusieurs frontières et circuler en France.

Buick 1950 – GM ©.

Selon le commissaire Gillard, la police allemande « *avait la certitude qu'elle existait* », car les quatre hommes avaient commis d'autres délits avec elle. Mais elle ne sera apparemment l'objet d'aucune recherche.

C'est donc avec elle que le commando serait parti, Moradis étant au volant. La voiture passe en Autriche par Bregenz et entre en Suisse par Höscht[3], qu'elle aurait traversée de Zurich à Genève. De là elle serait passée en France

1 Rappelons que Lindau se trouve en zone américaine, Munich étant la capitale de ce *land*.

2 Les quatre hommes avaient d'abord commencé par opérer avec une Renault verte avant de récupérer cette Buick lilas.

3 Un exemple de certitude sarcastique : sur Internet, un certain *Duralex*, trouvait absurde « *carte en main* », que le commando soit entré en Autriche pour passer de Bavière en Suisse. Mais cet internaute ne sait tout simplement pas lire une carte élémentaire. Car Bavière, Autriche et Suisse se rejoignent en pointes à l'extrémité sud-est du lac de Constance, et il n'y a pas d'itinéraire plus court pour contourner le lac vers la Suisse à partir de Lindau.

et descendue par Annecy jusqu'à La Gran'Terre[1]. En tout, environ 800 km qu'elle aurait donc parcourus en environ seize heures, soit une moyenne de 50 km/h. Pour cette voiture puissante et rapide avec plusieurs chauffeurs, c'est vraisemblable par les routes de l'époque dont une partie de moyenne montagne, et les quelques arrêts nécessaires, notamment pour passer les frontières. Bartkowski avait la seule fonction de chauffeur. Mais tous auraient conduit alternativement, et c'est lui qui aurait été au volant pour l'approche, puis pendant et après l'exécution, à laquelle il n'aurait donc pas participé, ni même assisté de près. Plus tard, il contredira lui-même cette version dans une lettre aux Anglais que nous verrons.

Le compte rendu

La description qu'il donne de l'itinéraire, n'est pas d'un détail ni d'une précision exemplaires. Elle contient manques, flous et raccourcis, mais aussi quelques points précis pour le moins très difficiles sinon impossibles à inventer.

Avant d'y entrer, répétons que très peu de gens savent, sans prédisposition et apprentissage bien spécifique, observer et faire des comptes rendus chronologique de façon précise, cohérente, concise et objective. Celui qui a eu l'occasion de lire les divers comptes rendus d'une même équipée, a pu se demander s'il s'agissait bien de la même chose, tant les souvenirs diffèrent.

On ne sait quelle serait la qualité du compte rendu que ferait par exemple Jean-Loup Charrier[2] dans les mêmes conditions, lui qui conteste formellement celui de Bartkowski. Car Bartkowski n'avait, bien sûr, reçu aucune formation à ce genre d'exercice surtout pour une bonne partie, de nuit. Garçon peu structuré et déboussolé, du haut de ses vingt-six ans il ne s'intéresse sûrement pas aux détails d'un itinéraire qui seraient significatifs pour une enquête. On peut donc imaginer que son attention se limite au minimum qui l'intéresse ou le frappe, et ce minimum n'est sûrement pas celui d'un géographe, d'un routier, d'un pilote de rallye ou d'un enquêteur. D'ailleurs, si sa relation de l'itinéraire avait été plus précise, elle aurait été, et de beaucoup plus suspecte.

Ses détracteurs[3] veulent croire que Bartkowski aurait appris ce qu'il raconte d'un codétenu, par la lecture de la presse et à nouveau sur cartes. D'abord, aucun codétenu n'est même évoqué dans l'enquête des Allemands puis du commissaire Gillard. En revanche, ce dernier dit expressément que ses collègues allemands, comme les français en zone d'occupation, lui ont assuré que l'affaire avait été très peu développée dans la presse allemande (cote B 91 p. 13). Sur question à ce sujet, Bartkowski précise que les articles sur les

1 L'itinéraire le plus direct passe par Annemasse, Annecy, Chambéry, Grenoble, le col de la Croix-Haute, Sisteron, Château-Arnoux et Peyruis.

2 Rappelons que Jean-Loup est le fils de Pierre Charrier.

3 C'est notamment ce que disent Jean-Charles Deniau et Madeleine Sultan dans leur documentaire. Mais aussi de Jean-Louis Vincent dans son livre et ses interventions médiatiques.

questions criminelles ou judiciaires étaient toujours découpés dans la presse qui était à la disposition des détenus. Et rappelons qu'il a été emprisonné dès le 9 août. Lors de son désaveu final, il dira avoir surpris une conservation concernant le crime de Lurs dans une brasserie de Lindau, et précisera avoir cherché à en savoir plus dans la presse. En vain. Mais question de bon sens : s'il n'avait eu aucun rapport avec ce crime en France, pourquoi s'y serait-il intéressé et surtout aurait-il cherché à savoir ce que la presse en disait ? Et comment aurait-il pu tout inventer à partir de cette seule conversation entre gens qui n'avaient pas fait l'itinéraire aller-retour ? Ce n'est tout simplement pas sérieux. Qu'on imagine : après avoir entendu quelques phrases évoquant un crime à 800 km dans un autre pays et dans un recoin de campagne qu'il ne connaît pas, qu'on imagine qu'il ait pu construire un scénario qui collerait à certaine réalité, comme on va le voir, même de façon partielle, sommaire mais très précise en quelques points. Qui tentera l'exercice, comprendra combien la chose est tout bonnement impensable, au sens propre du mot. Mais en admettant même. À nouveau s'il n'y était pour rien, pour quelle raison Bartkowski se serait-il délibérément impliqué dans l'affaire de Lurs ? Là il répond au commissaire Gillard en fin de son dernier interrogatoire : afin « *de passer pour fou* ». Mais alors, pourquoi le commissaire Gillard, en 1965, soit treize ans après, épisode sur lequel nous reviendrons, inventera-t-il de toutes pièces de nouveaux motifs : Bartkowski aurait espéré pouvoir s'évader lors d'un transfert en France, ou encore espérait-il monnayer ses aveux contre un jugement plus clément pour ses autres délits en Allemagne, ou encore un aménagement de sa peine de prison. Or, outre que le commissaire Gillard ne dit rien de tout cela dans ses lettres et rapports de 1952, au point d'émotion où en était la France à propos de l'horreur de ce massacre, il est probable qu'un transfert se serait effectué dans des conditions de sécurité exceptionnelle. De plus, si Bartkowski était bien en cause dans de nombreux délits, aucun, à la différence de complicité dans le massacre de Lurs, ne comportait le risque sinon de l'échafaud[1], du moins d'une très lourde peine[2]. Et dans un tel contexte émotionnel, le niveau du risque était à son maximum. Mais revenons à l'itinéraire.

L'itinéraire aller (cf carte page suivante)
Depuis Lindau à 9 h au matin le 4 août, les quatre hommes se relaient donc au volant. Bartkowski dort une partie de la journée car il a festoyé toute la nuit précédente, nuit avérée par les Allemands.

La voiture arrive à Genève après 450 km à 50 de moyenne, soit aux alentours de 18 h. Bartkowski dit que e le jour commence à faiblir, ce qui

1 La peine de mort, par pendaison, avait été abolie en RFA par la Constitution de 1949. Et l'extradition au risque de la peine de mort n'était jamais possible.

2 Comparée aux douze ans de prison dont il écopera pour ses divers délits à la même époque en Allemagne.

correspond à la luminosité à cette latitude en août. Le commissaire trouve qu'il ne reste pas assez de temps pour rejoindre Lurs vers 1 h le 5. Mais il reste sept heures pour 350 km à 50 de moyenne, ce qui est suffisant.

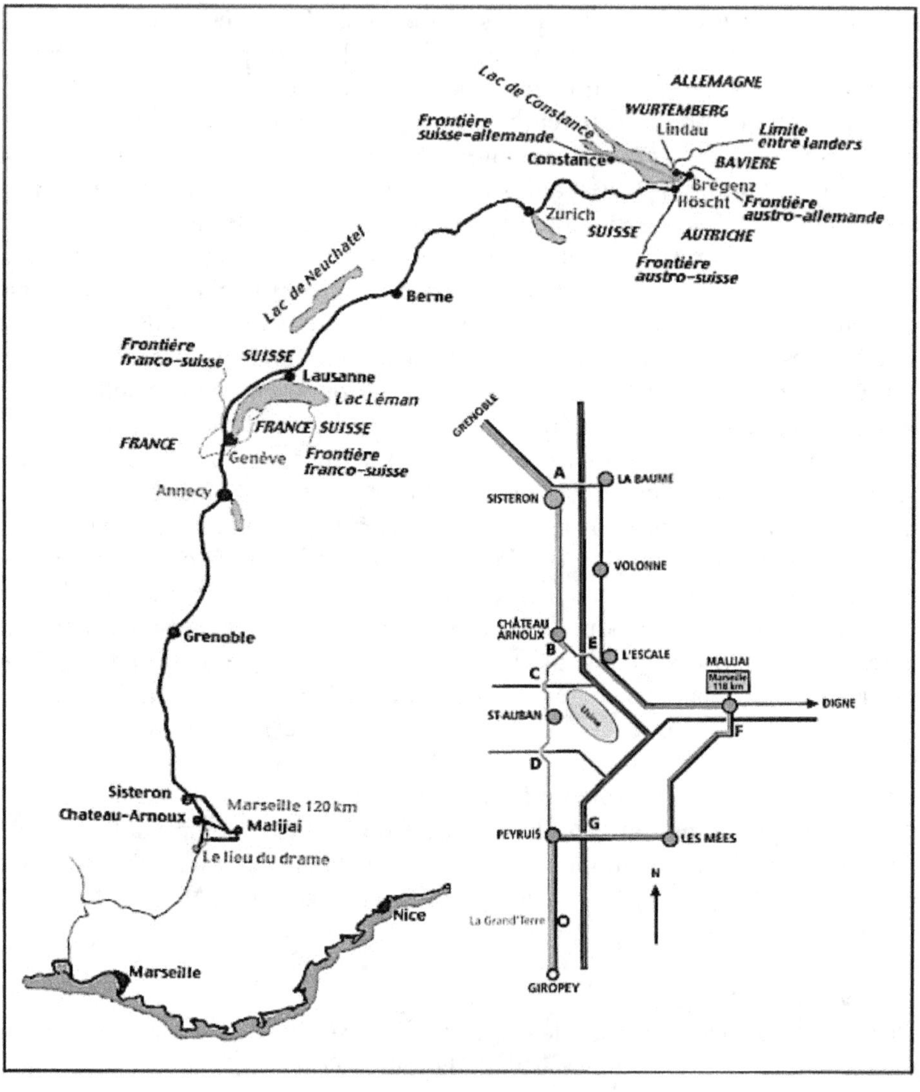

A gauche, itinéraire général de Lindau à La Gran'Terre.
A droite, schéma des itinéraires possibles entre Sisteron et le lieu du drame.
En gros traite les cours d'eau, la Durance et de le Bès.
ABCD, l'itinéraire direct. AEBFG, celui passant bifurquant à Château-Arnoux. AEFG, celui suivi par le commando en évitant Sisteron et passant par Malijai.

Longtemps après Genève, la voiture aurait laissé la direction de Lyon sur sa droite, et elle aurait encore parcouru entre 200 et 230 km jusqu'au lieu du drame. Cela correspond à nouveau assez bien, mais c'était cette fois facile à voir sur n'importe quelle carte routière. Bartkowski dit ne pas se souvenir des villes traversées, ce qui était pourtant également facile à trouver sur carte s'il voulait faire vrai, mais correspond bien à son manque d'attention à ce qui ne l'intéresse pas. D'ailleurs, mis devant une carte par le commissaire Gillard, Bartkowski se montre incapable de la lire et d'identifier l'itinéraire, ce qui prouve plutôt qu'il ne l'a pas construit sur carte.

Il décrit le passage des frontières[1] comme de simples formalités. Aux frontières helvétiques, le Suisse étant au volant, aurait quitté la voiture, parlementé avant de revenir. Il ne se souvient pas de contrôles de police, ni de douane, ni sur les occupants, ni sur la voiture. À la frontière française, c'est Modesto qui aurait opéré avec la même facilité. Bartkowski suppose une sorte de « *laissez-passer* », mais il précise qu'il ne l'a pas vu. Or, à l'époque, le passage des frontières n'avait pas la facilité d'aujourd'hui, surtout avec la Suisse. Bien sûr, il fallait avoir passeports et éventuellement visas. Bartkowski précise qu'on lui aurait montré son faux passeport, et qu'il avait eu très peur d'être découvert. Pourquoi ? Peut-être parce qu'il ne parlait pas la langue de son passeport ? Par exemple si c'était un passeport US.

Il fallait également remplir des fiches de police et disposer d'un triptyque pour la voiture. Mais, si l'opération avait été commanditée par un service quelconque, on peut imaginer sans forcer le trait, qu'il aurait pu fournir tous les faux-vrais papiers nécessaires. La voiture étant sous immatriculation américaine, si les hommes avaient de faux papiers américains, la chose pouvait engendrer une certaine complaisance de la part des fonctionnaires aux frontières. Quoi qu'il en soit, normalement tout devait être consigné, véhicule par véhicule et passager par passager sur les mains courantes : au moins celle de la police des frontières sinon celle des douanes. Le commissaire Gillard, sans préciser où, dit seulement que les vérifications aux frontières n'ont pas répertorié cette Buick. Mais, sans dire où ont eu lieu les vérifications, il écrit lui-même que le passage des frontières a pu être facilité par la période estivale, mais aussi par collusion, les comparses de Bartkowski étant aussi des trafiquants de voitures. Le passage en France s'est donc fait au crépuscule, et Bartkowski précise qu'il ne conduisait pas à ce moment-là. Mais il conduisait quand ils ont laissé Lyon sur la droite.

La question du carburant

Il faut noter que le commissaire Gillard n'a guère approfondi cette question pourtant essentielle et facile à calculer. Pour l'aller-retour, qui représente environ 1600 km, une telle voiture qui consommait une vingtaine de litres aux cent, aurait eu besoin de pas moins de 320 litres d'essence. Le plein d'une

---

1 Il ne donne pas le détail. Il y en a eu quatre l'aller : allemande, autrichienne, suisse puis française, et *idem* au retour.

Buick de l'époque était de l'ordre de 70 litres[1]. À condition qu'un plein ait été fait au départ, près de quatre autres pleins complets auraient donc dû suffire. Or, Bartkowski ne cite que deux pleins qu'il estime à seulement 50 litres chacun, tous deux en Suisse, l'un à l'aller l'autre au retour, soit une centaine de litres. Normal, l'essence n'y était pas rare comme en France. Mais se souvenait-il bien du nombre et de la quantité des pleins, notamment pendant qu'il dormait ? Sur cette question d'essence, il dit aussi qu'en France lors du retour, alors que Modesto conduisait, il avait contraint une voiture à s'arrêter. Il précise que c'était une Ford[2]. Et il lui aurait extorqué deux jerricanes, donc une quarantaine de litres. Mais il manquerait encore deux pleins.

Le commissaire Gillard ne lui a pas demandé de préciser. Notons qu'il a consigné les quantités sans poser de question, ni faire de calcul. Mais pourquoi Bartkowski aurait-il inventé ce ravitaillement pirate, plutôt que de dire s'être arrêté dans des stations-service en France, comme il l'a dit pour deux fois en Suisse ? En France à l'époque les stations-services étaient peu nombreuses et pratiquement toutes fermées la nuit. Même si le rationnement avait été supprimé le 14 septembre 1949, beaucoup de gens trimballaient encore en permanence un jerricane d'essence dans leur coffre.

Voyons si malgré cela, il y a une solution possible à cette question de carburant. S'agissant d'une opération commando, il est probable qu'elle a été prévue dès avant le départ pour éviter la panne sèche, faute d'arrêts possibles en pleine nuit lors de l'aller-retour en France. Bartkowski précise que la voiture avait été pourvue en nourriture et boisson afin de ne pas devoir s'arrêter. Ce qui confirme la décision de ne pas perdre de temps et de ne pas laisser de traces. Donc pourquoi ne pas avoir emporté quelques jerricanes ?

Sur les 320 litres nécessaires au total, Bartkowski n'a donné que 70+50+40+50 = 210 litres. Il manquerait donc 320-210 = 110 litres. Cela fait environ 6 jerricanes. Et le coffre de la Buick pouvait permettre d'emporter ces jerricanes. Quoi qu'il en soit, pour le seul aller et retour en France, soit 650 km, il suffisait de 130 l, soit deux pleins. Donc cette question ne présente pas vraiment d'impossibilité.

Le ratage de Sisteron

En fait, le commissaire cherche plutôt quelque particularité sur l'itinéraire après Grenoble et proche du drame, qui pourrait avérer ou au contraire démentir l'itinéraire assez peu détaillé que donne Bartkowski.

1 Le réservoir était de 19 gallons, soit 71,5 litres.

2 Il ne s'agissait vraisemblablement pas d'une Ford américaine très rare en France, mais d'une Ford *Vedette*, grosse berline de design américain produite en France par la société Ford France ayant repris la société Mathis. Cette *petite américaine* à moteur V8, fut produite à partir de1949 jusqu'en 1954.

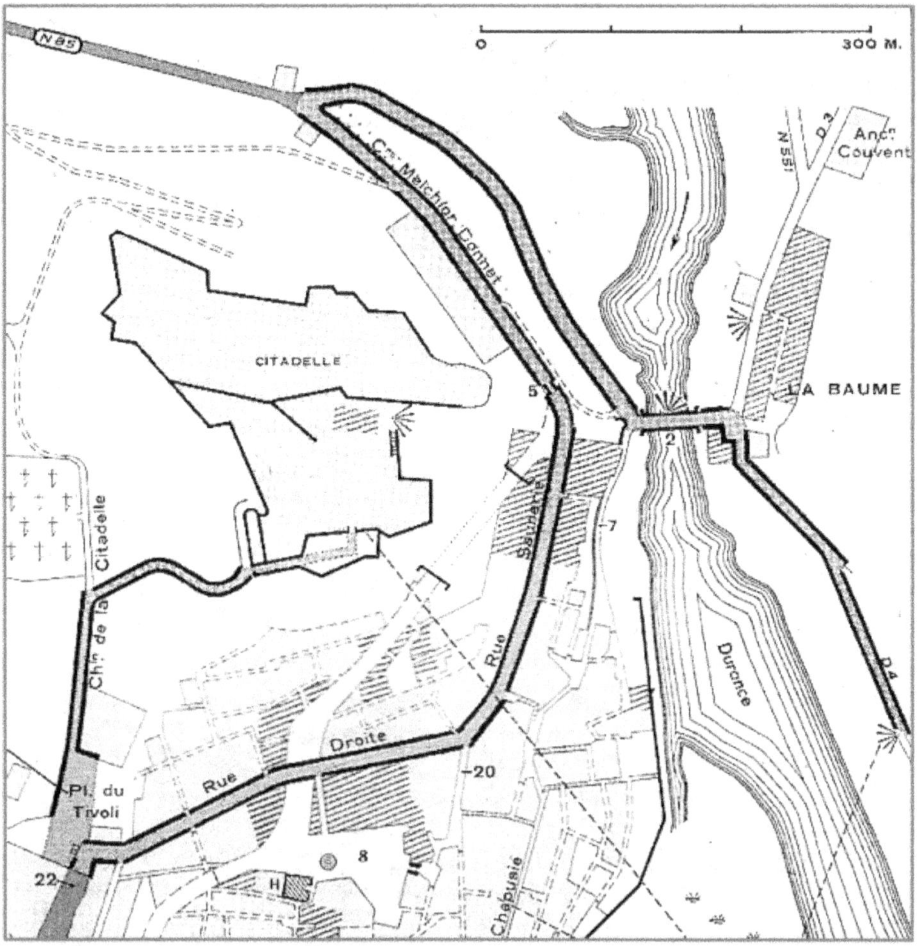

Plan de Sisteron en 1952 (© Guide Michelin). En haut à gauche, l'ex 85 arrive de Grenoble. La branche de la fourche descend vers le pont de La Baume qui franchit la Durance et vire à droite à 90° sur la D4 vers Volonne puis Malijai. La branche basse de la fourche monte vers la porte de Sisteron, enfile la rue principale très étroite de la vieille ville avant de déboucher au sud vers Château-Arnoux. Les parties hachurées ont été démolies par les bombardements américains, et la percée pour le tunnel sous la Citadelle. Mais le creusement de celui-ci ne sera entrepris qu'en février 1955 et sera livré à la circulation à Pâques 1957.

Le commissaire croit donc piéger Bartkowski en lui demandant s'il n'a pas traversé une ville vraiment très particulière. Hélas, le commissaire ne donne pas le nom de Sisteron. Mais il ne peut s'agir que de Sisteron à ce moment de l'itinéraire et qui corresponde à la difficulté en question. Bartkowski répond qu'il ne voit pas. Or la particularité n'aurait pas pu échapper à celui qui prétend conduire. En effet, comme le montre la carte Michelin en page précédente, le tunnel sous la Citadelle n'existant pas encore. Et il fallait savoir que la traversée de la ville était encore très affectée par les effets du bombardement américain de 1944 qui avait détruit une partie du centre-ville ancien. L'étroite porte de fortification médiévale d'entrée en ville marquait déjà un étranglement qui se continuait par la rue Droite seule traversée possible, rue médiévale très étroite encore encombrée par les étais et les chantiers de reconstruction. La circulation y était d'ailleurs alternée par des feux, et interdite aux camions. Le commissaire se dit alors qu'il est impossible que Bartkowski ne se souvienne pas de cette traversée de Sisteron. Et il en conclut que son piège a fonctionné. Même s'il le laisse continuer son itinéraire, on peut augurer qu'il est devenu moins attentif à ce qui suit. Et pourtant c'est tout justement ce que Bartkowski va lui dire juste après, qui est au contraire déterminant et ne peut s'inventer. Car voilà Bartkowski qui dit que pas très loin du but, juste à la sortie d'un pont, la route virait brusquement à 90° sur sa droite. Or c'est là très exactement une configuration très particulière de la D4, juste sous de Sisteron, et unique quel que soit l'itinéraire.

Lorsqu'en 2004, j'ai refait de nuit l'itinéraire depuis Grenoble par le col de la Croix-Haute, en approchant Sisteron, j'ai raté l'embranchement en diagonale à droite, qui monte en contournant l'éperon où se dresse la citadelle, pour entrer en ville[1]. En poursuivant la descente, j'ai franchi le haut pont de pierre qui enjambe la Durance. Juste en face, à la sortie du pont, la route bute contre la façade du hameau de La Baume sous le jaillissement de la clue qui fait face à l'éperon de la citadelle. Comme Bartkowski, j'ai été surpris par le brusque virage à 90° sur ma droite.

D'autant qu'en poursuivant sur l'ex-D4 qui rejoint l'ex-RN85 menant à Digne, l'itinéraire passe par Malijai[2]. Et à Malijai un panneau indiquait bien *Marseille 118 km*[3]. Or Bartkowski dit qu'il se souvient qu'après avoir laissé Lyon sur sa droite et avoir fait entre 200 et 230 km, il y avait un panneau indiquant « *Marseille 120 (ou 130 km)* ». Le commissaire dira que la vérification, mais il ne dira ni quand ni à qui elle a été demandée, a trouvé des panneaux indiquant la direction de Marseille sur l'itinéraire direct passant par Sisteron, mais aucun qui mentionne cette distance. Le commando sera-t-il donc passé par Malijai.

1 Il y a depuis un grand rond-point qui évite de rater de nuit la montée diagonale sur la droite.
2 À l'époque, la D4 s'arrêtait à Volonne d'où elle se transformait en GC4 jusqu'à rejoindre la RN 85 après l'Escale (carte Michelin n° 81 de 1952).
3 En fait quelques 121 km jusqu'à la mairie de Marseille.

Même si le schéma page 618 montre que plusieurs trajets sont possibles pour aller de Sisteron à La Gran'Terre, le commissaire n'a pas pu imaginer que le commando ait pu emprunter un itinéraire aussi indirect que l'AEFG passant par Malijai.

Bartkowski précise que le panneau indiquant Marseille se situait à 20 ou 30 km avant le lieu du drame et à une demie heure. En fait, Malijai se trouve à 17 km seulement, soit à une vingtaine de minutes. L'approximation n'est donc pas si mauvaise en pleine nuit et sur une route inconnue.

Bartkowski dit que le panneau se trouvait sur l'embranchement de trois voies. Or à la sortie de Malijai, après le pont sur la Bléone, à la place du rond-point actuel, il y avait bien trois voies[1] avec à sa gauche, l'ex-N100 vers Marseille par les Mées et Peyruis. Là se trouvait le panneau indiquant *Marseille 118 km*. Or le commissaire ne connaissant pas les lieux, il n'a donc pas cru qu'une telle configuration existait bel et bien et ne pouvait donc pas s'inventer.

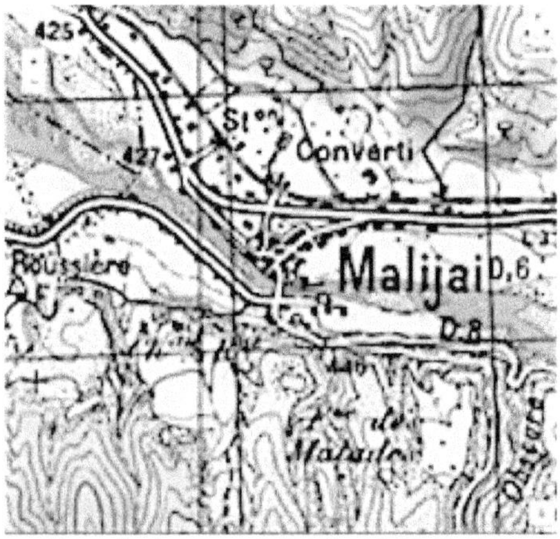

Extrait de carte IGN de 1952 © IGN

L'évitement de la traversée de Sisteron évitait aussi Saint-Auban. Mais, passé par Volonne, l'Escale et Malijai, Bartkowski aurait-il pu voir l'usine chimique au loin sur sa droite ? A l'époque l'éclairage par ailleurs encore rationné, n'avait pas encore transformé les superstructures moins hautes que depuis, en arbres de Noël.

1 Aujourd'hui il y a un rond-point sur lequel le GC8 ex D8, est devenu voie de contournement de Malijai en venant de Digne. Le GC12 est indiqué Puimichel, une voie nouvelle en face est indiquée Dabisse, et à droite toujours Marseille par l'actuelle D4.

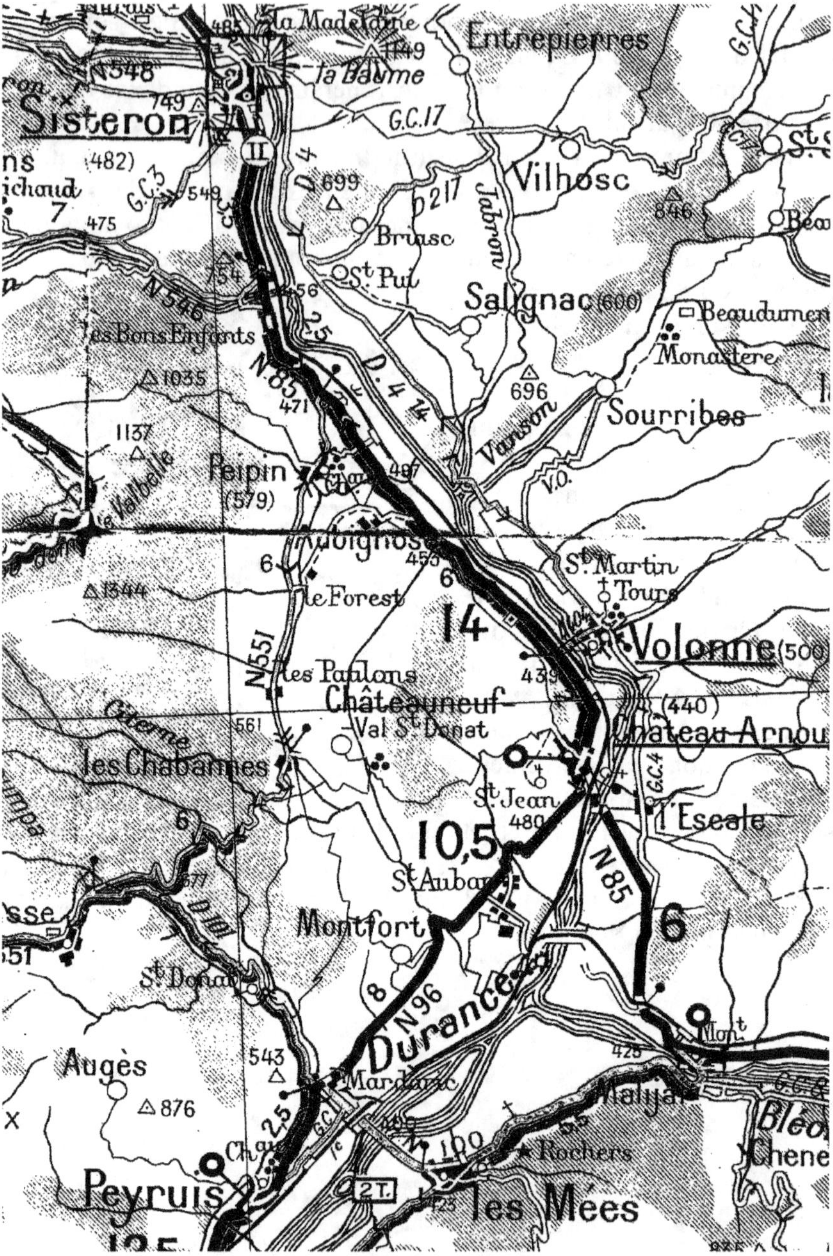

Carte Michelin 1952 ©, montrant les deux itinéraires depuis Sisteron menant à Peyruis, l'un à droite de la Durance plus direct par Château-Arnoux, l'autre à gauche indirect par la Baume, Volonne et Malijai. En bas à droite, on distingue les trois voies au carrefour sortant de Malijai. On notera sur l'autre itinéraire, sous Château-Arnoux, la N96 franchissant deux thalwegs, à Saint-Auban et à Montfort, mais avec des virages à gauche en descendant de Sisteron, et non à droite comme à La Baume.

Bartkowski dit ensuite que, dans le sens de sa « *marche* », la route et le terrain étaient « *assez plats* ». Après la longue route depuis Grenoble à travers les Alpes, c'est bien l'impression en arrivant dans la vallée de la Durance.

Bien que le commissaire Gillard précise cette fois qu'il ne connaît pas la région et raisonne sur carte, le voilà s'étonnant encore que Bartkowski n'ait pas remarqué la voie ferrée qui longe souvent sa route. D'abord, il s'agit d'une voie unique à faible circulation non électrifiée, ce qui veut déjà dire que ses ouvrages et son emprise sont relativement discrets. En descendant depuis le col de la Croix-Haute, la voie ferrée longe la route jusqu'à Sisteron de façon plus ou moins proche. Visible de jour[1], il est très facile de vérifier qu'il en va tout autrement de nuit. En passant par Malijai, la voie ferrée qui se trouve de l'autre côté de la Durance, n'est plus visible avant Peyruis et vers La Gran'Terre, elle est discrète, souvent en tranchée[2]. Par pleine lune, même en sachant où elle se trouve, il n'est pas facile de la remarquer, surtout quand on conduit. Il est donc certain que quelqu'un qui passerait par là une seule fois dans sa vie, en pleine nuit et sans s'en préoccuper, ne la remarquerait sûrement pas.

Il en va de même pour la Durance. Le commissaire s'étonne à nouveau que Bartkowski n'ait pas remarqué le large cours d'eau, surtout sous le clair de lune. Sur place, la rivière n'apparaît guère de façon continue comme le pensait le commissaire en se basant, comme il le précise d'ailleurs, sur la lecture de la carte. Et encore une fois, le paysage de nuit n'était pas le centre d'attention de Bartkowski. Ce dernier précise néanmoins qu'il a remarqué « *de l'eau* », mais soit à droite soit à gauche de la route. Si Bartkowski conserve le souvenir d'eau alternativement de chaque côté de la route, cela paraît impossible au commissaire qui reste sur l'itinéraire direct passant par Sisteron et Château-Arnoux. En revanche, après avoir franchi le pont de La Baume devant Sisteron, la Durance se trouve sur la droite mais disparaît vite au loin. Puis, après l'avoir retraversée au sortir des Mées, elle passe à sa gauche mais est également souvent masquée.

Aucune question sur le pont traversant la Durance après les Mées. Démoli lors de la Libération, un pont provisoire en bois avait été mis en place qui n'a sûrement pas attiré l'attention de Bartkowski[3]. Celui qu'il l'a remplacé en novembre 1957, n'aurait pas manqué de le faire, avec ses hautes structures métalliques latérales de couleur claire produisant de nuit une impression de rue.

Il dit enfin avoir traversé un dernier village qu'il situe à « *10 km* » du lieu du drame. En fait Peyruis se trouve à 7. Il ajoute que la route est alors « *assez*

---

1 En fait, elle longe la route de plus ou moins loin jusqu'à Serres. Ensuite, elle n'est plus que très sporadiquement visible jusqu'à Sisteron.

2 Notamment au droit du lieu du drame et de La Gran'Terre.

3 La carte Michelin de 1952 indique *Charge maxi 2 T.*

sinueuse et fortement bosselée », ce qui correspond bien, même encore aujourd'hui où elle a pourtant été reprofilée.

Il se souvient aussi qu'il faisait chaud et qu'il y avait grand clair de lune. Ce qui est exact.

On le voit déjà, les indications que Bartkowski donne sur l'approche du lieu du drame, sont loin d'être fantaisistes et pour certaines très précises sur quelques points précis qu'il ne pouvait pas inventer. Si Bartkowski raconte simplement ce dont il se souvient, ça n'a, bien sûr, pas la précision ni l'ordre chronologique d'un *road-book* de rallye. Lorsqu'on ne fait que conduire, de plus de nuit et en se laissant diriger, ce que dira d'ailleurs Bartkowski, on ne se souvient que très ponctuellement d'un itinéraire, surtout si, comme dans ce cas, le chauffeur a d'autres soucis en tête que de devoir en faire le compte rendu à la police. Un effet bien connu, appelé *effet tunnel*. De nuit et en milieu inconnu, l'effet tunnel fonctionne d'autant mieux que la vue est limitée au faisceau des phares. Et ceux-ci à l'époque, n'avaient pas la qualité de ceux d'aujourd'hui. L'effet tunnel efface quasiment tout ce qui se passe de part et d'autre de la direction dans laquelle est focalisée l'attention, a fortiori ici dans des conditions de stress ou d'excitation comme celles d'une opération commando. Aucun de ceux qui repoussent d'un revers cet itinéraire en le qualifiant au mieux d'inventé sur cartes, devraient d'abord dire où Bartkowski aurait pu se procurer des cartes de ce coin de France, et alors même que le commissaire Gillard précise que Bartkowski ne sait pas les lire. On voit mal ce genre de personnage attelé à leur interprétation en 3D, au demeurant très difficile même pour un spécialiste sur cartes IGN, et impossible sur cartes routières. Au contraire, les quelques détails qu'il donne comme l'absence de la traversée de Sisteron, le virage à 90° au sortir du pont de la Baume, l'eau alternativement à droite et à gauche, le panneau *Marseille 118 km*, le dernier village à 10 km comme la route sinueuse et bosselée, correspondent bien et ressemblent à du vécu.

Un peu avant d'arriver, Bartkowski dit encore avoir « *croisé trois autocars avec des lanternes vénitiennes à l'intérieur* ». Si on admet que ce pourraient être des fêtards qui revenaient de la fête à Digne, pour les *croiser*, la Buick devait se trouver avant Malijai. Hélas, la vérification demandée par le commissaire à propos de ces autocars, si elle a eu lieu, n'a pas laissé de traces dans le dossier, et pour cause, le commissaire mettant la Buick sur la route directe passant par Sisteron, des cars en provenance de Digne ne pouvaient passer par là.

Arrêt sur image

Au moment où la Buick approche de son objectif, on a vu qu'à quelques minutes d'intervalle, Jourdan et Champsaur ont prétendu être passés devant le bivouac, chacun dans un sens, et Panayoutou s'être arrêté, puis avoir au moins entendu des cris et une fusillade.

Champsaur allant à Peyruis n'a vu ni croisé personne. Jourdan venant de Peyruis n'a donc pas croisé Champsaur, mais aurait vu une grosse voiture arrêtée tous feux éteints dans le virage « *juste avant* » le lieu du drame avec un homme à côté. Ce ne pourrait donc être que Panayoutou venant de Grenoble (première version p.187-188) arrêté en panne de phares. Mais de son côté Panayoutou n'a jamais dit avoir vu passer Jourdan. Bartkowski lui n'a croisé personne. Il semblerait donc qu'on soit là dans une impasse qui jetterait tout à bas. Voyons donc s'il s'en trouve une issue.

Champsaur a pu arriver à Peyruis avant tout le monde. Il faut ensuite que la Buick ait devancé Panayoutou. Mais si Jourdan avait vu Panayoutou arrêté près de sa voiture, il aurait dû aussi voir la Buick près de La Gran'Terre. Or ni Panayoutou ni Bartkowski n'ayant vu passer Jourdan, il en ressort que le témoignage de Jourdan est le seul qui ne cadre pas. Il se trouve que Jourdan n'a témoigné qu'en 1996 seulement et à la demande d'Alain Dominici précisément en quête d'une validation du commando, soit quarante-quatre ans après cette nuit. Jourdan dira avoir alerté les gendarmes dès le lendemain sans avoir été entendu. Soit. Mais il n'y est pas revenu quand la presse a parlé de Panayoutou et alors que l'enquête s'embourbait. Or si nombre de témoins seront convaincus d'avoir inventé, pourquoi Jourdan échapperait-il à la suspicion ? Car au regard du poids respectif des probabilités, le doute se porterait plutôt sur le témoignage de Jourdan. Relèverait-il d'une complaisance tardive, au demeurant bien compréhensible envers Alain Dominici, face au drame affectif qui a marqué toute sa vie.

Reprenons donc : Champsaur arrive à Peyruis juste avant le départ de Jourdan qui a devancé de peu la Buick qui elle-même devançait de peu la Lincoln. Avec des espaces d'une ou deux minutes entre chacun, aucun n'a pu voir l'un ou l'autre. Jourdan passe le lieu du drame sans rien voir. La Buick le suivant, arrive la première sur les lieux. Tandis qu'elle va stationner au-delà du bivouac et que les tueurs l'investissent, la Lincoln s'est garée tous feux éteints, avant le virage donc hors de vue. Après avoir réparé, Panayoutou sort satisfaire un besoin pressant. Et c'est alors qu'il entend la fusillade sans pouvoir rien voir d'où il est. Il se reculotte en vitesse et fait demi-tour tandis que le commando est reparti faire son propre demi-tour à Giropey. Et la Lincoln ayant de l'avance, aucune des deux voitures n'a vu l'autre.

L'arrivée sur l'objectif

Bartkowski dit avoir reçu l'ordre d'arrêter la voiture à 40 ou 50 m d'une lueur entre des buissons, sur sa gauche, « *comme d'un réchaud à alcool à hauteur d'homme* ». Cet arrêt juste avant le lieu du drame montre bien que Modesto savait où trouver ce qu'il cherchait, donc que ce n'était pas en passant qu'il aurait décidé d'abandonner le casse à Marseille pour un coup de main inopiné sur un bivouac de touristes. Sinon il n'aurait pu en décider qu'après avoir dépassé le bivouac et non avant, car le lieu du bivouac ne se voyait pas d'assez loin en arrivant de Peyruis, comme on peut toujours le constater aujourd'hui.

Le bénéfice attendu d'un casse aurait-il pu être abandonné inopinément au profit d'un vol de touristes sûrement moins rentable, et après déjà quelques quinze heures et 800 km de voiture ? Bref, soyons sérieux.

Comme on sait qu'au moins Sir Jack était chaussé, et qu'une lampe électrique portative se trouvait dans l'inventaire, il est donc possible qu'elle ait été allumée et posée sur le toit de la voiture. Toutefois, on a vu que Champsaur passé vers 1 h, ne verra pas de lumière, ni Jourdan s'il est bien passé. Alors qu'il était levé, Sir Jack l'aurait-il allumée peu avant le moment où la Buick arrivait ? Mais si c'était un signal, il faudrait qu'un rendez-vous ait été précisément donné à 1 h, et que le commando ait dû ajuster la durée de son trajet pour arriver exactement à cette heure. Est-ce possible sur une telle distance en pays inconnu ? Bien sûr, à condition d'y avoir été entraîné[1].

Derrière la lumière, Bartkowski dit avoir vu « *une surface blanche d'environ 2 m* » qu'il prend pour une tente. On a vu que Marceau Blanc décrira vers 4 h du matin, la voiture recouverte d'une toile claire, et qu'un autre témoin, Giovani Colussel, dira l'avoir revue, étalée au sol devant la voiture vers 5 h. Mais Champsaur n'a rien vu de tel vers 1 h. Si ni tente ni toile de ce genre ne font partie de l'inventaire, pourrait-il s'agir de la toile de la tente citée par Phyllis Marian, qui aurait disparu comme au moins le seau et l'appareil photo ?

Le commissaire Gillard fait faire un croquis à Bartkowski précisant les positions relatives de la voiture et de la tente par rapport à la route. Ce croquis qui se trouve dans le dossier, est très exactement reproduit ci-contre. Si le virage et le positionnement du bivouac - que Bartkowski qualifie de tente - à gauche de la voiture, sont exacts, la voiture ne se trouvait pas à 40/50 m et perpendiculaire à la route.

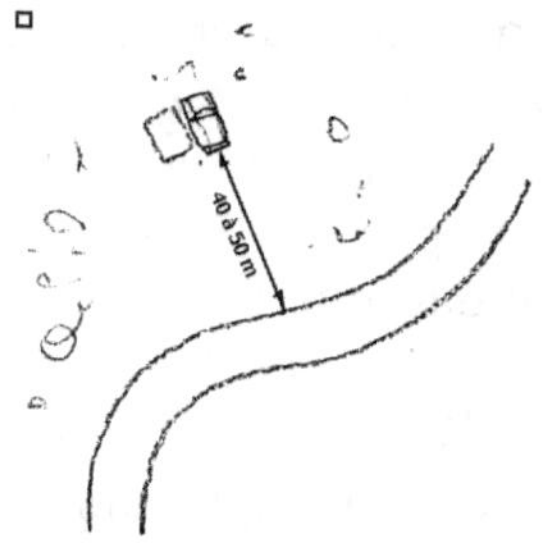

Mais il est vrai qu'en s'arrêtant dans le virage avant le bivouac, celui-ci se trouvait bien à une quarantaine de mètres et à l'extérieur d'un virage vers la droite. Le commissaire Gillard fera lui-même la remarque que, d'avant le virage, on voit bien l'arrière de la voiture avec le bivouac installé à sa gauche.

Répétons que savoir faire une description précise avec un croquis exact n'est pas donné à tout le monde, très loin s'en faut, surtout sur un souvenir de nuit. Que Bartkowski n'ait pas rectifié cette première image après avoir dépassé le bivouac, est normal. Il se trouvait dans une situation émotionnellement très forte, laquelle occultait plus encore ses facultés d'observation qui n'étaient déjà pas son fort. Mais la conclusion qu'en tire le

1 Pendant mon service militaire, lors de toutes les opérations commando, après marche de nuit sur 30 km à travers une campagne inconnue et hors des routes bien sûr, nous sommes toujours arrivés et précisément à l'heure prévue.

commissaire Gillard montre seulement que, comme il le dit lui-même, il ne connaît pas les lieux, surtout en y arrivant de nuit.

Sur ordre, Bartkowski aurait immédiatement redémarré et débarqué ses trois comparses à hauteur de la lumière. Bartkowski, aurait alors reçu l'ordre d'avancer la voiture « *de 200 m* », et de surveiller en laissant le moteur tourner au ralenti, portières ouvertes.

Mais à 200 m, la voiture aurait dû stationner contre le corps de ferme prolongeant de La Gran'Terre côté entrée. Le commissaire suivi par les adversaires de cette équipée, en conclut donc qu'il est impossible qu'une voiture ait pu stationner « *sous les fenêtres* » de la ferme sans que ses habitants entendent le moteur tourner, et que les chiens aboient. D'abord, il n'y a pas de fenêtres côté route mais de lourds bâtiments agricoles aveugles accolés au mas et qui isolent la route des parties habitées. Ensuite, sur question, Bartkowski précise que le moteur était très silencieux, ce qui est exact[1]. Il aurait d'ailleurs été facile de procéder à un essai sur place, ce qui n'a pas été fait.

Sur question encore, Bartkowski précise qu'il n'a pas entendu de chien aboyer. Déjà le petit chien d'Yvette ne couchait-il pas dehors, mais à l'intérieur au rez-de-chaussée. Et Gaston dira au juge Batigne[2] que son chien dormait habituellement dans sa chambre ou alors dans la remise qui jouxte la cuisine. Tous locaux plus bas que la route et très isolés d'un point de vue phonique par d'autres locaux, tous faits de gros murs sans ouverture. Au moins a-t-on vu le capitaine Albert tester le fait qu'on pouvait tourner la nuit autour de La Gran'Terre et jusque dans la cour, sans que les chiens aboient. De même ils n'ont pas aboyé après le mécanicien Vayssières entré quelques jours avant le drame jusque dans la cour. Sans doute aussi les chiens habitués à la présence de la route, n'aboyaient-ils pas aux voitures qui passaient ou même s'y arrêtaient.

Reste les 200 m. Disons encore qu'apprécier une distance, surtout de nuit en terrain inconnu est très difficile et, curieusement, d'autant plus qu'elle est courte. Chacun peut en faire l'expérience. Il est donc tout à fait plausible que la voiture ait été avancée, au vu de ce que Bartkowski va préciser plus loin, disons d'une cinquantaine de mètres seulement.

En ce qui concerne La Gran'Terre, lorsque le commissaire lui demandera de la décrire, Bartkowski dira seulement :

« *À droite et derrière la lumière… sur une petite hauteur distante de 500 ou 600 m, une maison paysanne.* »

En arrivant de Peyruis, La Gran'Terre apparaît bien à droite du bivouac. À nouveau, l'erreur sur l'appréciation d'une distance la nuit en terrain inconnu

---

1 Il faut rappeler que les voitures américaines ont été les premières, dès avant la Seconde Guerre mondiale, à disposer de silencieux extrêmement efficaces qui sidéraient les Européens de l'époque. Le très gros moteur de Buick tournant lentement, était déjà peu bruyant donc quasi muet au ralenti. On pouvait facilement croire le moteur arrêté.

2 PV du juge Batigne en date du 31/07/55 (cote C 82).

n'est pas significative. Et la masse trapue des bâtiments de La Gran'Terre peut fort bien faire penser à un tertre, dont le second étage du mas principal émerge comme une maison. De nuit, l'impression en est vérifiable aujourd'hui.

Le commissaire Gillard dit aussi qu'outre La Gran'Terre, avec un arrêt à 200 m du bivouac, Bartkowski aurait dû voir la ferme Guillermin et même « *l'énorme toit de la gare* ». Or, la ferme se trouve encore 300 m plus loin dans l'ombre de la colline de Saint-Pons, et n'est guère visible surtout de nuit. La gare, elle, se trouve encore 200 m plus loin et surtout en contrebas. Au lieu d'un énorme toit, le petit bâtiment est couvert d'une toiture à deux pentes comme toutes les petites gares campagnardes de l'époque. En revanche, il est vrai qu'il y avait alors, presque en face de la ferme Guillermin de l'autre côté de la route, un grand hangar servant au stockage du charbon arrivant de la mine de Sigonce[1]. Mais il se trouvait en contrebas, donc invisible d'où pouvait se trouver Bartkowski. Ce que le commissaire Gillard a pu voir sur carte, fait ici la preuve que la transposition en 3D est illusoire.

Bartkowski enchaîne avec une autre erreur d'appréciation, similaire mais inverse. Étant descendu de voiture pour uriner, il voit « *à 20 ou 30 m à droite de la route* » cette fois, des reflets de lune sur de l'eau. C'est sans doute ce qu'on pouvait alors apercevoir du cours de la Durance à travers la végétation. Il est aujourd'hui difficile de dire jusqu'à quel point celle-ci masquait ou pas le lit de la Durance, car tout le site est maintenant noyé de hautes verdures et barré par l'autoroute. En revanche, la précision qu'il y avait le long de la route « *des broussailles à hauteur d'homme* » est exacte, comme le montre les photos de l'époque et comme on les retrouve d'ailleurs mentionnées dans le témoignage des frères Duc par exemple.

Cette fois le commissaire lui fait remarquer qu'à droite de la route en direction de Marseille, il y a la colline et non la Durance. Mais Bartkowski précise que ce reflet sur l'eau se trouvait à sa droite pendant qu'il urinait, tourné en direction du bivouac, ce qui est donc conforme. Il est d'ailleurs bien connu que la mémoire immédiate et sensorielle, dite kinesthésique, fonctionne par rapport à la position du corps. Et c'était sûrement celle de Bartkowski, car les autres formes de mémorisation plus abstraites, n'étaient sûrement pas son genre.

Enfin d'où il était, Bartkowski dit avoir vu un groupe d'arbres se détacher sur ligne de crête à une distance de « *2 à 3 km* ». Or, de l'autre côté de la Durance, la crête boisée est bien située à cette distance, et s'y détachent en effet des silhouettes très visibles contre un ciel de pleine lune, là encore visibles aujourd'hui. Au contraire des distances proches il est également connu qu'une bonne appréciation de la distance est plus facile dans le lointain.

Au premier abord, la description de cette partie de l'environnement immédiat peut paraître lacunaire, surtout à celui qui la connaît de jour. Mais,

---

1 Il avait été désaffecté depuis 1949 et démoli. Mais il est vrai qu'il figure encore sur la carte Michelin de 1952.

encore une fois, serait-ce aussi évident pour quelqu'un qui n'y serait venu qu'une seule fois en pleine nuit, et n'étant pas un spécialiste de la description. De plus, dans le stress de l'attaque, Bartkowski avait ordre de « *surveiller* », pas de porter attention au paysage. Au contraire de ceux qui sont allés faire des vérifications et photos en plein jour, il suffit d'y aller voir de nuit, à la même période de l'année pendant la pleine lune[1]. En roulant en voiture, on a en effet l'impression d'y voir *comme en plein jour*. Et pourtant, en arrivant sur les lieux, ce qu'on peut effectivement voir ou pas, remet en cause bien des certitudes du commissaire Gillard, de l'accusation et des divers auteurs[2].

D'abord, la culmination lunaire du 5 août 1952 à 21°12', est peu élevée dans le ciel et donne de grandes ombres très allongées que d'ailleurs le capitaine Albert a parfaitement analysées et dessinées sur son plan des lieux, sans que personne n'y prête attention[3]. Ensuite, une luminosité théorique maximale au sol ce jour-là à cette latitude, était de l'ordre 0,056 lux, donc bien faible comparé aux près de 9000 lux du soleil à 18 h. Première surprise : du lieu du bivouac, on distingue à peine la silhouette de La Gran'Terre. L'effet résulte en partie de la végétation qui lui fait un fond noir. Autre surprise, en arrivant de Peyruis, les phares, même modernes, n'éclairent pas La Gran'Terre avant la mi-distance entre le bivouac et la ferme. Mais sans doute Bartkowski avait-il éteint ses phares par réflexe de discrétion en pareille circonstance. Hélas, on ne le lui pas demandé. Si donc il n'a pas parcouru 200 m mais seulement une cinquantaine, dans la lumière lunaire et ne connaissant pas les lieux de jour, redisons qu'il a très bien pu prendre le second étage du corps central de la ferme pour une maison perchée au loin sur un petit tertre formé par la masse noire du reste de la construction et des annexes. La distance peut très facilement s'estimer de façon erronée, répétons-le.

Lors du supplément d'information, le commissaire Chenevier a fait la même vérification, avec photos de nuit[4]. Mais il n'était pas venu pour vérifier les dires de Bartkowski, seulement la visibilité au moment des tirs. Déjà, il notera qu'on ne voit guère, depuis le lieu du bivouac, ce qu'il se passe de l'autre côté de la route à contre colline, là où le corps de Sir Jack a été retrouvé.

---

1 A 1 h 10, dans la nuit du 4 au 5 août 2005, il y avait pleine lune dans un ciel clair dans des conditions proches de 1952. Mais pour avoir la configuration lunaire du 5 août 1952, la configuration lunaire la plus proche des 21°12' de culmination avec une luminosité au sol de 0,0564 lux de 1952 à 0 h 10 UTC, était le 8 août 2006 à 22 h 05 UTC, 0 h 05 heure légale d'été actuelle (source Bureau des longitudes). Hélas, ce 8 août, après un mois de canicule, le ciel était chargé d'orages, de nuages de traine et de brume. L'observation n'a donc été possible qu'à la pleine lune suivante où les conditions astronomiques étaient encore similaires.

2 Tous ceux qui sont allés sur place par grand clair de lune ont pu constater qu'on n'y voit pas comme en plein jour, loin s'en faut comme l'a noté le commissaire Chenevier

3 PV n° 1884/3-R de la brigade de Forcalquier en date du 23/12/55 (cote C 387), déjà cité.

4 PV n° 353/23 du commissaire Chenevier en date du 5/8/1955 cote C 114) avec photos et données astronomiques.

Bartkowski dit ensuite qu'au bout de « *cinq minutes* », pendant lesquelles il a donc uriné, il aurait entendu :

> « *Un coup de feu unique, puis quelques secondes plus tard, trois ou quatre autres coups espacés d'un court intervalle.* »

D'abord, notons il n'a pas noté de « *doublé* » comme l'ont dit le témoin Franco, Gustave et Yvette. Et pas de sixième coup de grâce.

> « *Aussitôt après le premier coup de feu, des gémissements de femme ou d'enfant, mais pas d'homme.* »

Comme le fait remarquer le commissaire Gillard, pour entendre des gémissements, il fallait être relativement près, ce qui plaide en faveur de 50 m plutôt que 200. Notons qu'il donne à ce sujet raison aux Dominici. Car, lorsque Gustave et Gaston admettent du bout des lèvres avoir entendu des cris, c'est pour dire qu'« on *a crié un peu, mais pas trop* ». Mais pour Gustave dans la luzerne selon Maillet, c'était des cris d'horreur.

Après les coups de feu

Modesto serait venu chercher : « *Quatre ou cinq pièces de vêtement, dont un pull-over de femme rouge* ». Aïe ! Un internaute avait mis en ligne à ce propos : *Allo Ranucci !* Mais le fameux *pull-over rouge*, c'était quelques vingt ans plus tard ! [1]Mais un affabulateur se serait-il bêtement risqué à inventer des détails aussi précis qui sont des éléments matériels vérifiables, et surtout qu'ils n'ont aucun sens apparent dans une attaque de ce genre. Bartkowski précisera qu'ils étaient dans la voiture quand un douanier est venu y jeter un coup d'œil, et que Modesto lui a dit que c'était des vêtements de sa sœur. Après avoir pris les linges, Modesto serait reparti en direction « *de la tente* ». Bartkowski dit ensuite ne pas se souvenir si les vêtements ont été rapportés ou non. Quoi qu'il en soit, cette histoire de *linges* va demeurer énigmatique. Une chose est sûre, au moins aucun pull-over rouge n'a été retrouvé comme le précise d'ailleurs le commissaire Gillard. À nouveau, que Bartkowski au volant et démarrant en trombe, n'ait pas remarqué s'ils avaient été rapportés, n'a rien d'anormal. Mais la question n'en demeure pas moins de savoir à quoi ils auraient bien pu servir. Pour que le chef du commando ait pris le temps d'un aller et retour, veut dire qu'ils étaient nécessaires. Mais à quoi ? Des linges ne peuvent servir qu'à habiller, envelopper ou essuyer. Le rhabillage de la fillette[2] étant exclu,

---

1 Voir le très sérieux et convaincant ouvrage de Jean-Louis Vincent sur l'affaire.

2 À la suite de William Reymond (oc p. 335 & sq), curieusement, Jean-Loup Charrier (oc p. 157 & 158) trouve cette partie du scénario la plus crédible : le commando aurait habillé la petite Élizabeth avec un pyjama amené de Bavière. Mais outre que le pyjama bleu de la fillette ne correspond pas vraiment aux linges décrits par Bartkowski, dont le pullover rouge, la raison invoquée pour justifier cette mise en pyjama n'a guère de sens : les tueurs auraient voulu faire croire que la fillette dormait, alors qu'elle était habillée comme ses parents qui attendaient pour repartir après le rendez-vous. On se demande comment, diable, le commando aurait pu prévoir une telle éventualité, et surtout pour quelle raison ? Pour le coup ça n'a vraiment aucun commencement de sens.

son transport dans des linges par le commando jusqu'au-delà du pont l'est tout autant comme le prouvent ce qu'on sait par l'état des lieux, des traces, de la fillette et de son achèvement. Ou alors l'hypothèse d'avoir servi à essuyer : mais quoi ? Les empreintes ? Pourquoi n'avoir pas utilisé simplement les linges des Drummond ?

Reste une hypothèse : Sir Jack vêtu de clair, gisait près du puisard en bordure extérieure du virage de la route. Le *chef* aurait-il pensé qu'étant très visible en sortie extérieure de virage, il allait être découvert par le premier véhicule de passage et que l'alerte risquait d'être donnée avant que le commando ait pris suffisamment le large. Aurait-il alors décidé de le transporter de l'autre côté de la route ? Les linges auraient servi à l'envelopper pour éviter de se souiller de sang lors du transport ? Dans l'urgence et pour quelles raisons déplacer les corps ? Reprenons donc une synthèse de cette question de déplacements des corps.

Retour sur image

Laissons de côté celui de la fillette qui a été transporté dans la nuit par Gustave ou plutôt Zézé.

1 - Personne n'a vu le corps de Sir Jack de l'autre côté de la route, ni celui de Lady Anne dans les hautes herbes, avant que Gustave ne les signale aux gendarmes qui ne les avaient pas vus en arrivant.
2 - Autour de 6 h 30, Roure, Boyer et Clovis voient un corps allongé près de la voiture entièrement caché sous une couverture.
3 - Vers 6 h 50, Ricard voit un corps au même endroit mais bas des jambes à découvert.

Si on ne considère pas a priori que c'est le corps de Lady Anne, et garde le témoignage de Ricard qu'aucune raison objective ne discrédite, le scénario le plus probable pourrait être le suivant :

1 - Le corps de Sir Jack trop voyant près du puisard, a été ramené très vite dans la nuit près de la voiture et allongé sous une couverture.
2 - Peut-être au même moment, et avant que la rigidité ne fasse effet, le corps de Lady Anne tombée près de la voiture, est transporté dans les herbes, peut-être mis en scène plus tard.
3 - Roure, Boyer et Clovis voient un corps près de la voiture entièrement recouvert qui est celui de Sir Jack et non de sa femme.
4 - Au moment où Ricard arrive, Gustave et Clovis qui s'apprêtaient à transporter le corps de Sir Jack, se précipitent à l'abri dans le thalweg en laissant le bas des jambes à découvert.
5 - Après le passage de Ricard, ils transportent le corps de l'autre côté de la route et le recouvrent d'un lit de camp.

Il s'en suit que seul le corps de Sir Jack a pu être ramené près de la voiture par le commando. Mais il apparaît presque certain que le reste du scénario a été l'œuvre a été de La Gran'Terre. De Gustave sûrement. De Clovis peut-être au moins pour Sir Jack. Mais qui a pu aider pour Lady Anne ?

Reprise

Bartkowski indique que ses comparses avaient emmené trois armes :

- Un « *08 allemand* » que Modesto est allé sortir de sous une aile avant où il était caché.
- Un pistolet mitrailleur « *avec un chargeur courbe* ».
- Une « *sorte de mousqueton* » court avec chargeur.

Formellement, 08 désigne soit le pistolet Luger P 08[1] de calibre 9 mm, soit le Mauser 7,63 mm (cartouches **G** et **I** en photo p. 229). Mais 08 désignait toute arme de poing par référence au modèle le plus courant en Allemagne.

À l'époque, le PM à chargeur courbe peut correspondre soit à l'arme allemande MP 43 ou 44, dite *Sturmgewehr*, de calibre 7,92 (cartouche **E** en p. 229), soit à la fameuse *Kalachnikov* AK 47, de calibre 7,62 x 39, dont la cartouche ressemble à celle du MP 43-44, mais le calibre est un peu plus petit et la douille un peu plus longue[2], mais encore à l'un des PM soviétiques M-1941 ou M-1943.

Enfin, *mousqueton* désigne une arme plus courte qu'un fusil, par exemple le Garand américain moins maniable. Le croquis qu'a fait Bartkowski comporte notamment un petit chargeur droit saillant caractéristique qui pourrait correspondre à une carabine US-M1.

Selon la première déposition de Bartkowski devant la police allemande, les tueurs seraient revenus dans la voiture « *avec les armes* ». Mais il est vrai que, dans sa seconde déposition devant le commissaire Gillard, il dira qu'il ne se peut pas dire formellement si le mousqueton a bien été ramené. Dans la précipitation du démarrage après le drame, son attention n'était pas focalisée sur ce qu'il se passait dans la nuit à l'arrière de la voiture. On peut donc admettre facilement une telle hésitation dans son souvenir, d'autant que le commissaire ne lui dira pas pourquoi il s'intéressait au mousqueton plus qu'aux autres armes. Quoi qu'il en soit, il est indiscutable que la carabine US-M1 trouvée dans la Durance était locale, était sans aucun doute entretenue par Clovis et ne pouvait donc avoir été utilisée et abandonnée par le commando. Indiscutable donc que la fillette n'a pas pu être achevée par le commando.

Une tentative a néanmoins été menée en Allemagne avec le numéro de série. Mais la réponse dira seulement que tellement d'armes ont circulé dans l'immédiat après-guerre, qu'il a été impossible d'aboutir. Aucune demande ne semble avoir été faite auprès de l'armée US, comme le suggérait le commissaire Gillard, pour savoir où cette arme avait été affectée. Mais on a vu que le commissaire Constant a fait une même démarche, en vain[3].

1 08 est la contraction de 1908, date de mise en service, qui serait un *Luger* qui en est la marque allemande la plus courante, qu'on désigne par *parabellum.*

2 Les 43 ou 44 du MP et le 47 du AK désignent les années de première mise en service.

3 À la même question, même par une voie bien introduite, j'ai obtenu la même réponse.

Le repli[1]

Les tueurs auraient regagné la voiture au bout d'un « *quart d'heure* », ce qui semble beaucoup, sauf si le transport de Sir Jack a lieu et en admettant que la voiture ait été fouillée. Mais à nouveau l'appréciation est difficile dans un tel contexte. Lorsque les hommes reviennent au pas de course, Bartkowski, qui avait laissé les portières ouvertes moteur au ralenti, aurait démarré aussitôt. Repartis en direction de Marseille, quelques kilomètres plus loin, à la vue de maisons, il aurait reçu l'ordre de faire demi-tour et il aurait cédé le volant à Modesto (B 91 p. 6). La configuration correspond bien ici au lieu-dit Giropey où il y a un très grand élargissement de la route permettant le demi-tour devant un gros pâté de maisons. Les détracteurs du commando font semblant de croire que Bartkowski aurait fait demi-tour dans la cour de La Gran'Terre, ce qui ne serait en effet guère possible au vu de la configuration des lieux, et ne correspond surtout pas à ce que dit Bartkowski.

Le commissaire s'étonne ici que Bartkowski n'ait pas remarqué au passage le portique de la télébenne à charbon venant de Sigonce qui franchissait la route peu après la ferme Guillermin. À nouveau, de nuit, dans l'espèce d'excitation nerveuse d'un tel moment, la chose n'est pas outre mesure étonnante d'autant qu'il enjambait la route relativement haut et que ses piètements étaient assez éloignés de part et d'autre, donc hors des phares. D'ailleurs le commissaire ne lui a même pas pose de question à ce sujet.

Bartkowski dit qu'en repassant, il a vu « *une petite lumière dans la maison paysanne* ». Bien sûr, on pense tout de suite à la chambre de Gustave et d'Yvette qui ont dit, puis nié, avoir allumé après les coups de feu. Mais, leur fenêtre qui était grande ouverte, était sur la façade opposée, donc parfaitement invisible. En revanche, il y avait une seule petite fenêtre, visible de face en revenant de Giropey, qi était celle de la chambre de Marie. Bien qu'elle ait toujours dit ne pas s'être réveillée et être demeurée en dehors de tout, il est probable que tout le monde se soit levé dès après la fusillade, et ait allumé.

En repassant devant le bivouac, Bartkowski dit que la lumière vue en arrivant n'y était plus. Rappelons aussi qu'après avoir nié farouchement, Yvette et même Gustave ont fini par dire, tardivement et surtout spontanément, avoir entendu, après les coups de feu, deux passages rapprochés de voiture, ce qui correspondrait parfaitement à l'aller et retour de la Buick.

Bartkowski ayant demandé à ses comparses ce qu'il s'était passé, ils lui auraient répondu que ça s'était vite terminé et que ça ne le regardait pas. Et il n'aurait pas insisté. Dans un premier temps, il dira avoir cru qu'il s'agissait d'un simple vol à main armée, et ignorer s'il y avait eu des victimes. Mais, dans son dernier interrogatoire, il précisera que, plus tard à leur retour en Bavière, Modesto lui aurait dit que tous avaient été tués, et c'est alors

1 Terme militaire, après une opération commando.

seulement qu'il aurait pensé à une exécution politique mais sans vouloir en savoir plus.

Plus loin sur le retour, Bartkowski, passé derrière, dira avoir vu un portefeuille, d'où auraient été extraites des espèces en diverses monnaies. Il précise qu'il s'agissait d'un « *grand portefeuille en cuir brun* ». On sait que Jeanine Rolland avait vu de jour, une grande pochette mais en toile beige, tandis qu'aucun portefeuille ni pochette de toile, ni argent liquide, ni papiers n'ayant été retrouvé dans la Hillman ni à Villefranche, il est donc hautement vraisemblable que Sir Jack avait emporté sa pochette. On peut donc imaginer, toujours sans forcer, que Bartkowski, dans la nuit de la voiture, ait induit du *cuir brun* par habitude. En revanche, l'adjectif *grand* sonne juste, car un tel adjectif n'est pas habituel pour un portefeuille. Il dit avoir vu des billets en francs, en dollars et peut-être en *schillings* ? Le PV écrit en même temps *schillings* à la façon germanique et *shillings* à l'anglo-saxonne, car Bartkowski précise qu'il ne sait pas de quelle monnaie il s'agissait. Pour sa participation, Bartkowski aurait alors reçu 50 $ dans la voiture qu'il aurait refusés, préférant des DM. Dans sa dernière déposition où il reviendra sur tout, il dira qu'aucun argent n'a été volé.

Avec le portefeuille, Bartkowski dit avoir vu un collier fantaisie et surtout une bague très particulière. En ce qui concerne le collier, il n'en a jamais été question nulle part. Alors qu'il est également bien décrit et caractéristique, les enquêteurs n'y porteront aucune attention et ne feront donc aucune recherche. Pourrait-il s'agir, par exemple, d'un collier de fantaisie acheté lors de la fête de la lavande ?

La bague au contraire a retenu l'attention. En effet, son chaton aurait été constitué par une montre miniature sur laquelle Bartkowski donne beaucoup de détails et un mauvais croquis peu significatif. Là encore, affabuler serait prendre inutilement un risque considérable, puisque la chose pouvait être vérifiée. C'est seulement lors du supplément d'information que la mère de Lady Anne, Mrs Constance Wilbraham, réclamera une montre qu'on ne retrouvera pas. On a vu que n'avait été retrouvées que des montres bracelets, sans grande valeur. On a vu que le commissaire Sébeille a écrit (oc p. 82) que les Marrian ont affirmé que Lady Anne n'avait pas emporté de bijoux. Et le commissaire Chenevier s'est demandé à juste titre si les Marrian étaient bien informés sur ce sujet très personnel. Contrairement à ce qu'en a inventé William Reymond (oc p. 347 & 348) il n'existe aucune photo de la fameuse bague-montre. La description que donne Mrs Wilbraham n'est guère précise[1], résumant « *montre carrée en métal noir* », elle précise « *sans valeur* ». Mais Mrs Wilbraham connaissait-elle tous les bijoux de sa fille ? À nouveau pourquoi Bartkowski aurait-il inventé un tel bijou qui, introuvable, introduisait au contraire un sérieux doute sur le témoignage ? D'ailleurs, lors de sa dernière déposition, Bartkowski va dire qu'il n'a jamais vu ces bijoux

1 Lettre de *Scotland Yard* n° 178/132/64 en date du 24/10/55 (cote C 323).

qu'il a inventés. Mais c'est au moment où on va voir que, sans même y avoir été invité, il va brusquement changer complètement de stratégie en disant avoir inventé.

En attendant, le retour aurait donc suivi par le même itinéraire. Après avoir passé le volant, Bartkowski aurait dormi jusqu'à Genève. Repartis vers 1 h 20 heure française, ils seraient arrivés à Schaffhouse vers 14 h heure suisse, soit douze heures trente plus tard. Ce parcours étant d'environ 700 km jusqu'à Schaffhouse, cela fait une moyenne un peu supérieure à celle de l'aller, mais à peine plus de 55 km/h, ce qui est tout à fait plausible dans une situation de fuite. Après le déjeuner, « *payé par le Suisse* », détail qui sonne vrai, les quatre comparses seraient arrivés à Lindau vers 19 h. Ici, Bartkowski, toujours décalé d'un jour, dit que « *le lendemain matin mardi 5 août* » (c'était bien le mardi mais 6), ils avaient rendez-vous pour se rendre à Stuttgart afin d'y négocier les bijoux. Mais le rapport ne dit plus rien sur ce point.

À la brasserie du casino de Lindau, Modesto se serait absenté un instant et serait revenu avec 200 DM[1] qu'il aurait remis à Bartkowski en échange des 50 $ refusés dans la voiture. Une importante vérification a été faite auprès du casino. Sans résultat[2]. Mais le rapport conclut qu'il était possible de changer 50 $ n'importe où et très rapidement sans laisser de trace.

Bartkowski dit encore qu'il a fait parvenir une lettre à Solet, boîte postale n° 67 à Lindau. Vérification faite, elle n'appartient pas à Solet, et son locataire, un honorable commerçant, apparaît au-dessus de tout soupçon[3]. Mais comment affirmer que ce commerçant ne servait pas de boîte aux lettres ?

Enfin, lors de son passage en correctionnelle pour ses délits commis en RFA, l'équipée du commando ayant été classée sans suite et donc même pas évoquée, Bartkowski dit que Solet était dans la salle, « *juste derrière* » lui. Il pense que les autres étaient également là car, en sortant, il a aperçu la Buick garée entre deux Mercedes noires[4].

Conclusion

Les dépositions de Bartkowski montrent que, plutôt que d'un affabulateur visionnaire, il s'agit d'un vantard à l'esprit frustre, peu attentif, peu structuré

1 Le change de 1952 était de 4,2 DM pour 1 $. Les deux sommes se correspondent donc à 10 DM près, lesquels pourraient représenter une commission de change.

2 Les personnes ayant fait des opérations de change ont été mises hors de cause. À ce sujet, il faut rappeler que la possession et le change de devises sont alors très règlementés et surveillés. On ne pouvait changer dans aucun établissement (banques, hôtels, casinos, etc) que sur présentation de son passeport et d'une preuve que ces devises étaient détenues de façon licite dans le cadre des contingents autorisés pour chaque déplacement à l'étranger. Les dollars en question n'auraient donc pas pu être changés officiellement au casino. En revanche, n'importe qui, à l'époque, était preneur de dollars sous le manteau, à commencer par le caissier du casino, soit pour lui-même, soit au titre de la caisse noire que tout casino tenait pour pouvoir satisfaire certaine clientèle, ici notamment les GI.

3 PV du commissaire Gillard en date du 18/12/52 p. 5 (hors cote, annexé à la cote B 92).

4 PV n° 427 du commissaire Gillard en date du 20/11/52, p. 11 (cote B 88).

et à la mémoire fragmentaire. Ce qui correspond bien à ce qui se sait du personnage. À part les linges et la bague-montre, et encore pas de façon formelle, il ne contient aucun élément rédhibitoire, en comparaison de l'ensemble et de détails exacts impossibles à inventer[1], et au contraire de ce qu'en conclut commissaire Gillard avec ses arguments inappropriés à la situation et aux lieux qu'il ne connaît pas.

L'argument selon lequel l'intervention d'un commando relèverait du genre romanesque sinon rocambolesque, n'exclut pas qu'elle puisse être vraie. L'importance mondiale des divers services d'espionnage et de contre-espionnage comme l'ex-KGB ou la CIA, - surtout en pleine période de guerre froide -, sans parler d'espionnage industriel, est là pour montrer qu'une très grande activité se déroule en permanence dans d'épaisses zones d'ombre, même si les exécutions ne sont pas, et heureusement, aussi courantes et spectaculaires que dans les romans et les films. Pour ce qu'on en sait, les assassinats au parapluie, au polonium ou au gaz toxique en plein Londres sont au moins aussi rocambolesques, sans parler du commando venu d'Arabie saoudite par avion privé assassiner Khashoggi à Istanbul avant de remporter son corps démembré.

Bien sûr, il demeure formellement exclu qu'Élizabeth ait pu être achevée par le commando. En fait, c'est ce point qui va peser de façon définitive dans la décision de classer les aveux de Bartkowski comme affabulation. En effet, du point de vue des policiers et du juge en décembre 1952, la piste du commando semble anéantie purement et simplement par la présence du morceau de crosse près de la tête de la fillette, le repêchage de la carabine, et son bricolage avec un collier local[2]. Mais en ce qui concerne les parents, on a montré que les seuls présents à La Gran'Terre ne permettaient pas de rendre compte non seulement d'un mobile crédible, mais que bon nombre d'éléments importants étaient laissés de côté comme le tir à la hanche, l'efficacité des tireurs, l'atmosphère de peur et d'interdit, la partie de mistigri entre les membres de la famille, enfin le refus de la police, de la justice et de la défense de laisser émerger certaine vérité. Or on voit déjà comment une intervention du commando va pratiquement permettre à presque tous les éléments laissés de côté, de trouver place de façon cohérente en donnant un puzzle complet.

En attendant, après ses comptes rendus d'interrogatoires, en date du 24 novembre, le commissaire Gillard fait un rapport à sa hiérarchie (cote B 91), c'est-à-dire au commissaire Chenevier. Malgré ce qui demeure de ses interrogatoires, le commissaire Gillard, oubliant Frantz, les Russes et l'enlèvement de Krammer, penche pour l'hypothèse du crime fortuit ayant eu le vol pour mobile. Il se demande lui aussi au passage si les Marrian étaient bien informés sur l'état des valeurs et bijoux emmenés par les Drummond.

---

1 Ils ne sont pas mentionnés par Jean-Louis Vincent.

2 Jean-Louis Vincent considère ce seul collier comme preuve formelle de l'affabulation.

Mais il ne parle pas d'argent volé. Il pense que le projet de casse à Marseille a été abandonné après le drame parce que devenu trop risqué. La découverte du triple crime pouvait déclencher une surveillance des routes et rendre surtout les frontières plus difficiles à franchir. Mais qu'on y pense à nouveau, un projet de casse à Marseille, par des malfrats venus de Bavière serait cette fois et pour l'époque, une grande première et une vraie curiosité unique en son genre. Cela ferait un polar vraiment rocambolesque et bien peu crédible. On ne connaît aucun exemple d'expédition aussi lointaine en pays étranger. Et il serait donc aussi peu probable qu'elle ait pu déclencher, avec les moyens de l'époque, une réaction assez rapide et générale pour barrer les routes et verrouiller les frontières avant le lendemain. Et quelles frontières d'ailleurs ? Et seulement pour un casse de bijouterie ? Là, soyons sérieux.

Le commissaire se demande bien sûr ce que les tueurs auraient bien pu faire avec les *linges*. Il émet alors l'hypothèse qu'un *vol* aurait pu survenir entre l'heure du crime et l'arrivée des gendarmes, ce qui est également hautement improbable. S'ils n'ont pas été remportés et s'ils étaient tachés de sang, plus vraisemblable serait que La Gran'Terre les ait disparaître comme le reste.

Il retient aussi sans s'étonner que la Buick se soit éloignée de 200 m du lieu du drame, ce qui aurait en effet rendu difficile une fuite immédiate en cas de nécessité.

Ni pendant les interrogatoires, ni dans les propositions de vérification, le commissaire ne se préoccupe de savoir s'il pourrait y avoir eu un commanditaire. En effet, malgré ce qu'a dit Bartkowski d'un engagement par les Soviétiques et de l'affaire Krammer, le commissaire ne suggère à aucun moment qu'il pourrait s'agir d'une opération visant personnellement Sir Jack, ce que pourtant Bartkowski va, plus tard, dire à Jean-Charles Deniau et Madeleine Sultan.

Faisant enfin état des points qui « *cadrent* » et de ceux qui lui apparaissent comme « *invraisemblables* », le commissaire demande de « *nombreuses vérifications* ». Quelques-unes sont menées auprès de la Légion et en Allemagne. Également tamponnées secret, elles viennent du Haut-commissariat sous la signature d'un certain Jean Calen, contrôleur de la Sûreté, dont les lettres portent les cotes 92, 93 & 94. Le commissaire Gillard demande que la police judiciaire tente de rechercher des témoins en France, qui auraient pu croiser cette voiture inhabituelle. Vérification dont il n'y a aucune trace. De même, aucune trace de vérifications au long de l'itinéraire. Le commissaire ne connaissant pas les lieux du drame ni sa région, ni toute la longueur de l'itinéraire, surtout proche, il faut donc que les vérifications aient été menées par des gens sur place. Pour ce faire il n'y avait que le juge pour les ordonner, et des policiers ou gendarmes pour les effectuer. Or aucune pièce du dossier (ni commission rogatoire, ni PV) ne concerne la moindre de ces vérifications. De plus, il est évident que des vérifications auraient dû être très rapidement menées. Or à cette époque il n'existait aucun des moyens dont on dispose aujourd'hui.

En effet, après l'envoi de son rapport du 24 novembre, le commissaire rentre à Paris pour s'occuper des vérifications qui n'ont pu avoir lieu dans un temps aussi court, après chaque interrogatoire. ne concerne la moindre de ces vérifications. De plus, il est évident que ces vérifications auraient dû être. Pour ce faire, il n'y avait que le juge pour les ordonner, et des policiers ou des gendarmes pour les effectuer. Or aucune pièce du dossier (ni commission rogatoire, ni PV) très rapidement menées à une époque où il n'existait aucun des moyens dont on dispose depuis. Et dès le 9 décembre, la lettre signée avec le compte-rendu de mission et les conclusions des Affaires criminelles signée de son patron Chenevier, est prête à l'envoi. Ce qui prouve bien qu'aucune vérification n'a eu le temps d'être mise en œuvre. Et voilà que l'envoi est différé. Pourquoi ? Parce que le commissaire Gillard est retourné à Stuttgart. À nouveau pourquoi ? On va le comprendre : le 13 décembre, le commissaire envoie une lettre à son patron, puis mène un dernier interrogatoire de Bartkowski le 18[1], viennent encore une lettre du 22 et enfin une dernière du 24. Ces trois lettres et le PV sans cotes, se trouvent au nombre des pièces jointes au dossier transmis le 9 décembre. En attendant de discuter de cette nouvelle anomalie, voyons ce dernier interrogatoire du 18 décembre.

Le désaveu final

Le 18 décembre, le commissaire est donc venu demander à Bartkowski de récapituler ses aveux. Point par point, celui-ci va d'abord confirmer sa version. Puis voilà que, d'un seul coup et sans trace de la moindre pression du commissaire, à la suite d'une question banale, Bartkowski désavoue l'ensemble qu'il dit avoir complètement inventé. Admettons et analysons.

D'abord, ce ne sont pas les vérifications qui le font craquer. Même sommaires et discutables pour celles qui sont connues, il n'y a pas trace au PV que le commissaire les lui ait au moins exposées sinon opposées lors de l'interrogatoire. Et la brusquerie même du changement de stratégie survenant sans raison apparente ni pression, après un mois d'une application constante à tenter de faire accréditer son histoire, ne semble pas poser question au commissaire. Et, la raison que Bartkowski invoque pour changer de stratégie ne lui pose pas plus question. Bartkowski dit seulement avoir voulu se faire « *passer pour fou* ». Or il n'est nul besoin d'être professeur de psychiatrie pour se rendre compte, de simple bon sens, qu'inventer une telle histoire ne peut en aucune façon passer pour un signe de folie. En s'avouant fou, Bartkowski contreviendrait au principe même du fonctionnement d'une psychopathie. En effet, on sait que les psychopathes nient toujours farouchement toute pathologie. En revanche, Bartkowski sait fort bien qu'à avoir ainsi fait perdre son temps à la police allemande, et fait déplacer un commissaire français, il

1 PV n° 465, daté du 18/12/52 (joint sans cote à la cote B 91).

risque au contraire d'indisposer les polices sinon les justices des deux pays. Ce qui revient exactement au contraire du but qu'il dit avoir poursuivi.

D'autre part, le commissaire Gillard oublie dans le même temps, que le premier aveu de Bartkowski n'est pas venu d'une décision spontanée. Il est advenu au bout de deux mois, amené par les vérifications des policiers allemands et de longs interrogatoires autour d'un trou de trente-six heures dans son emploi du temps des 4 et 5 août. Et le commissaire oublie aussi que, dans le cas où tout aurait été inventé, ce trou ne s'en trouve pas comblé pour autant, et demeure même d'autant plus béant. Le commissaire Gillard rend compte en demandant que d'autres interrogatoires et investigations soient poursuivis, notamment il propose cette fois une confrontation avec Gustave. Mais il n'y sera pas donné suite, et on se doute pourquoi. D'ailleurs le commissaire n'y reviendra pas, changeant par la suite d'attitude et même de version de cet épisode, en contredisant ses propres lettres, avis et rapports.

Enfin notons un fait qui a échappé : le revirement de Bartkowski du 18 décembre, est déjà annoncé par le commissaire Gillard dans sa lettre en date du 13 décembre à son patron Chenevier, soit cinq jours avant d'en avoir reçu l'aveu. Qu'en penser ? Pour répondre, il faut revenir à la date de transmission du dossier à Digne. Mais en attendant voyons la suite que cette mission Gillard a laissé dans les archives de la justice allemande.

Ultimes dérobades

Le parquet de Stuttgart interrogé par lettre du 10 avril 2008, sur la possibilité de consulter le dossier archivé au sujet de l'incident Bartkowski, a aimablement répondu, en français, de transmettre la demande, avec « *avis favorable* », à la chancellerie de Bonn. Le procureur de Bonn a répondu le 18 juin, sèchement et en allemand, qu'il n'y avait pas de dossier concernant un Bartkowski impliqué dans une affaire criminelle en France. Après un rappel courtois et circonstancié, demandant seulement à consulter les interrogatoires de la police de Stuttgart entre le 12 novembre et le 18 décembre 1952, le procureur, par lettre du 16 septembre, répétait sèchement sa première réponse en conseillant de chercher ce qui concernait cette affaire dans les articles de la presse allemande. Dont acte.

Au contraire de ce qu'écrivent Jean-Charles Deniau et Madeleine Sultan (oc p. 280) sans l'avoir vérifié, mais comme l'avait écrit le commissaire Gillard lui-même, la presse allemande a peu rendu compte de l'affaire, et de façon très sommaire. Surtout, elle n'a donné aucun des détails vérifiables que Bartkowski aurait donc dû inventer.

Il apparaît ainsi de façon évidente, que la justice allemande comme la française, refuse toujours de laisser consulter ce dossier. Devant la généralité des refus ou des renvois dans des chemins de traverse, il faut une singulière résistance à l'idée d'une conspiration, au moins du silence. Certes il apparaît qu'il existe toujours, objectivement, une raison d'État à cette attitude, et sans doute commune à la France, à l'Allemagne et à l'Angleterre sinon bien sûr à la Russie. Mais aujourd'hui il ne s'agit plus d'éviter, comme dans les années 50, de jeter de l'huile dans le feu couvant de la guerre froide, en mettant en cause un service de l'Est dans ce massacre. S'agirait-il alors tacitement, d'une même volonté de couvrir une attitude de l'époque face au communisme alors triomphant.

Est-ce aussi pour cette raison que la mise en question dans cette expertise, du rôle du Parti communiste que tous les éditeurs, sauf l'Harmattan bien sûr, à qui j'ai envoyé le manuscrit, n'ont même pas répondu. Silence radio.

Avec le déni de mémoire, ces attitudes sont donc toujours opérantes aujourd'hui. Mais laissons ces mauvais procès et continuons avec les faits.

Retour sur la date de transmission du dossier

La lettre d'envoi du commissaire Chenevier à Digne porte donc la date du 9 décembre 1952. Outre toutes pièces cotées jusqu'au rapport du 24 novembre, il contient donc quatre pièces sans cote : une lettre 13 décembre, le PV du dernier interrogatoire du 18, une lettre du 22 et une dernière lettre du 24.

Le fait que l'envoi contienne ces documents postérieurs sans cote, montre que l'envoi n'a pas pu avoir lieu le 9, mais au plus tôt après le 24. D'où deux possibilités :

-Soit il y a erreur de frappe et il pourrait s'agir du 29 et non du 9.

-Soit il y a eu décision de différer l'envoi.

Faute de pouvoir vérifier les dates d'enregistrement sur les cahiers de courrier-départ des Affaires criminelles, et courrier-arrivée au greffe de Digne, le fait que les quatre pièces postérieures au 24 novembre ne portent pas de cotes, et que le commissaire Gillard soit retourné à Stuttgart début décembre, incline donc à penser qu'il y a plutôt eu décision de différer l'envoi. S'agissait-il du besoin de modifier les conclusions du rapport du 24 novembre ? Rappelons que celles-ci non seulement ne retenaient pas une affabulation, mais que si les dépositions de Bartkowski s'avéraient exactes, elles expliqueraient peut-être le comportement et les mensonges de Gustave. Ce qui montre que le commissaire Gillard connaissait mieux l'état de l'affaire que des lieux. Car, à l'époque de la mission, Gustave est en prison pour non-assistance à la fillette. Le commissaire proposait donc de le confronter aux dires de Bartkowski, afin de voir si cela lui permettrait d'avouer être allé sur les lieux, sans avoir peur d'être accusé des meurtres.

Le commissaire Chenevier aurait-il jugé ces conclusions inacceptables ? Mais les pièces sans cotes semblent dire qu'on lui aurait demandé de les revoir. S'il y a donc eu décision de sursoir à l'expédition, elle ne peut venir que de plus haut ou de *plus loin*.

De *plus haut* est officiel, c'est le préfet de police donc son ministre, peut-être en concertation avec les Allemands et les Anglais. Mais pourquoi ?

De *plus loin* est officieux, suggérant que le rapport de la mission serait parvenu à qui était intéressé à enterrer cette piste d'un commando missionné par un service de l'Est. Et à ce propos il faut rappeler que le résistant

Chenevier avait été déporté à Neuengamme[1]. Là, il s'était retrouvé avec des résistants communistes. Et sans lui faire aucun vilain procès, avait-il sans doute gardé des liens personnels. Aurait-il alors pu être *touché* par d'anciens camarades de résistance et/ou compagnons de déportation ?

Sans une intervention, pourquoi aurait-il décidé de renvoyer son adjoint Gillard à Stuttgart après avoir validé ses conclusions et le dossier ? Fallait-il amener Bartkowski à se rétracter ?

Or Bartkowski était alors en prison, et passait en correctionnelle pour ses délits. Le commissaire a-t-il pu le voir de façon informelle avant sa lettre du 13 décembre annonçant déjà la rétractation ? Est-ce là que Bartkowski dira au commissaire que ses comparses sont dans la salle pendant les audiences ? Présence dont le sens n'a pu échapper au commissaire qui a dû en tirer argument. Il attend donc la fin du procès pour pouvoir réinterroger officiellement Bartkowski le 18 décembre. Et voilà que celui-ci se rétracte comme prévu dès la lettre du 13.

Il apparaît donc, de façon strictement objective, que les Affaires criminelles n'envoient le dossier, avec des pièces non cotées et postérieures aux premières conclusions, que lorsque Bartkowski s'est rétracté. Et par prudence, le tampon *SECRET* en rouge s'imposera aux magistrats et policiers.

Rappelons qu'*in fine*, Bartkowski dira qu'il a tout construit à partir d'une brève conversation surprise à la brasserie de l'auberge *Zum Engel* de Lindau. Attablé à côté de lui, un couple inconnu aurait évoqué l'affaire. Admettons. Mais qu'on imagine le niveau d'information que ces gens, qui ne connaissaient sans doute ni les lieux, ni plus précisément le déroulement du drame que ce qui s'en publiait à cette date dans la presse allemande, a pu développer en évoquant la chose à une table de bistrot en Bavière. Et, si Bartkowski était complètement étranger à cette affaire, pourquoi y porter attention à ce moment-là ? Mais admettons encore. Rappelons d'abord qu'il n'y avait pas de télévision et donc guère d'autres images que quelques mauvaises photos en noir et blanc dans la presse ou les actualités filmées. Ensuite, l'information parlait d'un triple meurtre. Or Bartkowski va dire ne pas savoir réellement s'il y avait eu des victimes ni combien, et il ne parle pas de la fillette qui était pourtant la victime la plus médiatisée. La presse avait aussi dit que cela s'était passé près d'une grande ferme que Bartkowski va dire n'avoir pas vraiment vue ni surtout si proche. Elle parlait encore d'un pont de chemin de fer, mais Bartkowski dira ne rien savoir d'une voie ferrée. Et il va même préciser avoir voulu connaître d'autres détails, mais en avoir vainement cherchés. Encore une fois pourquoi, s'il y était étranger ? Il a encore précisé qu'en prison la presse criminelle était censurée. Et à nouveau, pourquoi diable s'y intéresser encore ? Comme cette conversation dans la brasserie se passait avant qu'il ne soit arrêté, si Bartkowski n'était pas allé à Lurs dans la nuit en

1 *Le Monde* du 31/08/1983. Membre de l'AS, il avait été arrêté et torturé en 1943 avant d'être interné à Neuengamme d'où il s'évadera en avril 1945. Aujourd'hui documenté sur Internet.

question, aurait-il prêté attention à ce drame et aurait-il recherché des informations dans le but de se faire passer pour fou pour le cas où il serait arrêté ? C'est inverser l'ordre de la cause et des effets et ça n'a donc aucun sens. Et pourquoi se serait-il dénoncé au bout de plus de deux mois d'interrogatoires, puis aurait-il détaillé l'opération pendant plus de deux autres mois, avant de se rétracter pour une raison invraisemblable ? C'est tout simplement absurde.

Mais admettons encore. Il aurait donc tout inventé de l'itinéraire et d'un lieu du drame situé à quelques 100 km de Marseille. Là, au moins, on peut être sûr qu'il n'a pas lu ce détail dans la presse allemande. Car, comme le montre notamment le documentaire de Jean-Charles Deniau et Madeleine Sultan, la distance de Lurs à Marseille donnée par les journaux allemands était de « *70 km* ». Mais admettons toujours. Pour quelqu'un qui aurait tout inventé, on a pu voir que Bartkowski montrerait certains dons réellement divinatoires. À nouveau, qu'on essaie de se mettre dans la situation d'affabuler dans les mêmes conditions, et qu'on tente de construire un scénario sur un crime auquel on est totalement étranger, en un lieu inconnu, de nuit et à 800 km de chez soi à travers un autre pays, et qu'on juge si ce qu'on va produire comme description d'itinéraire, des lieux avec croquis, et du déroulement du drame, peut avoir la moindre chance de correspondre, même de très très loin, à une certaine réalité. Qu'on essaie…

Contrairement à ce que le commissaire Gillard va dire en 1965, et ce qu'on peut lire chez les détracteurs du commando, à aucun moment il n'a écrit que Bartkowski avait affabulé dans l'espoir de se faire extrader en France, bien au contraire. D'abord le commissaire expose le cas juridique : l'éventualité de son extradition n'est pas envisageable avant que Bartkowski n'ait été jugé en RFA, et qu'il y ait purgé sa peine pour ses délits. Ensuite, le commissaire écrit expressément dans son rapport du 24 novembre 1952 (B 91) :

> « *Dès qu'il apprit qu'il était susceptible d'être transféré en zone française d'occupation, il commença à avouer des forfaits divers, commis en zone américaine, car il affichait une forte crainte d'être livré aux Français.* »

En fait, la police allemande, qui n'était pas territorialisée selon les zones d'occupation, a arrêté Bartkowski en zone américaine près de Lindau, et c'est au moment de son transfert à Stuttgart, en zone française, que Bartkowski a manifesté sa crainte. Lors de son interview par Jean-Charles Deniau et Madeleine Sultan, il confirmera encore que le commissaire l'avait rassuré sur ce point. Quoi qu'il en soit, une fois le rapport du 24 novembre démenti par le dernier interrogatoire, le dossier augmenté des quatre pièces postérieures et sans cotes, est transmis à Digne avec la date inchangée d'enregistrement initiale du 9 décembre ce qui, au passage, n'alertera personne.

ET APRÈS ?

Au cours des enquêtes et procédures puis du procès de Gaston, personne ne soufflera mot du commando. N'y feront allusion ni les policiers, ni le parquet général d'Aix-en-Provence, ni le parquet de Digne, ni le juge Périès, ni la Cour d'assises, ni les commissaires Chenevier et Gillard, ni la Cour de cassation, ni enfin le juge Carrias dans son ultime ordonnance de non-lieu. Pas plus que la défense d'ailleurs, ne s'en servira, ni les recours divers jusqu'à l'entrée en scène de William Reymond en 1995. On l'a dit, seul le commissaire Constant y consacrera une seule phrase dans un rapport à son supérieur Harzic (cote D 178), mais sans justifier la fermeture de cette porte dérobée. Point final.

Jacques Chapus connaissait très bien Gillard avec qui il déjeunait souvent lors du procès de Gaston[1]. Or le commissaire Gillard ne lui a jamais soufflé le moindre mot de sa mission, ni au passage, de la raison de sa présence au procès. Enfin, lorsqu'il s'exprimera publiquement en 1954 puis en 1965, il dira des choses inexactes assorties d'un avis contraire à celui de son rapport de 1952. Il accréditera ainsi, contre ce qu'il en avait expressément écrit dans son rapport, la dernière version d'un Bartkowski affabulant dans le but de se faire extrader vers la France. Devant un tel *enterrement* et avec autant de mauvaise foi, il devient légitime d'au moins lui chercher une raison crédible.

Avant que William Reymond ne débusque cette partie du dossier restée au secret, puis que Jean-Charles Deniau et Madeleine Sultan ne retrouvent Bartkowski en 2003, l'enquête de Stuttgart et la mission Gillard auront quelques échos postérieurs tous demeurés sans suite :

- La lettre interne d'un certain Hayer Millar du 8 octobre 1953,
- L'article paru dans *L'Aurore* du 17 juin 1954,
- L'article paru dans *Carrefour* du 23 mars 1960,
- L'article paru dans *France-Soir* du 22 juin 1965.

Voyons-les donc, sauf l'article du journaliste Bernard Cabanes, avec trois pleines pages dans *Carrefour* n°810 du 23 mars 1960 que nous avons déjà développé et analysé, sauf à redire que, pas plus que les autres, il n'éveillera le moindre écho.

La lettre de Hayer Millar du 8 octobre 1953

Précisons que cette lettre de service n'a pas été connue avant sa publication sans mention de source sur un site Internet d'Alain Dominici, aujourd'hui fermé. Mais il n'en a été publié que la première page. Le scanner de la lettre apparaît comme conforme à ce que pouvait être un document de l'époque. En anglais bien sûr, la lettre émanerait de l'agent d'un service de l'armée britannique à destination du *Foreign Office*, Hayer Millar, désigné comme

1 Jean-Charles Deniau et Madeleine Sultan (oc p. 77), et Jacques Chapus ne s'en est jamais caché.

officier, qui n'est pas connu ni documenté. Il indique d'entrée que les déclarations de Bartkowski, alors en prison, lui « *paraissent exactes* ».

Mais elles contiennent déjà une petite erreur de date, puisque la lettre dit que Bartkowski est resté en liberté seulement sept jours après le drame, alors qu'il a été arrêté à peine quatre jours plus tard. Ensuite, la phrase principale[1] dit que Bartkowski « *confesse* » être le meurtrier de la petite Élizabeth, et seulement complice du meurtre de ses parents. Or, ce point contredit formellement tout ce qu'on a vu de ses dépositions devant la police allemande et le commissaire Gillard. Quoi qu'il en soit, cette démarche de Bartkowski pose deux questions : pourquoi s'est-il adressé à un officier britannique, et pourquoi diable s'accuse-t-il ainsi ?

Comme il est impossible qu'il puisse être le meurtrier de la fillette, cette fois on peut être certain qu'il affabule. Mais dans quel but ? Pourquoi continue-t-il à vouloir se mouiller à ce point dans cette affaire. Au lieu de se débarrasser a priori de toute explication en le traitant de psychopathe mythomane, il faut au moins voir s'il est possible de trouver un motif vraisemblable à cette démarche.

Que pouvait donc espérer Bartkowski en venant aiguillonner les Anglais après avoir échoué avec les Français ? Quoique le commissaire Gillard ait par la suite prétendu le contraire, rappelons que son rapport de 1952 précise expressément que Bartkowski avait peur de se faire extrader. Et on le comprend, le risque en France, comme en Angleterre d'ailleurs, étant infiniment supérieur aux douze ans de prison qu'il purgera en RFA pour ses divers délits. Il ne lui restait donc qu'un espoir de remise de peine ou son aménagement en RFA, en l'échange d'un témoignage permettant d'arrêter les vrais meurtriers, arrestation qu'il pouvait penser mieux intéresser les Anglais s'il s'accusait du meurtre de la fillette.

Le fait est qu'il n'y sera donné aucune suite, du moins connue, malgré l'avis favorable d'Hayer Millar. Et surtout, les médias ne sauront rien de cette démarche, inconnue avant sa mise en ligne sur Internet et méconnue après. Cette démarche recoupe cependant deux articles parus l'un dans *L'Aurore,* l'autre dans *France-Soir*.

L'article paru dans *L'Aurore* du 17 juin 1954

Jean-Charles Deniau et Madeleine Sultan (oc p. 77 & 78)[2], font les premiers référence à cet article paru en page 10, intitulé :

---

1 La phrase anglaise est d'ailleurs bancale, le *be* manque dans « *In this statement Bartkowski confesses to* (be) *the murder of the Drummond's daughter and to being an accessory to the parents'murder.* »

2 William Reymond (oc p. 343 & 344) met cet article de 1954 au 17 juin 1965 dans *France-Soir*, c'est tout dire de sa rigueur. De plus il invente des choses qui ne s'y trouvent pas : selon lui, l'information aurait été donnée par les forces américaines stationnées à Orléans ; il cite également les noms de Modesto, Soled et Moradis qui auraient été arrêtés sur les

« *Trois Polonais incarcérés en Allemagne, se seraient accusés du crime de Lurs !* »

L'article, sans signature ni mention de source, dit que ces trois Polonais auraient été arrêtés par les forces américaines d'occupation, et qu'ils s'accusent du triple assassinat des Drummond. On y lit ensuite que la Sûreté nationale fait savoir qu'elle a entendu en 1952 un certain *Partowski* (sic) emprisonné à Hambourg, lequel s'accusait du meurtre de la petite Élizabeth. Elle dit avoir démontré que ces aveux étaient fantaisistes, et que ce Partowski espérait seulement pouvoir s'évader au cours d'un transfert. Affaire classée.

L'arrestation par les Américains semblerait confirmer que les hommes dépendaient de leur autorité en RFA, donc qui d'autres que des G.I. ? Et si tel est le cas, on notera l'habileté machiavélique du service soviétique à avoir recruté des G.I. dévoyés pour l'exécution de Sir Jack. Rappelons que l'Humanité avait parlé, dès le départ, d'une affaire entre services anglais et américains. D'où lui venait cette idée ?

Et pourquoi les informations citées dans cet article comme émanant de la Sûreté nationale, sont-elles toutes inexactes ? Ainsi ces trois hommes n'étaient pas polonais. Ensuite Bartkowski lui-même, qui n'était pas polonais malgré son nom, n'était pas incarcéré à Hambourg mais à Hagen[1]. Enfin, la mission Gillard ne dit jamais que Bartkowski se serait prétendu meurtrier de la fillette, ni même des parents, ayant seulement fait office de chauffeur. C'est seulement en septembre 1953, que Hayer Millar écrit qu'il *confesse* le contraire, mais cette lettre était censée inconnue. Il faut noter que cette information de presse est survenue en pleine instruction, à six mois du procès de Gaston. Et elle n'a éveillé aucune curiosité des autres médias pourtant à l'affût de toute source de scoop. Mais on comprend mieux la fin de non-recevoir manifestée par l'instruction comme par la défense car le *livret* semblait alors avoir été bouclé avec un accord au moins tacite de tout le monde, de ne pas faire état de la mission Gillard.

Afin de tenter de vérifier cette *information*, j'ai demandé à consulter les archives de la Police nationale en précisant bien ce que je cherchais, c'est-à-dire seulement ce qui concernerait cette arrestation des trois membres du commando. Les archives nationales de Fontainebleau ont répondu qu'il existait bien un dossier archivé de la mission Gillard[2] avec des pièces allant « *jusqu'en 1959* » ! Hélas l'autorisation de les consulter m'a ensuite été refusée, y compris après appel auprès de la CADA (Commission d'accès aux

---

indications fournies par Bartkowski. Tous éléments qui ne se trouvent pas dans l'article en question.

1 Hagen est une ville d'Allemagne située dans le land de Rhénanie-du-Nord-Westphalie. La ville est située à environ 15 km au sud de Dortmund. Donc rien à voir avec Hambourg.

2 Dossier Wilhelm Bartkowski n° 191334 et dossier Charles Gillard n° 699448 (microfilmés 2005/65 MI 3). Ces références sont données ici à tout hasard pour aider celui qui pourrait obtenir la dérogation. Jean-Louis Vincent, pourtant ancien de la maison, n'a pu avoir mieux. Même genre de refus du côté des archives de la gendarmerie.

documents administratifs), et malgré la dérogation que m'avait déjà accordé le président du Tribunal de grande instance de Digne, me permettant de consulter les archives judiciaires. On ne voit pas la logique de ce refus, mais on comprend pourquoi certains en tirent l'argument d'un complot d'État destiné à continuer d'empêcher certaines informations de venir au jour. Car la question intéressante est de savoir qui avait fait passer cette *info* dans *L'Aurore*[1], quotidien très à droite, et dans quel but ? Était-ce un nouveau petit caillou visant à éveiller l'attention, juste avant le bouclage de l'instruction ? Quoi qu'il en ait été, peine perdue.

L'article paru dans *France-Soir* du 22 juin 1965

Onze ans tard, et après la mort de Gaston, *France-Soir* publie en page 9 un petit article anonyme intitulé :

> « *Lurs : un Allemand m'a avoué avoir tué les Drummond.* »

L'article fait parler un certain Jack Burton[2] qui justifie ainsi son intervention tardive[3] :

> « *Je n'ai rien pu révéler en 1952, car j'étais lié par mon serment d'officier... Un Allemand, Wilhelm Bartkowski, condamné à douze ans de prison pour cambriolages à main armée, m'a avoué avoir participé au meurtre de la famille Drummond.* »

Jack Burton prétend avoir interrogé Bartkowski avec le commissaire Gillard, mais ce n'est nulle part mentionné dans les documents français. Burton serait-il venu à Stuttgart avec le même genre de mission côté britannique et comme elle tenue au *SECRET* ? Le commissaire Gillard contacté aurait éludé en répétant seulement :

> « *Aucune déposition n'a fait état de la présence d'Allemands dans la région à l'époque du crime.* »

À la suite de cet argument, sinon comique pour le moins surprenant, il aurait ajouté :

> « *Bartkowski aurait été loué comme tueur à gages, avec deux autres Allemands et un Polonais. Or, ce n'est pas l'habitude des criminels crapuleux de requérir des tueurs à gages.* »

D'abord, le commissaire semblait avoir oublié les nationalités que lui avait donné Bartkowski en 1952. Mais au contraire de ce qu'il affirme, il est tout à fait dans l'habitude des *criminels crapuleux* d'avoir recours à des tueurs à gages. En revanche, le commando n'a pas opéré dans un but crapuleux. A

1 Le quotidien ayant disparu en 1985, toute recherche de ce genre est très difficile.

2 Personnage pas documenté. Rien à voir, bien sûr, avec le héros du film *Jack Burton dans les griffes du mandarin* de John Carpenter en 1986.

3 Emprisonné dans la prison allemande de Hagen, sous condamnation de droit allemand, Bartkowski ne relève pas des juridictions françaises ou britanniques. Mais le crime dont il s'accuse a été commis en France et concerne une famille anglaise. Par hypothèse, c'est donc à ce titre seulement que, s'il peut solliciter son audition par les Britanniques, mais en présence des Français et bien sûr des Allemands.

minima, on se demande pourquoi le commissaire Gillard dément avec d'aussi piètres arguments. Et hélas, après leur prétendue capture par les Américains, impossible à vérifier comme impossible de trouver la suite qui aurait été réservée aux trois prisonniers.

Les interviews de Bartkowski en 2004

L'avantage d'être journaliste c'est de pouvoir mener le genre d'investigation que Jean-Charles Deniau et Madeleine Sultan ont poursuivie à la recherche de Bartkowski et jusqu'au KGB. Le compte rendu de ces retrouvailles en 2004, est rapporté dans leur ouvrage (oc p. 275 & sq) et dans leur documentaire TV. Bartkowski est devenu un vieil homme, SDF assez sympathique qui se défend de boire et de fumer. Comme beaucoup de ces gens confrontés à des représentants de la société dont ils se sentent exclus, c'est leur manière de se créer une dignité destinée à donner une certaine crédibilité à leurs dires. Mais aussi, comme la plupart de ses congénères, il livre un flot de choses en vrac où il est difficile de séparer le plausible de l'invention.

Ainsi, d'entrée de jeu, le voilà qui commence par raconter qu'il se serait trouvé en voiture sur l'itinéraire de Lady Diana le jour de l'accident, qu'il qualifie de meurtre perpétré par les services de la Reine. Thèse du complot bien connue. Jean-Charles Deniau et Madeleine Sultan font immédiatement un parallèle, - mais vraiment trop primaire soit dit en passant -, entre Lady D(iana) et Lady D(rummond), avec, dans les deux cas, un Bartkowski présent dans une voiture, non meurtrier, mais simple témoin d'une exécution par des services. Et ils y voient la manifestation d'une mythomanie très singulière : Bartkowski fantasmerait sur ce genre de situation. Peut-être. Mais, à nouveau, n'est-ce pas un peu simpliste. Car une mythomanie qui ne se manifesterait que deux fois en quarante ans, n'est guère significative d'un syndrome récurrent.

Immédiatement, il poursuit avec « *un Anglais et sa famille qui ont été tués en France* ». Mais devant le flot difficile à traduire, Jean-Charles Deniau et Madeleine Sultan changent de lieu d'interview. Et là, ils commencent par le faire parler de son enfance et de son adolescence, confirmant ainsi l'origine de son manque de structures et de repères. De toute sa famille, il se dit « *seul survivant* ». Il dit encore avoir épousé deux femmes riches qui sont mortes toutes deux, l'une étant une Van Lippe. Ce qui est bien le genre d'invention sociale courante chez ce type de personnage. Il poursuit en prétendant avoir possédé une voiture et être allé partout. « *Ils* » ont voulu savoir ce qu'il faisait et l'ont arrêté en Italie, en Espagne, au Portugal et à Gibraltar, mais pas en Angleterre. Conduire une voiture semble demeurer le seul élément marquant de sa vie, une sorte de vocation. Il s'était déjà dit « *le meilleur* » devant le commissaire Gillard, et continue à s'en vanter. Mais il apparaît qu'il n'a sans doute jamais possédé de voiture, il n'a donc fait que conduire pendant ses activités délictuelles.

Il enchaîne en niant avoir jamais contracté d'engagement dans la Légion en ajoutant « *je n'y suis jamais allé, jamais* », sans préciser plus. Et Jean-

Charles Deniau et Madeleine Sultan d'évacuer sans approfondir plus que le commissaire Gillard. Mais, s'ils ont bien noté, Bartkowski ne dit pas qu'il n'est jamais allé à Marseille pour s'engager dans la Légion, il dit seulement qu'il n'a jamais contracté d'engagement, ce qui est exact, comme on l'a montré. Formellement, il n'est donc jamais « *allé* » à la Légion dont la *maison* n'était alors pas à Marseille (ni à Aubagne) mais à Sidi-bel-Abbès en Algérie. Il en vient à Lurs. Le voilà partant vers la France avec les « *autres… qui sont tous morts depuis* ». Dont acte. Lui c'était le chauffeur, toujours parce qu'il était le meilleur. Le rendez-vous avec l'« *officier anglais* » était préparé depuis l'Angleterre… comme le dit la rumeur locale dont il n'a guère pu percevoir d'écho. Il s'agissait de récupérer une grosse somme d'argent. Là complètement inédit car il ne pouvait avoir entendu parler de Cammaerts ni des témoignages Raynaud et Pichon.

> « *L'Anglais les avait doublés de quelques millions… Il a dû mordre la poussière pour ça ; lui et toute sa famille.* »

Quand Jean-Charles Deniau et Madeleine Sultan demandent qui sont les commanditaires du massacre (oc p. 282), Bartkowski répond :

> « *Ce sont des gens qui ont voulu qu'on aille récupérer l'argent ; qui ont voulu que cet homme, l'officier, livre l'argent et le transporte, car lui il l'a détourné pendant la guerre… C'était un brigand, il a volé l'argent.* »

Nouveau et précis qui recoupe la mission en Hollande et ce que Pichon avait retrouvé localement. Et encore plus précis, il s'agissait d'argent destiné à un certain « *Frank de Roehrs* ». Comme Jean-Charles Deniau et Madeleine Sultan ne le précisent pas, on se demande pourquoi ils ont orthographié nom et prénom de la sorte. En effet, selon la nationalité de ce Frank plusieurs écritures du nom et du prénom sont possibles. Nous allons y revenir. En attendant, Jean-Charles Deniau et Madeleine Sultan passent là sur un point qui apparaît pourtant comme la piste d'un mobile à hauteur du massacre. Et où donc Bartkowski aurait-il pu trouver ce mobile ? Car il est cette fois absolument certain que Bartkowski n'a pu avoir accès aux rumeurs locales qui circulaient et circulent toujours à Digne et dans le coin.

Bien sûr aussi, cette histoire d'argent volé pendant la guerre fait penser au scénario du célèbre film *Charade* de Stanley Donen, tourné en France en 1963. D'anciens commandos américains, parachutés derrière les lignes allemandes pour remettre 250.000 $ à des Résistants, ont gardé le magot. Après la guerre, l'un d'eux le récupère et cherche à échapper aux autres, mais ils s'entretuent. Notons qu'aucun des noms dans le film ne se rapproche si peu que ce soit d'un *Frank de Roehrs*, qui est pourtant bien typé.

Jean-Charles Deniau et Madeleine Sultan ne posent aucune question à Bartkowski sur ce personnage, se contentant de noter nom et prénom sans qu'on sache si l'orthographe provient de Bartkowski. Ils notent seulement que le nom ne dit rien à personne, c'est-à-dire à eux deux et à leur interprète[1]. Et ils retiennent que, pour Bartkowski, Sir Jack aurait été « *un convoyeur de fonds qui volait de l'argent* ». Ce qui est absurde en effet, mais seulement dans le sens restrictif qu'ils retiennent. Car ce que décrit Bartkowski peut correspondre au Sir Jack en tenue d'*officier*, entrant en Hollande derrière les lignes allemandes en 1945. Aurait-il pu être chargé de remettre des fonds à ce Frank de Rhoers ? Et les aurait-il finalement gardés pour lui ? Cela ne fait-il pas penser à ce que Jean-Charles Pichon écrit avoir découvert là et ailleurs en France. Et, si le commando avait été envoyé par un service de l'Est, n'est-ce pas suggérer que ces fonds n'étaient pas destinés à un réseau du *SOE* britannique, mais à un réseau communiste dépendant de Moscou ?

Voilà donc un mobile, il est vrai ô combien infamant pour Sir Jack. Mais à nouveau, il ne s'agit pas de porter un jugement moral, mais de trouver de façon parfaitement objective, un mobile plausible.

Bartkowski se souvient aussi qu'on a arrêté « *un vieux paysan qui n'y était pour rien* ». Et qu'on a trouvé « *une vieille arme qui n'était pas l'arme du crime... Ils ont jugé le père, et le fils également, je le sais* ». Notons que ce n'est, en effet, pas une des armes du commando, mais seulement celle ayant au moins servi à quelqu'un de La Gran'Terre pour achever la fillette. Enfin, il prétend être retourné sur les lieux « *là où il y avait le type et l'enfant* ». Là, il est très peu probable qu'il soit retourné à Lurs. Notons que contrairement à ce qu'on attendrait d'un syndrome Lady D, il ne parle pas une seule fois de Lady Anne.

Bartkowski dit qu'il a raconté tout ça aux policiers allemands[2] parce qu'ils savaient qu'il était allé « *là-bas* ». Bien sûr, Bartkowski se souvient avoir été interrogé par un policier français, mais celui-ci l'a rassuré en lui disant qu'il ne risquait rien. Et c'est vrai, on l'a vu, surtout après que Bartkowski a révisé *in extremis* sa première version.

Il nie enfin avoir rencontré William Reymond[3], et, en contradiction formelle avec ce qu'il est tout justement en train de faire, il affirme qu'il ne parlerait jamais de ça avec des journalistes français.

Jean-Charles Deniau et Madeleine Sultan n'entendent dans ces dires qu'un fatras de choses qui ont pu être glanées dans la presse, et arrangées à l'aune de sa mythomanie particulière. Ils notent que Bartkowski se prévaut surtout

---

1 Ils notent comme pour le D, que les initiales de Frank de Roehrs, FR, sont les mêmes que celles de Faustin Roure. Rapport qui ne peut avoir ici aucun commencement de réalité.

2 Selon Jean-Charles Deniau et Madeleine Sultan (oc p. 281) : « *C'est exact, ou plutôt, si on en croit le rapport Gillard, ce sont les policiers suisses qui ont suggéré cette éventualité aux Allemands, alors que Bartkowski était détenu à la prison de Ludwigsburg* ». On l'a déjà noté.

3 William Reymond, dans son ouvrage, ne fait nulle part mention de cette rencontre. Jean-Charles Deniau et Madeleine Sultan disent aussi avoir retrouvé d'autres témoins, comme l'un des frères Duc, qui nieront tous avoir rencontré William Reymond, bien que ce dernier cite, dans son ouvrage, leurs propos soi-disant recueillis en 1995.

de contacts avec des personnalités. Or, plus qu'une preuve de mythomanie, c'est un trait caractéristique chez ce genre de personnage en rupture de reconnaissance sociale. Mais ce n'est pas le cas quand Bartkowski cite ce *Frank de Roehrs* dont aucun personnage connu ne porte le nom, comme le notent d'ailleurs Jean-Charles Deniau, Madeleine Sultan et leur interprète. Mais n'ont-ils pas remarqué que *Frank* avec un k est un prénom néerlandais et pas allemand ? Et si Bartkowski a bien dit *de* Roehrs, c'est aussi une forme néerlandaise, au lieu du *von* qui traduit le *de* en allemand.

Jusqu'à au moins 2004, il se trouvait sur Internet de nombreux Roehr(s) ou Rhoer(s), qui est un patronyme juif, toujours avec *de* ou *van de*, jamais avec *von*. Des sites Internet documentent toujours une famille *van de Rhoer* à Mepel[1]. Interrogé en 2018, l'organisme détenant les archives de la Résistance néerlandaise n'a trouvé dans ses listes aucun Frank de Rhoers ou approchant. Ce qui voudrait dire soit que Bartkowski l'a inventé, soit que ce nom en cachait un autre, ce qui est toujours une précaution dans les mouvements clandestins.

Par ailleurs, contactée, une organisation de Résistants hollandais à Bilthoven, a interrogé ses membres et ceux d'Hilversum. Rappelons que ces deux villes sont celles prétendument visitées par Sir Jack lors de ses deux missions de mai 1945. La demande a d'abord été aimablement accueillie. Mais lorsque la raison de cette recherche a été précisée, sans même mentionner un réseau d'obédience communiste, l'interlocuteur a alors répondu, très sèchement cette fois… qu'il n'y avait jamais eu de réseau « *prosoviétique* » dans la Résistance néerlandaise. Et plus étonnant, que *de Rhoers* n'était pas un patronyme hollandais ! Sans doute, si on estime qu'un nom juif ne peut pas être hollandais ou inversement.

Bartkowski aurait alors pu s'inspirer d'une série télévisée allemande *Dr Stefan Frank*[2], diffusée de 1995 à 2001, dont l'un des personnages était le *Dr Christian de Rhoers*, gynécologue[3]. Bartkowski aurait donc pu, en regardant simplement la télévision, construire un mélange des deux personnages, le nom *Frank* en prénom associé au patronyme *de Rhoers*. Mais le scénario de cette série ne suggérait en rien l'histoire de son Frank de Rhoers.

Qui s'est alors rappelé que Bartkowski avait dit avoir été recruté en prison par *un Russe* prénommé *Franz*, forme allemande du Frank néerlandais. Pourrait-il alors s'agir du *Frank*, militant communiste et agent soviétique en Hollande, qui aurait germanisé son prénom en passant en RFA après la guerre ? *Russe* aurait-il été la manière de dire communiste pour Bartkowski ?

---

1 De ses membres, Bilha, Levie, Élisabeth et Samuel ont été déportés d'abord à Westerbork puis à Auschwitz où ils sont morts respectivement les deux premiers le 28 août 1943, la suivante le 9 septembre et le dernier le 30 mars 1944. Un monument commémoratif à Mepel en porte témoignage. Mais aucun Frank dans cette famille ni dans la Résistance.

2 Il faut noter que *Frank* est ici un patronyme existant en Allemagne, et pas un prénom, lequel n'existe en allemand que sous la forme *Franz*.

3 La référence à cette série existe toujours sur Internet.

Au bout du compte, Jean-Charles Deniau et Madeleine Sultan disent avoir soumis les enregistrements de leur interview à un ami psychanalyste. L'avis qu'ils en rapportent ressort du lieu commun. En revanche, on sait que toute mythomanie se construit toujours à partir d'une réalité et contient toujours elle aussi quelques *paillettes de vérité*. Pour les extraire ici avec un certain coefficient de probabilité, il aurait au moins fallu une longue investigation comparative approfondie à la fois introspective et contextuelle, Or, bien sûr, rien de tout cela n'a même été esquissé, les dires de Bartkowski reçus sans protocole préalable, ont seulement été estimés au premier degré. Bien entendu, il ne s'agit pas de prétendre, a contrario, que ses dépositions datant de 1952 puis de 2004 ne sont que vérités. Mais celles de 1952 ont au moins le mérite de la fraîcheur. Il était jeune, les faits étaient tout récents, et ses dépositions ont été obtenues et consignées par des professionnels de police criminelle allemands et français, et pas dans un contexte médiatique comme en 2004. Mais l'interview de 2004 contient quelques nouveautés qu'on a vu recouper d'autres éléments sans qu'il y ait d'interaction ou de connivence possible. Alors toujours le hasard qui se montre décidément extraordinairement complaisant tout au long de cette affaire.

Conclusion

À la suite de l'analyse rigoureuse et aussi exhaustive qu'il est encore possible, il n'est pas sérieux de rejeter les dépositions de Bartkowski au seul motif subjectif qu'il s'agirait d'une invention *rocambolesque*. Et personne n'a mené de réfutation pièce à pièce, pas même Jean-Louis Vincent hélas, quand on sait ses compétences, ses qualités et son sérieux.

Déjà on voit bien comment l'intervention du commando va permettre de composer un puzzle complet et cohérent, intégrant tous les éléments inexplorés ou laissés de côté. Mais bien sûr, il manque beaucoup d'éléments résultant notamment des informations perdues ou masquées, des maladresses et du défaut des vérifications qui ne sont plus possibles. D'autre part on a déjà largement montré que l'affaire, non seulement n'était ni bête ni simple, mais au contraire complexe, comportant sans doute plusieurs niveaux de scénarios possibles. Ce sont eux que, par hypothèses probables et crédibles , nous allons esquisser maintenant.

*

XVII

HYPOTHÈSES POUR UN MASSACRE

*

Et d'abord retour sur le mobile. Car cette question du mobile étant demeurée le premier point faible de la mosaïque de l'accusation, essayons d'y voir clair avec tout ce que nous avons mis au jour.

Même Gaston dira au commissaire Sébeille de chercher le mobile en Angleterre, mais aussi le commissaire Mével ou même Giono comme certaine presse française et anglaise, sans parler des rumeurs persistantes, des investigations de Jean-Charles Pichon, du mémoire de Pierre Raynaud, des allégations tardives du pseudo Valdero et jusqu'aux aveux et interviews de Bartkowski venus au jour plus tardivement encore.

On l'a dit déjà, avoir posé dès le départ qu'il n'y avait pas d'autre mobile qu'un hasard, s'y être arc-bouté et même pour certains de s'y cramponner encore, a constitué un blocage par a priori. Car il apparaît qu'il pourrait y avoir plusieurs mobiles, et plus déroutant encore, soit se superposant sans relation, soit au contraire s'imbriquant jusques et y compris dans une méprise.

Premier mobile

Depuis son entrée à la *Boots*, on sait que Sir Jack avait changé à la fois d'attitude éthique et de train de vie. Aurait-il conservé par devers lui des fonds qu'il devait remettre en 1945 à un pseudo Frank (de Rhoers) en Hollande, à destination d'une organisation de résistance d'obédience communiste, ou peut-être seulement à un agent soviétique ? On se doute que les Soviétiques n'auraient pas apprécié. Mais alors pourquoi auraient-ils attendu 1952 pour éliminer Sir Jack ? L'occasion peut-être ? Comme la descente vers la Côte d'Azur passait près de l'usine de Saint-Auban.

En Angleterre, ce qu'on nomme un lièvre, aurait-il proposé à Sir Jack de profiter de l'occasion pour obtenir des informations sur les productions du site chimique, susceptibles d'intéresser la *Boots* ? Pour Sir Jack au demeurant, c'était une forme d'espionnage industriel banal qui lui aurait semblé sans danger. Le personnel de l'usine étant pratiquement à 100% CGT, pour les Soviétiques il était très simple, via le PCF, d'organiser un rendez-vous avec un *ami anglais* sans avoir besoin de dire aux gens du coin chargés pour organiser la rencontre, qu'il s'agissait en fait d'un traquenard.

Second mobile annexe au premier

Pendant la guerre, sans qu'on sache si Sir Jack en faisait partie, le *SOE* a parachuté des agents en France occupée. L'un d'eux, le capitaine S, ami de Sir Jack, en aurait été. Récupéré sur le plateau de Sigonce par de faux maquisards avec une forte somme d'argent, il a disparu.

Par ailleurs, on sait que Sir Jack était déjà venu en vacances en France et notamment qu'il aimait la Côte d'Azur. Mais on ne sait ni quand, ni s'il était déjà passé par Digne, sauf si on en croit la trouvaille du carnet calciné sur lequel aurait été porté un *rendez-vous à Lurs en 1947*. En vacances cet été 52 avec le rendez-vous pour Saint-Auban, Sir Jack aurait-il eu l'intention d'en profiter pour rechercher aussi la trace de son ami ? Et en même temps, pourquoi pas chercher à savoir où était passé l'argent disparu. Peut-être pour le compte de la Couronne, mais peut-être aussi pour son propre compte si on en croit Bartkowski en Hollande, comme Pichon également en *Hollande, en Alsace et dans le Nord*, notamment.

Ce second mobile mettrait en jeu les anciens maquisards dévoyés du pseudo Valdero cachant sans aucun doute Manuel Lopez. Inquiets comme on peut l'imaginer à la suite de ce qu'en disent Bernard Cabanes et Jean-Charles Pichon, ils pouvaient facilement savoir où intercepter Sir Jack de passage à Digne pour l'éliminer. Sans doute ignoraient-ils par ailleurs l'embuscade organisée pour le commando par le Parti avec les échelons locaux, et sans que ceux-là sachent ce qui était vraiment prévu ?

Troisième mobile indépendant

Selon des rumeurs persistantes, en été 1952 Cammaerts accompagné de sa femme et de leur fillette, aurait pu se trouver dans la région de Digne, avec une voiture semblable à celle des Drummond. Repéré par les vrais anciens FTP cette fois, Cammaerts étant toujours sous condamnation à mort, ces FTP auraient-ils décidé de se tenir prêts à l'éliminer. S'ils en avaient informé le Parti, auraient-ils pu recevoir l'ordre de ne pas donner suite ? Ou alors auraient-ils pu décider d'éliminer Cammaerts sans en référer ? Mais dans les deux cas, ils auraient ignoré l'opération commando contre les Drummond, laquelle aurait sûrement été organisée de façon parfaitement étanche.

Quatrième mobile en imbrication avec le second

Certaines des rumeurs vont plus loin en murmurant avec insistance que, comme Sir Jack recherchant l'argent volé au capitaine S, Cammaerts aurait eu l'intention de rechercher ce qu'était devenue la rançon versée pour sa libération. Là aussi serait-ce pour lui-même ou pour le compte du *SOE* ? On ne sait pas, bien sûr. Il est donc possible que les mêmes que ceux inquiétés par la présence de Sir Jack, c'est-à-dire les anciens maquisards dévoyés de la bande à Lopez, qui auraient alors visé Cammaerts. Et, comme Sir Jack, il aurait donc pu être la cible d'un projet d'élimination qui s'ignoraient sans doute.

Cinquième mobile, une méprise

La ressemblance entre Sir Jack et Cammaerts, famille et voiture comprises, leurs recherches similaires au même moment, mais aussi leur rencontre probable à Digne et avec le père Lorenzi, rendent une méprise possible, d'autant que selon Daurouze, les Dominici ne connaissaient ni l'un ni l'autre. D'où les questions annexes :

1 - Sir Jack et Cammaerts se connaissaient-ils avant cet été en France ? Si on en croit William Reymond, c'est eux qu'un Belge nommé Nicolas Robert aurait vus ensemble sur le parking de la maison de Jeanne d'Arc à Domrémy visitée en juillet 1952. Mais cette rencontre n'a pas pu être vérifiée.

2 - Avaient-ils le même objectif de récupérer de l'argent de guerre ? Se rencontrant, les deux hommes se seraient-ils rendus compte qu'ils passaient tous les deux par Digne et qu'ils poursuivaient une recherche similaire ? Se seraient-ils donnés rendez-vous le 31 au soir ?

3 - Enfin, auraient-ils envisagé d'échanger leurs informations ? À Digne le 31 au soir, la question aurait-elle pu être concertée ? Auraient-ils alors décidé de chercher chacun de son côté des renseignements, et se donner rendez-vous le 4, par exemple à L'Ermitage. S'étant ratés, se seraient-ils retrouvés un instant sur le bivouac pour faire le point.

4 - À partir de là … ?

Conclusion

Il apparaît donc comme probable que plusieurs projets d'élimination indépendants, auraient pu viser Sir Jack et Cammaerts. Tous ces mobiles plus ou moins imbriqués, montrent immédiatement une meilleure fécondité qu'un simpliste *drame de la terre* ou qu'*une affaire de famille*[1], ou même que le seul scénario du commando.

Une belle *embrouille* aurait donc déjà été en germe dans les projets de Sir Jack et de Cammaerts, associés aux mobiles de ceux qui avaient intérêt à se débarrasser d'eux. Même si tout cela apparaît comme romanesque sinon rocambolesque, répétons qu'il n'est pas question ici d'imagination ni de conviction, mais bien du résultat d'analyses, de déductions et d'hypothèses étayées, dont la fécondité permet un assemblage cohérent de toutes les pièces disponibles. Et l'esquisse de ce grand puzzle rend aussi compte de toute l'ambiance de cette affaire, notamment des attitudes et des comportements de la famille, policiers, magistrats et autres, dont le PCF. Si la famille a fini par savoir peu ou prou pourquoi les Drummond *étaient venus là pour se faire tuer*

1 Sous-titre de l'ouvrage de Jean-Charles Deniau et Madeleine Sultan.

et par qui les parents avaient été massacrés, sans doute ne savaient-elles pas trop comment ni pourquoi. Le seul fait que La Gran'Terre ait été obligée d'achever la fillette, enfermait à double tour l'émergence de la vérité. En effet La Gran'Terre n'aurait pas dû être concernée, et ses habitants ont été mis dans une situation schizophrénique où ils se sont débattus comme ils ont pu. A-t-on bien noté que, si Marie a fini par dire *qu'ils étaient* ***venus*** *là* ***pour*** *se faire tuer,* et non simplement *qu'ils allaient être tués*, il y avait peut-être là une manière de dire quelque chose. Car la naïveté même du propos prouve que l'aveu semble bien spontané. Et il est d'autant plus significatif que lors de la venue de Lady Anne et sa fille à la ferme, d'évidence on ne savait pas qu'un traquenard attendait les Drummond.

La méprise est-elle vraiment possible ?

Il est donc apparu qu'une seconde Hillman avec une famille similaire aux Drummond a été vue dans le coin à la même époque. S'il s'agissait bien de Cammaerts, sa présence avait sans doute été repérée à la fois par les anciens vrais et faux FTP. Notamment, selon le propos de Daurouze rapporté par Pierre Reynaud, Cammaerts aurait rencontré le père Lorenzi. Ce dernier était donc un des maillons pouvant alerter les FTP vrais et peut-être même faux. Car la zone n'est pas si étendue que les deux milieux n'aient pas eu quelques maillons communs.

Pour pouvoir atteindre Cammaerts, il fallait savoir où le trouver, notamment où il campait. Et c'est là qu'aurait pu avoir lieu la méprise. En effet, si les Dominici, dont Gustave, ne connaissaient pas Sir Jack et le traquenard qui l'attendait, ni Cammaerts et sa condamnation, Gustave arrivant à Peyruis le 4 au soir, a donc pu dire à Roure que des Anglais campaient sur la décharge, et donner une description de la famille et de la voiture qu'il avait bien vues en allant à l'éboulement et en en revenant. Alors que Roure connaissait la condamnation de Cammaerts mais pas le traquenard monté contre Sir Jack, il a pu dès Gustave reparti, téléphoner à l'un des vrais FTP, son chef Autheville sans doute, qui avait ordre d'éliminer Cammaerts. Mais sans doute, Autheville savait-il qu'il s'agissait de Sir Jack et a-t-il donné l'ordre de rester tranquilles. Tandis que les faux maquisards, qui ont appris de leur côté qu'un Anglais, pour eux Cammaerts, va passer la nuit sur la décharge, se préparent à l'éliminer.

Dans cette configuration, une certaine méprise est possible. Or, comme c'est le traquenard organisé avec le commando qui a fonctionné, prenant sans doute les faux maquisards de court, comment un puzzle complet pourrait-il malgré cela, intégrer toutes les pièces ?

D'abord un peu d'organisation

S'il y eut rendez-vous sur la décharge de Sir Jack, il a bien fallu l'organiser, notamment fixer un lieu facile à trouver dans la nuit, choisi par quelqu'un du coin. Or pour que quelqu'un du coin choisisse ce lieu, il fallait qu'il ait été en relation, même très indirecte, avec le commanditaire de l'opération. Si le commanditaire était un des services de l'URSS ou de ses satellites, le seul maillon permettant de relier quelqu'un du coin à un tel service, était bien sûr le PCF qui disposait d'une assise territoriale couvrant l'ensemble de la France avec ses relais par les cellules locales et les fédérations départementales, mais aussi avec la CGT et les anciens FTP. Et à l'époque, « *le Parti faisait beaucoup de voix dans les Basses Alpes* ».

Pour qu'une telle opération puisse être mise en place, il fallait également un certain temps. Il fallait donc que le contact avec Sir Jack ait été programmé en Angleterre dès avant son voyage en France. Ainsi, s'expliquerait par exemple le démenti prématuré de la *Boots* comme aussi certains flous et contradictions dans les dires des Marrian. Comme la *Boots*, Guy Marrian était sans doute informé d'un contact de son vieil ami Jack au profit de sa carrière, avec une taupe de l'usine Péchiney de Saint-Auban.

Une fois Sir Jack *ferré* en Angleterre, le PCF aurait donc été chargé de l'organisation. Il aurait mandaté sa fédération départementale pour trouver un lieu de rendez-vous facilement repérable, ni trop près ni trop loin de l'usine. Entre Château-Arnoux et La Brillanne, si on fait abstraction des aires aménagées depuis, l'ex-RN96 de l'époque présentait peu d'endroits où un bivouac était possible en bord de route, de plus assez facile à repérer pour un rendez-vous nocturne : ici la borne 32 et le poteau métallique de moyenne tension étaient de bons repères face à la décharge.

Lady Anne n'avait-elle pas refusé d'éloigner le bivouac de la route ? Si le choix incluait la proximité de la ferme Dominici, ce n'était sans doute pas non plus par hasard. Car la ferme était habitée par Gustave, ancien FTP sous les ordres d'Autheville tout justement secrétaire de la fédération départementale, marié à Yvette Barth, fille d'un membre influent de la même fédération. De plus l'ami Maillet, lui-même ancien FTP, était secrétaire de la cellule de Lurs, sans oublier Clovis ancien FTP comme son beau-frère Roure secrétaire de la cellule de Peyruis. Sans avoir besoin d'aucune conspiration, tous les échelons nécessaires s'enchaînent très simplement.

Autheville, en tant que secrétaire départemental du Parti et ancien capitaine des FTP du coin, connaissait bien le terrain et toutes les histoires. Une question se pose alors : aurait-il été informé et chargé de quoi ? Hypothèse : si c'est lui qui avait organisé le rendez-vous de Sir Jack sur ordre du PC central, ce serait donc lui qui a suspendu la condamnation de Cammaerts par ses anciens FTP, mais aurait-il su qu'une autre était préparée par les faux FTP du pseudo Valdero ?

Revenons au commando. Il fallait un certain temps entre l'organisation sur place et le retour jusqu'au commanditaire des coordonnées du lieu choisi. L'ensemble des phases de l'opération aura donc pu être calé de façon définitive entre le soir du 31 juillet, après la soirée fantôme des Drummond à Digne, et le 4 août au matin où le feu vert aurait été donné au commando par le coup de téléphone reçu à Lindau. Ici se posent trois questions subsidiaires.

Première question : quel aurait pu être le niveau d'information que le PC central aurait transmis à sa fédération départementale, puis passée d'Autheville et Barth à La Gran'Terre ? Il est probable que personne sur place n'a été complètement informé de la véritable nature de l'opération. Inutile de dire qu'il s'agissait d'une exécution. Il suffisait de demander un lieu discret et sûr, en bordure de route, facile à trouver en pleine nuit, pour un rendez-vous avec un *ami* anglais. La chose n'aurait rien eu d'invraisemblable, quelques affaires retentissantes ayant montré que des sujets apparemment très honorables de sa Majesté pouvaient agir au profit de l'URSS. Le plus facile à gérer localement voudrait donc qu'on ait seulement demandé à Gustave et consorts de veiller à sécuriser la tranquillité d'un simple rendez-vous. Après avoir parlé par deux fois avec les Drummond, et reçu aimablement les Anglaises à la ferme, pourquoi Gaston les qualifient-ils *les crevés* ? Et ira-t-il jusqu'à se vanter d'avoir *baisé* la femme, si l'Anglais n'était pas devenu l'ennemi ? Vieille habitude humaine. Mais cette vantardise immonde trouve là une certaine cohérence, alors qu'autrement elle demeure invraisemblable dans une stratégie bêtement défensive.

Seconde question : à quel moment les Dominici auraient-ils été prévenus ? Sans doute au dernier moment et peut-être seulement Gustave par Barth chez Girard. Ce qui expliquerait parfaitement qu'en rentrant, il sache que des Anglais allaient camper là, et qu'Yvette ait toujours nié que Gustave l'ait dit. Il est probable que le Parti aurait procédé conformément à ses habitudes de la clandestinité, c'est-à-dire de façon cloisonnée : après décision prise au sommet, chaque échelon reçoit au dernier moment la seule part des informations et consignes nécessaires qui le concerne, et il obéit. Car moins de gens savent et en savent, mieux le secret sera gardé, et moins les concernés ont le loisir de réfléchir. Ainsi peut-on avancer que, s'ils avaient su avant que Gustave ne rentre, Yvette et surtout Gaston n'auraient pas reçu la petite Élizabeth et sa mère de façon aussi amicale. Si Gustave avait su qu'il s'agissait d'une exécution, il n'aurait sûrement pas parlé à Peyruis d'*Anglais* au bivouac, ni ramené Zézé et Galizzi armés. Et même, sans doute les présents à la réunion chez lui au soir, ne savaient-ils pas qu'ils organisaient non pas la tranquillité du bivouac pour un contact, mais la surveillance des lieux pour permettre une exécution qui tournera au massacre.

Troisième question : après le drame, qui donc, à La Gran'Terre et dans la famille, aurait été mis au courant du détail de la nuit ? Sûrement Yvette et Gustave. On doit en revanche reposer la question pour Gaston. Car il semblerait bien que cette opération ait été montée sans l'en avertir et qu'ensuite il n'ait donc pas été informé du détail. Ce sera d'ailleurs son leitmotiv, avoir été tenu à l'écart en accusant *tout le monde* d'avoir comploté dans son dos, même ceux qui le défendront. Clovis ne semble pas avoir su avant le soir du 4, pas plus que Roure, et seulement de la présence d'Anglais. Et sans doute l'ont-ils appris par indiscrétion de Gustave qui n'en savait pas plus. Cloisonnement oblige. C'est en tout cas ce que suggère la venue de

Clovis après lui, puis les attitudes des uns et des autres sur la nuit et par la suite. Pour Marie, sa déclaration tardive prend là aussi un vrai sens. Pour le reste de la famille, mis à part Zézé, le niveau d'information varie, mais sans doute ne n'ont-ils jamais su ni l'essentiel ni le détail.

Une dernière question : et les quatre munitions retrouvées *in situ* ?
En effet, comment justifier qu'on n'ait retrouvé que des munitions de la carabine US de Clovis : deux douilles vides associées à deux cartouches pleines, pour six coups de feu et sans doute tirés par d'autres armes ?

Si Gustave est allé d'un coup de moto chez Barth après la fusillade pour l'informer et demander la conduite à tenir, notamment avec la fillette, lui a-t-on également ordonné de brouiller l'état des lieux et de récupérer les munitions, surtout si elles étaient allemandes ou russes. Mais ne laisser aucune munition sur les lieux allait paraître curieux. Il fallait donc se débrouiller pour y déposer quelques vieilles munitions qui ne mèneraient nulle part.

Quand Gustave va s'occuper dans la nuit de cette question de munitions, chez lui à part ses cartouches de chasse, il y avait sans doute quelques cartouches pour son fusil vu par les Morin, fusil et munitions qu'il va d'ailleurs faire disparaître par précaution. Et il va sans doute ne trouver, qui traînaient là, que quelques vieilles munitions de la carabine US qui passe de mains en mains : deux douilles vides et deux cartouches pleines dont une cabossée. Elles feront l'affaire car la carabine ayant été jetée dans la Durance, il pense qu'on ne la retrouvera pas. Il sait aussi que le chargeur sur la carabine était vide. Sans doute aura-t-il parlé avec Gaston de cette histoire de munitions, ce qui permettra à ce dernier d'inventer dans ses aveux deux ou trois cartouches qui trainaient sur l'étagère, les avoir mises dans sa poche et les avoir perdues.

Ces quatre munitions disposées par paires improbables hors des zones de tir faisant partie de l'embrouille des lieux, poseront alors à Gustave un problème imprévu quand la carabine sera retrouvée. Mais finalement, les questions matérielles n'intéressant personne, ni policiers ni juges ne s'en préoccuperont. A-t-on noté que la question n'a jamais été explorée par les enquêtes, qu'on n'en dira pas un mot au procès, qu'aucun auteur même policier n'en fera l'analyse, et que personne n'en tirera donc aucune des conclusions possibles.

ENFIN UN PUZZLE COMPLET

Le résultat de cette expertise s'est construit en avançant par enchaînement d'analyses critiques fondant autant d'hypothèses. Et cette construction pourrait alors ressembler à ces édifices de boîtes de conserves artistement empilées qu'on voit encore aux étals des épiceries orientales. Il suffit d'en retirer une et tout s'effondre. Mais ces boîtes sont seulement posées les unes sur les autres, sans aucun lien ni de structure ni de fonction, que d'être empilées. C'est donc une composition en mosaïque. Or ce n'est pas ainsi que s'est assemblé et construit le faisceau d'analyses, de déductions et d'hypothèses de cette expertise. Pour être fécond, un tel faisceau dépend de la cohérence des contenus, des contextes, des types de convergence et des probabilités. Pour être plausible, tout doit donc s'emboîter comme les pièces d'un puzzle, avec toujours en éveil le doute et l'esprit critique.

Proposition de synthèse globale

Prenons l'hypothèse qu'en 1945, Sir Jack n'a pas remis en Hollande l'argent soviétique qu'il devait. Il ignore qu'il a été frappé d'une condamnation, et bien sûr que l'exécution de la sentence est mise en place lors de cet été 1952. Pourquoi avoir attendu ? Sans doute l'occasion. Un lièvre propose à Sir Jack un banal espionnage civil à propos du site de Saint-Auban. Sir Jack décide de profiter du même déplacement pour rechercher des informations sur la disparition de son ami le capitaine S, et pourquoi pas aussi sur l'argent qui avait été parachuté avec lui.

Du moins est-ce ce que Jean-Charles Pichon rapporte avoir entendu dire, et ce que croient ceux de la bande à Lopez quand ils appendront que Sir Jack est de passage à Digne en cherchant à s'informer.

Rencontrés ou pas à Domrémy, Sir Jack et Cammaerts également à la recherche de la rançon de sa libération, se sont-ils donnés rendez-vous à Digne ? Cammaerts ignorait-il qu'il était sous la menace d'une condamnation à mort ?

Le soir du 31, les Drummond dînent avec les Cammaerts comme me l'avait confirmé le sénateur Tardy. Rencontrent-ils un contact ? Ils sont apparemment dirigés vers le père Lorenzi. Est-ce le même contact qui informe Sir Jack sur le rendez-vous pour des renseignements sur Saint-Auban dans la nuit du 4 au 5 sur la décharge ?

Le prétexte de la charlottade tombe à pic. En remontant le 4, les Drummond montent à Ganagobie pour des renseignements sur le capitaine S. En redescendant, ils s'arrêtent dans le champ d'oliviers repérer le lieu du rendez-vous pour Saint-Auban. Ils rencontrent Gaston.

Depuis le matin, le commando s'est mis en route depuis Lindau.

Dans l'après-midi, éboulement à La Gran'Terre sur la voie ferrée.

Après la charlottade, les Drummond se rendent à L'Ermitage où ils ont rendez-vous avec les Cammaerts. Ils se ratent. Les Drummond rejoignent le lieu du rendez-vous au crépuscule où Gaston les revoie en rentrant avec ses chèvres.

Gustave étant chez Girard, il rentre de la direction opposée. S'il peut dire en arrivant qu'il y a des *campeurs* sur la décharge, c'est qu'il a été informé que des Anglais vont bivouaquer là pour un rendez-vous. Il va voir l'éboulement. En passant près du bivouac, il voit une femme habillée de noir avec les Drummond et le dit à Yvette. Puis il va à Peyruis prévenir Roure.

Les Anglaises viennent chercher de l'eau à la ferme où elles sont aimablement reçues, peut-être même hors de la présence d'Yvette.

Gustave informe Roure et Clovis de l'éboulement et il dit aussi que des Anglais bivouaquent sur la décharge. Roure, croyant sans doute qu'il s'agit de Cammaerts, prévient Autheville. Mais celui-ci donne l'ordre de ne rien faire. En revenant Gustave embarque Zézé et Galizzi. Pourquoi prennent-ils leurs arme ? Pour braconner ? Ou alors, Gustave en sait-il déjà un peu plus ?

Au retour, Yvette veut se rendre compte, et va au bivouac avec Gustave et Zézé. Mais la femme habillée de noir n'est plus là. Avant que cette présence soit frappée d'interdit, Zézé et quelques autres vendront la mèche tandis qu'Yvette et Gustave nieront farouchement jusqu'au bout. On se doute pourquoi.

Clovis aussi est venu d'un coup de vélo se rendre compte. Il s'engraine avec Sir Jack qui, n'ayant pas connaissance de l'éboulement, s'agace de ces va-et-vient qui risquent de gêner son rendez-vous.

Après souper, des camarades débarquent alors que Gaston est déjà couché et Zézé cantonné en haut. La surveillance du bivouac est organisée sans doute avec le renfort de Jo et/ou Chaillan. Les camarades repartent avant le passage de la moto avec side-car. Side-car que Gustave a bien vu depuis la luzerne.

On sait la suite. Peut-être y avait-il dans le maquis de Saint-Pons au-dessus de la route, la bande à Lopez prête à éliminer Sir Jack pu Cammaerts ? La présence de ceux de La Gran'Terre qui veillent dans la luzerne et sur la route, les empêche-t-elle de passer à l'action ? Jusqu'à la surprise du débarquement du commando. Et même surprise, horrifiée celle-là, de Gustave et consorts dans la luzerne en voyant le commando massacrer la famille. Autrement Gustave ne se serait pas plaint à Maillet de la façon dont il l'a fait. Et, comme lui, Maillet savait-il sans tout savoir ?

Depuis la planque dans la luzerne, on ne pouvait pas vraiment voir le détail de l'attaque. Mais l'essentiel n'a pas échappé. Ce n'était pas ce qu'on avait annoncé. Et pourquoi avoir massacré toute la famille ?

Dès que la Buick a disparu, se précipitent-ils sur le bivouac et sans doute aussitôt reviennent-ils en courant à la ferme. Gaston réveillé par la fusillade, est descendu dans la cour en chaussons. Gustave rend sommairement compte de ce qu'il a vu et entendu. Fureur et consternation.

Pendant ce temps, la bande à Lopez décroche avec un souvenir énigmatique de ce qu'il a bien pu se passer.

On a déjà donné la suite probable, de l'achèvement de la fillette jusqu'au pataugeage à la recherche de la carabine, puis du verrouillage des langues qui s'en est suivi avec la *peur* si quelqu'un parlait.

Par la suite, d'une certaine façon, Gaston pourra en effet lancer notamment à Clovis : « *Ils ont fait péter les Anglais… ils n'ont peur de personne…* ». Et tous respecteront la consigne du silence venant non du père, mais du puissant Parti communiste qui les défendra autant que faire sera possible à condition que personne ne vende la mèche. Mais Zézé, qui aura entendu sa tante parler des Anglaises et de la femme habillée de noir, pensera que l'interdit ne concerne pas ces épisodes. Après tout…

Qui savait alors que la présence de Cammaerts était couverte par un même interdit, mais différent de celui couvrant l'intervention du commando. En effet, la présence de Cammaerts dans le coin et la rencontre avec Sir Jack, auront inévitablement finies par être connues du Parti qui a forcément été informé des autres *contrats*. Et c'est ce qui expliquerait qu'à l'occasion de l'enquête de Scheutz, la responsabilité ait été détournée sur les maquisards dévoyés. À toutes fins utiles.

On voit comment l'introduction des différents acteurs et mobiles permet de tout mettre en place avec toutes les pièces de façon cohérente et avec une bonne probabilité. C'est ce qu'on appelle la *fécondité* d'un assemblage d'hypothèses en un faisceau de présomptions concordantes.

Si on fait crédit à la cohérence de ce puzzle, on constate que l'embrouille n'était pas seulement le système de défense des Dominici a posteriori, mais résultait déjà d'un bel imbroglio a priori dans les mobiles et d'une interaction possible avec Cammaerts qui échappera finalement à la vindicte du Parti et des anciens FTP.

Il apparaît aussi que, quelle que soit la manière dont on retourne les éléments des enquêtes, procès, comportements et autres, et si on exclut toute intervention extérieure aux Dominici, la fécondité demeure limitée, laissant un grand nombre de pièces majeures hors-jeu. Mais, si l'introduction du commando couvert par le Parti, plus Cammaerts et les anciens FTP, plus la bande à Lopez du pseudo Valdero, permet d'inclure pratiquement toutes les pièces, elle permet en outre d'expliquer la logique du climat général de l'affaire, avec la peur et l'interdit, comme l'ensemble du détail des faits, dires, comportements, retenues, anomalies et autres, jusques et y compris le *sacrifice* de Gaston… et sa grâce par de Gaulle. Et c'est le juge Carrias à la retraite qui va conforter sans le vouloir, la probabilité du commando comme pièce centrale du puzzle.

L'avis public mais tardif du juge Carrias[1]

En effet, dans son ordonnance de non-lieu, le juge ne mentionne pas avoir eu connaissance du rapport de la mission Gillard à Stuttgart, pourtant présent au dossier qu'il dira avoir épluché. Mais lorsque plus tard à la retraite, lors d'une conférence puis d'un article, il en viendra à parler du commando, voilà ce qu'il écrira :

> « *À moins que…, pour tout concilier, Gustave Dominici, après la Résistance, ait été recruté par un service secret de l'Est ; qu'à la suite du forfait de Bartkowski et de sa bande, il ait nettoyé le terrain et*

1 In *Dominici, de l'accident aux agents secrets*, oc p.15 et sq.

spécialement fait disparaître les douilles de 7,92 mm[1]*, non pour le compte de son père ou éventuellement pour le sien propre, mais pour celui du SMERSCH ; qu'il ait ensuite dénoncé le vieil homme pour protéger les tueurs commandités par ses chefs ; que ses revirements incessants s'expliquent par le conflit entre l'amour paternel et la Cause ; que Gaston se soit lui-même tu pour éviter à ses petits-enfants le déshonneur d'avoir dans leur famille un traître à la Patrie ; qu'enfin, le sachant, les commissaires Chenevier et Gillard aient voulu à la fois confondre un coupable, assurer leur réputation et être désagréables à leur collègue Sébeille, le tout sans charger leur conscience, ni briser le secret d'État.* ***Cet enchaînement est d'une logique implacable***[2]*, sauf qu'il me manque un point de départ : Gustave agent soviétique.* »

Et de continuer en persiflant, avant de s'en excuser.

D'abord, commencer en disant « *pour tout concilier* », n'est-ce pas, sans le savoir bien sûr, approuver notre méthode et son aboutissement.

Ensuite, alors que n'apparaît nulle part le sigle d'aucun service secret dans aucune pièce, document, ouvrage ou article de presse, pourquoi le juge fait-il référence au SMERSCH, service de contre-espionnage de l'Armée rouge, alors très peu connu et encore largement méconnu[3] ?

Quoi qu'il en soit, si ce n'était pas du tout le genre de l'homme et encore moins du magistrat, à bien le relire, on pourrait se demander de qui se moque le juge Carrias ? En effet, son postulat est évidemment absurde avant d'être comique : personne n'a jamais suggéré ni même imaginé, que Gustave ait pu être un agent du SMERSCH. Et le juge savait bien qu'étant simplement un ancien FTP et compagnon de route du Parti, Gustave pourrait avoir reçu les consignes adéquates pour masquer les preuves de l'opération d'un commando mandaté par un service du grand frère soviétique. Et, dans ce cas, non seulement le scénario que le juge décrit tient toujours, mais sa *logique implacable* en sort même renforcée. Rappelons que, dans son rapport de décembre 1952, même s'il l'a ensuite renié, le commissaire Gillard avait commencé par suggérer que les errements de Gustave pouvaient résulter de l'intervention du commando qui expliquerait ses faits et gestes jusqu'au matin et ensuite ses « *revirements incessants* ». Gaston, lui, se serait enferré dans une série d'aveux discordants, et laissé accuser pour sortir sa famille de ce cauchemar schizophrénique, tout en essayant de ne pas passer pour déloyal. Exercice périlleux s'il en fût. Mais savait-il le fin mot du drame ? Car les proclamations répétées de *Je suis franc z'et loyal* et *Je suis un bon Français,*

1 Curieux lapsus sur le calibre, car rappelons que ce n'est pas là celui de la carabine US-M1, mais celui du fusil-mitrailleur allemand MP 43/44, *Sturmgewehr*.

2 C'est moi qui souligne.

3 Le mot signifie *mort aux espions* en russe. Jusqu'aux années 70, on n'en trouvait par exemple aucune mention dans le thesaurus de l'*Encyclopœdia Britanica* en 20 volumes, ou dans l'index de l'*Encyclopédie Larousse* en 21 volumes.

prennent un sens, alors que dans le contexte où on les a cantonnées, elles n'en ont aucun, sauf d'un sinistre ridicule, comme l'a bien souligné Giono.

Le juge Carrias conclut que ce puzzle cohérent est d'une *logique implacable*. Mais il croit tout détruire en posant le postulat de l'appartenance de Gustave à un service de l'Armée rouge, appartenance qui est absurde, bien sûr. En revanche, le lien médiat qui fonde la cohérence du puzzle, réside dans l'appartenance directe ou indirecte au Parti communiste stalinien d'alors, de tous les protagonistes directs ou indirects de cette affaire y compris les avocats, mis à part les policiers, gendarmes et magistrats, bien sûr... sauf peut-être certains liens strictement personnels du commissaire Chenevier.

Mais tous jusqu'au juge Carrias, comme tout le monde à l'époque, y compris Gabriel Doménech, pourtant classé anti-communiste primaire s'il en fut, ne pouvaient l'ignorer. Cependant, personne n'a osé, sinon dans le secret de son for intérieur ou le huis clos du cercle privé, proposer ouvertement une implication aussi active du Parti dans le déroulement du drame. Et cette retenue demeure encore aujourd'hui.

Bien sûr, Gustave n'était pas un agent soviétique, il n'en avait ni l'envergure, ni le profil psychologique et politique, ni l'utilité surtout perdu au fond de sa campagne. Mais son passé de FTP et surtout son mariage avec Yvette en faisaient un minuscule rouage capable d'obéir sans réserve à des ordres, surtout s'il avait participé à des opérations peu reluisantes pendant l'Occupation et jusqu'à la Libération. Et, quand il le devait, Gustave a bien montré qu'il savait se taire.

Peut-on encore rappeler combien après la Seconde Guerre mondiale, le communisme avait le vent en poupe, et se voyait en position de conquérir le monde. Toutes les intelligentsias étaient peu ou prou marxistes, les intellectuels au moins *compagnons de route*, et ceux qui ne l'étaient pas se taisaient ou étaient stigmatisés. Staline, le *Petit père des peuples*, était au faîte de sa puissance et de sa gloire[1], Mao avait conquis la Chine, la péninsule indochinoise chancelait sous les coups d'Ho-Chi-Minh, et les partis communistes gagnaient partout en puissance au point de rendre les USA hystériques avec le maccarthysme. La guerre froide battait son plein et, là où l'Occident tenait bon, les partis communistes légaux servaient sans vergogne de relais à la politique de l'expansionnisme soviétique. Certes les traités de Yalta puis de Potsdam avaient exclu que la France devienne une démocratie populaire, au moins dans le premier temps de l'immédiat après-guerre. Sans cela, il ne fait pas de doute que les FTP auraient au moins tenté de donner le pouvoir au communisme lors de la Libération. En attendant que l'URSS gagne cette guerre froide, le Parti faisait plus de 20% des voix aux élections françaises, et la loi sociale par CGT interposée, obéissait sans états d'âme aux instructions de Moscou. Même si le Parti et la CGT refusent toujours de

---

1 Il meurt le 5 mars 1953. La déstalinisation commencera avec Khrouchtchev, le 24 février 1956 lors du XXe congrès.

reconnaître la docilité de leur inféodation, ce n'est pas faire là de l'anticommunisme même secondaire contre le Parti et la CGT d'aujourd'hui, que de le rappeler. C'est rétablir simplement un contexte qui constitue désormais une page tournée dans tous les ouvrages sur l'Histoire du XXe siècle. Et mettre en cause le Parti et la CGT d'alors n'est pas non plus porter atteinte à la bonne foi et à l'honnêteté morale des militants de base. Ce sont eux et leurs pères qui ont le plus pâti, notamment dans tous les pays communistes, des diverses dérives du Parti communiste soviétique et de ses séides.

Mais pourquoi les survivants… ?

Il est un fait que les Dominici, même s'ils ont fait certaines allusions et semé pas mal de petits cailloux, non seulement n'ont jamais dénoncé le commando, mais ils se sont entraccusés sans que jamais non plus leurs accusations ne sortent formellement du triangle Gaston, Gustave ou Zézé, sauf une fois le *plus loin*, ou si on admet le climat de peur , les *ils*. La raison de ce silence est pourtant limpide, qui dénoue tout : s'ils dénonçaient le commando pour le meurtre des parents, ils endossaient dans le même mouvement celui de la fillette. Et, abstraction faite de la peur de représailles, leur obéissance ne leur aurait pas valu la moindre circonstance atténuante. Ils ont donc été mis, de fait, dans la situation, et leurs avocats avec eux, de ne jamais pouvoir parler du commando, et donc de seulement brouiller les pistes et de colmater les brèches en jouant comme ils le pouvaient et comme ils l'ont fait avec succès… quitte à semer ces *paillettes de vérité* en se repassant le mistigri pour mettre les enquêteurs sur la voie s'ils le voulaient, mais sans se montrer déloyaux.

Au moment où cette expertise se terminait, Yvette et Roger Perrin au moins savaient-ils encore toute la vérité. Mais il était vain d'avoir espéré qu'ils en parlent jamais avant de disparaître. Pour Roger Perrin, on imagine aisément qu'il gardait ce secret terrible. Pour Yvette, si l'interdit du Parti s'est estompé, restait sans doute la fidélité au passé. Fidélité au goût nostalgique, qu'on retrouve chez tous les vrais militants, les militaires et souvent même les tortionnaires. Dans le cas présent, au moins certain interdit familial subsistait-il aussi vis-à-vis des enfants et petits-enfants. D'ailleurs, quand William Reymond a rendu publique l'existence de la mission Gillard, et tenté avec Alain Dominici, de relancer l'affaire, Yvette n'est pas sortie de son silence. On a dit pourquoi. Et si le scoop médiatique de William Reymond a fait un flop judiciaire, c'est d'abord parce qu'il a voulu faire endosser au commando le meurtre de la fillette, ce qui pour le coup, était parfaitement insoutenable. D'où son renvoi à la case départ.

Après avoir tourné et retourné l'affaire pour en examiner tous les aspects, on a au moins bien compris pourquoi, sans besoin de conspiration surtout d'État, personne n'a pris le risque de dire la vérité. On comprend aussi tout le pathétique de la quête d'Alain Dominici, mais encore la plaie muette et plus ou moins enfouie, qui se perpétue chez tous les autres descendants de Gaston.

Certes, Gaston lui-même n'a pas délivré, comme il l'avait promis, cette vérité dans son testament. Pourquoi ? Sûrement parce que, quel que soit le scénario complet du massacre, révéler l'intervention du commando revenait à désigner le commanditaire et surtout l'exécutant du meurtre de la fillette. Et aucun patriarche ne pouvait léguer un tel héritage. On l'imagine aisément.

À ceux qui connaissent encore la vérité, se pose sûrement la même question de savoir s'il est moins dommageable pour la mémoire des morts, c'est-à-dire pour le deuil et *l'honneur* des survivants et des descendants, de continuer à taire la vérité et de l'enterrer définitivement, ou au contraire de lever enfin le voile du secret.

Lorsque les derniers survivants ne seront plus, une vérité pourrait, dans certaines conditions, demeurer enfouie dans des archives comme celles de services spéciaux ou du Parti. Il est donc hautement improbable qu'elle en ressorte jamais sinon avant très longtemps. Mais il existe un ultime recours toujours possible. En effet, il s'agirait de faire rechercher si une balle est bien demeurée encastrée dans de corps vertébral de la deuxième cervicale de Lady Anne. Si on la trouvait, ce qui semble hautement probable, deux hypothèses sont alors envisageables :

- Soit la balle est celle d'une carabine US, et avec la carabine conservée par le musée de la gendarmerie, les moyens actuels permettraient de dire formellement si cette balle a été tirée par cette carabine ou par une autre. Dans le premier cas, les Dominici seraient bien les seuls impliqués dans le meurtre des parents. Dans le second, il faudrait admettre une autre carabine US. Mais alors tout serait à revoir et combien de questions que cette expertise a posées resteraient sans réponse.
- Soit la balle n'était pas celle d'une carabine US, mais celle d'une autre arme. Et s'il s'agissait d'une arme de poing, révolver ou pistolet, et allemande ou russe de surcroît…

Si un garde des Sceaux, qui seul a le pouvoir d'en décider, voulait l'ordonner, peut-on suggérer, sans aucune outrecuidance bien sûr, de prescrire cette seule vérification matérielle qui sera toujours possible. Et elle serait enfin décisive. Bien sûr, il ne s'agit pas là d'une vérification destinée à disculper Gaston Dominici, en portant une nouvelle atteinte à la dépouille de Lady Anne[1]. Une telle intention n'a jamais été l'objectif de cette expertise. Il s'agit seulement de tenter enfin de faire la paix qu'apporterait la vérité. Un garde des Sceaux peut donc, à tout moment, autoriser cette démarche et pour l'honneur de la

1 Une dernière rumeur coure selon laquelle les corps des Drummond auraient été exhumés et incinérés à la demande des Anglais. Outre que rien n'a changé au cimetière de Forcalquier, quels *Anglais* en auraient le droit, en auraient obtenu l'autorisation et en auraient assumé les frais ? Mais surtout dans quel but ? Et quelle est le but poursuivi de ceux qui propagent cette *fake new* ?

justice. L'un d'eux le fera-t-il un jour, ou alors l'occultation ou le haussement d'épaule, continueront-ils à entretenir le fantasme d'un conspiration d'État ?

Le point sur la croyance en une conspiration d'État

Le seul fait d'avoir rendu compte, même de façon critique et circonstanciée, de tout ce qui peut encore l'être, et d'avoir considéré comme plausibles,

- Les zones d'ombre sur la personnalité et les activités de Sir Jack,
- Une interaction-méprise avec Cammaerts,
- Le massacre des parents par le commando, dissocié de l'achèvement de la fillette par l'un des présents à La Gran'Terre,
- Une interaction du puissant PCF dans le contexte post Libération et de guerre froide,

mais aussi,

- Certains comportements, manquements, maladresses, cécités et surdités de la police, de la justice et même de la défense,
- La façon dont les Cours d'assises et de cassation, et la suite en ont jugé,
- Jusqu'aux réactions encore aujourd'hui non seulement en France, mais en Hollande ou Allemagne,

laissent, en effet, un goût, sinon de conspiration, du moins d'un comportement général orienté, et qui perdure de façon difficile à expliquer sans procès d'intention. Mais c'est toujours un mauvais et vilain procès.

Même à l'aune d'une connaissance historique modeste, il apparaît que la conspiration, surtout d'État, sinon de plusieurs, relève bien du mécanisme de la croyance. Le *conspirationnisme* est une approche simplificatrice de plus en plus répandue devant la complexité du monde et la crue exponentielle des informations augmentée par le direct, et par le dérapage incontrôlé des *fake news,* qui sont en train de vider toute information, même d'ordre scientifique, de tout contrôle donc de validité.

En fait, ce qui engendre le sentiment de conspiration, correspond à des causes et mécanismes assez simples. Ainsi, sauf discipline contre nature, le cerveau n'accepte pas ce qu'il ne peut expliquer dans les évènements et ce qu'il en perçoit. « *Il n'y a pas meilleur fondement à la certitude que l'ignorance* » prévient Boris Cyrulnik. Notamment l'esprit refuse que les évènements puissent dépendre d'un facteur aveugle aussi insupportable que le hasard. Depuis la nuit des temps, les hommes se sont donc construits des explications par l'action de forces invisibles et de dieux, bons ou mauvais, la chance ou la malchance, la bonne étoile ou le mauvais sort, ou encore la Providence divine.

Mais depuis certains philosophes grecs relayés notamment par le latin Lucrèce, redécouverts à la Renaissance avec les avancées philosophiques et scientifiques qui ont suivi, les explications surnaturelles ont peu à peu été battues en brèche. À leur place, l'époque moderne submerge désormais le cerveau d'explications scientifiques et critiques en complexité croissante, de plus en constante et rapide évolution et révolution. À défaut de pouvoir assimiler cette marée qui avance à un rythme accéléré, et quand manque un savoir suffisant pour en juger, reste les explications simplistes qui se replient sur des conspirations humaines, à qui on prête comme à la divinité, le pouvoir occulte et machiavélique de manipuler la réalité du monde à leur profit. Les Templiers, la franc-maçonnerie, le Protocole des sages de Sion, la Cagoule et aujourd'hui les GAFAM, les milliers de lobbies industriels, économiques, écologiques, politiques, financiers etc, sur lesquels « *on ne nous dit pas tout* », ce qui signifie en fait qu'on n'en sait rien. Mais de là à l'admettre...

Bien sûr, depuis l'aube des temps, des associations se sont formées pour accaparer territoire, pouvoir et richesse par la conquête, soit par le sabre en dominant les corps, soit par l'esprit en *dominant les âmes*. Mais le monde ancien était constitué d'entités géographiques, sociales et humaines relativement simples, stables et limitées. Et voilà qu'en peu de temps, le monde moderne s'est de plus en plus étendu, diversifié, mélangé, complexifié et accéléré. Toutes les sociétés, organisations et associations, connues, anonymes ou discrètes, conspirent chacune dans son intérêt. Mais leur multiplicité même, neutralise les complots omnipotents que seules les grandes idéologies totalitaires ont réussi à construire et maintenir... mais pas trop longtemps ni jamais de façon absolument étanche.

Au contraire de ces dictatures, notamment les communistes, dans une démocratie moderne même imparfaite, quoi qu'on en dise et répète, aucun groupe social, économique, médiatique ou politique, aussi puissant soit-il, ne dispose à lui seul de l'ensemble des leviers. Aucun groupe n'en dispose pour mener à terme une conspiration, et surtout celle du silence. Car, on le sait, le simple calcul des probabilités montre qu'une conspiration a de plus en plus de chance d'être découverte et d'échouer au fur et à mesure que le nombre des conspirateurs et des échelons augmente, c'est-à-dire que le secret est partagé à de nombreux niveaux, mais aussi que le temps passe. Or, dans une conspiration, a fortiori d'État comme celle que dénonce William Reymond et consorts, le nombre des structures concernées par un complot et celui des échelons d'intervenants nécessaires, exclut qu'il puisse se constituer et longtemps survivre. Est-il donc possible de penser avec quelque sérieux, que la complexité profuse des démocraties européennes, permettrait à une conspiration d'État de se développer dans cette affaire, en maîtrisant le hasard et l'information sur bientôt soixante-dix ans ?

Mais on l'a dit déjà, dans le contexte d'une époque donnée, tout le monde sait bien et pour la plupart de façon inconsciente, où se trouvent les lignes rouges, les sens interdits et la *correct attitude*. Point besoin de conspiration, c'est un mécanisme qui s'établit de façon tacite en ce qu'on a appelé savamment un paradigme. Ainsi a-t-on essayé de montrer quels étaient les paradigmes qui prévalaient à l'époque du drame. Dans cette affaire, bien plus et mieux qu'une conspiration d'État, ce sont ces paradigmes qui conditionnaient et expliquent les actes et comportements de tous, y compris des structures policières, judiciaires, politico-médiatiques et jusqu'à la défense.

Et on l'a compris avec l'analyse critique de tout ce qui a pu être avancé avec quelque bonne probabilité sur l'imbroglio des situations et mobiles. Déjà, nombre des protagonistes ayant pu intervenir directement dans le drame, s'ignoraient-ils les uns les autres. Et personne parmi les structures, policières, judiciaires, médiatiques et politiques, ne pouvait avoir une connaissance extensive de tous les facteurs largement indépendants qui se sont noués avec une bonne dose de hasard, pour en arriver à un massacre devenu inexplicable. Les uns et les autres s'en sont donc tenus à une grande variété de procès d'intention et à la *correct attitude* dominante de l'époque. Ainsi par exemple :

- Quand police et justice omettent de fouiller la biographie de Sir Jack, son image du héros de guerre et de victime oppose-t-elle un interdit tacite à toute forme de curiosité ressentie comme indigne.
- Quand elles excluent toute investigation locale sur la période Occupation-Résistance-Libération, obéissent-t-elles à un même interdit tacite qui prévaut encore largement aujourd'hui.
- Quand le commissaire Chenevier classe la mission Gillard, obéit-il peut-être en partie à une raison personnelle ; mais à sa suite police et justice respectent-elles normalement son tampon *secret*, et tout ce monde obéit-il aussi à un autre et puissant interdit de cette époque de la guerre froide profondément distillé dans toute la société française par le puissant PCF d'alors.
- Quand la Cour d'assises coupe court lors des audiences, c'est encore dans le sens du même interdit, sans parler de la défense. Comme encore pour la Cour de cassation.
- Quand le garde des Sceaux ordonne un supplément d'information sur un mémoire mettant en lumière les faiblesses de l'accusation, s'il y avait eu la moindre conspiration d'État, il n'aurait sûrement pas pris le risque.
- Quand le commissaire Chenevier conclut à une réouverture de l'instruction, il prend soin de limiter sa conclusion en respectant ce même interdit.
- Quand enfin le juge Carrias conclut, la soumission au politiquement correct atteint ici à la caricature.
- Et sans besoin de conspiration qui aurait dû englober le général de Gaulle, cette soumission sera respectée de bout en bout, jusqu'à la mort de Gaston.
- Encore aujourd'hui, même si les conditions ont changé en proportion des évolutions socio-politiques et des révolutions technologiques, la manière dont la piste du commando est ignorée ou balayée sans argumentation sérieuse, en dit long sur la permanence de certains interdits.

Selon l'époque, avec l'imbroglio apparu depuis entre les intervenants, les mobiles, les investigations, comportements et interventions, il n'était alors pas possible de percevoir les tenants et aboutissants d'une configuration dont la complexité a donc échappé. Ce qui a forcément rendu la vérité indémêlable, surtout en partant et demeurant sur des a priori réducteurs comme un *crime de la terre le plus bête* ou d'*une affaire de famille*, et sans mobile. Au final, sans besoin d'aucune conspiration, la condamnation du seul Gaston arrangeait tout le monde, y compris lui-même, et chacun pour des raisons différentes même si celles-ci concordaient sans s'accorder. Ainsi point besoin ni de concertation et encore moins de complot d'État en cette affaire.

En revanche, le même genre d'interdit qui a pesé sur tout le monde, perdure encore aujourd'hui d'une certaine façon. En effet, mettre en cause l'URSS, le PCF, les communistes et les FTP vrais ou faux, même de façon strictement factuelle et sans le moindre procès idéologique, rencontre toujours au moins un silence gêné, sinon déclenche toutes sortes de réactions de mise en touche. Pourquoi est une question qui ne devrait même plus se poser. Pourtant, le seul fait de faire état de l'intervention du Parti dans la défense des Dominici, sans parler de retenir la piste du commando, même après une analyse seulement factuelle, déclenche encore les mêmes comportements de silence, de désinvolture, d'ironie. Curieusement, le très sérieux Jean-Louis Vincent en fait partie, allant jusqu'à sous-entendre avoir accès confidentiel aux archives de la police, lesquelles ne laisseraient aucun doute sur la culpabilité des seuls Dominici. Laissons aussi de côté la vieille accusation d'*anticommunisme primaire*, arrangée de nos jours en complotisme, et pire encore en révisionnisme. Tous ces procès d'intention qui, sans parler de méthode, ne font guère honneur à l'esprit et à l'intelligence.

Il apparaît qu'il ne serait pas honnête au plan intellectuel, de publier un tel travail sans révéler sa conviction. Il faut donc conclure sur cette question.

*

CONVICTION

*

Livrer un tel travail au public, fait donc obligation à l'auteur de lui exposer sa conviction finale. Mais encore faut-il commencer par s'entendre sur ce qu'est une conviction. Car dans une affaire criminelle, le dossier doit s'édifier hors de convictions, par analyses, déductions, hypothèses et toutes vérifications possibles. Et le public, sauf cas particulier, au contraire des policiers, des magistrats et des experts, n'a pas de formation à cet exercice juridique et technique. Il n'a pas mené d'enquêtes ou d'instructions, il n'a pas étudié de dossiers. Il n'a comme seules informations que les médias, sa culture et son lot de convictions.

Dans un procès en Cour d'assises, ce ne sont pas les magistrats qui jugent, mais des jurés à qui la société demande de rendre un jugement *en leur âme et conscience*. C'est-à-dire selon leur *intime conviction*. Mais attention, pas selon leurs diverses convictions d'opinion, notamment politiques. En faisant l'effort de s'en abstraire, ils doivent décider en fonction d'une seule conviction, celle qui a émergé du cours des débats et lors de la délibération finale. C'est dire à quel point les bases de cette conviction diffèrent de la longue expertise approfondie d'un dossier et de ses contextes.

Dois-je le répéter une dernière fois, en entrant dans le dossier, comme tout un chacun j'avais mes convictions en général, mais je n'avais pas de conviction particulière sur l'auteur du massacre, seulement une connaissance médiatique nécessairement fragmentaire. Mais à force de le redire, peut-on soupçonner que c'est chercher à masquer sinon ma conviction intime, du moins des a priori ou mon opinion, notamment politique du fait que le Pari communiste apparaît en cause. Bien sûr comme tout le monde, un expert ne maîtrise pas son inconscient. Mais réflexe conditionné par trente années d'exercice, je m'en suis méfié volontairement en ouvrant le dossier, et je m'en suis défié tout au long de mon travail. Ma conviction est ainsi restée en suspens jusqu'au moment de conclure.

Ma conviction s'est donc construite au fur et à mesure, avec des doutes, des retours en arrière, des découvertes, des abandons, des regards de côté, du recul, des vérifications et surtout une perpétuelle remise en question. Et tout cet édifice, comme mes conclusions, demeure toujours ouvert. Bien sûr tout cela ne transparaît que très imparfaitement dans l'exposé final qui doit nécessairement avoir décanté, puis être organisé et structuré, ce qui peut en effet donner l'impression d'une démonstration basée sur le postulat d'une conviction. Mais au moins, l'indispensable appareil critique avec les références qui peuvent sembler trop lourdes, doivent tempérer cette impression. Car tout a été analysé de manière *équanime*, c'est-à-dire à égalité et sans a priori. Les raisons ont toujours été données pour ce qui a été rejeté ou alors retenu comme avéré ou avec les conditionnels du possible, plausible ou crédible, et avec une estimation d'un degré de probabilité.

Ma conviction a donc peu à peu émergé du résultat de ce travail, sinon ce serait ôter à ce dernier toute valeur éthique. Faute de preuve formelle, ma conviction se fonde donc sur un large faisceau de présomptions cohérentes et étayées, ayant permis des assemblage en puzzle. Mais ces puzzles ne peuvent que demeurer conditionnels, bien sûr prêts à toute remise en cause à la survenance d'un élément nouveau et surtout d'une preuve.

Si la police, la justice et même la défense n'ont apparemment pas voulu voir *les paillettes de vérité,* ni entendre les suggestions répétées par les uns et les autres, sans aucun doute était-ce pour ne pas rouvrir le dossier Occupation-Résistance-Libération, ni affronter en pleine guerre froide, le puissant Parti communiste d'alors. Et, comme l'ont dit les jurés, puisque Gaston et consorts s'étaient refusés à dire la vérité, après tout tant pis si *le vieux payait*. Et Gaston a lui-même tant bien que mal accepté ce *sacrifice*. Il a donc été, d'une certaine façon, justement condamné.

À titre personnel maintenant, après avoir mené mon expertise de façon professionnelle avec le détachement indispensable, je demeure sur plusieurs hypothèses pour le massacre dans lequel La Gran'Terre n'aurait pas été actrice, sauf pour l'achèvement de la fillette.

Quelle qu'ait été la vérité indicible sur le massacre et l'implication des uns ou des autres, ma conviction s'est établie sur l'impossibilité matérielle que Gaston ait été le meurtrier, a fortiori seul et y compris celui qui a achevé la fillette.

Et ma conviction va jusqu'à penser que ce n'est pas Gaston qui a décidé de l'achever. Mais il n'est pas possible qu'il ne se soit pas au moins douté de la décision. Et a-t-il tenté de s'opposer à l'horreur infâme de cette exécution ? Car avoir laissé faire est une chose qu'un homme, comme se voulait Gaston sans aucun doute et de plus grand-père, ne peut se pardonner. Même s'il s'était fait un devoir patriarcal de couvrir l'assassin, et même si ce sacrifice a été réel et sincère, cette attitude ne peut en aucune façon constituer la moindre circonstance atténuante. Si ça ne valait peut-être pas une peine de mort, quelques années de détention relativement aménagée, et l'opprobre définitive sur sa mémoire, sont une peine minimale.

Quant à la chaîne des responsabilités des véritables coupables, je ne me veux pas juge. A chaque lecteur de se faire, comme en délibération de jury mais ici pièces en mains, son propre avis et d'arrêter sa conviction. Jeux seulement l'espère, en meilleure connaissance des tenants et aboutissants, comme c'était la mission que je m'étais fixée.

*

L'Alma en France
Mai 2021

ANNEXES

*

COMPLÉMENTS

Biographie de Gaston Dominici

Gaston Dominici naît à Digne à la fin du XIXe siècle, le 22 janvier 1877[1], de père inconnu. Sa mère Clémence Dominici, ne le reconnaîtra que quelques jours après une première déclaration *de mère inconnue*. C'est ce qu'on nomme alors une *fille mère*. Issue d'une famille piémontaise[2] immigrée à la fin du XVIIIe siècle, elle est femme de ménage au Tribunal. Le petit Gaston est d'abord élevé par sa grand-mère, puis mis à l'Assistance Publique jusqu'à l'âge de seize ans[3]. On n'imagine plus aujourd'hui ce qu'était alors un orphelinat, comme l'âpreté et la dureté de la pauvreté à cette époque, sans pratiquement aucune aide sociale puisque ce sont des religieux qui assument l'essentiel et de façon souvent fort peu conforme à l'enseignement du Christ. De plus, être *bâtard*[4] représentait alors un boulet psychologique et social sans commune mesure avec ce que nous pouvons concevoir aujourd'hui avec nos familles divorcées et recomposées. Gaston ne fréquentera guère l'école d'où il sera rapidement renvoyé. Il n'aura d'autre avenir que les plus bas des travaux manuels non qualifiés dans une région de montagne. C'est ainsi qu'il devient apprenti berger à Champtercier, près de Digne, chez un dénommé Sivan[5].

Il fait ses trois années de service militaire de novembre 1898 à 1901. Il a été incorporé au 7e Cuirassier à Lyon, mais termine au 96e d'Infanterie à Gap[6]. C'est là qu'il fera sa première période de réserviste en février/mars 1904. Et c'est alors qu'il sera réformé pour « *mauvaise dentition.*[7]» Bien que bagarreur, il n'a jamais dépassé les limites ordinaires et s'en sort sans problème avec un livret correct. Il rapportera de son service un torse abondamment tatoué qu'il cachera avec obstination sans qu'on

1 Date de l'extrait d'état civil en date du 16/11/53 (cote B 119). Le commissaire Sébeille (oc p. 20) se trompe avec Gabriel Doménech (oc p. 21). Ils donnent le 23.

2 Selon Gabriel Doménech, pourtant assez bon connaisseur, les parents de Clémence Dominici, mère de Gaston, étaient des « *Calabrais pointilleux* », ce qui est inexact. Le commissaire Sébeille (oc p. 20), dit la mère de Gaston « *d'origine calabraise* », ce qui est également inexact. DM 40 (p. 1268) le suit, mais ajoute une photo donnée comme la région de Calabre origine de la famille, ce qui est fantaisiste. Le commissaire Chenevier (oc II - p. 176) le dit « *d'origine génoise* » avec un commentaire sur le conflit historique entre Corses et Génois, complètement hors de propos.

3 Il avait été placé dans une institution catholique d'où il sera renvoyé à 12 ans.

4 Mot qu'on n'utiliserait plus aujourd'hui, mais le commissaire Sébeille, par exemple, emploie sans sourciller : Clémence Dominici « *reconnut son bâtard* » (oc p. 20). C'est tout dire de son mépris pour ces gens.

5 Selon Claude Mossé (oc p. 16 & 17), c'était à Ganagobie, et il y situe la vocation de Gaston à s'établir la vallée de la Durance, ce qui est doublement inexact.

6 Livret militaire en cote B 120.

7 Ibidem. À l'époque il est déjà marié et père putatif d'Ida.

sache pourquoi, ce qui fera curieusement dire au commissaire Sébeille[1] que c'était la marque d'une particulière brutalité.

Après son service militaire, il reprend la vie de berger. On le retrouve dans la vallée de l'Asse[2]. Il habite à Brunet, sur l'ubac, tandis qu'il travaille sur l'adret à Entrevennes, chez Bec. Giono, qui a très bien connu la région à l'époque, en donne une description d'une farouche austérité, qui ne correspond guère à ce qu'en rapporte Gabriel Doménech (oc p. 26 & 27), quarante ans plus tard, avec les bals du dimanche et les quatre cafés, dont l'un était tenu par un certain Gaston Maillet qui deviendra l'ami de son homonyme Dominici, père de Paul Maillet[3], qu'on va retrouver ami des fils.

C'est un solide gaillard ombrageux qui ne rechigne pas devant le travail, avec une formidable ambition de s'en sortir. Il va montrer une extraordinaire volonté de se faire un nom, de fonder une famille honorable et d'acquérir son domaine. La rumeur dit que S'il est également avéré qu'il aime la boisson, les filles et la bagarre, il semble que cela demeure dans des proportions qu'on peut qualifier de normales dans le contexte. Il n'aura d'ailleurs jamais affaire sinon aux gendarmes, du moins à la justice. Gaston commencera tout de suite à gruger son patron en vendant des agneaux pour son compte. Bec le met à la porte. Il va chez Angelvin, qui fera de même.

Entre-temps, poursuivant son objectif d'ascension sociale, il demande la main de la fille des Germain, petites gens honorables, qui la refusent à celui qu'ils considèrent comme un vaurien. Puis un jour, ce sont eux qui viennent la lui proposer. Bien sûr, il accepte ce qu'il prend pour un premier signe de reconnaissance de la valeur sociale de son obstination au travail. Les noces ont lieu le 3 octobre 1903, déjà de façon curieuse, uniquement en mairie et sans joie. Gaston est vite ivre. Et, dans la chambre nuptiale, Marie lui avoue qu'elle est enceinte de trois mois. D'un autre, bien sûr[4]. Le coup sera terrible. Qu'on imagine, déjà bâtard et maintenant cocu avant la noce, et futur père d'une bâtarde. Ce sera une fille, Ida. Après Ida qui n'était donc pas de lui, Gaston fera huit enfants à Marie, dans l'ordre : Clovis, Augusta, Gaston junior, Clotilde, Marcel, Germaine, Gustave et Aimé que Marie allaitera jusqu'à sa ménopause afin de se libérer de ses grossesses à répétition. Tous survivront.

Marié, il va d'abord travailler pour son beau-père. Là encore, il vendra quelques agneaux pour son compte, et lui extorquera tout ce qu'il peut. Car, désireux d'assumer sa liberté, il cherche à s'établir. Il entend parler d'un métayage à Ganagobie. Et le 15 mai 1910, il loue[5] une terre sur le plateau près du Prieuré qui appartenait « *au révérend père Gibal* [6] ». L'unique religieux présent au Prieuré quasi en ruine, a été le

---

1 Rapport n° 639 du commissaire Sébeille en date du 25/01/53 (cote D 250).

2 Qui borde le plateau de Valensole. On le trouve aussi écrit Assa, en provençal.

3 Paul Maillet est décédé en février 2005, à l'âge de 92 ans.

4 Certains disent qu'il s'agirait du curé, ce qui expliquerait le mariage seulement civil. William Reymond (oc p. 21) escamote toute relation de cette tromperie, de même que Lionel Dumarcet (oc p. 14) qui attribue la naissance d'Ida, après six mois de mariage, à « *deux années d'une liaison aussi discrète qu'illégitime* », ce qui est une invention complètement infondée.

5 William Reymond (oc p. 21), donne le 17 par Louis Gibal. Claude Mossé (oc p. 101) dit que la ferme a été achetée, ce qui est inexact. En fait, Gaston avait un peu d'argent provenant du maigre héritage des parents de sa femme.

6 Il est le seul à donner à donner ce titre à Gibal (oc p. 35). Selon Gabriel Doménech (oc p. 35), il s'agissait de Benoît Estrangin, neveu de Jean-Baptiste Gibal, qui avait repris les

père Jacques Lorenzi[1], arrivé en 1916, qui deviendra l'un des seuls vrais amis et confident de Gaston. Il en fera un portrait élogieux et dira, à plusieurs reprises au commissaire qu'il se trompe[2]. Mais, paradoxalement, il refusera de venir aux assises en tant que témoin de moralité sollicité par la défense.

Gaston va vivre à Ganagobie dans la pauvreté en abattant un travail harassant. Quand on voit aujourd'hui le plateau, on ne peut imaginer ce qu'il était à cette époque qu'à travers certains films de Pagnol. La famille vit dans un mas de pierres sèches, sans aucun confort, ni eau courante bien sûr, ni même électricité. Isolée au bout de chemins de terre pierreuse. Pas d'autre moyen de transport que les jambes ou une carriole avec un mulet. Argile calcaire et caillouteuse, ingrate et peu fertile sans les moyens modernes. Pauvres récoltes. Oliviers noueux. Maigres troupeaux de chèvres et de moutons[3]. Chasse et braconnage dans les garrigues, le maquis de chênes verts et de pins. Hivers glacés par les mistrals éblouissants, et étés torrides. Sou à sou, Gaston économisera pour réaliser son but, avoir son domaine à lui. En attendant, les seules distractions sont la chasse et quelques fêtes de village. Aux assises, le président mettra à charge de Gaston d'avoir accouché sa femme et même d'avoir noué le cordon ombilical avec un lacet. Même à La Gran'Terre, Gaston accouchera encore sa fille Germaine du petit Zézé[4]. C'est dire la pudibonderie à l'époque[5], mais aussi l'état sanitaire des campagnes. Car, comme il le dira à son procès, plus qu'un geste à connotation lubrique, il fallait y voir l'isolement et l'absence de tout équipement de santé publique accessible. Ça aussi, il ne faut pas l'oublier, plongés comme nous le sommes dans notre assistance sociale omniprésente.

Réformé en 1904, il échappe donc à la mobilisation de la Grande Guerre, mais il l'aurait été de toute façon parce qu'il a déjà six enfants, ce qui était suffisant.

Le 8 septembre 1915, il loue le domaine de La Serre[6] qui appartient également au Prieuré. La Serre, par sa situation dans la vallée de la Durance, est un mas plus

---

propriétés du Prieuré lors des lois anticléricales de 1905. Selon le PV n°6 de la brigade de Forcalquier en date du 9/01/54 (cote B 126), on lit « *Louis Gibal, frère de Don Louis Gibal propriétaire de Ganagobie* ».

1 On trouve l'orthographe Laurenzi et Lorensi. Les deux écritures pourraient être corse ou génoise. Mais le père était corse, et les PV écrivent Lorenzi. Il est décédé en 1959. Claude Mossé (oc p. 101) le dit « *envoyé sur les bords du lac du Bourget, pour préserver ce qui reste de l'abbaye de Ganagobie* », ce qui n'a aucun sens.

2 Notamment Jean Meckert, oc p. 80 à 84.

3 Le commissaire Sébeille (oc p. 22) se trompe comme il le fera souvent à propos de géographie, en disant qu'« *il faisait pousser des légumes sur les iscles, ces terres alluvionnaires émergées dans le lit de la Durance* ». À Ganagobie, point d'iscles. Gaston n'en disposera qu'à La Serre, et sera propriétaire de l'une d'elles à La Gran'Terre, à laquelle on accédait par le fameux pont. L'iscle en question a aujourd'hui disparu sous l'autoroute.

4 Me Pollak (oc p. 244) situe cet accouchement dans la montagne, ce qui est inexact pour Zézé, mais ça l'était sur le plateau pour ses enfants.

5 Me Pollak (oc p. 243 à 245), développe longuement ce point soulevé pendant le procès et s'en indigne. Mais notons que, lors du procès, on n'entendra pas cette indignation qui aurait alors pu utilement remettre les choses en place à ce propos. Au moins Gabriel Doménech (oc p. 35) se dit-il choqué qu'on ait pu y voir un geste vicieux.

6 Elle est exploitée, à l'époque du drame, par Roger Perrin, époux de Germaine fille de Gaston, et non sa propriété comme l'écrit le commissaire Chenevier (oc p. 11). A Ganagobie, c'est la famille Maillet qui prendra la suite des Dominici (Gabriel Doménech, oc p. 36), avant de venir s'installer à La Maréchale, juste sous le village de Lurs.

avenant, et sa terre incomparablement plus fertile. Il est aussi plus proche du monde par sa situation en bordure de l'ex RN96, du chemin de fer et du village de Peyruis. Et c'est en cette même année 1915 qu'il deviendra conseiller municipal à Ganagobie, honneur qu'il prendra déjà comme une première revanche en s'acquittant scrupuleusement de sa fonction pendant dix-huit années[1].
Gaston aura enfin vent, par un certain Conil, de la mise en vente de La Gran'Terre à 3 km de là, et il l'emportera en 1922 pour 10.000 francs de l'époque[2]. Le mas est quasi en ruine et la terre en friche. Gaston restera dix ans encore à La Serre, le temps de restaurer la maison, et de remettre les terres en culture. Il abattra un double et énorme labeur, avec l'aide de ses fils aînés attelés au travail dès l'adolescence, notamment Clovis. Le 8 novembre 1932 enfin[3], il s'installera dans son domaine avec une fierté immense, repassant la gérance de La Serre à ses enfants Gaston et Clotilde. Elle sera plus tard par son gendre Roger Perrin, époux de Germaine[4] qui en étaient métayers en 1952 en plus d'un récent métayage de La Cassine[5].

L'énigmatique Jo

Le PV de la gendarmerie de Gustave. Or, s'il existe des Czeredny en France, on ne trouve aucun Czederny. En revanche, on trouve quelques Czerny apparemment sans rapport avec la famille de compositeurs hongrois à Vienne (Joseph 1785-1831 et Carl 1863-1941).

Curieusement, comme pour Sir Jack, Joseph Czederny est né à deux endroits différents. C'est Jean-Louis Vincent qui a découvert deux fiches d'état civil qu'il m'a aimablement communiquées, concernent sa naissance à la même date du 12 mars 1922 : l'une à Étain (Meuse), l'autre à Argentière (Haute-Savoie), avec le même père prénommé Roman, et la même mère Seredna née Viktoryi, tous deux d'origine hongroise. Sur le site Internet de l'état civil, on trouve bien Étain mais pas Argentière. Or, la naissance étant un acte déclaratif, il est possible que la déclaration ait pu être faite en deux endroits différents si les parents étaient en déplacement hors du lieu habituel de leur domicile. Aucun recoupement direct n'était alors possible entre les

---

1 Notamment, Me Charrier (oc p. 35).

2 Environ 11.200 € 2016. Ce serait par le père Lorenzi que Gaston aurait appris que Benoît Estrangin voulait acheter La Gran'Terre pour 9.000 AF. Il aurait alors surenchéri dans son dos. Mais son ami le père Lorenzi ne lui aurait pas tenu rigueur de l'indélicatesse. Selon Claude Mossé (oc p. 310) La Gran'Terre aurait été payée 30.000 AF, ce qui est inexact. Selon le PV n° 387/8 du commissaire Sébeille en date du 15/8/52 (cote D 27), Gaston aurait dit avoir acheté le domaine à Victorien Pommaire, qui était alors maire de Lurs, ce qui est inexact.

3 Curieusement, Me Charrier ignore le passage par La Serre, et écrit que Gaston quitte Ganagobie en 1923 pour s'installer directement à La Gran'Terre (oc p. 35), ce qui est doublement inexact.

4 Et non de Clovis, comme le dit par erreur Jean-Loup Charrier (oc p. 144).

5 Jean Meckert se trompe en donnant Aimé Perrin comme époux de Germaine (oc p. 134) et comme beau-frère de Gustave (oc p. 140). Gabriel Doménech (oc p. 134), fait d'Aimé Perrin un cousin de Gustave alors qu'ils n'ont en fait aucun lien de parenté direct. Mais il précise bien que c'est un ancien résistant. William Reymond (oc p. 84), Claude Mossé (oc p. 143), et bien sûr Lionel Dumarcet (oc p. 37), confondent aussi Aimé avec son frère Roger Perrin. Aimé habitait à Giropey, à environ 1200 m de La Gran'Terre en direction de Marseille. Au passage Claude Mossé (oc p. 142) met Giropey en direction de Peyruis ! Il ne faut pas non plus confondre ces deux Perrin avec un troisième, leur frère Francis, qui était facteur à Lurs et habitait chez son père Louis Perrin à La Maréchale, ferme mitoyenne de celle de Maillet.

fichiers. Comme le lieu du domicile familial était à Argentière, si les parents étaient en déplacement à Étain lors de la naissance, revenus à Argentière en quelques jours ils ont déclaré à nouveau la naissance au lieu de leur domicile. Quelques 600 km séparent les deux villes, ce qui était considérable pour un déplacement rapide à l'époque.

On retrouve ce Joseph Czederny gardien à l'usine de Saint-Auban pendant la guerre. Le 14 octobre 1944, il épouse à Saint-Auban Bruna Pellizzari (qu'on trouve orthographié de plusieurs façons selon les pièces, avec un seul L et/ou un seul Z), né le 18 février 1924 à Rive d'Arcano en Italie.

Le mariage en octobre 1944, a lieu après la Libération d'août 44, et correspond parfaitement à la présence de Czederny dans les FTP du secteur, dont dépendaient son ami Gustave, mais aussi Clovis, Roure, Maillet et les autres, sous le commandement de Lopez puis d'Autheville.

En 1949, le couple quitte Saint-Auban pour Grenoble où sa femme a acquis un restaurant rue Ampère. Dans le PV il est dénommé *Chez Jo*. En fait, le restaurant acquis que le 6 septembre 1949, s'appelle *Le Transval*, 27 rue Ampère à Grenoble. La différence de dénomination avec *Chez Jo*, peut s'expliquer : l'un est le nom du registre du commerce retrouvé par Jean-Louis Vincent, l'autre peut-être celui donné par les habitués. Le PV ne dit pas si Jo Czederny était revenu dans la région de Lurs avant 1952, donc s'il était le Jo vu à La Gran'Terre par Nelly Leroy. Mais s'il y était revenu, pourquoi les Dominici avaient-ils peur qu'il leur cause des ennuis ? Il est possible que Czederny ait été de bouilleur de cru clandestin, et qu'il soit revenu à La Gran'Terre chaque automne et notamment en septembre 52 pour distiller de la blanche de Gaston après les vendanges. Et on sait que cette activité était alors très sévèrement contrôlée et donnait lieu à toutes sortes de trafics fort rémunérateurs, d'où peut-être les *ennuis* craints par Marie.

Quoi qu'il en soit, *Le Transval* est revendu le 11 décembre 1957 et Joseph Czeredny exercera désormais le métier de plombier à Grenoble jusqu'à sa retraite qu'il prend en 1987 aux Isnards en Haute-Provence, où il décède le 21 février 2012 à l'âge de 90 ans. Ce Joseph Czeredny n'a pas d'antécédents policiers ou judiciaires, notamment au sommier de Grenoble.

Philippe Isnel avait retrouvé Joseph Czeredny qui habitait donc Les Isnards à 05110 Esparron, et l'avait interviewé en janvier 2011, un an avant son décès. L'interview enregistrée n'est pas réellement audible du fait de l'élocution gênée par un appareillage dentaire qui pourrait avoir remplacé le dentier chromé du Jo, remarqué à La Gran'Terre par Nelly Leroy. Mais Philippe Isnel, du fait qu'il avait écouté ce qu'il a enregistré, a pu retenir que Czederny avait vécu son enfance à Argentière où il avait commencé à travailler avec son frère ; qu'il avait fait son service militaire dans la marine entre 1940 et 1942 ; qu'à sa démobilisation, il était resté en zone sud, et venu à Saint-Auban où il était bien gardien à l'usine ; qu'il a bien été maquisard, époque dont il ne veut pas parler, sauf à préciser qu'il n'aimait pas « *les communistes* » ; qu'il a bien été marié à Saint-Auban ; que sa femme a bien possédé un restaurant à Grenoble qui a été vendu et qu'il a été plombier jusqu'à sa retraite.

C'est en réécoutant l'enregistrement après la mort de Czederny, que Philippe Isnel a retrouvé quelque chose qu'il avait oublié. Czederny avait lâché en confidence qu'on ne pouvait pas tout raconter, et qu'il avait tenu un journal qu'il avait gardé. Bien sûr, Philippe Isnel a alors cherché à retrouver quelque descendant pour savoir si ce journal avait été retrouvé. Il a ainsi réussi à retrouver une des petites filles de Czederny qui a précisé que son grand-père ne voulait pas parler en famille de sa période du maquis. Et, hélas, à sa connaissance, aucun journal n'a été retrouvé à sa mort.

Néanmoins, demeurent une *question* et un *rapprochement.*

La *question* est de savoir avec quel argent Czederny a pu acheter un restaurant. Certes au nom de sa femme, comme c'est l'habitude. Mai, sa femme n'avait aucune fortune, et ce n'est pas avec ses économies de marin, puis de gardien d'usine. En revanche nombreux sont les anciens de la *bande à Lopez* qui ont, après la Libération, changé de statut économique en même temps que de résidence.

Le *rapprochement* a été suggéré par Jean-Louis Delattre découvrant dans *Le Méridional* du 31 octobre 1951, le compte rendu d'un procès d'assises à Aix-en-Provence. Il s'agissait d'un procès pour deux meurtres perpétrés à Mollèges le 20/11/44 par un commando de trois FTP (à cette date les FTP ont intégré les FFI). Dans le box, sont seuls présents deux hommes accusés des meurtres d'un certain Anicet Pélissier et son fils dans une ferme de Mollèges. Ils se défaussent sur un certain Czerny/Czerni ou même Cerzy. La différence de nom pourrait à nouveau provenir de l'abréviation due à une prononciation difficile. Les deux acolytes faisaient partie d'un commando au départ de la caserne de Tarascon avec Czerny, qui en aurait été le chef. Et c'est ce dernier qui aurait exécuté une condamnation prononcée par la chef du comité d'épuration local. Ce dernier, présent dans la salle, est arrêté à l'audience. Mais, curieusement, personne ne se soucie de ce Czerny. Par la suite, il ne semble pas avoir été réellement recherché, et il n'y en a plus de traces. Les diverses archives de la Résistance de la région (fond Lenarduzzi, notamment[1]), recensent bien un Joseph Czerny, d'abord FTP à Malijai puis ayant rejoint l'AS fin août 1944, qui semblerait correspondre à notre Joseph Czeredny. Mais apparaît aussi un certain Miroslaw Czerny, FTP à Saint-Auban, qui serait l'un des maquisards dévoyés de la bande à Lopez. Mais rien ne permet, hormis la similitude de patronyme, de faire formellement le rapprochement entre notre Joseph Czeredny et ce Miroslaw Cerny.

Roger Autheville

Bien qu'il ne soit pas intervenu officiellement et qu'il n'ait jamais fait l'objet d'aucun PV, son nom et son ombre se retrouvent souvent dans les coulisses. On le sait ancien capitaine FTP commandant le 15e compagnie de la 2e compagnie tenant la montagne de Lure. Il avait eu Gustave sous ses ordres et lui avait gardé son estime, comme leurs retrouvailles sur les lieux du drame le montreront. En 1946, il était devenu secrétaire de la Fédération départementale du PCF des Basses-Alpes, c'est-à-dire le n°1 dans le département. Employé de la Sécurité sociale à Digne, il exerçait par ailleurs la fonction de correspondant local pour *La Marseillaise*, quotidien communiste de Provence, et pour *Le Dauphiné libéré.*

Il fut démis de ses fonctions de secrétaire départemental en 1953 puis exclu le 23 juin 1954.

Roger Autheville s'est tué le 9 novembre 1954, quelques jours avant le procès d'assises. Il circulait à scooter. Venant du boulevard Victor-Hugo, il déboucha sur la

---

1 Il est vrai que le fichier officiel du ministère de la Défense, listant tous les résistants homologués (environ 600.000), ne répertorie aucun des deux ni personne avec un patronyme approchant. Notre Jo Czederny aurait-il était radié ou non inscrit s'il faisait partie d'une maquis dévoyé ?

N 100[1] longeant la Bléone au quartier des Épinettes en direction du sud (voir plan de Digne). Il était 13 h 45. Là se trouvait un chantier d'installation d'une ligne électrique aérienne. Sans doute distrait par les gestes des ouvriers voulant l'arrêter, Autheville qui circulait à scooter sans casque, est venu se fracasser le crâne contre un pylône en béton qui barrait la route au cours d'une manœuvre. On l'a dit ébloui par le soleil de face. Mais les données astronomiques[2] montrent qu'un tel éblouissement apparaît comme improbable. Quoi qu'il en soit, le chef de chantier l'emmena en camionnette non pas à l'hôpital tout proche, mais à la clinique du docteur Jouve située à Aiglun, distante d'une dizaine de kilomètres. Pourquoi ? On ne sait. Autheville expira après plusieurs heures de coma, sans qu'il ait été possible d'intervenir[3].

Bien sûr, la rumeur persiste qui dit qu'Autheville ayant menacé de « *tout balancer* » lors du procès d'assises si on touchait à Gustave, aurait été victime d'un faux accident. Bien sûr aussi, le hasard fait souvent plus que le machiavélisme des hommes.

La petite culotte

Selon *La Marseillaise* du 7 août 1952, une petite culotte aurait été découverte la veille, donc le 6, par les inspecteurs Culioli et Ranchin, dans un fourré sur le talus de la voie ferrée, sans préciser l'endroit. Selon un plan cavalier hors-texte de l'ouvrage du commissaire Chenevier, elle est localisée côté Durance, en haut de la tranchée de la voie ferrée, face à La Gran'Terre, au droit du sentier menant à la ferme. Cependant le commissaire n'en dit pas un mot. Et on n'en trouve aucune trace dans aucun des PV de ces jours-là.

Elle portait une inscription bleue en Anglais, *Baby Roger's - 10*, donc de taille correspondant à l'âge d'Elizabeth. William Reymond (oc p. 337) en fait état, avec une photo d'époque, peu lisible il est vrai et sans référence de source. Toujours selon *La Marseillaise*, des vérifications auraient montré, dès le soir même, qu'elle n'aurait pas appartenu à la petite Elizabeth. Mais on ne sait pas quelles ont pu être ces vérifications. Car aucun PV de l'époque ne les signale. En revanche, le supplément d'information va s'en préoccuper de façon approfondie[4]. On va d'abord apprendre que Ranchin[5] l'a trouvée non pas en face de la ferme, mais à 450 m de La Gran'Terre près de la gare. Cette localisation contredit cependant le croquis p. 60 et les photos p. 59 de la cote C 152. On apprend ensuite qu'elle était maculée de légères traces de sang et de matière fécale, puis qu'elle portait des entailles faites à coups de ciseaux.
Une recherche approfondie va être menée en France et en Angleterre. Les enquêteurs vérifient d'abord qu'elle ne correspond pas aux culottes d'Elizabeth, qui sont de bien

---

1 Aujourd'hui devenue la D 900 B.

2 La direction du boulevard vers le sud, se trouve dans un azimut d'environ 160° par rapport à la direction du nord. À 13 h 45 heure légale à l'époque, soit 12 h 45 UTC, le soleil se trouvait dans l'azimut 203°, à une hauteur de 26° sur l'horizon (source IMCCE). Le soleil était assez bas pour éblouir de face, mais à 43° sur la droite de la direction suivie par Autheville. Les conditions d'éblouissement ne sont plus réunies.

3 *Le Méridional* du 10 novembre 1954 (p. 4 & 5, rubriques locales). *La Marseillaise* publiera la nouvelle nécrologique sans aucun détail, et le 14 seulement.

4 Ça commence par une lettre du juge Carrias interrogeant le commissaire Harzic en date du 10/8/55, avec réponse en date du 17/8/55 (cote C 151).

5 Lettre de Ranchin au capitaine Albert en date du 25/8/55 (cote C 156).

meilleure qualité et portent une étiquette à son nom[1]. Puis ils retrouvent le fabricant. Il en ressort que, malgré le nom anglais, cette culotte est fabriquée en France, et qu'elle n'est pas exportée en Angleterre, donc notamment pas vendue à Nottingham[2]. En France, sur le trajet des Drummond, il existe n'y a des points de vente qu'à Dunkerque et à Villefranche, mais pas à Digne[3]. Les Marrian affirment que les Drummond n'ont pas fait ce genre d'achat à Villefranche. Il est donc quasi certain que cette culotte, de plus tailladée comme elle l'était, n'a pu appartenir à la fillette[4]. Mais on se demande alors à qui dans le coin, où aucune enfant de cet âge n'habite le voisinage ? Selon William Reymond, cette culotte aurait été utilisée par le commando pour s'essuyer les mains. C'est indéfendable, et même en admettant, comment aurait-elle pu se retrouver tailladée et souillée, de plus à cet endroit très loin du corps de la fillette, et surtout hors de tout itinéraire de repli du commando ? La seule hypothèse raisonnable voudrait qu'elle ait été jetée par la fenêtre de la micheline lors d'n passage à une époque proche du drame. Cependant, Philippe Isnel, dans un ouvrage à paraître, a retrouvé plusieurs cas similaires dans la région, mais il apparaît hautement improbable qu'il puisse y avoir eu corrélation.

La gabardine trouvée dans l'ancienne gare le Lurs

Une « *dame Martinet née Ribo* », radiesthésiste, aidée d'un collègue dénommé Calté, aurait découvert le 25 ou 26 août 1952 dans la gare de Lurs, une vieille gabardine endommagée, tailladée à coups de ciseaux et portant des traces de sang et de minium. Elle en montre un morceau de tissu et une étiquette anglaise. Précisons que les enquêteurs penseront que, la gare de Lurs ayant été visitée par les gendarmes dès le lendemain du drame, si gabardine il y avait eu, elle aurait dû y être abandonnée plus tard. Malgré le démenti immédiat de Guy Marrian d'une gabardine dans les affaires de Sir Jack, l'hypothèse qu'elle aurait pu lui appartenir oriente de multiples recherches par *Scotland Yard* jusqu'en Angleterre. Elles sont survenues à partir du 28/8/52. On les trouve dans le dossier aux cotes D 323 & 324, puis 328 à 330, 332, 340 & 341, puis D 359, 360, 361, 362, 363 & 364. Elles ne donneront rien. Il est curieux que le commissaire Chenevier ait pu la donner comme ayant servi à transporter la fillette du bivouac jusqu'au talus de la Durance.

L'achat de la carabine aux Américains

Lors de l'enquête deux dénonciations sont venues dire que Gaston aurait acquis une arme d'un GI passant sur la route avec un convoi en 1944[5]. L'une arrive par lettre anonyme postée à Paris. L'autre est rapportée par un certain Abel Bastide. Dès août 1952, la lettre anonyme[6] est donc venue dire que Gaston[7] aurait acquis la carabine en

---

1 PV n° 424/8 du commissaire Gillard en date du 13/10/55 (cote C 223).

2 Lettre de la PJ au juge Carrias en date du 22/9/55 avec, en annexes, le originaux des recherches de Scotland Yard (cote C 209).

3 Lettre de la PJ au juge Carrias en date du 24/9/55 (cote C 210).

4 Curieusement le rapport du commissaire Chenevier (cote C 401 p. 78), commence par dire le contraire. Mais la lecture de la suite montre que c'est une coquille : il manque un « ne » devant le verbe

5 Les troupes américaines sont passées pour la première fois sur l'ex-RN96 le 19 août 1944.

6 Lettre du 12/8/52 postée à Paris jointe au PV n° 387/18 & 22 du commissaire Sébeille en dates des 15 & 16/8/52 (cotes D 27 & 35).

7 Jean Meckert (oc p. 99) met Gustave à la place de Gaston.

1944 d'un GI qui s'appelait John Montès, et pour une somme de 8.000 AF (soit environ 1.500 € 2016). Ce qui représentait alors une somme encore plus invraisemblable qu'aujourd'hui, comparée à une économie domestique comme celle des Dominici. Cette dénonciation sera niée par Gaston et abandonnée faute d'avoir pu retrouver l'auteur de la lettre.

Le 23 février 1954[1], Abel Bastide, maçon couvreur, vient raconter qu'il aurait assisté à une scène depuis toit de La Gran'Terre qu'il était en train de réparer. Il dit avoir vu un *command-car* s'arrêter le 26 août 1944 à cause d'une crevaison. Il était rempli d'armes en vrac. Un soldat aurait fait une démonstration de tir sur la colline en présence de Gustave et Gaston. Puis tous trois seraient rentrés dans la maison. Formellement, Bastide n'a donc pas vu si les Dominici avaient alors acquis la carabine, ni bien sûr lequel de Gaston ou de Gustave. Confronté à Gustave[2], ce dernier conteste formellement avoir pu être présent car, depuis le 19 août, il était mobilisé avec les FTP à Sisteron. Mais il semble que Bastide puisse se tromper d'une semaine. Confronté à Bastide, Gaston[3] le traite simplement de menteur et d'ivrogne, et le juge note effectivement en fin de PV que Bastide est en état d'ébriété.

Enfin, pendant l'instruction, le juge Périès entendra encore un témoin[4], Elie Gautier dit avoir pris Maillet en stop début novembre 1953. Il lui aurait dit être venu en 1951 chez Gaston prendre un apéritif après l'avoir également pris en stop. Et il y aurait vu un fusil à un seul canon, mais sans chargeur, suspendu au mur du séjour face à la porte. Gaston lui aurait alors dit que c'était une arme « *pour le sanglier* ». Confronté à Gautier, Maillet confirme et ajoute que Gautier aurait dit l'arme « *rafistolée* » par Gaston. Mais Gautier nie avoir donné ces précisions. Maillet confirmera par ailleurs n'avoir jamais vu de carabine US chez Gaston depuis « *trente ans* » qu'il fréquente La Gran'Terre, en fait depuis une vingtaine d'années seulement.

On retrouve ainsi chez plusieurs auteurs[5] et répandue dans l'esprit public, l'idée que les soldats américains ont souvent vendu leurs armes ou les ont échangées contre des vivres ou du vin. Ce qu'ils vendaient ou échangeaient quelquefois ce sont des armes prises à l'ennemi et souvent hors service, et toujours sans munitions. Car il faut bien se rendre compte qu'il serait suicidaire pour un soldat de vendre son arme en temps de guerre, même dans l'euphorie de la Libération, et l'impression de joyeux laisser-aller que pouvait donner l'armée américaine en comparaison de la rigidité de l'armée allemande. D'abord, dans toutes les armées du monde, chaque arme est nominalement affectée, et doit être rendue, même détériorée ou hors d'usage. Toute détérioration et surtout disparition doit être justifiée par une action d'ordre strictement militaire, et, même dans ce cas, donne lieu à une sanction qui peut aller très loin. Une vente, en temps de guerre, rendrait le soldat passible du peloton d'exécution. Ensuite, cette carabine étant une arme légère, équipait surtout les officiers dans les unités

---

1 PV du juge Périès en date du 23/2/54 (cote D 261). L'ensemble est repris par Jean Laborde, oc p. 110 & 111, Me Charrier, oc p. 70, etc…

2 PV du juge Périès en date du 23/2/54 (cote D 262).

3 PV du juge Périès en date du 25/2/54 (cote D 268).

4 PV du juge Périès en date du 30/11/53 (cote D 224).

5 Notamment chez Jean-Charles Deniau et Madeleine Sultan (oc p. 45) qui n'ont ni souvenirs de cette époque ni connaissances et expériences militaires. Ils sont par ailleurs les seuls à préciser, sans citer de source, que trois carabines Rock-Ola auraient été trouvées dans des granges lors de l'enquête, et qu'elles ne provenaient pas de parachutages, mais de troc.

courantes. Elles n'équipaient tous les hommes que dans les unités spéciales[1]. Sa vente par un gradé serait donc encore plus problématique et d'autant plus délictueuse.

Les armes en vrac vues dans le *command-car* pouvaient être des armes récupérées à la suite d'un combat et n'avoir pas encore été enregistrées. La carabine pouvait donc avoir appartenu à un militaire américain tué ou blessé, récupérée et en cours de transfert. Dans ce cas, elle aurait pu être cédée sans trop de risque. De plus, après la guerre, il est vrai qu'il y a eu un trafic intense de ces armes, comme avec tous les surplus américains. Enfin, il est vrai aussi que nombre d'armes ont été volées aux Américains qui n'étaient pas toujours méfiants ni assez précautionneux.

Mais on a vu que le maître armurier avait constaté la présence d'une hausse d'un modèle selon lui inexistant en France avant la Libération.

L'attentat contre le docteur Peck[2]

Sans qu'on sache pourquoi et sans jamais parler du rapport Gillard sur le commando, l'avocat général, lors du procès de Gaston, fera mention, par dérision, à une affaire survenue tout juste un an après le drame de Lurs, le 25 juillet 1953. Il s'agit d'une exécution qui s'est déroulée en Cerdagne, et qui ressemble un peu à celle des Drummond. Deux touristes anglais, le docteur Bernard J. Peck, médecin à Plymouth, accompagnée de son épouse née Dora Phœbe, circulent en voiture, une Ford immatriculée 543 RACH 60, près de la frontière franco-espagnole. Au km 158 de la route reliant Ribes de Freser à Puigcerda, la voiture est arrêtée par deux hommes au col de la Collada de Toses. Les deux hommes à visage découvert, l'un d'environ quarante-cinq ans et l'autre d'une vingtaine d'années, en « *uniforme* » uni et foncé, sont armés de pistolets mitrailleurs. Le plus vieux, « *souriant de manière stéréotypée* », s'approche du côté du docteur Peck. Il se penche, envoie le bras par la vitre baissée et s'empare d'un appareil photo. Puis, se reculant, il fait signe au docteur de repartir. Mais, immédiatement, la voiture est mitraillée. Les deux hommes disparaissent sans rien prendre d'autre, laissant les Peck pour morts. Frappée de neuf balles, Dora Peck a été tuée sur le coup. En revanche, le docteur Peck, grièvement blessé, s'en tire après une longue intervention chirurgicale. Dès qu'il le peut, il regagne discrètement l'Angleterre, évitant systématiquement tout contact avec la presse.

L'attentat ne sera jamais revendiqué. Malgré de nombreuses battues, enquêtes et recherches de part et d'autre de la frontière, les agresseurs ne seront jamais retrouvés ni même identifiés. La piste de l'exécution pour espionnage est vite abandonnée par les Espagnols au profit de la thèse, plus *rentable* politiquement, d'un attentat de républicains exilés, provoquant une polémique entre l'État franquiste et la France. Mais cette piste, malgré un véritable acharnement des Espagnols, n'a jamais rien donné, pas plus que celle de séparatistes basques ou catalans. Le docteur Peck n'a jamais reconnu personne sur les centaines de photos qui lui ont été présentées par la police, et par la suite il s'est toujours montré aussi évasif que discret sur cette affaire.

---

1 Parachutistes et *Marines*, notamment lors des débarquements ou des opérations commandos.

2 Jean-Louis Blanchon, *En Cerdagne, 25 juillet 1953 - Le crime de la Collada de Toses, in revue Frontières*, tome 4 – 1994/1995, p. 55 et sq - Université de Perpignan - Centre de recherches sur les problèmes de frontières.

La piste d'un crime d'espionnage demeure donc la plus crédible. En effet, d'autres automobilistes, passant peu avant les Peck, ont vu les deux hommes « *postés non loin de la route, et qui paraissaient attendre quelqu'un* ». Ni avant ni après, aucune autre voiture n'a été arrêtée ni personne agressée à cet endroit, ni dans la région, ce qui signifie bien que c'est précisément le docteur Peck qui était attendu, et seulement pour être exécuté après récupération de son appareil photo.

Sans qu'il y ait, bien sûr, le moindre rapport avec l'affaire de Lurs, on constate qu'une exécution par un commando, ne relève pas de l'extravagant. Et on ne se demande plus pourquoi l'avocat l'a citée dans son réquisitoire en l'évacuant avec ironie.

Le témoignage de Llorca

Antoine Llorca racontera lui-même sa version dans un opuscule (oc p. 59 à 68) et il sera développé, approfondi et vérifié dans de nombreux PV : lors du drame, il était journalier aux moissons à Forcalquier chez un certain Seignon[1]. Il travaillait notamment avec un dénommé Roux et son coéquipier Zalvatelli. Premier détail, ce dernier aurait régulièrement porté des chaussures à semelles de crêpe. Or Llorca ne pouvait guère connaître cette précision, puisque les empreintes de pas, trouvée sur place par les gendarmes, avait été jetée aux oubliettes par le commissaire Sébeille, dès son arrivée sur les lieux. Zalvatelli aurait également possédé une carabine parachutée pendant l'Occupation, qu'il aurait réparée en présence de Llorca. Il aurait dit vouloir s'en servir pour voler un de ses ex-patrons. Le 4 août après-midi, Roux et Zalvatelli seraient descendus se baigner à la Durance. Les deux compères ne seraient ensuite remontés que le 5 dans la matinée, en racontant « *la tuerie* » des Drummond. Ils auraient dit l'avoir apprise par les gendarmes qui les auraient interrogés au passage, ce qui expliquerait leur retard. Mais, sauf erreur, il n'existe aucune trace de cet épisode dans les PV et dires de gendarmerie du 5 août.

Roux aurait eu du sang dans les cheveux et une blessure au bas de l'oreille. De plus, en rentrant, il aurait lavé son short. Llorca écrit l'avoir entendu dire : « *Si on s'était pas retournés, on n'aurait pas tué la petite* ». Cette phrase n'a guère de sens, à moins que Llorca ait mal entendu et que Roux ait dit : *Si on n'y était pas retourné*, ce qui pourrait alors correspondre au meurtre différé de la fillette. Et Zalvatelli de répondre : « *Oui, mais tu n'aurais pas ça…* » en montrant une liasse de billets (oc p. 62). Cet argent pourrait correspondre à l'argent liquide que Sir Jack avait nécessairement dû emporter, alors que sa pochette n'a pas été retrouvée. Roux aurait montré un grand trouble persistant, notamment lors d'une visite des gendarmes le 7 août. On ne sait si cette visite est exacte et quel en était le motif, car, sauf erreur, la seule mention d'une visite des gendarmes chez Seignon à Apt se retrouve au 30 août 1952[2]. Zalvatelli aurait ensuite exhibé une moto 125 cm^3 que son patron Seignon lui aurait offerte. Ce qu'à juste titre Llorca trouve pour le moins curieux. Après la condamnation de Gaston, Llorca aurait décidé de se rendre à Marseille pour aller « *porter plainte contre le commissaire Sébeille* » (oc p. 64), formule qui donne une idée de la sémantique du personnage. Le 1er décembre 1954, il aurait été interrogé par

---

1 Dans l'opuscule de Llorca, tous les noms ont été ôtés et remplacés par des pointillés derrière la majuscule. Ils sont connus par les pièces, par exemple dans le PV n° 20/2-R du capitaine Albert en date du 23/01/56 (cote C 390).

2 Rapport 12-R déjà cité, p. 47.

le commissaire à qui un collègue aurait lancé : « *Imbécile, tu as une vérité ; qu'est-ce que tu vas chercher ?* » (oc p. 65). Mais, sauf erreur, on ne trouve pas de PV de police au dossier, à moins qu'il soit aux archives de la police. Le 20 juin 1955, il aurait enfin été convoqué à Forcalquier, confronté à son ancien patron Seignon, puis interrogé par le capitaine Albert de 21 h 30 à 1 h du matin. Il lui aurait confirmé sa version.

Notons que cet épisode s'est passé pendant le supplément d'information. Mais Llorca ne semble pas avoir eu connaissance de celle-ci. Le témoignage sera épluché et vérifié avec une extrême minutie par le capitaine Albert et le juge Carrias en 1955[1], apparemment sans même prévenir de commissaire Chenevier. Et sa prestation s'arrête là, cette porte ayant été fermée.

Trois questions ont jeté plus qu'un vrai doute sur la version de Llorca : si Zalvatelli et Roux avaient été les assassins de la fillette, comment la carabine réparée et retrouvée dans la Durance, que Clovis a reconnue, aurait-elle pu se trouver entre les mains de Zalvatelli ? Même si la carabine avait été volée à l'un des Dominici, pourquoi ceux-ci ne l'auraient-ils pas dit, tout simplement ? Et pourquoi la famille aurait-elle menti avec autant d'obstination, et Gustave aurait-il modifié l'état des lieux, si c'était pour couvrir les deux hommes ? Pour le justifier, il aurait fallu qu'il y ait eu un lien direct et très dangereux entre Roux, Zalvatelli et les Dominici. Le seul possible aurait pu concerner les activités FTP de Gustave lors de la Libération, mais il n'a pas été recherché.

Les éléments qui correspondent assez bien, montrent que Llorca connaissait les lieux et avait eu, cette fois, par la rumeur locale et la presse, tous les éléments en main pour pouvoir affabuler avec une certaine précision. C'était l'avis final du très professionnel capitaine Albert. D'ailleurs, Me Bottaï, qui tenta une requête en révision avec cet *élément nouveau*, sera débouté par la Cour de cassation.

*

1 Selon un rapport au procureur général n° 200 CH 57 assorti de notes manuscrites qui n'est pas au dossier, ce dernier (cotes C 42 à 74 et 390, notamment, dont les rapports n° 9-R^{bis} et n° 16-R^{bis}en date du 21/5/55), ne contient pas ce document.

BIBLIOGRAPHIE

ADAHP (Archives départementales des Alpes de Haute-Provence) - Jean-Christophe LABADIE - *L'AFFAIRE – Lurs, 4 août 1952* - SPI Imprimerie – 2019.

AMBROISE-RENDU Anne Claire – *Peurs privées, angoisses publiques* – Larousse Paris 2001.

BADIN Raymond – *Le mystère des destins* – Publibook – Paris 2007.

BARTHES Roland – *Dominici ou le triomphe de la littérature* – in Mythologies – Seuil – Paris 1957.

BATIGNE Jacques – *Un juge passe aux aveux* – Robert Laffont et J'ai Lu – Paris 1971.

BLANCHON Jean-Louis – *En Cerdagne, le 25 juillet 1953, le crime de Collada de Toses* – in Frontières n°4 – CRF – Université de Perpignan 1995.

BRESSON Pascal & FOLLET René – *L'affaire Dominici* – Bande dessinée - Glénat – Paris 2010.

CABANES Bernard – *Du nouveau dans l'affaire Dominici* – Carrefour n°810 – Paris 23/3/1960.

CHAPUS Jacques – *Cinquante ans de journalisme* – Anne Carrière – Paris 2003.

CHARRIER Pierre – *Affaire Dominici, le dernier témoin* – in L'Écailler du Sud n°11 – Marseille 2003.

CHENEVIER Charles – *De la Combe eux Fées à Lurs* – Flammarion 1962. – *L'affaire Dominici, vingt ans après le drame de Lurs, toute la vérité* – N.O.E – Paris 1973. – *La grande maison* – Presses de la Cité – Paris 1976.

CHICHIZOLA Jean, Stéphane DURAND-SOUFFLAND et Cyril HOFSTEIN – in *Les 10 affaires criminelles qui ont marqué la France 1950 - 2010* – Le Figaro Documents - Paris 2010.

COLLECTIF – *Dominici, de l'accident aux agents secrets* – Éditions de Provence – Digne 1997 et Cheminements – Le Coudray-Macouart 2003.

COLLECTIF – *Grammaire provençale* – C.R.E.O Provença – Edisud – Aix-en-Provence 1998. – *Dictionnaire français-provençal et provençau-françés* – C.R.E.O Provença – Edisud – Aix-en-Provence 1998.

COLLECTIF – *L'affaire Dominici* – in Dossier Meurtre n°40 – ALP – Paris 1991.

DENIAU Jean-Charles et SULTAN Madeleine – *Dominici, c'était une affaire de famille* – L'Archipel – Paris 2004. Reportage télévisé de 52 minutes (*archives.com* avec *youtube.com/watch?v=HHWBbdlMls*).

DI MAIO Vincent J-M – *Blessures par armes à feu* – Masson – Paris 1992.

DOMENECH Gabriel – *Lurs, toute l'affaire Dominici* – Testanière – Forcalquier 1956. – *Lurs, toute l'affaire Dominici* – Réédition augmentée - Testanière – Forcalquier 1957.

DOMENECH Gabriel & Pierre – *Et si c'était bien lui ?* - Les Presses du Midi – Toulon 2004. et annexes.

DOMINICI Alain – *Gaston Dominici (Chronique d'un paysan bas-alpin)* – Lignes Sud – Montfort 1998.

DOMINICI Alain et REYMOND William – *Lettre ouverte pour la révision* – Flammarion – Paris 2003.
DUMARCET Lionel – *L'affaire Dominici* – De Vecchi – Paris 1999.
Entier dossier judiciaire – Archives départementales de Haute Provence.
FABRE Daniel – http://doi.org/10.4000/lengas-3225.
FAYARD Jean – *Quelques affaires retentissantes* – Riveneuve – Paris 2011.
FERGUSSON James – *The Vitamin Murders* – Portobello Books – London 2007.
FLORIOT René – *Les erreurs judiciaires* – J'ai Lu – Paris 1968.
FOUGERON Marie – *En marge du procès de Gaston Dominici : mon doute sur la conviction Sébeille* – Devaye 1955.
GIONO Jean – *Notes sur l'affaire Dominici* – in La Pléiade – Gallimard – Paris 1995.
GUERRIER Éric – *L'affaire DOMINICI, Expertise du triple crime de Lurs* – Cheminements – Le Coudray-Macouart 2007.
HEINIC Lionel – *Les grands affaires criminelles en France* – Ouest-France 1996.
HUON Jean – *US-M1* – Crépin-Leblond – Paris 1992.
INTERNET – Articles biographiques de *Cammaerts* et *Pauline alias Christine Granville baronne Skarbek.* Nombreux articles divers, avec toutes précautions, dont forum sérieux : *affaire-dominici-crime-de-lurs.com.*
JACOB Madeleine – *A vous de juger* – Les Yeux Ouverts – Paris 1962.
ISNEL Philippe – *Petit périmètre pour trop d'énigmes judiciaires* – L'édition à façon – Forcalquier 2008. *Deux tueurs dans la maison l'Ève à Lurs, Dominici (PV), Crash de l'A320, et autres affaires criminelles dans la région voisine de l'Italie* – Copymédia 2021.
KITCHEN Martin - *The Dominici Affair: Murder and Mystery in Provence* - Potomac Books - Lincoln Nebraska – 2017.
LABORDE Jean – *Un matin d'été à Lurs, 5 août 1952* - Robert Laffont – Paris 1972.
LLORCA Antoine – *Montaride. Mémoire d'un grand témoin dans l'affaire de Lurs* – Christian Lacour – Nîmes 1994.
LE CLERE Marcel – *Enquêtes criminelles* - Yser – Paris 2000.
MAC LEAN Helena - *Personnal Biography - Sir Jack Drummond* – London 2007.
MAGNAUDEIX Irène – *Pierres assises, pierres mouvantes* – in *Les Alpes de lumière* n°144 – Edisud – Aix-en-Provence 2004.
MAÎTRE Cécile – *L'usine de Péchiney à Saint-Auban* – Éditions de Haute-Provence – Digne 1955.
MECKERT Jean – *La tragédie de Lurs* – Gallimard – Paris 1954.
MICHELIN – Carte routière *81 Avignon-Digne* – Guide 1952 *Côte d'Azur Haute-Provence* – Guide France 1952.
MONESTIER Alain – *Les grandes affaires criminelles* – Bordas - Paris 1988.
MONTARRON Marcel – *Les grands procès d'assises* – Gérard & Co – Verviers 1969.
MOSSÉ Claude – *Dominici innocent* – Le Rocher – Paris 1993.
NEAUMET Jean Émile – *Les grandes enquêtes criminelles du commissaire Chenevier* – Albin Michel – Paris 1995.
OLLIVIER Jean-Paul – *Le massacre de Lurs. Qui est l'assassin ?* - Janicot – Lille 1953.
PASCHAL Marie-Noëlle – *Les grandes affaires criminelles des Alpes de Haute-Provence* – De Borée – Sayat 2011.
PASTEUR Joseph - Émission TV en 1999 : *m.ina.fr/index/phb/video/CPB80054919/le-plus-grand-mystère-policier-du-demi-siècle.video.html.*

POLLAK Émile – *La parole est à la défense* – Robert Laffont – Paris 1973 – J'ai Lu – Paris 1974.
POTTECHER Frédéric – *À voix haute* – Lattès – Paris 1977.
PRESSE : *Le Méridional – La Marseillaise – L'Humanité – Le Dauphiné libéré – Le Monde – L'Aurore – Carrefour – Détective – France-Soir – Paris-Match – Sunday Time,* etc...
REYMOND Guy S. - *Histoire de la libération de Digne* – Les Petites Affiches – Digne 1993.
REYMOND William – *Dominici non coupable. Les assassins retrouvés* – Flammarion – Paris 1997 et 2003.
SÉBEILLE Edmond – *L'affaire Dominici : la vérité sur le crime de Lurs* – Plon – Paris 1970.
SCIZE Pierre – *Au grand jour des assises* – Denoël – Paris 1955.
TEYSSIER Jean – *Mémoires criminelles en Haute-Provence* - Cheminements - Le Coudray-Macouart 1993. *Mon affaire Dominici* - Cheminements – Le Coudray-Macouart 1993. *Mémoires et souvenirs d'un journaliste provincial* – Vial – Digne 1999.
THE COLONEL' HENRY STORY – *The War Memoirs of Hugo Bleicher* – William Kimber – London 1954.
VINCENT Jean-Louis – *Affaire Dominici. La contre-enquête* – Vendémiaire – Paris 2016.
YOUNG Gordon Russel – *Valley of Silence: The Mystery of the Drummond's Murders* – London 1955.

*

TABLE DES MATIÈRES

*

I - RÉFÉRENCES ET MÉTHODES 15

II – ENTRER DANS LE DOSSIER 23

III - LES VICTIMES 37

IV - CONTEXTES DU DRAME 53

V - LES DOMINICI ET QUELQUES AUTRES 67

VI - DE DUNKERQUE A LURS 99

LE PREMIER SÉJOUR À DIGNE 101

LE SÉJOUR À VILLEFRANCHE 115

LE SECOND SÉJOUR À DIGNE 118

DE DIGNE À LA GRAN'TERRE 137

VII - LA NUIT DU 4 AU 5 AOÛT 167

DE 22 H À 1 H 10 170

A 1 H DES COUPS DE FEU 177

DE 1 H 30 À 6 H 185

EN ATTENDANT LES GENDARMES 192

VIII - LA JOURNÉE DU 5 AOÛT 203

1ePHASE : DE L'ARRIVÉE DES GENDARMES À CELLE DU CAPITAINE ALBERT ... 204

2e PHASE : DE L'ARRIVÉE DU CAPITAINE ALBERT À CELLE DE LA POLICE 209

L'ÉTAT DES LIEUX 217

LES CORPS DES VICTIMES 233

3e PHASE : DE L'ARRIVÉE DE LA POLICE À LA LEVÉE DES CORPS 253

4e PHASE : DE LA DÉCOUVERTE DE L'ARME JUSQU'AU CRÉPUSCULE 261

IX - LES AUTOPSIES ET LA BALISTIQUE 285

« *AUTOPSIE DE SIR JACK DRUMMOND* 289

« *AUTOPSIE DE LADY ANNE DRUMMOND* 299

« *AUTOPSIE D'ÉLIZABETH DRUMMOND* 315

HYPOTHÈSE DE SCÉNARIO GÉNÉRAL PROBABLE 323

X - L'ENQUÊTE CRIMINELLE 331

PREMIÈRE PHASE : LES TRENTE-DEUX PREMIERS JOURS 334

SECONDE PHASE : DU 7 SEPTEMBRE 1952 AU 19 JANVIER 1953 349

TROISIÈME PHASE : DU 20 JANVIER AU 12 NOVEMBRE 1953 367

XI - L'OFFENSIVE FINALE DE NOVEMBRE 1953 377
JEUDI 12 NOVEMBRE 1953 380
VENDREDI 13 NOVEMBRE 384
LE SAMEDI 14 NOVEMBRE 397
DIMANCHE 15 NOVEMBRE 425
LUNDI 16 NOVEMBRE, LA RECONSTITUTION 444

XII - L'INSTRUCTION 457
AUDITIONS ET CONFRONTATIONS COMPLÉMENTAIRES 459
LA FRÉNÉSIE ÉPISTOLAIRE 472
QUELQUES AUTRES COMPLÉMENTS 483

XIII - LE PROCÈS DEVANT LA COUR D'ASSISES 489
LES AUDIENCES 491
MERCREDI 17 NOVEMBRE, OUVERTURE DU PROCÈS 496
JEUDI 18 NOVEMBRE, SECONDE AUDIENCE 497
VENDREDI 19 NOVEMBRE, TROISIÈME AUDIENCE 499
SAMEDI 20 NOVEMBRE, QUATRIÈME AUDIENCE 500
LUNDI 22 NOVEMBRE, CINQUIÈME AUDIENCE 501
MARDI 23 NOVEMBRE, SIXIÈME AUDIENCE 502
MERCREDI 24 NOVEMBRE, SEPTIÈME AUDIENCE 505
JEUDI 25 NOVEMBRE, HUITIÈME AUDIENCE 505
VENDREDI 26 NOVEMBRE, NEUVIÈME AUDIENCE 514
SAMEDI 27 NOVEMBRE, DIXIÈME AUDIENCE 514
DIMANCHE 28 NOVEMBRE, ONZIÈME ET ULTIME AUDIENCE 516
ET APRÈS ? 525

XIV - LE SUPPLÉMENT D'INFORMATION 527
DÉROULEMENT DU SUPPLÉMENT D'INFORMATION 532
ET ENSUITE ? 562
SYNTHÈSE DES STRATÉGIES ET COMPORTEMENTS 574

XV - DE LA MOSAÏQUE AU PUZZLE 595

XVI – LA PISTE DU COMMANDO 605
LA MISSION GILLARD À STUTTGART 605
ET APRÈS ? 647

XVII - HYPOTHÈSES POUR UN MASSACRE 657
ENFIN UN PUZZLE COMPLET 663

CONVICTION 675

*

ANNEXES 679
BIBLIOGRAPHIE 691

*

Structures éditoriales du groupe L'Harmattan

L'Harmattan Italie
Via degli Artisti, 15
10124 Torino
harmattan.italia@gmail.com

L'Harmattan Hongrie
Kossuth l. u. 14-16.
1053 Budapest
harmattan@harmattan.hu

L'Harmattan Sénégal
10 VDN en face Mermoz
BP 45034 Dakar-Fann
senharmattan@gmail.com

L'Harmattan Cameroun
TSINGA/FECAFOOT
BP 11486 Yaoundé
inkoukam@gmail.com

L'Harmattan Burkina Faso
Achille Somé – tengnule@hotmail.fr

L'Harmattan Guinée
Almamya, rue KA 028 OKB Agency
BP 3470 Conakry
harmattanguinee@yahoo.fr

L'Harmattan RDC
185, avenue Nyangwe
Commune de Lingwala – Kinshasa
matangilamusadila@yahoo.fr

L'Harmattan Congo
67, boulevard Denis-Sassou-N'Guesso
BP 2874 Brazzaville
harmattan.congo@yahoo.fr

L'Harmattan Mali
ACI 2000 - Immeuble Mgr Jean Marie Cisse
Bureau 10
BP 145 Bamako-Mali
mali@harmattan.fr

L'Harmattan Togo
Djidjole – Lomé
Maison Amela
face EPP BATOME
ddamela@aol.com

L'Harmattan Côte d'Ivoire
Résidence Karl – Cité des Arts
Abidjan-Cocody
03 BP 1588 Abidjan
espace_harmattan.ci@hotmail.fr

Nos librairies en France

Librairie internationale
16, rue des Écoles
75005 Paris
librairie.internationale@harmattan.fr
01 40 46 79 11
www.librairieharmattan.com

Librairie des savoirs
21, rue des Écoles
75005 Paris
librairie.sh@harmattan.fr
01 46 34 13 71
www.librairieharmattansh.com

Librairie Le Lucernaire
53, rue Notre-Dame-des-Champs
75006 Paris
librairie@lucernaire.fr
01 42 22 67 13

www.ingramcontent.com/pod-product-compliance
Lightning Source LLC
LaVergne TN
LVHW011215061026
849535LV00001BA/45
* 9 7 8 2 3 4 3 2 3 7 1 6 9 *